U0901319

海南统计年鉴
Hainan Statistical Yearbook

2013

(总第 27 期 No. 27)

海 南 省 统 计 局
国家统计局海南调查总队 编

Compiled by
Statistical Bureau of Hainan Province
Survey Office of National Bureau of Statistics in Hainan

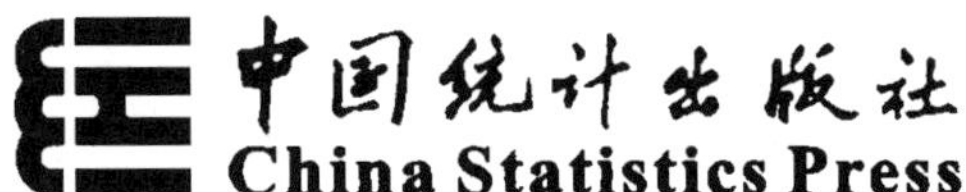

图书在版编目（CIP）数据

海南统计年鉴. 2013 : 汉英对照 / 海南省统计局, 国家统计局海南调查总队编. -- 北京 : 中国统计出版社, 2013.6
ISBN 978-7-5037-6816-3

Ⅰ. ①海… Ⅱ. ①海… ②国… Ⅲ. ①统计资料－海南省－2013－年鉴－汉、英 Ⅳ. ①C832.66-54

中国版本图书馆 CIP 数据核字(2013)第 111371 号

海南统计年鉴-2013

作　　者/ 海南省统计局　国家统计局海南调查总队
责任编辑/ 佘竞雄
装帧设计/ 吴权
出版发行/ 中国统计出版社
地　　址/ 北京市丰台区西三环南路甲 6 号　邮政编码/100073
电　　话/ 邮购（010）63376909　书店（010）68783171
网　　址/ http://csp.stats.gov.cn
印　　刷/ 海口永发印刷厂有限公司
经　　销/ 新华书店
开　　本/ 890mm×1240mm　1/16
字　　数/ 1710 千字
印　　张/ 42.75
版　　别/ 2013 年 7 月第 1 版
版　　次/ 2013 年 7 月第 1 次印刷
定　　价/ 380.00 元

本书附同版本 CD-ROM 一张，光盘内容以书面文字为准。
如有印装差错，由本社发行部调换。

《海南统计年鉴-2013》

编委会和编辑人员

Hainan Statistical Yearbook-2013

EDITORIAL BOARD AND EDITORIAL STAFF

I. Editorial Board

II. Editorial Staff

编 者 说 明

一、《海南统计年鉴-2013》系统收录了海南省辖区内19个市、县、自治县和洋浦经济开发区2012年经济社会发展方面统计数据以及主要历史年份统计数据，是一部反映海南经济和社会发展情况的资料性年刊。

二、本年鉴正文内容分为21个篇章，即：1.综合；2.国民经济核算；3.人口、就业和职工工资；4.固定资产投资和房地产开发；5.能源；6.财政；7.价格指数；8.人民生活；9.城市（县城）概况；10.资源与环境；11.农业和农村经济；12.工业；13.建筑业；14.交通运输和邮电通讯业；15.批发零售贸易和住宿餐饮业；16.旅游业；17.对外经济贸易；18.金融；19.教育和科技；20.文化、体育和卫生；21 社会服务及其他。为方便读者使用，各篇章前设有《简要说明》，对本篇章的主要内容、资料来源、统计范围、统计方法以及历史变动情况予以简要概述，篇末附有《主要统计指标解释》。

三、2012年6月21日，国务院批准设立地级市三沙市，下辖西沙群岛、南沙群岛、中沙群岛的岛礁及其海域。由于三沙市刚设立，统计资料不易取得，本年鉴除人口、就业和职工工资、资源环境等篇章中的人口、从业人员、劳动工资和污染物排放等指标数据含三沙市并进行特别列示外，其余篇章均不计入。

四、各市、县、自治县的指标数据，除国民经济核算篇章的2-12至2-16表特别列示不含农垦的指标数据外，其余篇章的各市、县、自治县的指标数据均含农垦。洋浦经济开发区并入儋州市统计，在儋州市下设儋州和洋浦两个其中项。

五、本年鉴指标口径和范围，基本上以国家现行统计报表制度为准，数据大部分来源于政府统计机构年度统计报表和抽样调查数据，少部分来源于政府或行业主管部门的年度统计报表。

六、本年鉴所使用的度量衡单位均采用国际统一标准计量单位，并统一使用最新颁布实施的产品目录。

七、本年鉴中部分数据合计数或相对数由于单位取舍不同而产生的计算误差，均未做机械调整。

八、符号使用说明:年鉴各表中的“空格”表示该项统计指标数据不足本表最小单位数、数据不详或无该项数据；“#”表示其中的主要项。

九、与2012年版《海南统计年鉴》相比较，本年鉴篇章结构和内容上主要做了如下修订：取消“景气指数”篇章，其内容放到“综合”篇章；新增“资源与环境”篇章；对各个篇章的内容进行充实，新增了40张新表，调整了15张表。

Editor's Notes

Ⅰ. *Hainan Statistical Yearbook 2013* is an annual statistical publication which covers statistical data for the economic and social development of 19 cities and counties, economic Development Zone in year 2012, as well as major statistical data in important historical years.

II. The Yearbook contains twenty-one chapters: l. General Survey; 2. National Accounts; 3. Population Employment and Wages of Staff and Workers; 4.Investment in Fixed Assets and Real Estate Development; 5.Energy and Environment; 6.Government Finance; 7.Price Indices; 8.People's Living Condition; 9. Urban Construction of Cities and County Seat; 10.Resources and Environment; 11.Agriculture and Rural Economy; 12.Industry; 13.Construction; 14.Transport, Postal and Telecommunication Services; 15.Wholesale and Retail Trades, Hotels and Catering Services; 16.Tourism; 17.Foreign Economy and Trade; 18.Financial Intermediation; 19.Education, Science and Technology; 20.Culture, Sports and Public Health; 21.Social Services and Others.

Each chapter begins with brief introduce to the main content, data sources, statistical method of this chapter, etc. Explanatory Notes on Main Statistical Indicators are provided at the end of each chapter to briefly describe the content of main statistical indicators, statistical scope and so on.

Ⅲ. In June 21, 2012, the State Council approved the establishment of the prefecture-level city of Sansha, and the Xisha, Nansha and Zhongsha Islands and their sea area are under the jurisdiction of Sansha City. Considering that the city was set up lately, and that it is difficult to obtain the statistical data, other data of Sansha City are not covered except for *the population, employment, wages and workers and Resources and Environment.*

Ⅳ. On the Index data of county, Autonomous County and city, the data of other chapters included the data related with land reclamation farms except the chapter of *economic accounting*, in which the tables of 2-12 and 2-16 marked with data for land reclamation farms, and the data related with land reclamation farms are separately listed in item "Nongken". The statistical data related with Yangpu Economic Development Zone are incorporated into and separately listed under Danzhou City. The 2 items of Danzhou and Yangpu are set under Danzhou City.

Ⅴ. The statistical approach and scope in this yearbook base on the current national statistical report system basically. Data are mainly obtained from annual statistical reports and sample surveys of government statistics departments, and some from annual statistical reports of government or administrative departments.

VI. The units of measurement used in this yearbook are internationally standard measurement units, and newly published and implemented Product Categories are uniformly used.

VII. Statistical discrepancies on totals and relative figures due to rounding are not adjusted in the Yearbook.

VIII. Notations used in the yearbook: (blank space) indicates that the figure is not large enough to be measured with the smallest unit in the table, or data are unknown, or are not available; "#" indicates a major breakdown of the total.

IX. In comparison with *Hainan Statistical Yearbook 2012*, following revisions have been made in this new version in terms of the statistical contents and in editing: the original chapter of *climate Index* was abolished, and a new chapter of *Resources and Environment*, meanwhile added 40 new tables, adjust the 15 tables to enrich the content of each chapter.

目　录

Contents

第二篇 国民经济核算
Ⅱ National Accounts

第三篇　人口、就业和职工工资
Ⅲ Population，Employment and Wages

第五篇 能 源

V Energy

第六篇　财　政
Ⅵ Government Finance

第七篇 价格指数

Ⅶ Price Indices

第八篇 人民生活
VIII People's Living Condition

第九篇　城市（县城）建设

Ⅸ　Urban Construction of Cities and County Seat

第十篇　资源和环境

Ⅹ　Resources and Environment

第十二篇　工　业
XII　Industry

第十六篇 旅游
XVI Tourism

第十七篇　对外经济贸易

XVII　Foreign Economy and Trade

第十八篇　金融
XVIII　Finance Intermediation

第十九篇　教育和科技
XIX　Education, Science and Technology

第二十篇 文化、体育和卫生

XX Culture，Sports and Health

第二十一篇　社会服务及其他
XXI　Social Service and Others

拥抱蓝色国土

热爱美丽 三沙

祖国浩瀚南海上的璀璨明珠

▲省领导到三沙市驻海口办事处调研，对三沙工作做出新的指导

▲省领导到三沙市驻海口办事处调研，听取了市委、市政府的工作汇报

▲市长肖杰对永兴岛供水工程（海水淡化）项目开工建设做重要部署

2012年6月21日，国家民政部发布国务院批准三沙设市的公告，撤销海南省西沙群岛、南沙群岛、中沙群岛办事处，设立地级三沙市，管辖西沙群岛、中沙群岛、南沙群岛的岛礁及其海域。7月24日，三沙市成立暨挂牌仪式在永兴岛隆重举行。

行政区划

三沙市北靠三亚市，东临菲律宾，南接印度尼西亚、文莱等国，西邻越南，由280多个岛、沙洲、暗礁、暗沙和暗礁滩及其海域组成，陆地面积约10平方公里，海域面积约200万平方公里，设有西沙、中沙和南沙三个区。

西沙群岛

西沙群岛海域面积约50多万平方公里，陆地面积约8平方公里，共有岛屿32座。其中，永兴岛是西沙群岛最大的岛屿，面积约2.13平方公里，距三亚榆林港约337公里，距文昌清澜港约344公里。

中沙群岛

中沙群岛海域面积约为60多万平方公里，由20多个暗礁、暗沙、暗滩和黄岩岛组成。其中，黄岩岛是中沙群岛中唯一露出海面的岛礁。

南沙群岛

南沙群岛海域面积约为88.6万平方公里，陆地面积约2平方公里，共有230多个岛、沙洲、暗礁、暗沙和暗滩。其中，太平岛是南沙群岛最大的岛屿（现由台湾当局驻守），面积约0.43平方公里。

自然地理

气候

三沙市属热带海洋性季风气候。全年高温、高湿、高盐，年太阳辐射总量总辐射值140千卡／平方厘米。全年为夏季天气，平均每年发生热带台风6～7次。年平均雨量在1500～1900毫米之间，每年12月至次年5月为少雨期，6月至11月为多雨期。

水文及地貌

海水含盐度在32‰～35‰之间。海水透明度在20～30米之间。西南中沙群岛为海洋型海岛，除了西沙群岛的高尖石为海底火山喷发形成熔岩露出海面为火山岛外，其余全部是珊瑚岛礁。

海岛海洋资源

植物资源丰实

岛上的植物共有80科211属，296种（含变种），其中资源植物有283种，占种总数的95.6%，以食用和药用的种类较多。

海洋动物品种繁多

主要有腔肠类、棘皮类、鱼类、虾类、贝类、爬行类、哺乳类等。其中腔肠动物珊瑚虫就有110种和5个亚种；鱼类有2000种左右，据专家评估，在南海渔业资源的潜在渔获量为650万吨～700万吨。

能源资源丰富

据国家有关部门调查，南海海底蕴藏巨大的天然气水合物，其总量为643.5～772.2亿吨油当量。蕴藏的油气资源储潜量为700多亿吨。其中，石油储潜量为292亿吨，天然气储潜量为58万亿立方米。

重要的交通纽带

目前，世界上大约25%的海上运输途经这里，逾50%的世界超级货轮经过这片海域；西方国家约50%的进口石油、80%的战略物资，中国80%以上的国际贸易依赖南海航线，是位居海上的交通要冲和十字路口，素有“世界第三黄金水道”之誉。

人口情况

目前，三沙市地方常住人口833人，其中，有户籍登记人口为144户、236人，常年在西沙各岛礁生产作业的渔民613人（多为琼籍渔民），另有在南沙美济礁网箱养殖的渔民47名，流动人口2000余人。

基础设施

三沙市政府所在地永兴岛上建有机场1座，港口3个。有三沙市行政办公大楼、食堂、机关招待所、医院、宾馆、图书馆、银行、粮站等公共建筑设施。岛上公路设施比较完善，已建成北京路、海南路、宣德路等5条主要道路。岛上供电网络也初步形成，主要是靠柴油发电。岛上设有邮电局，开展邮政和固定电话业务。中国移动、电信和联通的手机信号已覆盖永兴岛、琛航岛等岛屿及其附近海域，并已建成永兴岛调频广播发射台，确保了西沙广播电视信号的畅通。三沙市还有综合补给船一艘（“琼沙3号”）。

三沙愿景

三沙市将在党的十八大精神指引下，进一步落实中央在南海的整体战略意图，贯彻省委关于“维权、维稳、开发、保护”的三沙工作方针，始终把维护国家主权和安全放在突出位置，致力于政权建设、行政管辖，致力于基础设施建设，致力于开发建设，致力于生态环境保护，致力于改善民生，发展以渔业、旅游和油气资源等现代海洋经济以及资本、虚拟、企业注册等经济，把三沙建设成为体制机制创新、产业特色突出、基础设施配套、生产生活便利、人与自然和谐的海域边境城市和全国双拥模范城市。

▲三沙市永兴垃圾污水处理项目开工

▲2012年度渔业资源增殖放流活动，这将对南海岛礁海域海洋渔业资源养护与珍稀濒危野生动物保护产生积极影响

▲三沙市与中国船舶重工集团公司举行战略合作框架协议签订仪式

中国移动通信
CHINA MOBILE
移 动 信 息 专 家

www.10086.cn
热线 短信
10086

海南省高级

▲ 海南高院党组书记、院长董治良在人大会上作法院工作报告

▲ 海南高院党组书记、院长董治良在接访

▲ 法院工作人员认真解答来访群众疑问

2008年以来，海南法院在最高法院和省委、人大、政府、政协及社会各界的领导、监督、支持下，坚持以邓小平理论、“三个代表”重要思想、科学发展观为指导，忠实履行宪法和法律赋予的职责，全面加强审判执行工作和自身建设，全力为大局服务、为人民司法，各项工作有了新进展、新成效。

执法办案

五年来，全省法院共受理各类案件298589件，审执结296179件，分别比前五年上升74.41%和75.24%，年均递增约12%。全省法院每年的结案率分别为90.97%、94.01%、95.49%、95.87%、96.79%，逐年提高；标志案件质量的二审案件改判和发回重审率分别为26.38%、22.02%、20.86%、19.94%、18.46%，逐年下降，一审裁判正确率逐年上升。全省法院五年来共审结各类刑事案件35507件，比前五年上升52.4%。审结各类民商事案件142739件，标的额773.13亿元，分别比前五年上升77.82%和107.21%；占54.45%的一审民事案件以调解或撤诉方式处理，比前五年提高11.3个百分点。审结行政案件7546件，比前五年上升45.73%，经协调和解撤诉的一审行政案件占17.97%，比前五年提高5.11个百分点。受理执行案件45020件，执结44133件，比前五年分别上升34.24%和37.24%，执结率98.03%，同比提高2.14个百分点，执结标的额237.35亿元，执行标的到位率46.08%。五年来共处理涉诉信访91027件次，化解历史积案150余件，实现债权金额3亿余元，落实土地执行2000多亩。五年来共审结申诉和申请再审案件7826件，同比上升39.73%，经审查决定再审237件，占同期诉讼案件的0.11%。

服务大局

五年来，省高院紧紧围绕省委、省政府中心工作和国际旅游岛建设大局，坚持能动司法，主动研判形势，加强司法应对，先后出台了《服务海南国际旅游岛建设工作意见》、《审理商品房买卖合同纠纷案件指导意见》、《审理农村土地补偿款分配纠纷指导意见》等司法政策文件；共向各级党委、政府和有关单位提出司法建议213份。针对农垦体制改革，认真研究涉及农垦的土地纠纷、劳动争议、企业破产案件的司法政策，统一司法标准。在全省法院开展了依法清收农村信用社不良贷款工作，共审结相关案件21162件，帮助农信社收回贷款6.91亿元。服务生态立省战略，在中级以上法院成立环境保护审判庭，出台环境资源民事诉讼试点实施意见，经省财政厅批准在全国率先设立了环境公益诉讼基金并出台了相关办法。围绕东环铁路、文昌航天发射场、昌江核电站等重点项目建设，加强就地开庭审判力度、主动参与普法化解征地拆迁等纠纷，共审执结涉及重点项目建设案件1373件。

司法为民

调研出台了《海南法院司法为民30条措施》、《基层法院民商事案件繁简分流办法》、《人民法庭速裁速调办法》、人民法庭代刷卡交费制度等多项司法为民举措。推广旅游法庭、交通法庭、瓜菜法庭、渔排法庭等便民法庭的经验做法，将法庭搬到旅游景区、集贸市场、田间地头、渔排码头，就地审判，就地结案，方便群众诉讼。五年来共巡回办案15189件次，当场审结案件9450件。扩大简易程序适用范围，提高诉讼效率，共适用简易程序审结一审民事案件16212件，占65.53%。推行量刑规范化、民事证据公开确证、申诉复查、执行异议复议和减刑假释案件的公开听证、生效裁判文书上网公布、“法院开放日”等举措，提高司法透明度。在中国社科院法学研究所发布的记录年度法治状况与进展的《法治蓝皮书（2012年）》中，海南高院的司法透明度列受评的26家高级法院之首，海口中院在受评的41家中院中排名第7。加大司法救助力度。五年来，依法对确有

人民法院

困难的案件当事人减、免诉讼费用1617.57万元；为符合条件的刑事案件被害人、申请执行人和信访群众发放司法救助款1904.88万元。

改革创新

与司法厅联合出台《关于开展人民调解协议司法确认工作的意见》，规范人民调解协议的司法确认工作，五年共审结人民调解协议司法确认案件1360件。分别联合省律师协会、海口仲裁委出台了法官与律师良性互动机制、诉讼与仲裁相衔接工作机制的制度规定，有力推动了多元矛盾纠纷解决机制建设。加强少年审判工作，推行圆桌审判、社会调查报告、法庭教育等举措，寓教于审，教育、感化、挽救未成年罪犯，五年来共判处未成年犯3488人，其中判处非监禁刑867人。根据国际旅游岛建设需要和人大代表、政协委员的审议意见，增设了4个海事派出法庭，恢复设置了13个人民法庭。充分发挥试点法院先行先试作用，圆满完成了最高法院部署的量刑规范化、行政诉讼简易程序、规范上下级法院关系、诉讼与非诉讼相衔接的纠纷解决机制、小额诉讼程序等多项司法改革任务，得到最高法院司法改革办公室的高度肯定。屯昌法院尝试把交通巡回法庭建在交警队里，即时受理、调处案件，成效显著。自2012年4月成立以来，受理的187件案件全部调解结案，标的额共309万元全部自动履行完毕。

▲开办“海南法院手机报”

队伍建设

深入开展一系列主题教育活动，大力加强理想信念、社会主义法治理念、党性党风和职业道德教育，队伍精神面貌焕然一新。五年共有98个集体、146人次受到省级以上机关表彰。通过统一招考，五年来全省法院共招录各类人员742名，其中具有硕士研究生以上学历并通过司法考试的高学历人才142名，从而优化了法官年龄和学历结构。共举办各类培训班546期，培训干警61998人次。推行上下级法院干部双向交流挂职制度，并在五个人民法庭建立了年轻干部培训基地。省高院课题组连续五年中标最高法院审判理论重大课题，连续两年中标省社科联课题。编撰出版了海南法院系统优秀案例选、优秀法律文书选、精品论文集等20余本审判集粹系列丛书。全省法院共发宣传稿27363篇，比前五年增长了约16倍，其中中央媒体843条。加强廉政风险防控机制建设，仅高院机关就排查了各类风险点568个。完善惩防制度体系，先后建立了廉政建设责任制、廉政监督卡、廉政监察员、特邀监督员、离退休法官代理案件回避、法官任职回避、司法巡查、违法审判责任追究等制度措施，基本建立起了自上而下的惩防管理体系。

基础工作

五年来，共投入基础设施建设资金6.74亿元，比前五年增长2.54倍；新建成法院12个、法官进修学院1个、人民法庭4个，建筑面积共12.32万平方米；另有13个法院已开工建设（含扩建的法院6个），6个法院、25个人民法庭已被批准立项新建或扩建，3个法院正在申请建设立项。基本完成了审判大楼改造装修和海南法官进修学院两个项目建设，新增审判、办公面积3.7万平方米，坚持“科技强院”，共投入信息化建设资金6476.23万元，是2009年以前信息化建设总投入的11倍，基本完成了涵盖全省三级法院的视频会议系统、办公楼安防监控系统、远程呈现系统、综合管理信息系统、协同办公及电子印章系统、科技法庭等项目建设。

▲与海南电视台合办的栏目《法庭内外》举行开播仪式

▲人民法院党的建设博鳌高端讲座

▲办公大楼

维护国家长治久安　保障人民安居乐业

海南省

▲ 李富林厅长、李洪副厅长与第八届中俄禁毒合作部长级会议俄方代表互赠礼物

▲ 海警618B型舰交接入列暨首航仪式

2012年，海南省各级公安机关在省委、省政府和公安部的领导下，以党的十八大精神和省第六次党代会精神为指导，忠实履行职责，扎实做好各项公安工作，取得了显著成效。

一、认真做好重大活动安保工作，维护全省社会政治形势和谐稳定。围绕2012年博鳌亚洲论坛年会、冬季警卫和乐东维稳行动等重大活动以及重大国际国内文体赛事，全省公安机关深入排查调处不安定因素、集中办理信访案件，全面深化省际县际警务协作，不断完善重点建设项目挂牌保护机制、情报信息收集研判机制、反恐和应急处突机制，化解矛盾纠纷8131起，办结年内信访案件945起、信访积案76起，办结率分别达到87.4%和99%；圆满完成了各项警卫任务和大型群众性活动的安保任务。

二、集中整治突出治安问题，确保全省治安形势持续平稳。针对人民群众反映强烈的突出治安问题，全省公安机关组织开展了一系列全省性、区域性打击整治行动，破获刑事案件16448起，同比上升19.9%。其中破获经济案件655起，挽回直接经济损失5.12亿元；查处治安案件49291起，同比增长10.6%，有效遏制了“两抢一盗”、网络电信诈骗等多发性侵财案件以及毒赌色活动蔓延发展的势头。

三、坚持抓基层强基础，进一步深化“三项建设”。建成了全省警用地理信息系统等一批信息化项目，省公安厅技术综合大楼和全省交警指挥中心全面投入使用，基础建设快速推进；积极整合内部和各社会管理部门、单位的信息资源；制定了《全省公安机关深入推进执法规范化建设三年规划》，完成了323个33342平方米执法办案场所的规范化改造；完成了《海南省沿海边防治安管理条例》

▲ 全省消防部队正规化建设暨铁军中队创建试点现场会

▲ 三亚民警添新“装备”，百辆太阳能巡逻自行车“走马上任”

公 安 厅

的审核报送工作。

四、积极创新社会管理，有效地维护公共安全。省公安厅关于海岛型立体化治安防控体系建设的指导意见》已被省“两办”转发，“三大信息管控系统”列为全省重点建设项目，与“两道防控圈”和“七张防控网”同步启动建设，西线高速交通监控系统建成投入使用。在陵水、琼中两县启动了流动人口居住证管理制度试点工作，发放了首批1100张《居住证》。大力构筑安全“防火墙”，依法强力督促整改各种火灾隐患，不断完善海岛应急救援体系，全省发生火灾688起，同比下降3.2%。切实加强重点城市道路交通和高速公路交通秩序的管理，交通管理水平不断提高，全省发生交通事故1746起、死亡457人、受伤2363人，同比分别下降0.4%、3.6%和3.5%。外国免签团新优惠政策全面落实，积极创建“全国外国人管理工作示范区”，制作出入境证件和签注、加注数量同比增加32％，境外人员住宿登记工作居全国前列。

五、集中整治“庸懒散贪”，有力地促进队伍的正规化建设。组织开展了集中整治“庸懒散贪”等活动，不断提升民警的政治意识、创新意识、职业道德。深入开展“三访三评”深化大走访活动，因地制宜地推出了28条便民服务措施。积极推进队伍管理创新，全省县级公安机关年度综合考评多数项目实现网上考评；强化教育训练，建成全省公安数字图书馆，组织各类业务培训45期；133个集体和554名民警荣立一、二、三等功，101个集体和213名民警受到省厅表彰，12名民警荣获省部级以上荣誉称号；继续依法从严治警，采取多种形式深化反腐倡廉教育，不断完善落实党风廉政建设制度，严肃执纪。

▲ 省委政法委、禁毒委主任肖若海出席“6.26”国际禁毒日“禁毒文明走农村”活动

▲ 全国公安英模集体和个人代表载誉归来

▲ 倡导文明交通理念

▲ 9月26日，三沙市公安边防支队揭牌仪式在永兴岛举行

海南电网公司

▲ 8月28日，海南电网公司三沙供电局揭牌成立

海南电网公司是中国南方电网有限责任公司全资子公司，负责经营南方电网在海南投资的国有电网资产，对海南电网实施统一规划、统一建设、统一调度、统一管理，承担国有资产的保值增值任务，直接为海南经济发展和人民生活提供电力保障。

公司秉承“对南网负责，为海南服务”的宗旨，坚持科学发展、绿色发展、和谐发展，以创先工作为载体，深化改革，开拓创新，企业综合实力大幅提升，先后荣获全国“五一”劳动奖状、全国精神文明建设先进单位等荣誉称号。截至2012年末，公司资产总额151.05亿元，供电户数共212万户，营业区面积（包括三沙市）3.54万平方公里，营业收入、售电收入双双首破100亿元。

▲ 5月24日，公司刘映尚董事长（中）到国际旅游岛先行试验区调研用电情况

2012年，公司面对复杂的经济形势和充满挑战的内外经营环境，始终坚持客户服务、价值创造、内部运营、企业成长、队伍建设“五位一体”抓提升，经受住种种考验，确保了电网安全稳定运行，主要指标持续向好，取得了良好工作成效。一是客户服务明显提升。圆满完成“十八大”等128次重要活动保电万无一失，博鳌保电连续11年零差错、零失误。全年百万客户投诉量同比下降69.8%；全省客户年平均停电时间同比降低27.2%。二是企业成长保持良好。220千伏大英山、龙北等输变电工程建成投运，形成海南坚强的“双环网+目字型”主网结构。全年投运35千伏及以上变电容量112.67万千伏安，线路506.3千米，创历史最好水平。成立我国最南端的三沙供电局，开启三沙智能微网建设，服务国家南海战略，彰显南网责任形象。三是内部运营扎实稳健。落实41条增收节支刚性措施，提前完成供电卡脖子项目65个，增供电量2.92亿千瓦时。深入开展“杜绝三大陋习，培养两个习惯”专项整治，海口、儋州局安风体系建设首获外审3钻。积极推进节能调度，吸纳清洁能源上网27.42亿千瓦时，减少二氧化碳排放231万吨，促进海南绿色低碳岛建设。四是队伍建设和谐稳定。深入开展“为民服务创先争优”活动，全面推进6方面16项党建管理提升，为群众办实事好事1756件。集中开展“庸懒散贪”专项整治，营造了讲原则、守规矩、和谐共事、风清气正的氛围。积极履行社会责任，唱响南网品牌，荣获“海南省社会责任功勋企业”称号。

▲8月2日，海南电网公司与海口市政府签订战略协议

▲新建成的东方龙北220千伏变电站

▲110kV那大站综合自动化改造电缆搬运

海南太平洋石油实业股份有限公司

海南太平洋石油实业股份有限公司成立于1994年3月，其前身是1992年成立的海南太平洋石油有限公司。公司系国有控股企业，注册资金为3.67亿元人民币。主要股东有：中国中化股份有限公司、三亚凤凰国际机场有限责任公司及中国航空油料有限责任公司。

机坪飞机加油

公司的主营业务是独家为进出三亚凤凰国际机场的飞机提供航煤加注服务。并与中石化股份公司合资成立了海南南部最大的汽柴油批发企业海南石油太平洋有限责任公司，经营汽、柴、煤油的转运、仓储与批发业务。

目前最大航煤储备能力19000m^3，拥有完善的航空油料加注设备及设施、油库自动消防设施及变配电设施。公司采用管线加油车加油、罐式加油车加油方式。机坪加油管网覆盖机坪全区域，管线加油系统为自动控制系统，最大加油能力为450m^3/小时，可满足各种不同类型喷气飞机的加油需要，目前的年加油能力达30万吨以上。

公司自成立以来，始终把合法化、规范化经营作为企业发展的基础。公司先后取得了成品油批发经营许可证、危险化学品经营许可证、民用航空油料供应企业适航批准书、民用航空油料实验室适航批准书等经营资质，系一家资质齐全的规范经营企业。公司坚持“保安全、争效益、促管理”的经营管理方针，以“落实责任、完善制度、创新机制、优化流程、细化管理”等手段提高内部管理水平，以“人为为本、强化培训”为基础加强团队建设，适应企业不断发展和规范化管理的需要。

截止2012年底，公司已连续实现了十九个安全生产年。先后获得了“海南省优秀企业”、“民航中南地区安全优胜单位”等荣誉称号。2012年为飞机加油近27万吨，年纳税总额近4200万元。在海南省“百强”企业评选中排名连年上升，已进入“海南省企业30强”行列，人均利润水平在海南省名列前茅。

“诚信、合作、创新、超越”是公司一贯秉承的理念，“经济效益和社会效益并重”是公司发展的原则，公司将一如既往地在不断发展壮大企业的同时，为海南经济建设和旅游事业发展服务。

董事长：刘继尧

总经理：刘宏伟

地　址：海南省三亚市凤凰国际机场内

电　话：0898-88289510

传　真：0898-88289521

油库全景

中国银行 BANK OF CHINA

▲ 2012年4月20日，中国银行海南省分行与海南省司法厅共同召开“烛光借记卡”首发新闻发布会

▲ 2012年3月9日，中国银行海南省分行与海口市政府国有资产监督管理委员会在海口签订战略合作协议

中国银行海南省分行是海南第一家银行，始建于1914年11月13日，已有99年历史，前身为“中国银行琼州分号”，是中国银行最早的分支机构之一。近百年来，海南中行在海南经济社会发展和对外改革开放进程中发挥着极其重要的窗口和纽带作用。截至2012年末，全辖拥有机构网点 84家，员工达2300人。

海南中行近一个世纪的发展历程显得格外厚重。1914年，中国银行琼州分号在海口市得胜沙路97号开业。1940年，受抗日战争影响撤往香港。抗战胜利后，1946年在海口市中山路拐弯处正式复业。1950年，琼州办事处更名为中国银行海口支行。改革开放后，海南中行傲立潮头、迅猛崛起，实现了划时代的伟大发展。建省20多年来，全力支持了省内一大批重点项目建设、重点行业和大型骨干企业集团，为海南经济社会发展做出了重大贡献。

支持地方经济发展。海南中行始终坚持“根植海南，服务海南”的理念，重点支持了精品旅游景区、主题公园、风情小镇、高端酒店、特色餐饮等旅游项目建设，以及高尔夫旅游、游轮码头、医疗体系等旅游基础设施及配套项目建设，进一步加强了对观澜湖、海棠湾、清水湾等重点旅游度假区的高端旅游酒店项目的授信支持力度，不断做大做强旅游房地产信贷业务。与海航、三沙市政府、海口国资委、国际旅游岛先行试验区、海南一投等一批重点客户共计签订840亿元的战略合作协议。2012年，累计投放贷款201.59亿元，比上年增长53.30亿元，增幅达到35.95%。

业务创新取得重大突破。在全国首家推出“中银烛光卡”产品和“旅险通”产品。自主研发面向全国发售的五期中银债富产品和一款一对多基金产品。理财汇利达、租金保理、不落地结汇、“抵押”项下授信开证、跨境人民币项下

▲ 2012年11月26日，中国银行海南省分行在海南省对外经济发展促进会成立大会暨2012世界海商论坛与投资海南推介会签约130亿

▲ 2012年8月7日，中国银行海南省分行贵金属销售中心开业

非融资性对外担保等业务实现零的突破。在中行系统内首家办理产权式酒店按揭业务。成功推广“兴家贷”，成为个贷业务最大亮点。加快推进中免网上商城建设。

“千佳”网点创建工作取得优异成绩。2012年，海南中行以创建全国银行业“千佳”示范网点为重点，持续推进“创建海南最佳服务银行”。以“三项达标”工程建设为载体，全面开展“达标”竞赛活动及星级柜员和服务明星的评选活动。全行营业环境得到较大改善，服务设施管理明显改进，员工服务礼仪更加规范，服务技能和服务评价大幅提升。2012年9月，在全国银行业协会“千佳”示范网点海南地区的评选中，参选的省行营业部和海甸支行两家网点以高分获得第一、第二名，赢得了广泛赞誉。

积极履行社会责任。2012年，海南中行举办第七届“中银之夜”，支持海南文化发展。向澄迈县和定安县的教育基金分别捐助3万元，支持县域教育事业发展。品牌知名度领先。组织海口城区的89名员工参加义务献血，献血量达到23400毫升；现场还有10名员工填写了志愿捐献者同意书和登记表，有意为患有血液疾病的患者捐献骨髓。昌江支行发动员工为在山东大学读书身患血癌的李彬同学捐款，弘扬了“一方有难，八方支援”的高尚社会道德精神。

2012年荣获省政府“金融创新奖”、“社会责任功勋企业”和“海南国际旅游岛建设领军企业”等荣誉，是全省唯一一家荣获省政府“金融创新奖”的商业银行，也是2008年以来全省唯一一家连续五年获省政府表彰的金融机构。

▲2012年6月7日，中国银行海南省分行行长王一林获评为海南省优秀企业家

▲2012年5月12日，中国银行海南省分行举办龙年贵金属品鉴会

▲2012年1月8日，第七届“中银之夜”

▲2012年7月7日，中国银行海南省分行高铁网银购票宣传活动

ICBC 中国工商银行

▲ 2012年12月27日，石琪贤行长出席海南省社会保障卡首发仪式

▲ 2012年5月21日上午，王树慧副行长出席代理人保个人寿险业务推动会

▲ 2012年7月5日，陈学坤副行长参加总行精神文明建设暨企业文化建设经验交流会

近年来，中国工商银行海南省分行紧紧围绕海南省社会经济发展总体目标，认真贯彻落实各项宏观经济政策和监管政策，以履行经济责任和社会责任为己任，着力加快结构调整和业务创新，持续加强精细管理和风险防范，金融服务能力显著增强，社会美誉度明显提升。

一、以加大信贷力度为依托，大力支持地方经济建设

2012年，该行累计发放法人贷款265亿元，主要投向制造业、交通运输仓储及邮政业、批发与零售业、房地产业、住宿和餐饮业等五大行业，这五大行业累放额占比达86%。一是大力支持重点产业发展。一方面，加大对产业集群的资源倾斜。目前海南已经初步形成旅游地产、酒店、交通电力、油气化工、林浆纸一体化、汽车及其配件等重要产业板块，该行将视野从单个企业扩展至产业集群，加大对产业集群发展情况的工作调研，掌握行业发展特征和周期规律，并有针对性地制定差异化的金融服务方案。另一方面，大力实施“大企业、大集团”战略。对于一批规模大、影响深、具备发展潜质的大型企业集团，以签订“战略合作协议”为切入点，在为企业提供信贷资金支持的同时，为其日常经营和长期发展提供现金管理、投资银行、网上银行、银行卡等配套服务，帮助企业实现资产规模的合理扩张，带动海南经济持续增长。二是大力倡导绿色信贷和结构优化。一方面，该行坚持“绿色信贷”政策，积极支持昌江核电厂等绿色新能源，严格执行“环保一票否决制”，2012年对高耗能、高污染和环保不达标项目的新增融资余额为零。另一方面，该行坚持把信贷结构优化放在突出位置，积极融入海南产业结构升级的发展大局。2012年“四大新市场”贷款累放额占公司贷款累放额的70.12%。三是大力支持小微企业发展。为满足小微企业的融资需求，该行相继推出了“网贷通”、短期融资、发票融资、国内保理等新型融资产品，持续完善对小微企业的服务，促进省内小微企业的稳步发展。2012年，该行累计发放小微企业贷款42亿元，占公司客户贷款累计投放额的16%，增幅达45%，高于一般公司贷款增幅32个百分点。四是大力支持“走出去”企业的发展。该行依托全球化的网络渠道，以福费廷、进出口押汇、订单融资等一系列国际贸易融资产品为主打，积极通过贸易融资业务推动“走出去”企业的转型升级。2012年，该行累计办理各类国际贸易融资业务总额同比增长64.24%，有力支持了海南“走出去”企业的健康发展。

▲ 2012年8月21日，杨若飞副行长出席参加“工行与海航地产业务合作框架协议”签约仪式

海南省分行

二、以提升服务品质为手段，积极满足区域金融需求

该行深入开展“满意在工行”活动，从服务渠道、产品创新、服务规范和服务效率等方面入手，将该行的整体服务水平提升到了一个新的高度。一是在渠道建设上，以加大物理网点建设步伐为抓手，近两年新建网点数是过去三年的4倍；以加强自助渠道建设为推手，2012年ATM机和自助终端布放量同比增长了28.4%，形成了与营业网点功能互补、触角延长的自助服务网络；以电子渠道建设为助手，不断创新和丰富网上银行和手机银行的业务功能，让广大客户不出门便可享受工行高效便捷的金融服务。2012年该行电子银行离柜业务率达74%。全年ATM机总交易笔数达7602.56万笔。二是在产品创新上，积极满足广大客户多元化金融服务需求。近年来，该行深入调研客户金融需求，创新推出了牡丹健康卡、好好旅游灵通联名卡、校园一卡通项目等十多个极具区域特色的创新项目，为广大客户提供了丰富的金融产品。三是在服务规范上，一方面大力推进服务环境标准化建设。按照“五个统一”的标准开展环境整治工作，网点服务环境逐步优化；另一方面创编了一套“8个标准动作、8句标准用语”的柜面服务礼仪操，并开展专项训练月活动，服务质量进一步提升。四是在服务效率上，进一步加强业务流程优化改造，完善了阳光审批、限时审批等七大机制，实施了网点岗位优化整合工程，使服务效率显著提升。2012年该行柜面服务客户平均排队等候时间下降40%，客户投诉量下降73.3%，且辖属世贸支行、金贸支行等网点先后获得全国文明服务百佳示范单位、全国文明服务千佳示范单位等多项殊荣。

三、以投身公益事业为契机，积极履行社会责任

该行始终以积极履行社会责任为己任，主动投身公益事业，积极组织员工参与“讲文明 献爱心”无偿献血活动，参与人数达百余人；积极开展爱心捐助活动，如向海南省红十字会捐赠200万元作为水灾赈灾款，辖属文昌、昌江等支行也向当地红十字机构捐款捐物；积极开展金融知识下乡活动，进一步提高了海南乡镇人民的金融知识水平；积极推进祖国最南端唯一金融机构——西沙支行的电子化进程，在实现全国业务联网的同时，投产了存取款一体机、POS等设备，使三沙支行形成了物理渠道与电子渠道并驾齐驱的格局，适应了南海形势的变化和三沙市建设的需求，进一步提升了对驻岛军队及居民的金融服务水平。近年来，该行先后获得海南省“十大领军企业”、“最具社会责任企业”、“军队金融服务先进单位卓越奖”等多项荣誉称号，品牌影响力和社会美誉度不断提升。

四、以文化强行为助推，发展氛围持续向好

该行始终大力实施文化强行战略，积极融合工行文化和区域特色，形成了以“工于至诚，行以致远”为主旋律，以“科学发展”的和谐文化、“客户至上”的服务文化、“锐意进取”的竞争文化、“协同高效”的团队文化、“勤勉尽责”的执行文化、“终身学习”的求知文化、“合规增值”的内控文化以及“知福·感恩·回报”等八大子文化为和弦，以“大禹”、“铁人”、“愚公”等三大精神为支撑的企业文化体系。始终坚持用文化聚人心，用和谐促发展，打造了一支专业能力优、综合素质高、团队凝聚力强的员工队伍，营造了温馨和谐、昂扬向上的企业文化氛围，使全行员工都能以主人翁的姿态投身到建设人民最满意银行的实践中，努力服务海南国际旅游岛建设，打造区域一流现代商业银行。

▲2012年11月13日，中国工商银行私人银行中心（海南）暨国贸财富中心举行开业庆典仪式，总行私人银行部总经理马健、省分行行长石琪贤、副行长王树慧和行长助理贺明及金融办、银监局领导出席庆典仪式

▲蔡文副行长参加2012年海口金融博览会开幕典礼

▲吴传武副行长出席“绿色金融 合作共赢”银企互联网推介会暨签约仪式

中国农业银行
AGRICULTURAL BANK OF CHINA

海南省分行

▲ 农业银行海南省分行与海航国际旅游岛开发建设（集团）有限公司签署合作协议

▲ 农业银行海南省分行与海南日报报业集团签署合作协议

▲ 农业银行海南省分行与海南农垦集团签署合作协议

中国农业银行股份有限公司海南省分行下辖24个分支行，190个营业网点，员工3800人，是目前海南唯一一家营业机构贯穿城乡的大型股份制商业银行。

农行海南省分行践行“面向三农、服务城乡、回报股东、成就员工”的企业使命，始终坚持不断加强和改善金融服务，加大对国民经济重点领域和薄弱环节的金融支持力度，努力服务社会经济发展。农行海南省分行在支持新农村建设和农业经济发展方面，更是全方位、深层次、宽领域加大支持力度,并取得了明显的效果，已成为支持海南“三农”经济金融的主力军。2008年以来，农行海南省分行坚持以农户为重点、以惠农卡为载体、以农户小额贷款为突破口，面向海南百万农户发放惠农卡，积极开展以惠农卡发放农户小额贷款途径的探索，初步摸索了“公司+专业合作社+推荐人＋农户”、“合作社（行业协会）＋农户”、“党政机关、协管员＋农户”、“信用村＋农户”、“生态文明村＋农户”等多种信用担保模式，全面推进服务“三农”工作，取得了较好的效果，成为县域市场的特色品牌。截至2012年12月末，惠农卡累计发卡57.64万张，覆盖了全省百万农户总数的51%。

农行海南省分行始终坚持产品和服务创新。中国农业银行海南省分行拥有众多个人和对公客户，并与省内外许多大型集团、行业龙头企业以及金融机构建立了长期稳定，互惠共赢的合作关系。在信贷支持领域方面，服务功能不断扩大、完善，信贷支持领域也从单纯的“三农”，逐步扩大到社会经济的各个方面。截止到2012年12月末，农行海南省分行本外币各项存款余额（含同业存款）734.67亿元,本外币各项贷款余额252.80亿元。同时，海南分行充分依托科技支撑，电子化网络已覆盖了全省所有网点并实现了全国联网，网点、网络遍布全省城乡各地，是城乡资金融通和交流的桥梁和纽带，全省设置24小时自助银行147个、离行式自助银行34个,布放现金类自助设备526台、离行式自助设备124台，并借助电子网络技术和全国农行系统的服务资源，构建了一个庞大的服务网络，努力为海南城乡广大客户提供高效、优质、便捷的金融服务，为促进海南经济平稳较快增长，加快推进产业转型和结构调整，提供了强有力的金融支持。

农行海南省分行确立了“凝心聚力、强基固本、有利无案、科学发展”工作思路，以良好的精神状态、强烈的责任意识、有效的工作方法，主动出击、敢于出击、善于出击，使全行业务发展的速度、质量和效益呈现同步提升的良好态势，全行经营管理实现了持续发展和显著提高，受到了农总行和省委省政府的充分肯定和高度评价。2011年，农行海南省分行还被评为“首届国际旅游岛经济领军企业”。

▲ 农业银行海南省分行“八一”慰问南航部队

▲ 农业银行海南省分行参加海南金融博览会

▲ 2012“农行杯”高尔夫邀请赛

中国农业发展银行海南省分行

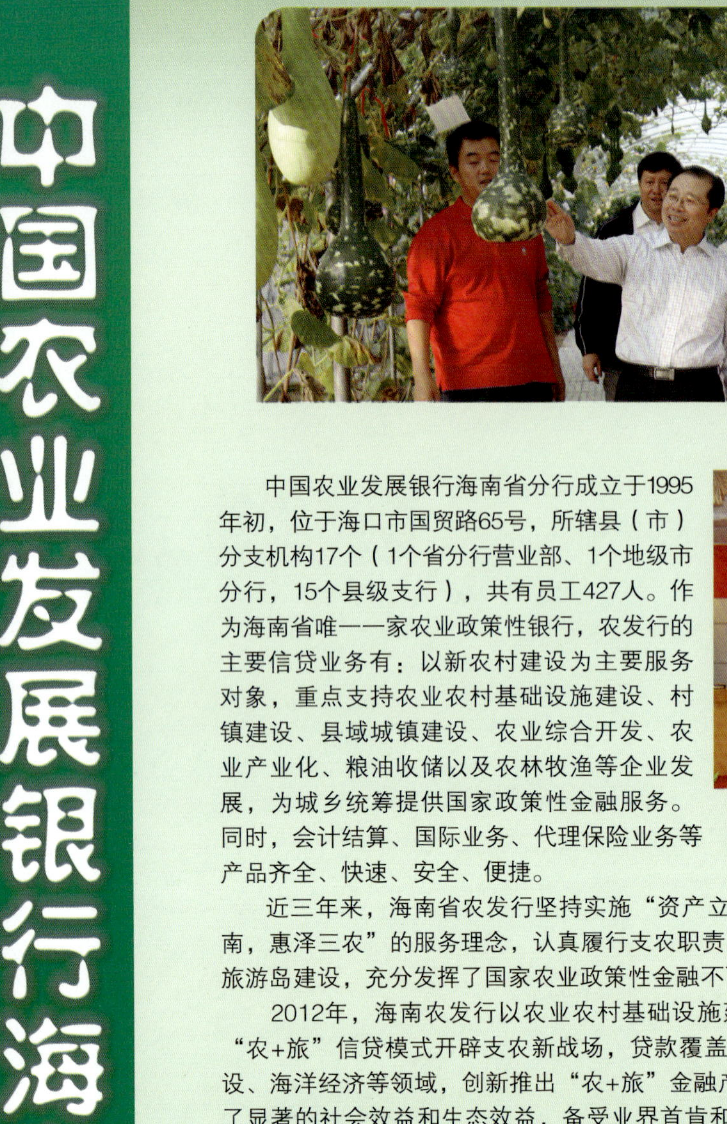

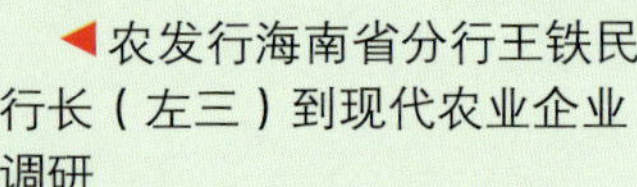

◀农发行海南省分行王铁民行长（左三）到现代农业企业调研

中国农业发展银行海南省分行成立于1995年初，位于海口市国贸路65号，所辖县（市）分支机构17个（1个省分行营业部、1个地级市分行，15个县级支行），共有员工427人。作为海南省唯一一家农业政策性银行，农发行的主要信贷业务有：以新农村建设为主要服务对象，重点支持农业农村基础设施建设、村镇建设、县域城镇建设、农业综合开发、农业产业化、粮油收储以及农林牧渔等企业发展，为城乡统筹提供国家政策性金融服务。同时，会计结算、国际业务、代理保险业务等产品齐全、快速、安全、便捷。

▲ 农发行海南省分行举办“爱岗敬业、甘于贡献”先进事迹报告会

近三年来，海南省农发行坚持实施“资产立行、人才强行、文化兴行”的发展战略，坚持“情系海南，惠泽三农”的服务理念，认真履行支农职责，累计贷款近180亿元，鼎力支持海南新农村建设和国际旅游岛建设，充分发挥了国家农业政策性金融不可替代的作用。

2012年，海南农发行以农业农村基础设施建设、新农村建设、农业综合开发贷款为主打产品，以“农+旅”信贷模式开辟支农新战场，贷款覆盖了粮油全产业经营以及海南新农村建设、国际旅游岛建设、海洋经济等领域，创新推出“农+旅”金融产品以及对农村现代物流体系建设全覆盖信贷支持，产生了显著的社会效益和生态效益，备受业界首肯和社会各界的广泛赞誉。海南农发行按照现代农业政策性银行的要求，一手抓业务发展，一手抓内部管理。业务经营与各项事业均得到长足发展，近三年来存贷款业务一年上一个台阶，中间业务持续发展，不良贷款持续双降，盈利水平创历史新高；企业文化建设、党建和队伍建设开创了新局面。

▲ 农发行海南省分行营业部召开的“快乐晨会”现场

根植海南三农热土，肩负新农村建设使命。国际旅游岛建设、经略南海、追梦海洋强省，都给海南农发行发展创造了前所未有的重大机遇，我们满怀豪情，大力实施“扩粮、强基、择商”发展战略，做大热带现代农业绿色经济、做强海洋蓝色经济、做实地方政府融资平台公司项目建设等三块蛋糕，为海南经济社会发展作出更大贡献。

▲ 农发行海南省分行优美整洁、规范有序的营业服务网点

▲ 农发行海南省分行支持建设的分界洲岛荣膺中国首家海岛型5A级景区

中国邮政储蓄银行海南省分行

▲国务院相关部室领导调研邮储银行万宁龙滚菠萝基地

▲领导嘉宾、海南省分行领导班子共同启动创富大赛。海南省政府林涛副秘书长与中国邮政储蓄银行刘敏主席共同按下启动键

2012年，中国邮政储蓄银行海南省分行贯彻落实集团公司和总行的工作部署，抓发展、推转型、强基础，各项工作取得了新成绩，在向现代商业银行转型发展的道路上迈出了新的步伐。

2012年，全行资产总额达到387亿元，同比增幅19.86%。经济资本回报率 22.03%，新增收入利润率26.29%，资产不良率0.18%，收入成本比达到 77.94%，拨备覆盖率519.35%。海南邮政金融全年收入达到9.27亿元，同比增长11.30%，其中，银行自营收入4.77亿元，同比增长25.83%。

[业务发展]

一、个人业务量效双增。2012年是利率市场化的第一年，着力稳固储蓄存款规模，发展价值客户，积极拓展信用卡、POS业务等结算工具市场，稳步实现业务规模与经营效益双提升：居民储蓄余额达到340亿元，全年新增53亿元，同比增幅18.60%，市场占有率达到15.70%，排名全省金融机构第3位，新增市场占有率21.52%，排名全省金融机构第1位。自营网点储蓄存款达到109亿元，占邮政金融储蓄总额的32.05%，全年新增19亿元，同比增幅21%。个人业务收入实现2.38亿元，完成年计划的104%，占总收入的49.89%，同比增长6.8%。

二、公司业务创收显著。通过抓住能力建设年的发展契机，抓住市场机会和客户资源优势，推出票据直贴业务、公司信贷业务等新业务。2012年公司存款达到38.49亿元，全年新增8.43亿元，同比增幅28.04%。完成收入6864万元，同比增幅35%。同时充分发挥自身盈利作用、广拓市场，办理票据转贴现业务74批次200亿元，创收5079万元，成为新的创收中心。

三、信贷业务局面双赢。通过组织强龙、蛟龙和枭龙三个龙系列行动以及“创富大赛”活动，吸引价值客户，有效拉动了信贷业务增长。2012年发放贷款21亿元，零售贷款增长率达到51.10%，在全国系统内排名第三位。个人贷款年净增额5.96亿元，新增额市场占有率14.86%，在省内金融机构中排名第三位。2012年综合逾期率0.39%，小额贷款逾期率为1.51%，整体风险可控。

[风险管控]

风险内控管理能力持续增强。2012年，充分发挥业务、风险、审计“三道防线”作用，强化科技安保，风险内控保障经营的作用进一步发挥。强化贷款业务的分类监测，实行小企业贷款业务按季度分类，个人商务贷款和小额贷款区别监测，其中资产分类工作得到海南银监局肯定。全省67个自营网点和144台ATM机的视频监控成功连接到省分行监控中心，安全防范能力大幅提升。

[科技与渠道建设]

立体化渠道网络建设加快。2012年，按照“十二五”网点规划，推进网点装修改造，调整网点布局，有效提升了网点形象和竞争力。电子渠道交易金额48亿元，交易替代率58.50%，这两项数据均排名全国系统内第一位；电子银行交易成功率97%，排名全国系统内第二位。

[履行社会责任]

一、“服务三沙”走前列。2012年，积极为新成立的三沙市提供零售金融服务，成功发放三沙市渔业小企业贷款，布设三沙市POS机具、为三沙居民发放邮储银行储蓄卡，使邮储银行的普惠金融走在了服务三沙市的前列。

二、“创富大赛”受关注。2012年，首次承办“创富大赛”系列活动，为中小微企业和个体工商户创业致富和助力地方经济发展提供有力支撑。

▲邮储银行海南省分行首届文化艺术节

国家开发银行海南分行

▲ 国家开发银行董事长陈元与省领导座谈

▲ 国家开发银行与海南省政府签署开发性金融合作协议

▲ 国家开发银行郑之杰行长到三亚视察项目进展情况

2012年，国家开发银行海南分行坚持服务于海南国际旅游岛建设发展，围绕海南省“科学发展年”、“项目建设年”中心工作，实现了支持地方经济社会建设和推动自身业务发展的共赢。截至2012年末，国开行海南分行贷款余额达1593亿元，占全省全部贷款余额的41%，连续9年市场占比全省第一；当年贷款余额新增263亿元，占全省新增贷款的38%；信贷资产质量优良，当期、累计贷款本息回收率连续28个季度保持100%。

一、规划先行，发挥金融支持国际旅游岛建设和南海发展的引领作用

2012年国开行海南分行积极发挥规划先行的优势和经验，推动与省政府新一轮的开发性金融合作，深入参与了三沙规划、南海规划的编制和实施，与海南省政府签署了《开发性金融支持加快推进南海开发合作备忘录》等四个文件，双方就重点加强南海规划合作达成了高度共识。

二、推进基层金融，支持海南民生领域，促进社会和谐发展

一是发放保障性安居工程项目贷款36亿元，保障性安居工程贷款余额130亿元，确保了全省保障性安居工程建设的顺利开工。

二是发放中小企业贷款181亿元，中小企业贷款余额达到668亿元，有效地缓解了海南中小企业融资难的问题。

三是积极推动水利建设，向海南省万泉河红岭水利枢纽工程等项目发放贷款4.37亿元。

四是向90392名寒门学子发放生源地助学贷款2.10亿元，覆盖全省19个市县，将海南省助学贷款工作向前推了一大步。

三、保障重点建设项目资金供给，支持旅游产业升级，扶持优势企业发展

一是支持重点建设项目，保障资金供给。2012年，国开行海南分行集中优势力量，全力推动文昌航天发射场、长影海南世纪城、三亚海棠湾等2012年省重点项目。2012年发放贷款482亿元，保障了全省保障房建设、高速公路、水利、重点旅游景区、重大市政建设、航空航天等多个领域重点项目的资金需求。

二是大力推进全省文化旅游产业发展。当年向海口市旅游升级系列工程、三亚亚龙湾云天热带森林公园、乐东龙沐湾、海口市司马坡岛文体基地等项目发放文化旅游产业类贷款100亿元。

2013年国家开发银行海南分行将继续认真贯彻国家经济金融政策，以服务国际旅游岛建设为中心任务，全力满足重大项目的资金需求，同时注重风险防范和化解，全面实现可持续发展。

▲ 国家开发银行海南分行2012年党风廉政建设工作及作风建设年动员大会

▲ 国家开发银行开发性金融服务与海南国资国企发展座谈会现场

椰树集团

“椰树”从28年前濒临破产到今日发展壮大 连续三年位列海口市工业企业产值第二名、税金第三名

▲省领导接见荣获“海南省优秀企业家”称号的椰树总裁王光兴

椰树集团的前身是1956年建立的国营海口罐头厂，1981—1985年连续亏损，仅差2万元就亏空全部家产，调换了四任厂长没有起色，拥有1400名职工的企业濒临破产。自1986年1月8日起，“椰树”在创业带头人王光兴带领下，如今已成为员工6000多人、年上缴税金4.09亿元、年产值39.21亿元的中国最大天然植物蛋白饮料生产企业。被誉“椰树集团是我省工业战线上的一面旗帜”、“海南人民所拥有的自主知识产权知名品牌”。取得六大显著成绩：

一、27年（1986—2012）共创税利48.49亿元，其中上交税金35.46亿元。自1993年起税利年年超亿元，12年前还清了银行贷款。“椰树”信用等级被金融部门评定为AA+级。

二、研制出具有世界领先地位的椰树牌椰子汁，被世界知识产权组织和国家知识产权局联合授予“中国专利发明创造金奖”，被国家科委和国家保密局定为饮料行业唯一的国家级保密产品。

三、开创出国内能抗衡洋饮料的两大民族名牌之一的椰树牌。主导产品椰树牌椰子汁、椰树牌矿泉水、火山岩珍贵天然矿泉水和天然芒果汁四大名饮被定为“中国国宴”饮料；椰树牌椰子汁和椰树牌矿泉水被国家授予“中国名牌产品”称号，这不仅是海南省当时唯一一家获此殊荣的企业，更是全国饮料行业唯一有两种产品同时被评为“中国名牌”的企业。

四、多年来年产值、税收位列海南前茅。拉动马口铁、印刷、纸箱、白糖等配套企业产值和税金的增长。

五、带动海南热带水果种植业的发展，帮助本省50万农民脱贫致富；职工生活达到小康水平。

六、热心社会公益事业，关心弱势群体，2003年被国家民政部授予“爱心捐助奖”、2009年被中华慈善总会授予“中华慈善突出贡献单位（企业）奖”。“椰树”近10年累计向社会捐助4000多万元。

宁愿损私为公、不愿损公为私，这两点是椰树集团创始人王光兴总裁领导“椰树”27年长盛不衰的关键。

王光兴自1986年1月8日调任“椰树”第一把手起，敢为天下先，率先在全国国有企业中推行“破三铁”、“科技重奖”、“能人先富”和“员工持股”等四项超前改革，一直坚持“宁愿损私为公 不愿损公为私”。

▲省委常委、省纪委书记马永霞到椰树新厂区调研

▲2013年3月24日，海口市市长倪强到椰树集团视察调研

▲椰树矿泉水生产线

▲椰树集团厂区

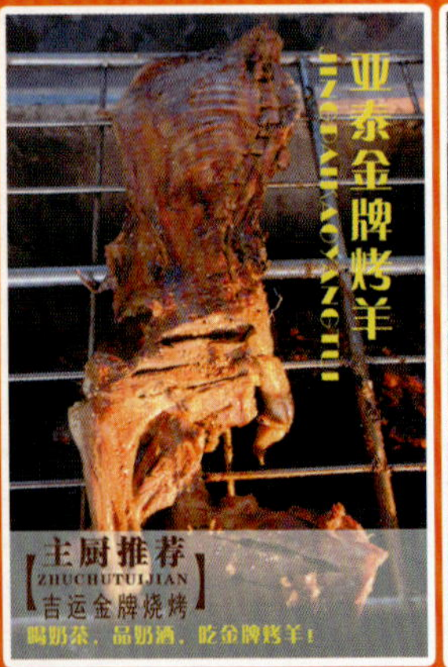

2012 年海南省经济和社会发展综述

2012 年，全省人民在省委、省政府的正确领导下，深入贯彻落实科学发展观，紧紧围绕省第六次党代会提出的战略部署，按照“科学规划年”和“项目建设年”的工作要求，迎难而上，真抓实干，奋力进取，经济保持平稳较快发展，改革开放深入推进，人民生活水平继续提高，各项社会事业全面进步，在推动实现绿色崛起和全面建成小康社会宏伟目标的进程中迈出新的步伐。

一、综合

经济保持平稳较快增长，增速逐季加快。初步核算，全年实现地区生产总值（GDP）2855.54 亿元，按可比价格计算，比上年增长 9.1%。其中，第一产业增加值 711.54 亿元，增长 6.3%；第二产业增加值 804.47 亿元，增长 11.0%；第三产业增加值 1339.53 亿元，增长 9.5%。从动态看，经济增速呈现逐季加快态势。一季度全省地区生产总值增长 8.0%，上半年增长 8.1%，前三季度增长 8.4%，全年增长 9.1%。

人均地区生产总值突破五千美元大关。全年人均地区生产总值 32374 元，按当年年平均汇率折算为 5147 美元，继 2010 年超 3000 美元、2011 年超 4000 美元后，再上 5000 美元台阶，标志着海南经济发展进入了一个新的阶段。

物价涨幅得到有效控制，呈现逐步回落态势。全年居民消费价格（CPI）比上年上涨 3.2%，低于年初预期调控目标 1.8 个百分点。其中，食品上涨 5.2%，居八大类价格之首。农业生产资料价格上涨 4.3%，工业生产者出厂价格上涨 0.8%，工业生产者购进价格下降 0.4%。

居民消费价格比上年涨跌幅度见表 1:

表 1: 2012 年居民消费价格比上年涨跌幅度（%）

项目	涨跌幅度
居民消费价格	**3.2**
食品	5.2
#粮食	4.1
菜	15.6
烟酒及用品	1.2
衣着	2.8
家庭设备用品及维修服务	3.5
医疗保健与个人用品	2.0
交通和通讯	1.6
娱乐教育文化用品及服务	2.1
居住	1.7

地方公共财政收入较好完成年度预期目标，各项重点支出得到较好保障。全年全口径公共财政收入 770.87 亿元，比上年增长 11.7%。其中，地方公共财政收入 409.44 亿元，增长 20.4%，增速高于年度预期目标。财政支出结构得到进一步优化，继续向保重点、保民生、保稳定方向倾斜。全年地方公共财政支出 911.67 亿元，比上年增长 17.1%。其中，教育支出 158.79 亿元，增长 24.8%；住房保障支出 44.76 亿元，增长 29.6%；城乡社区事务支出 52.22 亿元，增长 32.0%；医疗卫生支出 59.86 亿元，增长 19.0%；农林水事务支出 123.62 亿元，增长 17.0%；社会保障和就业支出 106.15 亿元，增长 12.9%；文化体育与传媒支出 19.85 亿元，增长 19.6%；交通运输支出 67.51 亿元，增长 26.9%。

经济社会发展中存在的主要问题：受世界经济低迷和全国经济增速放缓，以及房地产市场调控政策继续从紧影响，全省经济增速不如预期；产业基础薄弱，结构不优；区域发展不平衡的问题仍较突出等。

二、产业发展

（一）农业。

农业生产获得较好收成。全年农业完成增加值 711.54 亿元，比上年增长 6.3%，热带特色优质高效农业持续较快发展。分产业看，种植业增加值 298.63 亿元，增长 5.1%。全年粮食产量 199.50 万吨，增长 6.1%；

蔬菜产量499.00万吨，增长6.4%；水果产量428.71万吨，增长6.2%。全年渔业完成增加值176.13亿元，比上年增长7.0%。加大对大中型外海捕捞渔船补贴力度，推动发展深海捕捞；大力发展深水网箱养殖，投放深水网箱继续增加，进一步扩大了养殖空间，提高了集约化水平。水产品产量172.73万吨，比上年增长7.8%。林业完成增加值93.37亿元，比上年增长6.8%。干胶产量39.51万吨，增长6.3%。全年畜牧业完成增加值125.41亿元，增长6.9%。肉类总产量79.54万吨，增长10.6%。外向型农业持续较快发展。全年农产品出口总值6.02亿美元，比上年增长5.6%。全年瓜果菜出岛590万吨，生猪出岛220万头，家禽出岛3950万只，分别增长3.5%、9.5%和10.5%。

主要农产品产量及其增长速度见表2：

表2：　　2012年主要农产品产量及其增长速度

产品名称	单　位	绝对数	比上年增长%
粮食	万吨	199.50	6.1
糖蔗	万吨	394.24	8.1
油料	万吨	10.36	4.2
蔬菜	万吨	499.00	6.4
水果	万吨	428.71	6.2
其中:香蕉	万吨	209.10	10.8
菠萝	万吨	34.27	8.3
芒果	万吨	41.12	1.9
荔枝	万吨	14.69	13.9
橡胶干胶	万吨	39.51	6.3
椰子	亿个	2.42	1.6
胡椒	万吨	3.66	3.4
槟榔	万吨	19.81	17.1
肉类总产量	万吨	79.54	10.6
其中:猪牛羊肉	万吨	51.67	12.7
禽肉	万吨	25.30	6.6
禽蛋产量	万吨	3.58	7.8
水产品总产量	万吨	172.73	7.8
其中：海水	万吨	132.54	6.9
淡水	万吨	40.19	11.0

农业现代化水平继续提高。年末农业机械总动力442.81万千瓦，增长9.5%，其中排灌机械动力98.90万千瓦，增长6.7%。大中型拖拉机1.77万台，增长11.2%；小型拖拉机5.84万台，增长10.7%。化肥施用量（折纯量）46.25万吨，增长19.7%。全年农村用电量8.59亿千瓦时，增长21.4%。现有农田水利有效灌溉面积17.86万公顷，增长8.9%。

（二）工业和建筑业。

工业生产保持增长。全年工业完成增加值521.15亿元，比上年增长8.8%。其中，规模以上工业增加值482.05亿元，增长8.9%。分轻重工业看，轻工业增加值106.17亿元，增长14.5%；重工业增加值375.88亿元，增长7.5%。分经济类型看，国有企业增长25.4%，集体企业下降33.6%，股份合作企业增长25.5%，股份制企业增长15.4%，外商及港澳台投资企业下降0.6%，其他经济类型工业增长17.1%。工业产品产销衔接良好，产销率达99.2%。

全年产值超30亿元的规模以上重点行业中，石油加工业产值575.09亿元，汽车制造业产值119.45亿元，电力、热力的生产和供应业产值167.08亿元，造纸及纸制品业产值93.10亿元，非金属矿物制品业产值108.74亿元，化学原料及化学制品制造业产值109.39亿元，医药制造业产值92.22亿元，黑色金属矿采选业32.48亿元，电气机械及器材制造业产值65.35亿元，食品制造业产值39.13亿元，计算机、通信和其他电子设备制造业产值34.64亿元。

汉能250兆瓦太阳能电池、华盛400万吨新型干法水泥、椰树集团老城饮料基地、红塔30万箱卷烟异地技改、中高端光电倍增管等15个项目建成投产或试产。洋浦经济开发区、老城开发区、海口保税区、东方工业园区、昌江循环经济开发区等工业园区产值规模不断扩大，成为支撑工业经济的主力军。

主要工业产品产量及其增长速度见表 3:

表 3: 2012 年主要工业产品产量及其增长速度

产品名称	单 位	绝对数	比上年增长%
发电量	亿千瓦时	191.98	13.3
铁矿石(原矿)	万吨	587.23	1.3
原油加工	万吨	928.94	1.5
钢材	万吨	20.89	-9.8
水泥	万吨	1672.37	16.1
人造板	万立方米	47.67	16.9
汽车	万辆	12.95	-12.6
精甲醇	万吨	142.59	-0.2
配混合饲料	万吨	158.98	14.3
成品糖	万吨	30.58	24.9
卷烟	亿支	105.00	10.5
罐头	万吨	24.50	5.6
软饮料	万吨	48.38	14.9
饮料酒	万千升	11.09	-25.3
机制纸及纸板	万吨	128.19	13.7
氮肥	万吨	59.97	-10.7
合成纤维聚合物	万吨	26.99	5.0
天然原油	万吨	18.96	-3.6
天然气	亿立方米	1.80	-8.0
纸浆	万吨	125.68	1.6
液化石油气	万吨	58.73	-2.1
太阳能电池	万千瓦	66.86	1.9倍

工业企业经济效益下降。全年列入统计监测的 377 家规模以上工业企业综合效益指数 328.88%,实现利润总额 133.35 亿元。

建筑业较快发展。全年建筑业完成增加值 283.32 亿元,比上年增长 15.4%。本省具有资质等级的建筑企业 130 个,从业人员 5.92 万人;全年房屋建筑施工面积 2281.22 万平方米,竣工面积 811.81 万平方米;实现利润总额 11.37 亿元。

(三)旅游、房地产、交通运输和邮电。

旅游业保持较快发展。进一步整顿和规范旅游市场秩序,启动海南国际旅游岛全国推广活动,组团赴俄罗斯、日本、韩国、港澳台等 17 个国家和地区参加展会和举办系列旅游专项促销活动等,着力打造中国(海南)七仙温泉嬉水节、第三届海南国际旅游岛形象大使选拔活动、环岛国际公路自行车赛、观澜湖高尔夫球世界职业明星邀请赛等一系列重大体育赛事,推动旅游业持续较快发展。呀诺达雨林文化旅游区获得国家 5A 级旅游景区称号。全年接待旅游过夜人数 3320.37 万人次,比上年增长 10.6%。其中,接待国内旅游者 3238.80 万人次,增长 10.9%;接待入境旅游者 81.56 万人次,增长 0.1%。全年旅游总收入 379.12 亿元,比上年增长 17.0%。其中,国内旅游收入 356.79 亿元,增长 19.1%;入境旅游收入 3.48 亿美元,下降 8.0%。旅游接待能力进一步提高。年末全省共有挂牌星级宾馆 172 家,其中五星级宾馆 23 家,四星级宾馆 46 家,三星级宾馆 80 家。

房地产业保持增长。全年房地产业完成增加值 238.11 亿元,比上年增长 4.7%。全年房屋施工面积 5109.49 万平方米,增长 39.6%;销售面积 931.84 万平方米,增长 4.9%;销售额 735.57 亿元,下降 6.9%。

交通运输邮电业较快发展。全年交通运输、邮电和仓储业实现增加值 133.40 亿元,比上年增长 8.7%。全年货物运输周转量 1557.08 亿吨公里,增长 12.4%;旅客周转量 503.67 亿人公里,增长 6.5%。各种运输方式完成货物和旅客周转量、主要港口(水港)吞吐量及其增长速度见表 4:

表 4: 2012年货物和旅客周转量、主要港口（水港）吞吐量及其增长速度

指　标	单位	绝对数	比上年增长%
一、货物周转量	**亿吨公里**	**1557.08**	**12.4**
铁　路	亿吨公里	12.32	1.5
公　路	亿吨公里	109.35	12.0
水　运	亿吨公里	1429.12	12.6
民　航	亿吨公里	6.29	1.5
二、旅客周转量	**亿人公里**	**503.67**	**6.5**
铁　路	亿人公里	25.03	持平
公　路	亿人公里	147.63	0.5
水　运	亿人公里	3.15	1.9
民　航	亿人公里	327.86	10.1
三、主要港口（水港）吞吐量			
货物吞吐量	万吨	9081.30	-
其中：出港货物量	万吨	5091.56	-
旅客吞吐量	万人	1273.72	-
其中：离港旅客	万人	642.58	-

全年邮电业务总量101.42亿元，比上年增长10.3%。其中，电信业务总量95.50亿元，增长10.2%；邮政业务总量5.92亿元，增长12.5%。年末全省固定电话用户173.01万户，其中，城市电话用户121.99万户，农村电话用户51.02万户。年末移动电话用户775.62万户，增长15.5%。年末拥有互联网用户725.30万户，增长17.3%。固定电话普及率每百人19.3部，移动电话普及率每百人86.6部。

（四）批发零售和住宿餐饮。

批发零售业保持较快增长。全年批发零售业完成增加值300.52亿元，比上年增长7.5%。全年先后举办了“省长会网友乐享海南游”网络媒体推介活动、第六届海南汽车展销会、首届海南电脑手机数码博览会、中国（海南）国际旅游岛美食文化节、名特优产品展销会、第五届中国海南国际旅游地产文化节重庆房展会、组织企业参加美国波士顿水产博览等一系列促销活动，离岛免税政策放宽限额自11月1日起实施，进一步推动消费需求扩大。全年社会消费品零售总额852.34亿元，比上年增长15.0%。按经营地分，城镇零售额748.89亿元，增长14.3%；乡村零售额103.45亿元，增长20.4%。按消费形态分，商品零售额723.55亿元，增长14.2%；餐饮收入128.79亿元，增长19.7%。

在限额以上企业商品零售额中，增幅较大的有：化妆品类零售额增长73.3%，粮油类增长34.5%，服装类增长22.5%，日用品类增长74.5%，书报杂志类增长22.8%，金银珠宝类增长34.5%，中西药品类增长28.9%，通讯器材类增长41.5%等。

住宿餐饮业保持增长。全年住宿餐饮业完成增加值98.96亿元，比上年增长3.2%。

（五）金融、证券和保险。

金融业快速发展。全年金融业完成增加值130.69亿元，比上年增长20.8%。阳光人寿保险公司总部、亚洲金融合作联盟落户三亚，海南大宗商品交易中心正式挂牌营业，城市商业银行方案获中国银监会批准等。中信银行海口分行、招商银行海口分行等挂牌运营，新批准设立小额贷款公司8家。年末全省金融机构本外币存款余额5109.70亿元，比上年末增长13.3%。年末金融机构本外币贷款余额3889.63亿元，比上年末增长21.7%。其中，短期贷款515.24亿元，增长13.7%；中长期贷款3136.98亿元，增长22.1%；票据融资65.30亿元，增长1.9%。金融机构效益较好。银行业金融机构资产总额7282.92亿元，比上年增长17.4%；利润总额76.86亿元，增长14.2%；不良贷款率1.1%，下降0.3个百分点。

证券业加快发展。双城药业7月份在深交所上市，海南航空、海岛建设和欣龙控股定向增发融资93.32亿元，海航机场发行中期票据募集资金6亿元，金元证券获大股东增资20亿元，新发起设立3支股权投资资金7亿元。全年通过发行、配售股票共筹集资金99.32亿元，比上年增长21.3%；年末境内上市公司由上年末的25家增加到26家，股票市价总值1444.86亿元，比上年增长17.7%；证券和期货交易总额41937.99亿元，比上年增长13.8%。

保险业务较快增长。全年原保险保费收入60.27亿元，比上年增长12.1%。其中，财产保险收入25.89

亿元，增长15.4%；人身险业务收入34.38亿元，增长9.8%。在人身保险收入中，人身意外伤害险收入1.07亿元，增长17.2%；健康险收入2.55亿元，增长25.8%；寿险收入30.76亿元，增长8.4%。全年赔付支出18.17亿元，比上年增长14.4%。其中，财产保险赔付12.45亿元，增长17.5%；人身保险赔付5.72亿元，增长8.5%。在人身保险赔付中，人身意外伤害险赔付0.11亿元，增长54.6%；健康险赔付0.58亿元，增长26.3%；寿险赔付5.03亿元，增长6.0%。

三、固定资产投资

固定资产投资快速增长。“项目建设年”的有效实施推动投资持续快速增长，成为拉动经济发展的重要引擎。全年固定资产投资2145.38亿元，比上年增长33.1%。其中，房地产开发完成投资886.64亿元，比上年增长33.7%，占固定资产投资额的41.3%。全年施工项目个数为2485个，同比增长20.0%。其中，本年新开工的项目为994个，增长24.1%。分产业看，第一产业投资30.03亿元，增长1.6倍；第二产业投资394.36亿元，增长29.4%；第三产业投资1720.98亿元，增长32.9%。分地区看，东部地区投资1428.67亿元，比上年增长26.8%；中部地区投资150.99亿元，增长39.7%；西部地区投资578.29亿元，增长53.7%。

重点项目建设进展较好。全年265个重点项目完成投资1370亿元，比上年增长77.9%，完成年度计划投资的117.8%。30万箱红塔卷烟、英利400兆瓦多晶硅太阳能电池、汉能250兆瓦薄膜太阳能电池、中航特玻3号生产线、中高端光电倍增管、椰树集团老城饮料基地、澄迈含硫含镁作物专用肥、白沙生姜冷藏及加工、文昌光伏玻璃砂生产基地、文昌热带饮料产业基地、东方电厂二期工程等项目建成投产，清澜大桥、海口至屯昌高速公路等竣工通车；海口国宾馆、海口天利酒店、三亚海棠湾洲际酒店、乐东温德姆酒店、乐东凯宾斯基别墅酒店等项目已进入收尾阶段；昌江核电一期工程、红岭水利枢纽工程、海棠湾国家海岸、陵水清水湾、万宁神州半岛、乐东龙沐湾、海南生态软件园、海马30万辆汽车、中海油精细化工一期工程、60万吨聚酯原料、中石化成品油保税库、300万吨LNG、万宁奥特莱斯购物中心等95个项目已进入主体施工阶段。国际旅游岛先行试验区基础设施、海口观澜湖旅游小镇、布隆赛乡村文化旅游小镇、洋浦精密零部件制造、昌江生态建材、东软信息产业基地一期、屯昌至琼中高速公路、海口西海岸南片区一期工程、20万吨镀锡原板扩建、联塑塑料管道生产基地项目、海南亚洲制药厂等72个新项目已开工建设。

四、对外开放

对外开发水平进一步提高。调整放宽离岛免税政策，免税商品品种扩大到21种，每人每次免税购物限额提高至8000元。全年免税商品零售额23.88亿元，比上年增长1.2倍。洋浦开发区规划范围调整，享受保税政策的开发区面积扩大9.7平方公里。成功承办第八届泛洙大会，与兄弟省市区签署合作项目24个、总投资2017亿元。第15届冬交会实现农产品交易额290.5亿元，签约项目总投资180亿元。与国家多个部委和大型企业集团签署了合作协议，其中与央企签约项目51个、总投资2288亿元。海口至越南集装箱班轮航线开通。海航集团收购法国蓝鹰航空48%股权、新加坡通用海洋货柜公司，海南农垦集团有限公司和海南橡胶集团联合并购新加坡R1公司75%股权。博鳌亚洲论坛年会、央企对接会、三亚国际财经论坛等重大国际国内会议在海南成功举行。国内外大财团、大企业来琼投资日益增多，与世界各国、各地区的经济、贸易、科技、教育、文化等领域的交流日益加强，政府、民间和社会团体之间的友好往来进一步活跃。

外贸进出口总额较快增长。全年对外贸易进出口总值143.30亿美元，比上年增长12.3%。其中，出口总值31.43亿美元，增长23.7%；进口总值111.87亿美元，增长9.5%。在出口总值中，对香港出口9.75亿美元，增长31.6%；对中东出口1.14亿美元，增长21.5%；对东盟出口6.07亿美元，增长89.8%；对欧盟出口4.44亿美元，下降4.1%；对美国出口3.39亿美元，增长40.2%；对日本出口1.54亿美元，增长2.0%等。

利用外资规模持续扩大。全年全省实际利用外商直接投资16.41亿美元，比上年增长7.8%。新签外商投资项目74宗，比上年增长19.4%；协议合同外商投资额12.34亿美元，增长68.0%。

五、人民生活、就业和社会保障

城乡居民收入较快增长，人民生活水平继续提高。全年城镇居民人均可支配收入达20918元，比上年增长13.9%，扣除价格因素，实际增长10.4%；农村居民人均纯收入7408元，比上年增长14.9%，扣除价格因素，实际增长11.4%。其中，工资性收入增长23.5%，外出劳务成为农民增收的重要拉动力。全年在岗职工平均工资40051元，比上年增长9.1%。城乡居民个人存款2170.91亿元，增长15.8%。居民消费支出较快增长，生活质量不断提高。全年城镇居民人均消费支出 14457 元，比上年增长 14.3%；农民人均生活消费支出 4736 元，增长 14.8%。城镇居民人均住房建筑总面积 29.34 平方米，与上年基本持平；农村居民人均住房面积 26.12 平方米，增加 0.95 平方米。

就业保持良好态势。全年城镇新增就业人数 9.7 万人，比上年增长 2.1%；年末城镇登记失业率 2%，增长 0.3 个百分点。农村劳动力转移 9.3 万人，增长 1.1%。就业规模继续扩大。年末从业人员 483.90 万人，比上年末增长 5.4%。其中，城镇从业人员 183.21 万人，增长 9.7%。全部在岗职工人数 87.29 万人，比上年增长 5.4%。

社会保障水平继续提高。各项社会保障工作全面推进，社会保障水平不断提高。全省月最低工资标准上调 220 元，城乡居民医疗保险财政补助水平由每年 200 元提高到 240 元，60 周岁以上农村居民基础养老金由 70 元提高到 85 元，率先全国实现五项社会保险省级统筹。年末全省城镇参加基本养老保险（含离退休人员）214 万人，比上年末增长 7.5%；参加医疗保险 378 万人，增长 9.5%；参加工伤保险 119 万人，增长 14.9%；参加生育保险 116.03 万人，增长 15.2%；参加失业保险 141.81 万人，增长 10.6%。

各类保障性住房建设超额完成全年任务。全年城镇开工建设保障性住房 8.41 万套，占计划的 111.4%。其中，竣工 7.17 万套，占计划的 134.6%。全年开工建设面积 710.40 万平方米，竣工面积 595.56 万平方米。农村危房改造 3.04 万套，占计划的 121.8%，其中竣工 2.86 万套，占计划的 114.5%；改造面积 237.2 万平方米，其中竣工面积 207.7 万平方米。

六、医疗卫生和社会救助与社会福利

医疗卫生事业取得新发展。解放军总医院海南分院、省眼科医院和耳鼻喉头颈外科医院建成开诊，海南医学院附属医院外科综合大楼建成投入使用。全年改造乡镇卫生院 50 个。年末全省共有各类卫生机构 5142 个，比上年增长 6.8%。其中，疾病预防控制中心（卫生防疫站）27 个，妇幼保健院（所、站）24 个，专科疾病防治机构 24 个。社区卫生服务中心（站）140 个；农村乡（镇）卫生院 300 个。全省共有医院病床位 3.01 万张，增长 5.3%。各类卫生技术人员 4.47 万人，比上年增长 3.3%。其中执业医师 1.22 万人，执业助理医师 3260 人；注册护士 1.93 万人，增长 5.9%；药剂人员 0.23 万人，增长 8.3%；检验人员 0.17 万人，增长 2.0%。报告甲、乙类传染病发病人数 2.43 万例，比上年增长 6.7%；报告死亡 105 人，下降 14.6%；报告传染病发病率十万分之 934.79，下降 1.7%；死亡率十万分之 1.3，下降 27.8%。全年新型农村合作医疗参合率达 98.2%。

社会救助与社会福利继续得到加强。年末全省城镇各种社区服务设施 70 个，比上年增长 2.9%；抚恤、补助各类优抚对象 2.74 万人，增长 8.7%；年末城镇居民最低生活保障人数 15.71 万人，农村居民最低生活保障人数 24.74 万人，农村五保户供养人数 3.3 万人。全年实施城乡医疗救助 59.32 万人次，其中城市医疗救助 24.77 万人次，农村医疗救助 34.55 万人次。全年救助灾民 86 万人次，投入救灾救济资金 0.74 亿元。发放物价联动补贴和临时生活补贴 4039 万元。10 所农村敬老院改建扩建工程全部建成，省托老院即将完工，4 所城镇中心养老院开工建设。全省共销售福利彩票 14.33 亿元，比上年增长 20.6%；筹集社会福利彩票公益金 3.5 亿元，增长 19.1%。

七、教育、科学技术、文化和体育

教育事业取得新发展。新建、续建和改建幼儿园 254 所，新增学位 2.6 万多个；8 所思源学校建成开学，新增学位 1.82 万个；14.4 万名中职学校城镇家庭经济困难学生、涉农专业学生和农村户籍学生享受免学费政策。海南大学被列入国家中西部高校基础能力建设专项规划。全年普通高校（含成人教育）招生 6.19 万人，在校学生 19.61 万人；中职学校招生 5.11 万人，在校学生 14.19 万人；普通高中招生 6.30 万人，在校学生 17.55 万人，高中毛入学率 85.2%；普通初中招生 11.94 万人，在校学生 36.47 万人；普通小学招生 12.25 万人，在校学生 75.22 万人，小学净入学率达 99.7%。

科技事业发展取得新成就。73 个项目通过海南省高新技术项目认定，24 家企业通过国家高新技术企业认定。全省新建农业科技 110 服务点 85 个、服务站 7 个。全年新增省级工程技术研究中心 1 家、省级重点实验室 10 家。全省组织实施国家火炬计划项目 12 项、科技型中小企业技术创新基金项目 37 项、国家 973 计划前期研究专项课题 1 项、国家星火计划项目 5 项、国家农业科技成果转化资金项目 12 项、国家科技进步奖 1 项、国家自然科学基金项目 144 项。全年共申请专利 1824 项，比上年增长 23.2%；获得专利授权 1084 项，增长 38.3%。

文化事业建设取得新突破。海南省博物馆荣获“国家一级博物馆”称号。举办了首届海南省艺术节。全面实施广播电视村村通工程，完成“十二五”第二批 10 万套直播卫星接收设备安装，实现了自然村全覆盖，提前 3 年完成了国家下达的目标。全面实现了全省农村数字电影全覆盖。年末全省共有各类艺术表演团体 61 个，文化艺术馆 21 个，公共图书馆 20 个。全省有线电视用户达 95 万户，比上年增长 11.8%。广播综合人口覆盖率和电视综合人口覆盖率分别达 96.5%和 95.5%。全省共有报社 15 家，出版报纸 24455 万册；杂志社 43 家，出版杂志 803 万册。

体育活动蓬勃开展。全年全省运动健儿在全国体育运动会比赛中，获得金牌 34 枚、银牌 34 枚、铜牌 27 枚；在亚洲运动会比赛中获得金牌 2 枚、银牌 3 枚、铜牌 6 枚；在世界性运动会比赛中，获得金牌 6 枚、银牌 1 枚、铜牌 1 枚。全民体育健身活动蓬勃开展。成功举办了第三届海南岛国际大帆船赛、第七届环岛国际公路自行车赛、世界沙滩排球巡回赛“奥林匹克杯”三亚女子公开赛、海南万宁日月湾国际冲浪节、世界女子高尔夫球锦标赛、观澜湖高尔夫世界明星邀请赛、中华龙舟首站比赛等体育赛事、海南省第四届体育运动会等。

八、生态环境保护和地质勘查

生态环境保护得到进一步加强。全年化学需氧量（COD）排放量 19.74 万吨，二氧化硫（SO_2）排放量 3.41 万吨。万元规模以上工业增加值能耗下降 4.3%。工业企业污染物排放达标率达到 96.6%。企业燃煤机组脱硫设施安装率达 100%、投运率达 98.8%。电力业脱硝设施安装率达 39.0%、投运率达 91.4%。国家下达的钢铁、造纸、水泥等落后产能淘汰率达 100%。现有城镇污水处理设施 29 个，年末城镇污水处理厂日处理能力达 108.4 万立方米，增长 2.3%；城镇生活污水集中处理率由上年的 72%提高到 75%；现有城镇垃圾处理设施 18 个，生活垃圾无害化处理率达 100%。新建文明生态村 631 个，累计达到 13660 个；新建小康环保示范村 34 个，累计达到 150 个。海南被国家发改委确定为低碳试点省。积极开展“绿化宝岛”行动。全年造林绿化面积 4.45 万公顷，比上年增长 99.6%。森林覆盖率达 61.5%，比上年提高 1.0 个百分点。城市建成区绿化覆盖率 34.0%，提高 0.1 个百分点。年末全省有自然保护区 49 个，其中国家级 9 个，省级 23 个；自然保护区面积达 270.25 万公顷，其中国家级 10.36 万公顷，省级 258.47 万公顷。列入国家一级重点保护野生植物有 4 种，列入国家二级重点保护野生植物有 44 种；列入国家一级重点保护野生动物有 18 种，列入国家二级重点保护野生动物有 105 种。

城市（镇）环境空气质量总体保持优级。城镇环境空气质量优良天数比例为 100%。所有监测城市（镇）的环境空气质量均达到或优于居住区空气质量要求的国家二级标准，有 96.4%的监测日环境空气质量符合国家一级标准，达到自然保护、风景名胜区的空气质量水平。环境空气中主要污染物二氧化硫、二氧化氮浓度符合国家环境空气质量一级标准，部分城市(镇)个别监测日出现可吸入颗粒物浓度超国家一级标准，对空气质量有轻微影响。

地表水环境质量总体为优。全省 94.2%的监测河段、83.3%的监测湖库达到或优于可作为集中式生活饮用水源地的国家地表水Ⅲ类标准，南渡江、昌化江、万泉河三大河流水质保持优良态势，大多数中小河流水质优良，个别湖库和部分中小河流的局部河段水质轻度污染；所有开展监测的绝大部分城市(镇)集中式生活饮用水水源地水质均符合国家集中式饮用水源地水质要求。

近岸海域水质总体为优。海南岛绝大部分近岸海域处于清洁状态，一、二类海水占 91.1%，92.5%的监测海域水质符合水环境管理目标的要求。洋浦经济开发区、东方工业园区和老城经济开发区三大重点工业园区及 19 个主要滨海旅游区近岸海域水质为优，保持一、二类海水水质。西沙群岛近岸海域水质为优，均为一类海水。

年末全省有环境监测站 20 个，其中国家一级站 1 个，国家二级站 2 个，国家三级站 17 个；环境监测人员 434 人。

地质勘查取得新成果。全年新发现矿产 22 处，其中金属矿产 9 处、非金属矿产 11 处、水气矿产地 2 处。地质勘查机械岩心钻探 12.20 万米，比上年增长 14.8%。

九、人口和安全生产

人口保持低速平稳增长。根据人口变动情况抽样调查推算，全省人口出生率 14.66‰，死亡率 5.81‰，自然增长率 8.85‰，控制在年初预期目标 9.2‰以内。年末常住人口 886.55 万人，比上年增加 9.17 万人。全省城镇人口比重提高到 51.6%。

安全生产状况总体保持稳定。亿元地区生产总值生产安全事故死亡 0.19 人，比上年下降 13.0%。全年无重大特大安全生产全事故发生。全年发生各类生产安全事故 2523 起，比上年下降 1.0%，其中死亡 553 人，下降 3.0%；直接经济损失 6414 万元，下降 0.7%。全年道路交通事故发生 1746 起，下降 0.4%。其中，死亡人数 457 人，下降 3.4%；直接经济损失 938 万元。火灾事故发生 688 起，下降 3.2%，死亡人数 6 人；直接经济损失 1855 万元。

注：地区生产总值和各产业增加值绝对数按现行价格计算，增长速度按可比价格计算。

Statistical Summary of Economic and Social Development, Hainan 2012

In 2012, with the correct leadership of Hainan provincial committee of the Communist Party of China and Hainan provincial government, the people of Hainan province implemented "the Scientific Outlook on Development" thoroughly. In accordance with the requirements of Scientific Planning Year" and "Project Construction Year", we moved forward facing with difficulties, worked hard and earnestly, struggled to forge ahead. Economy remained rapid and steady growth. Reform and open was moved forward deeply. Level of people's livelihood was improved constantly. Social undertakings have also made a progress overall.

Ⅰ. General survey

Economy maintained steady and more rapid growing. Speed increase accelerated season by season. According to preliminary accounts, the Gross Domestic Product (GDP) of Hainan province was 285.55 billion yuan, an increase of 9.1% over the previous year by calculated at comparable prices. The value added of the primary industry was 71.15 billion yuan, up 6.3%. The secondary industry was 80.45 billion yuan, up 11.0%. And the tertiary industry was 133.95 billion yuan, up 9.5%. The economic growth speeded up season by season on its dynamic state. The increase rate of GDP of Hainan on 1st season was 8.0%, which was 8.1% on the first half year, 8.4% on the 3rd season and reached 9.1% of the whole year.

Per capita GDP exceeded 5,000 USD. In 2012, the per capita GDP of province was 32,374 yuan, calculating 5,147 USD, according to the average exchange rate of 2012. Which step up the level of 5,000 USD, which was just exceeded 3000 USD in 2010 and 4000 USD in 2011. So that it marked that Hainan's economic development will move into a new stage.

Price inflation has been effectively controlled, showing the gradual decline trend. In 2012, the CPI (Consumer Price Index) of Hainan increased 3.2% over the previous year, 1.8 percentage points lower than the expected control objectives at the beginning of the year. Prices rising has distinct structural feature. However, rising on food prices was the main factor to push up the overall level of prices. The price index of food increased 5.2%, ranking the first of 8 main prices indices by category. Price indices for means of agricultural production rose 4.3%; the producer price index for manufactured goods rose 0.8%; The purchases prices of industrial production down 0.4%.

CPI ups and downs rate in 2012 compared with last year (%)

Consumer Price Index	3.2
Food	5.2
Grain	4.1
Vegetables	15.6
Cigarette, Wine and Articles	1.2
Clothing	2.8
Household Facilities, Articles and Services	3.5
Health Care and Personal Articles	2.0
Transportation and Communication	1.6
Recreation, Education and Culture Articles	2.1
Residence	1.7

Local public finance revenues were better to complete the annual target, and the main expenditure supported strongly by funding. In 2012, the total fiscal revenue of Hainan province was 77.09 billion in Hainan province, up 11.7% over the previous year. Among them, the local public finance budgetary revenue of Hainan province was 40.94 billion yuan, a growth rate of 20.4 percent, its speed increase was higher than the expected aim. Fiscal expenditure structure had been furthered optimized. Increasing constantly supports to major projects, people's livelihood and social security. The whole local public finance budget expenditure in 2012 was 91.17 billion, up 17.1% over last year. Of which, education expenditure was 15.88 billion, up 24.8% over the previous year. Expenditure of housing security was 4.48 billion, up 29.7%. Spending on community affairs in urban and rural was 5.22 billion, an increase of 32.0%. Medical and health expenditure was 5.99 billion, an increase of 19.0%. Expenditure of agriculture, forestry and water affairs was 12.36 billion, an increase of 17.0%. Spending on social security and employment was 10.62 billion, an increase of 12.9%. Expenditure of cultural, sports and media spent 1.99 billion an increase of 19.6%. Transportation expenditure was 6.75billion, up 26.9%.

The main problems in the economic and social development were as follows. With the influence of the world economic downturn and the national economic slowdown, and the real estate market regulation policy to continue tightening, the province's economic growth was not good as expected; the foundation of industrial was weak, the structure of industrial was not excellent. The question of unbalanced regional development was still outstanding.

II. Industry development

1. Agriculture

Agriculture production attained good harvest. In 2012, value added of agriculture was 71.15 billion in Hainan province, up 6.3% over the previous year. Tropical characteristics of high grade and efficient agriculture sustained rapid development. Divide from the structure, value added of the farming was 29.86 billion, up 5.1%. The output of grain was 199.50 million tons, up 6.1 % over the previous year. The output of vegetables had reached 4.99 million tons, up 6.4%, and the output of fruits had reached 4.29 million tons, up 6.2% over the previous year. Value added of fishery was 17.61 billion, up 7.0% over the previous year. We increased subsidies for medium and large fishing boats offshore, to promote the development of deep-sea fishing. Cage aquaculture developed vigorously, the number of deepwater net-cage newly was continue to increase, further expanded the breeding space, improved the level of intensive. The output of fishery was 1.73 thousand tons, up 7.8% over the previous year. Value added of forestry was 9.34 billion, up 6.8 % over the previous year. The output of rubber had all reached 395.1 thousand tons, up 6.3 % over the previous year. Value added of animal husbandry was 12.54 billion, up 6.9 %. The output of meat was 795.4 thousand tons, up 10.6%. The export-oriented agricultural rapidly developed. Annual total value of agricultural exports was 602 million USD, an increase of 5.6%.We sold 5.9 million tons melons, fruits and vegetables out of Hainan in the whole year. 2.20 million live pigs and 39.50 million poultry were sold out of Hainan island, an increase of 3.5%, 9.5% and 10.5% respectively.

The output of major farm products and its growth rate stated in Table-2:

Table-2: Output of Major Farm Products and its growth rate 2012

Item	Unit	Output	Growth over the previous year(percent)
Grain	10 000 tons	199.50	6.1
Sugarcane	10 000 tons	394.24	8.1
Oil-bearing Crops	10 000 tons	10.36	4.2
Vegetables and Melons	10 000 tons	499.00	6.4
Fruits	10 000 tons	428.71	6.2
Banana	10 000 tons	209.10	10.8
Pineapple	10 000 tons	34.27	8.3
Mango	10 000 tons	41.12	1.9
Litchi	10 000 tons	14.69	13.9
Rubber (Dried)	10 000 tons	39.51	6.3
Coconut	100 million	2.42	1.6
Pepper	10 000 tons	3.66	3.4
Betel Nut	10 000 tons	19.81	17.1
Output of Meat	10 000 tons	79.54	10.6
Pork, Beef and Mutton	10 000 tons	51.67	12.7
Poultry Meat	10 000 tons	25.30	6.6
Poultry Egg	10 000 tons	3.58	7.8
Total Aquatic Products	10 000 tons	172.73	7.8
Seawater Aquatic Products	10 000 tons	132.54	6.9
Freshwater Aquatic Products	10 000 tons	40.19	11.0

The level of agricultural modernization was continued to improve. Total power of agricultural machinery at year-end was 4.43million kw, up 9.5% over the previous year. Of which, the power of machinery for agricultural drainage and irrigation was 989 thousand kw, up 6.7% over the previous year. There were 17,700 large and medium agricultural tractors with an increase of 11.2% and 58,400 small agricultural tractors with an increase of 10.7%. Consumption of chemical fertilizers (converted into 100%) was 462.5 thousand tons and up 19.7%. Electricity consumption in rural areas in 2012 was 859 million kwh and up 21.4% over the previous year. Effective irrigated area of farmland was 178.6 thousand hectares, with an increase of 8.9%.

2. Industry and Construction

Industrial production kept growing. In 2012, the total value added by the industrial sector was 52.12 billion, up 8.8% over the previous year. Of which, the value added of industrial enterprises above designated size was 48.21 billion and up 8.9%. Divide from light and heavy industries, the light industry was 10.62 billion with an increase of 14.5%. The value added of heavy industry was 37.59 billion with an increase of 7.5%. Divide from status of registration, the state-owned enterprises increased by 25.4%, the collective-owned enterprises decreased 33.6%, the cooperative enterprises increased 25.5%, the share-holding enterprises increase 15.4%, the enterprises with funds from foreign, Hong Kong, Macao and Taiwan downed 0.6%, and the other enterprises increased 17.1%. The production jointed to marketing well, product sales rate was 99.2%.

Analyzed by the key industries which annual production value more than 3 billion yuan, Output value of oil processing industry was 57.51 billion yuan; Automobile manufacturing output valued 11.95 billion yuan; The electric power, heat power production and supply industry output valued 16.71 billion yuan; Paper and paper products industry output valued 9.31 billion yuan; Nonmetallic mineral products industry output valued 10.87 billion yuan; Chemical raw materials and chemical products manufacturing output valued 10.94 billion yuan; Pharmaceutical manufacturing output valued 9.22 billion yuan; Fabricated metal products output valued 3.25 billion yuan; Electrical machinery and equipment manufacturing output valued 6.54 billion yuan; Food manufacturing output valued 3.91 billion yuan; Communication equipment, computer and other electronic equipment manufacturing output valued 3.46 billion yuan.

15 projects, such as Hina 250 MW solar cell, Huasheng 4 million tons of new dry cement, Coconut group beverage base, Hongta 300,000 cartons of cigarettes off-site technical transformation, Mid-range and high-end photomultiplier tube, were completed and put into production or trial production. Yangpu Economic Development Zone, Laocheng Economic Development Zone, Haikou Bonded Zone, Dongfang Industrial Park, Changjiang Circular Economy Development Zone, etc., Production of industrial zone was continually expanding, has become the main force of industrial economy.

Output of major industrial products and its growth rate stated in table 3

Table-3 Output of Major Industrial Products and its growth rate 2012

Item	Unit	Output	Growth over the Previous Year (%)
Electricity	100 million kwh	191.98	13.3
Iron Ores (Raw)	10 000 tons	587.23	1.3
Crude Oil (Processed)	10 000 tons	928.94	1.5
Steel	10 000 tons	20.89	-9.8
Cement	10 000 tons	1672.37	16.1
Artificial Board	10 000 m^3	47.67	16.9
Automobiles	10 000 units	12.95	-12.6
Refined Methanol	10 000 tons	142.59	-0.2
Formula & Mixed Feeds	10 000 tons	158.98	14.3
Refined Sugar	10 000 tons	30.58	24.9
Cigarette	100 million pieces	105.00	10.5
Canned Food	10 000 tons	24.50	5.6
Non-alcoholic Beverages	10 000 tons	48.38	14.9
Alcoholic Beverages	10 000 tons	11.09	-25.3
Machine-made Paper and Paperboard	10 000 tons	128.19	13.7
Nitrogen Fertilizer	10 000 tons	59.97	-10.7
Synthetic Fiber Polymers	10 000 tons	26.99	5.0
Crude Petroleum	10 000 tons	18.96	-3.6
Natural Gas	100 million m^3	1.80	-8.0
Pulp	10 000 tons	125.68	1.6
Liquefied Petroleum Gas	10 000 tons	58.73	-2.1
Solar Cell	10 000 kw	66.86	1.9 倍

Economic benefit of industrial enterprise descended. Economic benefit comprehensive index of 377 industrial enterprises above designated size on the statistical monitoring list was 328.88% and its total profit was 13.34 billion yuan.

Construction kept rising fast. In 2012, the value added of construction 28.33 billion, up 15.4% over the previous year. There were 130 construction enterprises with qualification criteria in Hainan, the staff and workers of them were 59.2 thousand. Floor space of buildings under construction was 22.81 million square meters. Floor space of buildings completed was 8.12 million square meter. Total profit of the construction enterprises with qualification criteria was 1.14 billion.

III. Tourism, Real Estate, Transport, Postal and Telecommunication Services

Tourism maintained rapid development. We have further rectified and standardized the order of the tourism market, started Hainan international tourism island promotion activities in whole China. Organized delegations to Russia, Japan, South Korea, Hong Kong, Macao and Taiwan and other 17 countries and regions to participate in the exhibition and held a series of special tourism promotion activities. Made many efforts to hold China (Hainan) Seven Fairies Water Festival, the third session of Hainan international tourism island image ambassador selection activities, International road cycling race round Hainan island, Mission Hills Golf World occupation star invitational tournament and so on a series of major sports events, that promoted sustained and rapid development of tourism. Yanoda rainforest culture tourist area was got the title of the national 5A scenic spot. In 2012, Hainan received 33.20 million person-times of overnight tourists with an increase of 10.6 percent over last year. Of which, the quantities of domestic tourists and overseas visitor arrivals were 32.39 million person-times and 815.6 thousand person-times respectively, up 10.9% and 0.1% more than last year respectively. Tourism earnings were 37.91 billion, up 17.0% more than last year. Of which, earning from domestic tourism was 35.68 billion yuan, up 19.1%. And earning from international tourism was 348 million yuan, down 8.0%. The tourism reception capacity has been further improved. There were 172 star-rated hotels in Hainan at year-end, of which, five-star hotels were 23, four-star hotels 46 and three-star hotels 80.

The real estate investment has maintained growth. The total value added by the real estate development was 23.81 billion yuan, up 4.7% over the previous year. Annual floor space under construction was 51.09 million square meters, up 39.6% over the previous year; Floor space of sold was 9.32 million square meters, up 4.9%. Sales were 73.56 billion yuan, down 6.9%.

Transport, postal and telecommunication services grew rapidly. Transport, storage and post service obtained a value-added of 13.34 billion yuan in 2012, up 8.7% over last year. The freight Ton-kilometers of the whole year reached 155.71 billion-ton-km with an increase of 12.4%. The passenger-kilometers reached 50.37 billion-person-km with an increase of 6.5 %.

The freight ton-km and passenger-km, volume of freight handled in major coastal ports with their growth were illustrated by types in Table-4.

Table-4

Freight Ton-km &Passenger-km, Volume of Freight Handled in MajorCoastal Ports with Their Growth in 2012

Item	Unit	Actual Quantity in 2012	Compared to Last Year (%)
1.Freight Ton-kilometers	**100 million-ton-km**	1557.08	12.4
Railways	100 million-ton-km	12.32	1.5
Highways	100 million-ton-km	109.35	12.0
Waterways	100 million-ton-km	1429.12	12.6
Civil Aviation	100 million-ton-km	6.29	1.5
2.Passenger-kilometers	**100 million-person-km**	503.67	6.5
Railways	100 million-person-km	25.03	0.0
Highways	100 million-person-km	147.63	0.5
Waterways	100 million-person-km	3.15	1.9
Civil Aviation	100 million-person-km	327.86	10.1
3. Volume of Freight Handled in Major Coastal Ports			
Volume of Freight	10 000 tons	9081.30	—
Out-port	10 000 tons	5091.56	—
Volume of Passenger	10 000 persons	1273.72	—
Out-port	10 000 persons	642.58	—

Business volume of postal and telecommunication services of the whole year reached 10.14 billion yuan with an increase of 10.3%. Of which, telecommunication service was 9.55 billion yuan with a growth of 10.2%, while postal services was 0.59 billion yuan with a growth of 12.5%. The number of fixed telephone subscribers was 1.73 million at year-end. This data in the urban areas were 1.22 million, 0.51 million in the rural areas. Meantime, the number of mobile telephone subscribers increased to 7.76 million at year-end, up 15.5% over last year. Also, the number of internet clients achieved 7.25 million, up 17.3% over last year. The penetration rate of fixed telephone was 19.3%; penetration rate of mobile telephone was 86.6%.

4. Wholesale, Retail Trades, Hotels and Catering Services

Wholesale and retail trades kept rapid growth. Wholesale and retail trades obtained a value-added of 30.05 billion in 2012, up 7.5% over last year. "The provincial governor invites net friends to travel in Hainan", network media promotional activities, the 6th Hainan automobile trade fair, the first computer mobile digital expo in Hainan, China (Hainan) international tourism island cuisine culture festival, local brands products trade fair and the 5th China Hainan international tourism real estate culture festival Chongqing exhibition were held successfully throughout the year. While organizing enterprises to take part in aquatic products expo, Boston, USA and a series of promotional activities, the offshore duty-free policy easing since November 1, all above expand consumption demand to further. Total retail sales of consumer goods in the whole province achieved 85.23 billion yuan, up 15.0% over last year. Specifically, the retail sales in the urban areas were 74.89 billion yuan, up 14.3% over last year, while the retail sales in rural market were 10.35 billion yuan, up 20.4% over last year. In terms of consumption patterns, the sales of retail trade were 72.36 billion yuan with an increase of 14.2%, while the sales of catering services 12.88 billion yuan, increasing at the rate of 19.7%.

For the enterprises above designated size in wholesale and retail trades, the following grow larder: retail trade of cosmetics grew 73.3%, grain and oil grew 34.5%, clothing grew 22.5%, articles for daily use grew 74.5%, books and magazines increased by 22.8%, gold, silver and jewellery increased by 34.5%, Chinese and western medicines increased by 28.9%, communication appliances increased at the rate of 41.5%.

Hotels and catering services kept growth. Hotels and catering services obtained a value-added of 9.90 billion yuan in 2012, up 3.2% over last year.

5. Financial Intermediation, Securities and Insurance

The financial intermediation developed quickly. Financial intermediation, securities and insurance obtained a value-added of 13.07 billion yuan in 2012, up 20.8% over last year. Sunshine Life Insurance Company headquarters, the Asian Financial Cooperation Union opened in Sanya. Hainan Commodity Trading Center officially opened. City Commercial Bank project was approved by China Banking Regulatory Commission (CBRC). Haikou branch of China Citic Bank and Haikou branch of China Merchants Bank were put into operation. 8 new micro-credit companies were approved. In the end of 2012, deposit balance of financial institutions including Chinese and foreign currency was 510.97 billion yuan, up 13.3% over last year-end. Loan balance was 388.96 billion yuan, up 21.7% over last year-end. Of which, short-term loan accounted 51.52 billion yuan, up 13.7%; medium and long-term loans were 313.70 billion yuan and up 22.1%; financing instruments accounted 6.53 billion yuan, up 1.9%. The efficiency of financial institutions improved soundly. Total assets of the banking financial institutions were 728.29 billion yuan, up 17.4% over last year. The total annual revenue of financial institutions was 7.69 billion yuan with an increase of 14.2% and the bad loan rate was 1.1% with a decrease of 0.3 percent point.

Securities industry accelerated. Shuangcheng Pharmaceuticals listed in Shenzhen Stock Exchange in July. Hainan Airline, Hainan Int'l Tourism Island and Xinlong Holding increased financing directional. HNA Airport issued medium-term notes to raise funds 600 million yuan. Jinyuan securities were increased 2 billion by the large shareholders. 3 new equity established by sponsorship invested 700 million of funds. A number of 9.93 billion yuan was raised through issuing and sharing stocks in 2012, up 21.3% over last year. The number of domestic listed companies increased from 25 to 26, total stock market value of which was 144.49 billion yuan with an increase of 17.7% over last year. Total amount of transaction for securities and futures was 4,193.80 billion yuan, up 13.8% over last year.

Insurance industry expanded rapidly. The annual income of insurance premiums was 6.03 yuan billion and up 12.1% over last year. Of which, the property insurance income was 2.59 billion yuan and up 15.4%; personal insurance income was 3.44 billion yuan and up 9.8%. In the personal insurance income, personal accident insurance income was 107 million yuan and up 17.2%; health insurance income was 255 million yuan and up 25.8%; life insurance income was 3.08 billion yuan and up 8.4%. The annual claim and payment was 1.82 billion yuan, up 14.4% over last year. Of that, property insurance was 1.25 billion yuan and up 17.5%; personal insurance was 572 million yuan and up 8.5%. In the claim and payment of personal insurance, personal accident insurance was 11 million yuan and up 54.6%; health insurance was 58 million yuan and up 26.3%; life insurance was 503 million yuan and increase of 6.0%.

Ⅲ. Investment in Fixed Assets

Fixed assets investment grew rapidly. Effective implementation of "Project construction year" promoted the sustained and rapid growth of investment, which became an important engine for economic development. In 2012, the investment in fixed assets was 214.54 billion yuan, up 33.1% over the previous year. Of which, the real estate development completed investment of 88.66 billion yuan, up 33.7%, accounted for 41.3% of the amount of investment in fixed assets. The number of construction projects throughout the year was 2485, up 20% compared to the same period. Of which, 994 new projects started this year, up 24.1%. Divided by the industry, the first industry investment was 3.00 billion yuan, up 1.6 times; the second industry investment was 39.44 billion yuan, up 29.4%; the tertiary industry investment was 172.10 billion yuan, up 32.9%. Divided by regions, the eastern region investment was 142.87 billion yuan, up 26.8%; the central region investment was 15.10 billion yuan, up 39.7%; the western region investment was 57.83 billion yuan, up 53.7%.

Key projects attained progress on construction. The 265 key projects completed investment of 137.00 billion yuan, up 77.9% over the previous year, completed 117.8% of the annual investment plan. The follow projects were put into operation, 300 thousand boxes of cigarette, Yingli 400 MW of polysilicon solar cells, Hina 250 MW thin-film solar cell, Avic glass No. 3 production line, mid-range and high-end photomultiplier tube, Coconut Group beverage base, Chengmai specific fertilizer of crop including sulfur and magnesian, Baisha ginger storage and processing, Wenchang photovoltaic production base of glass sand, Wenchang industry base of tropical drinks, Dongfang power plant phase Ⅱ,and so on. Qinglan bridge and Haikou to Tunchang expressway were completed and opened to traffic. The follow projects entered the finishing phase: Haikou State Guesthouse, Haikou Tianli Hotel, Sanya Haitang Bay Intercontinental Hotel, Ledong Wyndham Hotel, Ledong Kempinski Villa Hotel, and so on. 95 projects entered the main construction phase: Changjiang nuclear power Phase Ⅰ, Hongling water conservancy project, Haitang Bay National Coast, Lingshui Clear Water Bay, Wanning Shenzhou Peninsula, Ledong Longmu Bay, Hainan Ecological Software Park, Haima 300 thousand cars, CNOOC fine chemical Phase Ⅰ, 600 thousand tons polyester raw material, Sinopec refined oil bonded warehouse, 3 million tons LNG, Wanning outlets shopping center, and so on. 72 projects started the construction: International Tourism Island infrastructure of pilot area, Haikou Mission Hills tourist town, Bulongsai rural cultural tourism town, Yangpu manufacturing of precision parts, Changjiang ecological building materials, Neusoft information industry base phase Ⅰ, Tunchang to Qiongzhong expressway, Haikou south area of west coast phase Ⅰ, 200 thousand tons of tin plate expansion, Liansu plastic pipe production base project, Hainan Asian Pharmaceutical Factory, and so on.

Ⅳ. Opening up

The work of opening up improved further. The offshore duty-free policy was adjusted and relaxed. Varieties of duty-free goods expanded to 21. Duty-free shopping limit each person rose to 8,000 yuan. The annual tax-free goods retailed at 2.39 billion yuan, up 1.2 times over the previous year. The Yangpu Economic Development Zone planning area was adjusted, while the zone area enjoying the relevant policy development expanded to 9.7 square kilometers. The 8th Pan-Pearl River Conference was hosted successfully. In the conference, 24 cooperation projects were signed with brother provinces, with a total investment of 201.7 billion yuan. The value of agricultural product traded hit 29.05 billion yuan on the 15th Winter Fair, while the projects contracted with a total investment of 18 billion yuan. Many cooperation agreements were signed with a number of ministries of the state and large enterprises, of which, 51 projects were signed with the central enterprises, with a total investment of 228.8 billion yuan. The container liner route of Haikou to Vietnam was open. HNA Group acquired the French Blue Eagle Aviation 48% equity and Singapore General Ocean Container Company. Hainan State farms Group Co.Ltd. and Hainan Rubber Group acquired Singapore R1 Company 75% equity jointly. Boao Forum for Asia, SOEs meeting, Sanya international financial forum and other major domestic and international conference was held successfully in Hainan. More and more domestic and foreign consortia, large enterprises came to invest in Hainan. Exchange activities were carried out more frequently with foreign countries and regions in the fields of economy, trade, science, technology, education, culture. Friendly exchanges between governmental, non-governmental and private sectors became active.

Total value of imports and exports increased rapidly. Total value of imports and exports in Hainan 2012 was 14.33 billion USD, up 12.3% over the previous year. Of which, the value of exports was 3.14 billion USD, up 23.7%, and the value of imports was 11.19 billion USD, up 9.5%. Value of exports to Hong Kong was 975 million USD, up 31.6%; to Middle East was 114 million USD, up 21.5%; to ASEAN was 607 million USD, up 89.8%; to European Union was 444 million USD, down 4.1%; to the United States was 339 million USD, up 40.2%; to Japan was 154 billion USD, up 2.0%.

The scale of foreign investment actually utilized expanded continuously. Total amount of foreign investment actually utilized in Hainan 2012 was 1.64 billion USD, up 7.8% over the previous year. The number of projects for utilization of foreign capital in the signed agreements and contracts was 74, up 19.4% over the previous year. The total amount of that was USD 1.23 billion with an increase of 68.0%.

V. People's Living, Employment and Social Security

Income level of urban and rural residents increased rapidly and people's living standards continued to improve. In 2012, the per capita disposable income of rural residents was 20,918 yuan, up 13.9% over the previous year, 11.8% in real terms. The average per capita net income of rural residents rose to 7,408 yuan, 11.8% in real terms. Among these, wage and salary income rose by 23.5%, and labor has become an important pulling power to increase income of farmers. The annual average wages of staff and workers in Hainan was 40,051 yuan with an increase of 9.1% over the previous year; the balance of savings deposits of urban and rural residents at year-end was 217.09 billion yuan, up 15.8%. Resident's consumption expenditure level increased rapidly, quality of life was improved constantly. Per capita annual consumption expenditure of urban residents was 14,457 yuan in 2012, up 14.3% over the previous year. The annual per capita living consumption expenditure of rural residents reached 4,736, up 14.8%. The per capita floor space of residential building in urban areas reached 29.34 sq. m, basically the same as the previous year; per-capita floor space of residential building in rural areas reached 26.12 sq. m, increasing 0.95 sq. m.

The employment situation was good. The number of new employment increased in urban areas in Hainan 2012 was 97 thousand. The registered unemployment rate of urban was 2%, up 0.3 percentage point. Rural laborers looking for urban employment transferred 93 thousand persons, up 1.1%. The size of employment continued to expand. Provincial employment at year-end stood at 4,839 thousand persons, up 5.4%. Of which, the rural employment was 1,832 thousand persons, up 9.7%. The total staff and workers were 872.9 thousand persons, up 5.4%.

The social security level was improved further. All kinds of social security work had been advanced completely, and the social security level was improved further. The standard of minimum wage raised 220 yuan. The medical insurance level of financial assistance for urban and rural residents rose from 200 yuan to 240 yuan. The basic pension of rural residents above 60 years old increased from 70 yuan to 85 yuan. Hainan took the lead in the national implementation of five social insurances at the provincial level. The persons (including retirees) of urban basic pension insurance contributors at year-end of 2012 in the whole province reached 2140 thousand, up 7.5%. Persons covered of basic medical care insurance were 3780 thousand, with an increase of 9.5%. The persons covered of work injury insurance were 1190 thousand, with an increase of 14.9%. The persons covered of maternity insurance were 1160.3 thousand with an increase of 15.2%. The persons covered of unemployment insurance were 1418.1 thousand, up 10.6%.

All kinds of construction of affordable housing exceed the annual tasks. In 2012, 84.1 thousand sets of urban affordable housing started construction, accounting for 111.4% of the plan. Among them, 71.7 thousand sets were completed, accounting for 134.6% of the plan. The construction area of whole year was 7104 thousand sq.m., in that 5955.6 thousand sq.m. were completed. 30.4 thousand sets dangerous buildings in countryside started reforming, accounting for 121.8% of the plan. In which, 28.6 thousand set and 114.5% of plan were completed. The reforming area was 2372 sq.m., and 2077 sq.m. was completed.

VI. Medical, health, social relief and welfare

Medical and health undertakings had new development. PLA (The Chinese People's Liberation Army) Hospital of Hainan Branch, the Hainan Eye Hospital and Otorhinolaryngology-head & Neck Surgery Hospital were completed and opened. The surgery multipurpose building of Hainan Medical University Affiliated Hospital were constructed and put into operation. 50 health care stations at the village level were transformed in whole year. There were 5,142 health institutions in Hainan, up 6.8%. The number of centers for disease control and prevention was 27, women and children care agencies were 24, specialist disease prevention & treatment institution were 24, community health service centers were 140, and rural health centers at town level were 300. There were 30.1 thousand beds for the sick, up 5.3%. There were 44.7 thousand medical technical personnel of various types with an increase of 3.3%, including 12.2 thousand licensed doctors, 3,260 licensed assistant doctors, 19.3 thousand registered nurses with an increase of 5.9%, 2.3 thousand pharmacists with an increase of 8.3% and 1.7 thousand laboratory technicians with an increase of 2.0%. 24.3 thousand clinical cases were reported about infection by A or B class infectious diseases, up 6.7%, therein 105 deaths reported, down

14.6%. The incidence of infectious disease was 934.79 per one hundred thousand, down 1.7%, with a death rate 1.3 per one hundred thousand, down 27.8%. Annual participant rate of new-type rural cooperative medical system reached 98.2%.

Social relief and welfare continued to been strengthened. There were 70 urban community service facilities at year-end of 2012, up 2.9%. The objects of pensions and subsidies were 27.4 thousand, up 8.7%. 157.1 thousand urban residents and 247 thousand rural residents obtained the minimum living guarantee allowances from government. Government also provided allowances to 33 thousand persons of "Wubao household" (whose are no legal guardian, or without ability to work, or no income, government guarantee them on five aspects --food, clothing, housing, medical care and burial service). Medical assistance in urban and rural areas helped 593.2 thousand person-times, of which 247.7 person-times in urban areas and 345.5 person-times in rural areas. Government helped 860 thousand victims throughout the year and allocated 74 million yuan in relief funds. Meantime, the government allocated price subsidies for various disadvantaged groups total reached 40.39 million yuan. The renovation and expansion project for 10 rural nursing homes completed, the provincial nursing home was nearing completion and 4 nursing homes in urban centre started construction. Welfare lottery tickets of the province's total sales of 1.43 billion yuan, up 20.6% and raised social welfare lottery fund of 0.35 billion yuan, up 19.1%.

VII. Education, science, technology, culture and sports

New achievements were made in Education. A number of 254 kindergartens started, continued construction and renovation, increasing pre-school education chance for more than 26 thousand children. New 8 Siyuan Schools (immigration school) were established and provided 18.2 thousand more places for students. The secondary vocational school provided free education for 144 thousand students who are from urban poor households, agricultural profession and rural registered. The Hainan University was included in the foundation ability construction planning of national midwest colleges. In 2012, there were 61.9 thousand new enrolment in regular institutions of higher education (includes adults education) and 196.1 thousand total enrolments. Vocational secondary enrolled 51.1 thousand new students and there were 141.9 thousand total enrolments. Regular senior secondary school enrolled 63 thousand new students, there were 175.5 thousand total enrollments and the gross attendance rate of senior secondary school reached 85.2%. Regular junior secondary school enrolled 119.4 thousand new students and there were 364.7 thousand total enrollments. Regular primary school enrolled 122.5 thousand new pupils, had 752.2 thousand enrolled pupils and the net enrolment rate of primary schools reached 99.7%.

Science and technology made new achievement. In 2012, 73 projects were identified through the national high-tech programs and 24 companies were identified through the national high-tech enterprises. 85 agricultural technology service spots and 7 service stations were newly built. One engineering technical research center at province level and 10 provincial key laboratories were newly established. Hainan organized and implemented 12 projects in the National Torch Program, 37 projects subsidized by Innovation Fund for Technology Based Firms, one special prophase research project in the National Key Basic Research Program (973 Program), 5 projects in the National Spark Program, 12 projects in National Fund for Transformation and Application of Agricultural Sci-tech Achievements, one project in National Key New Product Program (National Science and Technology Progress Award) and 144 projects subsidized by National Natural Science Funds. The total patent applications numbered 1824 with an increase of 23.2%, in which 1084 patents were authorized with an increase of 38.3%.

Cultural development made new breakthroughs. Hainan Museum won the National Museum Class I. The first Hainan Arts Festival was held. The project of radio and TV coverage to every village were implemented, the second batch of hundred thousand sets of direct broadcast satellite reception equipment for the "Twelfth Five-Year Plan" were installed, covering all natural villages achieved and the state-assigned target was completed 3 years earlier. The full coverage of the rural digital film realized. At end of 2012, there were 61 art performance troupes of various types, 21 culture centers and 20 libraries. There were 0.95 million subscribers to cable television programs and up 11.8%. The radio and television coverage of population reached 96.5% and 95.5%. In Hainan there were 15 newspaper offices and 2.45 million newspaper was published; 43 kinds of magazines and 8.03 million magazines were published.

Sports flourished. On the national games in 2012, Hainan provincial athletes won 34 gold medals, 34 silver medals and 27 bronze medals; won 2 gold medals, 3 silver medals and 6 bronze medals on Asian games; won 6 gold medals, 1 silver medal and 1 bronze medal on world games. Civil physical fitness activities flourished. Sport events were held successfully such as the 3rd Round Hainan Island International Sail Race, the 7th Tour of Hainan Island Cycling Race, Beach Volleyball World Tour "Olympic Cup" Sanya women's open, Hainan Wanning Riyue Bay International Surfing Festival, Women's World Golf Championship, Mission Hills 2012 world celebrity pro-am, Chinese Dragon Boat Championships, the 4th Hainan Provincial Games.

VIII. Ecological Environmental Protection and Geological Exploration

Ecological environmental protection was strengthened. The chemical oxygen demand (COD) discharged 197.4 thousand tons and the sulfur dioxide (SO_2) discharged 34.1 thousand tons. The energy consumption per unit of value-added of industrial enterprises above designated size declined 4.3%. Compliance rate of industrial emission discharge reached 96.6%. The installation rate of coal-fired units' desulfurization facilities amounted 100% and 98.8% of that were put into operation. The installation rate of electric power industry's DeNOx facilities amounted 39.0% and 91.4% of that were put into operation. 100% of backward productivities issued by the state such as steel, cement and papermaking were eliminated. The daily processing capacity of 29 city waste water plants reached 1.08 million cubic meters with an increase of 2.3% and the urban waste water treatment rate rose from 72% to 75%. There were 18 urban garbage disposal plants and the living garbage harmless disposal rate reached 100%. 631 eco-civilized villages were newly built and total number reached 13,660. 34 well-off environmental protection demonstration villages were newly built and total number reached 150. Hainan was identified as the pilot low carbon province by the National Development and Reform Commission. The "Green Island" action was carried out actively. The annual afforestation area was 44.5 thousand hectares, up 99.6%. Forest coverage rate was 61.5% and 1.0 percentage point higher than previous year. Greenery covered 34.0% of the urban area, up 0.1 percentage point. At year-end, there were 49 nature reserves in Hainan, hereinto 9 at national level and 23 at provincial level. The area of nature reserves reached 2.70 million hectares, hereinto 0.10 million hectares at national level and 2.58 million hectares at provincial level. 4 types of plants were classified as special protection at national Grade I, 44 types at national Grade II. 18 types of wild animals were classified as special protection at national Grade I, 105 types at national Grade II.

The air environment of cities (towns) maintained good quality generally. The ratio of days when the air quality reached high level numbered 100%. The air quality of all monitored cities and towns in Hainan reached or exceeded national standard Grade II for residential air quality requirements; the air quality in 96.4% of the monitored days reached national standard Grade I and the air quality levels for nature conservation and scenic area. The concentration of the major air pollutants SO_2 and NO_2 attained national air quality standard Grade one. Parts of the monitoring dates of inhalable particles concentration in only a few city (town) were beyond the standards at national standard Grade I, which impacted on air quality slightly.

The environmental quality of surface water stayed good condition. In Hainan, 94.2% of the monitored sections, 83.3% of the monitored lakes and reservoirs were at or better than the national surface water quality standard Grade III for centralized drinking water sources. The surface water quality of Nandu River, Changhua Rive, Wanquan River and the most medium and small rivers maintained well. Water in individual lakes and some small local river was polluted slightly. The centralized drinking water sources of all monitored cities (towns) met the national centralized drinking water sources quality requirements.

The quality of oceanic water offshore around Hainan Island maintained generally well. The most monitoring of oceanic water around Hainan Island indicated clean, 91.1% of which met the national quality standard Grade I and II, 92.5% of that met the water environmental management objectives and requirements. The quality of oceanic water offshore around Yangpu Economic Development Zone, Dongfang Chemical Industrial Zone, Laocheng Development Zone and 19 major seashore tourism zones remained standard Grade I and II, and that around Xisha Islands met standard Grade I.

At year-end, there were altogether 20 environmental monitor stations in Hainan, including one environmental monitor station at national Grade I, 2 at national Grand II, 17 at national Grand III and 434 environmental-monitor staff.

Geological exploration gained new progress. In 2012, geological explorations discovered 22 new mineral deposits, including 9 metallic mineral deposits, 11 non-metallic mineral deposits and 2 mineral water deposits. Geological exploration completed 122.0 thousand meters of core drilling with an increase of 14.8%.

IX. Population and Production Safety

The population maintained a low and steady growth. According to sample survey on population change, the birth rate in Hainan was 14.66‰, death rate 5.81‰, natural growth rate 8.85‰, which was controlled within the early targets of 9.2‰. Total resident population at year-end was 8.87 million with an increase of 91.7 thousand. The urban population proportion rose to 51.6%.

Production safety remained steady generally. The death toll from production accidents every 100 million yuan worth of GDP was 0.19 and decreased 13.0%. Grave or major production accidents didn't occur in 2012. A total number of 2,523 accidents of various types occurred and down 1.0%, with 553 deaths and a decrease of 3.0%, causing a direct economic loss of 64.14 million yuan, down 0.7%. The number of traffic accidents amounted to 1,746, down 0.4%; claiming 457 lives, down 3.4%; causing a direct economic loss of 9.38 million yuan. A number of 688 fire accidents occurred, down 3.2%, causing 6 deaths and a direct economic loss of 18.55 million yuan.

Note: Figures in value terms on provincial gross domestic product and value-added quoted in the summary were at current prices, whereas growth rates were calculated at comparable prices.

综　　合
General Survey

编辑人员：陈文科　姚洁斯　李乐　苏绮凌　龚长军

Compiled by Chen Wenke　Yao Jiesi　Li le　Su Qiling　Gong Changjun

英文翻译：陈文科

Translated by Chen Wenke

简　要　说　明

本章节主要内容和资料来源

一、综合资料主要包括行政区划、国民经济和社会发展综合资料、景气指数和基本单位统计资料四部分。

二、国民经济综合资料是抽取全书的精华，通过对各篇章主要统计指标及其速度、结构、比例和效益等的加工计算，来反映国民经济和社会发展的总体情况。

三、基本单位统计资料根据基本单位统计年报汇总整理。

Brief　Introduction

Main Contents and Sources of Data

I. This chapter consists of four parts: divisions of administrative areas, climate index, summary data on economy and social development, statistics on basic units.

II. The summary data on economy and social development reflects the overall situation of the economic and social development by presenting further processed statistics including growth, structure, ratio and efficiency data derived from other chapters

III. Statistics on basic units are derived from annual report of basic units.

1-1 行政区划(2012)
Administrative Divisions

单位：个 (Unit)

地　区	Region	土地面积(平方公里) Area of Land (sq.km)	地级市 Cities at Prefecture Level	县级市 Cities at County Level	县 Counties	民族自治县 Ethnic Minority Autonomous Counties	市辖区数 Districts under the Jurisdiction of Cities	乡(镇) Townships (Towns)
全省总计	**Total**	**35354**	**3**	**6**	**4**	**6**	**4**	**204**
海口市	Haikou	2305	1				4	23
三亚市	Sanya	1915	1					6
三沙市	Sansha	13	1					
五指山市	Wuzhishan	1129		1				7
文昌市	Wenchang	2485		1				17
琼海市	Qionghai	1693		1				12
万宁市	Wanning	1884		1				12
定安县	Ding'an	1187			1			10
屯昌县	Tunchang	1232			1			8
澄迈县	Chengmai	2045			1			11
临高县	Lingao	1317			1			11
儋州市	Danzhou	3265		1				17
东方市	Dongfang	2256		1				10
乐东黎族自治县	Ledong Li Autonomous County	2763				1		11
琼中黎族苗族自治县	Qiongzhong Li and Miao Autonomous County	2706				1		10
保亭黎族苗族自治县	Baoting Li and Miao Autonomous County	1161				1		9
陵水黎族自治县	Lingshui Li Autonomous County	1128				1		11
白沙黎族自治县	Baisha Li Autonomous County	2117				1		11
昌江黎族自治县	Changjiang Li Autonomous County	1610				1		8

2012年6月21日，国务院批准设立地级市三沙市，下辖西沙群岛、南沙群岛、中沙群岛的岛礁及其海域。
In June 21, 2012, the State Council approved the establishment of the prefecture-level city of Sansha, and the Xisha, Nansha and Zhongsha Islands and their sea area are under the jurisdiction of Sansha City.

1-2 国民经济和社会发展总量与速度指标

指 标	Item	总 量 指 标				
		1978	1988	1990	2000	2005
人口与就业	**Population and Employment**					
人口(万人)	**Population (10 000 persons)**					
年末人口	Population at Year-end	528.45	626.85	662.77	788.05	828.00
城镇人口	Urban	43.49	108.26	158.73	316.09	374.26
乡村人口	Rural	484.96	518.59	504.04	471.96	453.74
就业(万人)	**Employment (10 000 persons)**					
就业人数	Employment	221.48	292.15	304.32	335.17	379.55
职工人数	Staff and Workers	79.84	102.64	105.64	77.79	72.63
#国有单位	State-owned Units	73.62	92.89	95.19	65.45	56.61
宏观经济	**Macroeconomy**					
国民核算(亿元)	**National Accounting (100 million yuan)**					
地区生产总值	Gross Domestic Products	16.4	77.0	102.4	526.8	918.8
第一产业	First Industry	8.7	38.5	45.7	192.0	300.8
第二产业	Second Industry	3.7	14.2	20.2	104.0	240.8
第三产业	Tertiary Industry	4.0	24.4	36.5	230.9	377.2
支出法地区生产总值	Gross Domestic Product by Expenditure Approach	19.6	77.0	102.4	526.8	898.0
#最终消费	Final Consumption Expenditures	16.7	50.2	62.3	290.7	470.5
居民消费	Household Consumption Expenditure	15.7	44.6	51.7	220.8	342.8
政府消费	Government Consumption Expenditures	1.0	5.6	10.6	69.9	127.7
资本形成总额	Gross Capital Formation	2.9	36.8	58.7	242.2	434.2
固定资本形成	Fixed Capital Formation	2.2	22.9	42.1	198.0	375.6
存货增加	Changes in Stock	0.7	13.9	16.5	44.3	58.6
固定资产投资(亿元)	**Investment in Fixed Assets(100 million yuan)**					
全社会固定资产投资总额	Total Investment in Fixed Assets	3.4	20.1	35.6	193.5	379.4
#国有单位	State-owned Units			30.5	141.9	156.8
集体单位	Collective-owned Units			1.0	9.8	1.5
#房地产开发	Real Estate Development			4.1	10.3	70.9
财政(亿元)	**Public Finance (100 million yuan)**					
地方一般预算收入	Local General Budgetary Revenue	1.4	4.8	7.4	39.2	68.7
地方一般预算支出	Local General Budgetary Expenditure	1.7	9.3	17.4	64.1	151.2
利用外资(万美元)	**Utilization of Foreign Capital(USD 10 000)**					
实际利用外资	Amount of Foreign Capital Actually Utilized		12771	18982	61280	70711
#实际外商直接投资	Actual Foreign Direct Investment		11421	10055	43080	68401

Aggregate Indicators on Economic and Social Development and Growth Rates

Aggregate Data		速 度 指 标 (%)						Indices and Growth Rates(%)				
		指数 Index(以下各年为100) (the following years=100)						平均增长速度 Average Annual Growth Rate				
2011	2012	1978	1988	1990	2000	2005	2011	1979~2012	1989~2012	1991~2012	2001~2012	2006~2012
877.38	886.55	167.8	141.4	133.8	112.5	107.1	101.0	1.5	1.5	1.3	1.0	1.0
443.08	457.46	1051.9	422.6	288.2	144.7	122.2	103.2	7.2	6.2	4.9	3.1	2.9
434.30	429.09	88.5	82.7	85.1	90.9	94.6	98.8	-0.4	-0.8	-0.7	-0.8	-0.8
459.22	783.90	353.9	268.3	257.6	233.9	206.5	170.7	3.8	4.2	4.4	7.3	10.9
82.83	87.29	109.3	85.0	82.6	112.2	120.2	105.4	0.3	-0.7	-0.9	1.0	2.7
51.67	52.19	70.9	56.2	54.8	79.7	92.2	101.0	-1.0	-2.4	-2.7	-1.9	-1.2
2522.7	2855.5	3791.2	1407.1	1203.7	370.3	228.9	109.1	11.3	11.6	12.0	11.5	12.6
659.2	711.5	1617.4	684.7	608.1	243.8	163.2	106.3	8.5	8.3	8.6	7.7	7.2
714.5	804.5	6426.8	2509.4	2007.9	536.1	269.6	111.0	13.0	14.4	14.6	15.0	15.2
1148.9	1339.5	6598.9	1838.4	1562.5	399.9	257.4	109.5	13.1	12.9	13.3	12.2	14.5
2522.7	2855.5	-	1407.1	1203.7	370.3	228.9	109.1	-	11.6	12.0	11.5	12.6
1180.0	1386.3	-	1244.6	1032.4	374.1	241.1	111.7	-	11.1	11.2	11.6	13.4
806.4	937.9	-	968.4	827.3	324.9	219.1	110.4	-	9.9	10.1	10.3	11.9
373.6	448.3	-	2830.3	2014.3	528.5	300.9	114.4	-	14.9	14.6	14.9	17.0
1497.0	2009.9	-	2539.5	1913.3	669.1	399.7	140.8	-	14.4	14.4	17.2	21.9
1460.5	1947.9	-	3322.5	2446.7	786.6	447.8	139.5	-	15.7	15.6	18.8	23.9
36.5	62.0	-	349.7	278.6	125.1	96.4	203.3	-	5.4	4.8	1.9	-0.5
1673.5	2145.4	63099.4	10652.3	6034.8	1109.0	565.4	128.2	20.9	21.5	20.5	22.2	28.1
438.1	572.1			1873.8	403.3	364.9	130.6			14.2	12.3	20.3
0.8	7.5			774.2	76.4	490.8	904.8			9.7	-2.2	25.5
663.1	886.6			21416.4	8574.9	1251.4	133.7			27.6	44.9	43.5
340.1	409.4	30105.9	8494.6	5540.5	1044.5	596.2	120.4	18.3	20.3	20.0	21.6	29.1
778.8	911.7	54591.0	9855.9	5233.5	1421.8	602.8	117.1	20.4	21.1	19.7	24.8	29.3
158087	164119		1285.1	864.6	267.8	232.1	103.8		11.2	10.3	8.6	12.8
152299	164119		1437.0	1632.2	381.0	239.9	107.8		11.7	13.5	11.8	13.3

1-2 续表 1

指标	Item	总量指标				
		1978	1988	1990	2000	2005
产业	Industry					
农业	Agriculture					
粮食(万吨)	Grain(10 000 tons)	114.29	119.81	168.99	212.24	153.00
蔬菜(万吨)	Melons and Vegetables(10 000 tons)		45.00	59.18	267.06	312.16
水果(万吨)	Fruits(10 000 tons)		31.33	36.30	143.30	203.76
橡胶(干胶)(万吨)	#Rubber(Dry Rubber)(10 000 tons)	6.77	15.65	15.67	28.09	24.78
椰子(万个)	Coconut(10 000 units)	2065	6127	6840	19166	24007
肉类(万吨)	Meat(10 000 tons)		13.96	15.09	39.73	64.09
生猪(出栏)(万头)	Live Pigs (10 000 units)		123.39	134.30	278.93	443.56
鸡(出栏)(万只)	Chicken (10 000 units)		1104.00	1365.00	5592.17	8805.52
水产品(万吨)	Aquatic Products(10 000 tons)	6.71	12.83	16.75	83.06	108.41
工业	Industry					
工业增加值(亿元)	Added-value of Industries (100 million yuan)	2.95	10.03	13.16	70.46	176.92
主要工业产品产量(万吨)	Output of Major Industrial Products (10000 tons)					
发电量(亿千瓦时)	Electricity(100 million kwh)	3.92	8.70	13.96	38.97	81.64
铁矿石(原矿)(万吨)	Crude Iron Ores(Grude)(10 000 tons)	366.15	445.97	440.31	393.50	421.20
钢材(万吨)	Rolled Steel(10 000 tons)			0.09	4.24	14.86
水泥(万吨)	Cement(10 000 tons)	18.27	44.91	42.80	289.41	442.55
人造板(万立方米)	Man-made Board(10 000 cu.m)					18.55
汽车(辆)	Automobiles(unit)				2533	73086
天然气(万立方米)	Natural Gas(10 000 cu.m)					16567
化学肥料(折纯)(万吨)	Chemical Fertilizers(100%)(10 000 tons)				26.27	62.65
#氮肥(折含N100%)	#Nitrogen Fertilizers(Converted into 100% Nitrogen Content)				26.27	62.65
合成纤维聚合物(万吨)	Synthetic Fiber Polymers (10 000tons)				6.68	4.27
化学纤维(吨)	Chemical Fiber (ton)		12855	15393	30596	46136
天然原油(吨)	Crude Petroleum (ton)					100677
成品糖(万吨)	Refined Sugar(10 000 tons)	7.45	20.30	30.28	26.28	27.51
原盐(万吨)	Salt(10 000 tons)	26.20	37.51	10.76	12.66	16.69
卷烟(亿箱)	Cigarettes(100 million Cases)		…	…	…	11.80
罐头(吨)	Canned Food(ton)	9589	13965	24605	157536	138362

(continued 1)

Aggregate Data		速 度 指 标 (%)						Indices and Growth Rates(%)				
		指数 Index(以下各年为100) (the following years=100)						平均增长速度 Average Annual Growth Rate				
2011	2012	1978	1988	1990	2000	2005	2011	1979~2012	1989~2012	1991~2012	2001~2012	2006~2012
188.04	199.50	174.6	166.5	118.1	94.0	130.4	106.1	1.7	2.1	0.8	-0.5	3.9
469.06	499.00		1108.9	843.2	186.8	159.9	106.4		10.5	10.2	5.3	6.9
403.69	428.71		1368.4	1181.0	299.2	210.4	106.2		11.5	11.9	9.6	11.2
37.18	39.51	583.6	252.5	252.1	140.7	159.4	106.3	5.3	3.9	4.3	2.9	6.9
23763	24155	1169.7	394.2	353.1	126.0	100.6	101.6	7.5	5.9	5.9	1.9	0.1
71.90	79.54		569.8	527.1	200.2	124.1	110.6		7.5	7.8	6.0	3.1
513.73	580.89		470.8	432.5	208.3	131.0	113.1		6.7	6.9	6.3	3.9
9232.68	9944.30		900.8	728.5	177.8	112.9	107.7		9.6	9.4	4.9	1.8
160.24	172.73	2574.2	1346.3	1031.2	208.0	159.3	107.8	10.0	11.4	11.2	6.3	6.9
475.04	521.15	5260.8	2309.0	1995.8	555.0	258.0	108.8	12.4	14.0	14.6	15.4	14.5
169.07	191.98	4897.4	2207.5	1375.0	492.6	235.2	113.5	12.1	13.8	12.7	14.2	13.0
579.51	587.23	160.4	131.7	133.4	149.2	139.4	101.3	1.4	1.2	1.3	3.4	4.9
23.16	20.89			23210.4	492.7	140.6	90.2			28.1	14.2	5.0
1508.47	1672.37	9153.6	3723.8	3907.4	577.9	377.9	110.9	14.2	16.3	18.1	15.7	20.9
29.75	47.67					257.0	160.2					14.4
152018	129459				5110.9	177.1	85.2				38.8	8.5
19538	17967					108.5	92.0					1.2
67.12	59.97				228.3	95.7	89.4				7.1	-0.6
67.12	59.97				228.3	95.7	89.4				7.1	-0.6
25.71	26.99				404.3	632.2	105.0				12.3	30.1
54773	47654		370.7	309.6	155.8	103.3	87.0		5.6	5.3	3.8	0.5
196639	189618					188.3	96.4					9.5
24.98	30.58	410.5	150.7	101.0	116.4	111.2	122.4	4.2	1.7	0.0	1.3	1.5
7.53	2.65	10.1	7.1	24.6	20.9	15.9	35.2	-6.5	-10.5	-6.2	-12.2	-23.1
19.00	21.00		5329949	2970297	4375000	178.0	110.5		57.4	59.7	143.6	8.6
231896	244960	2554.6	1754.1	995.6	155.5	177.0	105.6	10.0	12.7	11.0	3.7	8.5

1-2 续表 2

指 标	Item	总 量 指 标				
		1978	1988	1990	2000	2005
建筑业	**Construction**					
建筑业企业从业人员(万人)	Staff in Construction Enterprises(10 000 persons)				5.8	6.7
建筑业总产值(亿元)	Gross Output Value(100 million yuan)				30.2	59.7
施工房屋面积(万平方米)	Floor Space of Building Under Construction (10000 sq.m)				359.4	692.4
竣工房屋面积(万平方米)	Floor Space of Building Completed (10000 sq.m)				167.5	205.6
交通运输业	**Transportation**					
货运量(万吨)	Freight Traffic (10000 tons)	714	4224	4765	11304	13558
#铁路	Railways	386	420	423	331	629
公路	Highways	222	3661	4115	8962	9652
水运	Waterways	106	143	227	2002	3264
客运量(万人)	Passenger Traffic (10000 persons)	1504	13183	15914	23013	32933
#铁路	Railways	119	91	46	14	33
公路	Highways	1296	12528	15371	21930	31377
水运	Waterways	85	537	455	537	632
港口货物吞吐量(万吨)	Volume of Freight Handled at Seaports (10000 tons)	544	826	929	1976	3773
邮电通信业	**Postal Telecommunication Services**					
邮电业务总量(亿元)	Total Business Revenue (100 million yuan)	0.11	0.36	0.79	32.95	75.07
函件(亿件)	Number of Letters Delivered (100 million pieces)	0.63	0.33	0.34	0.25	0.20
年末移动电话用户(万户)	Number of Local Mobile Telephone Users (10000 units)				47.82	203.87
农村电话用户(万户)	Rural Telephone Users(10000 units)	0.56	1.16	1.24	16.65	58.94
国内商业(亿元)	**Domestic Commerce(100 million yuan)**					
社会消费品零售总额	Total Retail Sales of Consumer Goods	8.83	34.32	37.19	172.48	270.79
对外经济贸易和旅游	**Foreign Trade and Tourism**					
进出口总额(亿美元)	Total Imports and Exports (USD 100 million)		6.65	9.37	12.88	25.92
进口	Imports		3.70	4.66	4.85	15.69
出口	Exports		2.95	4.71	8.03	10.23
入境旅游人数(万人次)	Number of Oversea Visitor Arrivals (10000 persons)		20.46	18.87	48.68	43.19
金融保险(亿元)	**Banking and Insurance (100 million yuan)**					
金融机构存款(本外币)	Deposits of Banking System(RMB and Foreign Currency)					
金融机构贷款(本外币)	Loans of Banking System(RMB and Foreign Currency)					
境内上市公司(家)	Number of Listed Companies in Mainland				23	20
国内保险保费收入	Domestic Premium				5.99	14.95

(Continued 2)

Aggregate Data		速 度 指 标（%）						Indices and Growth Rates(%)				
		指数 Index（以下各年为100） (the following years=100)						平均增长速度 Average Annual Growth Rate				
2011	2012	1978	1988	1990	2000	2005	2011	1979~2012	1989~2012	1991~2012	2001~2012	2006~2012
5.5	5.9				101.9	88.6	107.6				0.2	-1.7
255.5	283.1				937.1	474.3	110.8				20.5	24.9
2735.9	2281.2				634.7	329.5	83.4				16.6	18.6
583.5	811.8				484.7	394.9	139.1				14.1	21.7
25146	26906	3768.4	637.0	564.7	238.0	198.5	107.0	11.3	8.0	8.2	7.5	10.3
696	754	195.2	179.4	178.2	227.7	119.8	108.3	2.0	2.5	2.7	7.1	2.6
15095	16600	7477.5	453.4	403.4	185.2	172.0	110.0	13.5	6.5	6.5	5.3	8.1
9326	9528	8988.7	6662.9	4197.4	475.9	291.9	102.2	14.1	19.1	18.5	13.9	16.5
48269	49015	3259.0	371.8	308.0	213.0	148.8	101.5	10.8	5.6	5.2	6.5	5.8
1066	1189	999.5	1307.0	2585.7	8495.7	3604.2	111.6	7.0	11.3	15.9	44.8	66.9
43677	44374	3423.9	354.2	288.7	202.3	141.4	101.6	11.0	5.4	4.9	6.0	5.1
1473	1581	1849.8	294.4	347.5	294.4	250.2	107.3	9.0	4.6	5.8	9.4	14.0
10905	11792	2167.6	1427.6	1269.3	596.8	312.5	108.1	9.5	11.7	12.2	16.1	17.7
91.88	103.28	90122.2	28491.0	13095.0	313.4	137.6	112.4	22.2	26.6	24.8	10.0	4.7
0.15	0.10	15.8	29.9	29.1	39.3	50.0	67.1	-5.3	-4.9	-5.5	-7.5	-9.4
671.64	775.62					380.4	115.5					21.0
52.23	51.02	9110.7	4398.3	4114.5	306.5	86.6	97.7	14.2	17.1	18.4	9.8	-2.0
741.13	852.34	9650.7	2483.3	2292.1	494.2	314.8	115.0	14.4	14.3	15.3	14.2	17.8
127.56	143.26		2155.5	1529.0	1112.4	552.8	112.3		13.6	13.2	22.2	27.7
102.14	111.84		3025.4	2402.0	2306.1	712.7	109.5		15.3	15.5	29.9	32.4
25.42	31.42		1065.3	666.6	391.4	307.3	123.6		10.4	9.0	12.0	17.4
81.46	81.56		398.6	432.2	167.5	188.8	100.1		5.9	6.9	4.4	9.5
4510.03	5109.7						113.3					
3194.96	3381.6						105.8					
28	26				113.0	130.0	92.9				1.0	3.8
53.75	60.27				1006.2	403.1	112.1				21.2	22.0

1-2 续表3

指 标	Item	总 量 指 标				
		1978	1988	1990	2000	2005
教育、科技、文化	**Education, Science and Technology and Culture**					
教育	**Education**					
高等学校本专科在校学生(万人)	Students Enrollment in Institutions of Higher Eductioan (10 000persons)	0.30	0.91	0.77	1.85	6.99
中等专业学校在校学生(万人)	Students Enrollment in Specialized Secondary Schools(10 000persons)	-	0.83	1.28	3.57	6.03
普通中学在校学生(万人)	Students Enrollment in Regular Secondary Schools (10 000persons)	33.82	30.33	25.2	43.58	58.44
小学在校学生(万人)	Students Enrollment in Primary Schools (10 000persons)	88.79	90.35	96.47	103.58	105.67
文化						
图书出版量(万册)	Books Published(10 000 copies)			946	3288	4918
杂志出版量(万册)	Magazines Issued (10 000 copies)			170	609	1059
报纸出版量(万册)	Newspaper Issued (100 million copies)			0.56	1.24	2.35
家庭、生活、卫生	**Family, People's Livelihood and Health Care**					
家庭	**Family**					
城镇居民平均每户家庭人口(人)	Average Household size in Urban Areas(person)		4.33	4.2	3.75	3.60
农村居民平均每户家庭人口(人)	Average Household size in Rural Areas(person)		6.29	6.13	5.21	5.06
居住	**Housing**					
城镇居民人均住房建筑面积(平方米)	Per Capita Net Floor Space of Urban Residents(sq.m)					27.03
农村居民人均住房面积(平方米)	Per Capita Net Floor Space of Rural Residents(sq.m)		17.10	18.11	19.22	21.82
生活	**People's Livelihood**					
城镇居民人均可支配收入(元)	Per Capita Annual Disposbale Income of Urban Residents(yuan)		1196	1705	5358	8124
农村居民人均纯收入(元)	Per Capita Annual Disposbale Income of Rural Residents(yuan)		609	778	2231	3004
居民储蓄存款余额(亿元)	Saving Depoists of Residents (100 million yuan)		29.98	52.25	404.74	697.57
工资	**Wages**					
工资总额(万元)	Total Wages of Staff and Workers(10 000 yuan)	43576	140367	205121	574995	1041882
职工平均工资(元)	Average Wages of Staff and Workers(yuan)	582	1399	1981	7408	14417
卫生	**Health Care**					
卫生机构数(个)	Number of Health Care Organizations(unit)	3308	3764	3167	2689	2464
# 医院	Hospitals	464	426	429	492	502
床位数(万张)	Number of Hospital Beds(10 000 units)	18687	20643	21620	20550	18873
# 医院	Hospitals	18562	20265	21083	15352	17475
卫生技术人员数	Number of Medical Technical Personels(10 000 persons)	19733	28222	29225	30561	37189
# 医生	Doctors	3773	10101	11026	12908	9104

(Continued 3)

Aggregate Data		速 度 指 标 (%)						Indices and Growth Rates(%)				
		指数 Index(以下各年为100) (the following years=100)						平均增长速度 Average Annual Growth Rate				
2011	2012	1978	1988	1990	2000	2005	2011	1979~2012	1989~2012	1991~2012	2001~2012	2006~2012
15.67	16.83	5610.0	1849.5	2185.7	909.7	240.8	107.4	12.6	12.9	15.1	20.2	13.4
12.13	14.19		1709.6	1108.6	397.5	235.3	117.0		12.6	11.6	12.2	13.0
56.09	54.02	159.7	178.1	214.4	124.0	92.4	96.3	1.4	2.4	3.5	1.8	-1.1
76.56	75.22	84.7	83.3	78.0	72.6	71.2	98.2	-0.5	-0.8	-1.1	-2.6	-4.7
7348	7804			825.0	237.4	158.7	106.2			10.1	7.5	6.8
852	803			472.2	131.8	75.8	94.2			7.3	2.3	-3.9
2.42	2.45			439.4	196.7	104.0	101.0			7.0	5.8	0.6
3.29	3.28		75.8	78.1	87.5	91.1	99.7		-1.2	-1.1	-1.1	-1.3
4.37	4.35		69.2	71.0	83.5	86.0	99.5		-1.5	-1.5	-1.5	-2.1
29.48	29.34					108.5	99.5					1.2
25.17	26.12		152.7	144.2	135.9	119.7	103.8		1.8	1.7	2.6	2.6
18369	20918		1749.0	1227.2	390.4	257.5	113.9		12.7	12.1	12.0	14.5
6446	7408		1216.4	952.2	332.0	246.6	114.9		11.0	10.8	10.5	13.8
1874.27	2170.91		7240.7	4154.9	536.4	311.2	115.8		19.5	18.5	15.0	17.6
3017777	3476524		2476.7	1694.9	604.6	333.7	115.2		14.3	13.7	16.2	18.8
36716	40051		2862.8	2021.8	540.6	277.8	109.1		15.0	14.6	15.1	15.7
2292	5142	155.4	136.6	162.4	191.2	208.7	224.3	1.3	1.3	2.2	5.6	11.1
494	493	106.3	115.7	114.9	100.2	98.2	99.8	0.2	0.6	0.6	0.02	-0.3
28575	30076	160.9	145.7	139.1	146.4	159.4	105.3	1.4	1.6	1.5	3.2	6.9
27038	28160	151.7	139.0	133.6	183.4	161.1	104.1	1.2	1.4	1.3	5.2	7.1
42609	44720	226.6	158.5	153.0	146.3	120.3	105.0	2.4	1.9	2.0	3.2	2.7
12060	15422	408.7	152.7	139.9	119.5	169.4	127.9	4.2	1.8	1.5	1.5	7.8

1-3 国民经济和社会发展结构指标
Composition Indicators on Economic and Social Development

单位：% (%)

指　　标	Item	1978	1988	1990	2000	2011	2012
人口与就业	**Population and Employment**						
人口	**Population**						
性别结构	Sexual Composition						
男	Male	51.2	51.6	51.5	52.3	52.6	53.0
女	Female	48.8	48.4	48.5	47.7	47.4	47.0
城乡结构	Urban and Rural Composition						
城镇	Urban	8.2	17.3	24.0	40.1	50.5	51.6
乡村	Rural	91.8	82.7	76.1	59.9	49.5	48.4
就业	**Employment**						
产业结构	Industrial Composition						
第一产业	Primary Industry	78.63	70.86	69.93	60.84	48.99	47.69
第二产业	Secondary Industry	7.87	9.51	9.45	9.37	11.92	12.24
第三产业	Tertiary Industry	13.50	19.63	20.62	29.79	39.09	40.07
宏观经济	**Macroeconomy**						
国民经济核算	**National Accounting**						
国内生产总值产业结构	Industrial Composition						
第一产业	Primary Industry	53.1	50.0	44.6	36.4	26.1	24.9
第二产业	Secondary Industry	22.3	18.4	19.7	19.8	28.3	28.2
第三产业	Tertiary Industry	24.6	31.6	35.7	43.8	45.6	46.9
固定资产投资	**Investment in Fixed Assets**						
全社会固定资产投资结构	Composition of Total Investment in Fixed Assets						
城镇	Urban			89.96	88.2	94.5	94.9
农村	Rural			10.04	11.8	5.4	5.1
资金来源结构	Composition of Funding Sources						
国家预算内资金	State Budget			9.3	6.2	4.6	2.8
国内贷款	Domestic Loans			17.5	12.6	22.4	24.6
利用外资	Foreign Investment			11.9	16.0	1.4	0.8
自筹和其他投资	Self-raising Funds and Other Investments			61.3	63.9	52.7	71.8
利用外资	**Utilization of Foreign Capital**						
实际利用外资结构	Composition of Foreign Capital Actually Utilized						
对外借款	Loans from Abroad		4.1	46.9	29.7	3.7	
外商直接投资	Foreign Direct Investment		89.4	53.0	70.3	96.3	100.0
外商其他投资	Other Foreign Investment		6.5	0.1			
财政	**Government Finance**						
地方一般预算收入结构	Local General Budgetary Revenue						
税收收入	Tax Revenue			74.3	61.2	86.9	85.7
非税收收入	Total Non-tax Revenue			25.7	38.8	13.1	14.3
地方一般预算支出结构	Local General Budgetary Expenditure						
# 用于文教、卫生、科学的支出	For Education、Health Care and Sciences			25.6	20.5	26.2	27.5
用于社会保障和就业的支出	For Social Security and Employment Effort			1.9	6.7	12.1	11.6

1-3 续表1 (continued)

单位：% (%)

指 标	Item	1978	1988	1990	2000	2011	2012
能源	**Energy**						
一次能源生产总量结构	Composition of Total Energy Production						
原油	Crude Oil					19.52	20.47
天然气	Natural Gas					16.49	16.55
水电、核电、风电	Hydro-power, Nuclear Power, Wind Power					63.99	62.98
能源消费总量结构	Composition of Total Energy Consumption						
煤炭	Coal					33.35	36.51
石油	Petroleum					35.90	35.22
天然气	Natural Gas					24.21	22.74
水电、核电、风电	Hydro-power, Nuclear Power, Wind Power					5.75	4.94
产 业	**Industry**						
农业	**Agriculture**						
农林牧渔业产值结构	Composition of Gross Output Value of Agriculture						
#农业	Farming	35.5	39.0	46.2	46.5	40.0	42.6
林业	Forestry	48.1	26.8	25.2	15.4	16.1	12.7
牧业	Animal Husbandry	8.9	19.6	17.6	16.1	20.7	19.8
渔业	Fishery	2.1	7.2	11.0	22.0	20.4	21.8
工业	**Industry**						
工业企业资产结构	Composition of Capital of Industrial Enterprises						
大型企业	Large-sized Enterprises					30.1	31.4
中型企业	Medium-sized Enterprises					49.0	44.3
小型企业	Small-sized Enterprises					20.9	23.7
微型企业	Micro-sized Enterprises						0.6
交通运输业	**Transportation**						
货运量结构	Composition of Freight Traffic						
铁 路	Railways	54.06	9.94	8.88	2.93	2.77	2.80
公 路	Highways	31.09	86.67	86.36	79.28	60.03	61.70
水 运	Waterways	14.85	3.39	1.83	17.71	37.09	35.41
民 航	Civil Aviation				0.08	0.10	0.09
旅游业	**Tourism**						
旅游人数结构	Composition of Tourists						
外国人	Foreigners					1.87	1.57
港澳同胞	Hong Kong and Macao Compatriots					0.49	0.36
台湾同胞	Taiwan Compatriots					0.35	0.54
国内游客	Domestic Tourists					97.29	97.54

1-3 续表2 (continued)

单位：% (%)

指　　标	Item	1978	1988	1990	2000	2011	2012
教育	**Education**						
普通学校专任教师结构	Composition of Full-time Teachers in Regular Schools						
大学	Colleges and Universities	1.3	2.5	2.0	2.0	8.5	8.4
中学	Secondary Schools	32.8	33.9	33.6	33.3	42.7	44.9
小学	Primary Schools	65.9	63.6	64.4	64.7	48.8	46.7
普通学校在校学生结构	Composition of Student Enrollment in Regular Schools						
大学生	College and University Students	0.3	0.7	0.6	1.2	9.4	11.5
中学生	Secondary School Students	27.7	25.8	22.2	31.3	44.4	37.0
小学生	Primary School Pupils	72	73.5	77.2	67.5	46.2	51.5
生活	**People's Living Conditions**						
城镇居民消费结构	Consumption Composition of Urban Residents						
食品	Food			60.7	49.3	44.9	45.4
衣着	Clothing			6.0	4.6	6.2	6.0
居住	Residence			4.7	8.7	10.6	10.5
家庭设备用品及服务	Household Facilities, Articles and Services			6.5	4.9	5.8	5.4
医疗保健	Health Care and Medical Services			2.2	6.1	6.2	6.9
交通通信	Transport and Communications			2.1	8.6	14.5	13.9
教育文化娱乐服务	Education, Cultural and Recreation Services			9.0	11.6	9.0	9.1
杂项商品与服务	Miscellaneous Goods and Services			8.8	6.2	2.9	2.9
农村居民消费结构	Consumption Composition of Rural Residents						
食品	Food					51.8	50.9
衣着	Clothing					3.4	3.8
居住	Residence					17.0	17.5
家庭设备用品及服务	Household Facilities, Articles and Services					7.0	6.5
医疗保健	Health Care and Medical Services					4.3	4.4
文教娱乐用品及服务	Education, Cultural and Recreation and Services					4.5	4.5
交通通讯	Transport and Telecommunications					9.0	9.2
其他商品及服务	Other Goods and Services					3.1	3.3
卫生	**Health Care**						
卫生技术人员结构	Composition of Medical Technical Personnel						
#执业(助理)医师	Licensed (Assistant) Doctors					35.9	34.5
注册护士	Registered Nurses					42.0	43.1
药师(士)	Pharmacist					5.0	5.2
环境保护	**Environment**						
工业污染治理投资结构	Composition of Investment in the Treatment of Industrial Pollution						
治理废水	Waste Water Treatment		82.1	72.2	89.5	67.1	51.9
治理废气	Waste Gas Treatment		12.3	27.2	9.5	25.1	43.9
治理固体废物	Solid Waste Treatment		0.5	0.3		4.2	0.4
治理噪声	Noise Abatement		0.1	0.3		0.4	
其他	Others		5.0		1.0	3.2	3.8

1-4 按区域分的经济和社会发展主要指标(2012)

Main Indicators of Economic and Social Development by Region

指 标	Indicators	全省总计 Total	东部地区 Eastern Region		中部地区 Central Region		西部地区 Western Region	
			绝对数 Absolute Figures	占全省比重(%) As Percentage of Total	绝对数 Absolute Figures	占全省比重(%) As Percentage of Total	绝对数 Absolute Figures	占全省比重(%) As Percentage of Total
自然资源	**Natural Resources**							
土地面积(平方公里)	Area of Land(sq.km)	35354	11409	32.3	9531	27.0	13256	37.5
人口	**Population**							
年底户籍人口(万人)	Registered Population at Year-end (10 000 persons)	901.93	428.94	47.6	136.37	15.1	336.62	37.3
年底常住人口(万人)	Resident Population at Year-end (10 000 persons)	886.55	476.99	53.8	113.85	12.8	295.71	33.4
劳动就业	**Employment**							
从业人员数(万人)	Employed Persons(10 000 persons)	483.90	269.77	55.7	58.92	12.2	155.21	32.1
第一产业	Primary Industry	230.79	101.25	43.9	37.14	16.1	92.40	40.0
第二产业	Secondary Industry	59.20	37.21	62.9	4.28	7.2	17.71	29.9
第三产业	Tertiary Industry	193.91	131.31	67.7	17.51	9.0	45.10	23.3
国民经济核算	**Economic Accounting**							
生产总值(当年价)(亿元)	Gross Domestic Product (current price,100 million yuan)	2855.54	1662.40	58.2	199.88	7.0	962.19	33.7
第一产业	Primary Industry	711.54	298.31	41.9	98.21	13.8	312.03	43.9
第二产业	Secondary Industry	804.47	386.76	48.1	30.15	3.8	388.58	48.3
第三产业	Tertiary Industry	1339.53	977.33	73.0	71.52	5.3	261.58	19.5
人均生产总值(元)	Per Capita GDP(yuan)	32377	35114	-	17574	-	32643	-
农 业	**Agriculture**							
粮食产量(万吨)	Grain(10 000 tons)	199.50	77.47	38.8	34.67	17.4	87.36	43.8
蔬菜产量(万吨)	Melons and Vegetables(10 000 tons)	499.00	235.40	47.2	57.01	11.4	206.59	41.4
水果产量(万吨)	Fruits(10 000 tons)	334.63	118.38	35.4	24.36	7.3	191.89	57.3
橡胶产量(万吨)	Rubber(10 000 tons)	39.51	8.78	22.2	14.64	37.1	16.09	40.7
肉类产量(万吨)	Meat(10 000 tons)	79.54	37.33	46.9	13.35	16.8	28.86	36.3
水产品产量(万吨)	Aquatic Products(10 000 tons)	172.73	58.20	33.7	4.16	2.4	110.37	63.9
工业	**Industry**							
规模以上工业增加值(当年价)(亿元)	Value Added of Industrial Enterprises Above Designated Size (Current Price,100 million yuan)	482.05	162.20	33.6	7.63	1.6	312.22	64.8
规模以上工业企业单位数(家)	Number of Industrial Enterprises Above Designated Size(unit)	377	222	58.8	33	8.8	122	32.4

注：1. 东部地区包括海口市、三亚市、文昌市、琼海市、万宁市、陵水县；中部地区包括五指山市、定安县、屯昌县、琼中县、保亭县、白沙县；西部地区包括儋州市、东方市、澄迈县、临高县、乐东县、昌江县，其中洋浦并入儋州市统计。

Note: Eastern region include Haikou City, Sanya City, Wenchang City, Qionghai City, Central Region includes Wanning City and Lingshui County.
Central Region include Wuzhishan City, Ding'an County, Tunchang County, Qiongzhong County, Baoting County and Baisha County.
Western Region include Danzhou City, Dongfang City, Chengmai County, Lingao County, Ledong County and Changjiang County,
Yangpu incorporated into Danzhou City.

1-4续(continued)

指　标	Indicators	全省总计 Total	东部地区 Eastern Region 绝对数 Absolute Figures	东部地区 占全省比重(%) As Percentage of Total	中部地区 Central Region 绝对数 Absolute Figures	中部地区 占全省比重(%) As Percentage of Total	西部地区 Western Region 绝对数 Absolute Figures	西部地区 占全省比重(%) As Percentage of Total
旅游	**Tourism**							
旅游饭店接待过夜游客人数(万人次)	Number of Overnight Tourists Received by Tourist Hotel (10 000person-times)	2320.89	2133.68	89.10	108.97	4.55	152.18	6.35
星级饭店数(家)	Number of Star-rated Hotels(unit)	172	156	90.70	8	4.65	8	4.65
固定资产投资	**Investment in Fixed Assets**							
全社会固定资产投资总额(万元)	Total Investment in Fixed Assets (10 000 yuan)	21453762	14286688	66.59	1509884	7.04	5657190	26.37
#房地产开发	# Investment in Real Estate Development	8866440	7140496	80.53	556035	6.27	1169909	13.19
国内商业	**Domestic Trade**							
社会消费品零售总额(亿元)	Total Retail Sales of Consumer Goods (100 million yuan)	852.34	678.10	79.56	45.97	5.39	128.27	15.05
#城镇	Urban	748.89	599.49	80.05	37.59	5.02	111.81	14.93
农村	Rural	103.45	78.61	75.99	8.38	8.10	16.46	15.91
财政	**Government Finance**							
地方一般预算收入(亿元)	Local Financial Revenue (100 million yuan)	409.44	190.09	46.43	18.09	4.42	67.52	16.49
地方一般预算支出(亿元)	Local Financial Expenditures (100 million yuan)	911.67	266.92	29.28	83.95	9.21	222.35	24.39
人民生活	**Pepople's Living Conditions**							
城镇居民可支配收入(元)	Per Capita Disposable Income of Urban Households(yuan)	20918	21715	-	16929	-	19590	-
农村居民人均纯收入(元)	Per Capita Net Income of Rural Households(yuan)	7408	8015	-	6356	-	7399	-

1-5 民族地区经济和社会发展主要指标
Main Indicators of Economic and Social Development in Ethnic Minority Autonomous Regions

指 标	Indicators	2005	2008	2009	2010	2011	2012
人口	**Population**						
年底户籍人口(万人)	Registered Population at Year-end (10 000 persons)	263.95	279.46	284.24	290.27	293.93	193.46
劳动就业	**Employment**						
从业人员数(万人)	Employed Persons(10 000 persons)	115.37	123.27	127.34	130.94	136.03	145.43
第一产业	Primary Industry	74.97	76.14	77.96	77.76	79.55	83.04
第二产业	Secondary Industry	8.00	8.01	8.29	8.62	9.13	10.10
第三产业	Tertiary Industry	32.40	39.12	41.09	44.56	47.35	52.29
国民经济核算	**Economic Accounting**						
生产总值(当年价)(亿元)	Gross Domestic Product(Current Price,100 million yuan)	194.1	373.6	400.9	515.2	635.6	776.3
第一产业	Primary Industry	72.4	109.8	120.3	139.8	164.5	227.4
第二产业	Secondary Industry	52.3	114.5	105.4	139.9	187.2	213.7
第三产业	Tertiary Industry	69.4	149.3	175.2	235.5	284.0	335.3
人均生产总值(元)	Per Capita GDP(yuan)	8612	15681	16472	20744	26415	28478
农 业	**Agriculture**						
粮食产量(万吨)	Grain(10 000 tons)	52.29	58.75	57.77	58.34	60.69	64.38
肉类产量(万吨)	Meat(10 000 tons)	9.98	11.59	12.31	12.23	14.64	16.52
水产品产量(万吨)	Aquatic Products(10 000 tons)	-	16.56	16.95	18.33	33.05	33.60
工业	**Industry**						
规模以上工业总产值(当年价)(亿元)	Gross Output Value of Industrial Enterprises above Designated Size (Current Price,100 million yuan)	74.67	135.39	121.52	173.19	220.84	255.61
规模以上工业企业单位数(家)	Number of Industrial Enterprises above Designated Size(unit)	136	85	87	93	71	79
固定资产投资	**Investment in Fixed Assets**						
全社会固定资产投资总额(亿元)	Total Investment in Fixed Assets (100 million yuan)	79.67	257.05	374.45	508.54	1673.46	2145.38
#房地产开发	# Investment in Real Estate Development	20.01	96.87	138.62	198.60	663.05	886.64
国内商业	**Domestic Trade**						
社会消费品零售总额(亿元)	Total Retail Sales of Consumer Goods (100 million yuan)	16.71	26.92	33.81	39.15	148.66	177.28
财政	**Government Finance**						
地方一般预算收入(亿元)	Local Financial Revenue(100 million yuan)	12.39	104.22	148.15	70.31	93.35	114.08
地方一般预算支出(亿元)	Local Financial Expenditures(100 million yuan)	33.09	89.86	133.65	163.90	216.56	272.76
人民生活	**Pepople's Living Conditions**						
城镇居民可支配收入(元)	Per Capita Disposable Income of Urban Households(yuan)	6942	10993	12497	14473	17276	19893

注：我省民族地区包括三亚市、东方市、五指山市、乐东县、琼中县、保亭县、陵水县、白沙县和昌江县。
Note:Ethnic Minority Autonomous Regions in Hainan include Sanya City, Dongfang City, Wuzhishan City, Ledong County, Qiongzhong County, Baoting County, Lingshui County, Baisha County and Changjiang County.

1-6 企业家信心指数（2012）
Entrepreneur Confidence Index

项目	Item	一季度 1st. Quarter	二季度 2nd. Quarter	三季度 3rd. Quarter	四季度 4th. Quarter
总指数	**General Index**	**124.9**	**119.9**	**119.3**	**126.4**
按行业分	**By Sector**				
工　业	Industry	138.2	138.2	129.0	127.6
建筑业	Construction	136.9	125.6	116.8	124.0
批发和零售业	Wholesale & Retail Trade	95.4	108.3	131.0	131.4
交通运输、仓储和邮政业	Transport,Storage and Postal	111.5	100.0	90.7	104.0
住宿和餐饮业	Hotels and Catering Services	128.1	96.5	114.0	129.7
信息传输、软件和信息技术服务业	Information Transmission,Software and Information Technology Services	137.5	145.0	136.7	141.8
房地产业	Real Estate	83.3	93.5	90.0	100.5
社会服务业	Social Services	147.8	124.4	126.3	143.1
按规模分	**By Size of Enterprises**				
大型	Large	115.1	122.8	148.2	139.3
中型	Medium	121.6	112.7	125.6	130.0
小型	Small	115.5	129.9	116.9	115.4

1-7　企业景气指数（2012）
Enterprises Climate Index

项目	Item	一季度 1st. Quarter	二季度 2nd. Quarter	三季度 3rd. Quarter	四季度 4th. Quarter
总指数	**General Index**	**124.6**	**123.9**	**121.7**	**133.0**
按行业分	**By Sector**				
工　业	Industry	144.4	144.7	138.8	137.5
建筑业	Construction	134.8	129.6	123.2	136.8
批发和零售业	Wholesale & Retail Trade	112.3	107.8	127.6	131.9
交通运输、仓储和邮政业	Transport,Storage and Postal	117.2	101.3	108.0	108.0
住宿和餐饮业	Hotels and Catering Services	102.2	90.8	103.5	130.8
信息传输、软件和信息技术服务业	Information Transmission,Software and Information Technology Services	170.0	133.4	133.3	160.0
房地产业	Real Estate	75.0	99.0	98.4	107.0
社会服务业	Social Services	131.1	133.1	115.0	146.3
按规模分	**By Size of Enterprises**				
大型	Large	142.1	151.6	141.6	161.9
中型	Medium	122.2	129.8	123.4	131.2
小型	Small	117.2	112.3	115.7	126.1

1-8 按行业分法人单位数和产业活动单位数(2012)
Number of Judicial Entities and Establishments

单位：个 (unit)

行 业	Sectors	法人单位数 Number of Judicial Enities	单产业法人单位 Single-Sector Judicial Entities	多产业法人单位 Multi-Sector Judicial Entities	产业活动单位数 Number of Establishments	多产业法人所属的产业活动单位 Establishments of Multi-sector Judicial Entity
合 计	**Total**	**50135**	**47803**	**2332**	**62483**	**14680**
农、林、牧、渔业	**Farming,Forestry,Animal Husbandry and Fishery**	**3127**	**3006**	**121**	**3296**	**290**
农业	Farming	1451	1434	17	1463	29
林业	Forestry	289	193	96	313	120
畜牧业	Animal Husbandry	873	870	3	875	5
渔业	Fishery	278	276	2	282	6
农、林、牧、渔服务业	Services for Agriculture	236	233	3	363	130
采矿业	**Mining**	**266**	**262**	**4**	**268**	**6**
煤炭开采和洗选业	Mining and Washing of Coal					
石油和天然气开采业	Extration of Petroleum and Natural Gas	1	1		2	1
黑色金属矿采选业	Mining and Processing of Ferrous Metals Ores	14	12	2	14	2
有色金属矿采选业	Mining and Processing of Non-ferrous Metals Ores	133	133		133	
非金属矿采选业	Mining and Processing of Nonmetal Minerals Ores	101	99	2	102	3
其他采矿业	Mining of Other Ores	17	17		17	
制造业	**Manufacturing**	**2998**	**2993**	**65**	**3164**	**231**
农副食品加工业	Processing of Agricultural and Related Products	375	369	6	428	59
食品制造业	Manufacture of Foods	187	180	7	203	23
饮料制造业	Manufacture of Beverages	113	106	7	125	19
烟草制品业	Manufacture of Tobacco	2	2		2	
纺织业	Manufacture of Textiles	45	45		47	2
纺织服装、鞋、帽制造业	Manufacture of Textile Wearing Apparel, Footwear and Caps	91	88	3	91	3
皮革、毛皮、羽毛(绒)及其制品业	Manufacture of Leather, Fur, Feather and Related Products	6	6		6	
木材加工及木、竹、藤、棕、草制品业	Processing of Timber, Manufacture of Wood, Bamboo, Rattan, Palm and Straw Products	164	162	2	183	21
家具制造业	Manufacture of Furniture	109	108	1	111	3
造纸及纸制品业	Manufacture of Paper and Paper Products	85	85		86	1
印刷业和记录媒介的复制	Printing, Reproduction of Recording Media	194	192	2	198	6
文教体育用品制造业	Manufacture of Articles for Cultural, Educational and Sports Activities	8	8		8	
石油加工、炼焦及核燃料加工业	Processing of Petroleum, Coking and Nuclear Fuel	16	16		16	
化学原料及化学制品制造业	Manufacture of Chemical Raw Materials and Chemical Products	189	184	5	189	5
医药制造业	Manufacture of Medicines	129	124	5	133	9
化学纤维制造业	Manufacture of Chemical Fibers	8	8		8	

注：本表按法人单位及其产业活动单位统计，含法人单位在外省的产业活动单位。
Note:The table is based on statistics of judicial entities and their establishments,
including the judicial entities whose establishments are in other provinces.including the judicial entities

1-8 续1(continued 1)

行 业	Sectors	法人单位数 Number of Judicial Enities	单产业法人单位 Single-Sector Judicial Entities	多产业法人单位 Multi-Sector Judicial Entities	产业活动单位数 Number of Establishments	多产业法人所属的产业活动单位 Establishments of Multi-sector Judicial Entity
橡胶制品业	Manufacture of Rubber Products	40	40		42	2
塑料制品业	Manufacture of Plastic Products	92	89	3	95	6
非金属矿物制品业	Manufacture of Non-metallic Mineral Products	475	466	9	491	25
黑色金属冶炼及压延加工业	Smelting and Pressing of Ferrous Metals	18	18		18	
有色金属冶炼及压延加工业	Smelting and Pressing of Non-ferrous Metals	17	17		18	1
金属制品业	Manufacture of Metal Products	116	114	2	121	7
通用设备制造业	Manufacture of General-purpose Machinery	40	40		42	2
专用设备制造业	Manufacture of Special-purposes Machinery	56	55	1	63	8
交通运输设备制造业	Manufacture of Transport Equipment	221	212	9	234	22
电气机械及器材制造业	Manufacture of Electrical Machinery and Equipment	56	55	1	57	2
通信设备、计算机及其他电子设备制造业	Manufacture of Communication Equipment,Computer and Other Electronic Equipments	32	30	2	32	2
仪器仪表及文化、办公用机械制造业	Manufacture of Measuring Instruments and Machinery for Cultural Activities and Office Work	9	9		9	
工艺品及其他制造业	Manufacture of Artwork and Other Manufacturing	91	91		94	3
废弃资源和废旧材料回收加工业	Recycling and Disposal of Waste	14	14		14	
电力、煤气及水的生产和供应业	**Production and Supply of Electric Power,Gas and Water**	**330**	**323**	**7**	**408**	**85**
电力、热力的生产和供应业	Production and Supply of Electric Power, Steam and Heat Power	200	195	5	243	48
燃气生产和供应业	Production and Supply of Gas	35	35		36	1
水的生产和供应业	Production and Supply of Water	95	93	2	129	36
建筑业	**Construction**	**3820**	**3852**	**68**	**4199**	**447**
房屋和土木工程建筑业	Building Construction & Civil Engineering	698	667	31	968	301
建筑安装业	Construction Installation	598	586	12	627	41
建筑装饰业	Construction Decoration	2037	2018	19	2098	80
其他建筑业	Other Construction	487	481	6	506	25
交通运输、仓储和邮政业	**Transport, Storage, Post**	**1080**	**996**	**84**	**1890**	**894**
铁路运输业	Railway Transport	6	5	1	12	7
道路运输业	Road Transport	398	372	26	739	367
城市公共交通业	Urban Public Transport	67	65	2	68	3
水上运输业	Water Transport	155	146	9	166	20
航空运输业	Air Transport	27	23	4	42	19
管道运输业	Transport via Pipelines	3	2	1	5	3
装卸搬运和其他运输服务业	Loading, Unloading and Other Transport Services	291	273	18	340	67
仓储业	Storage	71	70	1	78	8
邮政业	Posts	62	40	22	440	400
信息传输、计算机服务和软件业	**Information Transmission, Computer Services and Software**	**1346**	**1318**	**28**	**1474**	**156**
电信和其他信息传输服务业	Telecommunications and Other Information Transmission Services	183	169	14	272	103
计算机服务业	Computer Services	825	815	10	851	36
软件业	Software	338	334	4	351	17
批发和零售业	**Wholesale & Retail Trades**	**11133**	**10641**	**492**	**13184**	**2543**

1-8 续2(continued 2)

行业	Sectors	法人单位数 Number of Judicial Enities	单产业法人单位 Single-Sector Judicial Entities	多产业法人单位 Multi-Sector Judicial Entities	产业活动单位数 Number of Establishments	多产业法人所属的产业活动单位 Establishments of Multi-sector Judicial Entity
批发业	Wholesale Trade	6163	5996	167	6622	626
零售业	Retail Trade	4970	4645	325	6562	1917
住宿和餐饮业	**Hotels and Catering Services**	**1475**	**1379**	**96**	**1704**	**325**
住宿业	Hotels	945	881	64	1064	183
餐饮业	Catering Services	530	498	32	640	142
金融业	**Financial Intermediation**	**351**	**281**	**70**	**1513**	**1232**
银行业	Bank	73	39	34	891	852
证券业	Security Activities	51	46	5	92	46
保险业	Insurance	74	49	25	342	293
其他金融活动	Other Financial Activities	153	147	6	188	41
房地产业	**Real Estate**	**5665**	**5519**	**146**	**5937**	**418**
租赁和商务服务业	**Leasing and Commercial Business Services**	**5534**	**5389**	**145**	**6049**	**660**
租赁业	Leasing	306	299	7	322	23
商务服务业	Commercial Business Services	5228	5090	138	5727	637
科学研究、技术服务和地质勘查业	**Scientific Research, Technical Services and Geologic Prospecting**	**1517**	**1432**	**85**	**1985**	**553**
研究与试验发展	R&D	244	236	8	275	39
专业技术服务业	Professional Technical Services	897	848	49	1133	285
科技交流和推广服务业	Services of Science and Technology Exchanges and	319	291	28	517	226
地质勘查业	Geologic Prospecting	57	57		60	3
水利、环境和公共设施管理业	**Management of Water Conservancy, Environmental and Public Facilities**	**389**	**372**	**17**	**600**	**228**
水利管理业	Water Conservancy Management	110	102	8	200	98
环境管理业	Environmental Management	97	94	3	154	60
公共设施管理业	Management of Public Facilities	182	176	6	246	70
居民服务和其他服务业	**Services to Households and Other Services**	**913**	**886**	**27**	**989**	**103**
居民服务业	Services to Households	422	404	18	462	58
其他服务业	Other Services	491	482	9	527	45
教育	**Education**	**2398**	**2154**	**244**	**4635**	**2481**
卫生、社会保障和社会福利业	**Health, Social Security and Social Welfare**	**816**	**797**	**19**	**1129**	**332**
卫生	Health	691	673	18	908	235
社会保障业	Social Security	31	31		87	56
社会福利业	Social Welfare	94	93	1	134	41
文化、体育和娱乐业	**Culture, Sports and Entertainment**	**840**	**811**	**29**	**1069**	**258**
新闻出版业	Journalism and Publishing Activities	71	67	4	78	11
广播、电视、电影和音像业	Broadcasting, Televisions, Movies and Audio-visual Activities	129	121	8	209	88
文化艺术业	Culture and Arts	302	298	4	404	106
体育	Sports	73	72	1	80	8
娱乐业	Entertainment	265	253	12	298	45
公共管理和社会组织	**Public Management and Social Organizations**	**6137**	**5552**	**585**	**8990**	**3438**
中国共产党机关	Organs of Communist Party of China	147	123	24	178	55
国家机构	Government Agencies	1986	1458	528	4625	3167
人民政协和民主党派	People's Political Consultative Conference and Democratic Parties	49	47	2	65	18
群众团体、社会团体和宗教组织	Non-governmental Organizations, Social Organizations and Religion Organizations	947	932	15	1114	182
基层群众自治组织	Grassroots Autonomous Organizations	3008	2992	16	3008	16
国际组织	**International Organizations**					

1-9　按注册类型和机构类型分法人单位数(2012)
Number of Judicial Enities by Status of Registration and Type

单位：个　　　　(unit)

行　业	Sectors	法人单位数 Number of Judicial Enities	单产业法人单位 Single-Sector Judicial Entities	多产业法人单位 Multi-Sector Judicial Entities
总　计	**Total**	**50135**	**47803**	**2332**
按注册类型分	**By Status of Registration**			
内资企业	Domestic-funded Enterprises	49286	47006	2280
国有企业	State-owned Enterprises	6638	5525	1113
集体企业	Collective-owned Enterprises	1035	945	90
股份合作企业	Share-holding Cooperative Enterprises	405	392	13
联营企业	Joint-operation Enterprises	126	121	5
有限责任公司	Limited Liability Corporations	16149	15618	531
股份有限公司	Share-holding Corporations Ltd.	1155	1070	85
私营企业	Private Enterprises	16524	16133	391
其他企业	Other Enterprises	7254	7202	52
港、澳、台商投资企业	Enterprises with Investment from Hong Kong,Macao and Taiwan	474	446	28
合资经营企业(港或澳、台资)	Joint Ventures	123	113	10
合作经营企业(港或澳、台资)	Cooperative Enterprises	21	18	3
港、澳、台商独资经营企业	Sole Investment Enterprises	305	292	13
港、澳、台商投资股份有限公司	Share-holding Corporations Ltd.	24	22	2
其他港、澳、台商投资	Other Enterprises	1	1	
外商投资企业	Enterprises with Foreign Investment	375	351	24
中外合资经营企业	Sino-foreign Joint Ventures	130	123	7
中外合作经营企业	Sino-foreign Cooperative Enterprises	21	20	1
外资企业	Foreign-funded Enterprises	208	192	16
外商投资股份有限公司	Share-holding Corporations Ltd.	16	16	
其他外商投资	Other Enterprises			
按机构类型分	**By Type**			
法人单位	Corporate Units	50135	47803	2332
企业	Enterprises	38394	36994	1400
事业单位	Institutions	3537	3122	415
机关	Government Agencies	1390	926	464
社会团体	Social Organizations	921	907	14
民办非企业	Nonenterprise Units Run by NGO	1372	1366	6
其他组织机构	Other Organizations	4521	4488	33

1-10 各市县法人单位数和产业活动单位数(2012)
Number of Judicial Entities and Establishments by Region

单位：个 (unit)

市县	Region	法人单位数 Number of Judicial Enities	单产业法人单位 Single-sector Judicial Entities	多产业法人单位 Multi-sector Judicial Entities	产业活动单位数 Number of Establishments	多产业法人所属的产业活动单位 Establishments of Multi-sector Judicial Entity
全省总计	**Total**	**50135**	**47803**	**2332**	**62483**	**14680**
海口市	Haikou	28111	27137	974	31209	4072
三亚市	Sanya	5684	5426	258	6925	1499
五指山市	Wuzhishan	417	369	48	682	313
文昌市	Wenchang	1720	1591	129	2618	1027
琼海市	Qionghai	1555	1465	90	2276	811
万宁市	Wanning	1042	992	50	1625	633
定安县	Ding'an	916	858	58	1305	447
屯昌县	Tunchang	793	707	86	1390	683
澄迈县	Chengmai	1659	1582	77	2369	787
临高县	Lingao	664	607	57	1025	418
儋州市	Danzhou	2385	2326	59	2887	561
儋州	Danzhou	1471	1425	46	1945	520
洋浦	Yangpu	914	901	13	942	41
东方市	Dongfang	1148	1097	51	1578	481
乐东县	Ledong	696	610	86	1354	744
琼中县	Qiongzhong	504	425	79	990	565
保亭县	Baoting	738	683	55	1080	397
陵水县	Lingshui	836	791	45	1139	348
白沙县	Baisha	645	581	64	1028	447
昌江县	Changjiang	622	556	66	998	442

主要统计指标解释

行政区划 指国家对行政区域的划分。根据有关法规规定，我国的行政区域划分如下：(1)全国分为省、自治区、直辖市；(2)省、自治区分为自治州、县、自治县、市；(3)自治州分为县、自治县、市；(4)县、自治县分为乡、民族乡、镇；(5)直辖市和较大的市分为区、县；(6)国家在必要时设立的特别行政区。

平均增长速度 平均增长速度表明社会经济现象在一个较长的时期内逐期平均增长变化的程度，它不能根据各个环比增长速度直接求得，但与平均发展速度之间存在着一定的数量关系：平均增长速度＝平均发展速度－1。

平均发展速度是一种根据环比发展速度计算的序时平均数，由于各时期对比的基础不同，所以计算平均发展速度不能采用一般的序时平均数的计算方法，计算方法分为水平法和累计法。水平法，又称几何平均法，即将环比发展速度按连乘法用几何平均数公式计算。累计法，也称方程法，根据一段时期内各年发展水平总和与基期水平的关系，列出方程式计算平均发展速度。水平法着重考虑最后一年所达到的发展水平；累计法着重考虑整个时期累计发展水平的总量。

本《年鉴》内所列的平均增长速度，除固定资产投资用“累计法”计算外，其余均用“水平法”计算。从某年到某年平均增长速度的年份，均不包括基期年在内。如建国四十三年以来的平均增长速度是以 1949 年为基期计算的，则写为 1950-1992 年平均增长速度，其余类推。

国民经济行业分类 自 2003 年定期报表开始使用新的《国民经济行业分类》(GB/T4754-2002)。该分类是由国家统计局组织修订，经国家质量监督检验检疫总局批准，于 2002 年 5 月 10 日发布实施。这次修订是在 1994 年分类标准的基础上，参照联合国《全部经济活动的国际标准产业分类》(ISIC/Rev.3)进行的。修订后的《国民经济行业分类》(GB/T4754-2002)共有门类 20 个，大类 95 个，中类 396 个，小类 913 个。新增门类 4 个，大类增加 3 个，中类增加 28 个，小类增加 67 个。

企业(单位)登记注册类型 是以在工商行政管理机关登记注册的各类企业为划分对象，以工商行政管理部门对企业登记注册的类型为依据，将企业登记注册类型分为内资企业、港澳台商投资企业和外商投资企业三大类。内资企业包括国有企业、集体企业、股份合作企业、联营企业、有限责任公司、股份有限公司、私营公司和其他企业；港澳台商投资企业和外商投资企业分别包括合资经营企业、合作经营企业、独资经营企业和股份有限公司。对不在工商行政管理部门进行登记注册的行政机关、事业单位和社会团体，主要按其经费来源和管理方式进行划分。

国有企业 指企业全部资产归国家所有，并按《中华人民共和国企业法人登记管理条例》规定登记注册的非公司制的经济组织。不包括有限责任公司中的国有独资公司。

集体企业 指企业资产归集体所有，并按《中华人民共和国企业法人登记管理条例》规定登记注册的经济组织。

股份合作企业 指以合作制为基础，由企业职工共同出资入股，吸收一定比例的社会资产投资组建，实行自主经营，自负盈亏，共同劳动，民主管理，按劳分配与按股分红相结合的一种集体经济组织。

联营企业 指两个及两个以上相同或不同所有制性质的企业法人或事业单位法人，按自愿、平等、互利的原则，共同投资组成的经济组织。联营企业包括国有联营企业、集体联营企业、国有与集体联营企业和其他联营企业。

有限责任公司 指根据《中华人民共和国公司登记管理条例》规定登记注册，由两个以上、五十个以下的股东共同出资，每个股东以其所认缴的出资额对公司承担有限责任，公司以其全部资产对其债务承担责任的经济组织。有限责任公司包括国有独资公司以及其他有限责任公司。

股份有限公司 指根据《中华人民共和国公司登记管理条例》规定登记注册，其全部注册资本由等额股份构成并通过发行股票筹集资本，股东以其认购的股份对公司承担有限责任，公司以其全部资产对其债务承担责任的经济组织。

私营企业 指由自然人投资设立或由自然人控股，以雇佣劳动为基础的营利性经济组织。包括按照《公司法》、《合伙企业法》、《私营企业暂行条例》规定登记注册的私营有限责任公司、私营股份有限公司、私营合伙企业和私营独资企业。

其他企业 指上述企业之外的其他内资经济组织。

与港澳台商合资经营企业 指港澳台地区投资者与内地企业依照《中华人民共和国中外合资经营企业法》及有关法律的规定，按合同规定的比例投资设立、分享利润和分担风险的企业。

与港澳台商合作经营企业 指港澳台地区投资者与内地企业依照《中华人民共和国中外合作经营企业法》及有关法律的规定，依照合作合同的约定进行投资或提供条件设立、分配利润和分担风险的企业。

港澳台商独资经营企业 指依照《中华人民共和国外资企业法》及有关法律的规定，在内地由港澳台地区投资者全额投资设立的企业。

港澳台商投资股份有限公司 指根据国家有关规定，经原外经贸部依法批准设立，其中港、澳、台商的股本占公司注册资本的比例达 25% 以上的股份有限公司。凡其中港、澳、台商的股本占公司注册资本的比例小于 25%的，属于内资企业中的股份有限公司。

中外合资经营企业 指外国企业或外国人与中国内地企业依照《中华人民共和国中外合资经营企业法》及有关法律的规定，按合同规定的比例投资设立、分享利润和分担风险的企业。

中外合作经营企业 指外国企业或外国人与中国内地企业依照《中华人民共和国中外合作经营企业法》及有关法律的规定，依照合作合同的约定进行投资或提供条件设立、分配利润和分担风险的企业。

外资企业 指依照《中华人民共和国外资企业法》及有关法律的规定，在中国内地由外国投资者全额投资设立的企业。

外商投资股份有限公司 指根据国家有关规定，经原外经贸部依法批准设立，其中外资的股本占公司注册资本的比例达 25% 以上的股份有限公司。凡其中外资股本占公司注册资本的比例小于 25%的，属于内资企业中的股份有限公司。

行政机关、事业单位和社会团体 参照企业登记注册类型，主要按其经费来源和管理方式划分。具体规定如下：

⑴行政机关：包括国家机关和政党机关，原则上均列为“国有”。但有特殊规定的，如供销社等，则列为“集体”。

⑵事业单位：包括经国家机构编制部门和有关业务主管部门批准成立的各类事业单位，不包括实行企业化管理的事业单位。事业单位的划分办法如下： ①由国家财政预算拨款或列入财政预算外资金管理以及经费主要来源于国有主管部门或国有上级单位的事业单位，列为“国有”。②经费主要来源于集体单位的事业单位，列为“集体”。③公民个人(或个人合伙)开办的事业单位，列为“私营”。④上述以外的其他事业单位，如果其经费来源不明确，按管理方式进行归类。

⑶社会团体：包括经民政部门批准成立以及未纳入社会团体管理条例范围的工会、妇联等各类社会团体。社会团体的划分办法如下： ①未纳入民政部社会团体管理条例范围的工会、妇联、共青团、青联、工商联、科协、侨联等社会团体，国家拨款设立的基金会或基金管理组织以及经费主要来源于国有业务主管部门或国有上级单位的社会团体，列为“国有”。②经费主要来源于集体单位的社会团体，列为“集体”。③公民个人(或个人合伙)开办的社会团体，划为“私营”。④上述以外的其他社会团体，如果其经费来源不明确，改按管理方式进行归类。

法人单位 是指有权拥有资产、承担负债，并独立从事社会经济活动（或与其他单位进行交易）的组织。法人单位应同时具备以下条件：

（一）依法成立，有自己的名称、组织机构和场所，能够独立承担民事责任；

（二）独立拥有（或授权使用）资产或者经费，承担负债，有权与其他单位签订合同；

（三）具有包括资产负债表在内的账户，或者能够根据需要编制账户。

法人单位包括五种类型：企业法人、事业单位法人、机关法人、社会团体和其他成员组织法人、其他法人。

产业活动单位 是指位于一个地点，从事一种或主要从事一种社会经济活动的组织或组织的一部分。产业活动单位应同时具备以下条件：

（一）在一个场所从事一种或主要从事一种社会经济活动；

（二）相对独立地组织生产活动或经营活动；

（三）能提供收入、支出等相关资料。

产业活动单位是法人单位的组成部分。仅包含一个产业活动单位的法人单位，称为单产业法人单位，该法人单位同时也是一个产业活动单位；由两个及以上产业活动单位组成的法人单位，称为多产业法人单位，这些产业活动单位接受法人单位的管理和控制。

东部地区 包括海口市、三亚市、文昌市、琼海市、万宁市、陵水县。

中部地区 包括五指山市、定安县、屯昌县、琼中县、保亭县、白沙县。

西部地区 包括儋州市、东方市、澄迈县、临高县、乐东县、昌江县。

景气指数 又称景气度，它是对企业景气调查中的定性指标通过定量方法加工汇总，综合反映某一特定调查群体或某一社会经济现象所处的状态或发展趋势的一种指标。其计算原理是：在调查的各类企业中，通过问卷的形式让企业经营决策者回答本企业本期经营状况相对于前期是上升、持平还是下降，然后经过加权、汇总，求出企业景气指数，即景气指数值=回答上升的企业所占比重-回答下降的企业所占比重。景气指数取值 0-200 之间，100 为景气指数的临界值，当景气指数大于 100 时，表明经济状况趋于上升或改善，处于景气状态；当景气指数小于 100 时，表明经济状况趋于下降或恶化，处于不景气状态。

企业景气指数 是根据企业家对本企业综合生产经营情况的判断与预期而编制的指数，用以综合反映企业的生产经营状况。

企业家信心指数 是根据企业家对企业外部市场经济环境与宏观政策的认识、看法、判断与预期而编制的指数，用以综合反映企业家对宏观经济环境的感受与信心。

Explanatory Notes on Main Statistical Indicators

Divisions of Administrative Areas refer to the division of administrative areas by the State. The relative laws stipulate that 1) the whole country is divided into provinces, autonomous regions and municipalities directly under the Central Government; 2) provinces and autonomous regions are further divided into autonomous prefectures, counties, autonomous counties and cities; 3) autonomous prefectures are further divided into counties, autonomous counties and cities; 4) counties and autonomous counties are further divided into townships, ethnic townships and towns; 5) municipalities directly under the Central Government and large cities are divided into districts and counties, 6) the State shall, when necessary, establish special administrative regions.

Average Annual Growth Rate shows the average growth rate of social and economic development during a longer period. It can not be directly calculated by chain based growth rate. The relation is:

Average Annual Growth Rate = Average Speed of Development – 1

Average speed of development is the time series average of speed which calculated by chain based. Because the reference bases during the different periods are not same, average speed of development can not be calculated by the general method. Level approach and accumulative approach for calculating average speed of development rate are applied. The "level approach", or the method of calculating the geometric average, is derived by the formula of geometric average of the chain-based speeds of development, or comparing the level of the last year of the interval with that of the beginning year; the other is called the "accumulative approach" or the "algebraic average", "equation" method, which is derived by the summation of the actual figure of each year in the interval divided by the figure in the base year. The level approach focuses on the level of the last year, while the accumulative approach emphasizes the aggregate development in the duration.

The average annual growth rates listed in the Yearbook are calculated by the level approach except for the growth rate of investment in fixed assets. The base year is not listed in the duration for which average annual growth rates are computed. For instance, the average annual growth rate of the 43 years since 1949 is shown as the average annual growth rate of 1950-1992 without showing the base year 1949.

Industrial Classification of the National Economy The new *Industrial Classification of the National Economy* (GB/T 4754-2002) is introduced starting from the compilation of 2003 annual statistics. The revision, based on the 1994 classification, was organized by the National Bureau of Statistics taking into consideration of the *International Standards of the Industrial Classification of All Economic Activities* (ISIC/Rev.3) of the United Nations. The new *Classification* was promulgated by the National Administration of Quality Supervision, Inspection and Quarantine on May 10, 2002. The revised version of the *Industrial Classification of the National Economy* (GB/T 4754-2002) is composed of 20 major divisions, 95 divisions, 396 major groups and 913 groups, of which 4 major divisions, 3 divisions, 28 major groups and 67 groups are new respectively.

Registration Status of Enterprises Enterprises are classified into 3 categories, namely domestic-funded enterprises, enterprises with investment from Hong Kong, Macau and Taiwan, and enterprises with foreign investment, according to the registration status of an enterprise in industrial and commercial administration agencies. Domestic-funded enterprises include State-owned enterprises, collective-owned enterprises, cooperative enterprises, joint ownership enterprises, limited liability corporations, share-holding corporations Ltd., private enterprises and other enterprises. Included in the enterprises with investment from Hong Kong, Macau and Taiwan and enterprises with foreign investment are joint-venture enterprises, cooperative enterprises, sole investment enterprises and share-holding corporations Ltd. For government agencies, institutions and social organizations which are not registered in industrial and commercial administration agencies, they are classified mainly by their sources of funding and manner of management.

State-owned Enterprises refer to non-corporation economic units where the entire assets are owned by the State and which have been registered in accordance with the *Regulation of the People's Republic of China on the Management of Registration of Corporate Enterprises*. Not included from this category are solely State-funded corporations in the limited liability corporations.

Collective-owned Enterprises refer to economic units where the assets are owned collectively and which have been registered in accordance with the *Regulation of the People's Republic of China on the Management of Registration of Corporate Enterprises*.

Cooperative Enterprises refer to a form of collective economic units (enterprises) where capitals come mainly from employees as their shares, with certain proportion of capital from the outside, where production is organized on the basis of independent operation, independent accounting for profits and losses, joint work, democratic management, and a distribution system that integrates remuneration according to work with dividend according to capital share.

Joint Ownership Enterprises refer to economic units established by two or more corporate enterprises or corporate institutions of the same or different ownership, through joint investment on the basis of voluntary participation, equality, and mutual benefits. They include State joint ownership enterprises; collective joint ownership enterprises; joint State-collective enterprises; and other joint ownership enterprises.

Limited Liability Corporations refer to economic units established with investment from 2-50 investors and registered in accordance with the *Regulation of the People's Republic of China on the Management of Registration of Corporations*, each investor bearing limited liability to the corporation depending on its share of investment, and the corporation bearing liability to its debt to the maximum of its total assets. Limited liability corporations include solely State-funded limited liability corporations and other limited liability corporations.

Share-holding Corporations Ltd. refer to economic units registered in accordance with the *Regulation of the People's Republic of China on the Management of Registration of Corporations*, with total registered capital divided into equal shares and raised through issuing stocks. Each investor bears limited liability to the corporation depending on the holding of shares, and the corporation bears liability to its debt to the maximum of its total assets.

Private Enterprises refer to profit-making economic units invested and established by natural persons, or controlled by natural persons using employed labour. Included in this category are private limited liability corporations, private share-holding corporations Ltd., private partnership enterprises and private-funded enterprises registered in accordance with the *Company Law*, *the Law on Partnership Business* and *Interim Regulations on Private Enterprises*.

Other Domestic-funded Enterprises refer to domestic-funded economic units other than those mentioned above.

Joint Venture Enterprises with Funds from Hong Kong, Macau and Taiwan are enterprises established by investors from Hong Kong, Macau and Taiwan with enterprises in the mainland of China in accordance with the *Law of the People's Republic of China on Sino-foreign Equity Joint Ventures* and other relevant laws, where the establishment of the investment and the sharing of profits and risks are stipulated under joint venture contracts.

Cooperative Enterprises with Funds from Hong Kong, Macau and Taiwan established by investors from Hong Kong, Macau and Taiwan with enterprises in the mainland of China in accordance with the *Law of the People's Republic of China on Sino-foreign Contractual Joint Venture* and other relevant laws, where the investment or provision of facilities and the sharing of profits and risks are stipulated under cooperative contracts.

Enterprises with Sole (exclusive) Investment from Hong Kong, Macau and Taiwan refer to enterprises established in the mainland of China with exclusive investment from investors from Hong Kong, Macau and Taiwan in accordance with the *Law of the People's Republic of China on Wholly Foreign-owned Enterprises* and other relevant laws.

Share-holding Corporations Ltd. with Investment from Hong Kong, Macau and Taiwan refer to share-holding corporations Ltd. established with the approval from the former Ministry of Foreign Trade and Economic Relations in line with relevant State regulations, where the share of investment from Hong Kong, Macau or Taiwan businessmen exceeds 25% of the total registered capital of the corporation. In case the share of investment from Hong Kong, Macau or Taiwan is less than 25% of the total registered capital, the enterprise is to be classified as domestic-funded share-holding corporation Ltd.

Joint Venture Enterprises with Foreign Investment refer to enterprises jointly established by foreign enterprises or foreigners with enterprises in the mainland of China in accordance with the *Law of the People's Republic of China on Sino-foreign Equity Joint Ventures* and other relevant laws, where the sharing of investment, profits and risks is stipulated under contract.

Cooperative Enterprises with Foreign Investment refer to enterprises jointly established by foreign enterprises or foreigners with enterprises in the mainland of China in accordance with the *Law of the People's Republic of China on Sino-foreign Contractual Joint Venture* and other relevant laws, where the investment or provision of facilities and the sharing of profits and risks are stipulated under cooperative contracts.

Enterprises with Sole (exclusive) Foreign Investment refer to enterprises established in the mainland of China with exclusive investment from foreign investors in accordance with the *Law of the People's Republic of China on Wholly Foreign-owned Enterprises* and other relevant laws.

Share-holding Corporations Ltd. with Foreign Investment refer to share-holding corporations Ltd. established with the approval from the former Ministry of Foreign Trade and Economic Relations in line with relevant State regulations, where the share of investment from foreign investors exceeds 25% of the total registered capital of the corporation. In case the share of foreign investment is less than 25% of the total registered capital, the enterprise is to be classified as domestic-funded share-holding corporation Ltd.

Government Agencies, Institutions and Social Organizations are classified into the following categories by source of funds and manner of management taking reference of the registration status of enterprises:

(1) Government agencies: include State and party agencies, classified in principle as State-owned. There are exceptions, such as supply and marketing cooperatives which are classified as collective-owned.

(2) Institutions: include institutions of various types established with the approval by organization and staffing departments of the government, but exclude institutions where enterprise management system is introduced. Institutions are further classified as follows:

(a) Institutions for which their main budgets are from government budget appropriations or extra-budget funds, or allocated from the budget of their competent government agencies. Such institutions are classified as state-owned.

(b) Institutions for which their budget mainly come from collective units. Such institutions are classified as collective-owned.

(c) Social institutions established by individual or a group of citizens, which are classified as private.

(d) Institutions other than those mentioned above for which their sources of budget are not clear. Such institutions are classified by the manner of management.

(3) Social organizations: include social organizations established with the approval from the Ministry of Civil Affairs, and organizations that are not covered by social organization management regulations such as trade unions, women's federations etc.. Social organizations are further classified as follows:

(a) Social organizations that are not covered by social organization management regulations of the Ministry of Civil Affairs such as trade unions, women federations, communist youth leagues, youth associations, industrial and commerce associations, scientist associations, overseas Chinese associations, etc., foundations and fund management organizations established with funds from the state, and social organizations whose funds mainly come from the budget of their competent government agencies. Such institutions are classified as State-owned.

(b) Social organizations for which their budget mainly come from collective units. Such institutions are classified as collective-owned.

(c) Social organizations established by individual or a group of citizens, which are classified as private.

(d) Social organizations other than those mentioned above for which their sources of budget are not clear. Such organizations are classified by the manner of management.

Judicial Entities refer to the organizations which have the right to own property, assume the liabilities and engage in social economic activities or trade with other institutions. Judicial Entities should have the following conditions:

(a) Established in accordance with the law, have its own name, organization and location, bear civil liability independently.

(b) Owned (or licensed) assets or funds independently, bear the liabilities, entitled to sign contracts with other institutions.

(c) Control account included balance sheet or according to the needs.

Judicial Entities include five types: corporate legal person, institutions legal person, authority legal person, social organizations and other members' organization legal person, other legal persons.

Establishments refer to the organizations or a part of the organization which locate at a location, engaged in a kind of or a mainly social and economic activities. Establishments should have the following conditions:

(a) Locate at a location, engaged in a kind of or a mainly social and economic activities.

(b) Organize production or business activities relatively

independently.

(c) Provide income, expenditure and other relevant information.

Judicial entities are compositions of establishments. Judicial entities with only one establishment are named as single-sector judicial entities and the judicial entities are the establishment meantime. Judicial entities with two and more establishments are named as multi-sector judicial entities; the establishments are managed and controlled by the judicial entities.

Eastern Region includs Haikou City, Sanya City, Wenchang City, Qionghai City Wanning City and Lingshui County.

Central Region includs Wuzhishan City, Ding'an County, Tunchang County, Qiongzhong County, Baoting County and Baisha County.

Western Region includs Danzhou City, Dongfang City, Chengmai County, Lingao County, Ledong County and Changjiang County.

Climate Index is also called “Climate Degree”; and this index is processed and summarized through quantitative approach for the qualitative index in enterprise climate investigation, which it is used to reflect a status or development trend comprehensively of certain body or a certain socio-economic phenomenon under investigation. And the calculation principle is: entrepreneurs of various enterprises in the survey is enquired to reply whether the present situation of his enterprise is better, unchanged or worse than before by using questionnaire usually. The results are then weighted and summarized to obtain the enterprise climate index. The value of enterprises climate index is between 0 and 200, 100 is its threshold. When the enterprises climate index is greater than 100, it shows the economy tends to grow or be improved, in boom status. When the enterprises climate index is less than 100, it shows the economy tends to decline or deteriorate, in downturn.

Enterprises Climate Index refers to the index compiled according to the entrepreneurs' judgment and anticipation to the comprehensive situation of production and management of their own enterprises.

Entrepreneur Confidence Index refers to the index complied according to the entrepreneurs' realization, opinion, judgment and anticipation to market, economic environment and macro-polices. It is used to reflect entrepreneurs' feeling and confidence of macro-economic environment.

国民经济核算
National Accounts

编辑人员：陈灿宇　陈敏　廖颖姝

Compiled by Chen Canyu　Chen Min　Liao Yingshu

英文翻译：李兴之

Translated by Li Xingzhi

简 要 说 明

本章节主要内容和资料来源

一、国内生产总值是指按市场价格计算的一个国家（或地区）所有常住单位在一定时期内生产活动的最终成果。增加值是指常住单位在生产过程中创造新增价值和固定资产转移价值。国内生产总值等于各行业增加值之和。国内生产总值可采用生产法、收入法和支出法进行核算。企业单位增加值核算可以采用生产法，也可以采用收入法，或者二者同时应用。支出法是从最终使用角度计算，一般不适合于企业应用。

二、农业普查后会对两次农业普查之间年份的第一产业增加值进行修订；经济普查后会对两次经济普查之间年份的第二产业、第三产业增加值进行修订。

三、本年鉴所列分市县的数据来自各市县的国民经济核算资料。由于资料的局限性，全省与各市县核算方法并不相同，所以各市县数据相加不等于全省总计。

四、年度国内生产总值核算包括初步核算、初步核实和最终核实三个阶段。初步核算是根据在核算年度次年年初根据快报数据进行的核算，初步核算数一般于次年初发表在《统计公报》上。初步核实数是在次年第二季度，利用统计年报数据对 GDP 数据重新进行核实，一般在次年的《统计年鉴》上公布。最终核实数是在第二年 10 月左右得到更为详实的资料后，再做一次核实，最终核实数一般在隔一年的《统计年鉴》上发布。

Brief Introduction

I. Gross domestic product is refers to a country (or area) of all resident units during a given period of production to the final results at market prices. Added value refers to the resident units in the production process to create new value and fixed asset transfer value. Gross domestic product is equal to the sum of value added industry. GDP can be calculated by production approach、 the income approach and expenditure approach accounting. Enterprises accounting of value added can adopt production approach, also can use income approach, or the two at the same time the application. Expenditure approach is from the end of the use of angle calculation, generally not suitable for enterprise application.

II. Value added of the first industry between the two agricultural censuses years are revised after agricultural census; value added of the second industry、 the tertiary industry between the two economic censuses years are revised after economic census.

III. The city and county data in the yearbook come from the city and county of national economic accounting data. Due to the limitation of the data, the province and the cities and counties accounting methods are not the same, so the total sum of each city and county data is not equal to the province's data.

Ⅳ. Annual GDP accounting includes preliminary business accounting, preliminary verification and final verification. Preliminary business accounting number is according to express data, generally published in the "Statistics Bulletin" in the second year. Preliminary verification uses annual statistical data to verify the GDP data, which generally published in the following year "statistical yearbook". The final verification will be verified after obtaining detailed information in the next year around October, and will be published in "statistical yearbook" in a year.

2-1 历年地区生产总值
Gross Domestic Product in Various Years

单位：亿元 (100 million yuan)

年 份 Year	地区生产总值 Gross Domestic Product	第一产业 Primary Industry	第二产业 Secondary Industry	工 业 Industry	建筑业 construction	第三产业 Tertiary Industry	人均地区生产总值(元) Per Capita GDP(yuan)
1978	16.40	8.72	3.65	2.95	0.70	4.03	314
1979	17.45	9.31	3.77	3.01	0.76	4.37	327
1980	19.33	10.8	3.61	2.87	0.74	4.92	354
1981	22.23	13.02	3.47	2.71	0.76	5.74	399
1982	28.86	17.25	4.04	3.07	0.97	7.57	510
1983	31.12	18.45	4.47	3.53	0.94	8.20	540
1984	37.18	20.48	6.68	4.70	1.98	10.02	636
1985	43.26	21.80	9.30	5.88	3.42	12.16	729
1986	48.03	24.05	9.92	6.67	3.25	14.06	798
1987	57.28	28.63	10.91	7.73	3.18	17.74	925
1988	77.00	38.46	14.19	10.03	4.16	24.35	1220
1989	91.32	42.64	18.29	11.70	6.59	30.39	1420
1990	102.42	45.71	20.19	13.16	7.03	36.52	1562
1991	120.52	49.80	24.71	15.23	9.48	46.01	1804
1992	184.92	53.59	38.27	20.98	17.29	93.06	2719
1993	260.41	76.82	66.08	35.58	30.50	117.50	3755
1994	331.98	106.12	83.32	44.56	38.76	142.54	4702
1995	363.25	128.90	78.48	44.04	34.44	155.87	5063
1996	389.68	141.15	81.52	49.20	32.32	167.01	5346
1997	411.16	148.52	83.13	52.05	31.08	179.51	5567
1998	442.13	156.05	91.41	59.09	32.32	194.66	5912
1999	476.67	172.62	96.02	63.37	32.65	208.04	6294
2000	526.82	192.00	103.97	70.46	33.51	230.85	6798
2001	579.17	196.78	133.84	97.86	35.98	248.56	7315
2002	642.73	222.89	148.88	111.42	37.46	270.96	8041
2003	713.96	244.29	175.82	132.26	43.56	293.85	8849
2004	819.66	278.76	205.60	151.56	54.04	335.30	10067
2005	918.75	300.75	240.83	176.92	63.91	377.17	11165
2006	1065.67	323.48	308.62	238.31	70.31	433.57	12810
2007	1254.17	361.07	364.26	278.37	85.89	528.84	14923
2008	1503.06	436.04	423.55	308.89	114.66	643.47	17691
2009	1654.21	462.19	443.43	300.63	142.80	748.59	19254
2010	2064.50	539.83	571.00	385.21	185.79	953.67	23831
2011	2522.66	659.23	714.50	475.04	239.46	1148.93	28898
2012	2855.54	711.54	804.47	521.15	283.32	1339.53	32377

注：本表按当年价格计算；2004年经济普查后，对1987-2004年生产总值和第二产业、第三产业数据进行了修订；2006年农业普查后，对2006年、2007年第一产业数据进行了修订；2008年经济普查后，对2005-2008年生产总值和第二、三产业数据进行了修订。(以下至2-6表均同)

Note:Data in this table are calculated at current prices; Data of gross domestic product, secondary industry and tertiary industry from 1987 to 2004 were revised according to the Economic Census in 2004; Data of primary industry in 2006 and 2007 were revised according to the Agricultural Census in 2006; Data of gross domestic product, secondary industry and tertiary industry from 2005 to 2008 were revised according to the Economic Census in 2008. (the same applies to the tables from this table to table 2-6)

2-2 历年地区生产总值构成
Composition of Gross Domestic Product in Various Years

单位：% (%)

年 份 Year	地区生产总值 Gross Domestic Product	第一产业 Primary Industry	第二产业 Secondary Industry	工 业 Industry	建筑业 Construction	第三产业 Tertiary Industry
1978	100.0	53.1	22.3	18.0	4.3	24.6
1979	100.0	53.4	21.6	17.2	4.4	25.0
1980	100.0	55.9	18.6	14.8	3.8	25.5
1981	100.0	58.6	15.6	12.2	3.4	25.8
1982	100.0	59.8	14.0	10.6	3.4	26.2
1983	100.0	59.3	14.4	11.4	3.0	26.3
1984	100.0	55.1	18.0	12.7	5.3	26.9
1985	100.0	50.4	21.5	13.6	7.9	28.1
1986	100.0	50.0	20.7	13.9	6.8	29.3
1987	100.0	50.0	19.0	13.5	5.5	31.0
1988	100.0	50.0	18.4	13.0	5.4	31.6
1989	100.0	46.7	20.0	12.8	7.2	33.3
1990	100.0	44.6	19.7	12.8	6.9	35.7
1991	100.0	41.3	20.5	12.6	7.9	38.2
1992	100.0	29.0	20.7	11.3	9.4	50.3
1993	100.0	29.5	25.4	13.7	11.7	45.1
1994	100.0	32.0	25.1	13.4	11.7	42.9
1995	100.0	35.5	21.6	12.1	9.5	42.9
1996	100.0	36.2	20.9	12.6	8.3	42.9
1997	100.0	36.1	20.2	12.6	7.6	43.7
1998	100.0	35.3	20.7	13.4	7.3	44.0
1999	100.0	36.2	20.1	13.3	6.8	43.7
2000	100.0	36.4	19.8	13.4	6.4	43.8
2001	100.0	34.0	23.1	16.9	6.2	42.9
2002	100.0	34.7	23.1	17.3	5.8	42.2
2003	100.0	34.2	24.6	18.5	6.1	41.2
2004	100.0	34.0	25.1	18.5	6.6	40.9
2005	100.0	32.7	26.2	19.2	7.0	41.1
2006	100.0	30.4	29.0	22.4	6.6	40.7
2007	100.0	28.8	29.0	22.2	6.8	42.2
2008	100.0	29.0	28.2	20.6	7.6	42.8
2009	100.0	27.9	26.8	18.2	8.6	45.3
2010	100.0	26.1	27.7	18.7	9.0	46.2
2011	100.0	26.1	28.3	18.8	9.5	45.6
2012	100.0	24.9	28.2	18.3	9.9	46.9

注：本表按当年价格计算。
Note:Data in this table are calculated at current prices.

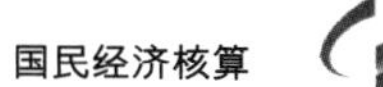

2-3 历年地区生产总值指数
Indices of Gross Domestic Product in Various Years

(上年=100) (preceding year=100)

年份 Year	地区生产总值 Gross Domestic Product	第一产业 Primary Industry	第二产业 Secondary Industry	工业 Industry	建筑业 Construction	第三产业 Tertiary Industry	人均地区生产总值 Per Capita GDP
1978							
1979	103.1	106.3	91.8	88.8	104.3	106.5	100.6
1980	101.8	101.6	94.7	94.2	96.3	108.5	102.8
1981	113.0	118.1	95.8	94.9	101.8	113.6	120.6
1982	123.6	125.4	110.4	106.5	123.6	127.5	123.7
1983	105.8	104.8	108.4	112.6	94.5	106.7	109.3
1984	116.9	109.2	143.6	128.4	200.6	119.5	117.4
1985	112.0	102.4	133.8	123.9	157.8	117.0	112.9
1986	108.7	111.2	101.8	105.8	95.0	109.6	107.3
1987	111.5	109.2	109.8	115.4	98.4	116.7	109.5
1988	109.7	103.8	119.6	123.2	110.9	112.5	107.6
1989	105.7	103.1	113.1	105.2	134.4	104.4	103.8
1990	110.6	109.2	110.5	110.0	111.5	112.7	108.5
1991	114.9	108.7	120.1	120.0	120.2	119.7	112.7
1992	141.5	110.0	137.5	131.8	148.2	179.4	139.0
1993	120.6	110.5	150.1	138.5	169.3	115.1	118.2
1994	111.3	112.9	117.1	114.0	121.3	106.9	109.3
1995	103.8	111.5	94.3	94.1	94.6	104.0	102.1
1996	104.7	105.4	102.2	106.1	97.3	105.5	103.0
1997	106.8	107.6	105.6	109.2	100.7	106.9	105.4
1998	108.5	108.3	109.0	109.6	108.1	108.3	107.1
1999	108.5	110.8	108.0	109.5	105.6	107.0	107.1
2000	109.0	110.2	107.7	110.0	104.1	108.8	106.6
2001	109.1	109.7	108.8	110.3	105.8	108.7	106.8
2002	109.6	109.1	112.9	115.9	106.2	108.5	108.5
2003	110.6	109.0	119.5	123.2	110.6	107.8	109.6
2004	110.7	108.0	115.9	116.7	113.8	110.3	109.7
2005	110.5	106.0	116.9	117.0	116.4	110.8	109.4
2006	113.2	109.1	119.8	124.1	109.3	112.6	112.0
2007	115.8	108.0	124.4	129.4	110.6	116.4	114.7
2008	110.3	107.7	105.3	103.2	112.4	115.5	109.2
2009	111.7	107.2	112.6	107.4	128.1	114.1	110.4
2010	116.0	106.3	119.2	117.6	123.3	120.1	115.0
2011	112.0	106.2	115.3	113.4	119.1	113.3	111.1
2012	109.1	106.3	111.0	108.8	115.4	109.5	108.0

注：本表按不变价格计算。
Note:Data in this table are calculated at constant prices.

2-4 历年地区生产总值指数(1978=100)
Indices of Gross Domestic Product in Various Years

(1978年=100)　　(year of 1978=100)

年　份 Year	地区生产总值 Gross Domestic Product	第一产业 Primary Industry	第二产业 Secondary Industry	工　业 Industry	建筑业 Construction	第三产业 Tertiary Industry	人均地区生产总值 Per Capita GDP
1978							
1979	103.1	106.3	91.8	88.8	104.3	106.5	100.6
1980	105.0	108.0	86.9	83.6	100.4	115.6	103.4
1981	118.6	127.5	83.3	79.4	102.2	131.3	124.7
1982	146.6	159.9	91.9	84.5	126.4	167.4	154.3
1983	155.1	167.6	99.7	95.2	119.4	178.6	168.6
1984	181.3	183.0	143.1	122.2	239.6	213.4	198.0
1985	203.1	187.4	191.5	151.4	378.0	249.7	223.5
1986	220.7	208.4	194.9	160.2	359.1	273.7	239.8
1987	246.1	227.6	214.1	184.9	353.4	319.3	262.6
1988	269.9	236.2	256.0	227.8	391.9	359.2	282.6
1989	285.4	243.5	289.7	239.6	526.7	375.0	293.3
1990	315.6	265.9	320.0	263.6	587.2	422.5	318.2
1991	362.6	289.1	384.2	316.3	705.9	506.0	358.6
1992	513.0	318.0	528.4	416.9	1046.1	907.9	498.5
1993	618.5	351.4	792.9	577.3	1771.0	1044.7	589.2
1994	688.1	396.7	928.4	658.2	2148.3	1116.9	644.0
1995	714.0	442.3	875.7	619.3	2032.3	1162.0	657.5
1996	747.5	466.2	895.2	657.1	1977.4	1226.0	677.2
1997	798.5	501.7	945.7	717.6	1991.2	1310.2	713.8
1998	866.0	543.3	1030.8	786.5	2152.5	1418.7	764.5
1999	939.4	602.0	1112.8	861.2	2273.1	1517.8	818.8
2000	1024.2	663.4	1198.7	947.3	2366.2	1651.5	872.8
2001	1117.2	727.7	1304.7	1044.9	2503.5	1794.6	932.2
2002	1224.2	793.9	1472.6	1211.0	2658.7	1946.8	1011.4
2003	1354.0	865.4	1759.5	1491.9	2940.5	2098.6	1108.5
2004	1498.7	934.6	2039.4	1741.1	3346.3	2314.1	1216.0
2005	1656.1	990.7	2384.1	2037.1	3895.1	2564.0	1330.3
2006	1874.7	1080.9	2856.2	2528.0	4257.4	2887.1	1489.9
2007	2170.9	1167.4	3553.1	3271.3	4708.6	3360.6	1708.9
2008	2394.5	1257.3	3741.4	3375.9	5292.5	3881.5	1866.1
2009	2674.7	1347.8	4212.8	3625.8	6779.7	4428.8	2060.2
2010	3102.7	1432.7	5021.6	4263.9	8359.4	5319.0	2369.2
2011	3475.0	1521.5	5789.9	4835.3	9956.0	6026.4	2632.2
2012	3791.2	1617.4	6426.8	5260.8	11489.2	6598.9	2842.8

注：本表按不变价格计算。
Note:Data in this table are calculated at constant prices.

2-5 全省第三产业增加值
Value-added of the Tertiary Industry

单位：亿元 (100 million yuan)

年 份 Year	第三产业 Tertiary Industry	交通运输、仓储和邮政业 Transport, Storage and Post Services	批发和零售业 Wholesale and Retail Trades	住宿和餐饮业 Hotels and Catering Services	金融保险业 Finance and Insurance	房地产业 Real Estate	其他服务业 Other Services
2004	335.30	57.63	82.52	24.39	11.56	30.64	128.56
2005	377.17	61.87	91.27	28.40	13.16	38.20	144.27
2006	433.57	70.38	103.19	35.10	16.37	44.45	164.08
2007	528.84	76.83	119.53	43.63	34.43	67.19	187.23
2008	643.47	82.59	144.68	55.02	47.33	95.60	218.25
2009	748.59	88.68	168.75	60.22	65.73	121.76	243.45
2010	953.67	101.90	220.65	69.45	78.12	188.33	295.22
2011	1148.93	119.74	258.06	89.75	105.24	208.71	367.43
2012	1339.53	133.40	300.52	98.96	130.69	238.11	437.85

注：本表按当年价格计算
Note:Data in this table calculated at current prices

2-6 全省第三产业增加值构成
Composition of Value-added of the Tertiary

单位：% (%)

年 份 Year	第三产业 Tertiary Industry	交通运输、仓储和邮政业 Transport, Storage and Post Services	批发和零售业 Wholesale and Retail Trades	住宿和餐饮业 Hotels and Catering Services	金融保险业 Finance and Insurance	房地产业 Real Estate	其他服务业 Other Services
2004	100.0	17.2	24.6	7.3	3.4	9.1	38.4
2005	100.0	16.4	24.2	7.5	3.5	10.1	38.3
2006	100.0	16.2	23.8	8.1	3.8	10.3	37.8
2007	100.0	14.5	22.6	8.3	6.5	12.7	35.4
2008	100.0	12.8	22.5	8.6	7.4	14.9	33.8
2009	100.0	11.8	22.5	8.1	8.8	16.3	32.5
2010	100.0	10.7	23.1	7.3	8.2	19.7	31.0
2011	100.0	10.4	22.4	7.8	9.2	18.2	32.0
2012	100.0	10.0	22.4	7.4	9.7	17.8	32.7

注：本表按当年价格计算。
Note:Data in this table are calculated at current prices.

2-7 全省第三产业增加值指数
Indices of Value-added of the Tertiary Industry

(上年=100) (Preceding year=100)

年 份 Year	第三产业 Tertiary Industry	交通运输、仓储和邮政业 Transport, Storage and Post Services	批发和零售业 Wholesale and Retail Trades	住宿和餐饮业 Hotels and Catering Services	金融保险业 Finance and Insurance	房地产业 Real Estate	其他服务业 Other Services
2004	110.3				103.1	108.1	
2005	110.8	106.3	109.6	115.3	111.3	122.7	110.6
2006	112.6	107.3	111.4	117.7	123.2	115.0	118.2
2007	116.4	110.2	110.9	130.8	161.4	131.6	110.7
2008	115.5	105.3	113.5	125.9	125.3	119.6	115.6
2009	114.1	105.9	117.8	107.2	138.0	124.5	109.4
2010	120.1	113.9	123.6	110.5	113.9	127.1	121.0
2011	113.3	119.4	111.0	120.7	120.5	101.2	117.0
2012	109.5	108.7	107.5	103.2	120.8	104.7	112.3

注：本表按不变价格计算。
Note:Data in this table are calculated at constant prices.

2-8 分行业增加值
Value-added by Sector

行　　业	Item	2005	2008	2009	2010	2011	2012
合　计	**Gross Domestic Product**	**905.03**	**1503.06**	**1654.21**	**2064.50**	**2522.66**	**2855.54**
第一产业	Primary Industry	300.75	436.04	462.19	539.83	659.23	711.54
第二产业	Secondary Industry	230.53	423.55	443.43	571.00	714.50	804.47
工业	Industury	166.62	308.89	300.63	385.21	475.04	521.15
建筑业	Construction	63.91	114.66	142.80	185.79	239.46	283.32
第三产业	Tertiary Industry	373.75	643.47	748.59	953.67	1148.93	1339.53
交通运输、仓储和邮政业	#Transport,Storage and Post	64.34	82.59	88.68	101.90	119.74	133.40
信息传输、计算机服务和软件业	Information Transmission,Computer Servises and Software	23.77	40.88	44.27	50.32	59.29	62.19
批发和零售业	Wholesale and Retail Trades	91.67	144.68	168.75	220.65	258.06	300.52
住宿和餐饮业	Hotels and Catering Services	27.55	55.02	60.22	69.45	89.75	98.96
金融业	Financial Intermediation	12.44	47.33	65.73	78.12	105.24	130.69
房地产业	Real Estate	33.61	95.60	121.76	188.33	208.71	238.11
租赁和商务服务业	Leasing and Business Servises	12.62	11.99	13.72	16.66	21.74	31.23
科学研究、技术服务和地质勘查业	Scientific Research,Technical Servises and Geologic Prospecting	6.62	11.62	12.49	14.73	17.95	21.25
水利、环境和公共设施管理业	Management of Water Conservancy, Environment and Public Facilities	5.63	6.73	7.58	8.93	11.50	13.96
居民服务和其他服务业	Servises to Households and Other Servise	11.53	18.23	21.43	26.67	31.47	39.40
教育	Education	26.99	45.93	52.04	59.58	70.84	89.20
卫生、社会保障和社会福利业	Health,Social Security and Social Welfare	13.50	19.15	22.10	27.72	37.86	42.55
文化、体育和娱乐业	Culture,Sports and Entertainment	7.43	10.24	11.61	14.76	19.98	24.37
公共管理和社会组织	Public Management and Social Organization	36.07	53.47	58.21	75.85	96.80	113.73

注：总量、构成按当年价格计算，增长速度按不变价格计算。
Note:Total data and composition in this table are calculated at current prices while increase rates at constant prices.

 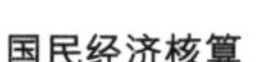 

2-9 行业增加值收入法构成项目(2012)
Income Approach Components of Value-added by Sectors

单位：亿元 (100 million yuan)

行业	Sector	增加值 Value-Added	劳动者报酬 Compensation of Employees	生产税净额 Net Taxes on Production	固定资产折旧 Depreciation of Fixed Assets	营业盈余 Operating Surplus
合计	**Gross Domestic Product**	**2855.54**	**1447.36**	**546.25**	**424.91**	**437.02**
第一产业	**Primary Industry**	**711.54**	**591.63**	**0.00**	**119.91**	**0.00**
第二产业	**Secondary Industry**	**804.47**	**242.67**	**248.54**	**93.42**	**219.84**
工业	Industury	521.15	105.49	200.52	71.29	143.85
建筑业	Construction	283.32	137.18	48.02	22.13	75.99
第三产业	**Tertiary Industry**	**1339.53**	**613.06**	**297.71**	**211.58**	**217.18**
交通运输、仓储和邮政业	Transport,Storage and Post	133.40	60.18	20.98	50.19	2.05
信息传输、计算机服务和软件业	Information Transmission,Computer Servises and Software	62.19	12.68	2.52	22.98	24.01
批发和零售业	Wholesale and Retail Trades	300.52	89.32	147.32	15.34	48.54
住宿和餐饮业	Hotels and Catering Services	98.96	58.27	9.29	13.99	17.41
金融业	Financial Intermediation	130.69	39.68	17.34	5.06	68.61
房地产业	Real Estate	238.11	53.52	86.71	60.10	37.78
租赁和商务服务业	Leasing and Business Servises	31.23	17.72	7.10	6.67	-0.26
科学研究、技术服务和地质勘查业	Scientific Research,Technical Servises and Geologic Prospecting	21.25	12.50	1.57	3.41	3.77
水利、环境和公共设施管理业	Management of Water Conservancy, Environment and Public Facilities	13.96	6.93	0.78	3.36	2.89
居民服务和其他服务业	Servises to Households and Other Servise	39.37	34.55	1.31	1.83	1.68
教育	Education	89.20	80.11	0.21	9.09	-0.21
卫生、社会保障和社会福利业	Health,Social Security and Social Welfare	42.55	34.12	0.00	4.72	3.71
文化、体育和娱乐业	Culture,Sports and Entertainment	24.37	10.33	2.36	5.17	6.51
公共管理和社会组织	Public Management and Social Organization	113.73	103.15	0.22	9.67	0.69

注：本表按当年价格计算。
Note:Data in this table are calculated at current prices.

2-10 历年三次产业贡献率
Share of the Contributions of the Three Strata of Industry to the Increase of GDP in Various Years

单位：%　　(%)

年份 Year	地区生产总值 Gross Domestic Product	第一产业 Primary Industry	第二产业 Secondary Industry	#工业 Industry	第三产业 Tertiary Industry
1988	100.0	19.3	41.2	34.5	39.6
1989	100.0	25.1	50.9	14.6	24.1
1990	100.0	39.3	23.5	15.2	37.1
1991	100.0	26.1	26.6	17.3	47.3
1992	100.0	10.2	18.6	10.3	71.2
1993	100.0	16.8	48.7	23.4	34.5
1994	100.0	34.5	37.9	17.9	27.6
1995	100.0	93.3	-39.6	-23.1	46.3
1996	100.0	37.8	11.3	17.4	50.9
1997	100.0	36.8	19.3	18.3	44.0
1998	100.0	32.7	24.5	15.7	42.8
1999	100.0	42.3	21.7	15.7	36.0
2000	100.0	38.3	19.7	15.6	42.0
2001	100.0	38.9	19.2	15.2	41.8
2002	100.0	34.9	26.5	22.5	38.7
2003	100.0	31.0	37.3	31.3	31.8
2004	100.0	26.9	32.6	24.9	40.5
2005	100.0	20.1	36.8	27.2	43.1
2006	100.0	23.0	36.8	31.8	40.2
2007	100.0	16.4	40.2	35.6	43.4
2008	100.0	22.3	14.5	6.6	63.2
2009	100.0	18.2	28.7	12.6	53.1
2010	100.0	11.1	32.3	21.1	56.6
2011	100.0	13.5	35.2	20.9	51.3
2012	100.0	17.1	34.4	18.2	48.5

注：本表按不变价格计算。三次产业贡献率指各产业增加值增量与GDP增量之比。
Note:Data in this table are calculated at constant prices.Share contributions of the three strata of industry refers to the proportion of the increment of every industrial value added to the increment of GDP.

2-11 历年三次产业对全省生产总值增长的拉动

Contribution of the Three Strata of Industry to the Growth of GDP in Various Years

单位：百分点 (Percentage points)

年 份 Year	地区生产总值 Gross Domestic Product	第一产业 Primary Industry	第二产业 Secondary Industry	#工业 Industry	第三产业 Tertiary Industry
1988	9.7	1.9	4.0	3.3	3.8
1989	5.7	1.4	2.9	0.8	1.4
1990	10.6	4.2	2.5	1.6	3.9
1991	14.9	3.9	4.0	2.6	7.0
1992	41.5	4.2	7.7	4.3	29.5
1993	20.6	3.5	10.0	4.8	7.1
1994	11.3	3.9	4.3	2.0	3.1
1995	3.8	3.5	-1.5	-0.9	1.7
1996	4.7	1.8	0.5	0.8	2.4
1997	6.8	2.5	1.3	1.3	3.0
1998	8.5	2.8	2.1	1.3	3.6
1999	8.5	3.6	1.8	1.3	3.1
2000	9.0	3.5	1.8	1.4	3.8
2001	9.1	3.5	1.8	1.4	3.8
2002	9.6	3.3	2.5	2.2	3.7
2003	10.6	3.3	4.0	3.3	3.4
2004	10.7	2.9	3.5	2.7	4.3
2005	10.5	2.1	3.9	2.9	4.5
2006	13.2	3.0	4.9	4.2	5.3
2007	15.8	2.6	6.4	5.6	6.9
2008	10.3	2.3	1.5	0.7	6.5
2009	11.7	2.1	3.4	1.5	6.2
2010	16.0	1.8	5.2	3.4	9.1
2011	12.0	1.6	4.2	2.5	6.2
2012	9.1	1.6	3.1	1.7	4.4

注：本表按不变价格计算。三次产业拉动指GDP增长速度与各产业贡献率之乘积。

Note:Data in this table are calculated at constant prices.Contribution of the three strata of industry refers to the product of the growth of GDP and the share of the three strata of industry to the increase of GDP.

2-12 各市县生产总值
Gross Domestic Product by Region

单位：万元 (10 000 yuan)

地　区	Region	2005	2008	2009	2010	2011	2012
全辖区	**Total Region**						
海口市	Haikou	3088620	4510090	4953312	6171948	7339132	8187550
三亚市	Sanya	719472	1581659	1826561	2422143	2945630	3309625
五指山市	Wuzhishan	60236	103059	110717	141631	159037	165789
文昌市	Wenchang	538353	835335	946312	1187277	1437338	1585425
琼海市	Qionghai	518914	768435	885125	1129861	1340276	1450246
万宁市	Wanning	412070	680497	768007	980701	1196292	1345681
定安县	Ding'an	173894	289672	310754	388922	470333	555559
屯昌县	Tunchang	160935	251045	267404	326364	396476	431685
澄迈县	Chengmai	410353	749229	819258	1100773	1472043	1702298
临高县	Lingao	390463	529277	578008	717538	842748	1027410
儋州市	Danzhou	1058104	2326471	2537335	3117712	3726228	4195646
儋州	#Danzhou	729630	1037382	1092846	1317263	1617208	1762906
洋浦	Yangpu	328474	1289089	1444489	1800449	2109020	2432740
东方市	Dongfang	396635	719512	634018	735827	971742	1157995
乐东县	Ledong	246666	418077	479195	553763	697450	727992
琼中县	Qiongzhong	104690	171961	192622	237226	254633	259049
保亭县	Baoting	85629	142453	155677	196503	238571	275585
陵水县	Linshui	184597	332746	395715	521845	709799	745516
白沙县	Baisha	108533	184126	194333	232357	297783	311123
昌江县	Changjiang	269073	472454	439285	608369	730049	810510
不含农垦	**Excluding Nongken**						
海口市	Haikou	2993380	4399393	4812787	5951444	7132980	7972353
三亚市	Sanya	662859	1492809	1733198	2308509	2837549	3193881
五指山市	Wuzhishan	57240	98149	104507	135086	151624	153248
文昌市	Wenchang	524139	816063	927385	1164977	1414032	1561116
琼海市	Qionghai	492694	718577	838745	1072677	1277503	1390259
万宁市	Wanning	379999	628982	720918	924340	1126586	1277854
定安县	Ding'an	160844	270913	290643	367955	447491	520434
屯昌县	Tunchang	131849	202816	221402	274227	338612	384022
澄迈县	Chengmai	376831	698913	773257	1049014	1397709	1626418
临高县	Lingao	366791	501556	548829	684589	789799	992892
儋州市	Danzhou	971273	2204477	2408956	2950155	3548397	4042803
儋州	#Danzhou	642799	915388	964467	1149706	1439377	1610063
洋浦	Yangpu	328474	1289089	1444489	1800449	2109020	2432740
东方市	Dongfang	385911	701601	614991	712672	940750	1118914
乐东县	Ledong	213436	361058	414044	488935	582650	669861
琼中县	Qiongzhong	63125	96478	105578	128373	163005	185376
保亭县	Baoting	59809	98000	112240	137470	169371	203483
陵水县	Linshui	174762	318359	381368	501304	602436	693267
白沙县	Baisha	64295	112995	122468	149349	201163	223367
昌江县	Changjiang	259796	456727	420261	590231	707808	782961
农　垦	Nongken	588204	888232	942061	1175268	1396093	1258490

注：本表按当年价格计算。全辖区为包含农垦系统数据。
Note:Data in this table are calculated at current prices.Data of total region includes the data of Nongken

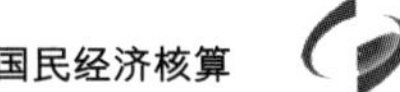

2-13 各市县生产总值指数
Gross Domestic Product by Region

(上年=100) (Preceding year=100)

地 区	Region	2005	2008	2009	2010	2011	2012
全辖区	**Total Region**						
海口市	Haikou	111.5	110.1	111.1	118.2	112.2	109.3
三亚市	Sanya	113.2	117.2	116.2	119.9	114.1	109.3
五指山市	Wuzhishan	104.0	122.2	112.2	117.2	104.0	103.4
文昌市	Wenchang	112.7	113.1	112.3	116.0	111.4	109.4
琼海市	Qionghai	102.1	115.5	118.5	116.2	106.6	107.9
万宁市	Wanning	109.3	114.8	113.6	117.9	111.6	110.1
定安县	Ding'an	110.0	115.6	113.6	116.7	109.3	110.7
屯昌县	Tunchang	107.9	110.9	109.2	112.3	111.1	109.9
澄迈县	Chengmai	108.2	114.2	114.6	124.0	121.9	116.8
临高县	Lingao	107.5	108.8	109.1	116.6	108.3	109.2
儋州市	Danzhou	120.3	117.8	109.4	115.0	112.3	109.7
儋州	#Danzhou	107.3	110.2	111.1	112.3	111.1	109.8
洋浦	Yangpu	164.4	125.1	108.0	117.0	113.2	109.7
东方市	Dongfang	111.0	119.5	99.0	117.4	116.6	110.4
乐东县	Ledong	107.9	112.6	112.9	108.7	110.3	107.1
琼中县	Qiongzhong	99.9	113.9	116.4	108.1	109.8	110.0
保亭县	Baoting	108.8	114.4	110.2	115.7	110.8	109.3
陵水县	Linshui	106.9	116.0	117.0	117.6	109.8	111.0
白沙县	Baisha	94.4	109.4	109.5	106.2	112.4	110.5
昌江县	Changjiang	112.2	115.0	117.4	116.3	116.5	113.2
不含农垦	**Excluding Nongken**						
海口市	Haikou	111.2	110.3	110.9	117.5	112.4	109.3
三亚市	Sanya	113.2	117.2	117.2	120.3	114.2	109.6
五指山市	Wuzhishan	104.1	123.7	111.3	118.9	104.0	102.2
文昌市	Wenchang	113.1	113.1	112.7	116.2	111.5	109.6
琼海市	Qionghai	103.0	115.6	119.8	116.8	106.7	108.3
万宁市	Wanning	110.0	115.1	115.4	118.8	111.9	110.3
定安县	Ding'an	111.0	115.9	113.9	118.3	109.4	110.6
屯昌县	Tunchang	109.7	110.7	110.8	116.0	111.4	110.6
澄迈县	Chengmai	110.2	114.1	116.1	125.6	122.6	117.4
临高县	Lingao	107.0	109.2	109.5	117.4	108.5	109.2
儋州市	Danzhou	123.3	118.0	109.5	115.1	112.3	109.9
儋州	#Danzhou	109.3	109.6	111.5	112.3	110.8	110.2
洋浦	Yangpu	164.4	125.1	108.0	117.0	113.2	109.7
东方市	Dongfang	112.0	120.1	98.7	117.8	116.8	110.5
乐东县	Ledong	109.6	113.1	112.2	112.6	110.8	107.4
琼中县	Qiongzhong	106.3	111.9	111.0	111.1	111.7	111.9
保亭县	Baoting	109.0	114.7	115.9	113.9	112.8	106.8
陵水县	Linshui	106.4	116.1	117.9	118.4	111.6	112.1
白沙县	Baisha	95.8	111.9	111.5	111.6	114.1	112.5
昌江县	Changjiang	113.0	115.4	117.2	118.0	117.0	113.4
农 垦	Nongken	101.4	111.3	106.7	109.0	104.0	106.6

注：本表按当年价格计算。全辖区为包含农垦系统数据。
Note:Data in this table are calculated at current prices.Data of total region includes the data of Nongken

2-14 按三次产业分各市县生产总值(2012)
Gross Domestic Product by Three Strata of Industry by Region

单位：万元 (10 000 yuan)

地 区	Region	生产总值 Gross Domestic Product	第一产业 Primary Industry	第二产业 Secondary Industry	第三产业 Tertiary Industry	人均生产总值(元) Per Capita GDP(yuan)
全辖区	**Total Region**					
海口市	Haikou	8187550	559193	2016648	5611709	38633
三亚市	Sanya	3309625	467308	681776	2160541	46370
五指山市	Wuzhishan	165789	48932	29391	87466	15888
文昌市	Wenchang	1585425	614793	381629	589003	29303
琼海市	Qionghai	1450246	604755	249575	595916	29670
万宁市	Wanning	1345681	404820	361523	579338	24478
定安县	Ding'an	555559	232214	94827	228518	19476
屯昌县	Tunchang	431685	221357	57644	152684	16742
澄迈县	Chengmai	1702298	524732	770819	406747	36096
临高县	Lingao	1027410	732562	90344	204504	23785
儋州市	Danzhou	4195646	917538	1895152	1382956	44719
儋州	#Danzhou	1762906	899804	256525	606577	19729
洋浦	Yangpu	2432740	17734	1638627	776379	449259
东方市	Dongfang	1157995	304312	584452	269231	28192
乐东县	Ledong	727992	446722	78728	202542	15790
琼中县	Qiongzhong	259049	147873	38024	73152	14858
保亭县	Baoting	275585	145836	34258	95491	18722
陵水县	Linshui	745516	332251	176458	236807	23178
白沙县	Baisha	311123	185894	47308	77921	18481
昌江县	Changjiang	810510	194398	466325	149787	36095
不含农垦	**Excluding Nongken**					
海口市	Haikou	7972353	507645	1971328	5493380	39261
三亚市	Sanya	3193881	396490	671554	2125838	50536
五指山市	Wuzhishan	153248	39585	28952	84711	15638
文昌市	Wenchang	1561116	597845	378967	584304	30068
琼海市	Qionghai	1390259	554310	246496	589453	31033
万宁市	Wanning	1277854	349215	358270	570369	26214
定安县	Ding'an	520434	202771	93971	223692	20628
屯昌县	Tunchang	384022	182449	55092	146481	18072
澄迈县	Chengmai	1626418	457695	767690	401033	41925
临高县	Lingao	992892	706328	85728	200836	26269
儋州市	Danzhou	4042803	824790	1872721	1345292	48669
儋州	#Danzhou	1610063	807056	234094	568913	20734
洋浦	Yangpu	2432740	17734	1638627	776379	449259
东方市	Dongfang	1118914	268468	583295	267151	28291
乐东县	Ledong	669861	398501	76550	194810	15842
琼中县	Qiongzhong	185376	88979	33764	62633	14561
保亭县	Baoting	203483	92790	27410	83283	19178
陵水县	Linshui	693267	284397	175677	233193	23374
白沙县	Baisha	223367	109991	44113	69264	17798
昌江县	Changjiang	782961	170818	464646	147497	36724
农 垦	Nongken	1258490	852424	118660	287407	14709

注：本表按当年价格计算, 全辖区为包含农垦系统数据；人均生产总值按常住人口计算。
Note:Data in this table are calculated at current prices, data of total region includes the data of Nongken. Data of Per Capita GDP by region are calculated at resident populationion.

2-15 按三次产业分各市县生产总值构成(2012)

Composition of Gross Domestic Product by Region

单位：% (%)

地区	Region	生产总值 Gross Domestic Product	第一产业 Primary Industry	第二产业 Secondary Industry	第三产业 Tertiary Industry
全辖区	**Total Region**				
海口市	Haikou	100	6.8	24.6	68.6
三亚市	Sanya	100	14.1	20.6	65.3
五指山市	Wuzhishan	100	29.5	17.7	52.8
文昌市	Wenchang	100	38.8	24.1	37.1
琼海市	Qionghai	100	41.7	17.2	41.1
万宁市	Wanning	100	30.1	26.9	43.0
定安县	Ding'an	100	41.8	17.1	41.1
屯昌县	Tunchang	100	51.3	13.4	35.3
澄迈县	Chengmai	100	30.8	45.3	23.9
临高县	Lingao	100	71.3	8.8	19.9
儋州市	Danzhou	100	21.9	45.1	33.0
儋州	#Danzhou	100	51.0	14.6	34.4
洋浦	Yangpu	100	0.7	67.4	31.9
东方市	Dongfang	100	26.3	50.4	23.3
乐东县	Ledong	100	61.4	10.8	27.8
琼中县	Qiongzhong	100	57.1	14.7	28.2
保亭县	Baoting	100	52.9	12.4	34.7
陵水县	Linshui	100	44.6	23.7	31.7
白沙县	Baisha	100	59.7	15.2	25.1
昌江县	Changjiang	100	24.0	57.5	18.5
不含农垦	**Excluding Nongken**				
海口市	Haikou	100	6.4	24.7	68.9
三亚市	Sanya	100	12.4	21.0	66.6
五指山市	Wuzhishan	100	25.8	18.9	55.3
文昌市	Wenchang	100	38.3	24.3	37.4
琼海市	Qionghai	100	39.9	17.7	42.4
万宁市	Wanning	100	27.3	28.0	44.7
定安县	Ding'an	100	38.9	18.1	43.0
屯昌县	Tunchang	100	47.5	14.4	38.1
澄迈县	Chengmai	100	28.1	47.2	24.7
临高县	Lingao	100	71.2	8.6	20.2
儋州市	Danzhou	100	20.4	46.3	33.3
儋州	#Danzhou	100	50.1	14.6	35.3
洋浦	Yangpu	100	0.7	67.4	31.9
东方市	Dongfang	100	24.0	52.1	23.9
乐东县	Ledong	100	59.5	11.4	29.1
琼中县	Qiongzhong	100	48.0	18.2	33.8
保亭县	Baoting	100	45.6	13.5	40.9
陵水县	Linshui	100	41.0	25.3	33.7
白沙县	Baisha	100	49.2	19.8	31.0
昌江县	Changjiang	100	21.8	59.3	18.9
农　垦	Nongken	100	67.7	9.4	22.9

注：本表按当年价格计算。全辖区为包含农垦系统数据。
Note:Data in this table are calculated at current prices.Data of total region includes the data of Nongken

2-16 按三次产业分各市县生产总值指数(2012)

Indices of Gross Domestic Product by Three Strata of Industry by Region

(上年=100) (preceding year=100)

地区	Region	地区生产总值 Gross Domestic Product	第一产业 Primary Industry	第二产业 Secondary Industry	第三产业 Tertiary Industry	人均地区生产总值 Per Capita GDP
全辖区	**Total Region**					
海口市	Haikou	109.3	106.2	110.3	109.4	107.2
三亚市	Sanya	109.3	107.1	109.0	109.8	106.8
五指山市	Wuzhishan	103.4	106.3	109.1	99.9	103.2
文昌市	Wenchang	109.4	107.0	116.8	107.6	109.0
琼海市	Qionghai	107.9	107.1	114.2	106.4	107.2
万宁市	Wanning	110.1	106.4	115.5	109.5	109.6
定安县	Ding'an	110.7	107.1	115.1	112.6	110.6
屯昌县	Tunchang	109.9	106.3	122.4	111.3	109.7
澄迈县	Chengmai	116.8	107.0	125.3	112.4	116.2
临高县	Lingao	109.2	106.9	120.6	111.8	108.6
儋州市	Danzhou	109.7	106.9	103.1	122.2	108.5
儋州	#Danzhou	109.8	106.9	110.3	114.4	108.6
洋浦	Yangpu	109.7	105.2	102.0	128.9	109.4
东方市	Dongfang	110.4	107.0	108.9	118.3	110.1
乐东县	Ledong	107.1	106.0	106.8	109.9	106.8
琼中县	Qiongzhong	110.0	106.8	122.8	112.1	109.9
保亭县	Baoting	109.3	107.1	120.7	108.8	109.1
陵水县	Linshui	111.0	106.2	126.4	109.0	110.8
白沙县	Baisha	110.5	107.0	119.4	115.2	110.3
昌江县	Changjiang	113.2	107.2	116.2	111.7	113.0
不含农垦	**Excluding Nongken**					
海口市	Haikou	109.3	106.3	110.3	109.3	107.7
三亚市	Sanya	109.6	107.2	108.9	110.3	108.4
五指山市	Wuzhishan	102.2	106.4	109.1	98.0	102.1
文昌市	Wenchang	109.6	107.1	116.9	107.7	109.5
琼海市	Qionghai	108.3	107.2	114.2	107.1	107.8
万宁市	Wanning	110.3	106.7	114.9	109.8	109.8
定安县	Ding'an	110.6	107.2	115.1	112.1	110.5
屯昌县	Tunchang	110.6	106.6	121.9	111.9	110.5
澄迈县	Chengmai	117.4	107.1	125.3	112.8	116.8
临高县	Lingao	109.2	106.8	120.1	111.8	108.6
儋州市	Danzhou	109.9	106.9	103.0	122.8	108.8
儋州	#Danzhou	110.2	107.0	110.8	115.1	109.1
洋浦	Yangpu	109.7	105.2	102.0	128.9	109.4
东方市	Dongfang	110.5	107.1	108.9	118.4	110.3
乐东县	Ledong	107.4	106.3	106.7	109.9	107.1
琼中县	Qiongzhong	111.9	107.0	123.0	114.1	111.8
保亭县	Baoting	106.8	107.4	118.8	102.8	106.7
陵水县	Linshui	112.1	106.5	126.4	109.3	111.9
白沙县	Baisha	112.5	107.0	120.1	118.0	112.4
昌江县	Changjiang	113.4	107.5	116.3	111.4	113.3
农 垦	Nongken	106.6	105.9	110.0	107.6	102.7

注：本表按可比价格计算。全辖区为包含农垦系统数据。

Note:Data in this table are calculated at comparable prices.Data of total region includes the data of Nongken

2-17 历年支出法全省生产总值
Gross Domestic Product by Expenditure Approach in Various Years

单位：亿元 (100 million yuan)

年 份 Year	支出法生产总值 Gross Domestic Product by Expenditure Approach	最终消费 Final Consumption Expenditure	居民消费 Households Consumption Expenditure	农村居民 Rural Households	城镇居民 Urban Households	政府消费 Government Consumption Expenditure
1980	22.22	19.1	17.85	14.02	3.83	1.25
1981	25.94	20.64	19.16	14.81	4.35	1.48
1982	31.23	22.38	20.83	15.98	4.87	1.55
1983	33.94	24	22.09	16.93	5.16	1.91
1984	42.15	26.13	23.37	17.18	6.19	2.76
1985	54.19	31.58	28.05	20.59	7.46	3.53
1986	63.06	36.81	32.70	24.06	8.64	4.11
1987	57.30	39.80	35.60	25.50	10.10	4.20
1988	77.00	50.20	44.60	31.30	13.30	5.60
1989	91.30	57.70	49.30	33.50	15.80	8.40
1990	102.40	62.30	51.70	33.50	18.20	10.60
1991	120.50	70.10	55.60	31.90	23.70	14.50
1992	184.90	90.20	69.30	35.00	34.30	20.90
1993	260.40	125.20	94.50	49.40	45.10	30.70
1994	332.00	150.30	118.10	54.40	63.70	32.20
1995	363.30	178.90	143.00	66.80	76.20	35.90
1996	389.70	212.60	170.40	79.50	90.90	42.20
1997	411.20	228.40	179.60	82.20	97.40	48.80
1998	442.10	245.60	190.80	85.40	105.40	54.80
1999	476.70	258.70	197.10	86.60	110.50	61.60
2000	526.80	290.70	220.80	97.80	123.00	69.90
2001	558.40	310.50	235.20	99.80	135.40	75.30
2002	622.00	347.60	258.40	106.80	151.70	89.10
2003	693.20	378.60	281.10	108.50	172.60	97.50
2004	798.90	428.30	313.21	116.73	196.48	115.04
2005	897.99	470.46	342.81	121.14	221.67	127.65
2006	1044.91	554.22	400.91	132.71	268.20	153.31
2007	1254.17	660.23	473.19	144.5	328.69	187.04
2008	1503.06	737.49	521.18	146.25	374.93	216.31
2009	1654.21	808.72	575.22	153.98	421.24	233.5
2010	2064.5	953.19	654.31	168.92	485.39	298.88
2011	2522.66	1180.02	806.42	227.13	579.29	373.60
2012	2855.54	1386.25	937.93	260.15	677.78	448.32

注：资本形成率指资本形成总额占支出法地区生产总值的比重；最终消费率指最终消费支出占支出法地区生产总值的比重.
Note:Capital formation rate refers to the gross capital formation as percentage of GDP by expenditure approach.
Final consumption rate refers to the final consumption expenditure as percentage of GDP by expenditure approach.

2-17 续(continued)

年 份 Year	资本形成总额 Gross Capital Formation	固定资本形成总额 Gross Fixed Capital Formation	存货增加 Changes in Inventories	资本形成率(%) Capital Formation Rate (%)	最终消费率(%) Final Consumption Rate (%)
1980	3.12	2.28	0.84	14.04	85.96
1981	5.30	3.43	1.87	20.43	79.57
1982	8.85	6.91	1.94	28.34	71.66
1983	9.94	6.41	3.53	29.29	70.71
1984	16.02	10.43	5.59	38.01	61.99
1985	22.61	16.37	6.24	41.72	58.28
1986	26.25	18.63	7.62	41.63	58.37
1987	26.50	20.90	5.57	46.25	69.46
1988	36.80	22.90	13.90	47.79	65.19
1989	44.70	29.10	15.60	48.96	63.20
1990	58.70	42.10	16.50	57.32	60.84
1991	67.20	50.90	16.26	55.77	58.17
1992	125.20	105.10	20.06	67.71	48.78
1993	172.20	145.40	26.83	66.13	48.08
1994	225.10	199.30	25.82	67.80	45.27
1995	220.20	193.60	26.57	60.61	49.24
1996	188.90	168.30	20.61	48.47	54.55
1997	188.90	163.40	25.56	45.94	55.54
1998	203.90	174.70	29.23	46.12	55.55
1999	225.20	189.30	35.92	47.24	54.27
2000	242.20	198.00	44.26	45.98	55.18
2001	255.60	208.20	47.37	45.77	55.61
2002	279.80	227.50	52.31	44.98	55.88
2003	317.60	265.60	52.10	45.82	54.62
2004	369.36	311.05	58.31	46.23	53.61
2005	434.22	375.58	58.64	48.35	52.39
2006	513.5	445.51	67.99	49.14	53.04
2007	608.38	552.37	56.01	48.51	52.64
2008	805.46	772	33.56	53.59	49.07
2009	914.20	871.91	42.29	55.27	48.89
2010	1185.40	1179.36	6.04	57.42	46.17
2011	1497.01	1460.47	36.54	59.34	46.78
2012	2009.88	1947.87	62.01	70.39	48.55

主要统计指标解释

国内生产总值（GDP） 指按市场价格计算的一个国家(或地区)所有常住单位在一定时期内生产活动的最终成果。国内生产总值有三种表现形态，即价值形态、收入形态和产品形态。从价值形态看，它是所有常住单位在一定时期内生产的全部货物和服务价值超过同期投入的全部非固定资产货物和服务价值的差额，即所有常住单位的增加值之和；从收入形态看，它是所有常住单位在一定时期内创造并分配给常住单位和非常住单位的初次收入之和；从产品形态看，它是所有常住单位在一定时期内最终使用的货物和服务价值减去货物和服务进口价值。在实际核算中，国内生产总值有三种计算方法，即生产法、收入法和支出法。三种方法分别从不同的方面反映国内生产总值及其构成。

三次产业 是根据社会生产活动历史发展的顺序对产业结构的划分，产品直接取自自然界的部门称为第一产业，对初级产品进行再加工的部门称为第二产业，为生产和消费提供各种服务的部门称为第三产业。它是世界上较为通用的产业结构分类，但各国的划分不尽一致。

我国的三次产业划分是：

第一产业：农业（包括种植业、林业、牧业、渔业和农、林、牧、渔服务业）。

第二产业：工业（包括采掘业，制造业，电力、煤气及水的生产和供应业）和建筑业。

第三产业：除第一、第二产业以外的其他各业。由于第三产业包括的行业多、范围广，根据我国的实际情况，第三产业可分为两大部分；一是流通部门，二是服务部门。具体又可分为四个层次：

第一层次：流通部门，包括交通运输、仓储及邮电通信业，批发和零售贸易、餐饮业。

第二层次：为生产和生活服务的部门，包括金融、保险业，地质勘查业、水利管理业，房地产业，社会服务业，交通运输辅助业，综合技术服务业等。

第三层次：为提高科学文化水平和居民素质服务的部门，包括教育、文化艺术及广播电影电视业，卫生、体育和社会福利业，科学研究业等。

第四层次：为社会公共需要服务的部门，包括国家机关、政党机关和社会团体以及军队、警察等。

当年价格 是指报告期的实际价格，如工业品的出厂价格，农产品的收购价格，商业的零售价格等。按当年价格计算，是指一些以货币表现的物量指标，如社会总产值、工农业总产值、国民收入、国内生产总值等，按照当年的实际价格计算总量。用当年价格计算的数字，反映当年的实际情况，使国民经济各项指标互相衔接，便于考察当年社会经济效益，便于对生产、流通、分配、消费之间进行综合平衡。

按当年价格计算的价值指标，因包括不同年份的价格变动因素，不同年份之间不能直接对比，在对比时应该使用按可比价格计算的数字。

可比价格 指计算各种总量指标所采用的扣除了价格变动因素的价格，可进行不同时期总量指标的对比。按可比价格计算总量指标有两种方法：一种是直接用产品产量乘某一年的不变价格计算；另一种是用价格指数进行缩减。

不变价格 指以同类产品某年的平均价格作为固定价格，用于计算各年的产品价值。按不变价格计算的产品价值消除了价格变动因素，不同时期对比可以反映生产的发展速度。新中国成立后，随着工农业产品价格水平的变化，国家统计局先后七次制定了全国统一的工业产品不变价格和农业产品不变价格。从1952年到1957年使用1952年工（农）业产品不变价格，从1957年到1970年使用1957年不变价格，从1971年到1980年使用1970年不变价格，从1981年到1990年使用1980年不变价格，从1991年到2000年使用1990年不变价格，从2001年到2005年使用2000年不变价格，从2006年到2010年使用2005年不变价格，从2011年起使用2010年不变价格。

支出法国内生产总值 是从最终使用的角度反映一个国家（或地区）一定时期内生产活动最终成果的一种方法，包括最终消费支出、资本形成总额及货物和服务净出口三部分。计算公式为：

支出法国内生产总值=最终消费支出+资本形成总额+货物和服务净出口

最终消费 指常住单位在一定时期内对于货物和服务的全部最终消费支出，也就是常住单位为满足物质、文化和精神生活的需要，从本国经济领土和国外购买的货物和服务的支出；不包括非常住单位在本国经济领土内的消费支出。最终消费分为居民消费和政府消费。

居民消费 指常住住户对货物和服务的全部最终消费支出。居民消费按市场价格计算，即按居民支付的购买者价格计算。购买者价格是购买者取得货物所支付的价格，包括购买者支付的运输和商业费用。居民消费除了直接以货币形式购买货物和服务的消费之外，还包括以其他方式获得的货物和服务的消费支出，即所谓的虚拟消费支出。居民虚拟消费支出包括以下几种类型：单位以实物报酬及实物转移的形式提供给劳动者的货物和服务；住户生产并由本住户消费了的货物和服务，其中的服务仅指住户的自有住房服务；金融机构提供的金融媒介服务；保险公司提供的保险服务。

政府消费 指政府部门为全社会提供公共服务的消费支出和免费或以较低价格向住户提供的货物和服务的净支出。前者等于政府服务的产出价值减去政府单位所获得的经营收入的价值，政府服务的产出价值等于它的经常性业务支出加上固定资产折旧；后者等于政府部门免费或以较低价格向住户提供的货物和服务的市场价值减去向住户收取的价值。

资本形成总额 指常住单位在一定时期内获得的减去处置的固定资产加存货的变动，包括固定资本形成总额和存货增加。

固定资本形成总额 指常住单位购置、转入和自产自用的固定资产，扣除固定资产的销售和转出后的价值，分有形固定资产形成总额和无形固定资产形成总额。有形固定资产形成总额包括一定时期内完成的建筑工程、安装工程和设备工器具购置（减处置）价值，以及土地改良、新增役、种、奶、毛、娱乐用牲畜和新增经济林木价值。无形固定资产形成总额包括矿藏的勘探、计算机软件、娱乐和文学艺术品原件等获得减处置。

存货增加 指常住单位存货实物量变动的市场价值，即期末价值减期初价值的差额。存货增加可以是正值，也可以是负值；正值表示存货上升，负值表示存货下降。它包括生产单位购进的原材料、燃料和储备物资等存货，以及生产单位生产的产成品、在制品等存货等。

货物和服务净出口 指货物和服务出口减货物和服务进口的差额。出口包括常住单位向非常住单位出售或无偿转让的各种货物和服务的价值；进口包括常住单位从非常住单位购买或无偿得到的各种货物和服务的价值。由于服务活动的提供与使用同时发生，因此服务的进出口业务并不发生出入境现象，一般把常住单位从国外得到的服务作为进口，非常住单位从本国得到的服务作为出口。货物的出口和进口都按离岸价格计算。

劳动者报酬 指劳动者因从事生产活动所获得的全部报酬。包括劳动者获得的各种形式的工资、奖金和津贴，既包括货币形式的，也包括实物形式的；还包括劳动者所享受的公费医疗和医药卫生费、上下班交通补贴和单位支付的社会保险费等。对于个体经济来说，其所有者所获得的劳动报酬和经营利润不易区分，这两部分统一作为劳动者报酬处理。

生产税净额 指生产税减生产补贴后的余额。生产税指政府对生产单位生产、销售和从事经营活动以及因从事生产活动使用某些生产要素（如固定资产、土地、劳动力）所征收的各种税、附加费和规费。生产补贴与生产税相反，指政府对生产单位的单方面收入转移，因此视为负生产税，包括政策亏损补贴、粮食系统价格补贴、外贸企业出口退税收入等。

固定资产折旧 指一定时期内为弥补固定资产损耗按照核定的固定资产折旧率提取的固定资产折旧，或按国民经济核算统一规定的折旧率虚拟计算的固定资产折旧。它反映了固定资产在当期生产中的转移价值。各类企业和企业化管理的事业单位的固定资产折旧是指实际计提并计入成本费中的折旧费；不计提折旧的政府机关、非企业化管理的事业单位和居民住房的固定资产折旧是按照统一规定的折旧率和固定资产原值计算的虚拟折旧。原则上，固定资产折旧应按固定资产的重置价值计算，但是目前我国尚不具备对全社会固定资产进行重估价的基础，所以暂时只能采用上述办法。

营业盈余 指常住单位创造的增加值扣除劳动者报酬、生产税净额和固定资产折旧后的余额。它相当于企业的营业利润加上生产补贴，但要扣除从利润中开支的工资和福利等。

Explanatory Notes on Main Statistical Indicators

Gross Domestic Product (GDP) refers to the final products at market prices produced by all resident units in a country (or a region) during a certain period of time. Gross domestic product is expressed in three different perspectives, namely value, income, and products respectively. GDP in its value perspective refers to the total value of all goods and services produced by all resident units during a certain period of time, minus the total value of input of goods and services of the nature of non-fixed assets; in other words, it is the sum of the value-added of all resident units. GDP from the perspective of income includes the primary income created by all resident units and distributed to resident and non-resident units. GDP from the perspective of products refers to the value of all goods and services for final demand by all resident units minus the imports of goods and services during a given period of time. In the practice of national accounting, gross domestic product is calculated from three approaches, namely production approach, income approach and expenditure approach, which reflect gross domestic product and its composition from different angles.

Three Strata of Industry Industry structure has been classified according to the historical sequence of development. Primary industry refers to extraction of natural resources; secondary industry involves processing of primary products; and tertiary industry provides services of various kinds for production and consumption. The above classification is a common practice in the world, although the grouping varies to some extent from country to country. In China economic activities are categorized into the following three strata of industry:

Primary industry: agriculture (including farming, forestry, animal husbandry, fishery and services in support of these industries).

Secondary industry: industry (including mining and quarrying, manufacturing, production and supply of electricity, water and gas) and construction.

Tertiary industry: all other industries not included in primary or secondary industry.

Due to the fact that tertiary industry involves in a large variety of industries in China, it is divided into two sectors: circulation sector and service sector and further into four levels:

The first level: circulation sector, including transportation, storage, postal and telecommunications, wholesale and retail trade, and catering trade.

The second level: service sector providing services for production and consumption, including banking, insurance, geological survey, water conservancy management, real estates, service for residents, service for agriculture, forestry, animal husbandry, fishery, subsidiary services for transportation and communications, comprehensive technical services, etc.

The third level: service sector for upgrading scientific, educational and cultural level of the people, including education, culture and arts, broadcasting, movies, television, public health, sports, social welfare and scientific research, etc.

The fourth level: sector providing services for public needs, including government agencies, political parties, social organizations, military and police service.

Current prices is the actual price of the reporting period, such as the ex-factory price of industrial products ,the price of agricultural products, , commercial retail prices. Calculating at current prices, which refers to the volume indicators measured by currency, such as social output value, industrial and agricultural output value, national income, GDP, etc., are Calculated the total in accordance with the actual prices that year. Figures calculated with current prices, reflect the actual situation of the year, Interface between the national economy indicators, are easy to study social and economic benefits that year and facilitate overall balance between the production, circulation, distribution, consumption.

The valuable indicators calculated at current prices, including the price changing of different years, can't compare directly but by the number of comparable prices between different years.

Comparable Prices refer to prices that are used to remove the factors of price change in calculating economic aggregates, so as to facilitate comparison of aggregates over time. Two methods are used for calculating economic aggregates at comparable prices: 1. multiplying the output of products by their constant prices of certain year; 2. deflation of data at current prices by relevant price index.

Constant Price refers to the average price of a given product in certain year, which is used for comparison of output value over time. As the output value at constant prices removes the factor of price changes, it reflects the trend of production development over time. Since 1949, with the changes in general price level, National Bureau of Statistics has issued nationally unified constant prices eight times: the 1952 constant prices for 1949-1957; the 1957 constant prices for 1957-1971; the 1970 constant prices for 1971-1981; the 1980 constant prices for 1981-1990; the 1990 constant prices for 1991-2000; the 2000 constant prices for 2001-2005; the 2005 constant prices for 2006-2010; and the 2010 constant prices have been used since 2011.

GDP by Expenditure Approach refers to the method of measuring the final results of production activities of a country (region) during a given period from the perspective of final uses. It includes final consumption expenditure, gross capital formation and net export of goods and services. The formula for computation is.:

GDP by expenditure approach = final consumption expenditure + gross capital formation + net export of goods and services

Final Consumption refers to the total expenditure of resident units for purchases of goods and services from both the domestic economic territory and abroad to meet the needs of material, cultural and spiritual life. It does not include the expenditure of non-resident units on consumption in the economic territory of the country. The final consumption expenditure is broken down into household consumption expenditure and government consumption expenditure.

Household Consumption refers to the total expenditure of resident households on the final consumption of goods and services. In addition to the consumption of goods and services bought by the households directly with money, the household consumption expenditure also includes expenditure on goods and services obtained by the households in other ways, i.e. the so-called imputed consumption expenditure, which includes the following: (a) the goods and services provided to households by employers in the form of payment in kind and transfer in kind; (b) goods and services produced and consumed by the households themselves, in which the services refer to the owner-occupied housing and services offered by paid family employees; (c) financial intermediate services provided by financial institution.

Government Consumption refers to the consumption expenditure spent for the provision of public services provided by the government to the whole country and the net expenditure on the goods and services provided by the government to households free of charge or at reduced prices. The former equals to the output value of the government services minus the value of operating income obtained by the government departments. The latter equals to the market value of the goods and services provided by the government free of charge or at reduced prices to the households minus the value received by the government from the households.

Gross Capital Formation refers to the fixed assets acquired less disposals and the net value of inventory, thus including gross fixed capital formation and changes in inventories.

Gross Fixed Capital Formation refers to the value of acquisitions less those disposals of fixed assets during a given period. Fixed assets are the assets produced through production activities with unit value above a specified amount and which could be used for over one year. Natural assets are not included. Gross fixed capital formation can be categorized into total tangible fixed capital formation and total intangible fixed capital formation. Total tangible fixed capital formation includes the value of the construction projects and installation projects completed and the equipment, apparatus and instruments purchased (less those disposed) as well as the value of land improved, the value of draught animals, breeding stock and animals for milk, for wool and for recreational purposes and the newly increased forest with economic value. Total intangible fixed capital formation includes the prospecting of minerals and the acquisition of computer software minus the disposal of them.

Changes in Inventories refers to the market value of the change in the physical volume of inventory of resident units during a given period, i.e. the difference between the values at the beginning and at the end of the period minus the gains due to the change in prices. The changes in inventories can have a positive or a negative value. A positive value indicates an increase in inventory while a negative value indicates a decrease in inventory. The inventory includes raw materials, fuels and reserve materials purchased by the production units as well as the inventory of finished products, semi-finished products and work-in-progress.

Net Export of Goods and Services refers to the exports of goods and services subtracting the imports of goods and services. Exports include the value of various goods and services sold or gratuitously transferred by resident units to non-resident units. Imports include the value of various goods and services purchased or gratuitously acquired resident units from non-resident units. Because the provision of services and the use of them happen simultaneously, the acquisition of services by resident units from abroad is usually treated as import while the acquisition of services by non-resident units in this country is usually treated as export. The exports and imports of goods are calculated at FOB.

Compensation of Employees refers to the total payment

of various forms to employees for the productive activities they are engaged in. It includes wages, bonuses and allowances, which the employees earn in cash or in kind. It also includes the free medical services provided to the employees and the medicine expenses, transport subsidies and social insurance, and housing fund paid by the employers. As regards the individual economy, since compensation of employees is not easily distinguishable from the operating surplus, both parts are treated as compensation of employees.

Net Taxes on Production refers to taxes on production less subsidies on production. The taxes on production refers to the various taxes, extra charges and fees levied on the production units on their production, sale and business activities as well as on the use of some factors of production, such as fixed assets, land and labour in the production activities they are engaged in. In contrast to taxes on production, subsidies on production refer to the unilateral government transfer to the production units and are therefore regarded as negative taxes on production. They include subsidies on the loss due to implementation of government policies, price subsidies, etc.

Depreciation of Fixed Assets refers to the depreciation of fixed assets in a given period, drawn in accordance with the stipulated depreciation rate for the purpose of compensating the wear-and-tear loss of the fixed assets or the depreciation of fixed assets imputed in accordance with the stipulated unified depreciation rate in the national economic accounting system. It reflects the value of transfer of the fixed assets in the production of the current period. The depreciation of fixed assets in various enterprises and institutions managed as enterprises refers to the depreciation expenses actually drawn. In government agencies and institutions not managed as enterprises which do not draw the depreciation expenses, as well as for the houses of residents, the depreciation of fixed assets is the imputed depreciation, which is calculated in accordance with the stipulated unified depreciation rate. In principle, the depreciation of fixed assets should be calculated on the basis of the re-purchased value of the fixed assets. However, currently the conditions in China do not facilitate the revaluation of all the fixed assets. Therefore, only the above-mentioned methods can be adopted at present.

Operating Surplus refers to the balance of the value added created by the resident units after deducting the labourers remuneration, net taxes on production and the depreciation of fixed assets. It is equivalent to the business profit of the enterprises plus subsidies to production, but the wages and welfare expenses paid from the profits should be deducted.

人口、就业和职工工资

Population，Employment and Wages

编辑人员：柯景华　朱雨珊　马圆筠

Compiled by Ke Jinghua　Zhu Yushan　Ma Yuanyun

英文翻译：马圆筠

Translated by Ma Yuanyun

简 要 说 明

一、本篇资料主要内容

本篇资料反映我省 2012 年及历年人口就业、从业人员和职工工资等方面的基本情况。

二、本篇资料来源

1、人口资料：表 3-4、表 3-5、表 3-6 为公安户籍资料；表 3-2、3-3 为在年度人口抽样调查基础上的人口推算数据；表 3-7 为六次人口普查主要数据；

2、单位从业人员及在岗职工基本情况及分组资料，由海南省统计局根据《劳动统计报表制度》整理；私营企业及个体工商业从业人员，由市县统计局向同级工商行政管理部门收集；乡村从业人员根据《乡村社会经济调查方案》整理。

三、本篇统计调查方法

1、在逢“0”的年份进行全国人口普查； 在逢”5”的年份进行全国 1%人口抽样调查；其余年份进行全国人口变动情况抽样调查，其样本量约占全国总人口的 1‰左右。人口抽样调查是以全国为总体，省级单位为次总体，采用分层、多阶段、整群概率比例抽样方法抽取样本。

2、非私营单位统计资料采用全面调查方法；私营企业和个体工商户资料利用行政登记资料进行汇总。

Brief Introduction

I. Main Contents

Data in this chapter show the basic condition of the population from previous years for the whole province. And Data in this chapter also show the basic conditions of Province's labour economy, such as the economically active population, number of employed persons, staff and workers, total wage bills and average wages of staff and workers and the changes in index.

II. Sources of Data

(1)In tables 3-4, 3-5, and 3-6, figures are from household registrations; In tables 3-2, 3-3 data are from the annual national sample survey on population changes which have been revised according to the census results; In tables 3-7 data are the basic statistics on Hainan Population Census in1953,1964,1990,2000 and 2010.

(2) Data on basic conditions of employment, data by groups, total wage bills of staff and workers are collected and compiled through *The Reporting Form System on Labour Statistics*; Data on the number of employed persons in private enterprises and self-employed individuals are provided by the County Bureau of Statistics collecting to the Administration for Industry and Commerce in count; Data on the number of Rural Workers are collected and compiled through *The System of Rural Social and Economic Surveys* by Statistics Bureau of Hainan Province.

III. Sampling Methodology

(1)The national population census is conducted in the year ending with 0; the national 1 percent population sample survey is conducted in the year ending with 5; sample surveys on population changes are conducted in the rest of the years which cover about 1 per thousand of the total population of the country. The sample survey on population change takes the whole nation as the population and each province, autonomous region or municipality as sub-populations, and the stratified multi-stage systematic PPS cluster sampling scheme is used.

(2) Statistics on non-private enterprises are collected and compiled on the comprehensive survey. Statistics on private enterprises and self-employed individuals are collected and compiled on basis of administrative registering records.

3-1 人口、就业、劳动工资主要指标
Main Population Indicators

项　　目	Item	2005	2008	2009	2010	2011	2012
年末常住人口(万人)	**Resident Population at Year-end(10000 persons)**	**828.00**	**854.18**	**864.07**	**868.55**	**877.38**	**886.55**
男性比例 (%)	Proportion of Male Population (%)	52.49	52.35	53.28	52.96	52.64	52.98
女性比例 (%)	Proportion of Female Population (%)	47.51	47.65	46.72	47.04	47.36	47.02
0-14岁人口比例(%)	Proportion of Population Aged 0-14(%)	23.69	21.56	20.93	19.78	19.56	19.50
15-64岁人口比例(%)	Proportion of Population Aged 15-64 (%)	67.77	69.49	70.13	72.15	72.36	72.43
65岁及以上人口比例(%)	Proportion of Population Aged 65 And Over (%)	8.54	8.96	8.94	8.07	8.08	8.07
城镇人口比例 (%)	Proportion of Urban Population (%)	45.20	48.00	49.13	49.81	50.50	51.60
人口密度(人/平方公里)	Population Density (person/sq.km.)	234	242	244	246	248	251
户籍人口	**Registered Population**						
年末总户数 (万户)	Total Households at Year-end(10000 households)	202.79	233.49	241.38	253.55	259.85	257.91
年末总人口 (万人)	Total Population at Year-end(10000 persons)	819.03	864.73	879.56	896.09	907.82	901.93
#农业人口	Agricultural Population	505.30	529.76	539.31	552.63	561.69	559.67
非农业人口比例(%)	Proportion of Non-agricultural Population (%)	38.31	38.74	38.66	38.33	38.13	37.95
性别比 (女=100)	Sex Ratio (female=100)	109.81	109.41	108.86	109.19	109.37	109.66
人口变动情况(‰)	**Population Changes(‰)**						
出生率	Birth Rate	14.65	14.71	14.66	14.71	14.72	14.66
死亡率	Death Rate	5.72	5.72	5.70	5.73	5.75	5.81
自然增长率	Natural Growth Rate	8.93	8.99	8.96	8.98	8.97	8.85
从业人员人数 (万人)	**Empoyment(10000 persons)**	**379.55**	**408.36**	**424.56**	**439.65**	**459.22**	**483.90**
#城镇非私营单位从业人员	Urban Empoyment	74.72	76.79	79.33	81.31	85.13	90.08
国有单位	State-owned Units	57.93	54.88	54.47	53.07	53.30	54.43
城镇集体单位	Urban Collective-owned Units	4.07	3.13	3.51	3.94	3.61	3.55
其他各种单位	Other Ownership Units	12.72	18.78	21.35	24.30	28.22	32.10
第一产业从业人员	Employment in Primary Industry	215.10	221.24	225.59	221.45	224.98	230.79
第二产业从业人员	Employment in Secondary Industry	39.34	45.82	48.24	52.33	54.73	59.20
第三产业从业人员	Employment in Tertiary Industry	125.11	141.30	150.73	165.87	179.51	193.91
在岗职工平均工资(元)	**Average Wages**	**14417**	**21864**	**24892**	**31025**	**36716**	**40051**
国有单位	State-owned Units	14427	21330	24369	32028	38219	41148
城镇集体单位	Urban Collective-owned Units	8640	15300	17695	20733	25418	32091
其他单位	Units of Other Types of Ownership	16185	24510	27338	30346	35242	39083

注:2003年起城镇职工改为城镇从业人员,2000年的数据作了相应调整。2007年以前城镇个体从业人员的数据已作相应调整。2006-2010年从业人员人数,根据“六普”资料作了相应调整。

Note: Since 2003, the urban staff and workers have been referred to as the urban employed persons. The figures in 2000 are adjusted correspondingly. The data on self-employed individuals before 2007 have been adjusted accordingly.
Persons”from 2006 to 2010 have been adjusted in accordance with the results of the 6th population census.

3-2 常住人口变动情况
Statistics on Population Changes

本表为年度人口变动情况抽样调查资料
Data in this table are obtained from *the sample surveys on population changes*.

指　　标	Indicators	2006	2007	2008	2009	2010	2011	2012
一、年末常住人口(万人)	**Total Resident Population at Year-end(10 000 persons)**	**835.88**	**845.03**	**854.18**	**864.07**	**868.55**	**877.38**	**886.55**
二、自然增长情况	**Natural Growth**							
出生率(‰)	Birth Rate(‰)	14.59	14.62	14.71	14.66	14.71	14.72	14.66
死亡率(‰)	Death Rate(‰)	5.73	5.71	5.72	5.7	5.73	5.75	5.81
自然增长率(‰)	Natural Growth Rate(‰)	8.86	8.91	8.99	8.96	8.98	8.97	8.85
三、各年龄段占的比率(%)	**Population by Age Group(%)**							
0—14岁	0-14	22.35	21.46	21.56	20.93	19.78	19.56	19.5
15—64岁	15-64	68.96	69.66	69.49	70.13	72.15	72.36	72.43
65岁及以上	65 and Over	8.69	8.88	8.96	8.94	8.07	8.08	8.07
四、性别比(%)	**Sex Ratio(%)(Female=100)**	**110.22**	**110.09**	**109.87**	**114.03**	**112.58**	**111.16**	**112.68**
五、文盲率(15岁及以上)(%)	**Percentage of Illiterate Population to Total (aged 15 and over)(%)**	**9.68**	**8.65**	**8.7**	**7.66**	**5.07**	**5.09**	**4.99**
六、人均受教育年限(6岁及以上)(年)	**Mean Years of Schooling to Total (aged 6 and over)(year)**	**8.1**	**8.3**	**8.3**	**8.5**	**8.9**	**9.0**	**9.1**
七、家庭户平均每户人数(人)	**Average Family Household Size (person/household)**	**3.94**	**3.85**	**3.75**	**3.75**	**3.46**	**3.58**	**3.67**
八、人口负担系数(%)	**Population Dependency Ratio(%)**							
总负担系数	Gross Dependency Ratio	45.01	43.56	43.91	42.59	38.6	38.2	38.06
少儿负担系数	Children Dependency Ratio	32.42	30.81	31.02	29.84	27.42	27.03	26.92
老年负担系数	Old Dependency Ratio	12.59	12.75	12.89	12.75	11.18	11.17	11.14
九、孩次构成情况	**Composition of Birth Order**							
一孩率(%)	1st Birth Rate(%)	50.41	54.34	52.61	50.59	53.07	52.64	57.19
二孩率(%)	2nd Birth Rate(%)	41.56	34.95	38.62	38.88	35.14	36.78	34.63
三孩率(%)	3rd Birth Rate(%)	8.02	10.71	8.77	10.54	11.79	10.58	6.13
十、育龄妇女生育情况	**Fertility of Women on Childbearing Age**							
一般生育率(‰)	General Fertility Rate(‰)	48.89	49.96	48.62	44.21	44.68	46.6	46.66
总和生育率	Total Fertility Rate	1.69	1.80	1.73	1.57	1.51	1.59	1.58

注：孩次构成情况中三孩率为三孩及以上孩次率。
Note: 3rd birth rate refers to the 3rd Birth and above.

3-3 各市县常住人口(2012)
Resident Population by Region

地　区	Region	总人口(万人) Total	年龄构成(%) Age Composition			分城乡人口By Residence	
			0-14岁(%) Aged 0-14	15-64岁(%) Aged 15-64	65岁及以上(%) Aged 65+	城镇(万人) Urban	乡村(万人) Rural
全省总计	**Total**	**886.55**	**19.50**	**72.43**	**8.07**	**457.46**	**429.09**
海口市	Haikou	214.13	16.71	16.78	7.12	161.63	52.50
三亚市	Sanya	72.20	17.41	77.75	4.84	49.33	22.87
三沙市	Sansha	0.04					
五指山市	Wuzhishan	10.44	20.47	73.60	5.93	5.46	4.98
文昌市	Wenchang	54.24	18.07	68.79	13.14	26.30	27.94
琼海市	Qionghai	49.07	18.54	70.84	10.62	20.64	28.43
万宁市	Wanning	55.10	18.48	72.68	8.84	23.22	31.88
定安县	Ding'an	28.55	21.08	68.79	10.13	11.03	17.52
屯昌县	Tunchang	25.82	22.20	68.92	8.88	10.43	15.39
澄迈县	Chengmai	47.30	21.65	68.70	9.65	19.66	27.64
临高县	Lingao	43.30	43.15	66.48	8.76	16.55	26.75
儋州市	Danzhou	95.30	22.95	69.57	7.48	44.14	51.16
东方市	Dongfang	41.14	20.07	73.07	6.86	16.66	24.48
乐东县	Ledong	46.19	20.25	72.25	7.50	14.07	32.12
琼中县	Qiongzhong	17.45	21.45	70.79	7.76	5.44	12.01
保亭县	Baoting	14.74	18.01	74.26	7.73	4.83	9.91
陵水县	Lingshui	32.21	20.05	72.48	7.47	12.54	19.67
白沙县	Baisha	16.85	16.70	71.23	7.17	4.51	12.34
昌江县	Changjiang	22.48	20.53	71.15	8.32	11.00	11.48

3-4 历年全省人口数及构成
Population and Its Composition in Various Years

单位：万人　　（户籍人口 Registered Population）　　(10 000 persons)

年份 Year	总户数(万户) Number of Households (10 000 households)	总人口 Total Population	按性别分 By Sex 男 Male	女 Female	按农业、非农业分 By Agriculture and Non-agriculture 农业人口 Agricultural Population	非农人口 Non-agricultural Population
1952	66.06	259.40	126.84	132.56	239.28	20.12
1957	69.51	290.81	145.39	145.42	253.99	36.82
1962	76.20	335.18	184.21	150.97	287.91	47.27
1965	83.65	365.79	186.21	179.58	313.57	52.22
1970	98.81	428.89	218.11	210.78	374.84	54.05
1971	108.14	454.50	323.38	131.12	393.92	60.58
1973	100.96	479.49	245.30	234.19	414.69	64.80
1974	101.83	487.77	249.40	238.37	420.88	66.89
1975	103.34	496.82	253.73	243.09	427.36	69.46
1976	106.75	505.15	259.14	246.01	433.91	71.24
1977	110.33	516.36	264.32	252.04	442.38	73.98
1978	114.13	528.45	270.42	258.03	451.08	77.37
1979	115.76	540.30	276.53	263.77	458.86	81.44
1980	117.81	552.53	280.36	272.17	466.24	86.29
1981	117.68	560.77	287.09	273.68	469.76	91.01
1982	116.90	571.38	293.26	278.12	477.11	94.27
1983	120.09	580.66	298.83	281.83	482.79	97.87
1984	124.98	589.31	303.58	285.73	485.35	103.96
1985	127.26	597.51	313.08	284.43	485.50	112.01
1986	132.33	605.63	313.08	292.55	489.30	116.33
1987	136.87	615.08	318.23	296.85	493.49	121.59
1988	143.95	627.49	325.03	302.46	500.82	126.67
1989	147.73	638.79	331.63	307.16	506.20	132.59
1990	150.39	651.23	338.40	312.83	514.62	136.61
1991	155.39	661.50	344.38	317.12	520.68	140.82
1992	158.22	671.32	350.05	321.27	524.83	146.49
1993	161.01	681.78	355.70	326.08	530.36	151.42
1994	163.27	691.39	360.66	330.73	533.26	158.13
1995	166.62	702.42	367.78	334.64	537.36	165.06
1996	170.76	714.06	373.20	340.86	540.25	173.81
1997	174.84	724.53	379.36	345.17	543.07	181.46
1998	178.21	733.31	384.91	348.40	547.19	186.12
1999	181.39	743.21	390.07	353.14	554.09	189.12
2000	182.61	760.94	399.54	361.40	564.07	196.87
2001	185.67	769.50	403.71	365.79	567.19	202.31
2002	188.52	778.89	409.16	369.73	570.43	208.46
2003	191.29	790.26	415.21	375.05	574.9	215.36
2004	197.70	805.88	422.70	383.18	501.15	304.53
2005	202.79	819.03	428.67	390.37	505.3	313.73
2006	215.57	833.44	435.59	397.85	512.07	321.36
2007	222.77	849.26	443.20	406.05	521.39	327.87
2008	233.49	864.73	451.80	412.93	529.76	334.96
2009	241.38	879.56	458.44	421.12	539.31	340.01
2010	253.55	896.09	467.72	428.37	552.47	343.46
2011	259.85	907.82	474.22	433.6	561.61	346.13
2012	257.91	901.93	471.74	430.19	559.67	342.26

3-5 各市县户籍人口(2012)
Total Registered Population by Region

单位：人　　(年末户籍人口)(Registered Population at Year-end)　　(person)

地　区	Region	总户数(户) Number of Households (households)	总人口 Total Population	按性别分 By Sex		按农业、非农业分 By Agriculture and Non-agriculture	
				男 Male	女 Female	农业人口 Agricultural Population	非农人口 Non-agricultural Population
全省总计	**Total**	**2579091**	**9019305**	**4717449**	**4301856**	**5596678**	**3422627**
海口市	Haikou	510378	1615876	831864	784012	644718	971158
三亚市	Sanya	140059	572460	292231	280229	286665	285795
三沙市	Sansha	190	230	176	54		230
五指山市	Wuzhishan	35965	112695	58471	54224	61534	51161
文昌市	Wenchang	179276	592937	300004	292933	473182	119755
琼海市	Qionghai	151226	501981	263951	238030	352491	149490
万宁市	Wanning	188496	623722	334711	289011	434060	189662
定安县	Ding'an	107547	338736	180302	158434	242144	96592
屯昌县	Tunchang	89476	307683	162783	144900	201747	105936
澄迈县	Chengmai	164353	567516	305769	261747	375187	192329
临高县	Lingao	137941	506763	265331	241432	357501	149262
儋州市	Danzhou	238223	1029220	542580	486640	640743	388477
儋州	Danzhou	225944	979940	517069	462871	640743	339197
洋浦	Yangpu	12279	49280	25511	23769		49280
东方市	Dongfang	133676	455841	239454	216387	342832	113009
乐东县	Ledong	152603	542693	282894	259799	392904	149789
琼中县	Qiongzhong	74392	232839	124746	108093	123414	109425
保亭县	Baoting	54158	173273	90053	83220	92630	80643
陵水县	Lingshui	91636	382150	199312	182838	283075	99075
白沙县	Baisha	57399	198481	104754	93727	118827	79654
昌江县	Changjiang	72097	264209	138063	126146	173024	91185

3-6 各市县民族人口(2012)
Population for Ethnicity by Region

单位：人　　(年末户籍人口)(Registered Population at Year-end)　　(person)

地区	Region	汉族 Han	少数民族 Ethnic Minorities	黎族 Li	苗族 Miao	壮族 Zhuang	回族 Hui	其他 Others	占总人口的比重(%) Percentage to Total Population
全省总计	**Total**	**7393751**	**1625554**	**1475938**	**77665**	**38578**	**12363**	**21010**	**18.02**
海口市	Haikou	1586868	29008	14839	1411	3038	1743	7977	1.80
三亚市	Sanya	329387	243073	225860	3935	1994	8989	2295	42.46
三沙市	Sansha	228	2	1		1			0.87
五指山市	Wuzhishan	34405	78290	71468	5898	364	113	447	69.47
文昌市	Wenchang	588419	4518	3634	143	460	19	262	0.76
琼海市	Qionghai	482673	19308	5462	11454	1953	60	379	3.85
万宁市	Wanning	514718	109004	96978	7896	2943	151	1036	17.48
定安县	Ding'an	331709	7027	2763	2801	1050	9	404	2.07
屯昌县	Tunchang	272821	34862	20160	10644	3411	41	606	11.33
澄迈县	Chengmai	561153	6363	4567	540	985	8	263	1.12
临高县	Lingao	505983	780	461	31	128	3	157	0.15
儋州市	Danzhou	944390	84830	75622	3005	4285	199	1719	8.24
儋州	Danzhou	895457	84483	75487	2983	4250	177	1586	8.62
洋浦	Yangpu	48933	347	135	22	35	22	133	0.70
东方市	Dongfang	362425	93416	91509	1060	476	80	291	20.49
乐东县	Ledong	334127	208566	203304	2954	1806	28	474	38.43
琼中县	Qiongzhong	92305	140534	116326	15456	7157	100	1495	60.36
保亭县	Baoting	55523	117750	105146	7329	3879	63	1333	67.96
陵水县	Lingshui	167090	215060	213150	832	686	27	365	56.28
白沙县	Baisha	71842	126639	120456	2011	3102	25	1045	63.80
昌江县	Changjiang	157685	106524	104232	265	860	705	462	40.32

3-7　海南省六次人口普查基本情况
Basic Statistics on Hainan Population Census in1953,1964,1990,2000 and 2010

指　　标	Item	1953	1964	1982	1990	2000	2010
总人口(万人)	**Total Population**	**265.69**	**347.04**	**566.77**	**655.81**	**755.90**	**867.15**
男	Male	131.86	175.67	290.67	341.89	400.24	459.23
女	Female	133.83	171.37	276.10	313.92	355.66	407.92
性别比(以女性为100)	Sex Ratio (female=100)	98.52	102.51	105.28	108.91	112.54	112.58
家庭户规模(人/户)	**Average Family Household Size (person/household)**			**4.89**	**4.57**	**4.11**	**3.46**
各年龄组人口(%)	**Population by Age Group**						
0-14岁	0-14			36.73	33.08	27.43	19.78
15-64岁	15-64			57.11	61.51	65.83	72.15
65岁及以上	65 and over			6.16	5.41	6.74	8.07
民族人口	**Population By Ethnicity**						
汉族(万人)	Han　(10 000 persons)		300.08	479.18	544.15	624.53	724.61
占总人口比重(%)	Percentage to Total Population(%)		86.50	84.50	83.00	82.60	83.56
少数民族(万人)	Ethnic Minorities (10 000 persons)		46.96	87.59	111.66	131.37	142.54
占总人口比重(%)	Percentage to Total Population(%)		13.50	15.50	17.00	17.40	16.44
每十万人拥有的各种受教育程度人口(人)	**Population with Various Education Attainments Per 100 000 Persons (person)**						
大专及以上	Junior College and Above			382	1247	3180	7728
高中和中专	Senior Secondary School and Technical Secondary School			9415	10355	12512	14857
初中	Junior Secondary School			16624	22498	32485	42005
小学	Primary School			33331	34603	34378	22589
文盲人口及文盲率	**Illiterate Population and Illiterate Rate**						
文盲人口(万人)	Illiterate Population (10 000 persons)			108.87	92.87	53.30	35.26
文盲率(15岁及以上)(%)	Illiterate Rate to Total Aged 15 and Over(%)			30.36	21.16	9.72	5.07
城乡人口(万人)	**Population by Residence(10 000 persons)**						
城镇人口	Urban Population	21.48	44.83	73.31	157.04	307.46	430.85
乡村人口	Rural Population	244.21	302.21	493.46	498.77	448.44	436.30
平均预期寿命(岁)	**Life Expectancy　(years old)**			**72.86**	**70.01**	**72.92**	**76.30**
男	Male			69.97	66.93	70.66	73.20
女	Female			75.29	73.28	75.26	80.01

3-8 历年按经济类型分组从业人员年末人数
Number of Total Employed Persons at Year-end by Economic Type in Various Years

单位：万人 (10 000 persons)

年份 Year	从业人员 Total Employed Persons	国有单位 State-owned Units	城镇集体单位 Urban Collective-owned Units	其他经济类型单位 Other Ownership Units	私营单位 Urban Private Enterprises	城镇个体 Urban Individual Employment	乡村 Rural Workers
1957	126.20	13.06	1.01				112.13
1962	147.13	26.42	1.52			0.66	118.53
1965	154.42	33.02	1.94				119.46
1970	182.47	52.24	2.92				127.31
1971	190.84	57.28	3.17				130.39
1972	194.60	58.40	3.44				132.76
1973	199.89	58.57	5.44				135.88
1974	202.48	59.10	5.08				138.30
1975	202.04	60.40	5.39			0.07	136.18
1976	204.03	62.59	5.29			0.10	136.05
1977	218.00	70.56	9.59			0.09	137.76
1978	221.48	75.08	6.27			0.40	139.73
1979	226.23	77.54	6.47			0.71	141.51
1980	231.49	78.56	6.69			1.32	144.92
1981	242.50	85.08	6.70			2.18	148.54
1982	247.08	87.74	6.94			1.56	150.84
1983	253.15	89.39	6.73			2.06	154.97
1984	259.45	87.59	9.56	0.08		2.92	159.30
1985	267.80	89.33	9.27	0.41		4.54	164.25
1986	274.85	91.10	9.33	0.49		4.76	169.17
1987	280.47	91.38	9.11	0.57		5.56	173.85
1988	292.15	93.67	9.08	0.73		7.73	180.94
1989	298.53	94.80	8.83	1.13		7.82	185.95
1990	304.32	96.06	8.94	1.54		7.68	190.10
1991	316.99	98.00	8.54	2.34	3.24	9.76	195.11
1992	322.50	100.26	8.96	3.39	4.19	9.51	196.19
1993	333.33	98.84	9.41	4.19	9.95	12.40	198.54
1994	335.56	96.86	8.53	5.55	11.24	11.98	201.40
1995	334.49	94.08	8.43	5.82	11.96	11.35	202.85
1996	333.30	88.91	8.49	6.81	10.52	12.50	206.07
1997	343.07	87.71	8.35	8.06	11.05	16.75	211.15
1998	326.70	71.65	4.97	7.87	12.08	18.36	211.77
1999	326.77	68.83	4.63	8.23	13.68	16.27	215.13
2000	335.17	66.86	4.38	8.24	11.39	19.70	224.60
2001	338.39	63.58	4.42	8.48	9.91	22.47	229.53
2002	349.89	60.23	4.18	10.46	18.48	23.01	233.53
2003	360.34	58.66	4.05	10.83	23.87	22.66	240.27
2004	367.74	58.11	3.87	12.61	23.31	19.80	250.04
2005	379.55	57.93	4.07	12.72	28.30	20.52	256.01
2006	389.03	56.89	3.84	14.81	31.17	19.67	262.65
2007	397.46	56.52	3.78	16.85	30.74	20.29	269.28
2008	408.36	54.88	3.13	18.78	32.39	24.58	274.60
2009	424.56	54.47	3.51	21.35	35.38	28.26	281.59
2010	439.65	53.07	3.94	24.30	41.59	32.17	284.58
2011	459.22	53.30	3.61	28.22	47.75	34.20	292.14
2012	483.90	54.43	3.55	32.10	54.89	38.24	300.69

3-9 各市县按经济类型分组从业人员年末人数(2012)

Number of Total Employed Persons at Year-end by Region and Economic Type

单位：人 (person)

地 区	Region	从业人员 Total Employed Persons	国有单位 State-owned Units	城镇集体单位 Urban Collective-owned Units	其他经济类型单位 Other Ownership Units	私营单位 Urban Private Enterprises	城镇个体 Urban Individual Employment	乡 村 Rural Workers
全省总计	**Total**	**4838974**	**544302**	**35477**	**321011**	**548859**	**382474**	**3006851**
海口市	Haikou	1358289	240968	11397	200398	409110	140594	355822
三亚市	Sanya	342244	48082	2038	46553	40998	45488	159085
三沙市	Sansha	292	292					
五指山市	Wuzhishan	56948	8924	201	1107	6789	6006	33921
文昌市	Wenchang	284885	16751	4188	6363	10335	13036	234212
琼海市	Qionghai	268071	24516	2692	8778	16642	21636	193807
万宁市	Wanning	264786	23903	2436	3052	3264	17866	214265
定安县	Ding'an	164636	11277	835	3746	4469	16043	128266
屯昌县	Tunchang	128352	9766	1806	597	3875	11412	100896
澄迈县	Chengmai	292657	16979	1325	14472	2848	7889	249144
临高县	Lingao	206135	12752	1570	2079	2434	5870	181430
儋州市	Danzhou	416498	35100	2933	18759	10146	26031	323529
儋州	Danzhou	400394	31061	2933	6694	10146	26031	323529
洋浦	Yangpu	16104	4039		12065			
东方市	Dongfang	226047	17444	1254	6104	5876	11620	183749
乐东县	Ledong	287555	16849	966	490	6442	14950	247858
琼中县	Qiongzhong	79423	11658	820	829	4686	6549	54881
保亭县	Baoting	74389	9494	227	805	5131	9541	49191
陵水县	Lingshui	179151	12608	447	3332	7654	14139	140971
白沙县	Baisha	85483	8972	88	719	3290	6028	66386
昌江县	Changjiang	123133	17967	254	2828	4870	7776	89438
总计中：	Of the Total							
农 垦	Nongken	126593	126593					

3-10 历年按三次产业分组从业人员及构成

Number and Composition of Total Employed Persons by Three Strata of Industry in Various Years

年 份 Year	从业人员（万人）Total Employed Persons (10 000 persons)	第一产业 Primary Industry	第二产业 Secondary Industry	第三产业 Tertiary Industry	构 成(%) Composition in Percentage 第一产业 Primary Industry	第二产业 Secondary Industry	第三产业 Tertiary Industry
1978	221.48	174.16	17.43	29.89	78.63	7.87	13.50
1979	226.23	178.12	17.74	30.37	78.73	7.84	13.43
1980	231.49	183.60	17.20	30.69	79.31	7.43	13.26
1985	267.80	197.04	24.18	46.58	73.58	9.03	17.39
1986	274.85	200.06	25.77	49.02	72.79	9.38	17.83
1987	280.47	201.80	26.44	52.23	71.95	9.43	18.62
1988	292.15	207.01	27.80	57.34	70.86	9.51	19.63
1989	298.53	210.64	28.07	59.82	70.56	9.40	20.04
1990	304.32	212.81	28.77	62.74	69.93	9.45	20.62
1991	316.99	217.18	31.49	68.32	68.52	9.93	21.55
1992	322.50	214.83	34.13	73.54	66.61	10.58	22.81
1993	333.33	208.86	38.49	85.98	62.66	11.55	25.79
1994	335.56	204.52	40.09	90.95	60.95	11.95	27.10
1995	334.49	203.92	39.06	91.51	60.96	11.68	27.36
1996	333.30	201.49	39.44	92.37	60.45	11.83	27.72
1997	343.07	203.12	38.90	101.05	59.21	11.34	29.45
1998	326.70	198.47	32.57	95.66	60.75	9.97	29.28
1999	326.77	198.80	31.54	96.43	60.84	9.65	29.51
2000	335.17	203.93	31.41	99.83	60.84	9.37	29.79
2001	338.39	203.73	31.74	102.92	60.21	9.38	30.42
2002	349.89	205.59	33.24	111.06	58.76	9.50	31.74
2003	360.34	210.71	35.42	114.21	58.47	9.83	31.70
2004	367.74	212.47	37.11	118.16	57.78	10.09	32.13
2005	379.55	215.10	39.34	125.11	56.67	10.37	32.96
2006	389.03	218.76	41.04	129.23	56.23	10.55	33.22
2007	397.46	221.43	43.11	132.92	55.71	10.85	33.44
2008	408.36	221.24	45.82	141.30	54.18	11.22	34.60
2009	424.56	225.59	48.24	150.73	53.14	11.36	35.50
2010	439.65	221.45	52.33	165.87	50.37	11.90	37.73
2011	459.22	224.98	54.73	179.51	48.99	11.92	39.09
2012	483.90	230.79	59.20	193.91	47.69	12.24	40.07

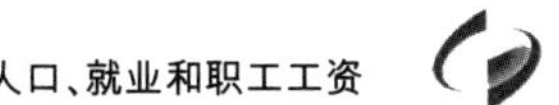

3-11 各市县按三次产业分组从业人员及构成(2012)

Number and Composition of Total Employed Persons by Three Strata of Industry and Region

地 区	Region	从业人员(人) Total Employed Persons (persons)	第一产业 Primary Industry	第二产业 Secondary Industry	第三产业 Tertiary Industry	构 成(%) Composition(%) 第一产业 Primary Industry	第二产业 Secondary Industry	第三产业 Tertiary Industry
全省总计	**Total**	**4838974**	**2307872**	**591997**	**1939105**	**47.69**	**12.24**	**40.07**
海口市	Haikou	1358289	320566	240103	797620	23.60	17.68	58.72
三亚市	Sanya	342244	123326	21439	197479	36.04	6.26	57.70
三沙市	Sansha	292			292			100.00
五指山市	Wuzhishan	56948	30416	3125	23407	53.41	5.49	41.10
文昌市	Wenchang	284885	179245	32921	72719	62.92	11.56	25.52
琼海市	Qionghai	268071	141482	31333	95256	52.78	11.69	35.53
万宁市	Wanning	264786	135109	35666	94011	51.03	13.47	35.50
定安县	Ding'an	164636	98278	15721	50637	59.69	9.55	30.76
屯昌县	Tunchang	128352	81578	8349	38425	63.56	6.50	29.94
澄迈县	Chengmai	292657	155493	50189	86975	53.13	17.15	29.72
临高县	Lingao	206135	125625	18155	62355	60.94	8.81	30.25
儋州市	Danzhou	416498	240061	58552	117885	57.64	14.06	28.30
儋州	Danzhou	400394	240061	49968	110365	59.96	12.48	27.56
洋浦	Yangpu	16104		8584	7520		53.30	46.70
东方市	Dongfang	226047	149576	14637	61834	66.17	6.48	27.35
乐东县	Ledong	287555	171969	21180	94406	59.80	7.37	32.83
琼中县	Qiongzhong	79423	52097	5832	21494	65.60	7.34	27.06
保亭县	Baoting	74389	43908	5591	24890	59.02	7.52	33.46
陵水县	Lingshui	179151	112767	10687	55697	62.94	5.97	31.09
白沙县	Baisha	85483	65122	4162	16199	76.18	4.87	18.95
昌江县	Changjiang	123133	81254	14355	27524	65.99	11.66	22.35
总计中：	Of the Total							
农 垦	Nongken	126593	102785	9638	14170	81.19	7.61	11.2

3-12 各市县按行业分组从业人员年末人数(2012)
Number of Total Employed Persons at Year-end by Sector and Region

单位：人 (person)

地 区	Region	从业人员 Total Employed Persons	农、林、牧、渔业 Farming, Forestry, Animal Husbandry and Fishery	采矿业 Mining	制造业 Manufacturing	电力、热力、煤气及水的生产和供应业 Production and Supply of Electric Power, Gas and Water	建筑业 Construction	批发和零售业 Wholesale and Retail Trades	交通运输、仓储和邮政业 Transport, Storage, Post
全省总计	**Total**	**4838974**	**2307872**	**14990**	**279952**	**24805**	**272250**	**302800**	**176866**
海口市	Haikou	1358289	320566	2146	107117	5716	125124	74763	61201
三亚市	Sanya	342244	123326	776	6791	2523	11349	23512	11268
三沙市	Sansha	292							
五指山市	Wuzhishan	56948	30416	101	780	687	1557	2192	4407
文昌市	Wenchang	284885	179245	1948	13825	1167	15981	11282	7429
琼海市	Qionghai	268071	141482	153	12527	1316	17337	26865	7484
万宁市	Wanning	264786	135109	406	16500	598	18162	9765	7238
定安县	Ding'an	164636	98278	70	8228	571	6852	8443	10444
屯昌县	Tunchang	128352	81578	250	4042	457	3600	4746	10110
澄迈县	Chengmai	292657	155493	187	32817	2415	14770	18229	8209
临高县	Lingao	206135	125625	210	8547	576	8822	11356	5187
儋州市	Danzhou	416498	240061	231	34061	2073	22187	30605	15059
儋州	Danzhou	400394	240061	231	25964	1598	22175	27222	13894
洋浦	Yangpu	16104			8097	475	12	3383	1165
东方市	Dongfang	226047	149576	608	7104	1705	5220	17385	8749
乐东县	Ledong	287555	171969	1343	10258	1104	8475	20413	9550
琼中县	Qiongzhong	79423	52097	140	2850	1101	1741	1663	891
保亭县	Baoting	74389	43908	174	2492	688	2237	7234	2393
陵水县	Lingshui	179151	112767	146	4081	863	5597	21457	4173
白沙县	Baisha	85483	65122	32	2796	524	810	4874	512
昌江县	Changjiang	123133	81254	6069	5136	721	2429	8016	2562
总计中：	Of the Total								
农 垦	Nongken	126593	102785		1473		8165	197	33

3-12 续1(continued)

地区	Region	住宿和餐饮业 Hotel and Catering Services	信息传输、软件和信息技术服务业 Information Transmission, Software and Information Technical Services	金融业 Financial Intermediation	房地产业 Real Estate	租赁和商务服务业 Leasing and Business Services	科学研究和技术服务业 Scientific Research and Technical Service
全省总计	**Total**	**479989**	**88217**	**29303**	**99002**	**100874**	**30520**
海口市	Haikou	236589	40001	16431	66077	84282	21873
三亚市	Sanya	78991	11336	1979	7489	5664	1123
三沙市	Sansha						
五指山市	Wuzhishan	1218	572	460	2008	486	322
文昌市	Wenchang	21158	6474	985	2641	442	734
琼海市	Qionghai	16950	1821	900	5277	1982	426
万宁市	Wanning	25921	7140	616	1309	1192	1221
定安县	Ding'an	5492	6261	614	1205	249	484
屯昌县	Tunchang	2771	707	441	571	316	157
澄迈县	Chengmai	21883	2990	668	1617	153	58
临高县	Lingao	6906	1611	716	516	366	146
儋州市	Danzhou	14908	1112	1146	2158	2037	2486
儋州	Danzhou	14730	1109	899	2005	2026	2472
洋浦	Yangpu	178	3	247	153	11	14
东方市	Dongfang	7424	697	549	1308	715	245
乐东县	Ledong	19401	4548	1112	1389	210	153
琼中县	Qiongzhong	4370	1423	416	652	532	227
保亭县	Baoting	2264	503	329	1342	308	187
陵水县	Lingshui	7845	601	1139	2988	752	377
白沙县	Baisha	2282	78	120	265	384	114
昌江县	Changjiang	3616	342	682	190	804	187
总计中：	Of the Total						
农垦	Nongken	236	69	68	1121	5007	894

3-12 续2(continued)

地 区	Region	水利、环境和公共设施管理业 Water Conservancy, Environment and Public Utility Management	居民服务、修理和其他服务业 Resident Services, Repair and Other Services	教育业 Education	卫生和社会工作 Sanitation and Society	文化、体育和娱乐业 Culture, Sports and Entertainment	公共管理、社会保障和社会组织 Public Management Social Security and Social Organization	其他 Others
全省总计	**Total**	**28791**	**75617**	**124039**	**52152**	**25306**	**107902**	**217727**
海口市	Haikou	11537	37932	41778	22092	15990	40066	27008
三亚市	Sanya	5584	10984	8355	5829	2983	8800	13582
三沙市	Sansha						292	
五指山市	Wuzhishan	571	663	2664	1069	399	2960	3416
文昌市	Wenchang	491	1301	6355	2303	482	4771	5871
琼海市	Qionghai	1294	2841	6039	2299	655	3485	16938
万宁市	Wanning	771	2546	6230	1981	583	4133	23365
定安县	Ding'an	888	1813	3861	1161	427	2063	7232
屯昌县	Tunchang	111	1182	3056	1001	300	3686	9270
澄迈县	Chengmai	718	1557	5960	1914	241	4450	18328
临高县	Lingao	754	951	4006	1455	158	3818	24409
儋州市	Danzhou	1970	3773	10794	3535	794	5830	21678
儋州	Danzhou	1416	3773	9930	3459	794	4958	21678
洋浦	Yangpu	554		864	76		872	
东方市	Dongfang	1247	1820	5300	1699	526	3737	10433
乐东县	Ledong	187	1759	5071	1351	439	4294	24529
琼中县	Qiongzhong	338	1003	3051	794	273	3142	2719
保亭县	Baoting	523	1372	2352	575	277	2902	2329
陵水县	Lingshui	905	1975	3834	1301	234	2984	5132
白沙县	Baisha	575	921	2221	581	257	2593	422
昌江县	Changjiang	327	1224	3112	1212	288	3896	1066
总计中：	Of the Total							
农 垦	Nongken		272	563	4358	37	1315	

3-13 各市县按行业分组单位从业人员年末人数(2012)
Number of Employed Persons at Year-end by Sector and Region

单位：人 (person)

地 区	Region	从业人员年末人数 Total Employed Persons	农、林、牧、渔业 Farming, Forestry, Animal Husbandry and Fishery	采矿业 Mining	制造业 Manufacturing	电力、热力、煤气及水的生产和供应业 Production & Supply of Electric Power, Gas and Water	建筑业 Construction	批发和零售业 Wholesale and Retail Trades
全省总计	**Total**	**900790**	**119028**	**9792**	**94934**	**21191**	**59515**	**53711**
海口市	Haikou	452763	76339	46	51225	4264	43512	35769
三亚市	Sanya	96673	5869	370	2513	2147	4145	4447
三沙市	Sansha	292						
五指山市	Wuzhishan	10232	181		83	543	31	559
文昌市	Wenchang	27302	1174	1499	2334	1078	1950	960
琼海市	Qionghai	35986	6787		2125	1168	3443	1813
万宁市	Wanning	29391	5801	49	455	565	1720	914
定安县	Ding'an	15858	1936		2214	552	513	371
屯昌县	Tunchang	12169	1376	170	153	418	803	281
澄迈县	Chengmai	32776	1777	104	11370	2377	145	1106
临高县	Lingao	16401	1377	198	2239	555	386	148
儋州市	Danzhou	56792	5482		12684	1968	1009	4330
儋州	Danzhou	40688	5482		4587	1493	997	947
洋浦	Yangpu	16104			8097	475	12	3383
东方市	Dongfang	24802	1500	526	2273	1643	613	944
乐东县	Ledong	18305	1311	1172	467	968	526	669
琼中县	Qiongzhong	13307	2705	10	554	625	473	261
保亭县	Baoting	10526	1824		62	543		348
陵水县	Lingshui	16387	783	6	461	748	82	390
白沙县	Baisha	9779	1820		660	368	18	78
昌江县	Changjiang	21049	986	5642	3062	661	146	323
总计中：	Of the Total							
农 垦	Nongken	126593	102785		1473		8165	197

3-13　续1 (continued)

地　区	Region	交通运输、仓储和邮政业 Transport, Storage, Post	住宿和餐饮业 Hotel and Catering Services	信息传输、软件和信息技术服务业 Information Transmission, Software and Information Technical Services	金融业 Financial Intermediation	房地产业 Real Estate	租赁和商务服务业 Leasing and Business Services	科学研究和技术服务业 Scientific Research and Technical Service
全省总计	**Total**	**45144**	**62179**	**9968**	**27660**	**42436**	**19762**	**17311**
海口市	Haikou	29302	20361	8578	15147	24766	13862	10436
三亚市	Sanya	5799	30797	1108	1921	5525	754	1093
三沙市	Sansha							
五指山市	Wuzhishan	93	281	5	452	623	42	142
文昌市	Wenchang	620	1113		948	944	134	680
琼海市	Qionghai	923	3179		840	2039	372	258
万宁市	Wanning	498	2540	7	609	874	999	1130
定安县	Ding'an	528	253		598	620	97	345
屯昌县	Tunchang	325	6		431	254	79	85
澄迈县	Chengmai	238	359		663	1558	60	41
临高县	Lingao	118	25	64	716	127	265	89
儋州市	Danzhou	2120	1022	3	1120	1373	1243	2197
儋州	Danzhou	955	844		873	1220	1232	2183
洋浦	Yangpu	1165	178	3	247	153	11	14
东方市	Dongfang	2480	631	75	549	776	377	193
乐东县	Ledong	456	45	56	1079	531	21	79
琼中县	Qiongzhong	108	193	19	358	83	389	159
保亭县	Baoting	355	173		293	336	99	147
陵水县	Lingshui	799	956	26	1134	1943	87	102
白沙县	Baisha	382	5	27	120	20	271	48
昌江县	Changjiang		240		682	44	611	87
总计中：	Of the Total							
农　垦	Nongken	33	236	69	68	1121	5007	894

3-13 续2 (continued)

地 区	Region	水利、环境和公共设施管理业 Water Conservancy, Environment and Public Utility Management	居民服务、修理和其他服务业 Resident Services, Repair and Other Services	教育业 Education	卫生和社会工作 Sanitation and Society	文化、体育和娱乐业 Culture, Sports and Entertainment	公共管理、社会保障和社会组织 Public Management Social Security and Social Organization
全省总计	**Total**	**25650**	**2180**	**122746**	**48455**	**11226**	**107902**
海口市	Haikou	9060	1989	40897	20534	6610	40066
三亚市	Sanya	5558	128	8241	5318	2140	8800
三沙市	Sansha						292
五指山市	Wuzhishan	417	10	2648	1010	152	2960
文昌市	Wenchang	431	5	6336	2107	218	4771
琼海市	Qionghai	1217		6009	2152	176	3485
万宁市	Wanning	722	6	6230	1825	314	4133
定安县	Ding'an	844		3861	977	86	2063
屯昌县	Tunchang	107		3028	896	71	3686
澄迈县	Chengmai	700		5851	1816	161	4450
临高县	Lingao	744		3998	1447	87	3818
儋州市	Danzhou	1930		10774	3425	282	5830
儋 州	Danzhou	1376		9910	3349	282	4958
洋 浦	Yangpu	554		864	76		872
东方市	Dongfang	1221	29	5284	1599	352	3737
乐东县	Ledong	170		5054	1237	170	4294
琼中县	Qiongzhong	307	4	3051	726	140	3142
保亭县	Baoting	518		2344	533	49	2902
陵水县	Lingshui	838		3834	1177	37	2984
白沙县	Baisha	547	9	2221	525	67	2593
昌江县	Changjiang	319		3085	1151	114	3896
总计中：	Of the Total						
农 垦	Nongken		272	563	4358	37	1315

3-14 各市县按执行会计制度分组单位从业人员(2012)

Number of Employed Persons in Different Units According to Accounting System by Region

单位：人　　(person)

地 区	Region	从业人员年末人数 Number of Employed Persons (Year-end)	企业 Enterprises	事业 Institutions	机关 Agencies & Organizations	民间非营利组织 Non-profit Organizations	其他单位 Others
全省总计	**Total**	**900790**	**568937**	**225014**	**93323**	**7879**	**5637**
海口市	Haikou	452763	331755	78009	32544	6830	3625
三亚市	Sanya	96673	69621	18221	8682	122	27
三沙市	Sansha	292			292		
五指山市	Wuzhishan	10232	3059	5374	1781		18
文昌市	Wenchang	27302	12637	10218	3913	534	
琼海市	Qionghai	35986	22296	10322	3066		302
万宁市	Wanning	29391	13823	11432	4136		
定安县	Ding'an	15858	7564	6391	1854	49	
屯昌县	Tunchang	12169	4154	4489	3455		71
澄迈县	Chengmai	32776	18593	9891	4282		10
临高县	Lingao	16401	5740	6789	3872		
儋州市	Danzhou	56792	29628	20517	5097	332	1218
儋 州	Danzhou	40688	15896	19024	4265	332	1171
洋 浦	Yangpu	16104	13732	1493	832		47
东方市	Dongfang	24802	11515	9645	3629		13
乐东县	Ledong	18305	6856	8267	3001		181
琼中县	Qiongzhong	13307	5594	5525	2026		162
保亭县	Baoting	10526	3585	4169	2750	12	10
陵水县	Lingshui	16387	7024	6218	3145		
白沙县	Baisha	9779	3201	4465	2113		
昌江县	Changjiang	21049	12292	5072	3685		
总计中：	Of the Total						
农 垦	Nongken	126593	119884	6709			

注:单位从业人员不包括私营企业和个体从业人员，下同。

Note:Number of employed persons in this year do not include urban private enterprises and individual employment(the same below).

3-15 历年按经济类型分组单位在岗职工年末人数

Number of On-post Staff and Workers in Different Units by Economic Type in Various Years

单位：万人 (10 000 persons)

年 份 Year	全部职工年末人数 Total Number of On-post Staff and Workers at Year-end	#女 性 Female	国有单位 State-owned Units	城镇集体单位 Urban Collective-owned Units	其他经济类型单位 Other Ownership Units
1957	14.07		13.06	1.01	
1962	27.94		26.42	1.52	
1965	34.96		33.02	1.94	
1970	55.16		52.24	2.92	
1971	60.45		57.28	3.17	
1972	61.83		58.39	3.44	
1973	64.01		58.57	5.44	
1974	64.18		59.10	5.08	
1975	65.79		60.40	5.39	
1976	67.87	22.26	62.59	5.28	
1977	80.15	25.63	70.56	9.59	
1978	79.84	26.88	73.62	6.22	
1979	82.53	32.11	76.15	6.38	
1980	84.13	33.21	77.53	6.60	
1981	91.13	36.65	84.50	6.63	
1982	94.05	37.75	87.16	6.89	
1983	94.63	38.27	87.96	6.67	
1984	95.45	38.98	85.87	9.50	0.08
1985	97.99	39.76	88.35	9.23	0.41
1986	100.03	41.09	90.28	9.26	0.49
1987	100.20	41.25	90.57	9.06	0.57
1988	102.64	41.58	92.89	9.02	0.73
1989	103.99	42.04	94.07	8.79	1.13
1990	105.64	43.08	95.19	8.91	1.54
1991	108.06	43.54	97.22	8.50	2.34
1992	111.85	43.62	99.64	8.94	3.27
1993	111.06	43.74	97.74	9.14	4.18
1994	109.10	42.35	95.14	8.46	5.50
1995	106.92	41.34	92.78	8.36	5.78
1996	102.82	40.61	87.68	8.37	6.77
1997	102.65	40.57	86.48	8.25	7.92
1998	83.27	33.49	70.66	4.93	7.68
1999	80.39	32.01	67.83	4.55	8.01
2000	77.79	31.40	65.45	4.28	8.06
2001	74.69	29.61	62.01	4.32	8.36
2002	73.11	28.85	58.84	4.08	10.19
2003	71.64	28.05	57.26	3.89	10.49
2004	72.53	28.05	56.67	3.71	12.15
2005	72.63	27.83	56.61	3.80	12.22
2006	73.91	27.82	55.78	3.68	14.45
2007	74.79	27.52	54.83	3.53	16.43
2008	75.26	27.62	53.79	2.99	18.48
2009	77.76	29.46	53.28	3.38	21.10
2010	79.21	29.96	51.46	3.77	23.98
2011	82.83	32.03	51.67	3.36	27.80
2012	87.29	34.06	52.19	3.42	31.68

注：从1999年起，职工资料为在岗职工的资料。在岗职工包含派遣工。（下同）
Note:the data of staff and workers are the on-post ones since 1999.On-post staff and workers include dispatched workers.
(the following as the same)

3-16 各市县按执行会计制度分组单位在岗职工年末人数（2012）
Number of On-post Staff and Workers in Different Units According to Accounting System by Region

单位：人 (person)

地 区	Region	在岗职工年末人数 Total Number of On-post Staff and Workers (Year-end)	企业 Enterprises	事业 Institutions	机关 Agencies & Organizations	民间非营利组织 Non-profit Organizations	其他单位 Others
全省总计	**Total**	**872859**	**555006**	**215852**	**88719**	**7693**	**5589**
海口市	Haikou	449797	329861	77170	32522	6650	3594
三亚市	Sanya	92151	67287	17698	7023	116	27
三沙市	Sansha	263			263		
五指山市	Wuzhishan	9545	2979	4825	1728		13
文昌市	Wenchang	26176	12023	9811	3808	534	
琼海市	Qionghai	31869	18354	10147	3066		302
万宁市	Wanning	26783	12113	10748	3922		
定安县	Ding'an	14810	7157	5905	1699	49	
屯昌县	Tunchang	12118	4133	4463	3452		70
澄迈县	Chengmai	32349	18379	9830	4130		10
临高县	Lingao	14831	5430	6025	3376		
儋州市	Danzhou	53994	28740	18834	4870	332	1218
儋 州	Danzhou	38127	15177	17390	4057	332	1171
洋 浦	Yangpu	15867	13563	1444	813		47
东方市	Dongfang	24577	11400	9638	3526		13
乐东县	Ledong	18063	6679	8226	2977		181
琼中县	Qiongzhong	11239	5306	4158	1624		151
保亭县	Baoting	8839	3065	3508	2244	12	10
陵水县	Lingshui	14852	6831	5329	2692		
白沙县	Baisha	9735	3157	4465	2113		
昌江县	Changjiang	20868	12112	5072	3684		
总计中：	Of the Total						
农 垦	Nongken	122327	115716	6611			

注：单位在岗职工不包括私营企业在岗职工，下同。
Note:Number of employed persons in this year do not include urban private enterprises and self-employed individuals(the same below).

3-17 各市县按经济类型分组单位在岗职工年末人数（2012）
Number of On-post Staff and Workers at Year-end in Different Units by Region and Economic Type

单位：人 (person)

地 区	Region	在岗职工年末人数 Total Number of On-post Staff and Workers at Year-end	国有单位 State-owned Units	城镇集体单位 Urban Collective-owned Units	其他经济类型单位 Other Ownership Units
全省总计	**Total**	**872859**	**521894**	**34153**	**316812**
海口市	Haikou	449797	239958	11256	198583
三亚市	Sanya	92151	44812	1997	45342
三沙市	Sansha	263	263		
五指山市	Wuzhishan	9545	8296	153	1096
文昌市	Wenchang	26176	15813	4021	6342
琼海市	Qionghai	31869	20413	2692	8764
万宁市	Wanning	26783	21312	2436	3035
定安县	Ding'an	14810	10552	746	3512
屯昌县	Tunchang	12118	9737	1791	590
澄迈县	Chengmai	32349	16771	1316	14262
临高县	Lingao	14831	11529	1386	1916
儋州市	Danzhou	53994	33048	2385	18561
儋州	Danzhou	38127	29082	2385	6660
洋浦	Yangpu	15867	3966		11901
东方市	Dongfang	24577	17292	1254	6031
乐东县	Ledong	18063	16607	966	490
琼中县	Qiongzhong	11239	9669	742	828
保亭县	Baoting	8839	7817	223	799
陵水县	Lingshui	14852	11195	447	3210
白沙县	Baisha	9735	8928	88	719
昌江县	Changjiang	20868	17882	254	2732
总计中：	Of the Total				
农 垦	Nongken	122327	122327		

3-18 各市县按行业分组单位在岗职工年末人数(2012)

Number of On-post Staff at Year-end in Different Units by Region and Sector

单位：人 (person)

地 区	Region	在岗职工年末人数 Total Number of On-post Staff and Workers at Year-end	农、林、牧、渔业 Farming, Forestry, Animal Husbandry and Fishery	采矿业 Mining	制造业 Manufacturing	电力、热力、煤气及水的生产和供应业 Production and Supply of Electric Power, Gas and Water	建筑业 Construction	批发和零售业 Wholesale and Retail Trades
全省总计	**Total**	**872859**	**113092**	**9698**	**94117**	**20625**	**57250**	**53336**
海口市	Haikou	449797	76337	45	51063	4256	43436	35621
三亚市	Sanya	92151	5784	370	2512	1924	3660	4360
三沙市	Sansha	263						
五指山市	Wuzhishan	9545	181		83	543	31	498
文昌市	Wenchang	26176	955	1499	2328	988	1824	946
琼海市	Qionghai	31869	3720		2105	1168	2625	1813
万宁市	Wanning	26783	4133	49	455	553	1720	914
定安县	Ding'an	14810	1936		2173	552	320	371
屯昌县	Tunchang	12118	1376	170	153	418	788	275
澄迈县	Chengmai	32349	1777	104	11217	2377	145	1102
临高县	Lingao	14831	1376	198	2076	439	355	148
儋州市	Danzhou	53994	5376		12511	1952	488	4330
儋州	Danzhou	38127	5376		4556	1493	476	947
洋浦	Yangpu	15867			7955	459	12	3383
东方市	Dongfang	24577	1486	526	2243	1599	613	944
乐东县	Ledong	18063	1260	1149	467	965	526	669
琼中县	Qiongzhong	11239	2525	10	553	605	473	229
保亭县	Baoting	8839	1282		62	537		338
陵水县	Lingshui	14852	783	6	436	738	82	378
白沙县	Baisha	9735	1819		660	368	18	78
昌江县	Changjiang	20868	986	5572	3020	643	146	322
总计中：	Of the Total							
农 垦	Nongken	122327	98840		1469		8165	196

3-18 续1 (continued)

单位：人 (person)

地 区	Region	交通运输、仓储和邮政业 Transport, Storage, Post	住宿和餐饮业 Hotel and Catering Services	信息传输、软件和信息技术服务业 Information Transmission, Software and Information Technical Services	金融业 Financial Intermediation	房地产业 Real Estate	租赁和商务服务业 Leasing and Business Services	科学研究和技术服务业 Scientific Research and Technical Service
全省总计	**Total**	**44258**	**61264**	**9943**	**26341**	**41861**	**19539**	**16497**
海口市	Haikou	29213	20271	8555	14278	24571	13758	10293
三亚市	Sanya	5236	30098	1108	1807	5457	742	994
三沙市	Sansha							
五指山市	Wuzhishan	93	281	5	426	617	42	142
文昌市	Wenchang	620	1113		947	929	132	538
琼海市	Qionghai	923	3179		820	2022	372	258
万宁市	Wanning	494	2525	7	609	854	999	775
定安县	Ding'an	369	203		577	597	95	343
屯昌县	Tunchang	325	6		431	254	79	85
澄迈县	Chengmai	238	359		663	1501	60	41
临高县	Lingao	118	25	64	705	104	250	88
儋州市	Danzhou	2105	1019	3	1063	1267	1242	2159
儋州	Danzhou	941	841		817	1118	1231	2150
洋浦	Yangpu	1164	178	3	246	149	11	9
东方市	Dongfang	2480	631	75	522	776	377	192
乐东县	Ledong	456	45	54	1031	531	21	76
琼中县	Qiongzhong	104	193	19	311	77	359	150
保亭县	Baoting	350	173		283	336	76	126
陵水县	Lingshui	795	898	26	1081	1904	87	102
白沙县	Baisha	339	5	27	120	20	271	48
昌江县	Changjiang		240		667	44	577	87
总计中：	Of the Total							
农 垦	Nongken	33	220	69	42	1107	5007	725

3-18 续2 (continued)

单位：人 (person)

地 区	Region	水利、环境和公共设施管理业 Water Conservancy, Environment and Public Utility Management	居民服务、修理和其他服务业 Resident Services, Repair and Other Services	教育业 Education	卫生和社会工作 Sanitation and Society	文化、体育和娱乐业 Culture, Sports and Entertainment	公共管理、社会保障和社会组织 Public Management Social Security and Social Organization
全省总计	**Total**	**23589**	**2157**	**119576**	**46492**	**10828**	**102396**
海口市	Haikou	9059	1974	40355	20230	6526	39956
三亚市	Sanya	5336	120	8190	5266	2000	7187
三沙市	Sansha						263
五指山市	Wuzhishan	390	10	2403	1000	152	2648
文昌市	Wenchang	428	5	5995	2045	216	4668
琼海市	Qionghai	1206		5845	2152	176	3485
万宁市	Wanning	558	6	6206	1705	302	3919
定安县	Ding'an	823		3623	860	78	1890
屯昌县	Tunchang	106		3022	876	71	3683
澄迈县	Chengmai	700		5828	1786	161	4290
临高县	Lingao	380		3842	1271	79	3313
儋州市	Danzhou	1219		10236	3213	259	5552
儋州	Danzhou	665		9421	3137	259	4699
洋浦	Yangpu	554		815	76		853
东方市	Dongfang	1215	29	5284	1599	352	3634
乐东县	Ledong	170		5016	1237	120	4270
琼中县	Qiongzhong	233	4	2609	474	86	2225
保亭县	Baoting	291		2256	334	37	2358
陵水县	Lingshui	609		3560	768	32	2567
白沙县	Baisha	547	9	2221	525	67	2593
昌江县	Changjiang	319		3085	1151	114	3895
总计中：	Of the Total						
农 垦	Nongken		272	558	4285	37	1302

3-19 按经济类型和行业分组单位从业人员工资总额(2012)
Total Wage Bill of Employed Persons by Sector and Economic Type

行业	Sector	合计 Total	国有单位 State-owned Units	城镇集体单位 Urban Collective-owned Units	其他各种经济单位 Other Ownership Units
工资总额(万元)	**Total Wage Bill（10 000 yuan）**	**3537471**	**2181139**	**110066**	**1246266**
农、林、牧、渔业	Farming,Forestry,Animal Husbandry and Fishery	243087	239909	1051	2127
采矿业	Mining	39155	32800	315	6040
制造业	Manufacturing	332858	18995	3050	310813
电力、热力、燃气及水生产和供应业	Production and Supply of Electric Power, Gas and Water	103158	79523	270	23365
建筑业	Construction	209815	96048	51729	62038
批发和零售业	Wholesale and Retail Trades	184646	46819	5107	132720
交通运输、仓储和 邮政业	Transport, Storage and Post	232612	79059	1460	152093
住宿和餐饮业	Hotels and Catering Services	170838	22107	2230	146501
信息传输、软件和信息技术服务业	Information Transmission,Software and Information Technical Services	66815	3090	222	63503
金融业	Financial Intermediation	190550	63877	16133	110540
房地产业	Real Estate	163244	20132	1413	141699
租赁和商务服务业	Leasing and Business Services	55516	30725	792	23999
科学研究和技术服务业	Scientific Research, Technical Services	71581	56834	2204	12543
水利、环境和公共设施管理业	Water Conservancy, Environment and Public Utility Management	67070	56442	197	10431
居民服务、修理和其他服务业	Resident Services, Repair and Other Services	5665	2004	53	3608
教育	Education	615057	582358	540	32159
卫生和社会工作	Sanitation and Society	240301	215560	21681	3060
文化、体育和娱乐业	Culture,Sports and Entertainment	39393	30574	1489	7330
公共管理、社会保障和社会组织	Public Management, Social Security and Social Organizations	506110	504283	130	1697

3-20 按经济类型和行业分组单位从业人员平均工资(2012)
Average Wage of Employed Persons by Sector and Economic Type

行业	Sector	合计 Total	国有单位 State-owned Units	城镇集体单位 Urban Collective-owned Units	其他各种经济单位 Units of Other Types of Ownership
平均工资(元)	**Average Wage (yuan)**	**39485**	**40225**	**31715**	**39072**
农、林、牧、渔业	Farming,Forestry,Animal Husbandry and Fishery	20436	20490	11900	21574
采矿业	Mining	39582	42443	28627	29404
制造业	Manufacturing	34682	29680	19071	35330
电力、热力、燃气及水生产和供应业	Production and Supply of Electric Power, Gas and Water	48513	48649	12549	49682
建筑业	Construction	36529	36001	34567	39280
批发和零售业	Wholesale and Retail Trades	35386	48999	15149	33811
交通运输、仓储和 邮政业	Transport, Storage and Post	51948	44355	19418	58046
住宿和餐饮业	Hotels and Catering Services	27559	27252	32656	27540
信息传输、软件和信息技术服务业	Information Transmission,Software and Information Technical Services	67537	40658	47170	69891
金融业	Financial Intermediation	69316	56599	47035	86535
房地产业	Real Estate	38460	32211	20132	39923
租赁和商务服务业	Leasing and Business Services	28064	26933	20310	30059
科学研究和技术服务业	Scientific Research and Technical Services	41682	44277	33443	34103
水利、环境和公共设施管理业	Water Conservancy, Environment and Public Utility Management	26254	25130	15046	35287
居民服务、修理和其他服务业	Resident Services, Repair and Other Services	25199	26513	16968	24694
教育	Education	50258	52245	29862	29965
卫生和社会工作	Sanitation and Society	50136	52712	36003	30179
文化、体育和娱乐业	Culture,Sports and Entertainment	35410	39599	30644	25121
公共管理、社会保障和社会组织	Public Management, Social Security and Social Organizations	47110	47274	27188	23899

3-21 各市县按经济类型分组单位从业人员工资总额和平均工资（2012）
Total Wage Bill and Avevage Wage of Employed Persons by Region and Economic Type

地区	Region	工资总额（万元）Total Wage Bill (10 000 yuan)	国有单位 State-owned Units	城镇集体单位 Urban Collective-owned Units	其他各种经济单位 Other Ownership Units	平均工资（元）Average Wage (yuan)	国有单位 State-owned Units	城镇集体单位 Urban Collective-owned Units	其他各种经济单位 Other Ownership Units
全省总计	**Total**	**3537471**	**2181139**	**110066**	**1246266**	**39485**	**40225**	**31715**	**39072**
海口市	Haikou	1831621	962966	38975	829680	40752	40293	34889	41630
三亚市	Sanya	378427	218710	5995	153722	39454	45810	30385	33272
三沙市	Sansha	1377	1377			48312	48312		
五指山市	Wuzhishan	37809	34671	400	2738	37115	39079	20197	24515
文昌市	Wenchang	98505	71991	11098	15416	35885	42949	26513	23709
琼海市	Qionghai	137114	91198	13983	31933	38421	37241	57612	36407
万宁市	Wanning	120997	100697	7114	13186	41686	42672	29326	43924
定安县	Ding'an	55430	42539	2295	10596	34957	38009	27254	27717
屯昌县	Tunchang	43500	38678	3188	1634	36072	39686	18425	28033
澄迈县	Chengmai	131056	76138	5201	49717	39695	43823	39609	34697
临高县	Lingao	58641	49720	3639	5282	36648	39376	24959	27569
儋州市	Danzhou	213078	132234	8166	72678	37936	37639	28375	40025
儋州	Danzhou	145131	115675	8166	21290	35647	37165	28375	31729
洋浦	Yangpu	67947	16559		51388	43964	41325		44888
东方市	Dongfang	99358	66199	1834	31325	38334	36767	13717	47628
乐东县	Ledong	65893	61068	3162	1663	36070	36231	32974	36630
琼中县	Qiongzhong	45701	41761	1541	2399	34622	36085	18961	29464
保亭县	Baoting	37424	32771	1204	3449	35628	34398	53991	45740
陵水县	Lingshui	67184	52597	873	13714	40418	41883	20343	37727
白沙县	Baisha	29825	28167	164	1494	30993	31373	18705	26811
昌江县	Changjiang	84531	77657	1234	5640	40907	43309	48575	22751
总计中：	Of the Total								
农垦	Nongken	288953	288953			22827	22827		

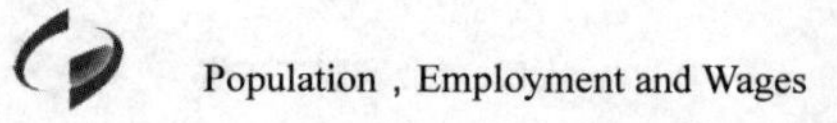

3-22 各市县按会计制度分组单位从业人员平均工资(2012)
Average Wage of Staff and Workers in Different Units According to Accounting System by Region

单位：元 (yuan)

地　区	Region	全年平均工资 Average Wage	企业 Enterprises	事业 Institutions	机关 Agencies & Organizations	民间非营利组织 Non-profit Organizations	其他 Others
全省总计	**Total**	**39485**	**35467**	**46947**	**47706**	**27873**	**25527**
海口市	Haikou	40752	37323	52130	52722	27883	22227
三亚市	Sanya	39454	34637	50507	55614	33279	14788
三沙市	Sansha	48312			48312		
五指山市	Wuzhishan	37115	25024	42024	43260		32500
文昌市	Wenchang	35885	25788	46176	43908	24032	
琼海市	Qionghai	38421	34880	44237	46268		20375
万宁市	Wanning	41686	27739	53220	57088		
定安县	Ding'an	34957	25659	42664	46669	27533	
屯昌县	Tunchang	36072	25079	47439	34533		23239
澄迈县	Chengmai	39695	34753	45446	48252		24800
临高县	Lingao	36648	23649	42851	44323		
儋州市	Danzhou	37936	35232	40316	44576	32217	36530
儋州	Danzhou	35647	27454	40785	43468	32217	37274
洋浦	Yangpu	43964	44749	34299	50246		18000
东方市	Dongfang	38334	39071	38860	34688		3143
乐东县	Ledong	36070	27723	40686	43273		21119
琼中县	Qiongzhong	34622	26124	41086	40836		31155
保亭县	Baoting	35628	29925	40556	35850	19750	16600
陵水县	Lingshui	40418	32817	45313	48548		
白沙县	Baisha	30993	23194	32280	39488		
昌江县	Changjiang	40907	40619	45482	35485		
总计中：	Of the Total						
农　垦	Nongken	23136	20971	61880			

3-23 历年按经济类型分组单位在岗职工工资总额
Total Wage Bill of On-post Staff and Workers in Different Units by Economic Type in Various Years

年　份 Year	工资总额 (万元) Total Wage Bill (10 000 yuan)	国有单位 State-owned Units	城镇集体单位 Urban Collective-owned Units	其他各种经济单位 Other Ownership Units
1957	7160	7160		
1962	14477	14477		
1965	17282	17282		
1970	22872	22872		
1971	25387	25387		
1972	28438	28438		
1973	30658	30658		
1974	37105	34316	2789	
1975	35569	32719	2850	
1976	37834	34871	2963	
1977	42661	37916	4745	
1978	45356	41740	3616	
1979	50023	46324	3699	
1980	56887	52804	4083	
1981	62308	58337	3971	
1982	72132	67670	4462	
1983	75423	71043	4380	
1984	86963	79240	7658	65
1985	97401	88621	8324	456
1986	114203	105001	8516	686
1987	122089	112713	8524	852
1988	140367	129129	10069	1169
1989	168152	153969	11341	2842
1990	205121	186893	13497	4731
1991	232123	209803	14682	7638
1992	301790	269183	19763	12844
1993	385512	329098	29387	27027
1994	485782	414329	33265	38188
1995	569860	485955	38116	45789
1996	561205	471766	34286	55153
1997	580859	474729	34165	71965
1998	522554	425762	24742	72050
1999	552774	448027	25545	79202
2000	574995	467433	25159	82403
2001	623576	505589	26764	91223
2002	699965	555859	27157	116949
2003	754498	596934	27650	129914
2004	913157	717529	29891	165737
2005	1041882	814634	32618	194630
2006	1168412	861472	34956	271984
2007	1440066	1040650	42039	357377
2008	1661370	1165113	45433	450824
2009	1937508	1302875	58075	576558
2010	2459671	1670654	73105	715912
2011	3017777	1969366	83377	965034
2012	3476524	2139978	107276	1229270

3-24 各市县按会计制度分组单位在岗职工工资总额(2012)
Total Wage Bill of On-post Staff and Workers in Different Units According to Accounting System by Region

单位：万元 (10 000 yuan)

地　区	Region	合计 Total	企业 Enterprises	事业 Institutions	机关 Agencies & Organizations	民间非营利组织 Non-profit organizations	其他 Others
全省总计	**Total**	**3476524**	**1972532**	**1033694**	**435776**	**20860**	**13662**
海口市	Haikou	1821039	1220898	404057	170691	17931	7462
三亚市	Sanya	366531	232589	89362	44144	387	49
三沙市	Sansha	1368			1368		
五指山市	Wuzhishan	36884	7626	21584	7623		51
文昌市	Wenchang	96427	31973	46242	16929	1283	
琼海市	Qionghai	132193	72383	45034	14167		609
万宁市	Wanning	115679	34976	57453	23250		
定安县	Ding'an	53431	18796	25892	8578	165	
屯昌县	Tunchang	43391	10159	21157	11912		163
澄迈县	Chengmai	130227	65211	44603	20388		25
临高县	Lingao	55941	12406	27221	16314		
儋州市	Danzhou	203873	96073	79923	22357	1070	4450
儋州	Danzhou	141020	42372	74999	18214	1070	4365
洋浦	Yangpu	62853	53701	4924	4143		85
东方市	Dongfang	98700	47366	38615	12715		4
乐东县	Ledong	65622	18769	33584	12897		372
琼中县	Qiongzhong	41894	13984	19711	7738		461
保亭县	Baoting	35255	10501	15678	9036	24	16
陵水县	Lingshui	64154	23671	26064	14419		
白沙县	Baisha	29732	6949	14455	8328		
昌江县	Changjiang	84183	48202	23059	12922		
总计中：	Of the Total						
农　垦	Nongken	282858	242834	40024			

3-25 历年按经济类型分单位在岗职工平均工资及指数
Average Wage and Related Indices of On-post Staff and Workers in Different Units by Economic Type in Various Years

年 份 Year	在岗职工平均工资（元） Average Wage (yuan)	国 有 单 位 State-owned Units	城镇集体单 位 Urban Collective-owned Units	其他各种经济单位 Other Ownership Units	在岗职工实际工资指数（%）(1978=100) Real Wage Indices of Staff and Workers	国 有 单 位 State-owned Units	城镇集体单 位 Urban Collective-owned Units	其他各种经济单位 Other Ownership Units
1978	582	583	570		100.0	100.0	100.0	
1979	617	621	570		104.8	105.4	98.9	
1980	692	697	638		110.2	110.8	103.7	
1981	728	736	623		108.8	109.9	95.1	
1982	790	799	671		113.8	115.0	98.8	
1983	812	823	672		116.1	117.4	98.1	
1984	929	940	830	1158	129.3	130.7	118.0	100.0
1985	1020	1029	925	1331	125.6	126.4	116.2	99.0
1986	1168	1190	943	1401	138.1	140.3	113.9	100.1
1987	1233	1259	959	1417	132.9	135.4	105.5	92.2
1988	1399	1421	1141	1740	117.7	119.3	98.0	88.3
1989	1640	1658	1321	2655	107.4	107.9	88.4	105.3
1990	1981	2002	1549	3232	127.1	128.2	101.5	125.5
1991	2194	2198	1793	3530	135.5	135.5	113.0	131.6
1992	2720	2715	2282	4093	154.6	154.0	132.4	140.7
1993	3501	3387	3308	6658	161.3	155.8	155.6	185.6
1994	4485	4359	4086	7460	163.1	158.2	151.7	164.2
1995	5340	5230	4632	8214	171.1	167.3	151.5	159.1
1996	5476	5365	4222	8579	168.2	164.5	132.4	159.5
1997	5664	5468	4208	9462	172.6	166.3	130.9	174.5
1998	6248	5970	5020	9750	191.6	186.6	160.5	184.8
1999	6865	6586	5672	9913	218.7	209.4	184.5	191.2
2000	7408	7146	5919	10352	233.4	224.8	190.4	197.4
2001	8321	8102	6207	11091	266.2	258.7	202.7	214.7
2002	9480	9368	6615	11247	304.8	300.7	217.2	218.9
2003	10397	10305	7029	12130	334.0	330.5	230.5	235.8
2004	12652	12664	8121	14005	389.3	389.0	255.1	261.6
2005	14417	14427	8640	16185	437.0	436.6	267.4	297.8
2006	15890	15398	9580	19518	474.6	459.1	292.1	243.1
2007	19357	18937	12069	22393	550.6	537.7	350.5	386.7
2008	21864	21330	15300	24510	581.7	566.5	415.6	395.9
2009	24892	24369	17695	27338	666.9	651.8	484.1	444.7
2010	31025	32028	20733	30346	793.2	817.4	541.2	471.0
2011	36716	38219	25418	35242	884.7	919.3	625.3	515.6
2012	40051	41148	32091	39083	935.1	959.1	765.1	554.0

注：在岗职工实际工资指数包含物价指数变动的影响。

Note: the real wage indices included the impact of the price index changes.

3-26 各市县按会计制度分组单位在岗职工平均工资(2012)
Average Wage of On-post Staff and Workers in Different Units According to Accounting System by Region

单位：元 (yuan)

地 区	Region	在岗职工平均工资 Average Wages	企业 Enterprises	事业 Institutions	机关 Agencies & Organizations	民间非营利组织 Non-profit Organizations	其他 Others
全省总计	**Total**	**40051**	**35760**	**48033**	**49303**	**27824**	**25575**
海口市	Haikou	40805	37345	52340	52748	27830	22270
三亚市	Sanya	39955	34571	51284	64134	33388	14788
三沙市	Sansha	51826			51826		
五指山市	Wuzhishan	38846	25582	45232	44088		38846
文昌市	Wenchang	36705	26274	47301	44642	24032	
琼海市	Qionghai	41804	39786	44730	46268		20375
万宁市	Wanning	43741	28992	54947	59220		
定安县	Ding'an	36158	26332	43982	50699	27533	
屯昌县	Tunchang	36123	25113	47544	34558		23343
澄迈县	Chengmai	39975	35016	45402	49486		24800
临高县	Lingao	38636	23935	45904	48467		
儋州市	Danzhou	38329	34259	42674	45927	32217	36530
儋州	Danzhou	37141	28041	43352	44917	32217	37274
洋浦	Yangpu	41293	41525	34459	50964		18000
东方市	Dongfang	38415	39191	38887	34711		3143
乐东县	Ledong	36400	28177	40807	43557		21119
琼中县	Qiongzhong	37438	26460	47658	47733		31142
保亭县	Baoting	39999	34543	44212	40961	19750	16600
陵水县	Lingshui	42537	33317	49177	53864		
白沙县	Baisha	31039	23227	32280	39488		
昌江县	Changjiang	41053	40866	45482	35489		
总计中：	Of the Total						
农 垦	Nongken	23134	20970	61880			

3-27 各市县按经济类型分组单位在岗职工工资总额和平均工资(2012)
Total Wage Bill and Average Wage of On-post Staff and Workers by Region and Economic Type

地区	Region	工资总额(万元) Total Wage Bill (10 000 yuan)	国有单位 State-owned Units	城镇集体单位 Urban Collective-owned Units	其他各种经济单位 Other Ownership Units	平均工资(元) Average Wages (yuan)	国有单位 State-owned Units	城镇集体单位 Urban Collective-owned Units	其他各种经济单位 Other Ownership Units
全省总计	**Total**	**3476524**	**2139978**	**107276**	**1229270**	**40051**	**41148**	**32091**	**39083**
海口市	Haikou	1821039	959147	38731	823161	40805	40307	35137	41724
三亚市	Sanya	366531	210399	5933	150199	39955	46955	30709	33381
三沙市	Sansha	1368	1368			51826	51826		
五指山市	Wuzhishan	36884	33780	381	2723	38846	41000	25380	24625
文昌市	Wenchang	96426	70613	10528	15285	36705	44783	26177	23584
琼海市	Qionghai	132194	86393	13983	31818	41804	42240	57612	36397
万宁市	Wanning	115678	95408	7114	13156	43741	45365	29326	44015
定安县	Ding'an	53431	41190	1983	10258	36158	39353	26612	28774
屯昌县	Tunchang	43391	38599	3166	1626	36123	39724	18428	28175
澄迈县	Chengmai	130228	75641	5177	49410	39975	44034	39701	35055
临高县	Lingao	55941	47807	3283	4851	38636	41852	25668	27295
儋州市	Danzhou	203872	129096	7070	67706	38329	39299	29729	37694
儋州	Danzhou	141020	112730	7070	21220	37141	38985	29729	31791
洋浦	Yangpu	62852	16366		46486	41293	41603		41185
东方市	Dongfang	98700	65745	1834	31121	38415	36828	13717	47849
乐东县	Ledong	65622	60797	3162	1663	36400	36592	32974	36630
琼中县	Qiongzhong	41894	38036	1461	2397	37438	39464	19775	29477
保亭县	Baoting	35255	30611	1199	3445	39999	39010	54753	46056
陵水县	Lingshui	64155	49796	873	13486	42537	44624	20343	38598
白沙县	Baisha	29732	28075	164	1493	31039	31424	18705	26811
昌江县	Changjiang	84183	77477	1234	5472	41053	43361	48575	22953
总计中：	Of the Total								
农垦	Nongken	282858	282858			23134	23134		

3-28 各市县按行业分组单位在岗职工工资总额(2012)
Total Wage Bill of On-post Staff and Worker at Year-end by Sector and Region

单位：万元 (10 000 yuan)

地 区	Region	合计 Total	农、林、牧、渔业 Farming, Forestry, Animal Husbandry and Fishery	采矿业 Mining	制造业 Manufac-turing	电力、热力、煤气及水的生产和供应业 Production and Supply of Electric Power, Gas and Water	建筑业 Construction	批发和零售业 Wholesale and Retail Trades
全省总计	**Total**	**3476524**	**235961**	**38967**	**325818**	**102160**	**204974**	**183179**
海口市	Haikou	1821039	165670	136	181327	25607	156423	127838
三亚市	Sanya	366531	12734	1508	6169	9661	10991	16637
三沙市	Sansha	1368						
五指山市	Wuzhishan	36884	422		106	1655	87	1585
文昌市	Wenchang	96426	1703	4430	4698	5618	4714	1352
琼海市	Qionghai	132194	8598		5146	6346	17392	6523
万宁市	Wanning	115678	8869	132	1469	3257	4902	2628
定安县	Ding'an	53431	2852		5555	2198	1235	1273
屯昌县	Tunchang	43391	2548	450	173	1801	1299	365
澄迈县	Chengmai	130228	2894	558	36628	12252	861	4323
临高县	Lingao	55941	1979	256	4768	1650	446	447
儋州市	Danzhou	203872	7774		48381	6428	2563	14314
儋州	Danzhou	141020	7774		13516	4056	2539	4402
洋浦	Yangpu	62852			34865	2372	24	9912
东方市	Dongfang	98700	2304	590	17000	10431	746	1755
乐东县	Ledong	65622	2561	2970	467	3432	1993	1076
琼中县	Qiongzhong	41894	4675	15	1405	2981	831	701
保亭县	Baoting	35255	2998		216	2326		1000
陵水县	Lingshui	64155	1256	10	1003	2647	142	852
白沙县	Baisha	29732	3565		1196	1301	29	160
昌江县	Changjiang	84183	2559	27912	10111	2569	320	350
总计中：	Of the Total							
农 垦	Nongken	282858	206087		3181		17958	803

3-28 续1 (continued)

单位：万元 (10 000 yuan)

地区	Region	交通运输、仓储和邮政业 Transport, Storage, Post	住宿和餐饮业 Hotel and Catering Services	信息传输、软件和信息技术服务业 Information Transmission, Software and Information Technical Services	金融业 Financial Intermediation	房地产业 Real Estate	租赁和商务服务业 Leasing and Business Services	科学研究和技术服务业 Scientific Research and Technical Service
全省总计	**Total**	**229148**	**168207**	**66695**	**186934**	**161253**	**55118**	**69738**
海口市	Haikou	169105	52458	58976	127088	84797	37919	49817
三亚市	Sanya	25313	88037	6935	12243	25838	2810	3735
三沙市	Sansha							
五指山市	Wuzhishan	381	437	34	1298	1512	75	413
文昌市	Wenchang	1294	1729		4142	3068	262	1607
琼海市	Qionghai	3849	8818		4855	10497	896	1341
万宁市	Wanning	1829	9186	13	2914	4532	3042	2609
定安县	Ding'an	1302	398		1956	2356	146	1395
屯昌县	Tunchang	1207	9		1741	890	197	276
澄迈县	Chengmai	890	655		3503	6476	65	66
临高县	Lingao	337	32	100	2560	421	857	360
儋州市	Danzhou	6924	1869	2	6385	4831	4676	5771
儋州	Danzhou	2848	1501		4635	4551	4631	5744
洋浦	Yangpu	4076	368	2	1750	280	45	27
东方市	Dongfang	10183	962	262	3026	2112	1016	430
乐东县	Ledong	1487	79	251	3823	1933	88	205
琼中县	Qiongzhong	492	374	36	1469	255	1325	417
保亭县	Baoting	993	392		2125	1466	202	327
陵水县	Lingshui	2631	2274	5	4134	10191	107	511
白沙县	Baisha	931	5	81	417	55	325	150
昌江县	Changjiang		493		3255	23	1110	308
总计中：	Of the Total							
农垦	Nongken	82	471	264	119	3948	9040	1975

3-28 续2 (continued)

单位：万元 (10 000 yuan)

地 区	Region	水利、环境和公共设施管理业 Water Conservancy, Environment and Public Utility Management	居民服务、修理和其他服务业 Resident Services, Repair and Other Services	教育业 Education	卫生和社会工作 Sanitation and Society	文化、体育和娱乐业 Culture, Sports and Entertainment	公共管理、社会保障和社会组织 Public Management Social Security and Social Organization
全省总计	**Total**	**63435**	**5563**	**608271**	**234958**	**38810**	**497335**
海口市	Haikou	22217	4820	200908	121396	25432	209105
三亚市	Sanya	20571	558	51264	21487	5375	44665
三沙市	Sansha						1368
五指山市	Wuzhishan	1055	31	12596	4060	478	10659
文昌市	Wenchang	546	22	31642	9217	512	19870
琼海市	Qionghai	2734		30504	7791	685	16219
万宁市	Wanning	2184	21	33215	10466	1176	23234
定安县	Ding'an	1839		17837	3215	362	9512
屯昌县	Tunchang	125		15327	3754	321	12908
澄迈县	Chengmai	1417		29738	8592	389	20921
临高县	Lingao	812		18989	5373	246	16308
儋州市	Danzhou	2217		49905	15729	799	25304
儋州	Danzhou	1571		46066	15404	799	20983
洋浦	Yangpu	646		3839	325		4321
东方市	Dongfang	2556	65	23784	6781	1574	13123
乐东县	Ledong	262		24518	3906	254	16317
琼中县	Qiongzhong	869	11	13196	2285	342	10215
保亭县	Baoting	730		11507	1308	151	9514
陵水县	Lingshui	1576		19103	2910	167	14636
白沙县	Baisha	1146	35	8321	2046	252	9717
昌江县	Changjiang	579		15917	4642	295	13740
总计中：	Of the Total						
农 垦	Nongken		547	2970	25867	134	9412

3-29 各市县按行业分单位在岗职工平均工资(2012)
Average Wage of Fully On-post Staff and Workers at Year-end by Sector and Region

单位：元 (yuan)

地 区	Region	合计 Total	农、林、牧、渔业 Farming, Forestry, Animal Husbandry and Fishery	采矿业 Mining	制造业 Manufacturing	电力、热力、煤气及水的生产和供应业 Production and Supply of Electric Power, Gas and Water	建筑业 Construction	批发和零售业 Wholesale and Retail Trades
全省总计	**Total**	**40051**	**20926**	**39678**	**34252**	**49542**	**37052**	**35363**
海口市	Haikou	40805	21998	30244	35073	60081	37242	36299
三亚市	Sanya	39955	21320	39692	24012	51413	30114	38691
三沙市	Sansha	51826						
五指山市	Wuzhishan	38846	23315		12807	30430	39682	31702
文昌市	Wenchang	36705	17726	28449	19278	56862	25890	14082
琼海市	Qionghai	41804	22437		24729	55183	73881	35961
万宁市	Wanning	43741	21340	26878	32348	59431	28499	28756
定安县	Ding'an	36158	15200		24824	40188	42593	34493
屯昌县	Tunchang	36123	18438	26465	12028	43096	17963	13507
澄迈县	Chengmai	39975	13439	52178	33024	50419	58959	40629
临高县	Lingao	38636	14382	12955	24678	37680	17972	30209
儋州市	Danzhou	38329	14607		37051	33219	53060	45027
儋州	Danzhou	37141	14607		29843	27495	53909	44463
洋浦	Yangpu	41293			40878	51572	19750	45282
东方市	Dongfang	38415	14807	10946	73496	64032	12037	16587
乐东县	Ledong	36400	20326	25496	9994	35709	38401	16111
琼中县	Qiongzhong	37438	18609	15100	24996	49359	17558	30607
保亭县	Baoting	39999	22795		34887	43726		29940
陵水县	Lingshui	42537	15923	16667	13235	35386	17317	22707
白沙县	Baisha	31039	19609		24018	35557	15833	20526
昌江县	Changjiang	41053	25959	49887	37771	40011	21490	10870
总计中：	Of the Total							
农 垦	Nongken	23134	20845		21424		22000	39567

3-29 续1 (continued)

单位：元 (yuan)

地 区	Region	交通运输、仓储和邮政业 Transport, Storage, Post	住宿和餐饮业 Hotel and Catering Services	信息传输、软件和信息技术服务业 Information Transmission, Software and Information Technical Services	金融业 Financial Intermediation	房地产业 Real Estate	租赁和商务服务业 Leasing and Business Services	科学研究和技术服务业 Scientific Research and Technical Service
全省总计	**Total**	**51971**	**27547**	**67581**	**71881**	**38520**	**28169**	**42578**
海口市	Haikou	58583	26291	69051	91030	34361	27547	48663
三亚市	Sanya	46807	29422	66421	68938	46631	37313	38709
三沙市	Sansha							
五指山市	Wuzhishan	40543	15003	67200	30465	24622	17857	29120
文昌市	Wenchang	20836	15672		44252	33636	19841	29872
琼海市	Qionghai	41744	27427		58638	52195	24029	51969
万宁市	Wanning	36939	36352	18857	48819	56231	30790	36804
定安县	Ding'an	34909	17317		33549	40835	15326	40541
屯昌县	Tunchang	37713	14500		40587	36199	25000	32447
澄迈县	Chengmai	37213	18511		52680	43817	10867	16146
临高县	Lingao	28585	12800	15563	36311	38615	34272	40875
儋州市	Danzhou	33050	18344	7333	60864	38526	37652	26765
儋州	Danzhou	30593	17951		56940	40966	37621	26751
洋浦	Yangpu	35015	20142	7333	74455	19566	41182	30000
东方市	Dongfang	40138	10841	33628	54926	25541	25449	19196
乐东县	Ledong	33413	17467	45673	36622	39059	41762	26974
琼中县	Qiongzhong	47317	20129	18789	47692	36443	37324	27800
保亭县	Baoting	28461	25006		75344	47456	26273	25952
陵水县	Lingshui	34350	25577	2077	38314	54292	12287	49650
白沙县	Baisha	27451	10400	30111	34758	27400	12004	31292
昌江县	Changjiang		19960		48798	6053	19201	34584
总计中：	Of the Total							
农 垦	Nongken	24727	20038	38246	28927	35630	18004	27349

3-29 续2 (continued)

单位：元 (yuan)

地 区	Region	水利、环境和公共设施管理业 Water Conservancy, Environment and Public Utility Management	居民服务、修理和其他服务业 Resident Services, Repair and Other Services	教育业 Education	卫生和社会工作 Sanitation and Society	文化、体育和娱乐业 Culture, Sports and Entertainment	公共管理、社会保障和社会组织 Public Management Social Security and Social Organization
全省总计	**Total**	**26941**	**25013**	**51018**	**51059**	**36126**	**48759**
海口市	Haikou	24649	23663	49946	60195	38988	52579
三亚市	Sanya	38652	47254	63055	42455	28216	63445
三沙市	Sansha						51826
五指山市	Wuzhishan	27049	31400	52880	40841	31860	40605
文昌市	Wenchang	12732	44800	52780	46017	23828	42658
琼海市	Qionghai	23794		52341	36221	38909	46606
万宁市	Wanning	39149	35667	55524	61384	38934	59225
定安县	Ding'an	22284		49411	37421	46423	50517
屯昌县	Tunchang	11774		50736	43498	44569	35094
澄迈县	Chengmai	20333		50783	48678	24143	48996
临高县	Lingao	21371		49451	45575	31076	49388
儋州市	Danzhou	17997		48878	49981	31109	45602
儋州	Danzhou	23173		48964	50161	31109	44664
洋浦	Yangpu	11662		47863	42724		50781
东方市	Dongfang	20462	17541	44168	40950	43014	34698
乐东县	Ledong	15429		48694	31630	21142	38421
琼中县	Qiongzhong	37283	53000	50523	50002	39814	46054
保亭县	Baoting	22671		50959	39273	38641	41025
陵水县	Lingshui	25875		54038	37940	52250	57306
白沙县	Baisha	20956	38333	37245	38973	37612	37533
昌江县	Changjiang	18397		51527	40366	25652	35715
总计中：	Of the Total						
农 垦	Nongken		19762	53318	62512	36162	71845

3-30 按经济类型和行业分组单位在岗职工工资总额(2012)
Total Wage Bill of On-post Staff and Workers by Sector and Economic Type

行业	Sector	合计 Total	国有单位 State-owned Units	城镇集体单位 Urban Collective-owned Units	其他经济类型单位 Other Ownership Units
工资总额(万元)	**Total Wage Bill (10 000 yuan)**	**3476524**	**2139978**	**107276**	**1229270**
农、林、牧、渔业	Farming,Forestry,Animal Husbandry and Fishery	235961	232886	1015	2060
采矿业	Mining	38968	32618	315	6035
制造业	Manufacturing	325818	18901	3035	303882
电力、热力、燃气及水生产和供应业	Production and Supply of Electric Power, Gas and Water	102160	79288	270	22602
建筑业	Construction	204974	93089	50208	61677
批发和零售业	Wholesale and Retail Trades	183179	45974	5037	132168
交通运输、仓储和 邮政业	Transport, Storage and Post	229148	75996	1427	151725
住宿和餐饮业	Hotels and Catering Services	168207	22013	2230	143964
信息传输、软件和信息技术服务业	Information Transmission,Software and Information Technical Services	66695	3089	221	63385
金融业	Financial Intermediation	186934	62905	16106	107923
房地产业	Real Estate	161253	19513	1391	140349
租赁和商务服务业	Leasing and Business Services	55118	30571	785	23762
科学研究和技术服务业	Scientific Research, Technical Services	69738	55192	2162	12384
水利、环境和公共设施管理业	Water Conservancy, Environment and Public Utility Management	63435	52859	197	10379
居民服务、修理和其他服务业	Resident Services, Repair and Other Services	5563	1965	53	3545
教育	Education	608270	576100	540	31630
卫生和社会工作	Sanitation and Society	234958	211229	20712	3017
文化、体育和娱乐业	Culture,Sports and Entertainment	38810	30229	1447	7134
公共管理、社会保障和社会组织	Public Management, Social Security and Social Organizations	497335	495561	125	1649

3-31 按经济类型和行业分组单位在岗职工平均工资(2012)
Average Wage of On-post Staff and Workers by Sector and Economic Type

行业	Sector	合计 Total	国有单位 State-owned Units	城镇集体单位 Urban Collective-owned Units	其他经济类型单位 Other Ownership Units
平均工资(元)	**Average Wage**	**40051**	**41148**	**32091**	**39083**
农、林、牧、渔业	Farming,Forestry,Animal Husbandry and Fishery	20926	20986	12119	21729
采矿业	Mining	39678	42582	28853	29412
制造业	Manufacturing	34252	29879	19145	34844
电力、热力、燃气及水生产和供应业	Production and Supply of Electric Power, Gas and Water	49542	49598	12549	51136
建筑业	Construction	37052	36694	34835	39694
批发和零售业	Wholesale and Retail Trades	35363	49070	15328	33764
交通运输、仓储和 邮政业	Transport, Storage and Post	51971	44066	19599	58094
住宿和餐饮业	Hotels and Catering Services	27547	27413	32656	27501
信息传输、软件和信息技术服务业	Information Transmission,Software and Information Technical Services	67581	40697	48109	69931
金融业	Financial Intermediation	71881	57548	47108	92590
房地产业	Real Estate	38520	32225	20187	39965
租赁和商务服务业	Leasing and Business Services	28169	27054	20448	30143
科学研究和技术服务业	Scientific Research, Technical Services	42578	45545	33519	34249
水利、环境和公共设施管理业	Water Conservancy, Environment and Public Utility Management	26941	25803	15046	35434
居民服务、修理和其他服务业	Resident Services, Repair and Other Services	25013	26304	16968	24519
教育	Education	51018	53097	29862	29989
卫生和社会工作	Sanitation and Society	51059	53521	37359	29986
文化、体育和娱乐业	Culture,Sports and Entertainment	36126	40370	31527	25513
公共管理、社会保障和社会组织	Public Management, Social Security and Social Organizations	48759	48937	29023	23900

3-32 工业、建筑企业职工人数、工资总额和平均工资(2012)
Number,Wage Bill and Average Wage of On-post Staff and Workers in Industry and Construction Enterprises

项　　目	Item	在岗职工人数(人) Number of On-post Staff and Workers (person)	工资总额(万元) Total Wages Bill (10000 yuan)	平均工资(元) Average Wages (yuan)
合　计	**Total**	**181690**	**671920**	**37146**
工　业	**Industry**	**124440**	**466946**	**39678**
1、按经济类型分	**Grouped by Economic Type**			
国有单位	State-owned Units	30065	130807	43643
城镇集体单位	Urban Collective-owned Units	1913	3619	18956
其他经济类型单位	Units of Others	92462	332520	35493
2、按行业分	**Grouped by Sector**	**124440**	**466946**	**3752**
采矿业	**Mining**	**9698**	**38968**	**39678**
煤炭开采和洗选业	Mining and Washing of Coal			
石油和天然气开采业	Extraction of Petroleum and Natural Gas	51	378	70074
黑色金属矿采选业	Mining of Ferrous Metal Ores	5485	27497	49840
有色金属矿采选业	Mining of Non-ferrous Metal Ores	951	3961	42585
非金属矿采选业	Mining and Processing of Nonmetal Ores	3211	7132	21482
开采辅助活动	Supplemental Efforts of Mining			
其他采矿业	Mining of Other Ores			
制造业	**Manufacturing**	**94117**	**325818**	**34252**
农副食品加工业	Processing of Agricultural and related Products	18170	50555	28150
食品制造业	Manufacture of Foods	4946	15743	31625
酒、饮料和精制茶制造业	Manufacture of Wine,Beverages and Tea	3451	11539	32106
烟草制品业	Manufacture of Tobacco	594	7751	130927
纺织业	Manufacture of Textiles	794	2406	22151
纺织服装、服饰业	Manufacture of Textile Wearing, Apparel	2893	7104	22732
皮革、毛皮、羽毛及其制品和制造业	Manufacture of Leather, Fur, Feather & Related Products	136	406	29868
木材加工和木、竹、藤、棕、草制品业	Processing of Timbers, Manufacture of Wood,Bamboo, Rattan, Palm, and Straw Products	1290	3410	26663
家具制造业	Manufacture of Furniture	320	643	20484
造纸及纸制品业	Manufacture of Paper and Paper Products	6936	25737	35358
印刷业和记录媒介的复制	Printing, Reproduction of Recording Media	1497	4428	29602
文教、工美、体育和娱乐用品制造业	Manufacture of Articles for Culture, Education Artwork, Sport Activities and Entertainment	190	418	22213

3-32 续 (continued)

项　　目	Item	在岗职工人数(人) Number of On-post Staff and Workers (person)	工资总额(万元) Total Wages Bill (10000 yuan)	平均工资(元) Average Wages Bill (10000 yuan)
石油加工、炼焦及核燃料加工业	Processing of Petroleum, Coking and Nuclear Fuel	968	7551	77847
化学原料及化学制品制造业	Manufacture of Chemical Raw Materials and Chemical Products	3992	21459	52893
医药制造业	Manufacture of Medicines	12970	45091	35614
化学纤维制造业	Manufacture of Chemical Fiber	666	2239	33565
橡胶和塑料制品业	Manufacture of Rubber and Plastics Products	2250	7820	34662
非金属矿物制品业	Manufacture of Non-metallic Mineral Products	7874	25578	32126
黑色金属冶炼和压延加工业	Smelting and Processing of Ferrous Metals	794	2959	36895
有色金属冶炼及压延加工业	Smelting & Processing of Non-ferrous Metals	4	9	23500
金属制品业	Manufacture of Metal Products	2011	6710	36211
通用设备制造业	Manufacture of General-purpose Machinery	465	1240	27017
专用设备制造业	Manufacture of Special-purpose Machinery	796	2191	25472
汽车制造业	Manufacture of Motor Vehicle	6581	23647	35517
铁路、船舶、航空航天和其他运输设备制造业	Manufacture of Railway,Vessel,Aerospace and Other Transport Equipmens	537	1427	25399
电气机械及器材制造业	Manufacture of Electrical Machinery & Equipment	7142	25329	35356
计算机、通信和及其他电子设备制造业	Manufacture of Communication Equipment,Computer and Other Electronic Equipments	2990	12345	40355
仪器仪表制造业	Manufacture of Measuring Instrument	2818	9978	32588
其他制造业	Other Manufacturing			
废弃资源综合利用业	Recycling and Disposal of Waste			
金属制品、机械和设备修理业	Repair of Metal products, Machine and Equipment	42	105	25000
电力、热力、燃气及水生产和供应业	**Production and Supply of Electric Power, Heat Power, Gas and Water**	**20625**	**102160**	**49542**
电力、热力生产和供应业	Production and Supply of Electric Power and Heat Power	14320	82805	57841
燃气生产和供应业	Production and Supply of Gas	1252	5283	42260
自来水的生产和供应业	Production and Supply of Water	5053	14072	27838
建筑业	**Construction**	**57250**	**204974**	**37052**
房屋建筑业	Building Construction	48654	173716	37190
土木工程建筑业	Civil Engineering	2638	9608	35757
建筑安装业	Construction Installation	3974	15265	38421
建筑装饰和其他建筑业	Construction Decoration and Other Construction	1984	6385	32743
按经济类型分	**Grouped by Category**			
国有单位	State-owned Units	26091	93089	36694
城镇集体单位	Urban Collective-owned Units	15075	50208	34835
其他经济类型单位	Other Ownership Units	16084	61677	39694

主要统计指标解释

户籍人口： 指公民在其经常居住地的公安户籍管理机关登记了常住户口的人，这类人口不管其是否外出，也不管外出时间长短，只要在某地注册有常住户口，则为该地区的户籍人口。

常住人口： 一般指实际经常居住在某地区一定时间（半年以上）的人口。

非农业人口： 指从事非农业生产活动的劳动人口及其家庭被抚养人口。

农业人口： 是居住在农村或集镇，从事农业生产，以农业收入为主要生活来源的人口。

城镇人口和乡村人口 城镇人口是指居住在城镇范围内的全部常住人口；乡村人口是指居住在乡村范围内的全部常住人口。

出生率（又称粗出生率） 指在一定时期内（通常为一年）一定地区的出生人数与同期内平均人数（或期中人数）之比，用千分率表示。本资料中的出生率指年出生率，其计算公式为：

出生率＝年出生人数／年平均人数×1000‰

式中：出生人数指活产婴儿，即胎儿脱离母体时（不管怀孕月数），有过呼吸或其他生命现象。年平均人数指年初、年底人口数的平均数，也可用年中人口数代替。

死亡率（又称粗死亡率） 指在一定时期内（通常为一年）一定地区的死亡人数与同期平均人数（或期中人数）之比，用千分率表示。本资料中的死亡率指年死亡率，其计算公式为：

死亡率＝年死亡人数／年平均人数×1000‰

人口自然增长率 指在一定时期内（通常为一年）人口自然增加数（出生人数减死亡人数）与该时期内平均人数（或期中人数）之比，用千分率表示。计算公式为：

人口自然增长率＝（本年出生人数－本年死亡人数）／年平均人数×1000‰＝人口出生率－人口死亡率

性别比 人口中男性人数与女性人数之比。通常用每100名女性人口相对应的男性人口数来表示。

一孩率 指当年出生人数中第一个孩子所占的比例。

二孩率 指当年出生人数中第二个孩子所占的比例。

三孩率 指当年出生人数中第三及以上孩子所占的比例。

一般生育率 指当年每千名15-49岁育龄妇女生育的活产婴儿总数。

总和生育率 指当年各年龄别妇女生育率的合计数，说明每名妇女按某年的年龄别生育率度过育龄期，平均每个妇女在育龄期生育的子女数。

人口负担系数 抚养系数，抚养比。是指人口总体中非劳动年龄人口数与劳动年龄人口数之比，通常用百分比表示。说明每100名劳动年龄人口大致要负担多少名非劳动年龄人口。用于从人口角度反映人口与经济发展的基本关系。负担系数可分为总负担系数、少儿负担系数和老年负担系数。

总负担系数 非劳动年龄人口数（0-14岁和65岁及以上人口）与劳动年龄人口数（15—64岁）之比。计算公式为：

总负担系数＝被抚养人口／15-64岁人口×100％

少年儿童负担系数 指少年儿童与劳动年龄人口数之比。计算公式为：

少儿负担系数＝0-14岁人口／15-64岁人口×100％

老年人口负担系数 指老年人口与与劳动年龄人口数之比。计算公式为：

老年负担系数＝65岁及65岁以上人口／15-64岁人口×100％

文盲率： 15岁及以上不识字人口中所占的比重。文盲率反映一个国家人们受教育的程度。

人均受教育年限： 是指某一人口群体（6岁以上）人均接受学历教育（包括成人学历教育，不包括各种非学历培训）的年数。

从业人员 指从事一定社会劳动并取得劳动报酬或经营收入的人员，包括在岗职工、再就业的离退休人员、私营业主、个体户主、私营和个体就业人员、乡镇企业就业人员、农村就业人员、其他就业人员（包括民办教师、宗教职业者、现役军人等）。这一指标反映了一定时期内全部劳动力资源的实际利用情况，是研究我国基本国情国力的重要指标。

单位从业人员 指在各类法人单位工作，并由单位支付劳动报酬的人员，包括在岗职工和其他就业人员。

在岗职工 指在本单位工作且与本单位签订劳动合同，并由单位支付各项工资和社会保险、住房公积金的人员，以及上述人员中由于学习、病伤产假等原因暂未工作，仍由单位支付工资的人员。

在岗职工还包括：

（1）应订立劳动合同而未订立劳动合同人员（如使用的农村户籍人员）；

（2）处于试用期人员；

（3）编制外招用的人员；

（4）派往外单位工作，但工资仍由本单位发放的人员（如挂职锻炼、外派工作等情况）。

其他从业人员 是指除在岗职工以外，实际参加本单位生产或工作并从本单位取得劳动报酬的人员。具体包括：非

全日制人员、聘用的正式离退休人员、兼职人员和第二职业者，以及在本单位工作的外籍和港澳台方人员。

城镇私营和个体就业人员 城镇私营就业人员指在工商管理部门注册登记，其经营地址设在县城关镇（含城关镇）以上的私营企业就业人员；包括私营企业投资者和雇工。城镇个体就业人员指在工商管理部门注册登记，并持有城镇户口或在城镇长期居住，经批准从事个体工商经营的就业人员；包括个体经营者和在个体工商户劳动的家庭帮工和雇工。

工资总额 根据《关于工资总额组成的规定》，工资总额是指本单位在报告期内（季度或年度）直接支付给本单位人员的劳动报酬总额。包括计时工资、计件工资、奖金、津贴和补贴、加班加点工资、特殊情况下支付的工资。

工资总额是税前工资，包括单位从个人工资中直接为其代扣或代缴的房费、水费、电费、住房公积金和社会保险基金个人缴纳部分等。

工资总额不论是计入成本的还是不计入成本的，不论是以货币形式支付的还是以实物形式支付的，均应列入工资总额的计算范围。

平均工资 是指在报告期内单位发放工资的人均水平，它表明一定时期职工工资收入的高低程度，是反映就业人员工资水平的主要指标。计算公式为：

平均工资＝报告期工资总额 / 报告期平均人数

平均工资指数 指报告期就业人员平均工资与基期就业人员平均工资的比率，是反映不同时期就业人员货币工资水平变动情况的相对数。

平均实际工资指数 就业人员平均实际工资指扣除物价变动因素后的就业人员平均工资。就业人员平均实际工资指数是反映实际工资变动情况的相对数，表明就业人员实际工资水平提高或降低的程度。

Explanatory Notes on Main Statistical Indicators

Registered population refers to the citizens who have registered in public security organs of household register management, regardless of whether or not to go out and no matter the length of time.

Total Resident Population refers to the total number of people alive at a certain point of time (above half year) within a given area.

Non-agriculture Population refers to total population under the jurisdiction of city and the population of towns under the jurisdiction of counties.

Agriculture Population refers to total population of townships under the jurisdiction of counties.

Urban Population and Rural Population Urban population refer to all people residing in cities and towns, while rural population refer to population residing in rural areas.

Birth Rate (or Crude Birth Rate) refers to the ratio of the number of births to the average population (or mid-period population) during a certain period of time (usually a year) ,expressed in per thousand. Birth rate in the yearbook refers to annual birth rate. The following formula is used:

Birth Rate = Number of Births in the Year/Annual Average Number of Population×1000‰

Where: Number of births refers to live births, i.e. when a baby has breathed or showed any vital phenomena regardless of the length of pregnancy.

Annual Average number of Population is the average of the number of population at the beginning of the year and that at the end of the year. Sometimes it is substituted by the mid-year population.

Death Rate (or Crude Death Rate) refers to the ratio of the number of deaths to the average population (or mid-period population) during a certain period of time (usually a year) ,expressed in per thousand. Death rate in the yearbook refers to annual death rate. The following formula is used:

Death Rate= Number of Deaths in the Year/Annual Average Number of Population×1000‰

Natural Growth Rate of Population refers to the ratio of natural increase in population (number of births minus number of deaths) in a certain period of time (usually a year) to the average population (or mid-period population) of the same period, expressed in per thousand. The following formulas are applied:

Natural Growth of Rate of Population = (Number of Births-Number of Deaths)/Annual Average Number of Population×1000‰

Natural Growth of Rate of Population = Birth Rate-Death Rate

Sex Ratio refers to the ratio of the number of men to each 100 female.

1st Birth Rate refers to the ratio of the number of 1st birth baby to baby birth this year,

2nd Birth Rate refers to the ratio of the number of 2nd birth baby to baby birth this year.

3rd Birth Rate refers to the ratio of the number of 3th or above birth baby to baby birth this year.

General Fertility Rate refers to the total number of live birth infants were delivered by per thousand women of childbearing age (aged 15-49) in that year.

Total Fertility Rate refers to the total number of birth rate above all age-specific women in that year.

Age Composition Ratio (dependency ratio) refers to the ratio of non-working-age population to the working-age population, express in %.Describing in general the number of non-working-age population that every 100 people at working ages will take care of. This indicator reflects the basic relation between population and economic development from the demographic perspective.

Gross Dependency Ratio also called gross dependency coefficient, refers to the ratio of non-working-age population the every 100 people at working ages take care of, this indicator reflects the basic relation between population and economic development from the demographic perspective. The total dependency ratio is calculated as follows:

Gross Dependency Coefficient = Number of non-working-age population Aged 0-14 and 65and over/The Working-age Population Aged 15-64×100%

Children Dependency Ratio refers to the ratio of the children population to the working-age population. The children dependency coefficient is calculated with the following formula:

CDC=the children population aged 0-14/the working-age population aged 15-64×100%

Old Dependency Ratio refers to the ratio of the elderly population to the working-age population. The old dependency coefficient is calculated with the following formula:

ODC=the elderly population aged 65 and over/the

working-age population aged 15-64×100%

Illiterate Rate refers to the population over 15 years of age who can not read. It reflects the level of education in a country.

Mean Years of Schooling refers to the total year's education for diploma of a group of people, including adult education and excluding non-diploma training.

Employed persons refers to total number of persons engaged in social economic activities that generate income, including:

(1) Total formal employees

(2) Reemployed retirees

(3) Employers in urban private enterprises

(4) Urban individual laborers

(5) Employment in urban private enterprises and individual households

(6) Employment in township and village enterprises

(7) Rural laborers

(8) Other social laborers(Servicemen included)

Staff and Workers refer to those who work in(and receive income there from) units with state ownership, urban collective ownership, joint ownership, share holding stock ownership, limited liability corporations, foreign and Hong Kong, Macao, and Taiwan Chinese fund or other ownership and their affiliated units.

On-post Staff and Workers refer to those who are practically working in a certain urban unit, including those who are temporarily absent because of study, disease, vocation or other reasons.

Total Wage Bill refers to the total remuneration payment to all employment in various units during a certain period of time. The calculation of total wage bill is based on the total remuneration payment to the staff and workers. Therefore, all the wages and salaries and other payments to staff and workers are included in the total wage bill regardless of sources, reckoning the cost of production or not, category, listing as items of premium taxation or not, and forms, paying in cash or in kind.

Average Wage refers to the average wage in money terms per person during a certain period of time for staff and workers in enterprises, institutions, and government agencies, which reflects the general level of wage income during a certain period of time and is calculated as follows:

Average Wage=Total Wage Bill of Staff and Workers at Reference Time/Average Number of Staff and Workers at Reference Time.

固定资产投资和房地产开发

Investment in Fixed Assets and Real Estate Development

编辑人员：吴璟　闫洁

Compiled by Wu Jing　Yan Jie

英文翻译：吴璟

Translated by Wu Jing

简 要 说 明

一、本篇资料的主要内容

本篇资料通过对一定时期全社会建造和购置固定资产活动的数量方面的描述，反映报告期内固定资产投资的规模和速度、固定资产投资的结构和比例关系、固定资产投资的资金来源及固定资产投资的效果等。

二、本篇资料的统计范围

统计范围包括：城乡建设项目投资，房地产开发投资。

三、本篇的资料来源

农户固定资产投资资料来自国家统计局海南调查总队；除此以外的固定资产投资统计资料均来自海南省统计局的固定资产投资统计调查。

四、本篇的统计调查方法

除农户固定资产投资统计采用抽样调查方法外，其他均为全面统计报表。

五、统计口径的变化

自 1997 年起，固定资产投资项目的统计起点由计划总投资 2 万元及以上提高至 5 万元及以上。

自 2006 年起，统计起点由计划总投资 5 万元以上提高到 50 万元以上。

自 2011 年起，统计起点由计划总投资 50 万元以上提高到 500 万元以上。

Brief Introduction

I. Main Contents

Statistics in this chapter describe activities on the construction and purchase of fixed assets of the whole country during a given period of time, and reflect the size, growth, structure, ratio, financing and results of the investment in fixed assets during the reference period.

II. Scope of Statistics

Statistics on the investment in fixed assets cover investments in capital construction projects in urban and rural areas, investments in real estate development.

III. Sources of Data

Data on investments in fixed assets by individuals in rural areas are from Survey Office of the National Bureau of Statistics in Hainan, Other data on investments in fixed assets are from *investment in fixed assets surveys* conducted by Hainan Statistical Bureau.

IV. Methodology of Data Collection

All data on investments in fixed assets are collected by the system of reporting form with complete enumeration, except data on individual investments in fixed assets in rural areas, which are collected through sample surveys.

V. Changes in Statistical Scope

Since 1997, the cut-off point of projects covered by statistics of investment in fixed assets is raised from an investment of 20,000 yuan to 50,000 yuan.

Since 2006, The cut-off point has been raised an investment of 50,000 yuan to 500,000 yuan .

Since 2011, The cut-off point has been raised an investment of 500,000 yuan to 5,000,000 yuan .

4-1 固定资产投资主要指标
Main Indicators of Investment in Fixed Assets

项　　目	Item	2012
投资完成额(亿元)	**Investment (100 million yuan)**	**2145.38**
按城乡分	Grouped by Urban or Rural Area	
城镇	Urban Area	2036.42
#房地产开发	Real Estate Development	886.64
农村	Rural Area	108.96
按登记注册类型分	Grouped by Status of Registration	
内资	Domestic	
国有	State-owned	644.84
集体	Collective-owned	7.51
股份合作	Cooperative	14.52
联营	Joint	6.97
其他有限责任公司	Other Limited Liability	758.89
股份有限公司	Share-holding	146.46
私营	Private	243.09
个体	Self-employed Individual	4.57
其他	Others	72.92
港澳台投资	Funds from Hong Kong, Macao and Taiwan	159.42
外商投资	Foreign Funded	86.18
按构成分	Grouped by Use of Funds	
建筑安装工程	Construction and Installation	1582.10
设备工具器具购置	Purchase of Equipments and Instruments	258.22
其他费用	Others	305.06
按三次产业分	Grouped by Three Strata of Industry	
第一产业	Primary Industry	30.03
第二产业	Secondary Industry	394.36
第三产业	Tertiary Industry	1720.98
按财务拨贷款合计	**Grouped by Source of Funds**	
国家预算资金	State and Local Budget	106.78
国内贷款	Domestic Loans	937.05
债券	Bond	3.09
利用外资	Foreign Investment	29.91
自筹资金	Self-raising Funds	1947.95
其他资金	Others	784.36
房屋建筑面积(万平方米)	**Floor Space of Buildings (10000 sq.m)**	
施工面积	Floor Space under Construction	7410.89
竣工面积	Floor Space Completed	856.41
#住宅	Residential Buildings	734.99
实际销售商品房屋面积(万平方米)	**Floor Space of Commercial Buildings Actually Sold (10000 sq.m)**	**931.84**
#住宅	Residential Buildings	898.35

注：1. 2011年起固定资产投资项目统计起点由50万元提高至500万元，且不包含农村农户投资；2010年以前为全社会固定资产投资，下表同。

2. 2011年报起，原国家预算内资金改为国家预算资金，下表同。

Note: a)Since 2011,the cut-off point of investment statistics is changed from a minimum of 500,000 yuan to a minimum of 5,000,000 yuan, and the data do not include the investment made by rural households. Data before 2010 refer to total investment in fixed assets. The same applies to all tables following.

b) Since 2011, state budget is changed to state and local budget.The same applies to all tables following.

4-2 历年全社会固定资产投资
Total Investment in Fixed Assets in Major Years

单位：万元 (10 000 yuan)

年份 Year	固定资产投资总额 Total Investment in Fixed Assets	城镇投资 Urban Investment	房地产 Real Estate Development	农村非农户 Rural Non-farmers Households	农户 Rural Individuals
1952	1674	1674			
1980	34725	34725			
1981	47716	35830			11886
1982	58257	45289			12968
1983	63150	49575		1709	11866
1984	98274	79591		3522	15161
1985	153082	127284		7356	18442
1986	160028	132095		6283	21650
1987	160187	117247		8938	34002
1988	201399	158560		10942	31897
1989	288080	248677		8808	30595
1990	355508	315460	41380	9711	30337
1991	456303	413972	108645	13269	29062
1992	870451	803815	302192	17123	49513
1993	1882492	1785760	573317	32175	64557
1994	2202491	2075348	572504	44805	82338
1995	1980665	1864603	389024	19849	96213
1996	1859322	1736562	169837	18267	104493
1997	1678308	1511759	79926	45858	120691
1998	1833360	1650119	102398	36379	146862
1999	1901322	1687644	61994	51532	162146
2000	1934508	1695626	103372	62194	176688
2001	2064328	1821681	171111	59811	182836
2002	2257707	2019264	201112	60440	178003
2003	2763400	2488423	366131	78618	196359
2004	3252811	2997412	559917	51620	203779
2005	3794284	3515116	708494	72222	206946
2006	4260137	3970009	892554	81027	209101
2007	5092568	4727670	1275741	103450	261448
2008	7090144	6676300	1994474	118646	295198
2009	10023333	9426794	2879573	189770	406769
2010	13314557	12574997	4678659	211190	528370
2011	16114087	15817063	6630486	297024	
2012	21453762	20364195	8866440	1089567	
"一五时期" The "First Five-year Plan" Period	30357	30357			
"二五时期" The "Second Five-year Plan" Period	63797	63797			
"三年调整时期" Three Year Adjustment Period	32311	32311			
"三五时期" The "Third Five-year Plan" Period	54328	54328			
"四五时期" The "Fourth Five-year Plan" Period	100998	100998			
"五五时期" The "Fifth Five-year Plan" Period	152668	152668			
"六五时期" The "Sixth Five-year Plan" Period	420479	337569		12587	70323
"七五时期" The "Seventh Five-year Plan" Period	1165202	972039	41380	44682	148481
"八五时期" The "Eighth Five-year Plan" Period	7392402	6943498	1945682	127221	321683
"九五时期" The "Ninth Five-year Plan" Period	9206820	8272741	517527	214230	710880
"十五时期" The "Tenth Five-year Plan" Period	14132530	12841896	2006765	322711	967923
"十一五时期" The "Eleventh Five-year Plan" Period	39780739	37375770	11721001	704083	1700886
"十二五时期" The "Twelfth Five-year Plan" Period	38188402	36181258	15496926	1386591	620553

4-3 历年全社会新增固定资产
Total Newly Increased Fixed Assets in Major Year

年 份 Year	新增固定资产(万元) Newly Increased Fixed Assets (10 000 yuan)	房地产 Real Estate Development	固定资产交付使用率(%) Rate of Projects of Fixed Assets Completed and Put into Use(%)
1980	27949		80.5
1981	38060		79.8
1982	48498		83.2
1983	44947		71.2
1984	73165		74.5
1985	114797		75.0
1986	130697		81.7
1987	146045		91.5
1988	143292		71.1
1989	203489		70.6
1990	296653	22953	83.4
1991	355971	52632	78.0
1992	558056	132255	64.1
1993	699207	77023	37.1
1994	1490207	192254	67.7
1995	1347016	119457	68.0
1996	1572488	149719	84.6
1997	1272129	83190	92.2
1998	1222709	30471	66.7
1999	1471814	45470	77.4
2000	1417062	72792	73.3
2001	1465555	111757	71.0
2002	1633425	108510	73.3
2003	1826577	213079	66.1
2004	2137048	215998	65.7
2005	1738236	368676	45.8
2006	2194602	224680	51.5
2007	2774810	651864	54.5
2008	2906001	782680	41.0
2009	3927116	1150023	39.2
2010	5315872	1919456	39.9
2011	6632430	1943903	39.6
2012	12398011	5465054	57.8

4-4 按各种分组分固定资产投资额(不含农户投资)(2012)
Investment in Fixed Assets in the Whole Society by Different Categories (Except Rural Individual Investment)

单位:万元 (10 000 yuan)

指标	Indicators	合计 Total	城镇投资 urban investment	房地产 Real Estate Development	农村非农户 rural non-farmers
固定资产投资额	**Total Investment in Fixed Assets**	**21453762**	**20364195**	**8866440**	**1089567**
按构成分	**Grouped by Use of Funds**				
建筑工程	Construction	13383624	13009137	5869972	374487
安装工程	Installation	2437325	2396296	1045233	41029
设备工器具购置	Purchase of Equipment and Instruments	2582194	1980391	213587	601803
其 他	Others	3050619	2978371	1737648	72248
按隶属关系分	**Grouped by Jurisdiction of Management**				
中央项目	Central Investment	938375	935805	160166	2570
省属项目	Provincial Investment	3882073	3855134	826157	26939
地(市)属项目	Municipal Investment	3890755	3828735	1358687	62020
县(市)属项目	Counties' Investment	3700514	3554554	1357054	145960
其他项目	Others	9042045	8189967	5164376	852078
按建设性质分	**Grouped by Type of Construction**				
新 建	New Construction	10166002	9631972	8866440	534030
扩 建	Expansion	891878	885843		6035
改 建	Reconstruction	604820	560553		44267
其 他	Others	9791062	9285827		505235
按注册类型分	**Grouped by Status of Registration**				
内资	**Domestic Funded**	**18952095**	**17868630**	**7643439**	**1083465**
国有	State-owned	5720752	5045357	706382	675395
集体	Collective-owned	75109	17879	2910	57230
股份合作	Cooperative Enterprises	145247	145247	128662	
国有联营	State-Owned Joint Ownership Enterprises	47188	47188	34016	
集体联营	Collective Joint Ownership Enterprises	1850	1850		
国有与集体联营企业	Joint State-collective	7355	7355	7355	
其他联营	Joint Ownership Enterprises of Others	13347	13347	3517	
有限责任公司	Share-holding Corporations Limited				
国有独资	State-owned Exclusive	727663	703253	132893	24410
其他有限公司	Joint Limited Liability Company	7588845	7395422	3952544	193423
股份有限公司	Share Holding Enterprises Company	1464626	1402485	462625	62141
私营	Private Enterprises	2430942	2367970	1904309	62972
其他	Other Enterprises	729171	721277	308226	7894
港澳台商投资	**Funds from HongKong,Macao and Taiwan**	**1594205**	**1594205**	**885155**	
合资经营	Jointly Owned	485704	485704	199047	
合作经营	Cooperative Management	54	54		
独资	Exclusive Investment	770056	770056	399311	
股份有限	Share Holding Enterprises	326391	326391	286797	
其他投资企业	Others	12000	12000		
外商投资	**Foreign Funded**	**861793**	**859733**	**337846**	**2060**
合资经营	Joint-venture Enterprises	296649	296649	64102	
合作经营	Cooperative Enterprises	82426	82426	82426	
外资企业	Enterprises with Sole Funds	363403	363403	171318	
外商投资股份有限公司	Share-holding Corporations Ltd.	54015	51955	20000	2060
其他外商投资企业	Others	65300	65300		
独资	Enterprises with Sole Funds				
股份有限	Share Holding Enterprises				
个体经营	**Individual Investment**	**45669**	**41627**		**4042**

4-5 各市县按城乡分固定资产投资额(2012)
Total Investment in Fixed Assets by Region

单位:万元 (10 000 yuan)

地 区	Region	合 计 Total	城镇投资 Urban Investment	房地产 Real Estate Development	农村投资 Rural Investment
全省总计	**Total**	**21453762**	**20364195**	**8866440**	**1089567**
海 口 市	Haikou	5103833	4584764	1755507	519069
三 亚 市	Sanya	4303402	4274940	2384528	28462
三 沙 市	Sansha	10392	10392		
五指山市	Wuzhishan	215840	165103	88078	50737
文 昌 市	Wenchang	1421116	1353482	573755	67634
琼 海 市	Qionghai	1025227	966199	868224	59028
万 宁 市	Wanning	1120870	1111519	588519	9351
定 安 县	Ding'an	371800	362841	151606	8959
屯 昌 县	Dunchang	277407	277407	75061	
澄 迈 县	Chengmai	1808942	1798282	476963	10660
临 高 县	Lingao	340837	281841	70437	58996
儋 州 市	Danzhou	1773680	1712550	236636	61130
儋 州	Danzhou	750892	744774	236140	6118
洋 浦	Yangpu	1022788	967776	496	55012
东 方 市	Dongfang	603067	554359	155663	48708
乐 东 县	Ledong	409118	409118	191026	
琼 中 县	Qiongzhong	185563	153339	26959	32224
保 亭 县	Baoting	334106	265341	170271	68765
陵 水 县	Lingshui	1301848	1236004	969963	65844
白 沙 县	Baisha	125168	125168	44060	
昌 江 县	Changjiang	847246	847246	39184	

注：澄迈县固定资产投资含海口保税区项目(125700万元)。
Note: Total investment in fixed assets of Chengmai county includes the item of Haikou bonded area with the investment of 1257 million yuan.

4-6 各市县固定资产投资资金来源(2012)
Sources of Funds of Investment in Fixed Assets by Region

单位:万元 (10 000 yuan)

地区	Region	本年资金来源合计 Total Sourses of Funds this year	上年末节余资金 Surplus Funds at Year-end	本年资金来源小计 Total Sourses of Funds This Year	国家预算内资金 State Budget	国内贷款 Domestic Loans	债券 Bond	利用外资 Foreign Investment	自筹资金 Self-raising Funds	其他资金来源 Others
全省总计	**Total**	**43190088**	**5098620**	**38091468**	**1067779**	**9370525**	**30895**	**299134**	**19479509**	**7843626**
海口市	Haikou	13577158	733084	12844074	119928	4553024	100	7100	6241679	1922243
三亚市	Sanya	10390759	1629347	8761412	55343	1426169		124085	4795507	2360308
三沙市	Sansha	13824	13824							
五指山市	Wuzhishan	350065	37137	312928	29448	23228	1200		164170	94882
文昌市	Wenchang	1824880	229343	1595537	89710	194381			937428	374018
琼海市	Qionghai	2159347	778672	1380675	81772	397849	586		336215	564253
万宁市	Wanning	1648893	366238	1282655	1899	106528		8960	938333	226935
定安县	Dingan	516430	114893	401537	37718	58241	2665		205122	97791
屯昌县	Dunchang	267851	12972	254879	71810	40373			127390	15306
澄迈县	Chengmai	2540325	130830	2409495	215389	252141	8090		1753651	180224
临高县	Lingao	460695	6316	454379	34530	99880	2000		185676	132293
儋州市	Danzhou	3086737	178045	2908692	56811	951025		144689	1400875	355292
儋州	Danzhou	1204097	25527	1178570	31132	203893			727967	215578
洋浦	Yangpu	1882640	152518	1730122	25679	747132		144689	672908	139714
东方市	Dongfang	615237	255	614982	80180	143622			314654	76526
乐东县	Ledong	932991	194064	738927	16246	469359			135029	118293
琼中县	Qiongzhong	364880	42425	322455	19039	23564	16254		90977	172621
保亭县	Baoting	606365	132702	473663	27213	43654			275881	126915
陵水县	Lingshui	2507465	442794	2064671	17139	185093		13000	1058415	791024
白沙县	Baisha	127705	2385	125320	44355	1135			74586	5244
昌江县	Changjiang	1063551	53294	1010257	39032	296546		1300	443921	229458

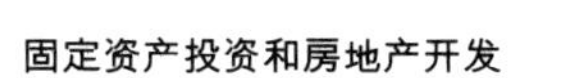

4-7 各市县新增固定资产(2012)
Newly Increased Fixed Assets by Region

单位:万元 (10 000yuan)

地 区	Region	新增固定资产 Newly Increased Fixed Assets	城镇投资 urban investment	房地产开发 Real Estate Development	农村非农户 Rural Non-farm Households
全省总计	**Total**	**12398011**	**11658271**	**5465054**	**739740**
海口市	Haikou	4604207	4086938	1521356	517269
三亚市	Sanya	3329435	3302901	1596589	26534
五指山市	Wuzhishan	50870	46330	35446	4540
文昌市	Wenchang	403209	367585	102196	35624
琼海市	Qionghai	828754	803402	771173	25352
万宁市	Wanning	129102	128210	57099	892
定安县	Dingan	206486	198032	51149	8454
屯昌县	Dunchang	194584	194584	48820	
澄迈县	Chengmai	438198	431408	155568	6790
临高县	Lingao	8209	8209	5088	
儋州市	Danzhou	355601	351648	16815	3953
儋州	Danzhou	349724	347441	16815	2283
洋浦	Yangpu	5877	4207		1670
东方市	Dongfang	133492	101908	2065	31584
乐东县	Ledong	133783	133783	55462	
琼中县	Qiongzhong	46164	33260	1919	12904
保亭县	Baoting	61239	61239	59146	
陵水县	Lingshui	1301848	1236004	969963	65844
白沙县	Baisha	58377	58377	15200	
昌江县	Changjiang	114453	114453		

4—8 按行业分城镇固定资产投资额
Urban Investment in Fixed Assets by Sector

单位:万元 (10 000yuan)

行业	Sector	2005	2008	2009	2010	2011	2012
合计	**Total**	**3392444**	**6676300**	**9426794**	**12574997**	**15817063**	**20364195**
农、林、牧、渔业	**Agriculture,Forestry,Anima Husbandry and Fishery**	**138680**	**141176**	**147127**	**71694**	**97044**	**222702**
农业	Agriculture	9335	15790	7613	11158	17050	19549
林业	Forestry	95145	61525	68299	18716	22978	5786
畜牧业	Animal Husbandry	1227	1460	5518	12499	25868	13021
渔业	Fishery	17971	16091	13330	2224	4975	9247
农、林、牧、渔服务业	Service in Support of Agriculture	15002	46310	52367	27097	26173	175099
采矿业	**Mining**	**9133**	**31696**	**85116**	**44990**	**149032**	**302475**
石油和天然气开采业	Extraction of Petroleum and Natural Gas		2676	44032	2701	114323	30062
黑色金属矿采选业	Mining and Processing of Ferrous Metal Ores	9077	6755	8718	37363	26428	62547
有色金属矿采选业	Mining and processing of Non-ferrous Metal Ores		13932	1050	4926		9206
非金属矿采选业	Mining and Processing of Nonmetal Ores	56	8333	31316		8281	39348
开采辅助活动	Supplemental Efforts of Mining						133027
其他采矿业	Mining of Other Ores						28285
制造业	**Manufacturing**	**1036198**	**706331**	**542628**	**878188**	**1265986**	**1813230**
农副食品加工业	Processing of Food from Agriculture Products	19255	44437	24880	35158	60924	61995
食品制造业	Manufacture of Foods	6319	3607	6233	2564	18501	43552
饮料制造业	Manufacture of Beverage	412	4212	1000	15403	25446	41652
烟草制品业	Manufacture of Tobacco				7615	7486	62908
纺织业	Manufacture of Texitile	16967	612	857	319	815	12589
纺织服装、鞋、帽制造业	Manufancture of Texitile Wearing Apparel,Footware and Caps						
皮革、毛皮、羽毛(绒)及其制品业	Manufacture of Leather,Furs,Feather and Its Products						
木材加工及木、竹、藤、棕、草制品业	Processing of Timber,Bamboo,Rattan, Palm and Straw Products	10043	9730	4891	6500	21750	12724
家具制造业	Manufacture of Furniture	493					
造纸及纸制品业	Manufacture of Paper and Paper Products	133277	478845	186680	236185	131751	140284
印刷业和记录媒介的复制	Printing,Reproduction of Recording Media	1577	74	6171	13180	18992	9830
石油加工、炼焦及核燃料加工业	Processing of Petroleum,Coking, Processing of Nuclear Fuel	626503	3464	41906	20777	11349	187333
化学原料及化学制品制造业	Manufacture of Chemical Raww Materials and Chemical Products	50993	10032	74811	111533	90893	264920
医药制造业	Manufacture of Medicines	70922	12325	18154	21932	37467	92781
化学纤维制造业	Manufacture of Chemical Fiber	145	672				
橡胶制品业	Manufacture of Rubber	2049	2189	9817	29848	18100	24049
塑料制品业	Manufacture of Plastic	200	100	11462	3570	16046	39748
非金属矿物制品业	Manufacture of Non-netallic Mineral Products	51893	94529	86400	202291	211201	322185
黑色金属冶炼及压延加工业	Manufacture of Smelting and Pressing of Ferrous Metals	10908	7500	3102			13000
有色金属冶炼及压延加工业	Manufacture of Smelting and Pressing of Ferrous Metals	4093	1494	436	2713	1349	
金属制品业	Manufacture of Metal Products	3360	9542	12235	4796	18984	4096
通用设备制造业	Manufacture of General Purpose Machinery			324		1683	31774
专用设备制造业	Manufacture of Special Purposes Machinery	1610	1598	470			30700

4-8　续1(Continued1)

行　　业	Sector	2005	2008	2009	2010	2011	2012
交通运输设备制造业	Manufacture of Transport Equipment	16144	18316	13167	31745	59903	85154
电气机械及器材制造业	Manufacture of Electrical Machinery and Equipment	6200	213	1717	72998	397741	165066
通信设备、计算机及	Manufacture of Communication Equipment	2339	392	31841	57361	113514	125532
仪器仪表及文化、办公	Manufacture of Measuring Instruments and						
用机械制造业	Machinery for Cultural Activity and Office Work						
其他电子设备制造业	Computer and Other Electronic Equipment	75		726			
工艺品及其他制造业	Manufacture of Artwork and Other Manufature	421				2091	2493
废弃资源和废旧材料回收加工业	Recycling and Disposal of Waste		2448	5348	1700		7870
金属制品、机械和设备修理业	Repair of Metal products,Machine and Equipment						30995
电力、煤气及水的生产和供应业	**Production and Supply of Electricity, Gas and Water**	**220949**	**390334**	**711707**	**818043**	**1181913**	**1103545**
电力、蒸汽、热水的生产	Production and Supply of Electric	171603	349747	471263	544190	790683	769165
和供应业	Power, Steam and Heat Water						
煤气生产和供应业	Production and Supply of Gas	26990	1532	36650	42570	86171	111861
水的生产和供应业	Production and Supply of Water	22356	39055	203794	231283	305059	222519
建筑业	**Construction**	**22765**	**57313**	**62850**	**135810**	**344338**	**547612**
房屋和土木工程建筑业	Construction of Building and Civil Engineering	19114	55013	62751	133321	334593	541241
建筑装饰业	Building Decoration Industry				2489	9745	593
建筑安装业	Building Installation	545	2300				
其他建筑业	Others	3106		99			5778
交通运输、仓储和邮政业	**Transport, Storage, Postal**	**311864**	**1271750**	**1845546**	**1617713**	**981550**	**988718**
铁路运输业	Transport Via Railway	74	663000	645942	430007		
道路运输业	Transport Via Road	85979	129711	332009	258224	351440	325299
城市公共交通业	Urban Public Traffic	789	1479	2133	12249	4820	32209
水上运输业	Water Transport	22582	109162	237472	230384	130105	294982
航空运输业	Air Transport	191418	355190	617135	676498	445081	49097
管道运输业	Pipeline Transport				1405		
装卸搬运和其他运输服务业	Loading,Unloading and Other Transport Services	10397		3919		30885	152416
仓储业	Storage		8283	1200	3000	15146	130915
邮政业	Postal	625	4925	5736	5946	4073	3800
信息传输、计算机服务和软件业	**Information Transmission,Computer Services and Software**	**139800**	**161172**	**196320**	**175960**	**290655**	**335508**
电信和其他信息传输服务业	Telecommunications and Other Information Transmission Services	139800	161172	196320	175960	251542	294974
计算机服务业	Computer Services					39113	40534
批发和零售业	**Wholesale & Retail Trade**	**40615**	**22026**	**25238**	**53265**	**70474**	**464019**
批发业	Wholesale Trade	18493	10774	9718	35944	52095	227276
零售业	Retail Trade	22122	11252	15520	17321	18379	236743
住宿和餐饮业	**Hotels and Catering Services**	**181838**	**350325**	**346077**	**1088367**	**1430871**	**1841061**
住宿业	Hotels	179563	347925	345637	1088247	1430871	1836711
餐饮业	Catering Services	2275	2400	440	120		4350
金融业	**FinancialIntermediation**	**21631**	**29936**	**25657**	**54314**	**63651**	**5520**
银行业	Bank	10655	29936	25657	54314	63651	5520
保险业	Insurance	9631					
其他金融活动	Other Financial Activities	1345					

4-8 续2(Continued2)

行　业	Sector	2005	2008	2009	2010	2011	2012
房地产业	**Real Estate**	**724894**	**2091138**	**3161582**	**5033059**	**7419935**	**10117051**
房地产业	Real Estate	724894	2091138	3161582	5033059	7419935	10117051
租赁和商务服务业	**Leasing and Business Services**	**10845**	**25200**	**11365**	**141036**	**44377**	**156814**
商务服务业	Business Services	10845	25200	11365	141036	44377	156814
科学研究、技术服务和地质勘查业	**Scientific Research, Polytechnic Services and Geological Prospecting**	**13610**	**6532**	**20731**	**11024**	**36307**	**49629**
研究与试验发展	R&D	2496	1011	6947	5190	13675	42244
专业技术服务业	Profesional Technology Services	9913	5312	11413	4538	22432	1800
科技交流和推广服务业	Scientific of Science and Technology	1201		2088	1296	200	5585
地质勘查业	Geological Prospecting		209	283			
水利、环境和公共设施管理业	**Management of Water Conservancy, Environmentl and Public Facilities**	**194276**	**712954**	**679121**	**1116067**	**1044053**	**1562380**
水利管理业	Management of Water Conservancy,	51502	110385	127910	130099	116246	213289
环境管理业	Environmental Management	6672	33752	63569	46665	30072	5183
公共设施管理业	Management of Public Facilities	136102	568817	487642	939303	897735	1343908
居民服务和其他服务业	**Services to Households and Other Services**	**3014**	**4850**	**180**	**4753**	**535**	**653262**
居民服务业	Services to Households	900	4850	180	4753	535	14079
机动车、电子产品和日用产品修理业	Services to Motor Vehicle, Electronic Products and Household products						1421
其他服务业	Other Services	2114					16200
教育	**Education**	**122186**	**153456**	**159503**	**250925**	**291448**	**310781**
教　育	Education	122186	153456	159503	250925	291448	310781
卫生、社会保障和社会福利业	**Health Care,Social Security and Social Welfare**	**45996**	**69808**	**123750**	**187170**	**366430**	**216623**
卫　生	Health Care,Social Security and	45352	44043	87924	171885	351084	212382
社会工作	Social Work						3652
社会保障业	Social Security	148	25637	34316	11792	14805	589
社会福利业	Social Welfare	496	128	1510	3493	541	
文化、体育和娱乐业	**Culture,Sports and Entertainment**	**55141**	**322484**	**663008**	**414625**	**445862**	**172884**
新闻出版业	Journalism and Publishing Activities		178	730	3001	815	7300
广播、电视、电影和音像业	Broadcasting ,Movies,Televisions and Audiovisual Activities	9356	4751	1717	3321	3130	41127
文化艺术业	Culture and Arts Activities	11905	9996	18493	44859	71614	50624
体　育	Sports	400	14000	19205	39015	46868	72263
娱乐业	Entertainment	33480	293559	622863	324429	323435	1570
公共管理和社会组织	**Public Management and Social Organizations**	**99009**	**241300**	**619288**	**477994**	**360201**	**121943**
中国共产党机关	Organs of Communist Party of China	260	7104	7778	5203	704	925
国家机构	Government Agencies	98104	233193	610430	469754	356597	115963
群众团体、社会团体和宗教组织	Non-Governmental Organizations,Social Organization and Religion Organizations	370		660	500		2745
基层群众自治组织	Grass Roots Self-governing Organizations	275	1003	420	2537	2900	2310

4-9 各市县按三次产业分城镇固定资产投资额(2012)
Investment in Fixed Assets in Urban Area by Industry and Region

单位：万元 (10 000yuan)

地 区	Region	合 计 Total	第一产业 Primary Industry	第二产业 Secondary Industry	第三产业 Tertiary Industry
全省总计	**Total**	**20364195**	**222702**	**3766862**	**16374631**
海 口 市	Haikou	4584764	129021	548830	3906913
三 亚 市	Sanya	4274940	6559	241537	4026844
三 沙 市	Sansha	10392		2525	7867
五指山市	Wuzhishan	165103		1700	163403
文 昌 市	Wenchang	1353482	2200	258586	1092696
琼 海 市	Qionghai	966199			966199
万 宁 市	Wanning	1111519	3000	21545	1086974
定 安 县	Ding'an	362841	5521	61816	295504
屯 昌 县	Dunchang	277407	7155	55793	214459
澄 迈 县	Chengmai	1672582	24895	679842	967845
临 高 县	Lingao	281841		18459	263382
儋 州 市	Danzhou	1712550	6830	897848	807872
儋 州	Danzhou	744774	6830	223434	514510
洋 浦	Yangpu	967776		674414	293362
东 方 市	Dongfang	554359	4800	218117	331442
乐 东 县	Ledong	409118	13269	15055	380794
琼 中 县	Qiongzhong	153339		16423	136916
保 亭 县	Baoting	265341		2296	263045
陵 水 县	Lingshui	1236004		47471	1188533
白 沙 县	Baisha	125168	8406	32098	84664
昌 江 县	Changjiang	847246	11046	646921	189279

4-10 各市县按行业分城镇固定资产投资额
Urban Investment in Fixed Assets by Sector and Region

单位:万元 (10 000 yuan)

地 区	Region	合 计 Total	农、林、牧、渔业 Agriculture, Forestry, Animal Husbandry and Fishery	采矿业 Mining	制造业 Manufac-turing	电力、煤气及水的生产和供应业 Production and Supply of Electricity, Gas and Water	建筑业 Construction	交通运输仓储及邮政业 Transport, Storage, and Post
全省总计	**Total**	**19396419**	**222702**	**302475**	**1813230**	**1103545**	**547612**	**988718**
海 口 市	Haikou	4584764	129021		446449	102381		111131
三 亚 市	Sanya	4274940	6559		400	64418	176719	80574
三 沙 市	Sansha	10392				2525		2341
五指山市	Wuzhishan	165103					1700	
文 昌 市	Wenchang	1353482	2200	39348	45687	43015	130536	66640
琼 海 市	Qionghai	966199						
万 宁 市	Wanning	1111519	3000		4000	16952	593	8956
定 安 县	Ding'an	362841	5521	1950	58972	894		12627
屯 昌 县	Dunchang	277407	7155		20698	1218	33877	62534
澄 迈 县	Chengmai	1672582	24895	58347	530462	44351	46682	177210
临 高 县	Lingao	281841			3410	4839	10210	52884
儋 州 市	Danzhou	744774	6830	133027	443425	220705	100691	336399
儋 州	Danzhou	744774	6830		97252	25491	100691	45345
洋 浦	Yangpu			133027	346173	195214		291054
东 方 市	Dongfang	554359	4800		100851	106194	11072	52712
乐 东 县	Ledong	409118	13269	7256		4818	2981	200
琼 中 县	Qiongzhong	153339			8860	4280	3283	5736
保 亭 县	Baoting	265341				2296		
陵 水 县	Lingshui	1236004			30995	908	15568	323
白 沙 县	Baisha	125168	8406		8148	10250	13700	5685
昌 江 县	Changjiang	847246	11046	62547	110873	473501		12766

4-10 续1(continued 1)

地 区	Region	信息传输、计算机服务和软件业 Information Transmission, Computer Services and Software	批发和零售业 Wholesale and Retail Trade	住宿和餐饮业 Hotels and Catering Services	金融 Finance Intermediation	房地产业 Real Estate	租赁和商务服务业 Leasing and Business Services	科学研究、技术服务和地质勘查业 Scientific Research, Technical Services and Geological Prospecting
全省总计	**Total**	**335508**	**464019**	**1841061**	**5520**	**10117051**	**156814**	**49629**
海口市	Haikou	266274	297987	308831		1980741	17870	12007
三亚市	Sanya	60734	131539	823169	5100	2538600	29600	12964
三沙市	Sansha							
五指山市	Wuzhishan			8923	420	132173		
文昌市	Wenchang		550	93736		763728	1086	546
琼海市	Qionghai			589		901174		8127
万宁市	Wanning			320417		616221	71390	
定安县	Ding'an			2800		179042		
屯昌县	Dunchang		12712			105326		
澄迈县	Chengmai	8500		10930		602541		
临高县	Lingao		15384	11780		102408		5585
儋州市	Danzhou		1506	26603		331815		
儋州	Danzhou		1506	26603		329507		
洋浦	Yangpu					2308		
东方市	Dongfang			2000		205613	19000	
乐东县	Ledong			120765		207633		
琼中县	Qiongzhong			2600		46400		7400
保亭县	Baoting			24663		182414	11109	
陵水县	Lingshui		2757	41771		1081239	2630	3000
白沙县	Baisha		1584	1611		57514	2680	
昌江县	Changjiang			39873		82469	1449	

4-10 续2(continued 2)

地 区	Region	水利、环境和公共设施管理业 Management of Water Conservancy, Environment and Public Facilities	居民服务和其他服务业 Services to Households and Other Services	教育 Education	卫生、社会保障和社会福利业 Health, Social Security and Social Welfare	文化、体育和娱乐业 Culture, Sports and Entertain-ment	公共管理和社会组织 Public Management and Social Organization	国际组织 International Organization
全省总计	**Total**	**1562380**	**31700**	**310781**	**216034**	**172884**	**122532**	
海 口 市	Haikou	634884	16200	82428	89343	29350	59867	
三 亚 市	Sanya	171227		39277	74800	49986	9274	
三 沙 市	Sansha	4195			1331			
五指山市	Wuzhishan	13510			3904	4473		
文 昌 市	Wenchang	143498		5851	11995	2084	2982	
琼 海 市	Qionghai	42733			9420	1204	2952	
万 宁 市	Wanning	47805	10254	1352	4807	5772		
定 安 县	Ding'an	72628		12855	6201	9351		
屯 昌 县	Dunchang	14940		13004	500	1000	4443	
澄 迈 县	Chengmai	65366	740	65003		29692	7863	
临 高 县	Lingao	58880		9940	3400		3121	
儋 州 市	Danzhou	60550		14159	8680	25535	2625	
儋 州	Danzhou	60550		14159	8680	25535	2625	
洋 浦	Yangpu							
东 方 市	Dongfang	31742	1421	9595			9359	
乐 东 县	Ledong	29039	3085	20072				
琼 中 县	Qiongzhong	56008		14714	363	3695		
保 亭 县	Baoting	38789		4500		1570		
陵 水 县	Lingshui	17623		13963		8102	17125	
白 沙 县	Baisha	6809		3500	1290	1070	2921	
昌 江 县	Changjiang	52154		568				

4-11 各市县按构成分城镇固定资产投资额(2012)
Urban Investment by Structure and Region

单位:万元 (10 000 yuan)

地 区	Region	城镇投资额 urban investment	建筑工程 Construction	安装工程 Installation	设备工器具购置 Purchase of Equipment and Instruments	其他费用 Others
全省总计	**Total**	**20364195**	**13009137**	**2396296**	**1980391**	**2978371**
海 口 市	Haikou	4584764	2607301	923950	633959	419554
三 亚 市	Sanya	4274940	2823429	386939	61182	1003390
三 沙 市	Sansha	10392	8149	322	1253	668
五指山市	Wuzhishan	165103	119129	24506	4459	17009
文 昌 市	Wenchang	1353482	946519	130035	45756	231172
琼 海 市	Qionghai	966199	641957	214736	3994	105512
万 宁 市	Wanning	1111519	890758	61606	18321	140834
定 安 县	Dingan	362841	239550	16029	32505	74757
屯 昌 县	Tunchang	277407	185899	26812	7349	57347
澄 迈 县	Chengmai	1672582	1068853	84404	206269	313056
临 高 县	Lingao	281841	248307	7357	2703	23474
儋 州 市	Danzhou	1712550	1060685	139932	402582	109351
儋 州	Danzhou	744774	571090	63095	55601	54988
洋 浦	Yangpu	967776	489595	76837	346981	54363
东 方 市	Dongfang	554359	309915	30565	136989	76890
乐 东 县	Ledong	409118	346644	29428	6448	26598
琼 中 县	Qiongzhong	153339	81330	18672	15915	37422
保 亭 县	Baoting	265341	197205	37335	6211	24590
陵 水 县	Lingshui	1236004	794928	212293	83570	145213
白 沙 县	Baisha	125168	102937	3655	2285	16291
昌 江 县	Changjiang	847246	335642	47720	308641	155243

4-12 各市县城镇投资资金来源(2012)
Sources of Funds for Urban Investment by Region

单位:万元 (10 000yuan)

地 区	Region	本年资金来源合计 Total Sourses of Funds This Year	上年末节余资金 Surplus Funds Last Year	本年资金来源小计 Total Sourses of Funds This Year	国家预算内资金 State Budget	国内贷款 Domestic Loans	债券 Bond	利用外资 Foreign Investment	自筹资金 Self-raising Funds	其他资金来源 Others
全省总计	**Total**	**41864231**	**5065706**	**36798525**	**965375**	**8741047**	**30295**	**288334**	**19064334**	**7709140**
海口市	Haikou	13069829	733084	12336745	121940	4058093	100	7100	6227269	1922243
三亚市	Sanya	10360913	1627522	8733391	53863	1425726		124085	4775489	2354228
三沙市	Sansha	13824	13824							
五指山市	Wuzhishan	287460	35817	251643	23360	23228	600		110090	94365
文昌市	Wenchang	1710660	220268	1490392	83943	192381			840050	374018
琼海市	Qionghai	2026244	770945	1255299	54722	319849	586		325889	554253
万宁市	Wanning	1638979	366238	1272741	1899	106528		8960	928419	226935
定安县	Dingan	514639	114305	400334	39241	62563	2665		201722	94143
屯昌县	Tunchang	328224	12972	315252	77279	95277			127390	15306
澄迈县	Chengmai	2576317	130830	2445487	225272	284859	8090		1747042	180224
临高县	Lingao	386155	6316	379839	34530	89950	2000		159530	93829
儋州市	Danzhou	2992233	168045	2824188	32132	939025		133889	1389555	329587
儋州	Danzhou	1197979	25527	1172452	31132	203893			723364	214063
洋浦	Yangpu	1794254	142518	1651736	1000	735132		133889	666191	115524
东方市	Dongfang	566528	255	566273	68845	128417			292485	76526
乐东县	Ledong	932991	194064	738927	16246	469359			135029	118293
琼中县	Qiongzhong	304876	42425	262451	17759	28564	16254		76997	122877
保亭县	Baoting	531261	132323	398938	13907	34454			223990	126587
陵水县	Lingshui	2431842	440794	1991048	17050	185093		13000	984881	791024
白沙县	Baisha	127705	2385	125320	44355	1135			74586	5244
昌江县	Changjiang	1063551	53294	1010257	39032	296546		1300	443921	229458

4-13各市县固定资产投资施工及投产项目个数(不含房地产项目)（2012）

Number of Urban Investment Projects under Construction and Put into Use by Region

地区	Region	施工项目(个) Number of Projects Under Construction (Unit)	城镇项目 Urban Investment Projects	农村非农户 Rural Non-farmers	新开工项目(个) Number of Projects Started Year (Unit)	城镇项目 Urban Investment Projects	农村非农户 Rural Non-farmers
全省总计	**Total**	**1710**	**1544**	**166**	**877**	**765**	**112**
海口市	Haikou	252	252		106	106	
三亚市	Sanya	210	194	16	64	58	6
三沙市	Sansha	6	6		6	6	
五指山市	Wuzhishan	40	30	10	31	21	10
文昌市	Wenchang	189	169	20	100	92	8
琼海市	Qionghai	56	31	25	34	13	21
万宁市	Wanning	49	47	2	30	29	1
定安县	Dingan	103	98	5	54	50	4
屯昌县	Tunchang	76	76		47	47	
澄迈县	Chengmai	194	179	15	69	67	2
临高县	Lingao	55	46	9	37	28	9
儋州市	Danzhou	130	115	15	75	63	12
儋州	Danzhou	94	89	5	56	54	2
洋浦	Yangpu	36	26	10	19	9	10
东方市	Dongfang	81	64	17	55	39	16
乐东县	Ledong	26	26		18	18	
琼中县	Qiongzhong	39	32	7	20	14	6
保亭县	Baoting	29	16	13	14	7	7
陵水县	Lingshui	67	62	5	55	50	5
白沙县	Baisha	61	61		40	40	
昌江县	Changjiang	38	38		16	16	

4-13 续(continued)

地 区	Region	全部建成投产项目(个) Number of Projects Completed and Put into Use(Unit)	城镇项目 Urban Investment Projects	农村非农户 Rural Non-farmers	项目建成投产率(%) Rate of Projects Completed and Put into Use(%)	城镇项目 Urban Investment Projects	农村非农户 Rural Non-farmers
全省总计	**Total**	**748**	**669**	**79**	**43.7**	**43.3**	**47.6**
海口市	Haikou	151	146	5	59.9	57.9	
三亚市	Sanya	79	70	9	37.6	36.1	56.3
三沙市	Sansha						
五指山市	Wuzhishan	11	9	2	27.5	30.0	20.0
文昌市	Wenchang	100	89	11	52.9	52.7	55.0
琼海市	Qionghai	24	9	15	42.9	29.0	60.0
万宁市	Wanning	14	13	1	28.6	27.7	50.0
定安县	Dingan	60	56	4	58.3	57.1	80.0
屯昌县	Dunchang	40	40		52.6	52.6	
澄迈县	Chengmai	89	80	9	45.9	44.7	60.0
临高县	Lingao	1	1		1.8	2.2	
儋州市	Danzhou	59	54	5	45.4	47.0	33.3
儋州	Danzhou	56	53	3	59.6	59.6	60.0
洋浦	Yangpu	3	1	2	8.3	3.8	20.0
东方市	Dongfang	37	25	12	45.7	39.1	70.6
乐东县	Ledong	14	14		53.8	53.8	
琼中县	Qiongzhong	14	9	5	35.9	28.1	71.4
保亭县	Baoting						
陵水县	Lingshui	19	18	1	28.4	29.0	20.0
白沙县	Baisha	20	20		32.8	32.8	
昌江县	Changjiang	16	16		42.1	42.1	

4-14 房地产开发企业(单位)主要指标
Main Indicators of Enterprises for Real Estate Development

指 标	Indicators	2008	2009	2010	2011	2012
企业个数（个）	**Number of Enterprises**	**1564**	**405**	**545**	**631**	**971**
内资	Domestic Funded	1438	369	504	587	895
#国有	State-owed Enterprises	68	13	23	30	89
港、澳、台投资	Enterprises with funded from Hongkong,Macao and Taiwan	86	23	27	29	54
外商投资	Foreign Funded	40	13	14	15	22
平均从业人数(人)	**Average Number of Employed Persons**	**23078**	**11528**	**17754**	**17303**	**32775**
内资	Domestic Funded	18857	9706	15228	15941	26925
#国有	State-owed Enterprises	1513	669	1407	1221	3568
港、澳、台投资	Enterprises with funded from Hongkong,Macao and Taiwan	3667	1292	2002	850	4669
外商投资	Foreign Funded	554	530	515	512	1181
计划总投资(亿元)	**Total Planned Investment (100 million yuan)**	**1027.46**	**1113.96**	**1968.15**	**3623.19**	**5110.41**
累计完成投资(亿元)	**Accumulative Investment Completed (100 million yuan)**	**453.77**	**654.03**	**1132.38**	**1813.62**	**2655.02**
本年完成投资额(亿元)	**Investment Completed This Year (100 million yuan)**	**199.45**	**287.96**	**467.87**	**663.05**	**886.64**
按用途分(亿元)	**By Use(100 million yuan)**					
住宅	Residential Buildings	172.36	261.88	417.11	574.27	725.32
办公楼	Office Buildings	2.94	1.50	7.03	16.82	5.65
商业营业用房	Houses for Business Use	9.48	11.57	20.54	30.62	50.60
其他	Others	14.66	13.01	23.18	41.33	105.07
按构成分(亿元)	**By Use of Funds(100 million yuan)**					
建筑工程	Construction	130.60	209.70	315.03	452.12	587.00
安装工程	Installation	21.00	30.42	58.50	85.53	104.52
设备工器具购置	Purchase of Equipment and Instruments	4.30	5.58	19.53	10.08	21.36
其他费用	Other Expenses	43.54	42.27	74.79	115.32	173.76

注：2008年数据皆为经济普查数据，房地产统计范围包含无工作量的企业。
Note:The data in 2008 inludes no-workload enterprises

4-14 续(continued)

指 标	Item	2008	2009	2010	2011	2012
本年新增固定资产(万元)	**Newly Increased Fixed Assets This Year (10 000 yuan)**	**782680**	**1150023**	**1919456**	**1943903**	**4639559**
本年资金来源小计 (亿元)	**Sources of Funds (100 million yuan)**	**271.86**	**431.30**	**807.28**	**924.95**	**1340.42**
国内贷款	Domestic Loans	31.50	91.29	136.35	143.12	272.02
利用外资	Foreign Investment	14.60	30.20	0.71	6.25	7.37
自筹资金	Self-raising Fund	84.36	108.06	163.58	322.68	597.81
其他资金来源	Others	141.41	201.76	506.65	452.90	463.22
待开发土地面积(万平方米)	**Land Space Pending Development**	**519.87**	**192.50**	**116.29**	**559.68**	**762.21**
本年购置土地面积(万平方米)	**Land Space Purchased This Year**	**946.84**	**286.72**	**280.21**	**401.39**	**333.62**
房屋施工面积 (万平方米)	**Floor Space under Construction**	**1490.93**	**1989.91**	**2699.46**	**3659.88**	**5109.49**
#本年新开工面积	Floor Space Started This Year	594.69	807.26	1136.12	1649.19	1661.29
房屋竣工面积	**Floor Space of Buildings**	**308.84**	**431.63**	**609.13**	**451.80**	**856.41**
#住宅	Residential Buildings	268.31	401.36	515.07	406.05	734.99
商品房屋销售面积 (万平方米)	**Floor space of Commercialized Buildings Sold (10 000 sqm)**	**373.24**	**561.36**	**854.73**	**888.19**	**931.84**
#住宅	Residential Buildings	358.72	545.91	834.19	840.92	898.35
商品房屋销售额	**Total Sale of Commercialized Buildings (10 000 yuan)**	**2027094**	**3514587**	**7466120**	**7904436**	**7355740**
#住宅	Residential Buildings	1951875	3434396	7340966	7592674	7017234
实收资本合计(亿元)	**Total Capital Held (100 million yuan)**	**423.54**	**178.52**	**286.84**	**458.37**	**978.24**
资产负债率(%)	**Ratio of Liabilities ot Assets**	**86.95**	**76.93**	**80.64**	**124.39**	**107.18**
经营总收入(亿元)	**Total Revenue (100 million yuan)**	**190.33**	**268.41**	**403.70**	**416.72**	**501.04**
#土地转让收入	Land Transferred	31.38	0.05	4.01	5.42	9.04

4-15 各市县房地产开发房屋建筑面积及造价
Floor Space and Cost of Buildings for Real Estate Development

年份 市县	Year Region	施工房屋面积 (万平方米) Floor Space of Buildings under Construction (10 000 sq.m)	竣工房屋面积 (万平方米) Floor Space of Buildings Completed (10 000 sq.m)	房屋建筑面积竣工率(%) Rate of Floor Space of Buildings Completed (%)	竣工房屋价值(万元) Value of Building Completed (10 000 yuan)	竣工房屋造价(元/平方米) Cost of Building Completed (yuan sq.m)
1990		86.68	29.00	33.46		
1995		696.20	68.65	9.86	92334	1349
2000		138.70	36.00	25.96	54601	1517
2005		921.10	187.10	20.31	345378	1846
2006		995.17	125.92	12.65	187806	1491
2007		1185.93	233.10	19.66	420849	1805
2008		1500.10	308.90	20.59	728264	2358
2009		1989.90	431.60	21.69	1121956	2600
2010		2699.46	609.13	22.56	1802580	2959
2011		3659.88	451.80	12.34	1458005	3227
2012		5109.49	856.41	16.76	3620204	4227
海口市	Haikou	1591.47	307.42	19.32	1238903	4030
三亚市	Sanya	899.52	161.73	17.98	1114657	6892
五指山市	Wuzhishan	81.85	12.55	15.33	34266	2731
文昌市	Wenchang	352.24	35.22	10.00	77152	2190
琼海市	Qionghai	431.51	184.00	42.64	752452	4089
万宁市	Wanning	218.06	11.92	5.47	35587	2985
定安县	Dingan	157.59	29.70	18.84	48116	1620
屯昌县	Dunchang	80.71	19.49	24.15	43542	2234
澄迈县	Chengmai	338.55	30.78	9.09	108318	3519
临高县	Lingao	86.42	2.32	2.68	4937	2132
儋州市	Danzhou	224.13	4.12	1.84	10731	2603
儋州	Danzhou	221.13	4.12	1.86	10731	2603
洋浦	Yangpu	3.00				
东方市	Dongfang	42.60	1.80	4.23	2000	1111
乐东县	Ledong	119.58	18.61	15.56	55462	2980
琼中县	Qiongzhong	24.23	1.28	5.28	1919	1500
保亭县	Baoting	105.87	9.73	9.19	29100	2990
陵水县	Lingshui	269.48	17.74	6.58	52062	2935
白沙县	Baisha	30.19	8.01	26.55	11000	1373
昌江县	Changjiang	55.51				

4-16 各市县按构成分房地产开发投资额(2012)
Investment in Real Estate Development by Structure and Region

单位：万元 (10 000 yuan)

市县	Region	投资额 Total Investment	建筑工程 Construction	安装工程 Installation	设备工器具购置 Purchase of Equipment and Instruments	其他费用 Others
全省总计	**Total**	**8866440**	**5869972**	**1045233**	**213587**	**1737648**
海口市	Haikou	1755507	1301998	95933	25891	331685
三亚市	Sanya	2384528	1478335	227831	50416	627946
五指山市	Wuzhishan	88078	59014	10344	2126	16594
文昌市	Wenchang	573755	386138	95974	6785	84858
琼海市	Qionghai	868224	549369	210331	3037	105487
万宁市	Wanning	588519	397187	51833	17781	121718
定安县	Dingan	151606	95111	15474	1335	39686
屯昌县	Dunchang	75061	54322	6194	1208	13337
澄迈县	Chengmai	476963	322580	40748	9140	104495
临高县	Lingao	70437	50857	3196	232	16152
儋州市	Danzhou	236636	167472	22932	7921	38311
儋州	Danzhou	236140	167444	22894	7879	37923
洋浦	Yangpu	496	28	38	42	388
东方市	Dongfang	155663	120231	4981	863	29588
乐东县	Ledong	191026	157246	21905	21	11854
琼中县	Qiongzhong	26959	19543	635		6781
保亭县	Baoting	170271	117024	28891	2769	21587
陵水县	Lingshui	969963	540972	206111	83076	139804
白沙县	Baisha	44060	26423	1800	781	15056
昌江县	Changjiang	39184	26150	120	205	12709

4-17 各市县房地产开发投资资金来源(2012)
Sources of Funds of Real Estate Development by Region

单位：万元　　(10 000 yuan)

市 县	Region	本年资金来源合计 Total Sourses of Funds This Year	上年末节余资金 Surplus Funds at the End of Last Year	本年资金来源小计 Total Sourses of Funds This Year	国内贷款 Domestic Loans	利用外资 Foreign Investment	自筹资金 Self-raising Funds	其他资金来源 Others
全省总计	**Total**	**16744091**	**3339855**	**13404236**	**2720209**	**73677**	**5978145**	**4632205**
海口市	Haikou	4253931	599358	3654573	841321		1708039	1105213
三亚市	Sanya	4272460	789304	3483156	886215	64717	1252628	1279596
五指山市	Wuzhishan	150708	14283	136425	10000		51802	74623
文昌市	Wenchang	596461	130288	466173	42237		235967	187969
琼海市	Qionghai	1757865	746410	1011455	252549		279963	478943
万宁市	Wanning	965279	276619	688660	67619	8960	432415	179666
定安县	Dingan	227618	56852	170766	1500		99896	69370
屯昌县	Dunchang	92193	9710	82483	14000		56029	12454
澄迈县	Chengmai	948482	97947	850535	130050		578477	142008
临高县	Lingao	100744	5329	95415	46424		43175	5816
儋州市	Danzhou	499522	23473	476049	57840		321986	96223
儋州	Danzhou	495129	23335	471794	57840		321986	91968
洋浦	Yangpu	4393	138	4255				4255
东方市	Dongfang	161513	255	161258	59550		55782	45926
乐东县	Ledong	396054	99804	296250	189400		33701	73149
琼中县	Qiongzhong	40360	11429	28931			25386	3545
保亭县	Baoting	283579	75483	208096	31454		93795	82847
陵水县	Lingshui	1865431	400926	1464505	85050		588431	791024
白沙县	Baisha	46596	2385	44211			43493	718
昌江县	Changjiang	85295		85295	5000		77180	3115

4-18 各市县按用途分新开工房屋面积(2012)
Floor Space Started by Use and Region

单位：万平方米 (10 000 sqm)

市县	Region	合计 Total	住宅 Residential Buidings	#别墅、高档公寓 Villas, High-grade Apartments	办公楼 Office Buidings	商业营业用房 Houses for Business Use	其他房屋 Others
全省总计	**Total**	**1661.29**	**1402.85**	**170.74**	**17.78**	**137.25**	**103.40**
海口市	Haikou	261.97	199.06	24.39	8.98	20.79	33.13
三亚市	Sanya	297.44	267.44	79.49	2.30	22.85	4.84
五指山市	Wuzhishan	27.09	23.20	2.16	0.12	1.04	2.73
文昌市	Wenchang	114.17	94.76	9.08	1.39	12.32	5.70
琼海市	Qionghai	145.33	126.76	1.23	0.04	7.55	10.98
万宁市	Wanning	91.05	82.87	18.05		7.24	0.94
定安县	Dingan	52.72	49.21		0.07	2.30	1.14
屯昌县	Dunchang	27.07	21.99	0.35		4.61	0.47
澄迈县	Chengmai	122.67	102.65	8.12	4.58	3.17	12.27
临高县	Lingao	44.53	35.37	6.15		9.06	0.09
儋州市	Danzhou	151.87	119.09	3.14	0.29	20.77	11.72
儋州	Danzhou	151.87	119.09	3.14	0.29	20.77	11.72
洋浦	Yangpu						
东方市	Dongfang	24.61	22.74			0.44	1.43
乐东县	Ledong	79.40	78.44			0.53	0.43
琼中县	Qiongzhong	11.67	11.03			0.45	0.20
保亭县	Baoting	63.48	61.63	0.73		1.50	0.35
陵水县	Lingshui	77.11	44.54	17.87		16.52	16.05
白沙县	Baisha	19.17	14.74			3.53	0.91
昌江县	Changjiang	49.92	47.34			2.57	0.01

4-19 各市县按用途分商品房销售面积和待售面积(2012)
Sold Floor Space and Floor Space for Sale by Use and Region

单位：万平方米 (10 000 sqm)

市县	Region	商品房销售面积 Floor space of Commercialized Buildings Sold	住宅 Residential Buidings	#别墅、高档公寓 High-grade Apartments	办公楼 Office Buidings	商业营业用房 Houses for Business Use	其他房屋 Others	待售面积(万平方米) Space of Commercial Houses for Sale
全省总计	**Total**	**931.84**	**898.35**	**113.94**	**4.04**	**20.23**	**9.22**	**392.19**
海口市	Haikou	266.07	250.62	28.11	0.23	9.23	5.99	68.29
三亚市	Sanya	180.03	178.02	16.37		1.43	0.58	58.31
五指山市	Wuzhishan	12.44	11.36			1.08		24.88
文昌市	Wenchang	86.09	85.43	3.25	0.09	0.58		27.26
琼海市	Qionghai	82.10	78.84	2.75		2.98	0.27	60.36
万宁市	Wanning	45.51	45.43	5.81		0.07		27.55
定安县	Dingan	29.27	28.89			0.38		24.82
屯昌县	Dunchang	12.62	10.54	0.07		1.61	0.46	3.54
澄迈县	Chengmai	70.04	65.44	11.98	3.72	0.85	0.03	36.32
临高县	Lingao	2.91	2.83	0.15		0.08		12.19
儋州市	Danzhou	33.99	32.58	1.64		0.59	0.82	9.89
儋州	Danzhou	32.67	32.08	1.64		0.59		8.40
洋浦	Yangpu	1.32	0.50				0.82	1.49
东方市	Dongfang	11.49	11.49					6.47
乐东县	Ledong	18.12	18.12					2.10
琼中县	Qiongzhong	5.06	4.48			0.58		4.52
保亭县	Baoting	11.29	11.29					15.03
陵水县	Lingshui	56.31	55.25	43.80			1.06	10.65
白沙县	Baisha	3.74	3.60			0.15		
昌江县	Changjiang	4.76	4.12			0.63		

4-20 各市县按用途分商品房销售额(2012)
Total Sale of Commercialized Building by Use and Region

单位：万元 (10 000 yuan)

市 县	Region	商品房销售额 Total Sale of Commercialized Buildings	住宅 Residential Buidings	#别墅、高档公寓 High-grade Apartments	办公楼 Office Buidings	商业营业用房 Houses for Business Use	其他房屋 Others
全省总计	**Total**	**7355740**	**7017234**	**2232028**	**20073**	**257370**	**61063**
海口市	Haikou	1816302	1633231	270404	7089	157068	18914
三亚市	Sanya	2092403	2034881	588106		42400	15122
五指山市	Wuzhishan	72567	67126			5441	
文昌市	Wenchang	282961	276224	27895	559	6178	
琼海市	Qionghai	461505	443319	43867		16583	1603
万宁市	Wanning	406978	406715	107141		263	
定安县	Dingan	100133	97691			2442	
屯昌县	Dunchang	36202	25290	384		8911	2001
澄迈县	Chengmai	377571	357232	108564	12425	7824	90
临高县	Lingao	10532	9791	729		741	
儋州市	Danzhou	164880	148984	11315		4226	11670
儋州	Danzhou	151418	147192	11315		4226	
洋浦	Yangpu	13462	1792				11670
东方市	Dongfang	45277	45277				
乐东县	Ledong	141393	141393				
琼中县	Qiongzhong	17676	14338			3338	
保亭县	Baoting	66874	66874				
陵水县	Lingshui	1234045	1222382	1073623			11663
白沙县	Baisha	12747	12115			632	
昌江县	Changjiang	15694	14371			1323	

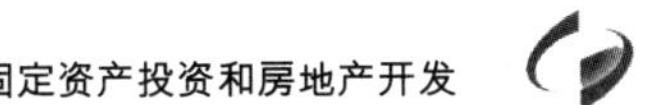

4-21 主要年份房地产开发经济效益(2012)
Economic Benefits of Real Estate Development in Major Year

单位：万元 (10 000 yuan)

指　标	Item	2006	2008	2009	2010	2011	2012
资本金合计	**Total Capital**	**932358**	**4235357**	**1785179**	**2868394**	**4583730**	**9782403**
年末资产负债情况	**Assets and Liabilities at The Year-end**						
资产总计	Total Assets	5366981	10412658	11864826	20174758	31361678	44386097
固定资产累计折旧	Total Depreciation of Fixed Assets	80656	262438	118643	105995	181593	350243
#本年折旧	Total Depreciation of This Year	14186	48371	14816	23210	43917	94132
负债总计	Total Liabilities	3970588	9054227	9127225	16269851	25212235	33970804
所有者权益	Owners'Equuity	1396393	4958431	2737601	3904907	6149444	10415293
损益情况	**Profit and Loss**						
经营收入总计	Total Revenue	700268	1903310	2684113	4037038	4167206	5010398
土地转让收入	Land Transferred	64236	313788	479	40062	54223	90360
商品房屋销售收入	Commercialized Buildings Sold	608309	1477981	2651589	3957353	4023491	4485470
房屋出租收入	Houses Leased	392	13167	2564	5985	16358	27565
经营成本	Business Coat	518422	1115807	1854367	2467990	2536785	3066854
销售费用	Sales Expenses	40719	76342	97940	181322	301651	323291
经营税金及附加	Operating Tax and Extra Charges	40577	119872	220222	346886	405786	580065
管理费用及财务费用	Management Expenses and Financial Expenses	92319	182193	118706	218549	449298	625622
投资收益及营业外收入	Investment Profit and Non-business Revenue	19009	6516	6894	11329	10997	50755
利润总额	Total Profits	22760	370842	383982	767235	593049	392535

4-22 按隶属及登记注册类型分的房地产开发经济效益(2012)
Economic Returns of Real Estate Development by Administrative Relationship and Ownership

单位：万元 (10 000 yuan)

指标	Item	合计 Total	按隶属关系分 by Administrative Relationship		按登记注册类型分 by Status of Registration		
			中央 Central Government	地方 Local	内资 Domestic	港澳台商投资 Funds from Hong Kong, Macao and Taiwan	外商投资 Foreign Funded
资本金合计	**Total Capital**	**9782403**	**45356**	**9737047**	**8433076**	**1063011**	**286316**
年末资产负债情况	**Assets and Liabilities at The Year-end**						
资产总计	Total Assets	44386097	683456	43702640	36808000	6407080	1171017
固定资产累计折旧	Total Depreciation of Fixed Assets	350243	8106	342137	222799	106772	20673
#本年折旧	Total Depreciation of This Year	94132	2587	91545	51297	40404	2431
负债总计	Total Liabilities	33970804	624461	33346344	28236975	4800054	933776
所有者权益	Owners'Equuity	10415293	58996	10356297	8571025	1607026	237241
损益情况	**Profit and Loss**						
经营收入总计	Total Revenue	5010398	89731	4920668	4049134	866716	94548
土地转让收入	Land Transferred	90360		90360	24917	11516	53927
商品房屋销售收入	Commercialized Buildings Sold	4485470	86340	4399130	3677373	778432	29665
房屋出租收入	Houses Leased	27565	392	27173	21855	3621	2089
经营成本	Business Coat	3066854	56094	3010760	2673669	345534	47652
销售费用	Sales Expenses	323291	5372	317919	243205	63838	16248
经营税金及附加	Operating Tax and Extra Charges	580065	25063	555002	394365	177075	8625
管理费用及财务费用	Management Expenses and Financial Expenses	625622	9945	615676	444382	149372	31868
投资收益及营业外收入	Investment Profit and Non-business Revenue	50755	507	50248	46593	2699	1463
营业外支出	Expenditure Non-business	32365	304	32061	26853	4893	618
利润总额	Total Profits	392535	-6290	398825	277761	123523	-8749

主要统计指标解释

全社会固定资产投资　是以货币形式表现的在一定时期内全社会建造和购置固定资产的工作量以及与此有关的费用的总称。该指标是反映固定资产投资规模、结构和发展速度的综合性指标，又是观察工程进度和考核投资效果的重要依据。全社会固定资产投资按登记注册类型可分为国有、集体、个体、联营、股份制、外商、港澳台商、其他等。

固定资产投资额　是以货币表现的建造和购置固定资产活动的工作量，它是反映固定资产投资规模、速度、比例关系和使用方向的综合性指标。

城镇固定资产投资　指城镇各种登记注册类型的企业、事业、行政单位及个体户进行的计划总投资500万元及500万元以上的建设项目投资。县城及以上区域内发生的投资，县及县以上各级政府及主管部门直接领导、管理的建设项目和企事业单位的投资均为城镇固定资产投资。

农村非农户固定资产投资　指发生在农村区域范围内的非农户固定资产投资项目完成的投资。不包括县及县以上各级政府及主管部门直接领导、管理的建设项目和企事业单位的投资。

房地产开发投资　指房地产开发公司、商品房建设公司及其他房地产开发法人单位和附属于其他法人单位实际从事房地产开发或经营的活动单位统一开发的包括统代建、拆迁还建的住宅、厂房、仓库、饭店、宾馆、度假村、写字楼、办公楼等房屋建筑物和配套的服务设施，土地开发工程（如道路、给水、排水、供电、供热、通讯、平整场地等基础设施工程）的投资；不包括单纯的土地交易活动。

固定资产投资的资金来源　根据固定资产投资的资金来源不同，分为国家预算内资金、国内贷款、利用外资、自筹资金和其他资金来源。

（1）国家预算内资金：指中央财政和地方财政中由国家统筹安排的基本建设拨款和更新改造拨款，以及中央财政安排的专项拨款中用于基本建设的资金和基本建设拨款改贷款的资金等。

（2）国内贷款：指报告期内企、事业单位向银行及非银行金融机构借入的用于固定资产投资的各种国内借款。包括银行利用自有资金及吸收的存款发放的贷款、上级主管部门拨入的国内贷款、国家专项贷款（包括煤代油贷款、劳改煤矿专项贷款等)、地方财政专项资金安排的贷款、国内储备贷款、周转贷款等。

（3）利用外资：指报告期内收到的用于固定资产投资的国外资金，包括统借统还、自借自还的国外贷款，中外合资项目中的外资，以及对外发行债券和股票等。国家统借统还的外资指由我国政府出面同外国政府、团体或金融组织签订贷款协议、并负责偿还本息的国外贷款。

（4）自筹资金：指建设单位报告期内收到的，用于进行固定资产投资的上级主管部门、地方和企、事业单位自筹资金。

（5）其他资金来源：指报告期内收到的除以上各种拨款、借款、自筹资金以外其他用于固定资产投资的资金。

固定资产投资按国民经济行业分　建设项目归哪个行业，按其建成投产后的主要产品或主要用途及社会经济活动性质来确定。基本建设按建设项目划分国民经济行业，更新改造、国有单位其他固定资产投资及城镇集体投资根据整个企业、事业单位所属的行业来划分。一般情况下，一个建设项目或一个企业、事业单位只能属于一种国民经济行业。为了更准确地反映国民经济各行业之间的比例关系，联合企业（总厂）所属分厂属于不同行业的，原则上按分厂划分行业。

固定资产投资按建设性质分　建设项目的性质一般分为新建、扩建、改建、迁建、恢复。基本建设按建设项目划分建设性质，更新改造、国有单位其他固定资产投资及城镇集体投资等按整个企业、事业单位的建设情况确定建设性质，房地产开发单位、农村投资、城镇工矿区私人建房等投资不划分建设性质。

⑴新建：一般是指从无到有、“平地起家”新开始建设的单位。有的单位原有的基础很小，经过建设后其新增加的固定资产价值超过原有固定资产价值(原值)三倍以上的也算新建。

⑵扩建：一般是指为扩大原有产品的生产能力，在厂内或其他地点增建主要生产车间(或主要工程)、独立的生产线或分厂的企业；事业单位和行政单位在原单位增建业务用房(如学校增建教学用房、医院增建门诊部或病床用房、行政机关增建办公楼等)也作为扩建。

⑶改建：一般是指现有企业、事业单位为了技术进步，提高产品质量，增加花色品种，促进产品升级换代，降低消耗和成本，加强资源综合利用和三废治理、劳保安全等，采用新技术、新工艺、新设备、新材料等对现有设施、工艺条件进行技术改造或更新(包括相应配套的辅助性生产、生活福利设施)。有的企业为充分发挥现有生产能力，进行填平补齐而增建不增加本单位主要产品生产能力的车间等，也属于改建。

固定资产投资按构成分　固定资产投资活动按其工作内容和实现方式分为建筑安装工程、设备、工具、器具购置、其他费用三个部分。

（1）**建安工程(建安工作量)**：指各种房屋、建筑物的建造工程和各种设备、装置的安装工程。包括各种房屋建造工程；各种用途设备基础和各种工业窑炉的砌筑工程及金属结构工程；为施工而进行的各种准备工作和临时工程以及完工后的清理工作等；铁路、道路的铺设，矿井的开凿及石油管道的架设等；水利工程；防空地下建筑等特殊工程；列入房屋工程预算内的暖气、卫生、通风、照明、煤气灯设备的价值及装设油饰工程；列入建筑工程预算内的各种管道（蒸汽、压缩空气、石油、给排水等管道）、电力、电讯电缆、导线的敷设工程；以及各种机械设备的安装工程；为测定安装工程质量，对设备进行的试运工作；房地产开发单位进行的商品房屋开发建设工程、土地开发工程。

在安装工程中，不包括被安装设备本身的价值。

（2）**设备、工具、器具购置**：指建设单位或企业、事业单位购置或自制的，达到固定资产标准的设备、工具、器具的价值。新建单位及扩建单位的新建车间，按照设计或计划要求购置或自制的全部设备、工具、器具，不论是否达到固定资产标准均计入“设备工具器具购置”中。

（3）**其他费用**：指在固定资产建造和购置过程中发生的，上述几项内容以外的各种应分摊计入固定资产的费用。

施工项目　指报告期内曾进行建筑或安装工程施工活动的建设项目，包括报告期内新开工项目、报告期以前开工跨入报告期继续施工的项目以及报告期施过工并在报告期内全部建成投产或停缓建的项目。

全部建成投产项目　工业项目是指设计文件规定形成生产能力的主体工程及其相应配套的辅助设施全部建成，经负荷试运转，证明具备生产设计规定合格产品的条件，并经过验收鉴定合格或达到竣工验收标准，与生产性工程配套的生活福利设施可以满足近期正常生产的需要，正式移交生产的建设项目。非工业项目是指设计文件规定的主体工程和相应的配套工程全部建成，能够发挥设计规定的全部效益，经验收鉴定合格或达到竣工验收标准，正式移交使用的建设项目。

新增固定资产　指通过投资活动所形成的新的固定资产价值，包括已经建成投入生产或交付使用的工程价值和达到固定资产标准的设备、工具、器具的价值及有关应摊入的费用。它是以价值形式表示的固定资产投资成果的综合性指标，可以综合反映不同时期、不同部门、不同地区的固定资产投资成果。

固定资产交付使用率　指一定时期新增固定资产与同期完成投资额的比率。它是反映各个时期固定资产动用速度，衡量建设过程中投资效果的一个综合性指标。

施工面积　指报告期内施工的全部房屋建筑面积。包括本期新开工的面积、上期跨入本期继续施工的房屋面积、上期停缓建在本期恢复施工的房屋面积、本期竣工的房屋面积及本期施工后又停缓建的房屋面积。

竣工面积　指在报告期内房屋建筑按照设计要求已全部完工，达到住人和使用条件，经验收鉴定合格，正式移交使用单位的建筑面积。

Explanatory Notes on Main Statistical Indicators

Total Investment in Fixed Assets refers to the volume of activities in construction and purchases of fixed assets of the whole country and related fees, expressed in monetary terms during the reference period. It is a comprehensive indicator which shows the size, structure and growth of the investment in fixed assets. It's an important indicator monitoring the process of project and evaluating results of investment. By status of registration, total investment in fixed assets is grouped by state-owned, collective-owned, individuals, joint ownership, share-holding, foreign funded, funds from Hong Kong, Macau and Taiwan, others and so on.

Urban Investment in Fixed Assets refers to construction projects involving a total planned investment of RMB 5 million and over from various status of registration of enterprises, institutions, administrative units and individuals in urban areas. In another words, all investments that take place in county town and above levels, investment in construction projects under the direct leadership and management of government agencies at and above county levels and investment by enterprises and institutions at and above county levels are covered in urban investments in fixed assets.

Rural Non-farmers Households Investment in Fixed Assets refers to investment in fix assets by non-farmers households in rural areas. Investment in construction projects under the direct leadership and management of government agencies at and above county levels and investment by enterprises and institutions at and above county levels are not covered in it.

Investment in Real Estate Development refers to investment by real estate development companies, commercial buildings construction companies and other real estate development units of various types of ownership in the construction of house buildings, such as residential buildings, factory buildings, warehouses, hotels, guesthouses, holiday villages, office buildings, and the complementary service facilities and land development projects, such as roads, water supply, water drainage, power supply, heating, telecommunications, land leveling and other projects of infrastructure. It excludes the activities in simple land transactions.

Sources of Funds for Investment in Fixed Assets state budgetary appropriation, domestic loans, foreign investment, self-raised funds, and others.

(1)State budgetary appropriation refers to appropriation in the budget of the central and local governments earmarked for capital construction and for innovation projects, and the special appropriation from the budget of the central government for capital construction and for the transfer fund to banks to be issued as loans for capital construction projects.

(2)Domestic loans refer to various funds borrowed by enterprises and institutions from banks and non-bank financial institutions during the reference period for the purpose of investment in fixed assets, including loans issued by banks from their self-owned funds and deposit, loans appropriated by higher responsible authorities, special loans by government (including loan for replacing petroleum with coal, special loan for reform-through-labour coal mines), loans arranged by local government from special funds, domestic reserve loan, and working loan, etc..

(3) Foreign Investment refers to foreign funds received during the reference period for the purpose of investment in fixed assets, including foreign funds borrowed and managed by the government, by individual units, foreign fund in joint venture program, and issue of bonds and stocks at the international financial markets. The foreign funds borrowed and managed by the government refer to foreign loans borrowed by the government from foreign governments, organizations, or financial institutions under official agreements signed by both parties, under which government is responsible for the repayment of both the principal and interests of the foreign loans.

(4)Self-raised funds refer to funds received by construction enterprises from their higher responsible authorities, local governments, or raised by enterprises or institutions themselves for the purpose of investment in fixed assets during the reference period.

(5) Others refer to funds received during the reference period which are not included in the above-mentioned sources.

Investment in Fixed Assets by Sector The classification of construction projects by sector is determined by the major products or the purpose of the projects when they are put into production or use, and by the nature of their social economic activities. The investment in capital construction is classified by construction projects, while investment in innovation, other investment by state-owned units and urban collective units are classified according to the sector which the whole enterprise or institution belongs to. In general, one project or one enterprise or institution can only belong to one sector. In order to reflect more accurately the proportions among various sectors, the branch factories of integrated complex are classified into different sectors according to their economic activities.

Investment in Fixed Assets by Type of Construction The construction projects in general can be classified by the type of construction into new construction, expansion, reconstruction and moving away. In capital construction, the type of construction is determined by the condition of the project. In investment in innovation, in other investment by state-owned units and investment by collective-owned units, the type of construction is determined by the condition of the whole enterprise or institutions. Investment by type of construction is not applied to investment by real-estate development units, investment in rural areas and investment in housing by urban individuals.

(1)New construction in general refers to newly constructed units. In the case in which the value of the original fixed assets is quite small, and the value of newly added fixed assets exceeds the original ones by three times, the expansion construction is considered as new construction.

(2)Expansion refers to construction of new major production workshop or independent production line within a factory or in other locations, or construction of a branch factory so as to increase the production capacity of the original products. Newly constructed business houses in institutions and administrative organizations (such as the newly constructed teaching buildings in schools, clinics or bed building in hospitals, and office buildings in administrative agencies, etc.) are also classified as expansion.

(3) Reconstruction refers to technical innovation and transformation of the existing equipment and technical conditions undertaken by enterprises and institutions for the purposes of technological advancement, improvement in product quality, enlarging variety of products, promoting new generation of products, reducing production consumption and cost, promoting comprehensive utilization of resources, strengthening treatment of waste gas, waste water and solid wastes, and safety in production, etc. through application of new technologies and techniques, use of new equipment and new materials (including accessory facilities for production or for living and welfare purposes).Construction of new workshops for improving existing production capacity rather than increasing production capacity is also considered as reconstruction.

Investment in Fixed Assets by Structure By their contents and the mode of implementation, investment activities are classified into 3 categories, i.e. construction and installation, purchase of equipment and instrument, and other expenses.

(1) Construction and installation (work volume of construction and installation) refers to the construction of houses and buildings and the installation of various kinds of equipment and instruments. They include construction of houses; equipment foundations, industrial kilns and stoves, and metal structure work; preparation works and temporary works for project construction, and clearing up works post project construction, pavement of railways and roads, drilling of mines and putting up of oil pipes, construction of projects of water conservancy, construction of underground air-raid shelters and construction of other special projects, value of equipment for heating, sanitation, ventilation, lighting, gas, painting, etc. that are covered by the budget of housing projects; laying out of various pipelines(for steam, compressed air, petroleum, tap water and sewage)and wiring and cabling for electric power equipment; testing operation for pre-testing the quality of installation projects, and land and other development work

conducted by real estate developers for commercialized housing, The value of equipment installed is itself not included in the value of installation projects.

(2)Purchase of equipment and instruments refers to the total value of equipment, tools, and instruments purchased or self-produced which come up to the cut-off point for fixed assets by the construction units or investing enterprises or institutions. Equipment, tools and vessels purchased or self-produced for new workshops by newly established or expanded units are categorized as "purchase of equipment and instruments" no matter whether they come up to the standards for fixed assets

(3)Other expenses refer to expenses occurring during the construction or purchase of fixed assets other than those mentioned above.

Projects under Construction refer to projects having construction and installation activities undertaken in the reference period, including projects started in the reference period, or continued from the previous period, or completed and put into production or suspended in the reference period.

Projects Completed and Put into Use Industrial projects refer to the major projects and accessory facilities completed which result in forming production capacity and have been checked and accepted while the living and welfare facilities have been completed and can ensure normal production and formally put into production. Non-industrial projects refer to the major projects and accessory facilities completed which possess the designed capacity and have been checked, accepted and formally put into production.

Newly Increased Fixed Assets refers to the newly increased value of fixed assets, constructed or purchased, that have been transferred to the investors. This is an indicator that demonstrates the results of investment in fixed assets in monetary terms, and an important indicator to reflect the speed of construction and to calculate the efficiency of investment.

Rate of Construction Projects Completed and Put into Use refers to the ratio of the number of construction projects completed and put into use in a certain period of time to the number of projects under construction in the same period. This reflects the investment efficiency from the perspective of the speed of projects construction.

Floor Space under Construction refers to total floor space of all buildings under construction during the reference period, including floor space of newly started buildings during the reference period, floor space of construction extended from the previous period to the current period, floor space of construction suspended during the previous period and resumed in the current period, floor space of construction completed in the current period, and floor space of construction started and then suspended in the current period.

Floor Space of Buildings Completed refers to the floor space of buildings completed in the reference period, which have come up to the designed standards and have been put into use.

能　源

Energy

编辑人员： 林静云

Compiled by Lin Jingyun

英文翻译：林静云

Translated by Lin Jingyun

简 要 说 明

一、本篇资料的主要内容

本篇包括的主要内容有能源生产、消费及品种构成，能源生产和消费弹性系数，综合能源平衡表，分行业、分主要能源品种的消费量，能源加工转换效率及生活用能源消费量等。从 2006 年开始，增加单位国内生产总值能耗等指标。

二、本篇资料的统计范围

能源资料的统计范围为全社会。

三、本篇的资料来源

能源消费数据来自历年能源平衡表及相关能源统计年报，用电量情况表数据来自海南电网公司。

四、关于数据口径与计算方法的说明

1.一次能源生产量与工业统计数字一致。

2.能源生产与消费弹性系数分别以能源生产、消费增长速度与国内生产总值增长速度相比求得。

3.能源平衡表中，进口量和出口量采用海关统计数据。进口量中包括我国轮船、飞机在国外加油量，出口量中包括外国轮船、飞机在我国加油量。电力折算标准煤系数按平均发电煤耗计算。

4.能源加工转换效率表中，电力折算标准煤系数采用当量值计算，每千瓦小时折 0.1229 千克标准煤。

5.本篇 2005-2010 年数据，GDP 和工业增加值按 2005 年价格计算；2011 年开始的数据 GDP 和工业增加值按 2010 年价格计算。

Brief Introduction

I. Main Contents

Data in this chapter cover mainly energy production, consumption, and composition; elasticity ratio of energy production and consumption; overall balance sheet of energy; consumption of energy by sector and by types of energy; efficiency of energy processing and conversion; and the consumption of energy for non-production uses. Since 2006, indicators like energy consumption per unit of GDP are also included.

II. The Scope of Data

The scope of energy data in this chapter is the whole country.

III. Sources of Data

Data on energy consumption are from the energy balance sheets over the year and relevant energy statistics annals. Data on Electricity were derived from Hainan Grid.

IV. Notes on Coverage and Compilation of Data

(1) The data on production of primary energy are the same as the corresponding data on industrial statistics.

(2) The elasticity ratio of energy production is calculated as the quotient of the growth rate of energy production divided by the growth rate of GDP; and the elasticity ratio of energy consumption is calculated as the quotient of the growth rate of energy consumption divided by the growth rate of GDP.

(3) In the energy balance sheet, data on imports and exports are from Customs statistics. The refuelling by Chinese ships and airplanes abroad is included in imports. The refuelling by foreign ships and airplanes in China is included in exports. The coefficient for conversion of electric power into the standard coal equivalent is calculated according to the average consumption of coal for generating electricity.

(4) In the table on the efficiency of energy conversion, the coefficient for the conversion of electric power into the standard coal equivalent is calculated on the basis of the heat value equivalent. One kilowatt is equal to 0.1229 kg SCE.

(5) Gross domestic product and industrial value-added are calculated at 2005 prices from2005 to 2010; Gross domestic product and industrial value-added are calculated at 2010 prices since 2011.

5-1 综合能源平衡表
Overall Energy Balance Sheet

单位：万吨标准煤 (10 000 tce)

项 目	Item	2006	2008	2009	2010	2011	2012
可供消费的能源总量	**Total Energy Available for Consumption**	**372.87**	**620.79**	**796.77**	**1354.30**	**1600.46**	**1687.43**
一次能源生产量	Primary Energy Output	68.27	108.45	116.03	116.58	143.92	132.33
回收能	Recovery of Energy	54.00	25.78	20.20			
外省调入量	Transferred from Other Provinces	382.12	393.56	394.84	900.87	915.52	1122.55
进口量	Imports	438.90	1169.88	1350.36	1367.77	1513.37	1377.67
本省调出量(一)	Sending out to Other Provinces(-)	-182.34	-799.38	-696.46	-658.10	-739.4	-702.14
出口量(一)	Exports (-)	-330.01	-263.23	-356.08	-375.69	-219.82	-253.15
年初年末库存差额	Stock Changes in the Year	-58.07	-14.27	-32.12	2.86	-13.12	10.17
能源消费总量	**Total Energy Consumption**	**920.45**	**1135.33**	**1232.52**	**1358.51**	**1600.62**	**1687.98**
第一产业	Primary Industry	63.58	75.94	86.22	108.69	120.73	131.29
第二产业	Secondary Industry	521.77	604.64	629.71	676.45	855.55	878.07
工业	Industry	510.99	590.98	611.71	653.34	828.39	847.09
轻工业	Light Industry	77.84	80.38	78.15	109.31	119.49	114.62
重工业	Heavy Industry	433.15	510.60	533.56	544.03	708.90	732.47
建筑业	Construction	10.78	13.66	18.00	23.11	27.16	30.98
第三产业	Tertiary Industry	269.94	369.21	417.95	456.19	493.90	524.37
交通运输仓储邮政业	Transport, Storage and Post	178.75	241.81	273.64	295.28	312.29	317.84
批发零售住宿餐饮业	Wholesale, Retail Trade,Hotels and Catering Services	35.19	49.45	56.01	51.25	56.04	64.09
其他	Others	56.00	77.95	88.30	109.66	125.57	142.44
生活消费	Household Consumption	65.16	85.54	98.64	117.18	130.44	154.25
平衡差	**Balance**	**-534.21**	**-514.54**	**-435.75**	**-4.21**	**-0.16**	**-0.56**

注：1、电力、热力按等价热值折算，因此加工转换损失量中不包括发电、供热损失量。村办工业包括在工业中(下表同)。
2、进口量包括我国飞机、轮船在国外加油量；出口量包括外国飞机、轮船在我国加油量。

Note:1.Electric power and heat are converted on the basis of equal caloric value. Therefore, losses during the process of energy conversion do not include losses in power generation and heating. Energy consumption of industry include that of village industry. The same applies to the tables following. 2.The refueling by Chinese ships and airplanes abroad is included in imports.The refueling by foreign ships and airplanes in China is included in exports.

5-2 历年能源消费总量及主要能源品种消费量
Total Consumption of Energy and Major Energy in Various Years

单位：万吨标准煤 (10 000 tce)

年 份 Year	能源消费总量 Total Energy Consumption	煤 炭 Coal	石 油 Petroleum	天然气 Natural Gas	水、风电 Hydro-power and Wind Power
1991	178.87	64.75	52.59		28.26
1992	214.58	83.90	58.58		30.90
1993	241.75	95.25	85.10		26.11
1994	278.71	99.78	106.47		40.97
1995	309.33	120.02	125.59		46.71
1996	352.08	106.68	167.24	28.87	49.29
1997	390.26	99.13	172.49	62.05	56.59
1998	409.26	121.96	181.71	67.94	37.65
1999	430.60	127.46	198.51	62.01	42.63
2000	479.95	136.79	224.62	64.31	54.23
2001	520.44	142.08	237.32	79.63	61.41
2003	683.74	197.60	322.04	124.44	39.66
2004	742.48	216.80	339.31	144.78	41.58
2005	822.20	251.43	241.84	278.90	37.07
2006	920.45	254.97	356.28	263.67	29.87
2007	1057.00	324.75	414.56	270.69	41.12
2008	1135.33	340.80	461.84	251.59	65.71
2009	1232.52	395.90	513.75	233.42	69.34
2010	1358.51	429.70	548.00	277.46	65.68
2011	1600.62	533.81	574.67	387.43	92.10
2012	1687.98	616.22	594.47	383.92	83.34

注：电力折算标准煤的系数用当年平均发电煤耗计算。下表同。

Note:The coefficient for conversion of electric power into SCE (standard coal equivalent) is calculated on the basic of the data on the average coal consumption in generating electric power in the same year. The same applies to the tables following.

5-3 历年主要能源品种消费量构成
Composition of Major Energy in Various Years

年 份 Year	能源消费总量 构成(%) Composition	煤 炭 Coal	石 油 Petroleum	天然气 Natural Gas	水、风电 Hydro-power and Wind Power
1991	100	36.20	29.40		15.80
1992	100	39.10	27.30		14.40
1993	100	39.40	35.20		10.80
1994	100	35.80	38.20		14.70
1995	100	38.80	40.60		15.10
1996	100	30.30	47.50	8.20	14.00
1997	100	25.40	44.20	15.90	14.50
1998	100	29.80	44.40	16.60	9.20
1999	100	29.60	46.10	14.40	9.90
2000	100	28.50	46.80	13.40	11.30
2001	100	27.30	45.60	15.30	11.80
2003	100	28.90	47.10	18.20	5.80
2004	100	29.20	45.70	19.50	5.60
2005	100	30.58	29.41	33.92	4.51
2006	100	27.70	38.71	28.65	3.25
2007	100	30.72	39.22	25.61	3.89
2008	100	30.02	40.68	22.16	5.79
2009	100	32.12	41.68	18.94	5.63
2010	100	31.63	40.34	20.42	4.83
2011	100	33.35	35.90	24.21	5.75
2012	100	36.51	35.22	22.74	4.94

5-4 历年能源生产量
Total Production of Energy in Various Years

项目	Item	2006	2008	2009	2010	2011	2012
一次能源(万吨标准煤)	**Primary Energy Output(10^4 tce)**	**68.27**	**108.45**	**116.03**	**116.58**	**143.92**	**132.33**
原油(万吨)	Crude Oil(10^4tn)	11.09	12.05	18.36	19.96	19.66	18.96
天然气(亿立方米)	Natural Gas (10^8 cu.m)	2.05	2.32	1.86	1.84	1.95	1.80
水电、风电(亿千瓦时)	Hydro-power and Wind Power(10^8 kW•h)	9.46	20.89	22.28	21.65	30.85	28.33
二次能源(万吨标准煤)	**Secondary Energy output(10^4 tce)**	**587.78**	**1462.39**	**1548.38**	**1635.71**	**1791.41**	**1889.05**
汽　油(万吨)	Gasoline(10^4 tn)	65.68	244.05	264.31	263.23	295.25	302.75
煤　油(万吨)	Kerosene(10^4tn)	3.43	31.06	35.43	44.58	68.06	78.03
柴　油(万吨)	Diesel Oil(10^4tn)	94.70	344.87	341.38	345.98	319.20	294.02
燃料油(万吨)	Fuel Oil (10^4tn)	15.42	24.74	23.71	27.04	36.69	33.69
液化石油气(万吨)	Liquefied Petroleum Gas (10^4tn)	14.85	49.14	52.34	55.04	60.06	58.91
炼厂干气(万吨)	Refinery Gas (10^4tn)	6.14	23.91	29.53	33.28	30.76	29.50
其他石油制品(万吨)	Other Petroleum Products(10^4tn)	15.92	65.40	85.23	68.92	98.44	119.66
热　力(万百万千焦)	Heat (10^{10} kJ)		154.64	117.99	330.83	260.56	278.28
电　力(亿千瓦时)	Electricity(10^8 kW•h)	85.08	105.71	112.68	136.21	153.20	181.67

5-5 历年能源生产弹性系数
Elasticity Ratio of Energy Production in Various Years

年 份 Year	能源生产比上年增长(%) Growth Rate of Energy Production over Preceding Year (%)	电力生产比上年增长(%) Growth Rate of Electricity Production over Preceding Year(%)	国内生产总值比上年增长(%) Growth Rate of Gross Domestic Product(GDP) over Preceding Year(%)	能源生产弹性系数 Elasticity Ratio of Energy Production	电力生产弹性系数 Elasticity Ratio of Electricity Production
1991	-9.50	17.90	14.90		1.20
1992	8.80	20.20	41.50	0.21	0.49
1993	-18.00	24.80	20.60		1.20
1994	62.10	17.40	11.30	5.50	1.54
1995	9.40	8.80	3.80	2.47	2.32
1996	6.60	4.10	4.70	1.40	0.87
1997	16.00	5.50	6.80	2.35	0.81
1998	-33.10	6.00	8.50		0.71
1999	-6.40	5.30	8.50		0.62
2000	49.99	38.67	9.00	5.55	4.30
2001	13.64	6.20	9.10	1.50	0.68
2004	-18.40	14.90	10.70		1.39
2005	43.63	19.49	10.50	4.16	1.86
2006	37.95	16.94	13.20	2.88	1.28
2007	-3.64	16.00	15.80		1.01
2008	37.84	9.39	10.30	3.67	0.91
2009	7.70	9.80	11.70	0.66	0.84
2010	-1.40	18.40	16.00		1.15
2011	23.45	15.66	12.00	1.95	1.31
2012	-8.05	12.74	9.10		1.40

注：国内生产总值增长速度按不变价格计算(下表同)。
Note: The growth rates of GDP are calculated at constant prices. The same applies to the following tables.

5-6 历年能源消费弹性系数
Elasticity Ratio of Energy Consumption in Various Years

年 份 Year	能源消费比上年增长(%) Growth Rate of Energy Consumption over Preceding Year (%)	电力消费比上年增长(%) Growth Rate of Electricity Consumption over Preceding Year(%)	国内生产总值比上年增长(%) Growth Rate of Gross Domestic Product(GDP) over Preceding Year(%)	能源消费弹性系数 Elasticity Ratio of Energy Consumption	电力消费弹性系数 Elasticity Ratio of Electricity Consumption
1991	12.70	17.90	14.90	0.85	1.20
1992	20.00	20.20	41.50	0.48	0.49
1993	15.00	24.80	20.60	0.73	1.20
1994	14.20	17.40	11.30	1.26	1.54
1995	9.80	10.40	3.80	2.58	2.74
1996	13.80	4.10	4.70	2.94	0.87
1997	10.80	5.50	6.80	1.59	0.81
1998	4.87	6.00	8.50	0.57	0.71
1999	5.21	5.30	8.50	0.61	0.62
2000	11.46	9.25	9.00	1.27	1.03
2001	8.43	6.20	9.10	0.93	0.68
2004	8.60	14.90	10.70	0.80	1.39
2005	10.74	19.49	10.50	1.02	1.86
2006	11.95	20.06	13.20	0.91	1.52
2007	14.84	15.95	15.80	0.94	1.01
2008	7.41	8.58	10.30	0.72	0.83
2009	8.56	8.78	11.70	0.73	0.75
2010	10.22	16.46	16.00	0.64	1.03
2011	17.82	16.52	12.00	1.49	1.38
2012	5.46	12.83	9.10	0.60	1.41

5-7 历年能源加工转换效率
Efficiency of Energy Conversion in Various Years

年 份 Year	总 效 率(%) Total Efficiency(%)	#发 电(%) Electricity Generation(%)	#炼 油(%) Petroleum Refineries(%)
1991	31.82	31.82	
1992	28.67	28.67	
1993	32.01	32.01	
1994	29.91	29.91	
1995	30.00	30.00	
1996	31.06	30.87	
1997	32.84	32.31	
1998	34.14	33.45	
1999	38.15	36.03	
2000	38.85	33.30	
2001	35.28	32.39	
2003	41.87	35.29	
2004	40.43	35.10	
2005	38.29	34.81	69.30
2006	70.92	38.92	98.73
2007	86.80	39.12	99.61
2008	85.76	39.07	99.62
2009	84.37	39.43	97.45
2010	84.31	40.50	99.19
2011	84.15	40.73	99.37
2012	82.93	40.70	99.20

5-8 历年人均生活能源消费量
Annual per Capita Energy Consumption of Households in Various Years

年 份 Year	平均每人生活消费能源（千克标准煤） Annual per Capita Energy Consumption of Households (kgsce)	#电力（千瓦小时） Electricity (kW•h)	#液化石油气（千克） Liquefied Petroleum Gas (kg)
1990	14.36	12.40	1.13
1991	14.84	13.41	1.95
1992	17.65	15.91	2.04
1993	27.11	23.21	5.91
1994	27.44	22.87	5.42
1995	33.69	30.71	9.83
1996	42.01	49.94	9.88
1997	53.36	72.15	11.90
1998	53.51	73.37	12.59
1999	54.00	75.62	13.28
2000	54.39	76.62	12.29
2001	61.70	89.92	12.98
2003	56.10	98.07	7.91
2004	59.66	126.07	5.30
2005	72.65	141.63	6.43
2006	78.18	152.26	6.54
2007	85.29	166.97	6.98
2008	98.92	192.31	8.35
2009	112.15	219.54	9.52
2010	135.13	271.09	11.37
2011	148.67	310.50	12.37
2012	173.99	386.09	13.34

注：按年平均人口数计算。
Note:Data in the table are calculated with the data on the annual average population.

5-9 主要单位产品能源消耗
Unit Energy Consumption for Main Products

项目	Item	2008	2009	2010	2011	2012
铁矿采矿工序单位能耗（千克标准煤/吨）	Fully Energy Consumption for Mining of Iron Ore(kgce/tn)	0.48	0.57	0.56	0.51	0.52
铁矿选矿工序单位能耗（千克标准煤/吨）	Fully Energy Consumption for Mill Run(kgce/tn)	1.80	1.63	1.54	1.42	1.43
原油加工单位电耗（千瓦时/吨）	Electricity Consumption for Processing of Crude Oil(kW•h/tn)	64.43	61.08	55.90	56.77	56.63
原油加工单位综合能耗（千克标准油/吨）	Fully Energy Consumption for Processing of Crude Oil(kgsoe/tn)	74.11	69.25	64.57	62.17	59.71
单位合成氨生产综合能耗（千克标准煤/吨）	Fully Energy Consumption for Sythetic Ammonia(kgce/tn)	1363.73	1409.70	1282.65	1218.34	1295.82
单位合成氨耗电（千瓦时/吨）	Electricity Consumption for Sythetic Ammonia (kW•h/tn)	39.73	38.37	38.62	35.80	40.95
单位合成氨耗天然气（标立方米/吨）	Natural Gas Consumption for Sythetic Ammonia(normal cubic metre/tn)	1528.95	1578.43	1537.08	1427.59	1516.83
吨水泥熟料综合能耗（千克标准煤/吨）	Fully Energy Consumption for Clinker(kgce/tn)	116.63	118.18	113.87	115.41	106.41
吨水泥熟料综合电耗（千瓦时/吨）	Electricity Consumption for Clinker (kW•h/tn)	73.67	63.31	63.57	64.15	61.46
吨水泥熟料烧成标准煤耗（千克标准煤/吨）	Coal Consumption for Clinker (kgce/tn)	108.45	110.51	106.08	107.44	98.85
吨水泥综合能耗（千克标准煤/吨）	Fully Energy Consumption for Cement(kgce/tn)	111.28	104.26	89.23	84.84	86.44
吨水泥综合电耗（千瓦时/吨）	Electricity Consumption for Cement(kW•h/tn)	98.42	91.54	88.62	88.36	82.36
吨水泥标准煤耗（千克标准煤/吨）	Coal Consumption for Cement (kgce/tn)	99.82	93.69	98.12	74.11	76.44
电厂火力发电标准煤耗（克标准煤/千瓦时）	Gross Coal Consumption Rate for Fossil-fired Power Plant (gce/kW•h)	314.48	309.56	302.89	300.76	300.09
电厂火力供电标准煤耗（克标准煤/千瓦时）	Net Coal Consumption Rate for Fossil-fired Power Plant(gce/kW•h)	339.55	334.37	323.66	321.67	319.78
发电厂用电率(%)	Power Consumption Rate For Power Plant Use(%)	7.38	7.42	6.42	6.50	6.16

5-10 规模以上工业分行业综合能源消费量(2012)
Overall Energy Consumption in Industrial Enterprises above Designated Size by Sector

单位：吨标准煤 (tce)

项　　目	Item	综合能源消费量 Overall Energy Consumption	比上年增长 Growth over Previous Year (%)
规模以上工业	**Enterprises above Designated Size**	**9193353**	**4.18**
(一)轻工业	**Light Industry**	**1036229**	**2.99**
(二)重工业	**Heavy Industry**	**8157124**	**4.34**
(三)采矿业	**Mining**	**46526**	**6.50**
06.煤炭开采和洗选业	Mining and Washing of Coal		
07.石油和天然气开采业	Extraction of Petroleum and Natural Gas	3562	5.94
08.黑色金属矿采选业	Mining and Processing of Ferrous Metal Ores	34598	8.29
09.有色金属矿采选业	Mining and Processing of Non-Ferrous Metal Ores	2202	13.02
10.非金属矿采选业	Mining and Processing of Nonmetal Ores	6164	-4.10
11.开采辅助活动	Supplemental Efforts of Mining		
12.其他采矿业	Mining of Other Ores		
(四)制造业	**Manufacturing**	**6172416**	**-0.16**
13.农副食品加工业	Processing of Agricultural and Related Products	37391	11.09
14.食品制造业	Manufacture of Foods	33091	7.42
15.酒、饮料和精制茶制造业	Manufacture of Wine,Beverages and Delicate Tea	15227	-2.25
16.烟草制品业	Manufacture of Tobacco	3848	19.19
17.纺织业	Manufacture of Textiles	6527	7.09
18.纺织服装、服饰业	Manufacture of Textile Wearing Apparel and Clothes	544	-6.84
19.皮革、毛皮、羽毛及其制品和制鞋业	Manufacture of Leather, Fur, Feather Related Products and Footwear	29	17.82
20.木材加工和木、竹、藤、棕、草制品业	Processing of Timber, Manufacture of Wood,Bamboo, Rattan, Palm and Straw Products	11332	17.93
21.家具制造业	Manufacture of Furniture	306	-65.77
22.造纸及纸制品业	Manufacture of Paper and Paper Products	891144	1.92
23.印刷业和记录媒介的复制业	Printing, Reproduction of Recording Media	464	30.19
24.文教、工美、体育和娱乐用品制造业	Manufacture of Articles for Culture, Education,Artwork, Sport and Entertainment Activities	18	69.89
25.石油加工炼焦及核燃料加工业	Processing of Petroleum, Coking and Nuclear Fue	825462	-2.07

说明：电力折算标准煤的系数用当量系数1.229。

Note:The coefficient for conversion of electric power into SCE is 1.229

5-10 续(continued)

项　　　目	Item	综合能源消费量 Overall Energy Consumption	比上年增长(%) Growth over Previous Year(%)
26. 化学原料及化学制品制造业	Manufacture of Chemical Raw Materials and Chemical Products	2656042	-6.66
27. 医药制造业	Manufacture of Medicines	25991	11.66
28. 化学纤维制造业	Manufacture of Chemical Fibers	8672	85.63
29. 橡胶和塑料制品业	Manufacture of Rubber and Plastics Products	9874	-9.21
30. 非金属矿物制品业	Manufacture of Non-metallic Mineral Products	1535408	11.48
31. 黑色金属冶炼及压延加工业	Smelting and Pressing of Ferrous Metals	32409	-1.95
32. 有色金属冶炼及压延加工业	Smelting and Pressing of Non-ferrous Metals	2758	1.38
33. 金属制品业	Manufacture of Metal Products	13099	6.14
34. 通用设备制造业	Manufacture of General-purpose Machinery	871	-7.77
35. 专用设备制造业	Manufacture of Special-purpose Machinery	853	487.06
36. 汽车制造业	Manufacture of Motor Vehicle	18519	-12.72
37. 铁路、船舶、航空航天和其他运输设备制造业	Manufacture of Railway,Vessel,Aerospace and Other Transport Equipments	216	-29.36
38. 电气机械及器材制造业	Manufacture of Electrical Machinery and Equipment	27050	50.23
39. 计算机、通信和其他电子设备制造业	Manufacture of Computer,Communication Equipment and Other Electronic Equipments	3296	-14.15
40. 仪器仪表制造业	Manufacture of Measuring Instruments	1113	235.64
41. 其他制造业	Other Manufacturing		
42. 废弃资源综合利用业	Recycling and Disposal of Waste	10209	12.68
43. 金属制品、机械和设备修理业	Repair of Metal products,Machine and Equipment	653	33.23
(五)电力、热力、燃气及水生产和供应业	**Production and Supply of Electric Power, Heat Power, Gas and Water**	**2974411**	**14.48**
44. 电力、热力的生产和供应业	Production and Supply of Electric Power and Heat Power	2960824	14.68
45. 燃气生产和供应业	Production and Supply of Gas	3531	-42.84
46. 水的生产和供应业	Production and Supply of Water	10055	-0.48

说明：电力折算标准煤的系数用当量系数1.229。

Note:The coefficient for conversion of electric power into SCE is 1.229

5-11 各市县单位GDP能耗
Energy Consumption per Unit of GDP by Region

单位：吨标准煤/万元 (tce/10^4 yuan)

地 区	Region	2008	2009	2010	2011	2012
全省总计	**Total**	**0.875**	**0.850**	**0.808**	**0.692**	**0.669**
海口市	Haikou	0.779	0.753	0.724	0.594	0.580
三亚市	Sanya	0.801	0.780	0.773	0.471	0.459
五指山市	Wuzhishan	0.650	0.638	0.592	0.463	0.446
文昌市	Wenchang	0.516	0.490	0.476	0.402	0.393
琼海市	Qionghai	0.399	0.384	0.378	0.367	0.360
万宁市	Wanning	0.812	0.786	0.757	0.597	0.582
定安县	Ding'an	0.760	0.743	0.733	0.616	0.599
屯昌县	Tunchang	0.656	0.613	0.593	0.504	0.501
澄迈县	Chengmai	0.936	0.814	0.755	0.581	0.530
临高县	Lingao	0.745	0.704	0.668	0.585	0.572
儋州市	Danzhou	0.655	0.638	0.543	0.405	0.408
东方市	Dongfang	3.604	3.720	3.481	3.017	2.884
乐东县	Ledong	0.472	0.467	0.458	0.365	0.362
琼中县	Qiongzhong	0.502	0.494	0.485	0.463	0.460
保亭县	Baoting	0.423	0.419	0.412	0.314	0.313
陵水县	Lingshui	0.405	0.396	0.390	0.300	0.295
白沙县	Baisha	0.510	0.498	0.487	0.323	0.317
昌江县	Changjiang	1.491	1.811	1.851	2.444	2.385
洋 浦	Yangpu	1.679	1.600	1.591	1.260	1.187

注：1、本表儋州市不含洋浦。

2、从2011年开始，单位GDP能耗采用2010年不变价。

Note：1.Tht data of Danzhou City did not include Yangpu Economic Development Zone in this table.

2.Energy Consumption per Unit of GDP calculated at 2010 constant prices since 2011.

5-12 能源平衡表(实物量)(2012)
Energy Balance Sheet (Physical Quantity)

单位：万吨 (10 000 ton)

项 目	Item	煤合计 Coal Total	原煤 Raw Coal	煤制品 Bri-quettes	焦炭 Coke	石油合计 Petroleum Products Total	原油 Rude Oil	汽油 Gasoline	煤油 Kerosene	柴油 Diesel Oil
可供本地区消费的能源量	**Total Energy Available for Consumption**	**930.00**	**930.00**		**0.05**	**410.10**	**930.81**	**-237.70**	**4.80**	**-138.35**
年初库存量	The Storage at the Beginning of the Year	33.34	33.34			79.42	69.14	5.09		4.86
一次能源生产量	Primary Energy Output					18.96	18.96			
外省调入量	Transferred from Other Provinces	783.81	783.81		0.05	73.06			58.54	
进口量	Import	139.30	139.30			899.21	897.61			0.10
境内轮船和飞机在境外加油量	Refueling by Chinese Ships and Airplanes Abroad									
本省调出量(-)	Sending out to Other Province					-497.47		-226.64		-116.25
出口量(-)	Export(-)					-87.90		-7.40	-51.90	-19.50
境外轮船和飞机在境内加油量(-)	Refueling by Foreign Ships and Airplanes in China(-)									
年末库存量	The Storage at Year-end	-26.45	-26.45			-75.18	-54.90	-8.75	-1.84	-7.56
加工转换投入(-)产出(+)量	**Input (-) & Output (+) of Processing and Conversion**	-691.39	-691.39			-27.14	-929.00	302.75	78.03	293.99
火力发电	Thermal Power Generation	-691.39	-691.39			-0.03				-0.03
供 热	Heating Supply					-3.51				
煤炭洗选	Coal Washing									
炼 焦	Coking									
炼 油	Petroleum Refineries					12.69	-929.00	302.75	78.03	294.02
#油品再投入量(-)	Petroleum Reinput(-)					-36.29				
制 气	Gas Production									
#焦炭再投入量(-)	Coke Reinput(-)									
天然气液化	Natural Gas Liquefaction									
煤制品加工	Coal Products Processing									
回收能	Recovered of Energy									
损失量	**Losses**									
#运输和输配损失	Losess in Transportation									
终端消费量	**End-use Consumption**	**239.23**	**239.23**		**0.05**	**382.96**	**1.81**	**65.05**	**82.83**	**155.64**
第一产业	Primary Industry					67.72		3.15		64.57
农林牧渔业	Agriculture,Forestry, Animal Husbandry,Fishery					67.72		3.15		64.57
第二产业	Secondary Industry	239.23	239.23		0.05	43.03	1.81	4.47		11.44
工 业	Industry	239.23	239.23		0.05	32.16	1.81	0.68		4.36
#用作原料. 材料	Use for Raw Material									
建筑业	Construction					10.87		3.79		7.08
第三产业	Tertiary Industry					239.38		36.43	82.83	79.63
交通运输仓储邮政业	Transport, Storage and Post					205.38		9.62	82.83	75.65
批发零售住宿餐饮业	Wholesale and Retail Trade and Catering Services					6.82		2.63		1.43
其他	Others					27.18		24.18		2.55
生活消费	Household Consumption					32.83		21.00		
城 镇	Urban					27.05		16.62		
乡 村	Rural					5.78		4.38		
平衡差(+、-)	**Balance**	-0.62	-0.62							
消费量合计	**Total Energy Consumption**	**930.62**	**930.62**		**0.05**	**410.10**	**930.81**	**65.05**	**82.83**	**155.67**

5-12续1(continued 1)

项　目	Item	燃料油 Fuel Oil	石脑油 Naphtha	液化石油气 Liquefied Petro-	炼厂干气 Refinery Gas	其他石油制品 Other Petroleum Products	天然气(亿立方米) Natural Gas (10^8 cu.m)	热力(万百万千焦) Heat (10^{10} kj)	电力(亿千瓦时) Electricity (10^8 kW•h)	其它能源(万吨标煤) Other Energy (10^4 tce)
可供本地区消费的能源量	**Total Energy Available for Consumption**	**5.37**	**-25.13**	**-43.79**		**-85.91**	**47.49**		**28.64**	**9.11**
年初库存量	The Storage at the Beginning of the Year	0.33								
一次能源生产量	Primary Energy Output						1.80		28.33	
外省调入量	Transferred from Other Provinces	14.52					62.28		0.66	9.11
进口量	Import	1.50								
境内轮船和飞机在境外加油量	Refueling by Chinese Ships and Airplanes Abroad									
本省调出量(-)	Sending out to Other Province		-25.13	-43.54		-85.91			-0.35	
出口量(-)	Export(-)	-8.90		-0.20			-16.59			
境外轮船和飞机在境内加油量(-)	Refueling by Foreign Ships and Airplanes in China(-)									
年末库存量	The Storage at Year-end	-2.08		-0.05						
加工转换投入(-)产出(+)量	**Input (-) & Output (+) of Processing and Conversion**	33.69	25.13	58.91	14.04	95.32	-7.55	267.74	181.67	-4.50
火力发电	Thermal Power Generation						-6.84	-232.00	181.67	-4.50
供　热	Heating Supply				-3.51		-0.71	278.28		
煤炭洗选	Coal Washing									
炼　焦	Coking									
炼　油	Petroleum Refineries	33.69	25.13	58.91	29.50	119.66				
#油品再投入量(-)	Petroleum Reinput(-)				-11.95	-24.34				
制　气	Gas Production									
#焦炭再投入量(-)	Coke Reinput(-)									
天然气液化	Natural Gas Liquefaction									
煤制品加工	Coal Products Processing									
回收能	Recovered of Energy							221.46		
损失量	**Losses**						0.04		13.89	
#运输和输配损失	Losess in Transportation						0.04		13.89	
终端消费量	**End-use Consumption**	**39.06**		**15.12**	**14.04**	**9.41**	**39.90**	**267.74**	**196.42**	**4.61**
第一产业	Primary Industry								11.07	
农林牧渔业	Agriculture,Forestry, Animal Husbandry,Fishery								11.07	
第二产业	Secondary Industry	1.78		0.08	14.04	9.41	37.89	267.74	96.51	4.61
工　业	Industry	1.78		0.08	14.04	9.41	37.89	267.74	91.38	4.61
#用作原料. 材料	Use for Raw Material						30.27			
建筑业	Construction								5.13	
第三产业	Tertiary Industry	37.28		3.21			1.70		54.61	
交通运输仓储邮政业	Transport, Storage and Post	37.28					1.04		3.39	
批发零售住宿餐饮业	Wholesale and Retail Trade and Catering Services			2.76			0.66		16.42	
其他	Others			0.45					34.80	
生活消费	Household Consumption			11.83			0.31		34.23	
城　镇	Urban			10.43			0.31		16.52	
乡　村	Rural			1.40					17.71	
平衡差(+、-)	**Balance**									
消费量合计	**Total Energy Consumption**	**39.06**		**15.12**	**29.50**	**33.75**	**47.49**	**499.74**	**210.31**	**9.11**

5-13 能源平衡表(标准量)(2012)
Energy Balance Sheet (Standard Quantity)

单位：万吨标准煤 (10 000 tce)

项目	Item	煤合计 Coal Total	原煤 Raw Coal	煤制品 Bri-quettes	焦炭 Coke	石油合计 Petroleum Products Total	原油 Crude Oil	汽油 Gasoline	煤油 Kerosene
可供本地区消费的能源量	**Total Energy Available for Consumption**	**615.59**	**615.59**		**0.05**	**594.47**	**1329.76**	**-349.75**	**7.06**
年初库存量	The Storage at the Beginning of the Year	22.39	22.39			113.82	98.77	7.49	
一次能源生产量	Primary Energy Output					27.09	27.09		
外省调入量	Transferred from Other Provinces	518.10	518.10		0.05	106.88			86.14
进口量	Import	93.05	93.05			1284.61	1282.33		
境内轮船和飞机在境外加油量	Refueling by Chinese Ships and Airplanes Abroad								
本省调出量(-)	Sending out to Other Province					-701.11		-333.48	
出口量(-)	Export(-)					-128.72		-10.89	-76.37
境外轮船和飞机在境内加油量(-)	Refueling by Foreign Ships and Airplanes in China(-)								
年末库存量	The Storage at Year-end	-17.95	-17.95			-108.09	-78.43	-12.87	-2.71
加工转换投入(-)产出(+)量	**Input (-) & Output (+) of Processing and Conversion**	**-456.32**	**-456.32**			**-34.32**	**-1327.17**	**445.47**	**114.81**
火力发电	Thermal Power Generation	-456.32	-456.32			-0.04			
供热	Heating Supply					-5.52			
煤炭洗选	Coal Washing								
炼焦	Coking								
炼油	Petroleum Refineries					14.36	-1327.17	445.47	114.81
#油品再投入量(-)	Petroleum Reinput(-)					-43.12			
制气	Gas Production								
#焦炭再投入量(-)	Coke Reinput(-)								
天然气液化	Natural Gas Liquefaction								
煤制品加工	Coal Products Processing								
回收能	Recovered of Energy								
损失量	**Losses**								
#运输和输配损失	Losess in Transportation								
终端消费量	**End-use Consumption**	**159.86**	**159.86**		**0.05**	**560.15**	**2.59**	**95.71**	**121.88**
第一产业	Primary Industry					98.72		4.63	
农林牧渔业	Agriculture,Forestry, Animal Husbandry,Fishery					98.72		4.63	
第二产业	Secondary Industry	159.86	159.86		0.05	59.98	2.59	6.58	
工业	Industry	159.86	159.86		0.05	44.09	2.59	1.00	
#用作原料.材料	Use for Raw Material								
建筑业	Construction					15.89		5.58	
第三产业	Tertiary Industry					350.27		53.60	121.88
交通运输仓储邮政业	Transport, Storage and Post					299.52		14.15	121.88
批发零售住宿餐饮业	Wholesale and Retail Trade and Catering Services					10.68		3.87	
其他	Others					40.07		35.58	
生活消费	Household Consumption					51.18		30.90	
城镇	Urban					42.33		24.45	
乡村	Rural					8.84		6.44	
平衡差(+、-)	**Balance**	**-0.58**	**-0.58**						
消费量合计	**Total Energy Consumption**								

5-13续1(continued 1)

项目	Item	柴油 Diesel Oil	燃料油 Fuel Oil	石脑油 Naphtha	液化石油气 Liquefied Petroleum Gas	炼厂干气 Refinery Gas	其它石油制品 Other Petroleum Products	天然气 Natural Gas
可供本地区消费的能源量	**Total Energy Available for Consumption**	**-201.59**	**7.67**	**-37.70**	**-75.07**		**-85.91**	**383.95**
年初库存量	The Storage at the Beginning of the Year	7.08	0.47					
一次能源生产量	Primary Energy Output							21.91
外省调入量	Transferred from Other Provinces		20.74					486.47
进口量	Import	0.15	2.14					
境内轮船和飞机在境外加油量	Refueling by Chinese Ships and Airplanes Abroad							
本省调出量(-)	Sending out to Other Province	-169.39		-37.70	-74.64		-85.91	
出口量(-)	Export(-)	-28.41	-12.71		-0.34			-124.43
境外轮船和飞机在境内加油量(-)	Refueling by Foreign Ships and Airplanes in China(-)							
年末库存量	The Storage at Year-end	-11.02	-2.97		-0.09			
加工转换投入(-)产出(+)量	**Input (-) & Output (+) of Processing and Conversion**	428.37	48.13	37.70	100.99	22.06	95.32	-75.11
火力发电	Thermal Power Generation	-0.04						-65.66
供　　热	Heating Supply					-5.52		-9.44
煤炭洗选	Coal Washing							
炼　　焦	Coking							
炼　　油	Petroleum Refineries	428.42	48.13	37.70	100.99	46.36	119.66	
#油品再投入量(-)	Petroleum Reinput(-)					-18.78	-24.34	
制　　气	Gas Production							
#焦炭再投入量(-)	Coke Reinput(-)							
天然气液化	Natural Gas Liquefaction							
煤制品加工	Coal Products Processing							
回收能	Recovered of Energy							
损 失 量	**Losses**							0.31
#运输和输配损失	Losess in Transportation							0.31
终端消费量	**End-use Consumption**	**226.78**	**55.80**		**25.92**	**22.06**	**9.41**	**308.51**
第一产业	Primary Industry	94.08						
农林牧渔业	Agriculture,Forestry, Animal Husbandry,Fishery	94.08						
第二产业	Secondary Industry	16.67	2.54		0.14	22.06	9.41	292.99
工　　业	Industry	6.35	2.54		0.14	22.06	9.41	292.99
#用作原料. 材料	Use for Raw Material							234.07
建筑业	Construction	10.32						
第三产业	Tertiary Industry	116.03	53.26		5.50			13.15
交通运输仓储邮政业	Transport, Storage and Post	110.23	53.26					8.04
批发零售住宿餐饮业	Wholesale and Retail Trade and Catering Services	2.08			4.73			5.10
其他	Others	3.72			0.77			
生活消费	Household Consumption				20.28			2.37
城　镇	Urban				17.88			2.37
乡　村	Rural				2.40			
平衡差(+、-)	**Balance**							0.03
消费量合计	**Total Energy Consumption**							

5-13续2(continued 2)

项　目	Item	热力 Heat	电力 Electricity 当量值 Calorific Value Calculation	电力 Electricity 等价值 Coal Equivalent Calculation	其它能源 Other Energy	合计 Total 当量值 Calorific Value Calculation	合计 Total 等价值 Coal Equivalent Calculation
可供本地区消费的能源量	**Total Energy Available for Consumption**		**35.20**	**84.25**	**9.11**	**1638.37**	**1687.43**
年初库存量	The Storage at the Beginning of the Year					136.21	136.21
一次能源生产量	Primary Energy Output		34.82	83.34		83.81	132.33
外省调入量	Transferred from Other Provinces		0.81	1.94	9.11	1121.42	1122.55
进口量	Import					1377.67	1377.67
境内轮船和飞机在境外加油量	Refueling by Chinese Ships and Airplanes Abroad						
本省调出量(-)	Sending out to Other Province		-0.43	-1.03		-701.54	-702.14
出口量(-)	Export(-)					-253.15	-253.15
境外轮船和飞机在境内加油量(-)	Refueling by Foreign Ships and Airplanes in China(-)						
年末库存量	The Storage at Year-end					-126.04	-126.04
加工转换投入(-)产出(+)量	**Input (-) & Output (+) of Processing and Conversion**	9.13	223.27	534.44	-4.50	-337.84	-26.68
火力发电	Thermal Power Generation	-7.91	223.27	534.44	-4.50	-311.16	
供　热	Heating Supply	9.49				-5.47	-5.47
煤炭洗选	Coal Washing						
炼　焦	Coking						
炼　油	Petroleum Refineries					14.36	14.36
#油品再投入量(-)	Petroleum Reinput(-)					-43.12	-43.12
制　气	Gas Production						
#焦炭再投入量(-)	Coke Reinput(-)						
天然气液化	Natural Gas Liquefaction						
煤制品加工	Coal Products Processing						
回收能	Recovered of Energy	7.55				7.55	7.55
损 失 量	**Losses**		17.07	40.86		17.38	41.17
#运输和输配损失	Losess in Transportation		17.07	40.86		17.38	41.17
终端消费量	**End-use Consumption**	**9.13**	**241.40**	**577.83**	**4.61**	**1283.70**	**1620.13**
第一产业	Primary Industry		13.61	32.57		112.32	131.29
农林牧渔业	Agriculture,Forestry, Animal Husbandry,Fishery		13.61	32.57		112.32	131.29
第二产业	Secondary Industry	9.13	118.61	283.91	4.61	645.23	810.53
工　业	Industry	9.13	112.31	268.82	4.61	623.03	779.55
#用作原料.材料	Use for Raw Material					234.07	234.07
建筑业	Construction		6.30	15.09		22.20	30.98
第三产业	Tertiary Industry		67.12	160.65		430.53	524.07
交通运输仓储邮政业	Transport, Storage and Post		4.17	9.97		311.73	317.53
批发零售住宿餐饮业	Wholesale and Retail Trade and Catering Services		20.18	48.30		35.97	64.09
其他	Others		42.77	102.37		82.83	142.44
生活消费	Household Consumption		42.07	100.70		95.62	154.25
城　镇	Urban		20.30	48.60		65.01	93.30
乡　村	Rural		21.77	52.10		30.61	60.94
平衡差(+、-)	**Balance**					-0.56	-0.56
消费量合计	**Total Energy Consumption**					**1638.93**	**1687.98**

5-14 电力收支情况表(2012)
Electricity Generation and Consumption

项目	Item	用户个数(个) Number of User (unit)	用户用电装接容量(千瓦) Consumption and Installed Capacity(kw)	用电量(万千瓦时) Electricity Consumption (10^4 kW•h) 本年累计 Accumulation This Year	去年累计 Accumulation for the Same Period of Last Year
收入电量总计	**Total Electricity Generation**			**2106586.05**	**1868045.98**
本地区发电量（6000千瓦及以上)	Local Electricity Generation (6000 kW and above)			2028616.91	1799365.18
6000以下电厂上网电量	Electricity Transmitted by Power Plants below 6000 kW			71381.62	67021.84
由外省及国外(外电力系统)输入电量	Electricity Transmitted from Other Provinces and Foreign Countries (Other Electric Systems)			6587.52	1658.97
全社会用电量总计	**Total Electricity Consumption of Whole Society**	**2030642**	**12346995.01**	**2103110.49**	**1864005.13**
农、林、牧、渔业	Agriculture, Forestry, Animal Husbandry and Fishing Industry	29981	527663.72	110735.84	98878.43
工业	Industry	24957	3430313.28	1052679.68	980265.93
建筑业	Construction	7336	707750.86	51334.77	41280.97
交通运输、仓储、邮政业	Transport, Storage and Post	1858	287626.00	33875.65	27534.49
信息传输、计算机服务和软件业	Information Transmission, Computer Service and Software	6130	188809.38	30149.54	27342.75
商业、住宿和餐饮业	Commerce, Hotels and Catering Services	80955	1580575.87	164238.94	134963.61
金融、房地产、商务及居民服务业	Finance, Real Estate, Business and Household Service	23039	1578094.50	185772.03	159424.20
公共事业及管理组织	Public Undertaking and Administrative Organization	13871	615125.00	132038.60	110074.74
城乡居民生活用电	**Electricity Consumption of Urban and Rural Household**	**1842515**	**3431036.40**	**342285.44**	**284240.00**
城镇	Urban	409538	1499915.29	165225.56	142930.41
乡村	Rural	1432977	1931121.11	177059.88	141309.59

注：此表数据来源于海南电网公司，下表同。
Note: The data in this table were derived from China Southern Power Grid Hainan Co., the following as the same.

5-15 全社会用电分类表(2012)
Classification Table of Electricity Consumption of Whole Society

项 目	Item	用电量(万千瓦时) Electricity Consumption (10^4 kW•h)		年增长(%)
		本年累计 Accumulation This Year	去年累计 Accumulation for the Same Period of Last Year	Annual Growth (%)
全社会用电量总计	**Total Electricity Consumption of Whole Society**	**2103110.49**	**1864005.13**	**12.83**
全行业用电	**Electricity Consumption of Three Industries**	**1760825.05**	**1579765.12**	**11.46**
第一产业	Primary Industry	110735.84	98878.43	11.99
第二产业	Secondary Industry	1104014.45	1021546.90	8.07
第三产业	Tertiary Industry	546074.76	459339.80	18.88
城乡居民生活用电	**Electricity Consumption of Urban and Rural Residents**	**342285.44**	**284240.00**	**20.42**
城镇居民	Urban Residents	165225.56	142930.41	15.60
乡村居民	Rural Residents	177059.88	141309.59	25.30
各行业用电分类	**Electricity Consumption of All Sectors**	**1760825.05**	**1579765.12**	**11.46**
农、林、牧、渔业	**Agriculture, Forestry,Animal Husbandry and Fishery**	**110735.84**	**98878.43**	**11.99**
农业	Agriculture	19813.62	15828.15	25.18
林业	Forestry	3213.28	2875.49	11.75
畜牧业	Animal Husbandry	5767.01	6368.28	-9.44
渔业	Fishery	57772.29	49463.89	16.80
农、林、牧、渔服务业	Service in Support of Agriculture	24169.63	24342.63	-0.71
工业	**Industry**	**1052679.68**	**980265.93**	**7.39**
轻工业	Light Industry	302026.27	311990.46	-3.19
重工业	Heavy Industry	750653.41	668275.48	12.33

5-15续1(continued 1)

项　目	Item	用电量(万千瓦时) Electricity Consumption (10^4 kW•h) 本年累计 Accumulation This Year	去年累计 Accumulation for the Same Period of Last Year	年增长(%) Annual Growth (%)
采矿业	**Mining**	**69754.38**	**60678.18**	**14.96**
煤炭开采和洗选业	Mining and Washing of Coal	306.22	453.28	-32.44
石油和天然气开采业	Extraction of Petrolium and Natural Gas	3050.05	2725.86	11.89
黑色金属矿采选业	Mining and Processing of Ferrous Metal Ores	20512.26	19089.52	7.45
有色金属矿采选业	Mining and Processing of Non-Ferrous Metal Ores	27953.72	23585.04	18.52
非金属矿采选业	Mining and Processing of Nonmetal Ores	12444.86	11041.21	12.71
其他采矿业	Mining of Other Ores	5487.26	3783.27	45.04
制造业	**Manufacturing**	**667932.04**	**631292.88**	**5.80**
食品、饮料和烟草制造业	Manufacture of Foods,Beverage and Tobacco	50979.61	47226.10	7.95
纺织业	Manufacture of Textile	2732.99	2600.19	5.11
服装鞋帽、皮革羽绒及其制品业	Manufacture of Textile Wearing Apparel Footware,and Caps	650.74	655.43	-0.72
木材加工及制品和家具制造业	Manufacture of Wood,Bamboo, Rattan,Palm ,Furniture &Its Products	18481.22	17813.53	3.75
造纸及纸制品业	Manufacture of Paper and Paper Products	195809.91	202797.74	-3.45
印刷业和记录媒介的复制	Printing,Reproduction of Recording Media	1088.11	1208.46	-9.96
文教体育用品制造业	Cultural, Educational and Sports Goods	55.41	28.42	95.01
石油加工、炼焦及核燃料加工业	Processing of Petroleum, Coking Processing of Nuclear Fuel	63858.60	56239.32	13.55
化学原料及化学制品制造业	Manufacture of Chemical Raww Materialsand Chemical Products	35130.41	35051.58	0.22
医药制造业	Manufacture of Medicines	11189.74	10939.11	2.29
化学纤维制造业	Manufacturing of Chemical Fiber	11715.17	13836.92	-15.33
橡胶和塑料制品业	Manufacturing of Rubber and Plastic Products	16303.25	14459.34	12.75
非金属矿物制品业	Manufacturing of Non-metal Mineral Products	162883.62	147079.07	10.75
黑色金属冶炼及压延加工业	Smelting and Pressing of Ferrous Metals	35418.37	27845.63	27.20
有色金属冶炼及压延加工业	Smelting and Pressing of Non-ferrous Metals	3007.23	2944.11	2.14
金属制品业	Manufacture of Metal Products	8877.40	9287.31	-4.41
通用及专用设备制造业	Manufacture of General Purpose and Special Purpose Machinery	19472.47	8044.47	142.06
交通运输、电气、电子设备制造业	Manufacturing of Transport ,Electrical Machinery Equipments	19365.09	19306.96	0.30
工艺品及其他制造业	Manufacture of Artwork, Other Manufacturing	7252.91	8029.50	-9.67
废弃资源和废旧材料回收加工业	Recycling and Disposal of Waste	3659.80	5899.68	-37.97

5-15续2(continued 2)

项　目	Item	用电量(万千瓦时) Electricity Consumption (10^4 kW•h) 本年累计 Accumulation This Year	去年累计 Accumulation for the Same Period of Last Year	年增长(%) Annual Growth (%)
电力、燃气及水的生产和供应业	**Production and Supply of Electricity ,Gas and Water**	**314993.26**	**288294.88**	**9.26**
电力、热力的生产和供应业	Production and Supply of Electric Power and Heat Power	290529.22	265923.21	9.25
燃气生产和供应业	Production and Supply of Gas	5676.13	6308.76	-10.03
水的生产和供应业	Production and Supply of Water	18787.91	16062.91	16.96
建筑业	**Construction**	**51334.77**	**41280.97**	**24.35**
交通运输、仓储、邮政业	**Transport, Storage, Postal Services**	**33875.65**	**27534.49**	**23.03**
交通运输业	Transport	27532.82	22153.82	24.28
仓储业	Storage	4013.42	3297.89	21.7
邮政业	Post	2329.41	2082.78	11.84
信息传输、计算机服务和软件业	**Information Transmission, Computer Services and Software**	**30149.54**	**27342.75**	**10.27**
电信和其他信息传输服务业	Telecom & Other Information Transmission Services	28795.64	25783.98	11.68
计算机服务和软件业	Computer Services and Software	1353.9	1558.76	-13.14
商业、住宿和餐饮业	**Hotels and Catering Trade**	**164238.94**	**134963.61**	**21.69**
批发和零售业	Wholesale and Retail Trades	64007.89	55069.57	16.23
住宿和餐饮业	Hotels and Catering Services	100231.05	79894.04	25.45
金融、房地产、商务及居民服务业	**Financial, Real Estate, Business Affair and Household Services**	**185772.03**	**159424.2**	**16.53**
金融业	Financial Intermediation	9765.74	9291.79	5.1
房地产业	Real Estate	129609.16	112576.82	15.13
租赁和商务服务、居民服务和其它服务业	Leasing and Business Services,Residents Services and Other Social Services	46397.13	37555.6	23.54
公共事业及管理组织	**Public Management and Social Organization**	**132038.6**	**110074.74**	**19.95**
科学研究、技术服务和地质勘查业	Scientific Research, Technical Services and Geological Prospecting	4565.12	5902.78	-22.66
水利、环境和公共设施管理业	Management of Water Conservancy, Environment and Public Facilities	16648.72	14693.53	13.31
教育、文化、体育和娱乐业	Education,Culture,Sports and Entertainment	36442.42	31770.12	14.71
卫生、社会保障和社会福利业	Health ,Social Security and Social Welfare	18871.07	14627.24	29.01
公共管理和社会组织、国际组织	Public Management, Social Organization and International Organization	55511.27	43081.08	28.85

主要统计指标解释

能源生产总量 指一定时期内全省一次能源生产量的总和，是观察全省能源生产水平、规模、构成和发展速度的总量指标。一次能源生产量包括原煤，原油，天然气，水电、核能及其他动力能（如风能、地热能等）发电量，不包括低热值燃料生产量、生物质能、太阳能等的利用和由一次能源加工转换而成的二次能源产量。

能源消费总量 指一定时期内，全省各行业和居民生活消费的各种能源的总和，是观察能源消费水平、构成和增长速度的总量指标。能源消费总量包括原煤和原油及其制品、天然气、电力，不包括低热值燃料、生物质能和太阳能等的利用。能源消费总量分为终端能源消费量、能源加工转换损失量和损失量三部分。

（1）终端能源消费量：指一定时期内全省生产和生活消费的各种能源在扣除了用于加工转换二次能源消费量和损失量以后的数量。

（2）能源加工转换损失量：指一定时期内全省投入加工转换的各种能源数量之和与产出各种能源产品之和的差额，是观察能源在加工转换过程中损失量变化的指标。

（3）能源损失量：指一定时期内能源在输送、分配、储存过程中发生的损失和由客观原因造成的各种损失量，不包括各种气体能源放空、放散量。

能源生产弹性系数 是研究能源生产增长速度与国民经济增长速度之间关系的指标。计算公式为：

能源生产弹性系数=能源生产总量年平均增长速度/国民经济年平均增长速度

国民经济年平均增长速度，可根据不同的目的或需要，用国民生产总值、国内生产总值等指标来计算，本年鉴是采用国内生产总值指标计算的。

电力生产弹性系数 是研究电力生产增长速度与国民经济增长速度之间关系的指标。一般来说，电力的发展应当快于国民经济的发展，也就是说电力应超前发展。计算公式为：

电力生产弹性系数=电力生产总量年平均增长速度/国民经济年平均增长速度

能源消费弹性系数 是反映能源消费增长速度与国民经济增长速度之间比例关系的指标。计算公式为：

能源消费弹性系数=能源消费量年平均增长速度/国民经济年平均增长速度

电力消费弹性系数 反映电力消费增长速度与国民经济增长速度之间比例关系的指标。计算公式为：

电力消费弹性系数=电力消费年平均增长速度/国民经济年平均增长速度

能源加工转换效率 指一定时期内能源经过加工、转换后，产出的各种能源产品的数量与同期内投入加工转换的各种能源数量的比率。它是观察能源加工转换装置和生产工艺先进与落后、管理水平高低等的重要指标。计算公式为：

能源加工转换效率=能源加工、转换产出量/能源加工、转换投入量×100%

单位国内生产总值能耗 指一定时期内，一个国家或地区每生产一个单位的国内生产总值所消耗的能源。计算公式为：

单位国内生产总值能耗=能源消费总量/国内生产总值

Explanatory Notes on Main Statistical Indicators

Total Energy Production refers to the total production of primary energy by all energy producing enterprises in the country in a given period of time. It is a comprehensive indicator to show the level, scale, composition and pace of development of energy production of the country. The production of primary energy includes that of coal, crude oil, natural gas, hydro-power and electricity generated by nuclear energy and other means such as wind power and geothermal power. However, it does not include the production of fuels of low calorific value, bio-energy, solar energy and secondary energy converted from primary energy.

Total Energy Consumption refers to the total consumption of energy of various kinds by the production sectors and the households in the country in a given period of time. It is a comprehensive indicator to show the scale, composition and pace of increase of energy consumption. Total energy consumption includes that of coal, crude oil and their products, natural gas and electricity. However, it does not include the consumption of fuel of low calorific value, bio-energy and solar energy. Total energy consumption can be divided into three parts: end-use energy consumption; loss during the process of energy conversion; and energy loss.

(1)End-use Energy Consumption: It refers to the total energy consumption by the production sectors and the households in the country (region) in a given period of time. It does not include the consumption during the conversion of primary energy into secondary energy and the loss in the process of energy conversion.

(2)Loss During the Process of Energy Conversion: It refers to the total input of various kinds of energy for conversion, minus the total output of various kinds of energy in the country in a given period of time. It is an indicator to show the loss that occurs during the process of energy conversion.

(3)Energy Loss: It refers to the total of the loss of energy during the course of energy transport, distribution and storage and the loss caused by any objective reason in a given period of time. The loss of various kinds of gas due to gas discharges and stocktaking is not included.

Elasticity Ratio of Energy Production is an indicator to show the relationship between the growth rate of energy production and the growth rate of the national economy.

The formula is:

$$\text{Elasticity Ratio of Energy Production} = \frac{\text{Average Annual Growth Rate of Energy Production}}{\text{Average Annual Growth Rate of National Economy}}$$

The average annual growth rate of the national economy can be measured by indicators such as the Gross National Product and the Gross Domestic Product, depending on the purposes or needs. The Gross Domestic Product has been used in the calculation of the ratio in this Yearbook.

Elasticity Ratio of Electricity Production is an indicator to show the relationship between the growth rate of electricity production and the growth rate of the national economy. Generally speaking, the growth rate of electricity production should be higher than that of the national economy.

Its formula is:

$$\text{Elasticity Ratio of Electricity Production} = \frac{\text{Average Annual Growth Rate of Electricity Production}}{\text{Average Annual Growth Rate of National Economy}}$$

Elasticity Ratio of Energy Consumption is an indicator to show the relationship between the growth rate of energy consumption and the growth rate of the national economy. The formula is:

$$\text{Elasticity Ratio of Energy Consumption} = \frac{\text{Average Annual Growth Rate of Energy Consumption}}{\text{Average Annual Growth Rate of National Economy}}$$

Elasticity Ratio of Electricity Consumption is an indicator to show the relationship between the growth rate of electricity consumption and the growth rate of the national economy. The formula is:

$$\text{Elasticity Ratio of Electricity Consumption} = \frac{\text{Average Annual Growth Rate of Electricity Consumption}}{\text{Average Annual Growth Rate of National Economy}}$$

Efficiency of Energy Processing and Conversion refers to the ratio of the total output of energy products of various kinds after processing and conversion to the total input of energy of various kinds for processing and conversion in the same reference period. It is an important indicator to show the current conditions of energy processing and conversion equipment, production technique and management. The formula is:

$$\text{Efficiency of Energy Processing \& Conversion} = \frac{\text{Output of Energy After Processing \& Conversion}}{\text{Input of Energy for Processing \& Conversion}} \times 100\%$$

Energy Consumption per Unit of GDP refers to the energy consumption per unit of Gross Domestic Product in a country or the Gross Regional Product in a region in the same reference period. The formula is:

$$\text{Energy Consumption per Unit of GDP} = \frac{\text{Total Energy Consumption}}{\text{Gross Domestic Product}}$$

财　　政

Government Finance

编辑人员：陈灿宇　罗玲　吴庆婷

Compiled by Chen Canyu　luo Ling　Wu Qingting

英文翻译：李兴之

Translated by Li Xingzhi

简 要 说 明

本章节主要内容和资料来源

一、本篇的主要内容和资料来源

本篇反映本省财政收支状况，资料来源于海南省财政厅和省地税局，资料基础为国家财政决算、预算外资金收支决算和有关财务报表。

二、统计口径的变化和数据调整

从2008年起，地方财政收支仅指地方一般预算收入和支出，年鉴中为便于历年数的对比，地方财政收支中仍然包括基金收支。从2010年起，一般预算支出科目和预算外财政专户资金支出科目有变动。

Brief Introduction

I. Main Contents and Sources of Data

The data in this chapter present the government revenue and expenditure situation. The data come from the Finance Department of Hainan Province and local taxation bureau. The data are based on final state financial accounts, final extra-budgetary revenue and expenditure accounts and related financial reports.

II. Change of Statistical Scope and Data Adjustment.

Since 2008, local fiscal revenue includes only the local general budget revenue and expenditure. For better comparison with the data of previous years, the local fiscal revenue and expenditure in this table still include the fund balance. Since 2010, new Subjects of General Budgetary Expenditure and Extra-budgetary Finance Expenditure have been executed.

6-1 历年地方财政收入和支出
Revenue and Expenditure of Local Government in Various Years

单位：万元 (10 000yuan)

年份 Year	地方财政收入 Local Financial Revenue	地方一般预算收入 General Budgetary Revenue	各项税收 Various Taxes	国有资产经营收益 Operational Income of State-owned Assets	基金收入 Fund Revenue	地方财政支出 Local Finanicial Expenditures	地方一般预算支出 General Budgetary Expenditure
1982	12770	12770	13620	-1034		25874	25874
1983	16177	16177	16479	-499		31847	31847
1984	30548	30548	30012	-357		45283	45283
1985	31613	31613	40817	201		58994	58994
1986	21894	21894	31872	91		66305	66305
1987	29588	29588	35068	137		67221	67221
1988	48236	48236	51059	1853		92475	92475
1989	62481	62481	61479	3434		138090	138090
1990	73894	73894	64378	5858		174247	174247
1991	93064	93064	84409	5323		193876	193876
1992	149728	149728	136335	5192		253642	253642
1993	291219	291219	260568	3553		385215	385215
1993*	230260	230260	189609	3553			
1994	275316	275316	242430	1902		400117	400117
1995	285339	285339	248086	877		423860	423860
1996	307034	307034	259198	1635		451649	451649
1997	316485	308698	250504	1356	7787	484809	478408
1998	364870	336719	272409	3862	28151	575132	549066
1999	420666	361441	291712	7739	59225	625993	567831
2000	449084	391995	315156	9035	57089	705387	641193
2001	495924	437656	350854	13727	58268	845763	784583
2002	518324	462385	363797	12887	55939	984520	922574
2003	615971	513205	405425	14978	102766	1151756	1053984
2004	692965	570358	446747	21785	122607	1407414	1272006
2005	848930	686802	545149	24816	162128	1675759	1512421
2006	1023508	818139	657533	37109	205369	1961130	1745365
2007	1524579	1082935	879935	39504	441644	2871034	2451967
2008	2297559	1448584	1205390	46945	848975	4387304	3579708
2009	2996659	1782420	1512437	60839	1214239	6040543	4860624
2010	5516154	2709915	2370999	77329	2806239	8186880	5813379
2011	6275338	3401157	2956863	63922	2874181	10812747	7787952
2012	7142625	4094370	3508030	109502	3048255	12956196	9116730

注：1. 从1993年起按税制改革新口径统计，1993年有*符号数为按新口径调整数。

2. 从2008年起，地方财政收支仅指地方一般预算收入和支出，本表为便于历年数的对比，地方财政收支中仍然包括基金收支。

Note:a)Since 1994,tax revenue by reference to tax reform is according to the new alibre.With"*"signs in 1993,it is based on the new caliber adjustment in 1994. b)Since 2008, local revenue includes only the local general budget revenue and expenditure. For better comparison with the data of previous years, the local revenue and expenditure in this table still include the fund balance.

6-2 国税税收收入
Revenue of National Tax Bureau

单位：万元 (10 000 yuan)

指　　标	Item	2005	2008	2009	2010	2011	2012
收入合计	**Total Revenue**	**647871**	**1805796**	**2119704**	**2707547**	**3593366**	**3778299**
其中：中央收入	Central Revenue	523441	1565556	1845866	2321987	3079718	3240880
地方收入	Local Revenue	124430	240240	273781	385560	513648	537419
国内计划税收收入	Tax Revenue of Domestic Tax Plan	544309	1038188	1636658	2073276	2588343	2754278
国内增值税	Domestic Value-added Tax	390821	542640	622090	823236	889222	941738
国内消费税	Domestic Consumption Tax	59247	175112	654882	678719	840682	930865
中央营业税	Central Business Tax	-8		32			2
企业所得税	Corporate Income Tax	50419	252673	295420	456455	736487	764988
利息个人所得税	Individual Income Tax	18052	14168	5936	1564	669	189
车辆购置税	Vehicle Purchase Tax	25778	53595	58298	113302	121283	116496
海关代征	Customs Taxation	103562	767608	483046	634271	1005023	1024021
其中：增值税	Value-added Tax	103497	767390	482542	633165	1002614	1020635
消费税	Consumption Tax	65	218	504	1106	2409	3386
出口退税	Tax of Export Rebate	-57900	-75194	-119832	-75996	-98881	-135998
其中：退增值税	Value-added Tax Back	-46127	-55078	-104999	-60987	-84991	-117905
退消费税	Consumption Tax Back	-73	-22		-13	-7	-94

6-3 地税税收收入
Revenue of Local Tax Bureau

单位：万元 (10 000yuan)

指标	Item	2008	2009	2010	2011	2012
收入合计	**Total Revenue**	**1120144**	**1444098**	**2255074**	**2845539**	**3380163**
中央收入	Central Revenue	155570	192634	261334	342303	340576
地方收入	Local Revenue	964574	1251464	1993740	2503236	3039587
营业税	Business Tax	523241	678347	1123506	1234716	1324050
企业所得税	Corporate Income Tax	134141	173646	236197	324797	377771
个人所得税	Individual Income Tax	125143	147432	199391	243002	189407
资源税	Resource Tax	12772	10336	12415	15778	28534
城市维护建设税	Urban Maintenance and Construction Tax	55182	66584	94548	183566	201401
房产税	Property Tax	37348	50658	53908	70556	89028
印花税	Stamp Tax	16442	18003	28269	39288	42429
城镇土地使用税	Urban Land Use Tax	62365	69279	79495	90120	129267
土地增值税	Land Appreciation Tax	62090	101654	212288	378306	418418
车船税	Travel Tax	5903	10359	10405	12982	19800
烟叶税	Tobacco Tax					69
耕地占用税	Farmland Occupation Tax	14383	29650	42345	70572	145517
契税	Deed Tax	71134	88150	162307	181856	414473
其他税收	Other Taxes					

6－4 地方财政用于文教、卫生、科学的支出
Expenditure of Local Government For Education、Health Care and Sciences

单位：万元 (10 000yuan)

指　　标	Item	2008	2009	2010	2011	2012
合　　计	**Total**	**855865**	**1204508**	**1522349**	**2039967**	**2505610**
教育	**Education**	**556331**	**744989**	**983344**	**1272712**	**1587881**
#教育管理事务	**Education Management Sevices**	16272	15758	21168	28358	29150
普通教育	General Education	417924	595984	779046	1008252	1166488
职业教育	Vocational Eucation	69731	85120	109587	120165	183267
教师进修及干部继续教育	Teacher Education and Continuing Education of Cadres	7615	7127	10433	11718	16241
医疗卫生	**Medical and Health**	**186377**	**301348**	**348205**	**502960**	**598637**
#医疗保障	Medical Insurance	96725	128654	145411	221526	263870
公立医院	Public Hospital	-	-	70460	102409	106042
基层医疗卫生机构	Primary Health Care Institutions	-	-	34934	50755	79722
公共卫生	Public Health	-	-	63036	87479	101127
文化体育与传媒	**Culture,Sport and Media**	**68176**	**97459**	**116126**	**165980**	**198469**
#文化	Culture	29970	53367	57131	73183	94767
体育	Sport	9698	7085	16697	22191	23835
广播影视	Broadcasting,Moives and Television	19675	15989	20248	31311	38548
新闻出版	Press and Publication	1443	1732	3736	4198	3809
科学技术	**Science and Technology**	**44981**	**60712**	**74674**	**98315**	**120623**
#应用研究	Applied Research	3786	5841	6097	7618	10394
技术研究与开发	**Technology Research and Development**	**30822**	**41305**	**52737**	**58803**	**72772**
科学技术普及	Popularization of Science and Technology	1398	1830	2537	6068	3520
文教卫科支出占地方一般预算支出的比重(%)	**Percentage to Local General Budgetary Expenditure(%)**	**23.9**	**24.8**	**26.3**	**26.2**	**27.5**

注：2010年医疗卫生执行新的科目
Note:New subjects of medical and health have been executed since 2010

6-5 地方财政用于社会保障和就业的支出
Expenditure of Local Government for Social Security and Employment Effort

单位：万元 (10 000yuan)

指　　标	Item	2008	2009	2010	2011	2012
合　计	**Total**	**494349**	**791964**	**738033**	**940365**	**1061496**
人力资源和社会保障管理事务	Management of Human Resources and Social Security	16935	16064	23028	31328	44474
民政管理事务	Management of the Civil Affairs	12315	16389	21246	36154	43214
财政对社会保险基金的补助	Financial Subsidy for Social Security Foundation	199225	297652	278606	382874	440513
行政事业单位离退休	Retirement Pension for Retires Administrative and Institutional Units	136396	145889	191325	239500	246745
企业改革补助	Subsidy for Enterprise Reform	6657	11153	6086	14486	14425
就业补助	Employment Subsidies	18006	17348	23367	29816	37195
抚恤	Pension	18027	21656	22577	26705	35809
退役安置	Retired Resettlement	9326	14543	14210	15891	17395
社会福利	Social Welfare	2779	3503	4449	9220	18993
残疾人事业	Person with Disabilities	3094	3729	5713	7964	11919
城镇居民最低生活保障	Minimum Living Guarantee of Urban Residents	30255	45546	46637	51385	55217
其他城镇社会救济	Social Relief of Other Urban	2945	2940	3719	4938	20978
自然灾害生活补助	Subsidy for Natural Disasters	6600	11107	40996	20203	12311
红十字事业	Red Cross Undertakings	393	400	733	728	808
农村最低生活保障	Minimum Living Guarantee of Rural Residents	15566	30094	35936	35265	46615
其他农村社会救济	Other Social Relief of Rural	8272	10446	10395	16962	14885
补充道路交通事故社会救助基金	Complement Social Assistance Fund for Road Traffic Accidents			1000		
其他社会保障和就业支出	Other Expenditure for Social Security and Employment Effort	7558	143505	8010	16946	20978
社会保障和就业支出占地方一般预算支出的比重(%)	**Percentage to Local General Budgetary Expenditure(%)**	**13.8**	**16.3**	**12.8**	**12.1**	**11.6**

6-6 一般预算收支决算总表
General Budgetary Revenue and Expenditure Accounts Sheet

单位：万元 (10 000 yuan)

指　　标	Item	2008	2009	2010	2011	2012
一般预算收入总计	**Total General Budgetary Revenue**	**4132476**	**5373678**	**6703749**	**8776189**	**10037375**
地方一般预算收入	**Local General BudgetaryRevenue**	**1448584**	**1782420**	**2709915**	**3401157**	**4094370**
税收收入	Tax Revenue	1205390	1512437	2370999	2956863	3508030
增值税	Value-added Tax	135712	134212	185304	196098	207485
营业税	Business Tax	523234	678359	1123538	1234829	1324050
企业所得税	Corporate Income Tax	152931	192007	280377	429084	463937
企业所得税退税	Corporate Income Tax Refund	-33	-41	-8		
个人所得税	Individual Income Tax	55738	61369	80474	97468	75837
资源税	Resource Tax	12776	10341	12417	15780	28536
城市维护建设税	City Maintenance and Construction Tax	55240	66637	94247	140101	149085
房产税	House Property Tax	37347	50660	53915	70554	89028
印花税	Stamp Tax	16443	18004	28261	39289	42428
城镇土地使用税	Urban Land Use Tax	62358	69279	79506	90120	129367
土地增值税	Land Appreciation Tax	62087	101656	212291	378309	418416
车船税	Vehicle and Vessel Tax	6166	10363	10409	12984	19802
耕地占用税	Farm Land Occupation Tax	14369	28934	42487	70402	145519
契税	Deed Tax	71022	90657	167781	181845	414471
其他税收收入	Other Tax Revevue					69
非税收入	Total Non-tax Revenue	243194	269983	338916	444294	586340
专项收入	Special Program Receipts	72327	61939	79312	89456	88200
行政事业性收费收入	Charge of Administrative and Institutional Units	64017	59260	85802	118412	148951
罚没收入	Penalty Receipts	33123	40890	47431	71092	83064
国有资本经营收入	Operating Income of State-owned Capital	46945	60839	77329	63922	109502
国有资源(资产)有偿使用收入	State-owned Resources (Assets) Paid Income	23561	39707	39475	72699	127193
其他收入	Other Non-Tax Receipts	3221	7348	9567	28713	29430
上级补助收入	**Subsidy from Central Government**	**2140127**	**2695637**	**3157807**	**4123942**	**4420563**
财政部代理发行地方政府债券收入	**Revenue from Local Government Bonds Issued by Ministry of Finance**		**290000**	**250000**	**290000**	**400000**
国债转贷资金上年结余	**Balance of National Debt for Lending of Last Year**	**7250**	**5419**			
国债转贷转补助	**Subsidy From National Debt for Lending**		**-1500**			
上年结余	**Balance of Last Year**	**514846**	**451789**	**442677**	**705995**	**800704**
调入预算稳定调节基金	**Transferred Budget Stability and Regulation Fund**		**64537**	**68200**	**150217**	**195863**
调入资金	**Transferred Funds**	**21669**	**85376**	**75150**	**104878**	**125875**

6－6续 (continued)

单位：万元 (10 000 yuan)

指 标	Item	2008	2009	2010	2011	2012
一般预算支出总计	**Total General Budgetary Expenditure**	**4132476**	**5373678**	**6703749**	**8776189**	**10037375**
地方一般预算支出	**Local General Budgetary Expenditure**	**3579708**	**4860624**	**5813379**	**7787952**	**9116730**
#一般公共服务	General Public Services	533225	556517	624432	820211	985275
外交	Foreign Affairs	4615	4083	3721	9630	6314
公共安全	Public Safety	242533	328768	439381	532316	571083
教育	Education	556331	744989	983344	1272712	1587881
科学技术	Science and Technology	44981	60712	74674	98315	120623
文化体育与传媒	Culture,Sport and Media	68176	97459	116126	165980	198469
社会保障和就业	Social Security and Employment Effort	494349	791964	738033	940365	1061496
医疗卫生	Medical and Health Care	186377	301348	348205	502960	598637
环境保护	Environment Protection	68058	185107	148874	239733	212315
城乡社区事务	Urban and Rural Community Affairs	225139	28891	368053	395676	522201
农林水事务	Agriculture,Forestry and Water Conservancy	554118	830834	876807	1056282	1236240
交通运输	Transportation	114304	285022	262315	531920	675143
资源勘探电力信息等事务	Exploration，Electric Power and Information etc.	-	-	145976	214376	228281
商业金融等事务	Commerce and Banking etc.	-	-	78261	109133	129346
国土资源气象等事务	Territorial Resource and Weather etc.	-	-	91034	112892	108862
保障性住房支出	Expenditure for Housing Security	-	-	238264	345197	447625
粮油物资储备管理事务	Cereal and Oils material Resource Management	-	52121	16398	14240	28667
其他支出	Other Expenditure	487502	644930	259481	426014	405761
上解上级支出	**Expenditure for Cental Government**	**9289**	**15147**	**6909**	**3874**	**11639**
#一般性转移支付	General Transfer Payments	2465	5815	2527		5670
专项转移支付	Special Transfer Payments	6824	9332	4382	3874	5969
增设预算周转金	**Additional Working Capital Budget**	**560**				
拨付国债转贷资金数	**Allocated National Debt for Lending**	**1831**	**3919**			
国债转贷资金结余	**Balance of National Debt for Lending**	**5419**				
安排预算稳定调节基金	**Budget Stability and Regulation Fund Expenditure**	**84437**	**67728**	**199611**	**186774**	**239800**
调出资金	**Capital Transferred**	**4317**	**5982**	**7212**	**17157**	**18879**
年终结余	**Balance at Year-end**	**446915**	**420278**	**676638**	**780432**	**469419**

注：2010年一般预算支出科目有变动
Note:New Subjects of General Budgetary Expenditure have been Executed since 2010

6-7 政府性基金收支决算总表
Revenue and Expenditure Accounts Sheet of Government Funds

单位：万元 (10 000 yuan)

指　　标	Item	2008	2009	2010	2011	2012
本年收入总计	**Total Revenue**	**967560**	**1415165**	**3090392**	**3749138**	**3839466**
本年收入合计	Revenue of Current Year	848975	1214239	2806239	2874181	3048255
上级补助收入	Subsidy from Central Government	28798	35232	54748	170001	89907
上年结余	Balance of Last Year	73312	159216	215132	683495	673921
调入资金	Transferred Funds	16475	6478	14273	21461	27383
一般预算调入	General Budgetary Transferred	4317	5982	7212	17157	18879
预算外调入	Extra-budgetary Transferred	12158	484			
其他调入	Other Transferred		12	7061	4304	8504
本年支出总计	**Total Expenditure of Current Year**	**967560**	**1415165**	**3090392**	**3749138**	**3839466**
本年支出合计	Expenditure of Current Year	807596	1179919	2373501	3024795	2928498
一般公共服务	General Public Services	9404	19068		10	4
教育	Education				28373	41222
文化体育与传媒	Culture,Sport and Media	8266	4984	5329	8660	5705
社会保障和就业	Social Security and Employment Effort	1556	2099	9127	9896	14079
城乡社区事务	Urban and Rural Community Affairs	635014	1039534	2222931	2754754	2631540
农林水事务	Agriculture,Forestry and Water Conservancy	22782	19101	10033	65017	49411
交通运输	Transportation	125568	90394	110544	138334	155825
资源勘探电力信息等事务	Exploration，Electric Power and Information etc.	-	-	315	324	348
商业服务业等事务	Business Services etc.	-	-	1190	1250	250
其他支出	Other Expenditure	5006	4739	14032	18177	30114
调出资金	Capital Transferred	145	20114	33396	50422	55240
年终结余	Balance at the Year-end	159819	215132	683495	673921	855728
其中：本级	Provincial	63982	82574	166655	325067	368146

6-8 预算外财政专户资金收支决算总表
Revenue and Expenditure Accounts Sheet of Extra-budgetary Finance

单位：万元 (10 000 yuan)

指 标	Item	2008	2009	2010	2011	2012
预算外资金收入总计	**Total Extra-budgetary Revenue**	**303555**	**340256**	**387277**	**307796**	**293454**
本 年 收 入 合 计	Total Revenue of Current Year	212385	251937	264345	158710	**166506**
行政事业性收费收入	Charge of Administrative and Institutional Units	177936	192198	168972	118930	116649
国有资源(资产)有偿使用收入	State-owned Resources (Assets) Paid Income	5423	18304	16905		
其他收入	Other Revenue	26106	41435	78468	39780	49857
上级补助收入	Subsidy from Central Government					
上年结余	Balance of Last Year	91170	88319	122932	149086	126948
预算外资金支出总计	**Total Extra-budgetary Expenditure**	**303555**	**340256**	**387277**	**307796**	**293454**
本年预算外资金支出	Current Year Extra-budgetary Expenditure	200751	216570	223624	176764	167296
#一般公共服务	General Public Services	14377	18652	22425	15378	14306
公共安全	Public Safety	4106	13402	5507	186	400
教育	Education	120461	117568	114854	119155	114867
科学技术	Science and Technology	8	37	39	23	
文化体育与传媒	Culture,Sport and Media	5116	8681	4363	431	191
社会保障和就业	Social Security and Employment Effort	2431	1888	8007	4524	907
医疗卫生	Medical and Health Care	2350	2502	8740	449	2359
环境保护	Environment Protection	257	915	762	295	50
城乡社区事务	Urban and Rural Community Affairs	22664	31099	16491	2236	
农林水事务	Agriculture,Forestry and Water Conservancy	3706	6513	14104	9741	4085
交通运输	Transportation	8537	6097	6590	1821	870
商业金融等事务	Commerce and Banking etc.	-	-	2019	2805	1867
保障性住房支出	Expenditure for Housing Security	-	-	1439	1481	2088
其他支出	Other Expenditure	16738	9216	18284	18239	25306
上解上级支出	Expenditure for Cental Government					
政府调剂资金	Funds Relieved by Government	12162	486	677	264	62
调入一般预算	General Budgetary Transferred	4	2	677	264	62
调入政府性基金	Government funds Transferred	12158	484			
年终结余	Balance at the Year-end	90642	123200	162976	130768	126096
其中：本级	Provincial	26558	27977	43362	37886	41178

注：从2010年起执行新的支出科目。
Note:Perform new expenditures subject since 2010.

6-9 各市县地方一般预算收入
Revenue of Local Government by Region

单位：万元 (10 000 yuan)

地 区	Region	一般预算收入 General Bugetary Revenue	税收收入 Tax Revenue	#增值税 Value-added Tax	营业税 Business Tax	企业所得税 Corporate Income Tax	个人所得税 Individual Income Tax	资源税 Resource Tax	契 税 Deed Tax	烟叶税 Tobacco Tax	其他各项税收收入 Other Tax Revevue
全省总计	**Total**	**4094370**	**3508030**	**207485**	**1324050**	**463937**	**75837**	**28536**	**414471**	**69**	**993714**
海 口 市	Haikou	731687	627530	40383	176212	81938	18485	1176	45562		263774
三 亚 市	Sanya	602472	535919	6927	174103	56265	7118	299	85753		205454
五指山市	Wuzhishan	30701	23216	349	8895	1435	362	11	4165		7999
文 昌 市	Wenchang	104467	85980	3672	31817	5896	1924	553	11878		30240
琼 海 市	Qionghai	153406	133100	2606	46029	12253	1660	158	27086		43308
万 宁 市	Wanning	103215	85618	1944	34628	6362	2324	78	12501		27781
定 安 县	Ding'an	44605	30283	919	9144	1027	512	4	4206		14471
屯 昌 县	Tunchang	31680	18469	473	7732	930	252	49	2097		6936
澄 迈 县	Chengmai	157344	102509	9647	33611	11472	1388	5034	14747		26610
临 高 县	Lingao	41268	26479	1151	7424	717	853	110	1008		15216
儋 州 市	Danzhou	248503	204409	27007	76785	20915	3216	292	8268	69	67926
儋 州	Danzhou	93070	67289	3781	26635	4674	1053	292	7087	69	23767
洋 浦	Yangpu	155433	137120	23226	50150	16241	2163		1181		44159
东 方 市	Dongfang	83115	65250	11394	12122	21713	1201	261	2194		16365
乐 东 县	Ledong	58688	45839	904	18715	4172	627	156	6832		14433
琼 中 县	Qiongzhong	22402	14156	753	5028	793	239	6	161		7176
保 亭 县	Baoting	32926	26907	356	13476	2503	457	40	3963		6112
陵 水 县	Lingshui	205682	194463	1248	57303	28036	1186	108	35753		70829
白 沙 县	Baisha	18585	12091	999	4477	721	171	24	431		5268
昌 江 县	Changjiang	86275	76341	13111	12085	16639	1095	20177	499		12735

6－9续 (continued)

单位：万元 (10 000 yuan)

地 区	Region	非税收入 Non-tax Revenue	专项收入 Special Program Receipts	行政事业性收费收入 Charge of Administrative and Institutional Units	罚没收入 Penalty Receipts	国有资本经营收入 Operating Income of State-owned Capital	国有资源(资产)有偿使用收入 State-owned Resources (Assets) Paid Income	其他收入 Other Non-Tax Receipts
全省总计	**Total**	**586340**	**88200**	**148951**	**83064**	**109502**	**127193**	**29430**
海口市	Haikou	104157	30139	36133	24805		11932	1148
三亚市	Sanya	66553	12368	22920	7111	9397	14532	225
五指山市	Wuzhishan	7485	483	1774	184	3863	315	866
文昌市	Wenchang	18487	2143	7361	1636	2781	3387	1179
琼海市	Qionghai	20306	2817	7753	832	6118	2172	614
万宁市	Wanning	17597	1738	1880	1676	6059	5435	809
定安县	Ding'an	14322	546	2042	2754	3203	4600	1177
屯昌县	Tunchang	13211	561	2336	412	9225	301	376
澄迈县	Chengmai	54835	3424	1711	1652	44746	2044	1258
临高县	Lingao	14789	729	1547	791	10329	576	817
儋州市	Danzhou	44094	12397	10569	3481	6977	7954	2716
儋 州	#Danzhou	25781	2133	3724	2825	6977	7408	2714
洋 浦	Yangpu	18313	10264	6845	656		546	2
东方市	Dongfang	17865	3071	7735	828		5404	827
乐东县	Ledong	12849	1113	1426	635	1	7530	2144
琼中县	Qiongzhong	8246	419	889	249	3815	1266	1608
保亭县	Baoting	6019	635	692	530	12	1544	2606
陵水县	Lingshui	11219	2565	1330	2735	260	2823	1506
白沙县	Baisha	6494	377	800	353	2715	1930	319
昌江县	Changjiang	9934	4406	1456	1486		2377	209

6-10 各市县地方一般预算支出
Expenditure of Local Government by Region

单位：万元 (10 000 yuan)

地 区	Region	一般预算支出 General Bugetary Expenditure	一般公共服务 General Public Services	外交 Foreign Affairs	国防 National Defense	公共安全 Public Safety	教育 Education	科学技术 Science and Technology	文化体育与传媒 Culture, Sport and Media
全省总计	**Total**	**9116730**	**985275**	**6314**	**38863**	**571083**	**1587881**	**120623**	**198469**
海 口 市	Haikou	1138450	153722		5999	102167	212174	16064	20039
三 亚 市	Sanya	827333	100316		10671	58195	121763	25234	27085
五指山市	Wuzhishan	131814	14079		478	7045	20075	678	3680
文 昌 市	Wenchang	353169	29264		405	18005	60590	5790	7265
琼 海 市	Qionghai	321762	38148		1061	14787	52942	3082	6991
万 宁 市	Wanning	308750	30320		327	17706	76370	4190	10368
定 安 县	Ding'an	201887	15559		304	10112	42635	1603	4790
屯 昌 县	Tunchang	192903	15608		176	8760	36104	2763	9474
澄 迈 县	Chengmai	366628	34684		836	16804	78302	11812	14788
临 高 县	Lingao	231741	23503		10	9546	58293	3143	3785
儋 州 市	Danzhou	737960	41735	1035	20995	125988	28920	6908	49859
儋 州	#Danzhou	431302	27259	1035	20973	114845	4440	6908	49859
洋 浦	Yangpu	306658	14476		22	11143	24480		
东 方 市	Dongfang	315597	27012		753	17993	62153	3469	3658
乐 东 县	Ledong	331420	34906		556	18625	75240	2687	4494
琼 中 县	Qiongzhong	169472	17918		887	7796	44594	2763	3412
保 亭 县	Baoting	144218	15980		698	8184	24943	1243	4835
陵 水 县	Lingshui	394672	46322		1217	14832	58659	522	8588
白 沙 县	Baisha	172874	30279			10522	33438	1930	2931
昌 江 县	Changjiang	240160	21621		986	11877	39215	2824	5176

6—10续 1 (continued)

单位：万元 (10 000 yuan)

地 区	Region	社会保障和就业 Social Security and Employment Effort	医疗卫生 Medical and Health Care	节能环保 Energy Saving and Environmental Protection	城乡社区事务 Urban and Rural Community Affairs	农林水事务 Agriculture, Forestry and Water Conservancy	交通运输 Transportation	资源勘探电力信息等事物 Exploration, Electric Power and Information etc.	商业服务业等事务 Commercial and Service Industry etc.
全省总计	**Total**	**1061496**	**598637**	**212315**	**522201**	**1236240**	**675143**	**228281**	**121857**
海 口 市	Haikou	144481	94502	29407	103575	97447	52856	25383	18597
三 亚 市	Sanya	49449	43174	1411	101119	107959	20217	22784	10144
五指山市	Wuzhishan	15892	10549	3658	8963	19326	1283	745	2606
文 昌 市	Wenchang	40231	30229	11738	17385	52387	16849	1065	4805
琼 海 市	Qionghai	31286	27790	7864	27460	50009	13413	557	7364
万 宁 市	Wanning	34056	27950	2818	6557	46365	4930	1094	6758
定 安 县	Ding'an	27651	20992	6593	11682	37428	3423	888	4065
屯 昌 县	Tunchang	26146	13956	5453	8128	37297	5025	238	2761
澄 迈 县	Chengmai	43514	25376	10270	6003	58419	19334	5488	7215
临 高 县	Lingao	25503	23695	2958	4329	46215	10574	1012	2961
儋 州 市	Danzhou	58295	44701	27575	106078	88806	45771	74163	8582
儋 州	Danzhou	49859	41510	6678	17491	82192	17283	3714	6108
洋 浦	Yangpu	8436	3191	20897	88587	6614	28488	70449	2474
东 方 市	Dongfang	25066	23174	24529	7795	77635	5989	2261	4270
乐 东 县	Ledong	38051	30518	6962	19204	60955	11066	204	4157
琼 中 县	Qiongzhong	16671	12961	5363	3735	28556	1729	806	1132
保 亭 县	Baoting	14297	8945	5242	7077	28416	1376	988	814
陵 水 县	Lingshui	34569	22184	5620	20784	83956	11997	52418	6986
白 沙 县	Baisha	14376	9017	5109	7911	33034	2648	951	1717
昌 江 县	Changjiang	21630	15349	6677	40439	35410	4691	185	1611

6－10续 2 (continued)

单位：万元 (10 000 yuan)

地　区	Region	金融监管等事务支出 Financial Regulatory Affairs Expenditures	地震灾后恢复重建支出 Earthquake Recovery and Reconstruction of Expenditure	国土资源气象等事务 Territorial Resource and Weather etc.	住房保障支出 Expenditure for Housing Security	粮油物资管理事务 Cereal and Oils Material Resource Management	储备事务支出 Reserve Affairs Expenditures	国债还本付息支出 Debt Servicing Costs	其他支出 Other Expenditure
全省总计	**Total**	**7489**		**108862**	**447625**	**28667**		**46880**	**312529**
海 口 市	Haikou			5980	39310	3642			13105
三 亚 市	Sanya	1173		7226	31524	1160		300	86429
五指山市	Wuzhishan			1008	18397	907			2447
文 昌 市	Wenchang	56		24875	28090	677		1978	1485
琼 海 市	Qionghai	100		4552	20067	2027		8999	3263
万 宁 市	Wanning	6		2800	24257	407		3068	8403
定 安 县	Ding'an			1469	9876	1631		210	976
屯 昌 县	Tunchang			2017	16529	782		570	1116
澄 迈 县	Chengmai			1569	19934	614		599	11067
临 高 县	Lingao			2315	10992	533		288	2086
儋 州 市	Danzhou			3875	37667	517		11669	4680
儋 州	#Danzhou			3507	22769	517		1070	3144
洋 浦	Yangpu			368	14898			10599	1536
东 方 市	Dongfang			3880	17988	298		473	7201
乐 东 县	Ledong	2		2124	11409	295		648	9317
琼 中 县	Qiongzhong	52		1125	16837	253		2554	328
保 亭 县	Baoting			414	12391	135		617	7623
陵 水 县	Lingshui			3102	20753	656		1120	387
白 沙 县	Baisha			1549	12885	182		505	3890
昌 江 县	Changjiang			3560	19535	309		367	8698

6-11 各市县地方财政收支
Revenue and Expenditure of Local Government by Region

单位：万元 (10 000yuan)

地 区	Region	2005	2008	2009	2010	2011	2012
收入合计	**Total Revenue**	**499336**	**1532888**	**2104020**	**4151741**	**4485601**	**5075554**
海口市	Haikou	216777	431973	596078	1015104	1066451	1302661
三亚市	Sanya	73120	446377	580159	1167606	1029838	1148856
五指山市	Wuzhishan	2953	10210	15559	41056	60318	67792
文昌市	Wenchang	17305	53912	91645	184813	189595	212909
琼海市	Qionghai	20332	44353	77964	185743	188228	240588
万宁市	Wanning	13470	99825	153585	286854	215577	256591
定安县	Ding'an	5704	15899	29311	100765	84690	98893
屯昌县	Tunchang	4134	12087	16695	68110	74838	40285
澄迈县	Chengmai	19308	53237	83348	214718	319049	319263
临高县	Lingao	4936	9040	12402	61292	68743	101329
儋州市	Danzhou	117734	216787	211560	380927	376344	409577
儋州	#Danzhou	67646	128303	132839	267467	217068	232901
洋浦	Yangpu	50088	88484	78721	113460	159276	176676
东方市	Dongfang	17173	33525	33604	53909	118788	166799
乐东县	Ledong	4078	15585	25113	82421	106954	90325
琼中县	Qiongzhong	3273	5731	7050	20138	28344	32249
保亭县	Baoting	3050	10836	23386	68936	128356	116326
陵水县	Lingshui	4721	106826	139023	242048	295651	341059
白沙县	Baisha	3110	5483	8302	10833	22934	33506
昌江县	Changjiang	18246	49686	77957	79928	110903	101196
支出合计	**Total Expenditure**	**1055755**	**2875419**	**4362492**	**6209731**	**8109971**	**9178276**
海口市	Haikou	324721	598160	890885	1284966	1412356	1742878
三亚市	Sanya	96974	489698	703048	1188719	1441597	1433284
五指山市	Wuzhishan	19308	47853	83269	114319	151479	169014
文昌市	Wenchang	53746	152759	226461	343012	446950	493287
琼海市	Qionghai	48753	110678	199524	260977	390796	454592
万宁市	Wanning	45138	193385	279202	390235	464091	477681
定安县	Ding'an	30795	71856	111587	160176	204259	276970
屯昌县	Tunchang	25174	67911	92659	141419	213826	218277
澄迈县	Chengmai	50382	122845	215047	312161	490903	560320
临高县	Lingao	33272	85500	121670	170506	245547	295954
儋州市	Danzhou	159665	472027	571379	764281	805987	886360
儋州	#Danzhou	106876	316615	415967	574974	540248	573828
洋浦	Yangpu	52789	155412	155412	189307	265739	312532
东方市	Dongfang	42324	100923	159259	203984	302461	406401
乐东县	Ledong	40616	99401	160925	229794	314833	456207
琼中县	Qiongzhong	25257	61781	88455	126797	163663	202229
保亭县	Baoting	20951	47151	83706	135109	241176	226099
陵水县	Lingshui	29133	144620	266847	283648	448774	519459
白沙县	Baisha	24451	61121	90858	115431	155418	193313
昌江县	Changjiang	37884	103162	157401	173504	215855	257715

注:从2008年起，地方财政收支仅指地方一般预算收支，本表为便于历年数对比，地方财政收支中仍包括基金收支。
Note: Since 2008,local fiscal revenue include only the local general budget revinue and expenditure.For better comparison with the data of previous years,the local fiscal revenue and expenditure in this table still include the fund balance.

6-12 各市县财政一般预算收支平衡表(2012)
Balance Sheet of General Budgetary Revenue and Expenditure of Government by Region

单位：万元 (10 000 yuan)

地　　区	Region	收入总计 Total Revenue	本年收入 Revenue of Current Year	返还性收入 Subsidy of Tax Returned	财力性转移支付收入 Financial Transter Payments	专项转移支付 Special Transfer Payments	上年结余 Balance of Last Year	其　他 Others
全省总计	**Total**	**10037375**	**4094370**	**265176**	**2551790**	**1603597**	**800704**	**721738**
海 口 市	Haikou	1303667	731687	49241	82891	298024	53675	88149
三 亚 市	Sanya	883674	602472	7434	86646	95794	65944	25384
五指山市	Wuzhishan	158137	30701	778	57989	45894	6071	16704
文 昌 市	Wenchang	375276	104467	5008	92891	126863	370088	324041
琼 海 市	Qionghai	356835	153406	6016	60863	107947	19357	9246
万 宁 市	Wanning	325160	103215	1801	91061	103022	18869	7192
定 安 县	Ding'an	224420	44605	1927	53629	78466	36185	9608
屯 昌 县	Tunchang	202970	31680	941	58320	72677	32350	7002
澄 迈 县	Chengmai	383325	157344	8384	64568	94679	46218	12132
临 高 县	Lingao	304088	41268	2623	81971	103935	61491	12800
儋 州 市	Danzhou	805001	248503	10200	230257			316041
儋　州	#Danzhou	463502	93070	6626	129805	172865	28136	33000
洋　浦	Yangpu	341499	155433	3574	100452	24656	384	57000
东 方 市	Dongfang	330852	83115	8220	83652	132556	9318	13991
乐 东 县	Ledong	369578	58688	1977	122788	108944	45588	31593
琼 中 县	Qiongzhong	180724	22402	806	88678	52820	11018	5000
保 亭 县	Baoting	172235	32926	702	55335	46539	27054	9679
陵 水 县	Lingshui	408086	205682	1341	60623	72564	26658	41218
白 沙 县	Baisha	193957	18585	1597	78095	64169	6511	25000
昌 江 县	Changjiang	259816	86275	6336	58116	61471	31320	16298

6-12续(continued)

地 区	Region	支出总计 Total Expenditure	本年支出 Expenditure of Current Year	财力性转移支出 Expenditure on Financial Transfer	专项上解 Special Expenditure	其 他 Others	年终结余 Balance at Year-end	净结余 Net Balance
全省总计	**Total**	**9567956**	**9116730**	**5670**	**5969**	**439587**	**469419**	**132059**
海口市	Haikou	1231088	1138450	2435	29732	60471	72579	8721
三亚市	Sanya	858804	827333	1367	17678	12426	24870	19930
五指山市	Wuzhishan	149145	131814		2525	14806	8992	109
文昌市	Wenchang	370088	353169	90	6574	10255	5188	4438
琼海市	Qionghai	347057	321762	53	6529	18713	9778	5719
万宁市	Wanning	317954	308750	287	4592	4325	7206	4631
定安县	Ding'an	208004	201887	376	3130	2611	16416	16416
屯昌县	Tunchang	198916	192903	43	2450	3520	4054	1979
澄迈县	Chengmai	372299	366628	432	5239		11026	3913
临高县	Lingao	240045	231741	839	2954	4511	64043	10387
儋州市	Danzhou	792365	737960	424	8330	45651	12636	5103
儋州	Danzhou	452394	431302	262	6179	14651	11108	3575
洋浦	Yangpu	339971	306658	162	2151	31000	1528	1528
东方市	Dongfang	325913	315597	635	4747	4934	4939	4053
乐东县	Ledong	338256	331420	80	5506	1250	31322	18887
琼中县	Qiongzhong	173855	169472	32	3365	986	6869	605
保亭县	Baoting	148158	144218	108	3023	809	24077	13050
陵水县	Lingshui	400326	394672	66	4354	1234	7760	4870
白沙县	Baisha	186557	172874	21	2831	10831	7400	
昌江县	Changjiang	248029	240160	40	4497	3332	11787	2635

6-13 各市县财政基金预算收支平衡表(2012)

Balance Sheet of Fund Budgetary Revenue and Expenditure of Local Government by Region

单位：万元 (10 000 yuan)

地 区	Region	收入合计 Total Revenue	本年收入 Revenue of Current Year	国有土地使用权出让金收入 Leasing Revenue for Use Right of State-owned Land	新增建设用地有偿使用费收入 Leasing Revenue for Use Right of New Construction Land	地方水利建设基金收入 Revenue of the Local Water Conservany Construction Fund	#其他 Others
全省总计	**Total**	**3839466**	**3048255**	**2428160**	**68706**	**7193**	**160373**
海口市	Haikou	765736	570974	523352		1103	619
三亚市	Sanya	644952	546384	478379		1313	1450
五指山市	Wuzhishan	48313	37091	22865		176	456
文昌市	Wenchang	152796	108442	98275			1111
琼海市	Qionghai	141568	87182	70299		270	70
万宁市	Wanning	196970	153376	128665			252
定安县	Ding'an	99146	54288	47045			59
屯昌县	Tunchang	26897	8605	6384			189
澄迈县	Chengmai	211819	161919	135310			308
临高县	Lingao	99554	60061	53925			248
儋州市	Danzhou	204491	161074	122311			4417
儋州	#Danzhou	180680	139831	122311			582
洋浦	Yangpu	23811	21243				3835
东方市	Dongfang	101617	83684	75192		98	897
乐东县	Ledong	55716	31637	21949		235	792
琼中县	Qiongzhong	45668	9847	6571			147
保亭县	Baoting	104446	83400	62397			366
陵水县	Lingshui	185278	135377	116758			90
白沙县	Baisha	25529	14921	13202			27
昌江县	Changjiang	29656	10271	7022		22	355

6-13续(continued)

地 区	Region	支出合计 Total Expenditure	本年支出 Expenditure of Current Year	国有土地使用权出让金支出 Leasing Revenue for Use Right of State-owned Land	新增建设用地有偿使用费支出 Leasing Revenue for Use Right of New Construction Land	地方水利建设基金支出 Revenue of the Local Water Conservany Construction Fund	#其 他 Others
全省总计	**Total**	**2983738**	**2928498**	**2277310**	**121932**	**15462**	**207368**
海 口 市	Haikou	647828	604428	505641	65245	7520	1527
三 亚 市	Sanya	605951	605951	551136	823	931	348
五指山市	Wuzhishan	38904	37200	22050	2402	279	199
文 昌 市	Wenchang	140118	140118	124540	3060	404	2528
琼 海 市	Qionghai	132830	132830	84366	3305	458	3844
万 宁 市	Wanning	168931	168931	135290	1406	227	1471
定 安 县	Ding'an	75083	75083	62130	4134	39	170
屯 昌 县	Tunchang	25374	25374	12863	5973	118	1984
澄 迈 县	Chengmai	193692	193692	157749	5940	252	661
临 高 县	Lingao	64213	64213	53377	5232	84	946
儋 州 市	Danzhou	158400	148400		163	205	
儋 州	#Danzhou	142526	142526	124384	163	205	1989
洋 浦	Yangpu	15874	5874	87			730
东 方 市	Dongfang	90804	90804	78910	1661	939	2041
乐 东 县	Ledong	33023	33023	28171		76	1189
琼 中 县	Qiongzhong	32757	32757	11445	659	3	15952
保 亭 县	Baoting	81881	81881	64525	1524	98	241
陵 水 县	Lingshui	124787	124787	102811	9493	117	370
白 沙 县	Baisha	20439	20439	17249	578	84	985
昌 江 县	Changjiang	17555	17555	10088	2530	30	1047

主要统计指标解释

公共财政 指在市场经济条件下，主要为满足社会公共需求而进行的政府收支活动模式或财政运行机制模式；是国家以社会和经济管理者的身份从市场上取得收入，并将这些收入用于政府的公共活动支出，为社会提供公共产品和公共服务，以充分保证国家机器正常运转，保障国家安全，维护社会秩序，实现经济社会的协调发展。

财政一般预算总收入 是计算当年可供安排支出的财政收入总量。全省一般预算财政总收入主要包括：地方一般预算财政收入，中央一般预算补助收入，一般预算调入资金，调入预算稳定调节基金，一般预算上年结余结转。

地方一般预算收入 指当年依据财政体制和税收、非税收入征收法规征收缴入地方国库的各项税收收入，行政性收费收入、罚没收入，专项收入，国有资源有偿使用收入，其他收入等。

税收收入 税收是政府实现其职能的重要形式，是财政收入的主要来源，具有组织财政收入，调节经济和调节收入分配的基本职能。

增值税 是对在我国境内销售货物或提供加工、修理修配劳务以及进口货物的单位和个人征收的一种税。

营业税 是对有偿提供应税劳务（包括交通运输业、建筑业、金融保险业等七个税目）、转让无形资产和销售不动产的单位和个人征收的一种税。

企业所得税 是对在我国境内的企业和其他取得收入的组织，对其生产、经营所得和其他所得依法征收的一种税。

个人所得税 是对个人（自然人）取得的各项应税所得（包括个人的工资、薪金所得，个体工商户的生产、经营所得等11个项目）征收的一种税。

一般预算支出 一般指用一般预算安排的支出。

一般公共服务 反映政府提供一般公共服务的支出，包括人大，政协，政府办公厅（室）及相关机构的行政运行，一般行政管理事务、专项业务活动等支出。

教育 反映政府教育支出情况，具体包括教育行政管理，学前教育，小学教育等方面支出。

科学技术 反映政府用于科学技术方面的支出，具体包括基础研究，应用研究、技术研究与开发等方面的支出。

文化体育与传媒 反映政府在文化、文物、体育、广播影视、新闻出版等方面的支出。

社会保障与就业 反映政府在社会保障与就业方面的支出，具体包括社会保障和就业管理事务、民政管理事务等方面的支出。

医疗卫生 反映政府在医疗卫生方面的支出，包括医疗卫生管理事务支出，医疗服务支出，医疗保障支出等。

财政转移支付 指一个国家鉴于各级政府的财政收入能力与支出需求差异以实现各地公共服务水平的均等化为目标，而实行的一种财政资金转移或财政均衡制度。它是在政府间第一次财政分配（即分税）的基础上，按照政府间纵向和横向的财政经济能力差异与均等化目标的要求所进行的第二次分配。具体包括财力性转移支付和专项补助两大类。

调入资金和调出资金 调入资金分为一般预算调入资金和基金调入资金两种。一般预算调入资金是指各级财政部门因平衡一般预算收支从预算外资金结余以及其他渠道调入的资金。

预算稳定调节基金 是指由省政府设立，从规定范围筹集的，用于调节我省省本级预算平衡运行的预算储备资金。

Explanatory Notes on Main Statistical Indicators

Public finance is fiscal revenue and expenditure activity mode or financial operation mechanism model under the conditions of market economy, mainly to meet the social public demand. The country receipt from the market as social and economic management, for the government's public expenditure and providing public products and public service, to guarantee the normal operation of state machine, national security, to safeguard the social order, and realize the coordinated development of the economic society.

Total general budgetary revenue is the total fiscal revenue for expenditure arrangement. Total general budgetary revenue mainly include: the local general budget revenues, the central general budget subsidiary revenue, and general budgetary funds transferred, transferred budget stability and regulation fund, the general budget balance of last year.

Local general budget revenue refers to the income tax being taken in treasury according to the financial system and laws of tax revenue and non-tax revenue, the state treasury of tax revenue, charge of administrative and institutional units, penalty receipts, special program receipts, state-owned resources paid income and other receipts.

Tax revenue is the important form that the government realizes its function; is the main source of finance revenue; has the basic functions of organizing finance revenue, adjusting the economic and distribution of income.

Value added tax is a kind of tax levied from the domestic unit or personal which sells goods or provides processing, repairs and replacement services and imports goods.

Business tax is a kind of tax of levied from the unit and personal which provides taxable paid services (including transportation, construction, finance insurance, and other seven items), transfers the intangible assets and sells real estate.

Enterprise income tax is a kind of tax levied from the domestic unit and other organization which gains income from production, operation and other income according to law.

Individual income tax is a kind of tax levied from personal (natural person) for the all kinds of taxable income (including personal income from wages and salaries, individual income from production and business operations and other 11 projects).

General budgetary expenditures generally refer to the expenditure arranged by general budget.

General public services reflect the expenditure of the general public services provided by government, including the administrative operation of the National People's Congress, Chinese People's Political Consultative Conference, the government office and related institutions, general administrative affairs, business activities, etc.

Education reflects the expenditure of the government spending on education, including education administration, pre-school education, primary education etc.

Science and technology reflect the expenditure of government spending on science and technology, including basic research, applied research, technology research and development spending.

Cultural sports and media reflect the expenditure of government spending on culture, cultural relics, sports, radio, film, television, news publishing, etc.

Social security and employment reflect the expenditure of government spending on social security and employment, including social security and employment management affairs, civil affairs in management, etc.

Medical and health reflect the expenditure of government spending on health care, including health management affairs expenses, medical service, health-care spending, etc.

Financial transfer payments refers a fiscal funds transfer or financial balance system implemented by a country for the goals that various regions have the equal public service level due to the difference of the financial revenue and expenditure demands. It is the second assignment in accordance with the demand of the longitudinal and transverse intergovernmental financial and economic differences and the goal of equalization, on the basis of finance distribution the first time (tax distribution). Specifically includes two kinds, financial transfer payment and special transfer payment.

Transferred capital has two kinds which are the general budget capital transferred and the fund transferred. The general budget capital transferred is the capital transferred by financial departments by means of balancing from non-budgetary funds and other ways.

Budget stability and regulation fund refers to budget reserve funds for regulating the provincial level in a balanced budget, which is established by provincial government and raised from the prescribed scope.

价格指数
Price Indices

编辑人员：辜武陆 梁鑫鸳

Compiled by Gu Wulu Liang Xinyuan

英文翻译：卓富香

Translated by Zhuo Fuxiang

简 要 说 明

一、本篇资料的主要内容

本篇价格指数资料，反映生产、流通、消费与投资等环节的价格变动趋势和变动幅度。主要包括居民消费价格指数、商品零售价格指数、农业生产资料价格指数、工业品出厂价格指数(工业生产者出产价格指数)、原材料、燃料和动力购进价格指数（工业生产者购进价格指数）、固定资产投资价格指数和房地产价格指数等。

二、本篇的资料来源

价格指数编制由国家统计局海南调查总队组织实施。各市、县调查队依据国家统计局统一制定的价格统计调查制度向基层采集原始数据汇总后上报。

三、居民消费、商品零售价格指数

编制居民消费、商品零售价格指数的资料采用抽样调查和重点调查相结合的方法取得，即在全省选择不同经济区域和分布合理的地区，以及有代表性的商品作为样本，对其市场价格进行定期调查，以样本推断总体。编制过程按下列几个步骤进行：

1.选择调查地区和调查点。调查地区按照经济区域和地区分布合理等原则，选出具有代表性的大、中、小城市和县作为国家的调查地区，在此基础上选定经营规模大、商品种类多的商场(包括集市和服务网点)作为调查点。

2.选择代表商品和代表规格品。代表商品是选择那些消费量大、价格变动有代表性的商品；代表规格品的确定是根据商品零售资料和城市居民、农村居民的消费支出记帐资料，按照有关规定筛选的。筛选原则：(1)与社会生产和人民生活关系密切；(2)消费(销售)数量(金额)大；(3)市场供应稳定；(4)价格变动趋势有代表性；(5)所选的代表规格品之间差异大。

目前，居民消费价格调查按用途划分为 8 大类，262 个基本分类，各地每月调查 600 种以上规格产品价格；商品零售价格按用途划分为 16 个大类，229 个基本分类，各地每月调查 500 种以上的规格产品价格。

3.价格调查方式。采用派员直接到调查点登记调查，同时聘请辅助调查员协助登记调查。

4.权数的确定。商品零售价格指数的计算权数主要根据社会商品零售额资料确定;居民消费价格指数的计算权数根据城乡居民家庭消费支出构成确定。

四、工业品出厂价格指数

工业品出厂价格是工业品第一次出售时的出厂价格。该项调查采用重点调查与典型调查相结合的调查方法。重点调查对象为年主营业务收入 500 万元及以上的工业法人企业;典型调查对象为年主营业务收入 500 万元以下的工业法人企业。

1.选择代表企业的原则：(1)按工业行业选择调查企业，各中类行业原则上都要有调查企业；(2)大型企业应尽量都选上(或占相当大比重)；(3)选择生产正常、稳定的企业作为调查对象；(4)选择企业时要兼顾不同所有制形式。

2.选择代表产品的原则：(1)按工业行业选择代表产品；(2)选择对国计民生影响大的产品；(3)选择生产较为稳定的产品；(4)选择有发展前景的产品；(5)选择具有地方特色的产品。

目前《工业品价格调查目录》包括 4000 多种产品(7500 多个规格)。

3.价格调查方式。采用企业报表形式。

4.权数的确定。编制工业品出厂价格指数所用的权数，用工业品销售额计算。计算资料来源于经济普查数据。若近期没有经济普查数据时，采用工业统计资料和部门统计资料来推算。权数一般五年更换一次。

五、固定资产投资价格指数

固定资产投资价格调查采用重点调查与典型调查相结合的方法。固定资产投资价格调查所涉及的价格是构成固定资产投资额实体的实际购进价格或结算价格。调查的内容包括构成当年建筑工程实体的钢材、木材、水泥、地方材料(如砖、瓦、灰、沙、石等)、化工材料(如油漆等)等主要建筑材料价格；作为活劳动投入的劳动力价格（单位工资）和建筑机械使用费用；设备工器具购置和其他费用投资价格。

固定资产投资价格调查样本的选择遵循以下原则：

1.选择建筑安装工程调查点的原则：(1)样本单位应具有一定覆盖面；(2)投资经济活动代表性强；(3)兼顾不同经济类型；(4)选择重点工程；(5)兼顾国民经济各门类及不同工程类别。

2.选择其他费用调查点的原则：在选择其他费用调查点时，所遵循的原则与建筑安装工程调查点的原则基本相同，特别是要注意选择那些投资额大的工程。但由于其他费用不易取得，所以在实际操作过程中，应同时在建设单位、施工单位开展重点调查，并辅以典型调查(从管理部门取得资料)。

3.价格调查方式。采用企业报表和调查员走访相结合的方式。

4.权数的确定。固定资产投资价格指数的计算权数是建筑安装工程、设备工器具购置和其他费用三者前三年的平均比重。

Brief Introduction

I. Main Contents and Sources of Data

Data on price indices in this chapter show the changing trends and the change rates in the prices of production, trade, consumption and investment, including mainly consumer price indices, retail price indices, price indices for means of agricultural production, ex-factory price indices for industrial products (or producer price indices for manufactured goods), purchasing price indices for raw materials, fuels and power, price indices for investment in fixed assets.

II. Sources of Data

Compilation of statistics on price indices is organized by Survey Office of the National Bureau of Statistics in Hainan. The selected cities and counties collect data from the grassroots units in accordance with the scheme of price survey system stipulated by the NBS, tabulate them and report them to the higher agencies.

III. Consumer Price Indices and Retail Price Indices

Data for compilation of the consumer price indices and the retail price indices in Hainan province are collected through a combination of sample surveys and surveys of key units. Areas distributed in different economic regions are selected as the sample areas and representative commodities are selected as the sample commodities. Regular surveys are conducted to collect data on their market prices. Population parameters are inferred on the basis of the sample data. Following are major steps in the process of calculation of the price indices:

(1) The selection of areas and survey points: Based on such principles as regional economic features and reasonable geographic distribution, representative sample areas for the national survey are selected which include large, medium and small cities and counties. When the sample areas have been selected, large-scale shops and markets (including fairs and service outlets) with wide variety of commodities are selected as survey points.

(2) The selection of representative commodities and their specifications or varieties: The representative commodities selected are those consumed in large quantity and representative in price changes. The representative specifications or varieties are determined according to the data on the retail sales of commodities and the consumption expenditure account data of the residents of 59,000 urban households and 68,000 rural households; and selection follows the related instructions. The principles for selection are: (a) The commodities are closely related to social production and people's living conditions; (b) They are consumes (or sold) in large quantities (or large values); (c) The market supply is stable; (d) The changes of their prices are representative in trend; (e) There is great heterogeneity among the specifications or varieties selected.

At present, data are collected on over 600 specifications each month under 262 basic headings in 8 categories in the consumer price surveys. For the retail price surveys, data are collected on more than 500 specifications each month under 229 basic headings in 16 categories.

(3) Method of data collection: Enumerators are sent to the survey points to take the records of the prices. Nearly 10 thousand assistant enumerators are recruited to assist the survey work.

(4) Determination of the weights: The weights of the retail price indices are determined mainly according to the total retail sales of commodities. The weights of the consumer price indices are determined according to the composition of the consumption expenditures of urban and rural households.

IV. Producer Price Indices for Manufactured Goods

Producer prices for manufactured goods refer to the ex-factory price of manufactured goods when they are first sold. The survey program is a combined use of the key units' survey and typical units' survey methods. Key units refer to those non-State-owned industrial enterprises with annual revenue above 5 million yuan. Typical units refer to the industrial enterprises with annual sale revenue below 5 million yuan.

(1) Principles for selecting the representative enterprises :(a) Enterprises to be covered in the survey are selected by industrial sectors. In principle, every branch should have enterprises selected; (b) All (or a majority of) large-scaled enterprises should be selected; (c) Enterprises selected should be those with normal and stable production; (d) Different types of registered enterprises should be considered.

(2) Principle for the selection of representative goods:

(a) The goods are selected by industrial sectors; (b) The selected goods should have great impact on the national economy and people's living conditions; (c) The production of the goods selected are relatively more stable; (d) The prospects of the goods selected are promising; (e) The goods selected are representative to the localities.

The current List of Manufactured Goods for the survey includes over 4,000 goods (including 7,500 specifications or varieties).

(3) Method of data collection: The method of reporting forms by enterprises is adopted.

(4) Determination of the weights: The weights of the producer price indices for manufactured goods are determined according to the total sales value of manufactured goods. Data from the industrial census are used for the calculation. If census data are not available for the reference year, industrial statistical data and statistical data from other agencies will be used to estimate the weights. The weights are replaced every five years.

V. Price Indices for Investment in Fixed Assets

Data on prices of investment in fixed assets are collected by a program involving the combined use of surveys on key units and surveys on typical units. The prices collected in the surveys of investment in fixed assets are the actual purchasing prices or settlement prices of entities of investment in fixed assets. The survey content includes the prices of main construction materials that constitute the architectural engineering entity in the year, such as steel, timber, cement, local construction materials (such as brick, tile, calcareous ashes, sand, stone, etc.), chemical materials (such as oil paint, etc.), the price of labour force as input (wages), prices for renting of building machinery and equipment, the purchasing price of equipment, tools and instruments and the prices of others investments.

The following principles should be followed in selecting the sample for the price survey of investment in fixed assets:

(1) Principles for selecting the survey points of construction and installation: (a) Sample units should have a good coverage; (b) The economic activity of investment should have strong representativeness; (c) Different types of registration should be considered; (d) Key projects should be selected; (e) Attention should be given to various sectors of the national economy and types of projects.

(2) Principles for selecting price survey points of other fees: The principles for selecting survey points of others fees is in general the same as that of construction and installation, with special attention being paid to selecting projects with huge investment value. Since it is not easy to obtain the other fees, during the actual data gathering operations, survey on key construction owner units and building units is to conducted concurrently with survey on typical units (with information from administration units)

(3) Method of price survey: A combination of enterprises reporting system and enumerator visits method.

(4) Determination of the weights: The weights for calculation of the price indices for investment in fixed assets are determined according to the average proportion of construction and installation, purchase of equipment, tools and instruments and other investments in the 3 preceding years.

7-1 历年全省各种物价指数
General Price Indices in Various Years

(上年=100) (preceding year=100)

年 份 Year	居民消费价格指数 Consumer Price Index	城 市 Urban	农 村 Rural	消费品指数 Index of Consumer Goods	服务项目指数 Index of Services	农业生产资料价格总指数 General Price Indices for Means of Agricultural Production
1979	101.0	100.3	101.7	100.8	102.8	103.6
1980	106.8	107.5	106.1	106.6	108.7	108.9
1985	113.1	116.1	106.2	112.9	115.2	105.4
1990	102.1	99.6	108.1	100.0	122.2	109.1
1991	103.9	104.0	103.6	103.3	108.2	100.6
1992	108.7	109.0	103.4	108.8	107.9	100.7
1993	123.3	123.7	116.5	123.8	119.7	130.4
1994	126.7	125.6	128.2	125.6	137.4	138.2
1995	113.5	110.6	118.4	111.9	120.4	115.7
1996	104.3	104.8	103.7	103.6	107.6	106.8
1997	100.8	101.5	100.3	99.8	112.1	100.3
1998	97.3	97.6	96.6	96.8	102.1	98.4
1999	98.3	99.1	97.3	97.2	108.4	97.1
2000	101.1	101.5	100.2	93.6	113.4	98.0
2001	98.5	98.8	98.3	98.1	99.8	99.5
2002	99.5	99.0	100.2	98.1	104.5	101.7
2003	100.1	99.4	100.9	100.9	97.2	104.8
2004	104.4	103.2	106.4	105.5	100.4	111.3
2005	101.5	101.3	101.7	101.1	103.0	108.9
2006	101.5	101.2	102.3	101.8	100.8	100.7
2007	105.0	104.6	106.2	106.3	100.9	107.1
2008	106.9	106.1	108.8	108.6	101.0	114.8
2009	99.3	99.5	99.0	98.9	100.8	94.0
2010	104.8	104.5	105.8	106.0	100.9	107.3
2011	106.1	105.5	107.8	107.5	102.0	115.6
2012	103.2	103.2	103.2	103.4	102.6	104.3

7-1 续 (continued)

年 份 Year	商品零售价格指数 Retail Price Index	城市 Urban	农村 Rural	工业生产者 出厂价格指数 Producer Price Indices for Industrial Products	工业生产者 购进价格指数 Purchasing Price Indices for Industrial Producers	固定资产投资 价格指数 Price Indices for Investment in Fixed Assets
1979	102.0	100.9	103.0			
1980	107.2	108.3	103.1			
1985	112.8	113.9	111.6			
1990	100.6	97.7	106.4			
1991	103.1	103.6	102.9			
1992	108.7	109.1	102.5			
1993	123.9	124.2	119.1			
1994	121.6	121.2	122.9			
1995	111.3	108.7	115.5			
1996	102.3	102.7	101.4			
1997	99.3	99.6	99.1			
1998	96.5	96.3	96.8			
1999	96.6	98.0	95.2			
2000	99.9	101.0	99.0			
2001	97.7	97.6	97.8			
2002	98.4	99.0	97.7			
2003	100.4	100.2	100.8	99.5	102.2	103.2
2004	103.4	103.0	103.8	100.0	105.9	105.6
2005	100.9	100.4	101.5	99.5	104.2	101.2
2006	101.3	100.6	102.3	100.8	101.5	101.0
2007	103.8	102.8	105.2	102.7	105.0	106.1
2008	106.7	105.7	108.3	104.5	111.6	113.3
2009	98.5	99.0	97.2	90.6	85.3	97.7
2010	104.6	104.0	106.0	107.7	110.3	105.2
2011	105.4	105.2	106.7	108.8	115.3	106.4
2012	102.7	102.7	102.8	100.8	99.6	102.0

7-2 历年全省各种物价定基指数
Fixed Price Indices in Various Years

年份 Year	居民消费价格指数 Consumer Price Index (1978=100)	城市 Urban	农村 Rural	消费品指数 Index of Consumer Goods (1978=100)	服务项目指数 Index of Services (1978=100)	农业生产资料价格总指数 General Price Indices for Means of Agricultural Production (1978=100)
1978	100.0	100.0	100.0	100.0	100.0	100.0
1979	101.1	100.3	101.7	100.8	102.8	103.6
1980	107.9	107.8	107.9	107.5	111.7	112.8
1985	139.6	141.3	132.9	140.4	158.1	137.8
1990	267.8	261.7	267.4	261.5	392.5	246.5
1991	278.3	272.2	277.0	270.1	424.7	248.0
1992	302.4	296.7	286.5	293.8	458.3	249.8
1993	372.9	367.0	333.7	363.8	548.5	325.7
1994	472.5	460.9	427.8	456.9	753.7	450.1
1995	536.3	507.0	506.6	507.2	907.5	520.8
1996	559.4	531.4	525.3	525.4	976.4	556.2
1997	563.9	539.4	526.9	524.3	1094.5	557.9
1998	548.7	526.5	509.0	507.5	1117.5	549.0
1999	539.4	521.8	495.3	493.3	1211.4	533.1
2000	545.3	529.6	496.3	461.7	1373.7	522.4
2001	537.1	523.2	487.9	452.9	1371.0	519.8
2002	534.4	518.0	488.9	444.3	1432.7	528.6
2003	534.9	514.9	493.3	448.3	1392.6	554.0
2004	558.4	531.4	524.9	473.0	1398.2	616.6
2005	566.8	538.3	533.8	478.2	1440.1	671.5
2006	575.3	544.8	546.1	486.8	1451.6	676.2
2007	604.1	569.9	580.0	517.5	1464.7	724.2
2008	645.8	604.7	631.0	562.0	1479.3	831.4
2009	641.3	601.7	624.7	555.8	1491.1	781.5
2010	672.1	628.8	660.9	589.1	1504.5	838.5
2011	713.1	663.4	712.5	633.3	1534.6	969.3
2012	735.9	684.6	735.3	654.8	1574.5	1011.0

7-2 续 (continued)

年 份 Year	商品零售价格指数 Retail Price Index (1978=100)	城市 Urban	农村 Rural	工业生产者出厂价格指数 Producer Price Indices for Industrial Products (2002=100)	工业生产者购进价格指数 Purchasing Price Indices for Industrial Producers (2002=100)	固定资产投资价格指数 Price Indices for Investment in Fixed Assets (2002=100)
1978	100.0	100.0	100.0			
1979	102.0	100.9	103.0			
1980	109.3	109.3	109.3			
1985	138.9	137.2	140.0			
1990	257.3	249.5	266.1			
1991	265.3	258.5	273.8			
1992	288.4	282.0	280.7			
1993	357.3	350.2	334.3			
1994	434.5	424.4	410.9			
1995	483.6	461.4	474.5			
1996	494.7	473.8	481.2			
1997	491.2	471.9	476.9			
1998	474.0	454.4	461.6			
1999	457.9	445.3	439.4			
2000	457.4	449.8	435.0			
2001	446.9	439.0	425.4			
2002	439.7	434.6	415.6	100.0	100.0	100.0
2003	441.5	435.5	418.9	99.5	102.2	103.2
2004	456.5	448.6	434.8	99.5	108.2	109.0
2005	460.6	450.4	441.3	99.0	112.7	110.3
2006	466.6	453.1	451.5	99.8	114.4	111.4
2007	484.3	465.8	475.0	102.5	120.1	118.2
2008	516.7	492.4	514.4	107.1	134.0	133.9
2009	508.9	487.5	500.0	97.0	114.3	130.8
2010	532.3	507.0	530.0	104.5	126.1	137.6
2011	561.0	533.4	565.5	113.7	145.4	146.4
2012	576.1	547.8	581.3	114.6	144.8	149.3

7-3 居民消费价格分类指数
Consumer Price Indices by Category

(上年=100) (preceding year=100)

项　目	Item	2005	2008	2009	2010	2011	2012
居民消费价格指数	**Consumer Price Index**	**101.5**	**106.9**	**99.3**	**104.8**	**106.1**	**103.2**
食品	**Food**	**101.7**	**113.7**	**99.9**	**107.6**	**113.3**	**105.2**
粮食	Grain	100.7	109.4	103.5	110.3	116.3	104.1
#大米	Rice	100.5	109.2	104.2	112.0	117.6	104.1
面粉	Flour	101.2	104.8	98.8	109.6	115.5	102.4
淀粉及制品	Starches and Tubers	104.5	129.9	99.3	105.7	119.9	99.5
干豆类及豆制品	Beans and Bean Products	108.2	137.0	99.8	112.4	105.7	102.8
油脂	Oil or Fat	95.3	123.9	91.1	103.8	110.7	106.2
肉禽及其制品	Meal, Poultry and Processed Products	100.8	118.9	94.4	103.3	117.7	103.8
蛋	Eggs	106.2	106.8	101.6	104.7	114.0	102.7
水产品	Aquatic Products	104.0	115.7	103.4	108.3	112.6	102.2
菜	Vegetables	108.6	115.2	104.9	117.9	107.1	115.6
#鲜菜	Fresh Vegetables	110.0	115.3	105.3	117.8	107.5	117.9
调味品	Flavoring	101.6	105.4	104.1	104.0	108.9	107.1
糖	Carbohydrate	107.3	102.1	104.9	120.7	113.0	105.3
茶及饮料	Tea and Beverages	100.9	104.4	103.5	100.3	102.9	102.8
茶叶	Tea	101.8	100.4	104.0	100.9	109.5	101.8
饮料	Beverages	100.6	105.5	103.3	100.1	100.7	103.2
干鲜瓜果	Dried and Fresh Melons and Fruits	96.1	113.2	106.7	116.6	112.7	102.3
#鲜瓜果	Fresh Melons and Fruits	95.5	112.2	107.8	117.7	112.9	101.9
糕点饼干面包	Cake, Biscuit and Bread	101.4	103.8	100.5	106.9	104.0	105.0
液体乳及乳制品	Liquid Milk and Its Products	100.1	115.9	101.7	102.5	102.4	103.0
在外用膳食品	Outward Dinner Food	100.3	102.2	101.6	107.9	113.2	105.4
其他食品	Other Foods	102.6	108.3	103.2	105.6	102.3	108.8
烟酒及用品	**Tobacco,Liquor and Articles**	**101.2**	**101.3**	**100.9**	**100.6**	**100.8**	**101.2**
烟草	Tobacco	101.2	98.6	99.4	100.4	100.4	100.3
酒	Liquor	101.1	105.6	103.6	101.6	101.5	102.9
衣着	**Clothing**	**97.0**	**98.3**	**98.6**	**101.2**	**100.9**	**102.8**
服装	Garments	96.0	98.0	98.0	100.7	100.3	102.9
衣着材料	Cloth Material	99.8	101.0	100.2	103.2	116.0	111.4
鞋袜帽	Shoes,Socks,Hats	99.6	98.7	100.2	101.8	100.6	101.0
衣着加工服务	Clothing Manufacturing Services	101.2	103.2	105.7	117.6	111.1	109.2
家庭设备用品 及维修服务	**Household Facilities Articles and Services**	**100.7**	**101.9**	**101.9**	**104.6**	**101.4**	**103.5**
耐用消费品	Durable Consumer Goods	100.3	101.8	100.1	102.2	102.6	102.4
家具	Furniture	100.8	102.3	100.0	104.7	107.6	105.2
家庭设备	Household Appliances	100.0	101.4	100.2	99.7	100.7	101.2
室内装饰品	Interior Decorations	99.7	99.6	98.2	96.6	101.1	101.2
床上用品	Bed Articles	97.6	99.9	102.0	101.9	101.5	100.4
家庭日用杂品	Daily Use Household Articles	101.2	102.9	100.9	103.9	99.7	103.7
家庭服务及加工维修服务	Household Services and Maintenance and Renovation	103.5	101.2	116.4	123.0	105.8	111.3

7-3 续 (continued)

(上年=100) (preceding year=100)

项 目	Item	2005	2008	2009	2010	2011	2012
医疗保健和个人用品	**Medical and Health Care & Personal Articles**	**99.7**	**101.6**	**104.3**	**102.0**	**101.6**	**102.0**
医疗保健	Medical and Health Care	99.0	100.4	105.7	101.9	101.1	101.8
医疗器具及用品	Medical Instrument and Articles	99.0	100.1	101.5	105.8	101.0	101.8
中药材及中成药	Traditional Chinese Medicine Materials and Medicines	95.0	103.0	103.5	113.5	108.3	106.5
西药	Western Medicine	99.0	98.3	100.2	101.5	99.4	101.4
保健器具及用品	Medical Apparatus and Articles	97.2	99.3	103.7	103.0	101.4	103.8
医疗保健服务	Medical and health care service	102.1	100.4	108.8	98.3	99.7	100.4
个人用品及服务	Personal Articles and Services	101.1	105.1	100.2	102.4	103.4	102.5
化妆美容用品	Cosmetics	100.0	101.1	101.0	99.5	98.9	100.7
清洁化妆用品	Sanitation Articles	100.0	106.0	101.4	99.2	100.6	104.5
个人饰品	Personal Ornaments	99.6	109.0	95.9	111.3	107.5	101.6
个人服务	Personal Services	104.4	101.6	102.3	102.2	106.5	103.4
交通和通信	**Transportation and Communication**	**100.5**	**101.3**	**98.1**	**100.6**	**101.7**	**101.6**
交通	Transportation	102.0	103.9	98.8	103.7	104.7	103.7
交通工具	Transportation Facility	97.3	101.5	99.6	101.2	102.1	103.1
车用燃料及零配件	Fuels and Parts	108.5	111.3	94.7	112.1	110.3	102.3
车辆使用及维修费	Fees for Vehicles Use and Maintenance	101.0	100.0	100.0	100.2	111.6	110.2
市区公共交通费	Incity Traffic Fare	99.9	100.3	100.6	100.0	100.4	107.1
城市间交通费	Intercity Traffic Fare	105.3	101.6	101.1	100.8	98.1	101.7
通信	Communication	98.3	98.1	97.3	96.9	96.5	97.4
通信工具	Communication Facility	86.0	88.0	83.6	80.7	76.4	82.4
通信服务	Communication Service	100.0	100.0	100.0	100.0	99.2	99.0
娱乐教育文化用品及服务	**Recreation,Education and Culture Articles and Services**	**101.1**	**100.4**	**99.6**	**99.4**	**100.5**	**102.1**
文娱用耐用消费品及服务	Durable Consumer Goods for Culture and Recreational Use and Services	93.8	98.4	96.4	99.0	99.0	100.1
教育	Education	104.2	101.5	100.5	98.6	100.9	101.7
教材及参考书	Teaching Materials and Reference Books	106.5	100.0	101.6	103.6	99.0	99.4
教育服务	Education Services	104.1	101.7	100.3	98.0	101.3	102.2
文化娱乐	Cultural and Recreational Articles	99.7	100.8	99.5	99.9	99.3	102.0
文化娱乐用品	Cultural Articles	99.4	99.8	100.1	99.8	98.3	100.9
书报杂志	Newspapers and Magazines	99.0	100.7	109.5	101.7	100.0	100.3
文娱费	Expenditure on Culture and Recreation	100.4	101.8	93.2	98.9	100.3	104.9
旅游	Touring and Outing	109.0	96.1	102.5	105.2	102.7	107.0
居住	**Residence**	**105.9**	**106.6**	**94.0**	**109.7**	**104.9**	**101.7**
建房及装修材料	Building and Building Decoration Materials	105.2	112.5	97.5	116.6	108.9	98.7
住房租金	Renting	100.9	102.4	101.0	111.2	106.8	102.3
自有住房	Private Housing	105.1	103.1	91.2	104.7	102.3	103.2
水、电、燃料	Water,Electricity and Fuels	106.7	105.4	92.6	108.5	103.5	102.4

7-4 城乡居民消费价格指数（2012）
Consumer Price Indices of Residents by Urban and Rural Areas

(上年=100)　　(preceding year=100)

项　目	Item	全　省 Total	城市 Urban	农村 Rural	海口市 Haikou	文昌市 Wenchang	琼中县 Qiongzhong
居民消费价格指数	**Consumer Price Index**	**103.2**	**103.2**	**103.2**	**103.3**	**103.2**	**102.9**
食品	Food	**105.2**	**105.4**	**104.7**	**105.5**	**104.6**	**104.4**
粮食	Grain	104.1	104.2	103.8	104.2	103.8	103.7
#大米	Rice	104.1	104.4	103.1	104.4	102.9	103.7
面粉	Flour	102.4	104.3	96.8	104.3	95.3	104.3
淀粉及制品	Starches and Tubers	99.5	99.0	101.5	99.0	102.0	100.0
干豆类及豆制品	Beans and Bean Products	102.8	101.8	105.3	98.1	108.6	97.7
油脂	Oil or Fat	106.2	104.7	110.2	104.4	111.1	107.1
肉禽及其制品	Meal, Poultry and Processed Products	103.8	104.8	101.5	105.3	101.6	101.5
蛋	Eggs	102.7	105.0	95.9	105.0	96.4	94.0
水产品	Aquatic Products	102.2	100.4	107.5	101.8	105.4	108.7
菜	Vegetables	115.6	117.2	111.1	117.3	110.9	111.9
#鲜菜	Fresh Vegetables	117.9	119.6	113.1	119.6	112.8	113.6
调味品	Flavoring	107.1	105.8	109.1	106.0	110.1	106.2
糖	Carbohydrate	105.3	106.8	101.4	106.6	101.2	102.2
茶及饮料	Tea and Beverages	102.8	103.8	100.8	103.6	99.9	103.4
茶叶	Tea	101.8	102.1	101.0	102.1	101.4	100.0
饮料	Beverages	103.2	104.4	100.7	104.2	99.5	104.4
干鲜瓜果	Dried and Fresh Melons and Fruits	102.3	104.7	95.6	104.8	94.7	98.7
#鲜瓜果	Fresh Melons and Fruits	101.9	104.6	94.0	104.6	92.6	98.5
糕点饼干面包	Cake, Biscuit and Bread	105.0	103.7	108.9	103.0	111.6	100.6
液体乳及乳制品	Liquid Milk and Its Products	103.0	102.4	105.3	102.1	106.2	102.7
在外用膳食品	Outward Dinner Food	105.4	104.5	108.2	104.6	108.3	107.5
其他食品	Other Foods	108.8	111.0	105.8	111.0	103.9	112.1
烟酒及用品	**Tobacco,Liquor and Articles**	**101.2**	**101.0**	**101.6**	**101.6**	**100.9**	**103.6**
烟草	Tobacco	100.3	100.0	101.2	100.0	100.3	104.4
酒	Liquor	102.9	103.2	102.4	104.4	102.4	102.4
衣着	**Clothing**	**102.8**	**101.1**	**107.8**	**101.2**	**106.5**	**112.2**
服装	Garments	102.9	100.9	108.8	101.0	107.6	113.0
衣着材料	Clothing Material	111.4	113.6	107.3	113.4	101.3	121.2
鞋袜帽	Shoes,Socks,Hats	101.0	99.5	104.7	99.5	103.3	108.6
衣着加工服务	Clothing Manufacturing Services	109.2	111.5	103.1	110.4	101.0	110.5
家庭设备用品 及维修服务	**Household Facilities Articles and Services**	**103.5**	**103.6**	**103.0**	**103.8**	**103.3**	**101.9**
耐用消费品	Durable Consumer Goods	102.4	101.9	103.6	102.1	104.8	99.2
家具	Furniture	105.2	106.3	102.5	106.3	102.6	102.1
家庭设备	Household Appliances	101.2	100.1	104.0	100.1	105.7	98.0
室内装饰品	Interior Decorations	101.2	100.7	103.3	100.6	102.7	105.7
床上用品	Bedding	100.4	100.0	101.6	100.0	101.6	101.5
家庭日用杂品	Daily Use Household Articles	103.7	104.4	102.4	104.3	101.9	103.8
家庭服务及加工维修服务	Household Services and Maintenance and Renovation	111.3	111.6	108.8	111.6	109.5	105.6

7-4 续1 (continued)

项 目	Item	全省 Total	城市 Urban	农村 Rural	海口市 Haikou	文昌市 Wenchang	琼中县 Qiongzhong
医疗保健和个人用品	**Medical and Health Care & Personal Articles**	**102.0**	**101.7**	**102.9**	**101.8**	**103.0**	**102.3**
医疗保健	Medical and Health Care	101.8	101.5	102.8	101.5	102.7	102.8
医疗器具及用品	Medical Instrument and Articles	101.8	100.9	105.6	100.9	105.5	106.0
中药材及中成药	Traditional Chinese Medicine Materials and Medicines	106.5	104.8	110.3	104.7	112.6	102.1
西药	Western Medicine	101.4	101.8	100.2	101.9	99.0	104.4
保健器具及用品	Medical Apparatus and Articles	103.8	105.0	99.8	104.7	99.6	100.6
医疗保健服务	Medical and health care service	100.4	100.0	101.3	100.0	101.0	102.3
个人用品及服务	Personal Articles and Services	102.5	102.2	103.2	102.5	103.8	100.9
化妆美容用品	Cosmetics	100.7	100.4	101.9	100.4	102.2	100.9
清洁化妆用品	Sanitation Articles	104.5	105.9	101.7	105.8	101.5	102.2
个人饰品	Personal Ornaments	101.6	101.5	101.8	101.5	102.5	99.9
个人服务	Personal Services	103.4	101.3	106.7	101.7	108.4	100.9
交通和通信	**Transportation and Communication**	**101.6**	**101.9**	**100.5**	**101.8**	**100.4**	**101.2**
交通	Transportation	103.7	103.8	103.5	103.5	103.8	102.0
交通工具	Transportation Facility	103.1	104.0	99.4	103.3	98.9	100.5
车用燃料及零配件	Fuels and Parts	102.3	102.3	102.4	102.3	102.5	102.4
车辆使用及维修费	Fees for Vehicles Use and Maintenance	110.2	111.8	104.4	111.1	103.0	110.7
市区公共交通费	Incity Traffic Fare	107.1	100.0	128.5	100.0	135.9	98.7
城市间交通费	Intercity Traffic Fare	101.7	100.7	103.5	100.8	104.0	101.5
通信	Communication	97.4	98.0	95.8	97.7	94.6	100.0
通信工具	Communication Facility	82.4	79.7	90.9	79.4	87.4	100.0
通信服务	Communication Service	99.0	100.0	96.2	100.0	95.2	100.0
娱乐教育文化用品及服务	**Recreation,Education and Culture Articles and Services**	**102.1**	**102.1**	**102.3**	**102.4**	**102.8**	**100.6**
文娱用耐用消费品及服务	Durable Consumer Goods for Culture and Recreational Use and Services	100.1	100.0	100.2	100.0	101.4	96.0
教育	Education	101.7	102.0	101.1	102.2	100.9	102.1
教材及参考书	Teaching Materials and Reference Books	99.4	98.8	100.8	98.9	101.0	100.0
教育服务	Education Services	102.2	102.5	101.1	102.8	100.9	102.6
文化娱乐	Cultural and Recreational Articles	102.0	102.7	100.2	103.8	101.0	97.8
文化娱乐用品	Cultural Articles	100.9	101.0	100.6	101.1	101.0	98.6
书报杂志	Newspapers and Magazines	100.3	100.0	101.2	100.0	101.4	100.0
文娱费	Expenditure on Culture and Recreation	104.9	106.9	98.7	109.4	100.3	95.0
旅游	Touring and Outing	107.0	104.5	117.1	104.2	119.7	107.0
居住	**Residence**	**101.7**	**101.9**	**101.4**	**101.7**	**101.9**	**99.6**
建房及装修材料	Building and Building Decoration Materials	98.7	97.7	99.4	97.7	99.8	97.9
住房租金	Renting	102.3	101.9	105.3	101.7	106.5	100.0
自有住房	Private Housing	103.2	102.9	106.2	102.7	107.3	100.0
水、电、燃料	Water,Electricity and Fuels	102.4	102.5	102.1	102.0	102.1	102.1

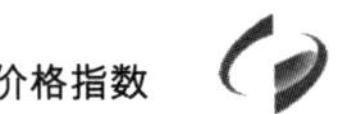

7-4 续2 (continued2)

(上年=100) (preceding year=100)

项目	Item	以1985年价格为100 (1985=100)			以1987年价格为100 (1987=100)			以1993年价格为100 (1993=100)		
		全省 Total	城镇 Urban	农村 Rural	全省 Total	城镇 Urban	农村 Rural	全省 Total	城镇 Urban	农村 Rural
居民消费价格指数	**Consumer Price Index**	**520.0**	**481.9**	**544.5**	**454.7**	**424.4**	**479.4**	**200.3**	**189.8**	**224.0**
食品	**Food**	**777.3**	**721.4**	**785.2**	**667.2**	**619.2**	**674.3**	**261.4**	**246.0**	**290.8**
粮食	Grain	1259.6	1127.1	1421.9	1091.8	1054.2	1193.9	280.2	288.9	291.4
油脂	Oil or Fat	914.2	993.2	890.3	854.8	928.8	832.3	228.1	230.5	230.6
肉禽及其制品	Meal, Poultry and Processed Products	544.7	551.7		459.1	465.0		264.7	232.8	301.1
水产品	Aquatic Products	746.7	658.9	963.1	579.0	511.1	649.4	245.1	240.5	245.3
鲜菜	Fresh Vegetables	977.1	967.6		951.9	942.7		397.2	393.4	382.7
其他食品	Other Food	400.0	330.5	516.0	348.3	287.8	449.4	183.9	159.8	227.0
烟草	Tobacco	243.5	219.1	276.4	229.5	213.8	248.8	94.6	85.3	105.6
衣着	**Clothing**	**204.6**	**181.9**	**278.5**	**189.2**	**168.4**	**261.5**	**116.3**	**103.9**	**156.0**
棉布	Cotton Cloth	403.2	381.6	576.1	376.5	359.0	521.1	188.6	180.7	252.6
化纤布	Chemical Fiber Cloth	342.7	459.9	308.7	339.0	454.8	305.4	259.9	360.6	222.0
家庭设备用品及维修服务	**Household Facilities Articles and Services**	**249.9**	**226.9**	**339.1**	**231.6**	**217.6**	**267.6**	**154.1**	**149.1**	**164.1**
耐用消费品	Durable Consumer Goods	231.8	219.3	266.6	207.3	196.3	238.5	117.7	112.4	134.2
家庭日用杂品	Daily Use Household Articles	438.5	424.1	427.0	361.4	348.9	329.1	195.4	192.2	197.3
医疗保健和个人用品	**Medical and Health Care & Personal Articles**	**322.2**	**288.0**	**392.1**	**301.5**	**267.3**	**364.0**	**162.9**	**142.2**	**204.8**
中药材及中成药	Traditional Chinese Medicine Materials and Medicines	413.5	351.3	498.0	395.7	336.3	476.4	191.5	160.2	243.9
西药	Western Medicine	212.1	205.7	240.8	192.0	186.4	218.2	122.2	120.0	138.8
交通和通信	**Transportation and Communication**	**263.2**	**247.0**	**219.8**	**188.3**	**180.2**	**115.6**	**79.5**	**74.4**	**67.6**
娱乐教育文化用品及服务	**Recreation,Education and Culture Articles and Services**	**166.6**	**201.2**	**187.2**	**152.7**	**162.7**	**162.5**	**120.1**	**125.4**	**124.9**
文娱用耐用消费品及服务	Durable Consumer Goods for Recreational Use and Services	57.1	69.5	50.4	53.8	65.7	47.7	47.1	54.5	41.8
居住	**Residence**	**478.1**	**457.2**	**619.8**	**447.2**	**428.1**	**579.5**	**268.5**	**251.2**	**301.3**
自有住房	Private Housing	376.9	285.7	607.3	359.3	272.5	579.2	262.5	211.1	315.5
水、电、燃料	Water,Electricity and Fuels	474.1	543.8	405.9	439.7	505.9	375.7	237.6	263.6	188.6

7-5 商品零售价格分类指数
Retail Price Indices by Category

(上年=100) (preceding year=100)

项　目	Item	2005	2008	2009	2010	2011	2012
商品零售价格指数	**Retail Price Index**	**100.9**	**106.7**	**98.5**	**104.6**	**105.4**	**102.7**
食品	**Food**	**102.4**	**113.7**	**100.2**	**108.4**	**112.9**	**105.3**
粮食	Grain	100.1	109.7	103.7	110.5	117.7	104.1
油脂	Oil or Fat	98.7	124.1	91.1	105.1	110.6	105.3
肉禽及其制品	Meal, Poultry and Processed Products	100.9	119.0	94.8	103.6	117.0	104.4
蛋	Eggs	105.6	106.7	102.3	104.5	114.2	103.9
水产品	Aquatic Products	104.6	116.3	103.3	107.8	112.8	101.2
菜	Vegetables	110.3	116.4	103.6	118.1	107.1	116.5
调味品	Flavoring	101.7	105.1	104.0	104.5	108.1	106.4
糖	Carbohydrate	107.8	102.6	105.1	119.9	113.3	105.6
干鲜瓜果	Dried and Fresh Melons and Fruits	95.8	113.8	106.1	118.7	112.5	103.7
糕点饼干面包	Cake, Biscuit and Bread	101.0	104.1	100.5	106.5	104.2	104.4
液体乳及乳制品	Liquid Milk and Its Products	99.5	111.8	100.8	102.2	102.4	102.7
在外用膳食品	Outward Dinner Food	100.3	102.1	101.3	107.9	112.7	104.9
主食	Staple Food	100.0	101.3	100.1	100.3	103.3	119.0
炒菜	Fried Dishes	100.4	102.1	100.8	109.8	116.9	102.6
地方小吃	Local Snacks	100.0	103.9	106.4	110.2	107.9	102.0
其他食品	Other Food	102.6	109.7	101.7	104.1	102.0	109.9
饮料、烟酒	**Beverages,Tobacco and Liquor**	**100.9**	**102.6**	**102.0**	**100.9**	**101.2**	**101.7**
茶及饮料	Tea and Beverages	100.0	103.8	103.6	100.7	103.4	103.3
烟草	Tobacco	101.3	99.5	99.6	100.5	100.2	100.0
酒	Liquor	101.0	105.7	104.1	101.6	101.4	103.1
服装、鞋帽	**Garments,Shoes and Hats**	**96.6**	**97.4**	**98.6**	**101.1**	**100.0**	**101.2**
服装	Garments	95.5	97.7	98.0	100.9	99.9	101.7
鞋袜帽	Shoes	100.1	98.5	100.3	102.0	100.2	99.9
纺织品	**Textiles**	**98.0**	**99.7**	**101.3**	**101.8**	**103.6**	**103.3**
衣着材料	Clothing Material	99.6	101.2	100.1	102.9	112.6	112.0
床上用品	Bedding	96.9	99.0	101.9	101.3	100.6	100.1
家用电器及音像器材	**Household Appliances,Music and Video Equipment**	**97.0**	**99.7**	**99.3**	**99.0**	**100.1**	**100.5**
文化办公用品	**Culture and office Appliances**	**97.0**	**98.5**	**96.4**	**98.5**	**100.6**	**100.0**
日用品	**Articles for Daily Use**	**100.7**	**104.0**	**101.7**	**100.0**	**102.6**	**105.2**
日用百货	General Merchandise for Daily Use	101.1	106.3	104.3	99.0	104.3	106.6
日用杂品	Miscellaneous for Daily Use	99.6	100.7	98.5	102.1	102.5	102.0
体育娱乐用品	**Sports and Recreation Articles**	**99.8**	**101.6**	**100.0**	**100.2**	**100.1**	**103.2**
交通、通信用品	**Transportation and Communication Appliances**	**92.8**	**95.4**	**94.2**	**93.4**	**95.8**	**97.5**
家具	**Furniture**	**100.5**	**102.2**	**100.4**	**103.5**	**106.4**	**105.9**
化妆品	**Cosmetics**	**100.9**	**100.0**	**100.6**	**98.3**	**98.7**	**102.6**
金银珠宝	**Gold,Silver and Jewelry**	**105.0**	**114.4**	**100.2**	**113.7**	**115.6**	**103.9**
中西药品及医疗保健用品	**Traditional Chinese and Western Medicines and Medical and Health Care Articles**	**97.4**	**100.1**	**101.6**	**106.1**	**102.0**	**103.0**
医疗器具及用品	Medical Apparatus and Articles	98.8	100.0	102.8	112.8	101.3	101.2
中药材及中成药	Traditional Chinese Medicine Materials and Medicines	95.9	102.4	103.1	112.1	107.7	105.5
西药	Western Medicine	98.5	98.5	100.2	102.0	99.5	101.6
书报杂志及电子出版物	**Book,Newspapers,Magazines and Electronic Publications**	**99.4**	**100.1**	**104.2**	**101.5**	**97.9**	**100.9**
燃料	**Fuels**	**113.4**	**113.7**	**89.9**	**114.5**	**110.5**	**103.2**
建筑材料及五金电料	**Building Materials and Hardware**	**106.6**	**113.2**	**93.6**	**111.9**	**104.6**	**98.4**
建筑装潢材料	Building Decoration Materials	105.4	116.0	93.1	112.9	104.8	97.6
五金电料	Hardware	110.6	103.0	95.5	108.3	103.8	101.8

7-6 分城乡商品零售价格指数(2012)
Retail Price Indices by Urban and Rural

(上年=100) (preceding year=100)

项目	Item	全省 Total	城市 Urban	农村 Rural	海口市 Haikou	文昌市 Wenchang	琼中县 Qiongzhong
商品零售价格指数	**Retail Price Index**	**102.7**	**102.7**	**102.8**	**102.8**	**102.6**	**103.2**
食品	**Food**	**105.3**	**105.3**	**105.0**	**105.5**	**104.7**	**105.2**
粮食	Grain	104.1	104.2	103.3	104.3	103.2	104.2
油脂	Oil or Fat	105.3	104.3	110.8	104.2	111.1	107.1
肉禽及其制品	Meal, Poultry and Processed Products	104.4	104.8	101.6	105.3	101.6	102.3
蛋	Eggs	103.9	105.0	96.3	105.0	96.4	94.0
水产品	Aquatic Products	101.2	100.4	108.3	101.8	105.4	109.5
菜	Vegetables	116.5	117.2	111.0	117.3	110.9	111.9
调味品	Flavoring	106.4	105.8	109.3	106.0	110.1	106.2
糖	Carbohydrate	105.6	106.8	101.4	106.6	101.2	102.2
干鲜瓜果	Dried and Fresh Melons and Fruits	103.7	104.7	94.9	104.8	94.7	98.7
糕点饼干面包	Cake, Biscuit and Bread	104.4	103.7	110.5	103.0	111.6	100.6
液体乳及乳制品	Liquid Milk and Its Products	102.7	102.4	105.9	102.1	106.2	102.7
在外用膳食品	Outward Dinner Food	104.9	104.5	108.3	104.6	108.3	107.5
主食	Staple Food	119.0	120.2	109.0	120.2	106.8	138.0
炒菜	Fried Dishes	102.6	102.2	106.9	102.2	107.4	100.0
地方小吃	Local Snacks	102.0	100.6	115.3	100.6	116.2	103.7
其他食品	Other Food	109.9	111.0	104.5	111.0	103.9	112.1
饮料、烟酒	**Beverages,Tobacco and Liquor**	**101.7**	**101.8**	**101.1**	**102.3**	**100.8**	**103.6**
茶及饮料	Tea and Beverages	103.3	103.8	100.1	103.6	99.9	103.4
烟草	Tobacco	100.0	99.9	100.6	99.9	100.3	104.4
酒	Liquor	103.1	103.2	102.4	104.4	102.4	102.4
服装、鞋帽	**Garments,Shoes and Hats**	**101.2**	**100.6**	**106.8**	**100.6**	**106.0**	**111.6**
服装	Garments	101.7	100.9	108.0	101.0	107.6	113.0
鞋袜帽	Shoes	99.9	99.5	103.7	99.5	103.3	108.6
纺织品	**Textiles**	**103.3**	**103.5**	**102.0**	**103.3**	**100.9**	**109.6**
衣着材料	Clothing Material	112.0	113.6	104.6	113.4	101.3	121.2
床上用品	Bedding	100.1	100.0	100.8	100.0	100.8	101.5
家用电器及音像器材	**Household Appliances,Music and Video Equipment**	**100.5**	**100.0**	**104.6**	**100.0**	**105.2**	**98.2**
文化办公用品	**Culture and office Appliances**	**100.0**	**100.2**	**98.3**	**100.1**	**98.9**	**92.0**
日用品	**Articles for Daily Use**	**105.2**	**105.6**	**103.0**	**105.3**	**102.6**	**103.3**
日用百货	General Merchandise for Daily Use	106.6	107.3	101.7	106.8	101.8	100.8
日用杂品	Miscellaneous for Daily Use	102.0	101.8	103.4	101.7	102.6	107.6
体育娱乐用品	**Sports and Recreation Articles**	**103.2**	**103.4**	**102.0**	**103.1**	**102.5**	**96.9**
交通、通信用品	**Transportation and Communication Appliances**	**97.5**	**97.7**	**95.6**	**98.1**	**95.1**	**100.0**
家具	**Furniture**	**105.9**	**106.3**	**102.6**	**106.3**	**102.6**	**102.5**
化妆品	**Cosmetics**	**102.6**	**102.7**	**101.7**	**102.5**	**101.7**	**101.5**
金银珠宝	**Gold,Silver and Jewelry**	**103.9**	**103.9**	**104.6**	**103.6**	**104.9**	**102.2**
中西药品及医疗保健用品	**Traditional Chinese and Western Medicines and Medical and Health Care**	**103.0**	**102.9**	**103.8**	**102.9**	**103.5**	**103.3**
医疗器具及用品	Medical Apparatus and Articles	101.2	100.9	105.5	100.9	105.5	106.0
中药材及中成药	Traditional Chinese Medicine Materials and Medicines	105.5	104.8	112.4	104.7	112.6	102.1
西药	Western Medicine	101.6	101.8	99.4	101.9	99.0	104.4
书报杂志及电子出版物	**Book,Newspapers,Magazines and Electronic Publications**	**100.9**	**100.8**	**101.2**	**100.9**	**101.1**	**100.2**
燃料	**Fuels**	**103.2**	**103.1**	**103.3**	**103.0**	**103.3**	**103.7**
建筑材料及五金电料	**Building Materials and Hardware**	**98.4**	**98.4**	**98.4**	**98.4**	**98.4**	**98.6**
建筑装潢材料	Building Decoration Materials	97.6	97.5	97.9	97.4	97.9	98.4
五金电料	Hardware	101.8	101.9	100.9	102.0	101.0	99.8

7-7 主要消费品零售价格指数
Retail Price Indices of Main Consumer Goods

(上年=100) (preceding year=100)

项　目	Item	2005	2008	2009	2010	2011	2012
植物油制品	Vegetable Oil Products	98.6	127.2	80.8	101.2	112.4	105.5
肉禽及其制品	Meal,Poultry and Processed Products	100.9	119.0	94.8	103.6	117.0	104.4
蛋	Eggs	105.6	106.7	102.3	104.5	114.2	103.9
水产品	Aquatic Products	104.6	116.3	103.3	107.8	112.8	101.2
鲜菜	Fresh Vegetables	112.2	116.2	104.2	118.0	107.4	118.9
干菜及菜制品	Dried Vegetables and Its Products	96.5	115.1	100.7	109.4	104.4	98.7
调味品	Flavoring	101.7	105.1	104.0	104.5	108.1	106.4
食糖	Sugar	116.8	96.9	105.3	135.0	127.5	101.7
糖果	Candy	99.1	104.5	108.6	108.4	99.9	107.5
鲜瓜果	Fresh Melons and Fruits	95.1	112.9	107.5	120.0	112.7	103.4
干(坚)果	Dried Fruits and Nuts	100.5	120.0	96.3	111.4	111.3	106.1
糕点	Cake	99.5	103.8	100.2	109.5	105.4	104.4
液体乳及乳制品	Liquid Milk and Its Products	99.5	111.8	100.8	102.2	102.4	102.7
茶叶	Tea	101.6	99.2	104.6	101.0	110.6	102.1
烟草	Tobacco	101.3	99.5	99.6	100.5	100.2	100.0
酒	Liquor	101.0	105.7	104.1	101.6	101.4	103.1
服装	Garments	95.5	97.7	98.0	100.9	99.9	101.7
鞋	Shoes	100.1	98.3	100.3	102.1	100.2	99.9
棉布	Cotton Cloth	101.0	102.5	100.4	102.5	112.6	110.5
化纤布	Chemical Fiber Cloth	100.0	101.3	100.1	104.1	119.4	112.9
日用杂品	Miscellaneous for Daily Use	99.6	100.7	98.5	102.1	102.5	102.0
家具	Furniture	100.5	102.2	100.4	103.5	106.4	105.9
中药材及中成药	Traditional Chinese Medicine Materials and Medicines	95.9	102.4	103.1	112.1	107.7	105.5
西药	Western Medicines	98.5	98.5	100.2	102.0	99.5	101.6

7-7 续 (continued)

项 目	Item	以1987年价格为100 (1987=100) 全省 Total	城镇 Urban	农村 Rural	以1998年价格为100 (1998=100) 全省 Total	城镇 Urban	农村 Rural
植物油制品	Vegetable Oil Products	740.1	885.6	588.5	149.2	161.6	120.2
肉禽及其制品	Meal,Poultry and Processed Products	402.8	418.6		194.1	183.6	203.8
水产品	Aquatic Products	528.8	502.7	724.0	180.2	168.7	199.6
鲜菜	Fresh Vegetables	792.8	754.2		215.3	214.8	196.6
干菜及菜制品	Dried Vegetables and Its Products	388.3	337.8	494.0	140.5	143.5	152.4
调味品	Flavoring	343.6	294.4	485.5	140.6	133.7	158.8
食糖	Sugar	372.9	368.5	433.5	143.2	153.3	131.3
糖果	Candy	463.5	394.4	532.4	125.1	108.8	159.5
鲜瓜果	Fresh Melons and Fruits	370.6	371.3		172.3	177.0	155.0
干(坚)果	Dried Fruits and Nuts	366.3	365.3	364.3	121.7	127.1	120.4
糕点	Cake	488.9	476.3		112.5	108.9	129.4
液体乳及乳制品	Liquid Milk and Its Products	291.5	244.2	407.0	102.9	94.9	133.8
茶叶	Tea	274.8	173.4	398.8	128.2	117.7	133.6
烟草	Tobacco	296.0	267.5	295.0	88.7	91.4	83.4
酒	Liquor	272.9	209.8	296.8	123.8	103.4	133.9
服装	Garments	141.5	134.0	201.0	80.8	75.0	102.6
鞋	Shoes	330.8	272.4	446.3	100.8	101.6	115.2
棉布	Cotton Cloth	361.4	331.5	446.2	115.3	105.2	141.5
化纤布	Chemical Fiber Cloth	371.8	437.1	273.6	160.9	184.2	148.8
日用杂品	Miscellaneous for Daily Use	336.5	297.2	420.8	113.9	109.5	127.0
家具	Furniture	208.5	164.9	300.1	106.6	100.4	123.0
中药材及中成药	Traditional Chinese Medicine Materials and Medicines	330.5	279.0	396.3	128.6	117.1	151.7
西药	Western Medicines	233.6	208.6	244.3	100.7	90.5	109.8

7-8 农业生产资料价格指数(2012)
Price Indices for Means of Agricultural Production

(上年=100) (preceding year=100)

项 目	Item	全 省 Total	文昌市 Wenchang	琼中县 Qiongzhong
农业生产资料价格指数	**Price Indices for Means of Agricultural Production**	**104.3**	**104.6**	**102.6**
农用手工工具	Farm Handtools	101.4	102.1	95.2
饲料	Forage	103.8	104.2	102.2
产品畜	Commodity Animals	103.0	105.6	90.7
半机械化农具	Semi-mechanized Farm Tools	102.8	101.9	107.1
机械化农具	Mechanized Farm Machinery	101.1	101.4	99.7
化学肥料	Chemical Fertilizer	105.4	104.3	112.9
农药及农药械	Pesticide and Its Appliances	103.0	103.0	103.0
化学农药	Chemecal Pesticide	103.2	103.2	103.3
农药器械	Chemecal Pesticide Appliances	100.8	101.0	100.0
农用机油	Oil for Farm Machinery	102.6	101.6	108.1
其他农业生产资料	Others Means of Agricultural Production	105.0	105.8	101.0
农用种子	Agricultural seed	106.4	107.3	101.5
农业生产服务	Service for Agricultural Production	109.9	111.4	100.0

7-9 按工业部门分工业生产者出厂价格指数
Producer Price Indices for Industrial Products by Sector

(上年=100) (preceding year=100)

年 份 Year	总指数 General Index	冶金工业 Metallurgica lIndustry	电力工业 Power Industry	煤炭工业 Coal Industry	石油工业 Petroleum Industry	化学工业 Chemical Industry	机械工业 Machine Manufacture Industry	建筑材料工业 Building Materials Industry
2003	99.5	110.5	100.9	112.9	103.4	102.0	94.1	99.8
2004	100.0	131.7	100.8	91.1	103.0	99.1	88.3	109.9
2005	99.5	118.3	100.2	100.0	109.8	101.8	87.9	99.2
2006	100.8	97.4	100.0	100.0	119.7	98.1	99.1	87.6
2007	102.7	110.8	100.2	100.8	100.5	100.7	98.8	117.1
2008	104.5	112.6	102.2	118.2	109.7	102.5	97.8	120.1
2009	90.6	74.1	104.0	113.0	87.4	91.7	98.5	93.7
2010	107.7	116.5	101.0	110.7	111.9	108.4	103.4	102.0
2011	108.8	117.2	102.6	109.7	114.9	105.0	101.0	115.4
2012	100.8	91.5	101.3	100.0	104.5	100.3	99.1	90.0

7-9 续表(continued)

(上年=100) (preceding year=100)

年 份 Year	森林工业 Timber Industry	食品工业 Food Industry	纺织工业 Textile Industry	缝纫工业 Tailoring Industry	皮革工业 Leather Industry	造纸工业 Paper Industry	文教艺术用品工业 Cultural, Educational & Handicrafts Articles
2003	97.3	997.9	99.3	92.8	88.2	99.3	99.9
2004	102.1	101.6	99.5	101.8	99.2	100.0	99.7
2005	104.5	101.0	95.9	100.0	105.5	101.1	104.8
2006	103.0	103.6	95.7	99.0	132.5	107.0	98.6
2007	105.0	101.7	95.7	101.7	112.7	106.7	100.9
2008	101.5	106.1	96.1	102.9	122.4	99.2	104.7
2009	97.7	99.7	84.2	102.2	79.4	79.4	105.2
2010	105.4	105.1	105.6	95.2	122.6	108.0	99.8
2011	109.4	109.8	106.3	95.6	200.4	96.6	117.8
2012	108.3	101.3	89.9	93.1	79.5	98.9	105.6

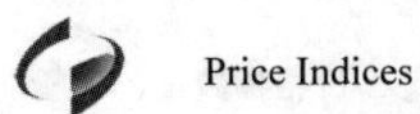

7-10 按工业行业分工业生产者出厂价格指数
Producer Price Indices for Industrial Products by Sector

行　　业	Sector	2005	2008	2009	2010	2011	2012
工业品出厂价格指数	**Producer Price Indices for Industrial Products**	**99.5**	**104.5**	**90.6**	**107.7**	**108.8**	**100.8**
煤炭开采和洗选业	Mining and Washing of Coal						
石油和天然气开采业	Extraction of Petroleum and Natural Gas	98.8	140.8	55.8	133.7	109.3	102.5
黑色金属矿采选业	Mining and Processing of Ferrous Metal Ores	121.7	139.5	55.1	132.2	124.7	86.3
有色金属矿采选业	Mining and Processing of Non-Ferrous Metal Ores	113.8	92.2	82.5	97.6	127.7	101.6
非金属矿采选业	Mining and Processing of Nonmetal Ores	98.9	109.7	105.5	108.8	104.5	98.9
农副食品加工业	Processing of Agricultural and Related Products	101.5	109.0	98.8	110.4	112.4	101.1
食品制造业	Processing of Foods	98.0	105.3	98.3	94.9	113.7	101.9
饮料制造业	Manufacture of Beverages	101.8	103.2	102.7	102.7	102.7	102.1
烟草制品业	Manufacture of Tobacco	101.7	100.0	98.4	101.3	99.9	100.9
纺织业	Manufacture of Textiles	96.3	100.1	94.7	98.7	95.4	82.2
纺织服装、鞋、帽制造业	Manufacture of Textile Wearing Apparel, Footware, and Caps	100.1	99.8	100.3	100.0	100.0	100.0
皮革、毛皮、羽毛(绒)及其制品业	Manufacture of Leather, Fur, Feather and Related Products	103.7	118.4	79.4	117.4	200.4	79.5
木材加工及木、竹、藤、棕、草制品业	Processing of Timber, Manufacture of Wood, Bamboo, Rattan, Palm and Straw Products	99.9	102.4	96.8	107.5	100.4	102.0
家具制造业	Manufacture of Furniture	109.1	100.3	99.3	103.3	113.6	110.9
造纸及纸制品业	Manufacture of Paper and Paper Products	101.1	99.2	79.4	108.0	96.6	98.9
印刷业和记录媒介的复制	Printing, Reproduction of Recording Media	104.7	104.6	105.0	99.6	98.2	98.4
文教体育用品制造业	Manufacture of Articles for Culture, Education and Sport Activities		110.5	102.8	106.2	105.1	97.6
石油加工、炼焦及核燃料加工业	Processing of Petroleum, Coking and Nuclear Fuel	121.0	107.8	88.2	111.7	115.2	104.7
化学原料及化学制品制造业	Manufacture of Chemical Raw Materials and Chemical Products	110.1	102.9	88.3	108.9	109.3	100.0
医药制造业	Manufacture of Medicines	91.1	102.1	99.3	105.7	100.2	102.6
化学纤维制造业	Manufacture of Chemical Fibers	108.4	98.9	89.9	130.0	105.6	79.4
橡胶制品业	Manufacture of Rubber Products	99.5	117.3	77.1	124.1	139.1	88.2
塑料制品业	Manufacture of Plastics Products	101.7	103.5	97.3	100.4	109.0	115.6
非金属矿物制品业	Manufacture of Non-metallic Mineral Products	99.3	120.1	93.7	102.0	115.4	90.0
黑色金属冶炼及压延加工业	Smelting and Pressing of Ferrous Metals	121.8	116.4	78.8	103.9	128.6	105.4
有色金属冶炼及压延加工业	Smelting and Pressing of Non-ferrous Metals	95.9	104.9	74.5	140.4	103.4	89.4
金属制品业	Manufacture of Metal Products	115.7	106.2	89.4	106.4	99.6	96.6
通用设备制造业	Manufacture of General-purpose Machinery	99.0	103.9	98.0	100.5	100.0	100.0
专用设备制造业	Manufacture of Special-purpose Machinery	101.5	109.5	101.9	107.0	105.1	99.5
交通运输设备制造业	Manufacture of Transport Equipment	85.2	96.0	94.1	97.1	100.6	99.7
电气机械及器材制造业	Manufacture of Electrical Machinery and Equipment	110.5	109.4	105.7	111.6	104.0	95.5
通信设备、计算机及其他电子设备制造业	Manufacture of Communication Equipment, Computer and Other Electronic Equipments	104.8	96.2	95.1	100.3	100.0	100.0
仪器仪表及文化、办公用机械制造业	Manufacture of Measuring Instruments and Machinery for Cultural Activity and Office Work	99.6					
工艺品及其他制造业	Manufacture of Artwork and Other Manufacturing	122.3	120.8	100.2	119.1	140.4	135.4
废弃资源和废旧材料回收加工业	Recycling and Disposal of Waste						
电力、热力的生产和供应业	Production and Supply of Electric Power and Heat Power	100.2	102.2	104.0	101.0	102.7	101.4
燃气生产和供应业	Production and Supply of Gas	103.6	112.8	98.4	98.9	106.9	96.5
水的生产和供应业	Production and Supply of Water	100.0	100.6	100.2	100.0	99.7	100.2

7-11 工业生产者出厂价格分类指数
Producer Price Indices for Industrial Products by Category

(上年=100) (preceding year=100)

类 别	Item	2005	2008	2009	2010	2011	2012
全部工业品	**Total Producer Price Indices for Industrial Products**	**99.5**	**104.5**	**90.6**	**107.7**	**108.8**	**100.8**
生产资料	**Means of Production**	**106.4**	**106.4**	**88.2**	**108.6**	**109.7**	**100.7**
采掘工业	Mining & Quarrying Industry	115.4	124.8	61.3	126.1	120.3	93.4
原材料工业	Raw Materials Industry	103.0	103.6	88.1	109.7	110.9	102.3
加工工业	Processing Industry	107.3	108.8	94.9	103.0	104.7	98.6
生活资料	**Consumer Goods**	**93.2**	**100.5**	**99.7**	**104.6**	**106.0**	**101.1**
食品类	Food	98.1	103.0	100.5	105.5	110.9	100.3
衣着类	Clothing	101.3	102.9	102.2	95.2	102.6	91.4
一般日用品	Articles for Daily Use	105.4	100.2	96.4	101.5	102.0	104.1
耐用消费品	Durable Consumer Goods	85.9	97.2	99.3	103.3	102.2	101.0

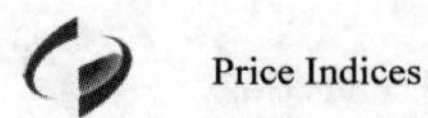

7-12 固定资产投资价格分类指数
Price Indices for Investment in Fixed Assets by Category

(上年=100) (preceding year=100)

年 份 Year	固定资产投资价格指数 Price Indices for Investment in Fixed Assets	建筑安装、装饰工程 Construction and Installation	设备、工器具购置 Purchase of Equipment and Instruments	其他费用 Others
2003	103.2	105.7	99.2	100.5
2004	105.6	109.7	100.0	101.7
2005	101.2	101.4	99.8	103.9
2006	101.0	100.7	100.7	102.5
2007	106.1	109.9	100.2	102.2
2008	113.3	118.7	100.6	107.2
2009	97.7	97.2	97.6	100.0
2010	105.2	105.5	100.3	109.7
2011	106.4	108.2	101.1	103.3
2012	102.0	102.5	98.9	102.9

(2002=100)

年 份 Year	固定资产投资价格指数 Price Indices for Investment in Fixed Assets	建筑安装、装饰工程 Construction and Installation	设备、工器具购置 Purchase of Equipment and Instruments	其他费用 Others
2002	100.0	100.0	100.0	100.0
2003	103.2	105.7	99.2	100.5
2004	109.0	116.0	99.2	102.2
2005	110.3	117.6	99.0	106.2
2006	111.4	118.4	99.7	108.9
2007	118.2	130.1	99.9	111.3
2008	133.9	154.4	100.5	119.3
2009	130.8	150.1	98.1	119.3
2010	137.6	158.4	98.4	130.9
2011	146.4	171.4	99.5	135.2
2012	149.3	175.7	98.4	139.1

7-13 建筑安装、装饰工程价格分类指数
Price Indices for Construction and Installation by Category

(上年=100) (preceding year=100)

项　　目	Item	2005	2008	2009	2010	2011	2012
建筑安装、装饰工程	**Construction and Installation**	**101.4**	**118.7**	**97.2**	**105.5**	**108.2**	**102.5**
人工费	**Labor costs**	**105.5**	**116.9**	**111.0**	**114.4**	**114.5**	**112.1**
工程管理人员	supervisor of construction	101.7	116.4	113.6	110.4	112.3	109.5
工程技术人员	Engineering technical personnel	102.0	113.5	110.0	112.6	113.6	112.3
普通工人	Ordinary workers	106.9	117.5	110.9	115.4	115.0	112.4
材料费	**Materials costs**	**99.5**	**121.1**	**93.2**	**103.0**	**107.4**	**100.5**
钢材	Steels	99.4	134.7	84.7	101.8	109.7	97.2
木材	Timber	103.9	113.9	103.0	102.1	104.3	104.2
水泥	Cement	99.4	122.7	96.1	104.3	105.2	95.9
地方建筑材料	Indigenous construction material	98.7	113.3	101.4	103.1	104.4	103.3
化工材料	Chemical materials	101.4	108.7	99.0	107.2	106.4	105.6
电料	Electrical materials and appliances	103.0	105.0	98.4	104.7	107.8	105.0
其他材料	Other materials	101.3	104.7	101.5	107.8	103.9	102.0
机械费	**Machinery fees**	**104.1**	**102.3**	**100.2**	**101.7**	**101.4**	**102.4**
土石方及筑路机械	Earthwork and road construction machinery	100.1	103.0	100.1	101.4	101.0	100.9
打桩机械	Piling machinery	99.4	102.7	98.9	105.6	107.2	101.7
起重机械	Hoisting Machinery	102.0	101.7	98.0	102.4	101.6	102.0
运输机械	Transport Machinery	108.8	102.5	100.6	101.9	101.0	102.3
混凝土及砂浆机械	Concrete and mortar machinery	101.7	101.6	100.4	101.4	101.5	105.0
加工机械	Processing Machinery	103.2	103.3	101.0	103.2	102.7	103.6
泵类机械	Pump machinery	100.7	101.7	100.2	100.4	102.0	105.3
船舶机械	Marine machinery				107.9	104.6	106.5
其他机械	Other machinery	102.4	103.0	100.6	101.1	101.7	102.1

主要统计指标解释

居民消费价格指数 是反映一定时期内城乡居民所购买的生活消费品和服务项目价格变动趋势和程度的相对数，是对城市居民消费价格指数和农村居民消费价格指数进行综合汇总计算的结果。通过该指数可以观察和分析消费品的零售价格和服务项目价格变动对城乡居民实际生活费支出的影响程度。

城市居民消费价格指数 是反映一定时期内城市居民家庭所购买的生活消费品价格和服务项目价格变动趋势和程度的相对数。通过该指数可以观察和分析消费品的零售价格和服务项目价格变动对城镇居民收入和消费支出的影响。

农村居民消费价格指数 是反映一定时期内农村居民家庭所购买的生活消费品价格和服务项目价格变动趋势和程度的相对数。该指数可以观察农村消费品的零售价格和服务项目价格变动对农村居民收入和生活消费支出的影响。

商品零售价格指数 是反映一定时期内城乡商品零售价格变动趋势和程度的相对数。商品零售价格的变动与国家的财政收入、市场供需的平衡、消费与积累的比例关系有关。因此，该指数可以从一个侧面对上述经济活动进行观察和分析。

农业生产资料价格指数 指反映一定时期内农业生产资料价格变动趋势和程度的相对数。其编制目的是了解农业生产中投入物质资料价格的变动状况，服务于国民经济核算。1994 年以前，农业生产资料价格指数仅仅是商品零售价格指数的一个类别，此后，从商品零售价格指数中分离出来，单独编制。

工业生产者出厂价格指数 是反映一定时期内全部工业产品出厂价格总水平的变动趋势和程度的相对数，包括工业企业售给本企业以外所有单位的各种产品和直接售给居民用于生活消费的产品。该指数可以观察出厂价格变动对工业总产值及增加值的影响。

工业生产者购进价格指数 是反映工业企业作为生产投入，而从物资交易市场和能源、原材料生产企业购买原材料、燃料和动力产品时，所支付的价格水平变动趋势和程度的统计指标，是扣除工业企业物质消耗成本中的价格变动影响的重要依据。

固定资产投资价格指数 是反映一定时期内固定资产投资品及取费项目的价格变动趋势和程度的相对数。固定资产投资额是由建筑安装工程投资完成额、设备工器具购置投资完成额和其他费用投资完成额三部分组成的。编制固定资产投资价格指数应首先分别编制上述三部分投资的价格指数，然后采用加权算术平均法求出固定资产投资价格总指数。

Explanatory Notes on Main Statistical Indicators

Consumer Price Index reflects the trend and degree of changes in prices of consumer goods and services purchased by urban and rural residents, and is a composite index derived from the urban consumer price index and the rural consumer price index. Consumer price index can be used to analyze the impact of consumer price change on actual expenditure for living cost of urban and rural residents.

Consumer Price Indices of Urban Household reflects the trend and degree of changes in prices of consumer goods and services purchased by urban households during a given period. It can be used to observe and analyze the impact of price changes in consumer goods and services on urban household income and consumption expenditure.

Consumer Price Indices of Rural Household reflects the trend and degree of changes in prices of consumer goods and services purchased by rural households during a given period. It can be used to observe the impact of change in retail prices of consumer goods and service prices on rural household income and consumption expenditure on living.

Retail Price Indices reflect the trend and degree of change in retail prices of commodities during a given period. The change in retail prices of commodities is related to government revenue, the equilibrium of market supply and demand, and the ratio of consumption to accumulation. Therefore, the retail price indices are useful from an oblique perspective for observing and analyzing the changes of the above economic activities.

Price Indices for Means of Agricultural Production reflects the trend and degree of changes in the prices of the means of agricultural production during a given period. Compilation of these indices helps to understand the price changes of material input in agricultural production and facilitate the compilation of national accounts. Before 1994, price indices for means of agricultural production were a sub-category in the retail price indices for commodities, and it has been compiled separately since 1994.

Producer Price Indices for Industrial Products reflect the trend and degree of changes in general ex-factory prices of all manufactured goods during a given period, including sales of manufactured goods by an industrial enterprise to all units outside the enterprise, as well as sales of consumer goods to residents. It can be used to analyze the impact of ex-factory prices on gross output value and value-added of the industrial sector.

Purchasing Price Indices for Industrial Producers reflect changes in the level and degree of prices paid by industrial enterprises when they purchase production input such as raw materials, fuels and power from the market or from other energy or raw materials producing enterprises. These indices provide an important basis for measuring the material consumption of industrial enterprises after removing the influence of price changes.

Price Indices for Investment in Fixed Assets reflect the trend and degree of changes in prices of investment goods and projects in fixed assets during a given period. The investment in fixed assets consists of three components, namely the investment in construction and installation, the investment in purchases of equipment and instrument, and the investment in other items. Price indices for investment in fixed assets are calculated as the weighted arithmetic mean of the price indices for the three components of investment in fixed assets.

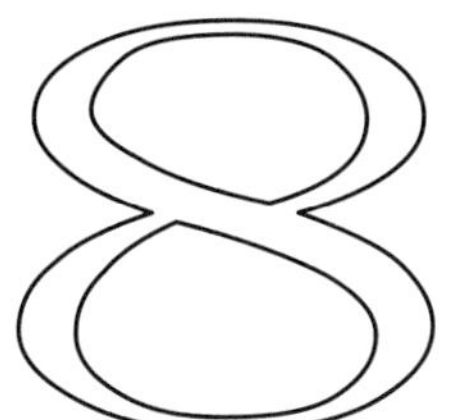

人民生活

People's Living Condition

编辑人员：叶薇　黄怡

Compiled by Ye Wei　Huang Yi

英文翻译：卓富香

Translated by Zhuo Fuxiang

简 要 说 明

一、本篇资料的主要内容

本篇资料反映我省人民生活现状及变化情况，分为城镇居民生活和农村居民生活两部分。

二、城镇居民生活状况资料来源

城镇居民生活状况的数据来源于城镇住户调查，是对城镇居民家庭抽样调查汇总的结果。调查内容主要包括家庭人口及其构成、家庭现金收支、主要商品购买数量及支出金额、劳动就业状况、居住状况和耐用消费品的拥有量等。

三、城镇住户调查方法

住户调查城镇采用分层随机抽样的方法确定，首先，按照城镇规模将全国所有省（区、市）的城镇划分为三层：大中城市（地级和地级以上的城市）、县级市和县城（镇）。第二、按各层人口占全省（区、市）人口的比例来分配每层的样本量。第三、按城镇就业者年人均工资从高到低排队，依次计算各城镇人口累计数，然后根据样本量的大小随机起点等距抽取所需数量的调查城镇。

城镇住户调查的调查户的抽选工作分两步进行。第一步进行一次性的大样本调查；第二步从大样本调查中抽出一个小样本，作为经常性调查户，开展记账工作。

大样本调查每三年进行一次，其目的主要是为经常性调查提供抽样框和为经常性调查数据评估提供基础资料。在大样本调查中，各调查市、县采取分层、二（多）阶段、与大小成比例（PPS 方法）的随机等距方法选取调查样本。即先按区分层，在层内按照 PPS 方法随机等距抽选调查社区/居委会，在抽中社区/居委会内随机等距抽选调查住宅。部分大城市根据需要可以采用三阶段抽样，即先抽选社区/居委会，再抽选调查小区，最后抽选调查住宅。对选出的大样本或一相样本开展调查，取得调查户家庭人口、就业人口、收入等辅助资料，然后，根据这些资料进行分组，从中按比例抽出一个小样本也称二相样本，作为经常性调查户，开展日记账工作。

四、农村居民生活资料来源

农村居民生活状况的数据来源于农村住户抽样调查。主要内容包括农村居民家庭基本情况、住房情况、收入、生活消费支出、主要消费品消费量、耐用消费品拥有量等。

五、农村住户调查方法

农村住户调查综合运用多种抽样方法确定住户调查网点。农村住户调查在 95%的概率把握程度下要求抽样误差不得超过±3%。为保证农村住户调查资料的准确性，调查户设置现金和实物两本帐，并聘请辅助调查员帮助做好记账工作，及时核实、汇总住户调查资料。

为解决调查户的厌烦情绪及样本老化问题，增强抽样调查网点的代表性，更加准确、及时地反映农村社会经济情况，农村住户调查网点实行样本轮换制度，每五年为一个周期。

Brief Introduction

I. Main Contents

Data in this chapter show the people's living conditions and its changes in Hainan province, which includes two parts about the life of urban and rural households respectively.

II. Sources of Data on the Living Conditions of Urban Residents

Data on the living condition of urban residents come from the data collected through a sample survey on the urban households. The main contents of the survey include persons in the household and the household composition; cash income and expenditure of the household; quantity of major commodities purchased and expenditure; the employment of household members; the housing condition; and the possession of durable consumer goods.

III. Methodology for Urban Household Survey

Sample cities and towns in urban areas are selected by using stratified random sampling method. Firstly, all the urban areas and towns of all provinces (autonomous regions and municipalities directly under the Central Government) are stratified into three strata according to population size: large and medium-sized cities (at and above prefecture level), county cities and county towns; secondly, the sample size is decided by proportion of population in selected stratus to the provincial total; thirdly, cities and towns are arranged in ranking the annual average wages of the employed persons, then with the accumulative population in each city and town sample cities and towns are selected by systematic sampling scheme according to the size of the samples.

The selection of sample households in urban areas is done by two steps: the first step is to have a one-off large sample survey; the second step is to select a small sample from the large sample to be used as regular sample households for diaries.

The large sample survey is conducted for every three years; the objective is to provide sample frame for regular surveys and basic information for data evaluation of regular surveys. In the large sample survey, samples in sample cities and towns are selected by systematic sampling method schemes, such as two-phase sampling and stratifying method, two-stage (multi) method and probability proportional to size (PPS) method. Namely, stratification is done at district level, and then PPS systematic sampling method is used to select sample communities/resident's committees, finally the same method is used to select dwellings from the selected districts/resident's committees. In some large cities, three-stage sampling method is used. First, the communities/resident's committees are selected. Secondly, sample districts are selected. Thirdly, sample dwellings are selected. A survey will be conducted to the large samples or the first phase samples to collect relevant information on household population, persons employed, income and so on. Then grouping is made based on the information collected, small samples or the second phase samples are selected according to proportions which are regular sample households to keep diary.

IV. Sources of Data on the Living Conditions of Rural Residents

Data on the living conditions of rural residents come from data collected through the sample survey on rural households, which is organized by the Office of Household Survey of the NBS. The main contents of the survey include the basic condition of rural households, housing conditions, income, consumption expenditure, consumption of major consumer goods and the quantity of durable consumer goods owned.

V. Methodology for Rural Household Survey

A combination of various sampling approaches is used to identify the survey households for Rural Household Survey.

It is required that the sampling error should not exceed

±3%, with a confidence probability as 95%. In order to ensure the accuracy of the survey data on the rural households, two accounts are designed for the respondent households: the cash account and the account on goods in kind. Assistant enumerators have been recruited to help the households keep good accounts and to check on a timely fashion and to and tabulate the data from the survey.

In order to overcome the tedium of respondent households and to ensure that the sample is accurately representative over time and reflects the changing rural social and economic situation, a rotation sampling scheme is implemented, and the complete cycle of rotation is 5 years.

8-1 人民物质文化生活情况
People's Material and Cultural Life

项　　目	Item	2005	2008	2009	2010	2011	2012
就　　业	**Employment**						
每一农村劳动力负担人口(人)	Number of Dependents per Rural Laborer (person)	1.57	1.53	1.55	1.53	1.55	1.52
每一城镇就业者负担人口(人)	Number of Dependents per Urban Employee (person)	2.31	2.16	2.14	2.15	2.12	2.12
收　　入	**Income**						
农村居民家庭人均纯收入(元)	Per Capita Net Income of Rural Households(yuan)	3004	4390	4744	5275	6446	7408
城镇居民家庭人均可支配收入(元)	Per Capita Disposable Income of Urban Households(yuan)	8124	12608	13751	15581	18369	20918
职工年平均工资(元)	Average Wages of Staff and Workers (yuan)	14417	21864	24934	31025	36716	40051
消费水平	**Consumption level**						
城镇居民人均消费性支出(元)	Per Capita Consumption Expenditure of Urban Households	5928	9408	10087	10927	12643	14457
农村居民人均生活消费支出(元)	Per Capita Living Expenditure of Rural Households	1969	2883	3088	3446	4126	4736
储　　蓄	**Savings**						
城乡居民年底储蓄存款余额亿元)	Balance of Savings Deposit of Rural and Urban Households at the Year-end (100 million yuan)	697.57	1061.12	1282.75	1666.74	1874.27	2170.91
平均每人储蓄存款余额(元)	Per Capita Balance of Saving Deposit (yuan)	8517	12271	14584	19190	21362	24487
住　　房(平方米)	**Per Capita living Space (sq.m)**						
农村人均住房面积	per capita living Space in Rural Areas	21.82	22.84	24.00	24.74	25.17	26.12
城镇人均现住房总建筑面积	per capita living building area in Urban Areas	27.03	28.57	28.87	28.88	29.48	29.34
文化教育卫生	**Culture,Education and Public Health**						
城镇每百户有彩色电视机(台)	Number of Color TV Sets per 100 Households in Urban Areas (set)	118.69	117.99	118.22	119.79	112.95	113.3
农村每百户有电视机(台)	Number of TV Sets per 100 Households in Rural Areas (set)	80.8	91.53	99.59	102.36	98.08	99.58
学龄儿童入学率(%)	Enrollment Ratio of School-Age Children (%)	99.8	99.7	81.6	98.8	99.5	99.7
小学升学率	Promotion Rate from Primary Schools to Junior Secondary Schools	97.9	98.9	99.0	96.6	97.6	98.0
初中升学率	Promotion Rate from Junior Secondary Schools to Senior Secondary Schools	57.6	70.1	73.2	75.8	80.3	85.6
每万人口中在校大学生(人)	Number of University Students per 10 000 Persons(person)	85	149	197	203	179	190
每万人中有医生人数(人)	Number of Doctors per 10 000 Persons(person)	14	15	15	16	17	17
每万人中有医院病床位(张)	Number of Hospital Beds per 10 000 Persons (bed)	23	26	26	28	31	34

8-2 城乡居民家庭人均收入及指数

Per Capita Annual Income of Urban and Rural Households and Related Indices

年份 Year	农村居民家庭人均纯收入(元) Annual Per Capita Net Income of Rural Residents (yuan)	指数(上年=100) Index	城镇居民家庭人均可支配收入(元) Annual Per Capita Disposable Income of Urban Residents(yuan)	指数(上年=100) Index	城镇居民家庭恩格尔系数(%) Engle Coefficient of Urban Households (%)	农村居民家庭恩格尔系数(%) Engle Coefficient of Rural Households (%)	职工平均工资(元) Average Wages of Staff and Workers (yuan)	指数(上年=100) Index
1987	502	-	986	-		61.0	1233	-
1988	609	121.3	1196	121.3	64.0	57.8	1399	113.5
1989	696	114.3	1367	114.3	62.9	57.6	1640	117.2
1990	778	111.8	1650	120.7	60.7	63.5	1980	120.7
1991	916	117.7	1799	109.0	62.1	60.6	2194	110.8
1992	1026	112.0	2318	128.8	60.9	62.9	2720	124.0
1993	1320	128.7	3072	132.5	61.8	52.6	3501	128.7
1994	1620	122.7	3920	127.6	60.5	56.6	4058	115.9
1995	1872	115.6	4770	121.7	59.3	59.7	5340	131.6
1996	2156	115.2	4926	103.3	58.6	57.1	5476	102.5
1997	1820	84.4	4850	98.5	57.0	53.8	5664	103.4
1998	1966	108.0	4853	100.1	55.0	61.6	6248	110.3
1999	2119	107.8	5338	110.0	51.2	54.1	6865	109.9
2000	2231	105.3	5358	100.4	49.3	56.9	7408	107.9
2001	2285	102.4	5839	109.0	46.3	59.0	8321	112.3
2002	2423	106.0	6823	112.1	45.4	59.1	9480	113.9
2003	2588	106.8	7259	106.4	44.8	57.6	10397	109.7
2004	2818	108.9	7736	106.6	46.9	58.9	12652	121.7
2005	3004	106.6	8124	108.7	47.6	57.6	14417	114.0
2006	3256	108.4	9395	111.2	43.5	53.4	15890	110.2
2007	3791	116.4	10997	117	42.8	56.0	19357	121.8
2008	4390	115.8	12608	114.6	44.9	53.4	21864	113.0
2009	4744	108.1	13751	109.1	44.7	53.1	24934	114.0
2010	5275	111.2	15581	113.3	44.8	50.0	31025	124.4
2011	6446	122.2	18369	117.9	44.9	51.8	36716	118.3
2012	7408	114.9	20918	113.9	45.4	50.9	40051	109.1

8-3 城乡居民储蓄存款余额
Balance of Savings Deposit of Urban and Rural Households

年份 Year	城乡居民储蓄存款余额(万元) Balance of Savings Deposit of Rural and Urban Households (10 000 yuan)	城镇 Urban	农村 Rural	城乡居民储蓄存款人均余额(元) Per Capita Balance of Saving Deposit of Rural and Urban Households(yuan)	城镇 Urban	农村 Rural
1987	218371	160171	58200	355	1571	113
1988	299822	230862	68960	368	2166	132
1989	375937	302913	73024	474	2694	139
1990	522494	428434	94060	802	3621	177
1991	687361	570831	116530	1039	4673	216
1992	1127517	961425	166092	1680	7597	305
1993	1840167	1559101	281066	2699	11240	518
1994	2329142	1990673	338469	3369	14137	615
1995	2794077	2429174	364903	3978	16587	656
1996	3271283	2863752	407531	4581	18334	738
1997	3626146	3175942	450204	5005	18660	820
1998	3855237	3377784	477453	5257	19105	865
1999	3983884	3485812	498072	5360	19090	897
2000	4047376	3550268	497108	5139	18905	881
2001	4273277	3780777	492500	5584	19651	860
2002	4840769	4279136	561633	6253	21215	981
2003	546872	4829281	639431	6970	23870	1098
2004	6159162	5461655	697507	7643	17935	1392
2005	6975744	6219155	756589	8517	19823	1497
2006	7905634	7034669	870965	9486	21890	1701
2007	8631183	7434175	1197008	10163	22674	2296
2008	10611237	9413509	1197728	12271	28103	2261
2009	12827514	11343401	1484113	14584	33362	2752
2010	16667357	13599647	3067710	18600	39596	5553
2011	18742679	14352779	4389900	20646	41466	7817
2012	21709141	16413576	5295565	24070	47956	9462

8-4 城镇居民家庭基本情况
Basic Conditions of Urban Households

项　目	Item	2005	2008	2009	2010	2011	2012
调查户数(户)	**Number of Households Surveyed (household)**	**600**	**600**	**600**	**600**	**600**	**600**
平均每户家庭人口数(人)	Average Household Size (person)	3.60	3.32	3.32	3.31	3.29	3.28
平均每户就业人口数(人)	Average Number of Employed Persons per Household (persons)	1.56	1.54	1.55	1.54	1.55	1.55
平均每户就业面(%)	Proportion of Employment per Household (%)	43.33	46.39	46.69	46.53	47.11	47.26
平均每一就业者负担人数(人)	Number of Dependents per Employee (person)	2.31	2.16	2.14	2.15	2.12	2.12
平均每人全年家庭总收入(元)	Per Capita Annual Total Income of Household(yuan)	8670	13599	14909	16930	20094	22810
#可支配收入	Disposable Income	8124	12608	13751	15581	18369	20918
平均每一就业者全年实际收入(元)	Per Employee Annual Real Income (yuan)	15648	22229	24012	27242	31914	36120
平均每人全年总支出(元)	Per Capita Annual Total Expenditures(yuan)	7932	11702	12820	14362	16439	18290
#消费性支出	Consumption Expenditure(yuan)	5928	9408	10087	10927	12643	14457
平均每户年末手存现金(元)	Holding Cash per Household at the Year-end(yuan)	1723	2182	2189	1321	1212	1852
城镇人均现住房总建筑面积(平方米)	per capita living building area in Urban Areas(sq.m)	27.03	28.57	28.87	28.88	29.48	29.34

8-4 续 (continued)

项　　目	Item	最低收入户 Lowest Income Households (first decile)	困难户 Poor Households (first five percent)	低收入户 Low Income Households (second decile)	中等偏下户 Lower Middle Income Households (second quintile)	中等收入户 Middle Income Households (third quintile)	中等偏上户 Upper Middle Income Households (fourth quintile)	高收入户 High Income Households (ninth decile)	最高收入户 Highest Income Households (tenth decile)
调查户数(户)	**Number of Households Surveyed (household)**	**60.7**	**31.0**	**59.5**	**121.0**	**120.3**	**120.0**	**59.0**	**59.5**
比重(%)	Proportion(%)	10.12	5.17	9.92	20.17	20.05	20.00	9.83	9.92
平均每户家庭人口数(人)	Average Household Size (person)	4.12	4.03	3.74	3.59	3.27	3.17	2.58	2.22
平均每户就业人口数(人)	Average Number of Employed Persons per Household(persons)	1.5	1.29	1.53	1.6	1.51	1.64	1.61	1.32
平均每户就业面(%)	Proportion of Employment per Household (%)	36.41	32.01	40.91	44.57	46.18	51.74	62.40	59.46
平均每一就业者负担人数(人)	Number of Dependents per Employee (person)	2.75	3.12	2.44	2.24	2.17	1.93	1.60	1.68
平均每人全年家庭总收入(元)	Per Capita Annual Total Income of Household (yuan)	6980.13	5553.55	11429.87	15690.13	21560.72	29207.85	40095.12	63076.62
#可支配收入	Disposable Income	6569.54	5290.6	10599.95	14467.97	19886.33	26621.74	35359.93	58793.18
平均每人每月可支配收入(元)	Per Capita monthly Disposable Income (yuan)	547	441	883	1206	1657	2218	2947	4899
平均每人年家庭总支出(元)	Per Capita Annual Total Expenditures of Household(yuan)	7025.2	5869.31	10262.46	12829.79	17162.48	23192.44	33147.2	44920.8
#消费性支出	Consumption Expenditure (yuan)	6289.81	5329.35	8964.41	10637.01	13938.31	17946.87	24326.04	33049.74
平均每人每月消费性支出(元)	Per Capita monthly Consumption Expenditures(yuan)	524	444	747	886	1162	1496	2027	2754
平均每一就业者全年实际收入(元)	Per Employee Annual Real Income (yuan)	14274	13618	20292	26613	33483	44192	52137	73318
平均每户年末手存现金(元)	Holding Cash per Household at the Year-end(yuan)	1168	1018	2083	1835	1855	1989	2082	1848

8-5 城镇居民家庭年人均收入来源及构成
Per Capital Annual Income of Urban Residents by Source and Its Composition

项　　目	Item	2005	2008	2009	2010	2011	2012
家庭总收入(元)	**Total Income of Household(yuan)**	**8670.05**	**13598.6**	**14909.28**	**16929.63**	**20094.18**	**22809.87**
工资性收入	**Income from Wages and Salaries**	**6071.04**	**8999.75**	**9678.65**	**10957.92**	**12876.92**	**14672.28**
工资及补贴收入	Income from Wages and Subsidies	5693.38	8409.22	9100.05	10222.81	12245.09	13974.85
其他劳动收入	Others	377.66	590.53	578.61	735.11	631.84	697.43
经营净收入	**Net Business Income**	**661.65**	**1311.38**	**1531.7**	**1716.74**	**2158.62**	**2397.44**
财产性收入	**Income from Properties**	**198.16**	**396.89**	**424.46**	**559.76**	**715.4**	**717.61**
利息收入	Income from Interest	5.12	23.95	21.25	23.23	28.47	24.35
股息与红利收入	Income from Dividend and Bonus	17.66	59.41	50.37	111.35	98.29	43.64
其他投资收入	Income from Other Inventment	99.88	32.4	12.56	23.99	217.02	183.54
出租房屋收入	Income from Lending Houses	68.84	274.86	321.83	351.2	362.72	448.32
其他财产性收入	Others	6.3	5.87	18.29	48.78	5.66	14.39
转移性收入	**Income frome Transfers**	**1739.2**	**2890.59**	**3274.46**	**3695.21**	**4343.24**	**5022.54**
养老金或离退休金	Pensions ,Retirement Pensions	1217.93	2084.48	2374.1	2902.88	3365.64	4011.48
社会救济收入	Income from Social Relief	6.4	27.93	39.24	33.62	69.88	93.81
保险收入	Income from Insurance	20.39	16.38	40.9	18.5	5.49	5.39
赡养收入	Income from Maintenance	132.13	239.14	193.47	177.29	235.46	192.08
捐赠收入	Income from Donation	180.11	252.45	274.47	249.36	300.48	297.43
提取住房公积金	Accumulation Fund of Housing	8.46	23.67	53.59	17.42	35.58	52.83
记帐补贴	keep Accounts Subsidy	60.77	103.21	122.8	128.05	140.11	188.34
其他转移性收入	Others	61.17	142.73	165.67	159.23	174.97	152.18
收入构成(%)	**composition fo Income(%)**	**100**	**100**	**100**	**100**	**100**	**100**
工资性收入	Income from Wages and Salaries	70.02	66.18	64.92	64.73	64.08	64.32
经营净收入	Net Business Income	7.63	9.64	10.27	10.14	10.74	10.51
财产性收入	Income from Properties	2.29	2.92	2.85	3.31	3.56	3.15
转移性收入	Income from Transfers	20.06	21.26	21.96	21.83	21.61	22.02

注：城市住户调查从2007年起，国家采用新的指标体系，本表数据用新的指标体系计算得到.

Note:Since 2007,the stat has used a new index system for urban househol survey and the data in this table is calculated from it

8-5 续1 (continued 1)

项　目	Item	最低收入户 Lowest Income Households (first decile)	困难户 Poor Households (first five percent)	低收入户 Low Income Households (second decile)	中等偏下户 Lower Middle Income Households (second quintile)
家庭总收入(元)	**Total Income of Household(yuan)**	**6980.13**	**5553.55**	**11429.87**	**15690.13**
工资性收入	**Income from Wages and Salaries**	**3986.21**	**3240.02**	**6911.18**	**10458.25**
工资及补贴收入	Income from Wages and Subsidies	3807.73	3068.32	5891.4	9581.74
其他劳动收入	Others	178.48	171.7	1019.78	876.51
经营净收入	**Net Business Income**	**1210.71**	**1119.07**	**1390.21**	**1402.6**
财产性收入	**Income from Properties**	**42.99**	**0.26**	**48.68**	**332**
利息收入	Income From Interests	1.53	0.26	2.37	8.63
股息与红利收入	Income from Dividend and Bonus				0.35
其他投资收入	Income from Other Inventment				
出租房屋收入	Income from Lending Houses	41.46		46.31	323.02
其他财产性收入	Others				
转移性收入	**Income from Transfers**	**1740.22**	**1194.2**	**3079.8**	**3497.28**
养老金或离退休金	Pensions,Retirement Pensions	851.75	475.18	2348.29	2660.8
社会救济收入	Income from Social Relief	289.77	322.46	150.36	140.44
保险收入	Income from Incurance	18.25	4.46	3.59	
赡养收入	Income from Maintenance	220.68	107.2	160.89	175.5
捐赠收入	Income from Donation	149.67	95.02	164.6	247.03
提取住房公积金	Accumulation Fund of Housing				
记帐补贴	Keep Accounts Subsidy	152.49	160.97	167.68	172.63
其他转移性收入	Others	57.61	28.91	84.39	100.89
收入构成(%)	**Composition of Income(%)**	**100**	**100**	**100**	**100**
工资性收入	Income from Wages and Salaries	57.11	58.34	60.47	66.65
经营净收	Net Business Income	17.35	20.15	12.16	8.94
财产性收入	Income from Propeties	0.62	0.00	0.43	2.12
转移性收入	Income from Transfers	24.93	21.50	26.95	22.29

8-5 续2 (continued 2)

项　目	Item	中等收入户 Middle Income Households (third quintile)	中等偏上户 Upper Middle Income Households (fourth quintile)	高收入户 High Income Households (ninth decile)	最高收入户 Highest Income Households (tenth decile)
家庭总收入(元)	**Total Income of Household(yuan)**	**21560.72**	**29207.85**	**40095.12**	**63076.62**
工资性收入	**Income from Wages and Salaries**	**13393.27**	**18650.7**	**31107.07**	**36729.17**
工资及补贴收入	Income from Wages and Subsidies	12948.95	18221.8	30901.01	34073.6
其他劳动收入	Others	444.32	428.9	206.06	2655.56
经营净收入	**Net Business Income**	**2068.37**	**4211.8**	**1428.34**	**6865.05**
财产性收入	**Income from Properties**	**257.12**	**864.58**	**454.22**	**5784.77**
利息收入	Income From Interests	26.85	17.63	73.74	113.03
股息与红利收入	Income from Dividend and Bonus	64.63	96.93	106.03	63.92
其他投资收入	Income from Other Inventment	14.23	3.92		2706.01
出租房屋收入	Income from Lending Houses	113.11	710.47	264.41	2862.81
其他财产性收入	Others	38.29	35.63		
转移性收入	**Income from Transfers**	**5841.96**	**5480.78**	**7105.5**	**13697.64**
养老金或离退休金	Pensions,Retirement Pensions	4964.52	4442.29	6079.1	11067.23
社会救济收入	Income from Social Relief	31.37	6.16	0.67	
保险收入	Income from Incurance	1.96			33.15
赡养收入	Income from Maintenance	155.63	159.67	180.74	460.04
捐赠收入	Income from Donation	285.83	386.87	401.22	649.07
提取住房公积金	Accumulation Fund of Housing	45.34	66.25	23.43	443.96
记帐补贴	Keep Accounts Subsidy	188.65	192.91	247.76	263.79
其他转移性收入	Others	168.66	226.63	172.59	344.24
收入构成(%)	**Composition of Income(%)**	**100**	**100**	**100**	**100**
工资性收入	Income from Wages and Salaries	62.12	63.86	77.58	58.23
经营净收	Net Business Income	9.59	14.42	3.56	10.88
财产性收入	Income from Propeties	1.19	2.96	1.13	9.17
转移性收入	Income from Transfers	27.10	18.76	17.72	21.72

8-5 续3 (continued 3)

项　　目	Item	海口市 Haikou	三亚市 Sanya	文昌市 Wenchang	东方市 Dongfang	乐东县 Ledong	琼中县 Qiongzhong
家庭总收入(元)	**Total Incomeof Household(yuan)**	**23953**	**25168**	**22655**	**21674**	**18238**	**19690**
工资性收入	**Income from Wages and Salaries**	**14799**	**15375**	**13286**	**14742**	**14561**	**15294**
工资及补贴收入	Income from Wages and Subsidies	13933	15348	12878	13170	13602	15152
其他劳动收入	Others	866	27	409	1571	959	142
经营净收入	**Net Business Income**	**2670**	**3084**	**2786**	**2187**	**1227**	**822**
财产性收入	**Income from Properties**	**706**	**784**	**2047**	**378**	**175**	**103**
利息收入	Income From Interests	31	41	5	21	11	12
股息与红利收入	Income from Dividend and Bonus	34	6		197	120	4
其他投资收入	Income from Other Inventment	30		1591			23
出租房屋收入	Income from Lending Houses	578	734	440	160	45	63
其他财产性收入	Others	26	3	11			0
转移性收入	**Income from Transfers**	**5777**	**5925**	**4535**	**4368**	**2275**	**3471**
养老金或离退休金	Pensions,Retirement Pensions	4961	4288	3735	2987	1387	2272
社会救济收入	Income from Social Relief	55	60	47	242	194	176
保险收入	Income from Incurance	9	3	3	3		
赡养收入	Income from Maintenance	169	414	152	272	54	108
捐赠收入	Income from Donation	272	492	70	500	288	316
提取住房公积金	Accumulation Fund of Housing	32		116			195
记帐补贴	Keep Accounts Subsidy	194	171	203	167	170	193
其他转移性收入	Others	85	497		198	182	212
收入构成(%)	**Composition of Income(%)**	**100**	**100**	**100**	**100**	**100**	**100**
工资性收入	Income from Wages and Salaries	61.8	61.1	58.6	68.0	79.8	77.7
经营净收	Net Business Income	11.1	12.3	12.3	10.1	6.7	4.2
财产性收入	Income from Propeties	2.9	3.1	9.0	1.7	1.0	0.5
转移性收入	Income from Transfers	24.1	23.5	20.0	20.2	12.5	17.6

8-6 城镇居民家庭人均年可支配收入和消费性支出
Annual Per Capita Disposable Income and Consumption Expenditures in Urban Households

单位:元 (Yuan)

项目	Item	2005	2008	2009	2010	2011	2012
人均可支配收入	**Annual Per Capita Disposable Income**	**8124**	**12608**	**13751**	**15581**	**18369**	**20918**
最低收入户	Lowest Income Households (first decile)	2636	3860	4209	5042	5617	6570
#困难户	Poor Households (first five percent)	2119	3265	3470	4269	4547	5291
低收入户	Low Income Households (second decile)	3816	6146	6694	7658	9006	10600
中等偏下户	Lower Middle Income Households (second quintile)	5355	8401	9364	10482	12455	14468
中等收入户	Middle Income Households (third quintile)	7875	11737	12842	14654	16914	19886
中等偏上户	Upper Middle Income Households (fourth quintile)	11012	16122	17086	19862	22847	26622
高收入户	High Income Households (ninth decile)	15576	21395	23689	26808	30567	35360
最高收入户	Highest Income Households (tenth decile)	23636	34881	38937	39924	55140	58793
人均消费性支出	**Total Per Capita Consumption Expenditures**	**5928**	**9408**	**10087**	**10927**	**12643**	**14457**
最低收入户	Lowest Income Households (first decile)	2397	3449	3853	4348	5511	6290
#困难户	Poor Households (first five percent)	2040	2979	3681	3685	4779	5329
低收入户	Low Income Households (second decile)	3150	5287	5255	5955	6997	8964
中等偏下户	Lower Middle Income Households (second quintile)	4055	6248	7203	8182	8923	10637
中等收入户	Middle Income Households (third quintile)	6183	8714	9667	11312	12102	13938
中等偏上户	Upper Middle Income Households (fourth quintile)	7631	12056	11556	13005	15731	17947
高收入户	High Income Households (ninth decile)	10606	16805	17556	18061	20155	24326
最高收入户	Highest Income Households (tenth decile)	15464	23206	27234	23556	31998	33050

注:城市住户调查从2007年起,国家采用新的指标体系,本表数据用新的指标体系计算得到。
Note:Since 2007,the stat has used a new index system for urban househol survey and the data in this table is calculated from it.

8-7 各市县城镇居民可支配收入
Per Capita Annual Disposable Income of Urban Households by Region

单位：元 (yuan)

地　区	Region	2005	2008	2009	2010	2011	2012
全省总计	**Total**	**8449**	**12608**	**13751**	**15581**	**18369**	**20918**
海口市	Haikou	9740	14150	15237	16720	19730	22331
三亚市	Sanya	8325	13471	15233	17758	20472	23295
五指山市	Wuzhishan	4980	7750	9429	11436	13584	15924
文昌市	Wenchang	7560	12012	12869	15306	17985	20555
琼海市	Qionghai	7073	10985	12666	14836	17477	19871
万宁市	Wanning	6899	10941	12566	14830	17470	19980
定安县	Ding'an	6197	10565	11935	14101	16430	18963
屯昌县	Tunchang	6112	9207	10648	12447	15123	17512
澄迈县	Chengmai	7005	10621	12001	14808	17829	20664
临高县	Lingao	5604	9277	10393	12887	15035	17290
儋州市	Danzhou	8109	11053	12643	14245	16789	19544
东方市	Dongfang	7289	10940	12210	14362	16987	19711
乐东县	Ledong	5759	8562	10103	12393	14257	16609
琼中县	Qiongzhong	6735	9223	10008	11903	14593	17088
保亭县	Baoting	5690	8755	10423	12977	15300	17840
陵水县	Lingshui	5610	9039	10483	12390	15003	17569
白沙县	Baisha	5938	9240	10461	12983	15006	17257
昌江县	Changjiang	6718	11393	12777	14723	18033	20918

8-8 城镇居民家庭人均消费性支出及构成
Per Capita Annual Consumption Expenditure of Urban Residents and Composition

项目	Item	2005	2008	2009	2010	2011	2012
消费性支出(元)	**Total Consumption Expenditures (yuan)**	**5928.0**	**9408.5**	**10086.7**	**10926.7**	**12642.8**	**14456.6**
食品	**Food**	**2819.6**	**4226.9**	**4507.8**	**4896.0**	**5673.7**	**6556.1**
#粮食	**Grain**	193.9	229.6	241.5	307.6	313.1	330.2
油脂	Oil and Fats	88.5	136.2	119.7	117.7	128.5	151.4
肉禽及其制品	Meat, Poultry and Processed Products	810.0	1230.0	1202.2	1285.5	1681.0	1840.3
蛋类	Eggs	35.1	45.3	42.5	51.2	58.4	60.8
水产品	Aquatic Products	399.0	567.3	619.2	669.8	770.9	963.2
菜类	Vegetables	268.9	394.5	449.4	528.0	580.8	726.1
烟草	Tobacco	94.0	121.6	132.8	155.4	141.6	156.7
酒和饮料	Liquor and Beverages	61.8	77.6	113.8	111.5	104.9	113.1
干鲜瓜果	Dried and Fresh Melons and Fruits	145.1	233.2	272.9	297.0	326.4	377.6
奶及奶制品	Milk and Processed Products	69.5	113.2	144.4	160.8	137.2	144.8
衣着	**Clothing**	**309.5**	**491.8**	**581.7**	**636.1**	**780.1**	**865.0**
#服装	Garments	242.4	379.9	451.6	504.8	615.6	675.8
衣着材料	Clothing Materials	0.5	0.7	0.8	0.6	1.0	0.8
居住	**Residence**	**585.3**	**1106.4**	**1000.3**	**1103.8**	**1342.3**	**1521.0**
家庭设备用品及服务	**Household Facilities, Articles and Services**	**304.1**	**565.5**	**585.7**	**616.3**	**729.9**	**777.2**
#日用耐用消费品	**Durable Consumer Goods**	118.5	255.8	235.4	211.9	261.4	269.7
医疗保健	**Health Care and Medical Services**	**351.1**	**536.4**	**604.2**	**579.9**	**783.3**	**993.2**
交通与通讯	**Transport and Communications**	**728.1**	**1303.5**	**1548.8**	**1805.1**	**1830.8**	**2004.3**
教育文化娱乐服务	**Education,Cultural and Recreation Services**	**651.8**	**930.9**	**962.0**	**1004.6**	**1141.8**	**1319.5**
文娱耐用消费品	Durable Consumer Goods for Culture and Recreational Use	162.7	241.8	257.8	226.2	243.8	322.4
文化娱乐	Cultural and Recreational Articles	142.2	229.4	245.7	296.8	332.9	424.8
教育	Education	346.9	459.7	458.5	481.7	565.1	572.3
杂项商品与服务	**Miscellaneous Commodities and Services**	**178.5**	**247.1**	**296.3**	**284.9**	**360.9**	**420.1**
消费性支出构成(%)	**Composition of Consumption Expenditures(%)**	**100**	**100**	**100**	**100**	**100**	**100**
食品	Food	47.6	44.9	44.7	44.8	44.9	45.4
衣着	Clothing	5.2	5.2	5.8	5.8	6.2	6.0
家庭设备用品及服务	Household Facilities, Articles and Services	5.1	6.0	5.8	5.6	5.8	5.4
医疗保健	Medical and Health Care Service	5.9	5.7	6.0	5.3	6.2	6.9
交通与通讯	Transport and Communications	12.3	13.9	15.4	16.5	14.5	13.9
教育文化娱乐服务	Education,Cultural and Recreation Services	11.0	9.9	9.5	9.2	9.0	9.1
居住	Residence	9.9	11.8	9.9	10.1	10.6	10.5
杂项商品与服务	Miscellaneous Commodities and Services	3.0	2.6	2.9	2.6	2.9	2.9

8-8 续1(continued)

项　目	Item	最低收入户 Lowest Income Households (first decile)	困难户 Poor Households (first five percent)	低收入户 Low Income Households (second decile)	中等偏下户 Lower Middle Income Households (second quintile)	中等收入户 Middle Income Households (third quintile)	中等偏上户 Upper Middle Income Households (fourth quintile)	高收入户 High Income Households (ninth decile)	最高收入户 Highest Income Households (tenth decile)
消费性支出(元)	**Total Consumption Expenditures (yuan)**	**6289.81**	**5329.35**	**8964.41**	**10637.01**	**13938.31**	**17946.87**	**24326.04**	**33049.74**
食　品	**Food**	**3565.38**	**3317.06**	**4864.67**	**5515.39**	**6983.77**	**7624.38**	**9582.14**	**10999.05**
#粮　食	Grain	210.42	198.38	259.36	291.92	348.99	368.8	456.42	501.97
油　脂	Oil and Fats	88.67	85.12	123.43	130.17	166.38	169.09	202.51	239.31
肉禽及其制品	Meat, Poultry and Processed Products	1115.45	1084.05	1471.34	1579.27	1982.98	2139.63	2534.23	2690.54
蛋　类	Eggs	40.66	36.74	48.91	49.48	63.48	71.85	82.26	94.79
水 产 品	Aquatic Products	500.76	446.21	759.74	838.04	1030.29	1114.67	1414.84	1485.49
菜类	Vegetables	446.66	435.65	581.52	615.38	769.77	843.31	1020.33	1089.82
烟 草	Tobacco	75.72	63.48	117.93	163.23	207.75	148.74	217.05	156.45
酒 和 饮 料	Liquor and Beverages	63.88	65.35	85.78	99.74	118.86	129.54	165.67	177.15
干 鲜 瓜 果	Dried and Fresh Melons and Fruits	220.91	218.11	291.51	306.2	391.12	438.9	554.95	653.28
奶及奶制品	Milk and Processed Products	79.19	72.33	107.76	118.26	145.87	166.69	186.29	312.61
衣 着	**Clothing**	**248.56**	**255.09**	**397.69**	**600.37**	**815.37**	**1158.34**	**1513.33**	**2340.12**
# 服 装	Garments	192.14	193.07	307.13	446.61	637.99	930.3	1204.34	1814.58
衣着材料	Clothing Materials	1.13	2.22		0.29	0.32	2.1	0.42	0.87
居 住	**Residence**	**727.77**	**578.02**	**886.76**	**1199.97**	**1338.72**	**1713.93**	**3434.79**	**3030.05**
家庭设备用品及服务	**Household Facilities, Articles and Services**	**237.25**	**232.07**	**340.89**	**495.22**	**707.98**	**964.35**	**1895.94**	**1915.96**
#日用耐用消费品	Durable Consumer Goods	55.77	45.19	40.09	147.39	195.28	339.93	1005.34	668.14
医疗保健	**Medical and Health Care Services**	**599.01**	**188.24**	**953.38**	**674.6**	**715.64**	**1483.65**	**939.64**	**2447.16**
交通与通信	**Transport and Communication**	**430.84**	**372.04**	**782.37**	**1025.44**	**1756.68**	**2512.65**	**4451.4**	**6956.95**
教育文化娱乐服务	**Education,Cultural and Recreation Services**	**360.14**	**313.79**	**570.37**	**914.09**	**1314.74**	**1882.3**	**1731**	**3811.13**
文娱耐用消费品	Durable Consumer Goods for Recreational Use	49.44	36.62	106.67	230.01	342.86	417.48	527.76	970.58
文 化 娱 乐	Recreation	51.42	54.24	96.81	155.04	363.36	682.76	552.39	1944.79
教 育	Education	259.28	222.93	366.89	529.04	608.52	782.06	650.85	895.76
其他商品和服务	**Other Commodities and Services**	**120.85**	**73.04**	**168.27**	**211.93**	**305.41**	**607.26**	**777.8**	**1549.32**
消费性支出构成(%)	**Composition of Consumption Expenditures(%)**	**100**	**100**	**100**	**100**	**100**	**100**	**100**	**100**
食 品	Food	56.69	62.24	54.27	51.85	50.10	42.48	39.39	33.28
衣 着	Clothing	4.0	4.8	4.4	5.6	5.8	6.5	6.2	7.1
家庭设备用品及服务	Household Facilities, Articles and Services	3.8	4.4	3.8	4.7	5.1	5.4	7.8	5.8
医 疗 保 健	Medical and Health Care Services	9.5	3.5	10.6	6.3	5.1	8.3	3.9	7.4
交通与通讯	Transport and Communication	6.8	7.0	8.7	9.6	12.6	14.0	18.3	21.0
教育文化娱乐服务	Education,Cultural and Recreation Services	5.7	5.9	6.4	8.6	9.4	10.5	7.1	11.5
居 住	Residence	11.6	10.8	9.9	11.3	9.6	9.6	14.1	9.2
杂项商品与服务	Miscellaneous Commodities and Services	1.9	1.4	1.9	2.0	2.2	3.4	3.2	4.7

8-8 续2(continued 2)

项目	Item	海口市 Haikou	三亚市 Sanya	文昌市 Wenchang	东方市 Dongfang	乐东县 Ledong	琼中县 Qiongzhong
消费性支出(元)	**Total Consumption Expenditures (yuan)**	**15735.55**	**16975.34**	**14578.08**	**11055.91**	**10372.52**	**11227.4**
食品	**Food**	**6852.66**	**7604.11**	**6601.97**	**5614.76**	**5597.99**	**5434.76**
#粮食	Grain	330.98	440.66	275.41	285.78	267.54	349.53
油脂	Oil and Fats	142.91	186.09	128.59	179.14	126.12	168.78
肉禽及其制品	Meat, Poultry and Processed Products	1738.98	2179.91	1694.86	1782.23	2188.43	1970.87
蛋类	Eggs	64.4	85.81	25.43	57.2	73.91	59.52
水产品	Aquatic Products	844.7	1534.21	1211.15	948.23	1068.73	519.72
菜类	Vegetables	729.34	929.39	582.24	662.46	691.6	750.56
烟草	Tobacco	90.56	144.01	407.87	282	3.25	111.16
酒和饮料	Liquor and Beverages	819.9	1073.4	990.11	944.46	694.85	861.72
干鲜瓜果	Dried and Fresh Melons and Fruits	457.46	351.31	341.03	180.46	291.18	324.78
奶及奶制品	Milk and Processed Products	156.19	187.94	232.57	52.16	55.55	67.61
衣着	**Clothing**	**874.17**	**1264.53**	**870.99**	**737.97**	**696.06**	**594.3**
#服装	Garments	665.7	1024.18	705.75	580.36	567.13	453.5
衣着材料	Clothing Materials	1.26	0.55		0.47	0.25	0.24
居住	**Residence**	**1940.35**	**1545.21**	**1090.02**	**1045.43**	**762.8**	**1035.93**
家庭设备用品及服务	**Household Facilities, Articles and Services**	**846.73**	**760.35**	**703.51**	**538.53**	**640.21**	**867.85**
#日用耐用消费品	Durable Consumer Goods	312.63	208.98	270.33	150.83	153.12	313.14
医疗保健	**Medical and Health Care**	**1150.31**	**758.98**	**1786.51**	**371.97**	**284.58**	**484.82**
交通与通讯	**Transport and Communication**	**2156.14**	**2422.96**	**2251.64**	**1487.59**	**964.15**	**1590.45**
教育文化娱乐服务	**Education,Cultural and Recreation Services**	**1437.26**	**2160.58**	**912.89**	**874.92**	**1088.61**	**941.12**
文娱耐用消费品	Durable Consumer Goods for Recreational Use	331.66	342.78	320.34	327.49	214.09	315.2
文化娱乐	Recreation	483.59	664.78	196.18	379.75	196.36	361.44
教育	Education	622.01	1153.03	396.37	167.69	678.16	264.48
杂项商品与服务	**Miscellaneous Commodities and Services**	**477.93**	**458.6**	**360.54**	**384.73**	**338.12**	**278.17**
消费性支出构成(%)	**Composition of Consumption Expenditures(%)**	**100**	**100**	**100**	**100**	**100**	**100**
食品	Food	43.5	44.8	45.3	50.8	54.0	48.4
衣着	Clothing	5.6	7.4	6.0	6.7	6.7	5.3
家庭设备用品及服务	Household Facilities, Articles and Services	5.4	4.5	4.8	4.9	6.2	7.7
医疗保健	Medical and Health Care	7.3	4.5	12.3	3.4	2.7	4.3
交通与通讯	Transport and Communication	13.7	14.3	15.4	13.5	9.3	14.2
教育文化娱乐服务	Education,Cultural and Recreation Services	9.1	12.7	6.3	7.9	10.5	8.4
居住	Residence	12.3	9.1	7.5	9.5	7.4	9.2
杂项商品与服务	Miscellaneous Commodities and Services	3.0	2.7	2.5	3.5	3.3	2.5

8-9 城镇居民家庭人均年购买主要消费品
Per Capita Annual Purchases of Major Consumer Goods in Urban Households

项　目	Item	2005	2008	2009	2010	2011	2012
粮食(公斤)	Grain (kg)	61.97	51.03	53.46	65.55	57.23	57.30
食用植物油(公斤)	Edible Vegetable Oil (kg)	8.13	8.82	8.74	8.57	8.12	8.58
鲜菜(公斤)	Fresh Vegetables (kg)	100.43	101.41	105.67	105.48	102.14	108.50
猪肉(公斤)	Pork (kg)	25.92	25.35	25.55	26.30	27.56	27.72
牛羊肉(公斤)	Beef and Mutton (kg)	2.87	2.99	3.05	3.24	3.97	3.46
家禽(公斤)	Poultry (kg)	16.49	16.04	15.66	17.86	19.85	21.17
鲜 蛋(公斤)	Fresh Eggs (kg)	3.89	3.70	3.51	3.82	3.89	4.15
鱼(公斤)	Fish (kg)	26.69	26.93	27.05	25.35	26.08	27.27
白酒(公斤)	Liquor (kg)	0.78	0.86	0.76	0.73	0.61	0.23
啤酒(公斤)	Beer (kg)	0.87	0.82	1.08	1.05	1.13	1.49
茶叶(公斤)	Tea(kg)	0.09	0.09	0.09	0.09	0.14	0.07
鲜瓜(公斤)	Fresh Melons (kg)	5.45	5.31	5.45	6.89	5.93	4.95
鲜果(公斤)	Fresh Fruits (kg)	26.92	31.45	34.70	31.19	29.85	33.95
糕点(公斤)	Cake (kg)	2.7	2.91	2.87	3.25	2.96	3.12
鲜奶(公斤)	Fresh Milk(kg)	2.83	3.86	3.24	4.00	3.37	3.29
各种服装(件)	Clothing(piece)	4.83	5.49	6.09	6.25	6.32	10.19
各种鞋类(双)	Shoes(pair)	1.59	2.10	2.44	1.86	2.10	2.37
液化石油气(公斤)	Liquefied Petroleum Gas(kg)	28.31	24.46	24.60	24.88	25.44	26.92

8-9 续(continued)

项　目	Item	最低收入户 Lowest Income Households (first decile)	困难户 Poor Households (first five percent)	低收入户 Low Income Households (second decile)	中等偏下户 Lower Middle Income Households (second quintile)	中等收入户 Middle Income Households (third quintile)	中等偏上户 Upper Middle Income Households (fourth quintile)	高收入户 High Income Households (ninth decile)	最高收入户 Highest Income Households (tenth decile)
粮食(公斤)	Grain (kg)	37.58	36.35	46.32	50.85	60.93	63.8	77.53	83.72
食用植物油(公斤)	Edible Vegetable Oil (kg)	5.02	4.42	7.16	7.41	9.37	9.25	11.53	14.21
鲜菜(公斤)	Fresh Vegetables (kg)	68.4	67.02	88.7	94.35	116.76	123.02	145.66	159.55
猪肉(公斤)	Pork (kg)	20.12	19.91	26.23	28.17	34.75	37.26	43.46	46.59
牛羊肉(公斤)	Beef and Mutton (kg)	2.39	2.26	2.56	2.71	3.98	4.12	4.94	4.51
家禽(公斤)	Poultry (kg)	13.09	12.86	17.91	19.06	22.36	23.97	28.39	29.78
鲜蛋(公斤)	Fresh Eggs (kg)	2.84	2.62	3.29	3.34	4.42	4.89	5.58	6.34
鱼(公斤)	Fish (kg)	16.25	15.09	23.29	24.48	29.65	30.22	37.09	38.08
白酒(公斤)	Liquor (kg)	0.13	0.15	0.19	0.23	0.28	0.23	0.29	0.32
啤酒(公斤)	Beer (kg)	0.87	1	1.61	1.81	1.57	1.44	1.4	1.4
茶叶(公斤)	Tea(kg)	0.02	0.02	0.04	0.04	0.07	0.08	0.12	0.16
鲜瓜(公斤)	Fresh Melons (kg)	3.24	2.96	3.93	4.01	5.06	5.51	7.28	8.65
鲜果(公斤)	Fresh Fruits (kg)	20.71	21.22	28.45	27.8	34.86	39.55	48.38	54.75
糕点(公斤)	Cake (kg)	1.96	1.87	2.24	2.51	3.45	3.52	4.01	5.82
鲜奶(公斤)	Fresh Milk(kg)	2.08	1.35	2.36	2.66	3.4	4.25	3.96	5.58
各种鞋类(双)	Shoes(pair)	0.85	0.93	1.41	2.08	2.14	2.8	3.65	5.94
液化石油气(公斤)	Liquefied Petroleum Gas(kg)	23.11	22.34	27.41	28.94	31.14	23.85	24.65	25.01

8-10 城镇居民家庭每百户主要耐用消费品年购买量和拥有量
Purchases and Ownership of Major Durable Consumer Goods Per 100 Urban Households

项　　目	Item	2005	2008	2009	2010	2011	2012
每百户年购买量	**Number of Purchases Per 100 Households**						
摩托车(辆)	Motorcycle (unit)	1.56	0.54			1	
家用汽车(辆)	Automobile (unit)	0.12	1.02	1.00	0.53	0.44	0.43
洗衣机(台)	Washing Machine (set)	1.80	6.70	3.73	3.69	1.34	5.07
电冰箱(台)	Refrigerator (set)	2.16	4.98	3.22	1.30	5.43	2.62
彩色电视机(台)	Color Television Set(set)	4.32	4.15	3.18	1.08	2.71	2.42
计算机(台)	Computer (set)	3.00	3.56	2.26	1.72	2.91	6.12
微波炉(台)	Microwave Oven(unit)	0.84	1.35	2.13	5.01	2.93	1.09
空调器(台)	Air Conditioner(unit)	3.24	2.89	1.11	6.14	3.84	1.84
电话机(部)	Telephone (unit)	4.56	8.64	7.64	7.17	14.59	8.23
移动电话(部)	Mobile Telephone (unit)	15.60	17.29	18.14	22.28	23.23	26.34
每百户年拥有量	**Ownership of Per 100 Households**						
摩托车(辆)	Motorcycle (unit)	55.43	43.73	44.93	45.27	32.03	34.01
家用汽车(辆)	Automobile(unit)	3.52	9.57	10.72	11.76	15.82	15.94
洗衣机(台)	Washing Machine (set)	56.33	67.47	68.31	69.69	71.58	71.87
电冰箱(台)	Refrigerator (set)	67.00	76.29	76.6	77.93	81.12	81.35
彩色电视机(台)	Color Television Set (set)	118.69	117.99	118.22	119.79	112.95	113.3
计算机(台)	Computer (set)	26.21	47.52	49.73	52.88	63.82	65.56
组合音响(套)	Hi-Fi Stereo Component System(set)	23.89	26.61	26.91	26.3	19.46	19.58
照相机(架)	Camera (set)	21.93	20.78	21.08	21.85	19.61	19.50
微波炉(台)	Microwave Oven(set)	20.74	29.85	30.58	31.26	31.32	31.67
空调器(台)	Air Conditioner(set)	45.80	65.26	66.52	72.26	86.13	84.26
淋浴热水器(台)	Water Heater for Shower (set)	69.48	82.90	85.91	86.19	87.28	87.66
消毒碗柜(台)	Disinfection Cupboard (set)	52.19	56.16	57.3	58.21	52.23	52.57
固定电话(部)	Telephone (unit)	97.32	91.11	91.27	91.53	80.97	80.69
移动电话(部)	Mobile Telephone (unit)	128.37	165.36	168.80	174.02	197.64	200.66

8-11 按收入等级分的城镇居民家庭每百户耐用消费品拥有量（2012）
Ownership of Durable Consumer Goods Per 100 Urban Households at the Year-end by Level of Income

项　目	Item	最低收入户 Lowest Income Households (first decile)	困难户 Poor Households (first five percent)	低收入户 Low Income Households (second decile)	中等偏下户 Lower Middle Income Households (second quintile)	中等收入户 Middle Income Households (third quintile)	中等偏上户 Upper Middle Income Households (fourth quintile)	高收入户 High Income Households (ninth decile)	最高收入户 Highest Income Households (tenth decile)
摩托车(辆)	Motorcycle (unit)	23.94	11.26	33.11	40.22	34.48	40.38	34.59	18.8
家用汽车(辆)	Automobile(unit)	3.56	3.75		5.45	16.06	20.75	37.44	35.24
洗衣机(台)	Washing Machine (set)	45.45	33.41	41.3	61.7	77.49	86.31	89.17	94.17
电冰箱(台)	Refrigerator(set)	53.38	41.75	62.77	72.76	86.72	95.17	85.85	104.52
彩色电视机(台)	Color Television Set (set)	100	100	101.09	104.52	117.06	118.56	124.13	128.67
计算机(台)	Computer (set)	18.49	13.26	29.43	47.93	71.02	91.78	90.81	99.7
组合音响(套)	Hi-Fi Stereo Component System(set)	12.83	10.67	8.28	12.28	18.2	26.07	29.78	32.88
照相机(架)	Camera (set)	1.93	3.75	3.37	5.84	21.66	27.11	37.72	44.57
微波炉(台)	Microwave Oven (set)	14.2	13.26	15.93	21.1	28.89	40.58	39.32	68.19
空调器(台)	Air Conditioner(set)	21.94	20.18	20.29	62.05	80.38	116.19	120.56	168.87
淋浴热水器(台)	Water Heater for Shower (set)	58.87	48.67	74.93	82.82	94.47	96.1	100	97.69
消毒碗柜(台)	Disinfection Cupboard (set)	28.27	25.97	33.92	44.13	59.78	59.88	67.16	70.33
固定电话(部)	Telephone (unit)	60.98	45.46	70.81	77.15	87.77	86.89	81.6	90.99
移动电话(部)	Mobile Telephone (unit)	162.74	163.48	201.56	202.89	210.25	207.11	206.07	197.09

8-12 农村居民家庭基本情况
Basic Conditions of Rural Households

项 目	Item	2005	2008	2009	2010	2011	2012
调查户数(户)	**Number of Households Surveyed(household)**	**720**	**720**	**720**	**720**	**1200**	**1200**
调查户常住人口(人)	**Number of Usual Residents in the Households Surveyed (person)**	**3641**	**3620**	**3498**	**3448**	**5242.25**	**5217**
6 岁以下儿童(人)	Children under Six (person)	264	219	253	222	452	498
7—15 岁人口(人)	Age 7-15 (person)	701	540	442	400	713	714
16—60岁人口(人)	Age 16-60 (person)	2449	2598	2513	2517	3596.25	3559
61 岁以上人口(人)	Age 61 and Above (person)	227	263	290	309	481	446
# 在校人口(人)	Population Enrollment (person)	940	883	801	786	1045	1082
15—17 岁人口(人)	Age 15-17 (person)	288	285	266	227	353	390
平均每户常住人口(人)	**Average Number of Permanent Residents per Household (person)**	**5.06**	**5.03**	**4.86**	**4.79**	**4.37**	**4.35**
调查户整半劳动力(人)	**Number of Full/Semi Labour Force per Household (person)**	**2313**	**2365**	**2263**	**2247**	**3333**	**3429**
文盲、半文盲(人)	Illiteracy and Semiliterate (person)	158	109	110	128	132	124
小学程度(人)	Primary School degree (person)	535	495	411	323	632	611
初中程度(人)	Junior middle School degree (person)	1187	1287	1283	1310	2034	2028
高中程度(人)	high School degree (person)	362	399	367	388	420	425
中专程度(人)	secondary technical school degree (person)	53	56	60	59	65	78
大专程度(人)	Junior College and Above degree (person)	18	19	32	39	50	58
平均每户整半劳动力(人)	**Average Number of Full/Semi Labour Force Per Household (person)**	**3.21**	**3.28**	**3.14**	**3.12**	**2.78**	**2.86**
平均每个劳动力负担人口(人)	**Average Number of Dependents per Labour Force (person)**	**1.57**	**1.53**	**1.55**	**1.53**	**1.57**	**1.52**

8-13 各市县农村居民家庭人均纯收入
Per Capita Annual Net Income of Rural Households by Region

单位：元 (yuan)

地　区	Region	2005	2008	2009	2010	2011	2012
全省人均纯收入	**Per Capital Annual Net Income**	**3004**	**4390**	**4744**	**5275**	**6446**	**7408**
海 口 市	Haikou	3829	5215	5643	6173	7191	8134
三 亚 市	Sanya	3377	5189	5620	6502	7582	8825
五指山市	Wuzhishan	2071	2848	3201	3779	4780	5783
文 昌 市	Wenchang	3799	5220	5643	6124	7248	8196
琼 海 市	Qionghai	3205	4891	5292	5924	7220	8176
万 宁 市	Wanning	3331	4869	5268	5813	6933	8017
定 安 县	Ding'an	2617	3846	4204	4748	5954	6989
屯 昌 县	Tunchang	2639	3702	3998	4670	5908	6943
澄 迈 县	Chengmai	3368	4793	5244	5920	7212	8165
临 高 县	Lin'gao	2823	3898	4253	4767	5542	6548
儋 州 市	Danzhou	3381	4584	4914	5481	6781	7763
东 方 市	Dongfang	3076	4250	4586	5108	6372	7482
乐 东 县	Ledong	2590	3802	4156	4691	5925	7032
琼 中 县	Qiongzhong	1739	2376	2709	3341	4383	5546
保 亭 县	Baoting	1783	2517	2872	3453	4482	5598
陵 水 县	Lingshui	2291	3428	3785	4214	5415	6435
白 沙 县	Baisha	1760	2742	3079	3656	4738	5785
昌 江 县	Changjiang	2437	3638	3976	4423	5684	6846

8-14 农村居民家庭人均总收入及构成
Per Capita Total Income and Composition of Rural Households

项　　目	Item	2005	2008	2009	2010	2011	2012
全年人均总收入(元)	**Per Capital Total Income(yuan)**	**4129.93**	**5870.77**	**6195.75**	**6904.92**	**8646.48**	**9843.80**
家庭经营收入	Income from Household Business	3434.22	4685.71	4830.97	5147.93	5942.36	6535.22
第一产业收入	Primary Industry Income	3017.34	4169.76	4267.72	4414.19	5007.32	5430.69
第二产业收入	Secondary Industry Income	85.26	176.75	178.96	236.79	118.80	132.30
第三产业收入	Tertiary Industry Income	331.62	339.19	384.29	496.95	816.24	972.22
务工及工资性收入	Labour servies and Wages Income	473.06	808.63	972.68	1261.86	2004.63	2475.57
转移性收入	Income from Transfer	167.08	322.85	336.03	387.37	613.72	659.71
财产性收入	Income from Property	55.58	53.58	56.08	107.77	85.77	173.30
全年人均总收入构成(%)	**Composition of Per Capital Total Income(%)**	**100**	**100**	**100**	**100**	**100**	**100**
家庭经营收入	Income from Household Business	83.2	79.8	78.0	74.5	68.7	66.4
第一产业收入	Primary Industry Income	73.1	71.0	68.9	63.9	57.9	55.2
第二产业收入	Secondary Industry Income	2.1	3.0	2.9	3.4	1.4	1.3
第三产业收入	Tertiary Industry Income	8.0	5.8	6.2	7.2	9.4	9.9
务工及工资性收入	Labour servies and Wages Income	11.5	13.8	15.7	18.3	23.2	25.1
转移性收入	Income from Transfer	4.0	5.5	5.4	5.6	7.1	6.7
财产性收入	Income from Property	1.3	0.9	0.9	1.6	1.0	1.8

8-15 农村居民家庭人均总支出及构成
Per Capita Total Expenditure and Its Composition of Rural Households

项　　目	Item	2005	2008	2009	2010	2011	2012
全年人均总支出（元）	**Per Capital Total Expenditure(yuan)**	**3127.20**	**4438.90**	**4569.05**	**5067.51**	**6518.27**	**7386.22**
#家庭经营费用	#Expenditure for Household Business	984.90	1349.47	1279.94	1423.39	1953.92	2175.03
税　　金	Expenditure for Tax	4.61	0.83	0.99	4.46	7.44	2.84
生活消费支出	Expenditure for Consumption	1969.09	2883.10	3088.56	3446.24	4126.36	4736.02
食　　品	Food	1134.75	1537.55	1639.34	1724.47	2137.90	2410.07
衣　　着	Clothing	66.35	89.89	108.03	117.36	139.81	178.86
居　　住	Residence	146.00	391.04	348.50	609.77	700.46	828.62
医疗保健	Medical and Health Care Services	93.00	123.82	129.26	138.35	290.13	306.54
家庭设备用品及服务	Household Facilities,Articles and Services	92.28	104.07	132.19	135.22	176.33	207.47
文教娱乐用品及服务	Cultural,Educational and Recreational Articles and Services	198.70	288.49	287.85	318.04	185.14	213.68
交通通信	Transport and Communications	178.00	261.57	357.29	312.53	370.34	435.58
其他商品及服务	Others	60.01	86.67	86.10	90.49	126.25	155.20
全年人均总支出构成(%)	**Composition of Per Capital Total Expenditure(%)**	**100**	**100**	**100**	**100**	**100**	**100**
#家庭经营费用	#Expenditure for Household Business	31.5	30.4	28.0	28.1	30.0	29.4
税　　金	Expenditure for Tax	0.1	0.0	0.0	0.1	0.1	0.0
生活消费支出	Expenditure for Consumption	63.0	65.0	67.6	68.0	63.3	64.1
食　　品	Food	36.3	34.6	35.9	34.0	32.8	32.6
衣　　着	Clothing	2.1	2.0	2.4	2.3	2.1	2.4
居　　住	Residence	4.7	8.8	7.6	12.0	10.7	11.2
医疗保健	Medical and Health Care Services	3.0	2.8	2.8	2.7	4.5	4.2
家庭设备用品及服务	Household Facilities,Articles and Services	3.0	2.3	2.9	2.7	2.7	2.8
文教娱乐用品及服务	Cultural,Educational and Recreational Articles and Services	6.4	6.5	6.3	6.3	2.8	2.9
交通通信及其它	Transport and Communications	5.7	5.9	7.8	6.2	5.7	5.9
其他商品及服务	Others	1.9	2.0	1.9	1.8	1.9	2.1

8-16 农村居民家庭人均现金收入及构成
Per Capita Cash Income and Its Composition of Rural Households

项 目	Item	2005	2008	2009	2010	2011	2012
全年人均现金收入(元)	**Per Capital Cash Income(yuan)**	**3603.35**	**4962.46**	**5411.72**	**6118.29**	**8085.58**	**9337.05**
家庭经营收入	Income from Household Business	2908.37	3780.54	4048.89	4366.35	5392.27	6050.19
第一产业收入	Primary Industry Income	2491.49	3264.87	3491.65	3637.50	4457.31	4945.66
第二产业收入	Secondary Industry Income	85.26	176.75	178.96	236.79	118.8	132.30
第三产业收入	Tertiary Industry Income	331.62	338.92	378.28	492.06	816.17	972.22
务工及工资性收入	Labour servies and Wages Income	473.01	808.05	972.68	1261.53	2004.04	2475.50
转移性收入	Income from Transfer	166.4	320.29	334.09	382.64	603.51	646.57
财产性收入	Income from Property	55.58	53.58	56.06	107.77	85.75	164.79
全年人均现金收入构成(%)	**Composition of Per Capital Cash Income(%)**	**100**	**100**	**100**	**100**	**100**	**100**
家庭经营收入	Income from Household Business	80.7	76.2	74.8	71.4	66.7	64.8
第一产业收入	Primary Industry Income	69.1	65.8	64.5	59.5	55.1	53.0
第二产业收入	Secondary Industry Income	2.4	3.6	3.3	3.9	1.5	1.4
第三产业收入	Tertiary Industry Income	9.2	6.8	7.0	8.0	10.1	10.4
务工及工资性收入	Labour servies and Wages Income	13.1	16.3	18.0	20.6	24.8	26.5
转移性收入	Income from Transfer	4.6	6.5	6.2	6.3	7.5	6.9
财产性收入	Income from Property	1.5	1.1	1.0	1.8	1.1	1.8

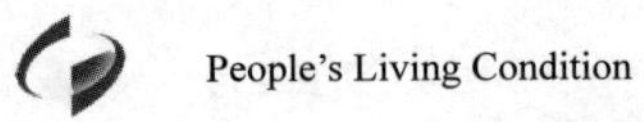

8-17 农村居民家庭人均现金支出及构成
Per Capita Cash Expenditure and Its Composition of Rural Households

项 目	Item	2005	2008	2009	2010	2011	2012
全年人均现金支出(元)	**Per Capital Cash Expenditure(yuan)**	**2609.90**	**3764.29**	**3879.03**	**4368.97**	**6114.32**	**7029.45**
#家庭经营费用	#Expenditure for Household Business	913.03	1234.92	1222.38	1367.87	1935.2	2238.62
税 金	Expenditure for Tax	4.60	0.83	0.99	4.46	7.44	2.84
生活消费支出	Expenditure for Consumption	1523.85	2323.39	2456.24	2803.35	3741.86	4395.33
#食 品	Food	719.64	1004.35	1044.09	1151.30	1797.48	2122.36
衣 着	Clothing	66.35	89.89	108.03	117.36	139.81	178.86
居 住	Residence	115.88	364.53	311.43	540.06	656.38	775.63
医疗保健	Medical and Health Care Services	93.00	123.82	129.26	138.35	290.13	306.54
家庭设备用品及服务	Household Facilities,Articles and Services	92.28	104.07	132.19	135.22	176.33	207.47
文教娱乐用品及服务	Cultural,Educational and Recreational Articles and Services	198.70	288.49	287.85	318.04	185.14	213.68
交通通信及其它	Transport,Communications and Others	178.00	261.57	357.29	312.53	370.34	435.58
全年人均现金支出构成(%)	**Composition of Per Capital Cash Expenditure(%)**	**100**	**100**	**100**	**100**	**100**	**100**
#家庭经营费用	#Expenditure for Household Business	35.0	32.8	31.5	31.3	31.7	31.8
税 金	Expenditure for Tax	0.2	0.0	0.0	0.1	0.1	0.0
生活消费支出	Expenditure for Consumption	58.4	61.7	63.3	64.2	61.2	62.5
#食 品	Food	27.6	26.7	26.9	26.4	29.4	30.2
衣 着	Clothing	2.5	2.4	2.8	2.7	2.3	2.5
居 住	Residence	4.4	9.7	8.0	12.4	10.7	11.0
医疗保健	Medical and Health Care Services	3.6	3.3	3.3	3.2	4.7	4.4
家庭设备用品及服务	Household Facilities,Articles and Services	3.5	2.8	3.4	3.1	2.9	3.0
文教娱乐用品及服务	Cultural,Educational and Recreational Articles and Services	7.6	7.7	7.4	7.3	3.0	3.0
交通通信及其它	Transport,Communications and Others	6.8	6.9	9.2	7.2	6.1	6.2
附：其他借贷性现金支出(元)	**Other Credit Cash Expenditure(yuan)**	**230.48**	**308.48**	**356.28**	**385.95**	**570.97**	**687.56**

8-18　农村居民家庭人均主要消费品生产、出售和消费量
Per Capita Output ,Sales and Consumption of Major Consumer Goods in Rural Households

项　目	Item	2005	2008	2009	2010	2011	2012
人均生产量	**Per Capita Output**						
粮　食(公斤)	Grain(kg)	302.54	401.47	376.92	302.76	186.96	157.86
油　料(公斤)	Oilseed(kg)	13.13	17.53	17.64	13.18	8.99	12.39
水　果(公斤)	Fruits(kg)	159.56	146.44	146.44	143.99	157.17	151.33
瓜　菜(公斤)	Melons and Vegetables(kg)	445.18	329.73	389.79	434.32	336.82	299.25
猪　肉(公斤)	Pork(kg)	35.04	30.64	31.23	32.44	31.68	31.96
牛　肉(公斤)	Beef(kg)	2.30	3.49	2.50	1.56	1.29	0.93
羊　肉(公斤)	Mutton(kg)	0.68	0.40	0.43	0.36	0.76	0.46
家　禽(公斤)	Poultry(kg)	9.31	9.39	8.95	12.72	18.51	19.42
蛋　类(公斤)	Eggs(kg)	0.33	0.70	0.45	0.62	0.59	0.46
人均出售量	**Per Capita Sales**						
粮　食(公斤)	Grain(kg)	60.05	54.54	93.36	59.79	37.96	52.72
油　料(公斤)	Oilseed(kg)	7.61	11.48	11.44	7.64	5.77	9.14
水　果(公斤)	Fruits(kg)	153.23	136.72	155.79	130.02	150.83	147.88
瓜　菜(公斤)	Melons and Vegetables(kg)	405.03	296.46	345.00	377.28	309.82	276.78
猪　肉(公斤)	Pork(kg)	33.05	29.21	30.29	31.92	31.53	33.38
牛　肉(公斤)	Beef(kg)	2.26	3.45	2.41	1.47	1.29	1.25
羊　肉(公斤)	Mutton(kg)	0.63	0.37	0.39	0.31	0.72	0.46
家　禽(公斤)	Poultry(kg)	4.47	4.06	4.37	5.48	15.51	16.68
蛋　类(公斤)	Eggs(kg)	0.03	0.26	0.05	0.21	0.42	0.26
水产品(公斤)	Aquatic Products(kg)	72.76	73.25	63.69	58.77	50.74	44.84
人均消费量	**Per Capita Consumption**						
粮　食(公斤)	Grain (kg)	189.72	187.00	192.15	191.36	141.59	116.16
蔬　菜(公斤)	Vegetables (kg)	71.19	63.44	82.16	80.69	68.79	60.65
动物油(公斤)	Animal Oil(kg)	2.94	2.00	2.09	2.30	1.95	2.21
植物油(公斤)	Edible Vegetable Oil (kg)	1.40	2.10	2.05	2.44	3.84	3.85
猪　肉(公斤)	Pork (kg)	17.84	13.15	14.79	13.89	16.44	17.2
牛羊肉(公斤)	Beef and Mutton (kg)	0.65	0.78	2.83	1.86	1.24	1.13
家禽肉(公斤)	Poultry (kg)	10.02	12.17	12.64	14.11	14.44	14.02
蛋　品(公斤)	Eggs and Processed Products(kg)	1.23	2.61	1.91	2.11	1.75	2.43
水产品(公斤)	Aquatic Products(kg)	15.07	17.59	15.66	15.74	16.85	20.92
食　糖(公斤)	Sugar(kg)	1.10	1.12	1.15	0.86	0.68	0.88
香　烟(盒)	Cigarettes (packs)	14.10	14.70	16.20	16.10	16.4	22.32
酒　类(公斤)	Liquor(kg)	4.82	4.37	4.34	4.79	6.53	7.37
水　果(公斤)	Fruits(kg)	6.54	8.62	10.80	11.67	6.39	6.58
茶　叶(公斤)	Tea(kg)	0.11	0.08	0.11	0.13	0.16	0.41

8-19 农村居民家庭住房情况
Housing Conditions of Rural Households

项　目	Item	2005	2008	2009	2010	2011	2012
平均每人新建房屋面积(平方米)	**Per Capita Floor Space of Newly-Built Houses (sq.m)**	**0.76**	**0.83**	**1.05**	**0.41**	**1.84**	**1.04**
#砖木结构面积	#Brick and Wood Structure	0.34	0.38	0.23	0.36	0.31	0.33
钢筋结构面积	Reinforced Concrete Structure	0.42	0.45	0.82	0.05	1.53	0.71
平均每人新建房屋价值(元)	**Per CapitaValue of Newly-Built Houses (yuan)**	**350**	**531.74**	**678.9**	**915.0**	**2131.43**	**1219.39**
平均每人新建生活用房面积(平方米)	**Per Capita Floor Space of Newly-Built Living Houses (sq.m)**	**0.76**	**0.83**	**1.03**	**0.41**	**1.84**	**1.04**
年末人均生活用房面积(平方米)	**Per Capita Living Floor Space at the Year-end(sq.m)**	**21.82**	**22.84**	**24.00**	**24.74**	**25.17**	**26.12**
#砖木结构面积	Brick and Wood Structure	16.18	17.33	16.25	16.61	13.07	12.54
钢筋结构面积	Reinforced Concrete Structure	5.48	5.32	7.36	7.81	12.03	13.58
年末人均使用房屋价值(元)	**Per Capita Value of Houses at the Year-end(yuan)**	**5884.19**	**8024.33**	**9313.05**	**10824.1**	**21346.5**	**22790.4**

8-20 农村居民家庭每百户耐用消费品拥有量
Ownership of Durable Consumer Goods Per 100 Rural Households

项 目	Item	2005	2008	2009	2010	2011	2012
年末耐用品拥有量	**Ownership of Durable Consumer Goods at the Year-end**						
洗衣机(台)	Washing Machine (set)	3.89	6.67	6.39	8.47	14.83	17.58
电冰箱(台)	Refrigerator(set)	7.36	8.61	11.25	15.00	30.5	34.42
空调机(台)	Air Conditioner (unit)	0.42	0.83	1.25	3.06	10.8	12.83
抽油烟机(台)	Exhaust Fan(unit)	0.97	0.83	0.56	1.53	2.5	2.17
吸尘器(台)	Dust Catcher(unit)	0.14	0.14	0.14	0.14	0.33	0.25
微波炉(台)	Microwave Oven (unit)	4.03	10.97	12.50	12.78	11.92	12.25
热水器(台)	Water Heater for Shower (unit)	13.33	20.14	22.36	24.44	23.25	25.33
自行车(辆)	Bicycle(unit)	48.06	39.03	39.31	37.78	36.42	36.17
摩托车(辆)	Motorcycle(unit)	77.22	85.97	96.81	100.56	101.58	106.83
汽车(生活用)(辆)	Automobile(unit)	1.39	0.42	0.42	1.11	2.67	3.00
电话机(部)	Telephone Set(unit)	43.75	50.14	45.14	45.14	26.33	24.50
移动电话(部)	Mobile Telephone (unit)	49.31	94.44	110.97	125.14	193.67	210.00
彩色电视机(台)	Color Television Set(set)	77.36	90.00	99.03	102.08	97.5	98.67
黑白电视机(台)	Black and White TV Set(set)	3.47	1.53	0.56	0.28	0.58	0.92
摄像机(台)	Pickup Camera(set)	0.28	0.69	0.28	0.14	1.33	1.25
影碟机(台)	Video Disc Player (set)	28.47	26.67	26.81	23.06	22.92	23.50
照相机(架)	Camera(set)	1.53	0.28	1.53	0.83	1.5	1.83
家用计算机(台)	Computer(set)	1.53	1.53	1.81	1.94	8.42	8.42
中高档乐器(件)	Medium and High Grade Musical Instrument(unit)		0.69	1.39	0.69	1	0.67

主要统计指标解释

城镇居民家庭就业人口　指从事社会劳动并取得劳动报酬或经营收入的人口。不论在国有经济单位、集体经济单位工作或从事城镇个体或私营企业，不论有固定性职业或临时性职业都是就业人口。“就业人口”包括“国有经济单位职工”、“城镇集体经济单位职工”、“其他各种经济类型单位职工”、“城镇个体或私营企业主”、“个体或私营被雇者”、“离退休再就业人员”、“其他就业人口”七类。

城镇居民家庭可支配收入　指调查户可用于最终消费支出和其他非义务性支出以及储蓄的总和，即居民家庭可以用来自由支配的收入。它是家庭总收入扣除交纳的个人所得税、个人交纳的社会保障支出以及调查户的记账补贴后的收入。计算公式为：

可支配收入= 家庭总收入-交纳个人所得税-个人交纳的社会保障支出-记账补贴

城镇居民家庭消费性支出　指调查户用于满足家庭日常生活消费需要的全部支出，包括食品、衣着、居住、家庭设备用品及服务、医疗保健、交通和通信、娱乐教育文化服务、其他商品和服务等八大类。包括用于赠送的商品或服务。

农村住户整半劳动力　整劳动力指男子 18——50 周岁，女子 18——45 周岁，半劳动力指男子 16——17 周岁和 51——60 周岁，女子 16——17 周岁和 46——50 周岁的同时具有劳动能力的人，在劳动年龄之内，但丧失劳动能力的人，不算劳动力；在劳动年龄之外，但能经常参加劳动，能顶上一个整或半劳动力的，也算作劳动力。

农村居民家庭纯收入　指农村住户当年从各个来源得到的总收入相应地扣除所发生的费用后的收入总和。纯收入主要用于再生产投入和当年生活消费支出，也可用于储蓄和各种非义务性支出。“农民人均纯收入”按人口平均的纯收入水平，反映的是一个地区或一个农户农村居民的平均收入水平。计算方法：

纯收入＝总收入-家庭经营费用支出-税费支出-生产性固定资产折旧-赠送农村外部亲友支出

农村居民家庭生活消费支出　指农村住户用于物质生活和精神生活方面的支出。生活消费支出包括食品支出、衣着支出、居住支出、家庭设备用品及服务支出、医疗保健支出、交通和通讯支出、文化教育娱乐用品及服务支出、其他商品和服务支出。

恩格尔系数　指食物消费支出在生活消费总支出中所占的比例。计算公式为：

恩格尔系数=食品消费支出/生活消费总支出*100%

Explanatory Notes on Main Statistical Indicators

Employed Population in Urban Households refers to urban residents engaged in certain work and receiving payment for their labor or income from their business operation, including those who work in state-owned or collective units, joint ventures, foreign—owned units and private units with permanent or temporary jobs. The self — employed individuals and reemployed retirees are also basic data for calculating employment rate and dependency ratio.

Disposable Income of Urban Households refers to the actual income of the sample households which can be used for daily expenses, i.e., total income minus persona] income tax, sample household subsidy and expenditure on household sideline production.

Expenditure for Consumption of Urban Households refers to total expenditure of the sample households for consumption in daily life, including expenditure for various commodities and expenses for non-commodity items such as culture and service, etc., but excluding fines and confiscation, loss, tax payments (such as income lax, license tax, real estates tax, etc.) and various expenses by individual laborers for business purposes.

Able - bodied and Semi - able-bodied Laborers of Rural Households refers to permanent residents of rural households who are able to work and actually engaged in social labor, which are one factor of production and sources of rural household income. According to the relevant regulations, male aged 18—50. female aged 18—45 is considered as able-bodied laborers; male aged 16-17 and 51-60, female aged 16-17 and 46-55 are considered as semi - able-bodied laborers. Those who are nor in the above age range but able to work and actually engaged in social labor are also considered as able — bodied or semi — able-bodied laborers, while those who are within the above age range hut unable to work are not counted as able - bodied or semi - able-bodied laborers.

Net Income of Rural Households refers to the total income of the permanent residents of the rural households during a year after the deduction of the expenses for productive and non-productive business operation, the payment for taxes and the payment for collective units for their contracted tasks, which can then be spent for investments in productive and non-productive construction, for consumption in daily life and for savings deposit. It is a comprehensive indicator to show the actual level of the income of the peasants' household. The net income of the rural households includes not only the income from the productive and non-productive business operation, but also the income, from the non-business operation, such as the money remitted or brought hack by the members of the household who are in other places, the government relief payment and various subsidies. It includes not only the money income, but also the income in kind. But the income from borrowing from banks, friends and relatives is excluded.

Expenditure for Consumption of Rural Households refers to total expenses of rural households on daily life, including expenses on food, clothing, housing, fuel, articles for daily use, and expenses on cultural life and services. This indicator is used to show the actual consumption level of peasants.

Engel Coefficient refers to the percentage of expenditure on food in the total consumption expenditure, using the following formula:

Engel Coefficient= (expenditure on food/ total consumption expenditure)*100%

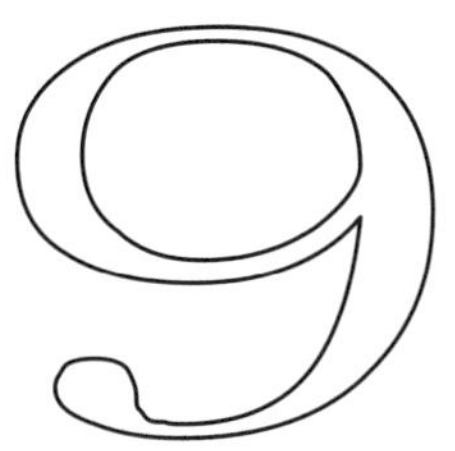

城市（县城）建设

Urban Construction of Cities and County Seat

编辑人员：陈文科　陈声文

Compiled by Chen Wenke　Chen Shengwen

英文翻译：　吴　璟

Translated by Wu Jing

简 要 说 明

一、本篇资料的主要内容

本篇资料反映我省城市（含县城）公用事业基本情况，主要内容包括城市建设、供水、供气、供热、市政设施、公共交通、城市绿化、环境卫生等。

二、本篇的资料来源

城市公用事业基本情况的资料由住房和城乡建设厅根据其《城市（县城）建设统计报表制度》整理提供。

三、本篇资料的统计范围

城市（县城）建设统计报表的统计范围是城区和县城。设市城市城区包括：市本级（1）街道办事处所辖地域；（2）城市公共设施、居住设施和市政公用设施等连接到的其他镇（乡）地区；（3）常住人口在 3000 以上独立的工矿区、开发区、科研单位、大专院校等特殊区域。县城包括：（1）县政府驻地的镇、乡（城关镇）或街道办事处地域；（2）县城公共设施、居住设施等连接到的其他镇（乡）地域；（3）县域内常住人口在 3000 人以上独立的工矿区、开发区、科研单位、大专院校等特殊区域。

Brief Introduction

I. Main Contents

Data in this chapter present the basic conditions of urban public facilities which include urban construction of cities and county seat; supply of water, gas and heating; municipal infrastructure; public transportation; urban greenery; and environmental, sanitation.

II. Sources of Data

Data on basic conditions of urban public facilities are collected, prepared and provided by the Department of Housing and Urban-Rural of Hainan Province in line with its *Statistical Reporting Form System on Urban Construction.*

III. Scope of Statistics

Scope of Statistics is urban area of cities and county seat。

Urban area of cities includes: (1) Street agencies; (2) The other town (township) area covered by the city public facilities, residential facilities and municipal public facilities; (3)The industrial and mining areas, development zones, scientific research units, universities and other special region with resident population of more than 3000.

County seat includes: (1) Street agencies or town (township) where the county government is stationed in; (2) The other town (township) area covered by the city public facilities, residential facilities and municipal public facilities of county seat; (3) The industrial and mining areas, development zones, scientific research units, universities and other special region with resident population of more than 3000 within the County.

9-1　城市(县城)公用事业基本情况
Basic Statistics on City and County Seat Public Utilities

项　　目	Item	1988	2000	2005	2010	2011	2012
城市建设	**City Areas and Floor Space of Buildings**						
城区面积（平方公里）	Urban Area (sq.km)	-	667.10	775.97	1033.74	1051.46	1363.08
建成区面积（平方公里）	Area of Built Districts (sq.km)	-	190.17	270.06	308.56	329.39	358.66
城市建设用地面积（平方公里）	Area of Land Used for Urban Construction(sq.km)	-	-	400.26	368.93	367.35	353.79
城市人口密度（人/平方公里）	Population Density of City Districts (persons/sq.km)	-	2610	2756	2677	2769	2252
城市供水、燃气及集中供热	**Water Supply, Gas Supply and Heating**						
全年供水总量(万立方米)	Annual Volume of Tap Water Supply(10 000 cu.m)	8539	24270	31425	42442	48193	50945
人均生活用水（升）	Per Capita Water Consumption for Residential Use(litre)	237.26	258.15	304.93	253.54	230.00	209.83
用水普及率（%）	Coverage Rate of Urban Population with Access to TapWater (%)	62.9	87.9	85.7	89.2	93.7	95.9
液化石油气供气量（吨）	Liquefied Petroleum Gas (tons)	3880	85538	77948	75432	91072	70568
供气管道长度（公里）	Length of Gas Pipelines (km)	-	-	546	1511	1698	1925
燃气普及率（%）	Coverage Rate of Urban Population with Access to Gas (%)	6.3	71.4	79.9	83.9	91.0	91.2
城市市政设施	**Municipal Infra-structure**						
年末实有道路长度(万公里)	Length of Paved Roads at Year-end (10 000 km)	368	1199	1398	1914	2525	2673
年末实有道路面积(万平方米)	Area of Paved Roads at Year-end (10 000 sq.m)	612	2417	2889	4440	5310	5821
人均拥有道路面积(平方米)	Per Capita Area of Paved Roads (sq.m)	5.15	13.44	13.57	15.98	18.24	18.96
城市排水管道长度(公里)	Length of City Sewage Pipes (10 000 km)	299	1566	2227	2966	3272	3607
城市排水管道密度(公里/平方公里)	Density of City Sewage Pipes (km/sq.km)	-	8.24	8.30	9.61	9.93	10.06
污水处理率(%)	The Treatment Rate of Sewerage (%)	-	-	59.85	65.29	68.61	70.75
城市绿化和园林	**City Greening**						
园林绿地面积(公顷)	Area of Green Land (10 000 hectares)	1120	5868	6925	51372	52435	53493
人均公园绿地面积(平方米)	Per Capita Area of Parks and Green Land (sq.m)	2.44	8.67	10.07	11.52	11.74	11.37
公园个数（个）	Number of Parks (unit)	15	32	45	69	72	74
公园面积（公顷）	Area of Parks (10 000 hectares)	95	880	1285	2362	2418	2231
城市环境卫生	**Environmental Sanitation**						
生活垃圾清运量（万吨）	Volume of Garbage Disposal (10 000 tons)	50.29	84.61	115.00	151.82	149.39	138.98
生活垃圾无害化处理率(%)	The Innocent Treatment Rate of Garbage (%)	-	-	50.8	55.9	86.7	99.2
粪便清运量(万吨)	Volume of Disposal of Excrement and Urine (10 000 tons)	7.40	11.58	7.40	10.73	15.55	22.47
公厕个数(座)	Number of Parks(unit)	46	361	310	464	491	578

注：人均公园绿地面积指标2005年及之前为人均公共绿地面积。
Note: The index of Per Capita Area of Parks and Green Land in 2005 and before refers to Per Capita Area of Public Land.

9-2 各市县城市(县城)建设情况(2012)
Statistics on Construction in City and County Seat by Region

地 区	Region	城区面积(平方公里) Urban Area (sq.km)	建成区面积(平方公里) Area of Built Districts (sq.km)	城市建设用地面积(平方公里) Area of Land Used for Urban Construction (sq.km)	征用土地面积(平方公里) Land Put in Requisition for State Construction Projects (sq.km)	城市人口密度(人/平方公里) Population Density of Urban Area (persons/sq.km)
全省总计	**Total**	**1363.08**	**358.66**	**353.79**	**14.74**	**2252**
海口市	Haikou	562.40	123.60	117.50		2228
三亚市	Sanya	74.70	33.79	33.55		3817
五指山市	Wuzhishan	60.00	9.21	8.53		950
文昌市	Wenchang	84.00	15.80	15.36		1667
琼海市	Qionghai	28.30	25.00	24.00	1.92	5689
万宁市	Wanning	108.90	10.00	10.00	0.80	1382
定安县	Ding'an	16.00	9.00	8.48		3669
屯昌县	Tunchang	24.78	6.38	6.25		3228
澄迈县	Chengmai	10.90	6.91	6.77		8330
临高县	Lingao	13.50	9.38	7.39	3.41	5200
儋州市	Danzhou	225.05	49.29	59.14	4.75	-
儋州	Danzhou	194.05	31.29	28.14	4.75	1115
洋浦	Yangpu	31.00	18.00	31.00		2003
东方市	Dongfang	36.78	16.90	16.30	3.70	3439
乐东县	Ledong	24.50	7.66	6.04	0.16	2163
琼中县	Qiongzhong	40.04	5.00	4.00		722
保亭县	Baoting	11.73	4.60	4.60		3410
陵水县	Lingshui	17.64	10.30	10.24		4711
白沙县	Baisha	4.80	3.50	3.30		6292
昌江县	Changjiang	19.06	12.34	12.34		4339

9-3 各市县城市(县城)供水情况(2012)
Basic Statistics on Tap Water Supply in Cities and County Seat by Region

地区	Region	年末供水综合生产能力(万立方米/日) Production Capacity of Tap Water Supply (year-end) (10000cu.m /dy)	年末供水管道长度(公里) Length of Water Supply Pipelines (year-end) (km)	全年供水总量(万立方米) Total Annual Volume of Water Supply (10 000cu.m)	#生活用水 For Residential Use	用水人口(万人) Number of Residents with Access to Tap Water (10 000 persons)	人均日生活用水量(升) Per Capita Daily Consumption of Tap Water for Residential Use (liter)
全省总计	**Total**	**194.7**	**4193**	**50945**	**18364**	**309.7**	**210**
海口市	Haikou	80.7	938	19066	8094	125.3	249
三亚市	Sanya	25.8	669	10318	3294	43.5	207
五指山市	Wuzhishan	1.8	85	513	338	5.1	207
文昌市	Wenchang	4.8	130	1227	474	13.0	169
琼海市	Qionghai	9.0	517	2361	932	14.4	277
万宁市	Wanning	8.0	286	748	351	14.0	93
定安县	Ding'an	2.0	32	392	305	5.7	150
屯昌县	Tunchang	1.5	32	307	117	5.9	92
澄迈县	Chengmai	2.0	23	347	168	8.0	83
临高县	Lingao	1.3	33	353	287	6.6	124
儋州市	Danzhou	-	847	9098	1402	27.1	-
儋州	Danzhou	11.6	775	2203	972	21.6	172
洋浦	Yangpu	25.0	72	6895	430	5.5	216
东方市	Dongfang	10.0	50	2609	967	12.0	247
乐东县	Ledong	1.0	84	365	261	5.0	145
琼中县	Qiongzhong	1.0	26	344	120	2.5	241
保亭县	Baoting	1.2	26	314	170	3.9	200
陵水县	Lingshui	2.5	136	843	557	7.1	269
白沙县	Baisha	0.5	44	156	132	2.8	149
昌江县	Changjiang	5.0	235	1584	394	8.0	141

9-4 各市县城市(县城)燃气情况(2012)
Basic Statistics on Supply of Gas in Cities and County Seat by Region

地　区	Region	管道长度(公里) Length of Gas Pipelines (km)			全年供气总量 Volume of Gas Supply			用气人口(万人) Population with Access to Gas (10 000 persons)		
		人工煤气 Coal Gas	天然气 Natural Gas	液化石油气 Liquefied Petroleum Gas	人工煤气(万立方米) Coal Gas (10 000 cu.m)	天然气(万立方米) Natural Gas (10 000 cu.m)	液化石油气(吨) Liquefied Petroleum Gas (ton)	人工煤气 Coal Gas	天然气 Natural Gas	液化石油气 Liquefied Petroleum Gas
全省总计	**Total**		**1925.16**	**17.96**		**24664**	**70568**		**106.80**	**173.21**
海口市	Haikou		906.00			12143	22401		75.00	45.00
三亚市	Sanya		611.42	16.96		3233	11637		22.30	6.00
五指山市	Wuzhishan						1500			5.00
文昌市	Wenchang		45.00			518	4503		0.95	11.00
琼海市	Qionghai		58.00	1.00		649	6271		3.00	10.98
万宁市	Wanning		40.00			358.00	2715		1.30	11.30
定安县	Ding'an						1190			5.81
屯昌县	Tunchang						1500			6.00
澄迈县	Chengmai						2300			8.20
临高县	Lingao						1350			6.55
儋州市	Danzhou		216.00			7548.15	4632		2.15	22.00
儋州	Danzhou		16.00			547.65	3497		0.25	18.00
洋浦	Yangpu		200.00			7000.50	1136		1.90	4.00
东方市	Dongfang		48.74			215.01	2821		2.10	8.02
乐东县	Ledong						1380			4.50
琼中县	Qiongzhong						255			2.50
保亭县	Baoting						600			3.20
陵水县	Lingshui						1422			7.10
白沙县	Baisha						610			2.55
昌江县	Changjiang						3481			7.50

9-5 各市县城市(县城)市政设施(2012)

Basic Statistics on Municipal Infrastructure in Cities and County Seat by Region

地 区	Region	年末实有道路长度(公里) Length of Paved Roads (year-end) (km)	年末实有道路面积(万平方米) Area of Paved Roads (year-end) (10 000 sq.m)	城市桥梁(座) Number of City Bridges (unit)	城市排水管道长度(公里) Length of City Sewage Pipes (km)	城市污水日处理能力(万立方米) Daily Disposal Capacity of City Sewage (10 000 cu.m)	城市道路照明灯(盏) Number of Street Lights (1 000 units)
全省总计	**Total**	**2673**	**5821**	**184**	**3607**	**101**	**204588**
海口市	Haikou	1107	2439	79	1447	44	77738
三亚市	Sanya	225	396	19	540	15	19000
五指山市	Wuzhishan	58	108		44	1	7337
文昌市	Wenchang	155	270	19	168	3	5750
琼海市	Qionghai	159	352	11	339	3	19297
万宁市	Wanning	68	157	2	60	3	3600
定安县	Ding'an	62	129	4	79	2	2085
屯昌县	Tunchang	32	95		39	1	3000
澄迈县	Chengmai	43	95	2	50	2	4319
临高县	Lingao	49	90	4	36	2	3268
儋州市	Danzhou	319	651	10	466	-	27274
儋州	Danzhou	219	371	10	303	3	22274
洋浦	Yangpu	100	280		163	14	5000
东方市	Dongfang	115	410	3	114	3	7800
乐东县	Ledong	31	96	4	8	1	3112
琼中县	Qiongzhong	12	33	1	29	1	2600
保亭县	Baoting	40	67	12	39	1	3313
陵水县	Lingshui	59	178		57	2	7170
白沙县	Baisha	30	31	3	18	1	3607
昌江县	Changjiang	111	223	11	74	3	4318

9-6 各市县城市(县城)绿地和园林(2012)

Basic Statistics on Parks and Green Areas in Cities and County Seat by Region

地 区	Region	城市绿地面积 (公顷) Area of Green Land (hectare)	#公园绿地 Park Green Areas	公 园 (个) Number of Parks (unit)	公园面积 (公顷) Area of Parks (hectare)	建成区绿化覆盖率(%) Green Covered Area as % of Completed Area (%)
全省总计	**Total**	**60528**	**3490**	**74**	**2231**	**39.29**
海 口 市	Haikou	5191	1418	19	853	42
三 亚 市	Sanya	1531	541	6	302	45.31
五指山市	Wuzhishan	416	56	4	34	45.17
文 昌 市	Wenchang	1075	63	2	42	35
琼 海 市	Qionghai	1055	241	3	233	38.92
万 宁 市	Wanning	325	218	3	80	32.5
定 安 县	Ding'an	700	46	5	80	32
屯 昌 县	Tunchang	233	50	2	16	36.52
澄 迈 县	Chengmai	309	35	2	10	32.27
临 高 县	Lingao	379	40	2	20	29.85
儋 州 市	Danzhou	44043	295	10	240	-
儋 州	Danzhou	42123	210	9	170	38.86
洋 浦	Yangpu	1920	85	1	70	28.89
东 方 市	Dongfang	754	124	2	110	43.43
乐 东 县	Ledong	251	27	1	17	31.33
琼 中 县	Qiongzhong	2754	20	2	25	30
保 亭 县	Baoting	426	60	4	60	48.04
陵 水 县	Lingshui	328	136	2	53	31.84
白 沙 县	Baisha	198	40	2	19	37.43
昌 江 县	Changjiang	560	80	3	37	43.52

注：公园绿地面积包括综合公园、社区公园、专类公园、带状公园和街旁绿地。

a) Area of park green areas includes comprehensive park, community park, topic park, belt-shaped park and green area nearby street.

9-7 各市县市容环境卫生情况(2012)
Basic Statistics on Urban Sanitation in Cities and County Seat by Region

地 区	Region	清扫保洁面积(万平方米) Area under Cleaning Program (10 000 sq.m)	生活垃圾清运量(万吨) Volume of Garbage Disposal 10 000 (tons)	粪便清运量(万吨) Volume of Excrement and Urine Disposal (10 000 tons)	市容环卫专用车辆设备总数(辆) Number of Special Vehicles for Environmental Sanitation (unit)	公共厕所(座) Number of Public Lavatories (unit)	#三类以上 Third Grade and Above
全省总计	**Total**	**7253**	**138.98**	**22.47**	**2140**	**578**	**382**
海 口 市	Haikou	3548	53.47	15.83	1269	171	98
三 亚 市	Sanya	1325	23.98	5.9	261	106	106
五指山市	Wuzhishan	71	2.1		16	9	9
文 昌 市	Wenchang	245	3.8		28	25	23
琼 海 市	Qionghai	299	6.11	0.3	24	29	14
万 宁 市	Wanning	98	5.67	0.12	18	42	38
定 安 县	Ding'an	96	2.4		8	7	7
屯 昌 县	Tunchang	38	2.5		18	16	
澄 迈 县	Chengmai	70	3.65		141	12	
临 高 县	Lingao	62	3	0.13	28	11	
儋 州 市	Danzhou	610	12.72	0.05	68	60	60
儋 州	Danzhou	395	9.53		50	48	48
洋 浦	Yangpu	215	3.19	0.05	18	12	12
东 方 市	Dongfang	403	5.52	0.02	158	29	
乐 东 县	Ledong	72	1.55		18	9	
琼 中 县	Qiongzhong	24	1.6		11	10	4
保 亭 县	Baoting	57	2.57	0.12	19	9	
陵 水 县	Lingshui	154	3.64		24	19	14
白 沙 县	Baisha	28	1.69		13	5	
昌 江 县	Changjiang	53	3.01		18	9	9

9-8 各市县城市(县城)设施水平(2012)
Level of Public Facilities in Cities and County Seat by Region

地区	Region	城市用水普及率(%) Coverage Rate of Urban Population with Access to Tap Water (%)	城市燃气普及率(%) Coverage Rate of Urban Population with Access to Gas (%)	人均城市道路面积(平方米) Per Capita Area of Paved Roads (sq.m)	人均公园绿地面积(平方米) Per Capita Public Green Areas (sq.m)
全省总计	**Total**	**95.9**	**91.23**	**18.96**	**11.37**
海口市	Haikou	99.98	95.75	19.46	11.32
三亚市	Sanya	98.91	99.26	13.9	18.98
五指山市	Wuzhishan	89.47	87.72	18.97	9.82
文昌市	Wenchang	92.86	85.36	19.29	4.5
琼海市	Qionghai	89.13	86.83	21.88	14.97
万宁市	Wanning	93.02	83.72	10.43	14.49
定安县	Ding'an	96.93	98.98	22.01	7.84
屯昌县	Tunchang	73.13	75	11.85	6.25
澄迈县	Chengmai	88.11	90.31	10.46	3.85
临高县	Lingao	94.02	93.3	12.82	5.7
儋州市	Danzhou	-	-	-	-
儋州	Danzhou	99.86	84.37	17.17	9.71
洋浦	Yangpu	87.76	95.01	45.09	13.69
东方市	Dongfang	94.86	80	32.41	9.8
乐东县	Ledong	94.34	84.91	18.11	5.09
琼中县	Qiongzhong	86.51	86.51	11.42	6.92
保亭县	Baoting	96.5	80	16.8	15
陵水县	Lingshui	84.96	85.44	21.38	16.37
白沙县	Baisha	92.72	84.44	10.26	13.25
昌江县	Changjiang	96.74	90.69	26.94	9.67

注：人均和普及率指标按城区人口与暂住人口之和计算，以公安部门的户籍统计和暂住人口统计为准。

a) Per capita data and coverage rate are calculated on the basis of the sum of districts area population and temporarily residing population, which are provided by the Ministry of Public Security.

主要统计指标解释

供水综合生产能力 指按供水设施取水、净化、送水、出厂输水干管等环节设计能力计算的综合生产能力。包括在原设计能力的基础上，经挖、革、改增加的生产能力。计算时，以四个环节中最薄弱的环节为主确定能力。

年末供水管道长度 指从送水泵至用户水表之间所有管道的长度。不包括新安装尚未使用、水厂内以及用户建筑物内的管道。

全年供水总量 指报告期供水企业(单位)供出的全部水量。包括有效供水量和漏损水量。

生活用水量 包括公共服务用水和居民家庭用水。公共服务用水指为城市社会公共生活服务的用水。包括行政事业单位、部队营区和公共设施服务、社会服务业、批发零售业、住宿餐饮业以及其他公共服务业等单位的用水。居民家庭用水指城市范围内所有居民家庭的日常生活用水。包括城市居民、农民家庭、公共供水站用水。

用水普及率 指城市用水人口数与城市人口总数的比率。计算公式：

$$用水普及率=\frac{城市用水人口数}{城市人口总数}\times 100\%$$

供气管道长度 指报告期末从气源厂压缩机的出口或门站出口至各类用户引入管之间的全部已经通气投入使用的管道长度。不包括煤气生产厂、输配站、液化气储存站、灌瓶站、储配站、气化站、混气站、供应站等厂(站)内的管道。

全年供气总量 指全年燃气企业(单位)向用户供应的燃气数量。包括销售量和损失量。

燃气普及率 指报告期末使用燃气的城市人口数与城市人口总数的比率。计算公式为：

$$燃气普及率=\frac{城市使用燃气人口数}{城市人口总数}\times 100\%$$

年末道路长度 指年末道路长度和与道路相通的桥梁、隧道的长度，按车行道中心线计算。在统计时只统计路面宽度在3.5米(含3.5米)以上的各种铺装道路，包括开放型工业区和住宅区道路在内。

城市桥梁 指为跨越天然或人工障碍物而修建的构筑物。包括跨河桥、立交桥、人行天桥以及人行地下通道等。按使用年限分为永久性桥和半永久性桥。

城市排水管道长度 指所有排水总管、干管、支管、检查井及连接井进出口等长度之和。

城市污水日处理能力 指污水处理厂(或污水处理装置)每昼夜处理污水量的设计能力。

年末运营车数 指年末城市用于公共交通运营业务的全部车辆数。新购、新制和调入的运营车辆，自投入之日起开始计算；调出、报废和调作他用的运营车辆，自上级主管机关批准之日起不再计入。

城市园林绿地面积 指报告期末用作园林和绿化的各种绿地面积。包括公园绿地、生产绿地、防护绿地、附属绿地和其他绿地的面积。

公园绿地 城市中向公众开放的以游憩为主要功能，有一定的游憩设施和服务设施，同时兼有健全生态、美化景观、防灾减灾等综合作用的绿化用地。包括综合公园、社区公园、专类公园、带状公园和街旁绿地。其中综合公园、专类公园和带状公园面积之和为公园面积。

每万人拥有公共交通车辆 指报告期末城区内每万人平均拥有的公共交通车辆标台数。计算公式：

$$每万人拥有公共交通车辆=\frac{公共交通运营车标台数}{城市人口总数}$$

Explanatory Notes on Main Statistical Indicators

Production Capacity of Water Supply refers to the designed overall production capacity of water facilities, covering the four segments of water collection, purification, conveyance, and outflow through trunk pipelines. Increased capacity through transformation and innovation projects is included as well. The capacity is determined mainly on the weakest of the above-mentioned four segments.

Length of Water Supply Pipelines at Year-end refers to the total length of all the pipelines between the water pumps and the user water meters, excluding pipelines newly installed but not used yet, pipeline in the water factory, and pipeline in the user's buildings.

Annual Volume of Water Supply refers to the total volume of water supplied by water-works (units) during the reference period, including both the effective water supply and loss during the water supply.

Consumption of Water for Residential Use refers to water consumption of households for daily life and water consumption of public service facilities. The latter refers to water consumption for urban public services, including the consumption of government agencies and public institutions, military barracks, public facilities, wholesale and retail trades, accommodation and catering industry and other units providing public services. Household water consumption refers to consumption of water for daily life of all households within the boundary of cities, including households of urban residents and farmers, and public water supply stations.

Coverage Rate of Urban Population with Access to Tap Water refers to the ratio of the urban population with access to tap water to the total urban population. The formula is:

$$\text{Coverage of urban population with access to tap water} = \frac{\text{Urban population with access to tap water}}{\text{Urban population}} \times 100\%$$

Length of Gas Pipelines refers to the total length of pipelines in use between the outlet of the compressor of gas-work or outlet of gas stations and the leading pipe of users, excluding pipelines within gasworks, delivery stations, LPG storage stations, refilling stations, gas-mixing stations and supply stations.

Volume of Gas Supply refers to the total volume of gas provided to users by gas-producing enterprises (units) in a year, including the volume sold and the volume lost.

Coverage Rate of Urban Population with Access to Gas refers to the ratio of the urban population with access to gas to the total urban population at the end of the reference period. The formula is:

$$\text{Coverage rate of urban population with access to gas} = \frac{\text{Urban population with access to gas}}{\text{Urban population}} \times 100\%$$

Length of Paved Roads at Year-end refers to the length of roads with paved surface including bridges and tunnels connected with roads by the end of the year. Length of the roads is measured by the central lines for vehicles for paved roads with a width of 3.5 meters and over, including roads in open-ended factory compounds and residential quarters.

Urban Bridges refer to bridges built to cross over natural or man-made barriers, including bridges over rivers, overpasses for traffic and for pedestrians, underpasses for pedestrians, etc. Both permanent and semi-permanent bridges are included.

Length of Urban Sewage Pipes refers to the total length of general drainage, trunks, branch and inspection wells, connection wells, inlets and outlets, etc.

Daily Disposal Capacity of Urban Sewage refers to the designed 24-hour capacity of sewage disposal by the sewage treatment works or facilities.

Number of Vehicles under Operation at Year-end refers to the total number of vehicles under operation by public transport enterprises (units) at the end of the year, based on the records of operational vehicles by the enterprises (units).

Area of Parks and Green Land refers to the total area occupied for green projects at the end of the reference period, including park green land, production green land, protection green land, green land attached to institutions, and other green areas.

Park Green Area refers to green areas open to the public for amusement and rest with the facilities of amusement, rest and services. Its function includes perfecting ecology, beautifying landscape, and preventing and reducing disaster. Park green areas include comprehensive park, community park, topic park, belt-shaped park and green area nearby street. Total areas of comprehensive park, topic park and belt-shaped is the area of park.

Public Transportation Vehicles per 10000 Population refers to the number of public transportation vehicles, at the end of the reference period, per 10000 population in the city district. The formula for calculation is:

$$\text{Public Transportation Vehicles per10000 Population} = \frac{\text{Number of Public Transportation Vehicles}}{\text{City District Population}}$$

10

资源和环境

Resources and Environment

编辑人员： 陈崇辉

Compiled by Chen Chonghui

英文翻译：林静云

Translated by Lin Jingyun

简 要 说 明

一、本篇资料的主要内容

本篇主要反映我省自然资源状况和环境保护事业发展情况。自然资源包括土地利用、森林资源、矿产资源和气象等资料。环境保护事业发展情况主要包括废水和废气中主要污染物排放情况；固体废物处理利用情况；城市空气质量情况；以及环境污染治理投资情况等。

二、本篇的资料来源

土地利用、河流、气象、矿产资源、森林资源等情况分别由省气象局、省国土环境资源厅、省林业厅提供。环境污染与治理、声环境、工业污染投资治理情况由省国土环境资源厅提供。

Brief Introduction

I. Main Contents

This chapter contains information that reflects natural resource conditions and the development of environment protection in Hainan.

Data on natural resources cover use of land, forest resources, mineral resources and meteorological phenomena.

The development of environment protection mainly include discharge of waste water and key pollutants in waste gas; treatment and utilization of solid wastes; urban air quality; investment in environment pollution treatment, etc.

II. Sources of Data

Data on use of land, rivers, meteorological phenomena, mineral and water resources, forest resources, etc. are provided respectively by Provincial Meteorological Administration, Provincial Department of Land and Resources, and Provincial Department of Forestry. Data on environmental pollution and treatment, acoustic environment and investment in the treatment of industrial pollution are provided by the Provincial Department of Land and Resources.

10-1 自然资源(2012)
Natural Resources

项 目	Item	数量 Amount
地理位置	**Geographic Position**	
东经(度)	Longitude	108.37-111.03
北纬(度)	Latitude	18.10-20.10
土地和海洋	**Land and Ocean**	
国土面积(万平方公里)	Area of Province (10 000 sq.km)	203.54
陆地面积(万平方公里)	Area of Land (10 000 sq.km)	3.54
#海南岛	# Hainan Island	3.39
海洋面积(万平方公里)	Area of Sea (10 000 sq.km)	200
岛屿个数(个)	Number of Islands (unit)	280
岛屿面积(平方公里)	Area of Islands (sq.km)	930
水利资源	**Water Resources**	
独流入海河流(条)	Number of Rivers (unit)	154
水力资源理论蕴藏量(万千瓦)	Theoretical Potential Hydropower Resources (10 000 kwh)	103.88
#可开发量	# Developable Resources	89.77
地下水资源储量(亿立方米)	Groundwater Resources(100 million cu.m)	75
淡水总面积(万公顷)	Freshwater Area(10 000 hectares)	13.7
水库面积(万公顷)	Area of Reservoir(10 000 hectares)	5.6
森林资源	**Forest Resources**	
森林覆盖率(%)(2012年底数)	Forest Coverage Rate(%)(by the end of 2012)	61.5
红树林(万公顷)	Mangroves (10 000 hectares)	0.39
野生植物(种)	Wild Plants (kind)	4600
野生动物(种)	Wild Animals (kind)	574
旅游资源	**Tourism Resources**	
海岸线(包括海南岛周边岛屿)(公里)	Length of Coastline(including the surrounding islands of Hainan Island)(km)	1823
#海南岛	# Hainan Island	1528
自然保护区(个)	**Number of Nature Reserves (unit)**	**49**
#国家级	# Nation Level	9

10-2 土地状况 Land Resources

项目	Item	面积(万公顷) Area(10 000 hectares)	占总面积(%) As Percentage of Total Area (%)
土地面积	**Total Land Area**	**353.54**	**100.0**
#耕地总资源	Cultivated Land Resources	83.72	23.7
#常用耕地	Cultivated Land in Common Use	42.53	12.0
按地形分类	**By Topographic Feature**		
山地	Mountains	86.1	25.4
丘陵	Hills	45.1	13.3
台地	Terraces	110.5	32.6
阶地平原	Plains	95.3	28.1
其他	Others	2.1	0.6

10-3 主要山脉情况 Major Mountains

名称	Name of Mountains	山峰高程(米) Height of Mountain Peak(m)
五指山	Wuzhi Mountain	1867
霸王岭	Bawang Mountain	1560
莺歌岭	Yingge Mountain	1811
尖峰岭	Jianfeng Mountain	1412
吊罗山	Diaoluo Mountain	1519
黎母山	Limu Mountain	1411

10-4 大型水库概况 Large-scale Reservoirs

库名	Reservoir	集水面积(平方公里) Drainage Area (sq.km)	库容 Storage Capacity 总库容（亿立方米） Total Storage Capacity (100 million cu.m)	正常库容（亿立方米） Normal Storage Capacity (100 million cu.m)	设计灌溉面积(万公顷) Designed Irrigated Area (10 000 hectares)
大广坝	Daguangba	3498	17.10	15.00	6.73
松涛	Songtao	1440	33.40	26.00	14.5
万宁	Wanning	429	1.52	0.72	0.8
长茅	Changmao	256	1.44	1.11	1.2
石碌	Shilu	354	1.41	0.99	1
牛路岭	Niululing	1236	7.79	5.30	-
大隆	Dalong	15	4.68	3.93	0.66

10-5 主要河流
Major Rivers

名　　称	Name of Rivers	发源地点	Source	长度(公里) Length(km)	集水面积(平方公里) Drainage Area(sq.km)
南渡江	Nandu River	白沙县南峰山	Nanfeng Mountain in Baisha County	331	7176
昌化江	Changhua River	琼中县五指山	Wuzhi Mountain in Qiongzhong County	230	5070
万泉河	Wanquan River	琼中县五指山	Wuzhi Mountain in Qiongzhong County	163	3683
陵水河	Lingshui River	保亭县峨隆岭	E'long Mountain in Baoting County	76	1121
珠碧江	Zhubi River	白沙县南高岭	Nangao Mountain in Baisha County	86	1101
宁远河	Ningyuan River	保亭县甘蔗山	Ganzhe Mountain in Baoting County	90	986
望楼河	Wanglou River	乐东县尖峰岭	Jianfeng Mountain in Ledong County	83	827
文澜河	Wenlan River	儋州市马鞍岭	Ma'an Mountain in Danzhou City	71	795
藤桥河	Tengqiao River	保亭县峨月岭	E'yue Mountain in Baoting County	58	705
北门江	Beimen River	儋州市马岭排	Malingpai Mountain in Danzhou City	62	653
太阳河	Taiyang River	琼中县长沙岭	Changsha Mountain in Qiongzhong County	83	576
春　江	Chun River	儋州市高石岭	Gaoshi Mountain in Danzhou City	54	550
文教河	Wenjiao River	海口市大坡乡文德头村	Wendetou Village Dapo Town Haikou City	56	522

10-6 主要矿产基础储量
Ensured Reserves of Major Minerals

项　　目	Item	2012
石油　(万吨)	Petroleum　(10 000 tons)	1315.70
天然气(亿立方米)	Natural Gas　(100 million cu.m)	1318.42
煤炭　(万吨)	Coal　(10 000 tons)	11933.70
铁矿(矿石，万吨)	Iron(Ore,　(10 000 tons)	8117.20
钛铁矿砂矿(万吨)	Titanium Ore,placer(10 000 tons)	334.03
铜矿　(铜，万吨)	Copper(Metal, 10 000 tons)	3.59
铅矿　(铅，万吨)	Lead　(Metal, 10 000 tons)	6.62
锌矿　(锌，万吨)	Zinc　(Metal, 10 000 tons)	16.96
镍矿　(镍，万吨)	Nickel　(Metal, 10 000 tons)	0.01
钨矿(WO3，万吨)	Tungsten　(WO3, 10 000 tons)	0.03
钼矿　(钼，万吨)	Molybdenum　(Metal, 10 000 tons)	4.21
金矿　(金，吨)	Gold　(Metal,　tons)	11.94
银矿　(银，吨)	Silver　(Metal,　tons)	210.00
普通萤石　(矿物，万吨)	Fluorspar Mineral　(Mineral, 10 000 tons)	12.10
玻璃硅质原料(矿石，万吨)	Silicon Materials For Glass Ore　(Ore, 10 000 tons)	88535.70
石墨(矿物，万吨)	Graphite Mineral (Crystal)　(Mineral, 10 000 tons)	8.50
高岭土(矿石，万吨)	Kaolin Ore　(Ore, 10 000 tons)	1923.20

10-7 各市县平均气温(2012)
Monthly Average Temperature by Region

单位：摄氏度 (℃)

市县	Region	1月 Jan.	2月 Feb.	3月 Mar.	4月 Apr.	5月 May	6月 June	7月 July	8月 Aug.	9月 Sept.	10月 Oct.	11月 Nov.	12月 Dec.	年平均 Annual Average
全省总计	**Total**	**18.0**	**19.9**	**22.8**	**26.8**	**27.9**	**28.1**	**27.9**	**27.6**	**26.8**	**25.3**	**24.2**	**21.0**	**24.7**
海口市	Haikou	16.4	17.8	22.1	26.6	28.3	28.4	28.5	28.1	27.6	26.1	24.5	20.6	24.6
三亚市	Sanya	21.4	23	25	27.8	28.6	28.8	28.2	28	27.6	26.4	25.6	23.6	26.2
五指山市	Wuzhishan	18.9	20.9	22.8	25.6	26.5	26.5	26.1	25.9	25.1	23.5	23.1	20.8	23.8
文昌市	Wenchang	17.6	19.7	22.8	26.9	28.0	28.4	28.5	27.9	27.4	25.5	24.7	21.0	24.9
琼海市	Qionghai	18.2	20.4	23.2	27.3	28.3	28.6	28.3	28.0	27.3	25.7	24.5	21.0	25.1
万宁市	Wanning	18.5	20.7	23.3	26.9	28.1	28.6	28.1	27.9	27.0	25.5	24.7	21.5	25.1
定安县	Ding'an	17.3	19.2	22.8	27.1	28.4	28.7	28.6	28.1	27.3	25.7	24.4	20.7	24.9
屯昌县	Tunchang	17.2	19.5	22.8	27.3	28.2	28.6	28.2	27.9	26.7	25.2	24.1	20.5	24.7
澄迈县	Chengmai	17.0	18.8	22.2	26.8	28.0	28.4	28.0	28.0	26.6	25.0	23.9	20.3	24.4
临高县	Lingao	16.1	17.5	21.3	26.7	28.5	28.6	28.4	28.1	27.2	25.5	23.9	20.2	24.3
儋州市	Danzhou	16.9	18.8	22.2	27.2	27.9	28.3	28.0	27.6	26.7	25.5	23.7	20.1	24.4
东方市	Dongfang	18.6	19.5	22.7	27.8	29.6	29.5	29.4	29.0	28.2	27.0	25.4	22.1	25.7
乐东县	Ledong	19.9	21.6	23.5	26.6	27.6	27.2	27.3	26.8	26.7	25.3	24.5	22.1	24.9
琼中县	Qiongzhong	17.0	19.3	22.2	26.3	27.2	27.6	27.2	26.8	25.9	24.2	23.1	20.0	23.9
保亭县	Baoting	20.3	21.8	23.9	26.6	27.5	27.8	27.9	27.8	27.2	25.6	25.1	22.8	25.4
陵水县	Lingshui	20.1	21.9	24.0	27.0	28.0	28.3	27.9	27.7	27.0	25.7	24.8	22.5	25.4
白沙县	Baisha	17.4	19.8	22.6	26.8	27.3	28.0	27.3	26.7	25.9	24.4	23.4	20.1	24.1
昌江县	Changjiang	19.1	20.6	23.5	28.1	28.7	28.8	28.4	28.0	27.0	25.9	24.7	21.7	25.4

10-8 各市县平均相对湿度（2012）
Average Relative Humidity by Region

单位：% (%)

市县	Region	1月 Jan.	2月 Feb.	3月 Mar.	4月 Apr.	5月 May	6月 June	7月 July	8月 Aug.	9月 Sept.	10月 Oct.	11月 Nov.	12月 Dec.	年平均 Annual Average
全省总计	**Total**	**87**	**87**	**83**	**80**	**81**	**80**	**80**	**82**	**82**	**79**	**85**	**84**	**82**
海口市	Haikou	89	94	84	81	81	80	78	80	78	74	81	83	82
三亚市	Sanya	89	90	90	91	88	89	89	88	87	85	90	86	89
五指山市	Wuzhishan	85	81	78	78	80	79	81	82	82	79	83	79	81
文昌市	Wenchang	88	90	88	84	84	83	81	83	80	79	84	86	84
琼海市	Qionghai	86	87	86	81	80	79	79	80	79	78	85	88	82
万宁市	Wanning	85	87	83	83	83	79	81	81	82	81	87	87	83
定安县	Ding'an	89	90	86	81	81	80	79	82	82	79	86	87	84
屯昌县	Tunchang	92	91	83	76	79	77	79	81	83	81	87	88	83
澄迈县	Chengmai	90	91	84	81	85	83	84	84	85	82	87	87	85
临高县	Lingao	93	95	87	80	81	82	83	84	83	82	90	89	86
儋州市	Danzhou	90	89	84	78	83	81	82	86	85	80	90	90	85
东方市	Dongfang	83	84	79	74	73	76	74	78	77	75	81	79	78
乐东县	Ledong	82	81	79	80	80	85	80	84	79	76	80	76	80
琼中县	Qiongzhong	91	89	82	78	79	77	78	80	81	82	91	90	83
保亭县	Baoting	79	79	80	80	82	79	81	81	81	79	82	78	80
陵水县	Lingshui	83	85	85	86	87	84	86	86	84	81	87	81	85
白沙县	Baisha	87	82	77	74	79	75	78	81	82	78	84	84	80
昌江县	Changjiang	77	76	73	68	72	72	73	75	77	72	78	75	74

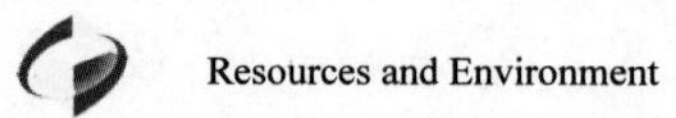

10-9 各市县降水量（2012）
Monthly Precipitation by Region

单位：毫米 (milimeters)

市县	Region	1月 Jan.	2月 Feb.	3月 Mar.	4月 Apr.	5月 May	6月 June	7月 July	8月 Aug.	9月 Sept.	10月 Oct.	11月 Nov.	12月 Dec.	全年 Annual Total
全省总计	**Total**	**33.1**	**21.8**	**31.3**	**181.2**	**295.8**	**289.8**	**250.8**	**303.3**	**163.4**	**215.4**	**81.2**	**38.7**	**1905.8**
海口市	Haikou	55.0	23.0	17.2	232.4	324.6	422.1	324.1	203.4	285.4	142.4	40.5	24.2	2094.3
三亚市	Sanya	7.2	10.7	12.1	79.6	151.7	290.5	398.2	263.2	179.3	324.3	109.7	5.8	1832.3
五指山市	Wuzhishan	13.2	2.8	19.7	109.7	332.7	201.5	207.0	288.0	185.5	440.7	26.9	10.6	1838.3
文昌市	Wenchang	64.9	59.9	105.2	206.7	488.6	232.3	85.2	428.8	143.4	129.4	100.2	104.5	2149.1
琼海市	Qionghai	49.1	59.4	111.6	273.4	182.9	513.9	133.3	264.0	175.0	171.5	178.8	50.6	2163.5
万宁市	Wanning	39.7	25.5	128.3	150.7	172.5	150.5	203.1	179.0	240.2	227.3	241.7	79.2	1837.7
定安县	Ding'an	46.1	30.6	21.9	320.7	470.3	393.0	405.3	365.4	112.0	147.3	31.1	39.5	2383.2
屯昌县	Tunchang	46.0	45.7	21.1	133.6	299.0	262.8	209.8	281.8	170.5	249.1	90.1	65.2	1874.7
澄迈县	Chengmai	47.9	26.1	17.4	226.2	298.8	334.8	416.4	266.7	111.1	159.0	39.3	28.2	1971.9
临高县	Lingao	40.5	14.8	15.6	45.5	138.2	154.6	431.9	159.8	70.1	162.3	55.9	29.0	1318.2
儋州市	Danzhou	40.6	9.8	7.8	163.1	558.7	222.4	385.3	432.5	142.7	151.6	41.2	19.2	2174.9
东方市	Dongfang	21.1	8.6	4.9	108.9	66.7	365.9	129.1	468.0	65.6	298.2			1537.0
乐东县	Ledong	12.6	4.0	3.2	154.5	137.3	280.0	185.0	403.4	51.8	132.5	48.5	8.6	1421.4
琼中县	Qiongzhong	36.1	27.1	18.2	203.5	341.5	334.3	141.2	199.9	157.8	319.1	171.2	132.1	2082.0
保亭县	Baoting	14.4	13.3	23.3	148.5	278.0	175.5	292.6	246.3	187.2	306.8	97.2	12.9	1796.0
陵水县	Lingshui	10.9	6.6	29.8	176.7	257.0	135.6	151.1	167.9	226.0	275.1	85.4	12.4	1534.5
白沙县	Baisha	26.3	3.1	6.3	305.8	402.7	404.1	219.9	421.2	152.2	143.2	87.9	74.2	2246.9
昌江县	Changjiang	23.9	21.0	0.5	222.6	422.9	342.6	196.3	420.7	284.7	96.9	15.8	0.2	2048.1

10-10 各市县日照时数（2012）
Monthly Sunshine Hours by Region

单位：小时 (Hours)

市县	Region	1月 Jan.	2月 Feb.	3月 Mar.	4月 Apr.	5月 May	6月 June	7月 July	8月 Aug.	9月 Sept.	10月 Oct.	11月 Nov.	12月 Dec.	全年 Annual Total
全省总计	**Total**	**60.4**	**86.7**	**138.4**	**212.4**	**219.5**	**143.0**	**221.3**	**195.4**	**192.1**	**195.1**	**144.2**	**116.8**	**1925.2**
海口市	Haikou	26.0	38.9	118.0	181.3	221.4	123.1	245.9	219.4	215.2	203.7	117.0	56.5	1766.4
三亚市	Sanya	97.0	86.1	105.4	109.9	183.8	138.1	174.2	147.5	165.3	161.1	124.5	160.0	1652.9
五指山市	Wuzhishan	97.0	132.9	154.8	210.7	172.2	101.8	183.8	138.8	153.5	187.8	157.3	166.1	1856.7
文昌市	Wenchang	32.5	36.0	90.7	215.8	215.3	126.0	212.6	179.1	192.2	179.3	106.0	61.8	1647.3
琼海市	Qionghai	34.0	65.3	143.6	227.6	238.7	164.1	245.7	219.5	210.8	187.3	132.8	89.7	1959.1
万宁市	Wanning	34.1	76.3	129.5	229.0	236.7	162.0	235.4	222.0	199.4	183.5	124.2	120.8	1952.9
定安县	Ding'an	35.1	56.0	131.3	200.4	226.4	122.7	236.4	197.3	180.4	190.1	133.6	76.9	1786.6
屯昌县	Tunchang	36.9	56.2	123.6	209.4	213.3	134.5	226.7	197.8	181.0	200.1	109.7	75.1	1764.3
澄迈县	Chengmai	25.5	56.3	115.3	184.7	202.0	112.2	199.2	162.6	162.4	179.2	102.1	66.4	1567.9
临高县	Lingao	36.0	56.5	161.0	237.4	235.9	143.4	236.0	202.5	223.1	224.5	124.2	84.7	1965.2
儋州市	Danzhou	47.3	84.8	150.9	203.4	209.5	150.6	206.9	193.8	196.0	217.6	132.4	95.1	1888.3
东方市	Dongfang	101.6	115.6	154.4	270.5	283.2	188.5	263.5	249.8	239.0	234.4	238.0	168.0	2506.5
乐东县	Ledong	86.9	123.2	144.7	220.0	215.2	117.3	181.8	159.4	185.2	188.0	182.9	178.7	1983.3
琼中县	Qiongzhong	47.3	95.5	163.3	252.3	248.4	166.0	241.2	220.1	209.0	208.2	136.0	105.4	2092.7
保亭县	Baoting	77.5	91.5	134.0	177.8	184.6	110.3	186.9	171.5	182.8	165.3	158.0	156.9	1797.1
陵水县	Lingshui	104.7	125.8	159.6	214.7	224.8	174.1	254.4	221.8	207.8	174.2	165.8	161.0	2188.7
白沙县	Baisha	58.2	119.0	166.4	233.3	215.2	163.6	225.0	213.7	189.3	228.7	157.1	132.1	2101.6
昌江县	Changjiang	108.8	145.1	145.5	244.4	225.0	174.8	228.0	199.7	165.2	198.7	194.6	146.6	2176.4

10-11 废水排放情况
Discharge of Waste Water

单位:万吨 (10 000 tons)

项目	Item	2006	2010	2011	2012
废水排放总量	**Total Waste Water Discharged**	**35356.4**	**36689.2**	**35725.2**	**37103.3**
#工业	Industry	7350.7	5782.2	6820.1	7464.9
生活	Consumption and others	28005.7	30907.0	28858.4	29586.9

10-12 工业废气排放情况
Discharge of Industrial Waste Gas

项目	Item	2006	2010	2011	2012
工业废气排放总量(亿标立方米)	Total Volume of Industrial Waste Gas Emission (10^8cu.m)	859.7	1359.7	1675.5	1960.3
二氧化硫排放量(万吨)	Volume of Industrial Sulphur Dioxide Emission(10 000tons)	2.4	2.9	3.3	3.3
氮氧化物排放量(万吨)	Volume of Industrial Nitrogen Oxide Emission(10 000 tons)	1.2	5.6	9.5	7.2
烟(粉)尘排放总量(万吨)	Volume of Industrial Soot and Industrial Dust Emission(10 000 tons)	2.1	1.5	1.6	1.1

10-13 工业固体废物排放及处理利用情况
Discharge and Treatment of Industrial Solid Wastes

单位:万吨 (10 000 tons)

项目	Item	2006	2010	2011	2012
工业固体废物生产量	Volume of Industrial Solid Wastes Produced	147	212	421	386
工业固体废物排放量	Volume of Industrial Solid Wastes Discharged	0.02		0.05	0.05
工业固体废物综合利用量	Volume of Industrial Solid Wastes Utilized	113	178	201	238
工业固体废物贮存总量	Volume of Industrial Solid Wastes in Stocks	33.91	33.41	42.38	116.04
工业固体废物处置量	Volume of Industrial Solid Wastes Treated	0.21	0.34	181.67	58.98

10-14 工业企业污染治理情况
Treatment of Industrial Pollution in Industrial Enterprises

项目	Item	2005	2008	2009	2010	2011	2012
污染治理项目本年完成投资(万元)	**Investement Completed in the Treatment of Industrical Pollution(10 000 yuan)**	27866.4	3774.4	3562.5	4353.5	28845.0	48279.4
#治理废水	#Treatment of Waste Water	11527.6	2466.9	3215.6	3923.3	19174.0	25042.9
治理废气	Treatment of Waste Gas	6608.0	957.5	142.3	140.0	7382.0	21206.5
治理固体废物	Treatment of Solid Wastes	2351.1			52.0	1218.0	180.0
治理噪声	Treatment of Noise Pollution					120.0	
其他	Treatment of Other Pollution		350.0	204.0	238.2	951.0	1850.0
本年竣工项目数(个)	**Number of Projects Completed(unit)**	27.0	28.0	14.0	14.0	60.0	49.0
#治理废水	#Treatment of Waste Water	15	25	7	10	21	21
治理废气	Treatment of Waste Gas	8	12	5	1	23	17
治理固体废物	Treatment of Solid Wastes	2			1	4	1
治理噪声	Treatment of Noise Pollution					1	
本年竣工项目新增处理能力	**Newly Added Processing Capacity of Projects Completed**						
治理废水(吨/日)	Treatment of Waste Water(ton/day)	9731	36	4680	7490	74800	71434
治理废气(万标立米/时)	Treatment of Waste gas (10000cu.m/h)	12.17	49	1.78	1.78	25.5	133.2
治理固体废物(吨/年)	Treatment of Solid Wastes (ton/year)	40			1		33

10-15 各市县主要污染物排放情况(2012)
Main Pollutant Emission by Region

地 区	Region	废 水 排放量 (万吨) Waste Water (10 000 tons)	#工 业 Industry	生 活 Consumption	化 学 需氧量 排放量 (吨) COD (ton)	#工 业 Industry	生 活 Consumption	氨 氮 排放量 (吨) Ammonia Nitrogen (ton)	#工 业 Industry	生 活 Consumption
全省总计	**Total**	**37103.31**	**7464.85**	**29586.94**	**197355**	**12543**	**80233**	**22483**	**883**	**12276**
海 口 市	Haikou	11520.96	879.10	10641.86	16872	808	4945	4575	48	3457
三 亚 市	Sanya	5236.73	91.93	5139.10	11743	498	7162	1508	13	1093
三 沙 市	Sansha	2.04		2.04	9		9	1		1
五指山市	Wuzhishan	344.60	7.97	334.00	2178	33	1381	175	2	134
文 昌 市	Wenchang	1846.18	252.23	1593.50	26608	375	7776	1893	18	854
琼 海 市	Qionghai	1272.37	65.37	1205.38	14901	493	5442	1329	11	580
万 宁 市	Wanning	1405.07	88.35	1313.67	10952	176	5464	1300	15	694
定 安 县	Ding'an	799.10	129.06	668.31	9786	476	3120	811	17	316
屯 昌 县	Tunchang	606.07	25.03	578.66	6547	28	3020	639	2	334
澄 迈 县	Chengmai	1857.36	179.70	1669.01	12575	1040	5745	1239	92	615
临 高 县	Lingao	1945.33	973.61	969.44	8244	946	4685	1140	16	511
儋 州 市	Danzhou	5216.51	3105.42	2105.00	33616	5662	12039	3589	560	1663
儋 州	#Danzhou	2037.94	319.46	1714.00	27207	542	10844	2912	71	1483
洋 浦	Yangpu	3178.57	2785.95	391.00	6408	5120	1195	677	489	181
东 方 市	Dongfang	1202.27	396.94	803.62	9713	324	4721	903	21	497
乐 东 县	Ledong	1028.64	208.65	818.57	8364	36	4014	826	2	423
琼 中 县	Qiongzhong	370.35	39.63	329.00	3106	105	1412	350	3	166
保 亭 县	Baoting	231.66	8.30	220.37	5074	28	1699	503	2	177
陵 水 县	Lingshui	367.40	30.34	334.94	6007	10	3531	770	24	369
白 沙 县	Baisha	424.34	172.63	250.21	4292	595	1247	382	11	138
昌 江 县	Changjiang	1426.33	810.60	610.28	6768	911	2822	551	25	251

10-15 续表 (Continued)

地 区	Region	二氧化硫排放量(吨) Sulphur Dioxide (ton)	#工 业 Industry	生 活 Consum--ption	氮氧化物排放量(吨) Volume of Industrial Nitrogen Oxide Emission(ton)	#工业 Industry	机动车 Motor Vehicle	生活 Consum--ption	烟尘排放量(吨) Volume of Soot Emission (ton)	#工 业 Industry	机动车 Motor Vehicle	生 活 Consum--ption
全省总计	**Total**	**34137**	**33036**	**1078**	**103396**	**71850**	**31224**	**212**	**16601**	**10660**	**4265**	**1675**
海 口 市	Haikou	1909	1731	178	10351	496	9823	32	1932	620	1138	174
三 亚 市	Sanya	89	0	89	4451	225	4210	16	804	268	454	81
三 沙 市	Sansha											
五指山市	Wuzhishan	101	80	21	659	23	633	3	154	59	74	22
文 昌 市	Wenchang	158	134	2	1969	209	1648	3	558	430	122	4
琼 海 市	Qionghai	304	50	254	1539	229	1284	26	420	45	111	264
万 宁 市	Wanning	157	125	32	879	65	811	4	236	153	71	13
定 安 县	Ding'an	49	10	38	1129	49	1075	6	361	129	200	32
屯 昌 县	Tunchang	149	68	81	767	102	654	11	977	61	715	200
澄 迈 县	Chengmai	10373	10275	98	30705	25943	4747	15	2507	2295	112	100
临 高 县	Lingao	149	123	26	955	122	831	3	323	215	83	26
儋 州 市	Danzhou	10207	10151	56	16473	13488	2945	40	2073	1470	548	54
儋 州	#Danzhou	581	536	46	3729	1206	2486	37	993	454	494	44
洋 浦	Yangpu	9625	9615	10	12744	12282	460	3	1080	1016	54	10
东 方 市	Dongfang	6450	6442	8	10982	10659	304	19	2488	1975	22	490
乐 东 县	Ledong	166	19	147	750	3	730	17	266	13	83	170
琼 中 县	Qiongzhong	109	99	10	338	8	329	1	82	53	20	10
保 亭 县	Baoting	9	1	8	215	5	209	1	117	91	15	11
陵 水 县	Lingshui	42	31	11	355	5	347	3	473	18	445	10
白 沙 县	Baisha	124	116	8	331	73	250	8	321	290	27	4
昌 江 县	Changjiang	3592	3580	12	20549	20148	393	7	2509	2474	25	10

10-16 各市县空气质量指标（2012）
Ambient Air Quality by Region

单位：毫克/立方米 (milligram/cu.m)

市县	Region	可吸入颗粒物 (PM10) Particulate Matters	二氧化硫 (SO2) Sulphur Dioxide	二氧化氮 (NO2) Nitrogen Dioxide	空气质量达到及好于二级的天数(天) Days of Air Quality Equal to or above Grade II (days)	空气质量达到二级以上天数占全年比重(%) Proportion of Days of Air Quality Equal to or above Grade II in the Whole Year (%)
全省总计	**Total**	**0.034**	**0.003**	**0.011**	**366**	**100**
海口市	Haikou	0.034	0.006	0.019	366	100
三亚市	Sanya	0.021	0.006	0.007	366	100
五指山市	Wuzhishan	0.032	0.002	0.008	248	100
文昌市	Wenchang	0.024	0.002	0.010	279	100
琼海市	Qionghai	0.036	0.002	0.017	237	100
万宁市	Wanning	0.034	0.002	0.010	362	100
定安县	Ding'an	0.040	0.002	0.006	157	100
屯昌县	Tunchang	0.039	0.006	0.008	144	100
澄迈县	Chengmai	0.033	0.002	0.007	249	100
临高县	Lingao	0.034	0.003	0.008	148	100
儋州市	Danzhou	0.038	0.002	0.016	230	100
东方市	Dongfang	0.042	0.008	0.009	362	100
乐东县	Ledong	0.035	0.004	0.010	176	100
琼中县	Qiongzhong	0.030	0.002	0.004	138	100
保亭县	Baoting	0.029	0.002	0.010	144	100
陵水县	Lingshui	0.037	0.003	0.008	144	100
白沙县	Baisha	0.036	0.002	0.004	145	100
昌江县	Changjiang	0.044	0.004	0.014	265	100

注：海口市、三亚市、万宁市、东方市采用空气质量自动监测数据，每年至少有324个日均值，其他市县主要为手工监测数据，每年至少要分布均匀的144个日均值。

Note:Data of Haikou City, Sanya City, Wanning City and Dongfang City collected by automatic monitoring,there are at least 324 days on average per year. And data of other city and county collected by manual monitoring,and there are at least 144 days on average per year.

10-17 森林资源情况
Forest Resources

项目	Item	指标值 Value
林地面积(万公顷)	Area of Afforested Land (10 000 hectares)	208.73
森林面积(万公顷)	Forest Area (10 000 hectares)	176.26
#人工林	Man-made Forest	125.29
森林覆盖率(%)	Forest Coverage Rate(%)	51.98
活立木总蓄积量(万立方米)	Total Standing Forest Stock(10 000 cu.m)	7940.93
森林蓄积量(万立方米)	Stock Volume of Forest (10 000 cu.m)	7274.23

注：1. 本表为第七次全国森林资源清查（2004-2008）资料。

Note:Data in the table are the figures of the Seventh National Forestry Survey (2004-2008).

10-18 植树造林情况
Basic Statistics On Afforestation

单位：公顷 (hectare)

地 区	Region	荒山荒(沙)地造林面积 Total Afforested Area in Barren Mountain	用材林 Timber Forests	经济林 By-product Forests	防护林 Protection Forests	薪炭林 Fuel Forests	特种用途林 Forests for Special Purpose	有林地造林面积 Forest Land Afforestation Area	更新造林面积 Updating Afforestation Area	零星(四旁)植树(万株) Olldy (all around) Tree Planting (10 000 root)
2011		10914	512	1146	8649		607		5073	1361.60
2012		17734	2519	11052	3113		1049		13807	2138.03
海口市	Haikou	379	55	272	52				720	125.20
三亚市	Sanya	161		161					689	232.70
五指山市	Wuzhishan								205	93.70
文昌市	Wenchang	975	421	354	200				1312	115.06
琼海市	Qionghai	372		116	256				487	220.71
万宁市	Wanning	1219	17	1069	133					132.82
定安县	Ding'an	1027	105	626	160		136		349	95.75
屯昌县	Tunchang	314	8	173	133				1285	43.44
澄迈县	Chengmai	1636		836	800				1944	110.64
临高县	Lingao	1017	397	522	98				1265	50.42
儋州市	Danzhou	1917		1347	570				1418	168.80
东方市	Dongfang	2117	621	1135	334		27		556	287.80
乐东县	Ledong	2062	346	700	130		886		445	122.89
琼中县	Qiongzhong	605	69	489	47				1604	91.13
保亭县	Baoting	96		96					293	11.53
陵水县	Lingshui								568	112.14
白沙县	Baisha	1364	145	1219					277	63.56
昌江县	Changjiang	2473	336	1937	200				390	59.74

主要统计指标解释

耕地面积 指经过开垦用以种植农作物并经常进行耕耘的土地面积。包括种有作物的土地面积、休闲地、新开荒地和抛荒未满三年的土地面积。

矿产基础储量 基础储量是查明矿产资源的一部分。它能满足现行采矿和生产所需的指标要求，是控制的、探明的并通过可行性或预可行性研究认为属于经济的、边界经济的部分，用未扣除设计、采矿损失的数量表示。

平均气温 气温指空气的温度，我国一般以摄氏度为单位表示。气象观测的温度表是放在离地面约 1.5 米处通风良好的百叶箱里测量的，因此，通常说的气温指的是离地面 1.5 米处百叶箱中的温度。计算方法：月平均气温是将全月各日的平均气温相加，除以该月的天数而得。年平均气温是将 12 个月的月平均气温累加后除以 12 而得。

相对湿度 指空气中实际水气压与当时气温下的饱和水气压之比。其统计方法与气温相同。

降水量 指从天空降落到地面的液态或固态(经融化后)水，未经蒸发、渗透、流失而在地面上积聚的深度。计算方法：月降水量是将全月各日的降水量累加而得。年降水量是将 12 个月的月降水量累加而得。

日照时数 指太阳实际照射地面的时数。其计算方法与降水量相同。

工业废水排放量 指经过企业厂区所有排放口排到企业外部的工业废水量。包括生产废水 、外排的直接冷却水、超标排放的矿井地下水和与工业废水混排的厂区生活污水，不包括外排的间接冷却水(清污不分流的间接冷却水应计算在内)。

工业废气排放量 指企业厂区内燃料燃烧和生产工艺过程中产生的各种排入空气的含有污染物的气体总量，按标准状态［273K，101325Pa］计算。

工业二氧化硫排放量 指企业在燃料燃烧和生产工艺过程中排入大气的二氧化硫数量。

工业烟尘排放量 指企业厂区内燃料燃烧过程中产生的烟气中夹带的颗粒物排放量。

工业粉尘排放量 指企业在生产工艺过程中排放的颗粒物重量，如钢铁企业的耐火材料粉尘、焦化企业的筛焦系统粉尘、烧结机的粉尘、石灰窑的粉尘、建材企业的水泥粉尘等。不包括电厂排入大气的烟尘。

工业固体废物产生量 指企业在生产过程中产生的固体状、半固体状和高浓度液体状废弃物的总量、包括危险废物、冶炼废渣、粉煤灰、炉渣、煤矸石、尾矿、放射性废物和其他废物等；不包括矿山开采的剥离废石和掘进废石(煤矸石和呈酸性或碱性的废石除外)。酸性或 碱性废石指采掘的废石其流经水、雨淋水的 PH 值小于 4 或 PH 值大于 10.5 者。

工业固体废物综合利用量 指通过回收、加工、循环、交换等方式，从固体废物中提取或 者使其转化为可以利用的资源、能源和其他原材料的固体废物量(包括当年利用往年的工业 固体废物累计贮存量)，如用作农业肥料、生产建筑材料、筑路等。综合利用量由原产生固体废物的单位统计。

工业固体废物贮存量 指以综合利用或处置为目的，将固体废物暂时贮存或堆存在专设的贮存设施或专设的集中堆存场所内的数量。专设的固体废物贮存场所或贮存设施必须有防扩散、防流失、防渗漏、防止污染大气、水体的措施。

工业固体废物处置量 指将固体废物焚烧或者最终置于符合环境保护规定要求的场所，并不再回取的工业固体废物量(包括当年处置往年的工业固体废物累计贮存量)。处置方法有填 埋(其中危险废物应安全填埋)、焚烧、专业贮存场(库)封场处理、深层灌注、回填矿井等。

工业固体废物排放量 指将所产生的固体废物排到固体废物污染 防治设施、场所以外的数量、不包括矿山开采的剥离废石和掘进废石(煤矸石和呈酸性或碱性的废石除外)。

化学需氧量(COD) 指用化学氧化剂氧化水中有机污染物时所需的氧量。COD 值越高，表示水中有机污染物污染越重。

森林面积 包括郁闭度 0.2 以上的乔木林地面积和竹林面积，国家特别规定的灌木林地面积，农田林网以及村旁、路旁、水旁、宅旁林木的覆盖面积。

人工林面积 指由人工播种、植苗或扦插造林形成的生长稳定，(一般造林 3-5 年后或飞机播种 5-7 年后)每公顷保存株数大于或等于造林设计植树株数 80%或郁闭度 0.20 以上(含 0.20)的林分面积。

森林覆盖率 以行政区域为单位的森林面积占区域土地总面积的百分比。计算公式为：

$$\text{森林覆盖率}=\frac{\text{森林面积}}{\text{土地总面积}}\times 100\%$$

活立木总蓄积量 指一定范围内土地上全部树木蓄积的总量，包括森林蓄积、疏林蓄积、散生木蓄积和四旁树蓄积。

森林蓄积量 指一定森林面积上存在着的林木树干部分的总材积。

造林面积 指在宜林荒山荒地、宜林沙荒地、无立木林地、疏林地和退耕地等其他宜林地上通过人工措施形成或恢复森林、林木、灌木林的过程。

用材林 指以生产木材为主要目的的森林和林木，包括以生产竹材为主要目的的竹林。

经济林 指以生产果品，食用油料、饮料、调料，工业原料和药材为主要目的的林木。经济林是人们为了取得林木的果实、叶片、皮层、胶液等产品作为工业原料或者供食用所营造的林木，如油茶、油桐、核桃、樟树、花椒、茶、桑、果等。

防护林 指以防护为主要目的的森林、林木和灌木丛。包括水源涵养林，水土保持林，防风固沙林，农田、牧场防护林，护岸林，护路林等。

薪炭林 指以生产燃料为主要目的的林木。

特种用途林 指以国防、环境保护、科学实验等为主要目的的森林和林木。包括国防林、实验林、母树林、环境保护林、风景林，名胜古迹和革命纪念地的林木，自然保护区的森林。

Explanatory Notes on Main Statistical Indicators

Area of Cultivated Land refers to area of land reclaimed for the regular cultivation of various farm crops, including crop-cover land, fallow, newly reclaimed land and land laid idle for less than 3 years.

Ensured Mineral Reserves refer to the actual mineral reserves, which equal to the proven mineral reserves (including industrial reserves and prospective reserves) minus extracted parts and underground losses.

Average Temperature Temperature refers to the air temperature. China uses centigrade as the unit. The thermometry used for weather observation is put in a breezy shutter, which is 1.5 meters high from the ground. Therefore, the commonly used temperature refers to the temperature in the breezy shutter 1.5 meters away from the ground. The calculation method is as follows:

Monthly average temperature is the summation of average daily temperature of one month divided by the actual days of that particular month.

Annual average temperature is the summation of monthly average of a year divided by 12 months.

Relative Humidity refers to the ratio of actual water vapour pressure to the saturation water vapour pressure under the current temperature. The calculation method is the same as that of temperature.

Volume of Precipitation refers to the deepness of liquid state or solid state (thawed) water falling from the sky to the ground that has not been evaporated, infiltrated or run off. The calculation method is as follows:

Monthly precipitation is the summation of daily precipitation of a month.

Annual precipitation is the summation of 12 months precipitation of a year.

Sunshine Hours refer to the actual hours of sun irradiating the earth. The calculation method is the same as that of the precipitation.

Waste Water Discharged by Industry refers to the volume of waste water discharged by industrial enterprises through all their outlets, including waste water from production process, directly cooled water, groundwater from mining wells which does not meet discharge standards and sewage from households mixed with waste water produced by industrial activities, but excluding indirectly cooled water discharged (It should be included if the discharge is not separated from waste water).

Industrial Waste Air Emission refers to the discharge into atmosphere of waste air containing pollutants generated from fuel burning and production processes in enterprises within a given period of time. It is calculated at standard status (273K, 101325Pa).

SO_2 Emission through Industrial Activities refers to volume of sulphur dioxide emission from fuel burning and production process by enterprises during a given period of time.

Industrial Soot Emission refers to the volume of soot in smoke emitted in the process of fuel burning in the premises of enterprises.

Industrial Dust Emission refers to volume of dust emitted by production process of enterprises and suspended in the air for a given period of time, including dust from refractory material of iron and steel works, dust from coke-screening systems and sintering machines of coke plants, dust from lime kilns and dust from cement production in building material enterprises, but excluding soot and dust emitted from power plants.

Industrial Solid Wastes Produced refers to total volume of solid, semi-solid and high concentration liquid residues produced by industrial enterprises from production process in a given period of time, including hazardous wastes, slag, coal ash, gangue, tailings, radioactive residues and other wastes, but excluding stones stripped or dug out in mining - gangue and acid or alkaline stones not included (a stone is acid or alkaline according to the pH value of the water being below 4 or above 10.5 when the stone is in, or soaked by water).

Industrial Solid Wastes Utilized refers to volume of solid wastes from which useful materials can be extracted or which can be converted into usable resources, energy or other materials by means of reclamation, processing, recycling and exchange (including utilizing in the year the stocks of industrial solid wastes of the previous year). Examples of such utilizations include fertilizers, building materials and road materials. The information shall be collected by the producing units of the wastes.

Stock of Industrial Solid Wastes refers to the volume of solid wastes placed in special facilities or special sites for purposes of utilization or disposal. The sites or facilities should

take measures against dispersion, loss, seepage, and air and water contamination.

Industrial Solid Wastes Disposed refers to the quantity of industrial solid wastes which are burnt or placed ultimately in the sites meeting the requirements for environmental protection and not salvaged or recycled (including disposition in the year of those wastes of previous years). The disposition includes landfill (Safe landfills should be conducted for hazardous wastes), incineration, containment spaces, deep underground disposal, backfill in mining pits and disposal at sea.

Industrial Solid Wastes Discharged refers to the volume of industrial solid wastes discharged by producing enterprises to disposal facilities or to other sites. The wastes exclude stones stripped or dug from mining (gangue and acid or alkaline waste stones not included).

Chemical Oxygen Demand (COD) refers to the amount of oxygen required when chemical oxidants are used to oxidize organic pollutants in water. A higher value of COD corresponds to more serious pollution by organic pollutants.

Forest Area refers to the area of trees and bamboo grow with a canopy density above 0.2 degree, the area of shrubby tree according to regulations of the government, the area of forest land inside farm land and the area of trees planted by the side of villages, farm houses and along roads and rivers.

Area of Man-made Forests refer to the area of stable growing forests, planted manually or by airplanes, with a survival rate of 80% or higher of the designed number of trees per hectare, or with a canopy density of 0.20 degree or above after 3-5 years of manual planting or 5-7 years of airplane planting.

Forest Coverage Rate Taking the administrative jurisdiction as the unit, the percentage of area of afforested land to the area of total land. The formula for calculating forest coverage rate is as follows:

$$\text{Forestry coverage rate} = \frac{\text{Area of Afforested Land}}{\text{Area of Total Land}} \times 100\%$$

Total Standing Stock Volume refers to the total stock volume of trees growing in land, including trees in forest, trees in sparse forest, scattered trees and trees planted by the side of villages, farm houses and along roads and rivers.

Stock Volume of Forest refers to total stock volume of wood growing in forest area, which shows the total size and level of forest resources of a country or a region.

Area of Afforestation refers to the total area of land suitable for afforestation, including barren hills, idle land, sand dunes, non-timber forest land, woodland and "grain for green" land, on which acres of forests, trees and shrubs are planted through manual planting.

Timber Forests refer to forests which are mainly for the production of timber, including bamboo groves planted to harvest bamboos.

By-product Forests refer to forests that mainly produce fruits, nuts, edible oil, beverages, indigents, raw materials and medicine materials. By-product forests are planted to harvest the fruits, leaves, bark or liquid of trees, and consume them as food or raw materials for the manufacturing industry, such as tea-oil trees, tung oil trees, walnut trees, camphor trees, tea bushes, mulberry trees, fruit trees, etc.

Protection Forests refer to forests, trees and bushes planted mainly for protection or preservation purpose, including water resource conservation forests, water and soil conservation forests, windbreak and dune-fixing forests, farmland and pasture protection forests, riverside protection forests, roadside protection forests, etc.

Fuel Forests refer to forests planted mainly for fuels.

Forests for Special Purpose refer to forests planted mainly for national defence, environment protection or scientific experiments, including national defence forests, experimental forests, mother-tree forests, environment protection forests, scenery forests, trees in historical or scenic spots, forests in natural reserves.

城乡建设厅

在过去的五年中，2012年是极不平凡的一年。面对世界经济复苏明显放缓和国内经济下行压力加大的严峻形势，调整后的厅领导班子和市县住建系统行政主管部门，带领广大干部职工，以“科学规划年”服务“项目建设年”为抓手，克服重重困难，全省住房城乡建设各项工作迈上了新的台阶。

一、精心抓好房地产业和建筑业，积极凝聚拉动全省经济快速增长的正能量。坚持“两手抓”，房地产业保持平稳健康发展。一方面，坚决贯彻执行国家的调控政策，抑制房价过快增长。另一方面，积极探索房地产持续快速发展的出路。及时调整开发结构，促进转型升级。降低交易税费、刺激一二级市场交易、调整住房公积金贷款政策，鼓励住房消费，并从项目规划、施工报建等环节入手，加快审批进度，狠抓项目落地，促进开发投资。同时，通过政府搭台、企业唱戏的方式，开展多项房地产促销活动。一年来，通过全省上下的共同努力，海南省房地产业在未触及国家调控政策“红线”的情况下，仍然保持平稳健康发展，房地产开发投资完成830亿元，商品房销售完成890万平方米，实现省政府提出的“稳中有升”目标。

二、紧扣民生主题，全力推进保障性安居工程建设。加大结构调整力度，想方设法争取到15.19亿元中央专项资金，大大减轻省市资金配套压力，并将廉租住房和公共租赁住房的比例从10.5%调升至21.7%。积极推行住房公积金贷款支持保障房建设试点，在儋州市试点取得成效的基础上，又新增文昌市试点项目，两市试点项目的建设规模达到75.53万平方米、8378套。在保障性安居工程建设过程中，海口、三亚、儋州、五指山、昌江、屯昌、琼中等市县，积极创新工作方式方法，较好地完成了任务目标。

三、围绕实现绿色崛起，科学统筹城乡建设发展。一是以科学规划服务项目建设。编制完成三亚、儋州、昌江、文昌、东方等市县城市总体规划和洋浦经济开发区、老城经济开发区、东方工业园区、海口美安科技新城、万泉乐城旅游区、屯昌木色湖风景名胜区等产业园区及旅游区总体规划。二是抓好垃圾处理设施和公厕建设。全年建设完成并投入运营垃圾填埋场15座、垃圾焚烧发电厂3座以及一批垃圾转运站项目，实现了全省县城以上生活垃圾处理设施的全覆盖，新增垃圾无害化处理能力3514吨/日。全省城区和乡镇新建、改建公厕1192座，竣工投入使用1159座，实现了设施配套完善、运行管理到位的目标。三是大力推进建筑节能。全年太阳能热水系统建筑规模化应用完成报建量700万平方米。获得4个国家可再生能源建筑应用示范市（县）、11个国家太阳能光热和光电建筑应用示范项目，2个项目获国家三星级绿色建筑设计标识。

▲ “海南省建设规划人才智力扶持中西部市县计划”总结表彰大会

▲ 海南省第十届环卫工人节

▲ 椰子树和黄花梨、三角梅被评选为海南省树、省花新闻发布会

海南省海洋与

▲ 2012年10月，全省海洋工作会议

▲ 远洋归来，喜获丰收

▲ 2012年10月23日，西沙渔业资源增殖放流活动在三沙市举行，500只海龟回家了

一、海洋与渔业经济形势喜人

经济总量实现"两个翻番"。2012年，全省海洋生产总值达724.5亿元，其中：全省海洋经济增加值达511亿元，较2007年增长120%；全省渔业经济增加值达216亿元，较2007年增长102%，海洋与渔业经济实现了五年"两个翻番"的好成绩，超额完成了五年发展目标。

经济结构实现"两个优化"。全省海洋经济三次产业比重从2007年的23.4：22.6：54优化为2012年的22.9：22.3：55.8，渔业经济增加值三次产业比重从2007年的88：10：2调整为2012年的87：10：3。

水产品出口实现"三个第一"。2012年全省水产品出口达13.8万吨、5.3亿美元，分别较2007年增长62.4%和82.8%，在近几年世界金融危机的逆境中创造了水产品出口"三个第一"：2008年、2011年海南省水产品出口值位居全省地产品出口第一；2011年、2012年输欧水产品全国第一；2011年、2012年海南省罗非鱼及其制品出口量全国第一。

深水网箱养殖亚洲最大。目前全省深水网箱养殖达3640口，是2007年以前总数的5倍多，成为全国乃至亚洲最大的深水网箱养殖基地。

外海捕捞规模不断壮大。2012年，全省海洋捕捞产量达到123.42万吨，其中外海捕捞产量42.99万吨，较2007年增长54%。三沙生产渔船由392艘发展到1287艘，特别是2012年成功组织了海南省有史以来最大规模的南沙捕捞活动，30艘百吨以上钢质捕捞渔船编队赴南沙生产作业，为海南省组织化、规模化开发外海捕捞探索新路。

二、强渔惠渔富渔工作取得实效

基础保障不断完善。海南省渔港建设顺利推进，初步形成以中心渔港为中心、一级渔港为骨干、二三级渔港为补充的渔港体系。提前半年完成全省6000艘渔船北斗系统和17个北斗监控平台的安装，极大保证了渔民的生命和生产安全。渔船数据清理工作取得阶段性成果，第一批数据顺利导入国家数据库；省级渔船管理信息系统（一期）完成验收。西南中沙海域海洋环境预报节目正式播出，增播了西沙永兴岛、中沙黄岩岛和南沙永暑礁3个岛礁的海洋环境预报，为南海交通、渔民海上作业等海上活动提供了更精确的安全保障服务。

渔业"两个安全"得到保障。水产品质量安全居全国前列，农业部每年抽样检测，海南省水产品合格率均在97%—100%之间，保障了海南省城乡居民水产品消费安全。渔业安全生产连续实现平稳好转，保障了渔民生命财产安全。海南省海洋与渔业厅2010年、2011年和2012年连续三年被省政府授予"安全生产工作责任目标考核先进单位"。

渔民收入稳步提高。五年共发放渔业油价补助资金25.8亿元，同时实施了造船、池塘改造等补贴政策，降低了渔民生产成本，提升了生产效益，促进了渔民增收。2008-2012年，渔民人均纯收入从8170元提高到11839元，年平均增长9.7%，收入水平明显高于农民收入。

三、渔业发展方式五大转变取得新突破

5年来，积极推进渔业发展方式五大转变。外海捕捞能力不断增强，三沙渔业开发稳步推进；深水网箱养殖规模快速壮大，标准化池塘改造稳步推进；水产加工产品档次不断提高；休闲渔业初步发展，海南海研热带海水鱼类良种场成为全国第一批休闲渔业示范基地。渔业发展逐步形成从陆到海，从浅到深，从水面到水底，从第一产业为主到一二三产业协调发展的现代渔业格局。

四、海域海岛管理和服务有新的提高

海域使用保障充分。2010年至2012年全省共安排填海指标

103宗，面积2468.48公顷，充分保障了国家和省政府重点建设项目用海，拓展了海南省经济社会发展空间。2008年至2012年全省各级人民政府共批准填海项目67宗，面积1194.93公顷，相当于2002-2007年380公顷的3.14倍。

海洋功能区划（2011-2020年）获国务院批准。2012年11月1日国务院正式批复《海南省海洋功能区划（2011-2020年）》，为规划、集约、生态、科技、依法用海，引导海洋经济科学发展提供了新的依据。

海岛管理开创新局面。海岛地名普查工作完成省级自验收，现场调查了1782个海岛地理实体，设置了120个海岛名称标志；《海南省海岛保护利用规划》已完成征求意见工作，将报国家海洋局审查；赵述岛、大洲岛整治修复与保护项目稳步推进；《海南省无居民海岛使用申请审批办法》《海南省无居民海岛使用金征收使用管理办法》基本制定完毕；东锣岛使用申请已获省政府批准，西鼓岛使用申请已报国家海洋局受理。

五、海洋与渔业生态文明建设效果显著

海洋环境质量总体良好。历年海洋环境公报显示：海南省海洋环境质量总体良好，主要海洋功能区环境状况满足海域使用功能要求和环境保护目标，陆源入海污染情况有所改善。远海海域、近海海域海水水质符合清洁海域水质标准，水质优良；珊瑚礁、海草床生态系统基本保持其自然属性，生物多样性及生态系统结构相对稳定。海洋生态环境保持全国一流水平。

渔业资源增殖养护成效明显。积极开展伏季休渔工作，2008年以来休渔渔船超过40万艘次，涉及渔民超过15万名。同时，积极推进增殖放流和海洋牧场建设，2008年以来，累计投入渔业资源增殖放流项目资金2000多万元，投放各类苗种2亿多尾；累计投资1100万元，在三亚红塘湾和蜈支洲岛两个海洋牧场区域投放人工鱼礁共4000立方米。有效地保护和增殖了渔业资源，提升了海南省渔业可持续发展能力。

六、海洋与渔业维权力度加大

执法装备建设不断加强。2008年以来，海南省积极加强海上执法能力建设，目前中国海监2115船已顺利完成建造并投入使用，中国海监2131、2132、2133海岛执法快艇已经正式入列，2艘1000吨级海监执法船已开工建造，1500吨级海监船及1000吨级渔政船建造作为储备项目积极推进。

南海维权力度不断加大。2011年，海南省渔政46012船首次执行南沙维权护渔任务，为期74天，开创了海南省海洋与渔业执法队伍对南沙的维权护渔巡航之首。针对黄岩岛事件，成功组织了501专项行动；2012年，组织捕捞船队赴南沙开展规模化捕捞生产。这些维权执法和渔业经济活动有效维护了中国对西中南沙群岛及其海域的行政管辖权。

七、政策法规和规划体系逐步形成

涉海涉渔法规日益完善。先后出台了《海南省海洋环境保护规定》《海南省实施<中华人民共和国海域使用管理法>办法》《海南省实施<中华人民共和国渔业法>办法》等地方性法规，历时三年之久的《海南经济特区海岸带保护与开发管理规定》立法工作，于今年3月30日省第五届人大常委会第一次会议表决通过，成为海南省针对海岸带管理的重要地方法规，为海岸带管理提供法律支撑。完成了《海南省无居民海岛旅游开发与管理条例》《海南省海洋生态损害赔偿与海洋生态补偿管理办法》《海南省水产种苗管理规定》等立法草案的起草工作，为推进这些立法奠定了扎实的基础。

▲ 水产品出口加工：优良的海洋环境培育了优质水产品，水产品出口达到“三个第一”

▲ 维权执法：海南管辖约200万平方公里的海域，为了有效维护南海权益，海南省海监渔政执法加强了对西南中沙海域的执法巡航

▲ 深水网箱：深水网箱养殖是最具发展潜力的一种海水养殖方式，2011年海南临高县建成了全亚洲最大的深水网箱养殖基地

▲ 党组书记、主任王静在审批办窗口调研

▲ 省政务服务中心宣传学习习近平总书记在海南视察讲话精神

海南省人民政府政务服务中心

海南省人民政府政务服务中心（以下简称省政务中心）是省委、省政府为深化行政审批制度改革，加快建设服务型政府而设立的，集行政许可审批、要素资源配置、行政效能监察和社会公共服务功能于一体的省级综合政务服务平台。省政务中心于2008年7月1日正式启动运行。目前共有34个省直和中央驻琼部门进驻中心，有1240个行政许可及非行政许可审批集中在中心公开统一办理。省政务中心设置窗口107个，工作人员232名。除了审批事项外，政府投资建设项目和政府采购项目的招投标活动也集中在中心办理。省政务中心坚持以“为人民服务，受人民监督，让人民满意”为宗旨，把“公开、便民、高效、规范、廉洁”作为工作方向，努力为人民群众提供“优质高效快捷”的“一站式”服务。四年多来（截止2013年2月28日），省政务中心34个行政审批办共受理640447件审批事项，办结637718件，办结率为99.57%；承诺件提前办结率99.59%；平均单件办结时间节省15.6天，无一起投诉，没有一例违法违规。

审批大厅功能布局

按照省政务中心的功能要求和安排，省政务中心大楼第一层和第二层为行政审批大厅，第三层为中心办公区和招投标业务区。省政务中心行政审批大厅共设4个功能服务区，共有107个窗口和39个后台工作间。除此之外，省政务中心大楼还设有银行、商务中心等配套服务设施。并按照便民高效的要求，大厅内设有大屏幕电子显示器、液晶电视、触摸显示屏、电子阅报栏以及排号机等，同时为体现人性化设计要求，大厅还设有公用电话、饮水机、休息座椅等。

▲ 党组书记、主任王静在省重点项目建设会议做情况介绍发言

服务海南国际旅游岛建设
为海南绿色崛起提供保障

具体分布

第一层办事大厅主要作为企业注册与投资建设功能服务区，目前进驻12个部门，并设有省政府政务信息服务窗口和总咨询台。

第二层办事大厅设有教科文卫与质监服务区、农业与工交旅游服务区和公安司法民政与人事劳动服务区，进22个部门，并设有综合代理窗口和省行政复议窗口。

除此之外，省政务中心大楼第三层为中心办公区和招投标服务区，还设有省监察厅派驻效能监察室。

行政审批运行模式

省政务中心成立以来，大力推行行政审批制度“三集中”改革，将34个委厅局共1240项审批事项集中到政务中心大厅公开办理，实行“一个窗口受理、一次性告知、一条龙服务、一次性收费、限时办结”的运行模式，并按照政务公开的要求，积极推行行政许可审批项目名称、法律依据、申报材料、办理程序、承诺时限、收费项目、收费依据和收费标准“八公开”，确保所有政务服务项目实现统一监管，审批过程公开透明，审批行为公正廉洁。按照应进必进的要求，目前已集中到省政务中心办理项目占省级行政审批事项的85%以上。对集中到大厅公开办理的行政审批事项，全面推行互联网审报、网上标准化审批，推进网上并联审批，实行了行政审批项目动态管理。通过进驻部门推行行政审批权相对集中改革，进一步强化大厅各部门窗口的办事职能，再造审批流程，压缩办事时限，积极推进行政效能、服务质量、服务水平全面提升。

招投标建设平台

省政务中心以建设全省集中、规范、公开的政府投资建设项目和政府采购项目招标投标监督服务平台体系为目标，对省级政府投资建设项目和政府采购项目的招标投标，按“统一进场、规则主导、全程监督”的方式集中规范运行，并由省纪委监察实行全过程电子监察。目前，省政务中心建立和采用统一招投标平台、统一评标专家库和统一招标范围的“三统一”运行模式，全面推进网上招投标和计算机辅助评标改革。

便民服务电话

省政务中心位于海口市国兴大道9号省政府办公楼东侧，五指山南路侧，毗邻市中心区域，交通便利，公交车48路、52路、60路途经。每天上午8：00-12：00，下午14：30-17：30为工作人员上班时间，每周五下午为中心政治和业务学习时间，不对外办公。

中心咨询电话：65203111、65203222； 省纪委监察厅派驻交通监察室投诉电话：65203333；省政务中心网址：www.hizw.gov.cn

▲ 省住建厅审批办窗口工作人员认真为群众办事

▲ 2013年5月3日，党组书记、主任王静与各处室负责人及各审批办主任签订党风廉政责任状

▲ 海南大学师生听取省政务服务中心工作人员讲解海南省审批制度改革情况

科学发展 绿色崛起 科技服务国际旅游岛建设

海南省科

▲2012年9月28日，省领导在省科技厅领导陪同下参观全省科技创新大会高新技术展览

▲2012年12月5日，省领导在澄迈县老城镇潭池村考察“膜法”农村饮水安康工程

▲2012年9月28日，省领导在省政协副主席、省科技厅厅长王路陪同下参观全省科技创新大会高新技术展览

▲2012年9月28日，海南省科技创新大会在省政协礼堂召开。会上，表彰了“十一五”期间为海南科技创新工作作出突出贡献的集体和个人

2012年，在省委、省政府的正确领导下，省科技厅按照科学发展、绿色崛起的要求，坚持“创新驱动、引进集成、示范推广、跨越发展”的指导方针，贯彻党的十八大、省委全会和全省经济工作会议精神，切实把全国、全省科技创新大会精神落到实处，充分利用海南科技创新的后发优势，推进各项工作的落实，在科技创新和项目建设上取得了显著成效，顺利完成了各项任务。

一、“三会一论坛”取得圆满成功

一是组织召开了海南省科技创新大会。会议提出，发挥好海南科技创新的后发优势，加快建设创新型省份，坚定不移地走海南特色的科技创新之路。二是组织召开了科技部、省政府部省会商会议。双方就现代服务业、南繁硅谷、海洋资源开发利用、国内外科技合作等部省合作重点工作形成了共识。三是组织召开了全省科技工作推进会。会议明确，各市县要加速农业新品种、新技术、新成果的转化、应用和推广，通过支持龙头企业科技进步、发挥农业科技园区的示范和辐射带动作用，推进农业产业化经营和农村经济结构的战略性调整。四是成功举办了第二届中国博鳌农业（种业）科技创新论坛。有力推动了南繁基地建设和南繁国家农业科技园区筹建，对拓展南繁制育种领域、推动海南南繁种业产权交易等起到重要作用。

二、高新技术产业发展保持良好态势

一是营造有利于高新技术产业的良好环境。海南省首家“建设银行老城开发区科技支行”挂牌成立。制定了海南省科技企业孵化器认定管理办法，批准海南生态软件园、海南国际创意港设立省级科技企业孵化器。安排省科技园区建设专项资金650万元。二是高新技术企业有新发展。全省有24家企业通过国家高新技术企业认定，高企总数达到99家，4家企业被评选为国家火炬计划重点高新技术企业。高企总收入达到270亿元以上，工业增加值超70亿元，收入超亿元企业有41家。73个项目（产品）通过了海南省高新技术项目（产品）认定。三是海口国家绿色科技产业国际创新园于2012年12月获科技部批准。

三、农业科技110服务水平有力提升

一是加大农业科技110服务站点建设投入。全省农业科技110建设投入资金6000多万元，新建服务站7个，升级改造服务站10个，建设服务点85个。二是技术培训开展卓有成效。农业科技110系统开展农业技术培训班5082期，培训技术人员和农民61万人次，接受农民咨询66万多次，开展下乡技术服务25万人次，发放资料130多万册，受益农民210万人次。三是加强农业科技110示范基地建设。建设农业科技110示范基地30个，面积8900多亩，推广面积10.1万多亩，推广新技术、新品种36项，示范基地总数达144个，推广新技术、新品种176项。四是推进农业科技110信息化建设。为农民发布科技、气象、农资产销和农产品市场信息2万多条，发布农业信息微博3600条。五是构建农资和农产品销售服务连锁化经营网络。农业科技110系统农资销售额达3亿多元，帮助农民销售农产品4400万吨。

四、市县科技工作进一步加强

一是落实科技富民强县专项行动计划项目申报和实施。组织临高等7个市县申报科技富民强县专项行动计划，其中临高县和秀英区的后续工作奖励项目立项，中央财政经费266万元，省财政配套经费100万元。二是推动农业科技成果转化资金项目实施。2012年推荐农业科技成果转化资金项目20个，科技部立项12个，国拨经费880万元。已建立示范基地55个，面积9500亩，中试生产线15条，开发新产品18个，实现销售收入2.7亿元，税收1890万元，吸纳1580人就业，辐射带动农民8000多人。三是促进国家星火计划组织实施。2012年国家级星火计划项目立项5个，获国拨资金840万元。已建立示范基地5500亩，示范

推广农村实用技术85项，新品种25个，开展培训班480多期，培训农民2.4万多人次。四是加强省星火产业带建设。2012年海南省星火产业带专项安排农业科技集成示范园项目8个，省星火产业带项目22个，经费650万元，建设示范基地26个，面积5500亩。

五、科技投入大幅增长

一是省级财政科技拨款持续快速增长。2012年厅部门预算项目支出财政拨款1.52亿元，其中省科技本级专项达1.07亿元，比2011年预算增加2315万元，增长30.12 %。此外，地债还投入近3000万元，财政投入科技基础平台项目费850万元。二是国家科技经费支持持续增加。2012年，共落实科技项目247个，资助经费15.07亿元，创海南省历年获得国家科技部资助新纪录。三是形成财政科技投入快速稳定增长的局面。到十二五末，财政科技支出占地方财政支出的比重达到2.0%，设立产学研结合专项引导资金、战略性新兴产业科技重大专项资金、创业风险投资引导基金，加大科技园区建设专项资金支持力度，每年安排的资金量为高新技术企业工业增加值的1%。

六、创新平台建设取得新进展

一是加强重点实验室和工程技术研究中心建设。批准设立10个省级重点实验室；批准筹建4个省级重点实验室。批准筹建5个省级工程技术研究中心。9个重点实验室和7个工程技术研究中心共获300万元经费支持。二是加强产业技术创新战略联盟建设。批准设立数字信息安防产业技术创新战略联盟、热带植保产业技术创新战略联盟和槟榔产业技术创新战略联盟3个联盟。三是大型科学仪器协作共用效率大幅提高。新入网仪器31台，增长12%；入网仪器设备为1572家企业提供测试服务，累计样品数3.54万个、机时数4.35万小时，测试服务费用达540万元，比去年同期增长18.5%。

七、科技示范推广应用亮点突出

一是“膜法”农村饮水安康工程项目。全省累计完成15个市县“膜法”饮水改造工程39宗，安装直饮水台116宗，投资3370万元，受益人口达21万多人。二是新能源汽车的示范推广。海口市完成示范推广节能与新能源汽车1043辆，完成进度在全国试点城市中名列前茅。获得国家、省、市补助资金2.4亿元。三是绿色防控技术推广。安排省科技成果示范推广专项资金170万元支持太阳能灭虫器技术推广，在海口、三亚等10个市县1000亩以上的冬季瓜菜、热带水果等科技项目示范基地和农业科技110示范基地，推广应用太阳能灭虫器面积达3万亩。四是清洁能源的示范推广。2个项目列入国家“金太阳”示范工程项目，获得4.4亿元中央财政补贴。对14个市县3.5万盏路灯实施了LED高效节能改造。

八、知识产权事业跨越发展

全年办理专利申请资助、费用减缓等1300多件，资助金额133万元；专利申请量达到1824件，专利授权量突破千件大关。1项获得中国专利金奖，4项获得中国专利优秀奖。国家知识产权局专利局海口代办处正式成立运行。

九、科技人才队伍建设取得新进展

一是组织实施创业英才培养计划。省委省政府办公厅联合印发了《海南省创业英才培养计划实施办法》，到2020年，面向科技型企业，选拔培养350名创业人才。首批创业英才遴选工作已经结束，有18人被列入计划。二是完善创业人才奖励政策。起草了《海南省优秀科技创新创业人才奖评选实施办法》。三是实施中西部市县科技副乡镇长派遣计划。组织选派科技人员到海南省中西部市县挂职担任副乡镇长，先后选派三期共139名到海南省中西部11个市县挂职担任科技副乡镇长，其中今年第三批选派58人。

▲2012年6月1日，省科技厅党组书记叶振兴在万宁市中国热带农业科学院香料饮料研究所调研指导工作

▲2012年4月14日，省科技厅党组书记叶振兴在三亚市玫瑰谷农业科技110服务站调研指导工作

▲ 2012年5月4日，省科技厅在澄迈文化广场举办海南省第八届科技月活动，活动月主题为：普及科学技术知识，携手建设国际旅游岛

为海南绿色崛起全面建成小康社会提供保障

海南省交

▲2012年8月20日，省领导在文昌调研交通基础设施建设

▲2012年12月29日，省领导在海屯高速公路通车仪式上亲切交谈

▲游艇产业快速发展

2012年，全省交通运输工作认真贯彻落实省委省政府提出“科学规划年”、“项目建设年”的决策部署和厅党组确定“建设提速年”的工作目标，狠抓项目建设，创新行业管理，强化安全生产，优化内外环境，圆满完成了全年工作任务。

一、交通科学发展规划进一步完善，项目前期工作加快推进

《海南省省道路网调整规划》、《海南省旅游公路发展规划》、《海南省公路交通“十二五”发展规划》、《海南省水路交通“十二五”发展规划》等一批规划获得批复，交通科学发展规划蓝图进一步完善。

交通重点项目前期工作加快推进。“田字型”主骨架高速公路的中线琼中至五指山至乐东高速公路、横线万宁至儋州至洋浦高速公路、文昌至琼海高速公路、铺前大桥、海口绕城高速公路二期工程的各项前期工作正在抓紧推进；海文高速公路改建工程、环岛高速九所至八所和邦溪至白马井段改建工程、定海大桥及海榆中线改建等项目前期工作基本完成。100万吨/年乙烯及炼油改扩建工程配套码头工程、海南金海浆纸业有限公司码头扩建(三、四期)、海口港马村港区扩建三期工程、三亚凤凰岛国际邮轮港二期工程等重点水运工程项目的前期工作加快推进。

二、交通投融资工作成效明显，交通重点项目建设实现又好又快

2012年全省交通固定资产完成投资101.45亿元，同比增长32%，其中公路建设完成投资68.2亿元，同比增长43%；水路建设累计完成投资33.25亿元，同比增长14.62%。

积极探索多元融资模式。2012年共落实中央车购税交通专项补助资金22.88亿元，争取到旅游公路专项补助资金4亿元；落实公路贷款资金30.6亿元；充分发挥海南交控投融资平台作用，开展保险资金引进、债务融资工具发行等融资工作；车辆通行附加费全年征收13.28亿元，同比增长9.9%，为海南省交通基础设施建设提供了有力的资金保障。

2012年海南省重点公路建设项目7个，共完成投资49亿元，占年度投资计划的135.3%。海口至屯昌高速公路、文昌航天发射场配套道路灵山至文城和洋浦大桥南连接线工程、环岛高速公路白莲立交至白马井段改造工程均已完工通车；中线高速公路屯昌至琼中段、海榆东线改造工程、万宁石梅湾至大花角旅游公路、东郊至龙楼旅游公路等省重点项目加快推进。县道砂土路改建工程陆续开工建设。

三、运输服务保障能力不断加强，交通便民惠民成效进一步显现

2012年全省公路运输客运量、旅客周转量、货运量、货物周转量分别完成4.43亿人、147.53亿人公里，1.66亿吨、109.09亿吨公里，同比分别增长1.5%、0.8%、10.2%、12.3%。水路运输客运量、旅客周转量、货运量、货运周转量分别完成0.16亿人次、3.2亿人公里，0.96亿吨、1434.41亿吨公里，同比分别增长8.1%、3%、2.4%、13.6%。港口货物吞吐量完成1.18亿吨，其中外贸2207万吨，同比增长8.38%，9.91%，集装箱完成136.71万标准箱，同比增长22.06%，其中海口港集装箱年吞吐量首破百万标箱。开通了海口至越南胡志明国际集装箱班轮航运干线。全年安全引航5148艘。

加强运输组织和运力协调，确保了生产、生活物资运输的畅通。圆满完成春运、博鳌亚洲论坛年会、第八届泛珠大会等重要节假日和重大活动的交通运输保障。

落实鲜活农产品运输绿色通道政策，减免鲜活农产品运输车辆通行附加费1.04亿元，优惠运输鲜活农产品出岛车辆琼州海峡轮渡运费和港口客滚作业包干费共2936万元，完成鲜活农产品运输出岛734万吨，同比增长9.5%。精心组织重大节假日小型客车通行附加费退付工作，将惠民政策落到了实处。

加快推进城乡客运一体化建设，实施“一年百个”农村客运候车亭计划，完成首批农村客运候车亭建设项目126个，惠及20个乡镇、100个行政村、30多万人。积极落实成品油价格财政补贴惠民政策，顺利发放油补资金共4.69亿元。

邮轮游艇业快速发展。全省注册的游艇企业有25家，已建成泊位831个，在建泊位1095个，均处全国领先地位。三亚凤凰岛国际邮轮母港邮轮进出港航班172艘次，旅客年吞吐量达11.67万人次，再创历史新高。

引导物流园区按照国家公路货运枢纽（物流园区）规划要求和物流供应链顶层设计的标准，规划建设绿色、环保、高效率、智能化的物流示范区，打造国际高端物流服务体系工作有序推进。

四、安全监管到位，交通运输安全生产工作保持稳定

道路运输行业开展“安全生产年”“道路客运安全年”活动，扎实推进“春运大检查”、“博鳌年会道路运输安全工作检查”、“长途客运清理整顿”等专项行动。全年共检查、发现隐患460项，整改隐患447项，整改率97%。

全年共排查港口码头、水运企业安全隐患500多项，整改率达91%以上。

建立健全危桥动态监管制度，公路、设计、质监部门定期对桥梁进行全面检查，对发现的安全隐患及时除险加固。

五、行业科学管理水平进一步提高，外部环境进一步优化

改革交通审批方式，强化海南省重点项目并联审批，实现了交通行政审批事项全面上线网上审批，重点项目审批速度不断提高。交通服务窗口全年共受理交通运输行政审批事项1020件，办结1020件。

全面推行施工标准化，工程建设实现了由散乱到集中、由粗放到精细、由工地到工厂、由教条到专业、由驻地到家园的5大转变，标准化理念深入人心，公路建设质量和管理水平都得到全面提升，开展标准化活动的重点项目西线高速公路白莲立交至白马井立交段改建工程和海口至屯昌高速公路建设项目受到了社会各界的广泛好评，标准化工作也受到交通运输部的充分肯定。

出台《公路水毁工程管理暂行办法》，规范了海南省公路水毁修复工程的管理。强化公路养护管理，公路养护管理水平进一步提高。全面治理车辆超限超载运输，超限超载现象得到有效遏制。

六、科技教育和信息化建设取得新成效，节能减排进一步加强

2012年申报2013年交通运输部科技项目课题7个，海南省交通科技项目19个，总投资1895万元。抓好继续教育培训工作，全年行业培训2606人次，投入培训经费96.9万元。

优化客运运力配置，严格控制班线客运运力投放。制定燃料消耗管理制度，严格执行营运车辆燃料消耗量限值标准，降低营运车辆燃油消耗量。组织实施交通节能项目，首次大规模应用冷再生技术；落实交通运输节能减排相关政策，争取国家交通运输节能减排专项资金支持。海口市作为节能与新能源汽车示范项目试点城市，全年新投放新能源公交车共553辆，占公交车总数的80%。

▲2012年10月23日，海口至洋浦一小时交通圈重要组成部分西线高速公路白莲立交至白马井立交改建工程完工通车

▲2012年海口港跻身全国“百万标箱大港”

▲文昌发射城配套公路建设现场

海南省人口和计划生育委员会

▲ 省领导与国家人口计生委王侠主任商谈海南人口计生事业发展

▲ 省人口计生委党组书记、主任隋枝叶出席“关爱女孩”大行动赠书活动现场

2012年，全省人口计生系统围绕“稳定低生育水平、提高人口素质、优化人口结构、惠及计生群众、统筹解决人口问题”五大目标，注重创新，狠抓落实，全省人口和计划生育事业保持持续健康发展的态势，人口计生各项工作取得了明显进展。

低生育水平保持稳定。2012年末，全省总人口887.40万人，出生率14.67‰，人口自然增长率8.87‰，符合法定生育率93.15%，全年共落实长效避孕节育措施78879例。

狠抓出生人口性别比偏高问题综合治理。坚持重点约谈、部门联动、实名登记、群管群治、举报重奖，严格落实打击“两非”长效工作机制，深入开展集中整治“两非”专项行动，始终保持打击“两非”的高压态势，扭转了出生人口性别比多年徘徊不降的被动局面，出生人口性别比偏高势头得到有效遏制，得到国家人口计生委的充分肯定。

创新流动人口计划生育服务管理。初步建立起了人口计生和公安联合管理的流动人口工作机制。自主研发了流动人口信息移动采集平台，提升了信息采集效率。进一步完善流动人口计划生育管理服务体制，多数市县政府成立了流动人口综合管理专门机构，基本实现了流动人口计划生育省内“一盘棋”。签署《泛珠三角区域流动人口计划生育信息共享协作协议》，完善了流动人口计划生育区域协作机制，推动全国“一盘棋”。

开展免费孕前优生健康检查和地中海贫血基因筛查。全年共为35133对计划怀孕的农村夫妇（含流动人口）提供了免费孕前优生健康检查服务，为16000多人进行了孕前地中海贫血基因筛查，给1285对可能出生重型地中海贫血患儿的夫妇进行了孕前指导、孕情跟踪和产前诊断服务，大大降低了出生缺陷的发生风险，有效阻断了地贫患儿的出生。

完善计划生育利益导向政策。从2012年1月1日起，海南省农村部分计划生育家庭奖励扶助标准提高至每人每年1200元，计划生育家庭特别扶助标准提高至每人每年1920元。同时，将“半边户”纳入农村计划生育家庭奖励扶助制度，将节育手术并发症人员纳入计划生育特别扶助制度，更多计划生育家庭享受到更多优先优惠政策。

成立了海南省优生优育公共服务中心，填补了海南省长期以来没有省级专业计划生育技术服务机构的空白，进一步完善了全省计划生育技术服务体系。

▲ 省人口计生委为考上大学的计划生育家庭子女提供助学金保障

▲ 试点单位积极开展国家免费孕前优生健康检查项目，广大群众踊跃参加检查

海南省教育厅

▲ 2012年9月10日，海南教育扶贫工程第三期八所思源学校的开学典礼在定安平和思源实验学校举行。省领导出席了开学典礼

▲ 2012年12月13日，“展示文明风采 彰显职教魅力”的海南省中等职业学校文明风采展演活动在海南省歌剧院隆重举行。省领导在省教育厅厅长胡光辉、副厅长潘惠丽等陪同下亲临现场视察

▲ 2012年6月2日下午，海南省与湖北省武汉市教育对口帮扶合作签约仪式在万宁市民族中学举行，省领导出席签约仪式

2012年是海南省教育改革发展史上极不平凡的一年，海南省教育厅坚持以提升服务海南经济社会发展能力和办好人民满意教育为目标，紧扣“优先发展、育人为本、改革创新、促进公平、提高质量”这一主线，认真履行职责，为海南国际旅游岛建设做出了应有的贡献。

一、重规范，促公平，基础教育协调发展取得新进展。

一是大力推动学前教育发展。2012年投入4.88亿元新建、改扩建幼儿园197所，新增学位2.6万个，学前三年毛入园率62.8%，比2011年提高了9.1%。

二是建成三期思源实验学校。投入8.6亿元建成三期8所思源实验学校，总建设面积28万平方米，新增优质学位1.85万个。已建设完成24所并投入使用，提供优质学位4.3万个。

三是县域义务教育均衡发展全面推进。结合实际，调整各市县（区）实现县域义务教育基本均衡发展，进一步细化分解了各市县达标年份。促请省政府办公厅制定《县域义务教育均衡发展督导评估实施办法（试行）》。争取省财政专项资金1000万元支持各市县义务教育规范化学校创建工作。

四是积极推动普通高中发展。投入普通高中改善条件建设工程资金1.25亿元，支持万宁中学、白沙中学、琼中中学续建工作，建成北京师范大学万宁附属中学等一批新建学校，新增学位7500个，普通高中招生6.2万余人，在校生数达17.7万人，比2011年增加8000余人。继续依法科学实施高中课改，落实好培养优秀贫困高中生计划。

二、稳规模，夯基础，中职教育质量再上新台阶。

中职招生5.97万人，在校生数达17万人，毕业生就业率连续6年高达95%以上。投入1.03亿元实施2012年中职基础能力建设项目，14个项目获批中央财政重点支持的职业教育实训基地建设，安排600万元支持建筑类专业实训基地建设。省财政投入800万元支持儋州等13个市县职教中心重点专业或特色专业建设。海南省华侨商业学校等6所学校新增为第三批“国家中等职业教育改革发展示范学校项目计划”建设单位，第一、二批7个建设单位获得建设资金6090万元。基本完成了五指山厅属中专学校教育资源整合，办学质量进一步提升。坚持以校企合作为主线，继续创新办学模式，继续举办“建筑类专业实验班”等特色实验班，打造了旅游服务与管理等10多个品牌特色拳头专业。

三、深入推进素质教育，全面加强教育督导、合作交流、宣传等工作，教育质量取得新提高。

开展“小手拉大手，文明我先行”、“绿化校园，美化心灵”、学习雷锋和向鹦哥岭自然保护区优秀大学生群体学习等活动，加强中小学德育和心理健康教育工作，着力加强大学生思想政治教育和高校辅导员队伍建设工作。

中国国际青少年活动中心（海南）作为全国第5个正式获教育部批复，海南大学与澳大利亚达尔文大学合办孔子学院顺利揭牌，海南大学获批中国政府奖学金单位，实现海南省高校零的突破，与美国中佛罗里达大学合作办学工作继续推进。新增高职中外合作办学项目8个、本科项目1个。普通高中国际班项目2个。

▲ 2012年2月15日，2012年度全省教育工作会议在海口召开，会上对获得教育工作先进市县等荣誉称号的市县政府进行了颁奖

▲ 2012年11月7日，海南省教育厅巡视员郑万发与广东省教育厅副厅长李学明在广东省教育厅第五会议室签署琼粤两地教师培训合作协议

海南省邮

▲海南省省级以下邮政监管机构成立大会暨揭牌仪式于2012年11月9日举行，国家邮政局领导、省领导和省邮政管理局领导共同按动启动球

▲国家邮政局马军胜局长在海南省邮政管理局吴铁砚局长等的陪同下视察海口邮区中心局，检查普邮时限情况

▲海南省邮政管理局陈凯副局长做客海南新闻广播“政风行风热线”，回答听众有关邮政、快递市场问题

▲海南局邀请了新华社海南分社、人民日报社海南分社、海南日报、海南省电视台等12家省内外媒体召开了2012年度新闻媒体沟通会

海南省邮政管理局于2006年9月8日正式成立，是经国务院批准设立的邮政监管机构，副厅级行政单位。2012年，根据国务院办公厅《关于完善省级以下邮政监管体制的通知》（国办发〔2012〕6号）精神，管理体制由中央垂直管理调整为中央和地方双重管理、以中央为主。负责全省邮政行业管理工作，履行政府监管职能，内设办公室（人事处）、普遍服务处（机要通信处）、市场监管处（均为正处级机构）。主要职责有四项：一是贯彻执行国家关于邮政业管理的法律法规、方针政策和邮政服务标准；二是监督管理所在地区邮政市场；三是组织协调所在地区邮政普遍服务以及机要通信、义务兵通信、党报党刊发行、盲人读物寄递等特殊服务的实施；四是办理国家邮政局交办的其他事项。

2012年11月9日，按照国务院办公厅印发《关于完善省级以下邮政监管体制的通知》（国办发〔2012〕6号）、中央编办《关于省级以下邮政监管机构和人员编制的通知》（中央编办发〔2012〕3号）和海南省人民政府办公厅《关于印发海南省完善省级以下邮政监管体制工作实施方案的通知》（琼府办〔2012〕61号）规定，海南省5个省级以下邮政监管机构揭牌成立。分别为海口、三亚的2个市邮政管理局和在琼海、儋州、五指山跨区域设置的3个邮政监管派出机构，机构规格均为正处级行政单位。其中，3个跨区域设置的邮政监管派出机构管辖区域分别为：在儋州市设置海南省儋州邮政管理局，管辖区域：儋州市、临高县、澄迈县、东方市、白沙黎族自治县、乐东黎族自治县、昌江黎族自治县；在琼海市设置海南省琼海邮政管理局，管辖区域：琼海市、文昌市、万宁市、定安县、陵水黎族自治县；在五指山市设置海南省五指山邮政管理局，管辖区域：五指山市、屯昌县、保亭黎族苗族自治县、琼中黎族苗族自治县。海南省邮政行政管理体制改革进一步深化。

2012年，是海南邮政行业发展取得重大进展的一年。国家邮政局局长马军胜同志来琼视察并给予充分肯定。全行业把上级的鞭策转化为努力工作的动力，加快推进邮政体制改革。全局以完善省级以下邮政监管体制为重点，进一步完善邮政普遍服务保障机制、邮政市场监督机制、邮路安全管理机制，不断巩固行业健康发展势态。全省邮政行业业务总量完成7.8亿元，同比增长8.9%；业务收入（不包括邮政储蓄银行直接营业收入）完成8.7亿元，同比增长12.1%。其中，全年快件处

政管理局

理量超过6000万件，日均突破16万件；快递业务收寄量完成1123.6万件，同比增长17.8%；快递业务收入完成2.3亿元，同比增长15.2%。邮政普遍服务和快递服务社会公众满意度稳步提升，消费者对申诉处理满意率为96.35%。

一是推进普遍服务均等化取得新突破。2012年11月26日，经省政府审核并原则同意，省邮政管理局与省发改、财政部门联合印发了《海南省村邮站建设实施方案》。计划用3年时间村邮站建设覆盖全省2542个行政村，总投资7976万元。二是推进邮政市场监管水平不断提升。积极创新监督管理模式，通过"政府搭台、企业唱戏"的方式促进企业交流合作。积极开展快递服务质量专项整治活动，推进快递服务形象标准化工作和内控体系建设，促进"4S"为核心的行业文化建设。全省快递企业基本做到同一品牌统一标准，服务形象明显改善。三是推进邮政管理工作增强综合能力。机关党建工作科学化水平持续提高、党风廉政建设持续深入，机关党委连续四年荣获"年度省直机关党建工作目标管理先进单位"称号，并荣获喜迎党的十八大文艺汇演第七协作组"二等奖"和省直机关工委"优秀表演奖"等。

海南省邮政管理局高度重视海南省邮政法规体系建设。2011年11月15日，海南省人民政府办公厅印发了《海南省邮政业发展"十二五"规划》，列入是海南省"十二五"的49个专项规划之一。《规划》提出，要坚持以科学发展，转变发展方式，推进向现代邮政业转型、推进邮政公共服务均等化为指导思想，并在"十二五"末期，力争达到新兴经济体旅游胜地的邮政服务水平，和把邮政业培育成现代服务业的新增点。2011年11月30日，《海南省邮政条例》经海南省四届人大常委会第26次会议通过，自2012年1月1日起施行。《海南省邮政条例》作为海南省邮政地方性法规，适应了地方经济社会发展的需要，紧密结合海南国际旅游岛建设的地方实际，更加突显操作性和具体性，并在普遍服务、保障措施、市场管理等多处体现制度创新。

新的一年，海南省邮政管理局党组通过学习领会党的十八大精神，集思广益，统一认识，提出要以世界眼光和战略思维谋划海南邮政业的未来，把到2020年"建成与小康社会相适应的具有国际旅游岛特色的现代邮政业"作为全行业奋斗的目标，将为加快推进具有海南国际旅游岛特色的现代邮政业建设和服务海南经济发展做出新的更大的贡献。

▲ 省领导会见国家邮政局纪检组长解畅等一行，就加快海南省邮政业发展交换意见

▲ 海南省邮政管理局召开海南省邮政业2012年工作会议

▲ 海南省邮政管理局全体干部参加海口市邮政管理局成立仪式

▲ 海南海汽集团向省邮政管理局赠送锦旗和感谢信，以表达对海南省邮政管理局是一个为企业着想、为企业服务、为企业发展的服务型政府的感谢之情

抓五要兴五风促税收　助力国际旅游岛建设

海南省地方税务局

▲ 麦正华局长在基层督导税收工作

▲ 全省地税系统党风廉政建设工作会议会场

▲ 立足岗位服务群众　广泛开展税法宣传

2012年，受国家房地产业宏观调控和结构性减税政策的影响，海南地方税收面临前所未有的严峻形势。在困难面前，海南省地税系统坚定信心、攻坚克难，按照向政策、向科技、向服务、向管理、向作风要税收的“五要”工作思路和大兴学习、调研、实干、创新、廉洁之风的“五风”工作要求，以一天也不耽误的精神，着力强化依法治税，坚持应收尽收、应优尽优，坚决不收过头税；着力强化纳税服务，成立专职机构专司大企业税收专业化管理，开通网上办税服务厅，举办67场近9000人参加的纳税人辅导培训班，深入推进国地税协作，问计于纳税人、问需于纳税人，严格落实结构性减税政策，减免各项税收7.1亿元；着力规范税收征管，通过开展税收分析督导、挖掘税收增长点，紧紧抓住房地产业建筑业重点税源管理、拉动收入增长，加强第三方信息采集、强化欠税清缴、堵塞征管漏洞；着力提高信息化管税水平，推广双定户电子定税、存量房交易电子评税、网开发票等，切实发挥信息技术夯实征管基础和提高征管质效的作用；着力强化税务稽查，深入开展对房地产、建筑安装、资本交易、交通运输等行业税收专业检查和发票专项整治，大力查办大要案，充分发挥稽查宏观、震慑、规模和管理效应；着力强化干部队伍建设，加大公务员招录培养力度，开展大规模分类分级教育培训，深入开展干部谈心活动和创先争优活动，涌现出了以“全国优秀共产党员”张学睿和“全国首届十佳税务工作者”李凌清为代表的一大批先进典型，并被选为全省首个文明创建活动平台共建单位；着力深化反腐倡廉，以开展“基层基础建设年”活动为契机，完善制度建设，强化廉政风险防控，提高科技防腐水平，强化税收事业组织和纪律保障。在经济形势总体向好的大环境和全省地税系统真抓实干的双重作用下，全省地税系统组织税费收入481亿元，同比增长16.7%，其中税收收入338亿元，同比增长18.8%，为海南国际旅游岛建设和科学发展、绿色崛起做出了积极贡献。

▲ 宽敞明亮的办税服务大厅

▲ 走进纳税人 答谢纳税人

抓五要兴五风促税收　助力国际旅游岛建设

海南省地方税务局

▲ 麦正华局长在基层督导税收工作

▲ 全省地税系统党风廉政建设工作会议会场

▲ 立足岗位服务群众　广泛开展税法宣传

▲ 宽敞明亮的办税服务大厅

2012年，受国家房地产业宏观调控和结构性减税政策的影响，海南地方税收面临前所未有的严峻形势。在困难面前，海南省地税系统坚定信心、攻坚克难，按照向政策、向科技、向服务、向管理、向作风要税收的“五要”工作思路和大兴学习、调研、实干、创新、廉洁之风的“五风”工作要求，以一天也不耽误的精神，着力强化依法治税，坚持应收尽收、应优尽优，坚决不收过头税；着力强化纳税服务，成立专职机构专司大企业税收专业化管理，开通网上办税服务厅，举办67场近9000人参加的纳税人辅导培训班，深入推进国地税协作，问计于纳税人、问需于纳税人，严格落实结构性减税政策，减免各项税收7.1亿元；着力规范税收征管，通过开展税收分析督导、挖掘税收增长点，紧紧抓住房地产业建筑业重点税源管理、拉动收入增长，加强第三方信息采集、强化欠税清缴、堵塞征管漏洞；着力提高信息化管税水平，推广双定户电子定税、存量房交易电子评税、网开发票等，切实发挥信息技术夯实征管基础和提高征管质效的作用；着力强化税务稽查，深入开展对房地产、建筑安装、资本交易、交通运输等行业税收专业检查和发票专项整治，大力查办大要案，充分发挥稽查宏观、震慑、规模和管理效应；着力强化干部队伍建设，加大公务员招录培养力度，开展大规模分类分级教育培训，深入开展干部谈心活动和创先争优活动，涌现出了以“全国优秀共产党员”张学睿和“全国首届十佳税务工作者”李凌清为代表的一大批先进典型，并被选为全省首个文明创建活动平台共建单位；着力深化反腐倡廉，以开展“基层基础建设年”活动为契机，完善制度建设，强化廉政风险防控，提高科技防腐水平，强化税收事业组织和纪律保障。在经济形势总体向好的大环境和全省地税系统真抓实干的双重作用下，全省地税系统组织税费收入481亿元，同比增长16.7%，其中税收收入338亿元，同比增长18.8%，为海南国际旅游岛建设和科学发展、绿色崛起做出了积极贡献。

▲ 走进纳税人 答谢纳税人

加强社会矛盾化解　切实维护群众权益

海南省社会管理综合治理委员会

▲2012年5月17日，省委政法委书记肖若海在儋州市开展联合大接访活动

2012年，海南省综治委着力破解影响海南社会和谐稳定的突出问题，全面加强和创新社会管理，积极探索构建适应海南国际旅游岛建设的社会管理体系，取得了显著成效，为构建和谐平安海南、保障和促进海南科学发展、绿色崛起作出了新的贡献。

一、加强实有人口服务管理专项工作。组织专家对流动人口信息管理系统建设进行评审，提升海南省流动人口、出租屋信息化管理水平，省工信厅和省公安厅牵头海南省居民身份证登记指纹信息项目可行性研究的工作，开展流动人口居住证试点工作。积极稳妥推进户籍管理制度改革工作。

二、加强特殊人群服务管理专项工作。专项工作组调整充实成员单位，明确工作职责，制定相关的工作制度。推进刑释解教人员回归社会过渡性安置基地建设；组织罪犯、劳教人员参加职业技能培训，核查服刑在教人员基本信息；推进省级和市县新航中途之家建设，加强衔接管控和教育帮扶工作，全省刑释解教人员衔接帮教率100%，衔接安置率75%；加强对戒毒人员的管理、教育、治疗、康复、职业培训等工作；做好艾滋病高危险行为人群的综合干预工作；开展“接送流浪孩子回家”专项行动，加强对流浪儿童的服务管理，做好教育、帮扶、矫治和救助等工作；开展“法轮功”邪教痴迷者专项排查活动。

三、加强社会治安综合治理专项工作。各级公安机关开展“打团伙，追逃犯，破大案”专项行动，严厉打击“两抢一盗”等多发性侵财犯罪，确保了社会治安和谐稳定；加强社会面动态管控，提高管理水平。深入开展创建“平安海区”活动，全力维护“海区”安全稳定；加强网络安全监管，有效净化网络虚拟社会环境；深入开展毒品堵源截流工作，不断加大毒品检查站建设力度，堵源截流工作实战能力不断提升，陆海空邮一体化、打防管控一体化的工作体系初步形成，堵源截流工作取得了明显成效；严厉打击赌色及“四黑四害”违法犯罪活动。

四、加强预防青少年违法犯罪专项工作。抓好鹦哥岭青年团队典型宣传教育工作，广泛开展学雷锋、“与信仰对话——社会主义核心价值体系学习教育”、“红领巾心向党”、重温入团誓词、民族团结进步宣传月、“我是文明有礼的国际旅游岛小主人”等系列主题教育实践活动，不断深化“青年马克思主义者培养工程”。组织志愿者结对，在学校建立“爱心课表”，选拔100名“关爱专员”，建立“关爱行动”服务阵地，深入开展关爱农民工子女和留守儿童活动。

五、加强校园周边治安综合治理专项工作。在全省范围内开展校园及周边秩序集中整治活动，加强平安校园建设。开展“大手拉小手、文明我先行”等主题教育活动，提高师生的安全交通常识。加强对校车安全问题的管理，严厉打击非法营运的黑校车。协调公安、城管、交通、工商等部门加强了对海南医学院和桂林洋高校区等治安重点高校校际交通、园中园违规经营、赌博窝点、宿舍安全、网络安全和涉校治安重点人员的整治和管控力度，维护了正常的教学工作秩序，确保了学生的安全稳定。

▲11月2日，海南省创新旅游环境服务管理现场会在三亚海棠湾召开

▲6月28日，海南省深入推进社会管理创新工作现场会在万宁市举行

宜居 宜业 宜学 宜游 品位之城

▲ 市委书记陈辞到金鹿集团调研

▲ 市委书记陈辞到琼山区视察生态文明村建设

▲ 海南国际会展中心

2012年，面对复杂多变的宏观经济形势，在市委的正确领导下，学习贯彻十八大精神，落实科学发展观，凝心聚力，攻坚克难，较好地完成市十五届人大一次会议确定的年度目标任务，实现了经济平稳增长、社会和谐稳定。全年实现地区生产总值820.58亿元，增长9.4%；来自海口的公共财政收入210.43亿元，增长14.4%，其中地方公共财政收入73.17亿元，增长20.1%；固定资产投资510.38亿元，增长29.2%；社会消费品零售总额436.26亿元，增长12.7%；城镇居民人均可支配收入22331元，农村居民人均纯收入8134元，分别增长13.2%和13.1%；居民消费价格涨幅3.3%；城镇登记失业率1.32%；人口自然增长率8.18‰；全面完成省下达的节能减排任务。

一、扩投资、上项目，科学发展更加持续。以前所未有的力度扎实开展“项目建设年”活动，固定资产投资增幅创1996年以来新高。90个省市重点项目完成投资320.18亿元，占年度计划的165.3%，红塔30万箱易地技改、英利二期400兆瓦、汉能250兆瓦、众联新能源电动球车等项目建成投产，龙昆南延长线、货运大道二期、绿色长廊二期、南海大道整治、羊山路网一期竣工通车，琼州文化风情街、水巷口骑楼示范样板街试运营，观澜湖旅游小镇、马村港二期、新海港滚装码头、永和花园百万平方米生态安居工程、南渡江防洪堤等项目加快推进，海榆中线拓宽、华谊冯小刚电影公社、生生国际购物中心、海垦商业中心、大印保税物流园等项目启动建设，美兰机场二期扩建批准立项。

二、调结构、兴产业，转变发展方式。坚持把发展实体经济，培育发展能够带来可持续税收、增加就业、具有支柱引领作用的特色优势产业作为经济结构调整的重中之重。提升农业比较效益，完成增加值57.74亿元，增长6.2%。新建常年蔬菜基地1.06万亩、花卉4000亩、设施大棚1950亩、标准化养殖小区15个、30万只蛋鸡养殖场2个，新成立农民专业合作社242个，罗牛山农产品加工产业园3个子项目主体工程封顶。30万亩土地整治项目已到位国家和省支持资金8.5亿元，开工建设10个项目，整治土地6万亩，年度完成投资6.48亿元，其中马坡洋万亩蔬菜基地、柏盈兰花产业园实现当年建设、当年供菜出花。做大工业总量规模，全市工业完成总产值561.29亿元、增加值136.67亿元，分别增长8.3%、9.1%，其中高新区工业产值增长46%。加大科技创新和企业技术研发扶持力度，争取国家和省科技创新资金7400多万元，全年新增国家级高新技术企业22家、省级工程技术研发中心3家和省级重点实验室8家。海口国家绿色科技产业国际创新园获科技部批准。加快第三产业转型发展，完成增加值561.17亿元，增长9.4%。积极落实离岛免税新政策，开展“城市营销年”活动，组织各类岛外专项促销10多场次，举办第二届“海口之春”旅游艺术节、观澜湖世界明星高尔夫邀请赛等文化赛事活动30多个，全年接待国内外过夜游客952.9万人次，旅游总收入完成101.57亿元，分别增长12.7%、22.3%。改变了旅游业长期南热北冷的格局，旅游服务满意度位居全国前列。成立会展局，商务会展突破200场次，荣获2011-2012年度中国品牌会展城市大奖。

三、配资源、优服务，提高调控能力，释放发展活力。积极发挥政策导向作用，先后制定出台加快工业、会展、民营经济和总部经济发展等扶持政策，投入产业发展资金4.13亿元，其中对157家工业企业兑现政策奖励扶持资金1.35亿元，为中小企业争取国家、省级扶持资金5100万元和商贸企业发展资金1.62亿元，支持中小企业担保贷款22.59亿元；对英利新上1G瓦项目、观澜湖旅游小镇、海马第三工厂等重点项目实行差别化政策，配置优质资源，提供保姆式服务；增加航空、旅行社奖励资金8000万元和1200万元。对10家医药骨干企业实行“一企一策”，帮助企业依法用足税前扣除政策，解决人才引进、生活配套等问题。积极

扩大对外开放，全年举办大型专题招商推介会16场，先后引进中投、中交、中铁等大企业入驻。保障第八届泛珠大会成功举办，签约10个重大项目、总投资1205亿元。创立琼北“7+1”旅游区域合作联盟，成功举办省会经济圈2012年度论坛、华南圆桌会议。全年实际利用外资4.5亿美元，增长11%；出口总额18亿美元，增长6.2%。

四、强基础、拓功能，城乡面貌明显提升。扎实开展“科学规划年”活动，完成新一轮城市总体规划和土地利用总体规划修编，以及6个片区控规、17个专项规划，主城区控规实现全覆盖；在全省率先开展村庄规划，完成主城区外17个镇总规、131个行政村村域规划和1196个自然村建设规划的编制。片区开发和棚户区改造步伐加快，金沙湾片区、西海岸南片区一期市政工程顺利开工，美丽沙、新埠岛、大英山片区开发初具规模，南海明珠、如意岛等填海工程和司马坡文体基地加快推进。“9+1”市政道路贯通工程按计划通车，新增调整公交线路35条，投放运营节能与新能源公交车577辆，投放更新出租车280辆，开工建设公交场站7个。扎实开展“绿化宝岛”大行动，造林3.37万亩，启动永庄水库、沙坡水库、玉龙泉3个森林公园和白水塘湿地公园前期工作。在全省率先公布PM2.5实时监测数据，环境空气质量优良率达到100%，顺利通过“国家环境保护模范城市”现场复核。

五、惠民生、促和谐，人民生活显著改善。在财政收入持续快速增长，可望获全省市县财政收入规模上台阶奖第一名的基础上，全年民生支出79.51亿元、增长16.2%，占地方公共财政支出的70.1%。省政府部署的8件实事和市委、市政府承诺的10件实事全部完成。稳定和扩大就业，扶持完善创业孵化基地23家，发放创业小额贷款4664万元，全年城镇新增就业人口5.1万人、增长28%，农村富余劳动力转移就业1.35万人，零就业家庭动态清零，被国务院评为首批“全国创业先进城市”。不断提高社会保障水平，最低工资标准提高到1050元，企业退休人员基本养老金月人均增加289元，新农保养老金月标准提高到85元，城镇、农村低保月标准分别提高到390元和300元，农村“五保”供养月标准提高到350元，发放高龄老人长寿补贴4260万元。完成乡村敬老院建设4所，新增床位530张。城镇从业人员医保、城镇居民医保报销封顶线分别提高到26万元和12万元，城镇居民医保重大疾病报销封顶线提高到22万元，发放城乡医疗救助金1639万元。新建保障性住房15656套，对3346户家庭发放廉租房补贴；完成农村危房和水库移民危房改造3284户，农村危房改造工作荣获省一等奖。集中开展已售住房未办证清理专项行动，为已售住房办证18042户。积极推进义务教育均衡发展，加快推进校安工程建设，302个校安工程已完工278个、竣工率达92.1%，启动公办幼儿园建设16所，在全省率先发放学前教育助学券，实施公开透明的“阳光招生”政策。丰富城乡群众文化生活，开展各类文化体育活动4000多场次，组织文化下乡36场。提高基层卫生服务水平，新建农村标准化卫生室64家，全市农村标准化卫生室达标率100%，城镇居民规范化电子档案建档率达75%，免费为城乡居民提供11项基本公共卫生服务和5项重大公共卫生服务。人口和计生综合改革工作取得新进展，再次被评为全省人口和计划生育工作先进市。积极维持物价稳定，调动1.05亿元价格调节基金对猪肉和蔬菜价格、公交公益性服务等实行补贴，升级改造农贸市场27家，新增农副产品平价商店25家。强化基层基础建设，构建“大调解”新机制，化解各类矛盾纠纷7839宗，办理法律援助案件6615宗，全市信访总量同比下降19.9%。开展打击“两抢”、“破案会战”、“禁毒斗争”等专项整治行动，社会治安形势稳定。实现全国双拥模范城“七连冠”。

▲ 倪强就任海口市市长，和省领导一起听取各部门工作汇报

▲ 市长倪强到企业视察调研

▲ 文明生态村农家乐生态游

▲ 市委书记姜斯宪与国际友人共同启动第七届国际热带兰花博览会开幕式

▲ 市长王勇在三亚市"绿化宝岛"行动启动仪式上发表讲话

▲ 2013世界近海一级动力艇锦标赛中国三亚大奖赛 吴起坚摄

2012年，在中共三亚市委的坚强领导下，三亚市人民政府按照稳中求进的总基调，全力以赴稳增长、调结构、保民生、促稳定，取得了来之不易的成绩。全市地区生产总值330.75亿元（含农垦，下同），同比增长9.3%，其中第一、二、三产业分别增长7.1%、9.0%和9.8%。全市地方公共财政收入60.25亿元，增长20.4%。城镇居民人均可支配收入23295元，增长13.8%。农村居民人均纯收入8825元，增长16.4%。

一、全力抓好项目建设和投资增长

围绕"项目建设年"各项要求，细化落实"六个一"责任模式，着力提高征地拆迁和行政审批工作效率，推行重点项目属地管理，加强项目督导检查，实行项目推进工作目标奖惩制度，取得积极成效。72个市重点项目完成投资300.7亿元，全市固定资产投资完成430.34亿元，增长21.0%。

二、努力保持主导产业平稳健康发展

旅游方面，对具有突出贡献的酒店、旅行社，对邮轮停靠三亚，对航空企业和重点旅游项目实施了政策扶持。开展旅游市场专项整治，强化假日旅游管理，积极构建旅游诚信管理平台。2012年全市接待过夜游客1102.22万人次，增长8.0%；实现旅游总收入192.22亿元，增长11.0%。2012年全市商业用房批准预售面积增长5.6倍，在商品房批准预售面积中所占比重从6.3%上升到33.7%。在保障性住房的带动下，全市房屋销售面积180.03万平方米，增长10.0%。

三、加快推动产业结构优化调整

2012年，加大了对新兴产业的扶持力度，中铁子悦薹城市综合体基本建成，南航三亚总部基地综合楼项目加快建设，美亚旅游航空等公司总部先后入驻。阳光人寿保险总部、亚洲金融合作联盟落户三亚，国家开发银行三亚分行、民生银行三亚分行、三亚农商银行获批筹建。2012年金融业增加值达到23.64亿元，增长64.6%。免税新政的实施刺激了旅游购物，商贸产业进一步发展，全年实现社会消费品零售总额104.8亿元，增长21.8%。创意产业园、省动漫产业基地、惠普海棠湾基地等项目建设稳步推进。成功举办了沃尔沃环球帆船赛三亚站比赛、三亚国际沙滩音乐节、三亚国际婚庆时尚周、首届三亚国际玫瑰节等活动。加快推进崖州中心渔港、中科院三亚深海科研所建设，组织开展南沙渔场捕捞作业，推广优质水产品种养殖，海洋经济取得新发展。继续加大支农惠农力度，完善农业科技服务，紧抓冬季瓜菜和热带水果生产，积极培育花卉产业，全市农林牧渔业实现总产值70.43亿元，增长 7.1%。工业生产呈逐季加速趋势，全年完成工业总产值58.03亿元，增长17.2%。

四、着力强化节能减排和生态环保工作

荔枝沟水质净化厂建成投入运行，三亚市新城水质净化厂、镇村垃圾中转站等项目加快推进，城镇生活污水集中处理率达到84.2%，生活垃圾无害化处理率和生活垃圾渗滤液达标处理率保持在100%。鼓励和推广新能源应用，南山电厂500KW太阳能光热发电项目投入运行，夏日百货商场300KW屋顶太阳能光伏发电工程已完成，全市新增太阳能热水系统民用建筑应用面积210万平方米。大力实施"绿化宝岛"工程，全年完成造林3.55万亩，全市森林覆盖率达68%。

五、继续加强城乡建设与管理

认真落实"科学规划年"各项部署，完成了17项控规、9个专项规划、各镇总规和镇区控规的编制任务，基本实现中心城区法定控规全覆盖，村庄建设规划覆盖率达到60%。凤凰机场三期扩建、西环铁路三亚段等项目稳步推进，绕城高速凤凰出口路已建成，迎宾路与绕城高速实现互通，新风桥重建、榆亚路改造、春光路丰兴隆段改造已完成。努力提高城市管理水平，推进市容和环境卫生等管理权下移，开展全民参与城市管理活动，数字化

亚

城市监控系统全面投入使用，数字化城市管理系统投入示范运行。农村公路与桥梁改建维修工程有序推进，病险水库除险加固、小型农田水利项目年度建设任务顺利完成，大隆灌区西干渠工程进展较快。建成育才镇农村饮水安全工程，解决了5000多人的饮水安全问题。

六、进一步深化改革开放

积极开展服务业综合改革试点工作，大力支持服务业发展。截至去年底，三亚市服务业信贷余额215.37亿元，同比增长18.2%，占同期各项贷款余额的70.6%。对市属国有企业进行调整重组，新组建了海南航程旅游发展股份有限公司。深化农村综合配套改革，出台了《三亚市集体建设用地开发利用管理暂行办法》。强化涉农金融服务，2012年发放涉农贷款18.7亿元，农业保险试点品种增加到4个。深化强镇（区）扩权改革，各区镇在项目管理、城市管理、社会管理等方面的主体作用得到加强。2012年三亚市实际利用外资2.36亿美元，完成进出口总额突破1亿美元。不断完善外事管理与服务，深入开展国际交流，提升了城市国际知名度。

七、全面推进民生和社会事业发展

2012年，安排了49.05亿元用于十大重点民生项目。住房保障方面，共建设各类保障性住房9554套，完成农村危房改造1758户。就业方面，新增城镇就业岗位33876个，转移输出农村劳动力15341人，动态消除零就业家庭，城镇登记失业率为1.91%。社保方面，全市新型农村养老保险参保率达到98.8%，城镇居民养老保险参保率95.8%，城乡居民医疗保险参保率99%。物价方面，大力实施“菜篮子”工程，新建了一批农副产品平价商店和平价专营区，积极开展农超对接，加强价格监测预警和监督检查，发放物价上涨联动补贴3.48亿元。教育方面，扶持优质民办幼儿园发展，推进中小学校布局调整，扩大普通高中办学规模，支持高等院校加快发展。学前三年教育毛入园率达到74.8%，高校在校生达到4.1万人。医疗卫生方面，基层医疗卫生服务体系进一步健全，解放军总医院海南分院正式开诊，市中医院获评“三级甲等中医医院”。社会管理和服务方面，各区镇便民服务中心已挂牌运作，在18个社区实行了“网格负责制”新型管理模式。严厉打击“两抢一盗”等犯罪活动，加强流动人口及出租屋管理，完善社会治安防控体系，初步建立起视频监控巡逻网。强化食品药品安全监管，开展重点行业和领域安全生产专项整治，“平安三亚”建设取得新成效。倡导优生优育，完成了省里下达的人口计生工作目标任务。认真处理群众来信来访，深入开展大接访、大下访等活动，畅通信访渠道，各种矛盾纠纷得到及时排查调处。深入推进双拥共建工作，再度荣获“全国双拥模范城”称号。

▲ 马球比赛现场　吴起坚摄

▲ 三亚湾风光

▲ 沃尔沃环球帆船赛三亚站　赵辉摄

▲ 游艇产业发展迅速

▲ 2012年12月7日，十八大代表、儋州市委书记张琦在木棠镇铁匠村宣讲十八大精神　柯人俊 摄

▲ 2012年5月9日，张琦书记在雨润调研　柯人俊 摄

▲ 建设中的那大新区

2012年，儋州市政府紧紧依靠全市各族人民，团结拼搏，逆势进取，较好地实现了稳增长、惠民生、保稳定、促和谐的目标任务。

经济平稳较快增长。全市地区生产总值176.78亿元（不含洋浦，下同），比上年增长9.8%。其中，第一产业增加值90.47亿元，增长6.9%；第二产业增加值25.65亿元，增长10.3%，其中工业增加值13.41亿元，增长9.8%；第三产业增加值60.66亿元，增长14.4%。固定资产投资总额75.04亿元，增长51.5%。地方公共财政预算收入9.31亿元，增长30.3%。各项存款余额178.91亿元、贷款余额67.66亿元、居民储蓄存款余额104.02亿元，分别增长19.2%、60.7%和15.6%。社会消费品零售总额45.28亿元，增长15.8%。城镇居民人均可支配收入和农民人均纯收入分别为19549元和7866元，分别增长16.4%和16%。项目建设成效显著。深入开展“项目建设年”活动,全市重点项目开工建设55个，完成年度投资72.6亿元。其中，14个省重点项目完成年度投资31.7亿元，完成年度投资计划的207%。重点项目中，竣工12个，完成年度投资21个，完成5000万元以上投资34个。雨润200万头生猪屠宰加工项目建成投产，白马井一洋浦跨海大桥、粤海铁路儋州站出口路等项目扎实推进。

科学规划扎实推进。深入开展“科学规划年”活动，完成木棠工业园区、滨海新区、王五农产品加工物流园区、东坡文化旅游区等4个产业园区，光村、峨蔓、兰洋、南丰、东成、王五等6个镇，牙拉河西岸片区、滨海新区环湾组团、滨海新区第三组团启动区、光村雪茄园区等4个片区，以及138个行政村、849个自然村的规划编制或修编，正在加快推进《儋州市乡村旅游发展总体规划》、泛松涛天湖旅游区总体规划、那大工贸园区和新州、排浦、雅星等3个镇以及防洪排涝、城市综合交通等规划编制。

城乡面貌变化明显。那大城区建成和改造了中兴大街西延线等15条市政道路以及3条城区排水工程，铺设污水管网10.6公里。开工建设新州、东成、王五、排浦、和庆等5个镇“一镇一街”项目。城镇化率提高到48.94%。农村基础设施不断完善，除险加固水库23宗，硬化渠道241.23公里，治理水土流失5.27平方公里，改造中低产田2.55万亩，开发整理土地1.36万亩，造林绿化7.2万亩，新增人工湿地5个，新建文明生态村89个。

产业发展步伐坚实。特色农业进一步调优做精，在巩固粮食、油料、糖蔗、橡胶、水果、瓜菜等产业的基础上，种植雪茄烟叶3000亩、兰花50万株；新建百头以上规模养猪场273家，生猪出栏量118.3万头；新增养殖青斑、珍珠贝及扇贝3000亩、巴非蛤15000亩、罗非鱼1080亩、深海网箱572口、特种龟鳖1.05万只，新造80吨以上渔船27艘。新成立农民专业合作社287家。电子农务和农技110覆盖所有镇村，新增设施大棚2690亩、喷灌设施农业

州

5526亩、标准化养殖小区5个。工业经济稳步发展，深入开展“企业大巡诊大帮扶”活动，金路200万吨新型干法水泥一期、瑞泽新型建材等项目建成投产，明成100万吨矿粉加工和100万吨水泥粉磨、港丰物流等项目加快建设，蓝岛90万吨工业超细微粉、建鹏再生资源轧钢、双胞胎饲料加工等项目加紧推进前期工作。以旅游为龙头的现代服务业加快发展，兰洋凤凰谷康帝度假酒店、望海国际广场等项目顺利推进，全年接待过夜游客和旅游总收入分别为63.83万人次和4.72亿元，分别增长13.5%和14%。

改革开放不断深化。完成了市房地产开发建设总公司、开发建设总公司、物资总公司、惠民食品厂等4家国企改制。推进“三集中三到位”改革，行政审批提速40%。积极扩大对外开放，开展与北部湾、“珠三角”等区域的合作，组织参加第八届泛珠大会、黄冈东坡节、省冬交会、省体育运动会等活动，组团到太原、重庆、上海、哈尔滨等城市举办推介活动，进行城市推介和旅游、房地产、农副产品促销，成功举办国际象棋大师超霸赛和国际马拉松赛，全年招商签约项目38个，协议总投资336亿元。

民生保障更加有力。全年财政对民生投入35.2亿元，占财政支出总量的78.9%，完成了省市两级各八件民生实事。启动新一轮扶贫开发，扶贫标准由年人均1393元提高到2650元，新增扶贫受益对象7.53万人，实现当年脱贫6660人。开工建设保障性住房3544套，农村危房改造1928户，库区移民危房改造1646户，政合、民乐、怡心花园、佳华四个小区8840套保障性住房已全部分配，怡心花园廉租房项目获得“广厦奖”。城镇居民医保和新农合参保率分别达到98%和98.77%，城镇居民养老保险和新型农村养老保险参保率分别达到96.2%和93.5%。城镇居民医保和新农合财政补助水平由每人每年200元提高到240元，60周岁以上农村居民养老保险基础养老金由每人每月70元提高到85元。建设常年蔬菜基地1.05万亩、平价商店（专区）8家，发放各种联动补贴75.99万元。建成东成、王五、排浦沙沟等水厂和50宗村级饮水安全工程。新建、续建和改扩建幼儿园25所，建成省、市规范化学校17所，107个校安工程、特殊教育学校、思源高中二期工程扎实推进，免除了2764名中职学生学费。建成雅星、海头敬老院，正在建设那大敬老院。建成市就业和社会保障服务中心，新增城镇就业岗位8274个，农村劳动力转移就业1.17万人，下岗失业人员和就业困难人员再就业1796人。新建农村“通畅工程”252公里，建成农村户用沼气“一池三改”400户，改厕6000座。西部中心医院一期工程进入收尾阶段，新州、新州镇新英、光村、木棠、白马井、排浦等6个镇卫生院标准化建设基本完成,在全省率先启动“医疗健康卡”一卡通项目。广播电视直播卫星“村村通”工程完成2万户，“户户通”工程完成6000户。人口和计划生育工作迈上新台阶，获得全省先进市县表彰。

▲ 市长林东视察农业生产基地　黎有科 摄

▲ 市长林东视察重点项目建设情况　黎有科 摄

▲ 雨润200万头生猪屠宰项目

恬静 温馨 安宁 精致 柔美 宜居

中国优秀旅游城市

▲ 市委书记符宣朝、市长宁虹雯在博鳌亚洲湾听取项目进展情况　吴光曙摄

▲ 市委书记符宣朝视察冬交会琼海展厅

▲ 温泉养生酒店奠基　黄小玲摄

2012年，琼海市政府认真贯彻落实省委、省政府“科学发展、绿色崛起”战略要求和“项目建设年”、“科学规划年”工作部署，务实进取、攻坚克难，积极应对复杂的发展形势，较好地完成了年度目标任务。全市地区生产总值完成145.1亿元，增长8%；地方公共财政预算收入15.3亿元，增长21.5%；固定资产投资102.5亿元，增长19.2%；社会消费品零售总额44.3亿元，增长17%；城镇居民人均可支配收入19871元，农民人均纯收入8176元，分别增长13.7%和13.2%。

一、着力调整产业结构，经济发展质量和效益进一步提升

实施品牌兴农战略，提升农业竞争力。实现农业增加值60.6亿元，增长7.1%。新注册农产品商标30个，琼海市被评为中国胡椒之乡、珍珠番石榴之乡、火龙果之乡。加快工业园区建设，提升工业规模和质量。实现工业增加值8.4亿元，增长8.9%。引进和促成一批高科技、新能源项目落户琼海市。国电LNG发电厂完成选址，中电新能源与智能电网产业基地正加紧前期工作。创新丰富旅游业态，提升现代服务业发展水平。实现第三产业增加值59.6亿元，增长6.4%。宝莲城游艇码头顺利施工，海昌极地海洋公园奠基启动，博鳌国际会展与文化产业园作为泛珠三角大会合作项目成功签约，大灵湖、金湾水上运动中心等项目加速推进，全市接待国内外游客447.6万人次，旅游总收入17.3亿元，分别增长15.7%和16.8%。加快推进宝莲城、金湾、亚洲湾等高端旅游地产项目，房地产累计完成投资86.8亿元，增长27.5%。交通银行、光大银行、平安银行在琼海市设立支行并正式营业，驻市金融机构达到31家，金融业增加值达4.1亿元，增长16.1%。节能环保工作不断加强。大力推进“绿化宝岛”行动，投入2.1亿元，绿化造林3.6万亩，完成省下达任务的160%。加强滨海、滨河生态恢复和保护，投入3000万元，综合整治万泉河非法采砂。

二、加快重点项目建设，可持续发展基础进一步夯实

市重点建设项目62个，完成投资26.7亿元；省重点项目14个，完成投资26.6亿元。博鳌机场完成投资2.8亿元，征地任务基本完成；万泉乐城国际医疗旅游先行区已通过国家11个部委的联合调研考察；潭门大桥顺利恢复施工；潭门渔港游艇与水上飞机研发组装基地进入施工准备阶段；博鳌数码港土地征用协议签订工作完成；琼海火车站配套项目、博鳌新安置区、豪华路贯通工程等重点项目在短期内得到迅速推进。

三、统筹城乡发展，区域经济活力持续增强特色

城市建设加快推进。按照“打造田园城市、构建幸福琼海”新思路，加快城乡一体化进程。坚持规划引领，高标准编制重点片区、镇村规划，镇（场）、村庄规划覆盖率分别达到100%和89%。以龙寿洋万亩田野公园作为田园城市示范区，现已基本建成乡村绿道和机耕路10公里。实施万泉河中段景观带建设和主要街道美化绿化，建成万泉河酒吧休闲街、购物步行街、粗粮美食街等特色商业街，城市品质进一步提升。投入基建资金

琼 海

9.6亿元，光华路、爱海路、西外环北路等市政路网抓紧建设，新海路建成通车，白石岭大道实现功能性通车；垃圾收集转运站、官塘污水处理厂等工程进展顺利，城市生活垃圾、污水处理率分别达到100%和75%。

建设"菜篮子"基地6799亩，完成省下达任务的136.3%；新增农民专业合作社54家，总数达到194家，总注册资金4.1亿元，带动农户3.2万户。新发地供京菜篮子冷链物流中心竣工落成；温氏畜禽养殖基地，大午农牧集团麻黄种鸡孵化、养殖、饲料生产一体化基地顺利开工；小龙王槟榔加工基地成功签约。投入4995万元，新建和完善文明生态示范村266个；投入3.1亿元，除险加固小型水库29宗，综合整治农田2.4万亩；投入1.4亿元，建设农村道路70公里、改造危桥5座；建成供水工程33宗，受益3.7万人。加大支农惠农力度，发放粮食直补、农资综合补贴3663万元，惠及7.1万农户；组织申报"一事一议"财政奖补项目468个，涉及项目资金4355.7万元；发放家电下乡补贴1173万元；投入渔船改造资金3000多万元。

特色小镇建设全面提速。启动博鳌风情小镇建设，投入1500万元实施街道立面及景观带改造工程，现已完成80%；大路坡农家乐、美雅村乡村旅馆、绿野田园驿站建成使用。加快潭门渔业风情小镇建设，潭门中心渔港、潭门大桥、潭门镇墟道路改造正在加紧施工。

四、全力保障和改善民生，社会事业持续协调发展

民生投入持续加大。全年预算民生支出23.7亿元，占公共财政支出的76.3%；新增财力的79.3%投向民生领域，创历年新高。省"八项"、市"十项"为民办好事实事全面完成。投入2.5亿元，建设保障性住房2794套，竣工1100套，分别完成省下达任务的102%和110%。改造农村危房2283户，完成省下达任务的114.2%。及时发放政策性惠民资金3.2亿元，惠及81.4万人次。城乡居民养老保险参保率99.2%，城镇居民医保参保率103%，农民"新农合"参合率达98%，新农合补助标准由上年的205元提高到241元，荣获"全省基本养老保险省级统筹实施工作一等奖"、"全省城乡居民社会养老保险工作一等奖"。动工新建嘉积、阳江2个镇级敬老院，扩建万泉镇敬老院，共增加床位260张。市社会福利中心、儿童福利院大楼主体工程均已封顶装修。新增就业岗位近6000个，城镇登记失业率控制在0.8%以内。投入370万元建成农副产品平价商店（专营区）8家，价格比市场价格低15-20%，居民消费价格涨幅控制在3.2%以下。发放低收入群体物价上涨补贴339.3万元，惠及群众13.3万人次。

社会事业加快发展。投入5710万元，全市17个校安工程全面开工建设，被评为"全省教育工作先进市"。成功举办"万泉欢歌——琼海市庆祝十八大迎新年全景式大型歌会"等重大文娱活动，组织群体性文体活动近2000场次。农家书屋工程建设工作走在全省前列，塔洋镇福寨村农家书屋被评为"全国示范农家书屋"，嘉积镇新朝村等6家农家书屋被评为"全省示范农家书屋"。

▲ 市长宁虹雯为研究鹦哥岭生态发展的青年团队颁发科研经费30万元 黄小玲摄

▲ 2012年冬交会琼海市成功签约农产品订单68宗，成交金额合计16.4亿元

▲ 2012冬交会取得新成果，交易创新高。琼海市展馆成为最美展馆之一，荣获冬交会展馆设计与布展一等奖

▲ 嘉积豪华西路与光华路之间的琼海商业步行街 袁铭舒摄

活力 和谐 文明的现代化滨海旅游城市

中国航天基地

▲ 市委书记裴成敏、市长刘春梅陪同省领导调研文昌市重点项目

▲ 新加坡佳印控股有限公司在文昌投资建设地产项目

▲ 2012年文昌南洋文化节开幕

2012年，文昌市在省委、省政府的坚强领导下，较好地完成了市十四届人大一次会议确定的年度目标任务，促进了全市经济社会科学快速持续发展。全市生产总值158.54亿元，增长9.4%；三次产业结构比例调整为39.5:24.2:36.3；全口径公共财政收入15.76亿元，增长17.2%，其中：地方公共财政收入10.45亿元，增长22.5%；固定资产投资142.11亿元，增长28.2%；社会消费品零售总额42.15亿元，增长17.0%；万元GDP能耗下降2.1%，全面完成省下达的年度节能减排指标任务；居民消费价格上涨3.2%；城镇居民人均可支配收入20555元，农村居民人均纯收入8196元，分别增长14.3%和13.1%。

一、保持投资较快增长，经济发展后劲明显增强

全力以赴抓投资推项目。坚决落实省委、省政府“项目建设年”的工作要求，162个市重点项目完成年度投资129.96亿元，完成年度计划的100%。清澜大桥、清澜大桥西连接线、美兰机场至发射场道路工程文昌段等43个项目竣工。海南航天发射场及安置区、铜鼓岭国际化生态旅游区、月亮湾起步区、市人民医院新区、滨海旅游公路、清澜大桥东连接线、清澜新港码头改扩建工程、航天育种基地、中南110Kv输变电工程等97个项目正抓紧建设。铺前大桥、文昌至琼海高速公路、海文高速公路改造工程等项目已明确开工时间正加紧开展前期工作。

千方百计扩大消费需求。加大房地产、旅游、农产品的促销力度，房地产开发投资57.38亿元，增长39.2%，商品房销售面积86.09万平方米，增长5.1%；接待过夜游客125.52万人次，实现旅游收入8.11亿元，分别增长13.8%和16.5%；冬季瓜菜出岛出口量42万吨，增长8.2%。完成7个农村农贸市场升级改造。落实家电、摩托车下乡等促进消费政策，发放补助资金1737万元。

二、加快转变发展方式，产业结构逐步优化

大力发展特色现代农业。全面落实强农惠农富农政策，兑现各项涉农补贴资金5750万元。冬季瓜菜种植面积26万亩；文昌鸡、生猪出栏量分别为3890万只和32.19万头，分别增长10.5%和9.5%；水产品总产量21.68万吨，增长11.0%。完成对虾、罗非鱼池塘标准化改造1.90万亩。强化渔民生产安全保障，为300艘渔船和1679户渔民安装了北斗卫星导航设备和海洋渔业通信救助设备。大力开展农田水利设施建设，完成赤纸河道整治一期工程、文教河入海口段防洪潮工程、文昌江美食城段整治工程等3宗海河堤加固工程和18宗病险水库除险加固工程建设；完成25宗田洋整治，改造中低产农田3.38万亩。

加快发展以旅游业为龙头的现代服务业。完成《文昌市旅游发展总体规划》（2011-2030年）编制。积极推进铜鼓岭国际化生态旅游区、航天主题公园、八门湾红树林湿地公园等重点旅游项目建设。加强文城文南老街、铺前古街、会

文十八行等历史文化建筑的保护，促进文化和旅游融合，发展新型文化业态，丰富旅游内涵。成功举办2012年南洋文化节，打造侨乡文化旅游新品牌。

三、全面实施民生工程，群众得到更多实惠

在学有所教、劳有所得、病有所医、住有所居上有新进展，人民生活进一步得到改善。全市民生支出25.06亿元，占地方公共财政支出的70.9%。2012年度8项省级和12项市级为民办实事任务全部完成。

积极发展教育事业。“两基”教育成果突出，被国务院授予“全国‘两基’工作先进地区”称号。新建和改扩建6所公办幼儿园，新增学位1890个。完成13个中小学校舍安全工程。2050名中等职业技术学校学生享受“四免一补”政策。给1.30万名贫困学生发放助学金1237万元。文昌华侨中学被评为省完全中学一级甲等学校，文昌中学获得北京大学2013年“中学校长实名推荐制”资质。

扎实做好就业和社会保障工作。建成1个市级4个镇级就业和社会保障服务中心。新增城镇就业岗位5818个，培训城乡劳动力3468人。组织农村劳动力转移就业9900人，安置下岗失业人员再就业781人，帮扶212名就业困难人员就业。发放小额担保贷款1623万元，帮助1532人自主创业。全市最低月工资标准从680元提高到900元。城镇居民医疗保险补助标准由每人每年200元提高到240元。农村居民基础养老金标准由每人每月70元提高到85元。新型农村社会养老保险参保率93.4%。城镇居民社会养老保险参保率98.9%。发放城乡低保金和五保供养金5049.30万元，惠及2.06万人。开工建设城镇保障性住房3168套。改造农村危房2200户、水库移民危房435户、国有工矿棚户区住房444套。新建1所养老院，新建和改扩建5所镇敬老院，新增养老床位450张。

四、坚持生态立市，生态环境建设和保护成效显著

毫不动摇地抓好节能减排。积极推广使用节能技术和产品，推广节能灯20.60万只，改造传统路灯3932盏，推广应用太阳能建筑面积达92.60万平方米，建成大型沼气工程2个和户用沼气池400个。开展“地球一小时”、“节能宣传周”等活动，提高全民节能意识。

大力实施“绿化宝岛”工程。新增造林面积3.81万亩，建成1个中心保障性苗圃基地，39.60万亩国家、省级公益林得到有效保护，森林覆盖率达到43.6%。新增城区绿地面积5.80万平方米，城市建成区绿化覆盖率达42.0%，人均公共绿地面积9平方米。

五、积极扩大对外开放。借助“泛珠会”、“厦洽会”等平台大力推介文昌，提升文昌知名度。积极融入琼北“7+1”区域旅游合作。与北京顺义区成功开展缔结友城20周年交流活动。积极开展以侨引资海外招商活动，发挥侨乡特色优势，助力文昌发展。全年实际利用外资6085.20万美元，增长14.4%；进出口总额5469万美元，增长10.9%。

▲ 市委书记裴成敏在东郊填海项目调研

▲ 航天风情小镇

▲ 潭牛风情小镇

▲ 中非合作圆桌会议第三次大会在万宁开幕

▲ 首届万宁槟榔文化节暨槟榔文化产业论坛成功举办

▲ 2013中华龙舟大赛海南万宁站开赛

2012年是本届政府开局之年，万宁市按照"科学发展，绿色崛起"的要求，以建设"开放万宁、绿色万宁、幸福万宁"为目标，全力抓发展、惠民生、保稳定、促和谐，完成了市十四届人大一次会议提出的目标任务。实现地区生产总值135亿元，增长10.1%。地方公共财政预算收入首次突破十亿大关，达到10.32亿元，增长25.6%。固定资产投资112.1亿元，增长25%。社会消费品零售总额40.17亿元，增长15.5%。城镇居民人均可支配收入19980元，增长14.4%；农村居民人均纯收入8017元，增长15.6%。

一、特色产业稳步发展，产业基础不断加强

农业基础不断夯实。全力实施"菜篮子"工程。种植冬季瓜菜16.7万亩，创办"一洋一品"标准化瓜菜生产示范基地24个8000亩。投入4580万元，新建瓜菜设施大棚2150亩，常年瓜菜基地33个7100亩。新增热带经济作物和水果种植面积5.3万亩。农产品质量安全合格率98%以上，冯家洋绿色防控示范基地定为全省推广示范点。新建田头冷库库容1.7万吨。农垦亘牧2万头猪场投产。改造低位虾池850亩。新增256家新型农民合作组织。投入3.96亿元，完成8座小型病险水库除险加固，建设东山河下游段防洪等重点水利工程，农业产业基础不断夯实。通过"一卡通"发放各类惠农补贴1.97亿元，惠及农民74.55万人次。全年实现第一产业增加值40.89亿元，增长6.4%。

工业经济快速发展。依托丰富的南药、热作、林业、锆钛资源，发展资源型特色加工业。推广槟榔环保加工技术，扶持口味王槟榔加工厂等企业做大做强的同时，培育海联、雅利等本土槟榔加工企业发展壮大。和乐粽子加工厂、艺鑫造纸厂等建成投产，万州绿色制药血液透析粉（液）生产项目、水泥粉磨站及混凝土管桩生产线即将竣工。水上飞机制造、电动汽车等环保节能项目成功落户。全年实现工业增加值11.65亿元，增长13.9%。

旅游发展竞争力不断增强。精心打造旅游精品，东山岭、兴隆热带花园创建国家4A旅游景区工作加快推进。成功举办冲浪节、槟榔文化节、中华龙舟赛、海钓赛、中非合作圆桌会议、世界旅游文化小姐中国总决赛等节庆赛事会展活动，万宁知名度、美誉度不断提高。全年接待旅游过夜人数347.55万人，旅游总收入25.09亿元，分别增长1.5%和6.3%。

二、规划引领初显成效，城乡建设统筹推进

项目建设顺利推进。99个重点项目进展顺利，共完成投资94.58亿元，增长31.6%。礼纪希望小镇、石梅湾游艇码头建成，喜来登、福朋酒店开张营业，奥特莱斯品牌折扣店、山钦湾高尔夫会所即将建成。君临海等31个地产项目陆续开盘销售，全年商品房销售面积45.5万平方米，销售额40.7亿元，分别增长8.7%和18.3%。

基础设施不断改善。长春路二期、加神公路二期建成通车，纵一北路、环一西路延伸段、侨乡路、141公里农村公路即将竣工，石梅湾至大花角滨海旅游公路、迎宾北路启动建设。万宁城区配水管网改扩建工程完工。港北一级渔港、东山河改造进展顺利。投入7921万元，完成农网改造396公里，新增变电容量6300千伏安，配变电容量8305千伏安。

三、民生事业长足发展，社会环境和谐稳定

坚持公共服务均等化，民生投入与财政收入同增长，各

类民生项目支出23.39亿元，占财政总支出的75%。

十件民生实事基本完成。开工建设各类保障性住房2766套，竣工1936套。改造农村危房3100户。北师大万宁附中实现秋季开学。4个镇中心幼儿园、3个敬老院和托老院、多功能活动中心、市人民医院新院、广播电视发射塔、农村电网改造升级相继竣工。投入1816万元，建成25宗农村饮水安全工程，解决2.23万人安全饮水问题。城乡低保标准分别提高到290元和210元。

社会事业全面发展。教育投入7.63亿元，占地方公共财政预算支出的24.4%。创办省级规范化学校5所。完成62个校安工程及薄弱学校改造工程。招聘281名教师优化教师队伍结构。发放各类教育资助资金3900万元，惠及学生7.7万人次。卫生院业务用房、院区改造及污水处理工程完工。新建改建标准化村卫生室20间，招聘36名卫技人员充实医疗卫生队伍，扩大国家基本药物制度实施范围，为贫困群众免费实施白内障手术311例。全年人口出生率14.78‰，符合法定生育率92.74%。城乡居民社会养老保险实现全覆盖。城镇居民医保、新农合参保率、门诊报销及政策范围内住院费用支付比例提高。发放各类社保补贴7000万元，惠及3.64万困难群众。新增城镇就业岗位5735个，下岗失业人员再就业976人，农村富余劳动力转移就业1.1万人，开发公益性岗位653个。落实“菜篮子”市长负责制。设立超市平价销售专区2个、平价商店3家。全年消费价格涨幅回落至3.6%。实施广播电视“村村通”、“户户通”工程1.45万户。电影下乡2484场，送戏下乡100多场。成功举办世界冲浪精英赛、省全民健身趣味运动会等大型体育赛事。较好完成2012环岛国际公路自行车赛服务保障任务。

四、生态建设不断加强，人居环境日益改善

深入实施“绿化宝岛”行动。投入3.28亿元，完成造林绿化3.57万亩，超额完成省下达的任务。建设高速公路莲花出入口至兴隆旅游区等4个通道绿化示范工程。开展环境卫生大整治，完成5个连片村庄环境综合整治。3个镇人工湿地工程建成使用。建成兴隆、神州半岛两个污水处理厂。和乐垃圾中转站建成使用。新建文明生态村30个，巩固提高50个。依法关停污染重、能耗高的实心粘土砖生产企业17家。万元生产总值能耗下降2.5%。

▲ 市委书记丁式江视察长丰镇文明生态村

▲ 市委书记丁式江到和乐镇调研龙州风情小镇建设情况

▲ 市长张美文视察春节市场供应情况

▲ 市长张美文调研公路规划建设情况

▲ 市委书记宋泽江在板桥镇农村土地流转服务中心检查指导工作

▲ 市委书记宋泽江、市长吉明江到高速路口视察冬季瓜菜检测情况

▲ 市委书记宋泽江、市长吉明江视察东方市三月三文化广场现场建设情况

2012年，在省委、省政府的正确领导下，全市上下以迎接和学习宣传贯彻党的十八大精神为动力，以科学发展观为指导，紧紧围绕市十二次党代会提出的宏伟目标，深入开展“项目建设年”、“城市建设管理年”活动，顺利完成了市十四届人大一次会议确定的各项目标任务。

经济综合实力迈上新台阶，产业结构不断优化

2012年全市生产总值达114.1亿元，首次突破百亿元大关，增长10.4%，比全省高出1.3个百分点。产业结构不断优化，三次产业占GDP的比重由2011年的27.5：51.2：21.3调整为26.7：51.2：22.1，三次产业分别为经济增长提供1.9、4.6、3.9个百分点，其中第三产业对经济增长的贡献率是第一产业的2.05倍，成为去年经济增长的最大亮点。固定资产投资完成60.3亿元，增长48.3%，比全省高出15.2个百分点。全市社会消费品零售总额达18.3亿元，增长18.1%，比全省高出3.1个百分点。全年全口径公共财政总收入完成19.2亿元（剔除关税和进口货物增值税），增长33.1%，其中地方公共财政预算收入8.3亿元，增长33.6%，比全省高出13.2个百分点。城镇居民人均可支配收入19711元，增长16%，比全省高出2.1个百分点；农村居民人均纯收入7482元，增长17.4%，比全省高出2.5个百分点。

重点项目建设取得新突破，旅游房地产成为新亮点

2012年，东方市确定重点项目有73个，其中省重点项目15个，市重点项目58个。全市重点项目计划投资68.9亿元，全年完成投资55.9亿元，占年度投资计划的81.2%。省重点项目已全部开工建设，其中华能东方电厂二期工程投入商业运营，东方石化DCC项目一期累计完成总进度的73%，高排风电项目成功并网运行。鸿坤理想海岸一期、山水绿洲商住小区、3HD假日公寓一期、东方海湾涛升花园一期、飞龙花园等旅游房地产项目已竣工并开始销售。泰隆大酒店正式开业运营，明道海鸥酒店已完成主体框架工程，正在进行内部装修。鸿坤理想海岸二期、海·东方一期、云天·金源花园小区、东方海岸一期等项目已进场开工。全年房地产完成投资额15.6亿元，总建设面积42.6万平方米，增长148.9%；销售面积11.5万平方米，增长47.7%。

土地宏观调控工作取得新成效，城乡一体化进程不断加快

完成感城高速路出口、罗带河一期等26宗共计5553亩项目用地征地工作。完成7宗14块面积1330亩的国有土地使用权出让，成交总价达8.3亿元。处置75宗面积89.2亩的闲置土地，收缴土地闲置费1201万元。修编《东方市城市总体规划》、《东方工业园区总体规划》以及《东方工业园区产业发展规划》，成立村镇规划建设管理所。板桥镇旧城区改造项目基本完成征地工作，福耀村旧村改造已签订框架协议。完成12公里长的小街小巷硬化改

造、中心街道人行道改造、东港路跨线桥改造等工程，疏港大道、国道过城快车道、滨海南路一期等工程建成通车，开工建设三新线、新小线、康明路、工业园区出口路二期、滨海北路、琼西路改造一期、东安路等工程。完成文体路、人民北路等5条市政断头路征地拆迁工作。清理疏通12公里的市区中心街道排水管，实施城市“绿色图章”行动，完成城镇绿化面积3945亩。

民生建设取得新成就，社会事业全面进步

全年民生支出近23亿元，占地方公共财政预算支出的72.8%。基本兑现年初向社会承诺的十件民生实事。开工建设3198套保障性住房，库区移民改造工程基本完成。完成罗带河出海口段防洪（潮）第一期工程的54%，完成柴头、打江等11座病险水库除险加固工程。建成常年蔬菜基地4300亩，基地大棚设施率达30%以上。新增安全饮水人口2.28万人。积极开展“绿化宝岛”行动，造林绿化面积7.56万亩，完成省下达任务5.68万亩的133%，全市森林覆盖率达57.2%，比上年提高了两个百分点。生态效益补偿机制覆盖面扩大至江边、感城2个乡镇。减少贫困人口3717人。全部免除东方籍农民的基本农田水费和东方籍高中生学费。第二思源学校和板桥、新龙、大田等3所公办乡镇中心幼儿园全部竣工。全市城镇新增就业岗位3193人。全市新农保参保率达93%；城镇居民养老保险参保率达92%；新农合参合率达97%。东方医院创三甲项目进展顺利，行政村卫生室标准化覆盖率超过60%。

民主法制建设取得新进展，反腐倡廉扎实推进

深入开展命案必破、“铁拳”、“破案会战”、“春雷”、网上追逃等专项治理行动，共立刑事案件817起，破获562起，8起现行命案实现全破，群众对社会治安的满意率大幅提高。组织开展打击非法采砂联合执法行动30次，依法取缔13家违法砂场，依法查封并拆解沉没大广坝库区非法淘金船16艘。加大审计监督力度，为财政节支1315万元。认真执行市人大及其常委会的各项决议，自觉接受人大监督，督办市人大代表建议55件；主动接受政协的民主监督，督办市政协委员提案36件。认真听取民主党派、工商联、无党派人士和人民团体的意见。开展重信重访专项治理和信访积案化解活动，积极深入基层解决城乡土地纠纷、劳动社保等热点难点问题，为52名农民工追回被拖欠工资437.1万元。加强食品药品安全监管和加大对医疗药品集中采购的监督力度。对东方市2011年以来开工建设和竣工的27个政府投资重点项目的质量和履行合同情况进行检查考评，建立“红黑名单”库。加强“庸懒散贪”专项整治工作，清理各类“吃空饷”人员30名。监察机关全年受理信访来访举报125件，经初查初核61件，办结56件，共立案4宗，结案7宗，给予纪律处分9人，挽回经济损失49.4万元。

▲ 花梨之乡，感恩花梨情，醉美三月三

▲ 黎族文化织锦现场

▲风电快速发展，前景广阔

▲ 花卉产业规模化进程加快，东方菊花香飘海内外

天然氧吧　翡翠山城　旅游胜地

▲五指山市第三次党代会

▲2012年全国群众登山健身大会暨第二届五指山热带雨林登山赛

▲百人黎锦大赛

【概况】五指山市位于海南岛中南部五指山腹地，东南临保亭，西接乐东，北连白沙和琼中。原为海南黎族、苗族自治州首府，2001年由通什市更名为五指山市。全市面积1130.81平方公里。户籍人口11.27万人，其中黎族7.15万人、苗族5898人。辖7个乡镇、59个村委会，1个国有农场。年平均降雨量1800—2200毫米，年平均气温22.4℃，森林覆盖率达83%，空气质量保持国家一级标准，河流水质达国家二类标准，是海南省森林生物多样性保护的核心区和重要的水源涵养区，被誉为“绿色宝藏”、“海南肺叶”、“天然氧吧”、“翡翠山城”和“南国夏宫”。境内矿产资源丰富，主要有高岭土、大理石、花岗岩、金砂、银汞、石墨等。森林资源种类繁多，珍贵树种150多种，药用植物1000多种，兰花100多种。旅游资源独特，五指山被国际旅游组织列为A级旅游点，是登山、探险、猎奇、观光、疗养和避暑的胜地。

【经济发展】2012年，生产总值（含农垦）16.58亿元，增长3.3%。其中第一产业增加值4.89亿元，增长6.2%；第二产业增加值2.94亿元，增长9.1%；第三产业增加值8.75亿元，增速与2011年持平。人均生产总值1.59万元，增长0.1%。

农业农村经济持续发展。全面落实各项强农惠农富农政策，农业农村经济形势喜人。全年共种植冬季瓜菜2.05万亩、茶叶2290亩、热带花卉2071亩、高山蔬菜2780亩。新增花梨、沉香、胆木共5002亩。创建农业科技110科技示范基地8个。改造中低产田1万亩，节水灌溉6000亩，新增粮食49.5万公斤。新增农民专业合作社99家，总数达198家，带动农户3865户。发放农机具购置、种粮、农资综合等补贴共638万元。发放农村小额贷款1787万元，扶持贫困户498户，受益群众1895人。2012年，农业增加值4.89亿元，增长6.2%。

工业经济稳步发展。加强对重点企业生产经营运行情况的监测分析，争取资金扶持海南制药厂、黎锦坊公司、大江南水泥厂和川丰工贸橡胶加工厂等，推动工业经济平稳运行。2012年，工业增加值9307万元，增长13.1%。其中规模以上工业增加值6746万元，增长16.8%；规模以下工业增加值2561万元，增长5.3%。

以旅游业为龙头的现代服务业健康发展。完成热带雨林度假酒店、怀特度假酒店、五指山登山栈道、五指山革命根据地纪念园一期等建设，红峡谷旅游区、花舞人间景区建设顺利推进。成功举办黎族“三月三”节、环岛自行车赛（五指山市赛段）、全国群众登山健身大会闭幕式暨第二届五指山热带雨林登山赛。2012年，共接待游客101.8万人次，实现旅游营业总收入1.21亿元，分别增长49%和61.3%。

项目建设扎实推进。全市56个市重点项目完成年度投资15亿元。中部区域医疗中心外科大楼等6个项目基本建设完成。海榆南路支路、水满乡核心区配套路网等23个项目顺利开工。

【城乡建设】城乡规划日趋完善。先后完成了《五指山市城乡总体规划》、《五指山市风景名胜区（水满、南圣、雅宾）控制性详细规划》、《水满国家特色景观旅游名镇城市规划》等编制工作；完成了毛阳镇、南圣镇等6个乡镇控制性详细规划和全市218个村庄规划的编制工作。

五 指 山

城乡建设再添新亮点。完成河北东路一期、怡景路人行景观桥、什曼桥改造、“三月三”广场改造等市政工程。实施水满风情小镇建筑立面改造和加艾桥、什龙桥等桥梁建设。完成翡翠公园主体工程，怡景公园正在建设中。启动市商业中心建设，完成牙蓄村改造规划设计。全市建成区园林绿化面积276.5公顷，城市绿化覆盖率达到46.4%，人均公共绿地为8.3平方米，道路装灯率99%，公共照明亮灯率达到98%以上。

新农村建设有效推进。完成农村饮水安全工程12宗，解决农村5453人的安全饮水问题；建设乡村道路20条17.3公里，解决农村3054人的行路难问题；建设灌排渠道24.2公里，配套渠道建筑物680处，修复引水坝7座；建设农村沼气池350户、改厕800户，惠及2793人；创建农民增收示范点65个，带动了地区发展。

节能减排工作深入推进。积极推进绿色照明示范市建设和节能灯推广工作，新建或改造路灯724盏，推广节能灯3.9万只，更换单位办公大楼节能灯1860盏。完成太阳能热水系统建筑面积19.1万平方米。城市垃圾和污水集中处理能力分别达到100%和53.1%。大力实施“绿化宝岛”工程，新增造林1.6万亩，森林覆盖率稳定在83%，单位工业增加值能耗下降2.6%，全年环境质量优良率达到100%。

【社会发展】2012年，公共财政继续向民生倾斜，全市财政用于教育、社会保障、保障性住房、农林水事务、医疗卫生等重点民生领域的资金支出11.1亿元，增长74.5%，占地方公共财政支出84.4%。

年初向社会公开承诺的十件民生实事好事全部兑现。开工建设保障性住房1320套，超额完成省下达的1260套建设任务。完成农村危房改造800户、库区移民危房改造53户。发放廉租住房租赁补贴533万元，惠及1318户。改扩建乡镇幼儿园3所，拨付义务教育公用经费、高中公用经费、职业技术学校公用经费共1250万元，发放贫困生、寄宿生补助资金共975万元。城镇居民基本医疗保险参保率100%，新型农村养老保险参保率93.8%，新农合参合率 99.6%。发放养老金472.8万元，发放城乡低保、城乡医疗救助、五保户供养、优抚补贴共2919.3万元，发放物价联动补贴和动态物价补贴共352万元。建成平价商店（专区）3家、乡镇敬老院2所。新增城镇就业岗位1302个，农村富余劳动力转移就业3543人次，城镇登记失业率1.4%。完成“村村通”安装入户7478户，全市广播电视覆盖率100%。

▲ 五指山城市建设新貌

▲ 五指山市特色现代农业—热带花卉

▲ 五指山风光

▲ 县委书记王雄、县长杨文平在陵水黎族苗族传统节日“三月三”活动现场

▲ 县委书记王雄、县长杨文平考察清水湾建设情况

▲ 县长杨文平视察新农村建设

一、经济平稳较快发展

全县生产总值实现78.5亿元，同比增长11%，地方公共财政预算收入20.57亿元，增长22.7%，全社会固定资产投资完成130亿元，增长44.4%，城镇居民可支配收入17254元，增长14%，农民人均纯收入6389元，增长18%，社会商品零售总额10.14亿元，增长15.5%。全县经济实现了速度、效益、质量同步协调发展。

二、强力推进项目建设，带动有效投资快速增长

项目建设严格落实“六个一”工作机制。2012年，省下达陵水县的重点建设项目11个，年度计划投资49.45亿元，全年完成投资60亿元，占计划的121%，其中：政府投资项目7个，完成投资2.5亿元，占计划的135%；企业投资项目4个，完成投资57.5亿元，占计划的121%。县政府安排投资项目60个，年度计划投资15.26亿元，全年完成投资8.6亿元，占计划的56%，其中：重点项目9个，完成投资3.1亿元，占计划的62%；一般项目51个，完成投资5.5亿元，占计划的54%。企业投资稳步增长，特别是“三湾”项目完成投资85亿元，增长53.9%，已成为拉动全县经济发展的强劲动力。

投入3000万元，启动了《陵水黎族自治县城市总体规划》、《陵水滨海风景名胜区总体规划》、《高峰温泉控制性详细规划》的修编工作，完成了《陵水河北部地区城市设计》等17个规划的修编，批复实施《香水湾B区控制性详细规划（局部调整）》等8个规划。

加快推进园区建设。为加快低碳新型工业聚集区的开发建设，投入2.21亿元做好拆迁安置工作，完成征地面积3416.64亩，测量和勘探面积5972.82亩。已有阳光凯迪新能源集团、北京国浩传感器技术研究院、天涯在线等3家企业签订协议落户低碳新型工业聚集区。投资1.3亿元，完成现代农业科技示范基地的总体规划设计，建成631亩核心区的6个自动化温控大棚并投入使用。加快国际旅游岛先行试验区起步区、陵水海洋主题公园和清水湾国际信息产业园项目用地拆迁安置进度，共完成征地拆迁4.3万亩。

三、优势产业发展态势良好

一是强基础促增收，“三农”工作全面加强。全县农林牧渔总产值43.24亿元，同比增长6.9%。“三农”投入8.6亿元，同比增长21.4%。投入6300万元，建设9个现代农业生产发展示范基地，全年新增有机农业面积350亩，新增设施农业面积3000亩，大棚种植瓜菜产量和产值分别增长12%和13%。海水捕捞和海水养殖产量分别增长3.6%和15.4%。整治田洋1.8万亩，全面维修干、分、支渠86条，长470公里，其中改造小妹西干渠、黎万干渠、竹俐干渠共40.8公里，改善和恢复灌溉农田面积8.5万亩，维修加固12宗病险水库，水利工程设施完好率达80%以上。认真落实各项惠农富农政策，发放各类农业生产补贴2.8亿元。扎实推进扶贫开发工作，贫困村和老区村农民年人均纯收入3540元，增长18%，脱贫人数7283人，完成省下达任务的145.6%。安排资金2600万元，启动隆广镇常皮村、目雀村2个扶贫示范村建设。

二是旅游业发展得到新提升。全县旅游接待国内外游客突破400万人次，增长10.2%，接待过夜人数101.8万人次，增长12%，旅游总收入6.58亿元，增长10%。在国家实施宏观调控房地产政策的形势下，全县完成旅游房地产销售39万平方米，销售金额93.27亿元。全县规划建设34家酒店，在建18家，年内竣工2家。继续推动5A级旅游景区创建活动，分别投入1.2亿元和5000多万元用于分界洲岛和南湾猴岛景区基础设施改造升级。

四、民生和社会事业取得新成效

全年民生支出21.69亿元，占公共财政预算支出59%。全面完成省下达的为民办实事任务：一是保障性安居工程。开工建设2380套城镇保障性住房，完成历年保障性住房项目建设3033套，超额完成省定的年度目标，改造完成农村危房和水库移民危房1044户。二是提高社会保障财政补贴标准，城镇居民医疗保险和新农合财政补贴标准提高到240元，60周岁以上农村人口养老金标准提高到85元。三是实行物价补贴发放政策，对本县户籍人口每人补贴600元，全年发放补贴资金2.09亿元。四是建设常年菜篮子工程。投入3500万元建设常年蔬菜基地，面积4050亩，建成3个平价供应专区。五是投资2.6亿元，动工建设文隆、田仔、土福湾、大里、群英及县城周边等六个片区的农村饮水安全工程，受益人口24.64万人。六是实施教育惠民工程。投资1.09亿元，开工建设乡镇公办幼儿园12所，村级幼儿园6所，在8所小学内增设附属幼儿园，完成省下达的任务目标；完成陵水思源实验初级中学建设并在秋季实现招生。七是就业和社会保障工作继续加强。全年新增就业5048人，开展各类就业再就业培训2674人次。全县基本养老、基本医疗参保人数同比增长10%和6%，工伤、生育、失业保险参保人数分别增长16.6%、15.87%和4%。新农合参保面不断扩大，参合率100%，补偿封顶线从原来8万元提高到10万元。为英州镇天堂村1365名失地农民办理养老保险，各项社会保险待遇按时足额支付。落实“应保尽保，应退必退”管理原则，共发放城乡低保金5690万元。积极开展城乡医疗救助，支出838.62万元，解决了一批困难群众看病难问题。

提高城乡公共卫生和医疗服务水平，农村三级卫生服务网络逐步健全，标准化乡镇卫生院覆盖率达88.8%，标准化村卫生室覆盖率85%。完成广播电视“村村通”工程，开工建设25个村级文化室,成功举办元宵喜乐会、“珍珠海岸·美丽陵水”城市巡展晚会，承办了全省黎族苗族传统节日“三月三”主会场活动、全国女子自由式摔跤冠军赛。

五、生态环境建设持续深入

开展“绿化宝岛大行动”。掀起植树造林高潮，完成义务植树135万株，占省下达计划的337.5%；村庄绿化250个，绿化面积6500亩，绿化道路120.9公里，抓好13.45万亩生态公益林管护，公益林的功能和效益得到较大的发挥。全县森林覆盖率达60.2%。

▲ 陵水海洋主题公园开工建设

▲ 思源学校建成投入使用

▲ 新建成的海韵广场

抓工业 扩规模 抓农业 惠民生

▲ 澄迈县获评“世界长寿之乡”，东北亚经济论坛主席赵利济（左二）、联合国国际老龄研究所所长约瑟夫·特鲁伊斯（左三）为澄迈县授牌，县委书记杨思涛（右一）接受奖牌

▲ 澄迈县获评“2012中国最具海外影响力县”，澄迈县县长吉兆民（左）领奖

▲ 第二届人口老龄化长寿化研讨会在澄迈县召开

2012年，澄迈县面对经济下行的压力，大力实施“三县一地”经济社会发展战略，统筹推进经济、政治、文化、社会和生态文明建设，实现了新一届政府工作的良好开局。

一、经济保持强劲增长势头，综合实力迈上新台阶

2012年全县完成生产总值171亿元，同比增长17.1%，GDP增速连续三年排名全省第一。全口径财政总收入41.2亿元，同比增长1%，其中，地方公共财政收入15.7亿元，同比增长25%；基金收入16.2亿元，同比下降16.2%。全社会固定资产投资190.7亿元，同比增长48.6%。社会消费品零售总额20亿元，同比增长16.1%。城镇居民人均可支配收入20664元，农民人均纯收入8165元，分别同比增长15.9%和13.2%。

2012年，澄迈县还先后荣获全国双拥模范县、全国国土资源节约集约模范县、全国绿化模范县、全国深化全民禁毒宣传教育示范单位、中国最具投资潜力特色示范县、中国龙舟之乡、世界长寿之乡等16项国家级和世界级殊荣。

二、大力实施“项目建设年”，重点项目建设有效推进

2012年，全县82个省县重点项目计划总投资131亿元，全年共计完成投资124.3亿元，完成年度计划的94.9%。其中，省重点项目完成投资75.6亿元，完成年度计划的174.9%。椰树集团矿泉水项目、中高端光电倍增管、汉能光伏太阳能电池、赣丰肥业等16个影响重大的项目竣工投产；中油深南LNG项目、东软信息产业基地、20万吨镀锡原板扩建等38个项目加快推进。在项目的强劲拉动下，园区经济发展迅猛，老城开发区全年区内总产值达386亿元，同比增长26.3%；生产总值（GDP）达100亿元，同比增长24.3%。海南生态软件园已有东软等243家知名IT企业入驻，全年企业产值及软件外包服务收入达65亿元。

三、打品牌扩规模，加快国家现代农业示范区创建步伐

积极推进“国家商标战略实施示范县”、“商标富农工程”建设。全年新注册商标207件，累计有效注册商标1033件，其中，著名商标18件，成功注册了“澄迈福橙”地理标志证明商标。

加快有标识可追溯示范县建设。建成农产品质量安全检测大楼。提高果蔬产品、畜牧产品、水产品等三大农产品可追溯率，全县75%以上的农产品做到有标识可追溯。

抓好瓜菜基地建设。2011年跨2012年全县冬季瓜菜种植面积19万亩，比上年增加1.6万亩，产量52.2万吨，总产值22.5亿元。

进一步夯实农业发展基础。投入9000万元建成田头预冷库8家，库容量2万吨。目前，澄迈县预冷库的库容量约占全省的1/3，为农民增收提供了保障。投入3.3亿元建设水利设施，除险加固水库及山塘31座。

四、加强园区基础设施建设，提高园区承载项目能力

以老城开发区、金马现代物流中心、福山咖啡文化风情小镇为重点，投入14.8亿元，加强园区基础设施建设。其中，投入12.6亿元，建设老城开发区北二环路、欣安路等14条，增加可通

澄 迈

车里程32.7公里；投入1.9亿元，新建排污管道16公里，建成美儒变电站，建设供电线路230公里，敷设光缆310公里，老城开发区2012年新引进56家企业60个项目。投入3875万元，建设金马现代物流中心7号路和一横路，启动园区内高压线路、地下油气管线等迁移工程，目前，入驻企业18家，3个项目已动工建设。

五、积极推动旅游业转型升级，加快第三产业发展

一是推进特色旅游项目建设。加快盈滨半岛国家4A级旅游景区及四个风情小镇建设，动工建设金山公园。总投资近1.3亿元的南渡江金江段防洪堤、两岸亲水平台、龙舟广场顺利竣工并投入使用。福山咖啡文化风情小镇获批国家3A级旅游景区、海南省首个旅游刷卡无障碍优秀示范景区。

二是推出澄迈四条乡村旅游线路、海口—澄迈专线旅游，积极融入琼北1小时旅游圈。成功举办“大海之声”澄迈原创歌曲及全国歌手电视大奖赛、第十届盈滨龙水节、首届国际咖啡师冠军赛、第二届人口老龄化长寿化国际研讨会、APEC中小企业峰会等重大节庆活动和国际大型会议，大大提高了澄迈的知名度和美誉度。全年全县接待旅游人数达182.7万人次，同比增长90.7%，旅游收入8.2亿元，同比增长94.7%，成为西部地区唯一进入全省旅游八强的市县。

六、围绕“8+2”工程，办成了一批民生实事

全年投入25亿元，全面落实省委、省政府涉及澄迈县民生事项，继续大力推进城乡基本公共服务均等化的“8+2”工程。一是解决城乡群众住房难住房差问题。把保障性住房作为一号民生工程，开工建设保障性住房2557套，竣工3858套（含历年开工），超额完成省下达任务。动工改造农村危房（土坯房）3420户，竣工3000户。二是优先发展教育事业。继续实施“十二年义务教育三免四补”政策，招聘90名特岗教师及10名免费师范生，思源高中、特殊教育学校、爱心学校和6所乡镇中心幼儿园秋季建成投入使用，新增学位5860个。三是加强卫生服务能力。县人民医院与北京中日友好医院签约合作，通过省级卫生应急示范县的评估工作。投入1179万元建设142家标准化村卫生室，标准化村卫生室覆盖率达93.7%。四是提高社会保障水平。城镇居民医疗保险补助标准从每人每年200元提高到240元，新农合参合率99.8%，城镇居民养老参保率99.6%，新农保参保率95.6%。五是推进国家公共文化服务体系示范区创建工作。精心筹备“大地情深”专场晚会进京展演，加大基层公共文化设施建设力度，完成全县所有行政村农家书屋工程建设，500人以上村庄“两场一室” 20处，建设农村健身路径30套，安装“户户通”卫星电视3.3万套。六是推进新农村建设。投入1000万元，建设50个文明生态村。建成马村港疏港公路、农村公路253公里，改造危桥13座。开通金江至老城永庆寺公交线路、金江至福山咖啡文化风情小镇夜间公交线路，方便群众出行。投入7701.5万元，率先全省启动“膜法”农村饮水安康工程，受益人口达17.6万人。

▲ 2012APEC中小企业峰会在澄迈县成功举办，来自美国、加拿大、秘鲁等600多名中小企业家参与

▲ 中航特玻二号线点火仪式

▲ 福山咖啡文化风情镇中心区

▲ 海南生态软件园建设

山海黎乡　纯美昌江

昌江黎族

▲ 2012年6月28日，世界日产能最大的水泥熟料生产线在昌江点火试车，省领导下达点火令

▲ 2013年3月14日，严朝君书记在棋子湾旅游度假区施工现场了解基础设施进展情况

▲2013年3月20日，严朝君书记在保障性住房建设项目工地现场了解情况

2012年，昌江县政府全力以赴促发展惠民生保稳定，建设昌江人民幸福家园成效显著。全县地区生产总值完成81.06亿元，同比增长13.2%，增速位居全省第二。固定资产投资84.72亿元，同比增长36.4%；全社会消费品零售总额8.57亿元，同比增长16.7%；地方公共财政预算收入8.63亿元，同比增长21%；地方公共财政预算支出24.02亿元，同比增长40.7%，增速位居全省第二；城镇居民人均可支配收入20918元，同比增长16%；农村居民人均纯收入6846元，同比增长20%，增速位居全省第五；城镇登记失业率控制在4%以内；人口出生率控制在省下达的指标内；万元GDP能耗控制在省下达的指标内。

一、坚持主攻二产，推动新型工业不断发展壮大

全县工业增加值实现40亿元，同比增长14.9%，工业拉动经济增长7.52个百分点。建筑业增加值实现6.59亿元，同比增长25.7%。二产占GDP比重达到57.5%。昌江核电一期完成投资额47亿元，占省下达昌江县重点项目完成投资的62.9%，超年度投资计划2亿元，完成年度计划的104.5%，2台发电机组全面进入设备安装阶段。华盛水泥四期日产12000吨水泥熟料生产线完成投资12.5亿元，已竣工投产，全县水泥熟料年产能达到1600万吨，占全省水泥熟料年产能的90%。200万吨贫矿选矿项目完成投资3.09亿元，占年度计划投资的172%，正在带料试车。

二、大力培育三产，推动以旅游为重点的现代服务业取得新突破

第三产业增加值实现14.98亿元，同比增长11.7%，三产占GDP比重达到18.48%，比2011年提高0.97个百分点。全县旅游接待过夜人数41.6万人次，同比增长30.18%，增长幅度全省排名第二；旅游收入1.9亿元，同比增长29.5%。批发和零售业收入2.97亿元，同比增长17.2%。交通运输、仓储和邮政业收入1.55亿元，同比增长9%。其他服务业增加值6.99亿元，同比增长10.9%。投资3.2亿元建成棋子湾旅游公路，将西线高速公路至棋子湾旅游度假区行程由原来的58公里缩短为29公里。投资10亿元建设棋子湾旅游度假区基础设施，建设9条路网20.95公里以及给排水、桥梁、电力、通讯、污水处理等工程，去年已完成投资3.58亿元。棋子湾旅游度假区雨润五星级酒店式会所主体建成，34栋别墅主体封顶，高尔夫球场建成并开杆；恒盛元五星级酒店项目大堂、客房主体工程基本完成；阳光城五星级酒店项目已开工。

三、加快提升一产，推动现代特色农业取得新成效

农业增加值实现19.45亿元，同比增长7.2%，一产占GDP比重达24%。全面落实强农惠农政策，发放涉农补贴1.35亿元。新增粮食作物1万亩，种植面积达到18万亩，总产量5.6万吨。新增冬季瓜菜1.5万亩，种植面积达到11万亩，总产量18万吨，出岛量15万吨。新增热带水果2.8万亩，种植面积达到18.8万亩，产量25.6万吨。新建大棚设施农业示范基地1790亩，设施农业累计达到18万亩。建成常年蔬菜基地3800亩，完成省下达任务的131%。新增橡胶3.3万亩，种植面积达到18.3万亩，橡胶开割面积3.35万亩，产干胶3095吨。建设瓜果菜预冷库容8000吨，新增年瓜菜储藏能力16万吨。新增生猪和蛋鸡出栏量分别为3.3万头和6.5万只，全县总肉量达到1.7万吨。投入4825万元完成海尾一级渔港续建工程，发放渔业柴油补贴资金2962万元，改造海淡水养殖1832亩，渔业总产量达到7.2万吨。新增农民专业合作社80家，总数达到206家；培训农民1万多人次，转移农村富余劳动力16704人；投入扶贫资金4605万元扶持农民发展生产和基础设施建设，减少贫困人口2690人；完成4宗小一型病险水库除险加固、13宗农村安全饮水、10宗土地综合治理工程，“三农”工作进一步夯实。

四、倾力夯实城乡基础，推动城乡面貌焕然一新

建成省级卫生县城和省级园林城市，启动国家卫生县城创建工作。完成昌江供水工程及管网项目建设，启动城市客厅、停车场、背街小巷、公共候车亭等一批市政设施建设。县城区绿化覆盖率43.6%、绿地率达37.87%、人均公共绿地面积达7.89平方米、亮灯率达98%、生活垃圾无害化处理率达100%，县城空气环境质量优于国家二级标准。投资1450万元完成七叉至霸王岭7公里砂土路改造，投资945万元建设叉河水尾平交口，目前已完成工程总量的85%，极大地改善了华盛、华润两家水泥厂交通运输和通往霸王岭旅游度假区的交通条件。大力开展绿化宝岛大行动，完成造林绿化55179.7亩，占省下达任务的164%，全县森林覆盖率达58.75%。投入资金1400万元，创建8个文明生态村，巩固提高12个文明生态村。发放生态补偿金378.6万元，受益5258人。新建和改造农村公路33公里。创建一批小康环保示范村，十月田镇获得“海南省文明生态乡镇”称号。完成县城区2185盏节能路灯改造、棋子湾635盏风光互补路灯和各乡镇316盏太阳能路灯安装。

五、千方百计办好以民生为重点的社会事业，推动人民群众生活水平持续提高

全县民生支出18.4亿元，比上年增长58.6%，占地方公共财政支出的77%。投入2.65亿元全部兑现年初向社会公开承诺的住房、教育、就业等十大民生实事。民居工程步伐加快，投资4.7亿元建设城镇保障性住房2660套，总面积22万平方米，比省下达任务数多740套；投入4233万元补贴农村危房改造1600户，比省下达任务数多900户。就业工作进一步加强，城镇新增就业3421人，完成省下达任务的171%。教育教学质量有新提高，重建、加固维修校舍面积4万多平方米，校安工程建设竣工率全省第二；建成三所省级规范化学校，实现了昌江省级规范化学校从无到有并一举跃居全省第六；普通高中录取率、高考本科录取率分别比2011年提升3个百分点和6.8个百分点；新建和改扩建公办幼儿园6所，新增学位1040个，在全国范围内招录园长、幼师60名。社会保障水平有新提升，新农合参合率达到99.86%，高于省下达任务4个百分点；发放城乡低保金3745万元，发放各类救助金290万元，发放物价补贴55.6万元。文化事业加快发展，成功举办“昌化江畔木棉红”2012中国艺术名家昌江文化之旅等一系列活动，实施文化信息资源共享等“六大”文化惠民工程，开展文艺演出50场，“山海黎乡、纯美昌江”知名度、美誉度明显提升。

▲2013年6月4日，符礼伟县长到石碌镇调研村级组织换届工作

▲2012年12月25日，符礼伟县长到乌烈菜篮子基地调研

▲昌江举办“芒果飘香昌江情专题体验旅游”活动，各主流媒体、作家、驴友等嘉宾在昌江百年芒果树下看织锦、树皮衣、尝山兰酒

全力推进重点项目建设　打造宜居宜商生态卫星城

定

▲县委书记陈军、县长符立东陪同省住建厅领导视察龙门风情小镇规划建设情况

▲县委书记陈军一行调研翰林镇乡村生态游发展情况

▲县长符立东一行到岭口镇封浩洋冬种冬修现场实地考察

▲大项目成为定安县域经济发展强力引擎

2012年，定安县在省委、省政府的正确领导下，紧紧围绕海南国际旅游岛建设和"一城三地"发展战略，协调推进经济、政治、文化、社会和生态文明建设，全县经济社会发展呈现稳中有进的良好态势。

全县经济实现平稳较快增长。全县地区生产总值完成55.2亿元，同比增长10.7%，增幅排名全省第4位；三次产业结构调整为41.4：17.2：41.4，其中，第一产业增加值22.87亿元，增长7.1%；第二产业增加值9.48亿元，增长15.1%；第三产业增加值22.85亿元，增长12.6%。全社会固定资产投资完成37.18亿元，增长48.3%；社会消费品零售总额13.8亿元，增长18%。

发展质量有所提升。全县地方公共财政预算收入4.46亿元，同比增长21.5%，完成年度计划105.4%；地方公共财政预算收入增幅高出生产总值增幅10.6个百分点。地方公共财政预算支出20.19亿元，同比增长43.3%，超出年度计划16.6个百分点。金融机构各项存款余额72.30亿元，贷款20.79亿元，分别增长4.3%和23.2%。

城乡居民生活水平明显提高。城镇居民人均可支配收入18963元，同比增加 2533元，增长15.4%；农村居民人均纯收入6989元，同比增加1035元，增长17.4%，增幅排名全省第10位，超额完成中部农民增收三年计划，比预定目标增收1039元；新农保参保率达99.7%，城镇居民养老医保参保率达100%。

一、强力推进项目建设，城乡基础设施不断完善

2012年建设省县重点项目46个，累计完成投资25.26亿元。其中，省重点项目16个，年度计划投资13.47亿元，完成投资14.08亿元，完成年度投资104%。县重点项目30个，完成投资11.18亿元。

加强城乡基础设施建设。扎实推进高新园区基础设施建设，园区道路骨架基本形成。完成南渡江防洪堤、潭榄溪整治工程年度建设任务，美丽河岸景观初显。完成城镇生活垃圾收集转运站建设，启动南丽湖污水处理设施建设。完成16座小(Ⅰ)型水库除险加固，推进8座小(Ⅱ)型水库除险加固，完成8处小农水项目、2个农田整治和3座农村公路危桥建设，实施10处饮水安全工程，受益人口18168人。建设农村公路56.73公里，农村人居环境明显提升。

二、实施"一城三地"发展战略成效初显

宜居宜商生态卫星城建设明显加快。建设环城南路延伸段、官娘脊中路、西一环路等19条市政道路。启动定城供水扩建工程和定城镇污水管网扩建工程建设。完成丹桂公园建设。开工建设美食文化广场。房地产业健康发展，全年23个房地产项目实现投资15.16亿元，增长58.9%，商品房销售面积29.27万平方米，同比增长26.2%。

城郊型绿色高效农业稳步发展。以基地示范带动农业结构优化，建成常年瓜菜基地1.1万亩，设施大棚1500亩，种植冬季瓜菜11.17万亩，总产值7.5亿元，增长108%；新增林下养殖基地156个，建设标准化养殖示范基地12个，出栏生猪45.61万头，禽类925万只，产值达12.54亿元,增长11.8%；新挖和改造鱼塘7950亩，产值达7800万元；新建花卉苗木基地21个，面积2490亩，产值达6955万元，增长152%。农业组织化程度逐步提高，新成立农民专业合作社54家，累计成立407家，注册资金3.45亿元，带动农户19690户，占全县农户总数的40.1%。注册定安黑猪、四季鹅、定安粽子商标，创建翰林富硒香米和新竹芋头品牌，开设定安特色品牌产品直销店，定安农副产品知名度显著提升。

新兴工业取得新突破。累计投资2.67亿元建设官娘脊高新技术产业园。北新建材、东方光通、中国联塑和恒泰槟榔等4个省重点项目进展顺利，累计完成投资3.84亿元。引进工业项目5个，计划投资6.5亿元。

2012年实现工业总产值15亿元，增长10.74%，园区实现总产值10.5亿元，增长59.2%，工业增加值实现4.24亿元，增长11.3%，出口创汇3982万美元，增长14.4%。

琼北经济圈休闲养生旅游业健康发展。文笔峰盘古文化旅游区升格为国家4A景区。投入2500万元，建成4个旅游服务驿站，4个旅游咨询服务中心，300个旅游标识牌，"百里百村"基础设施逐步完善。大众养生度假区、海南文化博览园、龙湖休闲养生社区、宝富蓝养生度假区等项目扎实推进，完成投资4.35亿元。成功举办端午美食文化节等活动，美食节经济和社会效益明显，粽子销售突破350万个，实现经济收入5000多万元。全县旅游景区景点接待人数158.8万人次，增长19%，接待过夜人数47.96万人次，增长14.4%，增幅排名全省第9位，实现旅游总收入2.03亿元，增长15%。

三、以人为本改善民生，发展成果惠及百姓

2012年，将新增财力的75%以上用于改善民生，为民办十件好事实事全面完成。

扎实推进保障性住房建设。开工建设各类保障性住房3015套，竣工1652套，改造农村危房1000户，库区危房86户，建成乡镇敬老院3所。

加快教育发展步伐。投入3亿多元，新建改建校舍12.2万平方米，完成定安中学三期、城南中学扩招项目和一批幼儿园建设，全年新增学位2300个。投入1000万元添置教学设备，进一步优化办学条件。加大教育扶贫力度，建成平和思源学校，实现教育扶贫移民1300人。1.45万个家庭困难学生享受到政府的生活补贴。

大力提高医疗卫生水平。投入1.5亿多元建成新县人民医院，基本实现整体搬迁。完成岭口、新竹2家卫生院门诊综合楼、35家村卫生室标准化业务用房建设。

文化事业繁荣发展。创建全省首座乡村民俗生态博物馆即"百里百村"乡村民俗生态博物馆。组建10个民间琼剧同乐会，新编《奏考回琼》在海南省首届艺术节上获得文华大奖，《母瑞山》在全省琼剧汇演上获得二等奖。成功举办文笔峰会、迎春文化节等文体活动。

推进惠农及扶贫政策落实。全县农林水事务投入3.74亿元，增长43.4%。发放种粮农资综合直补和粮食直补2250万元，良种补贴470万元，农机具补贴640万元，发放农民小额贷款贴息367万元。落实帮扶扶贫资金3500多万元，实施扶贫项目64个，成功实现3493人脱贫。

社会保障水平明显提高。城乡低保、五保供养水平稳步提高，城市低保标准从280元提高到300元，农村低保从200元提高到230元，农村五保分散供养从250元提高到280元，集中供养从300元提高到350元，百岁老人长寿金从300元提高到500元。社会基本保险待遇不断提高，全年社会保险基金支出46952万元，比上一年增加8901万元。企业和机关事业单位退休人员养老金月人均分别增加284元和315元，新农保基础养老金从月人均70元提高到85元，城镇居民医保财政补助从每人每年200元提高到240元，职工医保统筹基金最高支付限额从14万元提高到26万元，城镇职工在职参保人员在一级、二级、三级医院就医的报销比例分别由80%提高到90%、88%、85%。

生态环境保持优良。实施"绿化宝岛"工程，完成造林绿化27225亩，全县森林覆盖率达到58.13%。建成文明生态村40个，巩固提高30个。严厉打击非法采矿等破坏环境行为。

（本文图片由卓昌斌、林先锋、叶松、陈飞、梁绮艳、程守满、吴长策等拍摄提供）

▲ 定安县新人民医院投入使用，进一步改善百姓就医条件

▲ 生态卫星城魅力渐浓

▲ "百里百村"乡村游

▲ 第三届海南定安美食节开幕式现场

▲ 定安美食

▲ 县委书记郑作生现场督导林业执法情况

▲ 县长彭家典视察城市建设情况

▲ 中国海南七仙温泉嬉水节

2012年，保亭县人民政府以科学发展观为指导，坚持走“绿色高端、进位赶超”发展路子，全力以赴促发展惠民生保稳定，较好完成了十四届人大一次会议确定的年度目标任务。全县实现地区生产总值26.5亿元（含农垦），同比增长9.3%，高于全省0.2个百分点，排名全省市县第13；地方公共财政收入3.29亿元，同比增长43.1%，比全省高22.8个百分点，排名全省市县第3；固定资产投资完成33.4亿元，同比增长23.2%；社会消费品零售总额5.7亿元，同比增长15.5%；城镇居民人均可支配收入17840元，增长16.6%；农民人均纯收入5598元，增长24.9%，增速全省排名第2，超额完成省下达三年农民增收目标任务并荣获2011年度全省中部市县农民增收工作二等奖。2011年全省市县经济和社会发展主要指标考核，保亭县再次夺得二等奖。

一、多措并举加强经济运行调节，保持经济平稳较快增长

全力推进重点项目建设。什进村布隆赛乡村文化旅游小镇（一期）、中南公寓温泉度假酒店、七仙瑶池酒店、东河三桥等项目竣工。宝亭大道、东环路、那香山丽笙白金酒店、七仙伴月体育休闲度假综合项目、龙湾城综合房地产项目、双大雨林温泉度假酒店、希尔顿逸林度假酒店、庄园丽都房地产项目等正抓紧建设。金垦小区、东河西岸县城至七仙岭道路、奥兰花园等项目开工建设。新华都七仙紫园、六弓低碳美丽之乡、洲际神农大丰南繁育种基地等项目前期工作顺利开展。列入省重点的10个项目全面开建，完成投资7.3亿元，完成年度总投资5.91亿元的123.5%。实施的29个县重点项目完成投资21.98亿元，10项为民办实事完成投资5.23亿元。重点项目对全年投资的贡献达80%以上。

加强政府组织调控。落实“菜篮子”工程县长负责制，新增常年蔬菜生产基地2078亩，建成3个平价专区和1个平价商店，新建瓜菜设施大棚620.7亩、发放补贴资金660.3万元。宝亭大道农贸市场、南环路民生市场启动建设。发放物价上涨联动补贴336.5万元、惠及困难群体5.7万人次。100万元小微企业发展专项资金撬动担保贷款600万元，培育发展小微企业4家。

积极拓展消费需求。兑现家电下乡补贴资金200万元，带动农村消费1000万元。商品房屋销售面积增长4.3%，销售收入减少5.65%。全县接待旅游人数278万人次，增长18.4%，实现旅游综合收入3.98亿元，增长31.3%。冬季瓜菜出岛6万多吨，增长19.1%，实现销售总产值2.94亿元，增长44.6%。

二、加快产业结构调整，增强经济发展后劲

大力发展现代热带高效农业。整合投入农业产业扶持资金2384万元，扶持新建加茂大旺和六弓迈邦等永基什玲鸡养殖基地、毛岸红掌花种植基地、六弓田洋常年蔬菜生产基地等，出口优质农产品380吨、创汇93万美元，禽出栏255万只，增长34%，生猪出栏30.2万头，增长13.4%。

加快发展资源型加工业，着力壮大二产规模。全年实现第二产业增加值3.4亿元，增长20.7%。进一步完善新政农副产品

冷藏加工储运中心配套设施建设，建成六弓田头冷库，招商启动了什玲农副产品冷藏储运中心建设，新增冷库库容5000吨。

全面推进旅游业转型升级。开通了三亚至呀诺达、三亚至槟榔谷的旅游公交专线；继续扶持新建3家“农乐乐”并开业迎宾，符合标准的特色“农乐乐”达14家，直接拉动就业近300人。呀诺达荣获国家5A级旅游景区并入选第五批国家文化产业示范基地，槟榔谷被评为国家“五星级”农庄。

推动农业农村经济持续发展。预计全年财政共投入涉农资金5.26亿元，增长30.7%，其中落实各项惠农政策资金2.17亿元，增长53.9%。155万元财政贴息资金带动农村小额贷款4139万元，增长52.8%。金融机构发放涉农贷款4.9亿元，增长93.1%。前三季度农业增长位列全省第一，全年农业增长速度始终保持在全省前三名，全年实现农业增加值13.6亿元，增长7.2%。冬季瓜菜种植面积达4.66万亩。土地综合整治新增耕地1.4万亩。投入2000万元完成了保城、响水、毛感3个乡镇小型农田水利建设任务。投入1148万元除险加固水库6宗。完成冬修农村公路78条234公里。完成农村安全饮水工程20宗，解决5978人饮水安全问题。新建文明生态村13个。新建农村户用沼气“一池三改”200户。减少贫困人口3062人。

加强节能减排和生态文明示范建设。启动三道、新政、响水、加茂4个乡镇垃圾转运站建设。城镇垃圾和污水集中处理能力分别达到70%和64%。大力实施“绿化宝岛”工程，成立了全省市县第一个“生态环境保护协会”，全年落实造林20895亩，被国家林业局评为“森林资源保护先进县”。

三、千方百计保障和改善民生，努力促进社会和谐稳定

着力解决民生突出问题。全县民生支出9.53亿元，同比增长13%，占地方公共财政预算支出的65.6%，新增财力的65%以上投向民生领域。投资2.41亿元建成城镇保障性住房1638套，2300多人迁入新居。整合投入1.56亿元完成农村危房改造1800户。开发公益性岗位56个，安置失地农民35人。新增城镇就业岗位1800个。大中专毕业生、下岗失业人员、农村劳动力三大重点人群落实就业共6316人。新农合及新农保参保率分别为96.89%和96%。城镇居民社会养老保险参保率达93%。累计发放城乡低保资金1770万元、惠及城乡低保人口8294人。城镇居民医疗保险财政补助水平由每年200元提高到240元。60周岁以上农村居民基础养老金由每月70元提高到85元。为全县在读中职学生每生每年免除学费及住宿费1380元、补助生活费及交通费800元。

大力发展社会事业。全年教育投入2.5亿元。新建6所公办乡镇中心幼儿园，新增学龄前儿童学位993个。投资6000万元基本完成全县教育布局调整工作，共整合873名农村学生到县城集中就读。成功引进山东大学齐鲁医院托管运营县医院，医疗保障水平提升明显。新建19个村级文化活动室和18个乡村篮球场，为1.8万农户安装了数字电视。

▲ 促农增收项目——农乐乐

▲ 社会主义新农村建设

▲ 保亭美景

三江之源　绿橙之乡　黎苗文化强县

琼中

▲ 县委书记孙喆视察农业生产情况

▲ 县委书记孙喆视察文明生态村建设情况

▲ 十大最美乡村颁奖现场

2012年，是琼中县全面实施“十二五”规划承上启下的重要一年，又是发展亮点频现、群众满意度较高的一年。

全县经济平稳较快发展。2012年全县生产总值完成30亿元（含农垦），同比增长10.7%；地方公共财政预算收入完成2.24亿元，同比增长57.9%，增幅全省排名第一；固定资产投资完成18.5亿元，同比增长53%；社会消费品零售总额完成3.8亿元，同比增长15%；城镇居民人均可支配收入16793元，同比增长15%；农民人均纯收入5481元，同比增长25.1%；居民消费价格涨幅2.9%；城镇登记失业率1.21%；人口自然增长率14.88‰。全县经济社会呈现持续、健康、较快发展的良好态势。

三农工作成效显著。以创建“全国绿色农业示范县”为契机，坚持“打特色牌、走绿色路”，在巩固提升橡胶、槟榔等传统产业效益的同时，大力引导农民发展绿橙、养蜂、桑蚕、茶叶、铁皮石斛、灵芝、裸花紫珠等新兴特色农业产业，全年实现农业总产值26.65亿元；全年安排农民增收专项资金1.77亿元，实施12个农民增收项目；通过举办农村实用技术培训班、成立农民专业合作社、发放涉农项目补贴等措施，加快农民增收；累计发放农村小额贷款1.26亿元，惠及4.4万多人，脱贫3556人；全年累计投入1.74亿元，实施了20多个新农村建设项目；完成2.3万亩土地整理工作、县城供水一期工程、7宗病险水库除险加固工程，修建饮水工程16宗，有效解决5200多人的饮水安全问题；完成800户农村危房改造和137户农村防震示范住房改造任务，建成20个文明生态村、200个户用沼气池、6个养殖小区沼气池；完成各乡镇路灯节能改造和农村公路管理养护工作。

“项目建设年”活动成效显著。一是全县固定资产投资再上新台阶，完成18.5亿元，增长53%，增速位居全省前列，连续三年增幅超50%。其中省重点项目完成投资16.2亿元，超额完成15.7亿元的省考核任务。二是一批省、县重点项目相继建成、开工或加快建设。红岭水利枢纽工程征地拆迁工作基本完成，移民安置工作有序开展，有望提前一年蓄水发电；抽水蓄能电站进场公路基础全线贯通，主体工程征地全面启动；屯昌至琼中高速公路仅用一个月就完成2400亩的征地补偿任务，使得项目得以提前开工建设，获得省政府的表彰和奖励。营根河综合治理工程、琼中中学高中部、民族思源学校、县人民医院门诊大楼、县城供水一期工程、湾岭供水厂等项目基本建成投入使用；保障性住房、县城污水管网、黎母山旅游公路、世界南药园等项目顺利开工建设。

加工园区工作进一步加强。一是园区基础建设和基础工作逐步完善。全年投入3000多万元，完成湾岭农副产品加工园区总规、详规及控规修编，园区“三通一平”、二期征地、110KV输变电站建设、供水工程等工作，基本解决园区

供水供电问题。二是园区服务工作进一步提高，华盛新人造板厂生产达产，引进并建成宝岛生物质能源有限公司生物质颗粒燃料厂，年产生物质颗粒燃料5万吨，琼中芭芭乐食品有限公司、海南中新塑料有限公司等6家企业已签订入园协议，还有2家企业正在洽谈。园区全年实现产值1.4亿元，占二产的34.2%。

生态旅游加快发展。2012年琼中县荣获“最具民俗特色旅游县”称号，全年接待旅游过夜人数21万人次，同比增长20%；启动旅游总体规划修编工作，开展“奔格内”走村串寨规划和红岭水库岛屿及周边规划；全面推进海航白龙溪休闲度假项目、金手指白鹭湖度假区、华宇世界南药园等高端旅游项目开工建设，千方百计提高琼中旅游接待能力和水平；黎母山旅游公路、什寒村、百花岭登山栈道等项目正在开展建设；百花岭高尔夫会所、云湖休闲农庄即将试业；县城多家私营商务酒店开张营业；什寒、番道等乡村旅游客栈挂牌启用，“奔格内”乡村游、“鹦哥岭”拓展游已成为琼中县休闲旅游的亮点。

为民办实事工程件件落实。全年民生事业投入12.14亿元，占可用财力的80.9%，民生工程全面推进。省政府确定琼中县的9件为民办实事工程全部完成：安居工程城镇保障性住房竣工826套，完成106.4%，水库移民危房改造245户，开工率100%；中职教育免学费实现全覆盖，教育扶贫移民工程和农村学前教育顺利推进；城镇居民基本医疗保险参保率完成108.5%；社会保障财政补贴按照全省标准统一实施，养老服务体系建设按要求落实；转移农村富余劳动力5950人，新增城镇就业2036人，就业工作取得新突破；建设菜篮子常年蔬菜基地1565亩，近城居民蔬菜自给率达73.4%；按计划建设市场农副产品平价专区3个。

社会事业再上新台阶。教育投入4.46亿元，增幅高于经常性财政收入增速。新建6所公办幼儿园，新增学位630个；人民医院门诊楼建成投入使用，3个乡镇卫生院改扩建工程全面完成，84间村标准化卫生室建成使用；“三月三”节庆活动取得圆满成功；10个非物质文化遗产项目的105名县级传承人得到确认，黎母山镇文化站被评为全国文化体制改革先进单位；琼中女足参加全国大学生足球锦标赛并荣获季军，教练肖山荣获全国十大“最美乡村教师”和“感动海南十大人物”称号，入选2012年体坛风云人物，女足队员陈欣成功入选国家青年队；计划生育工作取得新成绩，荣获“全国人口计生阳光统计示范单位”称号；城乡基本社会保障覆盖率稳定在90%以上，新农保和城镇居民养老金发放率达100%，社保事业稳步推进；“绿化宝岛”年度总任务超额完成；公益性公墓项目顺利推进；年度节能考核受到省政府通报表扬。

▲县长王琼龙与各部门领导为海南抽水蓄能电站进场道路开工剪彩

▲琼中县2013年重点项目开工仪式现场

▲琼中黎族苗族传统节日“三月三”联欢会

▲琼中绿橙深加工

发展绿色产业　实现绿色崛起

白沙黎族

▲ 县委书记严正到荣邦乡考察生姜种植情况

▲ 白沙县召开"百日攻坚"重点项目建设推进动员会

▲ 白沙县城"一河两岸"

2012年，白沙黎族自治县在省委、省政府正确领导下，团结带领全县各族人民，开创了经济发展、民生改善、社会和谐的新局面。

经济发展势头强劲，综合实力明显增强。2012年，全县主要经济指标均保持两位数增长，部分指标增幅全省领先。全县生产总值实现31.37亿元，同比增长10.4%，是全省增速最快的6个市县之一；全社会固定资产投资总额12.51亿元，增长69.9%，是全省增速最快的9个市县之一。地方公共财政预算收入18585万元，增长52.3%，全省增幅排名第2。社会消费品零售总额3.68亿元，增长16.9%。城镇居民人均可支配收入17257元，增长15.0%。农村居民人均纯收入5785元，增长22.1%，是全省增长速度最快的7个市县之一。金融机构各项存款余额达45.18亿元，比上年增长12.2%。金融机构各项贷款余额5.7亿元，比上年增长3.1%。居民存款余额22.9亿元，居民人均存款11465元。

重点项目加快推进，项目建设成果显著。2012年，是白沙历史上实施项目总量最多、投资规模最大、投资增长速度最快、投资效益最好的一年。全年实施63个重点项目，完成年度投资17.2亿元。其中，9个省重点项目累计完成投资6.55亿元，占年度计划的171%，投资进度位居全省前列。牙叉供水一期工程、县生态文化公园、农村沼气工程、农村广播电视"村村通"、生姜冷藏及加工等一批项目竣工；县城污水管网、木棉湖旅游度假区、美丽乡村工程、白沙大溪地居住小区、山水假日等一批项目开工建设；芭蕉水库度假区、南班水库度假区等旅游项目加快推进；邦溪"绿色低碳城镇"建设示范工程、冬季瓜菜基地建设项目、田洋整治工程、南伟水电站等一批项目超额完成年度投资计划。

特色产业加快发展，产业结构不断优化。预计三次产业比重由2011年的53.2：18.4：28.4调整为48：20.5：31.5，农业增加值增长7.8%。稳步提升以橡胶、甘蔗、木薯为主的传统农业产业化水平，加快发展竹子、生姜、南药、瓜菜、白沙土鸡和罗非鱼养殖等新兴特色产业，打造白沙贡姜、白沙土鸡、白沙生态米等农产品品牌。全县有15个农产品品牌推向市场，创建2家农产品直销店，特色农业增产增效。2012年度"冬交会"签订订单2.1亿元，零售农产品20万元。工业增加值增长13%。邦溪农林产品加工交易基地的水、电、路等基础设施建设加快推进，日供水5000吨的邦溪供水厂已竣工。目前，落户园区企业10家，总投资37315万元。精品茶、淀粉、松节油、松香均实现增长。橡胶加工厂、糖厂等企业提质增效。第三产业增加值增长17.3%。罗帅天涯驿站、那吉跑马场等乡村旅游越来越火，旅游消费、住宿营业额、旅游房地产销售快速增长。2012年全县旅游接待过夜人数达19万人次，同比增长65.4%，增幅全省第一位；房地产销售量增幅位居全省第一

位。第三产业发展势头良好，城乡居民消费趋旺，第三产业占GDP比重达31.5%。

美丽白沙建设加快，城乡面貌日益改善。投入1.3亿元建设环城路，其中一期已完工，二、三期正在建设；政府综合办公大楼等一批重点工程基本竣工。邦溪、七坊等小城镇的街道改造加快推进，城乡基础设施不断改善、城镇辐射带动能力不断增强。新农村建设成效显著，实施“美丽乡村”计划，开工建设40个“美丽乡村”；新建和改造乡村公路30条51公里；完成渠道维修硬化147条259公里，新增灌溉面积750亩；完成农村饮水工程29宗、水库除险加固工程7宗；建设沼气池158个；城乡环境综合整治成效明显。深入开展文明大行动和省级卫生县城创建活动，获得“海南省卫生县城”称号。深入开展“绿化宝岛大行动”，大力推进植树造林、美化绿化通道及村庄等林业工程建设，全县造林绿化面积3.3万亩，森林覆盖率达83.34%。全面完成节能减排目标任务，生态环境继续保持全省领先水平。

民生建设扎实推进，群众得到实惠最多。加大财政对民生事业的投入，将新增财力的83%以上用于改善民生。开工建设保障性住房1542套，累计投入资金1.12亿元；发放低收入住房困难家庭租赁补贴306万元；实施农村危旧房改造1856户。学前教育发展势头良好，新建3所乡镇公办中心幼儿园投入使用；白沙中学实现整体搬迁，高中教育招生规模不断扩大；职业教育加快发展，中职招生超额完成省下达任务。文化体育工作亮点纷呈，文化馆大楼建设已峻工并投入使用，完成50个农家书屋、46个行政村8738户广播电视“村村通”及全县11个乡镇5850户广播电视“户户通”工程；生态文化公园峻工使用，为白沙老百姓提供了一个大型的文化娱乐活动场所，充实了人民群众的精神文明生活。进一步完善县、乡、村三级医疗网点建设，开工建设县医院急诊综合楼，完成乡镇卫生院周转房14幢，新建卫生室31间，医疗卫生条件不断改善。严格执行人口和计划生育目标管理责任制，重新修订计划生育奖励办法，人口出生率为14.95‰，符合法定生育率为97.06%，出生人口性别比为108.3，完成了省委、省政府下达的三项主要指标任务。食品药品安全监管力度进一步加大，确保了全县人民饮食用药安全。着力完善社会保障体系，社会保险全覆盖，新型农村合作医疗、城镇居民基本医疗保险参保率均达99%以上，城乡居民社会养老保险参保率达98%以上；社会救助举措不断完善，新建、改建敬老院2所。新增城镇就业3271人，实现再就业946人，城镇登记失业率控制在0.99%以内。全面推进扶贫开发工作，扶贫标准由人均年收入1393元提高到2650元，新增扶贫对象46020人，3400人实现脱贫。完成三年农民增收计划，农民人均纯收入增幅高于全省3个百分点。

▲ 县长胡翔陪同省领导调研木棉湖项目

▲ 白沙“美丽乡村”罗帅天涯驿站

▲ 白沙那吉跑马场

▲ 特色农业一白沙姜茶、白沙绿茶

海南省供销合作联社

海南省供销合作联社隶属海南省人民政府，为参照公务员管理的事业单位，承担着服务“三农”和履行全省供销社系统经营监管职责，是海南省为“三农”提供服务的最大合作经济组织。至2012年12月31日，全省供销系统社有18个市县供销社（其中地级市社2个，县级市社6个，县级社10个），基层社256个，农民专业合作社689家，独立核算经营单位282个，直属事业单位3个，全资及控股参股企业16个。2012年，按照省委省政府提出的科学发展、绿色崛起要求，以项目建设为抓手，以服务“三农”为重点，各项工作快速发展，取得很好的效果。全年实现商品销售总额51.35亿元，实现利润4656.8万元，同比分别增长30.8%和315.6%，全系统资产总额达33.8亿元。

一、城乡流通网络建设速度进一步加快。一是农资连锁配送规模稳步壮大。二是农村日用品销售额快速增长。全省新建日用品超市57家，改造升级便民店246家，销售额15.1亿元，同比增长25.1%。三是平价超市和专区建设成果显著。全年建成23家平价商店和40家平价专区，为保障本岛居民餐桌供应、稳定居民消费价格水平发挥了重要作用。四是农产品流通网络不断完善。2012年冬交会，共邀请组织26个省级供销合作社和台湾地区合作经济组织组团参会参展，全系统邀请客商代表上千人，参会参展企业483家，其中境外企业53家，展品2387种，签订农产品订单177宗，其中农产品81.9万吨，金额23.9亿元，项目签约13亿元。省社被省政府授予“2008-2012年冬交会突出贡献奖”、2012年展馆布展一等奖。五是再生资源回收网络不断扩大。再生资源全年销售2亿元，全省新建回收市场1个，新增废旧商品收购点28个。烟花爆竹市场不断巩固，全年销售1.9亿元。

二、社有企业实力进一步增强。一是省供销集团规模不断扩大，实力进一步增强。注册资本金从3000万元增加到1亿元，组建第一年实现利润1525万元，获得房地产开发企业资质证书。二是省农资公司完成了战略重组。省社按照总社与省政府签订的合作备忘录精神，引进安徽省社的上市公司辉隆集团，资产从原来1500万增值到4500万，增加了两倍。省农资公司资产从原来3000万增加到1.2亿元。

三、项目建设进一步加快。一是重点项目建设稳步推进。省供销集团的和贵公馆项目顺利完成，资产得到大幅增加；三亚办事处职工宿舍区改造项目正加紧进行，省土产棉麻公司鑫海华庭项目土地变性手续已获得国土局批准，果副公司龙丰路改造项目正在积极推进；总社与省社和儋州市政府签订了西部（儋州）物流园区合作建设协议。二是争取中央财政资金再创新高。全年落实“新网工程”项目12个，获得中央财政资金2039万元。三是省社项目储备规模不断扩大。全省项目储备150个，总投资9.8亿元，组织申报“新网工程”和“农综”项目 34个，总投资4.9亿元。

四、农民专业合作社发展进一步加快。一是农民专业合作社数量和质量稳步提高。全年新领办带动农民专业合作社108家，全系统农民专业合作社总数增至689家，入社农民户3.15万户,带动农户近11.21万户，年助农增收20亿元。二是热带农产品基地数量和规模不断扩大。全省建设热带农产品基地153个，其中，常年农副产品基地82155亩，冬季瓜菜基地53774亩，养殖基地10092亩。三是品牌化建设得到加强。24家农民专业合作社入选全国供销系统“千社千品”称号，有45家拥有注册商标，55家获国家质量认证，其中44家通过无公害认证、9家通过绿色认证，2家通过有机认证。

▲ 全国供销合作社中南、华南片党风廉政建设和反腐败工作座谈会在海口召开

▲ 海南省供销合作联社庆祝成立60周年大会在海口隆重召开

▲ 海南省供销合作联社直属日用品超市有限公司在定安县岭口投建的超市

11

农业和农村经济

Agriculture and Rural Economy

编辑人员：吴声波　周文喜　吴鉴新　郑海霞 张春梅

Compiled by Wu Shengbo　Zhou Wenxi　Wu Jianxin　Zheng Haixia　Zhang Chunmei

英文翻译：张春梅

Translated by Zhang Chunmei

简 要 说 明

一、本篇资料的主要内容及统计范围

本篇资料反映我省农业生产和农村经济的基本情况，内容主要包括耕地、农业机械拥有量、农林牧渔业产值、主要农产品产量、水利设施、农村居民家庭拥有生产性固定资产等方面的统计资料。除特别注明外，分市县数据含农垦。

农业统计范围包括全社会除军马生产及农业科研机构进行的农业生产以外的所有农业生产活动。即农村各种经济组织和农户经营的农林牧渔业生产活动；各种专业性农、林、牧、渔场的农业生产活动；国家各级机关、团体、学校、部队进行的农业生产活动；集体所有制的乡、镇、村办农场的农业生产活动；以及工矿企业经营的农、林、牧、渔业生产活动。

1.农业:指对各种农作物的种植活动。包括谷物、豆类、薯类、棉花、油料、糖料、麻类、烟叶、蔬菜、园艺作物、水果、坚果、饮料和香料作物、中草药及其他作物的种植。

2.林业:包括林木的栽培(不包括茶园、桑园和果园的栽培、管理和收获等活动),木材和竹材的采运，林产品的采集。

3.畜牧业:包括牲畜饲养和放牧，家禽饲养以及野生动物的捕猎和饲养。

4.渔业:包括水生动物和海藻类植物的养殖和捕捞。

5.农、林、牧、渔服务业:指对农、林、牧、渔业生产活动进行的各种支持性服务。但不包括各种科学技术和专业性技术服务活动。

二、本篇的资料来源及统计调查方法

1.农业生产情况根据《农林牧渔业统计报表制度》、《农业产值和价格综合统计报表制度》、《乡村社会经济调查方案》和《农产量抽样调查制度》的有关资料整理取得。

《农林牧渔业统计调查制度》包括三部分内容：

一是种植业的粮食、油料、蔬菜等主要农作物以及畜牧业的猪、牛、羊和家禽等内容，省级数据为抽样调查，各市县数据为全面统计报表制度。

二是农业生产条件、热带农作物、园林作物、设施农业、其他畜禽等生产统计报表，这部分内容均为全面统计报表制度。

三是林业和渔业统计报表，分别来自林业和渔业部门统计。

2.灌溉、水库及水利设施资料主要来源于水利厅汇总的统计报表。

Brief Introduction

I. Main Contents and Statistical Scopes

The data in this chapter show the basic conditions of agricultural production and rural economy, including mainly cultivated land, quantity of agricultural machinery, output of agriculture, forestry, animal husbandry and fishery, output of major products.，facilities of water conservancy and productive fixed assets owned by rural households. Data by region includes the data of Nongken except special explanation.

Statistics on agriculture cover all agricultural production activities except horse raising for military purpose and agricultural production activities undertaken by agriculture research institutions. In other words, included in agriculture statistics are production activities in agriculture, forestry, animal husbandry and fishery undertaken by rural economic units of various types and by rural households; production activities of farms specializing in agriculture, forestry, animal husbandry and fishery; production activities in agriculture undertaken by government agencies, institutions, schools and military units; production activities in agriculture undertaken by collective farms run by townships and villages; and production activities in agriculture, forestry, animal husbandry and fishery undertaken by manufacturing and mining enterprises.

(1) Agriculture: refers to cultivation of farm crops, including cereals, beans, tuber crops, cotton, oil-bearing crops, sugar crops, hemp, tobacco leaves, vegetables, gardening plants, fruits, nuts, crops for beverages and spices, medicinal herbs and other farm crops.

(2) Forestry: includes the planting of trees (excluding the operations of planting, management and harvesting on tea plantations, mulberry fields and orchards), cutting and transport of timber and bamboo and collection of forest products.

(3) Animal husbandry: includes the raising and grazing of domestic animals and poultry, and the hunting and raising of wild animals.

(4) Fishery: includes cultivation and catching of aquatic animals and seaweed.

(5) Services of agriculture, forestry, animal husbandry and fishery: includes supporting services to production activities in agriculture, forestry, animal husbandry and fishery but do not include activities of science and technology and professional services.

II. Data Sources and Survey Methods

(1) Data on agricultural production are from the *Statistical Survey System on Agriculture, Forestry, Animal Husbandry and Fishery*; the *Statistical Reporting System on Agricultural Output and Price,* the *System of Rural Social and Economic Survey* and the *System of agricultural products Sample Survey.*

Statistical Survey System on Agriculture, Forestry, Animal Husbandry and Fishery is composed of three parts:

Firstly, the provincial data on agriculture such as grain cotton and other major farm crops, and animal husbandry such as hog, cattle, sheep and poultry derived from sample survey, while the data at city and county level are from comprehensive statistical reporting system.

Secondly, the comprehensive statistical reporting system is used on agricultural production conditions, tropical farm crops, garden crops, agricultural facilities and other poultry.

Thirdly, the forestry and fishery industries statistical reporting are from forestry department and fishery department respectively.

(2) Data on irrigation and reservoirs, data on the facilities of water conservancy mainly from statistical reports of the department of Water Resources.

11-1 农业主要指标
Main Indicators of Agriculture

指 标	Item	2005	2008	2009	2010	2011	2012
乡镇户数(万户)	Number of Rural Households (10000 households)	112.58	119.02	122.30	125.27	130.79	131.58
乡镇人口(万人)	Rural Population (10000 persons)	525.60	549.28	556.87	564.57	575.20	581.02
农村家庭从业人员(万人)	Number of Employed Persons in Rural Households (10000 persons)	256.01	274.60	281.59	284.58	292.14	300.69
农田水利有效灌溉面积(公顷)	Effective Irrigated Area (hectare)	168266	175937	178922	179880	163973	178555
农业机械总动力(万千瓦)	Total Agricultural Machinery Power (10 000 KW)	268.21	338.21	396.07	421.52	404.51	442.81
化肥施用量(实物量)(万吨)	Consumption of Chemical Fertilizers(10 000tons)	93.60	115.27	117.42	117.50	101.03	119.44
化学农药使用量(万吨)	Consumption of Pesticide(10 000tons)	1.81	3.24	4.68	4.55	3.63	3.96
农村用电量(万千瓦时)	Electricity Consumed in Rural Areas (10 000 kwh)	38452	51044	56404	59480	70733	85876
农业总产值(亿元)	Gross Output Value of Agriculture (100 million yuan)	475.88	664.98	705.05	821.31	1002.35	1082.15
农业增加值(亿元)	Value-added of Agriculture (100 million yuan)	300.75	436.04	462.19	539.83	659.23	711.55
主要产品产量(万吨)	Output of Major Products (10000 tons)						
粮食	Grain	153.00	183.47	187.60	180.38	188.04	199.50
糖料	Sugarcane	253.65	497.26	457.74	363.12	364.83	394.24
蔬菜	Vegetables	312.16	379.21	410.00	442.41	469.06	499.00
水果	Fruits	203.76	325.2	350.41	375.07	403.69	428.71
水产品	Aquatic Products	108.41	139.4	145.49	149.48	160.24	172.73
肉类产量	Output of Meat	47.57	61.15	66.05	68.49	71.90	79.54
荒山荒（沙）地造林面积(万亩)	Afforested Area in Barren Mountains (10000 mu)	-	25.95	38.33	21.25	16.37	26.60
乡镇企业单位数(万个)	Number of Township Enterprises (10000 units)	4.52	4.77	4.97	5.39	5.84	6.45
乡镇企业人数(万人)	Number of Employed Persons in Township Enterprises (10000 persons)	31.97	36.23	36.62	39.44	41.06	44.31
乡镇企业营业收入(亿元)	Business Income of Township Enterprises(100 million yuan)	204.49	263.82	281.73	298.98	330.95	377.57
乡镇企业实交国家税金(亿元)	Taxes Actually Handed Over to the State by Township Enterprises (100 million yuan)	0.82	2.24	2.87	2.22	1.95	2.08
乡镇企业利润总额(亿元)	Total Profits of Township Enterprises (100 million yuan)	3.17	4.11	4.80	5.29	5.88	7.59

注：1. 表中农业总产值、农业增加值按当年价格计算，增长速度按可比价格计算。
2. 乡镇企业相关指标2007年起按新口径统计。

Notes: a).Gross output value and value-added of agriculture in this table are calculated at current prices, whereas the growth rates are calculated at comparable prices.

b). Since 2007, data of township enterprises has been calculated in accordance with new stipulations.

11-2 农村基层组织情况
Basic Conditions of Rural Grassroots Organizations

项　　目	Item	2005	2008	2009	2010	2011	2012
农村基层组织情况	**Basic Conditions of Rural Grassroots Organizations**						
1、乡镇政府个数(个)	Number of Governments on Township and Town Level(unit)	200	204	204	204	203	204
乡政府	Number of Township Governments	20	21	21	21	21	21
#民族乡	Number of Ethnic Minority Township	20	21	21	21	21	21
镇政府	Number of Town Governments	180	183	183	183	182	183
#民族镇	Number of Ethnic Minority Town	49	49	49	49	47	47
2、村民委员会(个)	Number of Villagers Committees(unit)	2615	2656	2656	2656	2644	2657
#民族村委会	Number of Ethnic Minority Villagers Committees	705	712	711	714	706	706
3、村民小组(个)	Number of Villagers Groups(unit)	25907	26099	25948	25997	25976	26000
4、自然村(个)	Villages(unit)	18605	18818	18712	18719	18703	18700
#民族自然村	Ethnic Minority Villages	3621	3708	3711	3633	3593	3595
乡镇户数(万户)	**Number of Rural Households(10 000 Households)**	**112.58**	**119.02**	**122.30**	**125.27**	**130.79**	**131.58**
#农业户	Agricultural Households	102.01	107.36	111.23	114.44	118.44	119.94
#民族户	Ethnic Minority Households	21.09	22.81	23.47	24.17	24.87	25.04
#黎族户	Households of Li	19.77	21.70	22.27	22.77	23.32	23.40
苗族户	Households of Miao	0.89	0.97	1.00	1.04	1.08	1.10
乡镇人口(万人)	**Population(10 000 persons)**	**525.60**	**549.28**	**556.87**	**564.71**	**575.20**	**581.02**
#农业人口	Agricultural Population	484.19	498.48	508.19	514.57	524.48	525.18
#民族人口	Ethnic Minority Population	107.80	111.05	112.17	113.90	115.52	115.83
#黎族人口	Population of Li	102.09	104.99	106.10	107.84	109.29	109.39
苗族人口	Population of Miao	4.89	5.16	5.19	5.19	5.34	5.44

注：2006年为农业普查年份，《海南省第二次农业普查资料汇编》收录该年份的普查数据，本年鉴不单独列示。
Note: Because of The Second Agriculture Census, data in 2006 are included in 《Data Collection of The Second Agriculture Census of Hainan》, and this yearbook doesn't list separately.

11-3 各市县农村基层组织情况(2012)
Basic Conditions of Rural Grassroots Organizations by Region

地 区	Region	乡镇政府(个) Number of Township and Town Governments (unit)	#镇政府 Town Governments	村民委员会(个) Villagers Committees (unit)	村民小组(个) Villagers Groups (unit)	乡(镇)总户数(户) Number of Rural Households (Household)	农业户 Agricultural Households	乡(镇)总人口(人) Total Population (person)	农业人口 Agricultural Population	农村家庭从业人员(人) Number of Rural Households Laborers (person)	女 Female
全省总计	**Total**	**204**	**183**	**2657**	**26000**	**1315796**	**1199396**	**5810204**	**5251841**	**3006851**	**1429448**
海口市	Haikou	23	23	247	2747	175000	151597	715272	635625	355822	170053
三亚市	Sanya	6	6	95	972	63716	56236	299441	265038	159085	75015
五指山市	Wuzhishan	7	4	59	331	15932	15694	62099	60635	33921	16307
文昌市	Wenchang	17	17	255	3991	118822	114880	467831	442384	234212	118143
琼海市	Qionghai	12	12	189	2676	92001	87587	364536	338894	193807	99688
万宁市	Wanning	12	12	207	2121	105078	98062	441256	420258	214265	105118
定安县	Ding'an	10	10	109	1670	61373	53428	265998	236755	128266	63308
屯昌县	Tunchang	8	8	119	1176	44645	37847	198050	162581	100896	49563
澄迈县	Chengmai	11	11	177	961	92478	77071	430719	354250	249144	111882
临高县	Lingao	11	11	159	926	79122	72772	371948	328180	181430	79313
儋州市	Danzhou	17	17	245	2025	131663	120531	644095	562694	323529	157044
东方市	Dongfang	10	8	185	1580	78273	73810	343478	327956	183749	88169
乐东县	Ledong	11	11	188	1603	96700	87485	448004	384114	247858	114710
琼中县	Qiongzhong	10	7	100	629	22253	22156	102810	101460	54881	26527
保亭县	Baoting	9	6	60	464	16934	16873	85058	84862	49191	23020
陵水县	Lingshui	11	9	116	1105	64203	57448	291762	277984	140971	57210
白沙县	Baisha	11	4	74	489	22975	22792	109839	106913	66386	30332
昌江县	Changjiang	8	7	73	534	34628	33127	168008	161258	89438	44046

注：各市县数据含农垦数据(下同)。
Note:Data of the cities and counties includes the data of Nongken，The same applies to the following tables.

11-3 续(continued)

地区 Region		民族乡镇(个) Number of Ethnic Minority Township and Town Governments(unit)	民族村委会(个) Number of Ethnic Minority Villagers Committees (unit)	民族自然村(个) Number of Ethnic Minority Villages (unit)	乡镇民族户数(户) Number of Ethnic Minority Households (household)	黎族 Li	苗族 Miao	乡镇民族人口(人) Ethnic Minority Population (person)	黎族 Li	苗族 Miao
全省总计	**Total**	**68**	**706**	**3595**	**250376**	**233996**	**11031**	**1158253**	**1093893**	**54382**
海口市	Haikou				57	5		479	208	27
三亚市	Sanya	3	59	426	37202	35223	542	175893	166034	2704
五指山市	Wuzhishan	7	59	284	15378	13972	1274	59082	53986	4987
文昌市	Wenchang							165	95	2
琼海市	Qionghai	1	6	34	1801	36	1765	12078	2466	9467
万宁市	Wanning	3	39	280	13899	10117	1618	56927	48639	8100
定安县	Ding'an									
屯昌县	Tunchang	1	4	20	1452	981	441	10025	7207	2759
澄迈县	Chengmai			1	52	2	50	1319	344	305
临高县	Lingao							69	67	2
儋州市	Danzhou	3	18	85	12600	12020	518	58316	55856	2200
东方市	Dongfang	5	80	121	19201	18510	250	83265	81973	969
乐东县	Ledong	6	102	465	38653	38120	511	179716	177036	2680
琼中县	Qiongzhong	10	100	500	20460	18062	2393	98171	86166	11713
保亭县	Baoting	9	60	410	16346	15167	1178	81760	75498	6256
陵水县	Lingshui	4	64	470	34106	32942	161	158321	157623	676
白沙县	Baisha	11	74	385	20695	20380	315	99286	97846	1440
昌江县	Changjiang	5	41	114	18474	18459	15	83381	82849	95

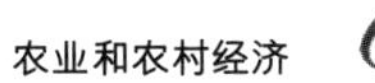

11-4 各市县乡镇劳动力(2012)
Rural Labor Force by Region

单位：人 (person)

地 区	Region	乡镇劳动力总数 Total Number of Rural Labor Force	劳动年龄内的人口数 Population in Working Age	劳动年龄内上学的学生数 Students in School in Working Age	不足劳动年龄而参加劳动的人口数 Pupulation of Taking Part in Working but Younger than Working Age	超过劳动年龄而参加劳动的人口数 Pupulation of Taking Part in Working beyond the Working Age	劳动年龄内丧失劳动能力的人口数 Population in Working Age Losing Working Ability
全省总计	**Total**	**3318207**	**3063525**	**169272**	**100332**	**212960**	**58610**
海口市	Haikou	377544	345586	21722	10458	28773	7273
三亚市	Sanya	173069	166444	7099	3832	3916	1123
五指山市	Wuzhishan	41379	38713	1696	1746	2446	1526
文昌市	Wenchang	261617	239841	7125	5444	20055	3723
琼海市	Qionghai	210022	189049	6457	5709	18742	3478
万宁市	Wanning	242548	230090	11214	4612	12568	4722
定安县	Ding'an	133311	121219	5045	4809	10263	2980
屯昌县	Tunchang	109460	100237	3083	2802	8012	1591
澄迈县	Chengmai	269347	249527	19568	5963	18639	4782
临高县	Lingao	216456	189586	12114	13051	18368	4549
儋州市	Danzhou	355077	336514	24117	5038	18025	4500
东方市	Dongfang	203899	183456	13483	10110	13945	3612
乐东县	Ledong	279804	256992	14099	11291	15672	4151
琼中县	Qiongzhong	60800	56264	2301	2335	3878	1677
保亭县	Baoting	51497	48592	2249	981	2477	553
陵水县	Lingshui	165259	157221	6675	4673	6872	3507
白沙县	Baisha	70035	61848	3649	4747	5088	1648
昌江县	Changjiang	97083	92346	7576	2731	5221	3215

11-5 农村家庭从业人员
Number of Employed Persons in Rural Households

单位：万人 (10 000 persons)

指　　标	Item	2005	2008	2009	2010	2011	2012
农村家庭从业人员	**Number of Employed Persons in Rural Households**	**256.01**	**274.60**	**281.59**	**284.58**	**292.14**	**300.69**
按性别分	**By Sex**						
男	Male	132.56	141.63	146.34	148.93	152.68	157.74
女	Female	123.45	132.96	135.25	135.66	139.46	142.94
按产业分	**By Industry**						
第一产业	Primary Industry	193.39	201.04	207.47	205.29	208.73	213.62
第二产业	Secondary Industry	17.89	22.83	22.96	24.51	26.59	28.05
第三产业	Tertiary Industry	44.73	50.73	51.16	54.78	56.82	59.02
按行业分	**By Sector**						
农　业	Agriculture	193.39	201.04	207.47	205.29	208.73	213.62
工　业	Industry	9.24	12.48	11.90	12.48	12.92	13.76
建筑业	Construction	8.65	10.35	11.06	12.03	13.67	14.28
交通运输业和邮电业	Transportation and Post	6.75	7.52	7.39	7.72	7.95	8.25
信息传输、计算机服务和软件业	Information Transmission Computer Service and Software	0.59	0.79	1.12	1.15	1.42	1.70
商业、饮食、物资供销仓储业	Business,Catering,Retail and Storage	17.99	21.64	22.39	24.76	25.97	27.30
其　它	Others	19.40	20.78	20.26	21.15	21.48	21.77

注：2006年为农业普查年份，《海南省第二次农业普查资料汇编》收录该年份的普查数据，本年鉴不单独列示。
Note: Because of The Second Agriculture Census, data in 2006 are included in 《Data Collection of The Second Agriculture Census of Hainan》, and this yearbook doesn't list separately.

11-6 各市县农村家庭从业人员（2011）
Number of Employed Persons in Rural Households by Region

单位：人 (person)

地区	Region	农村家庭从业人员 Number of Employed Persons in Rural Households	农业 Agriculture	工业 Industry	建筑业 Construction	交通运输邮电业 Transportation and Post	信息传输计算机服务和软件业 Information Transmission Computer Service and Software	商业、饮食、物资供销仓储业 Business Catering Retail and Storage	其他 Others
全省总计	**Total**	**3006851**	**2136154**	**137645**	**142842**	**82454**	**17042**	**272987**	**217727**
海口市	Haikou	355822	219302	31259	28067	11943	2171	36072	27008
三亚市	Sanya	159085	114182	2185	1445	4152	409	23130	13582
五指山市	Wuzhishan	33921	28050	436	585	195	49	1190	3416
文昌市	Wenchang	234212	176825	9216	13477	6122	1473	21228	5871
琼海市	Qionghai	193807	132954	7744	11282	5443	1044	18402	16938
万宁市	Wanning	214265	128312	15261	16048	6430	4611	20238	23365
定安县	Ding'an	128266	95339	4433	5938	3300	1088	10936	7232
屯昌县	Tunchang	100896	79308	2515	2418	1759	56	5570	9270
澄迈县	Chengmai	249144	153235	19961	14505	7847	1323	33945	18328
临高县	Lingao	181430	123626	5849	8209	4550	1426	13361	24409
儋州市	Danzhou	323529	231816	19253	20303	10521	590	19368	21678
东方市	Dongfang	183749	146646	4027	4216	5376	384	12667	10433
乐东县	Ledong	247858	167596	8598	7498	8542	1928	29167	24529
琼中县	Qiongzhong	54881	47604	1288	707	681	72	1810	2719
保亭县	Baoting	49191	40594	1553	1273	411	62	2969	2329
陵水县	Lingshui	140971	109462	2185	4219	2903	178	16892	5132
白沙县	Baisha	66386	62284	869	612	54		2145	422
昌江县	Changjiang	89438	79019	1013	2040	2225	178	3897	1066

11-7 各市县耕地面积
Cultivated Land by Region

单位：公顷 (hectare)

年份 地区	Year Region	耕地面积 Cultivated Land	水旱田 Paddy Fields and Dry land			旱地 Dry Fields
				水田 Paddy Fields	旱田 Dry land	
2005		4161.78	2215.56	1667.25	548.3	1946.23
2008		438422	231698	181030	50668	206724
2009		435538	229353	181732	47621	206185
2010		419123	222904	176897	46007	196219
2011		425350	225184	175674	49509	200166
2012		419497	224530	174932	49598	194968
海口市	Haikou	50548	25715	18966	6749	24834
三亚市	Sanya	13868	9462	7638	1824	4406
五指山市	Wuzhishan	2764	1868	1766	102	895
文昌市	Wenchang	37930	16819	23572	7141	7217
琼海市	Qionghai	23314	20471	14088	2731	6495
万宁市	Wanning	19166	30713	9796	1686	7684
定安县	Ding'an	22252	11482	10694	821	10737
屯昌县	Tunchang	13937	10867	6794	1570	5573
澄迈县	Chengmai	29763	11515	14748	1908	13107
临高县	Lingao	31449	8364	10909	3852	16689
儋州市	Danzhou	53778	16656	15403	5068	33307
东方市	Dongfang	39762	14761	7581	3286	28896
乐东县	Ledong	30411	4204	11359	5941	13111
琼中县	Qiongzhong	10810	6055	4335	544	5931
保亭县	Baoting	6015	17300	3572	1146	1296
陵水县	Lingshui	12163	9334	6997	2337	2829
白沙县	Baisha	11005	4718	3235	969	6801
昌江县	Changjiang	16415	4879	4221	1834	10360

11-8 主要农业机械拥有量
Possession of Major Agricultural Machinery

指　　标	Item	2005	2008	2009	2010	2011	2012
农业机械总动力(万千瓦)	**Total Power of Agricultural Machinery (10 000 kw)**	**268.21**	**338.21**	**396.07**	**421.52**	**404.51**	**442.81**
耕作机械(台)	**Machinery for Plough(unit)**						
#大中型拖拉机	Large and Medium-sized Agricultural Tractors	3931	7854	12113	13203	15939	17723
小型拖拉机	Small Tractors	34419	54227	49557	52163	52742	58406
农用排灌机械(台)	**Machinery for Agricultural Drainage and Irrigation(unit)**						
#柴　油　机	Diesel Engines	93649	131201	140156	147085	143992	154879
电　动　机	Electric Motors	4472	22122	28477	29302	29437	35690
农用水泵	Pumps	62661	110257	119483	131697	127081	132242
农用排灌机械动力(万千瓦)	**Power of Machinery for Agricultural Drainage and Irrigation(10 000 kw)**	**52.57**	**82.73**	**87.38**	**90.52**	**92.69**	**98.90**
#柴 油 机	Diesel Engines	44.02	61.87	64.82	67.36	69.43	75.27
电 动 机	Electric Motors	8.55	20.86	22.56	23.16	23.26	23.63
收获机械	**Machinery for Harvest**						
#机动脱粒机(台)	Motorized Thresher(unit)	38543	41903	45082	47131	46014	50746
渔业机械	**Machinery for Fishery**						
#渔用机动船(艘)	Motorized Fishing Boats(unit)	25581	22737	22984	24799	24433	24703
渔用机动船(万千瓦)	Motorized Fishing Boats(10 000 kw)	65.4	73.09	82.02	84.56	84.23	92.96
农用运输车(辆)	**Trucks for Agricultural Use(unit)**	**25581**	**25618**	**25911**	**27642**	**27995**	**28592**

11-9 农业现代化情况
Basic Conditions of Agricultural Modernization

指　标	Item	2005	2008	2009	2010	2011	2012
农村电气化	**Electrification of Rural Areas**						
乡村办水电站(个)	Number of Hydropower Stations in Rural Areas(unit)	38	42	53	52	50	61
发电能力(千瓦)	Generating Capacity (kw)	83993	323185	303182	301183	342003	423662
农村用电量(万千瓦时)	Electricity Consumed in Rural Areas (10 000 kwh)	38452	51044	56404	59480	70733	85876
化肥施用量(实物量)(万吨)	**Consumption of Chemical Fertilizers(10 000tons)**	**93.60**	**115.27**	**117.42**	**117.50**	**101.03**	**119.44**
氮　肥	Nitrogenous Fertilizer	20.35	32.93	32.83	32.70	30.49	36.88
磷　肥	Phosphate Fertilizer	10.18	24.92	25.99	25.62	23.74	26.51
钾　肥	Potash Fertilizer	35.19	13.70	13.92	14.36	13.69	15.92
复合肥	Compound Fertilizer	0.96	43.72	44.68	44.82	33.11	40.14
化学农药使用量(万吨)	**Consumption of Pesticide(10 000tons)**	**1.81**	**3.24**	**4.68**	**4.55**	**3.63**	**3.96**
农田水利有效灌溉面积(公顷)	**Effective Irrigated Area (hectare)**	**168266**	**175937**	**178922**	**179880**	**163973**	**178555**
旱涝保收面积(公顷)	**Area With Stable Yieds Despite of Drought or waterlogging (hectare)**	**92271**	**93596**	**96902**	**98350**	**95134**	**99335**

注：2006年为农业普查年份，《海南省第二次农业普查资料汇编》收录该年份的普查数据，本年鉴不单独列示。
Note: Because of The Second Agriculture Census, data in 2006 are included in 《Data Collection of The Second Agriculture Census of Hainan》, and this yearbook doesn't list separately.

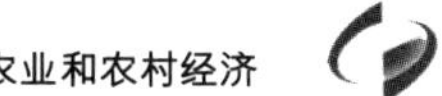

11-10 各市县农业机械总动力(2012)
Total Power of Agricultural Machinery by Region

单位：千瓦 (kw)

地 区	Region	农业机械总动力 Total Power of Agricultural Machinery	柴油发动机动力 Power of Diesel Engines	汽油发动机动力 Power of Gasoline Engines	电动机动力 Power of Electric Motors	其他机械动力 Power of other Machinery
全省总计	**Total**	**4428121**	**3691024**	**254747**	**407250**	**75101**
海 口 市	Haikou	572815	420923	28416	99385	24091
三 亚 市	Sanya	333067	303196	20770	9101	
五指山市	Wuzhishan	73869	55907	14197	3069	696
文 昌 市	Wenchang	361025	296446	32140	31376	1063
琼 海 市	Qionghai	304424	261376	21196	19869	1982
万 宁 市	Wanning	348397	266770	25720	45580	10327
定 安 县	Ding'an	100286	92334	1856	5935	161
屯 昌 县	Tunchang	55209	50137	4165	907	
澄 迈 县	Chengmai	289379	263615	15061	8858	1845
临 高 县	Lingao	417174	325085	2632	67509	21948
儋 州 市	Danzhou	340680	296858	26391	16224	1207
东 方 市	Dongfang	191652	183143	2644	5865	
乐 东 县	Ledong	540819	463465	22472	52253	2629
琼 中 县	Qiongzhong	159592	108627	16436	33272	1257
保 亭 县	Baoting	52255	46912	3271	1250	823
陵 水 县	Lingshui	112068	93106	13652	4275	1035
白 沙 县	Baisha	15990	11618	2862	1510	
昌 江 县	Changjiang	159421	151506	867	1012	6036

11-11 各市县农业机械拥有量(2012)
Possession of Agricultural Machinery by Region

地区	Region	排灌机械 Machinery for Agricultural Drainage and Irrigation			收获机械 Machinery for Harvest
		柴油机(台) Diesel Engines (unit)	电动机(台) Electric Motors (unit)	农用水泵(台) Pumps (unit)	联合收割机(台) Combine Harvester (unit)
全省总计	**Total**	**154879**	**35690**	**132242**	**3419**
海口市	Haikou	9813	2037	6608	330
三亚市	Sanya	12161	304	12247	287
五指山市	Wuzhishan	351	80	498	30
文昌市	Wenchang	17158	3517	15012	164
琼海市	Qionghai	8048	1511	6290	196
万宁市	Wanning	10717	7058	14482	281
定安县	Ding'an	3144	260	1324	68
屯昌县	Tunchang	1235	35	598	48
澄迈县	Chengmai	13410	2084	12907	812
临高县	Lingao	4697	710	2477	91
儋州市	Danzhou	12862	828	12639	271
东方市	Dongfang	15974	667	12627	85
乐东县	Ledong	30737	13859	27602	419
琼中县	Qiongzhong	976	137	1010	55
保亭县	Baoting	2129	886	1384	38
陵水县	Lingshui	4861	1672	3361	139
白沙县	Baisha	164	41	180	
昌江县	Changjiang	6442	4	996	105

11-11 续(continued)

地区	Region	渔用机动船 Machinery for Fishery 艘 unit	渔用机动船 Machinery for Fishery 千瓦 kw	运输机械 Machinery for Transport 农用载重汽车(辆) Trucks for Agricultural Use(unit)	运输机械 Machinery for Transport 农用运输车(辆) Transport Trucks for Agricultural Use(unit)
全省总计	**Total**	**24703**	**929640**	**6823**	**28592**
海口市	Haikou	2028	15581	1866	4639
三亚市	Sanya	1488	83532	1137	2024
五指山市	Wuzhishan			46	203
文昌市	Wenchang	2265	45984	538	1961
琼海市	Qionghai	1542	45211	510	2407
万宁市	Wanning	1742	41124	92	1923
定安县	Ding'an	1	56	94	1576
屯昌县	Tunchang			5	1424
澄迈县	Chengmai	1359	38394	916	2555
临高县	Lingao	4896	342736	96	1792
儋州市	Danzhou	4334	196982	231	1350
东方市	Dongfang	581	26374	499	1142
乐东县	Ledong	1143	26171	237	3044
琼中县	Qiongzhong			217	395
保亭县	Baoting			70	517
陵水县	Lingshui	2720	37719	85	1032
白沙县	Baisha			112	
昌江县	Changjiang	604	29777	72	608

11-12 各市县农业现代化情况(2012)
Agricultural Modernization by Region

地 区	Region	化肥施用实物量(吨) Consumption of Chemical Fertillzer(ton)				
		合 计 Total	氮 肥 Nitrogenous Fertilizer	磷 肥 Phosphate Fertilizer	钾 肥 Potash Fertilizer	复 合 肥 Compound Fertilizer
全省总计	**Total**	**1194415**	**368766**	**265068**	**159172**	**401409**
海 口 市	Haikou	91339	28823	21430	12271	28815
三 亚 市	Sanya	58453	17826	11243	8471	20912
五指山市	Wuzhishan	6014	1736	1812	563	1902
文 昌 市	Wenchang	94255	21444	24878	12089	35843
琼 海 市	Qionghai	151483	40893	34430	24870	51289
万 宁 市	Wanning	62399	18357	8938	12472	22632
定 安 县	Ding'an	48506	11179	14145	5599	17584
屯 昌 县	Tunchang	28288	10168	9118	2878	6124
澄 迈 县	Chengmai	124989	35480	34613	18721	36175
临 高 县	Lingao	120290	46626	25488	17314	30862
儋 州 市	Danzhou	80842	30456	24208	7146	19034
东 方 市	Dongfang	79334	20709	10179	8194	40252
乐 东 县	Ledong	104997	34203	17670	15335	37789
琼 中 县	Qiongzhong	12138	4275	3480	911	3472
保 亭 县	Baoting	16679	3589	3330	2356	7404
陵 水 县	Lingshui	33394	13086	8288	3914	8106
白 沙 县	Baisha	30945	8655	4512	1313	16466
昌 江 县	Changjiang	50070	21261	7305	4756	16748

11-12 续(continued)

地 区	Region	农药使用量(吨) Consumption of Pesticide (ton)	农田有效灌溉面积(公顷) Effective Irrigated Area (hectare)	#机电灌溉面积 Mechanical and Electrical Irrigation	旱涝保收面积(公顷) Area With Stable Yieds Despite of Drought or waterlogging (hectare)	农村用电量(万千瓦时) Electricity Consumed in Rural Area(10 000 kwh)
全省总计	**Total**	**39637**	**178555**	**24982**	**99335**	**85876**
海口市	Haikou	1198	19611	5515	10398	16987
三亚市	Sanya	1345	7851	507	5725	4097
五指山市	Wuzhishan	155	1683	23	964	182
文昌市	Wenchang	2447	21739	4022	6013	26463
琼海市	Qionghai	2188	12718	2215	8473	6929
万宁市	Wanning	1620	10175	1429	5985	3954
定安县	Ding'an	188	9181	1167	6600	2476
屯昌县	Tunchang	217	4332	167	3072	1033
澄迈县	Chengmai	1682	13900	2238	6322	3002
临高县	Lingao	823	10190	723	6803	1927
儋州市	Danzhou	713	16088	2240	9408	6254
东方市	Dongfang	498	10859	2329	8119	980
乐东县	Ledong	2744	13873	781	9630	6215
琼中县	Qiongzhong	21480	3144	3	1401	430
保亭县	Baoting	475	4132	158	2685	555
陵水县	Lingshui	713	8312	519	803	940
白沙县	Baisha	1006	2966		1645	520
昌江县	Changjiang	145	7802	946	5288	2933

11-13 灌溉、水库和除涝治水情况（2011）
Irrigation, Reservoirs, Flood Prevention, Water and Soil Conservation

项　目	Item	数量 Value
年底灌区数　(处)	Number of Irrigated Areas at Year-end　(set)	68
3.3万公顷以上	33 000 Hectares and Over	1
2.0-3.3万公顷	20 000-33 000 Hectares	1
灌区有效灌溉面积(万公顷)	Effective Irrigated Area　(10 000 hectares)	31.3
3.3万公顷以上	33 000 Hectares and Over	4.4
2.0-3.3万公顷	20 000-33 000 Hectares	4.4
水库　(座)	Number of Reservoirs　(unit)	1105
大型水库	Large Reservoir	10
中型水库	Medium-sized Reservoir	76
小型水库	Small Reservoir	1019
水库库容量　(亿立方米)	Capacity of Reservoirs　(100 million cu.m)	111.38
大型水库	Large Reservoir	76.46
中型水库	Medium-sized Reservoir	22.45
小型水库	Small Reservoir	12.46
堤防长度　(公里)	Total Length of Dikes　(km)	436

注：1.大型水库库容：1亿立方米以上；中型水库库容：1千万至1亿立方米；小型水库库容：10万至1千万立方米。
2.数据来源第一次全国水利普查。
Note:1.The capacity of the large-scale reservoir is over 100 million cubic meters, while that of the medium-scale one is from 10 to 100 million cubic meters, and that of the small-scale one is from 100 000 to 10 million cubic meters.
2.The data comes from *the first china census for water.*

11-14 各市县水库数
Number of Reservoirs by Region

单位：座　　(unit)

地　区	Region	2011
全省总计	**Total**	**1105**
海口市	Haikou	130
三亚市	Sanya	94
五指山市	Wuzhishan	21
文昌市	Wenchang	85
琼海市	Qionghai	107
万宁市	Wanning	50
定安县	Ding'an	71
屯昌县	Tunchang	66
澄迈县	Chengmai	54
临高县	Lingao	45
儋州市	Danzhou	71
东方市	Dongfang	46
乐东县	Ledong	93
琼中县	Qiongzhong	31
保亭县	Baoting	49
陵水县	Lingshui	34
白沙县	Baisha	41
昌江县	Changjiang	17

注：数据来源第一次全国水利普查。
Note:The data comes from *the first china census for water* .

 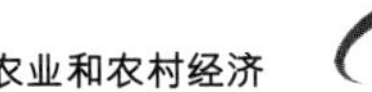

11-15农村居民家庭平均每百户拥有主要生产性固定资产数量及原值(年底数)

Original Value and Number of Major Productive Fixed Assets Per 100 Rural Households at Year-end

本表为农村住户抽样调查资料

Data in this table are obtained from the sample surveys on rural households.

项　目	Item	2005	2008	2009	2010	2011	2012
年末生产性固定资产	**Productive Fixed Assets at the Year-end**						
汽车(部)	Automobile(unit)	0.5	0.6	1.3	1.4	1.3	0.5
小型和手扶拖拉机(部)	Mini and Walking Tractor(unit)	9.0	0.8	0.8	1.0	2.8	3.4
机动脱粒机(台)	Motor-driven Thresher(unit)	13.7	14.8	14.4	15.8	3.1	3.4
农用动力机械(台)	Agricultural Power Machinery (unit)	18.6	20.3	19.7	24.9	16.7	15.6
胶轮大车(辆)	Cars with Rubber Tyres(unit)	1.4	1.4	2.1	1.8	1.0	1.1
水泵(台)	Pumps(unit)	24.3	22.1	24.2	26.1	26.9	24.2
役畜(头)	Draught Animals(head)	59.2	51.9	56.0	55.4	19.9	20.8
产品畜(头)	Commodity Animals(head)	49.9	62.2	80.0	75.1	162.0	162.8
年末生产性固定资产原值(元)	**Original Value of Productive Fixed Assets at the Year-end(yuan)**	**749218**	**756611**	**901722**	**1126165**	**1009146**	**1138706**
#农　业	Agriculture	568924	661792	875203	741497	767391	882916

11-16 农林牧渔业总产值
Gross Output Value of Farming, Forestry, Animal Husbandry and Fishery

单位：万元 (10 000 yuan)

指 标	Item	2005	2008	2009	2010	2011	2012
农林牧渔业总产值	**Total**	**4758847**	**6649837**	**7050451**	**8213089**	**10023522**	**10821492**
农业产值	**Gross Output Value of Farming**	**1796344**	**2740318**	**3075670**	**3416726**	**4010008**	**4607167**
谷物及其他作物	Cereal and Other Plants	471935	690146	710229	755160	885518	948756
#谷物	Cereal	194671	301161	298595	320699	376397	426222
豆类	Beans	7371	5170	5779	7625	8312	9801
油料	Oil-bearing Crops	29784	34065	32299	39034	48283	54944
糖料	Sugarcane	67198	135200	144224	132041	163278	220165
蔬菜园艺作物	Vegetables and Horticultue Plant	673367	1048138	1139739	1173500	1497235	2125763
#蔬菜类	Vegetables	626168	962711	1066010	1092008	1351086	1897254
水果、坚果、饮料和香料作物	Fruits,Nut,Beverage and Perfume Plants	643007	995431	1221903	1481456	1626606	1519715
#水果	Fruits		771930	950619	1201901	1108783	1060768
坚果	Nut		215177	266861	275433	439870	390134
中药材	Chinese Medicinal Materials	8036	6603	3799	6610	649	12934
林业产值	**Gross Output Value of Forestry**	**589276**	**916205**	**796182**	**1237950**	**1614446**	**1378533**
林木的培育和种植	Lumbering and Transportation of Timber and Bamboo	71114	147450	120171	212185	351675	115584
竹木采运	Cultivating and Planting of Forest Tree	101773	81879	70918	77384	122860	65835
林产品	Forestry Products	416388	686875	605092	948381	1139911	1197114
牧业产值	**Gross Output Value of Animal Husbandry**	**952114**	**1403898**	**1428267**	**1585632**	**2071494**	**2141443**
牲畜饲养	Rearing of Livestock	87467	110230	112675	124756	184375	189622
猪的饲养	Rearing of Pigs	477278	818071	753211	831245	1111740	1148309
#肉猪	Hogs	458266	784287	729388	803976	1028186	1096532
家禽饲养	Rearing of Poultry	361266	430723	533396	590335	739381	706497
#肉禽	Poultry for Meat	339126	400037	445728	523562	676739	672423
渔业产值	**Gross Output Value of Fishery**	**1321824**	**1397639**	**1545108**	**1735299**	**2045780**	**2362696**
海水产品	Seawater Aquatic Products	1167580	1145770	1274445	1436300	1701856	2055040
#养殖	Cultured	122187	247415	224096	277420	465794	595980
淡水产品	Freshwater Aquatic Products	154244	251869	270663	299000	343924	307656
#养殖	Cultured	60021	192769	157013	70075	420465	304500
农林牧渔服务业	**Agricultural Services**	**99288.0**	**191778.5**	**205223.4**	**237480.9**	**281793.5**	**331653**

注：绝对数按当年价格计算，指数按可比价格计算；2007年数据依据2006年农业普查结果计算并衔接。
Note:Data in value terms in this table are calculated at current prices,and the indices are calculated at comparable Prices.The data of 2007 are calculated and combined on the basis of Agricultural Census data in 2006.

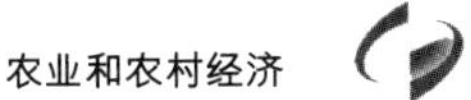

11-17 农林牧渔业总产值指数
Gross Output Value Indices of Farming, Forestry, Animal Husbandry and Fishery

单位：%

指　　标	Item	2005	2008	2009	2010	2011	2012
农林牧渔业总产值	**Total**	**106.7**	**107.8**	**107.2**	**106.1**	**106.6**	**106.3**
农业产值	**Gross Output Value of Farming**	**105.8**	**106.5**	**105.0**	**105.3**	**106.2**	**105.1**
谷物及其他作物	Cereal and Other Plants	86.7	108.2	105.6	97.4	102.7	99.9
#谷物	Cereal			104.3	99.0	102.8	106.3
豆类	Beans			109.1	123.1	99.5	115.1
油料	Oil-bearing Crops			103.2	105.1	101.2	96.8
糖料	Sugarcane			108.1	87.2	89.9	126.92
蔬菜园艺作物	Vegetables and Horticultue Plant	108.6	107.7	103.1	107.8	106.1	126.4
#蔬菜类	Vegetables			104.6	107.6	102.9	125.0
水果、坚果、饮料和香料作物	Fruits,Nut,Beverage and Perfume Plants	120.9	106.0	107.1	107.3	108.5	87.7
#水果	Fruits				111.9	102.1	89.7
坚果	Nut				99.5	106.9	88.7
中药材	Chinese Medicinal Materials	141.2	31.6	50.2	139.9	8.7	1769.0
林业产值	**Gross Output Value of Forestry**	**91.6**	**107.9**	**109.8**	**113.6**	**107.2**	**106.8**
林木的培育和种植	Lumbering and Transportation of Timber and Bamboo	102.9	171.5	103.0	129.3	135.8	27.9
竹木采运	Cultivating and Planting of Forest Tree	108.9	103.0	118.9	104.2	141.1	51.1
林产品	Forestry Products	78.4	99.9	110.2	111.6	112.2	137.1
牧业产值	**Gross Output Value of Animal Husbandry**	**115.0**	**112.0**	**109.2**	**104.5**	**105.1**	**106.9**
牲畜饲养	Rearing of Livestock	129.6	110.6	100.4	101.7	115.6	107.4
猪的饲养	Rearing of Pigs	106.8	111.6	107.6	103.8	102.6	111.8
#肉猪	Hogs			108.7	106.0	98.1	115.5
家禽饲养	Rearing of Poultry	122.8	110.3	118.1	104.5	108.5	91.5
#肉禽	Poultry for Meat			106.3	110.4	112.0	95.2
渔业产值	**Gross Output Value of Fishery**	**108.6**	**106.2**	**107.3**	**104.8**	**107.8**	**106.8**
海水产品	Seawater Aquatic Products	108.3	103.8	108.8	106.5	108.1	110.1
#养殖	Cultured						
淡水产品	Freshwater Aquatic Products	110.3	118.6	100.5	96.7	106.7	90.0
#养殖	Cultured						
农林牧渔服务业	**Agricultural Services**	**128.2**	**110.8**	**108.4**	**109.4**	**110.1**	**111.7**

注：绝对数按当年价格计算，指数按可比价格计算；2007年数据依据2006年农业普查结果计算并衔接。
Note:Data in value terms in this table are calculated at current prices,and the indices are calculated at comparable Prices.The data of 2007 are calculated and combined on the basis of Agricultural Census data in 2006.

11-18 农林牧渔业总产值及构成
Gross Output Value of Farming, Forestry, Animal Husbandry and Fishery and Related Composition

单位：万元 (10 000yuan)

指 标	Item	2005	2008	2009	2010	2011	2012
农林牧渔业总产值	**Total**	**4758847**	**6649837**	**7050451**	**8213089**	**10023522**	**10821492**
农 业	Farming	1796344	2740318	3075670	3416726	4010008	4607167
林 业	Forestry	589276	916205	796182	1237950	1614446	1378533
牧 业	Animal Husbandry	952114	1403898	1428267	1585632	2071494	2141443
渔 业	Fishery	1321824	1397639	1545108	1735299	2045780	2362696
海水产品	Seawater Aquatic Products	1167580	1145770	1274445	1436300	1701856	2055040
淡水产品	Freshwater Aquatic Products	154244	251868	270663	299000	343924	307656
农林牧渔服务业	Agricultural Services	99288	191778	205223	237481	281793	331653
比 重(%)	**Proportion (%)**						
农 业	Farming	37.75	41.21	43.62	41.60	40.01	42.57
林 业	Forestry	12.38	13.78	11.29	15.07	16.11	12.74
牧 业	Animal Husbandry	20.01	21.11	20.26	19.31	20.67	19.79
渔 业	Fishery	27.78	21.02	21.92	21.13	20.41	21.83
海水产品	Seawater Aquatic Products	24.53	17.23	18.08	17.49	16.98	18.99
淡水产品	Freshwater Aquatic Products	3.24	3.79	3.84	3.64	3.43	2.84
农林牧渔服务业	Agricultural Services	2.09	2.88	2.91	2.89	2.81	3.06

注：本表按当年价格计算。
Note:Data in this table are calculated at current prices.

11-19 各市县农林牧渔业总产值（2012）
Gross Output Value of Farming, Forestry, Animal Husbandry and Fishery by Region

单位：万元 (10 000 yuan)

地区	Region	农林牧渔业总产值 Total	农业 Farming	林业 Forestry	牧业 Animal Husbandry	渔业 Fishery	服务业 Services
海口市	Haikou	911362	355080	70466	368382	75780	41653
三亚市	Sanya	704221	438090	35954	70676	133751	25750
五指山市	Wuzhishan	77366	30531	25359	19548	1751	177
文昌市	Wenchang	943172	361372	56538	272319	227455	25487
琼海市	Qionghai	955350	491180	104981	200029	101929	57230
万宁市	Wanning	626308	290964	80750	148574	91644	14376
定安县	Ding'an	377424	186558	30563	128311	7717	24275
屯昌县	Tunchang	355680	148337	98446	75102	11806	21989
澄迈县	Chengmai	852636	368872	146814	168050	144974	23926
临高县	Lingao	1036527	176527	39894	90154	716871	13080
儋州市	Danzhou	1329683	341821	227601	217831	525391	17039
儋州	Danzhou	1304168	341821	227601	217831	499876	17039
洋浦	Yangpu	25515				25515	
东方市	Dongfang	475026	318647	42062	63572	42211	8532
乐东县	Ledong	667223	460743	90923	70145	39609	5802
琼中县	Qiongzhong	234472	91125	91986	44049	3611	3701
保亭县	Baoting	213975	110324	55604	33821	3863	10362
陵水县	Lingshui	475696	186432	24093	87886	150586	26699
白沙县	Baisha	286378	102423	127635	44933	7227	4159
昌江县	Changjiang	298995	148138	28863	38061	76518	7415

注：本表按当年价格计算。
Note:Data in this table are calculated at current prices.

11-20 农林牧渔业增加值及指数
Added Value of Farming, Forestry, Animal Husbandry and Fishery and Related Indices

单位：万元 (10 000 yuan)

指标	Item	2005	2008	2009	2010	2011	2012
增 加 值	**Total**						
农林牧渔业增加值	**Added Value of Farming, Forestry,Animal Husbandry and Fishery**	**3007523**	**4360401**	**4621935**	**5398256**	**6592294**	**7115493**
农业增加值	Added Value of Farming	1156730	1763668	1978441	2197824	2604605	2986313
林业增加值	Added Value of Forestry	407479	633148	550358	855671	1115969	933681
牧业增加值	Added Value of Animal Husbandry	549478	810189	823420	914161	1184163	1254144
渔业增加值	Added Value of Fishery	844947	1047994	1160570	1301181	1533970	1761332
农林牧渔服务业	Agricultural Services	48889	105401	109146	129418	153586	180023
指数(以上年为100)(%)	**Indices (preceeding year=100)(%)**						
农林牧渔业增加值	**Added Value of Farming, Forestry,Animal Husbandry and Fishery**	**106.1**	**107.7**	**107.2**	**106.3**	**106.2**	**106.3**
农业增加值	Added Value of Farming	105.6	106.5	105.5	105.5	105.2	105.1
林业增加值	Added Value of Forestry	91.4	107.9	109.8	113.9	106.9	106.8
牧业增加值	Added Value of Animal Husbandry	114.8	112.0	108.5	104.3	105.1	106.9
渔业增加值	Added Value of Fishery	108.5	106.2	107.8	105.0	107.8	107.0
农林牧渔服务业	Agricultural Services	124.9	110.8	104.9	112.1	110.1	111.2

注：增加值按当年价格计算，指数按可比价格计算.
Note:The added value are calculated at current prices,and the indices are calculated at comparable Prices.

11-21 各市县农林牧渔业增加值
Added Value of Farming, Forestry, Animal Husbandry and Fishery by Region

单位：万元 (10 000 yuan)

地区	Region	农林牧渔业增加值 Total	农业 Farming	林业 Forestry	牧业 Animal Husbandry	渔业 Fishery	服务业 Services
海口市	Haikou	559194	241949	48095	192784	53367	22998
三亚市	Sanya	467308	283561	24727	40637	101285	17098
五指山市	Wuzhishan	48932	19399	17366	10953	1125	89
文昌市	Wenchang	614793	230263	36058	163039	172554	12879
琼海市	Qionghai	604755	305157	74724	119167	75703	30003
万宁市	Wanning	404820	190295	55197	84480	67627	7221
定安县	Ding'an	232214	115591	20679	76968	5226	13749
屯昌县	Tunchang	221357	94318	64715	43213	7141	11970
澄迈县	Chengmai	554732	236012	92370	105616	108494	12240
临高县	Lingao	732562	110837	27139	55071	534426	5088
儋州市	Danzhou	917540	224076	157443	129612	396353	10056
儋州	Danzhou	899806	224076	157443	129612	378619	10056
洋浦	Yangpu	17734				17734	
东方市	Dongfang	304312	203204	28288	36449	32265	4104
乐东县	Ledong	446722	310902	64181	42276	26786	2576
琼中县	Qiongzhong	147873	58610	60877	24133	2317	1936
保亭县	Baoting	145836	80492	36977	20250	2337	5781
陵水县	Lingshui	332251	123503	18814	60915	112357	16663
白沙县	Baisha	185895	66544	86983	26042	4574	1751
昌江县	Changjiang	194398	91598	19048	22538	57394	3820

注：本表按当年价格计算。
Note:Data in this table are calculated at current prices.

11-22 各市县人均主要农产品产量
Per Capita Output of Major Farm Products by Region

单位：公斤/人 (kg/person)

年 份 地 区	Year Region	粮 食 Grain	稻 谷 Rice	油 料 Oil-bearing Grops	糖 蔗 Sugarcane	猪牛羊肉 Pork,Beef and Mutton	猪肉 Pork	水 产 品 Aquatic Products
2005		185	134	10	306	37	34	181
2008		214	168	7	582	47	43	163
2009		217	169	11	530	50	46	168
2010		208	160	11	419	51	48	172
2011		214	165	11	416	52	48	183
2012		225	176	12	445	58	54	195
海 口 市	Haikou	86	73	3	41	41	39	25
三 亚 市	Sanya	94	75	1		30	27	111
五指山市	Wuzhishan	241	174	8		40	37	21
文 昌 市	Wenchang	331	235	20	0	40	36	374
琼 海 市	Qionghai	294	239	8		87	83	190
万 宁 市	Wanning	189	144	6		68	63	104
定 安 县	Ding'an	391	329	27	362	127	118	31
屯 昌 县	Tunchang	357	285	18	12	85	80	42
澄 迈 县	Chengmai	426	367	12	537	85	79	203
临 高 县	Lingao	304	248	6	1852	52	47	1012
儋 州 市	Danzhou	212	159	19	1258	80	76	423
东 方 市	Dongfang	321	191	32	672	43	38	91
乐 东 县	Ledong	325	263	25	2	46	39	79
琼 中 县	Qiongzhong	277	211	22	126	71	66	33
保 亭 县	Baoting	212	187	7		75	69	34
陵 水 县	Lingshui	294	232	18		52	49	295
白 沙 县	Baisha	225	124	2	3305	82	76	55
昌 江 县	Changjiang	249	196	11	2834	55	50	289

11-23 各市县农作物播种面积（2012）
Sown Area of Farm Crops by Region

地区	Region	农作物总播种面积（公顷）Sown Area of Farm Crops (hectare)	粮食 Grain	豆类 Soybeans	甘蔗 Sugarcane	蔬菜 Vegetables	占总播种面积（%）Percentage to Total Sown Area(%) 粮食 Grain	豆类 Soybeans	甘蔗 Sugarcane	蔬菜 Vegetables
全省总计	**Total**	**854402**	**438606**	**8372**	**62446**	**229531**	**51.33**	**0.98**	**7.31**	**26.86**
海口市	Haikou	82801	41863	435	2366	26330	50.56	0.53	2.86	31.80
三亚市	Sanya	34224	14316	308	8	15275	41.83	0.90	0.02	44.63
五指山市	Wuzhishan	9189	5135	87	86	2230	55.89	0.95	0.94	24.27
文昌市	Wenchang	82619	47637	87	237	23235	57.66	0.10	0.29	28.12
琼海市	Qionghai	48027	29916	373	576	14257	62.29	0.78	1.20	29.69
万宁市	Wanning	37020	23287	553	377	7561	62.90	1.49	1.02	20.42
定安县	Ding'an	40397	24637	965	1935	8337	60.99	2.39	4.79	20.64
屯昌县	Tunchang	40509	20261	393	501	10075	50.02	0.97	1.24	24.87
澄迈县	Chengmai	70769	38403	562	4087	20496	54.27	0.79	5.78	28.96
临高县	Lingao	50660	27870	109	9961	10669	55.01	0.22	19.66	21.06
儋州市	Danzhou	90413	41688	1359	19482	18903	46.11	1.50	21.55	20.91
东方市	Dongfang	57270	30261	317	3052	14216	52.84	0.55	5.33	24.82
乐东县	Ledong	71843	34561	1998	161	23529	48.11	2.78	0.22	32.75
琼中县	Qiongzhong	23337	10512	443	622	3643	45.05	1.90	2.66	15.61
保亭县	Baoting	13032	6737	51	74	4926	51.69	0.39	0.57	37.80
陵水县	Lingshui	39588	21024		61	10712	53.11		0.15	27.06
白沙县	Baisha	27509	8489	106	8259	4604	30.86	0.38	30.02	16.74
昌江县	Changjiang	35196	12008	225	10600	10532	34.12	0.64	30.12	29.92

11-24 历年农作物播种面积、比重及复种指数
Sown Area of Farm Crops,Proportion and Multiple Cropping Indices in Various Years

年份 Year	总播种面积 (公顷) Total Sown Area(hectare)	粮食作物 Grain Crops		复种指数(%) Multiple Gropping Indices(%)
		播种面积 (公顷) Sown Area(hectare)	占总播种面积(%) Percentage to Total Sown Area(%)	
1952	553640	522547	94.40	190.60
1957	752647	684560	94.10	189.60
1962	704993	641727	91.00	176.50
1965	690527	569780	82.50	175.40
1970	728187	616893	87.40	175.00
1975	909007	690033	75.90	205.40
1978	796433	642093	80.60	175.00
1980	696313	575440	82.60	156.00
1981	678647	551393	81.00	155.00
1982	706760	549293	77.70	160.00
1983	710560	542146	76.00	164.00
1984	715880	532320	74.40	163.00
1985	739887	507900	68.60	170.00
1986	754607	516726	68.50	174.00
1987	760193	509520	67.00	175.80
1988	740380	496940	67.10	171.60
1989	789587	529887	68.40	182.10
1990	721253	560573	68.30	188.80
1991	829467	561747	67.70	189.70
1992	868307	577700	66.50	198.90
1993	846160	550173	65.00	195.20
1994	844108	549420	65.09	196.28
1995	870064	559376	64.29	202.72
1996	890779	559314	62.79	207.48
1997	914513	577197	63.11	214.55
1998	937573	576954	61.54	219.13
1999	931756	567702	60.93	216.89
2000	909539	545634	59.99	209.97
2001	893928	526872	58.94	209.90
2002	900987	522287	57.97	212.83
2003	876170	495229	56.52	209.05
2004	862309	482303	55.93	206.41
2005	782095	423751	66.97	187.92
2006	821150	444547	54.14	192.68
2007	824497	424442	51.48	201.10
2008	810606	421275	51.97	184.89
2009	829409	430434	51.90	190.43
2010	833733	437213	52.44	198.92
2011	838356	430597	51.36	197.10
2012	854402	438606	51.33	203.67

11-25 各市县主要农作物面积和产量（2012）
Area and Output of Main Crops by Region

地区	Region	粮食作物 Grain crops		谷物 Cereal		水稻 Rice	
		播种面积（公顷）Sown Area (hectare)	总产量（吨）Total Output (ton)	播种面积（公顷）Sown Area (hectare)	总产量（吨）Total Output (ton)	播种面积（公顷）Sown Area (hectare)	总产量（吨）Total Output (ton)
全省总计	**Total**	**438606**	**1994974**	**352019**	**1671307**	**323771**	**1556008**
海口市	Haikou	41863	184636	33392	158220	33022	156622
三亚市	Sanya	14316	67897	11836	58159	10842	53945
五指山市	Wuzhishan	5135	25202	4420	21545	3416	17891
文昌市	Wenchang	47637	179376	37319	130347	36786	127507
琼海市	Qionghai	29916	144038	25365	123634	24142	117510
万宁市	Wanning	23287	103980	18264	81003	17955	79411
定安县	Ding'an	24637	111686	19955	97499	19334	93839
屯昌县	Tunchang	20261	92227	15160	76910	14418	73543
澄迈县	Chengmai	38403	201490	32434	175997	31968	173521
临高县	Lingao	27870	131536	21232	107942	21139	107506
儋州市	Danzhou	41688	202179	30126	160183	28497	151531
东方市	Dongfang	30261	132244	26232	116477	15919	78088
乐东县	Ledong	34561	150235	28656	134982	24760	121581
琼中县	Qiongzhong	10512	48380	8710	41523	7121	36296
保亭县	Baoting	6737	31236	6166	29070	5813	27603
陵水县	Lingshui	21024	94772	16862	82000	15812	74866
白沙县	Baisha	8489	37913	6093	28089	3951	20795
昌江县	Changjiang	12008	55947	9795	47728	8876	43955

11-25 续1(continued 1)

地　区	Region	早造水稻 Early Season Rice		晚造水稻 Late Season Rice		蕃　薯 Tubers	
		播种面积（公顷）Sown Area (hectare)	总产量（吨）Total Output (ton)	播种面积（公顷）Sown Area (hectare)	总产量（吨）Total Output (ton)	播种面积（公顷）Sown Area (hectare)	总产量（吨）Total Output (ton)
全省总计	**Total**	**143465**	**764160**	**180306**	**791848**	**78091**	**299487**
海口市	Haikou	15977	81466	17046	75156	8036	26043
三亚市	Sanya	5302	28218	5540	25728	2172	8551
五指山市	Wuzhishan	1696	9893	1720	7998	628	3402
文昌市	Wenchang	14927	53680	21859	73827	10231	48868
琼海市	Qionghai	10878	56033	13264	61476	4144	19347
万宁市	Wanning	7576	36908	10379	42503	4469	21453
定安县	Ding'an	8626	46828	10708	47011	3717	10033
屯昌县	Tunchang	7146	41580	7273	31963	4708	14517
澄迈县	Chengmai	14048	86428	17920	87093	5398	23723
临高县	Lingao	10890	67566	10249	39940	6529	23267
儋州市	Danzhou	13341	78554	15156	72977	10151	39131
东方市	Dongfang	7012	38273	8907	39815	3713	12878
乐东县	Ledong	8404	44792	16355	76789	3908	10675
琼中县	Qiongzhong	3513	20222	3608	16074	1359	5750
保亭县	Baoting	2123	11164	3690	16439	519	2053
陵水县	Lingshui	6417	30475	9395	44391	4132	12655
白沙县	Baisha	1959	11206	1992	9589	2289	9625
昌江县	Changjiang	3630	20875	5245	23079	1988	7516

11-25 续2(continued 2)

地 区	Region	大豆 Beans		油料 Oil-bearing Crops		花生 Peanuts		芝麻 Sesames	
		播种面积（公顷）Sown Area (hectare)	总产量（吨）Total Output (ton)	播种面积（公顷）Sown Area (hectare)	总产量（吨）Total Output (ton)	播种面积（公顷）Sown Area (hectare)	总产量（吨）Total Output (ton)	播种面积（公顷）Sown Area (hectare)	总产量（吨）Total Output (ton)
全省总计	**Total**	**3393**	**7414**	**39727**	**103621**	**37925**	**101537**	**1802**	**2084**
海口市	Haikou	430	367	4142	6480	2917	5235	1224	1244
三亚市	Sanya	14	34	229	806	229	806		
五指山市	Wuzhishan			296	857	296	857		
文昌市	Wenchang	87	161	6464	11005	6464	11005		
琼海市	Qionghai	257	631	1735	3752	1721	3732	13	20
万宁市	Wanning	158	383	998	3350	998	3350		
定安县	Ding'an	472	934	3291	7775	3260	7751	31	24
屯昌县	Tunchang	342	558	3038	4669	3038	4669		
澄迈县	Chengmai	371	1131	2333	5658	2014	5102	319	556
临高县	Lingao	46	190	1064	2622	879	2451	185	171
儋州市	Danzhou	529	1410	4857	18331	4842	18302	14	29
东方市	Dongfang			3389	13323	3378	13289	11	34
乐东县	Ledong	427	938	3807	11589	3807	11589		
琼中县	Qiongzhong	256	673	1542	3757	1542	3757		
保亭县	Baoting	3	6	391	1064	387	1058	4	6
陵水县	Lingshui			1467	5737	1467	5737		
白沙县	Baisha			144	363	144	363		
昌江县	Changjiang			540	2485	540	2485		

11-25 续3(continued 3)

地区	Region	甘蔗 Sugarcane 播种面积(公顷) Sown Area (hectare)	甘蔗 Sugarcane 总产量(吨) Total Output (ton)	糖蔗 Sugar crops 播种面积(公顷) Sown Area (hectare)	糖蔗 Sugar crops 总产量(吨) Total Output (ton)	蔬菜 Vegetables 播种面积(公顷) Sown Area (hectare)	蔬菜 Vegetables 总产量(吨) Total Output (ton)	瓜类 Melons 播种面积(公顷) Sown Area (hectare)	瓜类 Melons 总产量(吨) Total Output (ton)
全省总计	**Total**	**62446**	**4159197**	**59124**	**3942407**	**229531**	**4990010**	**32873**	**940748**
海口市	Haikou	2366	96384	2198	88096	26330	530003	570	16389
三亚市	Sanya	8	191			15275	452811	3241	109892
五指山市	Wuzhishan	86	1523			2230	21114		
文昌市	Wenchang	237	7308	54	185	23235	452182	4437	154106
琼海市	Qionghai	576	44563			14257	514835	659	24534
万宁市	Wanning	377	33430			7561	197042	3591	89476
定安县	Ding'an	1935	115223	1740	103256	8337	190146	157	3655
屯昌县	Tunchang	501	34367	36	3042	10075	160605	304	7211
澄迈县	Chengmai	4087	294225	3617	253981	20496	524806	997	28110
临高县	Lingao	9961	802482	9951	801736	10669	209467	524	13475
儋州市	Danzhou	19482	1205525	19403	1198857	18903	467208	1129	41154
东方市	Dongfang	3052	276547	3050	276387	14216	202083	5168	115723
乐东县	Ledong	161	8576	19	1001	23529	470677	5357	159586
琼中县	Qiongzhong	622	39126	233	22009	3643	29006	1	8
保亭县	Baoting	74	1871			4926	106487		
陵水县	Lingshui	61	1891			10712	207110	5563	146978
白沙县	Baisha	8259	558027	8239	556813	4604	62786	56	1260
昌江县	Changjiang	10600	637939	10583	637044	10532	191643	1118	29191

11-26 瓜菜生产情况 (2012)
Production of Melons and Vegetables

项　目	Item	播种面积(公顷) Sown Area (hectare)	单产(公斤/公顷) Per Unit Area Yield(kg/hectare)	总产量(吨) Total Output (ton)
一、蔬菜、瓜菜	**Vegetables,Melons**	**262404**	**22602**	**5930758**
蔬　菜	Vegetables	229531	21740	4990010
瓜　类	Melons	32873	28618	940748
二、分品种瓜菜	**Sorts**			
椒　类	Chili	33063	22220	734660
苦　瓜	Bitter Gourd	17504	20050	350953
丝　瓜	Towel Gourd	7702	17654	135969
长豆角	Fresh Kidney Beans	14406	26175	377084
四季豆	Kidney Beans	10459	22391	234187
长　茄	Eggplant	9503	22468	213509
冬　瓜	White Gourd	13227	55399	732769
青　瓜	Cucumber	14230	32492	462361
其它蔬菜	Others	109437	15977	1748518
西　瓜	Watermelon	18525	35118	650560
甜　瓜	Muskmelon	2937	17046	50065
蜜　瓜	Mi Melon	4278	31619	135265
其它果用瓜	Others	7133	14700	104858

11-27 各市县园林水果、茶叶面积和产量（2012）
Area and Output of Garden Fruits and Tea by Region

年份 地区	Year Region	茶叶 Tea			园林水果 Garden Fruits			
		年末面积（公顷）Area at the Year-end (hectare)	收获面积（公顷）Harvest Area (hectare)	总产量（吨）Total Output (ton)	年末面积（公顷）Area at the Year-end (hectare)	当年新种 Newly Grown Area in the Current Year	收获面积（公顷）Harvest Area (hectare)	总产量（吨）Total Output (ton)
2005		1489	1349	950	163401	23397	103660	1525256
2008		1055	983	1011	171162	22521	127673	2478678
2009		984	949	1084	170630	28350	136426	2679486
2010		1175	1131	1227	174536	27264	138922	2853557
2011		1068	984	1241	179583	32523	147737	3081697
2012		1008	786	1196	179786	26642	151397	3346307
海口市	Haikou				21048	1195	15544	288785
三亚市	Sanya				22185	2008	18974	329311
五指山市	Wuzhishan	132	94	26	4100	64	2259	21517
文昌市	Wenchang				7814	949	6012	101522
琼海市	Qionghai				10484	1775	8518	232660
万宁市	Wanning				8310	1531	6384	145723
定安县	Ding'an	288	255	605	4024	271	3072	58367
屯昌县	Tunchang				3568	326	2303	30499
澄迈县	Chengmai	102	36	55	10725	3132	10133	285227
临高县	Lingao				6676	3172	6789	255931
儋州市	Danzhou				6539	2101	6365	159361
东方市	Dongfang				20120	2261	19656	482063
乐东县	Ledong				21395	4857	18603	476646
琼中县	Qiongzhong	171	137	166	4312	253	3442	49041
保亭县	Baoting	83	81	54	5728	111	4836	26524
陵水县	Lingshui				7708	169	5981	85811
白沙县	Baisha	231	183	291	2789	349	2625	57613
昌江县	Changjiang				12263	2117	9901	259706

11-27 续1(continued 1)

年份 地区	Year Region	菠萝 Pineapples				荔枝 Litchis			
		年末面积（公顷） Area at the Year-end (hectare)	当年新种 Newly Grown Area in the Current Year	收获面积（公顷） Harvest Area (hectare)	总产量（吨） Total Output (ton)	年末面积（公顷） Area at the Year-end (hectare)	当年新种 Newly Grown Area in the Current Year	收获面积（公顷） Harvest Area (hectare)	总产量（吨） Total Output (ton)
2005		11815	4361	7240	202648	31523	542	16664	70338
2008		15235	4665	9593	281078	28101	193	18239	90784
2009		14557	3814	9956	296554	25686	504	18689	110822
2010		14157	2803	9869	297352	24549	221	18328	134969
2011		15328	3048	10374	316464	22857	396	18413	129030
2012		15725	3607	11293	342721	22947	308	18598	146941
海口市	Haikou	1643	294	1460	39634	6114	66	3850	36996
三亚市	Sanya					159		110	917
五指山市	Wuzhishan	62		19	99	493		362	1686
文昌市	Wenchang	2058	578	1091	31955	2769	176	2446	19594
琼海市	Qionghai	3960	739	2832	103689	1970	10	1723	14249
万宁市	Wanning	5096	1279	3654	122066	1495	29	1500	8984
定安县	Ding'an	593	170	410	15699	1703	6	1584	15977
屯昌县	Tunchang	304	115	260	8152	984	3	614	2250
澄迈县	Chengmai	340	99	268	3178	1201		1168	6204
临高县	Lingao	13				766		760	4762
儋州市	Danzhou	88	0	88	1556	1153	0	1073	9978
东方市	Dongfang	3	3	3	152	25		25	134
乐东县	Ledong	193	193	140	1260	358	17	297	2813
琼中县	Qiongzhong	195	56	116	2408	276		253	2684
保亭县	Baoting	441	20	276	1680	1074		851	2783
陵水县	Lingshui	264	60	216	1750	2080		1657	14188
白沙县	Baisha	12		9	325	308		307	2663
昌江县	Changjiang	460		453	9119	18		18	80

11-27 续2(continued 2)

年份 地区	Year Region	柑桔橙柚 Citrus, Oranges and Grapefruits				香蕉 Bananas			
		年末面积(公顷) Area at the Year-end (hectare)	当年新种 Newly Grown Area in the Current Year	收获面积(公顷) Harvest Area (hectare)	总产量(吨) Total Output (ton)	年末面积(公顷) Area at the Year-end (hectare)	当年新种 Newly Grown Area in the Current Year	收获面积(公顷) Harvest Area (hectare)	总产量(吨) Total Output (ton)
2005		3673	581	1607	19748	37331	15733	28056	913257
2008		3826	117	2481	39362	47879	15032	39402	1516223
2009		4357	730	2616	44461	50248	19493	45131	1595792
2010		5124	1093	2703	48477	58336	21500	47824	1722931
2011		5059	217	2936	49179	64149	25756	52988	1886498
2012		5333	223	3179	54759	60933	20102	56835	2091019
海口市	Haikou	718	61	356	4058	6276	634	5183	145613
三亚市	Sanya					2424	1527	2392	94494
五指山市	Wuzhishan	3		2	62	1171	64	995	16182
文昌市	Wenchang	143	8	108	1121	1365	82	1145	28482
琼海市	Qionghai	233	33	157	1647	1373	711	1237	41870
万宁市	Wanning	46	3	40	696	483	89	354	5479
定安县	Ding'an	68		47	877	551	84	402	15873
屯昌县	Tunchang	488	68	171	2099	626	33	435	8132
澄迈县	Chengmai	1595	7	716	14886	6450	2977	6952	248025
临高县	Lingao	47	5	23	505	4923	3123	5357	241105
儋州市	Danzhou	45		45	602	3360	2098	3387	126845
东方市	Dongfang					10682	1736	11363	417567
乐东县	Ledong					9396	4449	8507	387958
琼中县	Qiongzhong	1934	39	1501	28157	577	58	533	9563
保亭县	Baoting					307	8	232	4839
陵水县	Lingshui	3		2	19	881	13	869	26591
白沙县	Baisha	11		9	30	1675	329	1621	48507
昌江县	Changjiang					8413	2088	5872	223894

11-27 续3(continued 3)

年份 地区	Year Region	龙眼 Longans				芒果 Mangoes			
		年末面积(公顷) Area at the Year-end (hectare)	当年新种 Newly Grown Area in the Current Year	收获面积(公顷) Harvest Area (hectare)	总产量(吨) Total Output (ton)	年末面积(公顷) Area at the Year-end (hectare)	当年新种 Newly Grown Area in the Current Year	收获面积(公顷) Harvest Area (hectare)	总产量(吨) Total Output (ton)
2005		12314	420	4521	15654	47105	785	32682	222685
2008		11122	148	6140	29697	46563	1323	38116	305461
2009		10836	254	6454	34387	46299	1847	38784	359202
2010		10347	128	6611	35155	44278	565	39442	370172
2011		9700	116	7102	40650	43661	245	36597	403482
2012		9569	90	7016	42370	46017	964	39230	411243
海口市	Haikou	805	1	335	1922	127	1	91	959
三亚市	Sanya	317		213	1769	18661	474	15706	218071
五指山市	Wuzhishan	847		303	1322	1414		475	1123
文昌市	Wenchang	267	11	210	2292	17	3	10	101
琼海市	Qionghai	104		70	439	20		16	168
万宁市	Wanning	400	2	331	1917	106		84	486
定安县	Ding'an	187	3	148	859	32	1	28	339
屯昌县	Tunchang	184	4	99	558	89		63	786
澄迈县	Chengmai	424	4	395	1830	67		61	664
临高县	Lingao	332		253	1875	20		15	20
儋州市	Danzhou	554	1	526	3765	582		577	8079
东方市	Dongfang	406		299	3564	8400	267	7413	47918
乐东县	Ledong	1518	57	1078	6608	9134	127	8425	74586
琼中县	Qiongzhong	736		606	2121	34	21	6	29
保亭县	Baoting	1561		1384	6642	902		846	5503
陵水县	Lingshui	227		167	1320	3608	71	2355	28119
白沙县	Baisha	579		486	2908	61		73	1286
昌江县	Changjiang	121	8	113	659	2742		2986	23007

11-28 各市县热带作物年末面积
Area of Tropical Crops at the Year-end by Region

单位：公顷 (hectare)

地 区	Region	2005	2008	2009	2010	2011	2012
全省总计	**Total**	**511470**	**584366**	**595741**	**623327**	**642623**	**672796**
海口市	Haikou	13408	15840	16250	16635	24782	24588
三亚市	Sanya	8761	9512	9084	9069	22955	21852
五指山市	Wuzhishan	7822	11908	13266	13585	13978	16421
文昌市	Wenchang	25835	26754	27125	26164	29706	30543
琼海市	Qionghai	31910	41238	42254	43127	63634	64984
万宁市	Wanning	14157	17316	17376	18020	46055	48869
定安县	Ding'an	12146	15234	16029	16954	27739	30253
屯昌县	Tunchang	12238	14511	15229	15840	43208	44436
澄迈县	Chengmai	10007	17927	23655	24618	50660	56511
临高县	Lingao	6146	9379	9749	11968	21247	22419
儋州市	Danzhou	21722	31592	37300	46646	84908	86345
东方市	Dongfang	3244	4292	4462	5364	12070	13480
乐东县	Ledong	12961	15111	15494	16896	37362	37974
琼中县	Qiongzhong	18616	22929	24792	28526	63605	67844
保亭县	Baoting	9818	10175	11217	11434	28008	29928
陵水县	Lingshui	10565	10572	10572	10876	13619	13368
白沙县	Baisha	15137	18648	20881	22857	46622	49003
昌江县	Changjiang	5292	5447	5567	7012	12465	13977

11-29 各市县主要热带作物面积和产量(2012)
Area and Output of Main Tropical Crops by Region

年份 地区	Year Region	橡胶 Rubber 年末面积(公顷) Area at the Year-end (hectare)	当年新种 Newly Grown Area in the Current Year	收获面积(公顷) Harvest Area (hectare)	总产量(吨) Total Output (ton)	椰子 Coconut 年末面积(公顷) Area at the Year-end (hectare)	当年新种 Newly Grown Area in the Current Year	收获面积(公顷) Harvest Area (hectare)	总产量(万个) Total Output (10 000 units)
2005		393011	16992	292541	247775	42875	275	24896	24007
2008		454600	19005	315329	277429	40846	183	26133	22576
2009		464292	24762	323238	307062	40177	113	27259	23697
2010		490392	29571	343133	346366	39160	160	27443	23125
2011		501358	23456	346328	371754	37823	160	28967	23765
2012		525724	27558	372932	395052	37509	281	29031	24155
海口市	Haikou	17859	248	13569	17983	2114	33	1381	1523
三亚市	Sanya	14139	228	13548	11324	2395	29	2130	2874
五指山市	Wuzhishan	14559	332	7922	9326	261	0	164	126
文昌市	Wenchang	8091	136	6160	7580	14761	16	11139	5986
琼海市	Qionghai	36143	530	27524	30369	6473	52	5504	5520
万宁市	Wanning	26865	561	22819	16679	2269	87	1917	1312
定安县	Ding'an	20642	1446	12746	13480	1244	6	644	789
屯昌县	Tunchang	35448	6389	24356	27367	421	2	208	295
澄迈县	Chengmai	51573	1857	33528	38461	275	7	214	151
临高县	Lingao	22297	1001	11929	13145	42		13	5
儋州市	Danzhou	85211	6057	60523	74950	605		224	205
东方市	Dongfang	12458	1925	7414	5416	367	2	169	203
乐东县	Ledong	33303	483	25199	21219	909		809	762
琼中县	Qiongzhong	56557	2188	39491	35644	584	18	268	209
保亭县	Baoting	24242	324	18948	19087	827	8	657	921
陵水县	Lingshui	5044	386	3627	3862	3859	19	3489	3208
白沙县	Baisha	48231	2888	35987	41479	43	1	38	35
昌江县	Changjiang	13063	578	7643	7682	62		62	32

11-29 续1(continued 1)

年份 地区	Year Region	咖啡 Coffee 年末面积（公顷） Area at the Year-end (hectare)	当年新种 Newly Grown Area in the Current Year	收获面积（公顷） Harvest Area (hectare)	总产量（吨） Total Output (ton)	槟榔 Betel nut 年末面积（公顷） Area at the Year-end (hectare)	当年新种 Newly Grown Area in the Current Year	收获面积（公顷） Harvest Area (hectare)	总产量（吨） Total Output (ton)
2005		237	14	198	283	47714	3649	20785	64338
2008		138	7	128	390	62754	3165	31313	116511
2009		171	33	86	202	65823	3223	36087	143557
2010		220	32	99	157	69227	3372	39401	152105
2011		367	139	140	269	79232	9154	48191	169163
2012		529	160	149	280	85922	6562	54700	198122
海口市	Haikou	7		7	19	1438	19	611	1726
三亚市	Sanya					5318	130	4555	25530
五指山市	Wuzhishan					1468	70	571	2152
文昌市	Wenchang	10		8	9	1676	177	1042	4893
琼海市	Qionghai					15168	801	10662	35386
万宁市	Wanning	77		53	69	17589	1313	10564	29003
定安县	Ding'an					6919	955	4176	17241
屯昌县	Tunchang					8187	1058	4559	15283
澄迈县	Chengmai	421	159	73	154	3744	426	1967	11016
临高县	Lingao					12		7	52
儋州市	Danzhou	0				310	8	80	362
东方市	Dongfang					47	5	35	211
乐东县	Ledong					3599	100	2980	12128
琼中县	Qiongzhong	5	1	4	13	10460	915	5570	18841
保亭县	Baoting					4843	494	3096	13355
陵水县	Lingshui					4456	56	3868	9339
白沙县	Baisha	9		3	15	644	37	353	1602
昌江县	Changjiang					45		4	2

11-29 续2(continued 2)

年份 地区	Year Region	腰果 Cashew nut				剑麻 Sisal Hemp			
		年末面积（公顷）Area at the Year-end (hectare)	当年新种 Newly Grown Area in the Current Year	收获面积（公顷）Harvest Area (hectare)	总产量（吨）Total Output (ton)	年末面积（公顷）Area at the Year-end (hectare)	当年新种 Newly Grown Area in the Current Year	收获面积（公顷）Harvest Area (hectare)	总产量（吨）Total Output (ton)
2005		1780		1538	388	2849	80	1675	5640
2008		869	7	743	286	2731	1	1675	8567
2009		379		276	369	2432	1	1489	6052
2010		360	13	238	269	2369		1820	6625
2011		237		176	245	1681	3	1402	5401
2012		175		161	234	1373	3	1235	5395
海口市	Haikou								
三亚市	Sanya								
五指山市	Wuzhishan								
文昌市	Wenchang								
琼海市	Qionghai								
万宁市	Wanning								
定安县	Ding'an								
屯昌县	Tunchang								
澄迈县	Chengmai					3	3		
临高县	Lingao								
儋州市	Danzhou								
东方市	Dongfang	46		43	31	562		433	2286
乐东县	Ledong	129		118	203				
琼中县	Qiongzhong								
保亭县	Baoting								
陵水县	Lingshui								
白沙县	Baisha								
昌江县	Changjiang					808		802	3109

11-29 续3(continued 3)

年份 地区	Year Region	胡椒 Pepper 年末面积(公顷) Area at the Year-end (hectare)	当年新种 Newly Grown Area in the Current Year	收获面积(公顷) Harvest Area (hectare)	总产量(吨) Total Output (ton)
2005		22971	400	17735	31119
2008		22246	447	18205	37033
2009		22457	445	18823	37437
2010		21589	225	18265	35992
2011		21916	225	18188	35388
2012		21489	303	18403	36592
海口市	Haikou	3170	75	2341	4268
三亚市	Sanya				
五指山市	Wuzhishan	133		118	282
文昌市	Wenchang	6006	63	5192	10449
琼海市	Qionghai	7182	51	6225	11592
万宁市	Wanning	2065	8	1893	3941
定安县	Ding'an	1448	25	1340	2880
屯昌县	Tunchang	380	2	334	776
澄迈县	Chengmai	496	1	455	1121
临高县	Lingao	68	19	49	67
儋州市	Danzhou	204		201	392
东方市	Dongfang				
乐东县	Ledong	33		33	87
琼中县	Qiongzhong	202	55	124	501
保亭县	Baoting	16		16	52
陵水县	Lingshui	9		9	62
白沙县	Baisha	75	3	72	122
昌江县	Changjiang				

11-30 各市县主要南药面积和产量（2012）
Area and Output of Main South-drugs by Region

年份 地区	Year Region	槟榔 Betel Nut		益智 Yizhi		砂仁 Sharen	
		年末面积（公顷） Area at the Year-end (hectare)	总产量（吨） Total Output (ton)	年末面积（公顷） Area at the Year-end (hectare)	总产量（吨） Total Output (ton)	年末面积（公顷） Area at the Year-end (hectare)	总产量（吨） Total Output (ton)
2005		47714	64338	3668	5223	311	246
2008		62754	116511	3379	3191	219	277
2009		65823	143557	3251	3582	129	179
2010		69227	152105	3505	3724	122	215
2011		79232	169163	4061	4619	104	185
2012		85922	198122	4648	5681	61	140
海口市	Haikou	1438	1726				
三亚市	Sanya	5318	25530	65	96	10	15.5
五指山市	Wuzhishan	1468	2152	609	1405	12	4.1
文昌市	Wenchang	1676	4893				
琼海市	Qionghai	15168	35386	17	57		
万宁市	Wanning	17589	29003	56	115		
定安县	Ding'an	6919	17241				
屯昌县	Tunchang	8187	15283	102	172		
澄迈县	Chengmai	3744	11016	4	8		
临高县	Lingao	12	52				
儋州市	Danzhou	310	362				
东方市	Dongfang	47	211				
乐东县	Ledong	3599	12128	21	41	5	12
琼中县	Qiongzhong	10460	18841	2719	1879	0	1
保亭县	Baoting	4843	13355	248	660		
陵水县	Lingshui	4456	9339	484	729		
白沙县	Baisha	644	1602	324	519	34	107
昌江县	Changjiang	45	2				

11-31 各市县牲畜、家禽饲养头数
Number of livestock and Poultry by Region

单位：万头 (10 000 heads)

年份 地区	Year Region	牛年末存栏量 Number of Cattle in Stock (Year-end)	黄牛 Oxes	水牛 Buffaloes	奶牛 Dairy Cattle	牛年内出栏量 Number of Slaughtered Cattle in the Current Year	山羊年底存栏量 Number of Goat in stock (Year-end)	山羊年内出栏量 Number of Slaughtered Goat in the Current Year
2005		84.86	36.33	48.43	0.10	20.50	56.04	65.41
2008		86.72	37.31	49.32	0.09	24.20	70.79	78.25
2009		92.65	39.15	53.41	0.09	25.34	71.79	83.32
2010		92.58	40.57	51.91	0.11	25.31	69.92	83.28
2011		90.54	40.11	50.14	0.29	25.64	70.14	83.43
2012		87.39	39.15	48.15	0.09	26.92	66.03	77.06
海口市	Haikou	6.28	2.82	3.42	0.05	2.31	6.99	10.57
三亚市	Sanya	2.47	0.71	1.71	0.05	0.99	2.63	5.02
五指山市	Wuzhishan	1.53	1.09	0.43		0.28	0.06	0.11
文昌市	Wenchang	6.11	2.61	3.50		1.67	3.87	3.81
琼海市	Qionghai	1.93	0.75	1.19		1.36	2.65	4.99
万宁市	Wanning	8.05	2.50	5.55		2.26	4.53	4.11
定安县	Ding'an	7.04	3.03	4.01		2.46	3.22	4.08
屯昌县	Tunchang	3.33	0.64	2.69		1.10	1.62	1.65
澄迈县	Chengmai	5.94	2.56	3.37		2.57	2.79	4.36
临高县	Lingao	5.71	2.81	2.90		1.82	4.00	4.26
儋州市	Danzhou	11.95	6.42	5.53		2.15	11.15	11.49
东方市	Dongfang	5.58	3.52	2.06		1.87	2.35	2.14
乐东县	Ledong	7.26	3.66	3.60		2.00	8.97	9.55
琼中县	Qiongzhong	1.53	0.62	0.91		0.84	0.61	0.98
保亭县	Baoting	1.69	0.33	1.36		0.49	2.79	2.54
陵水县	Lingshui	5.90	2.63	3.27		0.80	3.59	3.56
白沙县	Baisha	1.68	0.41	1.27		0.97	1.11	1.19
昌江县	Changjiang	3.42	2.03	1.39		0.98	3.10	2.64

注：全省数包含洋浦的数据，2007年数据为经过调整的与2006年农业普查衔接数。
Note: The total data includes Yangpu.Data in 2007 has been adjusted and Linked with the data of Agricultural Census in 2006.

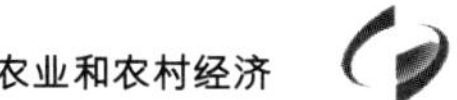

11-31 续(continued)

单位：万头 (10,000 heads)

年份 地区	Year Region	猪年末存栏量 Number of Pigs in Stock (Year-end)	能繁殖母猪 Breeding Sow	猪全年饲养量 Number of Pigs Raised in the Whole Year	年内出栏肥猪 Number of Slaughtered Fattened Pigs in the Current Year	家禽年内出栏量 Number of Slaughtered Poultry in the Current Year	鸡 Chicken	鸭 Duck	鹅 Goose
2005		296.52	37.98	638.87	342.35	9134.50	6082.94	2690.43	361.13
2008		416.25	61.00	861.49	445.24	11259.21	7979.24	2892.35	387.62
2009		411.53	61.50	893.98	482.45	12295.27	8382.31	3415.41	497.56
2010		413.21	60.52	918.87	505.66	12602.65	8160.51	3942.99	499.16
2011		416.50	61.54	930.24	513.73	13763.24	9232.68	3941.57	588.99
2012		438.56	65.64	1019.45	580.89	14663.66	9944.30	4096.05	623.31
海 口 市	Haikou	56.87	7.30	152.12	95.25	1208.08	879.04	277.20	51.84
三 亚 市	Sanya	10.30	1.52	36.75	26.46	293.91	214.84	63.64	15.43
五指山市	Wuzhishan	3.55	0.91	8.61	5.05	39.02	26.97	9.71	2.33
文 昌 市	Wenchang	15.41	2.15	38.49	23.09	3837.43	3469.93	348.77	18.73
琼 海 市	Qionghai	20.89	3.43	66.13	45.24	2230.42	1904.87	269.81	55.73
万 宁 市	Wanning	21.80	3.03	66.15	44.34	698.80	214.41	465.24	19.15
定 安 县	Ding'an	31.10	4.78	66.42	35.32	865.40	391.57	370.96	102.88
屯 昌 县	Tunchang	17.96	3.30	40.77	22.82	394.57	206.32	174.63	13.62
澄 迈 县	Chengmai	43.45	4.99	88.74	45.28	1875.54	271.65	1347.13	256.76
临 高 县	Lingao	36.21	6.59	58.14	21.93	378.89	221.78	140.03	17.08
儋 州 市	Danzhou	70.68	7.82	162.55	91.87	1666.56	1401.55	254.51	10.49
东 方 市	Dongfang	29.79	6.52	51.07	21.28	232.52	129.96	98.62	3.95
乐 东 县	Ledong	21.48	4.71	44.68	23.21	238.19	127.74	90.58	19.87
琼 中 县	Qiongzhong	9.67	1.09	23.09	13.42	112.78	73.93	28.06	10.80
保 亭 县	Baoting	15.94	2.31	28.68	12.75	114.85	78.02	30.22	6.61
陵 水 县	Lingshui	13.87	1.97	36.76	22.89	119.97	83.07	30.13	6.77
白 沙 县	Baisha	8.93	0.79	24.90	15.96	158.78	132.41	22.26	4.12
昌 江 县	Changjiang	10.66	2.44	25.39	14.73	197.95	116.25	74.54	7.16

11-32 各市县畜产品产量
Output of Livestock Products by Region

单位：吨 (ton)

年份 地区	Year Region	肉类总产量 Total output of Meat	猪牛羊肉 Pork,beef and Mutton Output	猪肉 Pork	牛肉 Beef	羊肉 Mutton	禽肉 Meat of Poultry	牛奶产量 Output of Cow Milk	禽蛋产量 Output of Poultry eggs	蜂蜜产量 Output of Honey
2005		475678	304202	276379	18975	8697	156755	1140	21796	718
2008		611457	401236	368900	21940	10396	192063	2363	31095	678
2009		660515	430518	396616	22800	11101	210702	1800	31901	596
2010		684948	445841	412342	22498	11001	216844	1949	35034	717
2011		719007	458294	422444	24411	11439	237411	1948	33239	737
2012		795439	516730	481240	25145	10345	253012	2263	35835	667
海口市	Haikou	110164	87237	83626	2162	1449	20176	1343	6308	153
三亚市	Sanya	26194	21333	19692	926	715	4358	920	2337	
五指山市	Wuzhishan	5311	4142	3868	259	15	667		96	26
文昌市	Wenchang	82957	21637	19549	1563	525	61117		4296	2
琼海市	Qionghai	80705	42636	40686	1266	684	37595		3519	21
万宁市	Wanning	52715	37561	34903	2109	549	14927		1657	2
定安县	Ding'an	52231	36324	33566	2296	461	15638		3415	2
屯昌县	Tunchang	30309	21825	20570	1030	226	7178		1655	61
澄迈县	Chengmai	80813	40359	37362	2402	595	36804		2957	153
临高县	Lingao	35639	22654	20368	1702	584	6939		449	2
儋州市	Danzhou	104742	75783	72193	2013	1577	25503		3203	56
东方市	Dongfang	24866	17655	15649	1743	263	4923		1338	
乐东县	Ledong	26044	21029	17857	1865	1307	3995		1791	15
琼中县	Qiongzhong	15341	12390	11474	784	133	2447		411	112
保亭县	Baoting	13864	10985	10201	454	329	2193		1014	3
陵水县	Lingshui	20626	16888	15656	746	486	2539		376	
白沙县	Baisha	16416	13901	12830	910	161	2514		197	1
昌江县	Changjiang	16501	12390	11189	916	285	3498		815	59

11-33 水产养殖面积
Aquaculture Area

单位：公顷 (hectare)

年份 地区	Year Region	海水养殖 面积 Area of Seawater Aquatic	鱼类 Fish	虾蟹类 Shrimps, Prawns and Crabs	贝类 Shellfish	藻类 Seaweed	其它类 Others	淡水养殖 面积 Area of Freshwater Aquatic
2005		8291	-	-	-	-	-	16109
2008		12983	1941	8328	1534	1027	153	29103
2009		15247	2645	9801	1375	1272	154	38217
2010		14529	2817	9080	1218	1290	124	39678
2011		15146	3088	9098	1551	1286	124	40347
2012		15845	2914	9784	1983	1113	50	40495
海口市	Haikou	1497	115	1080	97	205		4399
三亚市	Sanya	481	39	224	219			612
五指山市	Wuzhishan							229
文昌市	Wenchang	3571	907	2193	384	87		8578
琼海市	Qionghai	766	199	291	9	267		3603
万宁市	Wanning	1227	79	1148				1571
定安县	Ding'an							1497
屯昌县	Tunchang							1360
澄迈县	Chengmai	718	152	372	50	145		3001
临高县	Lingao	1507	927	301	271	8		2094
儋州市	Danzhou	3126	142	1923	899	112	50	4515
东方市	Dongfang	494		473	21			693
乐东县	Ledong	615	55	560				2050
琼中县	Qiongzhong							934
保亭县	Baoting							653
陵水县	Lingshui	472	215	247		10		588
白沙县	Baisha							1378
昌江县	Changjiang	1371	85	973	34	279		2739

11-34 水产品总产量
Gross Output of Aquatic Products

单位：吨 (Ton)

年份 地区	Year Region	水产品总产量 Total Aquatic Products	按海、淡水分By Seawater and Freshwater					
			海水产品 Seawater Aquatic Products	海水捕捞 Seawater Aquatic Products Caught	海水养殖 Seawater Aquatic Products Cultured	淡水产品 Freshwater Aquatic Products	淡水捕捞 Freshwater Aquatic Products Caught	淡水养殖 Freshwater Aquatic Products Cultured
2005		1084129	918404	780479	137925	165725	17361	148364
2008		1394000	1108844	938789	170055	285156	19874	265282
2009		1454900	1143000	962000	181000	311900	20400	291500
2010		1494800	1178877	994715	184162	315923	19510	296413
2011		1602445	1240420	1050300	190120	362025	21015	341010
2012		1727340	1325427	1109325	216102	401913	21377	380536
海口市	Haikou	53742	25400	10800	14600	28341	1077	27264
三亚市	Sanya	80468	76220	70986	5234	4248	547	3701
五指山市	Wuzhishan	2189				2189	266	1923
文昌市	Wenchang	202658	57773	26127	31646	144885	1296	143589
琼海市	Qionghai	93204	54082	47473	6609	39122	2189	36933
万宁市	Wanning	57074	40960	24235	16725	16114	1149	14965
定安县	Ding'an	8769				8769	242	8527
屯昌县	Tunchang	10733				10733	284	10449
澄迈县	Chengmai	96204	61822	46631	15191	34382	1265	33117
临高县	Lingao	438002	431505	390847	40658	6497	938	5559
儋州市	Danzhou	430915	377265	319214	58051	53650	4366	49283
儋州	Danzhou	402816	349166	291114	58051	53650	4366	49283
洋浦	Yangpu	28100	28100	28100				
东方市	Dongfang	37292	30053	24167	5886	7239		7239
乐东县	Ledong	36294	24318	19717	4601	11976	1863	10114
琼中县	Qiongzhong	5732				5732	688	5044
保亭县	Baoting	4953				4953	121	4832
陵水县	Lingshui	94879	90666	80238	10428	4213		4213
白沙县	Baisha	9265				9265	2080	7185
昌江县	Changjiang	64965	55361	48889	6473	9604	3006	6597

11-34 续(continued)

年份 地区	Year Region	按品类分类 By Category						
		鱼类 Fish	虾蟹类 Shrimps, Prawns and Crabs	海养对虾 Prawn by Seawater Cultured	贝类 Shellfish	藻类 Seaweed	江蓠 Gracilaria Confervoides	其它 Others
2007		999984	166168	98086	47079	34206	13497	75287
2008		1117987	135970	83665	38093	32194	11825	9861
2009		1165087	144044	97654	40132	32900	13257	72737
2010		1214897	194270	94925	51164	24376	9630	10093
2011		1293860	194505	98737	54305	33102	9874	26673
2012		1313104	208988	106930	73073	23005	9310	109170
海口市	Haikou	29257	12576	9561	988	5287	4578	5634
三亚市	Sanya	65250	4876	1440	2485	5		7852
五指山市	Wuzhishan	2120	11		58			
文昌市	Wenchang	166116	19301	17715	7670	1059		8512
琼海市	Qionghai	63270	6311	4350	17170	3150		3303
万宁市	Wanning	39824	15226	14000	139	32		1853
定安县	Ding'an	8729	29		11			
屯昌县	Tunchang	10670	17		46			
澄迈县	Chengmai	58593	17931	6572	4390	6465	4102	8825
临高县	Lingao	350849	41012	12250	9625	319	90	36197
儋州市	Danzhou	298833	65977	24817	28907	3721	540	33477
儋州	Danzhou	273304	64827	24817	28822	3571	540	32292
洋浦	Yangpu	25530	1150		85	150		1185
东方市	Dongfang	26857	9724	5996	119			592
乐东县	Ledong	29086	6784	4692	183			241
琼中县	Qiongzhong	5610	122					
保亭县	Baoting	4938			15			
陵水县	Lingshui	90744	2960	1629	14	528		633
白沙县	Baisha	9265						
昌江县	Changjiang	53091	6131	3908	1253	2439		2051

11-35 乡镇企业主要指标
Main Indicators of Township Enterprises

指标	Item	2005	2008	2009	2010	2011	2012
企业个数(个)	**Number of Enterprises(unit)**	**45229**	**47682**	**49743**	**53911**	**58417**	**64536**
按登记注册类型分	**By Status of Registration**						
内资企业	Domestic Funded Enterprises	45164	47514	49579	53817	58316	64436
港澳台资企业	Enterprises with Funds from Hong Kong，Macao and Taiwan	58	118	113	63	68	71
外资企业	Foreign Funded Enterprises	7	50	51	31	33	29
按行业分	**By Sector**						
农业	Agriculture	2692	1668	1624	1900	1822	1960
工业	Industry	8644	4371	4385	4082	4083	3904
建筑业	Construction	1428	594	593	676	690	744
交通运输业	Transportation	5432	875	850	791	753	710
商业、饮食及其他	Commerce,Catering and Others	27033	8268	8511	8383	8557	8302
从业人数(人)	**Employment(person)**	**319696**	**362347**	**366165**	**394445**	**410610**	**443145**
按登记注册类型分	**By Status of Registration**						
内资企业	Domestic Funded Enterprises	316517	358225	362305	390763	406616	439689
港澳台资企业	Enterprises with Funds from Hong Kong,Macao and Taiwan	2733	2510	2393	2508	2882	2283
外资企业	Foreign Funded Enterprises	446	1612	1467	1174	1112	1173
按行业分	**By Sector**						
农业	Agriculture	35019	26575	28393	28500	28723	31039
工业	Industry	103308	86178	80996	79622	83678	85601
建筑业	Construction	23441	14024	15064	18638	19247	21235
交通运输业	Transportation	19875	7568	8039	7085	6975	7257
商业、饮食及其他	Commerce,Catering and Others	138053	70317	73014	78961	83503	85291
总产值(万元)	**Value(10 000yuan)**	**2021478**	**2582727**	**2767957**	**2913143**	**3211174**	**3671491**
按登记注册类型分	**By Status of Registration**						
内资企业	Domestic Funded Enterprises	1992490	2527803	2707880	2813675	3100167	3554945
港澳台资企业	Enterprises with Funds from Hong Kong,Macao and Taiwan	13369	47769	52397	90311	101945	91721
外资企业	Foreign Funded Enterprises	15619	7155	7680	9157	9062	24825
按行业分	**By Sector**						
农业	Agriculture	183422	170185	175423	250769	278908	318006
工业	Industry	1033214	1058948	1181867	1182519	1291304	1438560
建筑业	Construction	153186	153976	160110	211738	230039	273317
交通运输业	Transportation	94604	57441	57209	73697	75605	56547
商业、饮食及其他	Commerce,Catering and Others	557052	343308	388270	462507	487574	578565
营业收入(万元)	**Business Income(10 000yuan)**	**2044933**	**2638202**	**2817347**	**2989795**	**3309455**	**3775729**
上规模企业主要财务指标	**The Major Financial Indicators of Scale Enterprises**						
#营业收入	Operating Revenue	365899	496307	588487	576698	546996	656708
利润总额	Total After-tax Profits	31716	41116	48026	52900	58783	75870
上交税金	Tax	8170	22403	28736	22232	19549	20816
劳动者报酬	Payment for Laboar	18023	30056	32576	28472	20635	27893
年末流动资金	Circulating Fund at the Year-end	76051	86609	79698			
固定资定净值	Net Value of Fixed Asset (10 000 yuan)	217911	278058	444747			

注：1. 1997年农业部统计制度规定，个体工商户、运输户不再列入统计范围，类型改为“集体”和“私有”企业两类。1998年又重新规定， 符合条件的个体工商户、运输户也计入统计范围，类型分为“集体”、“私营”和“个体”企业三类。

2. 本表资料是省乡镇企业局提供。由于某些年份的统计口径不同，资料不可比，仅供参考。

3. 2005、2008年按行业分不含工商户，其他均含工商户。

Note:a). According to the statistic rules issued by the Ministry of Agriculture in 1997, individual industrial and commercial households were no longer listed in statistic scope,and the types are changed to "collective"and"private".However, according to the new rules issued in 1998, the qualified individual industrial and commercial households can be listed in statistic scope and the enterprise type is changed as "collective" "private" and "individual".

b). These data are provided by township enterprises bureaus. It can't be compared but only for reference because of different statistics path in some years. The following is the same.

c). In 2005 and 2008,the indicators by sector are not including industrial and commercial business ,and others include.

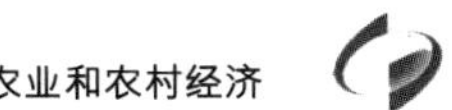

11-36 各市县乡镇企业主要指标（2012）
Main Indicators of Township Enterprises by Region

地 区	Region	企业单位数（个）Number of Enterprises (unit)	企业人数（人）Number of Employees (person)	企业总收入（万元）Total Income of Enterprises (10 000 yuan)	总产值（当年价格）（万元）Gross Output Value (At Current Prices) (10 000 yuan)
全省总计	**Total**	**64536**	**443145**	**3775729**	**3671491**
海口市	Haikou	9121	74252	350357	351205
三亚市	Sanya	7624	53121	403609	336709
五指山市	Wuzhishan	311	2943	19803	28643
文昌市	Wenchang	11011	53988	577160	560231
琼海市	Qionghai	5763	51726	683399	650004
万宁市	Wanning	4440	40286	393527	377321
定安县	Ding'an	2010	9319	78399	79917
屯昌县	Tunchang	1052	6515	32723	33996
澄迈县	Chengmai	7948	54064	648198	657902
临高县	Lingao	3788	21880	80747	76472
儋州市	Danzhou	4390	33936	316219	327446
东方市	Dongfang	1884	7945	32599	32599
乐东县	Ledong	684	3896	13915	13916
琼中县	Qiongzhong	782	4665	10276	7873
保亭县	Baoting	543	4166	21215	21275
陵水县	Lingshui	731	9738	70879	65689
白沙县	Baisha	1551	6683	20554	20411
昌江县	Changjiang	903	4022	22150	29882

主要统计指标解释

农林牧渔业总产值 指以货币表现的农、林、牧、渔业全部产品和对农林牧渔业生产活动进行的各种支持性服务活动的价值总量，它反映一定时期内农林牧渔业生产总规模和总成果。农业总产值的计算方法通常是按农林牧渔业产品及其副产品的产量分别乘以各自单位产品价格求得；少数生产周期较长，当年没有产品或产品产量不易统计的，则采用间接方法匡算其产值；然后将四业产品产值及农林牧渔服务业产值相加即为农林牧渔业总产值。1957年以前的农业总产值中包括了厩肥和农民自给性手工业(如农民自制衣服、鞋、袜，自己从事粮食初步加工等)。1958年及以后，林业中增加了村及村以下竹木采伐产值；牧业中取消了厩肥产值；副业中取消了农民自给性手工业产值，增加了村及村以下办的工业产值；渔业中增加了海洋捕捞水产品产值。1980年及以后，在副业中增加了农民家庭兼营工业商品部分的产值。从1984年起村及村以下工业产值划归工业。从1993年起取消副业，将野生动物的捕猎划入牧业、野生植物采集和农民家庭兼营商品性工业划归农业。从2003年起，执行新的国民经济行业分类标准，农林牧渔业总产值中包括了农林牧渔业服务业产值，林业中增加了森林采运业产值，农业中取消了家庭兼营商品性工业产值，将野生林产品的采集划归林业。第一次农业普查以后，由于畜牧业产品年报数据与普查数据之间存在一定的差距，国家统计局农调总队对畜牧业年报数据与普查数据进行衔接，对畜牧业产值进行相应调整。

粮食产量 指全社会的产量。包括国有经济经营的、集体统一经营的和农民家庭经营的粮食产量，还包括工矿企业办的农场和其他生产单位的产量。粮食除包括稻谷、小麦、玉米、高粱、谷子及其他杂粮外，还包括薯类和豆类。其产量计算方法，豆类按去豆荚后的干豆计算；薯类(包括甘薯和马铃薯，不包括芋头和木薯)1963年以前按每4公斤鲜薯折1公斤粮食计算，从1964年开始改为按5公斤鲜薯折1公斤粮食计算。城市郊区作为蔬菜的薯类(如马铃薯等)按鲜品计算，并且不作粮食统计。其他粮食一律按脱粒后的原粮计算。

油料产量 指全部油料作物的生产量。包括花生、油菜籽、芝麻、向日葵籽、胡麻籽（亚麻籽）和其他油料。不包括大豆、木本油料和野生油料。花生以带壳干花生计算。

水产品产量 指人工养殖的水产品和天然生长的水产品的捕捞量。包括海水的鱼类、虾蟹类、贝类和藻类以及内陆水域的鱼类、虾蟹类和贝类，不包括淡水生植物。

猪、牛、羊肉产量 指当年出栏并已屠宰、除去头蹄下水后带骨肉(即胴体重)的重量。包括全社会范围内的产量。

期初（末）畜禽存栏头（只）数 指报告期初（末）农村各种合作经济组织和国营农场、农民个人、机关、团体、学校、工矿企业、部队等单位以及城镇居民饲养的大牲畜、猪、羊、家禽等畜禽的存栏数。

耕地面积 指可以用来种植农作物、经常进行耕锄的田地，包括熟地、当年新开荒地、连续撂荒未满三年的耕地和当年的休闲地(轮歇地)，还包括以种植农作物为主并附带种植桑树、茶树、果树和其他林木的土地，以及沿海、沿湖地区已围垦利用的“海涂”、“湖田”等面积。不包括属于专业性的桑园、茶园、果园、果木苗圃、林地、芦苇地、天然或人工草地面积。

农作物播种面积 指实际播种或移植有农作物的面积。凡是实际种植有农作物的面积，不论种植在耕地上还是种植在非耕地上，均包括在农作物播种面积中。在播种季节基本结束后，因遭灾而重新改种和补种的农作物面积，也包括在内。

有效灌溉面积 指具有一定的水源，地块比较平整，灌溉工程或设备已经配套，在一般年景下当年能够进行正常灌溉的耕地面积。

农用化肥施用量 指本年内实际用于农业生产的化肥数量，包括氮肥、磷肥、钾肥和复合肥。化肥施用量要求按折纯量计算数量。折纯量是指把氮肥、磷肥、钾肥分别按含氮、含五氧化二磷、含氧化钾的百分之百成份进行折算后的数量。复合肥按其所含主要成分折算。

农业机械总动力 指主要用于农、林、牧、渔业的各种动力机械的动力总和。包括耕作机械、排灌机械、收获机械、农用运输机械、植物保护机械、牧业机械、林业机械、渔业机械和其他农业机械〔内燃机按引擎马力折成瓦(特)计算、电动机按功率折成瓦(特)计算〕。不包括专门用于乡、镇、村、组办工业、基本建设、非农业运输、科学试验和教学等非农业生产方面用的动力机械与作业机械。

农村家庭从业人员 指乡村人口中16岁以上实际参加生产经营活动并取得实物或货币收入的人员，既包括劳动年龄内实际参加劳动人员，也包括超过劳动年龄但实际参加劳动的人员，但不包括户口在家的在外学生、现役军人和丧失劳动能力的人，也不包括待业人员和家务劳动者。劳动者年龄为16岁以上。

Explanatory Notes on Main Statistical Indicators

Gross Output Value of Farming, Forestry, Animal Husbandry and Fishery refers to the total value of products of farming, forestry, animal husbandry and fishery, and total value of services in support of farming, forestry, animal husbandry and fishery activities. It reflects the total scale and result of agricultural production during a given period. Gross output value of agriculture is obtained by multiplying the output of each product or by-product by its price, resulting in the output value of each single item. For a small number of products, annual output of which is not available or difficult to get due to the long production (growing) process involved, the output value is estimated through an indirect approach. The sum of output value of all products of farming, forestry, animal husbandry, and fishery and services in support to those industries is then equal to the gross output value of agriculture. Prior to 1957, China's gross agricultural output value included barnyard manure and handicraft products for self -consumption (clothes, shoes, stockings, and initial grain processing undertaken by peasants). Since 1958, cutting and felling of bamboo and trees by villages and other cooperative organizations under villages has been included in forestry; value of barnyard manure has been excluded from animal husbandry; self consumed handicrafts has been excluded from sideline occupations, while the output value of industries run by villages and cooperative organizations under village had been included in sideline occupations and the output value of fish catches by motor fishing boats has been added to fishery. Since 1980, the value of handicraft products made for sale by individuals in households has been added to sideline occupations. Since 1984, industries run by villages and under villages have been included in the sector of industry. Since 1993, the subdivision of sideline occupations has been canceled, and the hunting of wild animals has been classified into animal husbandry, and the gathering of wild plants and commodity industry run by rural household have been included in farming. A new industrial classification of economic activities was introduced in 2003, Under the new classification, value of services to farming, forestry, animal husbandry and fishery is included in the gross output value of agriculture, value of wood felling and transport is included in forestry, value of industrial output by rural households is not included in farming, and the collection of wild forest products is taken from farming and included in forestry. The First Agriculture Census of China revealed some discrepancy between the production of animal products from the annual reports and that from the census. Efforts were made by the Rural Survey of NBS to adjust the output value of animal husbandry to make the figures from the annual reports consistent with the census data.

Grain Output refers to the total output in the whole country including grains produced by State farms, collective units, rural households, as well as by farms affiliated to industrial and mining enterprises and other production units. Grain includes rice, wheat, corn, sorghum, millet and other miscellaneous grains as well as tubers and beans. Output of beans refers to dry beans without pods. The output of tubers (sweet potatoes and potatoes, not including taros and cassava) are converted into that of grain at the ratio 4:1, i.e. 4 kilograms of fresh tubers were equivalent to 1 kilogram of grain up to 1963. Since 1964 the ratio for conversion has been 5:1. Tubers supplied as vegetables (such as potatoes) in cities and suburbs are calculated as fresh vegetables and their output is not included in the output of grain. Output of all other grains refers to husked grain.

Output of Oil-bearing Crops refers to the total production of oil-bearing crops of various kinds, including peanuts, (dry, in shell) rapeseeds, sesame, sunflower seeds, flax

seeds, and other oil-bearing crops. Soybeans, oil-bearing woody plants, and wild oil-bearing crops are not included.

Output of Aquatic Products refers to catches of both artificially cultured and naturally grown aquatic products, including fish, shrimps, crabs and shellfish in sea and inland water as well as seaweed. Freshwater plants are not included.

Output of Pork, Beef, and Mutton refers to the meat of slaughtered hogs, cattle, sheep and goats with head, feet, and offal taken away. Data refers to the production of the whole country.

Number of Livestock or Poultry in Stock at Beginning (or End) of Period refers to the total number of large animals, pigs, sheep, fowls, etc. raised by rural cooperative organizations, State farms, rural individuals, government agencies, schools, industrial and mining enterprises, army, and urban residents at the beginning (or end) of the reference period.

Cultivated Area refers to farmland which is plowed constantly for growing crops, including cultivated land, newly cultivated land in the current year, farmland left without cultivation for less than three years and fallow land in the current year, rotation land of grass and crops, farmland with some fruit trees, mulberry trees and other trees and cultivated seashore land, lake land and etc. The land of mulberry fields, tea plantations, orchards, nurseries of young plants, forestland, reed land, natural and man-made grassland and other land are not included in cultivated land.

Sown Area of Crops refers to area of land sown or transplanted with crops regardless of being in cultivated area or non-cultivated area. Area of land re-sown due to natural disasters is also included.

Irrigated Area refers to area of land that are effectively irrigated, i.e. relatively level land, where there are water sources and complete sets of irrigation facilities to lift and move adequate water for irrigation purpose under normal conditions. Under normal situations, irrigated area is the sum of watered fields and irrigated fields where irrigation systems or equipment have been installed for regular irrigation purpose.

Consumption of Chemical Fertilizers in Agriculture refers to the quantity of chemical fertilizers applied in agriculture in the year, including nitrogenous fertilizer, phosphate fertilizer, potash fertilizer, and compound fertilizer. The consumption of chemical fertilizers is calculated in terms of volume of effective component by means of converting the gross weight of the respective fertilizers into weight containing effective component (e.g. nitrogen content in nitrogenous fertilizer, phosphorous pentoxide contents in phosphate fertilizer, and potassium oxide contents in potash fertilizer). Compound fertilizer is converted in regard to its major component.

Total Power of Farm Machinery refers to total mechanical power of machinery used in farming, forestry, animal husbandry, and fishery, including machinery for ploughing, irrigation and drainage, harvesting, transport, plant protection, animal husbandry, forestry and fishery and other agricultural machineries (For the power of internal combustion engines, it is converted from its horsepower into watts and for electric motors the output power is converted into watts). Machinery employed for non-agricultural purposes, such as the machines used in township-run and village-run industry, construction, non-agricultural transport, scientific experiments and teaching, are not included.

Laborers in Rural Households refers to people in rural areas who are older than 16 years and engaged in production and business activities that generate incomes in cash or in practicality. It includes all working laborers, no matter whether they are within the working age or not, whereas students studying outside but with their registered residence at home, active serviceman, people who lost their ability to work, unemployed people, and those engaged in housework are not included. The working age is defined as older than 16 years.

12

工　业

Industry

编辑人员：张 彪　夏姗姗　杜珊珊

Compiled by Zhang Biao　Xia Shanshan　Du Shanshan

英文翻译：夏姗姗

Translated by Xia Shanshan

简 要 说 明

一、本篇资料的主要内容

本篇资料反映我省工业经济方面的基本情况，包括 18 个市县的主要工业经济统计数据：

1. 全省规模以上工业企业主要经济指标，以及按企业登记注册类型、轻重工业、企业规模、工业行业大类和按地区分组的主要经济指标和经济效益指标；

2. 国有及国有控股、私营、外商投资、港澳台商投资工业企业按工业行业大类和按地区分组的主要经济指标和经济效益指标；

3. 大中型工业企业按工业行业大类和按地区分组的主要经济指标和经济效益指标；

4. 主要工业产品产量等。

二、本篇资料的统计范围

规模以上工业在 1997 年以前统计口径为乡及乡以上企业，规模以下工业在 1997 年以前为农村村办、城乡合作及个体工业；1998 年至 2006 年，全部国有及年销售收入 500 万元以上(包括 500 万元)的非国有工业企业列入规模以上工业统计，其余列入规模以下(含个体)工业统计；从 2007 年开始，规模以上工业统计范围改为年销售收入 500 万元以上(包括 500 万元)的工业企业，规模以下工业统计范围包括年销售收入 500 万元以下的工业企业和个体工业；从 2011 年开始，规模以上工业统计范围调整为年主营业务收入 2000 万元以上(包括 2000 万元)工业企业，规模以下工业统计范围包括年主营业务收入 2000 万元以下的工业企业和个体工业。个体工业是指独立经营，自负盈亏的个体工业经营户。

本篇资料中工业行业分类按 2011 年《国民经济行业分类》标准划分；企业大中小微型划分按 2011 年《统计上大中小微型企业划分办法》标准执行。

三、本篇的资料来源和统计调查方法

本篇工业企业统计数据主要是根据工业统计年度报表中有关资料整理汇总。

Brief Introduction

I. Main Contents

Data in this chapter reflect the basic conditions of the industrial sector, presenting main industrial economic indicators of 18 regions in Hainan:

(1) Main economic indicators of industrial enterprises above designated size; as well as their main economic indicators and efficiency indicators classified by type of registration, by light and heavy industries, by size of enterprise, by branch of industry and by region.

(2) Main economic indicators and efficiency indicators of State-owned industrial enterprises and enterprises where the State holds the majority of shares; private industrial enterprises, foreign-funded industrial enterprises and enterprises funded by entrepreneurs from Hong Kong, Macao and Taiwan classified by branch of industry and by region;

(3) Main economic indicators and efficiency indicators of large and medium-sized industrial enterprises classified by branch of industry and by region.

(4) Output of key industrial products.

II. Scopes of Statistics

Before 1997,industrial enterprises above designated size referred to township level and higher levels, while below designated size referred to village-run industry, urban and rural cooperative industry and self-employed industry. From 1998 to 2006,all state-owned and non-state-owned industrial enterprises with annual sales more than 5 million yuan(inc. 5 million yuan) were considered as above designated size industry and the others(inc. self-employed industry) were below designated size industry. Since 2007,above designated size industry has been those with annual sales more than 5 million yuan(inc.5 million yuan) while those with annual sales less than 5 million yuan and self-employed industry have been below designated size industry. Since 2011,above designated size industry has been those with annual income of main business more than 20 million yuan(inc.20 million yuan) while those with annual income of main business less than 20 million yuan and self-employed industry have been below designated size industry. The self-employed industry refers to those individuals who are engaged in industrial business, operating independently and responsible for their own profits and losses.

Data by branch of industry in this chapter are based on the 2011's *National Industrial Classification of all Economic Activities*, and data by size of enterprise are based on the 2011's *Preliminary Standards of Enterprises by Size.*

III. Sources of Data and Methods of Survey

The data on enterprises statistics in this Chapter are collected mainly based on the relevant data in the annual industrial statistics reporting forms.

12-1 工业主要指标
Main Indicators of Industry

指标	Item	2005	2008	2009	2010	2011	2012
全部工业	**All Industrial Enterprises**						
企业单位数（个）	Number of Enterprises (unit)	19252	20062	20007	20010	20006	19998
工业总产值（亿元）	Gross Industrial Output Value (100 million yuan)	548.52	1189.55	1140.40	1470.35	1724.16	1874.47
工业增加值（亿元）	Value-added of Industry (100 million yuan)	176.92	308.89	300.63	385.21	475.04	521.15
规模以上工业	**Industrial Enterprises above Designated Size**						
企业单位数（个）	Number of Enterprises (unit)	646	548	494	497	361	377
亏损企业数（个）	Number of Loss-suffering Enterprises (unit)	265	—	112	87	67	94
工业总产值（亿元）	Gross Industrial Output (100 million yuan)	473.06	1094.61	1057.45	1381.25	1600.06	1746.57
工业增加值（亿元）	Value-added of Industry (100 million yuan)	148.47	283.79	277.17	354.80	437.94	482.05
工业销售产值（亿元）	Industrial Sales Value (100 million yuan)	468.18	1091.60	1052.91	1354.09	1578.18	1799.06
出口交货值（亿元）	Export Delivery Value (100 million yuan)	25.12	64.25	88.40	96.99	98.22	117.61
主营业务收入（亿元）	Main Business Income (100 million yuan)	449.76	—	1009.34	1322.83	1603.55	1697.10
资产总计（亿元）	Total Assets (100 million yuan)	791.28	—	1291.39	1621.38	1753.25	2023.16
流动资产合计（亿元）	Total Current Assets (100 million yuan)	285.11	—	447.66	622.32	690.27	798.53
固定资产合计（亿元）	Total Fixed Assets (100 million yuan)	—	—	612.99	649.53	645.07	720.17
负债总计（亿元）	Total Liabilities (100 million yuan)	437.44	—	734.83	861.92	919.16	1042.32
所有者权益合计（亿元）	Total Owner's Equity (100 million yuan)	—	—	555.09	757.79	832.58	981.34
利润总额（亿元）	Total Profits (100 million yuan)	—	—	106.66	140.04	140.97	133.35
亏损企业亏损额（亿元）	Total Loss of Loss-suffering Enterprises (100 million yuan)	6.62	—	10.67	—	—	9.63
利税总额（亿元）	Total Profits and Taxes (100 million yuan)	70.22	—	222.42	279.10	302.31	303.81
应交增值税（亿元）	Value-added Tax Payable (100 million yuan)	25.34	—	41.76	60.46	59.48	67.97
应交所得税（亿元）	Incomne Tax Payable (100 million yuan)	—	—	8.56	19.12	23.51	21.70
本年应付工资总额(亿元)	Total Wages Payable of Current Year (100 million yuan)	—	—	35.77	45.28	63.42	74.50
从业人员年平均人数(万人)	Average Employed Employees (10000 persons)	—	—	12.00	12.44	11.85	12.35

12-2 历年全部工业企业单位数
Number of All Industrial Enterprises in Various Years

单位：个 (unit)

年份 Year	总计 Total	按规模分 Grouped by Designated Size of Industrial Enterprises	
		规模以上工业 Above Designated Size	规模以下工业 Below Designated Size
1991	14431	1572	12859
1992	13858	1634	12224
1993	18745	1810	16935
1994	20851	1803	19048
1995	17880	1895	15985
1996	20323	1793	18530
1997	15718	1805	13913
1998	19888	640	19248
1999	21109	579	20530
2000	20771	597	20174
2001	21365	589	20776
2002	21408	601	20807
2003	21427	620	20807
2004	19202	596	18606
2005	19252	646	18606
2006	19236	630	18606
2007	19108	502	18606
2008	20062	548	19514
2009	20007	494	19513
2010	20010	497	19513
2011	20006	361	19645
2012	19998	377	19621

12-3 各市县全部工业企业单位数(2012)
Number of All Industrial Enterprises by Region

单位：个 (unit)

地区	Region	总计 Total	按规模分 Grouped by Designated Size of Industrial Enterprises	
			规模以上工业 Above Designated Size	规模以下工业 Below Designated Size
全省总计	**Total**	**19998**	**377**	**19621**
海口市	Haikou	7537	154	7383
三亚市	Sanya	688	29	659
五指山市	Wuzhishan	124	4	120
文昌市	Wenchang	1211	18	1193
琼海市	Qionghai	1071	11	1060
万宁市	Wanning	1732	8	1724
定安县	Ding'an	682	10	672
屯昌县	Tunchang	729	4	725
澄迈县	Chengmai	1105	45	1060
临高县	Lingao	1211	8	1203
儋州市	Danzhou	1422	40	1382
儋州	Danzhou	1385	25	1360
洋浦	Yangpu	37	15	22
东方市	Dongfang	583	11	572
乐东县	Ledong	450	3	447
琼中县	Qiongzhong	132	6	126
保亭县	Baoting	186	2	184
陵水县	Linshui	300	2	298
白沙县	Baisha	316	7	309
昌江县	Changjiang	519	15	504

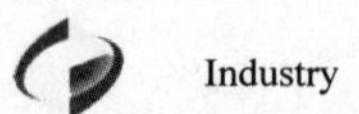

12-4 历年规模以上工业企业单位数
Number of Industrial Enterprises above Designated Size in Various Years

单位：个 (unit)

年份 Year	合计 Total	#大中型企业 #Large & Medium-sized Industrial Enterprises	#国有控股企业 #State-holding Enter-prises	按轻重工业分 Grouped by Light & Heavy Industry: 轻工业 Light Industry	重工业 Heavy Industry	按经济类型分 Grouped by Ownership: 国有企业 State-owned Enter-prises	集体企业 Collec-tive-owned Industry	股份合作企业 Coop-erative Enter-prises	股份制企业 Share-holding Enter-preses	外商及港澳台投资 Enterprises With Funds from Foreign, Hong Kong Macao and Taiwan	其他经济 Other Enter-prises
1998	640	124	486	341	299	409	29	8	53	101	40
1999	579	120	428	316	263	343	25	10	64	92	45
2000	597	118	402	319	278	320	24	11	80	98	64
2001	589	129	372	325	264	295	23	8	110	94	59
2002	601	129	354	347	254	275	25	9	135	94	63
2003	620	56	346	323	297	270	22	7	160	97	64
2004	596	71	255	310	286	196	9	1	257	90	43
2005	646	73	299	333	313	230	16	7	224	102	67
2006	630	67	272	322	308	209	11	2	237	107	64
2007	502	66	175	260	242	92	10	3	250	97	50
2008	548	78	187	284	264	92	11	3	296	99	47
2009	494	104	102	252	242	58	5	1	310	93	27
2010	497	117	101	258	239	55	4	3	321	87	27
2011	361	102	83	176	185	41	3	2	227	74	14
2012	377	121	81	184	193	38	2	2	246	73	16

12-5 各市县规模以上工业企业单位数(2012)
Number of Industrial Enterprises above Designated Size by Region

单位：个 (unit)

地区	Region	合计 Total	#大中型企业 #Large & Medium-sized Industrial Enterprises	#国有控股企业 #State-holding Enterprises	按轻重工业分 Grouped by Light & Heavy Industry: 轻工业 Light Industry	重工业 Heavy Industry	按经济类型分 Grouped by Ownership: 国有企业 State-owned Enterprises	集体企业 Collective-owned Industry	股份合作企业 Cooperative Enterprises	股份制企业 Shareholding Enterpreses	外商及港澳台投资 Enterprises With Funds from Foreign, Hong Kong Macao and Taiwan	其他经济 Other Enterprises
全省总计	**Total**	**377**	**121**	**82**	**184**	**193**	**38**	**2**	**2**	**246**	**73**	**16**
海口市	Haikou	154	50	27	94	60	9			96	45	4
三亚市	Sanya	29	7	6	8	21	4	1		17	5	2
五指山市	Wuzhishan	4		1	1	3	1		1	2		
文昌市	Wenchang	18	4	3	8	10	3	1		5	5	4
琼海市	Qionghai	11	2	3	5	6	2		1	7	1	
万宁市	Wanning	8	3	2	4	4	2			5	1	
定安县	Ding'an	10	3	1	9	1	1			7	2	
屯昌县	Tunchang	4		1		4	1			3		
澄迈县	Chengmai	45	14	9	19	26	2			36	4	3
临高县	Lingao	8	3	1	5	3	1			7		
儋州市	Danzhou	40	17	6	17	23	1			30	8	1
儋州	Danzhou	25	12	3	10	15	1			21	3	
洋浦	Yangpu	15	5	3	7	8				9	5	1
东方市	Dongfang	11	6	10	2	9	2			7	1	1
乐东县	Ledong	3	1	3		3	2			1		
琼中县	Qiongzhong	6		1	3	3	1			5		
保亭县	Baoting	2		2		2	2					
陵水县	Linshui	2	2	2	1	1	1			1		
白沙县	Baisha	7	2	2	5	2	1			5		1
昌江县	Changjiang	15	7	2	3	12	2			12	1	

12-6 历年全部工业总产值
Gross Industrial Output Value in Various Years

单位：万元 (10 000 yuan)

年 份 Year	工业总产值 Gross Industrial Output Value	按经济类型分 Grouped by Ownership		
		国有经济 State-owned Economy	集体经济 Collective-owned Economy	其他类型经济 Other Economy
1985	165067	136119	15150	13798
1986	177186	144820	16484	15882
1987	215463	163565	15891	36007
1988	312461	233559	19691	59211
1989	389642	288862	22553	78227
1990	443189	335585	21988	85616
1991	566876	402864	29714	134298
1992	762529	541931	38982	181616
1993	1282709	742095	64200	476414
1994	1647525	824301	102043	721181
1995	1978805	787572	85438	1105795
(按新规定计算) In Accordance with Updated National Statistics Regulations				
1995	1768092	705211	78046	984835
1996	2159908	712517	103498	1343893
1997	2310449	814768	115079	1380602
1998	2485801	612844	131102	1741855
1999	2547041	541609	45742	1959690
2000	2656097	622347	38539	1995211
2001	2831193	715401	47319	2068473
2002	3320361	959553	53430	2307378
2003	3997050	1340071	47916	2609063
2004	4778935	566076	22440	4190419
2005	5485227	836570	25178	4623479
2006	7437765	858700	18348	6560717
2007	10843033	885097	22433	9935503
2008	11895472	962402	19640	10913430
2009	11404026	981030	6164	10416832
2010	14703530	1068782	11089	13623659
2011	17241614	1372674	18286	15850654
2012	18744718	1655371	12630	17076717

注： 1、本表工业总产值按现价计算。
2、2004年和2008年数据采用经济普查数据进行修订。

Notes:1、Figures in this table are calculated at current prices.
2、Data of 2004 and 2008 have been adjusted according to that of national economic census.

12-7 历年全部工业总产值构成

Percentage of Gross Industrial Output Value in Various Years

单位：% (%)

年 份 Year	工业总产值 Gross Industrial Output Value	按经济类型分 Grouped by Ownership		
		国有经济 State-owned Economy	集体经济 Collective-owned Economy	其他类型经济 Other Economy
1952	100	19.0		81.0
1957	100	76.5	23.1	0.4
1962	100	77.0	22.6	0.4
1965	100	83.8	16.2	
1970	100	84.0	16.0	
1975	100	84.1	15.9	
1978	100	82.6	17.4	
1980	100	82.3	17.7	
1981	100	83.0	16.9	0.1
1985	100	82.5	9.1	8.4
1986	100	81.7	9.3	9.0
1987	100	75.9	7.4	16.7
1988	100	74.7	6.4	18.9
1989	100	74.1	5.8	20.1
1990	100	75.7	5.0	19.3
1991	100	71.1	5.2	23.7
1992	100	71.1	5.1	23.8
1993	100	57.9	5.0	37.1
1994	100	50.0	6.2	43.8
1995	100	39.9	4.4	55.7
1996	100	33.0	4.8	62.2
1997	100	35.3	4.9	59.8
1998	100	24.7	5.2	70.1
1999	100	21.3	1.8	76.9
2000	100	23.4	1.5	75.1
2001	100	25.3	1.7	73.0
2002	100	28.9	1.6	69.5
2003	100	33.5	1.2	65.3
2004	100	11.8	0.5	87.7
2005	100	15.3	0.5	84.2
2006	100	11.5	0.3	88.2
2007	100	8.2	0.2	91.6
2008	100	8.1	0.2	91.7
2009	100	8.6	0.1	91.3
2010	100	7.3	0.1	92.6
2011	100	8.0	0.1	91.9
2012	100	8.8	0.1	91.1

注：从1985年开始，工业总产值构成按当年价计算；而1985年以前的工业总产值构成按不变价格计算。

Note:The percentage of gross industrial output value,which was at constant prices before 1985,has been calculated at current prices since 1985.

12-8 历年全部工业总产值指数
Indices of Gross Industrial Output Value in Various Years

单位：%　　(以上年为100 Preceding Year=100)　　(%)

年 份 Year	工业总产值 Gross Industrial Output Value	按经济类型分 Grouped by Ownership		
		国有经济 State-owned Economy	集体经济 Collective-owned Economy	其他类型经济 Other Economy
1952	124.4			
1957	110.4	109.5	119.1	
1962	79.2	77.6	85.2	
1965	109.9	107.7	129.6	
1970	116.7	116.5	117.6	
1975	118.1	117.3	122.8	
1980	93.0	91.8	99.1	
1981	97.6	98.2	94.5	
1985	131.2	119.6	116.7	3383.3
1987	124.2	111.7	88.9	258.2
1988	125.1	125.7	115.2	126.7
1989	104.9	98.8	107.0	124.2
1990	114.5	116.4	97.6	114.2
1991	122.5	114.7	127.6	150.8
1992	134.2	138.3	130.9	138.5
1993	143.2	112.4	149.3	227.7
1994	113.7	95.8	146.9	133.9
1995	114.9	87.0	80.5	147.6
1996	116.8	99.6	116.7	126.8
1997	110.6	124.8	102.1	104.7
1998	108.8	76.5	131.1	124.8
1999	107.7	98.9	81.3	112.7
2000	106.1	101.8	75.2	109.1
2001	110.9	119.3	104.3	108.9
2002	119.7	138.8	114.7	114.1
2003	118.1	149.4	94.5	107.5
2004	114.8	42.9	26.3	154.2
2005	120.1	151.8	187.1	115.3
2006	134.5	101.8	72.3	140.8
2007	141.9	100.3	119.0	147.4
2008	104.9	104.0	83.7	105.1
2009	105.8	112.5	34.6	105.3
2010	119.7	101.2	167.0	121.4
2011	107.8	118.1	151.6	106.9
2012	107.9	119.6	68.5	106.9

注：工业总产值指数按可比价格计算。
Note:The indices are calculated at comparable prices.

12-9 各市县规模以上工业增加值
Value Added of Industrial Enterprises above Designated Size by Region

单位：万元 (10 000 yuan)

地区	Region	2005	2008	2009	2010	2011	2012	2012年比2011年增长(%) Growth Rate in 2012 over 2011(%)
全省总计	**Total**	**1484686**	**2837900**	**2771699**	**3548002**	**4379416**	**4820537**	**8.9**
海口市	Haikou	570429	682243	681334	919547	1138623	1264675	9.3
三亚市	Sanya	181426	82308	97202	119546	150062	162124	16.0
五指山市	Wuzhishan	3682	6139	6839	7604	5253	6746	16.8
文昌市	Wenchang	25456	39781	45827	57389	60191	73755	25.4
琼海市	Qionghai	25268	31064	35227	39401	55295	64148	9.1
万宁市	Wanning	18084	20476	25785	29595	32570	44640	21.4
定安县	Ding'an	10927	25668	20153	21091	21911	27895	12.8
屯昌县	Tunchang	3324	3184	3817	7989	5931	7245	22.1
澄迈县	Chengmai	136975	301564	298333	367859	519822	545661	28.3
临高县	Lingao	12341	18206	16418	23241	30346	37646	27.8
儋州市	Danzhou	180276	978213	1087519	1326255	1493620	1642431	0.9
儋州	Danzhou	42474	65983	50989	65889	77397	105439	10.8
洋浦	Yangpu	137802	912230	1036530	1260366	1416223	1536992	0.3
东方市	Dongfang	147477	340581	206856	249059	409771	480072	7.1
乐东县	Ledong	3874	10205	12476	14821	22877	22498	-6.6
琼中县	Qiongzhong	1780	3923	4390	4388	7608	9594	24.0
保亭县	Baoting	1224	3094	3171	4344	3032	5108	30.6
陵水县	Lingshui	3418	6681	6532	7449	10941	12660	19.4
白沙县	Baisha	2601	6632	9353	9135	16483	19714	11.0
昌江县	Changjiang	119756	252582	181366	310044	365375	393925	15.0
农垦	Nongken	36368	25356	29101	29245	29705	—	—

注：1、本表绝对数按现价计算，增长速度按可比价格计算。2008年为第二次经济普查数据。
2、从2008年开始，三亚市工业增加值不再包含13-1油气田部分。
3、从2012年开始，市县工业增加值包含农垦数据。

Notes: 1.In this table, absolute figures are calculated at current prices while growth rates are calculated at comparable prices. The data of 2008 has been adjusted according to that of the 2nd national economic census.
2.The industrial value added of Sanya hasn't covered data of No.13-1 oil field since 2008.
3.The industrial value added of counties or prefecture-level cities have covered data of Hainan State Farms since 2008.

12-10 规模以上工业企业主要财务指标(2012)
Main Financial Indicators of Industrial Enterprises above Designated Size

单位：万元 (10 000 yuan)

项 目	Item	企业单位数(个) Number of Enterprises (unit)	亏损企业 Loss-suffering Enterprises	工业总产值 Gross Industrial Output Value	工业销售产值 Industrial Sales Value	出口交货值 Export Delivery Value
合 计	**Total**	**377**	**94**	**17465718**	**17990557**	**1176101**
一、按登记注册类型分组	**By Status of Registration**					
内资企业	**Domestic Funded**	**304**	**81**	**9504798**	**9374772**	**477820**
国有企业	State-owned Enterprises	38	5	1655371	1651649	1917
中央企业	Central Enterprises	12	1	492479	489387	1890
地方企业	Local Enterprises	26	4	1162891	1162262	27
集体企业	Collective-owned Enterprises	2	1	12630	12577	
股份合作企业	Cooperative Enterprises	2		8624	8624	
联营企业	Joint Ownership Enterprises	2		61142	62965	
国有联营企业	State Joint Ownership	1		3861	3861	
集体联营企业	Collective Joint Ownership					
国有与集体联营企业	Joint State-collective					
其他联营企业	Other Joint Ownership	1		57280	59104	
有限责任公司	Limited Liability Corporations	178	49	5815472	5740779	354089
国有独资公司	State Sole Funded	5	3	101887	103130	
其他有限责任公司	Other Limited Liability	173	46	5713585	5637649	354089
股份有限公司	Share-holding Corporations Limited	29	6	1291386	1247550	39819
私营企业	Private Enterprises	44	18	572894	571307	72143
私营独资企业	Private-funded	3	1	15508	14800	
私营合作企业	Private Partnership	2	2	26728	24053	
私营有限责任公司	Private Limited Liability	34	13	450945	454336	65300
私营股份有限公司	Private Share-holding Corporations Ltd.	5	2	79713	78117	6843
其他企业	Other Enterprises	9	2	87279	79322	9852
港、澳、台商投资企业	**Enterprises with Funds from Hongkong,Macao and Taiwan**	**24**	**3**	**405667**	**394031**	**50710**
合资经营企业(港或澳、台资)	Joint-venture Enterprises	11		252418	245425	18710
合作经营企业(港或澳、台资)	Cooperative Enterprises	1	1	2859	3286	
港澳台商独资经营企业	Enterprises with Sole Investment	11	2	140179	136301	31983
港澳台商投资股份有限公司	Share-holding Corporations Ltd.	1		10211	9020	17
外商投资企业	**Foreign Funded Enterprises**	**49**	**10**	**7555253**	**8221754**	**647572**
中外合资经营企业	Joint-venture Enterprises	22	6	6920510	7578356	581744
中外合作经营企业	Cooperation Enterprises	2		145762	145762	2682
外资企业	Enterprises with Sole Funds	22	4	452066	460911	63145
外商投资股份有限公司	Share-holding Corporations Ltd.	2		24653	24523	
其他外商投资企业	Others	1		12263	12203	
二、在总计中：国有控股企业	**Of the Total:State-holding Enterprises**	**82**	**17**	**3824994**	**3786496**	**28058**
按轻重工业分：轻工业	By Light & Heavy:Light Industry	184	57	4105194	4127688	374165
重工业	Heavy Industry	193	37	13360524	13862868	801937
按企业规模分：大型企业	By Size of Enterprises:Large	13	1	3948423	3962745	280661
中型企业	Medium	108	29	10053872	10593512	805531
小型企业	Small	243	58	3431160	3401492	89909
微型企业	Micro	13	6	32263	32808	

12-10 续1 (continued 1)

项　目	Item	资产总计 Total Assets	流动资产合计 Total Current Assets	应收帐款 Accounts Receivable	存货 Inventory	产成品 Finished Products	固定资产合计 Total Fixed Assets
合 计	**Total**	**20231594**	**7985316**	**1640698**	**2138984**	**841903**	**7201676**
一、按登记注册类型分组	**By Status of Registration**						
内资企业	**Domestic Funded**	**13373385**	**5115156**	**957477**	**1229417**	**627039**	**4773762**
国有企业	State-owned Enterprises	3089406	292702	24860	80523	20389	2037784
中央企业	Central Enterprises	655130	129216	10071	53257	18292	466484
地方企业	Local Enterprises	2434275	163486	14789	27267	2097	1571301
集体企业	Collective-owned Enterprises	13227	9174	239	3062	2980	3699
股份合作企业	Cooperative Enterprises	50109	10406				37648
联营企业	Joint Ownership Enterprises	26834	14343	285	1456	563	11216
国有联营企业	State Joint Ownership	14607	3902	285			10134
集体联营企业	Collective Joint Ownership						
国有与集体联营企业	Joint State-collective						
其他联营企业	Other Joint Ownership	12227	10442		1456	563	1082
有限责任公司	Limited Liability Corporations	6387971	3134065	670567	829816	506964	2000934
国有独资公司	State Sole Funded	92934	51850	9091	7912	3083	31264
其他有限责任公司	Other Limited Liability	6295038	3082215	661475	821904	503882	1969670
股份有限公司	Share-holding Corporations Limited	3088781	1242421	180433	205875	57835	512279
私营企业	Private Enterprises	589529	346617	67040	93084	28905	115955
私营独资企业	Private-funded	10877	3455	244	671	465	6328
私营合作企业	Private Partnership	23613	17879	2373	10658	2060	5348
私营有限责任公司	Private Limited Liability	400188	219308	43635	74099	23678	84333
私营股份有限公司	Private Share-holding Corporations Ltd.	154852	105975	20788	7656	2702	19946
其他企业	Other Enterprises	127529	65428	14055	15601	9403	54247
港、澳、台商投资企业	**Enterprises with Funds from Hongkong,Macao and Taiwan**	**465478**	**255492**	**56044**	**44710**	**16536**	**168531**
合资经营企业(港或澳、台资)	Joint-venture Enterprises	251971	138863	18937	16750	4473	95698
合作经营企业(港或澳、台资)	Cooperative Enterprises	3759	2635	659	1312	682	994
港澳台商独资经营企业	Enterprises with Sole Investment	185616	96570	29098	23969	9964	67330
港澳台商投资股份有限公司	Share-holding Corporations Ltd.	24133	17424	7350	2679	1418	4510
外商投资企业	**Foreign Funded Enterprises**	**6392731**	**2614668**	**627177**	**864857**	**198328**	**2259383**
中外合资经营企业	Joint-venture Enterprises	5349129	1949374	405141	751468	143665	2056060
中外合作经营企业	Cooperation Enterprises	203522	131763	82689	12892	6501	47726
外资企业	Enterprises with Sole Funds	729113	482298	132456	99679	47516	128276
外商投资股份有限公司	Share-holding Corporations Ltd.	61157	17677	994	637	615	26509
其他外商投资企业	Others	49810	33556	5897	182	32	813
二、在总计中：国有控股企业	**Of the Total:State-holding Enterprises**	**6711282**	**1135166**	**118433**	**232649**	**58020**	**3300752**
按轻重工业分：轻工业	By Light & Heavy:Light Industry	7425996	3370353	688167	699980	257036	2135919
重工业	Heavy Industry	12805598	4614963	952531	1439004	584867	5065757
按企业规模分：大型企业	By Size of Enterprises:Large	6354445	2392791	418702	636888	387793	2164412
中型企业	Medium	8950865	3501328	690518	1060363	283022	3397221
小型企业	Small	4803246	2052329	517561	438724	170501	1567496
微型企业	Micro	123039	38868	13918	3009	587	72547

12-10 续2 (continued 2)

项 目	Item	固定资产原价 Original Value of Fixed Assets	累计折旧 Accumulated Depreciation	负债合计 Total Liabilities	流动负债合计 Total Current Liabilities	应付账款 Accounts Payable
合 计	**Total**	**10556839**	**3710590**	**10423156**	**7804106**	**2164145**
一、按登记注册类型分组	**By Status of Registration**					
内资企业	**Domestic Funded**	**7110802**	**2560080**	**6856955**	**5164013**	**1218612**
国有企业	State-owned Enterprises	2953306	936114	2108626	1593999	188685
中央企业	Central Enterprises	838362	365238	529508	455441	41260
地方企业	Local Enterprises	2114944	570875	1579118	1138558	147425
集体企业	Collective-owned Enterprises	3093	1330	9062	9014	1424
股份合作企业	Cooperative Enterprises	40552	5720	40017	7008	
联营企业	Joint Ownership Enterprises	21050	11250	11810	8210	4233
国有联营企业	State Joint Ownership	12729	4010	5891	2291	490
集体联营企业	Collective Joint Ownership					
国有与集体联营企业	Joint State-collective					
其他联营企业	Other Joint Ownership	8321	7240	5919	5919	3743
有限责任公司	Limited Liability Corporations	2826822	973529	3505728	2648875	798554
国有独资公司	State Sole Funded	83405	24611	48916	48916	9458
其他有限责任公司	Other Limited Liability	2743417	948917	3456812	2599959	789096
股份有限公司	Share-holding Corporations Limited	1012799	538730	736940	530945	124009
私营企业	Private Enterprises	185485	78932	348688	316809	92629
私营独资企业	Private-funded	5768	1420	7472	5972	3274
私营合作企业	Private Partnership	6566	1218	16580	10767	9103
私营有限责任公司	Private Limited Liability	134746	57835	274397	249999	68509
私营股份有限公司	Private Share-holding Corporations Ltd.	38405	18459	50240	50072	11743
其他企业	Other Enterprises	67693	14476	96083	49153	9078
港、澳、台商投资企业	**Enterprises with Funds from Hongkong,Macao and Taiwan**	**280926**	**116874**	**163136**	**144469**	**36060**
合资经营企业(港或澳、台资)	Joint-venture Enterprises	159290	66138	67934	66634	17698
合作经营企业(港或澳、台资)	Cooperative Enterprises	3741	2747	2322	2322	390
港澳台商独资经营企业	Enterprises with Sole Investment	108018	42621	88726	71360	17746
港澳台商投资股份有限公司	Share-holding Corporations Ltd.	9878	5368	4153	4153	226
外商投资企业	**Foreign Funded Enterprises**	**3165111**	**1033636**	**3403066**	**2495624**	**909472**
中外合资经营企业	Joint-venture Enterprises	2827582	879914	3140636	2268470	846827
中外合作经营企业	Cooperation Enterprises	58704	21591	90947	78125	28936
外资企业	Enterprises with Sole Funds	238995	119623	127950	114996	32825
外商投资股份有限公司	Share-holding Corporations Ltd.	37355	10846	30368	20868	342
其他外商投资企业	Others	2475	1661	13166	13166	543
二、在总计中:国有控股企业	**Of the Total:State-holding Enterprises**	**5134752**	**1850638**	**3193691**	**2246349**	**389617**
按轻重工业分:轻工业	By Light & Heavy:Light Industry	2875499	876020	3896406	2892609	756612
重工业	Heavy Industry	7681341	2834569	6526750	4911497	1407533
按企业规模分:大型企业	By Size of Enterprises:Large	3128488	1035139	3933139	2760546	673071
中型企业	Medium	5006214	1829517	4199089	3346609	1028743
小型企业	Small	2353226	837008	2168014	1642119	448287
微型企业	Micro	68912	8926	122914	54832	14045

12-10 续3(continued 3)

项 目	Item	所有者权益合计 Total Owner's Equity	实收资本 Paid-up Capital	国家资本 State-owned Capital	集体资本 Collective-owned Capital	法人资本 Legal Person's Capital
合 计	**Total**	**9813372**	**4781538**	**795605**	**55724**	**1994050**
一、按登记注册类型分组	**By Status of Registration**					
内资企业	**Domestic Funded**	**6503320**	**2771317**	**439235**	**46735**	**1815915**
国有企业	State-owned Enterprises	979834	246632	204919		10820
中央企业	Central Enterprises	124677	38913	37913		1000
地方企业	Local Enterprises	855157	207719	167005		9820
集体企业	Collective-owned Enterprises	4165	947		645	5
股份合作企业	Cooperative Enterprises	8138	100			100
联营企业	Joint Ownership Enterprises	15023	7000	5000		2000
国有联营企业	State Joint Ownership	8716	5000	5000		
集体联营企业	Collective Joint Ownership					
国有与集体联营企业	Joint State-collective					
其他联营企业	Other Joint Ownership	6307	2000			2000
有限责任公司	Limited Liability Corporations	2876618	1480042	169664	20037	1186097
国有独资公司	State Sole Funded	44018	51116	49344		1772
其他有限责任公司	Other Limited Liability	2832600	1428926	120320	20037	1184326
股份有限公司	Share-holding Corporations Limited	2349161	901468	59653	26054	545813
私营企业	Private Enterprises	238936	114483			53539
私营独资企业	Private-funded	3405	2420			2420
私营合作企业	Private Partnership	7033	6431			10
私营有限责任公司	Private Limited Liability	123888	75970			31613
私营股份有限公司	Private Share-holding Corporations Ltd.	104611	29661			19496
其他企业	Other Enterprises	31445	20645			17540
港、澳、台商投资企业	**Enterprises with Funds from Hongkong,Macao and Taiwan**	**302016**	**136363**		**1265**	**46969**
合资经营企业(港或澳、台资)	Joint-venture Enterprises	184036	80571		1265	36571
合作经营企业(港或澳、台资)	Cooperative Enterprises	1436	1073			
港澳台商独资经营企业	Enterprises with Sole Investment	96563	45660			10000
港澳台商投资股份有限公司	Share-holding Corporations Ltd.	19980	9059			398
外商投资企业	**Foreign Funded Enterprises**	**3008036**	**1873859**	**356370**	**7724**	**131167**
中外合资经营企业	Joint-venture Enterprises	2233421	1559375	356370	3000	95399
中外合作经营企业	Cooperation Enterprises	112575	36895			12878
外资企业	Enterprises with Sole Funds	594607	261468		4724	21041
外商投资股份有限公司	Share-holding Corporations Ltd.	30789	13960			518
其他外商投资企业	Others	36645	2160			1331
二、在总计中：国有控股企业	**Of the Total:State-holding Enterprises**	**3514825**	**1414776**	**378965**		**770570**
按轻重工业分：轻工业	By Light & Heavy:Light Industry	3519250	2024570	104808	23885	471155
重工业	Heavy Industry	6294122	2756969	690797	31839	1522895
按企业规模分：大型企业	By Size of Enterprises:Large	2421306	1492596	39662	5286	495358
中型企业	Medium	4770713	2298427	525025	20960	1028345
小型企业	Small	2622997	961587	229316	29478	447101
微型企业	Micro	-1645	28929	1603		23246

12-10 续4(continued 4)

项　目	Item	个人资本 Individual Capital	港澳台资本 Capital from Hongkong Macau & Taiwan	外商资本 Foreign Capital	主营业务收入 Main Business Income	主营业务成本 Main Business Costs	主营业务税金及附加 Taxes & Surcharges of Main Business
合 计	**Total**	**420563**	**129119**	**1384312**	**16970990**	**13535134**	**1023993**
一、按登记注册类型分组	**By Status of Registration**						
内资企业	**Domestic Funded**	**404468**	**29674**	**33691**	**9315699**	**7395721**	**204846**
国有企业	State-owned Enterprises			30894	1653106	1415840	8723
中央企业	Central Enterprises				486734	403536	2994
地方企业	Local Enterprises			30894	1166371	1012304	5730
集体企业	Collective-owned Enterprises			297	12577	11426	74
股份合作企业	Cooperative Enterprises				8624	5203	337
联营企业	Joint Ownership Enterprises				67786	60798	4545
国有联营企业	State Joint Ownership				3861	2002	30
集体联营企业	Collective Joint Ownership						
国有与集体联营企业	Joint State-collective						
其他联营企业	Other Joint Ownership				63925	58796	4515
有限责任公司	Limited Liability Corporations	102057	587		5559077	4491658	161789
国有独资公司	State Sole Funded				102694	105742	60
其他有限责任公司	Other Limited Liability	102057	587		5456383	4385917	161729
股份有限公司	Share-holding Corporations Limited	248617	18832	2500	1375224	830332	26880
私营企业	Private Enterprises	50689	10255		563580	513546	2161
私营独资企业	Private-funded				14759	14007	67
私营合作企业	Private Partnership	6421			22065	22734	
私营有限责任公司	Private Limited Liability	34102	10255		461012	419095	1610
私营股份有限公司	Private Share-holding Corporations Ltd.	10166			65744	57710	484
其他企业	Other Enterprises	3105			75725	66919	337
港、澳、台商投资企业	**Enterprises with Funds from Hongkong,Macao and Taiwan**	**13166**	**54963**	**20000**	**395760**	**262272**	**3963**
合资经营企业(港或澳、台资)	Joint-venture Enterprises	7446	15288	20000	242716	133774	3488
合作经营企业(港或澳、台资)	Cooperative Enterprises		1073		3292	2602	14
港澳台商独资经营企业	Enterprises with Sole Investment		35660		138806	119647	359
港澳台商投资股份有限公司	Share-holding Corporations Ltd.	5720	2941		10946	6249	102
外商投资企业	**Foreign Funded Enterprises**	**2929**	**44483**	**1330622**	**7259531**	**5877140**	**815185**
中外合资经营企业	Joint-venture Enterprises	2316	19907	1082383	6597491	5437744	808373
中外合作经营企业	Cooperation Enterprises			24017	150078	109634	610
外资企业	Enterprises with Sole Funds		15094	220045	477406	317137	5744
外商投资股份有限公司	Share-holding Corporations Ltd.		9483	3960	22353	9266	290
其他外商投资企业	Others	613		216	12203	3359	168
二、在总计中：国有控股企业	**Of the Total:State-holding Enterprises**	**204370**		**60871**	**3767700**	**2831587**	**136949**
按轻重工业分：轻工业	By Light & Heavy:Light Industry	160562	87114	1174881	3846750	2843365	119081
重工业	Heavy Industry	260000	42006	209431	13124239	10691768	904912
按企业规模分：大型企业	By Size of Enterprises:Large			952290	3405148	2651990	56019
中型企业	Medium	310048	65013	349036	10001985	8002056	933667
小型企业	Small	107165	63376	82987	3529011	2850824	34193
微型企业	Micro	3350	730		34846	30264	114

12-10 续5(continued 5)

项 目	Item	其他业务利润 Other Operat-ing Profits	管理费用 Admini-strative Expenses	税金 Taxes	财务费用 Financial Expenses	利息支出 Interest Expen-diture
合 计	**Total**	**19814**	**529823**	**21972**	**227606**	**240148**
一、按登记注册类型分组	**By Status of Registration**					
内资企业	**Domestic Funded**	**17534**	**388502**	**14289**	**147871**	**162863**
国有企业	State-owned Enterprises	2626	33706	421	80565	84304
中央企业	Central Enterprises	2476	12398	13	20963	23912
地方企业	Local Enterprises	150	21308	408	59602	60392
集体企业	Collective-owned Enterprises		581	57	39	38
股份合作企业	Cooperative Enterprises		236		716	715
联营企业	Joint Ownership Enterprises	35	1499	80	-7	
国有联营企业	State Joint Ownership	27	712	22	-5	
集体联营企业	Collective Joint Ownership					
国有与集体联营企业	Joint State-collective					
其他联营企业	Other Joint Ownership	7	788	58	-1	
有限责任公司	Limited Liability Corporations	9473	224542	9147	40308	50965
国有独资公司	State Sole Funded	158	2769	214	450	48
其他有限责任公司	Other Limited Liability	9315	221773	8933	39858	50917
股份有限公司	Share-holding Corporations Limited	173	96442	3164	14954	15682
私营企业	Private Enterprises	2253	26331	1303	9085	8995
私营独资企业	Private-funded		357	14	156	155
私营合作企业	Private Partnership		1349	41	187	190
私营有限责任公司	Private Limited Liability	753	20041	1042	7490	7288
私营股份有限公司	Private Share-holding Corporations Ltd.	1501	4583	206	1252	1362
其他企业	Other Enterprises	2975	5166	118	2210	2164
港、澳、台商投资企业	**Enterprises with Funds from Hongkong,Macao and Taiwan**	**1404**	**18766**	**862**	**3704**	**3786**
合资经营企业(港或澳、台资)	Joint-venture Enterprises	1138	8360	578	704	853
合作经营企业(港或澳、台资)	Cooperative Enterprises	2	496	19	147	146
港澳台商独资经营企业	Enterprises with Sole Investment	261	8599	226	2856	2786
港澳台商投资股份有限公司	Share-holding Corporations Ltd.	3	1312	39	-4	
外商投资企业	**Foreign Funded Enterprises**	**876**	**122555**	**6822**	**76032**	**73499**
中外合资经营企业	Joint-venture Enterprises	-5022	58090	4457	71205	69627
中外合作经营企业	Cooperation Enterprises	118	10478	315	1579	1396
外资企业	Enterprises with Sole Funds	5780	47713	1683	2284	1475
外商投资股份有限公司	Share-holding Corporations Ltd.		3895	340	868	902
其他外商投资企业	Others		2378	28	95	99
二、在总计中：国有控股企业	**Of the Total:State-holding Enterprises**	**3918**	**122950**	**5538**	**94498**	**100926**
按轻重工业分：轻工业	By Light & Heavy:Light Industry	6586	214470	9332	88128	91727
重工业	Heavy Industry	13228	315353	12640	139478	148421
按企业规模分：大型企业	By Size of Enterprises:Large	-4171	129259	4303	92118	94169
中型企业	Medium	15577	244874	10877	79387	86912
小型企业	Small	8373	153927	6712	52660	55604
微型企业	Micro	36	1763	81	3441	3462

12-10 续6(continued 6)

项 目	Item	营业利润 Operating Profits	投资收益 Investment Income	补贴收入 Subsidy Income	营业外收入 Non-operating Income	营业外支出 Non-operating Expenses
合 计	**Total**	**1277219**	**156182**	**103372**	**57788**	**26690**
一、按登记注册类型分组	**By Status of Registration**					
内资企业	**Domestic Funded**	**883388**	**78061**	**81004**	**46946**	**23358**
国有企业	State-owned Enterprises	98207	277	6052	355	5513
中央企业	Central Enterprises	42410	38	1334	203	1112
地方企业	Local Enterprises	55797	239	4718	152	4401
集体企业	Collective-owned Enterprises	-29		24		28
股份合作企业	Cooperative Enterprises	2126				19
联营企业	Joint Ownership Enterprises	526		625	583	145
国有联营企业	State Joint Ownership	968		24		29
集体联营企业	Collective Joint Ownership					
国有与集体联营企业	Joint State-collective					
其他联营企业	Other Joint Ownership	-441		601	583	116
有限责任公司	Limited Liability Corporations	364406	23668	54802	39261	14650
国有独资公司	State Sole Funded	-6322		329		5
其他有限责任公司	Other Limited Liability	370728	23668	54473	39261	14646
股份有限公司	Share-holding Corporations Limited	406706	54092	12620	3047	2242
私营企业	Private Enterprises	8700	23	5717	2734	703
私营独资企业	Private-funded	144				13
私营合作企业	Private Partnership	-2192		1994	1989	0
私营有限责任公司	Private Limited Liability	8180	23	2819	697	597
私营股份有限公司	Private Share-holding Corporations Ltd.	2569		905	48	94
其他企业	Other Enterprises	2745		1166	966	58
港、澳、台商投资企业	**Enterprises with Funds from Hongkong,Macao and Taiwan**	**77231**	**1630**	**5332**	**722**	**564**
合资经营企业(港或澳、台资)	Joint-venture Enterprises	71718	1630	1197	202	55
合作经营企业(港或澳、台资)	Cooperative Enterprises	-172		11		1
港澳台商独资经营企业	Enterprises with Sole Investment	4881		3750	146	507
港澳台商投资股份有限公司	Share-holding Corporations Ltd.	805		374	374	0
外商投资企业	**Foreign Funded Enterprises**	**316600**	**76492**	**17036**	**10121**	**2769**
中外合资经营企业	Joint-venture Enterprises	172989	604	11497	5178	1251
中外合作经营企业	Cooperation Enterprises	6302	17	1395	1187	27
外资企业	Enterprises with Sole Funds	127495	75769	3189	2847	1375
外商投资股份有限公司	Share-holding Corporations Ltd.	5960	101	453	453	55
其他外商投资企业	Others	3854		501	456	61
二、在总计中：国有控股企业	**Of the Total:State-holding Enterprises**	**563507**	**56931**	**19807**	**3336**	**17195**
按轻重工业分：轻工业	By Light & Heavy:Light Industry	239641	17071	34855	15410	16067
重工业	Heavy Industry	1037578	139111	68517	42378	10624
按企业规模分：大型企业	By Size of Enterprises:Large	306700	1712	14276	6556	3304
中型企业	Medium	684530	142867	52656	37360	17509
小型企业	Small	287703	11603	36351	13775	5860
微型企业	Micro	-1714		88	98	17

12-10 续7(continued 7)

项 目	Item	利润总额 Total Profits	应交所得税 Income Tax Payable	利税总额 Total Profits and Taxes	本年应付工资总额 Total Wages Payable of Current Year
合 计	**Total**	**1333455**	**217013**	**3038098**	**744991**
一、按登记注册类型分组	**By Status of Registration**				
内资企业	**Domestic Funded**	**920588**	**151645**	**1541460**	**575600**
国有企业	State-owned Enterprises	98733	7846	180918	169050
中央企业	Central Enterprises	42625	1015	71340	41968
地方企业	Local Enterprises	56108	6832	109578	127082
集体企业	Collective-owned Enterprises	-33	7	235	939
股份合作企业	Cooperative Enterprises	2107		3628	2646
联营企业	Joint Ownership Enterprises	1007	242	12886	2100
国有联营企业	State Joint Ownership	963	242	1225	918
集体联营企业	Collective Joint Ownership				
国有与集体联营企业	Joint State-collective				
其他联营企业	Other Joint Ownership	44		11662	1182
有限责任公司	Limited Liability Corporations	384108	53628	779825	242708
国有独资公司	State Sole Funded	-5997	232	-5301	5097
其他有限责任公司	Other Limited Liability	390106	53396	785125	237611
股份有限公司	Share-holding Corporations Limited	417084	85891	524272	110441
私营企业	Private Enterprises	13730	3440	31493	40276
私营独资企业	Private-funded	131	12	826	859
私营合作企业	Private Partnership	-225		-63	580
私营有限责任公司	Private Limited Liability	10445	2767	22453	34056
私营股份有限公司	Private Share-holding Corporations Ltd.	3379	662	8278	4781
其他企业	Other Enterprises	3853	591	8204	7440
港、澳、台商投资企业	**Enterprises with Funds from Hongkong,Macao and Taiwan**	**82000**	**17836**	**118923**	**22479**
合资经营企业(港或澳、台资)	Joint-venture Enterprises	72860	16458	104517	12265
合作经营企业(港或澳、台资)	Cooperative Enterprises	-162		-11	291
港澳台商独资经营企业	Enterprises with Sole Investment	8124	1202	12117	9271
港澳台商投资股份有限公司	Share-holding Corporations Ltd.	1178	177	2300	651
外商投资企业	**Foreign Funded Enterprises**	**330867**	**47532**	**1377715**	**146912**
中外合资经营企业	Joint-venture Enterprises	183235	20529	1188673	77106
中外合作经营企业	Cooperation Enterprises	7670	1130	13052	9288
外资企业	Enterprises with Sole Funds	129310	23753	160806	57232
外商投资股份有限公司	Share-holding Corporations Ltd.	6358	1572	9343	2598
其他外商投资企业	Others	4295	548	5841	689
二、在总计中：国有控股企业	**Of the Total:State-holding Enterprises**	**566063**	**93751**	**911229**	**282873**
按轻重工业分：轻工业	By Light & Heavy:Light Industry	271639	48281	569246	300874
重工业	Heavy Industry	1061815	168732	2468852	444116
按企业规模分：大型企业	By Size of Enterprises:Large	317672	40805	542144	210344
中型企业	Medium	699044	113399	1997634	351896
小型企业	Small	318231	62539	498188	181292
微型企业	Micro	-1492	270	133	1458

12-10 续8(continued 8)

项目	Item	本年应交增值税 Value Added Tax Payable of Current	本年进项税额 Input VAT of Current	本年销项税额 Output VAT of Current	全部从业人员年平均人数(人) Annual Average Employees
合计	**Total**	**679717**	**1931834**	**2468861**	**123527**
一、按登记注册类型分组	**By Status of Registration**				
内资企业	**Domestic Funded**	**415096**	**838580**	**1131855**	**94538**
国有企业	State-owned Enterprises	72925	66062	94355	16443
中央企业	Central Enterprises	25603	27847	46588	6007
地方企业	Local Enterprises	47322	38215	47767	10436
集体企业	Collective-owned Enterprises	194	1496	1690	358
股份合作企业	Cooperative Enterprises	1184	41	1143	306
联营企业	Joint Ownership Enterprises	7335	3765	11100	251
国有联营企业	State Joint Ownership	232		232	131
集体联营企业	Collective Joint Ownership				
国有与集体联营企业	Joint State-collective				
其他联营企业	Other Joint Ownership	7103	3765	10868	120
有限责任公司	Limited Liability Corporations	233612	617087	783852	49218
国有独资公司	State Sole Funded	637	18188	18783	1101
其他有限责任公司	Other Limited Liability	232975	598899	765069	48117
股份有限公司	Share-holding Corporations Limited	80303	94563	173631	15401
私营企业	Private Enterprises	15530	49402	57039	10467
私营独资企业	Private-funded	628	1070	1698	223
私营合作企业	Private Partnership	162		162	162
私营有限责任公司	Private Limited Liability	10326	43072	47355	8865
私营股份有限公司	Private Share-holding Corporations Ltd.	4414	5260	7824	1217
其他企业	Other Enterprises	4013	6164	9045	2094
港、澳、台商投资企业	**Enterprises with Funds from Hongkong,Macao and Taiwan**	**32961**	**32300**	**62730**	**5338**
合资经营企业(港或澳、台资)	Joint-venture Enterprises	28170	12377	40518	2480
合作经营企业(港或澳、台资)	Cooperative Enterprises	137	420	557	130
港澳台商独资经营企业	Enterprises with Sole Investment	3634	18538	19671	2453
港澳台商投资股份有限公司	Share-holding Corporations Ltd.	1020	964	1984	275
外商投资企业	**Foreign Funded Enterprises**	**231660**	**1060954**	**1274276**	**23651**
中外合资经营企业	Joint-venture Enterprises	197065	989502	1172820	11564
中外合作经营企业	Cooperation Enterprises	4772	20323	24159	1887
外资企业	Enterprises with Sole Funds	25749	49908	72079	9513
外商投资股份有限公司	Share-holding Corporations Ltd.	2696	770	3389	525
其他外商投资企业	Others	1378	451	1829	162
二、在总计中：国有控股企业	**Of the Total:State-holding Enterprises**	**207600**	**252376**	**386234**	**31104**
按轻重工业分：轻工业	By Light & Heavy:Light Industry	178274	425128	574454	60973
重工业	Heavy Industry	501443	1506707	1894407	62554
按企业规模分：大型企业	By Size of Enterprises:Large	168199	434692	556442	29941
中型企业	Medium	364609	1193048	1475470	57897
小型企业	Small	145400	302039	433706	35422
微型企业	Micro	1510	2055	3243	267

12-11 规模以上工业企业主要经济效益指标(2012)
Main Economic Benefit Indicators of Industrial Enterprises above Designated Size

项 目	Item	工业综合指数(%) Weighted Aggregate Index of Industrial Economic Benefits(%)	总资产贡献率(%) Contribution Rate of Total Assets	资产负债率(%) Asset-Liability Ratio	流动资产周转率(次/年) Current Asset Turnover (times/year)
合 计	**Total**	**328.88**	**16.04**	**51.52**	**2.15**
一、按登记注册类型分组	**By Status of Registration**				
内资企业	**Domestic Funded**	**276.02**	**12.59**	**51.27**	**1.85**
国有企业	State-owned Enterprises	300.27	8.53	68.25	5.75
中央企业	Central Enterprises	286.91	14.45	80.82	3.96
地方企业	Local Enterprises	316.43	6.93	64.87	7.16
集体企业	Collective-owned Enterprises	87.30	2.06	68.51	1.37
股份合作企业	Cooperative Enterprises	330.57	8.67	79.86	0.83
联营企业	Joint Ownership Enterprises	549.70	47.89	44.01	4.73
国有联营企业	State Joint Ownership	313.14	8.34	40.33	1.01
集体联营企业	Collective Joint Ownership				
国有与集体联营企业	Joint State-collective				
其他联营企业	Other Joint Ownership	910.58	95.14	48.41	6.12
有限责任公司	Limited Liability Corporations	264.30	12.80	54.88	1.80
国有独资公司	State Sole Funded	46.90	-5.66	52.64	2.13
其他有限责任公司	Other Limited Liability	268.99	13.07	54.91	1.79
股份有限公司	Share-holding Corporations Limited	457.58	17.32	23.86	1.12
私营企业	Private Enterprises	126.81	6.83	59.15	1.68
私营独资企业	Private-funded	149.71	9.01	68.70	4.27
私营合作企业	Private Partnership	22.96	0.52	70.21	1.23
私营有限责任公司	Private Limited Liability	128.10	7.41	68.57	2.16
私营股份有限公司	Private Share-holding Corporations Ltd.	165.57	6.15	32.44	0.68
其他企业	Other Enterprises	157.21	8.03	75.34	1.22
港、澳、台商投资企业	**Enterprises with Funds from Hongkong,Macao and Taiwan**	**373.71**	**26.28**	**35.05**	**1.57**
合资经营企业(港或澳、台资)	Joint-venture Enterprises	592.36	41.74	26.96	1.77
合作经营企业(港或澳、台资)	Cooperative Enterprises	68.69	3.58	61.79	1.25
港澳台商独资经营企业	Enterprises with Sole Investment	157.84	7.92	47.80	1.46
港澳台商投资股份有限公司	Share-holding Corporations Ltd.	160.17	9.51	17.21	0.63
外商投资企业	**Foreign Funded Enterprises**	**542.56**	**22.51**	**53.23**	**2.79**
中外合资经营企业	Joint-venture Enterprises	867.53	23.33	58.71	3.40
中外合作经营企业	Cooperation Enterprises	168.03	7.06	44.69	1.14
外资企业	Enterprises with Sole Funds	296.20	22.00	17.55	1.00
外商投资股份有限公司	Share-holding Corporations Ltd.	391.01	16.69	49.66	1.26
其他外商投资企业	Others	501.48	11.91	26.43	0.36
二、在总计中：国有控股企业	**Of the Total:State-holding Enterprises**	**420.43**	**14.99**	**47.59**	**3.37**
按轻重工业分：轻工业	By Light & Heavy:Light Industry	194.70	8.64	52.47	1.17
重工业	Heavy Industry	448.29	20.33	50.97	2.87
按企业规模分：大型企业	By Size of Enterprises:Large	294.16	9.79	61.90	1.44
中型企业	Medium	398.36	23.14	46.91	2.89
小型企业	Small	255.16	11.43	45.14	1.74
微型企业	Micro	141.91	2.88	99.90	0.90

12-11 续(continued)

项 目	Item	成本费用利润率(%) Ratio of Profits to Industrial Costs(%)	全员劳动生产率(元/人·年) Labour Productivity (yuan/person. year)	产品销售率(%) Product Sales Rate(%)	资本保值增值率(%) Capital Maintenance & Increment Ratio(%)
合 计	**Total**	**8.86**	**337067**	**103.00**	**117.87**
一、按登记注册类型分组	**By Status of Registration**				
内资企业	**Domestic Funded**	**10.86**	**253758**	**98.63**	**118.83**
国有企业	State-owned Enterprises	6.22	266601	99.78	115.33
中央企业	Central Enterprises	8.89	238380	99.37	98.84
地方企业	Local Enterprises	5.07	282845	99.95	118.20
集体企业	Collective-owned Enterprises	-0.26	42759	99.58	133.61
股份合作企业	Cooperative Enterprises	34.20	243539	100.00	
联营企业	Joint Ownership Enterprises	1.60	612254	102.98	102.42
国有联营企业	State Joint Ownership	32.56	213318	100.00	103.70
集体联营企业	Collective Joint Ownership				
国有与集体联营企业	Joint State-collective				
其他联营企业	Other Joint Ownership	0.07	1047760	103.18	100.71
有限责任公司	Limited Liability Corporations	7.52	251077	98.72	132.94
国有独资公司	State Sole Funded	-5.15	27177	101.22	113.92
其他有限责任公司	Other Limited Liability	7.82	256200	98.67	133.29
股份有限公司	Share-holding Corporations Limited	39.67	382600	96.61	110.42
私营企业	Private Enterprises	2.40	86319	99.72	80.73
私营独资企业	Private-funded	0.90	96610	95.44	15.88
私营合作企业	Private Partnership	-0.93	-35339	89.99	64.15
私营有限责任公司	Private Limited Liability	2.25	79501	100.75	66.77
私营股份有限公司	Private Share-holding Corporations Ltd.	4.94	150299	98.00	134.07
其他企业	Other Enterprises	5.00	99863	90.88	175.44
港、澳、台商投资企业	**Enterprises with Funds from Hongkong,Macao and Taiwan**	**25.44**	**293053**	**97.13**	**114.97**
合资经营企业(港或澳、台资)	Joint-venture Enterprises	42.18	503990	97.23	102.71
合作经营企业(港或澳、台资)	Cooperative Enterprises	-4.69	45311	114.91	89.88
港澳台商独资经营企业	Enterprises with Sole Investment	5.97	111626	97.23	117.87
港澳台商投资股份有限公司	Share-holding Corporations Ltd.	11.73	126237	88.33	
外商投资企业	**Foreign Funded Enterprises**	**5.29**	**680002**	**108.82**	**116.12**
中外合资经营企业	Joint-venture Enterprises	3.24	1214087	109.51	118.18
中外合作经营企业	Cooperation Enterprises	5.41	142746	100.00	106.30
外资企业	Enterprises with Sole Funds	30.23	164667	101.96	105.15
外商投资股份有限公司	Share-holding Corporations Ltd.	39.13	267737	99.47	105.37
其他外商投资企业	Others	55.04	411192	99.51	
二、在总计中：国有控股企业	**Of the Total:State-holding Enterprises**	**17.53**	**420227**	**98.99**	**115.50**
按轻重工业分：轻工业	By Light & Heavy:Light Industry	7.57	163848	100.55	112.69
重工业	Heavy Industry	9.27	505907	103.76	120.97
按企业规模分：大型企业	By Size of Enterprises:Large	10.25	297415	100.36	125.65
中型企业	Medium	8.07	427671	105.37	99.70
小型企业	Small	9.81	223706	99.14	161.77
微型企业	Micro	-4.13	175908.00	101.69	21.53

12-12 分行业规模以上工业企业主要财务指标(2012)
Main Financial Indicators of Industrial Enterprises above Designated Size by Sector

单位：万元 (10 000 yuan)

项 目	Item	企业单位数(个) Number of Enterprises (unit)	亏损企业 Loss-suffering Enterprises	工业总产值 Gross Industrial Output Value	工业销售产值 Industrial Sales Value	出口交货值 Export Delivery Value
合 计	**Total**	**377**	**94**	**17465718**	**17990557**	**1176101**
石油和天然气开采业	Extraction of Petroleum and Natural Gas	1		112218	112702	
黑色金属矿采选业	Mining and Processing of Ferrous Metal Ores	6		324828	308012	
有色金属矿采选业	Mining and Processing of Non-Ferrous Metal Ores	4	1	111207	115621	
非金属矿采选业	Mining and Processing of Nonmetal Ores	6	2	35842	37183	27
农副食品加工业	Processing of Agricultural and Related Products	66	36	1105631	1105631	274443
食品制造业	Manufacture of Foods	13	1	391269	382497	6713
酒、饮料和精制茶制造业	Manufacture of Wine，Beverages and Tea	20	4	169320	171016	220
烟草制品业	Manufacture of Tobacco	1		208496	211423	
纺织业	Manufacture of Textiles	3		30421	27412	17734
纺织服装、服饰业	Manufacture of Textile Wearing，Apparel	2	1	59542	59542	23021
皮革、毛皮、羽毛及其制品和制鞋业	Manufacture of Leather, Fur, Feather, Related Products and Footwear	1		5233	3800	
木材加工及木、竹、藤、棕、草制品业	Processing of Timber, Manufacture of Wood,Bamboo,Rattan,Palm and Straw Products	10		79436	79059	
家具制造业	Manufacture of Furniture	3	2	14627	14627	5530
造纸及纸制品业	Manufacture of Paper and Paper Products	8	3	931025	999218	43383
印刷和记录媒介的复制业	Printing, Reproduction of Recording Media	2		11265	11031	
文教、工美、体育和娱乐用品制造业	Manufacture of Articles For Culture,Education, Artwork,Sport Activities and Entertainment	1		8380	8377	
石油加工、炼焦及核燃料加工业	Processing of Petroleum, Coking and Nuclear Fuel	4		5750877	6367278	480295
化学原料及化学制品制造业	Manufacture of Chemical Raw Materials and Chemical Products	23	7	1093850	1078357	18463
医药制造业	Manufacture of Medicines	42	2	922172	891210	391
化学纤维制造业	Manufacture of Chemical Fibers	2	2	50975	50917	
橡胶和塑料制品业	Manufacture of Rubber or Plastics Products	10	4	204477	195343	8841
非金属矿物制品业	Manufacture of Non-metallic Mineral Products	44	14	1087353	1052097	2371
黑色金属冶炼及压延加工业	Smelting and Pressing of Ferrous Metals	3	2	72300	73539	
有色金属冶炼及压延加工业	Smelting and Pressing of Non-ferrous Metals	3	1	30398	30051	
金属制品业	Manufacture of Metal Products	4	1	262368	258144	24486
通用设备制造业	Manufacture of General-purpose Machinery	1	1	5401	6308	
专用设备制造业	Manufacture of Special-purpose Machinery	2		18799	15332	513
汽车制造业	Manufacture of Motor Vehicle	25	2	1194459	1189653	35077
铁路、船舶、航空航天和其他设备制造业	Manufacture of Railway,Vessel,Aerospace and Other Transport Equipment	2		11956	11716	
电气机械及器材制造业	Manufacture of Electrical Machinery and Equipment	8	3	653544	647987	213475
计算机、通信及其他电子设备制造业	Manufacture of Communication Equipment, Computers and Other Electronic Equipment	5		346377	332467	18390
仪器仪表制造业	Manufacture of Measuring Instruments	3		252358	249959	2730
废弃资源综合利用业	Recycling and Disposal of Waste	1		32119	26731	
金属制品、机械和设备修理业	Repair Services of Metal Products,Machinery and Equipment	2	1	29299	26467	
电力、热力的生产和供应业	Production and Supply of Electric Power and Heat Power	32	2	1670788	1663181	
燃气生产和供应业	Production and Supply of Gas	5		121890	122093	
水的生产和供应业	Production and Supply of Water	9	2	55221	54578	

12-12 续1 (continued 1)

项　目	Item	资产总计 Total Assets	流动资产合计 Total Current Assets	应收帐款 Accounts Receivable	存货 Inventory	产成品 Finished Products	固定资产合计 Total Fixed Assets
合　计	**Total**	**20231594**	**7985316**	**1640698**	**2138984**	**841903**	**7201676**
石油和天然气开采业	Extraction of Petroleum and Natural Gas	313742	20061	282	2775	69	167163
黑色金属矿采选业	Mining and Processing of Ferrous Metal Ores	509016	278259	12606	51296	25826	58624
有色金属矿采选业	Mining and Processing of Non-Ferrous Metal Ores	211965	208575	79342	45737	8788	2702
非金属矿采选业	Mining and Processing of Nonmetal Ores	478676	29397	1790	3575	1070	13008
农副食品加工业	Processing of Agricultural and Related Products	882867	515525	152959	177581	93183	248326
食品制造业	Manufacture of Foods	382507	251153	20446	48494	20641	90143
酒、饮料和精制茶制造业	Manufacture of Wine，Beverages and Tea	422896	236805	22332	36965	7133	86035
烟草制品业	Manufacture of Tobacco	210720	111024	22262	16783	3928	91068
纺织业	Manufacture of Textiles	120020	56336	2685	3507	1526	16284
纺织服装、服饰业	Manufacture of Textile Wearing，Apparel	38303	34311	7338	17403	14088	2446
皮革、毛皮、羽毛及其制品和制鞋业	Manufacture of Leather, Fur, Feather，Related Products and Footwear	2367	1762	1139	499	487	164
木材加工及木、竹、藤、棕、草制品业	Processing of Timber, Manufacture of Wood,Bamboo,Rattan,Palm and Straw Products	93242	47012	5216	16940	8969	21295
家具制造业	Manufacture of Furniture	19127	11903	1586	6361	1	7224
造纸及纸制品业	Manufacture of Paper and Paper Products	3296532	919307	168576	183199	28551	1094718
印刷和记录媒介的复制业	Printing, Reproduction of Recording Media	19624	14024	540	1470	205	5576
文教、工美、体育和娱乐用品制造业	Manufacture of Articles For Culture,Education, Artwork,Sport Activities and Entertainment	7189	6853	232	2857	2857	32
石油加工、炼焦及核燃料加工业	Processing of Petroleum, Coking and Nuclear Fuel	1502359	777448	173274	550711	120469	712778
化学原料及化学制品制造业	Manufacture of Chemical Raw Materials and Chemical Products	1850638	479336	65758	89269	21064	419193
医药制造业	Manufacture of Medicines	1561262	1009605	207662	172435	68910	271127
化学纤维制造业	Manufacture of Chemical Fibers	36273	11902	8227	3509	2355	20239
橡胶和塑料制品业	Manufacture of Rubber or Plastics Products	154829	79639	7786	31185	12671	47203
非金属矿物制品业	Manufacture of Non-metallic Mineral Products	1566280	682984	96444	74110	21108	609990
黑色金属冶炼及压延加工业	Smelting and Pressing of Ferrous Metals	54929	37635	934	14330	8249	13789
有色金属冶炼及压延加工业	Smelting and Pressing of Non-ferrous Metals	54215	15648	2363	1597	502	16351
金属制品业	Manufacture of Metal Products	190974	151155	49575	42163	6084	37231
通用设备制造业	Manufacture of General-purpose Machinery	8752	5664	910	3654	1983	1467
专用设备制造业	Manufacture of Special-purpose Machinery	31969	14362	3644	4468	1131	4846
汽车制造业	Manufacture of Motor Vehicle	1069232	711020	42799	353863	311403	221802
铁路、船舶、航空航天和其他设备制造业	Manufacture of Railway,Vessel,Aerospace and Other Transport Equipment	23539	11914	471	1433		10209
电气机械及器材制造业	Manufacture of Electrical Machinery and Equipment	1247829	638413	315364	62329	21037	237352
计算机、通信及其他电子设备制造业	Manufacture of Communication Equipment, Computers and Other Electronic Equipment	187344	145043	57412	51282	20783	19560
仪器仪表制造业	Manufacture of Measuring Instruments	98479	62948	21222	14677	3487	18471
废弃资源综合利用业	Recycling and Disposal of Waste	41096	19669	3702	2457	239	16104
金属制品、机械和设备修理业	Repair Services of Metal Products,Machinery and Equipment	62432	41716	7082	13106	1897	19991
电力、热力的生产和供应业	Production and Supply of Electric Power and Heat Power	2828441	176597	25739	32081		2305826
燃气生产和供应业	Production and Supply of Gas	401008	106918	41649	1856	463	121310
水的生产和供应业	Production and Supply of Water	250921	63397	9352	3029	748	172033

12-12 续2 (continued 2)

项 目	Item	固定资产原价 Original Value of Fixed Assets	累计折旧 Accumulated Depreciation	负债合计 Total Liabilities	流动负债合计 Total Current Liabilities	应付账款 Accounts Payable
合 计	**Total**	**10556839**	**3710590**	**10423156**	**7804106**	**2164145**
石油和天然气开采业	Extraction of Petroleum and Natural Gas	271049	103885	64925	56337	51254
黑色金属矿采选业	Mining and Processing of Ferrous Metal Ores	125753	70797	190727	115843	11566
有色金属矿采选业	Mining and Processing of Non-Ferrous Metal Ores	3772	1070	132674	132413	47678
非金属矿采选业	Mining and Processing of Nonmetal Ores	20559	11445	17619	14846	1086
农副食品加工业	Processing of Agricultural and Related Products	364191	141087	622105	538088	127774
食品制造业	Manufacture of Foods	110249	52366	192434	188022	34101
酒、饮料和精制茶制造业	Manufacture of Wine，Beverages and Tea	138738	61317	152761	129003	32983
烟草制品业	Manufacture of Tobacco	97645	18741	79863	65994	41033
纺织业	Manufacture of Textiles	40991	24707	35872	12882	3651
纺织服装、服饰业	Manufacture of Textile Wearing，Apparel	10346	7905	15611	15611	3661
皮革、毛皮、羽毛及其制品和制鞋业	Manufacture of Leather, Fur, Feather，Related Products and Footwear	224	255	1757	1755	990
木材加工及木、竹、藤、棕、草制品业	Processing of Timber, Manufacture of Wood,Bamboo,Rattan,Palm and Straw Products	31288	12062	56092	37222	9962
家具制造业	Manufacture of Furniture	7226	3499	7502	7502	242
造纸及纸制品业	Manufacture of Paper and Paper Products	1422553	329915	2078868	1386034	367058
印刷和记录媒介的复制业	Printing, Reproduction of Recording Media	8466	5736	4564	4564	1316
文教、工美、体育和娱乐用品制造业	Manufacture of Articles For Culture,Education, Artwork,Sport Activities and Entertainment	120	89	5387	5387	
石油加工、炼焦及核燃料加工业	Processing of Petroleum, Coking and Nuclear Fuel	1029062	421170	829010	711669	422019
化学原料及化学制品制造业	Manufacture of Chemical Raw Materials and Chemical Products	853352	438414	212800	185808	59645
医药制造业	Manufacture of Medicines	352605	132002	482093	402954	114187
化学纤维制造业	Manufacture of Chemical Fibers	67333	19564	42639	42639	8458
橡胶和塑料制品业	Manufacture of Rubber or Plastics Products	58690	12671	95844	79572	47165
非金属矿物制品业	Manufacture of Non-metallic Mineral Products	734122	203761	935322	619667	113668
黑色金属冶炼及压延加工业	Smelting and Pressing of Ferrous Metals	40424	27339	79631	79631	6454
有色金属冶炼及压延加工业	Smelting and Pressing of Non-ferrous Metals	23964	7614	38239	37749	1763
金属制品业	Manufacture of Metal Products	91178	53965	118909	118909	51257
通用设备制造业	Manufacture of General-purpose Machinery	6209	4742	6787	6637	1620
专用设备制造业	Manufacture of Special-purpose Machinery	6006	2477	9148	7873	2629
汽车制造业	Manufacture of Motor Vehicle	411034	193263	499109	492956	182828
铁路、船舶、航空航天和其他设备制造业	Manufacture of Railway,Vessel,Aerospace and Other Transport Equipment	12697	2489	6144	6144	221
电气机械及器材制造业	Manufacture of Electrical Machinery and Equipment	296829	63380	721013	413483	173063
计算机、通信及其他电子设备制造业	Manufacture of Communication Equipment, Computers and Other Electronic Equipment	44584	25247	95072	94357	26043
仪器仪表制造业	Manufacture of Measuring Instruments	23448	4976	47589	33417	10357
废弃资源综合利用业	Recycling and Disposal of Waste	20884	4781	14647	14647	2493
金属制品、机械和设备修理业	Repair Services of Metal Products,Machinery and Equipment	29251	9260	33227	28191	9638
电力、热力的生产和供应业	Production and Supply of Electric Power and Heat Power	3435968	1124657	2228087	1555121	185373
燃气生产和供应业	Production and Supply of Gas	154497	49811	167712	123038	7693
水的生产和供应业	Production and Supply of Water	211535	64131	101376	38143	3217

12-12 续3(continued 3)

项　目	Item	所有者权益合计 Total Owner's Equity	实收资本 Paid-up Capital	国家资本 State-owned Capital	集体资本 Collective-owned Capital	法人资本 Legal Person's Capital
合 计	**Total**	**9813372**	**4781538**	**795605**	**55724**	**1994050**
石油和天然气开采业	Extraction of Petroleum and Natural Gas	248817	5000	5000		
黑色金属矿采选业	Mining and Processing of Ferrous Metal Ores	318289	170903			170003
有色金属矿采选业	Mining and Processing of Non-Ferrous Metal Ores	79291	9104		7554	1000
非金属矿采选业	Mining and Processing of Nonmetal Ores	460764	26255	7655		4518
农副食品加工业	Processing of Agricultural and Related Products	260713	181491	70	8965	77069
食品制造业	Manufacture of Foods	190072	55414		8551	13158
酒、饮料和精制茶制造业	Manufacture of Wine，Beverages and Tea	269905	203346	11887	4724	54571
烟草制品业	Manufacture of Tobacco	130857	47116			47116
纺织业	Manufacture of Textiles	84147	41915	300		41435
纺织服装、服饰业	Manufacture of Textile Wearing，Apparel	22692	7463			
皮革、毛皮、羽毛及其制品和制鞋业	Manufacture of Leather, Fur, Feather，Related Products and Footwear	685	565			
木材加工及木、竹、藤、棕、草制品业	Processing of Timber, Manufacture of Wood,Bamboo,Rattan,Palm and Straw Products	33726	16643			14732
家具制造业	Manufacture of Furniture	11591	10405			
造纸及纸制品业	Manufacture of Paper and Paper Products	1217664	997902			49920
印刷和记录媒介的复制业	Printing, Reproduction of Recording Media	15060	3000			3000
文教、工美、体育和娱乐用品制造业	Manufacture of Articles For Culture,Education, Artwork,Sport Activities and Entertainment	1802	302			5
石油加工、炼焦及核燃料加工业	Processing of Petroleum, Coking and Nuclear Fuel	673349	415600	298950		13700
化学原料及化学制品制造业	Manufacture of Chemical Raw Materials and Chemical Products	1637742	652118	99300	895	337056
医药制造业	Manufacture of Medicines	1069068	299693	15730		139258
化学纤维制造业	Manufacture of Chemical Fibers	-6366	31344	31344		
橡胶和塑料制品业	Manufacture of Rubber or Plastics Products	57821	41447	16000		24041
非金属矿物制品业	Manufacture of Non-metallic Mineral Products	654112	260904	62075	2000	172807
黑色金属冶炼及压延加工业	Smelting and Pressing of Ferrous Metals	-24702	25218			25218
有色金属冶炼及压延加工业	Smelting and Pressing of Non-ferrous Metals	15976	7810			5945
金属制品业	Manufacture of Metal Products	72065	23680		3536	9466
通用设备制造业	Manufacture of General-purpose Machinery	1965	570			570
专用设备制造业	Manufacture of Special-purpose Machinery	22821	8320		7000	1320
汽车制造业	Manufacture of Motor Vehicle	570122	238283			193415
铁路、船舶、航空航天和其他设备制造业	Manufacture of Railway,Vessel,Aerospace and Other Transport Equipment	17395	11405			10850
电气机械及器材制造业	Manufacture of Electrical Machinery and Equipment	526816	343098	500		272889
计算机、通信及其他电子设备制造业	Manufacture of Communication Equipment, Computers and Other Electronic Equipment	91326	32693	10527		7650
仪器仪表制造业	Manufacture of Measuring Instruments	50890	10700	700		6566
废弃资源综合利用业	Recycling and Disposal of Waste	26450	11500		11500	
金属制品、机械和设备修理业	Repair Services of Metal roducts,Machinery and Equipment	29206	5580	5480		10
电力、热力的生产和供应业	Production and Supply of Electric Power and Heat Power	598399	323251	124911		190863
燃气生产和供应业	Production and Supply of Gas	233296.2	136883.3	60200		72722.9
水的生产和供应业	Production and Supply of Water	149545	124621	44978	1000	33178

12-12 续4(continued 4)

项 目	Item	个人资本 Individual Capital	港澳台资本 Capital from Hongkong Macau & Taiwan	外商资本 Foreign Capital	主营业务收入 Main Business Income	主营业务成本 Main Business Costs	主营业务税金及附加 Taxes & Surcharges of Main Business
合 计	**Total**	**420563**	**129119**	**1384312**	**16970990**	**13535134**	**1023993**
石油和天然气开采业	Extraction of Petroleum and Natural Gas				112702	36936	13402
黑色金属矿采选业	Mining and Processing of Ferrous Metal Ores	900			314759	123155	13248
有色金属矿采选业	Mining and Processing of Non-Ferrous Metal Ores	550			221781	197075	114
非金属矿采选业	Mining and Processing of Nonmetal Ores	3600	10483		34556	21361	639
农副食品加工业	Processing of Agricultural and Related Products	55480	18946	19362	1133701	1071936	1418
食品制造业	Manufacture of Foods	8158	6036	19510	383866	264418	2662
酒、饮料和精制茶制造业	Manufacture of Wine，Beverages and Tea	28230	214	103721	191075	134548	7359
烟草制品业	Manufacture of Tobacco				211423	77946	94655
纺织业	Manufacture of Textiles	180			27412	22457	40
纺织服装、服饰业	Manufacture of Textile Wearing，Apparel	500		6963	59603	35132	689
皮革、毛皮、羽毛及其制品和制鞋业	Manufacture of Leather, Fur, Feather，Related Products and Footwear				3236	2987	
木材加工及木、竹、藤、棕、草制品业	Processing of Timber, Manufacture of Wood,Bamboo,Rattan,Palm and Straw Products	1911			79903	70154	615
家具制造业	Manufacture of Furniture	150	10255		15162	13953	27
造纸及纸制品业	Manufacture of Paper and Paper Products	3700	27	944255	657763	514983	3550
印刷和记录媒介的复制业	Printing, Reproduction of Recording Media				11912	6942	89
文教、工美、体育和娱乐用品制造业	Manufacture of Articles For Culture,Education, Artwork,Sport Activities and Entertainment			297	8377	7944	10
石油加工、炼焦及核燃料加工业	Processing of Petroleum, Coking and Nuclear Fuel	3300		99650	5766406	4791586	808696
化学原料及化学制品制造业	Manufacture of Chemical Raw Materials and Chemical Products	191294	1073	22500	1074384	743233	14643
医药制造业	Manufacture of Medicines	59699	35125	49881	896048	496743	7068
化学纤维制造业	Manufacture of Chemical Fibers				51035	54639	24
橡胶和塑料制品业	Manufacture of Rubber or Plastics Products	581	708	118	200920	187403	138
非金属矿物制品业	Manufacture of Non-metallic Mineral Products	18824	313	4885	991981	857000	6120
黑色金属冶炼及压延加工业	Smelting and Pressing of Ferrous Metals				81031	83503	103
有色金属冶炼及压延加工业	Smelting and Pressing of Non-ferrous Metals	1866			30051	18674	9
金属制品业	Manufacture of Metal Products			10678	256616	232215	496
通用设备制造业	Manufacture of General-purpose Machinery				4790	3974	23
专用设备制造业	Manufacture of Special-purpose Machinery				19007	13773	69
汽车制造业	Manufacture of Motor Vehicle	13118	16296	15454	981478	845070	33150
铁路、船舶、航空航天和其他设备制造业	Manufacture of Railway,Vessel,Aerospace and Other Transport Equipment		555		15292	12552	88
电气机械及器材制造业	Manufacture of Electrical Machinery and Equipment	25000		44709	648330	549411	1397
计算机、通信及其他电子设备制造业	Manufacture of Communication Equipment, Computers and Other Electronic Equipment		14517		332467	244641	1246
仪器仪表制造业	Manufacture of Measuring Instruments	3434			247238	184053	1106
废弃资源综合利用业	Recycling and Disposal of Waste				34830	31781	115
金属制品、机械和设备修理业	Repair Services of Metal Products,Machinery and Equipment	90			23221	19327	18
电力、热力的生产和供应业	Production and Supply of Electric Power and Heat Power			7477	1657455	1429909	8890
燃气生产和供应业	Production and Supply of Gas			3960	129316	95983	1260
水的生产和供应业	Production and Supply of Water		14572	30894	61866	37740	818

12-12 续5(continued 5)

项 目	Item	其他业务利润 Other Operating Profits	管理费用 Administrative Expenses	税金 Taxes	财务费用 Financial Expenses	利息支出 Interest Expenditure
合 计	**Total**	**19814**	**529823**	**21972**	**227606**	**240148**
石油和天然气开采业	Extraction of Petroleum and Natural Gas		4755	1363	25	803
黑色金属矿采选业	Mining and Processing of Ferrous Metal Ores	9	33121	636	3778	1027
有色金属矿采选业	Mining and Processing of Non-Ferrous Metal Ores		2201	161	3540	3119
非金属矿采选业	Mining and Processing of Nonmetal Ores	139	3665	704	139	168
农副食品加工业	Processing of Agricultural and Related Products	4573	41807	3199	20487	17473
食品制造业	Manufacture of Foods	2782	14354	372	-592	1065
酒、饮料和精制茶制造业	Manufacture of Wine，Beverages and Tea	-134	18607	335	1014	2699
烟草制品业	Manufacture of Tobacco	34	12477	324	-337	
纺织业	Manufacture of Textiles	712	3474	67	1238	2052
纺织服装、服饰业	Manufacture of Textile Wearing，Apparel	68	3945	129	202	23
皮革、毛皮、羽毛及其制品和制鞋业	Manufacture of Leather, Fur, Feather，Related Products and Footwear		264		2	2
木材加工及木、竹、藤、棕、草制品业	Processing of Timber, Manufacture of Wood,Bamboo,Rattan,Palm and Straw Products	621	2865	133	501	522
家具制造业	Manufacture of Furniture	0	427	26	214	228
造纸及纸制品业	Manufacture of Paper and Paper Products	-7503	12374	1790	58498	56070
印刷和记录媒介的复制业	Printing, Reproduction of Recording Media	41	2407	13	-213	
文教、工美、体育和娱乐用品制造业	Manufacture of Articles For Culture,Education, Artwork,Sport Activities and Entertainment				1	
石油加工、炼焦及核燃料加工业	Processing of Petroleum, Coking and Nuclear Fuel	8	32609	1663	6166	7663
化学原料及化学制品制造业	Manufacture of Chemical Raw Materials and Chemical Products	1058	38107	2051	3030	2932
医药制造业	Manufacture of Medicines	5647	85731	2408	5144	9340
化学纤维制造业	Manufacture of Chemical Fibers		1120	83	0	
橡胶和塑料制品业	Manufacture of Rubber or Plastics Products	465	7180	271	1750	1615
非金属矿物制品业	Manufacture of Non-metallic Mineral Products	1647	43277	1877	12595	12750
黑色金属冶炼及压延加工业	Smelting and Pressing of Ferrous Metals	598	3158	261	173	189
有色金属冶炼及压延加工业	Smelting and Pressing of Non-ferrous Metals		3909	57	487	498
金属制品业	Manufacture of Metal Products	1176	2781	275	3478	3452
通用设备制造业	Manufacture of General-purpose Machinery	257	666	37	276	263
专用设备制造业	Manufacture of Special-purpose Machinery	319	2263	35	107	115
汽车制造业	Manufacture of Motor Vehicle	1622	44080	1660	-2979	2342
铁路、船舶、航空航天和其他设备制造业	Manufacture of Railway,Vessel,Aerospace and Other Transport Equipment	11	883	89	64	109
电气机械及器材制造业	Manufacture of Electrical Machinery and Equipment	305	40045	750	8341	7989
计算机、通信及其他电子设备制造业	Manufacture of Communication Equipment, Computers and Other Electronic Equipment	1104	16003	87	6	332
仪器仪表制造业	Manufacture of Measuring Instruments	18	9512	8	1163	875
废弃资源综合利用业	Recycling and Disposal of Waste		1483	43	292	209
金属制品、机械和设备修理业	Repair Services of Metal Products,Machinery and Equipment	647	3985	33	-80	
电力、热力的生产和供应业	Production and Supply of Electric Power and Heat Power	3461	17326	351	94237	97136
燃气生产和供应业	Production and Supply of Gas		9528	241	4193	5764
水的生产和供应业	Production and Supply of Water	130	9435	438	667	1323

12-12 续6(continued 6)

项 目	Item	营业利润 Operating Profits	投资收益 Investment Income	补贴收入 Subsidy Income	营业外收入 Non-operating Income	营业外支出 Non-operating Expenses
合 计	**Total**	**1277219**	**156182**	**103372**	**57788**	**26690**
石油和天然气开采业	Extraction of Petroleum and Natural Gas	38566	1252	3		62
黑色金属矿采选业	Mining and Processing of Ferrous Metal Ores	125343	156	1965		535
有色金属矿采选业	Mining and Processing of Non-Ferrous Metal Ores	14214		130		74
非金属矿采选业	Mining and Processing of Nonmetal Ores	4617	101	65		236
农副食品加工业	Processing of Agricultural and Related Products	-19030	5652	11155	9295	2617
食品制造业	Manufacture of Foods	23522	50	1592	453	1063
酒、饮料和精制茶制造业	Manufacture of Wine，Beverages and Tea	11982	3480	7223	998	624
烟草制品业	Manufacture of Tobacco	26205	400	800	706	8189
纺织业	Manufacture of Textiles	43		148	166	10
纺织服装、服饰业	Manufacture of Textile Wearing，Apparel	4783		136		119
皮革、毛皮、羽毛及其制品和制鞋业	Manufacture of Leather, Fur, Feather，Related Products and Footwear	4				
木材加工及木、竹、藤、棕、草制品业	Processing of Timber, Manufacture of Wood, Bamboo,Rattan,Palm and Straw Products	6499		2284	2128	1
家具制造业	Manufacture of Furniture	18		43	30	6
造纸及纸制品业	Manufacture of Paper and Paper Products	28829		1907	194	579
印刷和记录媒介的复制业	Printing, Reproduction of Recording Media	2107		34		
文教、工美、体育和娱乐用品制造业	Manufacture of Articles For Culture,Education, Artwork,Sport Activities and Entertainment	27		2		
石油加工、炼焦及核燃料加工业	Processing of Petroleum, Coking and Nuclear Fuel	123361	845	4445	4426	130
化学原料及化学制品制造业	Manufacture of Chemical Raw Materials and Chemical Products	306111	50944	2529	632	945
医药制造业	Manufacture of Medicines	141477	7489	8117	3154	2240
化学纤维制造业	Manufacture of Chemical Fibers	-4750				
橡胶和塑料制品业	Manufacture of Rubber or Plastics Products	1615	79	271	62	148
非金属矿物制品业	Manufacture of Non-metallic Mineral Products	60724	379	28938	21871	2547
黑色金属冶炼及压延加工业	Smelting and Pressing of Ferrous Metals	-5926				29
有色金属冶炼及压延加工业	Smelting and Pressing of Non-ferrous Metals	6905		1178	1144	191
金属制品业	Manufacture of Metal Products	9935		992	522	122
通用设备制造业	Manufacture of General-purpose Machinery	-225		107		1
专用设备制造业	Manufacture of Special-purpose Machinery	2089	219	92		28
汽车制造业	Manufacture of Motor Vehicle	57632	-1147	7190	5032	167
铁路、船舶、航空航天和其他设备制造业	Manufacture of Railway,Vessel,Aerospace and Other Transport Equipment	1626		87	49	9
电气机械及器材制造业	Manufacture of Electrical Machinery and Equipment	85779	75750	5716	4533	505
计算机、通信及其他电子设备制造业	Manufacture of Communication Equipment, Computers and Other Electronic Equipment	47998		2813	185	111
仪器仪表制造业	Manufacture of Measuring Instruments	42152		239	48	22
废弃资源综合利用业	Recycling and Disposal of Waste	1482	1033	612		-52
金属制品、机械和设备修理业	Repair Services of Metal Products,Machinery and Equipment	413		14		30
电力、热力的生产和供应业	Production and Supply of Electric Power and Heat Power	102356	249	8932	1655	4919
燃气生产和供应业	Production and Supply of Gas	22160	9253	704	453	61
水的生产和供应业	Production and Supply of Water	6576		2910	50	422

12-12 续7(continued 7)

项 目	Item	利润总额 Total Profits	应交所得税 Income Tax Payable	利税总额 Total Profits and Taxes	本年应付工资总额 Total Wages Payable of Current Year
合 计	**Total**	**1333455**	**217013**	**3038098**	**744991**
石油和天然气开采业	Extraction of Petroleum and Natural Gas	38507	8836	58183	639
黑色金属矿采选业	Mining and Processing of Ferrous Metal Ores	126773	32479	179103	34114
有色金属矿采选业	Mining and Processing of Non-Ferrous Metal Ores	14270	3451	15416	2636
非金属矿采选业	Mining and Processing of Nonmetal Ores	4445	1521	7898	4735
农副食品加工业	Processing of Agricultural and Related Products	2737	2578	23712	78730
食品制造业	Manufacture of Foods	24063	4572	50188	23493
酒、饮料和精制茶制造业	Manufacture of Wine，Beverages and Tea	18586	4773	35472	22865
烟草制品业	Manufacture of Tobacco	18816	6545	136479	14359
纺织业	Manufacture of Textiles	181		698	3030
纺织服装、服饰业	Manufacture of Textile Wearing，Apparel	4723	966	8526	17576
皮革、毛皮、羽毛及其制品和制鞋业	Manufacture of Leather, Fur, Feather, Related Products and Footwear	4	0	169	890
木材加工及木、竹、藤、棕、草制品业	Processing of Timber, Manufacture of Wood,Bamboo,Rattan,Palm and Straw Products	8782	158	11994	6542
家具制造业	Manufacture of Furniture	54	11	84	1831
造纸及纸制品业	Manufacture of Paper and Paper Products	30199	6307	65073	45605
印刷和记录媒介的复制业	Printing, Reproduction of Recording Media	2141	514	2710	3783
文教、工美、体育和娱乐用品制造业	Manufacture of Articles For Culture,Education, Artwork,Sport Activities and Entertainment	28	7	115	339
石油加工、炼焦及核燃料加工业	Processing of Petroleum, Coking and Nuclear Fuel	127675	10102	1086870	17502
化学原料及化学制品制造业	Manufacture of Chemical Raw Materials and Chemical Products	307883	66185	375858	41229
医药制造业	Manufacture of Medicines	147354	18563	213174	58494
化学纤维制造业	Manufacture of Chemical Fibers	-4750		-4630	2553
橡胶和塑料制品业	Manufacture of Rubber or Plastics Products	1693	942	16663	8333
非金属矿物制品业	Manufacture of Non-metallic Mineral Products	53360	9015	131097	41901
黑色金属冶炼及压延加工业	Smelting and Pressing of Ferrous Metals	-5956	14	-4826	3252
有色金属冶炼及压延加工业	Smelting and Pressing of Non-ferrous Metals	7892	2061	9786	2725
金属制品业	Manufacture of Metal Products	10805	3178	15405	7715
通用设备制造业	Manufacture of General-purpose Machinery	-119	14	122	1102
专用设备制造业	Manufacture of Special-purpose Machinery	2153	312	2953	1839
汽车制造业	Manufacture of Motor Vehicle	64655	5015	122461	36811
铁路、船舶、航空航天和其他设备制造业	Manufacture of Railway,Vessel,Aerospace and Other Transport Equipment	1704	72	2623	1359
电气机械及器材制造业	Manufacture of Electrical Machinery and Equipment	90990	15553	116294	37897
计算机、通信及其他电子设备制造业	Manufacture of Communication Equipment, Computers and Other Electronic Equipment	50699	77	64373	22029
仪器仪表制造业	Manufacture of Measuring Instruments	42369	84	52861	16736
废弃资源综合利用业	Recycling and Disposal of Waste	2147	127	3436	1462
金属制品、机械和设备修理业	Repair Services of Metal Products,Machinery and Equipment	371		553	3908
电力、热力的生产和供应业	Production and Supply of Electric Power and Heat Power	106352	6951	196989	156892
燃气生产和供应业	Production and Supply of Gas	22804	4435	27326	5685
水的生产和供应业	Production and Supply of Water	9064	1596	12892	14402

12-12 续8(continued 8)

项　目	Item	本年应交增值税 Value Added Tax Payable of Current Year	本年进项税额 Input VAT of Current Year	本年销项税额 Output VAT of Current Year	全部从业人员年平均人数(人) Annual Average Employees (person)
合 计	**Total**	**679717**	**1931834**	**2468861**	**123527**
石油和天然气开采业	Extraction of Petroleum and Natural Gas	6235	14525	17757	54
黑色金属矿采选业	Mining and Processing of Ferrous Metal Ores	39013	19216	58805	5973
有色金属矿采选业	Mining and Processing of Non-Ferrous Metal Ores	1016	34804	35736	396
非金属矿采选业	Mining and Processing of Nonmetal Ores	2814	3220	5943	1648
农副食品加工业	Processing of Agricultural and Related Products	19503	67118	63842	19965
食品制造业	Manufacture of Foods	23422	48000	71106	4710
酒、饮料和精制茶制造业	Manufacture of Wine，Beverages and Tea	9526	26200	35089	4637
烟草制品业	Manufacture of Tobacco	23008	12590	35959	592
纺织业	Manufacture of Textiles	478	2535	2169	779
纺织服装、服饰业	Manufacture of Textile Wearing，Apparel	3114	8331	9282	3184
皮革、毛皮、羽毛及其制品和制鞋业	Manufacture of Leather, Fur, Feather，Related Products and Footwear	166	76	241	97
木材加工及木、竹、藤、棕、草制品业	Processing of Timber, Manufacture of Wood,Bamboo,Rattan,Palm and Straw Products	2597	3795	10771	2276
家具制造业	Manufacture of Furniture		697	41	672
造纸及纸制品业	Manufacture of Paper and Paper Products	31324	138687	169903	7163
印刷和记录媒介的复制业	Printing, Reproduction of Recording Media	476	538	1014	466
文教、工美、体育和娱乐用品制造业	Manufacture of Articles For Culture,Education, Artwork,Sport Activities and Entertainment	77	1347	1424	76
石油加工、炼焦及核燃料加工业	Processing of Petroleum, Coking and Nuclear Fuel	150499	800929	952219	1664
化学原料及化学制品制造业	Manufacture of Chemical Raw Materials and Chemical Products	53331	69782	122061	3598
医药制造业	Manufacture of Medicines	58622	92633	150850	11993
化学纤维制造业	Manufacture of Chemical Fibers	95	8782	8876	551
橡胶和塑料制品业	Manufacture of Rubber or Plastics Products	14830	27967	27937	1863
非金属矿物制品业	Manufacture of Non-metallic Mineral Products	71617	121848	169465	9337
黑色金属冶炼及压延加工业	Smelting and Pressing of Ferrous Metals	1027	10633	11653	797
有色金属冶炼及压延加工业	Smelting and Pressing of Non-ferrous Metals	1885	89	1965	482
金属制品业	Manufacture of Metal Products	4105	36375	40426	1236
通用设备制造业	Manufacture of General-purpose Machinery	217	856	1072	403
专用设备制造业	Manufacture of Special-purpose Machinery	731	2084	2816	426
汽车制造业	Manufacture of Motor Vehicle	24635	141949	163111	7642
铁路、船舶、航空航天和其他设备制造业	Manufacture of Railway,Vessel,Aerospace and Other Transport Equipment	832	1316	2148	386
电气机械及器材制造业	Manufacture of Electrical Machinery and Equipment	23907	79726	76451	6815
计算机、通信及其他电子设备制造业	Manufacture of Communication Equipment, Computers and Other Electronic Equipment	12417	36819	47851	3209
仪器仪表制造业	Manufacture of Measuring Instruments	9387	32754	41808	3304
废弃资源综合利用业	Recycling and Disposal of Waste	1173	4220	5499	354
金属制品、机械和设备修理业	Repair Services of Metal Products,Machinery and Equipment	164		164	1093
电力、热力的生产和供应业	Production and Supply of Electric Power and Heat Power	81223	71111	107680	11747
燃气生产和供应业	Production and Supply of Gas	3262	10279	13669	1000
水的生产和供应业	Production and Supply of Water	2990	4	2058	2939

12-13 分行业规模以上工业企业主要经济效益指标(2012)
Main Economic Benefit Indicators of Industrial Enterprises above Designated Size by Sector

项 目	Item	工业综合指数(%) Weighted Aggregate Index of Industrial Economic Benefits (%)	总资产贡献率(%) Contribution Rate of Total Assets	资产负债率(%) Asset--Liability Ratio	流动资产周转率(次/年) Current Asset Turnover (times/year)
合 计	**Total**	**328.88**	**16.04**	**51.52**	**2.15**
石油和天然气开采业	Extraction of Petroleum and Natural Gas	9607.23	18.55	20.69	5.62
黑色金属矿采选业	Mining and Processing of Ferrous Metal Ores	620.22	35.56	37.47	1.13
有色金属矿采选业	Mining and Processing of Non-Ferrous Metal Ores	446.67	8.67	62.59	1.06
非金属矿采选业	Mining and Processing of Nonmetal Ores	150.82	1.68	3.68	1.19
农副食品加工业	Processing of Agricultural and Related Products	115.50	4.64	70.46	2.24
食品制造业	Manufacture of Foods	203.44	12.98	50.31	1.62
酒、饮料和精制茶制造业	Manufacture of Wine，Beverages and Tea	165.27	8.61	36.12	0.85
烟草制品业	Manufacture of Tobacco	1911.33	64.60	37.90	1.91
纺织业	Manufacture of Textiles	111.10	1.62	29.89	0.50
纺织服装、服饰业	Manufacture of Textile Wearing，Apparel	175.60	22.29	40.76	1.75
皮革、毛皮、羽毛及其制品和制鞋业	Manufacture of Leather, Fur, Feather, Related Products and Footwear	164.66	7.25	74.23	1.84
木材加工及木、竹、藤、棕、草制品业	Processing of Timber, Manufacture of Wood,Bamboo,Rattan,Palm and Straw Products	189.54	13.38	60.16	1.71
家具制造业	Manufacture of Furniture	67.04	1.63	39.22	1.28
造纸及纸制品业	Manufacture of Paper and Paper Products	206.13	3.42	63.06	0.74
印刷和记录媒介的复制业	Printing, Reproduction of Recording Media	236.20	12.72	23.26	0.85
文教、工美、体育和娱乐用品制造业	Manufacture of Articles For Culture,Education, Artwork,Sport Activities and Entertainment	115.10	1.59	74.93	1.22
石油加工、炼焦及核燃料加工业	Processing of Petroleum, Coking and Nuclear Fuel	4541.44	72.78	55.18	7.42
化学原料及化学制品制造业	Manufacture of Chemical Raw Materials and Chemical Products	870.29	20.40	11.50	2.28
医药制造业	Manufacture of Medicines	290.24	13.89	30.88	0.90
化学纤维制造业	Manufacture of Chemical Fibers	23.40	-12.77	117.55	4.29
橡胶和塑料制品业	Manufacture of Rubber or Plastics Products	190.71	11.78	61.90	2.61
非金属矿物制品业	Manufacture of Non-metallic Mineral Products	261.51	9.15	59.72	1.50
黑色金属冶炼及压延加工业	Smelting and Pressing of Ferrous Metals	43.67	-8.50	144.97	2.17
有色金属冶炼及压延加工业	Smelting and Pressing of Non-ferrous Metals	396.35	18.94	70.53	1.92
金属制品业	Manufacture of Metal Products	226.01	9.82	62.26	1.72
通用设备制造业	Manufacture of General-purpose Machinery	81.15	4.06	77.55	1.11
专用设备制造业	Manufacture of Special-purpose Machinery	183.36	9.58	28.62	1.35
汽车制造业	Manufacture of Motor Vehicle	247.33	11.12	46.68	1.40
铁路、船舶、航空航天和其他设备制造业	Manufacture of Railway,Vessel,Aerospace and Other Transport Equipment	197.66	11.42	26.10	1.28
电气机械及器材制造业	Manufacture of Electrical Machinery and Equipment	218.87	9.91	57.78	1.02
计算机、通信及其他电子设备制造业	Manufacture of Communication Equipment, Computers and Other Electronic Equipment	349.82	34.33	50.75	2.45
仪器仪表制造业	Manufacture of Measuring Instruments	403.34	54.55	48.32	3.94
废弃资源综合利用业	Recycling and Disposal of Waste	187.31	8.82	35.64	1.77
金属制品、机械和设备修理业	Repair Services of Metal Products,Machinery and Equipment	83.66	0.76	53.22	0.58
电力、热力的生产和供应业	Production and Supply of Electric Power and Heat Power	421.89	10.35	78.77	9.43
燃气生产和供应业	Production and Supply of Gas	324.84	7.85	41.82	1.21
水的生产和供应业	Production and Supply of Water	191.02	5.39	40.40	0.99

12-13 续(continued)

项 目	Item	成本费用利润率(%) Ratio of Profits to Industrial Costs(%)	全员劳动生产率(元/人·年) Overall Labour Productivity (yuan/person. year)	产品销售率(%) Product Sales Rate(%)	资本保值增值率(%) Capital Maintenance & Increment Ratio(%)
合 计	**Total**	**8.86**	**337067**	**103.00**	**117.87**
石油和天然气开采业	Extraction of Petroleum and Natural Gas	91.91	15023681	100.43	354.49
黑色金属矿采选业	Mining and Processing of Ferrous Metal Ores	75.04	374619	94.82	90.41
有色金属矿采选业	Mining and Processing of Non-Ferrous Metal Ores	6.86	529179	103.97	351.03
非金属矿采选业	Mining and Processing of Nonmetal Ores	14.86	87404	103.74	90.77
农副食品加工业	Processing of Agricultural and Related Products	0.23	69606	100.00	105.23
食品制造业	Manufacture of Foods	6.30	168059	97.76	107.00
酒、饮料和精制茶制造业	Manufacture of Wine，Beverages and Tea	10.01	108668	101.00	121.93
烟草制品业	Manufacture of Tobacco	20.63	2735432	101.40	110.49
纺织业	Manufacture of Textiles	0.64	78270	90.11	263.31
纺织服装、服饰业	Manufacture of Textile Wearing，Apparel	8.63	80179	100.00	103.63
皮革、毛皮、羽毛及其制品和制鞋业	Manufacture of Leather, Fur, Feather，Related Products and Footwear	0.08	154655	72.62	106.76
木材加工及木、竹、藤、棕、草制品业	Processing of Timber, Manufacture of Wood,Bamboo,Rattan,Palm and Straw Products	11.64	92568	99.52	165.92
家具制造业	Manufacture of Furniture	0.36	28590	100.00	84.69
造纸及纸制品业	Manufacture of Paper and Paper Products	4.64	218179	107.32	116.60
印刷和记录媒介的复制业	Printing, Reproduction of Recording Media	21.95	144993	97.92	115.63
文教、工美、体育和娱乐用品制造业	Manufacture of Articles For Culture,Education, Artwork,Sport Activities and Entertainment	0.34	91325	99.96	112.00
石油加工、炼焦及核燃料加工业	Processing of Petroleum, Coking and Nuclear Fuel	2.64	7060474	110.72	128.31
化学原料及化学制品制造业	Manufacture of Chemical Raw Materials and Chemical Products	35.59	1063771	98.58	112.50
医药制造业	Manufacture of Medicines	19.33	243268	96.64	118.14
化学纤维制造业	Manufacture of Chemical Fibers	-8.52	3764	99.89	-16.78
橡胶和塑料制品业	Manufacture of Rubber or Plastics Products	0.82	163658	95.53	115.06
非金属矿物制品业	Manufacture of Non-metallic Mineral Products	5.56	278200	96.76	112.25
黑色金属冶炼及压延加工业	Smelting and Pressing of Ferrous Metals	-6.81	7537	101.71	123.76
有色金属冶炼及压延加工业	Smelting and Pressing of Non-ferrous Metals	34.11	284779	98.86	98.95
金属制品业	Manufacture of Metal Products	4.33	224073	98.39	95.76
通用设备制造业	Manufacture of General-purpose Machinery	-1.82	42611	116.80	92.46
专用设备制造业	Manufacture of Special-purpose Machinery	12.39	121516	81.56	112.20
汽车制造业	Manufacture of Motor Vehicle	7.14	244091	99.60	112.72
铁路、船舶、航空航天和其他设备制造业	Manufacture of Railway,Vessel,Aerospace and Other Transport Equipment	12.54	124698	97.99	167.23
电气机械及器材制造业	Manufacture of Electrical Machinery and Equipment	14.33	150480	99.15	150.19
计算机、通信及其他电子设备制造业	Manufacture of Communication Equipment, Computers and Other Electronic Equipment	16.88	252239	95.98	163.18
仪器仪表制造业	Manufacture of Measuring Instruments	20.71	220190	99.05	208.64
废弃资源综合利用业	Recycling and Disposal of Waste	6.27	160599	83.23	104.74
金属制品、机械和设备修理业	Repair Services of Metal Products,Machinery and Equipment	1.59	62038	90.34	75.32
电力、热力的生产和供应业	Production and Supply of Electric Power and Heat Power	6.78	392999	99.54	123.65
燃气生产和供应业	Production and Supply of Gas	19.79	309993	100.17	103.05
水的生产和供应业	Production and Supply of Water	16.40	107834	98.84	168.53

12-14 分市县规模以上工业企业主要财务指标(2012)
Main Financial Indicators of Industrial Enterprises above Designated Size by Region

单位：万元 (10 000 yuan)

地区	Region	企业单位数(个) Number of Enterprises (unit)	亏损企业 Loss-suffering Enter-prises	工业总产值 Gross Industrial Output Value	工业销售产值 Industrial Sales Value	出口交货值 Export Delivery Value
全省总计	**Total**	**377**	**94**	**17465718**	**17990557**	**1176101**
海口市	Haikou	154	30	5160173	5109421	428314
三亚市	Sanya	29	8	559080	558761	23063
五指山市	Wuzhishan	4		19459	16908	
文昌市	Wenchang	18	5	218912	222729	18658
琼海市	Qionghai	11	3	67735	71488	5517
万宁市	Wanning	8	3	72278	78913	2292
定安县	Ding'an	10	2	73172	66104	26437
屯昌县	Tunchang	4	1	29830	28368	
澄迈县	Chengmai	45	17	1924993	1906547	101633
临高县	Lingao	8	4	141313	136802	15629
儋州市	Danzhou	40	10	7221201	7881528	548355
儋州	Danzhou	25	8	521496	498500	24228
洋浦	Yangpu	15	2	6699705	7383028	524127
东方市	Dongfang	11	2	1002846	985552	
乐东县	Ledong	3	1	50727	50397	27
琼中县	Qiongzhong	6	2	36828	35971	
保亭县	Baoting	2		8935	8883	
陵水县	Linshui	2		28642	28655	6176
白沙县	Baisha	7	4	45862	44371	
昌江县	Changjiang	15	2	803733	759160	

12-14 续1 (continued 1)

地区	Region	资产总计 Total Assets	流动资产合计 Total Current Assets	应收帐款 Accounts Receivable	存货 Inventory	产成品 Finished Products	固定资产合计 Total Fixed Assets
全省总计	**Total**	**20231594**	**7985316**	**1640698**	**2138984**	**841903**	**7201676**
海口市	Haikou	6535240	3761169	845772	911476	517402	1638582
三亚市	Sanya	811194	389275	111636	39774	18940	327552
五指山市	Wuzhishan	49004	19219	1673	2623	553	27598
文昌市	Wenchang	307685	90597	18064	26551	7266	175650
琼海市	Qionghai	123075	43733	12641	10443	6976	62908
万宁市	Wanning	104850	33325	1295	15194	891	54555
定安县	Ding'an	63289	26276	6172	7517	2969	31979
屯昌县	Tunchang	63827	20976	1296	4393	2848	17800
澄迈县	Chengmai	1999067	621298	145980	130408	32648	821408
临高县	Lingao	153623	89192	26204	27030	22234	53917
儋州市	Danzhou	5802714	1997320	404666	812552	175454	2356313
儋州	Danzhou	699689	219003	31524	59182	22334	378260
洋浦	Yangpu	5103025	1778318	373142	753370	153120	1978053
东方市	Dongfang	2336509	332328	16160	53235	10644	1028711
乐东县	Ledong	516439	11416	1868	1121	313	45496
琼中县	Qiongzhong	27564	6957	1823	1451	1040	16826
保亭县	Baoting	15442	1857	202	90		11715
陵水县	Linshui	38319	6661	514	894	205	25161
白沙县	Baisha	63794	18337	232	5985	3429	28313
昌江县	Changjiang	1219958	515380	44499	88249	38092	477192

12-14 续2 (continued 2)

地区	Region	固定资产原价 Original Value of Fixed Assets	累计折旧 Accumulated Depreciation	负债合计 Total Liabilities	流动负债合计 Total Current Liabilities	应付账款 Accounts Payable
全省总计	**Total**	**10556839**	**3710590**	**10423156**	**7804106**	**2164145**
海口市	Haikou	2452329	920189	3127601	2493335	812895
三亚市	Sanya	504110	190378	506200	398023	67139
五指山市	Wuzhishan	38225	13430	30301	16823	3646
文昌市	Wenchang	244866	77010	210767	160354	32843
琼海市	Qionghai	75350	23902	82165	39013	6873
万宁市	Wanning	75231	22375	69590	46330	7213
定安县	Ding'an	44558	15184	36746	26430	3928
屯昌县	Tunchang	24978	8757	46850	22954	2054
澄迈县	Chengmai	1320579	518219	1143900	756349	149791
临高县	Lingao	74651	24123	106397	97965	40948
儋州市	Danzhou	3271435	1024235	3515670	2511919	889560
儋州	Danzhou	521079	146632	474217	305947	85316
洋浦	Yangpu	2750357	877604	3041453	2205972	804244
东方市	Dongfang	1602549	573774	756743	643940	43047
乐东县	Ledong	62450	20650	65091	52314	5439
琼中县	Qiongzhong	24079	7450	20599	13071	1398
保亭县	Baoting	16268	4692	7874	4655	1087
陵水县	Linshui	37333	12125	29360	18956	5610
白沙县	Baisha	40260	13393	44602	39338	7388
昌江县	Changjiang	647590	240704	622698	462337	83287

12-14 续3(continued 3)

地　区	Region	所有者权益合计 Total Owner's Equity	实收资本 Paid-up Capital	国家资本 State-owned Capital	集体资本 Collective--owned Capital	法人资本 Legal Person's Capital
全省总计	**Total**	**9813372**	**4781538**	**795605**	**55724**	**1994050**
海口市	Haikou	3401076	1572725	196761	32929	837605
三亚市	Sanya	304992	93851	26157	2250	46536
五指山市	Wuzhishan	16749	4546	666		2600
文昌市	Wenchang	96918	53763	9644	645	10273
琼海市	Qionghai	34278	12276	1541		4419
万宁市	Wanning	35260	25389	7679		2000
定安县	Ding'an	26543	11046	1577		5350
屯昌县	Tunchang	15373	3948	1337		1000
澄迈县	Chengmai	854899	328790	87111	3200	198085
临高县	Lingao	47226	41741	2129	3000	26468
儋州市	Danzhou	2285237	1657094	324849	12500	226599
儋州	Danzhou	223764	137788	20554	11500	74213
洋浦	Yangpu	2061472	1519306	304295	1000	152386
东方市	Dongfang	1579766	674365	49834		424631
乐东县	Ledong	451348	13709	10509		3200
琼中县	Qiongzhong	6965	4887	1037		2000
保亭县	Baoting	7568	5433	813		4620
陵水县	Linshui	8959	2927	2927		
白沙县	Baisha	19192	7366	1332		5133
昌江县	Changjiang	621024	267685	69703	1200	193532

12-14 续4(continued 4)

地 区	Region	个人资本 Individual Capital	港澳台资本 Capital from Hongkong Macau & Taiwan	外商资本 Foreign Capital	主营业务收入 Main Business Income	主营业务成本 Main Business Costs	主营业务税金及附加 Taxes and Surcharges of Main Business
全省总计	**Total**	**420563**	**129119**	**1384312**	**16970990**	**13535134**	**1023993**
海口市	Haikou	146827	79066	279537	5058011	3975587	150357
三亚市	Sanya	9419		9489	548973	457409	2919
五指山市	Wuzhishan	1280			16851	13174	100
文昌市	Wenchang	17467	11581	4154	221587	192154	1400
琼海市	Qionghai	1011		5305	68459	52345	605
万宁市	Wanning	4060		11650	74880	66074	612
定安县	Ding'an	3405	714		66318	59175	140
屯昌县	Tunchang	1611			27887	26776	73
澄迈县	Chengmai	23937	12932	2960	1918915	1544126	24553
临高县	Lingao	10144			139708	133293	464
儋州市	Danzhou	19601	24827	1048717	6959854	5788533	811275
儋州	Danzhou	11000	13044	7477	522271	488324	1984
洋浦	Yangpu	8602	11784	1041240	6437583	5300210	809291
东方市	Dongfang	177400		22500	972354	593381	14930
乐东县	Ledong				50482	38809	173
琼中县	Qiongzhong	250			35943	32561	187
保亭县	Baoting				8882	7587	64
陵水县	Linshui				28583	25729	111
白沙县	Baisha	900			40439	38817	230
昌江县	Changjiang	3250			732865	489605	15802

12-14 续5(continued 5)

地 区	Region	其他业务利润 Other Operating Profits	管理费用 Administrative Expenses	税金 Taxes	财务费用 Financial Expenses	利息支出 Interest Expenditure
全省总计	**Total**	**19814**	**529823**	**21972**	**227606**	**240148**
海口市	Haikou	16028	265352	7668	38582	50712
三亚市	Sanya	1792	25594	712	9139	9611
五指山市	Wuzhishan	16	1137	39	995	997
文昌市	Wenchang	279	9709	787	5980	7258
琼海市	Qionghai	204	5017	199	1677	1545
万宁市	Wanning	133	2853	77	1926	1926
定安县	Ding'an	697	3443	85	1780	1608
屯昌县	Tunchang	621	934	71	1004	1005
澄迈县	Chengmai	5976	59596	3930	28982	31591
临高县	Lingao	1	4693	308	2505	2432
儋州市	Danzhou	-6854	69316	4690	87995	86606
儋州	Danzhou	238	15867	1017	17368	17220
洋浦	Yangpu	-7092	53449	3674	70627	69386
东方市	Dongfang	223	26300	1577	27458	28128
乐东县	Ledong	93	4294	139	1598	1611
琼中县	Qiongzhong		1154	31	591	578
保亭县	Baoting		632	1	305	309
陵水县	Linshui	85	988	1	971	1007
白沙县	Baisha	384	1771	146	1185	1187
昌江县	Changjiang	137	47041	1512	14935	12040

12-14 续6(continued 6)

地 区	Region	营业利润 Operating Profits	投资收益 Investment Income	补贴收入 Subsidy Income	营业外收入 Non-operating Income	营业外支出 Non-operating Expenses
全省总计	**Total**	**1277219**	**156182**	**57788**	**103372**	**26690**
海口市	Haikou	376503	96201	15045	37707	14311
三亚市	Sanya	17772	2	4417	8774	903
五指山市	Wuzhishan	830	1		63	90
文昌市	Wenchang	3544	-77	2002	3158	708
琼海市	Qionghai	5976	-852	357	515	111
万宁市	Wanning	1068	9		188	919
定安县	Ding'an	1142	-9	544	711	70
屯昌县	Tunchang	1414	3	466	673	83
澄迈县	Chengmai	215047	7866	25449	25906	2936
临高县	Lingao	-2499	4	1871	2144	1894
儋州市	Danzhou	155719	2023	4966	14630	1648
儋州	Danzhou	-3017	1178	1074	7507	1047
洋浦	Yangpu	158736	845	3893	7124	601
东方市	Dongfang	351760	50825		773	1044
乐东县	Ledong	5256	6	1136	1286	449
琼中县	Qiongzhong	713	2	548	588	40
保亭县	Baoting	382	2		102	39
陵水县	Linshui	329	6	107	107	97
白沙县	Baisha	-2154	2		84	85
昌江县	Changjiang	144417	169	880	5963	1265

12-14 续7(continued 7)

地 区	Region	利润总额 Total Profits	应交所得税 Income Tax Payable	利税总额 Total Profits and Taxes	本年应付工资总额 Total Wages Payable of Current Year
全省总计	**Total**	**1333455**	**217013**	**3038098**	**744991**
海口市	Haikou	399899	67255	739571	315232
三亚市	Sanya	25803	5476	54347	43233
五指山市	Wuzhishan	802	60	1767	1589
文昌市	Wenchang	6007	2772	18082	20787
琼海市	Qionghai	6381	976	10808	9368
万宁市	Wanning	341	236	3695	7551
定安县	Ding'an	1782	175	3744	6263
屯昌县	Tunchang	2005	109	2652	3197
澄迈县	Chengmai	217291	14185	347350	93075
临高县	Lingao	-2248	213	2679	8823
儋州市	Danzhou	168811	21057	1191157	108474
儋州	Danzhou	3552	1681	34377	43748
洋浦	Yangpu	165258	19376	1156781	64726
东方市	Dongfang	351488	63169	423390	47954
乐东县	Ledong	6092	1995	8627	6560
琼中县	Qiongzhong	1262	56	2533	2438
保亭县	Baoting	445	121	923	1524
陵水县	Linshui	333	141	1698	3804
白沙县	Baisha	-2155	285	133	3955
昌江县	Changjiang	149115	38734	224943	61165

12-14　续8(continued 8)

地　区	Region	本年应交增值税 Value Added Tax Payable of Current Year	本年进项税额 Input VAT of Current Year	本年销项税额 Output VAT of Current Year	全部从业人员年平均人数(人) Annual Average Employees (person)
全省总计	**Total**	**679717**	**1931834**	**2468861**	**123527**
海 口 市	Haikou	189054	540123	669938	53576
三 亚 市	Sanya	25492	28483	45236	6339
五指山市	Wuzhishan	863	1016	1632	474
文 昌 市	Wenchang	10635	8014	14293	3649
琼 海 市	Qionghai	3817	3036	6365	2690
万 宁 市	Wanning	2725	3360	4157	2160
定 安 县	Ding'an	1689	7358	6963	2068
屯 昌 县	Tunchang	554	-2357	2037	654
澄 迈 县	Chengmai	105381	200660	273410	14797
临 高 县	Lingao	4455	14474	11549	2253
儋 州 市	Danzhou	210964	989824	1178634	17036
儋 州	Danzhou	28754	40242	46530	7612
洋 浦	Yangpu	182209	949582	1132104	9424
东 方 市	Dongfang	56957	51035	106081	3001
乐 东 县	Ledong	2350	131	1421	1577
琼 中 县	Qiongzhong	1080	1400	2094	795
保 亭 县	Baoting	411		109	394
陵 水 县	Linshui	1244		268	818
白 沙 县	Baisha	2054	5080	6515	1214
昌 江 县	Changjiang	59996	80198	138161	10032

12-15 各市县规模以上工业企业主要经济效益指标(2012)
Main Economic Benefit Indicators of Industrial Enterprises above Designated Size by Region

地区	Region	工业综合指数 (%) Weighted Aggregate Index of Industrial Economic Benefits(%)	总资产贡献率 (%) Contribution Rate of Total Assets	资产负债率 (%) Asset-Liability Ratio	流动资产周转率(次/年) Current Asset Turnover (times/year)
全省总计	**Total**	**328.88**	**16.04**	**51.52**	**2.15**
海口市	Haikou	229.38	11.82	47.86	1.37
三亚市	Sanya	194.07	7.80	62.40	1.42
五指山市	Wuzhishan	143.49	5.63	61.83	0.88
文昌市	Wenchang	172.68	8.19	68.50	2.48
琼海市	Qionghai	165.34	10.00	66.76	1.61
万宁市	Wanning	120.41	5.33	66.37	2.39
定安县	Ding'an	125.34	8.43	58.06	2.55
屯昌县	Tunchang	151.41	5.72	73.40	1.36
澄迈县	Chengmai	395.50	18.78	57.22	3.14
临高县	Lingao	98.83	3.31	69.26	1.57
儋州市	Danzhou	642.08	21.85	60.59	3.50
儋州	Danzhou	156.10	7.35	67.78	2.43
洋浦	Yangpu	1003.39	23.84	59.60	3.64
东方市	Dongfang	1216.79	19.25	32.39	2.97
乐东县	Ledong	193.21	1.98	12.60	4.46
琼中县	Qiongzhong	165.39	11.26	74.73	5.17
保亭县	Baoting	162.45	7.93	50.99	4.79
陵水县	Linshui	149.93	7.08	76.62	4.32
白沙县	Baisha	89.16	2.04	69.92	2.25
昌江县	Changjiang	382.98	19.49	51.04	1.42

12-15 续(continued)

地　区	Region	成本费用利润率(%) Ratio of Profits to Industrial Costs (%)	全员劳动生产率(元/人·年) Overall Labour Productivity (yuan/person.year)	产品销售率(%) Product Sales Rate (%)	资本保值增值率(%) Capital Maintenance and Increment Ratio (%)
全省总计	**Total**	**8.86**	**337067**	**103.00**	**117.87**
海口市	Haikou	8.47	201995	99.02	123.02
三亚市	Sanya	4.90	173129	99.94	120.35
五指山市	Wuzhishan	5.03	113257	86.89	93.97
文昌市	Wenchang	2.76	129412	101.74	124.34
琼海市	Qionghai	10.19	92811	105.54	63.09
万宁市	Wanning	0.44	75708	109.18	84.42
定安县	Ding'an	2.65	61153	90.34	101.30
屯昌县	Tunchang	6.92	86609	95.10	158.50
澄迈县	Chengmai	12.70	387962	99.04	161.29
临高县	Lingao	-1.59	68429	96.81	110.39
儋州市	Danzhou	2.80	847255	109.14	118.11
儋州	Danzhou	0.66	121034	95.59	120.30
洋浦	Yangpu	3.01	1433841	110.20	117.87
东方市	Dongfang	49.50	1534991	98.28	109.68
乐东县	Ledong	13.40	110585	99.35	89.53
琼中县	Qiongzhong	3.56	68233	97.67	77.72
保亭县	Baoting	5.20	77640	99.41	75.17
陵水县	Linshui	1.18	78687	100.04	97.92
白沙县	Baisha	-5.00	72604	96.75	81.93
昌江县	Changjiang	26.22	323775	94.45	107.78

12-16 主要工业产品产量
Output of Major Industrial Products

产品名称	Item	2005	2008	2009	2010	2011	2012
天然原油(吨)	Crude Petroleum(ton)	100677	120500	183648	199556	196639	189618
天然气(万立方米)	Natural Gas(10000 cu.m.)	16567	23186	18584	18404	19538	17967
铁矿石原矿(吨)	Crude Iron Ores(ton)	4212035	4578253	4873152	4896217	5795076	5872268
钼精矿折合量(吨)(折纯钼45%)	Molybdenum Concentrates(converted into 45% molybdenum content)(ton)				616	232	286
原盐(吨)	Salt(ton)	166888	112649	121997	143956	75256	26461
小麦粉(吨)	Wheat Flour(ton)	1933		11685	9744	7370	5953
大米(吨)	Rice(ton)			35762	40448	41319	13431
饲料(吨)	Feeds(ton)	737591	923295	1105393	1313070	1394536	1589815
#配合饲料(吨)	#Formula Feeds(ton)			933746	925482	933843	1058389
混合饲料(吨)	Mixed Feeds(ton)			169224	387588	460693	531426
成品糖(吨)	Refined Sugar(ton)	275123	474640	423580	301033	249813	305830
鲜、冷藏肉(吨)	Fresh and Frozen Meat(ton)						1657
冷冻水产品(吨)	Frozen Aquatic Products(ton)		5168	89895	122990	124835	146353
糕点(吨)	Pastry(ton)	113	190	1671	4972		
饼干(吨)	Biscuits(ton)	24	566	125			
糖果(吨)	Candy(ton)	1360	3891	3112	5772		5930
乳制品(吨)	Dairy Products(ton)	4382	2743	4217	4558	3968	4179
#液体乳(吨)	#Liquid Milk(ton)	3179	2743	4217	4558	3968	4179
罐头(吨)	Canned Food(ton)	138362	153589	179764	203409	231896	244960
发酵酒精(折96度,商品量)(千升)	Undenatured Ethyl Alcohol(converted into alcohol content of 96%(v/v), commodity quantities)(kiloliter)	6978	4559	3677	2087	747	1571
饮料酒(千升)	Alcoholic Beverages(kiloliter)	151922	182390	200964	188973	159707	110932
#白酒(折65度,商品 千升)	#White Spirits(converted into alcohol content of 65%(v/v),commodity quantities)(kiloliter)	12944	7364	9874	6248	4236	
啤酒(千升)	Beer(kiloliter)	119870	153745	170529	161109	101463	87525
黄酒(千升)	Yellow Wine(kiloliter)			56	21616		
软饮料(吨)	Soft Beverages(ton)	276183	313413	381065	421301	421089	483766
#碳酸饮料类(汽水)(吨)	#Carbonated Beverages(sodas)(ton)	57698	53616	58566	77175	74592	70408
包装饮用水类(吨)	Packaged Drinking Water	169166	164757	190279	248991	239274	259660
果汁和蔬菜汁饮料类(吨)	Fruit & Vegetable Juice(ton)		53848	67765	73780	87477	131262
精制茶(吨)	Refined Tea(ton)	751	257	265	1316	499	554

注：本表统计范围为规模以上工业.
Note: Data in this table include all industrial cnterprises above designated size

12-16 续1(continued 1)

产品名称	Item	2005	2008	2009	2010	2011	2012
卷烟(万支)	Cigarettes(10000 pieces)	590000	771622	824999	875000	950000	1050000
无纺布(无纺织物)(吨)	Nonwoven Fabrics(nonwovens)(ton)			6658.04	6704.67	7533.36	7597.49
服装(万件)	Wearing Apparel(10000 pieces)	1351		1370.27	1167.63	995.63	916.48
#针织服装(万件)	#Kitchen Clothing(10000 pieces)				97.73	43.63	867
梭织服装(万件)	Woven Clothing(10000 pieces)			1370.27	1069.9	952	49.48
#西服套装(万件)	#Business Suits(10000 sets)			9.27	8.9		
天然皮革制手提包(袋)、背包(万个)	Natural Leather Handbags(Bags) and Backpacks(10000 pieces)	6.92	9.96	6.75	8.91		
人造板(立方米)	Man-made Board(cu.m.)	185490	159949	196991	239840	297538.1	476696.9
#胶合板(立方米)	#Plywood(cu.m.)	93635	126108	20596	25565	24720	23669
纤维板(立方米)	Fibre Board(cu.m.)	65337	5265	157561	180723	231009	343043.2
刨花板(立方米)	Particle Board(cu.m.)	26518	28576	18834	33552	41809.06	36601.71
家具(件)	Furniture(pieces)	1104342	287199	190126	576530	180250	93170
#木质家具(件)	#Wooden Furniture(pieces)	872112	287199	190126	576530	180250	93170
纸浆(原生浆及废纸浆)(吨)	Paper Pulp(virgin pulp & recycled pulp)(ton)	780831	1231866	1120737	1216670	1236877	1256772
机制纸及纸板(外购原纸加工除外)(吨)	Machine-made Paper & Paperboard (ex.processing of base paper purchased)(ton)	12722	177177	236742	514316	1127590	1281897
#涂布类印刷用纸(吨)	#Coated Paper for Printing(ton)				265202	869706	1022760
卫生用纸原纸(吨)	Base Paper for hygienic tissue paper(ton)		53518	217857	224269	234129	232175
纸制品(吨)	Paper Products(ton)	19034	24431	23068	24498	1114	15049
#瓦楞纸箱(吨)	#Corrugated Cases(ton)	17349	22715	19800	21587	1114	542
单色印刷品(令)	Single-color Printed Matter(ream)				30400		
多色印刷品(对开色令)	Multi-color Printed Matter(color ream)				7183900	7122000	3325501
原油加工量(吨)	Processing Volume of Crude Oil(ton)	127093	6515182	8310564	8567921	9151062	9289428
汽油(吨)	Gasoline(ton)		2440494	2643060	2632285	2952451	3027462
煤油(吨)	Kerosene(ton)		310637	354310	445832	680557	780290
柴油(吨)	Diesel Oil(ton)		3448717	3413760	3459805	3191963	2940232
燃料油(吨)	Fuel Oil(ton)	43631	247443	238344	270438	366909	336930.6
石脑油(吨)	Naphtha(ton)			140004	187471	140891	251261
液化石油气(吨)	Liquefied Petroleum Gas(ton)		490018	521914	548881	599750	587306
纯苯(吨)	Benzene(ton)		55474	49787	52571	61874	63382

12-16 续2(continued 2)

产品名称	Item	2005	2008	2009	2010	2011	2012
精甲醇(吨)	Refined Methanol(ton)		600527	606336	633578	1428551	1425918
合成氨(无水氨)(吨)	Synthetic Ammonia(anhydrous ammonia)(ton)	784239	821032	736174	830122	836308	736021
农用氮、磷、钾化学肥料总计(折纯)(吨)	Chemical Fertilizers(ton)	626458	651389	606280	665600	671226	599735
#氮肥(折含N100%)(吨)	#Nitrogen Fertilizers (converted into 100% nitrogen content)(ton)	622060	651057	606280	665600	671226	599735
#尿素(折含N100%)(吨)	#Carbamide(converted into 100% nitrogen content)(ton)	622060	651057	606280	665600	671226	599735
涂料(吨)	Coatings(ton)	3818	3703	2895	3734	3047	2487
#建筑涂料(吨)	#Architectural Coatings(ton)			2895	3734		
初级形态的塑料(吨)	Primary-form Plastic(ton)		214226	228122	207773	238475	234065
#聚丙烯树脂(吨)	#Polypropylene Resin(ton)		214226	228122	207773	238475	234065
合成纤维聚合物(吨)	Synthetic Fibre Polymers(ton)	42697	220965	255532	277231	257136	269934
#聚脂(吨)	#Polyester(ton)	42697	220965	255532	277231	257136	269934
中成药(吨)	Traditional Chinese Medicine(ton)	388	398	445	444	446	692
化学纤维(吨)	Chemical Fiber(ton)	46136	46734	51428	39991	54773	47654
#合成纤维(吨)	#Synthetic Fiber(ton)	46136	46734	51428	39991	54773	47654
#涤纶纤维(吨)	#Polyster Fiber(ton)	46136	46734	51428	39991	54773	47654
塑料制品(吨)	Plastic Products(ton)	24943	28059	18517	32787	19227	33464
#塑料薄膜(吨)	#Plastic Film(ton)	7623	10032	5752	19851	5932	20579
塑料丝、绳及编织品(吨)	Plastic Thread, Rope and Plaited Articles(ton)			4130	4883		
泡沫塑料(吨)	Cellular Plastics(ton)	1008	1571	1953	1596		
塑料包装箱及容器(吨)	Plastic Packing Cases and Containers(ton)	613	5904	3793	4553		
硅酸盐水泥熟料(吨)	Portland Cement Clinker(ton)	3419549	4738612	7077370	7780821	10269330	12688156
#窑外分解窑水泥熟料(吨)	#NSP Clinker(ton)	1393710	3288352	5107045	6962369	10148606	12336702
水泥(吨)	Cement(ton)	4425454	6132896	9256869	12640513	15084683	16723695
#强度等级42.5水泥(含R型)(吨)	#Strength Grade of 42.5N/R(ton)			3165446	5087606	5581335	5785275
商品混凝土(立方米)	Ready-mixed Concrete(cu.m.)	215500	1641025	2391481	3687378	3774953	3435929
水泥混凝土排水管(千米)	Concrete Drain Pipes(km)			714	73.45		
水泥混凝土压力管(千米)	Concrete Pressure Pipes(km)			39	21.37		
预应力混凝土桩(米)	Prestressed Concrete Props(m)			1241803	1064521	684712	467900
砖(万块)	Bricks(10000 pieces)	10368		10932	10350	253	

12-16 续3(continued 3)

产品名称	Item	2005	2008	2009	2010	2011	2012
天然花岗石建筑板材(平方米)	Natural Granite Construction Plate(m2)				160000		
玻璃包装容器(吨)	Glass Packing Containers(ton)			8715			
生铁(吨)	Pig Iron(ton)	45032	150947	21218			
粗钢(吨)	Crude Steel(ton)	2183	37131	232444			
钢材(吨)	Rolled Steel(ton)	148569	92499	106776	145455	231552	208894
#钢筋(吨)	#Corrugated Steel Bar(ton)	51363	42410	55927	86338	181672	173538
冷轧薄板(吨)	Cold-rolled Thin Steel Plate(ton)	88901	44589	48810	59117	49880	105
冷轧薄宽钢带(吨)	Cold-rolled Thin Wide Steel Strip(ton)						35251
黄金(千克)	Gold(kg)	135.7	280	559	787.16	929.89	913
发动机(千瓦)	Engine(kw)			3750000	7367775	9793050	9994809
#汽车用发动机(千瓦)	#Automotive Engine(kw)			3750000	7367775	9793050	9994809
小型拖拉机(台)	Mini-tractors(set)	7341	4150	7481	5055	3461	3072
汽车(辆)	Automobiles	73086	85086	91627	136022	152018	129459
#基本型乘用车(轿车)(辆)	#Basic Passenger Cars(sedans)	58815	82771	86672	92869	102255	83352
#1升<排量≤1.6升(辆)	#1 L< displacement ≤1.6 L	54236	78831	85500	92855	102038	83352
1.6升<排量≤2.0升(辆)	1.6 L <displacement ≤2.0 L			1172	14	217	
多功能乘用车(MPV)(辆)	Multi-purpose Vehicle			4955	27465	23163	20928
运动型多用途乘用车(SUV)(辆)	Sports Utility Vehicle						25179
变压器(千伏安)	Transformers(kva)	4175632	5913853	5614457	5455787	8157169	7817754
高压开关板(面)	High Tension Switchboard(pieces)	605	905	1211	860	2013	1658
低压开关板(面)	Low Tension Switchboard(pieces)	1942	362	907	1343	3450	2458
电力电缆(千米)	Electric Cable(km)	33380	11251	12336	13749	12914	66204
光缆(芯千米)	Optical Cable(fiber-km)	4379	2034285	2334170	2845428	2748213	3635662
太阳能电池(千瓦)	Solar Cells(kw)				60841	233170	668612
印制电路板(平方米)	Printed Circuit Board(m2)			456500	357100	297900	213800
发电量(万千瓦小时)	Electricity(10000 kwh)	816395	1176096	1250694	1492183	1690693	1919777
#火力发电量(万千瓦小时)	Thermal Power(10000 kwh)	724638	1062029	1124943	1373938	1572053	1792536
水力发电量(万千瓦小时)	Hydropower(10000 kwh)	89868	106198	124618	109160	100602	89087
风力发电量(万千瓦小时)	Windpower(10000 kwh)				9085	18038	15351
自来水生产量(万立方米)	Tap-water Production(cu.m.)		6818	10644	14375	25235	25751

12-17 各市县主要工业产品产量(2012)
Output of Major Industrial Products by Region

地区	Region	天然原油(吨) Crude Petroleum(ton)	天然气(万立方米) Natural Gas (10000 cu.m.)	铁矿石原矿(吨) Crude Iron Ores(ton)	原盐(吨) Salt(ton)	成品糖(吨) Refined Sugar(ton)	罐头(吨) Canned Food(ton)
全省总计	**Total**	**189618**	**17967**	**5872268**	**26461**	**305830**	**244960**
海口市	Haikou						244960
三亚市	Sanya			229965			
五指山市	Wuzhishan						
文昌市	Wenchang						
琼海市	Qionghai						
万宁市	Wanning						
定安县	Ding'an					4033	
屯昌县	Tunchang						
澄迈县	Chengmai	189618	17967			18535	
临高县	Lingao					50324	
儋州市	Danzhou					86448	
儋州	#Danzhou					86448	
洋浦	Yangpu						
东方市	Dongfang					27350	
乐东县	Ledong				26461		
琼中县	Qiongzhong						
保亭县	Baoting						
陵水县	Linshui						
白沙县	Baisha					43353	
昌江县	Changjiang			5642303		46624	

注：本表统计范围为规模以上工业.
Note：Data in this table include all industrial enterprises above designated size

12-17 续1(continued 1)

地 区	Region	饮料酒(千升) Alcoholic Beverages (kiloliter)	#啤酒(千升) #Beer (kiloliter)	软饮料(吨) Soft Beverages (ton)	卷烟(万支) Cigarettes (10000 pieces)	服装(万件) Wearing Apparel (10000 pieces)	人造板(立方米) Man-made Board (cu.m.)	纸浆(原生浆及废纸浆)(吨) Paper Pulp (virgin pulp & recycled pulp) (ton)
全省总计	**Total**	**110932**	**87525**	**483766**	**1050000**	**916**	**476697**	**1256772**
海 口 市	Haikou	110932	87525	478654	1050000	867		
三 亚 市	Sanya							
五指山市	Wuzhishan							
文 昌 市	Wenchang						21806	
琼 海 市	Qionghai			5112				
万 宁 市	Wanning							
定 安 县	Ding'an							
屯 昌 县	Tunchang						104095	
澄 迈 县	Chengmai					49	124040	
临 高 县	Lingao							
儋 州 市	Danzhou						36602	1256772
儋 州	#Danzhou						36602	
洋 浦	Yangpu							1256772
东 方 市	Dongfang							
乐 东 县	Ledong							
琼 中 县	Qiongzhong						114908	
保 亭 县	Baoting							
陵 水 县	Linshui							
白 沙 县	Baisha							
昌 江 县	Changjiang							

12-17 续2(continued 2)

地 区	Region	机制纸及纸板(外购原纸加工除外)(吨) Machine-made Paper & Paperboard (ex. processing of base paper purchased) (ton)	原油加工量(吨) Processing Volume of Crude Oil (ton)	精甲醇(吨) Refined Methanol (ton)	农用氮、磷、钾化学肥料总计(折纯)(吨) Chemical Fertilizers (ton)	#氮肥(折合N100%)(吨) #Nitrogen Fertilizers (converted into 100% nitrogen content)	合成纤维聚合物(吨) Synthetic Fibre Polymers (ton)	化学纤维(吨) Chemical Fiber (ton)
全省总计	**Total**	**1281897**	**9289428**	**1425918**	**599735**	**599735**	**269934**	**47654**
海 口 市	Haikou						269934	47654
三 亚 市	Sanya							
五指山市	Wuzhishan							
文 昌 市	Wenchang							
琼 海 市	Qionghai							
万 宁 市	Wanning							
定 安 县	Ding'an							
屯 昌 县	Tunchang							
澄 迈 县	Chengmai		79710					
临 高 县	Lingao							
儋 州 市	Danzhou	1281897	9209718					
儋 州	#Danzhou	11035						
洋 浦	Yangpu	1270862	9209718					
东 方 市	Dongfang			1425918	599735	599735		
乐 东 县	Ledong							
琼 中 县	Qiongzhong							
保 亭 县	Baoting							
陵 水 县	Linshui							
白 沙 县	Baisha							
昌 江 县	Changjiang							

12-17 续3(continued 3)

地 区	Region	塑料制品(吨) Plastic Products (ton)	水泥(吨) Cement (ton)	钢材(吨) Rolled Steel (ton)	发动机(千瓦) Engine (kw)	汽车(辆) Automobiles	发电量(万千瓦小时) Electricity (10000 kwh)	#火力发电量(万千瓦小时) #Thermal Power (10000 kwh)
全省总计	**Total**	**33464**	**16723695**	**208894**	**9994809**	**129459**	**1919777**	**1792536**
海 口 市	Haikou	25012			9994809	129459		
三 亚 市	Sanya		3581426				42188	42188
五指山市	Wuzhishan		112889				8119	
文 昌 市	Wenchang						8607	8607
琼 海 市	Qionghai						24878	
万 宁 市	Wanning							
定 安 县	Ding'an		80169					
屯 昌 县	Tunchang		198600					
澄 迈 县	Chengmai		8145167	35356			697717	681750
临 高 县	Lingao			116609				
儋 州 市	Danzhou	4248	708139	56929			426492	411141
儋 州	Danzhou	4248	708139	56929			17557	2206
洋 浦	Yangpu						408935	408935
东 方 市	Dongfang	4204					666766	610676
乐 东 县	Ledong							
琼 中 县	Qiongzhong							
保 亭 县	Baoting						6836	
陵 水 县	Linshui							
白 沙 县	Baisha							
昌 江 县	Changjiang		3300491				37768	37768

主要统计指标解释

工业 指从事自然资源的开采，对采掘品和农产品进行加工和再加工的物质生产部门。具体包括：（1）对自然资源的开采，如采矿、晒盐等（但不包括禽兽捕猎和水产捕捞）；（2）对农副产品的加工、再加工，如粮油加工、食品加工、缫丝、纺织、制革等；（3）对采掘品的加工、再加工，如炼铁、炼钢、化工生产、石油加工、机器制造、木材加工等，以及电力、自来水、煤气的生产和供应等；（4）对工业品的修理、翻新，如机器设备的修理、交通运输工具（如汽车）的修理等。

工业统计调查单位为独立核算法人工业企业。

独立核算法人工业企业指从事工业生产经营活动的单位。独立核算法人工业企业应同时具备以下条件：①依法成立，有自己的名称、组织机构和场所，能够承担民事责任；②独立拥有和使用资产，承担负债，有权与其他单位签订合同；③独立核算盈亏，并能够编制资产负债表。

本年鉴中涉及的企业登记注册类型：

国有及国有控股企业 指国有企业加上国有控股企业。国有企业（即原全民所有制工业或国营工业）指企业全部资产归国家所有，并按《中华人民共和国企业法人登记管理条例》规定登记注册的非公司制的经济组织。包括国有企业、国有独资公司和国有联营企业。1957年以前的公私合营和私营工业，后均改造为国营工业，1992年改为国有工业，这部分工业的资料不单独分列时，均包括在国有企业内。国有控股企业是对混合所有制经济的企业进行的“国有控股”分类。它是指这些企业的全部资产中国有资产（股份）相对其他所有者中的任何一个所有者占资（股）最多的企业。该分组反映了国有经济控股情况。

集体企业 指企业资产归集体所有，并按《中华人民共和国企业法人登记管理条例》规定登记注册的经济组织。是社会主义公有制经济的组成部分。包括城乡所有使用集体投资举办的企业，以及部分个人通过集资自愿放弃所有权并依法经工商行政管理机关认定为集体所有制的企业。

股份合作企业 指以合作制为基础，由企业职工共同出资入股，吸收一定比例的社会资产投资组建，实行自主经营，自负盈亏，共同劳动，民主管理，按劳分配与按股分红相结合的一种集体经济组织。

联营企业 指两个及两个以上相同或不同所有制性质的企业法人或事业单位法人，按自愿、平等、互利的原则，共同投资组成的经济组织。联营企业包括：

国有联营企业指国有企业与国有企业间的联营；

集体联营企业指集体企业与集体企业间的联营；

国有与集体联营企业指国有企业与集体企业间的联营。

有限责任公司 指根据《中华人民共和国公司登记管理条例》规定登记注册，由两个以上，五十个以下的股东共同出资，每个股东以其所认缴的出资额对公司承担有限责任，公司以其全部资产对其债务承担责任的经济组织。

有限责任公司包括国有独资公司以及其他有限责任公司。

股份有限公司 指根据《中华人民共和国企业法人登记管理条例》规定登记注册，其全部注册资本由等额股份构成并通过发行股票筹集资本，股东以其认购的股份对公司承担有限责任，公司以其全部资产对其债务承担责任的经济组织。

私营企业 指由自然人投资设立或由自然人控股，以雇佣劳动为基础的营利性经济组织。包括按照《公司法》、《合伙企业法》、《私营企业暂行条例》规定登记注册的私营有限责任公司、私营股份有限公司、私营合伙企业和私营独资企业。

港、澳、台商投资企业 指企业注册登记类型中的港、澳、台资合资、合作、独资经营企业和股份有限公司之和。

外商投资企业 指企业注册登记类型中的中外合资、合作经营企业、外资企业和外商投资股份有限公司之和。

轻工业 指主要提供生活消费品和制作手工工具的工业。按其所使用的原料不同，可分为两大类：(1)以农产品为原料的轻工业，是指直接或间接以农产品为基本原料的轻工业。主要包括食品制造、饮料制造、烟草加工、纺织、缝纫、皮革和毛皮制作、造纸以及印刷等工业；(2)以非农产品为原料的轻工业，是指以工业品为原料的轻工业。主要包括文教体育用品、化学药品制造、合成纤维制造、日用化学制品、日用玻璃制品、日用金属制品、手工工具制造、医疗器械制造、文化和办公用机械制造等工业。

重工业 指为国民经济各部门提供物质技术基础的主要生产资料的工业。按其生产性质和产品用途，可以分为下列三类：(1)采掘(伐)工业，是指对自然资源的开采，包括石油开采、煤炭开采、金属矿开采、非金属矿开采等工业；(2)原材料工业，指向国民经济各部门提供基本材料、动力和燃料的工业。包括金属冶炼及加工、炼焦及焦炭、化学、化工原料、水泥、人造板以及电力、石油和煤炭加工等工业；(3)加工工业，是指对工业原材料进行再加工制造的工业。包括装备国民经济各部门的机械设备制造工业、金属结构、水泥制品等工业，以及为农业提供的生产资料如化肥、农药等工业。

根据上述划分原则，修理业中以重工业产品为修理作业对象的划为重工业，反之划为轻工业。

工业总产值 是以货币形式表现的，工业企业在一定时期内生产的工业最终产品或提供工业性劳务活动的总价值量。它反映一定时间内工业生产的总规模和总水平。1984 年以前工业总产值不包括村办工业，村办工业总产值划归农业。1984 年以后工业总产值包括村办工业。1995 年工业普查对工业总产值计算方法做了修订，修订后的工业总产值(新规定)包括三项内容：即本期生产成品价值、对外加工费收入、在制品半成品期末期初差额价值三部分。新规定与原规定的区别如下：

全价与加工费的计算原则不同：新规定为凡自备原材料，不论其生产繁简程度如何，一律按全价计算工业总产值；凡来料加工，允许按加工费计算工业总产值。原规定则视生产加工的繁简程度不同，规定哪些行业按全价，哪些行业按加工费计算工业总产值。

自制半成品、在产品期末期初差额价值的计算原则不同：新规定要求，凡会计产品成本核算时计算了成本的差额价值，总产值中就应包括，否则可不包括；原规定则按生产周期六个月的界限区分，凡生产周期六个月以上的企业，总产值计算中应包括这部分差额价值，否则可不包括。

计算价格不同：新规定按不含增值税(销项税额)的价格计算；原规定则按含增值税(销项税额)的价格计算。

工业增加值 指工业企业在报告期内以货币表现的工业生产活动的最终成果。工业增加值有两种计算方法：一是生产法，即工业总产出减去工业中间投入加上应交增值税；二是收入法，即从收入的角度出发，根据生产要素在生产过程中应得到的收入份额计算，具体构成项目有固定资产折旧、劳动者报酬、生产税净额、营业盈余，这种方法也称要素分配法。

资产总计 指企业拥有或控制的能以货币计量的经济资源，包括各种财产、债权和其他权利。资产按流动性分为流动资产、长期投资、固定资产、无形资产、递延资产和其他资产。该指标根据企业会计“资产负债表”中“资产总计”项目的期末数增列。

流动资产 指企业可以在一年内或者超过一年的一个生产周期内变现或者耗用的资产，包括现金及各种存款、短期投资，应收及预付款项、存货等。

固定资产原价 指企业在建造、购置、安装、改建、扩建、技术改造某项固定资产时所支出的全部货币总额。它一般包括买价、包装费、运杂费和安装费等。

固定资产净值 指固定资产原价减去历年已提折旧额后的净额。计算公式为：

固定资产净值=固定资产原价-累计折旧

负债合计 指企业所承担的能以货币计量，将以资产或劳务偿付的债务，偿还形式包括货币、资产或提供劳务。负债一般按偿还期长短分为流动负债和长期负债。根据会计“资产负债表”中“负债合计”的年末数填列。

所有者权益 指企业投资人对企业净资产的所有权。企业净资产等于企业全部资产减去全部负债后的余额，包括企业投资人对企业的最初投入的实际到位的资产及资本公积金、盈余公积金和未分配利润。所有者权益合计数小于零，表示企业资不抵债。

主营业务收入 指会计“利润表”中对应指标的本年累

计数。未执行 2001 年《企业会计制度》的企业，用“产品销售收入”的本期累计数代替。

主营业务成本 指会计“利润表”中对应指标的本年累计数。未执行 2001 年《企业会计制度》的企业，用“产品销售成本”的本期累计数代替。

主营业务税金及附加 指会计“利润表”中对应指标的本年累计数。未执行 2001 年《企业会计制度》的企业，用“产品销售税金及附加”的本期累计数代替。

利润总额 指企业生产经营活动的最终成果，是企业在一定时期内实现的盈亏相抵后的利润总额(亏损以“-”号表示)，它等于营业利润加上补贴收入加上投资收益加上营业外净收入再加上以前年度损益调整。

本年应交增值税 指企业在报告期内应交纳的增值税额。它等于本年销项税额加上出口退税加上进项税额转出数减去本年进项税额。小规模纳税企业直接按全年计税销售额乘以征收率计算取得。

从业人员年平均人数 是指报告期内平均每月拥有的从业人员人数。其计算公式为：

$$年平均人数=\frac{年内各月平均人数之和}{12}$$

工业（经济效益）综合指数 指现行综合评价工业经济效益总体水平及工业经济运行质量的指数。它是以若干项代表性经济效益指标，分别除以各项指标的标准值，再乘以各自的权数，加总后除以总权数求得。其计算公式为：

工业经济效益综合指数=Σ(某项经济效益指标报告期数值/该项指标标准值×权数)/总权数

上式总权数为 100。

总资产贡献率 反映企业全部资产的获利能力，是企业经营业绩和管理水平的集中体现，是评价和考核企业盈利能力的核心指标。计算公式为：

$$总资产贡献率(\%)=\frac{利润总额+税金总额+利息支出}{平均资金总额}\times100\%$$

公式中：税金总额为产品销售税金及附加与应交增值税之和；平均资产总额为期初期末资产之和的算术平均值。

资产负债率 该指标既反映企业经营风险的大小，也反映企业利用债权人提供的资金从事经营活动的能力。

流动资产周转次数 指一定时期内流动资产完成的周转次数，反映投入工业企业流动资金的周转速度。

成本费用利润率 反映企业投入的生产成本及费用的经济效益，同时也反映企业降低成本所取得的经济效益。计算公式为：

$$成本费用利润率\ (\%)=\frac{利润总额}{成本费用总额}\times100\%$$

公式中：成本费用总额为产品销售成本、销售费用、管理费用、财务费用之和。

全员劳动生产率 指根据产品的价值量指标计算的平均每一个就业人员在单位时间内的产品生产量。是考核企业经济活动的重要指标，是企业生产技术水平、经营管理水平、职工技术熟练程度和劳动积极性的综合表现。目前我国的全员劳动生产率是将工业企业的工业增加值除以同一时期全部就业人员的平均人数来计算的。计算公式为：

全员劳动生产率(%)=工业增加值/全部就业人员平均人数×100

产品销售率 该指标反映工业产品已实现销售的程度，是分析工业产销衔接情况，研究工业产品满足社会需求的指标。

Explanatory Notes on Main Statistical Indicators

Industry refers to the material production sector which is engaged in the extraction of natural resources and processing and reprocessing of minerals and agricultural products, including (1) extraction of natural resources, such as mining, salt production (but not including hunting and fishing); (2) processing and reprocessing of farm and sideline produces, such as rice husking, flour milling, wine making, oil pressing, silk reeling, spinning and weaving, and leather making; (3) manufacture of industrial products, such as steel making, iron smelting, chemicals manufacturing, petroleum processing, machine building, timber processing; water and gas production and electricity generation and supply; (4)repairing of industrial products such as the repairing of machinery and means of transport (including cars).

In industrial statistics surveys, the units of enquiry are corporate industrial enterprises with independent accounting systems.

Corporate industrial enterprises with independent accounting systems refer to enterprises engaging in industrial production activities, which meet the following requirements: (1) They are established legally, having their own names, organizations, location and able to take civil liability; (2) They possess and use their assets independently, assume liabilities and are entitled to sign contracts with other units; (3) They are financially independent and compile their own balance sheets.

Enterprises covered in the industrial statistics in the Yearbook include the following categories by their registration:

State-owned and State-holding Enterprises refer to state-owned enterprises plus State-holding enterprises. State-owned enterprises (originally known as State-run enterprises with ownership by the whole society) are non-corporate economic entities registered in accordance with the Regulation of the People's Republic of China on the Management of Registration of Legal Enterprises, where all assets are owned by the State. Included in this category are State-owned enterprises, State-funded corporations and State-owned joint-operation enterprises. Joint State-private industries and private industries, which existed before 1957, were transformed into state-run industries since 1957, and into State-owned industries after 1992. Statistics on those enterprises are included in the State-owned industries instead of being grouped them separately. State-holding enterprises are a sub-classification of enterprises with mixed ownership, referring to enterprises where the percentage of State assets (or shares by the State) is larger than any other single share holder of the same enterprise. This sub-classification illustrates the control of the State over a particular industry.

Collective-owned Enterprises refer to economic entities registered in accordance with the Regulation of the People's Republic of China on the Management of Registration of Legal Enterprises, where assets are owned collectively. Collective enterprises constitute an integral part of the socialist economy with public ownership. They include urban and rural enterprises invested collectively, and some enterprises registered in industrial and commercial administration agency as collective units where funds are pooled together by individuals who voluntarily give up their right of ownership.

Cooperative Enterprises refer to economic units set up on a cooperative basis, with funding partly from employees of the enterprise and partly from outside investment, where the operation and management is decided by all the members who also participate in the production, and the distribution of income is based both on work (labour input) and on shares (capital input).

Joint Ownership Enterprises refer to economic units that are established by joint investment by two or more corporate enterprises or institutions of the same or different types of ownership on voluntary, equal and mutual-beneficial basis. They include:

a) State-owned joint-operation enterprises (joint operation between State-owned enterprises);

b) Collective joint-operation enterprises (joint operation between collective enterprises;

c) State-collective joint-operation enterprises (joint operation between state and collective enterprises).

Limited Liability Corporations refer to economic units registered in accordance with the Regulation of the People's Republic of China on the Management of Registration of Corporations, with capital from 2 to 49 investors, each investor bears limited liability to the corporation depending on his/her holding of shares, and the corporation bears liability to its debt to the maximum of its total assets.

Limited liability corporations include state sole funded corporations and other limited liability corporations.

Share-holding Corporations Ltd. refer to economic units registered in accordance with the Regulation of the People's Republic of China on the Management of Registration of Corporate Enterprises, with total registered capital divided into equal shares and raised through issuing stocks. Each investor bears limited liability to the corporation depending on the holding of shares, and the corporation bears liability to its debt to the maximum of its total assets.

Private Enterprises refer to economic units invested or controlled (by holding the majority of the shares) by natural persons who hire labours for profit-making activities. Included in this category are private limited liability corporations, private share-holding corporations Ltd., private partnership enterprises and private sole investment enterprises registered in accordance with the Corporation Law, Partnership Enterprise Law and Tentative Regulation on Private Enterprises.

Enterprises with Funds from Hong Kong, Macao and Taiwan refers to all industrial enterprises registered as the joint-venture, cooperative, sole (exclusive) investment industrial enterprises and limited liability corporations with funds from Hong Kong, Macao and Taiwan.

Foreign Funded Enterprises refer to all industrial enterprises registered as the joint-venture, cooperative, sole (exclusive) investment industrial enterprises and limited liability corporations with foreign funds.

Light Industry refers to the industry that produces consumer goods and hand tools. It consists of two categories, depending on the materials used:

(1) Industries using farm products as raw materials. These are the branches of light industry which directly or indirectly use farm products as basic raw materials, including the manufacture of food and beverages, tobacco processing, textile, clothing, fur and leather manufacturing, paper making, printing, etc.

(2) Industries using non-farm products as raw materials. These are the branches of light industry which use manufactured goods as raw materials, including the manufacture of cultural, educational articles and sports goods, chemicals, synthetic fibre, chemical products for daily use, glass products for daily use, metal products for daily use, hand tools, medical apparatus and instruments, and the manufacture of cultural and office machinery.

Heavy Industry refers to the industry which produces capital goods, and provides various sectors of the national economy with necessary material and technical basis for production. It consists of the following three branches according to the purpose of production or the use of products:

(1) Mining, quarrying and logging industry, which refers to the industry that extracts natural resources, including extraction of petroleum, coal, metal and non-metal ores.

(2) Raw materials industry refers to the industry that provides various sectors of the national economy with raw materials, fuels and power. It includes smelting and processing of metals, coking and coke chemistry, chemical materials and building materials such as cement, plywood, and power, petroleum refining and coal dressing.

(3) Manufacturing industry which refers to the industry that processes raw materials. It includes machine-building industries which equip sectors of the national economy; industries producing metal structure and cement products; and industries producing means of agricultural production, such as chemical fertilizers and pesticides.

In accordance with the above principles of classification, the repairing trades, which are engaged primarily in repairing products of heavy industry, are classified as heavy industry while those which are engaged in repairing products of light industry are classified as light industry.

Gross Industrial Output Value is the total volume of final industrial products produced and industrial services provided during a given period. It reflects the total achievements and overall scale of industrial production during a given period. Prior to 1984, the value of rural industry run by villages was classified into agriculture instead of industry. Since 1984, it has been included in the gross industrial output value. Method of calculation for the gross industrial output value was modified in the industrial census in 1995. The revised (new) definition of gross industrial output value consists of 3 components: value of the finished products during the reference period, income from processing for external parties, and value of change in semi-finished products between the end and the beginning of the reference period. The difference in the new method as compared with the old one is outlined below:

Principle in using full value vs. processing fee: The new method stipulates that all products produced using own materials are to be calculated with full value in reporting the gross industrial output value irrespective of the complexity of production, and for external processing, it allows calculation using processing fee. In the old method, however, the use of full value or processing fee was determined by the degree of complexity of production in different branches of industries.

Principle in determining the value of change in semi-finished products: The new method requires that value of change in semi-finished products should be included in the gross industrial output value if it is included in the accounting record of the enterprise, otherwise it should not be included. In the old method, it is determined by the type of enterprises in terms of production cycle. If the production cycle is over 6 months, the value of change in semi-finished products is included in the gross industrial output value, otherwise it is not.

Difference in prices: The new method uses prices excluding value-added tax in the calculation of gross industrial output value, while the old method used prices including value-added tax.

Value-added of Industry refers to the final results of industrial production of industrial enterprises in money terms during the reference period. Industrial value-added can be calculated by two approaches: the production approach, i.e. gross industrial output value minus intermediate input plus value-added tax, and the income approach, i.e. income for various factors used in the course of production, including depreciation of fixed assets, remuneration of labourers, net of production tax, and operating surplus.

Total Assets refer to all economic resources, in monetary term, these are owned or controlled by enterprises, including properties, creditor's equity and other economic rights of all forms. Classified by the degree of liquidity, total assets include working capitals, long-term investment, fixed assets, intangible assets, deferred assets and other assets. Data on this indicator can be obtained by the year-end figures of total assets in the Assets and Liability Table of accounting records of enterprises.

Current Assets refers to capital that an enterprise can cash or use during one year or one production cycle that may exceed one year, including cash and savings deposits of various forms, short-term investment, money receivable and prepaid money, inventories, etc.

Original Value of Fixed Assets refers to the total value, in monetary terms, that an enterprise spent on fixed assets, through construction, purchase, installation, transformation, expansion or technical upgrading. Generally, it covers cost of purchase, packing, transportation and installation, etc.

Net Value of Fixed Assets refers to the original value of fixed assets minus depreciation over the years.

Net value of fixed assets = original value of fixed assets - cumulative depreciation

Total Liabilities refer to payable liabilities of enterprises that have to be repaid in terms of money, assets or labour services. In terms of payment, it can be divided into liquid liabilities and long-term liabilities. Data on this item are obtained from the ending figures on total liabilities from the Assets and Liability Table from the enterprises.

Owner's Equity refers to the ownership of net assets of enterprise by its investors. Net assets equal total assets minus total liabilities of the enterprise, including the actual assets invested into the enterprise by investors, accumulation of capital and operating surplus and non-distributed profits. The enterprise's assets are less than its liabilities if the sum of owner's equity is smaller than zero.

Main Business Income refers to the annual accumulation of the corresponding item in the "profit table" of the accountant. For enterprises that do not follow the 2001 Enterprise Accounting Standards, the year-end accumulation of revenue from the sales of products is used as a substitute.

Main Business Costs refers to the annual accumulation of the corresponding item in the "profit table" of the accountant. For enterprises that do not follow the 2001 Enterprise Accounting Standards, the year-end accumulation of cost for the sales of products is used as a substitute.

Taxes & Surcharges of Main Business refer to the annual accumulation of the corresponding item in the "profit table" of the accountant. For enterprises that do not follow the 2001 Enterprise Accounting Standards, the year-end accumulation of tax and extra charges from the sales of products is used as a substitute.

Total Profits refer to the final achievement of production and operation activities of the enterprises, represented by total profits after deducting losses (loss is expressed by the negative figure). It is the sum of profits from operation, income from subsidies, investment earnings, net income from activities other than operation, and adjustment of profits and losses of previous years.

Value Added Tax Payable of Current Year refers to the amount of the value-added tax which should be paid by the enterprises during the reference period. It is the sum of tax on sales, export rebate, and transferred tax on purchases of the current year, minus the tax on purchases of the current year. Value-added tax payable of small-size enterprises is determined by the taxable sales of the year multiplied by the tax rate.

Annual Average Employees refers to the number of employee every month during the reference period, calculated with the following formula:

$$\text{Annual average number} = \frac{\text{sum of monthly average number in reference year}}{12}$$

Weighted Aggregate Index of Industrial Economic Benefits refers to the current comprehensive index to evaluate the general level of economic results of industry and the performance quality of industrial economy. It is calculated as follows:

Aggregate Index of Industrial Economic Benefits = Σ (Value of an Indicator of Economic Benefit Evaluation System in Reference Period/Standard Value of the Indicator × Weight) ÷Total Weight

Total Weight=100

Contribution Rate of Total Assets reflects the profit-making capability of all assets of the enterprise and is a key indicator manifesting the performance and management and evaluating the profit-making potential of the enterprise. It is calculated as follows:

$$\text{Contribution Rate of Total Assets (\%)} = \frac{\text{total profits + total taxes+ interest payment}}{\text{average assets}} \times 100\%$$

In the above formula, total taxes is the sum of tax and extra charges on the sales of products and value-added tax payable; and average assets is the arithmetic mean of the sum of beginning assets and ending assets.

Asset-Liability Ratio reflects both the operation risk and the capability of the enterprise in making use of the capital from the creditors.

Current Asset Turnover refers to the number of times of turnover of working capital in a given period of time, which reflects the speed of the turnover of working capital of industrial enterprises.

Ratio of Profits to Industrial Costs refers to the ratio of profits realized in a given period to the total costs in the same period, which reflects the economic efficiency of input cost and is calculated as follows:

$$\text{Ratio of Profits to Industrial Costs (\%)} = \frac{\text{total profits}}{\text{total costs}} \times 100\%$$

Total costs in the above formula are the sum of cost of products sold, marketing cost, management cost and financial cost.

Overall Labour Productivity refers to the average output per employed person in industrial enterprises in value terms. At present, the value added and the average number of staff and workers of industrial enterprises in a given period are used to calculate the overall labour productivity. The formula used is:

Overall Labour Productivity = (Value Added of Industry) / (Average Number of Staff and Workers)

Product Sales Rate is an indicator reflecting the actual sale of industrial products, analyzing the production-selling and supply-demand relations.

13

建筑业

Construction

编辑人员：邱育任

Compiled by Qiu Yuren

英文翻译：陈 敏

Translated by Chen Min

简 要 说 明

一、本篇资料的主要内容

本篇资料反映我省建筑业概况和发展情况。包括建筑业企业基本情况和生产经营情况。主要指标有企业个数、从业人员数、建筑业总产值、建筑业增加值、房屋建筑面积、利润税金、劳动生产率等。

二、本篇资料的统计范围

根据建筑业发展的实际情况，建筑业统计范围从 2002 年年报起由原具有建筑业资质等级四级及四级以上的独立核算的建筑业企业调整为具有建筑业资质的独立核算建筑业企业。

三、本篇的资料来源及统计调查方法

本篇建筑业企业统计数据是根据国家统计局制定的《建筑业统计报表制度》整理汇总的。建筑业统计报表是各级统计部门根据当地实际情况采取全面调查的方法布置、收集。

Brief Introduction

I. Main Contents

Data in this chapter show the general situation and the development of the construction industry in Hainan Province. They cover the situation of production and management of the construction enterprises, including the number of enterprises; number of employed persons; gross output value and value added of the construction industry; floor space of buildings under construction; profits and taxes; and labour productivity etc.

II. Scope of Statistics

In view of the development of the construction industry, starting from 2002 the scope of construction statistics has been adjusted to include all the construction enterprises of various types of ownership with qualification certificates and independent accounting systems, replacing the previous criteria that required construction enterprises of various types of ownership to have qualification certificates at or above Class 4 with independent accounting systems.

III. Sources of Data and Methods of Survey

Data on construction enterprises are collected in accordance with the *Reporting Form System of Construction Statistics* stipulated by the National Bureau of Statistics. The annual reporting forms on construction statistics are designed in accordance with local situations for comprehensive collection by statistical bureaus of each province, autonomous region and municipality and conveyance level by level upwards.

13-1 建筑业企业主要经济指标
Main Economic Indicators of Construction Enterprises

项 目	Item	2005	2008	2009	2010	2011	2012
企业单位数(个)	Number of Enterprises(unit)	154	151	151	149	152	130
企业从业人员(万人)	Number of Employed Persons(10 000 persons)	6.68	8.17	10.34	11.00	5.5	5.92
建筑业总产值(万元)	Gross output Value of Contruction(10,000 yuan)	596925	1111837	1439442	1994842	2554722	2831087
竣工产值(万元)	Output Value of Building Completed(10,000 yuan)	314656	603420	744807	1044224	1439782	1812051
增加值(万元)	Value-added of Construction(10,000 yuan)	132325	264502	218797	218007	295058	433091
房屋建筑施工面积(万平方米)	Floor Space of Buildings Under Contruction (10 000 sq.m)	692.38	962.79	1221.00	1429.70	2735.94	2281.22
房屋建筑竣工面积(万平方米)	Floor Space of Buildings Completed (10 000 sq.m)	205.56	340.71	390.50	508.70	583.53	811.81
#住宅	Residence	114.41	205.42	276.45	348.55	329.71	490.33
房屋建筑面积竣工率(%)	Rate of Floor Space of Buildings Completed(%)	29.6	35.4	32.0	35.6	21.3	35.6
年末固定资产原值(万元)	Original Value of Fixed Assets at the Year-end (10,000 yuan)	179881	128545	123465	102390	132510	114339
年末固定资产净值(万元)	Fixed Assets Net Worth at the Year-end (10,000 yuan)	154421	89471	86197	71799	94063	68548
年末流动资产(万元)	Current Assets at the Year-end (10,000 yuan)	405580	696443	819230	729455	1192775	1315276
利润总额(万元)	Total Profits(10,000 yuan)	25871	56660	55232	47796	64712	113732
利税总额(万元)	Total Tax(10,000 yuan)	44171	101682	113973	104315	165100	242404
产值利润率(%)	Ratio of Profit to Gross Output Value(%)	4.3	5.1	3.8	2.4	2.5	4.0

注:本表统计范围是全省所有具有资质等级独立核算的总承包和专业承包企业.(下同)。
Note:The scope of statistics in this table includes all construction enterprises of general and professional contractors with qualificaion criteria and independent acounting system.

13-2 各市县建筑业企业单位数及从业人员(2012)
Number of Construction Enterprises & Employed Persons by Region

单位：个 (unit)

市 县	Region	企业单位数 Total	内资企业 Domestic Funded	#国有 State-owned	#集体 Collectice-owned	从业人员(人) Number of Employed Persons (person)	内资企业 Domestic Funded	#国有 State-owned	#集体 Collectice-owned
全省总计	**Total**	**130**	**129**	**28**	**24**	**59195**	**59160**	**32439**	**13735**
海口市	Haikou	81	80	19	4	43191	43156	27698	5776
三亚市	Sanya	19	19	5	4	5015	5015	3263	793
五指山市	Wuzhishan								
文昌市	Wenchang	2	2		2	2050	2050		2050
琼海市	Qionghai	7	7	1	4	3368	3368	1120	1773
万宁市	Wanning	5	5		4	1768	1768		1564
定安县	Dingan	1	1			513	513		
屯昌县	Tunchang	2	2		1	803	803		325
澄迈县	Chengmai	1	1		1	145	145		145
临高县	Lingao	2	2			292	292		
儋州市	Danzhou	6	6	2	1	895	895	232	280
儋州	Danzhou	4	4	2	1	674	674	232	280
洋浦	Yangpu	2	2			221	221		
东方市	Dongfang	3	3	1	2	629	629	126	503
乐东县	Ledong	1	1		1	526	526		526
琼中县	Qiongzhong								
保亭县	Baoting								
陵水县	Linshui								
白沙县	Baisha								
昌江县	Changjiang								

13-3 各市县建筑业企业总产值(2012)
Output Value of Construction Enterprises by Region

单位：万元 (10 000 yuan)

市县	Region	建筑业总产值 Total Output Value	建筑工程产值 Output Value of Construction	安装工程产值 Output Value of Installation	其它产值 Others	竣工产值 Output Value of Completed Construction
全省总计	**Total**	**2831087**	**2507060**	**149202**	**174825**	**1812051**
海口市	Haikou	2109610	1891912	118134	99564	1375812
三亚市	Sanya	329555	257117	11240	61198	153583
五指山市	Wuzhishan					
文昌市	Wenchang	88182	74285	5632	8264	56594
琼海市	Qionghai	128044	117330	9244	1471	82036
万宁市	Wanning	23554	22605	858	91	19204
定安县	Dingan	12637	12637			8177
屯昌县	Tunchang	23858	23858			17541
澄迈县	Chengmai	27674	27674			26153
临高县	Lingao	13196	8161	3350	1685	13156
儋州市	Danzhou	41323	38772		2552	30803
儋州	Danzhou	38772	38772			28251
洋 浦	Yangpu	2552			2552	2552
东方市	Dongfang	6995	6251	744		6034
乐东县	Ledong	26459	26459			22959
琼中县	Qiongzhong					
保亭县	Baoting					
陵水县	Linshui					
白沙县	Baisha					
昌江县	Changjiang					

13-4 各市县建筑业企业增加值(2012)
Value-Added of Construction Enterprises by Region

单位：万元 (10 000 yuan)

市县	Region	建筑业增加值 Value-added of onstruction	营业利润 Operating Profits	营业税金及附加 Taxes and Extra Charges on Project Settle ccounts	管理费用中的税金 Taxes in Management Expenses	应付职工薪酬 Wages ayable from rincipal Business	本年提取固定资产折旧 Depreciation of Fixed Assets	其他 Others
全省总计	**Total**	**433091**	**104891**	**92340**	**2129**	**210049**	**13309**	**10373**
海口市	Haikou	321440	72308	68300	1739	162032	10214	6847
三亚市	Sanya	47881	19320	10248	162	14581	2216	1355
五指山市	Wuzhishan							
文昌市	Wenchang	10044	2000	2078	57	5726	38	144
琼海市	Qionghai	25800	3113	4199	30	18061	176	222
万宁市	Wanning	4568	586	1138	83	2240	250	272
定安县	Dingan	2968	404	417		1971	3	173
屯昌县	Tunchang	2335	159	1163	4	816	70	122
澄迈县	Chengmai	9588	6507	1266	4	806		1005
临高县	Lingao	1278	44	519	25	623	40	28
儋州市	Danzhou	4505	278	1448	12	2388	253	126
儋州	Danzhou	3476	266	1362	9	1740	11	90
洋浦	Yangpu	1028	12	86	3	648	242	37
东方市	Dongfang	1333	121	300	12	802	51	47
乐东县	Ledong	1351	52	1263	2	5		30
琼中县	Qiongzhong							
保亭县	Baoting							
陵水县	Linshui							
白沙县	Baisha							
昌江县	Changjiang							

13-5 建筑业企业财务状况(2012)
Financial situation of Construction Enterprises

单位：万元 (10 000yuan)

项目	Item	总计 Total	#国有及国有控股 State-owned and State-holding	内资企业 Domestic Funded	外商投资企业 Foreign Funded
年初存货	Inventory(Year-beginning)	126747	13512	126742	5
流动资产合计	Total Circulating Funds	1315276	610633	1313242	2034
应收工程款	Project Funds Received	230388	60987	229861	527
存货	Inventory	156244	14633	156239	5
固定资产合计	Total fixed assets	152167	66232	151670	497
固定资产原价合计	Total Original Value of Fixed Assets	114339	37168	114154	185
累计折旧	Accumulated Depreciation	45791	12741	45738	53
本年折旧	Depreciation This Year	13309	2560	13288	21
在建工程	Under Construction	55652	36894	55287	365
资产总计	Total Assets	1691738	851582	1689207	2531
流动负债合计	Current Liabilities	1036300	612773	1035778	522
应收账款	Account Receivable	231608	149662	231530	78
非流动负债合计	Long-term Liabilities	8720	1386	8720	
负债合计	Total Assets	1106017	622555	1105494	522
所有者权益合计	Total Owner's Equities	585671	228978	583662	2009
营业收入	Revenue of Project Settlement Accounts	2685271	1739864	2683547	1724
营业成本	Costs of Project Settlement Accounts	2424877	1608496	2423509	1368
营业税金及附加	Taxes and Extra Charges on Project Settlement Accounts	92340	59345	92284	56
其他业务利润	Profits of Other Business	550	295	550	
管理费用	Management Expenses	56272	25973	56162	110
税金	Tax	2129	451	2128	1
差旅费	Travel Cost	3989	1170	3985	4
工会会费	Labor Union Funds	786	523	786	
财务费用	Financial Expenses	1438	-308.4	1439	…
利息收入	Interest Income	416	249	415	1
利息支出	Expenses of Interest	1531	100	1531	
营业利润	Profits of Operating	104891	46560	104700	191
补贴收入	Subsidy Income	…		…	
营业外收入	Nonbusiness Income	10317	2224	10317	
营业外支出	Nonoperating Expense	1476	555	1476	…
利润总额	Total Profits	113732	48229	113541	191
应交所得税	Income Taxes Payable	41740	24682	41737	3
应付职工薪酬	Welfare Expenses Payable This Year	210049	115943	209989	60

13-6 各市县建筑业企业主要财务指标(2012)
Main Finance Indicators of Construction Enterprises by Region

单位：万元　　(10 000yuan)

市县	Region	资产总计 Total Assets	流动资产 Current Assets	固定资产 Fixed Assets	其他 Others	负债合计 Total Liabilities
全省总计	**Total**	**1691738**	**1315276**	**152167**	**224295**	**1106017**
海口市	Haikou	1273306	1011547	57590	204169	836821
三亚市	Sanya	269516	239821	18096	11598	197585
五指山市	Wuzhishan					
文昌市	Wenchang	18987	12458	4845	1684	16212
琼海市	Qionghai	74755	26323	47748	684	29789
万宁市	Wanning	7669	2253	5112		3190
定安县	Dingan	4537	2774	1763		458
屯昌县	Tunchang	2411	1355	1056		1017
澄迈县	Chengmai	1805		1805		
临高县	Lingao	6130	4534	1514	82	916
儋州市	Danzhou	28436	11223	11528	5685	16659
儋州	Danzhou	13600	2755	10160	685	10357
洋浦	Yangpu	14836	8468	1368	5000	6302
东方市	Dongfang	3741	2669	983	89	2950
乐东县	Ledong	445	320	125		419
琼中县	Qiongzhong					
保亭县	Baoting					
陵水县	Linshui					
白沙县	Baisha					
昌江县	Changjiang					

13-6 续1(continued 1)

市县	Region	所有者权益 Total Creditors' Equity	营业收入 Revenue of Project Settlement Accounts	营业成本 Costs of Project Settlement Accounts	营业税金及附加 Taxes and Extra Charges on Project Settlement Accounts	其他业务利润 Profits of Other Business
全省总计	**Total**	**585671**	**2685271**	**2424877**	**92340**	**550.1**
海口市	Haikou	436485	2062263	1880479	68300	426
三亚市	Sanya	71931	308512	270362	10248	58
五指山市	Wuzhishan					
文昌市	Wenchang	2775	62979	57881	2078	57
琼海市	Qionghai	44966	83378	74654	4199	
万宁市	Wanning	4479	28214	24726	1138	-1
定安县	Dingan	4079	12637	10707	417	
屯昌县	Tunchang	1394	24323	22231	1163	
澄迈县	Chengmai	1805	25224	11825	1266	
临高县	Lingao	5214	12809	12039	519	
儋州市	Danzhou	11727	34753	32214	1448	10
儋州	Danzhou	3193	32202	30009	1362	10
洋浦	Yangpu	8534	2552	2205	86	
东方市	Dongfang	791	7220	6306	300	
乐东县	Ledong	26	22959	21454	1263	
琼中县	Qiongzhong					
保亭县	Baoting					
陵水县	Linshui					
白沙县	Baisha					
昌江县	Changjiang					

13-6 续2(continued 2)

市县	Region	管理费用 Management Expenses	财务费用 Financing Expenses	营业利润 Profits of Business	利润总额 Total Profits	利税总额 Total Pre-tax Profits	产值利润率(%) Ratio of Profit to Gross Output Value(%)
全省总计	**Total**	**56272**	**1438**	**104891**	**113732**	**418250**	**4.0**
海口市	Haikou	39071	743	72308	73629	305699	3.5
三亚市	Sanya	7878	342	19320	19296	44287	5.9
五指山市	Wuzhishan						
文昌市	Wenchang	977	43	2000	2973	10834	3.4
琼海市	Qionghai	1011	181	3113	3113	25403	2.4
万宁市	Wanning	1626	6	586	647	4107	2.7
定安县	Dingan	990	-1	404	404	2793	3.2
屯昌县	Tunchang	709	1	159	158	2141	0.7
澄迈县	Chengmai	2395	122	6507	13014	15089	47.0
临高县	Lingao	197	2	44	44	1210	0.3
儋州市	Danzhou	811	2	278	278	4125	0.7
儋州	Danzhou	563	1	266	266	4033	10.4
洋浦	Yangpu	248	1	12	12	93	0.5
东方市	Dongfang	416	-1	121	123	1237	1.8
乐东县	Ledong	190		52	55	1324	0.2
琼中县	Qiongzhong						
保亭县	Baoting						
陵水县	Linshui						
白沙县	Baisha						
昌江县	Changjiang						

13-7 各市县建筑业企业房屋建筑面积(2012)
Floor Space of Buildings by Region

单位：平方米 (Sq*m)

市县	Region	房屋建筑面积(平方米) Floor Space of Building Construction(sq.m) 施工面积 Floor Space of Buildings Under Contruction	本年新开工 Floor Space of Started This Year	竣工面积 Floor Space of Buildings Completed	房屋建筑面积竣工率(%) Rate of Floor Space of Buildings Completed	房屋竣工价值(万元) Value of Building Completed (10 000 yuan)
全省总计	**Total**	**22812214**	**8405623**	**8118138**	**35.6**	**1333015**
海口市	Haikou	19423941	6509874	5851101	30.1	1025082
三亚市	Sanya	753605	123932	580951	77.1	85134
五指山市	Wuzhishan					
文昌市	Wenchang	549319	344361	429472	78.2	56594
琼海市	Qionghai	805379	578438	633421	78.6	82036
万宁市	Wanning	137948	100732	79111	57.3	14673
定安县	Dingan	91396	57618	43264	47.3	8177
屯昌县	Tunchang	46990	34218	38795	82.6	5950
澄迈县	Chengmai	409788	312222	58940	14.4	5631
临高县	Lingao	136980	46500	113680	83.0	13156
儋州市	Danzhou	70653	27073	60135	85.1	8590
儋州	Danzhou	70653	27073	60135	85.1	8590
洋浦	Yangpu					
东方市	Dongfang	45943	19347	37945	82.6	6034
乐东县	Ledong	340272	251308	191323	56.2	21959
琼中县	Qiongzhong					
保亭县	Baoting					
陵水县	Linshui					
白沙县	Baisha					
昌江县	Changjiang					

13-7 续1(continued 1)

市县	Region	竣工面积按用途分 By Use					
		住宅房屋 Residential Buildings	商业及服务用房屋 Commercial and Service Buildings	商厦房屋 Commercial Housing	宾馆用房屋 Hotel Buildings	餐饮用房屋 Catering Buildings	商务会展用房屋 Business Exhibition buildings
全省总计	**Total**	**4903253**	**1080898**	**633307**	**118105**	**75755**	**20400**
海口市	Haikou	3450109	993843	601084	92924	67464	20400
三亚市	Sanya	547748	28080	13500	13000		
五指山市	Wuzhishan						
文昌市	Wenchang	228858					
琼海市	Qionghai	517194	4180				
万宁市	Wanning	24077					
定安县	Dingan	32196	136		136		
屯昌县	Tunchang	13859					
澄迈县	Chengmai						
临高县	Lingao	6500	15600				
儋州市	Danzhou	2000					
儋州	Danzhou	2000					
洋浦	Yangpu						
东方市	Dongfang	13793	8291			8291	
乐东县	Ledong	66919	30768	18723	12045		
琼中县	Qiongzhong						
保亭县	Baoting						
陵水县	Linshui						
白沙县	Baisha						
昌江县	Changjiang						

13-7 续2(continued 2)

市县	Region	竣工面积按用途分 By Use					
		其他商业及服务用房屋 Other Commercial and Service Buildings	办公用房 Official Buildings	科研、教育、医疗用房屋 Scientific Research, Education, Medical Buildings	科学研究用房屋 Scientific Research Building	教育用房屋 Education Buildings	医疗用房屋 Medical Buildings
全省总计	**Total**	**233331**	**379381**	**1146129**	**138969**	**790562**	**216598**
海口市	Haikou	211971	265280	741763	102367	516346	123050
三亚市	Sanya	1580	4023	1100		1100	
五指山市	Wuzhishan						
文昌市	Wenchang		8676	147420	29263	86073	32084
琼海市	Qionghai	4180	13620	59071		49881	9190
万宁市	Wanning		1671	22624		18485	4139
定安县	Dingan		830	1029		1029	
屯昌县	Tunchang			23152		22792	360
澄迈县	Chengmai		3784	27378			27378
临高县	Lingao	15600	35330	33200		33200	
儋州市	Danzhou		33593	12342		7342	5000
儋州	Danzhou		33593	12342		7342	5000
洋浦	Yangpu						
东方市	Dongfang		1434	2682		2458	224
乐东县	Ledong		11140	74368	7339	51856	15173
琼中县	Qiongzhong						
保亭县	Baoting						
陵水县	Linshui						
白沙县	Baisha						
昌江县	Changjiang						

13-7 续3(continued3)

市县	Region	竣工面积按用途分 By Use				
		文化、体育娱乐用房 Cultural Sports and Entertainment Buildings	厂房及建筑物 Factories and Buildings	#厂房 Factory Buildings	仓库 Depository	其他未列明的房屋建筑物 Other Unlisted Buildings
全省总计	**Total**	**89098**	**178775**	**128162**	**13129**	**327475**
海口市	Haikou	62225	130759	127271	13129	193993
三亚市	Sanya					
五指山市	Wuzhishan					
文昌市	Wenchang					44518
琼海市	Qionghai	2860				36496
万宁市	Wanning	2814	24075			3850
定安县	Dingan					9073
屯昌县	Tunchang	616				1168
澄迈县	Chengmai					27778
临高县	Lingao		23050			
儋州市	Danzhou	11000				1200
儋州	Danzhou	11000				
洋浦	Yangpu					
东方市	Dongfang	2346				9399
乐东县	Ledong	7237	891	891		
琼中县	Qiongzhong					
保亭县	Baoting					
陵水县	Linshui					
白沙县	Baisha					
昌江县	Changjiang					

13-8 各市县建筑业企业技术装备情况(2012)
Power of Machinery and Equipment of Construction Enterprises by Region

市 县	Region	年末自有施工机械设备(总台数)(台) Owned Construction Machinery and Equipmen at the End of the Year(set)	年末自有施工机械设备(净值)(万元) Owned Construction Machinery and Equipment at the End of the Year (net) (10000yuan)	年末自有施工机械设备(总功率)(千瓦) Owned Construction Machinery and Equipment at the End of the Year (Total power)(kw)	技术装备率(元/人) Value of Machines per Laborer (yuan/person)	动力装备率(千瓦/人) Power of Machines per Laborer (kw/person)
全省总计	**Total**	**7065**	**34466**	**150726**	**5822**	**2.5**
海口市	Haikou	4291	20299	86220	4700	2.0
三亚市	Sanya	833	6023	33270	12011	6.6
五指山市	Wuzhishan					
文昌市	Wenchang	768	3987	8557	19446	4.2
琼海市	Qionghai	140	1023	2789	3037	0.8
万宁市	Wanning	296	91	5939	516	3.4
定安县	Dingan					
屯昌县	Tunchang	95	455	4450	5667	5.5
澄迈县	Chengmai	312	884	5420	60979	37.4
临高县	Lingao	120	768	23	26301	0.1
儋州市	Danzhou	26	653	2380	7298	2.7
儋州	Danzhou					
洋浦	Yangpu	26	653	2380	7298	2.7
东方市	Dongfang	184	282	1678	4483	2.7
乐东县	Ledong					
琼中县	Qiongzhong					
保亭县	Baoting					
陵水县	Linshui					
白沙县	Baisha					
昌江县	Changjiang					

主要统计指标解释

建筑业总产值(即自行完成施工产值) 是以货币表现的建筑安装企业在一定时期内生产的建筑业产品的总和。建筑业总产值包括：

⑴建筑工程产值：指列入建筑工程预算内的各种工程价值。

⑵设备安装工程产值：指设备安装工程价值，不包括被安装设备本身价值。

⑶房屋、构筑物修理产值：指房屋、构筑物修理所完成的价值，但不包括被修理房屋、构筑物本身的价值和生产设备的修理价值。

⑷非标准设备制造产值：指加工制造没有定型的、非标准的生产设备的加工费和原材料价值，以及附属加工厂为本企业承建工程制作的非标准设备的价值。

建筑业增加值 指建筑业企业在报告期内以货币表现的建筑业生产经营活动的最终成果。目前建筑业增加值采用分配法（收入法）计算，即从收入的角度出发，根据生产要素在生产过程中应得的收入份额计算。具体计算公式为：

建筑业增加值＝本年提取的固定资产折旧+应付工资+应付福利费+管理费用中的劳动待业保险金、税金+工程结算税金及附加+工程结算利润

房屋建筑施工面积 指在报告期内施工的全部房屋建筑面积，包括本期新开工的房屋面积、上期施工跨入本期继续施工的房屋面积、上期停缓建在本期恢复施工的房屋面积、本期竣工的房屋面积及本期施工后又停缓建的房屋面积。

房屋建筑竣工面积 指在报告期内房屋建筑按照设计要求全部完工，达到了住人和使用条件，经验收鉴定合格，正式移交使用单位的房屋建筑面积。

自有机械设备年末总台数 指归本企业所有，属于本企业固定资产的生产性机械设备年末总台数。包括施工机械、生产设备、运输设备以及其他设备。

自有机械设备年末总功率 指本企业自有施工机械、生产设备、运输设备以及其他设备等列为在册固定资产的生产性机械设备年末总功率，按设定能力或查定能力计算。包括机械本身的动力和为该机械服务的单独动力设备，如电动机等。计算单位用千瓦，动力换算可按1马力＝0.735千瓦折合成千瓦数。电焊机、变压器、锅炉不计算动力。

工程结算收入 指企业承包工程实现的工程价款结算收入，以及向发包单位收取的除工程价款以外的按规定列作营业收入的各种款项，如临时设施费、劳动保险费、施工机械调迁费等以及向发包单位收取的各种索赔款。

工程结算利润 指已结算工程实现的利润，如亏损以“－”号表示。计算公式为：

工程结算利润＝工程结算收入－工程结算成本－工程结算税金及附加

企业总收入 指与企业生产经营直接有关的各项收入，包括工程结算收入和其他业务收入。计算公式为：

企业总收入＝工程结算收入＋其他业务收入

Explanatory Notes on Main Statistical Indicators

Gross Output Value of Construction (Output Value of Projects under Construction) refers to total of construction products, expressed in money terms, completed by construction and installation enterprises during a given period of time. It includes:

(1)Output value of construction projects, that is the value of projects covered by the project budgets;

(2)Output value of installation projects, that is the value of the installation of equipment, excluding the value of the equipment to be installed;

(3)Output value of repair of buildings and structures, that is the value created through the repairs of buildings or structures, but does not include the value of buildings or structures being repaired and the value of the repair of production equipment;

(4)Output value of manufactured non-standard equipment that is the value of non-standard production equipment, including raw materials and manufacturing cost, made for the construction project, and the equipment manufactured by subsidiary workshops.

Value-added of Construction refers to the final result of the activities of production and management of construction in monetary terms in the reference period. At present, the value-added of construction is calculated with the income approach. In other words, it is the sum of income of various production factors in the production process. The formula is as follows:

Value-added of construction=depreciation of fixed assets in the year+ wages payable +welfare expenses payable+ insurance premium and tax for waiting for employment in the administrative+ expenses taxes and surcharges on project settlement+ profit gained from project settlement.

Floor Space of Buildings under Construction refers to floor space of buildings under construction during the reference period, including newly started buildings, buildings started earlier and continued during the reference period, and buildings suspended earlier but restarted during the reference period, buildings completed during the reference period, and buildings under construction and then suspended during the reference period.

Floor Space of Buildings Completed refers to the floor space of buildings that are completed in the reference period in accordance with the requirements of the design, up to the standard for putting them into use, and have been checked and accepted by concerned departments as qualified ones.

Total Number of Machinery and Equipment Owned by the End of Year refers to the number of machines and equipment owned by the enterprises, and listed as the fixed assets of the enterprises by the end of the year, including machinery and equipment for construction, production and transportation.

Total Power of Machinery and Equipment Owned by the End of Year refers to the total power of machinery and equipment owned by the enterprises, and listed as the fixed assets of the enterprises by the end of the year, including machinery and equipment for construction, production and transportation. The power of the machinery is calculated on basis of the designed or verified capacity, covering the power of the machinery/equipment and the separate power equipment serving the machinery/equipment, such as electric motors, but excluding welders, transformers and boilers. The unit used for the calculation of power is kilowatt, with horsepower converted to kilowatt by 1 horsepower=0.735 kilowatt.

Income from Settlement of Projects refers to the income received by the construction enterprise from the contracted project through settlement procedures, and other charges to the contractors as operational costs in addition to the value of the project, such as temporary facility fee, labor insurance premium, moving cost of construction equipment, as well as various types of claims to the contractors.

Profit from Settlement of Projects refers to profit realized through settled projects. It is calculated with the following formula:

Profit from Settlement of Projects=Income from Settlement of Projects-Settled Cost-Settled Taxes and Other Cost

Total Revenue of Enterprises refers to the sum of income from production and operation of enterprises, including income from settlement of projects and other operational income, namely:

Total Revenue of Enterprises=Income from Settlement of Projects+ Other Operational Income

交通运输邮电通讯业

Transport, Postal and Telecommunication Services

编辑人员：曾敏　林明星

Compiled by Zeng Min　Lin Mingxing

英文翻译：陈敏

Translated by Chen Min

简 要 说 明

本篇资料的主要内容

本篇资料反映我省交通运输业和邮政、通信业发展的基本状况。

交通运输业资料主要包括：五种运输方式的线路里程、运输设备拥有量情况，各种运输方式完成的货物运输量和旅客运输量，港口货物和旅客吞吐量等资料。

邮电通信业资料主要包括：电信主要通信能力，主要的邮电业务完成情况，邮电通信发展水平等资料。

Brief Introduction

Main Contents

Data in this chapter present the development of transportation, post and telecommunications in Hainan Province

Data on transport cover mainly the length of the routes of five means of transportation, the possession of transport equipment, freight traffic and passenger traffic accomplished by various means of transportation, the situation of berths, and cargo handled at sea ports.

Data on post and telecommunications cover mainly the situation of post and telecommunication offices and postal routes; main telecommunication capacity; business volume of postal and telecommunication services achieved; and the level of development of postal and telecommunication services.

14-1 交通运输业基本情况
Basic Conditions of Transport

指　标	Item	2005	2008	2009	2010	2011	2012
运输线路长度	**Length of Transport Routes**						
铁路营业里程(公里)	Railways in Operation (km)	361	526	526	832	832	832
公路里程(公里)	Highways (km)	21200	18563	20041	21236	22916	24265
#高速公路	Expressway	625	660	660	660	660	757
内河航道里程(公里)	Navigable Inland Waterways (km)	343	343	343	343	343	343
航班航线里程(万公里)	Civil Aviation Routes (10 000 km)	77.08	87.16	95.88	106.99	118.94	124.67
客运量总计 (万人)	**Total Passenger Traffic (10 000 persons)**	**32933**	**44186**	**42232**	**45718**	**47921**	**49015**
铁路	Railways	33	80	88	104	1074	1189
公路	Highways	31377	40786	39461	42785	43677	44374
水运	Waterways	632	1484	1206	1340	1473	1581
民航	Civil Aviation	891	1836	1477	1489	1697	1871
旅客周转量总计(亿人公里)	**Total Passenger-Kilometers(100 million passenger-km)**	**215.3**	**388.6**	**384.7**	**417.4**	**473.0**	**503.7**
铁路	Railways	1.2	3.6	4.0	4.7	25.0	25.0
公路	Highways	108.8	108.8	135.1	150.0	146.3	147.6
水运	Waterways	1.5	2.5	2.4	2.7	3.1	3.2
民航	Civil Aviation	103.9	273.6	243.2	260.0	298.5	327.9
货运量总计 (万吨)	**Total Freight Traffic (10 000 tons)**	**13558**	**16847**	**18417**	**22481**	**25141**	**26906**
铁路	Railways	629	573	625	546	696	754
公路	Highways	9652	10950	10839	13947	15095	16600
水运	Waterways	3264	5302	6933	7966	9326	9528
民航	Civil Aviation	13.2	22.0	20.4	22.5	24.3	24.8
货物周转量 (亿吨公里)	**Total Freight Ton-kilometers (100 million ton-km)**	**461**	**633**	**800**	**1004**	**1378**	**1557**
铁路	Railways	7.0	9.9	10.3	9.6	12.1	12.3
公路	Highways	60.0	93.6	79.4	90.8	97.1	109.4
水运	Waterways	391.0	525.0	705.9	897.6	1262.5	1429.1
民航	Civil Aviation	2.3	4.1	4.5	5.6	6.2	6.3
民用汽车拥有量 (万辆)	**Possession of Civil Motor Vehicles (10 000 units)**	**17.34**	**27.54**	**32.17**	**40.62**	**48.97**	**56.40**
#私人汽车	Private Vehicles				29.45	36.66	43.61
港口货物吞吐量(万吨)	**Volume of Freight Handled in Coastal Ports (10 000 tons)**	**3773**	**7692**	**8345**	**9662**	**10905**	**11792**

注：2004年起内河航道里程为内河航道通航里程数(下同)。
Note:Since 2004, inland waterways refers to navigable inland waterways. The same applies to the tables followings.

14-2 运输线路长度
Length of Transportation Routes

单位：公里

年 份 Year	铁路营运里程 Length of Railways in Operation	公路通车里程 Length of Highways (open to traffic)	#高速公路 Expressway	内河航道里程 Length of Navigable Inland Waterways	民航航线里程 Length of Civil Aviation Routes	国际航线 International Routes
1952		1412				
1957		3667				
1962		5113				
1965	144	5274		612		
1970	144	9409		612		
1975	144	10119		612		
1978	144	12641		556		
1979	144	14064		556		
1980	214	14110		338		
1985	214	12784		338		
1987	214	12794		338	5431	1647
1990	214	12902		338	19652	6536
1991	214	12922		338	24131	6536
1992	214	12937		338	48622	6536
1993	214	12937		338	62319	6536
1994	214	13014		338	82703	6536
1995	214	14808		338	127248	15444
1996	214	15165		403	154508	18702
1997	214	15246		414	152068	13269
1998	214	16920	302	414	201553	26006
1999	214	17317	495	414	316417	23171
2000	214	17401	601	414	399155	42503
2001	214	20667	574	414	240551	12144
2002	214	20876	626	414	477317	43299
2003	214	20877	626	434	306747	9082
2004	705	20873	625	343	540749	40673
2005	361	21162	625	343	770782	33757
2006	364	17577	625	343	1090212	87794
2007	528	17789	625	343	1072735	148081
2008	526	18563	660	343	871631	205503
2009	526	20041	660	343	958840	223644
2010	832	21236	660	343	1069914	282296
2011	832	22916	660	343	1189363	380866
2012	832	24265	757	343	1246743	324091

注：1、铁路营运里程含过海轮渡里程。
2、从2006年起公路通车里程以交通部最新标准的口径计算。
Note:a) The length of railways in operation includes that of ferrying across the Qiongzhou Strait.
b) The length of highways (open to traffic) has been calculated on the basis of newest coverage updated by the Ministry of Transport since 2006.

14-3 运输线路质量
Quality of Transport Routes

指　　标	Item	1990	1995	2000	2011	2012
国家铁路营业里程（公里）	**Length of National Railways in Operation (km)**	**214**	**214**	**214**	**832**	**832**
#复线里程 （公里）	Double-Tracking Length (km)	_	_	_	308	308
复线里程比重 (%)	Proportion (%)	_	_	_	37.0	37.0
#自动闭塞里程 （公里）	Automatic Blocking Length (km)	219	219	219	311	311
公路里程 （公里）	**Length of Highways (km)**	**12902**	**14808**	**17401**	**22916**	**24265**
#等级公路里程 （公里）	Expressway and Class I to IV Highways (km)	8473	10667	13405	22104	23540
等级公路里程比重 (%)	Proportion (%)	65.7	72.0	77.0	96.5	97.0
内河航道里程（公里）	**Length of Navigable Inland Waterways (km)**	**338**	**338**	**414**	**343**	**343**
#等级航道里程（公里）	Standard Waterways (km)	_	_	122	76	76
等级航道里程比重 (%)	Proportion (%)	_	_	29.5	22.2	22.1

14-4 运输工具和线路拥有量
Number of Means of Transport and Length of Transport Routes

项　　目	Item	2009	2010	2011	2012
铁　路	**Railways**				
铁路机车（台）	Number of Locomotives (unit)	28	26	26	26
铁路营业里程（公里）	Length of Railways in Operation (km)	526	832	832	832
公　路	**Highways**				
公路通车里程（公里）	Length of Highways (km)	20041	21236	22916	24265
民用汽车（万辆）	Civil Motor Vehicles (10000 units)	32.17	40.62	48.97	56.40
载客汽车（万辆）	Passenger Vehicles (10000 units)	23.27	30.23	37.11	43.75
（万客位）	Passenger Vehicle Seats (10000 seats)	251	326	401	481
载货汽车(万辆)	Freight Vehicles (10000 units)	7.00	8.58	10.17	11.12
（万吨位）	Tonnage of Freight Vehicles (10000 tonnages)	17.49	21.44	25.43	27.80
其他汽车(万辆)	Other Vehicles (10000 units)				1.53
水　运	**Waterways**				
内河通航里程（公里）	Length of Navigable Inland Waterways (km)	343	343	343	343
机动船（艘）	Number of Motor Vessels (unit)	511	497	512	536.00
（万净载重吨位）	Tonnage of Motor Vessels(dead weight tonnage)	56.45	74.74	223.57	173.53
（客位）	Number of Motor Vessel Seats (seat)	20276	18724	23171	30807
（总功率万千瓦）	Total Power (10000 kws)	48.99	61.35	63.22	59.46
民　航	**Civil Aviation**				
民用航空航线条数（条）	Number of Civil Aviation Routes (line)	545	543	659	728
民用航空航线里程(万公里)	Length of Civil Aviation Routes (10000 kms)	95.88	106.99	118.94	124.67
民用运输飞机（架）	Number of Civil Aircrafts (unit)	80	74	75	91

14-5 历年货运量
Freight Traffic in Various Years

单位：万吨 (10 000 tons)

年 份 Year	总 计 Total	铁 路 Railways	公 路 Highways	水 运 Waterways	民 航 Civil Aviation
1975	709	370	232	107	0.1
1978	714	386	222	106	0.0
1979	644	356	201	87	0.0
1980	1992	298	1611	83	0.0
1985	3486	405	3022	59	0.1
1986	3601	415	3128	58	0.1
1987	3722	438	3216	68	0.1
1988	4224	420	3661	143	0.3
1989	4530	422	3941	167	0.2
1990	4765	423	4115	227	0.4
1991	5711	356	4929	425	0.6
1992	6253	387	5393	472	0.8
1993	8613	390	6968	1254	0.9
1994	8735	346	6997	1390	2.0
1995	10505	279	8256	1967	3.0
1996	10975	252	8842	1877	4.0
1997	11415	283	9116	2012	4.2
1998	11630	286	9186	2153	4.7
1999	11533	348	9049	2129	6.9
2000	11304	331	8962	2002	9.0
2001	10502	287	8190	2018	7.3
2002	10498	288	8177	2025	7.9
2003	11249	341	8797	2104	6.9
2004	11823	455	9166	2195	7.5
2005	13558	629	9652	3264	13.2
2006	16377	1338	10314	4709	16.1
2007	17344	692	12018	4617	16.6
2008	16847	573	10950	5302	22.0
2009	18417	625	10839	6933	20.4
2010	22481	546	13947	7966	22.5
2011	25141	696	15095	9326	24.3
2012	26906	754	16600	9528	24.8

14-6 历年货物周转量
Freight Ton-kilometers in Various Years

单位：万吨公里 (10 000 ton-km)

年 份 Year	总 计 Total	铁 路 Railways	公 路 Highways	水 运 Waterways	民 航 Civil Aviation
1975	49809	18330	9380	22062	37
1978	50390	18550	9798	22021	21
1979	46333	17100	8938	20276	19
1980	87953	15436	50049	22449	19
1985	131979	20808	90979	20160	32
1986	128616	22048	88931	17600	37
1987	162541	23651	118752	20071	67
1988	155894	22839	104336	28515	204
1989	165224	23085	108778	33220	141
1990	170802	22297	112175	36094	236
1991	212497	19025	149373	43729	370
1992	1152027	20728	200921	929400	978
1993	1793404	22731	277160	1492385	1128
1994	2331985	20697	342859	1965433	2996
1995	2509302	17509	348344	2140099	3350
1996	2697179	14662	381856	2296117	4544
1997	2892786	15964	391614	2479846	5362
1998	3067272	16222	421853	2623165	6032
1999	3244281	20045	438097	2776990	9149
2000	3189774	19730	461477	2695903	12664
2001	2317396	17816	452542	1836134	10904
2002	2263521	18315	471396	1761616	12194
2003	2359930	21725	506391	1821294	10520
2004	2322216	53973	569888	1684877	13478
2005	4609661	70610	604535	3911304	23212
2006	6001081	109628	660653	5202102	28698
2007	6198900	101588	769411	5298192	29709
2008	6326873	99193	936284	5250407	40989
2009	8000838	103069	793925	7058964	44880
2010	10035600	95933	908213	8975635	55819
2011	13780103	121360	971395	12625067	62281
2012	15570832	123176	1093533	14291225	62899

14-7 历年客运量
Passenger Traffic in Various Years

单位：万人 (10 000 persons)

年份 Year	总计 Total	铁路 Railways	公路 Highways	水运 Waterways	民航 Civil Aviation
1975	1145	80	1002	60	3
1978	1504	119	1296	85	4
1979	1717	126	1484	103	4
1980	2570	117	2320	128	5
1985	6057	75	5686	289	7
1986	6091	98	5732	249	12
1987	8952	100	8496	340	16
1988	13183	91	12528	537	27
1989	13680	75	13215	360	30
1990	15914	46	15371	455	42
1991	17133	44	16497	542	50
1992	17708	44	16838	758	68
1993	19010	55	18067	797	91
1994	18829	65	17781	830	153
1995	19667	54	18727	653	233
1996	19688	29	18754	637	268
1997	21296	27	20292	682	295
1998	21549	22	20633	544	350
1999	22085	17	21196	457	415
2000	23013	14	21930	537	532
2001	26711	12	25484	633	582
2002	27992	13	26766	613	600
2003	28083	13	26876	648	546
2004	31276	13	29966	555	742
2005	32933	33	31377	632	891
2006	36326	70	34126	1029	1101
2007	39451	57	36996	1124	1274
2008	44186	80	40786	1484	1836
2009	42232	88	39461	1206	1477
2010	45718	104	42785	1340	1489
2011	47913	1066	43677	1473	1697
2012	49015	1189	44374	1581	1871

14-8 历年旅客周转量
Passenger-kilometers in Various Years

单位：万人公里 (10 000 passenger-km)

年份 Year	总计 Total	铁路 Railways	公路 Highways	水运 Waterways	民航 Civil Aviation
1975	53444	2973	47215	1471	1785
1978	71818	4533	63262	1978	2045
1979	82516	4820	73116	2460	2120
1980	104292	4368	94290	3204	2430
1985	236378	2678	222264	7986	3450
1986	239912	6066	222018	5770	6058
1987	389556	6695	369031	6785	7045
1988	429069	6501	391708	10675	20185
1989	442014	5410	408143	8337	20124
1990	573483	3541	536132	10888	22922
1991	633143	3514	574397	11400	43832
1992	684129	3627	594667	12907	72928
1993	758342	4777	632798	22487	98280
1994	849304	5642	629735	47453	166474
1995	937212	4794	665591	24266	242561
1996	1021380	2959	719396	17507	281518
1997	1111744	2963	783422	18574	306785
1998	1189441	2391	802417	17756	366877
1999	1256557	1801	782395	23112	449249
2000	1468769	1296	811786	25882	629805
2001	1600212	997	834657	23833	740725
2002	1730002	1103	921622	21943	785334
2003	1629661	1080	894204	18378	715999
2004	2064499	1992	1054801	15930	991776
2005	2153365	12230	1087647	14465	1039023
2006	2835220	18379	1175911	22517	1618413
2007	3201834	23468	1301250	24842	1852274
2008	3885675	36419	1088455	24581	2736220
2009	3846819	40002	1351036	23979	2431802
2010	4174331	47133	1500274	27249	2599675
2011	4729674	250453	1463385	31078	2984758
2012	5036745	250308	1476315	31518	3278604

14-9 历年旅客运输平均运距
Average Transport Distance of Passengers in Various Years

单位：公里 (km)

年 份 Year	合 计 Total	铁 路 Railways	公 路 Highways	水 运 Waterways	民 航 Civil Aviation
1975	47	37	47	25	595
1980	41	37	47	26	486
1983	38	35	40	23	-
1985	39	38	39	27	493
1987	44	70	39	20	440
1988	33	71	43	23	748
1990	36	77	31	24	546
1991	40	80	35	21	877
1992	39	82	35	17	1072
1993	40	87	35	28	1080
1994	45	87	39	57	685
1995	50	88	37	41	1041
1996	52	102	38	27	1050
1997	54	110	38	27	1040
1998	55	109	39	33	1048
1999	57	106	37	51	1083
2000	63	93	37	48	1184
2001	60	83	33	38	1273
2002	62	85	34	36	1309
2003	58	83	33	28	1311
2004	66	153	35	29	1336
2005	65	370	34	22	1166
2006	78	262	34	22	1470
2007	81	412	35	22	1454
2008	88	455	26	16	1490
2009	92	455	34	20	1646
2010	91	453	35	20	1747
2011	91	235	34	21	1759
2012	103	210	33	20	1752

14-10 历年货物运输平均运距
Average Transport Distance of Freight in Various Years

单位：公里 (km)

年 份 Year	合 计 Total	铁 路 Railways	公 路 Highways	水 运 Waterways	民 航 Civil Aviation
1975	70	50	40	206	529
1980	44	52	31	270	475
1983	40	51	27	315	-
1985	38	51	30	342	457
1987	44	54	37	295	609
1988	37	55	28	199	703
1990	36	53	27	159	590
1991	37	53	30	103	673
1992	184	54	37	1969	1254
1993	208	58	40	1190	1253
1994	267	59	49	1414	1498
1995	239	63	42	1220	1117
1996	246	58	43	1223	1292
1997	253	56	43	1233	1271
1998	264	57	46	1218	1293
1999	281	58	48	1304	1319
2000	282	60	51	1347	1407
2001	221	62	55	910	1504
2002	216	64	58	870	1536
2003	210	64	57	865	1516
2004	196	119	62	768	1802
2005	340	112	62	1198	1759
2006	373	82	64	1105	1785
2007	358	147	64	1148	1785
2008	376	173	85	990	1859
2009	434	165	73	1018	2203
2010	446	176	65	1127	2486
2011	548	174	64	1354	2563
2012	579	163	66	1500	2536

14-11 民用汽车拥有量（2012）
Possession of Civil Vehicles

单位：辆 (unit)

指标	Item	数量 volume
民用汽车总计	**Total**	**564010**
载客汽车	**VehiclesPassenger**	**437453**
按车型分	By Vehicle Type	
#轿车	Cars	300174
大型	Large	12549
中型	Medium	8911
小型	Small	410495
微型	Mini	5498
载货汽车	**FreightVehicles**	**111213**
按车型分	By Vehicle Type	
重型	Heavy	12498
中型	Medium	12826
轻型	Light	85506
微型	Mini	383
其他汽车	**Others**	**15344**

14-12 私 人 汽 车 拥 有 量
Possession of Private Vehicles

单位：万辆 (10 000 units)

指标	Item	2005	2010	2011	2012
汽车总计	**Total**	**8.60**	**29.45**	**36.66**	**43.61**
载客汽车	PassengerVehicles	4.63	21.57	27.65	33.90
大 型	Large	0.09	0.11	0.15	0.14
中 型	Medium	0.17	0.30	0.32	0.33
小 型	Small	4.13	20.77	26.72	32.95
微 型	Mini	0.24	0.39	0.46	0.49
载货汽车	Trucks	2.99	6.42	7.73	8.62
重 型	Heavy	0.64	0.70	0.78	0.73
中 型	Medium	0.60	1.03	1.19	1.13
轻 型	Light	1.53	4.62	5.70	6.73
微 型	Mini	0.23	0.07	0.05	0.03
其他汽车	Others	0.98	1.46	1.28	1.08

14-13 民用航空航线及飞机架数
Number of Civil Aviation Routes and Civil Aircrafts

指 标	Item	2005	2008	2009	2010	2011	2012
民用航空航线(条)	**Number of Civil Aviation Routes(line)**	**391**	**540**	**545**	**543**	**659**	**728**
国际航线	International Routes	12	48	48	54	71	69
国内航线	Domestic Routes	379	492	497	489	588	659
#地区航线	#Regional Routes	4	11	11	15	13	15
民用航空航线里程（公里）	**Length of Civil Aviation Routes(km)**	**804539**	**871631**	**905584**	**1069914**	**1189363**	**1246743**
国际航线	International Routes	33757	205503	205503	282296	380866	324091
国内航线	Domestic Routes	770782	666128	700081	787618	808497	922652
#地区航线	#Regional Routes	9660	21497	22286	23412	23670	30370
民用航班飞行机场(个)	**Number of Civil Airports(unit)**	**2**	**2**	**2**	**2**	**2**	**2**
#可降波音737以上机型	#Number of Civil Airports Accommodating Boeing 737 and Models of Higher Class	2	2	2	2	2	2
民用飞机架数(架)	**Number of Civil Aircrafts(unit)**	**47**	**68**	**80**	**74**	**75**	**91**
#波音737	Boeing 737	24	49	59	49	53	57
空客A330	Airbus A330	–	–	5	8	4	14

14-14 历年港口货物吞吐量
Volume of Freight Handled in Coastal Ports in Various Years

单位：万吨 (10 000 tons)

年 份 Year	总 计 Total	海口港 Haikou	三亚港 Sanya	八所港 Basuo	洋浦港 Yangpu	其他沿海小港 Other Coastal Ports
1971	509	67	44	328		70
1972	408	60	29	252		67
1973	473	67	37	306		63
1974	471	57	37	303		74
1975	514	76	31	302		105
1976	496	57	35	284		120
1977	539	76	42	285		136
1978	544	76	45	307		116
1979	533	83	41	305		104
1980	483	72	38	278		95
1981	483	79	33	284		87
1982	557	88	36	343		90
1983	628	109	39	372		108
1984	686	131	53	411		91
1985	624	171	77	288		88
1986	722	174	64	391		93
1987	770	198	64	405		103
1988	826	241	59	392		134
1989	895	256	63	410		166
1990	929	288	37	431		173
1991	886	321	37	350		178
1992	1040	413	39	376		212
1993	1307	580	65	384		278
1994	1459	699	79	355		326
1995	1252	469	43	275		465
1996	1407	537	31	265		574
1997	1424	486	30	336		572
1998	1474	470	33	358	44	569
1999	1682	674	27	380	42	559
2000	1976	808	48	378	46	696
2001	1982	888	71	342	60	621
2002	2309	1073	49	343	91	753
2003	2757	1329	61	425	114	828
2004	3602	1439	75	548	220	1320
2005	3773	2118	49	489	431	686
2006	4333	2173	76	479	1016	589
2007	7331	4309	85	547	2351	39
2008	7692	4624	117	554	2352	45
2009	8345	4856	150	652	2649	38
2010	9662	5700	200	893	2825	44
2011	10905	6549	204	997	3101	54
2012	11792	7271	215	1068	3225	13

14-15 主要港口(水港)货物、旅客吞吐量(2012)
Throughput of Freight & Passengers in Major Coastal Ports

单位：万吨 (10 000 tons)

港口(货物)	Ports (Freight)	货物吞吐量 Freight Throughput	出 港 Out-port	进 港 In-port
总 计	**Total**	**9081.30**	**3989.74**	**5091.56**
按主要港口分	**By Major Coastal Ports**			
#海 口 港	Haikou	4888.50	2030.70	2857.80
三 亚 港	Sanya	151.14	17.30	133.84
八 所 港	Basuo	822.78	642.98	179.80
洋 浦 港	Yangpu	3218.89	1298.76	1920.13
按货物分类	**By Type of Freight**			
煤 炭	Coal	335.68	13.39	322.29
石油、天然气及	Petroleum, Natural Gas and Their Products	1741.64	804.03	937.61
金 属 矿 石	Metal Ores	575.35	537.34	38.01
钢 铁	Steel and Iron	352.29	39.97	312.32
矿 建 材 料	Mineral Building Materials	228.81	36.03	192.78
水 泥	Cement	169.15	3.01	166.14
木 材	Timber	511.02	22.73	488.29
非 金 属 矿 石	Nonmetal Ores	174.32	70.31	104.01
化 肥 及 农 药	Chemical Fertilizers and Pesticides	141.73	97.79	43.94
盐	Salt	8.64	0.94	7.71
粮 食	Grain	234.23	23.64	210.59
机械设备及电器	Mechanical Equipment & Electrical Equipment	103.61	18.31	85.30
化工原料及制品	Chemical Raw Materials and Products	343.54	229.59	113.95
有色金属	Nonferrous Metals	3.68	1.47	2.20
轻工医药产品	Light Industrial and Medical Products	460.01	208.78	251.24
农副产品	Agricultural and Non-staple Products	244.59	92.57	152.02
其 他	Others	3453.02	1789.86	1663.17

14-15 续(Continued)

港 口	Ports	旅客吞吐量(万人) Passenger Throughput (10 000 persons)	出 港 Out-port	进 港 In-port
总 计	**Total**	**1273.72**	**642.58**	**631.14**
海 口 港	Haikou	1261.89	636.60	625.28
三 亚 港	Sanya	11.83	5.97	5.86

14-16 邮电业务基本情况
Basic Conditions of Postal and Telecommunication Services

指 标	Item	2005	2008	2009	2010	2011	2012
邮电业务总量 (万元)	**Business Volume of Postal and Telecommunication Services (10 000 yuan)**	**750741**	**1589151**	**1772259**	**767414**	**918778**	**1032801**
邮政业务总量	Business Volume of Postal Services	40929	62851	74898	62104	52168	77800
电信业务总量	Business Volume of Telecommunication Services	709812	1526300	1697361	705310	866610	955001
邮政业务量	**Business Volume of Postal Services**						
函件 (万件)	Number of Letters (100 million pcs)	2012.0	1423.0	1373.0	1225.0	1490.0	968.6
包裹 (万件)	Package (10 000 pcs)	59.0	41.5	39.0	40.2	45.0	40.9
快递 (万件)	Pieces of Express Mail Services (10 000 pcs)	108.1	384.2	429.5	681.2	953.5	1123.6
报刊期发数 (万份)	Issue of Newspapers and Magazines (10 000 copies)	9692	12347	13174	13766	14951	15435
汇票 (万笔)	Postal Order (10 000 times)	85.0	210.4	235.6	256.3	235.9	184.3
集邮业务 (万枚)	Stamps for Collection (10 000 pcs)		369.0	323.0	367.0	481.0	418.0
营业网点 (处)	Number of Offices (unit)	458	445	443	412	418	416
邮路总长度 (万公里)	Length of Postal Routes (10 000 km)	3.6	6.2	6.3	9.3	9.3	9.1
农村投递路线长度 (万公里)	Rural Delivery Routes (10 000 km)	2.3	2.0	2.2	2.2	2.1	2.4
电信业务量	**Business Volume of Telecommunication Services**						
固定本地电话通话量 (亿次)	Volume of Local Calls of Fixed Telephone (100 million times)	50.0	37.9	32.1	26.0	22.8	19.6
固定本地电话通话时长 (亿分钟)	Length of Local Calls of Fixed Telephone (100 million minutes)					32.1	27.9
固定长途电话通话时长 (亿分钟)	Length of Long-distance Calls of Fixed Telephone (100 million minutes)	5.2	6.4	6.1	5.4	5.5	5.5
移动电话通话时长 (亿分钟)	Length of Calls of Mobile Telephone (100 million minutes)	90.8	234.1	281.7	334.3	229.4	253.4
IP电话通话时长 (亿分钟)	Length of IP Calls (100 million minutes)	5.1	6.6	2.8	4.3	3.4	2.7
移动短信业务量 (亿条)	Short Message Services (100 million messages)	13.2	41.4	43.7	49.5	55.1	62.4
移动电话用户 (万户)	Number of Mobile Telephone Subscribers at Year-end (10 000 subscribers)	203.9	397.8	496.4	594.3	671.6	775.6
#3G移动电话用户 (万户)	3G Mobile Phone Subscribers (10 000 subscribers)				31.8	106.6	198.8
固定电话用户 (万户)	Number of Fixed Telephone Subscribers at Year-end (10 000 subscribers)	230.0	224.5	183.0	179.8	175.0	173.0
城市电话用户 (万户)	Urban Fixed Telephone Subscribers(10 000 subscribers)	171.1	159.4	125.7	124.9	122.7	122.0
#住宅电话用户	Household Fixed Telephone Subscribers	55.4	98.6	64.0	66.5	66.4	64.4
农村电话用户 (万户)	Rural Fixed Telephone Subscribers(10 000 subscribers)	58.9	65.1	57.4	54.9	52.2	51.0
#住宅电话用户	Household Fixed Telephone Subscribers	51.8	54.7	46.1	43.6	40.3	38.2
公用电话用户 (万户)	Public Telephone (10 000 subscribers)	23.7	21.8	20.1	16.5	14.8	14.2
固定长途电话交换机容量(万路端)	Capacity of Long Distance Telephone Exchanges (10 000 lines)	6.7	6.6	8.7	9.2	9.2	9.2
局用交换机容量 (万门)	Capacity of Office Telephone Exchanges (10 000 lines)	91.1	101.3	78.7	83.8	85.3	85.0
移动电话交换机容量 (万户)	Capacity of Mobile Telephone Exchanges (10 000 subscribers)	245.0	568.4	864.4	1099.4	1347.4	1512.4
长途光缆线路长度 (公里)	Length of Long-distance Optical Cable Lines(10 000 km)	642	1839	811	3270	3302	3039
互联网宽带接入端口 (万个)	Broad Band Subscribers Port of Internet (10 000 ports)				111.3	127.1	143.4
互联网宽带接入用户(万户)	Broadband Subscribers of Internet (10 000 subscribers)	21.1	36.6	58.3	63.0	86.6	95.5
城市宽带 接入用户	Urban Broadband Subscribers					70.5	74.1
农村宽带 接入用户	Rural Broadband Subscribers					16.2	21.4
IPv4地址数 (万个)	Number of IPv4 Addresses (10 000 units)					53.2	52.5

注：邮政和通信业务总量按不变价计算.
Note:The business volume of postal and telecommunication services was calculated at constant prices.

14-17 邮电业务量
Business Volume of Postal and Telecommunication Services

年份 Year	邮电业务总量（万元） Business Volume of Postal and Telecommunication Services (10 000 yuan)	邮政业务总量 Business Volume of Postal Services	电信业务总量 Business Volume of Telecommunication Services	函件（万件） Number of Letters (10 000 pcs)	包裹（万件） Package (10 000 pcs)	报刊期发数（万份） Issue of Newspapers and Magazines (10 000 copies)	汇票（万笔） Postal Order (10 000 times)
1987	2409	651	1758	2969	38		207
1988	3625	879	2746	3345	39		205
1989	4726	1050	3676	3473	39		196
1990	7887	2814	5073	3438	41		192
1991	19348	3538	15810	3659	41		200
1992	32220	4558	27662	4257	46	10842	235
1993	60568	6549	54019	5384	58	11231	341
1994	95277	8579	86698	5689	58	12905	435
1995	114308	9377	104931	4998	68	14322	353
1996	136767	10895	125872	4353	72	16450	302
1997	173706	12399	161307	3789	61	14999	272
1998	199496	14257	185239	3313	62	14109	238
1999	246951	17470	229481	3178	63	13072	214
2000	329516	18957	310559	2547	60	12539	204
2001	355681	32848	322833	3010	64	12800	184
2002	429384	32347	397037	2441	68	12290	161
2003	465039	34509	430530	2304	76	12072	137
2004	623520	37181	586339	1959	85	9185	103
2005	750741	40929	709812	2012	59	9692	85
2006	977641	47218	930423	1735	46	9772	84
2007	1245150	53605	1191545	1368	46	10919	161
2008	1589151	62851	1526300	1423	42	12347	210
2009	1772259	74898	1697361	1373	39	13174	236
2010	767414	62104	705310	1225	40	13766	256
2011	918778	52168	866610	1490	45	14951	236
2012	1032801	77800	955001	969	41	15435	184

注：邮政和通信业务总量1971-1980年按1970年不变价计算，1981-1990年按1980年不变价计算，1991-1999年按1990年不变价计算，2000-2009年按2000年不变价计算，2010起按2010年不变价计算.

Note:The business volume of postal and telecommunication services from 1971 to 1980 was calculated at 1970 constant prices, and that from 1981 to 1990 was calculated at 1980 constant prices,and that from 1991 to 1999 was calculated at 1990 constant prices, and that from 2000 to 2009 was calculated at 2000 constant prices,and that since 2010 was calculated at 2010 constant prices,

14-17 续1(Continued)

年 份 Year	集邮业务 (万枚) Stamps for Collection (10 000 pieces)	固 定 本地电话 通 话 量 (亿次) Volume of Local Calls of Fixed Telephone (100 million times)	固 定 本地电话 通话时长 (亿分钟) Length of Local Calls of Fixed Telephone (100 million minutes)	固 定 长途电话 通话时长 (亿分钟) Length of Long-distance Calls of Fixed Telephone (100 million minutes)	IP电话 通话时长 (亿分钟) Length of IP Calls (100 million minutes)	移动短信 业 务 量 (亿条) Short Message Services (100 million messages)
1995				4.15		
1996				4.35		
1997				4.64		
1998				4.35		
1999				4.04		
2000				6.36		
2001				3.57		
2002				2.81		2.47
2003				2.51		5.67
2004				4.48		9.60
2005				5.24		13.15
2006				6.92		20.36
2007	322	41.70		6.51		36.10
2008	369	37.92		6.35		41.45
2009	323	32.09		6.05		43.72
2010	367	26.03		5.45	4.29	49.50
2011	481	22.77	32.13	5.50	3.39	55.12
2012	418	19.61	27.92	5.51	2.73	62.40

注：固定长途电话通话时长为固定传统长途电话通话时长及固定IP电话通话时长之和。
Note:Length of long-distance calls of fixed telephone includes traditional calls and IP calls.

14-17 续2(Continued)

年　份 Year	移动电话通话时长（亿分钟） Length of Calls of Mobile Telephone (100 million minutes)	#去话通话时长 Length of Outgoing Calls	非漫游 Non-Roaming	国内漫游 Domestic Roaming	国际及港澳台漫游 Hong Kong, Macao, Taiwan and International Roaming	移动电话用户（万户） Number of Mobile Telephone Subscribers at Year-end (10 000 subscribers)	#3G移动电话用户 3G Mobile Phone Subscribers
1992						0.52	
1993						1.04	
1994						1.95	
1995	2.06					3.11	
1996	3.00					5.29	
1997	5.88					13.10	
1998	4.36					19.49	
1999	0.35					5.80	
2000	15.28					57.60	
2001	21.17					81.20	
2002	27.75					110.07	
2003	44.86					136.32	
2004	72.80					164.96	
2005	90.83					203.87	
2006	124.39					239.89	
2007	169.46					324.84	
2008	234.12					397.78	
2009	281.70					496.44	
2010	334.31					594.33	31.83
2011	229.40	229.40	220.11	9.26	0.03	671.64	106.65
2012	253.38	253.38	242.41	10.92	0.05	775.62	198.80

14-17　续3(Continued)

年　份 Year	固定电话用户（万户） Number of Fixed Telephone Subscribers at Year-end (10 000 subscribers)	城市电话用户 Urban Fixed Telephone Subscribers	#住宅电话用户 Household Fixed Telephone Subscribers	农村电话用户 Rural Fixed Telephone Subscribers	#住宅电话用户 Household Fixed Telephone Subscribers	#公用电话用户（万户） Public Telephone (10 000 subscribers)
1987	1.67	1.27		0.39		
1988	2.22	1.81		0.42		
1989	3.03	2.59		0.44		
1990	4.06	3.59		0.47		
1991	5.73	5.23		0.50		
1992	8.49	7.88	2.50	0.61	0.1	0.1
1993	13.58	12.78	5.47	0.80	0.3	0.3
1994	23.74	21.66	12.97	2.08	1.0	0.5
1995	28.04	24.88	16.64	3.16	1.9	1.0
1996	34.13	29.26	18.14	4.87	3.3	1.4
1997	38.69	32.60	20.86	6.09	4.2	1.9
1998	43.40	36.12	23.06	7.29	4.4	1.9
1999	52.70	42.20	28.60	10.50	7.8	3.3
2000	69.01	52.36	46.86	16.65	12.1	3.9
2001	105.51	72.63	69.43	32.88	27.9	3.2
2002	137.35	96.85	45.56	40.50	35.5	3.2
2003	162.81	115.37	89.93	47.44	41.6	14.4
2004	197.29	142.10	98.33	55.20	48.3	17.8
2005	230.02	171.08	55.36	58.94	51.8	23.7
2006	249.01	179.72	110.76	69.29	59.6	22.0
2007	239.95	170.75	106.72	69.20	58.7	22.6
2008	224.68	159.54	98.65	65.14	54.7	21.8
2009	182.83	125.47	64.02	57.36	46.1	20.1
2010	179.84	124.91	66.46	54.92	43.6	16.5
2011	174.98	122.74	66.37	52.23	40.3	14.8
2012	173.01	121.99	64.40	51.02	38.2	14.2

14-18 快递业务量
Business Volume of Express Services

年 份 Year	快 递 (万件) Pieces of Express Mail Services (10 000 pcs)	#国内同城快递 Local Express Service	#国内异地快递 National Express Service	#国际及港澳台快递 Hong Kong, Macao, Taiwan and International Express Service	快递业务收入 (万元) Revenue from Express Service (10 000 yuan)
1992	12.10				
1993	23.70				
1994	31.50				
1995	33.00				
1996	39.20				
1997	39.90				
1998	42.30				
1999	50.10				
2000	47.10				
2001	62.90				
2002	70.00				
2003	64.80				
2004	95.72				
2005	108.10				
2006	124.00				
2007	142.00				
2008	384.20	69.70	308.70	5.80	9600.20
2009	429.50	58.20	364.50	6.80	13797.90
2010	681.20	197.90	474.90	8.50	17982.10
2011	953.50	214.80	731.20	7.50	20164.60
2012	1123.60	232.70	883.10	7.80	23230.10

14-19 邮政业网点及邮递线路(年底数)
Postal Offices and Postal Delivery Routes at Year-end

年 份 Year	营业网点 (处) Number of Offices (unit)	信筒信箱 (个) Number of Post Boxes (unit)	农村投递路线 (公里) Rural Delivery Routes (km)	邮路总长度 (公里) Length of Postal Routes (km)	#航空邮路 Air Mail Routes	#汽车邮路 Highway Routes
1992	426		21394	60698	51644	9054
1993	440		20800	88752	82498	6254
1994	474		20312	97955	87798	10157
1995	506		19701	87007	78135	8872
1996	524		19291	55107	46477	8630
1997	575		20474	88656	79497	9159
1998	621		21745	50198	39740	10458
1999	525		19838	51028	40909	10119
2000	503		19732	58029	46079	11950
2001	504		20353	33942	22194	11748
2002	494		20296	35873	23148	12725
2003	487		22858	41939	25311	16628
2004	468		23108	34831	20710	14121
2005	458		23172	36498	22012	14486
2006	463		23645	32414	20383	12031
2007	458	836	23281	39422	27421	12001
2008	445	829	19589	61917	50307	11610
2009	443	853	22084	63250	50650	12600
2010	412	843	22155	93211	80385	12826
2011	418	672	21216	93432	80385	13047
2012	416	666	24373	90619	80385	10234

14-20 电信主要通信能力和服务水平(年底数)

Main Communication Capacity and Services Availableof Telecommunications (Year-end)

年份 Year	固定长途电话交换机容量(路端) Capacity of Long-distance Telephone Exchanges (circuit)	局用交换机容量(万门) Capacity of Office Telephone Exchanges (10 000 lines)	移动电话交换机容量(万户) Capacity of Mobile Telephone Exchanges (10 000 subscribers)	长途光缆线路长度(公里) Length of Long Distance Optical Cable Lines (km)	固定电话普及率(部/百人) Popularization Rate of Fixed Telephone (sets/100 persons)	移动电话普及率(部/百人) Popularization Rate of Mobile Telephone (sets/100 persons)
1992		12.75	0.07			
1993		23.48	1.40	129		
1994	13494	38.92	2.93		4.5	
1995	27860	49.50	9.50	534	5.7	
1996	38730	58.65	11.50	874	6.2	0.8
1997	42420	63.79	18.50	1199	6.3	1.8
1998	42420	66.79	42.50	1750	7.1	2.7
1999	38572	72.39	13.00	2208	8.2	4.0
2000	69930	77.36	112.80	3179	9.9	7.7
2001	55000	83.62	125.60	333	14.9	10.3
2002	66102	88.48	134.29	1155	18.1	13.8
2003	75296	96.98	148.63	1180	21.1	17.0
2004	66196	92.89	179.10	618	24.3	20.3
2005	66516	91.09	245.00	642	28.2	24.9
2006	72634	93.66	275.61	850	30.1	29.0
2007	79444	99.59	438.91	1702	28.7	38.9
2008	66244	101.28	568.36	1839	26.6	47.1
2009	86674	78.67	864.40	811	21.4	58.1
2010	91576	83.80	1099.40	3270	20.8	68.8
2011	91576	85.29	1347.40	3302	19.9	77.3
2012	91576	85.01	1512.40	3039	19.3	86.6

14-21 邮政通信服务水平（年底数）
Postal Services Available

年 份 Year	平均每一营业网点服务人口（人） Average People Served by Every Postal Office (1 persons)	平均每人每年发函件数（件） Annual Average Number of Letters Mailed per Capita (piece)	平均每百人每年订报刊数（份） Annual Average Number of Newspaper and Magazine Subscribed per 100 Persons (piece)	已通邮的行政村比重(%) Percentage of Administrative Village with Posts (%)
1992				
1993	15271	8.0	19	92.8
1994	14384	8.3	22	94.4
1995	13664	7.2	22	93.1
1996	13486	6.2	2445	93.5
1997	12418	5.3	2100	99.0
1998	11809	4.5	1923	99.0
1999	13968	4.3	1829	93.5
2000	14579	3.4	1711	94.5
2001	15098	3.9	1682	95.5
2002	15577	3.2	1663	85.6
2003	15994	3.0	1550	99.0
2004	16886	2.5	1222	99.0
2005	17670	3.0	1256	98.0
2006	17775	2.0	1245	99.0
2007	18187	2.0	1368	99.0
2008	19016	2.0	1459	100.0
2009	18665	2.0	1082	99.0
2010	21391	1.4	1145	96.0
2011	21512	1.2	1252	98.0
2012	21789	1.0	1363	100.0

主要统计指标解释

公路（通车）里程 指在一定时期内实际达到《公路工程[WTBZ]技术标准JTJ01-88》规定的等级公路，并经公路主管部门正式验收交付使用的公路里程数。包括大中城市的郊区公路以及通过小城镇街道部分的公路里程和桥梁、渡口的长度，不包括大中城市的街道、厂矿、林区生产用道和农业生产用道的里程。两条或多条公路共同经由同一路段，只计算一次，不重复计算里程长度。它是反映公路建设发展规模的重要指标，也是计算运输网密度等指标的基础资料。

铁路营运里程 又称营业长度(包括正式营业和临时营业里程)，指办理客货运输业务的铁路正线总长度。凡是全线或部分建成双线及以上的线路，以第一线的实际长度计算；复线、站线、段管线、岔线和特殊用途线以及不计算运费的联络线都不计算营业里程。该指标可以反映铁路运输业基础设施的发展水平，也是计算客货周转量、运输密度和机动车辆运用效率等指标的基础资料。

内河航道里程 也称内河通航里程，指在一定时期内，能通航运输船舶及排筏的天然河流、湖泊水库、运河及通航渠道的长度。包括全年季节性通航累计三个月以上的航道，不包括仅供零散流放竹、木排的河道。该指标可以反映内河水运网的规模、水平和发展情况。

民用航空航线里程 指统计期间内全部民用航空航线的航线总长度。航线长度指民用航空航线的计费距离。计算航线里程可按重复和不重复两种方法，前者是指各航线长度相加的总和；后者则要扣除各航线之间相同航段重复计算的部分。

货（客）运量 指在一定时期内，各种运输工具实际运送的货物（旅客）数量。它是反映运输业为国民经济和人民生活服务的数量指标，也是制定和检查运输生产计划、研究运输发展规模和速度的重要指标。货运按吨计算，客运按人计算。货物不论运输距离长短、货物类别，均按实际重量统计。旅客不论行程远近或票价多少，均按一人一次客运量统计;半价票、小孩票也按一人统计。

货物(旅客)周转量 指在一定时期内，由各种运输工具运送的货物(旅客)数量与其相应运输距离的乘积之和。它是反映运输业生产总成果的重要指标，也是编制和检查运输生产计划，计算运输效率、劳动生产率以及核算运输单位成本的主要基础资料。计算货物周转量通常按发出站与到达站之间的最短距离，也就是计费距离计算。计算公式为：

货物(旅客)周转量＝Σ货物(旅客)运输量×运输距离

港口货物吞吐量 指经由水路进、出港区范围，并经过装卸的货物数量。按货物流向分，为进港吞吐量和出港吞吐量。按货物的贸易性质分，为内贸和外贸吞吐量。按货物的类别分，可根据现行的交通行业标准《运输货物分类和代码》分类。沿海港口是指位于海沿岸，具有一定设施和条件，供船舶停靠、旅客上下、货物装卸、生活物料供应等作业的港口。

民用汽车拥有量 指报告期末，在公安交通管理部门按照《机动车注册登记工作规范》，已注册登记领有民用车辆牌照的全部汽车数量。汽车拥有量统计的主要分类，根据汽车结构分为：载客汽车、载货汽车、其他汽车；根据汽车所有者不同分为：个人(私人)汽车、单位汽车；根据汽车的使用性质分为：营运汽车、非营运汽车；根据汽车大小规格不同，载客汽车分为：大型、中型、小型和微型，载货汽车分为重型、中型、轻型和微型。

邮电业务总量（又称通信业务总量） 指以价值量形式表现的邮电通信企业为社会提供各类邮电通信服务的总数量。分别按邮政业务总量和电信业务总量统计。邮电业务总量是以各类业务的实物量分别乘以相应的不变单价，得出各类业务的货币量再加总求得。该指标综合反映了一定时期邮电业务发展的总成果，是研究邮电业务量构成和发展趋势的重要指标。

Explanatory Notes on Main Statistical Indicators

Length of Highways (open to traffic) refers to the length of highways which are built in conformity with the grades specified by the highway engineering standard [Highways WTBZ-Technical Standard JTJ01-88] formulated by the Ministry of Transport, and have been formally checked and accepted by the departments of highways and put into use. The length of highways includes that of the suburb highways at large and medium-sized cities, highways passing through streets at small cities and towns, and also the length of bridges and ferry piers. It does not include the length of streets in large and medium-sized cities and highways built for the production purpose at factories, mines, forest areas and agricultural areas. If two or more highways go through the same section of the way, the length of the section is only calculated for once and no duplication is allowed. The length of highways is an indicator to show the development of the scale of highway construction and to provide essential information to calculate the transport network density.

Length of Railways in Operation refers to the total length of the trunk lines for passengers and freight transportation (including that of full operation and temporary operation). The calculation is based on the actual length of the first line if this line has a full or partial double (or more). Not included are double tracks, station sidings, tracks under the charge of stations, branch lines, special-purpose lines and non-payable connecting lines. The length of railways in operation is an important indicator to show the development of the infrastructure of railway transport. It is also essential data to calculate volume of passenger-kilometers, freight ton-kilometers, traffic density and utilization efficiency of locomotives and carriages.

Length of Navigable Inland Waterways refers to the length of the natural rivers, lakes, reservoirs, canals, and ditches open to navigation during a given period, which enables transportation by ships and rafts. It includes the channels open to navigation for over an accumulated period of 3 months in a year, yet this does not include the river courses which are only used to float odd logs and bamboo rafts. This indicator can reflect the scale, level and development situation of the inland waterway network.

Length of Civil Aviation Routes refers to the length of all routes for civil aviation flights, which is used to account the freight, during the period of statistics. There are usually two ways to calculate the route length: duplicated calculation and non-duplicated calculation, the former is the sum of length of all civil aviation routes, and the latter should deduct the duplication length of the same routes among all routes.

Freight (Passenger) Traffic refers to the volume of freight (passenger) transported actually by various modes within a specific period of time. This indicator reflects the service of the transport industry towards the national economy and the people's living conditions, as well as an important indicator used in formulating and monitoring transport production plans and researching into the scale and pace of transport development. Freight transport is calculated in tons and passenger traffic is calculated in terms of number of persons. Freight transport is calculated in terms of the actual weight of goods and takes no account of the type of freight and distance of travel. Passenger traffic is calculated by the principle that one person can be counted only once in one trip and takes no account of the travelling distance and ticket price. The passengers who travel with a half-price ticket or a child ticket are also calculated as one person.

Freight Ton-kilometers (Passenger-kilometers) refers to the sum of the volume of transported goods (passengers) multiplied by the transport distance. It is an important indicator to reflect achievements of the transportation industry. This is an important indicator to show the total results of the transport industry; to prepare and examine the transport plan; and to serve as the main basic data for calculating the efficiency, labour productivity and unit cost of transport. Normally, the shortest distance between the departure station and the destination station (i.e., the payable distance) is the basis in calculating the freight ton-kilometers. The formula is as follows:

$$\begin{matrix}\text{Freight to n - kilometres} \\ \text{(passenger - kilometres)}\end{matrix} = \sum \begin{matrix}\text{freight} \\ \text{(passenger)traffic}\end{matrix} \times \begin{matrix}\text{distance of} \\ \text{transport ation}\end{matrix}$$

Volume of Freight Handled in Coastal Ports (Freight Throughput) refers to the volume of incoming and outgoing goods handled in the major coastal ports. The volume of freight handled may be classified into two categories by direction of flow: in-port and out-port, and by nature of cargo it can be classified into two kinds: freight for domestic trade and for foreign trade. The classification of cargo can also refer to the current transport standard of The Classification and Code of Cargo Type. Coastal ports refer to the ports which are located at the edge of an ocean or sea, and with some facilities for vessel callings, passenger embarking/debarking, cargo loading/unloading, living material supply, etc.

Possession of Civil Vehicles refers to the total number of vehicles that are registered and received vehicle license tags according to the Motor Vehicle Registration Specifications formulated by the Transport Management Office under the department of public security at the end of report period. According to the structure of motor vehicles, they are divided into passenger vehicles, trucks and others; according to ownership into private vehicles and vehicles for the unit's use; according to kind of usage into operating vehicles and non-operating vehicles; and according to size of vehicles into large passenger vehicles, medium-sized passenger vehicles, small passenger vehicles and mini passenger vehicles, heavy trucks, light-heavy trucks, light trucks and mini-trucks.

Business Volume of Post and Telecommunications （Business Volume of Communications） refers to the total amount of postal and telecommunication services for the whole society in terms of value, provided by the postal and telecommunication enterprises. It's an aggregative indicator that reflects the trend of development and changes of postal and telecommunication services. Its statistical data includes two parts: postal services and telecommunication services. Business volume of post and telecommunications is the sum of physical quantities of all services respectively multiplied by their corresponding unit price (constant price).

15

批发零售贸易和住宿餐饮业

Wholesale and Retail Trades, Hotels and Catering Services

编辑人员：夏亮

Compiled by Xia Liang

英文翻译：夏亮

Translated by Xia Liang

简 要 说 明

一、批发零售业的主要内容、统计范围、资料来源

1. 主要内容：限额以上批发和零售业的基本情况、商品流转情况、财务状况；零售连锁经营情况；亿元商品交易市场成交情况；社会消费品零售总额等。

2. 统计范围：限额以上批发和零售业统计单位是指：批发业，年主营业务收入 2000 万元及以上；零售业，年主营业务收入 500 万元及以上。

3.资料来源：根据《批发和零售业统计报表制度》进行搜集和加工整理而得。

二、住宿餐饮业的主要内容、统计范围、资料来源

1. 主要内容：限额以上住宿和餐饮业基本情况、经营情况、财务状况。

2.统计范围：限额以上住宿和餐饮业统计单位为：年主营业务收入 200 万元及以上。

3.资料来源：本篇资料中住宿和餐饮业统计数据是根据《住宿和餐饮业统计报表制度》进行搜集和加工整理。

Brief Introduction

I. Main Contents, Scope of Statistics, Sources of Data on Wholesale and Retail Trades

(1) Main Contents: The basic conditions of the wholesale and retail trades above designated size; circulation of commodities; financial status; total retail sales of consumer goods; turnover of large commodity transaction markets with transaction over 100 million Yuan; development of chain stores of retail trades.

(2)Scope of Statistics: The criteria for wholesale and retail trades above designated size are as follows: wholesale trade with annual principal business sales at and over 20 million yuan; retail trade, with annual principal business sales at and over 5 million yuan.

(3)Sources of Data: Data in this chapter are collected and processed in accordance with *The Statistical Reporting Form System on Wholesale and Retail Trades.*

II. Main Contents, Scope of Statistics, Sources of Data on Hotel and Catering Services

(1) Main Contents: The basic conditions, operating and financial status of hotel and catering services above the designated size.

(2)Scope of Statistics: The statistical unit of the enterprises of hotel and catering services above the designated size is the annual income of main business at and over 2 million yuan.

(3)Sources of Data: Data in this chapter are collected and processed in accordance with the *Statistical Reporting Form System on Program on Hotels and Catering Services.*

15-1 国内贸易主要指标
Main Indicators on Domestic Trade

指　标	Item	2010	2011	2012
社会消费品零售总额(亿元)	**Total Retail Sales of Consumer Goods (100 million yuan)**	**623.82**	**741.13**	**852.34**
按城乡分	By Urban and Rural Area			
城镇	Urban Areas	555.34	667.77	748.89
乡村	Rural Areas	68.48	73.36	103.45
批发零售业商品销售总额 (亿元)	**Total Sales in Wholesale and Retail Trades (100 million yuan)**	**1577.06**	**2064.13**	**2680.96**
批发额	Wholesale Value	1042.73	1434.92	1959.17
零售额	Retail Value	534.34	629.21	721.79
按行业分	By Sector			
批发业销售额	Sales in Wholesale Trade	**955.68**	**1313.58**	**1791.01**
批发额	Wholesale Value	930.46	1285.45	1756.13
零售额	Retail Value	25.23	28.13	34.88
零售业销售额	Sales in Retail Trade	**621.38**	**750.55**	**889.95**
批发额	Wholesale Value	112.27	149.46	203.04
零售额	Retail Value	509.11	601.09	686.92
按规模分	By Size			
限额以上销售额	Sales above Designated Size	1180.05	1645.89	2100.00
批发额	Wholesale Value	900.72	1282.90	1691.58
零售额	Retail Value	**279.33**	**362.98**	**408.42**
限额以下销售额	Sales below Designated Size	397.02	418.24	580.96
批发额	Wholesale Value	142.00	152.01	267.58
零售额	Retail Value	**255.01**	**266.23**	**313.38**
限额以上住宿餐饮业营业额（亿元）	**Business Revenue from Hotels and Catering Services above Designated Size(100 million yuan)**	**84.17**	**118.38**	**122.14**
#客房收入	Revenue from Accommodations	43.76	59.63	59.29
餐费收入	Revenue from Restaurants	34.92	48.99	53.42
商品销售收入	Revenue from Sales of Commodities	0.61	1.07	1.76
亿元以上商品交易市场成交额 (亿元)	**Transaction Value of Commodity Markets above 100 Million Yuan (100 million yuan)**	**16.30**	**18.10**	**18.50**
限额以上连锁总店数(个)	**Number of General Chain Stores above Designated Size (unit)**	**4**	**4**	**6**
限额以上连锁门店数(个)	**Number of Branch Chain Stores above Designated Size (unit)**	**224**	**234**	**506**
限额以上连锁店销售总额 (亿元)	**Total Sales of Chain Stores above Designated Size(100 million yuan)**	**1.90**	**3.70**	**179.74**
#零售额	Retail Value		3.43	159.34

15-2 历年社会消费品零售总额
Total Retail Sales of Consumer Goods

单位:万元 (10 000 yuan)

年份 year	社会消费品零售总额 Total Retail Sales of Consumer Goods	#批发零售贸易业 Wholesale and Retail trades	住宿餐 饮 业 Hotels and Catering Services	按城乡分 By Urban and Rural 城 镇 Urban	农 村 Rural
1952	14292	13222	1050	6227	8065
1957	24370	22121	2067	10412	13958
1962	36792	32673	3697	15867	20925
1965	40692	37168	2827	17981	22711
1970	47710	44052	2886	21711	25999
1975	69206	63533	4421	32280	36926
1978	88319	81431	6888	40473	47846
1980	99323	91973	5980	44703	54620
1981	110224	101286	6149	49710	60514
1982	133610	119204	9640	68788	64822
1983	146678	130301	10949	82174	64504
1984	181578	161158	13208	101767	79811
1985	215775	192222	16980	129660	86115
1986	231599	203763	18032	136931	94668
1987	257922	224952	23332	151751	106171
1988	343223	291059	38156	224456	118767
1989	376428	312738	39261	261334	115094
1990	371865	319134	39737	253578	118287
1991	419728	357092	46479	294820	124908
1992	550179	449917	62862	394343	155836
1993	727186	638347	85167	567836	159350
1994	947393	756358	96466	708232	239161
1995	1092190	865471	134928	838195	253995
1996	1215705	954639	159872	924903	290802
1997	1334090	1093824	157665	1019049	315041
1998	1447280	1199534	179722	1091508	355772
1999	1576565	1306682	202062	1182889	393676
2000	1724762	1435881	228847	1283423	441339
2001	1874593	1544925	260497	1400482	474111
2002	2043952	1674076	287498	1522784	521168
2003	1916353	1505313	309937	1447428	468925
2004	2367741	1858334	416918	1855126	512615
2005	2707895	2108266	492980	2127143	580752
2006	3133466	2450874	562395	2475672	657794
2007	3709247	2916380	661493	2941812	767435
2008	4632408	3914974	578434	3682764	949644
2009	5375055	4260731	967480	4273980	1101075
2010	6238177	5345665	892512	5553415	684762
2011	7411347	6306837	1104510	6677744	733604
2012	8523358	7217922	1305436	7488886	1034473

15-3 各市县社会消费品零售总额(2012)
Total Retail Sales of Consumer Goods by Region

单位：万元 (10 000 yuan)

地　　区	Region	社会消费品零售总额 Total Retail Sales of Consumer Goods	按城乡分 By Urban and Rural 城镇 Urban	农村 Rural
全省总计	**Total**	**8523358.3**	**7488885.5**	**1034472.8**
海口市	Haikou	4362637.2	3917325.6	445311.6
三亚市	Sanya	1047965.8	918104.6	129861.2
五指山市	Wuzhishan	51951.5	47206.9	4744.6
文昌市	Wenchang	421494.0	327911.9	93582.1
琼海市	Qionghai	443452.0	408702.8	34749.2
万宁市	Wanning	401744.0	327162.7	74581.3
定安县	Dingan	138014.5	121674.8	16339.7
屯昌县	Tunchang	127825.7	107148.6	20677.1
澄迈县	Chengmai	200412.5	173792.4	26620.1
临高县	Lingao	167675.7	135442.0	32233.7
儋州市	Danzhou	487309.1	439751.6	47557.5
儋州	Danzhou	452821.6	405264.1	47557.5
洋浦	Yangpu	34487.5	34487.5	
东方市	Dongfang	183102.4	150154.0	32948.4
乐东县	Ledong	158433.0	144611.6	13821.4
琼中县	Qiongzhong	38833.6	38113.6	720.0
保亭县	Baoting	57111.9	29013.3	28098.6
陵水县	Lingshui	103675.6	95653.0	8022.6
白沙县	Baisha	45985.7	32763.7	13222.0
昌江县	Changjiang	85734.1	74352.4	11381.7

15-4 各市县分行业销售额(营业额)情况(2012)

Total Sales(Business Revenue)of Wholesale Trade,Retail Trade, Hotels and Catering Services by Region

单位：万元 (10 000 yuan)

地区	Region	销售额 Total Sales		营业额 Business Revenue	
		批发业 Wholesale Trade	零售业 Retail Trade	住宿业 Hotels	餐饮业 Catering Services
全省总计	**Total**	**17910068**	**8899522**	**1430475**	**1225156**
海口市	Haikou	11134907	4780519	277561	387114
三亚市	Sanya	926140	914616	724807	149001
五指山市	Wuzhishan	38636	49100	10572	15005
文昌市	Wenchang	118338	467494	51927	77682
琼海市	Qionghai	1998829	432565	57183	88339
万宁市	Wanning	99495	367989	147809	74890
定安县	Dingan	36750	159671	16183	36692
屯昌县	Tunchang	42922	144975	4924	31081
澄迈县	Chengmai	457183	188110	13674	52533
临高县	Lingao	42972	176123	6355	37410
儋州市	Danzhou	2876722	534137	27941	142718
儋州	Danzhou	266670	506296	22802	138787
洋浦	Yangpu	2610052	27842	5139	3931
东方市	Dongfang	46936	197770	36546	34052
乐东县	Ledong	15605	152509	7006	36509
琼中县	Qiongzhong	10909	41119	2517	8623
保亭县	Baoting	8039	50002	14223	15002
陵水县	Lingshui	23455	96614	18809	12986
白沙县	Baisha	18119	53742	1569	10011
昌江县	Changjiang	14112	92468	10870	15507

15-5 批发和零售业情况
Basic Conditions of Wholesale and Retail Trades

单位：万元、个、人 (10 000 yuan、Unit、person)

指标	Item	2005	2008	2009	2010	2011	2012
批发和零售业	**Wholesale and Retail Trades**						
法人企业	Number of Corporation Enterprises	295	511	498	626	585	485
年末从业人数	Engaged Persons at Year-end	17262	28632	30286	39117	39056	42063
商品购进额	Total Purchases	2390233.4	6482833.1	5950724.0	12019893.7	15240519.4	18414239.7
#进口额	Imports	179088.0	180028.7	173510.0	583303.9	590634.3	1166832.7
商品销售额	Total Sale	2717743.1	7327689.8	7194591.0	14066137.0	16254573.0	19395734.8
#出口额	Exports	194235.2	170955.3	141618.0	392316.6	283502.7	500889.7
期末商品库存额	Total Stock at Year-end	208178.5	570157.0	460367.0	698657.5	924885.0	1009684.2
批发业	**Wholesale Trades**						
法人企业	Number of Corporation Enterprises	173	289	259	335	301	245
年末从业人数	Engaged Persons at Year-end	10772	12063	12186	15841	16575	16686
商品购进额	Total Purchases	1983161.6	4687399.6	4610602.0	9032956.6	11360680.5	14009807.8
#进口额	Imports	122581.8	174790.8	149984.0	509593.7	471942.4	923490.6
商品销售额	Total Sale	2279146.3	5302049.5	5174519.0	10704541.6	12007608.0	14693496.0
#出口额	Exports	194095.1	170955.3	141346.0	392010.7	283502.7	494921.4
期末商品库存额	Total Stock at Year-end	151570.2	385217.0	299043.0	423076.0	557465.3	527827.1
零售业	**Retail Trades**						
法人企业	Number of Corporation Enterprises	122	222	239	291	284	240
年末从业人数	Engaged Persons at Year-end	6490	16569	18100	23276	22481	25377
商品购进额	Total Purchases	407071.8	1795433.5	1340122.0	2986937.1	3879838.9	4404431.9
#进口额	Imports	56506.2	5237.9	23526.0	73710.2	118691.9	243342.1
商品销售额	Total Sale	438596.8	2025640.3	2020072.0	3361595.4	4246965.0	4702238.8
#出口额	Exports	140.1		273.0	305.9		5968.3
期末商品库存额	Total Stock at Year-end	56608.3	184940.0	161325.0	275581.5	367419.7	481857.1
年末零售营业面积（平方米）	Business Area of Retail at Year-end(sq.m)	284000	1026636	689755	1876620	991165	483499

注：1、2008年以前的统计范围为限额以上法人企业、产业活动单位，2008年及以后为限额以上法人企业。

2、2008年以前的统计限额划分指标为“年商品销售额”、“年末从业人员”，2008年以后为“年主营业务收入”。

Notes:a).The scope of statistics before 2008 refer to corporate enterprises above designated size and industrial units, after 2008 only refer to corporate enterprises above designated size. b).Index for ranking of designated size before 2008 refer to total sales of commodities and engaged persons at year-end,after 2008 refer to main business income.

15-6 限额以上批发零售贸易业企业基本情况(2012)
Basic Conditions on Enterprises above Designated Size in Wholesale and Retail Trades

项目	Item	法人企业（个）Number of Corporation Enterprises (unit)	年末从业人数（人）Engaged Persons at Year-end (person)	年末零售营业面积（平方米）Business Area of Retail at Year-end (sq.m)
合计	**Total**	**485**	**42063**	**1063400**
批发业	**Wholesale Trade**	**245**	**16686**	**579901**
按登记注册类型分组	**By Status of Registration**			
内资企业	Domestic Funded Enterprises	233	15546	578667
国有企业	State-owned Enterprises	17	2186	29625
集体企业	Collective-owned Enterprises	1	34	384
股份合作企业	Cooperative Enterprises	2	116	410
有限责任公司	Limited-liability Companies	147	10316	511940
国有独资公司	State Sole Funded Enterprises	1	15	200
其他有限责任公司	Other Limited-liability Companies	146	10301	511740
股份有限公司	Share Holding Ltd. Companies	13	872	24176
私营企业	Private Enterprises	44	1703	9992
私营独资企业	Private-funded Enterprises	1	12	
私营合伙企业	Private Partnership Enterprises			
私营有限责任公司	Private Limited-liability Companies	39	1427	4282
私营股份有限公司	Private Share Holding Ltd. Companies	4	264	5710
其他企业	Other Enterprises	9	319	2140
港澳台商投资企业	Enterprises with Funds from HongKong Macao and Taiwan	9	1032	956
合资经营企业(港或澳、台资)	Joint Ventures(Hongkong or Macao, Taiwan)	1	292	150
港澳台商独资经营企业	Enterprises with Sole Investment	8	740	806
外商投资企业	Foreign Investment Enterprises	3	108	278
中外合资经营企业	Cooperative Enterprises			
外资企业	Enterprises with Sole Foreign Investment	**3**	**108**	**278**
按批发行业小类分组	**By Wholesales Industries**			
农畜产品批发	Wholesale of Farm produce and Livestock products	10	167	15843
食品、饮料及烟草制品批发	Wholesale of Food ,Beverages and Tobaccos	29	3056	30858
# 米、面制品及食用油批发	Wholesale of Rice ,Flour and Edible Oil	6	232	10580
烟草制品批发	Wholesale of Tobaccos	5	1292	4910
纺织、服装及家庭用品批发	Wholesale of Textiles, Garments and Daily Consumer Articles	16	1212	3618
# 服装批发	Wholesale of Garments	3	70	400
家用电器批发	Wholesale of Household Electrical Appliances	5	610	2258
文化、体育用品及器材批发	Wholesale of Culture, Sports Appliances and Equipments	5	594	9358
医药及医疗器材批发	Wholesale of Medicines and Medical Appliances	86	7831	11309
矿产品、建材及化工产品批发	Wholesale of Mineral Products, Building Materials and Chemical Products	61	1674	470226
# 煤炭及制品批发	Wholesale of Coal and Related Products	5	77	30
石油及制品批发	Wholesale of Petroleum and Related Products	14	478	452261
金属及金属矿批发	Wholesale of Metal and Metal Ores	10	343	12190
建材批发	Wholesale of Building Materials	5	113	530
化肥批发	Wholesale of Chemical Fertilizer	6	314	1784
机械设备、五金交电及电子产品批发	Wholesale of Machinery , Hardware and Electronic Equipment	31	1838	17315
# 汽车批发	Wholesale of Motor Vehicles	1	245	
汽车零配件批发	Wholesale of Motor Vehicles parts	5	192	4660
摩托车及零配件批发	Wholesale of,Motorcycles and parts	2	34	280
计算机、软件及辅助设备批发	Wholesale of Computers, Software and Assistant Appliances	6	656	5870
其他批发	Others Wholesale not Classified Elsewhere	7	314	21374

15-6 续(continued)

项　　目	Item	法人企业(个) Number of Corporation Enterprises (unit)	年末从业人数(人) Engaged Persons at Year-end (person)	年末零售营业面积(平方米) Business Area of Retail at Year-end (sq.m)
零售业	**Retail Trade**	**240**	**25377**	**483499**
按登记注册类型分组	**By Status of Registration**			
内资企业	Domestic Funded Enterprises	234	23269	440137
国有企业	State-owned Enterprises	12	1636	10072
集体企业	Collective-owned Enterprises	1	27	20
股份合作企业	Cooperative Enterprises			
联营企业	Joint Ownership Enterprises			
有限责任公司	Limited-liability Companies	164	15069	280905
国有独资公司	State Sole Funded Corporations	1	128	200
其他有限责任公司	Other Limited-liability Companies	163	14941	280705
股份有限公司	Share Holding Ltd. Companies	6	3123	63330
私营企业	Private Enterprises	46	3209	77573
私营独资企业	Private-funded Enterprises	7	221	6010
私营合伙企业	Private Partnership Enterprises	2	82	1246
私营有限责任公司	Private Limited-liability Companies	34	2774	66067
私营股份有限公司	Private Share Holding Ltd. Companies	3	132	4250
其他企业	Other Enterprises	5	205	8237
港澳台商投资企业	Enterprises with Funds from HongKong, Macao and Taiwan	2	293	1960
港澳台商独资经营企业	Enterprises with Sole Investment	2	293	1960
外商投资企业	Foreign Investment Enterprises	4	1815	41402
外资企业	Enterprises with Sole Foreign Investment	4	1815	41402
按零售行业小类分组	**By Retail Industries**			
综合零售	Integrated Retail	44	6055	255999
# 百货零售	Retail of General Merchandise	24	2904	188744
超级市场零售	Retail of Supermarkets	15	2808	58875
食品、饮料及烟草制品专门零售	Retail of Food ,Beverages and Tobaccos	9	495	5385
纺织、服装及日用品专门零售	Special Retail of Textiles, Garments and Daily Consumer Articles	8	2090	31443
#服装零售	Retail of Garment	4	889	20892
文化、体育用品及器材专门零售	Retail of Culture, Sports Appliances and Equipments	18	791	12650
# 图书、报刊零售	Retail of Books and The Press	15	690	11340
医药及医疗器材专门零售	Retail of Medicines and Medical Appliances	3	1456	1130
#药品零售	Retail of Medicines	3	1456	1130
汽车、摩托车、燃料及零配件专门零售	Retail of Motor Vehicles,Motorcycles, Fuel and parts	108	10677	145575
#汽车零售	Retail of Motor Vehicles	71	5724	65254
机动车燃料零售	Retail of Fuel of Motor Vehicles	21	4588	71744
家用电器及电子产品专门零售	Special Retail of Household Electric Appliances and Electronic Products	35	3102	24519
# 日用家电设备零售	Retail of Household Electric Appliances	16	1355	18610
计算机、软件及辅助设备零售	Retail of Computers ,Software and Assistant Appliances	10	584	1799
通讯设备零售	Retail of Communication Equipments	2	357	220
五金、家具及室内装修材料专门零售	Special Retail of Hardware,Furniture and Decoration Materials	6	380	4659
货摊、无店铺及其他零售业	Booth,Non-Shop and Other Retails	9	331	2139

15-7 限额以上批发和零售业商品销售类值(2012)
Sale Values of Enterprises above Designated Size in Wholesale and Retail Trades by Category of Commodities

单位：万元 (10 000 yuan)

项目	Item	商品销售类值(万元) Total Sales Value of Commodities (10000 yuan)			比上年增长(%) Growth compared with last year(%)		
		合计 Total	批发额 Wholesale Value	零售额 Retail Value	合计 Total	批发额 Wholesale Value	零售额 Retail Value
食品、饮料、烟酒类	Food,Beverages , Tobacco and Liquor	2523089.4	2290175.4	232914.0	15.3	15.7	11.9
服装、鞋帽、针纺织品类	Clothing, Shoes ,Hats and Textiles	303690.2	101014.9	202675.3	-2.8	-28.2	18.1
化妆品类	Cosmetics	161709.4	10851.4	150858.0	65.6	2.4	73.3
金银珠宝类	Gold,Silver and Jewellery	98524.3	17715.2	80809.1	26.6	-0.1	34.5
日用品类	Articles for Daily Use	248104.6	59222.8	188881.8	45.7	-4.5	74.5
五金、电料类	Hardware and Electrical Materials	34302.3	30320.5	3981.8	-26.6	-21.6	-50.5
体育、娱乐用品类	Sports and Recreation Articles	10229.8		10229.8	17.3	-100.0	18.7
书报杂志类	Newspapers and Magazines	65730.3	32370.9	33359.4	-9.2	-28.4	22.8
电子出版物及音像制品类	E-Journals and Video Product	11968.5	7608.5	4360.0	-3.6	281.5	-58.2
家用电器和音像器材类	Household Appliances and Video Appliances	367342.0	162033.9	205308.1	4.4	17.0	-3.7
中西药品类	Traditional Chinese and Western Medicines	1394970.1	1359744.4	35225.7	28.2	28.2	28.9
文化办公用品类	Cultural Offices Appliances	190961.8	129082.2	61879.6	25.6	56.3	-10.9
家具类	Furniture	6792.1	373.1	6419.0	-7.6	-50.0	-2.8
通讯器材类	Communication Appliances	204180.9	164894.2	39286.7	158.6	222.2	41.5
煤炭及制品类	Coal and Related Products	102204.6	101873.7	330.9	20.6	20.4	115.6
木材及制品类	Wood and Wooden Products	8405.5	8405.5		-61.5	-61.5	
石油及制品类	Petroleum and Related Products	3651159.0	1971111.1	1680047.9	20.2	23.0	17.1
化工材料及制品类	Chemical Materials and Related Products	6717834.8	6717834.8		88.8	88.8	
金属材料类	Metal Materials	1056771.3	1056771.3		56.4	56.4	
建筑及装潢材料类	Building and Decoration Materials	52818.2	48619.6	4198.6	7.5	6.7	16.6
机电产品及设备类	Mechanical and Electronic Products	144279.2	106856.0	37423.2	-17.1	-9.8	-32.6
汽车类	Automobiles	1961755.2	909718.5	1052036.7	-9.8	-20.7	2.3
种子饲料类	Seeds and Feedstuff	12274.4	12274.4		24.7	24.7	
棉麻类	Cotton,Hemp						
其他类	Others	1715700.6	1661519.4	54181.2	2.2	0.4	140.5

15-8 限额以上批发零售贸易业商品购进、销售、库存总额(2012)
Total Purchases,Sales and Stock of Enterprises above Designated Size of Wholesale and Retail Trades

单位：万元 (10 000 yuan)

项目	Item	购进总额 Total Purchases Value	进口 Imports	销售总额 Total Sales Value	批发 Wholesale Value	出口 Exports	零售 Retail Value	年末库存总额 Stock (year-end)
合计	**Total**	18414239.7	1166832.7	19395734.8	15363160.1	500889.7	4032574.7	1009684.2
批发业	**Wholesale Trade**	14009807.8	923490.6	14693496.0	14625175.6	494921.4	68320.4	527827.1
按登记注册类型分组	**By Status of Registration**							
内资企业	Domestic Funded Enterprises	13441209.5	521498.4	14061398.5	13994463.0	110372.8	66935.5	516741.8
国有企业	State-owned Enterprises	1950169.8	8736.7	2183918.5	2165625.9	15995.3	18292.6	121779.7
集体企业	Collective-owned Enterprises	7473.1		7450.1	5144.9		2305.2	475.9
股份合作企业	Cooperative Enterprises	4972.6		13991.9	13991.9			1940.2
有限责任公司	Limited-liability Companies	10187044.5	454228.6	10428628.3	10398075.4	63469.2	30552.9	331408.6
国有独资公司	State Sole Funded Enterprises	121724.0	2073.2	110261.9	110261.9	6803.7		11462.1
其他有限责任公司	Other Limited-liability Companies	10065320.5	452155.4	10318366.4	10287813.5	56665.5	30552.9	319946.5
股份有限公司	Share Holding Ltd. Companies	526948.8	43476.3	582088.2	579148.5		2939.7	14618.3
私营企业	Private Enterprises	688606.6	11380.0	763483.7	750638.6	9066.2	12845.1	35426.5
私营独资企业	Private-funded Enterprises	4055.9		4477.4	4477.4			4748.7
私营合伙企业	Private Partnership Enterprises							
私营有限责任公司	Private Limited-liability Companies	584880.6	11380.0	628137.2	617715.1	9066.2	10422.1	26505.5
私营股份有限公司	Private Share Holding Ltd. Companies	99670.1		130869.1	128446.1		2423.0	4172.3
其他企业	Other Enterprises	75994.1	3676.8	81837.8	81837.8	21842.1		11092.6
港澳台商投资企业	Enterprises with Funds from HongKong Macao and Taiwan	494429.7	401992.2	532227.9	530843.0	384548.6	1384.9	6039.4
合资经营企业(港或澳、台资)	Joint Ventures(Hongkong or Macao, Taiwan)	15536.6		19285.0	19285.0			64.6
港澳台商独资经营企业	Enterprises with Sole Investment	478893.1	401992.2	512942.9	511558.0	384548.6	1384.9	5974.8
外商投资企业	Foreign Investment Enterprises	74168.6		99869.6	99869.6			5045.9
中外合资经营企业	Cooperative Enterprises							
外资企业	Enterprises with Sole Foreign Investment	74168.6		99869.6	99869.6			5045.9
按批发行业小类分组	**By Wholesales Industries**							
农畜产品批发	Wholesale of Farm produce and Livestock products	111935.6	6879.4	115416.7	115416.7			7538.3
食品、饮料及烟草制品批发	Wholesale of Food ,Beverages and Tobaccos	1979866.6	13277.2	2239493.0	2222691.4	167.2	16801.6	115988.0
# 米、面制品及食用油批发	Wholesale of Rice ,Flour and Edible Oil	97159.3	8736.7	85427.5	81531.5		3896.0	27748.5
烟草制品批发	Wholesale of Tobaccos	1637257.1		1884245.9	1873019.5		11226.4	79415.7
纺织、服装及家庭用品批发	Wholesale of Textiles, Garments and Daily Consumer Articles	432830.6	2073.2	426914.9	425147.5	34045.1	1767.4	42037.7
# 服装批发	Wholesale of Garments	29628.1		33696.4	33696.4	27241.4		714.5
家用电器批发	Wholesale of Household Electrical Appliances	151726.9		149253.5	147536.0		1717.5	26221.9
文化、体育用品及器材批发	Wholesale of Culture, Sports Appliances and Equipments	136898.7		138925.8	129009.2	4798.8	9916.6	16021.6
医药及医疗器材批发	Wholesale of Medicines and Medical Appliances	1095840.1	103500.4	1269614.7	1265548.6	8330.6	4066.1	112024.5
矿产品、建材及化工产品批发	Wholesale of Mineral Products, Building Materials and Chemical Products	8869797.1	795757.1	8992955.1	8988639.6	417843.7	4315.5	147559.5
# 煤炭及制品批发	Wholesale of Coal and Related Products	82335.1	16011.1	94333.5	94333.5			11655.0
石油及制品批发	Wholesale of Petroleum and Related Products	1509020.2	542221.4	1536038.2	1536038.2	384605.8		46054.5
金属及金属矿批发	Wholesale of Metal and Metal Ores	601977.5		635214.2	635214.2	7184.2		8985.8
建材批发	Wholesale of Building Materials	67388.2		64933.6	64933.6			6731.6
化肥批发	Wholesale of Chemical Fertilizer	107585.8		101930.4	97614.9		4315.5	15295.4
机械设备、五金交电及电子产品批发	Wholesale of Machinery , Hardware and Electronic Equipment	1088192.4	231.1	1203869.5	1172416.3	21449.5	31453.2	54818.1
# 汽车批发	Wholesale of Motor Vehicles	745195.2		847584.1	847584.1	5096.8		6976.5
汽车零配件批发	Wholesale of Motor Vehicles parts	35505.7		39759.3	39759.3			9000.9
摩托车及零配件批发	Wholesale of,Motorcycles and parts	19898.0		18541.6	18530.3		11.3	18606.9
计算机、软件及辅助设备批发	Wholesale of Computers, Software and Assistant Appliances	182574.7		185139.4	167461.4		17678.0	1465.5
其他批发	Others Wholesale not Classified Elsewhere	294446.7	1772.2	306306.3	306306.3	8286.5		31839.4

15-8 续(continued)

项目	Item	购进总额 Total Purchases Value	进口 Imports	销售总额 Total Sales Value	批发 Wholesale Value	出口 Exports	零售 Retail Value	年末库存总额 Stock (year-end)
零售业	**Retail Trade**	**4404431.9**	**243342.1**	**4702238.8**	**737984.5**	**5968.3**	**3964254.3**	**481857.1**
按登记注册类型分组	**By Status of Registration**							
内资企业	Domestic Funded Enterprises	4148372.3	240411.0	4451287.4	696462.9	5896.0	3754824.5	445766.7
国有企业	State-owned Enterprises	553568.8		568189.2	194930.2		373259.0	38258.3
集体企业	Collective-owned Enterprises	3494.4		3505.2			3505.2	35.3
股份合作企业	Cooperative Enterprises							
联营企业	Joint Ownership Enterprises							
有限责任公司	Limited-liability Companies	1964730.0	202032.9	2151094.6	235998.6	5896.0	1915096.0	267956.9
国有独资公司	State Sole Funded Corporations	3115.1		3063.7	1356.9		1706.8	51.4
其他有限责任公司	Other Limited-liability Companies	1961614.9	202032.9	2148030.9	234641.7	5896.0	1913389.2	267905.5
股份有限公司	Share Holding Ltd. Companies	1367905.0		1460871.5	205709.4		1255162.1	91744.9
私营企业	Private Enterprises	230792.3	33428.5	240309.8	51904.9		188404.9	40190.0
私营独资企业	Private-funded Enterprises	18621.4		18786.6	1075.0		17711.6	1856.3
私营合伙企业	Private Partnership Enterprises	8586.6	1156.0	10320.3			10320.3	1237.4
私营有限责任公司	Private Limited-liability Companies	201420.3	32272.5	204710.8	49924.1		154786.7	36316.4
私营股份有限公司	Private Share Holding Ltd. Companies	2164.0		6492.1	905.8		5586.3	779.9
其他企业	Other Enterprises	27881.8	4949.6	27317.1	7919.8		19397.3	7581.3
港澳台商投资企业	Enterprises with Funds from HongKong,Macao and Taiwan	48779.0	1329.0	54534.5			54534.5	4612.2
港澳台商独资经营企业	Enterprises with Sole Investment	48779.0	1329.0	54534.5			54534.5	4612.2
外商投资企业	Foreign Investment Enterprises	207280.6	1602.1	196416.9	41521.6	72.3	154895.3	31478.2
外资企业	Enterprises with Sole Foreign Investment	207280.6	1602.1	196416.9	41521.6	72.3	154895.3	31478.2
按零售行业小类分组	**By Retail Industries**							
综合零售	Integrated Retail	451885.4	1952.5	452271.8	27892.9		424378.9	77999.6
# 百货零售	Retail of General Merchandise	220326.1	29.0	222841.5	25911.6		196929.9	39030.5
超级市场零售	Retail of Supermarkets	216380.3	594.5	205401.7	1980.8		203420.9	36007.4
食品、饮料及烟草制品专门零售	Retail of Food ,Beverages and Tobaccos	26371.2		25564.3	4220.0		21344.3	8348.8
纺织、服装及日用品专门零售	Special Retail of Textiles, Garments and Daily Consumer Articles	256966.6	127208.9	374945.1			374945.1	32988.2
#服装零售	Retail of Garment	111987.9		147884.0			147884.0	1893.1
文化、体育用品及器材专门零售	Retail of Culture, Sports Appliances and Equipments	25403.2		31995.9	4520.7		27475.2	6646.3
# 图书、报刊零售	Retail of Books and The Press	19555.2		24459.1	4121.8		20337.3	2270.4
医药及医疗器材专门零售	Retail of Medicines and Medical Appliances	34867.2		34980.9	2031.4		32949.5	9696.1
#药品零售	Retail of Medicines	34867.2		34980.9	2031.4		32949.5	9696.1
汽车、摩托车、燃料及零配件专门零售	Retail of Motor Vehicles,Motorcycles,Fuel and parts	3273355.0	104634.7	3434660.7	622754.6	72.3	2811906.1	290037.0
#汽车零售	Retail of Motor Vehicles	1054114.0	103061.6	1075881.3	76447.5		999433.8	149186.4
机动车燃料零售	Retail of Fuel of Motor Vehicles	2202982.3	1573.1	2339491.7	540531.3	72.3	1798960.4	137498.2
家用电器及电子产品专门零售	Special Retail of Household Electric Appliances	290526.5	9546.0	292861.6	58135.3	5896.0	234726.3	41394.6
# 日用家电设备零售	Retail of Household Electric Appliances	172584.8		169122.7	17320.9		151801.8	29329.8
计算机、软件及辅助设备零售	Retail of Computers ,Software and Assistant Appliances	49264.6		50731.6	25843.7		24887.9	6114.7
通讯设备零售	Retail of Communication Equipments	26778.0	9546.0	26542.6	11313.1	5896.0	15229.5	3325.6
五金、家具及室内装修材料专门零售	Special Retail of Hardware,Furniture and	14510.6		15390.3	6700.5		8689.8	5276.5
货摊、无店铺及其他零售业	Booth,Non-Shop and Other Retails	30546.2		39568.2	11729.1		27839.1	9470.0

15-9 按登记注册类型分连锁零售企业基本情况(2012)
Basic Conditions of Chain Retail Enterprises by Status of Registration

指标	Item	总店数(个) Number of Head Stores (unit)	门店总数(个) Number of Stores (unit)	年末从业人数(人) Engaged Persons at Year-end (persons)	年末零售营业面积(平方米) Operating Area of Retail Enterprises at Year-end (sq.m)	商品销售额(万元) Total Sales of Commodities (100 00yuan)	商品购进总额(万元) Total Purchases Value (100 00 yuan)	统一配送商品购进额(万元) Centralized Purchase and Delivery (100 00 yuan)
合　计	**Total**	**6**	**506**	**5717**	**319630**	**1797414.4**	**1695362**	**1695362.2**
内资企业	**Domestic Funded Enterprises**	**6**	**506**	**5717**	**319630**	**1797414.4**	**1695362**	**1695362.2**
国有企业	State-owned Enterprises	1	90	993	211973	304722.8	289536.7	289536.7
集体企业	Collective-owned Enterprises							
股份合作企业	Cooperative Enterprises							
联营企业	Joint Ownership Enterprises							
国有联营企业	State Joint Ownership Enterprises							
集体联营企业	Collective Joint Ownership Enterprises							
国有与集体联营企业	Joint State-Collective Enterprises							
其他联营企业	Other Joint Ownership Enterprises							
有限责任公司	Limited-liability Companies	3	120	904	44657	20870.2	20070	20070
国有独资公司	State Sole Funded Corporations							
其他有限责任公司	Other Limited-liability Companies	3	120	904	44657	20870.2	20070	20070
股份有限公司	Share Holding Ltd. Companies	1	246	2951	60000	1446939.8	1358434	1358433.6
私营企业	Private Enterprises	1	50	869	3000	24881.6	27321.9	27321.9
私营独资企业	Private-funded Enterprises							
私营合伙企业	Private Partnership Enterprises							
私营有限责任公司	Private Limited-liability Companies	1	50	869	3000	24881.6	27321.9	27321.9
私营股份有限公司	Private Share Holding Ltd. Companies							
其他企业	Other Enterprises							
港、澳、台商投资企业	**Enterprises with Funds from HongKong, Macao and Taiwan**							
与港澳台商合资经营	Joint-venture Enterprises							
与港澳台商合作经营	Cooperative Enterprises							
港、澳、台商独资经营	Enterprises with Sole Fund							
港、澳、台商投资股份有限公司	Share -holding Corporations Ltd							
其他港澳台商投资	Other Funds from HongKong, Macao and Taiwan							
外商投资企业	**Foreign Investment Enterprises**							
中外合资经营企业	Joint-venture Enterprises							
中外合作经营企业	Cooperative Enterprises							
外资企业	Enterprises with Sole Foreign Investment							
外商投资股份有限公司	Share -holding Corporations Ltd							
其他外商投资	Other Foreign Investment							

15-10 按行业和业态分连锁零售企业基本情况(2012)

Basic Conditions of Chain Retail Enterprises by Sector and Business Categories

指标	Item	总店数 (个) Number of Head Stores (unit)	门店总数 (个) Number of Stores (unit)	年末从业人数 (人) Engaged Persons at Year-end (persons)	年末零售营业面积 (平方米) Operating Area of Retail Enterprises at Year-end (sq.m)
合　　计	**Total**	**6**	**506**	**5717**	**319630**
按行业分组	**By sector**				
批发业	**Wholesale trade**				
农、林、牧产品批发	Wholesale of farm produce and livestock product				
食品、饮料及烟草制品批发	Wholesale of Food ,Beverages and Tobaccos				
纺织、服装及日用品批发	Wholesale of Textiles, Garments and Daily Consumer Articles				
文化、体育用品及器材批发	Wholesale of Culture, Sports Appliances and Equipments				
医药及医疗器材批发	Wholesale of Medicines and Medical Appliances				
矿产品、建材及化工产品批发	Wholesale of Mineral Products, Building Materials and Chemical Products				
机械设备、五金交电及电子产品批发	Wholesale of Machinery , Hardware and Electronic Equipment				
贸易经纪与代理	Trade Broker and Agency				
其他批发	Others Wholesale not Classified Elsewhere				
零售业	**Retail Trade**	**6**	**506**	**5717**	**319630**
综合零售	Integrated Retail	1	13	317	22140
食品、饮料及烟草制品专门零售	Retail of Food ,Beverages and Tobaccos				
纺织、服装及日用品专门零售	Special Retail of Textiles, Garments and Daily Consumer Articles				
文化、体育用品及器材专门零售	Retail of Culture, Sports Appliances and Equipments				
医药及医疗器材专门零售	Retail of Medicines and Medical Appliances	3	157	1456	25517
汽车、摩托车、燃料及零配件专门零售	Retail of Motor Vehicles,Motorcycles,Fuel and parts	2	336	3944	271973
家用电器及电子产品专门零售	Special Retail of Household Electric Appliances				
五金、家具及室内装修材料专门零售	Special Retail of Hardware,Furniture and Decoration Materials				
无店铺及其他零售	Non-Shop and Other Retails				
按业态分	**By Business Categories**				
便利店	Convenience Store				
折扣店	Discount Store				
超市	Supermarket	1	13	317	22140
大型超市	Hypermarket				
仓储会员店	Warehouse Club				
百货商店	Department Store				
专业店	Specialty Store	5	493	5400	297490
其中：加油站	Gas Station	2	336	3944	271973
专卖店	Franchised Store				
家居建材店	Building Material Store				
厂家直销中心	Factory Outlets Center				
其他	Other Store				

15-10 续(continued)

指标	Item	商品销售额（万元）Total Sales of Commodities (100 00 yuan)	商品购进总额（万元）Total Purchases Value (100 00 yuan)	统一配送商品购进额（万元）Centralized Purchase and Delivery (100 00 yuan)
合　计	**Total**	**1797414.4**	**1695362.2**	**1695362.2**
按行业分组	**By sector**			
批发业	**Wholesale trade**			
农、林、牧产品批发	Wholesale of farm produce and livestock product			
食品、饮料及烟草制品批发	Wholesale of Food ,Beverages and Tobaccos			
纺织、服装及日用品批发	Wholesale of Textiles, Garments and Daily Consumer Articles			
文化、体育用品及器材批发	Wholesale of Culture, Sports Appliances and Equipments			
医药及医疗器材批发	Wholesale of Medicines and Medical Appliances			
矿产品、建材及化工产品批发	Wholesale of Mineral Products, Building Materials and Chemical Products			
机械设备、五金交电及电子产品批发	Wholesale of Machinery , Hardware and Electronic Equipment			
贸易经纪与代理	Trade Broker and Agency			
其他批发	Others Wholesale not Classified Elsewhere			
零售业	**Retail Trade**	**1797414.4**	**1695362.2**	**1695362.2**
综合零售	Integrated Retail	11191	12545.1	12545.1
食品、饮料及烟草制品专门零售	Retail of Food ,Beverages and Tobaccos			
纺织、服装及日用品专门零售	Special Retail of Textiles, Garments and Daily Consumer Articles			
文化、体育用品及器材专门零售	Retail of Culture, Sports Appliances and Equipments			
医药及医疗器材专门零售	Retail of Medicines and Medical Appliances	34560.8	34846.8	34846.8
汽车、摩托车、燃料及零配件专门零售	Retail of Motor Vehicles,Motorcycles,Fuel and parts	1751662.6	1647970.3	1647970.3
家用电器及电子产品专门零售	Special Retail of Household Electric Appliances and Electronic Products			
五金、家具及室内装修材料专门零售	Special Retail of Hardware,Furniture and Decoration Materials			
无店铺及其他零售	Non-Shop and Other Retails			
按业态分	**By Business Categories**			
便利店	Convenience Store			
折扣店	Discount Store			
超市	Supermarket	11191	12545.1	12545.1
大型超市	Hypermarket			
仓储会员店	Warehouse Club			
百货商店	Department Store			
专业店	Specialty Store	1786223.4	1682817.1	1682817.1
其中：加油站	Gas Station	1751662.6	1647970.3	1647970.3
专卖店	Franchised Store			
家居建材店	Building Material Store			
厂家直销中心	Factory Outlets Center			
其他	Other Store			

15-11 亿元以上商品交易市场基本情况(2012)
Basic Statistics on Commodity Exchange Markets of Transaction Value over 100 Million Yuan

市场	Market	市场数量(个) Number of Markets (unit)	摊位数(个) Number of Booths (unit)	营业面积(平方米) Operating Area (sq.m)	成交额(亿元) Turnover (100 million yuan)
总计	**Total**	**8**	**4397**	**97373.0**	**18.5**
综合市场	**Integrated Markets**	**3**	**2474**	**14245.0**	**9.6**
生产资料综合市场	Production Comprehensive Market				
工业消费品综合市场	Industrial Consumable Comprehensive Markets				
农产品综合市场	Farm Produce Comprehensive Markets	1	671	1200.0	1.4
其他综合市场	Other Comprehensive Markets	2	1803	13045.0	8.2
专业市场	**Special Markets**	**5**	**1923**	**83128.0**	**8.9**
生产资料市场	Production Markets				
农业生产用具市场	Agricultural Production Equiment Markets				
农用生产资料市场	Agricultural Production Markets				
煤炭市场	Coal and Charcoal Markets				
木材市场	Wood Markets				
建材市场	Building Material Markets				
化工材料及制品市场	Chemical Materials and Products Markets				
金属材料市场	Metal Materials Markets				
机械设备市场	Mechanical Equipments Markets				
其他生产资料市场	Others				
农产品市场	Farm Produce Markets	2	882	12000.0	3.9
粮油市场	Grain and Oil Markets				
肉禽蛋市场	Meat, Poultry and Eggs Markets	1	62	7000.0	1.4
水产品市场	Aquatic Products Markets				
蔬菜市场	Vegetables Markets				
干鲜果品市场	Dried and Fresh Melons and Fruits Markets				
棉麻土畜、烟叶市场	Cotton, Local & Livestock Products, and Tobacco Markets				
其他农产品市场	Others	1	820	5000.0	2.5
食品、饮料及烟酒市场	Food, Beverages, Tobacco and Liquor Markets	1	406	57800.0	1.3
食品饮料市场	Food and Beverages Markets				
茶叶市场	Tea Markets				
烟酒市场	Tobacco and Liquor Markets				
其他食品饮料及烟酒市场	Others	1	406	57800.0	1.3
纺织、服装、鞋帽市场	Textiles, Clothing, Shoes and Hats Markets	1	335	2828.0	0.8
布料及纺织品市场	Cloth and Textiles Markets				
服装市场	Clothing Markets	1	335	2828.0	0.8
鞋帽市场	Shoes and Hats Markets				
其他纺织服装鞋帽市场	Others				
日用品及文化用品市场	Daily Use Articles and Cultural Goods Markets				
小商品市场	Merchandise Markets				
箱包市场	Luggage Markets				
玩具市场	Toys Markets				
文具市场	Stationary Markets				
图书、报刊杂志市场	Books, Newspapers and Magazines Markets				
音像制品及电子出版物市场	Video Products and E-journal Markets				
体育用品市场	Sports Markets				
其他日用品及文化用品市场	Others				

15-11 续(continued)

市场	Market	市场数量(个) Number of Markets (unit)	摊位数(个) Number of Booths (unit)	营业面积(平方米) Operating Area (sq.m)	成交额(亿元) Turnover (100 million yuan)
黄金、珠宝、玉器等首饰市场	Gold, Jeweller, Jade Markets				
电器、通讯器材、电子设备市场	Electrical Appliances, Communication Appliances and Electronical Appliances Markets	1	300	10500.0	2.9
家电市场	Household Appliances Markets				
通讯器材市场	Communication Appliances Markets				
照相、摄像器材市场	Cameras and Video Equipmetns Markets				
计算机及辅助设备市场	Computer and Auxillary Equipments Markets				
其他电器、通讯器材、电子设备市场	Others	1	300	10500.0	2.9
医药、医疗用品及器材市场	Medicine, Medical Materials and Medical Instruments Markets				
中药材市场	Chinese Medicine Markets				
其他医药、医疗用品及器材市场	Others				
家具、五金及装饰材料市场	Furniture, Hardware and Decoration Materials Markets				
家具市场	Furniture Markets				
装饰材料市场	Decoration Materials Markets				
灯具市场	Lamps Markets				
厨具、盥洗设备市场	Kitchen Utensils, Washing Equipments Markets				
五金材料市场	Hardware Materials Markets				
其他装修市场	Others				
汽车、摩托车及零配件市场	Cars, Motorcycles and Spare Parts Markets				
汽车市场	Cars Markets				
摩托车市场	Motocycles Markets				
机动车零配件市场	Vehicle Spare Parts Markts				
花、鸟、鱼、虫市场	Flower, Bird, Fish and Insects Markets				
花卉市场	Flower Markets				
鸟市场	Bird Markets				
观赏鱼市场	Fish Markets				
其他花鸟鱼虫市场	Others				
旧货市场	Second Hand Markets				
古玩、古董、字画市场	Antiques,Calligraphy and Painting Markets				
邮票、硬币市场	Stamps and Coins Markets				
其他旧货市场	Others				
其他专业市场	Others				

15-12 亿元以上商品交易市场摊位分类情况(2012)
Classification of Commodity Exchange Markets of Transaction Value over 100 Million Yuan

类　别	Classification	摊位数 (个) Number of Booths (unit)	成交额 (亿元) Turnover (100 million yuan)
总　计	**Total**	**4324**	**18.517**
食品、饮料、烟酒类	Food, Beverages, Tobacco and Liquor	2658	10.670
食品类	Food	2256	9.521
#粮油类	Grain and Oil	198	0.426
肉禽蛋类	Meat, Poultry and Eggs	442	4.595
水产品类	Aquatic Products	619	3.118
蔬菜类	Vegetables	662	0.647
干鲜果品类	Dried and Fresh Melons and Fruits	239	0.421
饮料类	Beverages	233	0.730
烟酒类	Tobacco and Liquor	169	0.420
服装鞋帽、针、纺织品类	Clothing, Shoes, Hats and Textiles	1166	4.638
服装类	Clothing	1009	4.179
鞋帽类	Footwear and Hats	101	0.341
针、纺织品类	Knitwear and Textiles	56	0.118
化妆品类	Cosmetics	50	0.100
金银珠宝类	Gold, Silver and Jewellery		
日用品类	Articles for Daily Use	52	0.130
#洗涤用品类	Washing Articles	39	0.123
儿童玩具类	Children Toys	5	0.008
五金、电料类	Hardware & Electrical Materials	5	0.013
体育、娱乐用品类	Sports & Recreational Articles	5	0.014
书报杂志类	Newspapers and Magazines		
电子出版物及音像制品类	E-journal and Video Products		
家用电器和音像器材类	Household Appliances and Video Equipments	9	0.026
中西药品类	Traditional Chinese and Western Medicine	3	0.010
#西药类	Western Medicine	3	0.010
中草药及中成药类	Traditional Chinese		
文化办公用品类	Cultural and Official Goods	300	2.860
家具类	Furniture		
通讯器材类	Communication Appliances		
煤炭及制品类	Coal and Related Products		
木材及制品类	Wood and Wooden Products		
石油及制品类	Petroleum and Related Products		
化工材料及制品类	Raw Chemical Materials and Related Products		
#化肥类	Fertilizer		
金属材料类	Metal Materials		
建筑及装潢材料类	Building and Decoration Materials		
机电产品及设备类	Mechanical & Electrical Products		
#农机类	Agricultural Machinery		
汽车类	Automobile		
种子饲料类	Seed and Feedstuff		
棉麻类	Cotton and Hemp		
其他类	Others	76	0.056

15-13 住宿和餐饮业情况

Basic Conditions of Hotels and Catering Services

单位：万元、个、人　　(10 000 yuan、Unit、person)

指标	Item	2005	2008	2009	2010	2011	2012
住宿和餐饮业	**Hotels and Catering Services**						
法人企业	Number of Corporation Enterprises	291	299	350	412	380	361
年末从业人数	Engaged Persons at Year-end	36936	47517	54935	65532	67650	65798
营业额	Business Revenue	261046	545857	640460	886351	1086819	1047976
#餐费收入	From Meals	101526	211219	242429	338764	396904	399096
年末餐饮营业面积	Business Area of Catering Services at Year-end	237000	400389	424633	508316	1071903	968448
住宿业	**Hotels**						
法人企业	Number of Corporation Enterprises	254	223	266	311	284	265
年末从业人数	Engaged Persons at Year-end	33233	40510	46955	56088	58873	56910
营业额	Business Revenue	224165	469852	556052	766626	953682	911885
#客房收入	Form Hotel Room	138584	291696	345241	476529	596897	566463
餐费收入	From Meals	67086	137726	160914	229240	278360	277585
客房数	Number of Room		46528	55438	64516	63484	179446
床位数	Number of Beds	112000	83527	102518	118640	113752	258716
年末餐饮营业面积	Business Area of Catering Services at Year-end	166000	262097	256843	324590	868961	776528
餐饮业	**Catering Services**						
法人企业	Number of Corporation Enterprises	37	76	84	101	96	96
年末从业人数	Engaged Persons at Year-end	3703	7007	7980	9444	8777	8888
营业额	Business Revenue	36881	76005	84409	119725	133137	136091
#餐费收入	From Meals	34440	73493	81516	109524	118544	121511
年末餐饮营业面积（平方米）	Business Area of Catering Services at Year-end(sq.m)	71000	138292	167790	183726	202942	191920

注：1、2008年以前的统计范围为限额以上法人企业、产业活动单位，2008年及以后为限额以上法人企业。

2、2008年以前的统计限额划分指标为“年商品销售额”、“年末从业人员”，2008年以后为“年主营业务收入”。

Notes: a)The scope of statistics before 2008 refer to corporate enterprises above designated size and industrial units,after 2008 only refer to corporate enterprises above designated size.

b)Index for ranking of designated size before 2008 refer to total sales of commodities and engaged persons at year-end,after 2008 refer to main business income.

15-14 限额以上住宿业和限额以上餐饮业企业基本情况(2012)
Basic Conditions of Enterprises above Designated Size of Hotels and Catering

项目	Item	法人企业(个) Number of Corporation Enterprises (unit)	年末从业人数(人) Engaged Persons at Year-end (person)	年末餐饮营业面积(平方米) Business area of catering at year-end (sq.m)	年末住宿和餐饮企业拥有床位数(个) Number of Beds in Catering Services and Hotel Services Enterprises at Year-end (unit)	年末住宿和餐饮企业拥有餐位数(位) Number of Seats in Catering Services Enterprises at Year-end (unit)
合计	**Total**	**361**	**65798**	**968448**	**260389**	**160522**
住宿业	**Hotel Services**	**265**	**56910**	**776528**	**258716**	**119226**
按登记注册类型分组	**By Status of Registration**					
内资企业	Domestic Funded Enterprises	234	45004	518227	241538	90989
国有企业	State-owned Enterprises	22	3968	33593	7631	8304
集体企业	Collective-owned Enterprises	1	79	500	161	200
股份合作企业	Cooperative Enterprises	4	397	11516	1183	1100
联营企业	Joint Ownership Enterprises					
国有联营企业	State Joint Ownership Enterprises					
其他联营企业	Other Joint Ownership Enterprises					
有限责任公司	Limited-liability Companies	142	30455	337255	162423	53576
国有独资公司	State Sole Funded Corporations	4	1305	45243	1981	2861
其他有限责任公司	Other Limited-liability Companies	138	29150	292012	160442	50715
股份有限公司	Share Holding Ltd. Companies	13	2112	22497	4557	4546
私营企业	Private Enterprises	35	5262	100998	59460	18813
私营独资企业	Private-funded Enterprises	6	1639	17581	4347	2694
私营合伙企业	Private Partnership Enterprises	1	49	1000	95	100
私营有限责任公司	Private Limited-liability Companies	24	3045	74517	54117	15234
私营股份有限公司	Private Share Holding Ltd. Companies	4	529	7900	901	785
其他企业	Other Enterprises	17	2731	11868	6123	4450
港澳台商投资企业	Enterprises with Funds from HongKong, Macao and Taiwan	17	6666	226917	9132	18567
合资经营企业(港或澳、台资)	Joint Ventures(Hongkong or Macao, Taiwan)	7	3190	205729	4956	8778
合作经营企业(港或澳、台资)	Cooperative Enterprises (Hongkong or Macao, Taiwan)	1	82	2000	216	280
港澳台商独资经营企业	Enterprises with Sole Investment	6	2363	9379	2297	5737
港、澳、台商投资股份有限公司	Share Holding Companies Ltd.	3	1031	9809	1663	3772
外商投资企业	Foreign Investment Enterprises	14	5240	31384	8046	9670
中外合资经营企业	Joint-venture Enterprises	8	3559	14904	5198	5158
中外合作经营企业	Cooperative Enterprises	1	474	3000	848	1705
外资企业	Enterprises with Sole Foreign Investment	5	1207	13480	2000	2807
外商投资股份有限公司	Foreign Businessman Investing Shareholding companies					
按住宿行业小类分组	**By Hotel Sector**					
旅游饭店	Tourism Hotel	250	55499	714354	255833	116744
一般旅馆	General Hotel	13	790	21210	1993	1514
其他住宿业	Others	2	621	40964	890	968

15-14 续(continued)

项　　目	Item	法人企业(个) Number of Corporation Enterprises (unit)	年末从业人数(人) Engaged Persons at Year-end (person)	年末餐饮营业面积(平方米) Business area of catering at year-end (sq.m)	年末住宿和餐饮企业拥有床位数(个) Number of Beds in Catering Services and Hotel Services Enterprises at Year-end (unit)	年末住宿和餐饮企业拥有餐位数(位) Number of Seats in Catering Services Enterprises at Year-end (unit)
餐饮业	**Catering Services**	**96**	**8888**	**191920**	**1673**	**41296**
按登记注册类型分组	**By Status of Registration**					
内资企业	Domestic Funded Enterprises	89	7909	186133	1673	38930
国有企业	State-owned Enterprises	1	77	2500		450
集体企业	Collective-owned Enterprises					
有限责任公司	Limited-liability Companies	50	4142	88358	774	22269
其他有限责任公司	Other Limited-liability Companies	50	4142	88358	774	22269
股份有限公司	Share Holding Ltd. Companies	7	693	18800	302	3887
私营企业	Private Enterprises	18	1427	56015	314	7282
私营独资企业	Private-funded Enterprises	3	215	8885	132	1536
私营合伙企业	Private Partnership Enterprises	1		60		150
私营有限责任公司	Private Limited-liability Companies	13	1052	43820	147	5373
私营股份有限公司	Private Share Holding Ltd. Companies	1	160	3250	35	223
其他企业	Other Enterprises	13	1570	20460	283	5042
港澳台商投资企业	Enterprises with Funds from HongKong Macao and Taiwan	6	889	5287		2066
合资经营企业(港或澳、台资)	Joint Ventures(Hongkong or Macao, Taiwan)	2	168	1400		618
合作经营企业(港或澳、台资)	Cooperative Enterprises (Hongkong or Macao, Taiwan)	1	258	200		140
港澳台商独资经营企业	Enterprises with Sole Investment	3	463	3687		1308
外商投资企业	Foreign Investment Enterprises	1	90	500		300
外资企业	Enterprises with Sole Foreign Investment	1	90	500		300
按餐饮行业小类分组	**By Food and Beverage Industries**					
正餐服务	Dinner	93	8541	189040	1673	40433
快餐服务	Fast Food	3	347	2880		863
饮料及冷饮服务	Soft Drink and Beverage Services					
其他餐饮服务	Other Catering Services					

15-15 限额以上住宿和餐饮业经营情况(2012)
Operating Condition of Hotels and Catering Enterprises above Designated Size

单位：万元 (10000 yuan)

项 目	Item	营业额 Business Revenuer	客房收入 From Hotel Rooms	餐费收入 From Meals	商品销售收入 Sales Revenue of Commodities	其他收入 Other Revenue
合 计	**Total**	**1047976**	**570658**	**399096**	**14599**	**63623**
住宿业	**Hotel Services**	**911885**	**566463**	**277585**	**12667**	**55170**
按登记注册类型分组	**By Status of Registration**					
内资企业	Domestic Funded Enterprises	651741	397464	201189	11442	41645
国有企业	State-owned Enterprises	42683	22967	14039	1176	4502
集体企业	Collective-owned Enterprises	861	653			209
股份合作企业	Cooperative Enterprises	3100	1574	1278	48	201
联营企业	Joint Ownership Enterprises					
国有联营企业	State Joint Ownership Enterprises					
其他联营企业	Other Joint Ownership Enterprises					
有限责任公司	Limited-liability Companies	481946	294160	149240	9577	28969
国有独资公司	State Sole Funded Corporations	21495	11832	8174	227	1262
其他有限责任公司	Other Limited-liability Companies	460451	282328	141066	9350	27707
股份有限公司	Share Holding Ltd. Companies	29785	19156	9132	82	1414
私营企业	Private Enterprises	54905	33443	18057	531	2874
私营独资企业	Private-funded Enterprises	8595	4811	2920	525	340
私营合伙企业	Private Partnership Enterprises	372	214	149		10
私营有限责任公司	Private Limited-liability Companies	43770	27108	14174		2488
私营股份有限公司	Private Share Holding Ltd. Companies	2168	1311	815	6	37
其他企业	Other Enterprises	38461	25512	9444	28	3477
港澳台商投资企业	Enterprises with Funds from HongKong, Macao and Taiwan	134518	87342	38735	704	7737
合资经营企业(港或澳、台资)	Joint Ventures(Hongkong or Macao, Taiwan)	73798	49128	22500	104	2066
合作经营企业(港或澳、台资)	Cooperative Enterprises(Hongkong or Macao, Taiwan)	737	266	442	3	27
港澳台商独资经营企业	Enterprises with Sole Investment	46014	28348	11744	598	5324
港、澳、台商投资股份有限公司	Share Holding Companies Ltd.	13969	9600	4049		320
外商投资企业	Foreign Investment Enterprises	125627	81657	37661	521	5788
中外合资经营企业	Joint-venture Enterprises	94848	66105	25193	521	3028
中外合作经营企业	Cooperative Enterprises	6920	3937	2672		312
外资企业	Enterprises with Sole Foreign Investment	23859	11615	9797		2448
外商投资股份有限公司	Foreign Businessman Investing Shareholding companies					
按住宿行业小类分组	**By Hotel Sector**					
旅游饭店	Tourism Hotel	899287	560643	271965	12533	54147
一般旅馆	General Hotel	7926	4415	3321	47	143
其他住宿业	Others	4673	1406	2298	88	881

15-15 续(continued)

项　目	Item	营业额 Turnover	客房收入 From Hotel Rooms	餐费收入 From Meals	商品销售收入 Sales Revenue of Commodities	其他收入 Other Revenue
餐饮业	**Catering Services**	**136091**	**4195**	**121511**	**1932**	**8453**
按登记注册类型分组	**By Status of Registration**					
内资企业	Domestic Funded Enterprises	118608	4195	106095	1718	6600
国有企业	State-owned Enterprises	547		547		
集体企业	Collective-owned Enterprises					
有限责任公司	Limited-liability Companies	63931	1857	57593	456	4024
其他有限责任公司	Other Limited-liability Companies	63931	1857	57593	456	4024
股份有限公司	Share Holding Ltd. Companies	9282	750	8228	57	247
私营企业	Private Enterprises	25653	650	22754	611	1639
私营独资企业	Private-funded Enterprises	4130	373	3700	57	
私营合伙企业	Private Partnership Enterprises	3675		3507	168	
私营有限责任公司	Private Limited-liability Companies	16682	123	14655	266	1639
私营股份有限公司	Private Share Holding Ltd. Companies	1167	155	892	120	
其他企业	Other Enterprises	19195	938	16973	595	690
港澳台商投资企业	Enterprises with Funds from HongKong Macao and Taiwan	15912		13845	214	1853
合资经营企业(港或澳、台资)	Joint Ventures(Hongkong or Macao, Taiwan)	3584		3582		2
合作经营企业(港或澳、台资)	Cooperative Enterprises (Hongkong or Macao, Taiwan)	2230		165	214	1851
港澳台商独资经营企业	Enterprises with Sole Investment	10099		10099		
外商投资企业	Foreign Investment Enterprises	1571		1571		
外资企业	Enterprises with Sole Foreign Investment	1571		1571		
按餐饮行业小类分组	**By Food and Beverage Industries**					
正餐服务	Dinner	129240	4195	114660	1932	8453
快餐服务	Fast Food	6851		6851		
饮料及冷饮服务	Soft Drink and Beverage Services					
其他餐饮服务	Other Catering Services					

15-16 限额以上批发和零售业企业财务状况(2012)
Financial Indicator of Enterprises above Designated Size in Wholesale and Retail Trades

单位：万元 (10 000 yuan)

项目	Item	企业数(个) Number of Enterprises (unit)	流动资产合计 Total Current Assets	存货 Inventory	固定资产原价 Original Value of Fixed Assets
合计	**Total**	**485**	**4096268**	**958558**	**824087**
批发业	**Wholesale Trade**	**245**	**2932858**	**573594**	**289538**
按登记注册类型分组	**By Status of Registration**				
内资企业	Domestic Funded Enterprises	233	2684826	563177	280002
国有企业	State-owned Enterprises	17	553627	108948	135106
集体企业	Collective-owned Enterprises	1	1189	259	107
股份合作企业	Cooperative Enterprises	2	9944	3068	3061
有限责任公司	Limited-liability Companies	147	1332114	361218	87447
国有独资公司	State Sole Funded Enterprises	1	34137	1267	230
其他有限责任公司	Other Limited-liability Companies	146	1297977	359951	87217
股份有限公司	Share Holding Ltd. Companies	13	439258	24942	40557
私营企业	Private Enterprises	44	303239	54404	11778
私营独资企业	Private-funded Enterprises	1	1069	475	46
私营合伙企业	Private Partnership Enterprises				
私营有限责任公司	Private Limited-liability Companies	39	227526	39535	7329
私营股份有限公司	Private Share Holding Ltd. Companies	4	74643	14394	4402
其他企业	Other Enterprises	9	45456	10340	1946
港澳台商投资企业	Enterprises with Funds from HongKong Macao and Taiwan	9	67140	5974	1940
合资经营企业(港或澳、台资)	Joint Ventures(Hongkong or Macao, Taiwan)	1	3473	98	139
港澳台商独资经营企业	Enterprises with Sole Investment	8	63666	5876	1801
外商投资企业	Foreign Investment Enterprises	3	180893	4443	7597
中外合资经营企业	Cooperative Enterprises				
外资企业	Enterprises with Sole Foreign Investment	**3**	**180893**	**4443**	**7597**
按批发行业小类分组	**By Wholesales Industries**				
农畜产品批发	Wholesale of Farm produce and Livestock products	10	14035	6483	5801
食品、饮料及烟草制品批发	Wholesale of Food ,Beverages and Tobaccos	29	557567	102583	110375
# 米、面制品及食用油批发	Wholesale of Rice ,Flour and Edible Oil	6	53033	20958	8384
烟草制品批发	Wholesale of Tobaccos	5	380792	71400	86922
纺织、服装及家庭用品批发	Wholesale of Textiles, Garments and Daily Consumer Articles	16	153829	30444	3491
# 服装批发	Wholesale of Garments	3	11151	652	1919
家用电器批发	Wholesale of Household Electrical Appliances	5	91825	25163	445
文化、体育用品及器材批发	Wholesale of Culture, Sports Appliances and Equipments	5	98572	13647	21029
医药及医疗器材批发	Wholesale of Medicines and Medical Appliances	86	950146	100939	28573
矿产品、建材及化工产品批发	Wholesale of Mineral Products, Building Materials and Chemical Products	61	913654	250706	105075
# 煤炭及制品批发	Wholesale of Coal and Related Products	5	74306	28845	2830
石油及制品批发	Wholesale of Petroleum and Related Products	14	213921	53524	81899
金属及金属矿批发	Wholesale of Metal and Metal Ores	10	181673	23621	7507
建材批发	Wholesale of Building Materials	5	20298	5907	1286
化肥批发	Wholesale of Chemical Fertilizer	6	90505	15078	1437
机械设备、五金交电及电子产品批发	Wholesale of Machinery , Hardware and Electronic Equipment	31	183323	39663	8154
# 汽车批发	Wholesale of Motor Vehicles	1	90545	6977	
汽车零配件批发	Wholesale of Motor Vehicles parts	5	15765	8798	3490
摩托车及零配件批发	Wholesale of,Motorcycles and parts	2	3777	3012	219
计算机、软件及辅助设备批发	Wholesale of Computers, Software and Assistant Appliances	6	12147	1477	832
其他批发	Others Wholesale not Classified Elsewhere	7	61732	29129	7041

15-16 续1(continued 1)

单位：万元 (10 000 yuan)

项　目	Item	企业数(个) Number of Enterprises (unit)	流动资产合计 Total Current Assets	存货 Inventory	固定资产原价 Original Value of Fixed Assets
零售业	**Retail Trade**	**240**	**1163410**	**384964**	**534549**
按登记注册类型分组	**By Status of Registration**				
内资企业	Domestic Funded Enterprises	234	1074393	360716	497393
国有企业	State-owned Enterprises	12	48789	34868	28752
集体企业	Collective-owned Enterprises	1	187	35	174
股份合作企业	Cooperative Enterprises				
联营企业	Joint Ownership Enterprises				
有限责任公司	Limited-liability Companies	164	775968	208731	286004
国有独资公司	State Sole Funded Corporations	1	14359	33	1008
其他有限责任公司	Other Limited-liability Companies	163	761609	208698	284997
股份有限公司	Share Holding Ltd. Companies	6	150082	78714	165434
私营企业	Private Enterprises	46	82936	31340	16733
私营独资企业	Private-funded Enterprises	7	4455	1205	438
私营合伙企业	Private Partnership Enterprises	2	3023	1069	969
私营有限责任公司	Private Limited-liability Companies	34	73505	28311	14945
私营股份有限公司	Private Share Holding Ltd. Companies	3	1952	755	381
其他企业	Other Enterprises	5	16432	7027	295
港澳台商投资企业	Enterprises with Funds from HongKong,Macao and Taiwan	2	11131	927	5189
港澳台商独资经营企业	Enterprises with Sole Investment	2	11131	927	5189
外商投资企业	Foreign Investment Enterprises	4	77886	23321	31967
外资企业	Enterprises with Sole Foreign Investment	4	77886	23321	31967
按零售行业小类分组	**By Retail Industries**				
综合零售	Integrated Retail	**44**	**196745**	**53535**	**68071**
# 百货零售	Retail of General Merchandise	24	128736	23453	47738
超级市场零售	Retail of Supermarkets	15	60431	28003	19606
食品、饮料及烟草制品专门零售	Retail of Food ,Beverages and Tobaccos	9	17426	9114	3817
纺织、服装及日用品专门零售	Special Retail of Textiles, Garments and Daily Consumer Articles	8	177242	28617	153550
#服装零售	Retail of Garment	4	79293	1092	152101
文化、体育用品及器材专门零售	Retail of Culture, Sports Appliances and Equipments	18	44874	6174	20741
# 图书、报刊零售	Retail of Books and The Press	15	29605	1816	20427
医药及医疗器材专门零售	Retail of Medicines and Medical Appliances	3	17984	9104	1483
#药品零售	Retail of Medicines	3	17984	9104	1483
汽车、摩托车、燃料及零配件专门零售	Retail of Motor Vehicles,Motorcycles,Fuel and parts	108	571741	230496	271026
#汽车零售	Retail of Motor Vehicles	71	313298	108633	56027
机动车燃料零售	Retail of Fuel of Motor Vehicles	21	231868	118631	213043
家用电器及电子产品专门零售	Special Retail of Household Electric Appliances and Electronic Products	35	105648	34084	12829
# 日用家电设备零售	Retail of Household Electric Appliances	16	79907	21918	10197
计算机、软件及辅助设备零售	Retail of Computers ,Software and Assistant Appliances	10	13425	6181	895
通讯设备零售	Retail of Communication Equipments	4	3119	1892	258
五金、家具及室内装修材料专门零售	Special Retail of Hardware,Furniture and Decoration Materials	6	7501	4733	469
货摊、无店铺及其他零售业	Booth,Non-Shop and Other Retails	9	24249	9108	2564

15-16 续2(continued 2)

单位：万元 (10 000 yuan)

项　目	Item	累计折旧 Accumulated Depreciation	本年折旧 Depreciation This Year	资产合计 Total Assets	负债合计 Total Liabilities	所有者权益合计 Total Greditors Equity
合　计	**Total**	**267986**	**48416**	**5477698**	**3357941**	**2119756**
批发业	**Wholesale Trade**	**103138**	**17272**	**3707231**	**2154814**	**1552417**
按登记注册类型分组	**By Status of Registration**					
内资企业	Domestic Funded Enterprises	100695	16468	3303484	2054920	1248565
国有企业	State-owned Enterprises	48396	6756	708138	199307	508831
集体企业	Collective-owned Enterprises	29		1417	1267	150
股份合作企业	Cooperative Enterprises	525	222	14544	6697	7848
有限责任公司	Limited-liability Companies	30409	6779	1549859	1163330	386528
国有独资公司	State Sole Funded Enterprises	205	4	35734	32855	2879
其他有限责任公司	Other Limited-liability Companies	30204	6775	1514125	1130475	383650
股份有限公司	Share Holding Ltd. Companies	15887	1563	631260	410406	220854
私营企业	Private Enterprises	4727	1037	342406	232490	109916
私营独资企业	Private-funded Enterprises	38	10	1077	823	254
私营合伙企业	Private Partnership Enterprises					
私营有限责任公司	Private Limited-liability Companies	3687	756	244751	191627	53124
私营股份有限公司	Private Share Holding Ltd. Companies	1002	272	96578	40040	56538
其他企业	Other Enterprises	723	111	55860	41422	14438
港澳台商投资企业	Enterprises with Funds from HongKong Macao and Taiwan	1362	418	144988	71905	73083
合资经营企业(港或澳、台资)	Joint Ventures(Hongkong or Macao, Taiwan)	83	83	3529	3529	
港澳台商独资经营企业	Enterprises with Sole Investment	1279	336	141458	68375	73083
外商投资企业	Foreign Investment Enterprises	1082	385	258760	27990	230770
中外合资经营企业	Cooperative Enterprises					
外资企业	Enterprises with Sole Foreign Investment	1082	385	258760	27990	230770
按批发行业小类分组	**By Wholesales Industries**					
农畜产品批发	Wholesale of Farm produce and Livestock products	726	210	20621	12959	7662
食品、饮料及烟草制品批发	Wholesale of Food ,Beverages and Tobaccos	38605	6214	679557	242733	436824
# 米、面制品及食用油批发	Wholesale of Rice ,Flour and Edible Oil	3228	403	58231	52771	5461
烟草制品批发	Wholesale of Tobaccos	33011	5014	478294	59162	419132
纺织、服装及家庭用品批发	Wholesale of Textiles, Garments and Daily Consumer Articles	1973	723	158631	148673	9958
# 服装批发	Wholesale of Garments	1074	446	12309	11024	1285
家用电器批发	Wholesale of Household Electrical Appliances	183	133	92347	91320	1028
文化、体育用品及器材批发	Wholesale of Culture, Sports Appliances and Equipments	3183	749	139530	71490	68039
医药及医疗器材批发	Wholesale of Medicines and Medical Appliances	10116	1934	1204527	684451	520076
矿产品、建材及化工产品批发	Wholesale of Mineral Products, Building Materials and Chemical Products	43570	5295	1228781	793422	435359
# 煤炭及制品批发	Wholesale of Coal and Related Products	1021	195	77892	58653	19239
石油及制品批发	Wholesale of Petroleum and Related Products	36741	3313	365931	197528	168404
金属及金属矿批发	Wholesale of Metal and Metal Ores	1532	460	218559	146385	72174
建材批发	Wholesale of Building Materials	508	399	21729	13267	8462
化肥批发	Wholesale of Chemical Fertilizer	770	192	92309	86035	6274
机械设备、五金交电及电子产品批发	Wholesale of Machinery , Hardware and Electronic Equipment	3088	1279	206887	154054	52833
# 汽车批发	Wholesale of Motor Vehicles			94811	72910	21901
汽车零配件批发	Wholesale of Motor Vehicles parts	1178	767	25415	10596	14818
摩托车及零配件批发	Wholesale of,Motorcycles and parts	99	28	3899	3289	611
计算机、软件及辅助设备批发	Wholesale of Computers, Software and Assistant Appliances	311	101	14408	9143	5265
其他批发	Others Wholesale not Classified Elsewhere	1878	868	68698	47033	21666

15-16 续3(continued 3)

单位：万元 (10 000 yuan)

项 目	Item	累计折旧 Accumulated Depreciation	本年折旧 Depreciation This Year	资产合计 Total Assets	负债合计 Total Liabilities	所有者权益合计 Total Greditors Equity
零售业	**Retail Trade**	**164847**	**31144**	**1770467**	**1203127**	**567340**
按登记注册类型分组	**By Status of Registration**					
内资企业	Domestic Funded Enterprises	149372	22076	1649168	1121896	527272
国有企业	State-owned Enterprises	7612	1001	126239	54755	71484
集体企业	Collective-owned Enterprises	137	9	281	243	38
股份合作企业	Cooperative Enterprises					
联营企业	Joint Ownership Enterprises					
有限责任公司	Limited-liability Companies	67497	14670	1091863	799694	292169
国有独资公司	State Sole Funded Corporations	691	48	14677	13967	710
其他有限责任公司	Other Limited-liability Companies	66806	14622	1077186	785726	291459
股份有限公司	Share Holding Ltd. Companies	69292	5217	301136	161766	139370
私营企业	Private Enterprises	4632	1140	113023	93198	19825
私营独资企业	Private-funded Enterprises	286	37	7066	5857	1209
私营合伙企业	Private Partnership Enterprises	509	63	3483	2938	545
私营有限责任公司	Private Limited-liability Companies	3686	1035	100230	83004	17226
私营股份有限公司	Private Share Holding Ltd. Companies	151	4	2245	1399	845
其他企业	Other Enterprises	202	38	16626	12240	4386
港澳台商投资企业	Enterprises with Funds from HongKong,Macao and Taiwan	1234	1055	18458	9017	9440
港澳台商独资经营企业	Enterprises with Sole Investment	1234	1055	18458	9017	9440
外商投资企业	Foreign Investment Enterprises	14242	8014	102841	72214	30627
外资企业	Enterprises with Sole Foreign Investment	14242	8014	102841	72214	30627
按零售行业小类分组	**By Retail Industries**					
综合零售	Integrated Retail	28069	11251	274586	217021	57565
# 百货零售	Retail of General Merchandise	16659	3712	190273	157223	33050
超级市场零售	Retail of Supermarkets	11050	7458	70530	54617	15913
食品、饮料及烟草制品专门零售	Retail of Food ,Beverages and Tobaccos	514	322	21897	17681	4215
纺织、服装及日用品专门零售	Special Retail of Textiles, Garments and Daily Consumer Articles	18469	3555	324309	199900	124409
#服装零售	Retail of Garment	17881	3315	218878	161631	57247
文化、体育用品及器材专门零售	Retail of Culture, Sports Appliances and Equipments	5916	885	68928	67645	1283
# 图书、报刊零售	Retail of Books and The Press	5760	857	52967	56929	-3962
医药及医疗器材专门零售	Retail of Medicines and Medical Appliances	744	655	27151	17317	9834
#药品零售	Retail of Medicines	744	655	27151	17317	9834
汽车、摩托车、燃料及零配件专门零售	Retail of Motor Vehicles,Motorcycles,Fuel and parts	106778	13065	888967	551989	336978
#汽车零售	Retail of Motor Vehicles	14555	5927	377939	293328	84610
机动车燃料零售	Retail of Fuel of Motor Vehicles	91697	6877	466258	237378	228880
家用电器及电子产品专门零售	Special Retail of Household Electric Appliances and Electronic Products	2808	1070	127399	104474	22925
# 日用家电设备零售	Retail of Household Electric Appliances	1660	633	93941	80053	13887
计算机、软件及辅助设备零售	Retail of Computers ,Software and Assistant Appliances	381	108	14396	9235	5161
通讯设备零售	Retail of Communication Equipments	166	2	6268	5517	751
五金、家具及室内装修材料专门零售	Special Retail of Hardware,Furniture and Decoration Materials	198	54	7788	6870	918
货摊、无店铺及其他零售业	Booth,Non-Shop and Other Retails	1352	287	29443	20231	9212

15-16　续4(continued 4)

单位：万元　　(10 000 yuan)

项目	Item	实收资本 Capital Hold	国家资本 State-owned Capital	集体资本 Collective-owned Capital	法人资本 Institu-tional Capital	个人资本 Indi-vidual Capital	港澳台资本 Hong Kong Macao and Taiwan Capital	外商资本 Foreign Capital
合　计	**Total**	**1101396**	**244855**	**15668**	**508287**	**178337**	**61753**	**92497**
批发业	**Wholesale Trade**	**639853**	**18383**	**6290**	**360546**	**124628**	**58289**	**71718**
按登记注册类型分组	**By Status of Registration**							
内资企业	Domestic Funded Enterprises	511565	18383	6290	360546	124628		1718
国有企业	State-owned Enterprises	95966	10135		85830			
集体企业	Collective-owned Enterprises	150		150				
股份合作企业	Cooperative Enterprises	6120	2250		3870			
有限责任公司	Limited-liability Companies	225673	5998	5140	120798	92020		1718
国有独资公司	State Sole Funded Enterprises	2000	2000					
其他有限责任公司	Other Limited-liability Companies	223673	3998	5140	120798	92020		1718
股份有限公司	Share Holding Ltd. Companies	126439			121547	4892		
私营企业	Private Enterprises	38158			14882	23276		
私营独资企业	Private-funded Enterprises	200			200			
私营合伙企业	Private Partnership Enterprises							
私营有限责任公司	Private Limited-liability Companies	33140			14182	18958		
私营股份有限公司	Private Share Holding Ltd. Companies	4818			500	4318		
其他企业	Other Enterprises	19059		1000	13619	4440		
港澳台商投资企业	Enterprises with Funds from HongKong Macao and Taiwan	57918					57918	
合资经营企业(港或澳、台资)	Joint Ventures (Hongkong or Macao, Taiwan)							
港澳台商独资经营企业	Enterprises with Sole Investment	57918					57918	
外商投资企业	Foreign Investment Enterprises	70371					371	70000
中外合资经营企业	Cooperative Enterprises							
外资企业	Enterprises with Sole Foreign Investment	70371					371	70000
按批发行业小类分组	**By Wholesales Industries**							
农畜产品批发	Wholesale of Farm produce and Livestock products	5262	1862		1045	2355		
食品、饮料及烟草制品批发	Wholesale of Food , Beverages and Tobaccos	37249	10643		20350	4932	1324	
# 米、面制品及食用油批发	Wholesale of Rice ,Flour and Edible Oil	3063	1563			1500		
烟草制品批发	Wholesale of Tobaccos	21152	6730		14422			
纺织、服装及家庭用品批发	Wholesale of Textiles, Garments and Daily Consumer Articles	8962	2000		3834	3128		
# 服装批发	Wholesale of Garments	850				850		
家用电器批发	Wholesale of Household Electrical Appliances	1400			600	800		
文化、体育用品及器材批发	Wholesale of Culture, Sports Appliances and Equipments	58264			58058	100	106	
医药及医疗器材批发	Wholesale of Medicines and Medical Appliances	181404	517		86119	20232	4536	70000
矿产品、建材及化工产品批发	Wholesale of Mineral Products, Building Materials and Chemical Products	314489	3062	1855	174152	81379	52323	1718
# 煤炭及制品批发	Wholesale of Coal and Related Products	8500			500	8000		
石油及制品批发	Wholesale of Petroleum and Related Products	140710	3000		76813	6857	52323	1718
金属及金属矿批发	Wholesale of Metal and Metal Ores	13194	62	100	11194	1838		
建材批发	Wholesale of Building Materials	14250			14150	100		
化肥批发	Wholesale of Chemical Fertilizer	2435		1755		680		
机械设备、五金交电及电子产品批发	Wholesale of Machinery , Hardware and Electronic Equipment	13325		185	4888	8252		
# 汽车批发	Wholesale of Motor Vehicles	2000			2000			
汽车零配件批发	Wholesale of Motor Vehicles parts	1431			550	881		
摩托车及零配件批发	Wholesale of,Motorcycles and parts	600			100	500		
计算机、软件及辅助设备批发	Wholesale of Computers, Software and Assistant Appliances	2950			1000	1950		
其他批发	Others Wholesale not Classified Elsewhere	20900	300	4250	12100	4250		

15-16 续5(continued 5)

单位：万元 (10 000 yuan)

项目	Item	实收资本 Capital Hold	国家资本 State-owned Capital	集体资本 Collective-owned Capital	法人资本 Institu-tional Capital	个人资本 Indi-vidual Capital	港澳台资本 Hong Kong Macao and Taiwan Capital	外商资本 Foreign Capital
零售业	**Retail Trade**	**461543**	**226472**	**9378**	**147741**	**53709**	**3464**	**20779**
按登记注册类型分组	**By Status of Registration**							
内资企业	Domestic Funded Enterprises	437300	226472	9378	147741	53709		
国有企业	State-owned Enterprises	69032	63792		5200	40		
集体企业	Collective-owned Enterprises	38				38		
股份合作企业	Cooperative Enterprises							
联营企业	Joint Ownership Enterprises							
有限责任公司	Limited-liability Companies	207885	33706	6180	125080	42919		
国有独资公司	State Sole Funded Corporations	351	351					
其他有限责任公司	Other Limited-liability Companies	207534	33355	6180	125080	42919		
股份有限公司	Share Holding Ltd. Companies	136374	128974	3198	2540	1662		
私营企业	Private Enterprises	19871			11320	8550		
私营独资企业	Private-funded Enterprises	619			180	439		
私营合伙企业	Private Partnership Enterprises	1023			500	523		
私营有限责任公司	Private Limited-liability Companies	17486			9897	7589		
私营股份有限公司	Private Share Holding Ltd. Companies	743			743			
其他企业	Other Enterprises	4100			3600	500		
港澳台商投资企业	Enterprises with Funds from HongKong,Macao and Taiwan	3464					3464	
港澳台商独资经营企业	Enterprises with Sole Investment	3464					3464	
外商投资企业	Foreign Investment Enterprises	20779						20779
外资企业	Enterprises with Sole Foreign Investment	20779						20779
按零售行业小类分组	**By Retail Industries**							
综合零售	Integrated Retail	53702		2580	18966	11965	1776	18415
# 百货零售	Retail of General Merchandise	39341		2580	15036	10400		11325
超级市场零售	Retail of Supermarkets	10705			2150	1465		7090
食品、饮料及烟草制品专门零售	Retail of Food ,Beverages and Tobaccos	1797	767		200	830		
纺织、服装及日用品专门零售	Special Retail of Textiles, Garments and Daily Consumer Articles	79493	30055		49408	30		
#服装零售	Retail of Garment	47908			47908			
文化、体育用品及器材专门零售	Retail of Culture, Sports Appliances and Equipments	12819	4331	3198	4388	902		
# 图书、报刊零售	Retail of Books and The Press	8719	4331		4388			
医药及医疗器材专门零售	Retail of Medicines and Medical Appliances	8160			6280	1880		
#药品零售	Retail of Medicines	8160			6280	1880		
汽车、摩托车、燃料及零配件专门零售	Retail of Motor Vehicles,Motorcycles,Fuel and parts	279491	191169	3600	52937	27733	1688	2364
#汽车零售	Retail of Motor Vehicles	56137	170	600	26757	26922	1688	
机动车燃料零售	Retail of Fuel of Motor Vehicles	206676	190999	3000	9777	536		2364
家用电器及电子产品专门零售	Special Retail of Household Electric Appliances	19406			11312	8095		
# 日用家电设备零售	Retail of Household Electric Appliances	8569			5068	3501		
计算机、软件及辅助设备零售	Retail of Computers ,Software and Assistant Appliances	4726			1860	2866		
通讯设备零售	Retail of Communication Equipments	805			240	565		
五金、家具及室内装修材料专门零售	Special Retail of Hardware,Furniture and Decoration Materials	874			164	710		
货摊、无店铺及其他零售业	Booth,Non-Shop and Other Retails	5800	150		4085	1565		

15-16 续6(continued 6)

单位：万元 (10 000 yuan)

项 目	Item	主营业务收入 Main Business Income	主营业务成本 Main Business Costs	主营业务税金及附加 Main Business Tax and Extra Charges	本年应交增值税 Value Added Tax Payable This Year
合 计	**Total**	**16048034**	**15044985**	**80420**	**218476**
批发业	**Wholesale Trade**	**12192787**	**11601783**	**61123**	**101103**
按登记注册类型分组	**By Status of Registration**				
内资企业	Domestic Funded Enterprises	11577204	11040439	59717	92313
国有企业	State-owned Enterprises	1924011	1681716	53805	34284
集体企业	Collective-owned Enterprises	7450	7269	2	
股份合作企业	Cooperative Enterprises	13023	10257	44	480
有限责任公司	Limited-liability Companies	8424797	8175983	3739	28192
国有独资公司	State Sole Funded Enterprises	94617	92829	23	278
其他有限责任公司	Other Limited-liability Companies	8330180	8083153	3716	27914
股份有限公司	Share Holding Ltd. Companies	519914	475526	938	8748
私营企业	Private Enterprises	614636	621353	1127	20176
私营独资企业	Private-funded Enterprises	4477	4127	7	55
私营合伙企业	Private Partnership Enterprises				
私营有限责任公司	Private Limited-liability Companies	497368	513757	1056	18321
私营股份有限公司	Private Share Holding Ltd. Companies	112791	103469	64	1801
其他企业	Other Enterprises	73373	68335	63	432
港澳台商投资企业	Enterprises with Funds from HongKong Macao and Taiwan	519718	487752	596	2746
合资经营企业(港或澳、台资)	Joint Ventures(Hongkong or Macao, Taiwan)	16483	15511	30	208
港澳台商独资经营企业	Enterprises with Sole Investment	503235	472241	566	2538
外商投资企业	Foreign Investment Enterprises	95865	73593	810	6044
中外合资经营企业	Cooperative Enterprises				
外资企业	Enterprises with Sole Foreign Investment	95865	73593	810	6044
按批发行业小类分组	**By Wholesales Industries**				
农畜产品批发	Wholesale of Farm produce and Livestock products	112963	112591	57	-758
食品、饮料及烟草制品批发	Wholesale of Food ,Beverages and Tobaccos	1969468	1722501	53937	35879
# 米、面制品及食用油批发	Wholesale of Rice ,Flour and Edible Oil	83833	81030	6	43
烟草制品批发	Wholesale of Tobaccos	1639249	1411346	53503	33090
纺织、服装及家庭用品批发	Wholesale of Textiles, Garments and Daily Consumer Articles	370116	352464	331	4106
# 服装批发	Wholesale of Garments	33137	31414	7	59
家用电器批发	Wholesale of Household Electrical Appliances	126748	117422	142	1072
文化、体育用品及器材批发	Wholesale of Culture, Sports Appliances and Equipments	113127	101871	142	771
医药及医疗器材批发	Wholesale of Medicines and Medical Appliances	1157476	965754	4313	35474
矿产品、建材及化工产品批发	Wholesale of Mineral Products, Building Materials and Chemical Products	7187795	7144113	1430	22037
# 煤炭及制品批发	Wholesale of Coal and Related Products	92616	81634	247	2359
石油及制品批发	Wholesale of Petroleum and Related Products	1416919	1389115	604	3300
金属及金属矿批发	Wholesale of Metal and Metal Ores	536097	578849	193	13934
建材批发	Wholesale of Building Materials	56382	54897	18	138
化肥批发	Wholesale of Chemical Fertilizer	101930	94990	5	
机械设备、五金交电及电子产品批发	Wholesale of Machinery , Hardware and Electronic Equipment	1008209	935528	619	6660
# 汽车批发	Wholesale of Motor Vehicles	677467	626863	177	1478
汽车零配件批发	Wholesale of Motor Vehicles parts	32042	27650	75	656
摩托车及零配件批发	Wholesale of,Motorcycles and parts	16659	16318	3	25
计算机、软件及辅助设备批发	Wholesale of Computers, Software and Assistant Appliances	180404	172775	224	1393
其他批发	Others Wholesale not Classified Elsewhere	273633	266962	296	-3067

15-16 续7(continued 7)

单位：万元 (10 000 yuan)

项目	Item	主营业务收入 Main Business Income	主营业务成本 Main Business Costs	主营业务税金及附加 Main Business Tax and Extra Charges	本年应交增值税 Value Added Tax Payable This Year
零售业	**Retail Trade**	**3855247**	**3443201**	**19297**	**117373**
按登记注册类型分组	**By Status of Registration**				
内资企业	Domestic Funded Enterprises	3632753	3271037	17768	108961
国有企业	State-owned Enterprises	498129	456606	619	4442
集体企业	Collective-owned Enterprises	3027	2804	4	34
股份合作企业	Cooperative Enterprises				
联营企业	Joint Ownership Enterprises				
有限责任公司	Limited-liability Companies	1835402	1629814	15041	86420
国有独资公司	State Sole Funded Corporations	1484	1180	16	
其他有限责任公司	Other Limited-liability Companies	1833918	1628634	15025	86420
股份有限公司	Share Holding Ltd. Companies	1062944	974512	1453	13243
私营企业	Private Enterprises	208964	186240	593	4587
私营独资企业	Private-funded Enterprises	17771	16113	53	190
私营合伙企业	Private Partnership Enterprises	8859	8319	39	290
私营有限责任公司	Private Limited-liability Companies	175961	156290	461	4036
私营股份有限公司	Private Share Holding Ltd. Companies	6374	5519	40	71
其他企业	Other Enterprises	24288	21061	58	235
港澳台商投资企业	Enterprises with Funds from HongKong,Macao and Taiwan	46788	37943	300	851
港澳台商独资经营企业	Enterprises with Sole Investment	46788	37943	300	851
外商投资企业	Foreign Investment Enterprises	175706	134222	1230	7560
外资企业	Enterprises with Sole Foreign Investment	175706	134222	1230	7560
按零售行业小类分组	**By Retail Industries**				
综合零售	Integrated Retail	406560	325280	2807	9750
# 百货零售	Retail of General Merchandise	197140	156336	1659	2342
超级市场零售	Retail of Supermarkets	186884	154601	963	6429
食品、饮料及烟草制品专门零售	Retail of Food ,Beverages and Tobaccos	23924	22569	36	360
纺织、服装及日用品专门零售	Special Retail of Textiles, Garments and Daily Consumer Articles	343977	238124	11150	32141
#服装零售	Retail of Garment	126101	99352	1640	4611
文化、体育用品及器材专门零售	Retail of Culture, Sports Appliances and Equipments	27198	20149	161	1084
# 图书、报刊零售	Retail of Books and The Press	20241	15759	74	190
医药及医疗器材专门零售	Retail of Medicines and Medical Appliances	27407	21243	47	299
#药品零售	Retail of Medicines	27407	21243	47	299
汽车、摩托车、燃料及零配件专门零售	Retail of Motor Vehicles,Motorcycles,Fuel and parts	2727330	2552566	4309	69894
#汽车零售	Retail of Motor Vehicles	889558	855959	1808	47858
机动车燃料零售	Retail of Fuel of Motor Vehicles	1819456	1682377	2390	21359
家用电器及电子产品专门零售	Special Retail of Household Electric Appliances and Electronic Products	250698	222926	577	2822
# 日用家电设备零售	Retail of Household Electric Appliances	144813	128664	332	1165
计算机、软件及辅助设备零售	Retail of Computers ,Software and Assistant Appliances	44162	40154	95	393
通讯设备零售	Retail of Communication Equipments	10763	8663	85	377
五金、家具及室内装修材料专门零售	Special Retail of Hardware,Furniture and Decoration Materials	13424	11487	23	151
货摊、无店铺及其他零售业	Booth,Non-Shop and Other Retails	34729	28858	187	872

15-16 续8(continued 8)

单位：万元 (10 000 yuan)

项 目	Item	其他业务利润 Profits of Other Business	销售费用 Business Cost	管理费用 Management Cost	税金 Tax	差旅费 Travel Cost	工会经费 Labor Union Funds
合 计	**Total**	**73198**	**447394**	**254293**	**9855**	**10579**	**2387**
批发业	**Wholesale Trade**	**35523**	**233231**	**137094**	**4789**	**7528**	**972**
按登记注册类型分组	**By Status of Registration**						
内资企业	Domestic Funded Enterprises	16393	205697	128129	4764	7204	933
国有企业	State-owned Enterprises	1159	20852	51838	1708	1036	445
集体企业	Collective-owned Enterprises		78	92			
股份合作企业	Cooperative Enterprises	9	1351	787	2	25	5
有限责任公司	Limited-liability Companies	8123	146238	50170	2423	4034	366
国有独资公司	State Sole Funded Enterprises		281	327	24	8	2
其他有限责任公司	Other Limited-liability Companies	8123	145957	49843	2399	4026	364
股份有限公司	Share Holding Ltd. Companies	529	19393	8134	248	877	55
私营企业	Private Enterprises	6567	15504	15233	369	1142	57
私营独资企业	Private-funded Enterprises		100	504	7	10	
私营合伙企业	Private Partnership Enterprises						
私营有限责任公司	Private Limited-liability Companies	6567	13614	12359	355	1129	55
私营股份有限公司	Private Share Holding Ltd. Companies		1790	2370	8	3	2
其他企业	Other Enterprises	7	2282	1875	14	91	4
港澳台商投资企业	Enterprises with Funds from HongKong Macao and Taiwan	33	23474	2425	22	244	4
合资经营企业(港或澳、台资)	Joint Ventures(Hongkong or Macao, Taiwan)	38	2312				
港澳台商独资经营企业	Enterprises with Sole Investment	-5	21162	2425	22	244	4
外商投资企业	Foreign Investment Enterprises	19098	4060	6540	3	79	35
中外合资经营企业	Cooperative Enterprises						
外资企业	Enterprises with Sole Foreign Investment	19098	4060	6540	3	79	35
按批发行业小类分组	**By Wholesales Industries**						
农畜产品批发	Wholesale of Farm produce and Livestock products		523	706	20	5	1
食品、饮料及烟草制品批发	Wholesale of Food ,Beverages and Tobaccos	1045	26826	53612	1918	532	472
# 米、面制品及食用油批发	Wholesale of Rice ,Flour and Edible Oil	-73	1983	1899	24	100	12
烟草制品批发	Wholesale of Tobaccos	719	12654	47360	1652	201	420
纺织、服装及家庭用品批发	Wholesale of Textiles, Garments and Daily Consumer Articles	202	14868	2348	87	127	20
# 服装批发	Wholesale of Garments	132	956	845	41	89	
家用电器批发	Wholesale of Household Electrical Appliances	58	10116	254	11	0	6
文化、体育用品及器材批发	Wholesale of Culture, Sports Appliances and Equipments	359	3141	2310	46	93	11
医药及医疗器材批发	Wholesale of Medicines and Medical Appliances	30942	98604	43929	1145	3813	249
矿产品、建材及化工产品批发	Wholesale of Mineral Products, Building Materials and Chemical Products	613	32552	17594	984	1482	114
# 煤炭及制品批发	Wholesale of Coal and Related Products		7940	1275	6	13	7
石油及制品批发	Wholesale of Petroleum and Related Products	603	8546	4051	347	260	39
金属及金属矿批发	Wholesale of Metal and Metal Ores		7251	5274	66	240	50
建材批发	Wholesale of Building Materials		769	487	2	1	
化肥批发	Wholesale of Chemical Fertilizer	7	3599	1395	7	699	3
机械设备、五金交电及电子产品批发	Wholesale of Machinery , Hardware and Electronic Equipment	2363	54747	13701	509	1422	92
# 汽车批发	Wholesale of Motor Vehicles	195	44982	4432	393	905	31
汽车零配件批发	Wholesale of Motor Vehicles parts	111	1161	1770	32	20	9
摩托车及零配件批发	Wholesale of,Motorcycles and parts		127	222	1	38	1
计算机、软件及辅助设备批发	Wholesale of Computers, Software and Assistant Appliances	1837	2737	3841	20	253	27
其他批发	Others Wholesale not Classified Elsewhere		1971	2894	80	53	13

15-16 续9(continued 9)

单位：万元 (10 000 yuan)

项目	Item	其他业务利润 Profits of Other Business	销售费用 Business Cost	管理费用 Management Cost	税金 Tax	差旅费 Travel Cost	工会经费 Labor Union Funds
零售业	**Retail Trade**	**37674**	**214163**	**117199**	**5066**	**3051**	**1415**
按登记注册类型分组	**By Status of Registration**						
内资企业	Domestic Funded Enterprises	30902	181181	108786	4889	2831	1403
国有企业	State-owned Enterprises	248	28038	9074	181	466	63
集体企业	Collective-owned Enterprises		119	81	4	4	1
股份合作企业	Cooperative Enterprises						
联营企业	Joint Ownership Enterprises						
有限责任公司	Limited-liability Companies	25968	101179	74709	3740	1786	1157
国有独资公司	State Sole Funded Corporations			528	5	17	8
其他有限责任公司	Other Limited-liability Companies	25968	101179	74180	3735	1769	1149
股份有限公司	Share Holding Ltd. Companies	1244	35336	14250	652	237	105
私营企业	Private Enterprises	2827	15470	9075	282	253	72
私营独资企业	Private-funded Enterprises	-30	1123	594	3	0	13
私营合伙企业	Private Partnership Enterprises	104	449	226	4	4	4
私营有限责任公司	Private Limited-liability Companies	2224	13648	7791	228	203	50
私营股份有限公司	Private Share Holding Ltd. Companies	529	251	463	46	46	5
其他企业	Other Enterprises	614	1039	1598	31	84	5
港澳台商投资企业	Enterprises with Funds from HongKong,Macao and Taiwan	271	5616	1707			
港澳台商独资经营企业	Enterprises with Sole Investment	271	5616	1707			
外商投资企业	Foreign Investment Enterprises	6502	27366	6706	177	220	12
外资企业	Enterprises with Sole Foreign Investment	6502	27366	6706	177	220	12
按零售行业小类分组	**By Retail Industries**						
综合零售	Integrated Retail	19576	53281	25690	1120	507	140
# 百货零售	Retail of General Merchandise	10333	25097	18853	1002	390	82
超级市场零售	Retail of Supermarkets	9167	23193	5770	110	102	44
食品、饮料及烟草制品专门零售	Retail of Food ,Beverages and Tobaccos	-54	1900	1637	4	65	11
纺织、服装及日用品专门零售	Special Retail of Textiles, Garments and Daily Consumer Articles	2189	23473	17080	1255	270	37
#服装零售	Retail of Garment	1009	5977	7644	1222	78	4
文化、体育用品及器材专门零售	Retail of Culture, Sports Appliances and Equipments	592	3376	4455	104	110	96
# 图书、报刊零售	Retail of Books and The Press	318	2539	3146	71	71	22
医药及医疗器材专门零售	Retail of Medicines and Medical Appliances	37	4199	1413	80	12	4
#药品零售	Retail of Medicines	37	4199	1413	80	12	4
汽车、摩托车、燃料及零配件专门零售	Retail of Motor Vehicles, Motorcycles,Fuel and parts	12130	103982	54837	2188	1661	1009
#汽车零售	Retail of Motor Vehicles	10450	38086	27865	1167	750	245
机动车燃料零售	Retail of Fuel of Motor Vehicles	1572	65058	25056	1003	859	743
家用电器及电子产品专门零售	Special Retail of Household Electric Appliances and Electronic Products	3100	20325	10132	304	315	109
# 日用家电设备零售	Retail of Household Electric Appliances	2331	10725	5253	107	114	41
计算机、软件及辅助设备零售	Retail of Computers ,Software and Assistant Appliances	66	941	2649	51	83	20
通讯设备零售	Retail of Communication Equipments	19	1751	1021	115	82	14
五金、家具及室内装修材料专门零售	Special Retail of Hardware,Furniture and Decoration Materials	11	950	792		11	5
货摊、无店铺及其他零售业	Booth,Non-Shop and Other Retails	95	2677	1164	11	101	5

15-16 续10(continued 10)

单位：万元 (10 000 yuan)

项目	Item	财务费用 Financial Cost	利息支出 Expenses of Interest	营业利润 Business Profits	利润总额 Total After-tax Profits	应交所得税 Income Tax Payable
合计	**Total**	**36819**	**30846**	**342530**	**374007**	**73286**
批发业	**Wholesale Trade**	**12699**	**17335**	**246187**	**259913**	**52544**
按登记注册类型分组	**By Status of Registration**					
内资企业	Domestic Funded Enterprises	15224	17320	213265	223549	46161
国有企业	State-owned Enterprises	-6005	1332	140317	141713	30715
集体企业	Collective-owned Enterprises	6		3	3	1
股份合作企业	Cooperative Enterprises	104	111	489	587	233
有限责任公司	Limited-liability Companies	16257	9763	27734	31214	8142
国有独资公司	State Sole Funded Enterprises	652	640	543	548	152
其他有限责任公司	Other Limited-liability Companies	15605	9124	27191	30665	7990
股份有限公司	Share Holding Ltd. Companies	1598	3410	30022	33396	2625
私营企业	Private Enterprises	2584	2109	14453	15979	4219
私营独资企业	Private-funded Enterprises			-260	-253	
私营合伙企业	Private Partnership Enterprises					
私营有限责任公司	Private Limited-liability Companies	1723	1846	9020	9460	2738
私营股份有限公司	Private Share Holding Ltd. Companies	862	263	5693	6772	1481
其他企业	Other Enterprises	680	594	247	658	226
港澳台商投资企业	Enterprises with Funds from HongKong Macao and Taiwan	-322	15	1320	2485	1112
合资经营企业(港或澳、台资)	Joint Ventures(Hongkong or Macao, Taiwan)	6	6	-1338	-1338	
港澳台商独资经营企业	Enterprises with Sole Investment	-328	9	2658	3823	1112
外商投资企业	Foreign Investment Enterprises	-2203		31601	33879	5272
中外合资经营企业	Cooperative Enterprises					
外资企业	Enterprises with Sole Foreign Investment	-2203		31601	33879	5272
按批发行业小类分组	**By Wholesales Industries**					
农畜产品批发	Wholesale of Farm produce and Livestock products	258	244	-1147	303	63
食品、饮料及烟草制品批发	Wholesale of Food ,Beverages and Tobaccos	-6084	1179	138338	139443	30964
# 米、面制品及食用油批发	Wholesale of Rice ,Flour and Edible Oil	1138	1000	-2032	378	11
烟草制品批发	Wholesale of Tobaccos	-7352		139858	138305	30247
纺织、服装及家庭用品批发	Wholesale of Textiles, Garments and Daily Consumer Articles	1343	1335	-592	-536	288
# 服装批发	Wholesale of Garments	165	121	-107	-66	1
家用电器批发	Wholesale of Household Electrical Appliances	151	274	-1240	-1215	82
文化、体育用品及器材批发	Wholesale of Culture, Sports Appliances and Equipments	-5	7	2021	2081	467
医药及医疗器材批发	Wholesale of Medicines and Medical Appliances	5511	4252	73032	80420	11397
矿产品、建材及化工产品批发	Wholesale of Mineral Products, Building Materials and Chemical Products	9636	7718	30461	33946	7802
# 煤炭及制品批发	Wholesale of Coal and Related Products	1718	1893	-30	336	175
石油及制品批发	Wholesale of Petroleum and Related Products	1282	1992	4999	5794	2428
金属及金属矿批发	Wholesale of Metal and Metal Ores	1394	868	9799	11417	2710
建材批发	Wholesale of Building Materials	131	106	223	227	6
化肥批发	Wholesale of Chemical Fertilizer	370	321	1595	1547	125
机械设备、五金交电及电子产品批发	Wholesale of Machinery , Hardware and Electronic Equipment	1251	1772	4097	4188	1048
# 汽车批发	Wholesale of Motor Vehicles	690	1511	1478	1474	248
汽车零配件批发	Wholesale of Motor Vehicles parts	99	103	1552	1563	395
摩托车及零配件批发	Wholesale of,Motorcycles and parts	1		-11	-26	2
计算机、软件及辅助设备批发	Wholesale of Computers, Software and Assistant Appliances	34	21	817	792	142
其他批发	Others Wholesale not Classified Elsewhere	790	829	-21	68	516

15-16 续11(continued 11)

单位：万元 (10 000 yuan)

项　目	Item	财务费用 Financial Cost	利息支出 Expenses of Interest	营业利润 Business Profits	利润总额 Total After-tax Profits	应交所得税 Income Tax Payable
零售业	**Retail Trade**	**24119**	**13511**	**96344**	**114094**	**20742**
按登记注册类型分组	**By Status of Registration**					
内资企业	Domestic Funded Enterprises	22435	12968	88321	105014	17811
国有企业	State-owned Enterprises	444	758	3785	5134	504
集体企业	Collective-owned Enterprises	0		18	18	5
股份合作企业	Cooperative Enterprises					
联营企业	Joint Ownership Enterprises					
有限责任公司	Limited-liability Companies	20591	11067	46910	61404	7015
国有独资公司	State Sole Funded Corporations	5		-246	-246	
其他有限责任公司	Other Limited-liability Companies	20586	11067	47155	61650	7015
股份有限公司	Share Holding Ltd. Companies	-297	236	39101	38701	9824
私营企业	Private Enterprises	1570	874	-2035	-998	358
私营独资企业	Private-funded Enterprises	146	0	-257	75	37
私营合伙企业	Private Partnership Enterprises	110	87	-181	-182	8
私营有限责任公司	Private Limited-liability Companies	1310	786	-1694	-986	303
私营股份有限公司	Private Share Holding Ltd. Companies	4	1	97	95	11
其他企业	Other Enterprises	127	34	542	756	106
港澳台商投资企业	Enterprises with Funds from HongKong,Macao and Taiwan	1029		286	153	530
港澳台商独资经营企业	Enterprises with Sole Investment	1029		286	153	530
外商投资企业	Foreign Investment Enterprises	655	543	7737	8927	2401
外资企业	Enterprises with Sole Foreign Investment	655	543	7737	8927	2401
按零售行业小类分组	**By Retail Industries**					
综合零售	Integrated Retail	4152	3588	4111	11946	3957
# 百货零售	Retail of General Merchandise	3389	3337	-3839	2206	1461
超级市场零售	Retail of Supermarkets	666	251	5984	7735	1920
食品、饮料及烟草制品专门零售	Retail of Food ,Beverages and Tobaccos	380	294	-2543	-917	96
纺织、服装及日用品专门零售	Special Retail of Textiles, Garments and Daily Consumer Articles	7172		45581	53271	1457
#服装零售	Retail of Garment	6288		6191	6717	1457
文化、体育用品及器材专门零售	Retail of Culture, Sports Appliances and Equipments	2953	2929	-2375	-2100	99
# 图书、报刊零售	Retail of Books and The Press	2690	2693	-2446	-2391	
医药及医疗器材专门零售	Retail of Medicines and Medical Appliances	418		88	174	72
#药品零售	Retail of Medicines	418		88	174	72
汽车、摩托车、燃料及零配件专门零售	Retail of Motor Vehicles,Motorcycles, Fuel and parts	7802	6041	50873	50885	14155
#汽车零售	Retail of Motor Vehicles	7993	4727	2934	4144	2700
机动车燃料零售	Retail of Fuel of Motor Vehicles	-214	1304	46428	45268	11008
家用电器及电子产品专门零售	Special Retail of Household Electric Appliances and Electronic Products	974	517	-1435	-1325	364
# 日用家电设备零售	Retail of Household Electric Appliances	591	358	738	839	256
计算机、软件及辅助设备零售	Retail of Computers ,Software and Assistant Appliances	133	114	256	270	67
通讯设备零售	Retail of Communication Equipments	15		-532	-513	7
五金、家具及室内装修材料专门零售	Special Retail of Hardware,Furniture and Decoration Materials	143	18	30	153	34
货摊、无店铺及其他零售业	Booth,Non-Shop and Other Retails	126	124	2014	2006	509

15-16 续12(continued 12)

单位：万元 (10 000 yuan)

项 目	Item	土地和固定资产支出 Land and Fixed Asset Expenditures	土地购置 Land Expenditures	房屋和建筑物 Houses and Buildings	机器设备 Machinery and Equipment	运输工具 Vehicle	其他费用 Others
合　计	**Total**	**138316**	**5313**	**108534**	**11264**	**9323**	**3883**
批发业	**Wholesale Trade**	**44971**	**205**	**32237**	**4909**	**5204**	**2416**
按登记注册类型分组	**By Status of Registration**						
内资企业	Domestic Funded Enterprises	44862	205	32237	4908	5155	2357
国有企业	State-owned Enterprises	33204		27725	1019	3559	901
集体企业	Collective-owned Enterprises						
股份合作企业	Cooperative Enterprises	315	197	89	11	3	15
有限责任公司	Limited-liability Companies	7676	3	3361	2251	823	1238
国有独资公司	State Sole Funded Enterprises	19				19	
其他有限责任公司	Other Limited-liability Companies	7656	3	3361	2251	803	1238
股份有限公司	Share Holding Ltd. Companies	2657	4	321	1622	547	163
私营企业	Private Enterprises	1007		742	5	223	37
私营独资企业	Private-funded Enterprises						
私营合伙企业	Private Partnership Enterprises						
私营有限责任公司	Private Limited-liability Companies	158			5	144	8
私营股份有限公司	Private Share Holding Ltd. Companies	849		742		79	29
其他企业	Other Enterprises	3					3
港澳台商投资企业	Enterprises with Funds from HongKong Macao and Taiwan	1			1		
合资经营企业(港或澳、台资)	Joint Ventures(Hongkong or Macao, Taiwan)						
港澳台商独资经营企业	Enterprises with Sole Investment	1			1		
外商投资企业	Foreign Investment Enterprises	108				50	59
中外合资经营企业	Cooperative Enterprises						
外资企业	Enterprises with Sole Foreign Investment	108				50	59
按批发行业小类分组	**By Wholesales Industries**						
农畜产品批发	Wholesale of Farm produce and Livestock products						
食品、饮料及烟草制品批发	Wholesale of Food ,Beverages and Tobaccos	34273	202	29185	973	2973	940
#米、面制品及食用油批发	Wholesale of Rice ,Flour and Edible Oil	38			24	10	4
烟草制品批发	Wholesale of Tobaccos	32412		27695	928	2912	877
纺织、服装及家庭用品批发	Wholesale of Textiles, Garments and Daily Consumer Articles	277		17		170	90
#服装批发	Wholesale of Garments	42		17		22	3
家用电器批发	Wholesale of Household Electrical Appliances	137				50	87
文化、体育用品及器材批发	Wholesale of Culture, Sports Appliances and Equipments	168		24	37	84	22
医药及医疗器材批发	Wholesale of Medicines and Medical Appliances	1669			53	593	1023
矿产品、建材及化工产品批发	Wholesale of Mineral Products, Building Materials and Chemical Products	4685		821	2620	1036	208
#煤炭及制品批发	Wholesale of Coal and Related Products	1			1		
石油及制品批发	Wholesale of Petroleum and Related Products	2916		74	2586	96	160
金属及金属矿批发	Wholesale of Metal and Metal Ores	849		742		79	29
建材批发	Wholesale of Building Materials	1			1		
化肥批发	Wholesale of Chemical Fertilizer	0					0
机械设备、五金交电及电子产品批发	Wholesale of Machinery , Hardware and Electronic Equipment	775		498	24	236	17
#汽车批发	Wholesale of Motor Vehicles						
汽车零配件批发	Wholesale of Motor Vehicles parts	576		456	12	108	
摩托车及零配件批发	Wholesale of,Motorcycles and parts	1			1		
计算机、软件及辅助设备批发	Wholesale of Computers, Software and Assistant Appliances						
其他批发	Others Wholesale not Classified Elsewhere	3124	3	1691	1202	111	116

15-16 续13(continued 13)

单位：万元 (10 000 yuan)

项目	Item	土地和固定资产支出 Land and Fixed Asset Expenditures	土地购置 Land Expenditures	房屋和建筑物 Houses and Buildings	机器设备 Machinery and Equipment	运输工具 Vehicle	其他费用 Others
零售业	**Retail Trade**	**93345**	**5108**	**76297**	**6355**	**4118**	**1467**
按登记注册类型分组	**By Status of Registration**						
内资企业	Domestic Funded Enterprises	93280	5108	76249	6355	4118	1451
国有企业	State-owned Enterprises	3289	2137	290	850		12
集体企业	Collective-owned Enterprises						
股份合作企业	Cooperative Enterprises						
联营企业	Joint Ownership Enterprises						
有限责任公司	Limited-liability Companies	82545		75911	1496	3794	1344
国有独资公司	State Sole Funded Corporations						
其他有限责任公司	Other Limited-liability Companies	82545		75911	1496	3794	1344
股份有限公司	Share Holding Ltd. Companies	7140	2970	48	3936	183	3
私营企业	Private Enterprises	222			72	89	60
私营独资企业	Private-funded Enterprises	37			19		18
私营合伙企业	Private Partnership Enterprises						
私营有限责任公司	Private Limited-liability Companies	184			53	89	42
私营股份有限公司	Private Share Holding Ltd. Companies						
其他企业	Other Enterprises	84				52	31
港澳台商投资企业	Enterprises with Funds from HongKong,Macao and Taiwan						
港澳台商独资经营企业	Enterprises with Sole Investment						
外商投资企业	Foreign Investment Enterprises	65		48			17
外资企业	Enterprises with Sole Foreign Investment	65		48			17
按零售行业小类分组	**By Retail Industries**						
综合零售	Integrated Retail	689		48	276	252	113
#百货零售	Retail of General Merchandise	660		48	268	252	92
超级市场零售	Retail of Supermarkets	27			8		18
食品、饮料及烟草制品专门零售	Retail of Food ,Beverages and Tobaccos	2373		1721	585	63	5
纺织、服装及日用品专门零售	Special Retail of Textiles, Garments and Daily Consumer Articles	72121		71850	138	96	37
#服装零售	Retail of Garment	71950		71850	60	36	4
文化、体育用品及器材专门零售	Retail of Culture, Sports Appliances and Equipments	48		46	3		
#图书、报刊零售	Retail of Books and The Press	48		46	3		
医药及医疗器材专门零售	Retail of Medicines and Medical Appliances						
#药品零售	Retail of Medicines						
汽车、摩托车、燃料及零配件专门零售	Retail of Motor Vehicles, Motorcycles,Fuel and parts	15820	5108	2584	4633	3255	240
#汽车零售	Retail of Motor Vehicles	6088		2287	709	2938	155
机动车燃料零售	Retail of Fuel of Motor Vehicles	9722	5108	297	3924	318	75
家用电器及电子产品专门零售	Special Retail of Household Electric Appliances and Electronic Products	296			74	194	28
#日用家电设备零售	Retail of Household Electric Appliances	120			64	29	28
计算机、软件及辅助设备零售	Retail of Computers ,Software and Assistant Appliances	112			11	101	
通讯设备零售	Retail of Communication Equipments						
五金、家具及室内装修材料专门零售	Special Retail of Hardware,Furniture and Decoration Materials	1032				23	1009
货摊、无店铺及其他零售业	Booth,Non-Shop and Other Retails	966		48	646	235	37

15-17 限额以上餐饮企业财务状况(2012)
Financial Indicator of Catering Enterprises above Designated Size

单位：万元 (10 000 yuan)

项 目	Item	企业数(个) Number of Enterprises (unit)	流动资产合计 Total Current Assets	存货 Inventory	固定资产原价 Original Value of Fixed Assets
合 计	**Total**	**96**	**59153.6**	**6355.0**	**51613.1**
按登记注册类型分组	**By Status of Registration**				
内资企业	Domestic Funded Enterprises	89	51988.0	5690.3	32973.0
国有企业	State-owned Enterprises	1	436.7	83.6	1758.5
集体企业	Collective-owned Enterprises				
有限责任公司	Limited-liability Companies	50	22222.4	3920.4	11518.7
其他有限责任公司	Other Limited-liability Companies	50	22222.4	3920.4	11518.7
股份有限公司	Share Holding Ltd. Companies	7	7881.4	168.7	4970.7
私营企业	Private Enterprises	18	16126.0	801.6	8030.5
私营独资企业	Private-funded Enterprises	3	1634.9	214.8	2431.2
私营合伙企业	Private Partnership Enterprises	1	1358.7	122.7	
私营有限责任公司	Private Limited-liability Companies	13	5943.6	415.4	5202.7
私营股份有限公司	Private Share Holding Ltd. Companies	1	7188.8	48.7	396.6
其他企业	Other Enterprises	13	5321.5	716.0	6694.6
港澳台商投资企业	Enterprises with Funds from HongKong Macao and Taiwan	6	6708.2	570.8	18382.2
合资经营企业(港或澳、台资)	Joint Ventures(Hongkong or Macao, Taiwan)	2	1900.1	26.5	304.7
合作经营企业(港或澳、台资)	Cooperative Enterprises(Hongkong or Macao, Taiwan)	1	955.9	464.0	15092.7
港澳台商独资经营企业	Enterprises with Sole Investment	3	3852.2	80.3	2984.8
外商投资企业	Foreign Investment Enterprises	1	457.4	93.9	257.9
外资企业	Enterprises with Sole Foreign Investment	1	457.4	93.9	257.9
按餐饮行业小类分组	**By Food and Beverage Industries**				
正餐服务	Dinner	93	56464.8	6309.9	49869.9
快餐服务	Fast Food	3	2688.8	45.1	1743.2
饮料及冷饮服务	Soft Drink and Beverage Services				
其他餐饮服务	Other Catering Services				

15-17 续1(continued 1)

单位：万元 (10 000 yuan)

项目	Item	累计折旧 Accumulated Depreciation	本年折旧 Depreciation This Year	资产合计 Total Assets	负债合计 Total Liabilities	所有者权益合计 Total Greditors Equity
合计	**Total**	**19246.5**	**4410.0**	**109582.9**	**88989.3**	**20593.6**
按登记注册类型分组	**By Status of Registration**					
内资企业	Domestic Funded Enterprises	12124.0	2724.7	86470.2	68648.1	17822.1
国有企业	State-owned Enterprises	311.9	87.4	1883.3	1490.8	392.5
集体企业	Collective-owned Enterprises					
有限责任公司	Limited-liability Companies	4114.6	1221.3	38961.9	31682.1	7279.8
其他有限责任公司	Other Limited-liability Companies	4114.6	1221.3	38961.9	31682.1	7279.8
股份有限公司	Share Holding Ltd. Companies	1874.1	228.9	12849.2	6920.1	5929.1
私营企业	Private Enterprises	4117.4	922.1	22255.0	18381.8	3873.2
私营独资企业	Private-funded Enterprises	597.9	199.2	3864.2	952.2	2912.0
私营合伙企业	Private Partnership Enterprises			1358.7	375.8	982.9
私营有限责任公司	Private Limited-liability Companies	3385.4	637.9	9549.9	10933.1	-1383.2
私营股份有限公司	Private Share Holding Ltd. Companies	134.1	85.0	7482.2	6120.7	1361.5
其他企业	Other Enterprises	1706.0	265.0	10520.8	10173.3	347.5
港澳台商投资企业	Enterprises with Funds from HongKong Macao and Taiwan	6975.4	1652.1	22544.5	20158.1	2386.4
合资经营企业(港或澳、台资)	Joint Ventures(Hongkong or Macao, Taiwan)	215.1	9.5	1989.8	1437.8	552.0
合作经营企业(港或澳、台资)	Cooperative Enterprises (Hongkong or Macao, Taiwan)	4621.9	529.9	15405.4	16546.4	-1141.0
港澳台商独资经营企业	Enterprises with Sole Investment	2138.4	1112.7	5149.3	2173.9	2975.4
外商投资企业	Foreign Investment Enterprises	147.1	33.2	568.2	183.1	385.1
外资企业	Enterprises with Sole Foreign Investment	147.1	33.2	568.2	183.1	385.1
按餐饮行业小类分组	**By Food and Beverage Industries**					
正餐服务	Dinner	18211.2	3374.7	105751.3	87331.0	18420.3
快餐服务	Fast Food	1035.3	1035.3	3831.6	1658.3	2173.3
饮料及冷饮服务	Soft Drink and Beverage Services					
其他餐饮服务	Other Catering Services					

15-17 续2(continued 2)

单位：万元 (10 000 yuan)

项　目	Item	实收资本 Capital Hold	国家资本 State-owned Capital	集体资本 Collective-owned Capital	法人资本 Institutional Capital	个人资本 Individual Capital	港澳台资本 Hong Kong Macao and Taiwan Capital	外商资本 Foreign Capital
合　计	**Total**	**31840.2**	**542.1**	**137.5**	**11966.5**	**13074.2**	**5269.9**	**850.0**
按登记注册类型分组	**By Status of Registration**							
内资企业	Domestic Funded Enterprises	26032.8	542.1		11566.5	13074.2		850.0
国有企业	State-owned Enterprises	392.5	392.5					
集体企业	Collective-owned Enterprises							
有限责任公司	Limited-liability Companies	12521.3	99.6		5489.1	6082.6		850.0
其他有限责任公司	Other Limited-liability Companies	12521.3	99.6		5489.1	6082.6		850.0
股份有限公司	Share Holding Ltd. Companies	4850.7			1217.2	3633.5		
私营企业	Private Enterprises	5892.7			3760.2	2132.5		
私营独资企业	Private-funded Enterprises	420.0			100.0	320.0		
私营合伙企业	Private Partnership Enterprises	500.0			500.0			
私营有限责任公司	Private Limited-liability Companies	3611.2			3160.2	451.0		
私营股份有限公司	Private Share Holding Ltd. Companies	1361.5				1361.5		
其他企业	Other Enterprises	2375.6	50.0		1100.0	1225.6		
港澳台商投资企业	Enterprises with Funds from HongKong Macao and Taiwan	5507.4		137.5	100.0		5269.9	
合资经营企业(港或澳、台资)	Joint Ventures(Hongkong or Macao, Taiwan)	350.0		137.5	100.0		112.5	
合作经营企业(港或澳、台资)	Cooperative Enterprises (Hongkong or Macao, Taiwan)	3500.0					3500.0	
港澳台商独资经营企业	Enterprises with Sole Investment	1657.4					1657.4	
外商投资企业	Foreign Investment Enterprises	300.0			300.0			
外资企业	Enterprises with Sole Foreign Investment	300.0			300.0			
按餐饮行业小类分组	**By Food and Beverage Industries**							
正餐服务	Dinner	31392.2	542.1	137.5	11966.5	12974.2	4921.9	850.0
快餐服务	Fast Food	448.0				100.0	348.0	
饮料及冷饮服务	Soft Drink and Beverage Services							
其他餐饮服务	Other Catering Services							

15-17 续3(continued 3)

单位：万元 (10 000 yuan)

项　目	Item	主营业务收入 Main Business Revenue	主营业务成本 Main Business Costs	主营业务税金及附加 Main Business Tax and Extra Charges	其他业务利润 Profits of Other Business
合　计	**Total**	**126326.8**	**67213.9**	**7978.9**	**7898.5**
按登记注册类型分组	**By Status of Registration**				
内资企业	Domestic Funded Enterprises	108840.4	61185.9	6863.6	1801.6
国有企业	State-owned Enterprises	870.0	540.9	17.6	
集体企业	Collective-owned Enterprises				
有限责任公司	Limited-liability Companies	55921.1	30828.9	3804.5	484.2
其他有限责任公司	Other Limited-liability Companies	55921.1	30828.9	3804.5	484.2
股份有限公司	Share Holding Ltd. Companies	9289.5	4510.9	526.7	645.0
私营企业	Private Enterprises	25555.5	16342.1	1492.3	672.4
私营独资企业	Private-funded Enterprises	4125.4	2710.3	255.3	317.9
私营合伙企业	Private Partnership Enterprises	3675.1	2388.7	197.1	
私营有限责任公司	Private Limited-liability Companies	16588.4	10637.5	961.4	354.5
私营股份有限公司	Private Share Holding Ltd. Companies	1166.6	605.6	78.5	
其他企业	Other Enterprises	17204.3	8963.1	1022.5	
港澳台商投资企业	Enterprises with Funds from HongKong Macao and Taiwan	15915.7	5166.5	1019.2	6096.9
合资经营企业(港或澳、台资)	Joint Ventures(Hongkong or Macao, Taiwan)	3573.6	1629.7	253.1	
合作经营企业(港或澳、台资)	Cooperative Enterprises (Hongkong or Macao, Taiwan)	2243.5	259.1	208.2	26.2
港澳台商独资经营企业	Enterprises with Sole Investment	10098.6	3277.7	557.9	6070.7
外商投资企业	Foreign Investment Enterprises	1570.7	861.5	96.1	
外资企业	Enterprises with Sole Foreign Investment	1570.7	861.5	96.1	
按餐饮行业小类分组	**By Food and Beverage Industries**				
正餐服务	Dinner	119475.9	64642.8	7599.3	4385.5
快餐服务	Fast Food	6850.9	2571.1	379.6	3513.0
饮料及冷饮服务	Soft Drink and Beverage Services				
其他餐饮服务	Other Catering Services				

15-17 续4(continued 4)

单位：万元 (10 000 yuan)

项 目	Item	销售费用 Business Cost	管理费用 Management Cost	税金 Tax	差旅费 Travel Cost	工会经费 Labor Union Funds
合 计	**Total**	**42664.9**	**17610.8**	**401**	**200.5**	**111.8**
按登记注册类型分组	**By Status of Registration**					
内资企业	Domestic Funded Enterprises	37177.7	12292.7	375.8	154.2	87.4
国有企业	State-owned Enterprises	399.5	12.0		9.3	1.7
集体企业	Collective-owned Enterprises					
有限责任公司	Limited-liability Companies	22770.8	7074.2	222.4	100.4	61.4
其他有限责任公司	Other Limited-liability Companies	22770.8	7074.2	222.4	100.4	61.4
股份有限公司	Share Holding Ltd. Companies	2436.5	1319.1	10.3	5.1	4.9
私营企业	Private Enterprises	4181.3	2362.3	119	30.9	14.9
私营独资企业	Private-funded Enterprises	240.7	630.6		0.6	0.5
私营合伙企业	Private Partnership Enterprises	44.4	42.9		4.2	
私营有限责任公司	Private Limited-liability Companies	3722.6	1457.9	119	26.1	14.4
私营股份有限公司	Private Share Holding Ltd. Companies	173.6	230.9			
其他企业	Other Enterprises	7389.6	1525.1	24.1	8.5	4.5
港澳台商投资企业	Enterprises with Funds from HongKong Macao and Taiwan	5177.6	5164.5	21.2	43.6	24.4
合资经营企业(港或澳、台资)	Joint Ventures(Hongkong or Macao, Taiwan)	1272.6	458.2	0.1	2.2	1.2
合作经营企业(港或澳、台资)	Cooperative Enterprises (Hongkong or Macao, Taiwan)	1211.1	1968.0		9.2	9.0
港澳台商独资经营企业	Enterprises with Sole Investment	2693.9	2738.3	21.1	32.2	14.2
外商投资企业	Foreign Investment Enterprises	309.6	153.6	4	2.7	
外资企业	Enterprises with Sole Foreign Investment	309.6	153.6	4	2.7	
按餐饮行业小类分组	**By Food and Beverage Industries**					
正餐服务	Dinner	41543.7	15318.2	380.7	180	101.4
快餐服务	Fast Food	1121.2	2292.6	20.3	20.5	10.4
饮料及冷饮服务	Soft Drink and Beverage Services					
其他餐饮服务	Other Catering Services					

15-17 续5(continued 5)

单位：万元 (10 000 yuan)

项目	Item	财务费用 Financial Cost	利息支出 Expenses of Interest	营业利润 Business Profits	利润总额 Total After-tax Profits	应交所得税 Income Tax payable
合　计	**Total**	**1997.8**	**767.2**	**-3345.0**	**-1862.5**	**1674.1**
按登记注册类型分组	**By Status of Registration**					
内资企业	Domestic Funded Enterprises	1916.6	760.4	-2801.6	-1274.7	1390.2
国有企业	State-owned Enterprises	1.1	1.1	-101.1	-95.5	
集体企业	Collective-owned Enterprises					
有限责任公司	Limited-liability Companies	843.7	46.3	-2395.4	-2772.1	819.3
其他有限责任公司	Other Limited-liability Companies	843.7	46.3	-2395.4	-2772.1	819.3
股份有限公司	Share Holding Ltd. Companies	240.2	136.3	183.8	90.3	72.4
私营企业	Private Enterprises	337.5	198.7	571.3	2421.3	320.7
私营独资企业	Private-funded Enterprises	31.6	0.8	-8.7	-45.4	14.4
私营合伙企业	Private Partnership Enterprises	4.2	4.2	997.8	997.8	
私营有限责任公司	Private Limited-liability Companies	132.1	24.1	-326.2	1559.8	306.3
私营股份有限公司	Private Share Holding Ltd. Companies	169.6	169.6	-91.6	-90.9	
其他企业	Other Enterprises	494.1	378.0	-1060.2	-918.7	177.8
港澳台商投资企业	Enterprises with Funds from HongKong Macao and Taiwan	72.3	6.8	-684.4	-729.2	234.7
合资经营企业(港或澳、台资)	Joint Ventures(Hongkong or Macao, Taiwan)	33.6		-73.6	-73.8	
合作经营企业(港或澳、台资)	Cooperative Enterprises (Hongkong or Macao, Taiwan)	18.6		-1421.5	-1411.5	
港澳台商独资经营企业	Enterprises with Sole Investment	20.1	6.8	810.7	756.1	234.7
外商投资企业	Foreign Investment Enterprises	8.9		141.0	141.4	49.2
外资企业	Enterprises with Sole Foreign Investment	8.9		141.0	141.4	49.2
按餐饮行业小类分组	**By Food and Beverage Industries**					
正餐服务	Dinner	1983.8	760.4	-3817.4	-2277.9	1564.9
快餐服务	Fast Food	14.0	6.8	472.4	415.4	109.2
饮料及冷饮服务	Soft Drink and Beverage Services					
其他餐饮服务	Other Catering Services					

15-17 续6(continued 6)

单位：万元 (10 000 yuan)

项　　目	Item	土地和固定资产支出 Land and Fixed Asset Expenditures	土地购置 Land Expenditures	房屋和建筑物 Houses and Buildings	机器设备 Machinery and Equipment	运输工具 Vehicle	其他费用 Others
合　计	**Total**	**712.8**		**110.7**	**158.4**	**118.6**	**325.1**
按登记注册类型分组	**By Status of Registration**						
内资企业	Domestic Funded Enterprises	487.0		110.7	153.4	117.8	105.1
国有企业	State-owned Enterprises	2.0			2.0		
集体企业	Collective-owned Enterprises						
有限责任公司	Limited-liability Companies	358.5		69.3	106.9	110.3	72.0
其他有限责任公司	Other Limited-liability Companies	358.5		69.3	106.9	110.3	72.0
股份有限公司	Share Holding Ltd. Companies	40.6			40.6		
私营企业	Private Enterprises	85.9		41.4	3.9	7.5	33.1
私营独资企业	Private-funded Enterprises						
私营合伙企业	Private Partnership Enterprises						
私营有限责任公司	Private Limited-liability Companies	85.4		41.4	3.9	7.5	32.6
私营股份有限公司	Private Share Holding Ltd. Companies	0.5					0.5
其他企业	Other Enterprises						
港澳台商投资企业	Enterprises with Funds from HongKong Macao and Taiwan	225.8			5.0	0.8	220.0
合资经营企业(港或澳、台资)	Joint Ventures(Hongkong or Macao, Taiwan)	220.8				0.8	220.0
合作经营企业(港或澳、台资)	Cooperative Enterprises (Hongkong or Macao, Taiwan)						
港澳台商独资经营企业	Enterprises with Sole Investment	5.0			5.0		
外商投资企业	Foreign Investment Enterprises						
外资企业	Enterprises with Sole Foreign Investment						
按餐饮行业小类分组	**By Food and Beverage Industries**						
正餐服务	Dinner	712.8		110.7	158.4	118.6	325.1
快餐服务	Fast Food						
饮料及冷饮服务	Soft Drink and Beverage Services						
其他餐饮服务	Other Catering Services						

15-18 限额以上住宿企业财务状况(2012)
Financial Indicator of Hotels Enterprises above Designated Size

单位：万元 (10 000 yuan)

项目	Item	企业数(个) Number of Enterprises (unit)	流动资产合计 Total Current Assets	存货 Inventory	固定资产原价 Original Value of Fixed Assets
合计	**Total**	**265**	**1145726.0**	**36031.7**	**1525788.6**
按登记注册类型分组	**By Status of Registration**				
内资企业	Domestic Funded Enterprises	234	908785.7	31186.0	1126977.1
国有企业	State-owned Enterprises	22	46749.8	2416.9	163765.8
集体企业	Collective-owned Enterprises	1	269.0	20.8	192.1
股份合作企业	Cooperative Enterprises	4	915.6	211.9	5268.9
联营企业	Joint Ownership Enterprises				
国有联营企业	State Joint Ownership Enterprises				
其他联营企业	Other Joint Ownership Enterprises				
有限责任公司	Limited-liability Companies	142	711813.9	13563.5	718484.1
国有独资公司	State Sole Funded Corporations	4	26631.4	823.3	35002.2
其他有限责任公司	Other Limited-liability Companies	138	685182.5	12740.2	683481.9
股份有限公司	Share Holding Ltd. Companies	13	24683.4	2557.1	67483.9
私营企业	Private Enterprises	35	96789.5	11454.9	101605.1
私营独资企业	Private-funded Enterprises	6	13971.2	2358.7	3898.1
私营合伙企业	Private Partnership Enterprises	1	175.8	0.8	758.5
私营有限责任公司	Private Limited-liability Companies	24	78162.8	8667.3	88421.2
私营股份有限公司	Private Share Holding Ltd. Companies	4	4479.7	428.1	8527.3
其他企业	Other Enterprises	17	27564.5	960.9	70177.2
港澳台商投资企业	Enterprises with Funds from HongKong, Macao and Taiwan	17	190580.4	2863.8	202817.7
合资经营企业(港或澳、台资)	Joint Ventures(Hongkong or Macao, Taiwan)	7	159143.9	1404.7	133404.9
合作经营企业(港或澳、台资)	Cooperative Enterprises(Hongkong or Macao, Taiwan)	1	677.4	22.9	1865.1
港澳台商独资经营企业	Enterprises with Sole Investment	6	26534.0	1151.5	67463.8
港、澳、台商投资股份有限公司	Share Holding Companies Ltd.	3	4225.1	284.7	83.9
外商投资企业	Foreign Investment Enterprises	14	46359.9	1981.9	195993.8
中外合资经营企业	Joint-venture Enterprises	8	31612.8	1302.0	118480.0
中外合作经营企业	Cooperative Enterprises	1	2146.1	102.1	
外资企业	Enterprises with Sole Foreign Investment	5	12601.0	577.8	77513.8
外商投资股份有限公司	Foreign Businessman Investing Shareholding companies				
按住宿行业小类分组	**By Hotel Sector**				
旅游饭店	Tourism Hotel	250	1140119.4	35243.0	1518423.1
一般旅馆	General Hotel	13	3613.9	337.6	6837.1
其他住宿业	Others	2	1992.7	451.1	528.4

15-18 续1(continued 1)

单位：万元 (10 000 yuan)

项 目	Item	累计折旧 Accumulated Depreciation	本年折旧 Depreciation This Year	资产合计 Total Assets	负债合计 Total Liabilities	所有者权益合计 Total Greditors Equity
合　计	**Total**	**569048.8**	**85642.4**	**2585300.8**	**1849254.5**	**736046.3**
按登记注册类型分组	**By Status of Registration**					
内资企业	Domestic Funded Enterprises	369807.2	43595.0	2055065.9	1460531.9	594534.0
国有企业	State-owned Enterprises	85217.3	4359.0	158882.3	105797.8	53084.5
集体企业	Collective-owned Enterprises	122.2	33.7	639.6	587.5	52.1
股份合作企业	Cooperative Enterprises	3783.6	297.7	8254.9	5100.4	3154.5
联营企业	Joint Ownership Enterprises					
国有联营企业	State Joint Ownership Enterprises					
其他联营企业	Other Joint Ownership Enterprises					
有限责任公司	Limited-liability Companies	191657.4	32643.3	1543807.1	1102270.6	441536.5
国有独资公司	State Sole Funded Corporations	6225.6	1442.8	60891.0	30234.2	30656.8
其他有限责任公司	Other Limited-liability Companies	185431.8	31200.5	1482916.1	1072036.4	410879.7
股份有限公司	Share Holding Ltd. Companies	38955.4	2101.5	59419.8	31373.4	28046.4
私营企业	Private Enterprises	19770.8	2935.5	207660.4	174391.7	33268.7
私营独资企业	Private-funded Enterprises	403.2	83.9	20920.0	18980.7	1939.3
私营合伙企业	Private Partnership Enterprises	363.7	33.7	570.6	415.2	155.4
私营有限责任公司	Private Limited-liability Companies	16711.9	2360.6	172414.1	149914.6	22499.5
私营股份有限公司	Private Share Holding Ltd. Companies	2292.0	457.3	13755.7	5081.2	8674.5
其他企业	Other Enterprises	30300.5	1224.3	76401.8	41010.5	35391.3
港澳台商投资企业	Enterprises with Funds from HongKong, Macao and Taiwan	101205.7	35385.8	363404.3	270415.0	92989.3
合资经营企业(港或澳、台资)	Joint Ventures(Hongkong or Macao, Taiwan)	59957.7	33692.1	296904.0	203629.1	93274.9
合作经营企业(港或澳、台资)	Cooperative Enterprises(Hongkong or Macao, Taiwan)	1752.2		876.6	2389.4	-1512.8
港澳台商独资经营企业	Enterprises with Sole Investment	39456.7	1678.0	61337.8	59849.8	1488.0
港、澳、台商投资股份有限公司	Share Holding Companies Ltd.	39.1	15.7	4285.9	4546.7	-260.8
外商投资企业	Foreign Investment Enterprises	98035.9	6661.6	166830.6	118307.6	48523.0
中外合资经营企业	Joint-venture Enterprises	63259.9	3905.4	106340.7	37273.1	69067.6
中外合作经营企业	Cooperative Enterprises			2146.1	4126.6	-1980.5
外资企业	Enterprises with Sole Foreign Investment	34776.0	2756.2	58343.8	76907.9	-18564.1
外商投资股份有限公司	Foreign Businessman Investing Shareholding companies					
按住宿行业小类分组	**By Hotel Sector**					
旅游饭店	Tourism Hotel	567385.7	84958.7	2573588.3	1841864.0	731724.3
一般旅馆	General Hotel	1473.0	589.9	9370.0	5793.4	3576.6
其他住宿业	Others	190.1	93.8	2342.5	1597.1	745.4

15-18 续2(continued 2)

单位：万元 (10 000 yuan)

项　目	Item	实收资本 Capital Hold	国家资本 State-owned Capital	集体资本 Collective-owned Capital	法人资本 Institu-tional Capital	个人资本 Indi-vidual Capital	港澳台资本 Hong Kong Macao and Taiwan capital	外商资本 Foreign Capital
合　计	**Total**	**665372.1**	**84792.8**	**23140.4**	**452000.4**	**46994.7**	**34447.0**	**23996.8**
按登记注册类型分组	**By Status of Registration**							
内资企业	Domestic Funded Enterprises	531688.9	68070.3	22980.4	400220.0	37656.1	2762.1	
国有企业	State-owned Enterprises	57214.9	25314.2		31855.7	45.0		
集体企业	Collective-owned Enterprises	10.0		10.0				
股份合作企业	Cooperative Enterprises	3653.0			3553.0	100.0		
联营企业	Joint Ownership Enterprises							
国有联营企业	State Joint Ownership Enterprises							
其他联营企业	Other Joint Ownership Enterprises							
有限责任公司	Limited-liability Companies	363513.3	42756.1	1805.4	305994.6	12957.2		
国有独资公司	State Sole Funded Corporations	17671.0	17406.1		264.9			
其他有限责任公司	Other Limited-liability Companies	345842.3	25350.0	1805.4	305729.7	12957.2		
股份有限公司	Share Holding Ltd. Companies	48525.4		21005.0	20564.0	6956.4		
私营企业	Private Enterprises	28301.2		60.0	11273.1	16968.1		
私营独资企业	Private-funded Enterprises	3587.5			1700.0	1887.5		
私营合伙企业	Private Partnership Enterprises	155.4			155.4			
私营有限责任公司	Private Limited-liability Companies	16734.2		60.0	4885.2	11789.0		
私营股份有限公司	Private Share Holding Ltd. Companies	7824.1			4532.5	3291.6		
其他企业	Other Enterprises	30471.1		100.0	26979.6	629.4	2762.1	
港澳台商投资企业	Enterprises with Funds from HongKong, Macao and Taiwan	59190.2	3540.6	160.0	21363.1	9338.6	23190.4	1597.5
合资经营企业(港或澳、台资)	Joint Ventures(Hongkong or Macao, Taiwan)	30227.2	3060.0		14940.0	9338.6	2888.6	
合作经营企业(港或澳、台资)	Cooperative Enterprises (Hongkong or Macao, Taiwan)	640.6	480.6	160.0				
港澳台商独资经营企业	Enterprises with Sole Investment	28220.2			6423.1		20199.6	1597.5
港、澳、台商投资股份有限公司	Share Holding Companies Ltd.	102.2					102.2	
外商投资企业	Foreign Investment Enterprises	74493.0	13181.9		30417.3		8494.5	22399.3
中外合资经营企业	Joint-venture Enterprises	52093.7	13181.9		30417.3		8494.5	
中外合作经营企业	Cooperative Enterprises							
外资企业	Enterprises with Sole Foreign Investment	22399.3						22399.3
外商投资股份有限公司	Foreign Businessman Investing Shareholding companies							
按住宿行业小类分组	**By Hotel Sector**							
旅游饭店	Tourism Hotel	660440.4	82423.8	23140.4	450070.4	46362.0	34447.0	23996.8
一般旅馆	General Hotel	4325.6	1962.9		1730.0	632.7		
其他住宿业	Others	606.1	406.1		200.0			

15-18 续3(continued 3)

单位：万元 (10 000 yuan)

项 目	Item	主营业务收入 Main Business Revenue	主营业务成本 Main Business Costs	主营业务税金及附加 Main Business Tax and Extra Charges	其他业务利润 Profits of Other Business
合 计	**Total**	**904532.8**	**197031.6**	**46802.7**	**13344.1**
按登记注册类型分组	**By Status of Registration**				
内资企业	Domestic Funded Enterprises	656334.4	149377.1	35507.2	4010.9
国有企业	State-owned Enterprises	38966.5	12218.4	2119.9	98.9
集体企业	Collective-owned Enterprises	862.7		48.8	
股份合作企业	Cooperative Enterprises	2720.6	718.5	163.7	
联营企业	Joint Ownership Enterprises				
国有联营企业	State Joint Ownership Enterprises				
其他联营企业	Other Joint Ownership Enterprises				
有限责任公司	Limited-liability Companies	492248.2	110362.5	26475.0	1978.9
国有独资公司	State Sole Funded Corporations	21520.9	7355.9	1230.9	
其他有限责任公司	Other Limited-liability Companies	470727.3	103006.6	25244.1	1978.9
股份有限公司	Share Holding Ltd. Companies	29346.5	5303.5	1545.3	
私营企业	Private Enterprises	53788.5	12364.7	2983.9	957.1
私营独资企业	Private-funded Enterprises	7059.3	1290.9	383.0	
私营合伙企业	Private Partnership Enterprises	372.1	221.1	21.4	
私营有限责任公司	Private Limited-liability Companies	44220.0	10195.8	2448.8	813.1
私营股份有限公司	Private Share Holding Ltd. Companies	2137.1	656.9	130.7	144.0
其他企业	Other Enterprises	38401.4	8409.5	2170.6	976.0
港澳台商投资企业	Enterprises with Funds from HongKong, Macao and Taiwan	122820.0	22385.0	7183.3	3676.8
合资经营企业(港或澳、台资)	Joint Ventures(Hongkong or Macao, Taiwan)	62819.4	6757.9	3882.5	6.1
合作经营企业(港或澳、台资)	Cooperative Enterprises(Hongkong or Macao, Taiwan)	737.3	261.8	40.0	
港澳台商独资经营企业	Enterprises with Sole Investment	45333.7	13156.9	2610.3	3664.5
港、澳、台商投资股份有限公司	Share Holding Companies Ltd.	13929.6	2208.4	650.5	6.2
外商投资企业	Foreign Investment Enterprises	125378.4	25269.5	4112.2	5656.4
中外合资经营企业	Joint-venture Enterprises	94871.2	17962.1	2420.2	
中外合作经营企业	Cooperative Enterprises	6920.3	3236.0	390.5	
外资企业	Enterprises with Sole Foreign Investment	23586.9	4071.4	1301.5	5656.4
外商投资股份有限公司	Foreign Businessman Investing Shareholding companies				
按住宿行业小类分组	**By Hotel Sector**				
旅游饭店	Tourism Hotel	892337.6	192868.8	46108.6	13330.5
一般旅馆	General Hotel	7615.1	3051.5	438.6	13.6
其他住宿业	Others	4580.1	1111.3	255.5	

15-18 续4(continued 4)

单位：万元 (10 000 yuan)

项目	Item	销售费用 Business Cost	管理费用 Manag-ement Cost	税金 Tax	差旅费 Travel Cost	工会经费 Labor Union Funds
合计	**Total**	**262262.4**	**313375.2**	**11032.9**	**2572.9**	**1038.7**
按登记注册类型分组	**By Status of Registration**					
内资企业	Domestic Funded Enterprises	207767.9	228124.0	8364.3	1967.5	870.2
国有企业	State-owned Enterprises	17570.8	14778.7	1252.0	115.9	88.1
集体企业	Collective-owned Enterprises	690.6	117.5	6.0		
股份合作企业	Cooperative Enterprises	1443.6	458.6	25.9	11.0	3.9
联营企业	Joint Ownership Enterprises					
国有联营企业	State Joint Ownership Enterprises					
其他联营企业	Other Joint Ownership Enterprises					
有限责任公司	Limited-liability Companies	146079.5	168043.5	5686.7	1457.2	614.2
国有独资公司	State Sole Funded Corporations	7725.7	2837.2	285.7	6.9	16.7
其他有限责任公司	Other Limited-liability Companies	138353.8	165206.3	5401.0	1450.3	597.5
股份有限公司	Share Holding Ltd. Companies	11014.3	12677.6	436.8	99.3	40.5
私营企业	Private Enterprises	21360.1	17775.1	677.9	170.5	70.5
私营独资企业	Private-funded Enterprises	4698.6	3082.3	57.7	15.3	5.9
私营合伙企业	Private Partnership Enterprises	22.0	120.1			
私营有限责任公司	Private Limited-liability Companies	15836.0	13717.8	546.1	133.9	62.1
私营股份有限公司	Private Share Holding Ltd. Companies	803.5	854.9	74.1	21.3	2.5
其他企业	Other Enterprises	9609.0	14273.0	279.0	113.6	53.0
港澳台商投资企业	Enterprises with Funds from HongKong, Macao and Taiwan	25428.0	46850.5	1724.4	390.0	91.9
合资经营企业(港或澳、台资)	Joint Ventures(Hongkong or Macao, Taiwan)	12275.1	25789.0	210.1	106.9	75.5
合作经营企业(港或澳、台资)	Cooperative Enterprises(Hongkong or Macao, Taiwan)	257.5	191.0			
港澳台商独资经营企业	Enterprises with Sole Investment	8703.1	17122.4	1514.1	271.3	0.7
港、澳、台商投资股份有限公司	Share Holding Companies Ltd.	4192.3	3748.1	0.2	11.8	15.7
外商投资企业	Foreign Investment Enterprises	29066.5	38400.7	944.2	215.4	76.6
中外合资经营企业	Joint-venture Enterprises	18909.7	24776.4	353.5	134.7	59.8
中外合作经营企业	Cooperative Enterprises	529.3	4607.0			
外资企业	Enterprises with Sole Foreign Investment	9627.5	9017.3	590.7	80.7	16.8
外商投资股份有限公司	Foreign Businessman Investing Shareholding companies					
按住宿行业小类分组	**By Hotel Sector**					
旅游饭店	Tourism Hotel	257877.3	309140.2	10997.3	2535.4	1012.5
一般旅馆	General Hotel	2249.1	2344.5	35.6	21.7	9.5
其他住宿业	Others	2136.0	1890.5		15.8	16.7

15-18 续5(continued 5)

单位：万元

项　　目	Item	财务费用 Financial Cost	利息支出 Expenses of Interest	营业利润 Business Profits	利润总额 Total After-tax Profits	应交所得税 Income Tax payable
合　计	**Total**	**26960.8**	**14946.2**	**83573.4**	**74391.2**	**10851.1**
按登记注册类型分组	**By Status of Registration**					
内资企业	Domestic Funded Enterprises	21503.4	13347.8	32074.6	31257.9	9366.9
国有企业	State-owned Enterprises	686.6	1202.6	-5093.5	-4719.9	208.0
集体企业	Collective-owned Enterprises	5.9		-0.1	-0.1	
股份合作企业	Cooperative Enterprises	227.8	214.1	-312.2	-398.6	
联营企业	Joint Ownership Enterprises					
国有联营企业	State Joint Ownership Enterprises					
其他联营企业	Other Joint Ownership Enterprises					
有限责任公司	Limited-liability Companies	12353.7	9673.2	41501.5	40287.6	9074.3
国有独资公司	State Sole Funded Corporations	151.7		3225.3	2203.6	
其他有限责任公司	Other Limited-liability Companies	12202.0	9673.2	38276.2	38084.0	9074.3
股份有限公司	Share Holding Ltd. Companies	304.8		-1199.9	-1180.4	5.7
私营企业	Private Enterprises	7478.8	1978.9	-6492.5	-6840.1	-67.7
私营独资企业	Private-funded Enterprises	157.8		-1403.4	-1808.2	121.3
私营合伙企业	Private Partnership Enterprises			-12.5	-411.1	
私营有限责任公司	Private Limited-liability Companies	7307.1	1976.4	-4897.8	-4821.6	-189.0
私营股份有限公司	Private Share Holding Ltd. Companies	13.9	2.5	-178.8	200.8	
其他企业	Other Enterprises	445.8	279.0	3671.3	4109.4	146.6
港澳台商投资企业	Enterprises with Funds from HongKong, Macao and Taiwan	1956.6	1598.4	29180.1	30122.5	4.3
合资经营企业(港或澳、台资)	Joint Ventures(Hongkong or Macao, Taiwan)	1510.1	1402.9	22967.4	22981.3	4.3
合作经营企业(港或澳、台资)	Cooperative Enterprises (Hongkong or Macao, Taiwan)	80.0		-93.0	-87.4	
港澳台商独资经营企业	Enterprises with Sole Investment	261.8	195.5	3182.2	4381.6	
港、澳、台商投资股份有限公司	Share Holding Companies Ltd.	104.7		3123.5	2847.0	
外商投资企业	Foreign Investment Enterprises	3500.8		22318.7	13010.8	1479.9
中外合资经营企业	Joint-venture Enterprises	1355.2		26583.3	16840.5	1479.9
中外合作经营企业	Cooperative Enterprises	39.0		-1881.5	-1881.5	
外资企业	Enterprises with Sole Foreign Investment	2106.6		-2383.1	-1948.2	
外商投资股份有限公司	Foreign Businessman Investing Shareholding companies					
按住宿行业小类分组	**By Hotel Sector**					
旅游饭店	Tourism Hotel	26899.8	14941.8	84027.9	75672.6	10752.7
一般旅馆	General Hotel	44.1	4.4	-665.0	-478.7	16.3
其他住宿业	Others	16.9		210.5	-802.7	82.1

15-18 续6(continued 6)

单位：万元 (10 000 yuan)

项目	Item	土地和固定资产支出 Land and Fixed Asset Expenditures	土地购置 Land Expenditures	房屋和建筑物 Houses and Buildings	机器设备 Machinery and Equipment	运输工具 Vehicle	其他费用 Others
合　计	**Total**	**65502.5**	**2934.2**	**43313.1**	**6232.2**	**1498.5**	**11524.5**
按登记注册类型分组	**By Status of Registration**						
内资企业	Domestic Funded Enterprises	63022.0	2664.4	42434.3	5734.3	1296.4	10892.6
国有企业	State-owned Enterprises	1150.2			580.3	107.2	462.7
集体企业	Collective-owned Enterprises						
股份合作企业	Cooperative Enterprises	16.9			16.9		
联营企业	Joint Ownership Enterprises						
国有联营企业	State Joint Ownership Enterprises						
其他联营企业	Other Joint Ownership Enterprises						
有限责任公司	Limited-liability Companies	59732.4	2664.4	41005.1	4917.9	1073.7	10071.3
国有独资公司	State Sole Funded Corporations	0.5				0.5	
其他有限责任公司	Other Limited-liability Companies	59731.9	2664.4	41005.1	4917.9	1073.2	10071.3
股份有限公司	Share Holding Ltd. Companies	125.3			17.1	26.1	82.1
私营企业	Private Enterprises	1919.6		1429.2	137.7	89.4	263.3
私营独资企业	Private-funded Enterprises						
私营合伙企业	Private Partnership Enterprises						
私营有限责任公司	Private Limited-liability Companies	1605.6		1115.2	137.7	89.4	263.3
私营股份有限公司	Private Share Holding Ltd. Companies	314.0		314.0			
其他企业	Other Enterprises	77.6			64.4		13.2
港澳台商投资企业	Enterprises with Funds from HongKong, Macao and Taiwan	1333.4	269.8	830.0	33.4	80.5	119.7
合资经营企业(港或澳、台资)	Joint Ventures (Hongkong or Macao, Taiwan)						
合作经营企业(港或澳、台资)	Cooperative Enterprises (Hongkong or Macao, Taiwan)						
港澳台商独资经营企业	Enterprises with Sole Investment	1333.4	269.8	830.0	33.4	80.5	119.7
港、澳、台商投资股份有限公司	Share Holding Companies Ltd.						
外商投资企业	Foreign Investment Enterprises	1147.1		48.8	464.5	121.6	512.2
中外合资经营企业	Joint-venture Enterprises	939.8		48.8	281.0	103.4	506.6
中外合作经营企业	Cooperative Enterprises						
外资企业	Enterprises with Sole Foreign Investment	207.3			183.5	18.2	5.6
外商投资股份有限公司	Foreign Businessman Investing Shareholding companies						
按住宿行业小类分组	**By Hotel Sector**						
旅游饭店	Tourism Hotel	65370.9	2934.2	43313.1	6128.2	1498.5	11496.9
一般旅馆	General Hotel	131.6			104.0		27.6
其他住宿业	Others						

15-19 各市县限额以上批发和零售业、住宿和餐饮业法人企业数(2012)
Number of Corporation Enterprises above Designated Size of Wholesale and Retail Trades,Hotels and Catering Services by Region

单位:个 (Unit)

地区	Region	合计 Total	批发业 Wholesale Trade	零售业 Retail Trade	住宿业 Hotels	餐饮业 Catering Services
全省总计	**Total**	**846**	**245**	**240**	**265**	**96**
海口市	Haikou	481	182	154	87	58
三亚市	Sanya	164	7	33	107	17
五指山市	Wuzhishan	9		2	7	
文昌市	Wenchang	16	2	5	5	4
琼海市	Qionghai	34	11	5	12	6
万宁市	Wanning	15	1	3	11	
定安县	Dingan	1			1	
屯昌县	Tunchang	4		3		1
澄迈县	Chengmai	16	8	2	2	4
临高县	Lingao	7	1	3	1	2
儋州市	Danzhou	43	27	5	9	2
儋州	Danzhou	14	2	4	6	2
洋浦	Yangpu	29	25	1	3	
东方市	Dongfang	12	1	6	4	1
乐东县	Ledong	3		1	2	
琼中县	Qiongzhong	6	2	2	2	
保亭县	Baoting	9		3	6	
陵水县	Lingshui	10		4	6	
白沙县	Baisha	10	2	6	2	
昌江县	Changjiang	6	1	3	1	1

主要统计指标解释

社会消费品零售总额 指批发和零售业、住宿和餐饮业以及其他行业直接售给城乡居民和社会集团的消费品零售额。其中，对居民的消费品零售额，是指售予城乡居民用于生活消费的商品金额；对社会集团的消费品零售额，是指售给机关、社会团体、部队、学校、企事业单位、居委会或村委会等，公款购买的用作非生产、非经营使用与公共消费的商品金额。社会消费品零售总额包括：售给城乡居民作为生活消费用的商品和修建房屋用的建筑材料的金额，以及售给来华的外国人、华侨、港澳台同胞的消费品金额；售给社会集团用作非生产、非经营使用与公共消费的商品金额。不包括：城市居民间或居民委托信托商店卖出的商品；售给农业、工业、建筑业等行业用于生产的商品。

商品购进额 指从本企业以外的单位和个人购进（包括从国外直接进口）作为转卖或加工后转卖的商品金额（含增值税）。本指标反映批发和零售业从国内外市场上购进商品的总价。商品购进包括：（1）从工农业生产者、批发和零售业企业、住宿和餐饮业企业、出版社或报社的出版发行部门和其他服务业企业购进的商品；（2）从机关团体、事业单位购进的商品；（3）从海关、市场管理部门购进的缉私和没收的商品；（4）从居民收购的废旧商品等。不包括：（1）企业为本单位自身经营用，不是作为转卖而购进的商品，如材料物资、包装物、低值易耗品、办公用品等；（2）未通过买卖行为而收入的商品，如接受其他部门移交的商品、借入的商品、收入代其他单位保管的商品、其他单位赠送的样品、加工回收的成品等；（3）经本单位介绍，由买卖双方直接结算，本单位只收取手续费的业务；（4）销售退回和买方拒付货款的商品；（5）商品溢余。

商品销售额 指对本单位以外的单位和个人出售的商品金额（包括售给本单位消费用的商品，含增值税），本指标反映批发和零售业在国内市场上销售商品以及出口商品的总量。商品销售包括：（1）售给城乡居民和社会集团消费用的商品；（2）售给农业、工业、建筑业、运输邮电业、服务业、公用事业等国民经济各行业用于生产、经营用的商品，包括售予批发和零售业作为转卖或加工后转卖的商品；（3）对国（境）外直接出口的商品。商品销售不包括：（1）未通过买卖行为付出的商品，如随机构变动移交给其他企业单位的商品、借出的商品、归还受其他单位委托代保管的商品、付出的加工原料和赠送给其他单位的样品等；（2）经本单位介绍，由买卖双方直接结算，本单位只收取手续费的业务；（3）购货退回的商品；（4）商品损耗和损失；（5）出售本单位自用的废旧物资。

批发额 指售给国民经济各行业用于生产、经营用的商品金额。

零售额 指售给城乡居民用于生活消费和社会集团用于公共消费的商品金额。

进口 指直接从国外进口或委托外贸企业代理进口的商品金额，不包括从国内有关单位购进的进口商品。对外贸易企业只统计自主经营进口的商品，不统计受托代理进口的商品。

出口 指直接向国（境）外出口商品和委托外贸企业代理出口的商品金额，商品出口不包括售给外贸企业出口或加工后出口的商品，以及在国内市场以外币销售的商品。外贸企业只统计自主经营出口的商品，不包括受托代理出口的商品。

期末商品库存额 对于批发和零售业法人企业和个体经营户，是指取得所有权的全部商品金额（含增值税）；对于批发和零售业产业活动单位，是指期末实际在库且归属法人具有所有权的全部商品金额（含增值税）。这个指标反映批发和零售业的商品库存情况，以及对市场商品供应的保证程度。

连锁总店（总部）：指负责连锁企业资源（商号、商誉、经营模式、服务标准、管理模式等等）的开发、配置、控制或使用等功能的企业核心管理机构。连锁经营是指经营同类商品或服务，使用同一商号的若干商铺，在同一总店（总部）

的管理下，采取统一采购或特许经营等方式，实现规模效益的组织形式，包括直营连锁、特许连锁和自愿连锁三种形式。

亿元以上商品交易市场：指年成交额在亿元及以上的商品交易市场。商品交易市场是指经有关部门和组织批准设立，有固定场所、设施，有经营管理部门和监管人员，若干市场经营者入内，常年或实际开业三个月以上，集中、公开、独立地进行生活消费品、生产资料等现货商品交易以及提供相关服务的交易场所，包括各类消费品市场、生产资料市场等。

营业额 指住宿和餐饮业单位在经营活动中因提供服务或销售商品等取得的全部收入，包括：客房收入、餐费收入、商品销售额（含增值税）和其他收入。不包括法人企业附营的其他行业产业活动单位的餐费收入、商品销售收入等各项收入。

客房收入 指住宿和餐饮业单位在经营活动中因提供住宿服务取得的收入。不包括法人企业附营的其他行业产业活动单位的客房收入。

餐费收入 指住宿和餐饮业单位因为顾客提供就餐服务取得的收入。包括：经烹饪、调制加工后出售的各种食品，如主食、炒菜、凉拌菜等的收入。不包括法人企业附营的其他行业产业活动单位的餐费收入。

商品销售额 **指**住宿和餐饮业单位出售商品的销售总额（含增值税）。不包括法人企业附营的其他行业产业活动单位的商品销售额。

其他收入 指营业额中除客房收入、餐费收入、商品销售额（含增值税）以外的其他收入。

年末餐饮营业面积 指住宿和餐饮业连锁门店对外提供就餐服务的门店建筑面积和从事食品加工、烹饪、调制的厨房面积，不包括办公用房和仓库等面积。该指标按年末实有面积统计。

客房数 指住宿和餐饮业连锁门店提供住宿服务的房间数，该指标按年内正常情况下的实有数统计。

床位数 指住宿和餐饮业连锁门店供应旅客使用的床位数，不包括临时加床和门店内部工作人员使用的床位。该指标按年内正常情况下的实有数统计。

餐位数 指住宿和餐饮业连锁门店为顾客提供就餐服务时，正常可同时容纳就餐人员的餐位数量，不包括临时加的餐位。该指标按年内正常情况下的实有数统计。

附：批发和零售业、住宿和餐饮业统计限额标准为：批发业年主营业务收入 2000 万元，零售业年主营业务收入 500 万元，住宿业、餐饮业年主营业务收入 200 万元。

Explanatory Notes on Main Statistical Indicators

Total Retail Sales of Consumer Goods refer to the sum of retail sales of consumer goods sold by industries of wholesale, retail trades, hotels, catering and others to urban and rural residents and social groups. Of which, retail sale to residents is the sale of commodities sold to urban and rural residents for living consume. Retail sale to social groups is the sale of commodities sold to government departments, groups, military units, schools, enterprises, institutions, residents' committee, villagers' committees and so on, sold for non-productive, non-operative use and public consume paid by public funds. Total retail sales of consumer goods include: sales of commodities sold to urban and rural residents for their daily use and building materials sold to them for the construction or repair of houses; sales of consumer goods sold to foreigners, overseas Chinese, and Chinese compatriots from Hong Kong, Macao and Taiwan during their stay in the mainland of China; sales of consumer goods sold to social groups for non-productive, non-operative use and public consume. Excluded are: sales of commodities between urban residents, sales of commodities entrusted by residents in trust shop, sales of commodities for production purpose to industries of agriculture, industry, construction and others.

Total Purchases of Commodities refer to the total value of purchases of commodities by the enterprises from other establishments or individuals (including direct import from abroad) for the purpose of re-selling, either with or without further processing of the commodities purchased. This indicator is used to show the total value of purchases of commodities by wholesale and retail establishments from domestic and overseas markets. The total purchases include: (1) commodities purchased from agricultural and industrial producers, wholesale and retail enterprises, hotels and catering services enterprises, distribution departments of the publishers and other service enterprises; (2) commodities purchased from government agencies and institutions; (3) confiscated goods purchased from customs authorities or market management agencies; (4) second-hand goods and wastes purchased from residents. Excluded are (1) enterprises for use in their own business operation not to re-sell, such as materials, packing materials, low consumable goods and office supplies, etc; (2) commodities obtained without buying or selling procedures, such as transferred goods from other departments, borrowing goods, keeping goods for other establishments, donated samples from other establishments, processed recovery products of finished, etc; (3) commission income from brokerage in transactions for which settlement is directly handled by buyers and sellers; (4) rejected commodities in the purchase and the refusal of payment; (5) goods overflow.

Total Sales of Commodities refer to value of commodities sold by the establishments to other establishments and individuals (including commodities sold to establishments for their consumption, with value-add tax). This indicator is used to show the total value of sales of commodities at domestic markets and export. The total sales include: (1) commodities sold to urban and rural residents and social groups for their consumption; (2) commodities sold to national economic sectors in industry, agriculture, construction, transportation, post and telecommunications, service sectors and public utilities for their production and operation; (3) commodities sold to wholesale and retail establishments for re selling, with or without further processing; (4) commodities for direct export to other countries. Excluded are (1) commodities transferred without buying or selling procedures, such as goods transfer to other enterprises because of the changes in institutes, lending out goods, commodities have returned which were at request of keeping for other establishments, raw material of expending and samples presented to other establishments, etc; (2) commission income from brokerage in transactions whose settlement is directly handled by buyers and sellers; (3) rejected commodities in the purchase; (4) loss in commodities; (5) selling of waste packaging materials used by the establishments (units) themselves, etc.

Total Wholesale refers to the commodities amount sold in different national economic sectors for their production and operation.

Total Retail sale refers to the commodities amount sold to urban and rural households for household consumption and to social institutions for public consumption.

Import refers to the commodities amount directly imported from abroad or entrust foreign trade enterprises but not include imported commodities bought from national establishments. Foreign trade enterprises statistic only imported commodities which operated on their own but not include imported commodities which trusted to sale.

Export refers to the commodities amount directly exported to abroad or entrusted foreign trade enterprises to export. Exported commodities are not include which sold to foreign trade enterprises for exporting or processing exporting, as well as commodities sold in foreign currency in domestic markets. Foreign trade enterprises statistic only exported commodities which operated on their own but not include exported commodities which trusted to sale.

The inventory of commodities at the end of reference period refer to commodities amount with ownership for corporations and individuals operating in the wholesale and retail trades (including value-added tax), or commodities amount with ownership which are belong to corporative representatives in the warehouse by the end of a period for Industrial Activity Units of wholesale and retail trades (including value-added tax). This indicator is used to show the commodity stock level of wholesale and retail industries and the potential for market supply.

Chain Head Stores (headquarter) refer to the core leading stores responsible for development, allocation, administration and utilization of resources (name of stores, brand of stores, operation model, service standard, management way, etc) of chain stores. Chain stores refers to the stores engaged in providing homogeneous commodities or services, with the central leadership of head store (headquarter) and guided by common policies, conduct centralized purchase and distributed selling of commodities, in order to gain better efficiency through standardized operation. The chain stores include regular chain stores, franchise chain stores and voluntary chain stores.

Large Commodity Markets with Transaction Value over 100 million Yuan refers to the commodity markets with an annual transaction at and above 100 million. The commodity market refers to the markets approved and managed by related departments, where there are fixed sites, facilities, managers and administration offices, where there are a certain number of traders to operate for three month and above or all the year, where the commodities including the articles for daily consumption and capital goods and services are traded in a centralized, independent and open way. Such market includes markets for daily goods and market of capital goods, etc.

Business revenue refers to revenue received from providing services or selling commodities by establishments engaged in hotels and catering services, including income from hotels, from catering services, from selling of commodities (including value-added tax) and from other services. It is not include revenue received from corporation enterprises have business activities in other industries, such as income from catering services, from selling of commodities, etc.

Rooms income refers to income of establishments engaged in hotels and catering services by providing lodging services. It is not include income from corporation enterprises have business activities for providing lodging services in other industries.

Meals income refers to income of corporate enterprises and establishments engaged in hotels and catering services by providing catering services, including selling of cooked or prepared foods such as staple food, cooked dishes or cold dishes. It is not include income from corporation enterprises have business activities for providing catering services in other industries.

Sales revenue of commodities refer to income of corporate enterprises and establishments engaged in hotels and catering services by selling commodities (including value-added tax) that accompany the services they provide. It is not include income from corporation enterprises have business activities for selling goods in other industries.

Other revenue refers to income received other than income from hotels, catering services or selling of commodities (including value-added tax).

Business area of catering at year-end refers to chain enterprises' area engaged in hotels and catering services by providing catering services and their kitchens' area engaged in food processing, cooking and curing. It is not include offices and warehouse. This indicator used to show all area by the end of the year-end.

Number of rooms refers to chain enterprises engaged in hotels and catering services have rooms by providing room services. Normally this indicator was counted by the actual statistical data in a year.

Number of beds refers to chain enterprises engaged in hotels and catering services have beds by providing beds services for travelers, It is not include extra beds and beds for chain enterprises' employees. Normally this indicator was counted by the actual statistical data in a year.

Number of seats in catering services refers to chain enterprises engaged in hotels and catering services have seats by providing catering services, normally can served number of meals. It is not include extra seats. Normally this indicator was counted by the actual statistical data in a year.

Note: Statistics standard of enterprises above designated size in wholesale, retail trades, hotels and catering is: yearly main business revenue of 20 million yuan in wholesale, of 5 million yuan in retail trades and of 2 million yuan in hotels and catering.

16

旅　游

Tourism

编辑人员：黄文智

Compiled by Huang Wenzhi

英文翻译：黄文智

Translated by Huang Wenzhi

简 要 说 明

一、主要内容

旅行社、星级饭店基本情况；入境旅游人数、国内居民旅游人数以及国际、国内旅游收入。

二、统计范围、方法和来源

旅游过夜人数和旅游收入两项数据由旅游部门和统计部门采用全面调查、抽样调查方法，对旅游住宿单位和游客的调查测算取得。

旅游住宿单位包括旅游饭店、邮轮、社会旅馆。旅游饭店是指按照国家有关规定评定的星级饭店或具有同等质量、同等规模的住宿设施。具体包括星级饭店和未评星但纳入旅游部门统计范围的宾馆、酒店、旅馆等住宿单位。社会旅馆为除旅游饭店以外的旅游住宿单位，包括旅馆、住宅小区的出租屋等。

过夜游客人数通过对旅游饭店、社会旅馆和邮轮调查取得。旅游饭店和邮轮接待游客数据由省旅游部门提供，调查方法是全面调查。社会旅馆接待游客数据由统计部门通过抽样调查方法取得。

旅游收入包括国际旅游（外汇）收入和国内旅游收入，采取抽样调查方法取得。旅游收入是游客人均天旅游花费标准乘以全省接待过夜游客总人天得出。游客人均天旅游花费标准通过对游客抽样调查获得。

Brief Introduction

I. Main Contents

Data in this chapter include the basic conditions of travel agents and star-rated hotels, the number of international tourists and domestic tourists, and income from international and domestic tourism.

II. Scope, Methods and Sources of Statistics

Number of overnight tourists and tourism earning from the tourism sector and statistical departments use a comprehensive survey and sampling survey through the investigation of tourist accommodation and tourists and measure data.

Tourist accommodation includes tourist hotel, cruise, and social hotel. Tourist hotel was defined according to the criteria of evaluation of the star-rated hotel or the same quality and scale accommodation facilities, including the star-rated hotel and not star-rated hotel outside the tourism sector statistics range. Social hotel is accommodation outside the tourist hotel, including hotel and residential rental housing.

Overnight tourists include tourist hotel overnight tourists, the social hotel overnight tourists and tourists on cruise ships. Data of tourist hotel and cruise are from the provincial tourism sector with comprehensive statistical method. Data of social hotel overnight tourists are from Provincial Bureau of Statistics using the method of sampling investigation.

Earnings of tourism include international tourism and domestic tourism with the method of sampling investigation. Earnings of tourism equal the standard daily tourist travel cost per capita multiplied by total number of overnight tourists. The standard daily tourist travel cost per capita is investigated by sampling.

16-1 旅游主要指标
Main Indicators on Tourism

项 目	Item	2005	2008	2009	2010	2011	2012
接待过夜旅游人数合计(万人次)	**Total Number of Overnight Tourists (10 000person-times)**	**1516.47**	**2060.00**	**2250.33**	**2587.35**	**3001.34**	**3320.37**
入境过夜游客	Number of Oversea Visitor Arrivals	43.19	97.93	55.15	66.33	81.46	81.56
外国人	Foreigners	26.94	73.13	37.21	47.40	56.17	51.97
港澳同胞	Chinese Compatriots from Hong Kong and Macao	10.67	16.82	12.74	12.10	14.75	12.29
台湾同胞	Chinese Compatriots from Taiwan	5.58	7.98	5.20	6.83	10.54	17.77
国内过夜游客	Number of Domestic Tourists	1473.28	1962.07	2195.18	2521.02	2919.88	3238.80
旅游饭店接待人数	Number of Tourists Received by Tourist Hotels	1141.30	1560.19	1706.64	1857.31	2123.51	2320.89
其他住宿设施接待人数	Number of Tourists Received by General Hotels	331.98	401.88	488.54	663.71	796.37	917.91
旅游收入(亿元)	**Tourism Earnings (100 million yuan)**	**125.05**	**192.33**	**211.72**	**257.63**	**324.04**	**379.12**
国内旅游收入(亿元)	Earnings from Domestic Tourism (100 million yuan)	114.56	165.01	192.82	235.61	299.47	356.79
国际旅游收入(万美元)	Earnings from International Tourism (10 000 USD)	12845.77	39031.89	27666.01	32227.65	37814.25	34802.8
旅游景区	Tourist Scenics(spots)	-	-	52	57	60	68
旅游饭店总数(个)	Total Number of Tourist Hotels(unit)	364	440	459	464	540	674
客房总数(间)	Total Number of Rooms(unit)	48388	61499	67391	68142	82703	94361
床位总数(张)	Total Number of Beds(unit)	89396	116973	124689	124740	149149	162664
客房开房率(%)	Room Occupancy Rate (%)	53.6	59.18	58.86	60.37	62.37	58.4
旅行社总数(个)	Total Number of Travel Agencies(unit)	158	196	236	301	335	369
#出境社	#Travel Agencies with Outbound Services	-	-	11	14	24	26

16-2 按主要国家分旅游饭店接待外国人情况(2012)
Number of Oversea Visitor Arrivals Received by Tourist Hotels by Country

单位：人次 (person-times)

国别	Country	人次 Person-times
俄罗斯	Russia	191960
新加坡	Singapore	69446
韩　国	Republic of Korea	16053
马来西亚	Korea	26624
日　本	Japan	16969
美　国	United States	21137
德　国	Germany	10438
法　国	France	6216
加拿大	Canada	7246
澳大利亚	Australia	6871
英　国	United Kingdom	5722
泰　国	Thailand	7293
印度尼西亚	Indonesia	7707
意大利	Italy	2663
瑞　士	Switzerland	1628
菲律宾	Philippines	2559
瑞　典	Sweden	2266
印　度	Indian	2264
西班牙	Spain	945
越　南	Vietnam	871

16-3　各市县旅游饭店设施(2012)
Facilities of Tourist Hotels by Region

市　县	Region	饭店数(家) Total Number of Hotels(unit)	客房数(间) Rooms(unit)	床位数(张) Beds(unit)	客房开房率(%) Room Occupancy Rate(%)
全省总计	**Total**	**674**	**95407**	**164407**	**58.4**
海口市	Haikou	132	21600	36297	60.15
三亚市	Sanya	241	42784	72564	58.73
五指山市	Wuzhishan	14	1508	2586	43.11
文昌市	Wenchang	22	2080	3785	58.85
琼海市	Qionghai	47	5098	8603	62.43
万宁市	Wanning	55	9111	17427	53.36
定安县	Ding'an	13	1121	1979	46.06
屯昌县	Tunchang	6	214	382	92.07
澄迈县	Chengmai	13	1047	1846	61.66
临高县	Lingao	8	318	508	81.28
儋州市	Danzhou	32	2544	4319	53.3
东方市	Dongfang	9	754	1559	62.05
乐东县	Ledong	6	411	714	31.45
琼中县	Qiongzhong	7	1072	1838	63.26
保亭县	Baoting	12	1046	1743	45.35
陵水县	Lingshui	36	3002	5583	63.63
昌江县	Changjiang	10	747	1264	73.46
白沙县	Baisha	11	950	1410	59.25

16-4 各市县按等级分星级饭店数(2012)
Number of Star-rated Hotels by Region

市 县	Region	星级饭店数(家) Total Number of Star-rated Hotels(unit)	五星级 5-Stars	四星级 4-Stars	三星级 3-Stars	二星级 2-Stars	一星级 1-Stars
全省总计	**Total**	**172**	**23**	**46**	**80**	**18**	**5**
海口市	Haikou	50	6	15	23	6	
三亚市	Sanya	53	12	18	15	8	
五指山市	Wuzhishan	7		1	3		3
文昌市	Wenchang	4	1		3		
琼海市	Qionghai	16	2	3	11		
万宁市	Wanning	30	2	9	18	1	
临高县	Lingao	1			1		
儋州市	Danzhou	4			2	1	1
东方市	Dongfang	3			2	1	
琼中县	Qiongzhong	1			1		
陵水县	Lingshui	3			1	1	1

16-5　各市县按规模分星级饭店数(2012)
Number of Star-rated Hotels By Capacity and Region

市　县	Region	星级饭店数(家) Total Number of Star-rated Hotels(unit)	客房300间以上 With 300 Rooms and More	客房200-299间 With 200-299 Rooms	客房100-199间 With 100-199 Rooms	客房99间以下 Less than 100 Rooms
全省总计	**Total**	**172**	**27**	**30**	**54**	**61**
海口市	Haikou	50	7	11	21	11
三亚市	Sanya	53	12	13	13	15
五指山市	Wuzhishan	7			2	5
文昌市	Wenchang	4		1	1	2
琼海市	Qionghai	16	2		3	11
万宁市	Wanning	30	6	5	11	8
临高县	Lingao	1				1
儋州市	Danzhou	4			2	2
东方市	Dongfang	3				3
琼中县	Qiongzhong	1				1
陵水县	Lingshui	3			1	2

16-6 各市县旅游饭店接待过夜游客人数(2012)
Number of Overnight Tourists Received by Tourist Hotel by Region

单位：人次 (person-times)

市 县	Region	接待过夜游客人数 Total Number of Overnight Tourists	入境过夜游客 Total Number of Oversea Tourists	外国人 Foreigners	港澳同胞 Chinese Compatriots from Hong Kong and Macao	台湾同胞 Chinese Compatriots from Taiwan	国内过夜游客 Total Number of Domestic Tourists
全省总计	**Total**	**23948305**	**739382**	**483103**	**107683**	**148596**	**23208923**
海口市	Haikou	6046413	179741	82609	27392	69740	5866672
三亚市	Sanya	9206865	463015	353327	53615	56073	8743850
五指山市	Wuzhishan	303731	570	463	69	38	303161
文昌市	Wenchang	653833	9017	6373	2075	569	644816
琼海市	Qionghai	1182136	20784	15708	2844	2232	1161352
万宁市	Wanning	3218084	60507	20689	20574	19244	3157577
定安县	Ding'an	320563	1091	524	304	263	319472
屯昌县	Tunchang	69950					69950
澄迈县	Chengmai	277723	279	279			277444
临高县	Lingao	82195					82195
儋州市	Danzhou	638279	408	276	48	84	637871
东方市	Dongfang	167342	25	25			167317
乐东县	Ledong	71357	33	29	2	2	71324
琼中县	Qiongzhong	126437	4	2	2		126433
保亭县	Baoting	198747	3167	2387	519	261	195580
陵水县	Lingshui	1029490	737	412	236	89	1028753
白沙县	Baisha	70264	4		3	1	70260
昌江县	Changjiang	284896					284896

16-7　各市县接待过夜游客人数(2012)
Number of Overnight Tourists Received by Tourist Hotel by Region

单位：人次　　(person-times)

市　县	Region	接待过夜游客人数 Total Number of Overnight Tourists	入境过夜游客 Total Number of Oversea Tourists	外国人 Foreigners	港澳同胞 Chinese Compatriots from Hong Kong and Macao	台湾同胞 Chinese Compatriots from Taiwan	国内过夜游客 Total Number of Domestic Tourists
全省总计	**Total**	**33203646**	**815840**	**519705**	**119210**	**176925**	**32387806**
海口市	Haikou	9529048	179741	82609	27392	69740	9349307
三亚市	Sanya	11003807	463015	353327	53615	56073	10540792
五指山市	Wuzhishan	448610	570	463	69	38	448040
文昌市	Wenchang	1255270	32486	15726	6349	10411	1222784
琼海市	Qionghai	1852002	45957	26611	5086	14260	1806045
万宁市	Wanning	3475573	64248	21747	21371	21130	3411325
定安县	Ding'an	479391	4598	757	812	3029	474793
屯昌县	Tunchang	193346					193346
澄迈县	Chengmai	543271	279	279			542992
临高县	Lingao	240122					240122
儋州市	Danzhou	1038878	408	276	48	84	1038470
东方市	Dongfang	436087	25	25			436062
乐东县	Ledong	292431	33	29	2	2	292398
琼中县	Qiongzhong	220667	4	2	2		220663
保亭县	Baoting	295832	3167	2387	519	261	292665
陵水县	Lingshui	1249948	2883	975	767	1141	1247065
白沙县	Baisha	214944	4		3	1	214940
昌江县	Changjiang	415997					415997

注:全省总计包括国际游轮游客人数在内。
Note: The total number includes international cruise tourists.

16-8 各市县按等级分旅游景区(2012)
Scenics by Grade and Region

单位：家 (Unit)

市县	Region	合计 Total	5A级 5A-Grade	4A级 4A-Grade	3A级 3A-Grade	2A级 2A-Grade	A级 A-Grade	其他 Others
全省总计	**Total**	**68**	**3**	**14**	**18**	**6**		**27**
海口市	Haikou	7		3	2	1		1
三亚市	Sanya	18	2	5	2	2		7
五指山市	Wuzhishan	5			1			4
文昌市	Wenchang	2			1			1
琼海市	Qionghai	9		1	2	2		4
万宁市	Wanning	8		1	5			2
定安县	Ding'an	4		1	1	1		1
临高县	Lin'gao	1						1
儋州市	Danzhou	4			3			1
乐东县	Ledong	2						2
保亭县	Baoting	3	1	1				1
陵水县	Lingshui	3		2				1
澄迈县	Chengmai	1			1			
昌江县	Changjiang	1						1

注：1. 统计范围为A级以上和重点旅游区(景点)。
2. 其他为旅游部门待评级的旅游区(景点)。

Note: 1.The data cover tourist scenics(spots) with above grade A and main tourist scenics(spots).
2.Other main scenics(spots) are within the tourism sector statistical scope.

主要统计指标解释

游客 指任何为休闲、娱乐、观光、度假、探亲访友、就医疗养、购物、参加会议或从事经济、文化、体育、宗教活动，离开常住国（常住地）到其他国家（或地方），其连续停留时间不超过12个月，并且在其他国家（或其他地方）的主要目的不是通过所从事的活动获报酬的人。游客不包括因工作或学习在两地有规律往返的人。

入境过夜游客 指入境游客中在中国（大陆）的旅游过住单位内至少停留一夜的外国人、港澳台同胞，时间不超过12个月。不包括外国在我国的常驻机构，如使领馆、通讯社、企业办事处的工作人员；来我国常住的外国专家、留学生以及在岸逗留不过夜人员。

国内过夜游客 指中国（大陆）居民离开惯常居住地在境内其他地方的旅游住宿单位内至少停留一夜，最长不超过12个月的国内游客。包括在中国（大陆）境内常住一年以上的外国人、港澳台同胞。不包括到各地巡视工作的部以上领导、驻外地办事机构的临时工作人员、调遣的武装人员、到外地学习的学生、到基层锻炼的干部、到境内其他地区定居的人员和无固定居住的无业游民。

旅游收入 指游客（入境游客和国内游客）在旅游过程中（由游客或游客的代表为游客）支付的一切旅游支出就是地区的旅游收入。包括整个游程中食、住、行、游、购、娱乐，以及为亲友、家人购买纪念品、礼品等方面的旅游支出。不包括为商业目的购物、购买房、地、车、船等资本性或交易性的投资、馈赠亲友的现金及给公共机构的捐赠。

Explanatory Notes on Main Statistical Indicators

Visitor refers to any person who travels to a country (or place) other than that of his or her residence for a period not exceeding 12 months for leisure, entertainment, sightseeing, holiday, visiting relatives or friends, medical care, shopping, meeting, or taking part in economic, cultural, sports or religious activities, where the main purpose of the travel is not for remuneration. A visitor dose not refers to any person who commutes between two places regularly for career or education.

Oversea visitor arrivals refer to foreigners or compatriots from Hong Kong, Macao and Taiwan who come to China and overnight within 12 months. Oversea visitor arrivals exclude foreign permanent institutions in China, such as embassies, news agencies, corporate office staff; foreign experts who reside in China, overseas students, as well as staff who stay in the bound but not overnight.

Domestic visitors refer to Chinese residents who travel within the country to the other place more over one day but less than 12 months. It includes foreign resident, Hong Kong, Macao and Taiwan compatriots in the territory of more than one year. It excludes leadership inspection work around, temporary staff in field offices, the disposal of the armed personnel, no local students, to settle in other parts of the territory of personnel and no fixed residence of vagrants.

Tourism earnings refer to all the expenditures made by visitors (oversea visitors and domestic visitors) or by representatives of the visitors in the course of their travel constitute. Tourism expenditures of visitors should include expenses throughout their travel on food, lodging, transport, tours, shopping, entertainment and souvenirs and gifts for friends and relatives. Tourism expenditures do not include purchase of goods, real estate ,land，motor vehicle, water vessel for commercial purposes, neither include capital nor transactional investments, cash given to friends and relatives, donations to public organizations.

17 对外经济贸易
Foreign Economy and Trade

编辑人员：李芙蓉　姚姣姣

Compiled by Li Furong　Yao Jiaojiao

英文翻译：　黄文智

Translated by Huang Wenzhi

简 要 说 明

本篇资料综合反映海南的对外贸易、利用外资的概况，重点反映对外经济贸易的近期发展状况。

一、对外贸易部分

对外贸易统计的主要内容包括：进出口货物的品种、数(重)量、金额、国别(地区)、贸易方式等项目。

对外贸易统计的资料来源于海口海关，调查方法是全面调查。

二、利用外资统计部分

利用外资统计的主要内容包括：对外借款、外商直接投资和外商其他投资。

利用外资统计资料的来源：对外借款资料来源于省发改委。其余资料来源于省商务厅，调查方法是全面调查。

Brief Introduction

Data in this chapter provide summary data of Hainan's foreign trade, utilization of foreign capita over the years, focusing on the recent situation of foreign trade and economic cooperation.

I. Statistics on Foreign Trade

Data on foreign trade include: varieties of imports and exports, amount (weight), value, countries (regions), customs regime and so on.

Sources of data on foreign trade are from Haikou Customs District People's Republic of China through a comprehensive reporting system.

II. Statistics on Utilization of Foreign Capitals

Utilization of foreign capitals includes: foreign borrowing, foreign direct investments and other foreign investments of foreign funded enterprises.

Resources of data on utilization of foreign capitals are: foreign borrowing from Hainan Development and Reform Commission; others from the Commerce Department of Hainan through a comprehensive reporting system.

17-1 对外经济主要指标
Main Indicators of Foreign Trade and Economic Cooperation

指　　标	Item	2005	2011	2012
进出口总额（亿美元）	**Total Value of Imports and Exports (USD 100 million)**	**25.9**	**127.6**	**143.3**
出口总额	Total Exports	10.2	25.4	31.4
#农产品	Farm Produce	1.5	5.7	6.0
机电产品	Machanical and Electrical Products	1.3	5.2	6.9
高新技术产品	High and New-tech Products	0.4	3.5	5.1
进口总额	Total Imports	15.7	102.1	111.8
#农产品	Farm Produce	0.3	2.0	1.7
机电产品	Machanical and Electrical Products	9.4	18.0	19.1
高新技术产品	High and New-tech Products	5.8	15.8	15.8
签订利用外资协议(合同)项目(个)	**Number of Projects with Contracted Foreign Capital(unit)**	**174**	**62**	**74**
#对外借款	Foreign Loans		2	3
外商直接投资	Foreign Direct Investment	174	60	71
签订利用外资协议(合同)金额(万美元)	**Amount of Contracted Foreign Capital (10 000 USD)**	**34211**	**73450**	**123399**
#对外借款	Foreign Loans		9647	11275
外商直接投资	Foreign Direct Investment	34211	63803	112124
实际利用外资额(万美元)	**Amount of Foreign Capital Actually Utilized (10 000 USD)**	**70711**	**158087**	**164119**
#对外借款	Foreign Loans	2310	5788	
外商直接投资	Foreign Direct Investment	68401	152299	164119

17-2 对外贸易进出口总额
Total Value of Imports and Exports

单位：万美元 (USD 10 000)

年 份 Year	进出口总额 Total Value of Imports and Exports	出口总额 Total Value of Exports	进 口总额 Total Value of Imports	差 额 Balance
1987	29241	11545	17696	-6151
1988	66462	29496	36966	-7470
1989	109620	36082	73538	-37456
1990	93697	47138	46559	579
1991	134876	66964	67912	-948
1992	169450	88120	81330	6790
1993	256866	90157	166709	-76552
1994	269719	98698	171021	-72323
1995	226744	83000	143744	-60744
1996	228667	84132	144535	-60403
1997	194901	88966	105935	-16969
1998	190913	88463	102450	-13987
1999	121867	74860	47007	27853
2000	128784	80289	48495	31794
2001	176238	80094	96144	-16050
2002	186686	81930	104756	-22826
2003	227855	86916	140939	-54023
2004	340168	109252	230916	-121664
2005	259175	102254	156921	-54667
2006	397358	145456	251902	-106446
2007	735749	183697	552052	-368355
2008	1052418	186329	866089	-679760
2009	890996	190036	700960	-510924
2010	1081650	239114	842535	-603422
2011	1275604	254162	1021442	-767280
2012	1432965	314229	1118366	-804136

17-3 对外贸易出口总额(2012)
Total Value of Exports

单位：万美元 (USD 10 000)

项　　目	Item	金　额 Value
出口总额	**Total Value of Exports**	**314229**
按贸易方式分	**By Customs Regime**	
一般贸易	Ordinary Trade	162034
来料加工装配贸易	Processing and Assembling with Materials Provided Abroad	111513
进料加工贸易	Processing and Assembling with Import Materials	38668
其　他	Others	2015
按贸易国别(地区)分	**By Country(Region)**	
香　港	Hong Kong,China	97499
台　湾	Taiwan,China	2278
日　本	Japan	15445
韩　国	Korea Rep.	5665
新加坡	Singapore	20873
越　南	Vietnam	10822
印　度	India	4674
马来西亚	Malaysia	11831
印度尼西亚	Indonesia	9356
菲律宾	Philippines	2190
泰　国	Thailand	3939
孟加拉国	Bangladesh	488
斯里兰卡	Sri Lanka	262
以色列	Israel	3159
南　非	South Africa	2451
比利时	Belgium	3308
俄罗斯	Russia	2348
德　国	Germany	16769
荷　兰	Netherlands	10567
意大利	Italy	2215
英　国	United Kingdom	3170
法　国	France	2082
西班牙	Spain	2760
波　兰	Poland	655
美　国	United States	33887
加拿大	Canada	3239
墨西哥	Mexico	3840
巴　西	Brazil	2727
智　利	Chile	3134
澳大利亚	Australia	4132
委内瑞拉	Venezuela	2833
土耳其	Turkey	1983
阿尔及利亚	Algeria	1267
阿联酋	United Arab Emirates	1254
沙特阿拉伯	Saudi Arabia	1166
埃　及	Egypt	1006
其　他	Others	18957

17-4 对外贸易进口总额(2012)
Total Value of Imports

单位：万美元 (USD 10 000)

项　　目	Item	金　额 Value
进口总额	**Total Value of Imports**	**1118366**
按贸易方式分	**By Customs Regime**	
一般贸易	Ordinary Trade	786204
来料加工装配贸易	Processing and Assembling with Materials Provided Abroad	191742
进料加工贸易	Processing and Assembling with Import Materials	13960
租赁贸易	Goods on Lease	89726
边境小额贸易	Commodities Trading in Border Areas	30141
其　他	Others	6594
按贸易国别(地区)分	**By Country (Region)**	
台　湾	Taiwan,China	6209
日　本	Japan	31566
韩　国	Korea Rep.	7301
新加坡	Singapore	8844
越　南	Vietnam	39247
马来西亚	Malaysia	17064
印度尼西亚	Indonesia	29070
泰　国	Thailand	12293
阿联酋	United Arab Emirates	27341
沙特阿拉伯	Saudi Arabia	42591
阿　曼	Oman	269602
安哥拉	Angola	150115
利比亚	Libya	182432
德　国	Germany	13298
法　国	France	60892
比利时	Belgium	6864
英　国	United Kingdom	5537
意大利	Italy	7869
荷　兰	Netherlands	751
奥地利	Austria	2966
芬　兰	Finland	971
瑞　士	Switzerland	2474
加拿大	Canada	5264
美　国	United States	99906
巴　西	Brazil	119
澳大利亚	Australia	13088
新西兰	New Zealand	1679
加纳	Ghana	20988
阿塞拜疆	Azerbaijan	16201
哈萨克斯坦	Kazakhstan	12237
阿尔及利亚	Algeria	10564
其　他	Others	13022

17-5 对外贸易出口商品分类金额(2012)
Value of Exports by Category of Commodities

单位：万美元 (USD 10 000)

商品类别	Categories of Commodities	金额 Value
总额	**Total Value**	**314229**
活动物；动物产品	Live Animals;Animal Products	43735
植物产品	Plant Products	5062
动植物油脂及分解产品；精制食用油脂；动植物蜡	Animal or Plant Fats and Oils and their Cleavage Products; Prepared Edible Fats;Animal or Plant Waxes	3
食品；饮料、酒及醋；烟草及代用品的制品	Food; Beverages, Liquor and Vinegar; Tobacco and Manufactured Tobacco Substitutes	11007
矿产品	Mineral Products	115428
化学工业及其相关工业产品	Products of Chemicals and Related Industries	18740
塑料及其制品；橡胶及其制品	Plastics and Articles thereof;Rubber and Articles thereof	2381
革、毛皮及其制品；旅行用品、手提包	Raw hides and skins,leather,fur skins and articles thereof;Travel goods,Handbags and similar containers	1002
木及制品；木炭；软木	Wood and Articles thereof; Wood Charcoal;Cork	806
木浆等；废纸；纸、纸板及其制品	Pulp of Wood;Waste of Paper;Paper,Paperboard and Articles thereof	15440
纺织原料及纺织制品	Textile Materials and Articles	18537
鞋、帽、伞、杖、鞭及其零件；已加工羽毛及其制品；人造花	Shoes,Hats and Umbrellas;Articles of Feather;Artificial Flowers	1581
石料、石膏、水泥、石棉、云母及类似材料的制品；陶瓷	Articles of stone,paster,cement,asbestos,mica and similar aricles;Ceramic	3285
天然或养殖珍珠、宝石或半宝石、贵金属、包贵金属及其	Natural or cultured pearls, precious or semi-precious stones,precious metals,metals clad with precious metal and articles thereof;imitation jewelley;coin	355
机器、机械器具、电气设备及其零件；录音机及放声机、	Machinerey and mechanical appliances;electrical eguipment;parts thereof;sound recorders and reproducers,television image and sound recorders and reproducers;parts and accessories of recorders and reproducers;parts and accessories of such articles	58741
贱金属及其制品	Base Metals and Articles thereof	5767
车辆、航空器、船舶及有关运输设备	Vehicles,aircraft,vessels and associated transport equipment	6839
光学、医疗等仪器；钟表、乐器	Optical， Medical and Other Instruments；Clocks and Musical Instruments	231
其他	Others	5291

17-6 对外贸易进口商品分类金额(2012)
Value of Imports by Category of Commodities

单位：万美元 (USD 10 000)

商品类别	Categories of Commodities	金额 Value
总额	**Total Value**	**1118366**
活动物；动物产品	Live Animals;Animal Products	4951
植物产品	Plant Products	9248
动植物油脂及分解产品；精制食用油脂；动植物蜡	Animal or Plant Fats and Oils and their Cleavage Products; Prepared Edible Fats;Animal or Plant Waxes	45
食品；饮料、酒及醋；烟草及代用品的制品	Food; Beverages, Liquor and Vinegar; Tobacco and Manufactured Tobacco Substitutes	2353
矿产品	Mineral Products	801423
化学工业及其相关工业产品	Products of Chemicals and Related Industries	28711
塑料及其制品；橡胶及其制品	Plastics and Articles thereof;Rubber and Articles thereof	11399
革、毛皮及其制品；旅行用品、手提包	Raw hides and skins,leather,fur skins and articles thereof;Travel goods,Handbags and similar containers	307
木及制品；木炭；软木	Wood and Articles thereof; Wood Charcoal;Cork	26903
木浆等；废纸；纸、纸板及其制品	Pulp of Wood;Waste of Paper;Paper,Paperboard and Articles thereof	13009
纺织原料及纺织制品	Textile Materials and Articles	4982
鞋、帽、伞、杖、鞭及其零件；已加工羽毛及其制品；人造花	Shoes,Hats and Umbrellas;Articles of Feather;Artificial Flowers	1
石料、石膏、水泥、石棉、云母及类似材料的制品；陶瓷	Articles of stone,paster,cement,asbestos,mica and similar aricles;Ceramic	1382
天然或养殖珍珠、宝石或半宝石、贵金属、包贵金属及其	Natural or cultured pearls, precious or semi-precious stones,precious metals,metals clad with precious metal and articles thereof;imitation jewelley;coin	195
机器、机械器具、电气设备及其零件；录音机及放声机、	Machinerey and mechanical appliances;electrical eguipment;parts thereof;sound recorders and reproducers,television image and sound recorders and reproducers;parts and accessories of recorders and reproducers;parts and accessories of such articles	29271
贱金属及其制品	Base Metals and Articles thereof	26467
车辆、航空器、船舶及有关运输设备	Vehicles,aircraft,vessels and associated transport equipment	151144
光学、医疗等仪器；钟表、乐器	Optical，Medical and Other Instruments；Clocks and Musical Instruments	5992
其他	Others	582

17-7 对外贸易出口主要商品金额(2012)
Main Export Commodities in Value

单位：万美元 (USD 10 000)

品　　名	Item	金　额 Value
活家禽	Live Poultry	47
水海产品	Aquatic and Seawater Products	52643
#活鱼	#Live Fish	2213
冻鱼、冻鱼片	Frozen Fishes and Frozen Fish Fillets	38151
鲜、冻对虾	Fresch and Frozen Prawns	660
冻虾仁	Frozen Peeled Prawns	2244
稻谷和大米	Paddy and Rice	472
豆类	Bean	522
蔬菜	Vegetables	693
#鲜或冷藏蔬菜	#Fresh and Refrigerated Vegetables	317
鲜、干水果及坚果	Fresh and Dried Fruits and Nuts	107
果蔬汁	Fruit and Vegetable Juice	6
#苹果汁	Apple Juice	8
茶叶	Tea	24
啤酒	Beer	29
肥料	Fertilizers	12142
#尿素	Urea	11198
胶合板及类似多层板	Plywood and Similar Boards	238
印刷品	Presswork	5
黏土及其他耐火矿物	Saggars and other Fire-resistant Mineral	1
成品油	Petroleum Products Refined	91158
#汽油	petrol	7455
煤油	Coal Oil	55749
柴油	Diesel Oil	20129
天然气	Natural Gas	23564

17-7 续1(continued 1)

单位：万美元 (USD 10 000)

品　　名	Item	金　额 Value
柠檬酸	Citric Acid	38
合成有机染料	Synthetic Organic Dyestuffs	85
医药品	Pharmaceutical Products	645
#抗菌素(制剂除外)	#Antibiotics(except Preparation)	192
中式成药	Traditional Chinese Medicine	276
洗衣粉	Detergent	5
松香及树脂酸	Rosin and Resinic Acid	2
农药	Pesticides	1
新的充气橡胶轮胎	Rubber Tyres	10
家用或装饰用木制品	Wood Products for household Use or Decoration	401
纸及纸板(未切成形的)	Paper and unformed Paperboard in Rolls	15278
纺织纱线、织物及制品	Spinning Yarn,Fabric and Articles thereof	5390
棉机织物	Cotton Woven Fabrics	268
合成短纤与棉混纺机织物	Synthetic Staple Fiber and Cotton Blended Fabric	28
地毯	Carpets	27
花岗岩石材及制品	Granite and Articles thereof	6
平板玻璃	Plate Glass	230
玻璃制品	Glass Products	645
家用陶瓷器皿	Porcelain and Pottery Ware for Household Use	121
铁合金	Ferroalloys	243
钢材	Rolled Steel	2566
#钢铁棒材	#Steel Bar	1
钢铁板材	Steel Plate	1649
钢铁线材	Steel Wire Rod	15
钢铁管配件	Steel Pipe Accessories	36
未锻造的铜及铜材	Unwrought Copper and Copper Products	14
#铜材	#Copper Products	14
未锻造的铝及铝材	Unwrought Aluminium and Aluminium Products	101

17-7 续2(continued 2)

单位：万美元 (USD 10 000)

品 名	Item	金 额 Value
#铝材	#Aluminium Products	101
钢铁或铜制标准紧固件	Standard Infrangible Articles Made of Steel or Copper	97
不锈钢厨具、餐具等家用器具	Household Stainless Steel Cookware and Tableware	115
手用或机用工具	Hand Tools and Tools for Machines	116
金属加工机床	Metal Processing Machine Tools	440
#车床	#Lathes	51
铣床	Milling Machines	30
电子计算器	Electronic Calculators	164
自动数据处理设备及其部件	Automatic Data Processing Equipments and Components	82
#便携式电脑	Portable Computer	79
微型电脑	Microcomputer	79
轴承	Bearings	85
电动机及发电机	Electric Motors and Generators	3
变压器	Transformers	2277
静止式变流器	Static Converters	13
电话机	Telephones	14811
扬声器	Loudspeakers	80
印刷电路	Printed Circuits	1070
通断保护电路装置及零件	Electric Apparatus for Switching or Protecting Electrical Circuits	1851
节能灯	Energy-efficient Lamps	26
二极管及类似半导体器件	Diode and Semi Conductors	27918
集成电路	Integrated Circuits	14
#处理器及控制器	Processor and controller	1
电线和电缆	Insulated Wires and Cables	22
汽车(包括整套散件)	Automobiles(including a Complete Set of Spare Parts)	6084
#小轿车(包括整套散件)	Cars(including a Complete Set of Spare Parts)	1996

17-7 续3(continued 3)

单位：万美元 (USD 10 000)

品　　名	Item	金　额 Value
小客车(九座及以下的)(包括整套散件)	Small passenger cars (nine and below) (including a Complete Set of Spare Parts)	446
汽车零件	Parts of Automobiles	499
摩托车	Motorcycles	6
摩托车及自行车的零件	Parts of Motorcycle and Bicycle	3
船舶	Ships	175
医疗仪器及器械	Medical Instruments and Appliances	1
手表	Wrist Waches	2
日用钟	Clocks	1
家具及其零件	Furnitures and Parts	3722
床垫、寝具及类似品	Mattess, Bedclothing and Analogs	260
灯具、照明装置及类似品	Lamps and Lanterns,Illuminating Equipment and Analogs	227
箱包及类似容器	Chests,Bags and Analogs	819
体育用具及设备	Sports Products and Equipments	220
服装及衣着附件	Clothing and Accessories	13440
#非针织钩编织物服装	#Non-knitted or crocheted Fabrics Clothing	1619
针织或钩编的服装	Knitted or Crocheted Fabrics Clothing	8922
皮革服装	Leather Clothing	150
皮革手套	Leather Gloves	35
织物制手套	Gloves with Textile	12
织物制袜子	Socks with Textile	15
帽类	Headwear	1389
鞋类	Footwear	1389
#外底及鞋面均以橡胶或塑料制的鞋	#Outer Soles and Uppers of Footwear with Rubber or Plastic	1258
皮面鞋	Uppers of Footwear with Leather	124
橡胶或塑料底纺织材料为面的鞋	Outer Soles with Rubber or Plastic and Uppers with Textile	3
塑料制品	Plastic Products	393
玩具	Toys	259
圣诞用品	Articles for Christmas	8
贵金属或包贵金属的首饰	Noble Metals or Jewelry with Noble Metal Plating	126
伞	Umbrellas	23
机电产品(含以上列名的机电产品)	Mechanical and Electrical Products(including listed above)	69203
高新技术产品	High and New-tech Products	51355

17-8 对外贸易进口主要商品金额(2012)
Main Import Commodities in Value

单位：万美元 (USD 10 000)

品　　名	Item	金　额 Value
冻鱼	Frozen Fishes	3710
鲜、干水果及坚果	Fresh and Dried Fruits and Nuts	7256
啤酒	Beer	7
葡萄酒	Wine	385
天然橡胶(包括胶乳)	Natural Rubber(including Rubber Latex)	4069
合成橡胶(包括胶乳)	Synthetic Rubber(including Rubber Latex)	884
原木	Log	6
锯材	Saw Timber	307
纸浆	Pulp	12789
棉花	Cotton	10
纺织用合成纤维	Synthetic Fiber for Spinning	14
人造纤维短纤	Artificial Staple Fibre	152
煤及褐煤	Coal	20018
原油	Crude Petroleum	756705
成品油	Refined Oil Products	5499
医药品	Medicine	15593
#抗菌素(制剂除外)	Antibiotics (other than a preparation)	2184
抗菌素制剂	Antibiotic agents	3847
美容化妆品及护肤品	Cosmetic	472
合成有机染料	Synthetic organic dyes	99
聚合物油漆及清漆	Polymer Varnish	81
初级形状的塑料	Plastics of Primary Pattern	2003
非泡沫塑料的板、片、膜、箔	Sheet, Film and Foil Made of Foam Plastic	1414
农药	Pesticides	2
牛皮革及马皮革	Cow Leather and Horse Leather	273
纸及纸板(未切成形的)	Paper and unformed Paperboard	146
纺织纱线、织物及制品	Spinning Yarn,Fabric and Articles thereof	1712
服装及衣着附件	Clothing and Accessories	583
玻璃纤维及其制品	Glass Fibers and Articles thereof	38
钢材	Rolled Steel	21994

17-8 续1(continued 1)

单位：万美元 (USD 10 000)

品　　名	Item	金　额 Value
#角钢及型钢	Angle iron and steel	13
钢铁板材	Steel plate	21600
钢铁管材及空心异形材	Steel pipe and hollow-shaped material	51
钢铁制标准紧固件	Standard Infrangible Articles Made of Steel or Copper	66
未锻造的铜及铜材	Unwrought Copper and Copper Products	47
# 铜材	Copper Products	47
未锻造的铝及铝材	Unwrought Aluminium and Aluminium Products	475
#铝材	Aluminium Products	475
钢铁或铝制结构体及其部件	Steelenor Aluminium Products and Parts	1847
活塞式内燃机的零件	Parts of Piston Combustion Engines	41
涡轮喷气发动机	Turbojet Engines	1298
液泵及液体提升机	Liquid Pumps and Liquid Lifting Machines	290
冷冻机和制冷设备及零件	Refrigerator and Refrigerating Equipments and Parts	30
非家用型水的过滤、净化机器	Non-family machinery for filtering and Purifing	22
机械提升搬运装卸设备及零件	Mechanical Elevators for Transport and Relative Parts	1378
建筑及采矿用机械及零件	Machines for Construction and Mining	1
食品、饮料工业用加工机械及零件	Processing Machines and Parts for Food and Beverage Industries	221
制造纸及纸制品用机械及零件	Machines and Parts for Paper and Paper Products	1998
印刷、装订机械及零件	Printing and Binding Machines and Parts	316
纺织机械及零件	Textile Machines and Parts	1
#纱线织物等后整理机器	#Finishing Machines for Yarn and Fabric	745
金属加工机床	Metal Processing Machine Tools	184
#加工中心	Machining Center	262
数控机床	CNC machine tools	3
金属轧机及零件	Metal Mills and Parts	3
橡胶或塑料加工机械及零件	Rubber or Plastic Processing Machine and Parts	287
型模及金属铸造用型箱	Boxes for Models and Metal Foundry	44
阀门	Valves	2163
自动数据处理设备及其部件	Automatic Data Processing Equipments and Components	87
#数字式自动数据处理设备	Digital Automatic Data Processing Equipments	46
数字式中央处理部件	Digital Central Processing Unit	15

17-8 续2(continued 2)

单位：万美元 (USD 10 000)

品　　　名	Item	金　　额 Value
自动数据处理设备的零件	Automatic Data Processing Equipments	23
制造半导体器件或集成电路用的机器及装置	Manufacture of semiconductor devices or integrated circuits used in machinery and equipment	543
电动机及发电机	Electric Motors and Generators	347
变压、整流、电感器及零件	Transformers, Rectifiers, Inductances and Parts	264
蓄电池	Electric Accumulators	55
电视摄像机、数字照相机及视频摄录一体机	3 in 1 Sets with Tv Camera, Digital Camera and Video Camcorder	1
电视、收音机及无线电讯设备的零附件	Parts of Television, Radio and Wireless Telecommunication Equipments	124
电容器	Capacitors	3
电阻器	Resistors	5
印刷电路	Printed Circuits	5
通断保护电路装置及零件	Electric Apparatus for Switching or Protecting Electrical Circuits	721
二极管及类似半导体器件	Diodes and Similar Semiconductor Apparatus	578
集成电路	Integrated Circuits	41
电线和电缆	Insulated Wires and Cables	115
汽车(包括整套散件)	Automobiles(including Complete Set of Spare Parts)	5
汽车零件	Parts of Automobiles	1950
飞机	Aircrafts	137078
航空器零件	Aircraft parts	2153
船舶	Ships	9917
医疗仪器及器械	Medical Instruments and Appliances	1372
计量检测分析自控仪器及器具	Automatic Measuring, Inspecting and Analyzing Instruments and Apparatus	3162
手表	Wrist Waches	182
#机械手表	Mechanical watches	92
电动手表	Electric watch	90
印刷品	Presswork	16
塑料制品	Plastic Products	368
机电产品(含以上列名的机电产品)	Mechanical and Electrical Products(including listed above)	190610
高新技术产品	High and New-tech Products	157648

17-9 利用外资情况
Utilization of Foreign Capital

年份 Year	签订项目（个） Number of Signed Projects (unit)	#外商直接投资 Foreign Direct Investment	合同外资额（万美元） Amount of Contracted Foreign Capital (USD 10000)	#外商直接投资 Foreign Direct Investment	实际利用外资（万美元） Amount of Foreign Capital Actually Utilized (USD 10000)	#外商直接投资 Foreign Direct Investment
2002		233		23073		51178
2003		164		23863		58062
2004		169		70285		64343
2005		174		34211		68401
2006		191		105112		74878
2007		170		184795		112001
2008		120		148176		128337
2009		85		36477		93806
2010		70		39165		151213
2011		60		63803		152299
2012	74	71	123399	112124	164119	164119

17-10 对外借款情况
Foreign Borrowings

指　标	Item	2008	2009	2010	2011	2012
对外借款合同数(个)	**Number of Contracts(Unit)**	**2**	**3**	**2**	**2**	**3**
国外政府贷款	Foreign Government Loans	2	3	2	2	3
国际金融组织贷款	Loans from International Financial Organnizations					
出口信贷	Export Loans					
国际商业贷款	International Commercial Loans					
对外借款合同金额(万美元)	**Value of Contracts(USD 10 000)**	**3645**	**5309**	**1063**	**9647**	**11275**
国外政府贷款	Foreign Government Loans	3645	5309	1063	9647	11275
国际金融组织贷款	Loans from International Financial Organizations					
出口信贷	Export Loans					
国际商业贷款	International Commercial Loans					
实际对外借款(万美元)	**Used Value(USD 10 000)**	**131**	**498**	**1063**	**5788**	
国外政府贷款	Foreign Government Loans	131	498	1063	5788	
国际金融组织贷款	Loans from International Financial Organizations					
出口信贷	Export Loans					
国际商业贷款	International Commercial Loans					

17-11 分方式利用外资（2012）
Utilization of Foreign Capital by Type

指　标	Item	签订项目（个）Number of Signed Projects (unit)	合同外资额（万美元）Amount of Contracted Foreign Capital (USD 10000)	实际利用外资（万美元）Amount of Foreign Capital Actually Utilized (USD 10000)
总　计	**Total**	**74**	**123399**	**164119**
外商直接投资	**Foreign Direct Investment**	**71**	**112124**	**164119**
合资经营企业	Equity Joint Ventures	19	34552	61823
合作经营企业	Contractural Joint Ventures	1	287	
外资(独资)企业	Wholly Foreign-owned Enterprises	51	77285	102046
外商投资股份制	FDI Shareholding Inc			250
合作开发	Joint Exploration			
其他	Others			
外商其它投资	**Other Foreign Investment**			
对外发行股票	Sale Share			
国际租赁	International Lease			
补偿贸易	Compensation Trade			
加工装配	Processing and Assembly			

17-12 分行业外商直接投资（2012）
Foreign Direct Investment by Sector

指　　标	Item	签订项目（个）Number of Signed Projects (unit)	合同外资额（万美元）Amount of Contracted Foreign Capital (USD 10000)	实际利用外资（万美元）Amount of Foreign Capital Actually Utilized (USD 10000)
总　计	**Total**	**71**	**112124**	**164119**
农、林、牧、渔业	Agriculture, Forestry, Animal Husbandry and Fishery	6	2568	1222
采矿业	Mining			80
制造业	Manufacture	11	29687	61178
电力、燃气及水的生产和供应业	Production and Supply of Electric Power, Gas and Water	2	2412	1406
建筑业	Construction	3	3886	1621
交通运输、仓储和邮政业	Transport, Storage and Postal Services	3	8258	13
信息传输、计算机服务和软件业	Information Transmission, Computer Services and Software	2	815	
批发和零售业	Wholesale and Retail Trades	9	685	600
住宿和餐饮业	Hotels and Catering Services	4	7299	7396
金融业	Finance	2	577	250
房地产业	Real Estate	8	49255	85156
租赁和商务服务业	Leasing and Business Services	12	2303	227
科学研究、技术服务和地质勘查业	Scientific Research, Technical Servicesand Geologic Prospecting	2	689	792
水利、环境和公共设施管理业	Management of Water Conservancy, Environment and Public Facilities			
居民服务和其他服务业	Services to Households and Other Services	5	5180	4001
教育	Education			
卫生、社会保障和社会福利业	Health, Social Security and Social Welfare			159
文化、体育和娱乐业	Culture, Sports and Recreation	2	-1490	18
公共管理和社会组织	Public Administration and Social Organizations			

17-13 分国别(地区)外商直接投资
Foreign Direct Investment by Country (Region)

指 标	Item	2012
外商直接投资合同项目数(个)	**Number of Agreements (Contracts) Signed (unit)**	**71**
亚洲	**Asia**	**57**
#中国香港	Hong Kong, China	40
伊朗	Iran	1
日本	Japan	1
蒙古	Mongolia	1
新加坡	Singapore	5
韩国	Republic of Korea	3
中国台湾	Taiwan, China	6
非洲	**Africa**	**1**
马里	Mali	1
欧洲	**Europe**	**7**
比利时	Begium	1
英国	United Kingdom	1
法国	France	1
西班牙	Spain	2
瑞典	Sweden	1
俄罗斯	Russian	1
南美洲	**South America**	**3**
开曼群岛	Cayman Is.	1
英属维尔京群岛	Virgin Is.(E)	2
北美洲	**North America**	**1**
美国	United States of America	1
大洋洲	**Oceania**	**2**
澳大利亚	Australia	1
萨摩亚	Samoa	1

17-13 续表 1 continued

指 标	Item	2012
外商直接投资合同金额(万美元)	**Amount of Utilization of Foreign Capital through Signed Agreements (USD 10000)**	**112124**
亚洲	**Asia**	**88105**
中国香港	Hong Kong, China	79939
印度尼西亚	Indonesia	100
伊朗	Iran	104
日本	Japan	64
马来西亚	Malaysia	6
蒙古	Mongolia	5
新加坡	Singapore	6899
韩国	Republic of Korea	967
泰国	Thailand	-48
中国台湾	Taiwan, China	69
非洲	**Africa**	**2**
马里	Mali	2
欧洲	**Europe**	**4082**
比利时	Begium	715
英国	United Kingdom	1200
法国	France	464
荷兰	Netherlands	1546
西班牙	Spain	44
挪威	Norway	-75
瑞典	Sweden	166
俄罗斯	Russian	22
南美洲	**South America**	**-95**
开曼群岛	Cayman Is.	100
英属维尔京群岛	Virgin Is.(E)	-195
北美洲	**North America**	**88**
美国	United States of America	88
大洋洲	**Oceania**	**18**
澳大利亚	Australia	2
萨摩亚	Samoa	16
其 他	**Others**	**19924**

17-13 续表 2 continued

指　　标	Item	2000	2005	2010	2011	2012
外商直接投资额(万美元)	**Foreign Capital Actually Utilized (USD 10000)**	**43080**	**68401**	**151213**	**152299**	**164119**
亚洲	**Asia**	**21145**	**48127**	**97612.54**	**131016**	**138175**
中国香港	Hong Kong, China	13187	21423	88526	121163	79192
中国澳门	Macao, China			1461		65
中国台湾	Taiwan, China	3659	5882	138	503	337
印度尼西亚	Indonesia		643	77	685	
日本	Japan	519	2627			162
马来西亚	Malaysia	90	3420	4	2	
蒙古	Mongolia					
新加坡	Singapore	2932	96	7407	8473	57371
韩国	Republic of Korea	353	13543		35	8
泰国	Thailand	405	479		155	1032
吉尔吉斯坦	Kyrghyz Republic					8
尼泊尔	Federal Democratic Republic of Nepal		14			
欧洲	**Europe**	**14788**	**15486**	**34945.36**	**20705**	**24442**
比利时	Begium				153	
英国	United Kingdom	2168	602		304	327
法国	France	1				
荷兰	Netherlands		294	61	696	2995
西班牙	Spain					
挪威	Norway				200	
瑞典	Sweden		663			
开曼	Cayman Islands			7112.36	2141	
维尔京群岛	Virgin Is.	12619	13899	27765	17211	21115
摩纳哥	Monaco		21			
意大利	Italy		7	2		
俄罗斯	Russian			5		5
北美洲	**North America**	**7038**	**2004**	**606**	**578**	**55**
加拿大	Canada	1390	7	13	27	
美国	United States of America	5648	1997	593	551	55
大洋洲	**Oceania**	**20**	**2784**	**900**		**21**
澳大利亚	Australia	20	1662			1
新西兰	New Zealand		55			
萨摩亚	Samoa		1067	900		20
其 他	**Others**	**89**		**17149**		**1426**

17-14 各市县外商直接投资(2012)
Foreign Direct Investment by Region

市县	Region	签订项目（个）Number of Signed Projects (unit)	合同外资额（万美元）Amount of Contracted Foreign Capital (USD 10000)	实际利用外资（万美元）Amount of Foreign Capital Actually Utilized (USD 10000)
全省总计	**Total**	**71**	**112124**	**164119**
海口市	Haikou	24	27768	45257
三亚市	Sanya	16	21723	23038
五指山市	Wuzhishan			
文昌市	Wenchang	3	9670	6614
琼海市	Qionghai	1	36	
万宁市	Wanning	2	1668	7568
定安县	Ding'an	4	3094	
屯昌县	Tunchang			
澄迈县	Chengmai	4	6937	
临高县	Lingao	1	63	
儋州市	Danzhou	11	32537	62190
儋州	#Danzhou			
洋浦	Yangpu	11	32537	62190
东方市	Dongfang	1	434	
乐东县	Ledong	1	16	
琼中县	Qiongzhong			
保亭县	Baoting	1	5	
陵水县	Lingshui	2	8030	19452
白沙县	Baisha			
昌江县	Changjiang		143	

主要统计指标解释

进出口总额 指实际进出我国国境的货物总金额。包括对外贸易实际进出口货物，来料加工装配进出口货物，国家间、联合国及国际组织无偿援助物资和赠送品，华侨、港澳台同胞和外籍华人捐赠品，租赁期满归承租人所有的租赁货物，进料加工进出口货物，边境地方贸易及边境地区小额贸易进出口货物(边民互市贸易除外)，外商投资企业进出口货物和公用物品，到、离岸价格在规定限额以上的进出口货样和广告品(无商业价值、无使用价值和免费提供出口的除外)，从保税仓库提取在中国境内销售的进口货物，以及其他进出口货物。进出口总额用以观察一个国家在对外贸易方面的总规模。我国规定出口货物按离岸价格统计，进口货物按到岸价格统计。

利用外资 指我国各级政府、部门、企业和其他经济组织通过对外借款、吸收外商直接投资以及用其他方式筹措的境外现汇、设备、技术等。

对外借款 是我国利用外资的重要部分。指通过对外正式签订借款协议，从境外筹措的资金，包括外国政府贷款、国际金融组织贷款、外国银行商业贷款、出口信贷以及对外发行债券等。1996年及以前还包括对外发行股票。

外商直接投资 指外国企业和经济组织或个人(包括华侨、港澳台胞以及我国在境外注册的企业)按我国有关政策、法规，用现汇、实物、技术等在我国境内开办外商独资企业、与我国境内的企业或经济组织共同举办中外合资经营企业、合作经营企业或合作开发资源的投资(包括外商投资收益的再投资)，以及经政府有关部门批准的项目投资总额内企业从境外借入的资金。

外商其他投资 指除对外借款和外商直接投资以外的各种利用外资的形式。包括企业在境内外股票市场公开发行的以外币计价的股票（目前主要是在香港证券市场发行的H股和在境内证券市场发行的B股）发行价总额，国际租赁进口设备的应付款，补偿贸易中外商提供的进口设备、技术、物料的价款，加工装配贸易中外商提供的进口设备、物料的价款。

Explanatory Notes on Main Statistical Indicators

Total Value of Imports and Exports refer to the real value of commodities imported and exported across the border of China. They include the actual imports and exports through foreign trade, imported and exported goods under the processing and assembling trades and materials, supplies and gifts as aid given gratis between governments and by the United Nations and other international organizations, and contributions donated by overseas Chinese, compatriots in Hong Kong and Macao and Chinese with foreign citizenship, leasing commodities owned by tenant at the expiration of leasing period, the imported and exported commodities processed with imported materials, commodities trading in border areas (excluding mutual exchange goods), the imported and exported commodities and articles for public use of the Sino-foreign joint ventures, cooperative enterprises and ventures with sole foreign investment. Also included is import or export of samples and advertising goods for which CIF or FOB value are beyond the permitted ceiling (excluding goods without trading or use value and free commodities for export), imported goods sold in China from bonded warehouses and other imported or exported goods. The indicator of the total imports and exports at customs can be used to observe the total size of external trade in a country. In accordance with the stipulation of the Chinese government, imports are calculated at CIF, while exports are calculated at FOB.

Foreign Investments refer to remittance, equipment and technology financed from abroad, by loans, foreign direct investments and other forms undertaken by the Chinese governments at all levels, by various departments, enterprises and other economic units.

Foreign Borrowings are an important part of China's utilization of foreign capitals. It refers to funds borrowed from abroad through formal signing of borrowing agreements with foreign institutions, including loans of foreign governments, loans of international financial institutions, commercial loans of foreign banks, export credit, and funds raised by Chinese bonds (and shares before 1996) issued abroad.

Foreign Direct Investments refer to the investments inside China by foreign enterprises and economic organizations or individuals (including overseas Chinese, compatriots from Hong Kong, Macao and Taiwan, and Chinese enterprises registered abroad), following the relevant policies and laws of China, for the establishment of ventures exclusively with foreign own investment, Sino-foreign joint ventures and cooperative enterprises or for co-operative exploration of resources with enterprises or economic organizations in China. It includes the re-investment of the foreign entrepreneurs with the profits gained from the investment and the funds that enterprises borrow from abroad in the total investment of projects which are approved by the relevant department of the government.

Other Foreign Investments refer to all forms of utilization of foreign capitals other than foreign borrowings and foreign direct investment. It includes the total value of stock shares in foreign currencies issued by enterprises at domestic or foreign stock exchanges (now mainly consisting of H shares issued at Hong Kong Security Market and B shares issued at domestic security markets), rent payable for the imported equipment through international leasing arrangement, cost of imported equipment, technology and materials provided by foreign counterparts in compensation trade and processing and assembly trade.

金　融

Finance Intermediation

编辑人员：陈灿宇　罗玲　吴庆婷

Compiled by Chen Canyu　Luo Ling　Wu Qingting

英文翻译：　李兴之

Translated by　Li Xingzhi

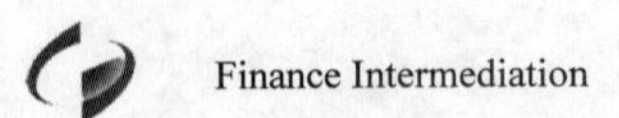

简 要 说 明

本章节主要内容

反映我省金融、证券和保险业发展情况。由三个部分构成：一是金融机构金融活动情况，二是金融机构、人员情况，三是保险业务情况。

Brief Introduction

Main Contents

This chapter reflects the situation of banking, securities and insurance industry development in Hainan and it consists of three parts: financial activities, financial staff and insurance business.

18-1 历年全社会金融机构存贷款余额
Deposit and Loan Balance of Financial Institutions in Various Years

单位：万元 (10 000 yuan)

年份 Year	人民币 RMB			本外币 RMB and Foreign Currency		
	年末存款余额 Deposit Balance	#储蓄存款 Savings Deposits	年末贷款余额 Loan Balance	年末存款余额 Deposit Balance	#储蓄存款 Savings Deposits	年末贷款余额 Loan Balance
1992	3468042	1127517	2695078			
1993	4329245	1840167	3707695			
1994	4961685	2329142	4672493			
1995	5564072	2794077	5544418			
1996	6520641	3271283	6450326			
1997	7423012	3626146	7559438			
1998	7722373	3855237	7998931			
1999	8478806	3983884	8821971			
2000	8887198	4047376	6224734			
2001	8731813	4273277	6366474			
2002	8339984	4840769	6474426	8919286	5225507	7803978
2003	9918973	5468712	7330989	10504548	5819595	8747564
2004	11108268	6159162	8012059	11593066	6454824	9205491
2005	12621622	6975744	8743246	13022868	7219754	9963226
2006	15136894	7905740	9937819	15603046	8121837	11233427
2007	18332099	8631183	10868887	18729969	8788829	12280366
2008	23054593	10611237	12196773	23508563	10752258	13833902
2009	31072620	12800522	17288123	31757045	12944161	19408617
2010	41660283	16584234	22665488	42171635	16714832	25140823
2011	44499859	18742679	27937865	45100293	18884788	31949588
2012	50428256	21709141	33815972	51097045	21868405	38896338

18-2 金融机构存贷款项目构成
Composition of Deposits and Loans of Financial Institutions

单位：万元 (10 000 yuan)

指　　标	Item	2010	2011	2012
年末存款余额	**Deposit Balance at Year-end**		**44444923**	**50428256**
单位存款	Unit Deposits		23255603	25966919
#活期存款	Demand Deposits		13936640	16576113
定期存款	Time Deposits		4215531	4181774
通知存款	Notice Deposits		484162	532097
保证金存款	Margin Deposits		1090040	1465250
个人存款	Personal Deposits		18841398	22048573
储蓄存款	Household Saving Deposits		18742679	21709141
保证金存款	Margin Deposits		4117	8500
结构性存款	Structured Deposits		94602	330932
财政性存款	Fiscal Deposits		1945824	2009234
临时性存款	Temporary Deposits		53150	69371
委托存款	Entrusted Deposits		132646	55418
其他存款	Others		216303	278740
年末贷款余额	**Loans Balance at Year-end**	**22621871**	**27934165**	**33815972**
境内贷款	**Domestic loans**	22621271	27913558	33753265
短期贷款	Short-term Loans	3794366	4119917	4688945
个人贷款及透支	Personal loans and overdrafts	290656	268992	329498
#个人消费贷款	Consumer loans	59729	65577	73649
单位普通贷款及透支	Units of general loans and overdrafts	2761611	3194777	3488896
#经营性贷款	Business loans	2530818	2721163	3294798
固定资产贷款	Fixed asset loans	230793	461025	194098
普通并购贷款	General Mergers and acquisitions Loans			
银团贷款	Syndicated loans	381433	27317	8000
贸易融资	Trade Finance	360666	628831	862551
中长期贷款	Medium & Long Term Loans	18485310	23152711	28422125
个人贷款及	Personal loans	3362891	3729862	4143984
#个人消费贷款	Consumer loans	2964305	3041018	3231823
单位普通贷款	Units of general loans	14149632	18350647	23118357
#经营性贷款	Business loans	1672714	3055460	4865178
固定资产贷款	Fixed asset loans	12476918	15295187	18253179
普通并购贷款	General Mergers and acquisitions Loans	82000	113986	16400
银团贷款	Syndicated loans	890787	944882	1102079
贸易融资	Trade Finance		13333	41305
融资租赁	Finance lease			
票据融资	Financing instruments	340751	640847	642195
各项垫款	The advances	844	83	
境外贷款	**Foreign loans**	**600**	**20607**	**62707**

注：1、本表为金融机构人民币信贷收支数据;2、年末贷款余额2010年起按新口径；3、年末存款余额2011年起按新口径。

Note:1、The data comes from the credit for RMB income and expenditure of financial institutions.

2、Loans balance at year-end at new coverage since 2010.

3、Deposit balance at year-end at new coverage since 2011.

18-3 各市县金融机构存贷款余额
Deposit and Loan Balances of Financial Institutions by Region

单位：万元 (10 000 yuan)

市县	Region	存款余额 Deposit Balance				贷款余额 Loan Balance			
		2009	2010	2011	2012	2009	2010	2011	2012
海口市	Haikou	17500670	22389488	23596134	25882269	15588700	19332584	24615600	24348483
三亚市	Sanya	4782388	6164218	5868730	6709147	1459197	2286451	2662245	3048900
五指山市	Wuzhishan	196790	290238	431737	472454	62421	86810	132664	161378
文昌市	Wenchang	1119466	1610404	1755755	1953097	223153	361983	465226	692322
琼海市	Qionghai	1267154	1781932	1861450	2090934	268999	405260	561067	716874
万宁市	Wanning	903241	1126679	1249295	1500947	114107	194453	285852	381451
定安县	Ding'an	330541	576606	693327	723087	32898	101049	159396	207886
屯昌县	Dunchang	218734	391019	457677	496663	33779	87150	131734	182755
澄迈县	Chengmai	586882	1029187	1040469	1140860	145122	313279	468681	662377
临高县	Lingao	283230	437176	539507	606715	57652	111430	190367	269614
儋州市	Danzhou	1764698	2362904	2492739	2874060	1086890	1085935	1302437	1695669
儋州	Danzhou	1052335	1438809	1646825	1935466	161176	282101	431301	681554
洋浦	Yangpu	712363	924095	845914	938594	925714	803834	871137	1014115
东方市	Dongfang	554557	759412	887992	962684	51236	97373	169754	223784
乐东县	Ledong	452581	696309	865975	921769	44205	69269	104588	196998
琼中县	Qiongzhong	211734	327981	427654	479766	39866	64438	102628	128720
保亭县	Baoting	217711	368424	517187	535111	23968	46538	61841	99630
陵水县	Lingshui	721558	989750	1282506	2037805	90565	294291	328461	653049
白沙县	Baisha	199025	284667	349728	390146	25417	36648	54868	56637
昌江县	Changjiang	442757	567526	681622	700236	60443	122264	150173	180125

注：本表数据为金融机构本外币信贷收支数据。
Note: The data comes from the credit for RMB and foreign currency income and expenditure of financial institutions.

18-4 各市县城乡居民储蓄存款余额
Deposit Balances of the Urban and Rural Resident by Region

单位：万元 (10 000 yuan)

市县	Region	2011			2012		
		合计 Total	城镇居民 Urban Resident	农民 Peasant	合计 Total	城镇居民 Urban Resident	农民 Peasant
海口市	Haikou	8408582	8235754	172828	9539373	9291486	247887
三亚市	Sanya	2460614	2202651	257963	2916932	2520642	396290
五指山市	Wuzhishan	183309	149602	33707	223975	171865	52110
文昌市	Wenchang	1084021	738036	345985	1268591	852010	416581
琼海市	Qionghai	1034113	773870	260243	1218305	894194	324111
万宁市	Wanning	710697	554182	156515	836056	636872	199184
定安县	Ding'an	346431	251609	94822	426738	297788	128950
屯昌县	Dunchang	261341	200118	61223	323766	239386	84380
澄迈县	Chengmai	548244	398825	149419	634025	442638	191387
临高县	Lingao	321367	213013	108354	363855	239431	124424
儋州市	Danzhou	1213004	964972	248032	1386199	1083686	302513
儋州	Danzhou	941305	693273	248032	1091389	788876	302513
洋浦	Yangpu	271699	271699		294810	294810	
东方市	Dongfang	373766	316355	57411	448923	373300	75623
乐东县	Ledong	451286	352717	98569	531170	409273	121897
琼中县	Qiongzhong	233746	162654	71092	275563	179593	95970
保亭县	Baoting	240597	192973	47624	286533	222500	64033
陵水县	Lingshui	396559	332636	63923	485793	379222	106571
白沙县	Baisha	178647	126881	51766	212242	141799	70443
昌江县	Changjiang	296353	257984	38369	348997	297553	51444

注：本表储蓄存款余额只包括人民币。
Note:This table only includes the balance of RMB savings deposits .

18-5 全省保险业务总量
Total Province Insurance Business

单位：万元 (10 000 yuan)

指 标	Item	保费收入 Income of Premiums			赔款及给付 Claim and Payment		
		2010	2011	2012	2010	2011	2012
合 计	**Total**	**479476**	**537481**	**602706**	**113413**	**158832**	**181707**
财产保险公司	**Property Insurance Companies**	**184418**	**224422**	**258938**	**69108**	**106040**	**124453**
企业财产保险	Enterprise Property Insurance	17996	19960	14695	2841	10311	6169
家庭财产保险	Family Property Insurance	270	102	119	26	40	69
机动车辆保险	Motor Vehicle Insurance	123663	150072	173411	52101	72815	97498
工程保险	Engineering Insurance	4951	5658	4370	1798	2493	3705
责任保险	Liability Insurance	4326	7818	9648	1100	2145	4125
信用保险	Export Credit Insurance		19	345		0	
保证保险	Guarantee Insurance	1158	5109	9203	344	253	370
船舶保险	Ship Insurance	2413	2484	2899	775	979	1071
贷运保险	Freight Transport Insurance	3428	4021	4180	98	1708	2271
特殊风险保险	Special Risks Insurance	13415	12882	16321	3611	2475	1218
农业保险	Agriculture Insurance	6865	9678	16303	4711	11025	5983
健康保险	Health Insurance	1926	1932	2061	769	872	946
人身意外保险	Personal Accident Insurance	4006	4686	5383	934	922	1027
其他保险	Other Insurance	0	1	0			
人寿保险公司	**Total Life Insurance Companies**	**295058**	**313059**	**343768**	**44305**	**52792**	**57254**
寿险	Life Insurance	272466	283654	307555	39797	47460	50320
健康保险	Health Insurance	15680	20290	25531	3681	4621	5835
人身意外伤害险	Personal Accident Insurance	6912	9115	10683	827	711	1099

18-6 各市县原保险保费收入和赔付支出情况(2012)
The Original Insurance Premium Income and Payment Expenses by Region

单位：万元 (10 000 yuan)

地 区	Region	原保险保费收入 Original Insurance Premium Income			赔付支出 Payment Expenses		
		合计 Total	财产险业务 Property Insurance Business	人身险业务 Personal insurance business	合计 Total	财产险业务 Property Insurance Business	人身险业务 Personal insurance business
海口市	Haikou	369368.89	136681.62	232687.27	101011.15	65558.01	35453.14
三亚市	Sanya	62452.35	29932.20	32520.15	19010.69	14415.66	4595.02
五指山市	Wuzhishan	2034.37	561.41	1472.97	667.76	293.08	374.69
文昌市	Wenchang	22314.28	5945.10	16369.18	5072.88	2869.64	2203.24
琼海市	Qionghai	18123.48	6202.77	11920.70	5763.63	2911.97	2851.65
万宁市	Wanning	13212.22	3654.98	9557.24	4228.55	1699.82	2528.73
定安县	Ding'an	3667.98	1517.25	2150.74	1209.32	514.69	694.63
屯昌县	Dunchang	3381.50	968.80	2412.70	1206.36	543.44	662.92
澄迈县	Chengmai	6029.05	2149.84	3879.20	1975.07	1079.64	895.42
临高县	Lingao	3898.20	1547.91	2350.30	1160.09	739.79	420.30
儋州市	Danzhou	28939.87	15504.16	13435.70	7697.32	5268.86	2428.46
儋州	Danzhou	20688.40	7550.21	13138.18	6065.58	3715.74	2349.84
洋浦	Yangpu	8251.47	7953.95	297.52	1631.74	1553.11	78.63
东方市	Dongfang	6301.50	2957.08	3344.42	2342.79	1505.96	836.83
乐东县	Ledong	4373.80	1395.42	2978.38	1725.19	1016.66	708.53
琼中县	Qiongzhong	3199.21	952.19	2247.02	1322.63	558.66	763.97
保亭县	Baoting	3632.63	804.09	2828.54	1200.44	329.10	871.34
陵水县	Lingshui	6259.19	1671.72	4587.46	1362.29	521.71	840.58
白沙县	Baisha	1839.68	983.11	856.57	870.43	467.11	403.31
昌江县	Changjiang	7683.97	2815.48	4868.49	2788.61	1464.90	1323.71

18-7 证券市场基本情况
The Basic Situation of Securities Market

指 标	Item	2010	2011	2012
上市公司数（家）	Number of Listed Companies (unit)	26	28	26
#A股	A Shares	23	25	26
#B股	B Shares	3	3	3
辅导企业数	Number of Guidance Enterprises (unit)	7	11	11
证券公司数（家）	Number of Securities Companies(unit)	2	2	2
证券营业部数（家）	Number of Securities Business (unit)	29	36	39
证券交易服务部数（家））	Number of Securities Trading Service Departments (unit			
期货经纪公司（家）	Number of Futures Broker Companies (unit)	4	4	4
期货经纪公司营业部（个）	Number of Trading Offices Futures Broker Companies (unit)	10	11	13
证券投资咨询机构数（家）	Number of Securities Investment Consultative Institutions (unit)	1	1	1
证券从业人员数（人）	Number of Stsff and Workers in Securities(person)	1070	1126	1032
期货从业人员数（人）	Number of Stsff and Workers in Futures(person)	197	221	212
证券投资者开户数（万户）	Number of Stsff and Workers in Futures Investors(10000 accounts)	3.21	5.15	2.22
期货投资者开户数（户）	Number of Stsff and Workers in Futures Investors(account)	2835	2408	3632
上市公司募集资金总额（亿元）	Total Capital Volume Collected by Listed Companies (100 million yuan)	122.14	81.90	104.32
发行	Issuing	62.08	13.73	6.00
配股	Share Right Issued			
增发	Adding Shares Issue	60.00	8.17	93.32
公司债	Debenture		50.00	5.00
上市公司总资产（亿元）	Total Assets of Listed Companies(100 million yuan)	1332.87	1491.17	1675.42
上市公司净资产（亿元）	Ney Assets of Listed Companies (100 million yuan)	483.69	538.60	716.77
上市公司总股本（亿股）	Total Capital Shares of Listed Companies(100 million yuan)	158.67	206.49	234.25
市价总值（亿元）	Total Market Value (100 million yuan)	1506.69	1228.01	1444.86
上市公司净利润（亿元）	Net Profit of Listed Companies (100 million yuan)	56.09	49.09	41.07
上市公司每股平均收益（元）	Per Share Income of Listed Companies (yuan)	0.28	0.24	0.12
证券经营机构证券交易量（亿元）	Trading Volume of Securities Business Institutions (100 million yuan)	4491.48	3292.77	4856.83
期货经营机构代理交易量（亿元）	Proxy Trading Volume of Futures Business Institutions (100 million yuan)	9034.06	13288.77	17670.51

主要统计指标解释

信贷资金 指金融机构以信用方式积聚和分配的货币资金。金融机构信贷资金的来源有各项存款、对国际金融机构负债、流通中货币、银行自有资金及当年结益等；信贷资金的运用有各项贷款、黄金占款、外汇占款、财政借款及在国际金融机构中的资产等。

存款 指企业、机关、团体或居民根据资金必须收回的原则，把货币资金存入银行或其他信用机构保管并取得一定利息的一种信用活动形式。根据存款对象的不同可划分为企业存款、财政存款、机关团体存款、基本建设存款、城镇储蓄存款、农村存款等科目。它是银行信贷资金的主要来源。

贷款 指银行或其他信用机构根据资金必须归还的原则，按一定利率，为企业、个人等提供资金的一种信用活动形式。我国银行贷款分为流动资金贷款、固定资产贷款、城乡个体工商户贷款以及农业贷款等科目。

保险公司 在中国境内的、经过保险监督部门批准设立，并依法登记注册的各类商业保险公司。

保险金额 指保险人承担赔偿或者给付保险金责任的最高限额。

保费 指投保人为取得保险人在约定范围内所承担赔偿责任而支付给保险人的费用。

赔款 指保险人根据保险合同的规定，向被保险人支付的赔偿保险责任损失的金额。

给付 包括死伤医疗给付和满期给付。死伤医疗给付是指保险人根据人寿保险及长期健康保险合同的规定，因被保险人在保险期内发生保险责任范围内的保险事故支付给被保险人（或受益人）的金额。满期给付是指被保险人生存期满，保险人按人寿保险合同规定支付给被保险人的满期保险金额。

Explanatory Notes on Main Statistical Indicators

Credit Funds refer to the funds issued as loans by banking institutions. The sources of credit funds of the banking institutions included deposits, liabilities to international financial institutions, currency in circulation, self-owned funds and current retained profits, etc. The credit funds can be used in forms of loans, gold, foreign exchange, government debt and assets in the international financial institutions.

Deposit is a form of credit by which enterprises, institutions, organizations or households can put money into banks and other credit institutions for safekeeping and interest earning under the principle of free withdrawal. According to different depositors, deposits are divided into enterprise deposits, treasury deposits, deposits of government agencies and organizations, capital construction deposits, urban savings deposits, rural deposits and other deposits. Deposits are major sources of the credit funds of banks.

Loan is a form of credit by which banks and other credit institutions provide funds at certain interest rate to enterprises and individuals in the light of the principle of unconditional repayment. Loans from Chinese banks include circulating capital loans, fixed assets loans, loans to urban and rural individuals engaged in industrial and commercial business and agricultural loans.

Insurance Companies refer to commercial insurance companies of various forms registered by law and established in China with the approval of insurance regulatory agencies.

Amount Insured refers to the maximum that the insurant will get for the claim of the case insured.

Premium is the fee paid by the insurant to the insurer to obtain the obligation of compensation from the insurance within the agreed terms.

Settled Claim is the compensation paid by the insurer to the insurant in accordance with the insurance contract.

Payment includes payment for death, injury or medical treatment and mature payment. Payment for death, injury or medical treatment refers to the money paid to the insurant (or the beneficiary) in accordance with the life or health insurance contract when the insurant encounters accidents within the insured period covered in the contract. Mature payment refers to the mature payment to the insurant in accordance with the life insurance contract at the end of the insured period

19

教育和科技

Education, Science and Technology

编辑人员：李诚

Compiled by Li Cheng

英文翻译： 黄文智 苏绮凌

Translated by Huang Wenzhi Su Qiling

简 要 说 明

本篇主要反映我省教育事业的发展情况和科学技术活动的基本情况。

一、教育部分的主要内容和资料来源

教育统计资料包括公办教育和民办教育、学历教育和非学历教育。具体有高等教育(研究生教育、普通高等教育和成人高等教育)、中等教育(高中阶段教育和初中阶段教育)、初等教育(小学)、学前教育、特殊教育(盲聋哑和弱智儿童学校等)以及教育经费等资料。主要指标包括学校数、在校学生数、招生数、毕业生数、教职工数和专任教师数等。

教育事业统计资料由海南省教育厅提供。

二、科技部分的主要内容，资料来源及调查方法

科技统计资料主要内容包括：全社会以及工业企业、政府部门属研究机构、高校的研究与试验发展（R&D）活动情况；国内外专利申请和授权情况；高技术企业生产及研发活动情况。

统计范围：科技活动统计资料范围为全社会有研究与试验发展（R&D）活动的企事业单位，具体

包括工业企业、政府部门属研究机构、普通高等学校以及研究与试验发展（R&D）活动相对密集行业（包括农、林、牧、渔业，建筑业，交通运输、仓储和邮政业，信息传输、计算机服务和软件业，金融业，租赁和商务服务业，科学研究、技术服务和地质勘查业，水利、环境和公共设施管理业，卫生、社会保障和社会福利业，文化、体育和娱乐业等）中从事研究与试验发展（R&D）活动的企事业单位。

统计调查方法：研究与试验发展(R&D)活动情况采用全面调查取得。

科技活动统计资料口径变动说明：2000 年以前科技活动统计资料只包括大中型工业企业、政府部门属研究机构、普通高等学校，2000 年及以后年份扩大到了全社会范围。

Brief Introduction

Data in this chapter show the development of Hainan's education and the basic conditions on Hainan's scientific and technological development.

I. Main Content and Sources of Data on Education

Data on education cover the situations on education funded by government and non-government agencies, and the education with and without academic credentials including higher education (education of postgraduates, general higher education and adult education), secondary education (senior and junior high schools), elementary education (primary schools), preschool education, special education (schools for the blind, deaf-mutes and mentally retarded) and their expenditure. The main indicators include the number of schools, the number of students enrolled, the number of new students enrolled, the number of graduates, the number of staff and workers, the number of full-time teachers, etc.

The Education Department of Hainan Province provides statistical data on education undertakings and education funding.

II. Main Contents, Sources of Data and Statistical Methodology on Science and Technology

Data on technology mainly include: data on scientific and technological activities, R&D activities all over the province, including industrial enterprises, scientific and technological institutions under government departments, universities and colleges; data on domestic and foreign patents application accepted and granted, data on production, research and development activities of high-tech enterprises

Coverage of data: data on research and development (R&D) activities of enterprises and institutions all over the province, mainly including industrial enterprises, scientific and technological institutions under government departments, universities and colleges and relatively R&D-intensive industries (such as agriculture, forestry, animal husbandry，fisher，construction, transport, storage and post, information transmission, computer services and software, financial intermediation, leasing and business services, scientific research, technical service and geologic prospecting, management of water conservancy, environment and public facilities, health, social security and social welfare, culture, sports and entertainment). Statistical methodology: data on R&D activities are collected through complete surveys.

Changes of the statistical coverage of data on scientific and technological activities: before 2000, data only included large and medium-sized industrial enterprises, scientific research institutions under government departments, and universities and colleges. Since 2000 (inclusive), data have covered all industries.

19-1 教育、科技主要指标
Main Indicators on Education, Science and Technology

指　标	Item	2005	2010	2011	2012
教育	**Education**				
在校学生数(万人)	Number of Total Enrollment(10000 persons)				
普通本专科	Regular Institutions of Higher Education	6.99	15.08	15.67	16.82
成人本专科	Institutions of Higher Education for Adults				2.26
中等职业教育	Vocational Secondary Education	6.03	10.92	12.13	14.18
普通中学	Regular Secondary Schools	58.44	58.21	58.21	54.02
高中毛入学率	Percentage of senior high school student Enrolled (%)	69.10	73.30	79.00	85.18
小学毕业生升学率(%)	Percentage of Graduates of Primary School Entering Junior Secondary School (%)	97.87	96.60	97.60	97.98
学龄儿童入学率(%)	Percentage of School-age Children Enrolled (%)	99.79	98.76	99.53	99.69
每万人口普通高校在校学生数(人)	Number of Students Enrolled in Regular Institutions of Higher Education per 10000 Population (person)	85	174	179	190
科技	**Science and Technology**				
专业技术人员数(万人)	Professional and Technical Personnel (10000 persons)		13.97	14.79	13.97
科技研究机构数(个)	Number of R&D Institutions (unit)		216	184	192
研究与实验发展(R&D)人员(人)	Number of R&D Personnel (persons)		7194	8341	10491
研究与实验发展(R&D)经费内部支出(亿元)	R&D Expenditure Internal Expernditure (100 million yuan)		7.0	10.4	13.7
占地区生产总值比例(%)	Percentage of Research and Development Expenditure in Provincial GDP (%)		0.34	0.41	0.48
研究与实验发展(R&D)课题(项目)数(个)	Number of R&D Programs/Projects (item)		3116	3475	4224
专利申请受理量(件)	Number of Patent Applications Examined (item)		1019	1489	1824
专利申请批准量 (件)	Number of Patent Applications Granted (item)		190	272	389

注：科技活动有关指标1995年及以前只包括四大科技主体，从2000年起为全社会口径。
Note: In 1995 and prior to it,only four scientific and technological principals are included in the indicators on scientific and technological activities, whereas the data have referred to the statistical coverage of the whole society since 2000.

19-2 各级各类学校、教职工和专任教师情况（2012）
Basic Statistics on Schools, Teachers and Staff and Full-time Teachers

项　目	Item	学校数(所) Number of Schools (unit)	教职工数(人) Teachers and Staff (person)	专任教师(人) Full-time Teachers (person)
高等教育	**Higher Education**			
研究生培养机构	Institutions Providing Postgraduate Programs	2	946	946
普通高校	Regular Institutions of Higher Education	2	946	946
科研机构	Research Institutions			
普通高等学校	Regular Institutions of Higher Education	17	13188	8290
本科院校	Universities with Full Undergraduate Courses	6	8406	5533
#独立学院	Non-university Tertiary			
高职(专科)院校	Colleges with Specialized Courses	11	4782	2757
其他机构(教学点)	Other Institutions			
成人高等学校	Institutions of Higher Education for Adult	1	155	42
民办的其他高等教育机构	Other Private Institutions of Higher Education			
中等教育	**Secondary Education**	**83**	**6755**	**4579**
高中阶段教育	**Senior Secondary Education**			
高中	Senior Secondary Schools	103	22611	19049
普通高中	Regular Senior Secondary Schools			
完全中学	From Grade 7 to 12	77	18252	15774
高级中学	From Grade 10 to 12	11	1662	1429
十二年一贯制学校	From Grade 1 to 12	15	2697	1846
成人高中	Adult Senior Secondary Schools			
中等职业教育	Vocational Secondary Education			
普通中专	Regular Specialized Secondary Schools	26	3093	1862
成人中专	Adult Specialized Secondary Schools	5	198	150
职业高中	Vocational Senior Secondary Schools	52	3429	2536
技工学校	Technical Schools	8	1142	841
其他机构(教学点)	Other Institutions			
初中阶段教育	**Junior Secondary Education**			
普通初中	Regular Junior Secondary Schools	388		25075
初级中学	Junior Secondary Schools	223	14826	13190
九年一贯制学校	From Grade 1 to 9	165	11505	4314
十二年一贯制学校	From Grade 1 to 12			600
完全中学	From Grade 7 to 12			6971
职业初中	Vocational Junior Secondary Schools			
成人初中	Adult Junior Secondary Schools			
初等教育	**Primary Education**			
普通小学	**Regular Primary Schools**			
小学	Primary Schools	2036	49314	45796
九年一贯制学校	From Grade 1 to 9			4861
十二年一贯制学校	From Grade 1 to 12			586
成人小学	**Adult Primary Schools**			
#扫盲班	Literacy Courses	5		
工读学校	**Schools for Juvenile Delinquents**			
特殊教育	**Special Education**	**4**	**217**	**160**
学前教育	**Pre-school Education**	**1323**	**21599**	**11473**

19-3 各级各类学历教育学生情况（2012）
Basic Statistics on Students by Level and Type of Education

单位：人　　(person)

项　　目	Item	招生数 New Enrollment	在校学生数 Total Enrollment	毕业生数 Graduates	女学生占学生总数的比重(%) Females as % of Total
高等教育	**Students Received Higher Education**				
研究生	Postgraduates	1236	3699	877	55.58
博　士	Doctor's Degree	38	161	22	39.13
硕　士	Master's Degree	1198	3538	855	56.33
普通本专科	Regular Undergraduates and College Students	50897	168270	40887	53.74
本　科	Enrolled in Full Undergraduate Courses	24332	97889	17980	55.95
专　科	Enrolled in Specialized Courses	26565	70381	22907	50.66
成人本专科	Adult Undergraduates and College Students	9277	22582	7973	67.87
本　科	Enrolled in Full Undergraduate Courses	4262	11837	3860	62.51
专　科	Enrolled in Specialized Courses	5015	10745	4113	69.43
其他高等学历教育	Other Degree of Higher Education				
在职人员攻读博士、硕士学位	Employees Enrolled in Graduate Programs Leading to Doctor or Master Degrees	476	1512		
网络本专科生	Students Enrolled in Internet-based Courses				
本　科	Enrolled in Full Undergraduate Courses				
专　科	Enrolled in Specialized Courses				
中等教育	**Students Received Secondary Education**				
高中阶段教育	Senior Secondary Education				
高中	Senior Secondary Schools				
普通高中	Regular Senior Secondary Schools	62969	175526	52620	46.70
完全中学	From Grade 7 to 12	49078	141940	44068	46.70
高级中学	From Grade 10 to 12	9604	23398	5864	46.70
十二年一贯制学校	From Grade 1 to 12	4287	10188	2688	44.20
成人高中	Adult Senior Secondary Schools				
中等职业教育	Vocational Secondary Education	51055	141876	41583	50.48
普通中专	Regular Specialized Secondary Schools	30108	88229	26528	52.62
成人中专	Adult Specialized Secondary Schools	303	1042	1024	75.62
职业高中	Vocational Senior Secondary Schools	20644	52605	14031	46.38
技工学校	Technical Schools	8172	22899	6307	
初中阶段教育	Regular Junior Secondary Schools				
普通初中	Regular Junior Secondary Schools	119426	364677	134944	45.52
初级中学	Junior Secondary Schools	55797	174970	67542	
九年一贯制学校	From Grade 1 to 9	18903	55968	18750	41.93
十二年一贯制学校	From Grade 1 to 12	3654	10475	3398	39.52
完全中学	From Grade 7 to 12	41072	123264	45254	44.62
职业初中	Vocational Junior Secondary Schools				
成人初中	Adult Junior Secondary Schools				
初等教育	**Primary Education**				
普通小学	Regular Primary Schools	122521	752187	128221	43.73
小学	Primary Schools	109373	653941	111190	
九年一贯制学校	From Grade 1 to 9	11527	86281	14858	40.92
十二年一贯制学校	From Grade 1 to 12	1621	11965	2173	40.12
成人小学	Adult Primary Schools				
#扫盲班	Literacy Courses				
工读学校	**Schools for Juvenile Delinquents**				
特殊教育	**Students Received Special Education**	**313**	**1616**	**214**	**31.40**
学前教育	**Students Received Pre-school Education**	**120312**	**269624**	**98937**	**44.02**

注：特殊教育学生数中包括普通中小学随班就读的学生。
Note:Students received special education include those learning in the same classes of formal regular junior and primary schools.

19-4 各级各类民办教育基本情况(2012)
Basic Statistics on Private Schools by Level and Type of School

单位：人 (person)

项　　目	Item	学校数（所） Number of Schools (unit)	毕业生数 Number of Graduates	招生数 New Enroll-ment	在校生数 Total Enroll-ment	教职工数 Teachers and Staff	专任教师 Full-time Teachers
民办高等教育	**Private Higher Education**						
民办高校	Private Institutions of Higher Education	7	12825	18693	60839	4916	2917
本　科	Undergraduate Courses	2	5085	9063	33005		
专　科	Specialized Courses	5	7740	9630	27834		
独立学院	Non-university Tertiary						
本　科	Undergraduate Courses						
专　科	Specialized Courses						
民办其他高等教育机构	Other Private Institutions of Higher Education						
民办中等教育	**Private Secondary Education**						
高中阶段教育	Senior Secondary Education						
民办普通高中	Private Regular Senior Secondary Schools	20	3978	6441	15189		
民办中等职业教育	Private Vocational Secondary Education						
初中阶段教育	Junior Secondary Education						
民办普通初中	Private Regular Junior Secondary Schools	77	10133	9926	30768	7663	5113
民办职业初中	Private Vocational Junior Secondary Education						
民办普通小学	**Private Regular Primary Schools**	**81**	**13199**	**10863**	**81034**	**11231**	**9915**
民办幼儿园	**Private Kindergartens**	**1186**	**70479**	**81290**	**209910**	**18677**	**9619**
另：民办培训机构	**Private Training Institutions**						

19-5 普通高等学校情况（2012）
Statistics on Institutions of Higher Education

项　目	Item	学校数(所) Number of Schools (unit)	毕业生数(人) Number of Graduates (person)	招生数(人) Number of New Enrollments (person)	在校学生数(人) Number of Total Enrollment (person)	教职工数(人) Number of Teachers and Staff (person)	#专任教师 Full-time Teachers
总　计	**Total**	**17**	**40887**	**50897**	**168270**	**13188**	**8290**
# 女性	Female		22147	27066	90431	6353	4025
按隶属关系分	**Grouped by Relation of Leadership**						
中央属	Under Central Government						
地方属	Under Local Government	10	28062	32204	107431	8272	5373
按学校类别分	**Grouped by Type of Institution**						
综合大学	University	1	6304	8583	31796	2431	1598
理工院校	Science and Engineering College	5	7854	9944	27783	2188	1262
农业院校	Agriculture College						
医药院校	Medicine College	1	2223	2719	9401	960	568
师范院校	Teacher Education College	3	9241	11179	37851	2691	1922
语文院校	Language and Literature College	2	1943	1319	4764	473	307
财经院校	Economics and Finance College	4	11840	15832	52758	4177	2493
政法院校	Politics and Law College	1	1482	1321	3917	268	140
体育院校	Physical Culture College						
艺术院校	Art College						
其他	Others						
总计中:职业技术学院	Vocational Technological College	10	13824	16718	48556	4142	2284

19-6 各市县中等职业教育情况(2012)
Situations on Students in Secondary Vocational Schools (Institutions) by Region

单位：人 (person)

地　区	Item	招生数 New Enrollment	在　校 学生数 Total Enrollment	毕业生数 Graduates	#获得职业资格证书 With Professional Qualification Certificates	教职工数	#专任教师
全省总计	**Total**	**51055**	**141876**	**41583**	**15022**	**6755**	**4579**
海 口 市	Haikou	33539	93868	25866	8224	3895	2496
三 亚 市	Sanya	2912	8735	1834	1357	695	435
五指山市	Wuzhishan	5274	15880	6815	1675	512	336
文 昌 市	Wenchang	1056	3735	1045	714	182	147
琼 海 市	Qionghai	1859	5124	1648	972	235	204
万 宁 市	Wanning	395	1183	227	185	101	67
定 安 县	Ding'an	327	327			68	46
屯 昌 县	Tunchang	283	980	444	426	64	55
澄 迈 县	Chengmai	922	2196	843	812	107	62
临 高 县	Lingao	536	1422	398	321	80	69
儋 州 市	Danzhou	1272	3398	1378	298	320	260
东 方 市	Dongfang	569	597			60	41
乐 东 县	Ledong	415	1072	83		108	95
琼 中 县	Qiongzhong	52	96	116	38	52	44
保 亭 县	Baoting	102	135			57	38
陵 水 县	Lingshui	506	1330	561		90	79
白 沙 县	Baisha	395	773	307		26	26
昌 江 县	Changjiang	641	1025	18		103	79

注：中等职业学校未含技工学校数据（下表同）。
Note:Number of secondary vocational schools do not include the number of skilled-worker schools. The same applies to the tables following.

19-7 各市县普通高中教育基本情况（2012）
Basic Statistics on Regular Senior Secondary Schools by Region

单位：人 (person)

地 区		学校数（所）Schools (unit)	招生数 New Enrollment	在校学生数 Total Enrollment	毕业生数 Graduates	专任教师 Full-time Teachers
全省总计	**Total**	**103**	**62969**	**175526**	**52620**	**10892**
海 口 市	Haikou	25	15174	46159	14783	3130
三 亚 市	Sanya	9	4761	13216	3681	718
五指山市	Wuzhishan	3	1451	4465	1509	314
文 昌 市	Wenchang	7	3815	10516	2948	746
琼 海 市	Qionghai	7	4410	11669	3322	701
万 宁 市	Wanning	7	2871	7781	2342	486
定 安 县	Ding'an	4	1251	3117	928	196
屯 昌 县	Tunchang	2	1461	3840	965	295
澄 迈 县	Chengmai	4	2520	6217	1664	377
临 高 县	Lingao	4	3068	8605	2608	436
儋 州 市	Danzhou	13	8608	22955	7236	1272
东 方 市	Dongfang	6	3569	10109	3024	491
乐 东 县	Ledong	5	4095	10676	3095	686
琼 中 县	Qiongzhong	1	1047	2656	818	199
保 亭 县	Baoting	1	813	2336	811	180
陵 水 县	Lingshui	2	1828	4922	1208	303
白 沙 县	Baisha	1	1409	2251	484	121
昌 江 县	Changjiang	2	818	4036	1194	241

19-8 各市县初中基本情况（2012）
Basic Statistics on Regular Junior Secondary Schools by Region

单位：人 (person)

地 区	Region	学校数（所） Schools (unit)	招生数 New Enrollment	在校学生数 Total Enrollment	毕业生数 Graduates	专任教师 Full-time Teachers
全省总计	**Total**	**388**	**119426**	**364677**	**134944**	**25075**
海口市	Haikou	71	25128	76998	27459	5412
三亚市	Sanya	33	8898	28497	9603	1809
五指山市	Wuzhishan	3	1566	4496	1785	345
文昌市	Wenchang	22	6440	19148	7162	1358
琼海市	Qionghai	19	6154	18144	6500	1436
万宁市	Wanning	22	6513	18254	7203	1527
定安县	Ding'an	17	3427	12039	3281	810
屯昌县	Tunchang	15	3755	10304	4094	849
澄迈县	Chengmai	33	6928	18739	7627	1422
临高县	Lingao	23	6921	19785	8034	1178
儋州市	Danzhou	18	16319	53308	18826	2630
东方市	Dongfang	13	6887	21642	7971	1106
乐东县	Ledong	25	7557	22229	8156	1462
琼中县	Qiongzhong	14	1954	6017	2666	671
保亭县	Baoting	11	1499	5086	2111	558
陵水县	Lingshui	19	4435	13339	5763	1079
白沙县	Baisha	11	2030	6634	2560	577
昌江县	Changjiang	19	3015	10018	4143	846

19-9 各市县普通小学基本情况（2012）
Basic Statistics on Regular Primary Schools by Region

单位：人 (person)

地 区	Region	学校数（所）Schools (unit)	招生数 New Enrollment	在校学生数 Total Enrollment	毕业生数 Graduates	教职工数 Teachers and Staff	#专任教师 Full-time Teachers
全省总计	**Total**	**2036**	**122521**	**752187**	**128221**	**49314**	**45796**
海 口 市	Haikou	228	25333	166685	26735	8674	7979
三 亚 市	Sanya	136	8338	61294	9354	3319	3085
五指山市	Wuzhishan	11	1852	8701	1410	820	793
文 昌 市	Wenchang	172	7619	40899	6497	2822	2721
琼 海 市	Qionghai	108	7582	38138	5705	2420	2280
万 宁 市	Wanning	104	6669	41837	7096	3292	2998
定 安 县	Ding'an	93	3707	24205	3610	1798	1704
屯 昌 县	Tunchang	84	4064	22655	3886	1510	1463
澄 迈 县	Chengmai	190	5987	41707	7550	3171	2879
临 高 县	Lingao	80	6179	41246	7276	2824	2681
儋 州 市	Danzhou	284	14879	86277	17985	6381	5776
东 方 市	Dongfang	139	7592	43644	9023	2924	2646
乐 东 县	Ledong	179	7052	45195	7856	2772	2654
琼 中 县	Qiongzhong	29	2954	15153	2026	1167	1108
保 亭 县	Baoting	30	2112	12245	1579	1019	946
陵 水 县	Lingshui	101	4503	26429	4921	2042	1864
白 沙 县	Baisha	26	3097	16385	2490	1094	1028
昌 江 县	Changjiang	42	3002	19492	3222	1265	1191

19-10 各市县学龄儿童教育基本情况表（2012）
Basic Statistics on Kindergartens

市 县	Region	园 数 (所) Number of Kindergartens (unit)	班数 (个) Number of Classes	在园幼儿数 (人) Total Students Enrollment (person)	教职工人数 (人) Teachers and Staff (person)	教师 Teachers	保育员 Health Workers
全省总计	**Total**	**1323**	**8831**	**269624**	**21599**	**11473**	**4427**
海 口 市	Haikou	492	3141	84307	8561	4584	1700
三 亚 市	Sanya	60	396	19532	1299	557	386
五指山市	Wuzhishan	16	70	2108	218	141	32
文 昌 市	Wenchang	92	603	16934	974	552	138
琼 海 市	Qionghai	84	649	19500	1299	773	173
万 宁 市	Wanning	56	403	12779	1134	551	295
定 安 县	Ding'an	57	334	11852	642	375	120
屯 昌 县	Tunchang	41	307	9968	481	232	102
澄 迈 县	Chengmai	52	407	13554	1163	772	161
临 高 县	Lingao	108	534	16914	1220	628	235
儋 州 市	Danzhou	91	581	19392	1538	729	389
东 方 市	Dongfang	23	124	3880	391	200	73
乐 东 县	Ledong	28	188	6289	465	235	104
琼 中 县	Qiongzhong	31	301	6406	525	244	159
保 亭 县	Baoting	14	150	5032	273	139	52
陵 水 县	Lingshui	13	213	7028	339	179	73
白 沙 县	Baisha	35	226	6728	517	267	136
昌 江 县	Changjiang	30	204	7421	560	315	99

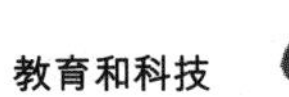

19-11 各市县特殊教育基本情况（2012）
Basic Statistics on Special Education by Region

单位：人 (person)

地 区	Region	学校数（所）Schools (unit)	招生数 New Enrollment	在校学生数 Total Enrollment	毕业生数 Graduates	教职工数 Teachers and Staff	#专任教师 Full-time Teachers
全省总计	**Total**	**4**	**313**	**1616**	**214**	**217**	**160**
海口市	Haikou	1	151	642	120	178	129
三亚市	Sanya		5	44	6		
五指山市	Wuzhishan		3	19	1		
文昌市	Wenchang	1	16	124	7	18	14
琼海市	Qionghai		14	91	12		
万宁市	Wanning		1	24			
定安县	Ding'an			2			
屯昌县	Tunchang		13	65	18		
澄迈县	Chengmai	1	39	110	6	15	13
临高县	Lingao	1	10	49		6	4
儋州市	Danzhou		26	200	19		
东方市	Dongfang		5	38	17		
乐东县	Ledong		7	67	1		
琼中县	Qiongzhong		5	12			
保亭县	Baoting		3	22			
陵水县	Lingshui		8	29	2		
白沙县	Baisha		3	52			
昌江县	Changjiang		4	26	5		

19-12 历年各级普通学校生师比
Student-Teacher Ratio by Level of Regular Schools in Various Years

（教师人数=1） (Number of Teachers=1)

年 份	小 学 Primary School	初 中 Junior Secondary School	普通高中 Regular Senior Secondary School	中等职业学校 Vocational Senior Secondary School	普通高校 Regular Institution of Higher Education
2006	20.28	21.56	17.89	27.66	19.07
2007	22.74	20.5	17.55	31.05	19.08
2008	17.24	19.24	17.51	29.92	19.33
2009	15.93	18.01	17.1	33.52	18.91
2010	14.99	16.82	16.89	35.8	18.47
2011	14.84	15.63	17.08	34.68	18.8
2012	14.68	14.54	16.12	30.39	20.15

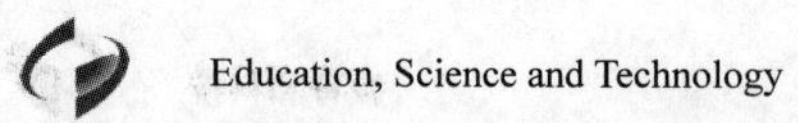

19-13 各市县每万人口各级学校平均在校生数
Number of Students Per 10000 Population by Level

单位：人 (person)

年份 地区	Year Region	幼儿园 Kindergartens	小学 Primary Education	初中阶段 Junior Secondary	高中阶段 Senior Secondary	高等学校 Higher Education
2004		143	1225	537	125	70
2005		145	1276	563	143	85
2006		162	1253	569	165	108
2007		154	1164	562	173	128
2008		159	1061	543	181	148
2009		131	965	516	180	167
2010		209	899	485	185	174
2011		115	873	447	192	179
2012		304	848	411	198	190
海口市	Haikou	394	778	360	216	
三亚市	Sanya	271	849	395	183	
五指山市	Wuzhishan	202	833	431	428	
文昌市	Wenchang	312	754	353	194	
琼海市	Qionghai	397	777	370	238	
万宁市	Wanning	232	759	331	141	
定安县	Ding'an	415	848	422	109	
屯昌县	Tunchang	386	877	399	149	
澄迈县	Chengmai	287	882	396	131	
临高县	Lingao	391	953	457	199	
儋州市	Danzhou	203	905	559	241	
东方市	Dongfang	94	1061	526	246	
乐东县	Ledong	136	978	481	231	
琼中县	Qiongzhong	367	868	345	152	
保亭县	Baoting	341	831	345	158	
陵水县	Lingshui	218	821	414	153	
白沙县	Baisha	399	972	394	134	
昌江县	Changjiang	330	867	446	180	

19-14 各市县学龄儿童净入学率和各级普通学校毕业生升学率
Net Enrollment Ratio of Primary Schools and Promotion Rate of Various Schools

单位：% (%)

年份 地区	Year Region	学龄儿童净入学率 Net Enrollment Ratio of Primary Schools	小学升学率 Promotion Rate from Primary Schools to Junior Secondary Schools	初中升学率 Promotion Rate from Junior Secondary Schools to Senior Secondary Schools
2004		99.32	94.67	52.48
2005		99.79	97.87	57.63
2006		99.81	95.18	59.24
2007		99.75	95.05	61.83
2008		99.74	98.91	70.14
2009		99.76	98.95	73.17
2010		98.76	96.60	75.80
2011		99.53	97.60	80.27
2012		99.69	97.98	85.60
海口市	Haikou	99.20	96.27	
三亚市	Sanya	99.85	104.74	
五指山市	Wuzhishan	99.74	111.06	
文昌市	Wenchang	99.95	99.12	
琼海市	Qionghai	100.00	107.87	
万宁市	Wanning	99.89	92.02	
定安县	Ding'an	99.82	112.99	
屯昌县	Tunchang	99.80	96.62	
澄迈县	Chengmai	99.81	91.76	
临高县	Lingao	99.79	99.79	
儋州市	Danzhou	99.81	98.46	
东方市	Dongfang	99.53	85.32	
乐东县	Ledong	99.90	99.71	
琼中县	Qiongzhong	99.80	96.45	
保亭县	Baoting	99.92	105.95	
陵水县	Lingshui	99.80	90.12	
白沙县	Baisha	99.90	92.36	
昌江县	Changjiang	99.80	98.88	

19-15 科技活动基本情况
Basic Statistics on Scientific and Technological Activities

指　标	Item	2009	2010	2011	2012
研究与试验发展(R&D)投入情况	**Statistics on R&D Input**				
R&D人员全时当量(人年)	Full-time Equivalent of R&D Personnel(10 000 man-years)	4210.0	4893.1	5396.6	6786.9
#基础研究	Basic Research	452.0	577.9	857.5	897.2
应用研究	Applied Research	687.0	902.8	779.0	879.9
试验发展	Experimental Development	3074.0	3413.4	3761.7	5009.8
R&D经费支出(亿元)	Expenditure on R&D (100 million yuan)	5.8	7.0	10.4	13.7
#基础研究	Basic Research	1.0	1.1	2.0	2.4
应用研究	Applied Research	1.4	2.5	1.4	2.1
试验发展	Experimental Development	3.4	3.4	7.0	9.2
#政府资金	Government Funds	3.2	4.1	4.3	4.6
企业资金	Self-raised Funds by Enterprises	2.2	2.6	5.7	7.8
R&D经费支出占地区生产总值比例(%)	Proportion of Expenditure on R&D to GDP (%)	0.35	0.34	0.41	0.48
科技产出及成果情况	**Statistics on S&T Outputs and Results**				
发表科技论文(篇)	Scientific Papers Issued (pieces)		5717	6301	6381
出版科技著作(种)	Publication on Science and Technology (kind)		320	354	347
科技成果登记数(项)	Number of Major Achievements in Science and Technology(item)	155	187	224	186
国家科学技术进步奖(项)	Number of National Scientific and Technological Progress Prizes Awarded (item)	1	1		1
专利申请受理数(件)	Number of Patents Application Accepted (piece)	1040	1019	1489	1824
#发明专利	Inventions	456	572	732	865
专利申请授权数(件)	Number of Patents Application Granted (piece)	630	714	765	1084
#发明专利	Inventions	84	190	272	389
高技术产品进出口及技术市场情况	**Statistics on Export and Import of High-tech and Technical Market**				
高技术产品进出口额(亿美元)	Total Value of Export and Import of High-tech Products(USD 100 million)	20	18	22	
高技术产品出口额	Export	1	2	3	
高技术产品进口额	Import	20	17	19	
技术市场成交额(亿元)	Transaction Value in Technical Market (100 million yuan)	1	3	3	

19-16 事业单位专业技术人才分行业情况（2012）

Statistics on Professional and technical personnel in Public Institutions by Sector

单位：人 (person)

行业	Item	合　计 Total	工程技术人员 Engineering Technicians	农业技术人员 Agriculture Technicians	科学研究人员 R&D Experiment Personel	卫生技术人员 Medical Technicians	教学人员 Teaching Personnel	其他 Others
合　计	**Total**	**122039**	**2975**	**2726**	**631**	**24583**	**86589**	**4535**
农林牧渔业	Agriculture,Forestry, Animal Husbandry and Fishery	2772	205	2229	30	19	76	213
采矿业	Mining							
制造业	Manufacturing	2	2					
电力、煤气及水的生产和供应业	Production and Distribution of Electricity,Gas and Water	5	5					
建筑业	Construction	257	253					4
交通运输仓储和邮政业	Transport, Storage, Postal& Telecommunication Services	456	403					53
信息传输、计算机服务和软件业	Information Transmission, Computer Services and Software	146	111					35
批发和零售业	Wholesale & Retail Services							
住宿和餐饮业	Hotels and Catering Trade							
金融业	Financial Intermediation	48	24			1		23
房地产业	Real Estate	30	11					19
租赁和商务服务业	Leasing and Business Services	13	3		1	1		8
科学研究、技术服务和地质勘查业	Scientific Research, Technical Services and Geologic Prospecting	1293	773	73	363		2	84
水利、环境和公共设施管理业	Management of Water Conservancy,Environment and Public Facilities	1274	732	409	2	21		110
居民服务和其他服务业	Services to Households and Other Services	103	33	1		22		47
教育	Education	87589	47	2	201	268	86291	780
卫生、社会保障和社会福利业	Health,Social Security and Social Welfare	24940	116	2	18	24116	188	500
文化、体育和娱乐业	Culture,Sports and Entainment	2108	108	2	7	69	26	1896
公共管理和社会组织	Public Management and Social Organizations	999	149	8	9	66	6	761

19-17 公有经济企业专业技术人才分行业情况（2012）
Statistics on Professional and technical personnel in State-owned Economy and Collective-owned Economy by Sector

单位：人 (person)

行业	Item	合 计 Total	工程技术人员 Engineering Technicians	农业技术人员 Agriculture Technicians	科学研究人员 R&D Experiment Personel	卫生技术人员 Medical Technicians	教学人员 Teaching Personnel	其他 Others
合 计	**Total**	**17693**	**4245**	**961**	**8**	**3787**	**314**	**8378**
农林牧渔业	Agriculture,Forestry, Animal Husbandry and Fishery	10114	824	930	2	3700	199	4459
采矿业	Mining	167	46				14	107
制造业	Manufacturing	660	270	4		46	8	332
电力、煤气及水的生产和供应业	Production and Distribution of Electricity,Gas and Water	655	471			3		181
建筑业	Construction	1711	1352				4	355
交通运输、仓储和邮政业	Transport, Storage, Postal& Telecommunication Services	1075	460	2		5	53	555
信息传输、计算机服务和软件业	Information Transmission, Computer Services and Software	23	18					5
批发和零售业	Wholesale & Retail Services	438	58	3		14	4	359
住宿和餐饮业	Hotels and Catering Trade							
金融业	Financial Intermediation	709	29	1	1	1	6	671
房地产业	Real Estate	568	198	13	4	7	17	329
租赁和商务服务业	Leasing and Business Services	165	14	1				150
科学研究、技术服务和地质勘查业	Scientific Research, Technical Services and Geologic Prospecting	188	181					7
水利、环境和公共设施管理业	Management of Water Conservancy, Environment and Public Facilities	122	77	6	1			38
居民服务和其他服务业	Services to Households and Other Services	130	60	1		5	5	59
教育	Education	4						4
卫生、社会保障和社会福利业	Health,Social Security and Social Welfare	28	7			6		15
文化、体育和娱乐业	Culture,Sports and Entainment	602	62				1	539
公共管理和社会组织	Public Management and Social Organizations	242	90					152

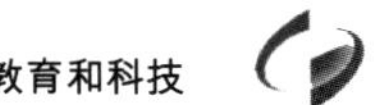

19-18　科技活动人员情况(2012)
Statistic on Personnel in scientific and technological activities

单位：人　(person)

项目	Item	科技活动人员 Personnel in scientific and technological activities	大学本科及以上学历 Bachelor's degree and above
合　计	**Total**	**22760**	**12401**
科研院所	**Scientific Research Institute**	**2726**	**1788**
民口院所	Institute for Civil Use	2726	1788
其他院所	Other institutes		
高等院校	**Institutions of Higher Education**	**8969**	**7920**
理工农医类	Science,Engineering,agriculture and medicine class	4260	3731
人文社科类	Humanities and social sciences class	4709	4189
企业	**Enterprise**	**9677**	**2505**
工业企业	Industrial Enterprises	6784	2309
规上工业企业	Industrial Enterprises Above Designated Size	6784	2309
大中型	Large and medium-sized	4935	1863
规上小型	Small Industrial Enterprises above designated size	1849	446
规上微型	Miniature Industrial Enterprises above designated size		
75-78行业的企业	Enterprises in 75-78 Sectors	15	11
部分转制院所及园区企业	Partially restructured institutions and the enterprises in special areas		
其他企业	Other enterprises	2878	185
事业单位	**Institutions**	**1388**	**188**
75-78行业的事业	Institutions in 75-78 Sectors	360	32
园区事业单位	institutions in special areas	87	58
其他事业	Other utilities	941	98

19-19 研究与试验发展(R&D)人员情况(2012)
Statistic on Personnel of R&D

项目	Item	单位数（个） The Number of Uunits (unit)	有R&D活动单位 Enterprises Having R&D Activities	R&D人员（人） R&D Personnel (person)	其中：Including 研究人员 Researchers	其中：Including 全时人员 Full-time Staff	非全时人员 Part-time Staff
合　计	**Total**	**576**	**122**	**10490**	**3228**	**4660**	**6455**
科研院所	**Scientific Research Institute**	31	16	1245	462	727	1068
民口院所	Institute for Civil Use	31	16	1245	462	727	1068
其他院所	Other institutes						
高等院校	**Institutions of Higher Education**	**32**	**31**	**2659**	**1093**	**2147**	**577**
理工农医类	Science, Engineering, Agriculture and medicine Class	16	15	721	198	622	577
人文社科类	Humanities and social sciences class	16	16	1938	895	1525	
企业	**Enterprise**	**466**	**65**	**5664**	**1335**	**1255**	**4722**
工业企业	Industrial Enterprises	377	53	3866	1064	818	2968
规上工业企业	Industrial Enterprises above Designated Size	377	53	3866	1064	818	2968
大中型	Large and medium-sized	121	30	2847	783	598	2234
规上小型	Small Industrial Enterprises above designated size	243	23	1019	281	220	734
规上微型	Miniature Industrial Enterprises above designated size	13					
75-78行业的企业	Enterprises in 75-78 Sectors	1					
部分转制院所及园区企业	Partially restructured institutions and the enterprises in special areas						
其他企业	Other enterprises	88	12	1798	271	437	1754
事业单位	**Institutions**	**46**	**10**	**922**	**338**	**531**	**88**
75-78行业的事业	Institutions in 75-78 Sectors	30					
园区事业单位	institutions in special areas						
其他事业	Other utilities	15	10	922	338	531	88

19-19 续(continued)

项目	Item	R&D人员折合全时当量（人年）R&D Personnel Equivalent to Full-time Equivalent (man-years)	其中：Including #研究人员 Researchers	其中：Including 基础研究 Basic Research	应用研究 Applied Research	试验发展 Experimental Development
合　计	**Total**	**6786.9**	**2482.3**	**897.2**	**879.9**	**5009.8**
科研院所	**Scientific Research Institute**	1175	687	351	346	478
民口院所	Institute for Civil Use	1175	687	351	346	478
其他院所	Other institutes					
高等院校	**Institutions of Higher Education**	**852.7**	**716.9**	**502.2**	**328.2**	**22.3**
理工农医类	Science, Engineering, Agriculture and medicine class	480	414	253	215	12
人文社科类	Humanities and social sciences class	372.7	302.9	249.2	113.2	10.3
企业	**Enterprise**	**4513.2**	**937.4**	**2**	**32.7**	**4478.5**
工业企业	Industrial Enterprises	2767.2	553.4		31.7	2735.5
规上工业企业	Industrial Enterprises above Designated Size	2767.2	553.4		31.7	2735.5
大中型	Large and medium-sized	1838.0	323.3		1.4	1836.6
规上小型	Small Industrial Enterprises above designated size	929.2	230.1		30.3	898.9
规上微型	Miniature Industrial Enterprises above designated size					
75-78行业的企业	Enterprises in 75-78 Sectors					
部分转制院所及园区企业	Partially restructured institutions and the enterprises in special areas					
其他企业	Other enterprises	1746	384	2	1	1743
事业单位	**Institutions**	**246**	**141**	**42**	**173**	**31**
75-78行业的事业	Institutions in 75-78 Sectors					
园区事业单位	institutions in special areas					
其他事业	Other utilities	246	141	42	173	31

19-20 研究与试验发展(R&D)经费情况(2012)
Statistic on funds of R&D

单位：万元 (10 000yuan)

项目	Item	R&D经费内部支出 Internal Expenditures on R & D funds	其中：Including			其中：Including			
			基础研究 Basic Research	应用研究 Applied Research	试验发展 Experimental Development	政府资金 Government funds	企业资金 Enterprise funds	境外资金 Foreign capital	其他资金 Other funds
合　计	**Total**	**137243.5**	**24050.2**	**21179.1**	**92014.2**	**46065.6**	**77954.2**	**71.9**	**13151.9**
科研院所	**Scientific Research Institute**	42922.1	17556.3	11863.4	13502.4	31024.4	2.5		11895.2
民口院所	Institute for Civil Use	42922.1	17556.3	11863.4	13502.4	31024.4	2.5		11895.2
其他院所	Other institutes								
高等院校	**Institutions of Higher Education**	**12595.4**	**6377.7**	**5834.9**	**382.8**	**10293.9**	**1157.1**	**6.9**	**1137.6**
理工农医类	Science, Engineering ,agriculture and medicine class	10432	4775.6	5377.5	278.9	8951.6	1055.1	6.9	418.4
人文社科类	Humanities and social sciences class	2163.4	1602.1	457.4	103.9	1342.3	102		719.2
企业	**Enterprise**	**78695.2**	**8**	**655.1**	**78032.1**	**1802.9**	**76708.2**	**65**	**119.1**
工业企业	Industrial Enterprises	78092.8		633.1	77459.7	1767.4	76150.1	65	110.3
规上工业企业	Industrial Enterprises Above Designated Size	78092.8		633.1	77459.7	1767.4	76150.1	65	110.3
大中型	Large and medium-sized	69079.1		64.5	69014.6	1266.3	67650.5	65.0	97.3
规上小型	Small Industrial Enterprises above designated size	9013.7		568.6	8445.1	501.1	8499.6		13.0
规上微型	Miniature Industrial Enterprises above designated size								
75-78行业的企业	Enterprises in 75-78 Sectors								
部分转制院所及园区企业	Partially restructured institutions and the enterprises in special areas								
其他企业	Other enterprises	602.4	8	22	572.4	35.5	558.1		8.8
事业单位	**Institutions**	**3030.8**	**108.2**	**2825.7**	**96.9**	**2944.4**	**86.4**		
75-78行业的事业	Institutions in 75-78 Sectors								
园区事业单位	institutions in special areas								
其他事业	Other utilities	3030.8	108.2	2825.7	96.9	2944.4	86.4		

19-20续(continued)

项目	Item	R&D经费外部支出 External funding for R&D Expenditures	#对国内研究机构支出 pending on domestic research institutions	对国内高等学校支出 Higher spending on domestic	对国内企业支出 Business spending on domestic
合　计	**Total**	**13618.3**	**12973.2**	**591.8**	**51.2**
科研院所	**Scientific Research Institute**				
民口院所	Institute for Civil Use				
其他院所	Other institutes				
高等院校	**Institutions of Higher Education**	**220.6**	**69.1**	**98.2**	**51.2**
理工农医类	Science, Engineering, agriculture and medicine class	219.1	69.1	98.2	51.2
人文社科类	Humanities and social sciences class	1.5			
企业	**Enterprise**	**13397.7**	**12904.1**	**493.6**	
工业企业	Industrial Enterprises	13386.7	12895.1	491.6	
规上工业企业	Industrial Enterprises Above Designated Size	13386.7	12895.1	491.6	
大中型	Large and medium-sized	10312.7	10053.8	258.9	
规上小型	Small Industrial Enterprises above designated size	3074.0	2841.3	232.7	
规上微型	Miniature Industrial Enterprises above designated size				
75-78行业的企业	Enterprises in 75-78 Sectors				
部分转制院所及园区企业	Partially restructured institutions and the enterprises in special areas				
其他企业	Other enterprises	11.0	9.0	2.0	
事业单位	**Institutions**				
75-78行业的事业	Institutions in 75-78 Sectors				
园区事业单位	institutions in special areas				
其他事业	Other utilities				

19-21 研究与试验发展(R&D)产出情况 (2012)
Statistic on Output of R&D

项目	Item	专利申请数 (件) Number of Patent application (unit)	发明专利 Patent of invention	专利授权数 (件) Numbenr of Patent Authorized (unit)	发明专利 Patent of Invention	有效发明专利数 (件) Number of Effective Patent (unit)
合　计	**Total**	**910**	**462**	**172**	**91**	**594**
科研院所	**Scientific Research Institute**	**155**	**90**	**120**	**62**	**146**
民口院所	Institute for Civil Use	155	90	120	62	146
其他院所	Other institutes					
高等院校	**Institutions of Higher Education**	**110**	**84**	**52**	**29**	**54**
理工农医类	Science, Engineering,agriculture and medicine class	110	84	52	29	54
人文社科类	Humanities and social sciences class					
企业	**Enterprise**	**641**	**285**			**394**
工业企业	Industrial Enterprises	623	279			388
规上工业企业	Industrial Enterprises Above Designated Size	623	279			388
大中型	Large and medium-sized	274	99			256
规上小型	Small Industrial Enterprises above designated size	349	180			132
规上微型	Miniature Industrial Enterprises above designated size					
75-78行业的企业	Enterprises in 75-78 Sectors					
部分转制院所及园区企业	Partially restructured institutions and the enterprises in special areas					
其他企业	Other enterprises	18	6			6
事业单位	**Institutions**	**3**	**2**			
75-78行业的事业	Institutions in 75-78 Sectors					
园区事业单位	institutions in special areas	1	1			
其他事业	Other utilities	3	2			

19-21续(continued)

项目	Item	专利所有权转让及许可数（件）Patent transfer of ownership and license number (unit)	专利所有权转让及许可收入（万元）Transfer of ownership of patents and licensing income (10 000 yuan)	发表科技论文（篇）Publish a scientific paper (unit)	出版科技著作（种）Published works of science and Technology (unit)
合　计	**Total**	**7**		**6381**	**347**
科研院所	**Scientific Research Institute**			**1196**	**30**
民口院所	Institute for Civil Use			1196	30
其他院所	Other institutes				
高等院校	**Institutions of Higher Education**			**4334**	**307**
理工农医类	Science, Engineering,agriculture and medicine class			2286	79
人文社科类	Humanities and social sciences class			2048	228
企业	**Enterprise**	**7**		**136**	
工业企业	Industrial Enterprises	5		118	
规上工业企业	Industrial Enterprises Above Designated Size	5		118	
大中型	Large and medium-sized	2		110	
规上小型	Small Industrial Enterprises above designated size	3		8	
规上微型	Miniature Industrial Enterprises above designated size				
75-78行业的企业	Enterprises in 75-78 Sectors				
部分转制院所及园区企业	Partially restructured institutions and the enterprises in special areas				
其他企业	Other enterprises	2		18	
事业单位	**Institutions**			**715**	**10**
75-78行业的事业	Institutions in 75-78 Sectors			2	2
园区事业单位	institutions in special areas			1	
其他事业	Other utilities			712	8

19-22 研究与试验发展(R&D)项目(课题)情况(2012)
Statistic on Projects of R&D

项目	Item	项目(课题)数(项) Project (Unit)	项目(课题)参加人员折合全时当量(人年) Project Participants or Full-time Equivalent (man-years)	研究人员 Researchers	经费内部支出(万元) Project Intramural Expenditure (10 000yuan)
合 计	**Total**	**4224**	**6031.4**	**1566.3**	**81128.3**
科研院所	**Scientific Research Institute**	**620**	**804.2**	**420.0**	**13332.7**
民口院所	Institute for Civil Use	620	804.2	420.0	13332.7
其他院所	Other institutes				
高等院校	**Institutions of Higher Education**	**2973**	**852.6**	**717.1**	**8929.1**
理工农医类	Science, Engineering ,agriculture and medicine class	1484	479.9	414.2	7621.8
人文社科类	Humanities and social sciences class	1489	372.7	302.9	1307.3
企业	**Enterprise**	**502**	**4233.6**	**407.8**	**58582**
工业企业	Industrial Enterprises	478	2306.6	399.2	58018.3
规上工业企业	Industrial Enterprises Above Designated Size	478	2306.6	399.2	58018.3
大中型	Large and medium-sized	361	1711.0	285.9	50834.7
规上小型	Small Industrial Enterprises above designated size	117	595.6	113.3	7183.6
规上微型	Miniature Industrial Enterprises above designated size				
75-78行业的企业	Enterprises in 75-78 Sectors				
部分转制院所及园区企业	Partially restructured institutions and the enterprises in special areas				
其他企业	Other enterprises	24	1927	8.6	563.7
事业单位	**Institutions**	**129**	**141**	**21.4**	**284.5**
75-78行业的事业	Institutions in 75-78 Sectors				
园区事业单位	institutions in special areas				
其他事业	Other utilities	129	141	21.4	284.5

19-23　研究机构情况（2012）
Statistic on Research Institutes

项　目	Item	机构数（个）Number of Institutions (unit)	R&D人员（人）R&D Personnel (person)	博士毕业 Dortors	硕士毕业 Masters	R&D经费支出（万元）R & D Expenditure (10000yuan)	科研用仪器设备原价（万元）Original Scientific Instruments and Equipment (10000yuan)	进口 Import
合　计	**Total**	**192**	**2732**	**346**	**640**	**63240.7**	**70937.6**	**17595.3**
科研院所	**Scientific Research Institute**	**31**	**1245**	**262**	**444**	**42922.1**	**37389.4**	**10688.8**
民口院所	Institute for Civil Use	31	1245	262	444	42922.1	37389.4	10688.8
其他院所	Other institutes							
高等院校	**Institutions of Higher Education**	**46**	**230**	**58**	**86**	**853.8**	**8245.3**	**3408**
理工农医类	Science, Engineering, agriculture and medicine class	32	82	18	25	567.8	8244.3	3408
人文社科类	Humanities and social sciences class	14	148	40	61	286	1	
企业	**Enterprise**	**65**	**1098**	**26**	**110**	**18111.8**	**22722.9**	**3498.5**
工业企业	Industrial Enterprises	40	1000	22	85	17961.7	21685.4	3486.5
规上工业企业	Industrial Enterprises Above Designated Size	40	1000	22	85	17961.7	21685.4	3486.5
大中型	Large and medium-sized	27	723	7	51	15968.2	16083.2	3411.3
规上小型	Small Industrial Enterprises above designated size	13	277	15	34	1993.5	5602.2	75.2
规上微型	Miniature Industrial Enterprises above designated size							
75-78行业的企业	Enterprises in 75-78 Sectors	1					303.5	
部分转制院所及园区企业	Partially restructured institutions and the enterprises in special areas							
其他企业	Other enterprises	24	98	4	25	150.1	734	12
事业单位	**Institutions**	**50**	**159**			**1353**	**2580**	
75-78行业的事业	Institutions in 75-78 Sectors							
园区事业单位	institutions in special areas							
其他事业	Other utilities	50	159			1353.0	2580.0	

主要统计指标解释

普通高等学校 指按照国家规定的设置标准和审批程序批准举办，通过国家统一招生考试，招收高中毕业生为主要培养对象，实施高等教育的全日制大学、独立设置的学院和高等专科学校、短期职业大学。

成人高等学校 指按照国家有关规定审批，招收通过全国成人高教统一招生考试的具有高中毕业或同等学历的在职从业人员，利用脱产、半脱产、业余或函授等多种形式对其实施高等学历教育，培养高等教育专科或本科毕业水平的专门人才，修业年限、课程设置和总学时数均按高等学历教育要求付诸实施的学校。包括广播电视大学、职工高等学校、农民高等学校、管理干部学院、教育学院、独立设置的函授学院等。

小学学龄儿童入学率 指调查范围内已入小学学习的学龄儿童占校内外学龄儿童总数（包括弱智儿童，不包括盲聋哑儿童）的比重。计算公式为：

小学学龄儿童入学率 = 已入学的小学学龄儿童数/校内外小学学龄儿童总数*100%

科技活动 指在自然科学、农业科学、医药科学、工程与技术科学、人文与社会科学领域（简称科学技术领域）中，与科技知识的产生、发展、传播和应用密切相关的有组织的活动。可分为研究与试验发展（R&D）、研究与试验发展成果应用及相关的科技服务三类活动。

科技活动人员 指直接从事科技活动、以及专门从事科技活动管理和为科技活动提供直接服务的人员。累计从事科技活动的实际工作时间占全年制度工作时间 10%及以上的人员。（1）直接从事科技活动的人员包括：在独立核算的科学研究与技术开发机构、高等学校、各类企业及其他事业单位内设的研究室、实验室、技术开发中心及中试车间（基地）等机构中从事科技活动的研究人员、工程技术人员、技术工人及其它人员；虽不在上述机构工作，但编入科技活动项目（课题）组的人员；科技信息与文献机构中的专业技术人员；从事论文设计的研究生等。（2）专门从事科技活动管理和为科技活动提供直接服务的人员包括：独立核算的科学研究与技术开发机构、科技信息与文献机构、高等学校、各类企业及其他事业单位主管科技工作的负责人，专门从事科技活动的计划、行政、人事、财务、物资供应、设备维护、图书资料管理等工作的各类人员，但不包括保卫、医疗保健人员、司机、食堂人员、茶炉工、水暖工、清洁工等为科技活动提供间接服务的人员。

科学家与工程师 指科技活动人员中具有高、中级技术职称（职务）的人员和不具有高、中级技术职称（职务）的大学本科及以上学历人员。

研究与试验发展（R&D） 指在科学技术领域，为增加知识总量、以及运用这些知识去创造新的应用而进行的系统的创造性的活动，包括基础研究、应用研究、试验发展三类活动。

基础研究 指为了获得关于现象和可观察事实的基本原理的新知识（揭示客观事物的本质、运动规律，获得新发现、新学说）而进行的实验性或理论性研究，它不以任何专门或特定的应用或使用为目的。其成果以科学论文和科学著作为主要形式。

应用研究 指为获得新知识而进行的创造性研究，主要针对某一特定的目的或目标。应用研究是为了确定基础研究成果可能的用途，或是为达到预定的目标探索应采取的新方法（原理性）或新途径。其成果形式以科学论文、专著、原理性模型或发明专利为主。

试验发展 指利用从基础研究、应用研究和实际经验所获得的现有知识，为产生新的产品、材料和装置，建立新的工艺、系统和服务，以及对已产生和建立的上述各项作实质性的改进而进行的系统性工作。其成果形式主要是专利、专有技术、具有新产品基本特征的产品原型或具有新装置基本特征的原始样机等。在社会科学领域，试验发展是指把通过基础研究、应用研究获得的知识转变成可以实施的计划（包括为进行检验和评估实施示范项目）的过程。人文科学领域没有对应的试验发展活动。

研究与试验发展人员 指参与研究与试验发展项目研究、管理和辅助工作的人员，包括项目（课题）组人员，企业科技行政管理人员和直接为项目（课题）活动提供服务的辅助人员。

专业技术人员 指从事专业技术工作和专业技术管理工作的人员，即企事业单位中已经聘任专业技术职务从事专业技术工作和专业技术管理工作的人员，以及未聘任专业技术职务，现在专业技术岗位上工作的人员。包括工程技术人员，农业技术人员，科学研究人员，卫生技术人员，教学人员，经济人员，会计人员，统计人员，翻译人员，图书资料、档案、文博人员，新闻出版人员，律师、公证人员，广播电视播音人员，工艺美术人员，体育人员，艺术人员及企业政治思想工作人员，共十七个专业技术职务类别。

科技活动经费筹集 指从各种渠道筹集到的计划用于科技活动的经费，包括政府资金、企业资金、事业单位资金、金融机构贷款、国外资金和其他资金等。

政府拨款 指从各级政府部门获得的计划用于科技活

动的经费，包括科学事业费、科技三项费、科研基建费、科学基金、教育等部门事业费中计划用于科技活动的经费以及政府部门预算外资金中计划用于科技活动的经费等。

企业资金 指从自有资金中提取或接受其他企业委托的、科研院所和高校等事业单位接受企业委托获得的，计划用于科研和技术开发的经费。不包括来自政府、金融机构及国外的计划用于科技活动的资金。

劳务费 指以货币或实物形式直接或间接支付给从事科技活动人员的劳动报酬及各种费用。包括各种形式的工资、津贴、奖金、福利、离退休人员费用、人民助学金等。

固定资产购建费 指报告年内使用非基建投资购建的固定资产和用于科研基建投资的实际支出额，即固定资产实际支出和科研基建投资实际完成额之和。固定资产是指长期使用而不改变原有实物形态的主要物资设备、图书资料、实验材料和标本以及其他设备和家具、房屋、建筑物。

专利 是专利权的简称，是对发明人的发明创造经审查合格后，由专利局依据专利法授予发明人和设计人对该项发明创造享有的专有权。包括发明、实用新型和外观设计。

发明 指对产品、方法或者其改进所提出的新的技术方案。

Explanatory Notes on Main Statistical Indicators

Regular Institutions of Higher Learning refer to educational establishments set up according to the government evaluation and approval procedures, recruiting graduates from senior secondary schools as the main target by National Matriculation TEST. They include full-time universities, colleges, institutions of higher professional education, institutions of higher vocational education, institutions of higher vocational education and short-term professional universities.

Institutions of Higher Learning for Adults refer to educational establishments, set up in line with relevant rules approved by the government, enrolling staff and workers with senior secondary school or equivalent education, and providing higher education courses in many forms of full time, part time, spare time, or correspondence for adults. Professionals thus trained receive a qualification equivalent to graduates studying regular courses at regular universities, colleges and professional colleges. Institutions of higher learning for adults include Radio and TV universities, schools of high education for staff and workers and peasants, colleges for management cadres, pedagogical colleges, and independent correspondence colleges.

Net Enrolment Ratio of Primary Schools refers to the proportion of school age children enrolled at schools to the total number of school age children both in and outside schools (including retarded children, but excluding blind, deaf and mute children). The formula is:

Net Enrolment Ratio of Primary Schools = (Total Primary School-age Children at Schools) / (Total Primary School-age Children Whether or Not Attending School) *100%

Scientific and Technological Activities (S&T Activities) refer to organized activities which are closely related with the creation, development, dissemination and application of the scientific and technical knowledge in the fields of natural sciences, agricultural science, medical science, engineering and technological science, humanities and social sciences (referred to as scientific and technological fields). S&T activities can be classified into 3 categories: research and development (R&D) activities, application of R&D results, and related S&T services.

Personnel Engaged in S&T Activities refer to personnel directly engaged in S&T activities, in the management of S&T activities, and in providing direct service to S&T activities, with over 10% of the total working hours in a year spent on S&T activities. (1) Personnel directly engaged in S&T activities include researchers, engineers, technicians and other related personnel engaged in S&T activities in independent-accounting R&D institutions, institutions of higher learning, and in research institutes, laboratories, technology development centres and central experiment workshops under enterprises and institutions. Also included are people working in S&T research project teams, professional and technical personnel working in S&T information archiving institutes, and graduate students working on the design of their thesis. (2) Personnel engaged in the management of S&T activities and in providing direct service to S&T activities include senior management people responsible for S&T activities in independent-accounting R&D institutions, S&T information archiving institutes, institutions of higher learning and in enterprises and institutions where S&T activities are undertaken. Also included are people responsible for the planning, administration, personnel management, financial management, logistics supply, equipment maintenance, information and library management that are related with S&T activities. People providing indirect services are excluded, such as security, medical service, drivers, plumbers, cleaners and those providing catering and related service.

Scientists and Engineers refer to persons engaged in S&T activities either having obtained titles of senior and middle level professional positions, or those without such positions but have completed university or higher education.

Research and Development (R&D) refers to systematic and creative activities in the field of science and technology aiming at increasing the knowledge and using the knowledge for new application. R&D includes 3 categories of activities: basic research, applied research and experimentation for development.

Basic Research refers to empirical or theoretical research aiming at obtaining new knowledge on the fundamental principles regarding phenomena or observable facts to reveal the intrinsic nature and underlying laws and to acquire new discoveries or new theories. Basic research takes no specific or designated application as the aim of the research. Results of basic research are mainly released or disseminated in the form of scientific papers or monographs.

Applied research refers to creative research aiming at obtaining new knowledge on a specific objective or target. Purpose of the applied research is to identify the possible uses of results from basic research, or to explore new (fundamental) methods or new approaches. Results of applied research are expressed in the form of scientific papers, monographs, fundamental models or invention patents.

Experiments and Development refer to systematic activities aiming at using the knowledge from basic and applied researches or from practical experience to develop new products, materials and equipment, to establish new production process, systems and services, or to make substantial improvement on the existing products, process or services. Results of experiment and development activities are embodied in patents, exclusive technology, and monotype of new products or equipment. In social sciences, experiment and development activities refer to the process of converting the knowledge from basic or applied researches into feasible programs (including conduct of demonstration projects for assessment and evaluation). There are no experiment and development activities in the science of humanities.

R&D Personnel refer to persons engaged in research, management and supporting activities of R&D, including persons in the project teams, persons engaged in the management of S&T activities of enterprises and supporting staff providing direct service to the research projects.

Professional and Technical Personnel refer to person engaged in professional and technical work or in the management of professional and technical activities, i.e., people with professional or technical positions who are engaged in professional and technical work or in the management of professional and technical activities, and people without professional or technical positions but are working on professional or technical posts. They include professionals and technicians working in 17 categories of technical occupations including engineering, agriculture, scientific researches, medical service, teaching, economic research and application, accounting, statistics, translation, libraries, archives, cultural and museum service, journalism and publication, lawyers, notarization service, radio and television broadcasting, handicraft and fine arts, sports, performing art, and political workers in enterprises.

Funding for S&T Activities refers to funds obtained from various sources for S&T activities, including government funds, self-raised funds by enterprises, self-raised funds by institutions, loans from financial institutions, foreign funds and other funds.

Government Funds refer to funds obtained from government agencies at all levels to be used for S&T activities, including fund for scientific undertakings, 3 kinds of fund for S&T activities, fund for capital construction for scientific researches, science fund, funds from education expenditures by education departments for S&T activities, and extra-budget fund from government agencies for S&T activities.

Funds of Enterprises refers to funds of enterprises from their own budget; funds from other enterprises; or funds received by universities or research institutions from enterprises for scientific research or technical development projects. Excluded from this category are funds from government agencies, financial institutions or from foreign institutions.

Service Fees refer to direct or indirect payment, in cash or in kind, made to personnel engaged in S&T activities as remuneration and other fees. They include, in various forms, salaries, subsidies, bonus, benefits, retirement pension, stipend, etc.

Purchase or Construction of Fixed Assets refers to the fixed assets purchased or constructed using funds other than the investment in capital construction, and the actual expenditure on capital construction for scientific researches. In other words, it is the sum of the actual expenditure on fixed assets and the accomplished investment in capital construction for scientific researches. Fixed assets refer to main materials and equipment, literatures and documents in libraries, materials for experiments, specimen, instruments, furniture, buildings and constructions that can be used for a long time without changing the form and shape of those articles or constructions.

Patent is an abbreviation for the patent right and refers to the exclusive right of ownership by the inventors or designers for the creation or inventions, given from the patent office after due process of assessment and approval in accordance with the Patent Law. Patents are granted for inventions, utility models and designs.

Inventions refer to the new technical proposals to the products or methods or their modifications.

文化、体育和卫生

Culture，Sports and Health

编辑人员：吴红燕　孙伟

Compiled by Wu Hongyan　Sun Wei

英文翻译：　陈文科　苏绮凌

Translated by Chen Wenke　Su Qiling

简 要 说 明

一、本篇资料的主要内容

本篇主要反映文化、新闻出版、广播电影电视、体育和卫生事业的发展情况。

文化部分主要包括文化艺术和文物机构人员情况，群众艺术馆、文化馆站、公共图书馆业务活动及经费情况，报纸、期刊、图书出版情况，广播、电视事业发展情况，广播、电视节目制作时间；体育部分主要内容包括体育系统职工人数。卫生部分主要内容有卫生机构、人员、床位数以及卫生机构服务情况等。

二、本篇的资料来源

根据各部门制定的统计报表制度汇总加工整理而成。广播、电视资料、文化艺术业、图书馆业、群众文化服务业和体育的资料主要来自省文体厅。卫生事业数据来自省卫生厅

Brief Introduction

I. Main Contents

Data in this chapter mainly reflect the development of culture, news and publication, radio broadcasting, films and television, sports, and public health.

Data on culture cover mainly the situations on institutions, personnel and business activities of cultural undertakings including mass art centers, cultural centers and stations, public libraries, news and publication, broadcasting and television. Data on sports cover mainly the number of staff and workers in sports departments. Data on public health include mainly health institutions, health personnel, number of beds, health services and so on.

II. Sources of Data

Data are collected and tabulated in accordance with the statistical reporting schemes stipulated by the departments concerned. Data on the radio and television, arts, libraries and mass culture, sport are provided by the Culture, Broadcasting, Television and Sport Department of Hainan Province. Data on the public health are provide by the Health Department of Hainan Province.

20-1 文化、体育和卫生主要指标
Main Indicators of Sports, Public Health, Social Welfare, Environmental Protection and Others

指　标	Item	2011	2012
电影放映单位(个)	Number of Film Projection Units (unit)	33	37
艺术表演团体(个)	Number of Art Performance Troupes (unit)	86	61
文化馆(站)(个)	Number of Cultural Centers(Station)(unit)	234	233
公共图书馆(个)	Number of Public Libraries(unit)	20	20
公共图书馆藏量(万册、件)	Holdings of Public Libraries (10000 volumes)	516.02	897.93
博物馆(含美术馆)(个)	Number of Museums (including arts museum) (unit)	18	20
博物馆藏品数(含美术馆)(万件)	Holdings of Museums (including arts museum)(10000 pieces)	6.52	7.00
档案馆(个)	Number of Archives (unit)	34	35
利用档案(万卷次)	Archives Utilized (10000 volume-times)	4.86	19.79
图书出版量(万册)	Number of Books Published (10000 copies)	7347.97	7804.39
期刊出版量(万册)	Number of Magazines Published (10000 copies)	851.99	802.67
报纸出版量(亿份)	Number of Newspapers Published (100 million copies)	2.42	2.45
广播电台(座)	Number of Radio Stations (unit)	19	19
电视台(座)	Number of TV Stations (unit)	19	19
广播综合人口覆盖率(%)	Overall Population Coverage Rate of Radio(%)	96.45	96.48
电视综合人口覆盖率(%)	Overall Population Coverage Rate of Television (%)	95.42	95.45
举办全民健身活动次数(次)	Number of National Body-building ActivitiesHeld (time)	323	233
卫生机构数(个)	Number of Health Institutions(unit)	4816	5142
#医院(含卫生院)	Hospitals	494	493
卫生机构床位数(张)	Number of Beds in Health Institutions(units)	28575	30076
#医院(含卫生院)床位	Hospital Beds	27038	28160
卫生人员总数(人)	Total of Medical Personnel (persons)	56893	58721
#卫生技术人员	Number of Medical Technical Personnel	43295	44720
#医生	Doctors	15527	15422

注：2010年起每千人口医师、护士、卫生技术人员含村卫生室医生、护士数。
Note: Since 2010, Number of Medical Technical Personnel per 1000 Population includes the number of doctors and nurses of village clinics.

20-2 各市县文化文物机构情况
Number of Institutions in Cultural Industry by Region

单位：个

年　份 地　区	Year Region	艺术表演团　体 Art Performance Troupes	艺术表演场　馆 Art Performance Places	博物馆 Museums	公共图书馆 Public Libraries	文化馆(站) Cultural Centers (Station)	省级、地市级文化馆 Art Centers at Provincial & Prefecture Level	县市级文化馆 Cultural Centers at County & City Level	乡镇(街道)文化站 Township (sub-district) Cultural Stations
2005		22	14	16	20	234	5	16	213
2006		21	14	15	20	230	5	16	209
2007		70	14	16	20	232	5	16	211
2008		74	14	16	20	230	5	16	209
2009		60	14	16	20	232	5	16	211
2010		67	14	16	20	232	5	16	211
2011		86	14	18	20	234	3	18	213
2012		61	13	20	20	233	3	18	212
省本级	Provincial	3	1	2	1	1	1		
海口市	Haikou	17	1	1	2	32	1	2	29
三亚市	Sanya	1	3	4	1	9	1		8
五指山市	Wuzhishan	1			1	8		1	7
文昌市	Wenchang	5		1	1	18		1	17
琼海市	Qionghai	1		1	1	13		1	12
万宁市	Wanning	4	4	1	1	13		1	12
定安县	Ding'an	1		1	1	11		1	10
屯昌县	Tunchang			1	1	9		1	8
澄迈县	Chengmai	4	1	1	1	12		1	11
临高县	Lingao	13	1	1	1	12		1	11
儋州市	Danzhou	1		1	1	18		1	17
东方市	Dongfang	2		1	1	11		1	10
乐东县	Ledong	1	1		1	12		1	11
琼中县	Qiongzhong	1			1	11		1	10
保亭县	Baoting	2	1	1	1	10		1	9
陵水县	Lingshui	2		1	1	12		1	11
白沙县	Baisha	1		1	1	12		1	11
昌江县	Changjiang	1		1	1	9		1	8

注：2007年起艺术表演团体、艺术表演场馆、博物馆含非文化部门单位。2007年以前为文化系统内数据。
Note:Number of institutions and number of employed persons include those of non-cultural department enterprise since 2008,while were only those of cultural department before 2007.

20-3 各市县公共图书馆基本情况(2012)
Statistic on Public Libraries by Region

地 区	Region	公共图书馆个数(个) Number of Public Library (unit)	总藏量(万册件) Total Collections (10 000 volumes)	人均拥有公共图书馆藏量(册) Collections of Public Libraries Owned Per Person (volume)	累计发放有效借书证数(个) Accumulative Number of Library Cards Distributed (units)	总流通人次(万人次) Number of Circulation (10000 person-times)	#书刊文献外借人次 Number of Readers Having Borrowed Books	书刊文献外借册次(万册次) Number of Books and Magazines Lent to Readers (10000 volume-times)	阅览室座席数(个) Number of Seats in Reading Room (unit)	每万人拥有公共图书馆建筑面积(平方米) Floor Space of Buildings of Public Libraries Owned per 10 000 Population (sq.m)
全省总计	**Total**	**20**	**897.93**	**1.01**	**98702**	**269.66**	**71.49**	**126.33**	**5228**	**96.73**
海口市	Haikou	2	47.76	0.22	5289	29.09	2.15	6.41	459	30.36
三亚市	Sanya	1	76.82	1.06	10949	8.07	1.16	7.58	194	110.54
五指山市	Wuzhishan	1	18.81	1.80	350	1.28	1.05	1.78	85	143.68
文昌市	Wenchang	1	22.71	0.42	1440	2.17	0.59	1.52	2700	42.40
琼海市	Qionghai	1	14.62	0.30	1100	6.00	5.00	8.03	360	71.53
万宁市	Wanning	1	15.28	0.28	90	0.85	0.12	0.27	90	36.44
定安县	Ding'an	1	21.30	0.75	5000	8.00	1.41	4.13	200	70.05
屯昌县	Tunchang	1	39.42	1.53	162	1.54	0.18	0.32	105	85.21
澄迈县	Chengmai	1	53.13	1.12	250	3.50	0.45	1.08	250	101.48
临高县	Lingao	1	6.90	0.16	180	0.35	0.06	0.20	150	49.35
儋州市	Danzhou	1	9.70	0.10	2081	7.20	5.83	7.90	312	65.06
东方市	Dongfang	1	10.10	0.25	600	6.83	3.56	3.92	200	36.46
乐东县	Ledong	1	8.00	0.17	1500	0.30	0.25	0.25	80	54.12
琼中县	Qiongzhong	1	10.07	0.58	347	8.67	2.66	4.57	130	63.04
保亭县	Baoting	1	11.45	0.78	438	6.51	0.59	1.83	240	279.10
陵水县	Lingshui	1	20.79	0.65	680	5.82	3.91	4.81	350	55.88
白沙县	Baisha	1	9.56	0.57	680	0.35	0.35	0.50	160	89.61
昌江县	Changjiang	1	17.57	0.78	1963	8.13	3.02	6.01	280	93.42

20-3续表1 continued

地 区	Region	组织各类讲座次数（次）Number of Lectures (time)	参加讲座人次（人次）Attending Lectures (person-times)	举办展览（个）Exhibitions (unit)	参观展览人次（人次）Visiting Exhibitions (person-times)	举办培训班（个）Training Courses (unit)	参加培训人次（人次）Attending Training (person-times)	计算机（台）Computers (set)	#电子阅览室终端数 Terminals of Electronic Reading Rooms
全省总计	**Total**	**72**	**10275**	**54**	**147596**	**91**	**9440**	**1396**	**846**
海 口 市	Haikou	6	660	2	70000			86	32
三 亚 市	Sanya				35			202	80
五指山市	Wuzhishan	3	170	1	350	2	70	44	28
文 昌 市	Wenchang			16	10550	10	284	38	32
琼 海 市	Qionghai	3	260	1	200	2	50	27	20
万 宁 市	Wanning	4	200			2	98	43	31
定 安 县	Ding'an	3	360			3	180	50	25
屯 昌 县	Tunchang	3	210	3	2800	3	200	48	35
澄 迈 县	Chengmai	2	300			2	160	95	72
临 高 县	Lingao	6	250	2	400	6	170	30	25
儋 州 市	Danzhou	4	400	5	5123	2	212	56	50
东 方 市	Dongfang	2	800	2	300	4	75	45	35
乐 东 县	Ledong	10	3500	6	3500	10	800	25	25
琼 中 县	Qiongzhong	1	30	5	3000	22	168	47	30
保 亭 县	Baoting	9	1080			2	138	63	42
陵 水 县	Lingshui	8	495	1	108	4	200	70	70
白 沙 县	Baisha					3	180	60	60
昌 江 县	Changjiang	1	30	5	5000			53	35

20-4 各市县博物馆基本情况
Statistics on Museums by Region

地 区	Region	机构数（个） Number of Institutions (unit)	从业人员（人） Number of Employed Persons (person)	文物藏品（件/套） Number of Collections (piece/set)	本年从有关部门接收文物数（件/套） Accepted Cultural Relics from Department This Year (piece/set)	本年修复文物数（件/套） Cultural Relics Repaired This Year (piece/set)	考古发掘项目（个） Excavation Projects (unit)	基本陈列（个） Displays (unit)	举办展览（个） Exhibition (unit)	参观人次（万人次） Spectators (10000 person-times)	门票销售总额（千元） Ticket Sales (1000 yuan)
2005		16	105	28870	450	21			11	3.60	18
2006		15	105	35340					7	7.80	27
2007		16	116	28997	607	3	8	14		839.30	20
2008		16	153	30287	705	150	2	22		245.80	
2009		15	161	46625	7257	85	3	21	58	85.40	
2010		16	169	57299	226	52	1	153	60	98.50	
2011		18	238	65242	63	30		64	56	195.00	
2012		20	255	70000	1214	48		121	86	255.81	
省本级	Provincial	2	155	50145	1213	32		17	30	94.07	
海口市	Haikou	1	5	1414							
三亚市	Sanya	4	27	3419		15		26	5	15.59	
五指山市	Wuzhishan										
文昌市	Wenchang	1	3	1907	1			3	3	23.98	
琼海市	Qionghai	1	3	85				1	2	2.50	
万宁市	Wanning	1	4	124				1	1	0.67	
定安县	Ding'an	1	6	7965				1	3	1.00	
屯昌县	Tunchang	1	11					20	1		
澄迈县	Chengmai	1	9	836				2	2	0.80	
临高县	Lingao	1	2	130		1		20	30	0.04	
儋州市	Danzhou	1	6	482				1	4	0.80	
东方市	Dongfang	1	2					5			
乐东县	Ledong										
琼中县	Qiongzhong										
保亭县	Baoting	1	5	500				2	2	0.76	
陵水县	Lingshui	1	9	860				1	1	115.00	
白沙县	Baisha	1	4	875				20	2	0.30	
昌江县	Changjiang	1	4	1258				1		0.30	

20-5 各市县艺术表演团体、艺术表演场馆演出情况(2012)
Statistics on Performance of Art Performance Troupes and Art Performance Places by Region

地 区	Region	艺术表演团体 Art Performance Troupes					
		机构数(个) Number of Institutions (unit)	演出场次(场次) Number of Performances (shows)	#国内演出 Number of Domestic Performances	#农村 Rural Performances	国内演出观众人次(万人次) Spectators of Domestic Audience (10 000 person-times)	#农村 Rural Audience
全省总计	**Total**	**61**	**8370**	**5900**	**3840**	**413.05**	**221.07**
海口市	Haikou	17	1447	1437	1154	88.94	74.52
三亚市	Sanya	1	198	197	43	6.38	2.15
五指山市	Wuzhishan	1	50	50	40	24.00	12.00
文昌市	Wenchang	5	658	658	548	0.03	0.03
琼海市	Qionghai	1	140	140	80	16.70	9.70
万宁市	Wanning	4	452	452		32.71	
定安县	Ding'an	1	130	130	130	13.00	13.00
屯昌县	Tunchang						
澄迈县	Chengmai	4	728	728	371	31.76	20.02
临高县	Lingao	13	1880	1200	840	59.78	47.06
儋州市	Danzhou	1	60	60	31	25.00	12.40
东方市	Dongfang	2	60	60	22	6.00	4.00
乐东县	Ledong	1	100	100	100	20.00	0.40
琼中县	Qiongzhong	1	91	91	58	15.40	0.00
保亭县	Baoting	2	1770	65	25	5.70	2.87
陵水县	Lingshui	2	102	102	89	6.21	6.20
白沙县	Baisha	1	46			15.00	
昌江县	Changjiang	1	58	30	28	0.50	0.25

20-5 续表 continued

地 区	Region	艺术表演场馆 Art Performance Places				
		机构数（个） Number of Institutions (unit)	演(映)出场次（场次） Number of Performances (shows)	#艺术演出 Art Performances	观众人次（万人次） Number of Spectators (10 000 person-times)	#艺术演出 Art Performances
全省总计	**Total**	**13**	**3670**	**880**	**69.26**	**28.89**
海口市	Haikou	1	678	60	3.32	2.40
三亚市	Sanya	3	2160	360	15.12	7.20
五指山市	Wuzhishan					
文昌市	Wenchang					
琼海市	Qionghai					
万宁市	Wanning	4	666	423	34.28	16.66
定安县	Ding'an					
屯昌县	Tunchang					
澄迈县	Chengmai	1	25	20	2.25	0.96
临高县	Lingao	1				
儋州市	Danzhou					
东方市	Dongfang					
乐东县	Ledong	1	20		0.40	
琼中县	Qiongzhong					
保亭县	Baoting	1	35	15	3.89	1.67
陵水县	Lingshui					
白沙县	Baisha					
昌江县	Changjiang					

20-6 图书、期刊和报纸出版情况（2012）
Number of Books, Magazines and Newspapers Published

项目	Item	2011	2012
图　书	**Books Published**		
种 数(种)	Number of Publication (kind)	2516	2498
# 新出版	New Publication	1472	1505
总印数(万册、万张)	Printed Copies (10 000 copies)	7347.97	7804.39
总印张数(千印张)	Printed Sheets (1000 sheets)	443255	457873
期　刊	**Magazines Published**		
种 数(种)	Number of Publication (kind)	42	43
平均期印数(万册)	Average Printed Copies per Issue (10 000 copies)	52.46	48.85
总印数(万册)	Total Printed Copies (10 000 copies)	851.99	802.67
总印张数(千印张)	Printed Sheets (1000 sheets)	59315	60541
报　纸	**Newspapers Published**		
种 数(种)	Number of Publication (kind)	15	15
平均期印数(万册)	Average Printed Copies per Issue (10 000 copies)	91.80	93.39
总印数(万册)	Total Printed Copies (10 000 copies)	24221.30	24455.00
总印张数(千印张)	Printed Sheets (1000 sheets)	750926	761528

20-7 图书出版情况（2012）
Statistics on Books Published in China by Categories

类别	Category	种数（种）Number of Publications (item)	总印数（万册）Printed Copies (10 000 copies)	印张（千印张）Printed Sheets (1 000 sheets)
图书总计	**Total**	**2498**	**7804.39**	**457873**
使用“中国标准书号”部分合计	**Publications with "China International Standard Book Number"**	**2498**	**7804.39**	**456721**
马列主义、毛泽东思想	Marxism-Leninism, Mao Zedong Thought			
哲学	Philosophy	59	51.58	7726
社会科学总论	General Social Sciences	20	13.38	1956
政治、法律	Politics and Law	37	121.58	11257
军事	Military Affairs	1	0.87	165
经济	Economics	55	50.73	7846
文化、科学、教育、体育	Culture, Science, Education and Sports	1742	6888.44	352669
语言、文字	Languages	33	36.08	2532
文学	Literature	345	534.93	56674
艺术	Arts	25	14.55	1127
历史、地理	History and Geography	62	30.94	5562
自然科学总论	General Natural Sciences	1	0.50	84
数理科学、化学	Mathematics and Chemistry	2	0.42	27
天文学、地球科学	Astronomy and Geology	5	6.95	1140
生物科学	Biology	4	4.09	244
医学、卫生	Medicine and Health Care	26	11.96	2120
农业科学	Agricultural Science	43	10.85	748
工业技术	Industrial Technology	22	20.92	4127
交通运输	Transportation	1	0.11	26
航空、航天	Aeronautics and Aerospace			
环境科学	Environmental Science	3	2.13	156
综合性图书	General Books	12	3.41	536
不使用“中国标准书号”部分合计	**Publications without "China International Standard Book Number"**			**1081**
图片	Pictures			
国标(GB)、部标(BB)等标准类文件印品	Standards Publications such as National Standards, Ministry Standards			94
活页文选、活页歌篇、小件印品等	Loose-leaf Collectanea, Loose-leaf Song and Prints of Small Volume			987

20-8 广播电视事业发展情况
Basic Statistics on Radio and Television Industry

指标	Item	2011	2012
广播	**Radio**		
广播节目综合人口覆盖率 (%)	Radio Coverage Rate of the Population (%)	96.45	96.48
#农村	Rural	95.34	95.36
广播节目套数 (套)	Number of Radio Programs (set)	24	24
#公共广播	Public Radio	24	24
付费广播	Pay Radio		
公共广播节目播出时间(万小时)	Length of Public Radio Programs Broadcasted(10 000 hours)	10.9	11.8
广播节目制作时间 (万小时)	Length of Radio Programs Produced (10 000 hours)	5.7	5.5
电视	**Television**		
电视节目综合人口覆盖率 (%)	TV Coverage Rate of Population (%)	95.42	95.45
#农村	Rural	93.83	93.83
有线广播电视用户数 (万户)	Number of Users of Cable Radio and TV(10 000 households)	85.48	95.08
#农村	Rural	19.97	26.46
#数字电视	Number of Users of Digital TV	68.00	75.89
有线广播电视用户数占家庭总户数比重 (%)	Popularization Rate of Cable Radio and TV (%)	33.71	36.59
#农村有线广播电视用户数占农村家庭总户数比重	Rural Popularization Rate of Cable Radio and TV	16.51	21.53
电视节目套数 (套)	Number of TV Programs (set)	14	15
#公共电视	Public TV	14	15
付费电视	Pay TV		
公共电视节目播出时间(万小时)	Length of Public TV Programs Broadcasted (10 000 hours)	8.18	8.97
电视剧播出数 (部)	Number of TV Plays Broadcasted (sets)	568	759
#进口电视剧播出数	Imported TV Plays	2	4
电视剧播出数 (集)	Number of TV Plays Broadcasted (parts)	22953	25381
#进口电视剧播出数	Imported TV Plays	40	80
动画电视播出数 (小时)	Number of Cartoons Broadcasted (hours)	2575	2443
#进口动画电视播出数	Imported Cartoons	323	323
电视节目制作时间 (万小时)	Length of TV Programs Produced (10 000 hours)	1.69	1.69
电影	**Movies**		
电影院线 (条)	Movie Circuit (line)	4	6
电影院线内影院 (家)	Cinemas in Movie Circuit (unit)	14	18
电影院线内银幕 (块)	Screen in Movie Circuit (unit)	55	65
电影综合收入 (亿元)	Revenue of Movies (100 million yuan)	0.94	1.20
广播电视技术及其他	**TV Technology and Others**		
广播电视总收入 (亿元)	Revenue of Radio and TV (100 million yuan)	12.35	12.69
广播电视从业人员数 (人)	Staff and Workers of Radio and TV (persons)	4781	4928
中、短波转播发射台 (座)	Transmission and Relaying Stations of Medium and Short Wave Broadcast (unit)	3	3
调频转播发射台 (座)	Relaying Stations of Frequency Modulation Broadcasting (units)	62	62
电视转播发射台 (座)	TV Transmission and Relaying Stations (units)	22	22
微波实有站 (座)	Microwave Stations (unit)	56	75

20-9 各市县广播电视节目综合人口覆盖情况
Population Coverage of Radio and TV Programs by Region

单位：%

地　区	Region	广播节目综合人口覆盖率 Population Coverage Rate of Radio Programs	#中央广播节目 Coverage Rate of Central Radio Station	#农村广播节目 Rural Population Coverage Rate of Radio Programs	电视节目综合人口覆盖率 Population Coverage Rate of TV Programs	#中央电视节目 Coverage Rate of CCTV	#农村电视节目 Rural Population Coverage Rate of TV Programs
全省总计	**Total**	**96.48**	**96.42**	**95.36**	**95.45**	**95.20**	**93.83**
海口市	Haikou	99.14	99.12	98.21	99.09	99.09	97.96
三亚市	Sanya	95.84	95.84	95.11	94.93	94.93	94.04
五指山市	Wuzhishan	99.11	99.11	98.51	94.69	94.69	94.55
文昌市	Wenchang	95.55	95.27	94.96	96.46	94.75	96.36
琼海市	Qionghai	98.03	98.03	97.80	98.23	98.11	97.97
万宁市	Wanning	96.32	96.32	96.14	96.45	96.45	96.43
定安县	Ding'an	99.97	99.97	99.96	99.97	99.97	99.96
屯昌县	Tunchang	97.23	97.13	96.91	95.90	93.75	93.78
澄迈县	Chengmai	95.35	94.89	93.84	93.47	93.47	91.35
临高县	Lingao	93.72	93.72	93.52	88.15	87.87	87.90
儋州市	Danzhou	96.67	96.67	95.25	95.00	95.00	92.02
东方市	Dongfang	94.32	94.32	93.40	92.21	92.21	92.06
乐东县	Ledong	94.09	94.09	92.91	96.39	93.39	95.15
琼中县	Qiongzhong	95.21	95.21	94.84	91.36	90.06	84.45
保亭县	Baoting	96.60	96.60	96.32	96.14	96.14	95.89
陵水县	Lingshui	96.10	95.97	94.82	93.53	93.19	91.37
白沙县	Baisha	92.26	92.26	90.75	90.59	90.59	87.17
昌江县	Changjiang	93.67	93.67	90.80	91.46	91.46	87.23

20-10 体育事业情况
Statistics on Sports

指 标	Item	2012
体育系统年末职工人数 （人）	**Number of Staff and Workers in Sports Departments at the Year-end (person)**	**830**
运动员	Athletes	419
专职教练员	Full-time Coaches	159
专职文化教师	Full-time Teachers for Literacy Classes	54
科技人员	Scientific and Technological Personnel	6
宣传出版人员	Publicity and Publishing Personnel	
医务人员	Medical Personnel	13
管理人员	Administrative Personnel	182
其他人员	Others	51
社会体育指导员人数 （人）	**Number of Instructors of Social Sports(person)**	**3444**
当年发展人数	Number of New Instructors in Current Year	2002
#高级	Senior	245
中级	Intermediate	947
初级	Junior	810
体育活动开展情况	**Sports Meets and Activities**	
举办全民健身活动次数(次)	Number of National Body-building ActivitiesHeld (time)	233
(参加群众体育活动人数)		461131

注：2008年运动员只包以省队为主的享受国家规定津贴的运动员。
Note:The number of athletes in 2008 includes those who are from provincial sports teams and receivce special state allowance.

20-11　卫生事业基本情况表
Number of Health Care Institutions,Beds and Employed Persons in Various Years

年 份 Year	卫生机构数(个) Number of Health Care Institutions (unit)	#医院(含卫生院) Hospitals(include Health centers)	卫生机构床位数(张) Number of Beds(bed)	#医院(含卫生院) Hospitals(include Health centers)	卫生人员总数(人) Total of Medical Personnel (person)	#医生 Doctors	每万人口拥有 Per 10 000 Persons 床位数(张) Number of Beds	每万人口拥有 Per 10 000 Persons 医生数(人) Number of Doctors
1949								
1950	15	14	680	680	1383	880	3	3
1951	28	23	634	634	1491	908	3	3
1952	95	26	1244	1134	1361	786	4	3
1953	185	28	1718	1306	1812	993	6	4
1954	254	28	1834	1347	3751	1220	7	4
1955	357	32	1904	1640	4157	1671	7	6
1956	411	31	2009	1729	4315	1893	7	7
1957	446	29	1938	1704	6854	2028	7	7
1958	2011	301	8778	4868	5096	1793	29	6
1959	2804	303	8168	4275	7814	1900	26	6
1960	2139	353	9927	4356	5640	1760	31	6
1961	1967	350	6737	5689	9497	2401	21	7
1962	2171	228	7540	6227	11737	3249	22	10
1963	1998	159	9236	6067	11645	3557	27	10
1964	2229	185	9792	6647	12288	4122	28	12
1965	2692	177	10026	6862	12533	3768	27	10
1966	2744	174	9814	6865	12899	3768	26	10
1972	3144	426	15720	15642	19286	4824	33	10
1973	3224	430	16511	16288	20367	4955	34	10
1974	3210	444	16624	16419	20362	5059	34	10
1975	3082	447	17108	16935	20916	5724	34	12
1976	3261	456	17657	17523	22243	5781	35	11
1977	3175	462	18420	18266	23651	5948	35	12
1978	3308	464	18687	18562	24730	6333	35	12
1979	3493	468	18855	18649	25834	7240	35	13
1980	3492	459	18885	18648	27666	7914	34	14
1981	3703	458	18688	18404	22230	7690	33	14
1982	3656	461	18589	18310	31181	7786	32	14
1983	3978	459	18587	18309	31705	8108	32	14
1984	3901	457	18582	18336	32750	8309	31	14
1985	3877	417	18997	18672	33727	8017	31	14
1986	3729	422	19313	18941	34121	7956	31	13
1987	3702	427	19860	19542	34840	8052	32	13
1988	3764	426	20643	20265	35208	10101	33	16
1989	2911	428	20833	20479	35269	10547	33	17
1990	3167	429	21620	21083	36290	11026	33	17
1991	3154	427	21402	20857	36796	10991	32	17
1992	2517	428	22397	21772	37681	11053	32	16
1993	1646	446	22830	22053	38327	10891	32	16
1994	1647	469	22658	21885	39167	11331	33	16
1995	1653	473	22383	21684	39374	11796	32	17
1996	2420	482	22283	21435	40047	12238	31	17
1997	2595	485	21704	20777	40824	12652	29	17
1998	2545	485	21480	20659	40394	12776	29	17
1999	2460	488	20518	19889	39063	12769	26	17
2000	2689	492	20550	15352	38539	12706	27	16
2001	2712	488	19288	14784	38125	12340	25	16
2002	2840	504	19120	17411	36310	11896	25	15
2003	2655	503	18312	13018	32725	9979	23	12
2004	2515	505	18394	17253	36835	10026	22	12
2005	2464	502	18873	17475	37189	11811	23	13
2006	2337	502	20227	18630	38199	12195	24	15
2007	2330	501	20767	19607	40941	12587	25	15
2008	2220	498	21889	20672	42682	12850	26	15
2009	4661	493	23536	22066	49898	14117	27	16
2010	4678	495	25981	24336	51985	14456	30	17
2011	4816	494	28575	27038	56893	15527	33	18
2012	5142	493	30076	28160	58721	15422	34	17

注：自2009年起卫生机构数含村卫生室。
Note: The data of Health Care Institutions inludes Village Clinics

20-12 卫生机构、床位、人员数（2012）
Number of Health Care Institutions,Beds and Employees

项目	Item	机构数（个）Number of Health Care Institutions (unit)	床位数（张）Beds (bed)	卫生技术人员（人）Personnel (person)	执业（助理）医师 Licensed and Assistant Doctors	注册护士 Registered Nurses	药师（士）Pharma-cists	技师（士）Laboratory Technicians	其他 Other
合　计	**Total**	**5142**	**30076**	**44720**	**15422**	**19267**	**2340**	**2370**	**5321**
一、医院	Number of Hospitals	193	22702	27391	8634	13061	1470	1513	2713
综合医院	Ceneral Hospitals	149	17738	22864	7282	10992	1115	1268	2207
中医医院	Hospital Specialized in Traditional Chinese Medicine	19	2917	3201	977	1426	278	142	378
中西医结合医院	Hospital of Intergrated Traditional and Western	4	130	168	48	69	15	15	21
专科医院	Specialized Hospital	21	1917	1158	327	574	62	88	107
二.基层医疗卫生机构	Health Care Institutions at Grassroot Centers	4832	5913	13171	5416	4821	698	402	1834
社区卫生服务中心(站)	Urban Health Centers	140	426	1894	734	807	114	71	168
卫生院	Number of Health Centers	300	5458	7148	2344	2485	496	296	1527
街道卫生院	Urban Health Centers								
乡镇卫生院	Rural Health Centers	300	5458	7148	2344	2485	496	296	1527
村卫生室	Village Clinics	2758		620	413	207			
门诊部	Outpatient Departments	60	29	406	187	164	17	21	17
诊所.卫生所.医务室	Clinics and Health centers and Nurse Stations	1574		3103	1738	1158	71	14	122
三.专业公共卫生机构	Specialized Public Health Institutions	106	1231	3880	1295	1257	150	438	740
疾病预防控制中心	Diseases Prevention and Control Centers(epidemic prevention stations)	27		1067	529	148	25	221	144
专科疾病防治院(所、站)	Specialized Disease Prevention &Treatment Institutions	24	76	485	219	146	31	51	38
健康教育所(站、中心)	Health Education Stations	1							
妇幼保健院(所、站)	Women and Children Care Agencies	24	1155	1770	499	836	91	129	215
急救中心(站)	Center for Emergency	3		22	9	8	2	1	2
采供血机构	Institutes of Collecting and Supplying Blood	2		193	23	91		31	48
卫生监督所(中心)	Sanitation Supervising Stations	23		293					293
计划生育技术服务机构	Technical Service Centers for Birth Control	2		50	16	28	1	5	
四.其他卫生机构	Other Health Institutions	11	230	278	77	128	22	17	34
#疗养院	Sanatoriums	2	230	244	57	125	19	17	26
医学科研机构	Researching Institutions of Medical Sciences	1							

20-13 医疗卫生机构
Number of Health Care Institutions

单位：个 (unit)

年份 市县	Year Region	合计 Total	#医院 Hospitals	#综合医院 Hospitals	中医医院 Hospitals Specialized in Traditional Chinese Medicine	专科医院 Specialized Hospitals	#基层医疗卫生机构 Health Care Institutions at Grass-root Level	社区卫生服务中心(站) Community Health Service Centers	街道卫生院 Urban Health Centers	乡镇卫生院 Township Health Centers
2005		2464	190	-	-	-	-	-	-	312
2006		2337	190	-	-	-	-	-	-	312
2007		2330	190	-	-	-	-	-	-	311
2008		2220	187	144	17	23	3856	64	2	309
2009		4661	186	143	17	23	4362	88	2	305
2010		4678	188	145	19	21	4474	105	3	305
2011		4816	190	148	19	20	4513	118	3	300
2012		5142	193	149	19	4	4832	140		300
海口市	Haikou	834	38	19	4	2	765	82		30
三亚市	Sanya	407	16	9	1	1	385	13		11
五指山市	Wuzhishan	117	5	2	1		107	1		9
文昌市	Wenchang	305	10	9	1		290	5		25
琼海市	Qionghai	282	9	7	1		269	6		22
万宁市	Wanning	436	10	8	1	1	418	5		18
定安县	Dingan	204	5	4	1		195	3		14
屯昌县	Dunchang	162	8	7	1		151			11
澄迈县	Chengmai	366	10	9	1		349	2		20
临高县	Lingao	229	4	3	1		221	4		17
儋州市	Danzhou	478	19	18	1		452	10		22
东方市	Dongfang	321	7	6	1		308			19
乐东县	Ledong	268	11	10	1		252			14
琼中县	Qiongzhong	119	14	13	1		100	1		13
保亭县	Baoting	109	6	6			99	2		12
陵水县	Lingshui	152	4	3	1		143	3		18
白沙县	Baisha	137	10	10			124	1		14
昌江县	Changjiang	216	7	6	1		204	2		11

20-13 续1 continued1

单位：个 (unit)

年 份 市 县	Year Region	村卫生室 Village Clinics	门诊部(所) Outpatient Department	#专业公共卫生机构 Specialized Public Health Institutions	#疾病预防控制中心 Center for Disease Control and Prevention	#专科疾病防治院(所/站) Specialized Disease Prevention & Treatment Institution	#妇幼保健院(所/站) Women and Children Care Agencies	#卫生监督所(中心) Health Inspection Institution (center)
2005			1759		30		26	
2006			1633		28		26	
2007			1648		28		25	
2008		2297	1544		27	26	25	
2009		2396	1571	94	26	25	24	19
2010		2412	1554	94	26	24	24	20
2011		2527	1565	102	26	24	24	21
2012		2758	1634	106	27	24	24	23
海口市	Haikou	254	399	29	7	7	6	6
三亚市	Sanya	108	253	5	1	1	1	1
五指山市	Wuzhishan	59	38	5	1	2	1	1
文昌市	Wenchang	158	102	5	1	1	1	1
琼海市	Qionghai	185	56	4	1	1	1	1
万宁市	Wanning	316	79	6	1	2	1	1
定安县	Dingan	95	83	3	1		1	1
屯昌县	Dunchang	89	51	3	1		1	1
澄迈县	Chengmai	222	105	6	1	2	1	1
临高县	Lingao	153	47	4	2		1	1
儋州市	Danzhou	260	160	7	3	1	2	1
东方市	Dongfang	262	27	5	1	2	1	1
乐东县	Ledong	188	50	4	1	1	1	1
琼中县	Qiongzhong	38	48	4	1		1	1
保亭县	Baoting	58	27	3	1		1	1
陵水县	Lingshui	90	32	5	1	2	1	1
白沙县	Baisha	77	32	3	1		1	1
昌江县	Changjiang	146	45	5	1	2	1	1

20-14 卫生人员
Number of Employed Persons in Health Care Institutions

单位：人 (person)

年份 地区	Year Region	卫生人员 Medical Personnel	卫生技术人员 Medical Technical Personnel	#执业（助理）医师 Licensed (Assistant) Doctors	#执业医师 Licensed Doctor	#注册护士 Registered Nurse	#药师（士） Pharmacist	乡村医生和卫生员 Village Doctors and Assistants	其他技术人员 Other Technical Personnel	管理人员 Admini-strative Personnel	工勤技能人员 Logistics Technical Workers
2005		37189	30056	11811		10860					
2006		38199	30787	12195		11508					
2007		40941	32545	12587		12444					
2008		42682	33875	12850	9991	13212	1828		996	2841	4970
2009		49898	37857	14117	10899	15225	1928	2598	1260	2911	5272
2010		51985	39520	14456	11263	16319	2000	2663	1457	2941	5404
2011		56893	43295	15527	12265	18200	2161	2796	1780	3083	5939
2012		58721	44720	15422	12162	19267	2340	2770	1816	3111	6278
海口市	Haikou	22088	17501	5912	5407	8238	922	309	759	1120	2384
三亚市	Sanya	5207	4033	1235	1073	1627	200		243	364	567
五指山市	Wuzhishan	1136	816	201	167	417	23	64	3	113	138
文昌市	Wenchang	2875	2178	803	585	854	195	225	67	147	255
琼海市	Qionghai	3088	2427	925	743	1108	134	245	28	126	256
万宁市	Wanning	2873	1987	700	471	795	107	310	81	160	335
定安县	Dingan	1467	1159	435	297	456	64	131	11	75	91
屯昌县	Dunchang	1040	810	287	159	307	40		34	67	129
澄迈县	Chengmai	2329	1617	725	440	543	88	260	106	125	221
临高县	Lingao	1628	1269	403	270	542	46		45	74	240
儋州市	Danzhou	5195	3853	1311	943	1660	218	266	197	214	665
东方市	Dongfang	2059	1410	490	357	591	79	262	86	110	191
乐东县	Ledong	1783	1214	437	263	453	47	223	44	98	204
琼中县	Qiongzhong	1317	1048	377	205	380	38	37	6	92	134
保亭县	Baoting	666	533	234	129	185	21	59	1	47	26
陵水县	Lingshui	1443	1056	291	232	387	45	90	48	50	199
白沙县	Baisha	1074	759	297	164	276	20	114	19	59	123
昌江县	Changjiang	1453	1050	359	257	448	53	175	38	70	120

20-15 各类医疗卫生机构医疗服务及床位利用情况
Number of Visits and Inpatients in Medical Institutions

机构名称	Institutions	诊疗人次数（万人次） Visits (10 000 times)	入院人数（万人） Inpatients (10 000 persons)	实际开放总床日数（日） Days of Total Beds Actually Opened (day)	平均开放病床（张） Average Beds Opened (bed)
总 计	**Total**	**3890.15**	**84.04**	**10593876**	**28945**
医院	Hospitals	1384.83	67.17	8047760	21988
#综合医院	General Hospitals	1131.13	57.58	6285918	17175
中医医院	Hospitals Specialized in Traditional Chinese Medicine	188.78	7.23	1022014	2792
中西医结合医院	Hospital of Integrated Traditional Chinese with Western Medicine	11.47	0.25	47550	130
专科医院	Specialized Hospitals	53.46	2.11	692278	1891
基层医疗卫生机构	Basic Medical Institutions	2289.61	10.92	2034098	5558
#社区卫生服务中心(站)	Community Health Service Centers	255.96	1.14	137848	377
卫生院	Health Centers	977.22	8.80	1896250	5181
街道卫生院	Urban Health Centers				
乡镇卫生院	Township Health Centers	977.22	8.80	1896250	5181
专业公共卫生机构	Specialized Public Health Institutions		5.53	430409	1176
#专科疾病防治院(所、站)	Specialized Disease Prevention & Treatment Institution	210.31	0.08	27775	76
妇幼保健院(所、站)	Women and Children Care Agencies	44.70	5.44	402634	1100
其他机构	Other Institutions	5.39	0.43	81609	223
#疗养院	Sanatoriums	5.39	0.43	81609	223

20-15 续1 continued1

机构名称	Institutions	实际占用总床日数（日） Actually Total Beds Occupied (day)	出院者占用总床日数（日） Total Beds Occupied by Patients Discharged from Hosptials (day)	病床工作日（日） Working Days of Beds (day)	病床使用率（%） Utilization Rate of Beds (%)	平均住院日（日） Average Stay Days in Hospital (day)
总 计	**Total**	**7894185**	**7619789**	**272.7**	**74.5**	**8.7**
医院	Hospitals	6806924	6663255	309.6	84.6	9.9
#综合医院	General Hospitals	5568263	5469256	324.2	88.6	9.5
中医医院	Hospitals Specialized in Traditional Chinese Medicine	750081	719684	268.6	73.4	10.1
中西医结合医院	Hospital of Integrated Traditional Chinese with Western Medicine	20456	18159	157.5	43.0	7.1
专科医院	Specialized Hospitals	468124	456156	247.5	67.6	21.3
基层医疗卫生机构	Basic Medical Institutions	707723	595485	127.3	34.8	4.0
#社区卫生服务中心(站)	Community Health Service Centers	121692	81468	323.1	88.3	1.6
卫生院	Health Centers	586031	514017	113.1	30.9	6.0
街道卫生院	Urban Health Centers					
乡镇卫生院	Township Health Centers	586031	514017	113.1	30.9	6.0
专业公共卫生机构	Specialized Public Health Institutions	312721	294967	265.9	72.7	5.3
#专科疾病防治院(所、站)	Specialized Disease Prevention & Treatment Institution	23845	9593	314.2	85.9	12.5
妇幼保健院(所、站)	Women and Children Care Agencies	288876	285374	262.6	71.7	5.2
其他机构	Other Institutions	66817	66082	299.7	81.9	15.5
#疗养院	Sanatoriums	66817	66082	299.7	81.9	15.5

20-16 各市县医疗卫生机构门诊服务情况(2012)
Outpatient Services of Health Institutions by Region

地 区	Region	诊疗人次数(次) Visits (times)	#门\急诊 Outpatients with Emergency Treatment	观察室留观病例数(人) Cases in Observation Room (persons)	健康检查人数(人) Number of Health Examinations (persons)	急诊病死率(%) Fatality Rate among Emergency Admissions (%)	观察室病死率(%) Fatality Rate in Observation Room (%)
全省总计	**Total**	**38901458**	**38341384**	**113304**	**1483723**	**0.05**	**0.01**
海口市	Haikou	12347472	12050669	64049	639127	0.06	0.06
三亚市	Sanya	2530610	2518721	14799	60298	0.02	0.01
五指山市	Wuzhishan	445105	439812	1116	5724	0.20	
文昌市	Wenchang	2217544	2165065	10012	118614	0.20	
琼海市	Qionghai	2481471	2446677	512	58753	0.02	
万宁市	Wanning	2140196	2119657	1613	42301	0.03	
定安县	Dingan	1580348	1574584	2976	22975	0.01	
屯昌县	Dunchang	637226	630855	39	74614	0.25	
澄迈县	Chengmai	2179390	2149101	1556	35233	0.08	
临高县	Lingao	1450761	1450307	308	12705	0.01	
儋州市	Danzhou	3866526	3822049	4033	95803	0.02	0.07
东方市	Dongfang	1385556	1378331	2472	45961	0.02	
乐东县	Ledong	1352175	1339720	6598	93158	0.02	
琼中县	Qiongzhong	609270	605880	25	20193	0.01	
保亭县	Baoting	493633	491790	1772	55349	0.13	0.06
陵水县	Lingshui	1514448	1504540	376	28961	0.00	0.80
白沙县	Baisha	498850	496093	91	22816	0.09	
昌江县	Changjiang	1170877	1157533	957	51138	0.02	0.21

20-17 各市县医疗卫生机构住院服务情况(2012)
Hospitalization Services in Health Institutions by Region

地区	Region	入院人数(人) Number of Inpatients (persons)	出院人数(人) Patients Discharged (persons)	住院病人手术人次(人次) Surgical Operation of Hospitalized (persons)	每百门急诊入院人数(人) Inpatients per 100 Outpatient and Emergency Visits (person)
全省总计	**Total**	**840389**	**876368**	**130582**	**3.01**
海口市	Haikou	309118	347252	57275	3.19
三亚市	Sanya	70199	69910	15934	2.80
五指山市	Wuzhishan	12875	12781	1770	5.12
文昌市	Wenchang	31540	31603	4399	2.21
琼海市	Qionghai	54242	54163	9957	3.01
万宁市	Wanning	44437	44339	5991	4.29
定安县	Dingan	16136	16104	1998	2.00
屯昌县	Dunchang	24116	23844	2437	3.82
澄迈县	Chengmai	25079	25267	2346	1.99
临高县	Lingao	25522	25442	3338	1.97
儋州市	Danzhou	93099	92796	10477	3.54
东方市	Dongfang	40571	39909	3869	5.69
乐东县	Ledong	19152	19162	1083	2.60
琼中县	Qiongzhong	17542	17378	1461	3.71
保亭县	Baoting	7471	7308	812	2.42
陵水县	Lingshui	20959	20895	2304	1.50
白沙县	Baisha	10950	10882	1714	3.19
昌江县	Changjiang	17381	17333	3417	2.39

20-18 各市县医院床位利用情况(2012)
Utilization of Beds in Hospitals by Region

地区	Region	病床周转次数(次) Turnover of Beds (time)	病床工作日(日) Work Day of Beds (day)	病床使用率(%) Utilization Rate of Beds (%)	平均住院日(日) Average Stay Days in Hospital (day)
全省总计	**Total**	**30.46**	**309.57**	**84.58**	**9.95**
海口市	Haikou	30.69	334.43	91.37	11.32
三亚市	Sanya	27.91	310.33	84.79	10.48
五指山市	Wuzhishan	15.35	314.16	85.84	16.01
文昌市	Wenchang	39.23	266.18	72.73	6.83
琼海市	Qionghai	43.47	298.02	81.43	6.81
万宁市	Wanning	39.83	249.93	68.29	6.05
定安县	Dingan	35.79	250.36	68.41	6.96
屯昌县	Dunchang	29.27	288.89	78.93	9.21
澄迈县	Chengmai	26.75	264.88	72.37	7.74
临高县	Lingao	45.44	327.47	89.47	7.12
儋州市	Danzhou	35.05	346.81	94.76	11.25
东方市	Dongfang	34.10	289.08	78.98	7.43
乐东县	Ledong	24.79	228.45	62.42	8.59
琼中县	Qiongzhong	24.04	272.03	74.33	9.84
保亭县	Baoting	22.30	219.26	59.91	8.36
陵水县	Lingshui	34.56	274.77	75.07	8.10
白沙县	Baisha	21.52	248.94	68.02	8.55
昌江县	Changjiang	29.17	267.22	73.01	8.67

主要统计指标解释

艺术表演团体 指从事戏曲、音乐、舞蹈、杂技等专业艺术表演，有独立帐户的单位，不包括半工半艺、半农半艺和民间职业剧团。

电影放映单位 指具有放映机器设备、固定或不固定的放映场所与专职或兼职的放映技术人员，经有关部门登记批准，经常为一定的观众对象放映电影的机构。包括经批准对外开放进行营业，并与电影发行放映管理机构分帐的专用放映单位和军委系统租片单位。

卫生机构 包括医疗机构、疾病预防控制中心(防疫站)、采供血机构、卫生监督及监测(检验)机构、医学科研和在职培训机构、健康教育所等。

医疗机构 包括医院、社区卫生服务中心(站)、疗养院、卫生院、门诊部、诊所(卫生所、医务室)、妇幼保健院(所、站)、专科疾病防治院(所、站)、急救中心(站)和临床检验中心。医疗机构分为非赢利性医疗机构和赢利性医疗机构。

医院 包括综合医院、中医医院、中西医结合医院、民族医院、各类专科医院和护理院。

卫生技术人员 指卫生事业机构支付工资的全部固定职工和合同制职工中现任职务为卫生技术工作的人员。 包括中医师、西医师、中西医结合高级医师、护师、中药师、西药师、检验师、其他技师、中医士、西医士、护士、 助产士、中药剂士、西药剂士、检验士、其他技士、其他 中医、护理员、中药剂员、西药剂员、检验员、其他初级卫生技术人员。

医生 指经卫生部门审查合格，从事医疗工作的专业人员。分为中医医生和西医生。包括卫生技术人员中的 中医师、西医师、中西医结合高级医师、中医士、西医士 和其他中医。

Explanatory Notes on Main Statistical Indicators

Art performance Troupe refers to the troupe which is engaged in drama, opera, music, dance, acrobatics or other art performance, opens independent accounts with banks and has self-supporting accounting system. The semi-working, semi-farming arts troupes and non-governmental troupes are not included.

Film Projection Units refer to units with film projection equipment, full or part time projectionists, permanent or non permanent places, approved by related administrative departments to show films regularly for certain groups of audience, including those film projection units which have been approved to give commercial shows and run business with independent accounting system as well as those film-renting units of the military system.

Health Care Institutions include medical organizations, disease prevention and control centers (epidemic prevention stations), blood gathering and supplying institutions, sanitary inspection institutions, medicinal scientific research and on-job training institutions, health education centers and so on.

Medical Organizations include hospitals, community health service centers (stations), sanatoriums, health centers, outpatient department, clinics (health stations and infirmaries), women and children care agencies (centers and stations), special disease prevention and curing agencies (centers and stations), emergency centers (stations) and clinic inspection centers. Medical agencies are classified as profitable medical agencies and non-profitable medical agencies.

Hospitals include comprehensive hospitals, Chinese medicine hospitals, Traditional and Western Medicine Integration Hospital, folk hospitals, all sorts of specialized hospitals and nursing hospitals.

Medical Technical Personnel refers to all medical staff and workers employed by medical institutions, including doctors of Chinese and Western medicine, senior doctors who integrate traditional Chinese therapeutics with Western therapeutics in practice, senior nurses, pharmacists of Chinese and Western medicine, laboratory specialists, other specialists, paramedics of Chinese and Western medicine, nurses, midwives, druggists in Chinese and Western medicine, laboratory technicians, other technicians, other practitioners of Chinese medicine, nursing attendants, pharmacological workers of Chinese and Western medicine, laboratory workers, and other primary medical personnel.

Doctors refer to qualified professional medical workers approved to practice by public health departments. They are classified into doctors of Chinese medicine, doctors of Western medicine, senior doctors who integrate traditional Chinese therapeutics with Western therapeutics in practice, paramedics of Chinese medicine and Western medicine, and other specialists of Chinese medicine.

21

社会服务及其他

Social Service and Others

编辑人员：吴红燕

Compiled by Wu Hongyan

英文翻译：苏绮凌

Translated by Su　Qiling

简 要 说 明

一、本篇资料的主要内容

本篇主要反映民政、社会保障、公检法司情况等内容。

民政事业部分主要包括民政行业单位情况，优抚和社会救济情况，办理结婚、离婚情况；社会保障部分主要包括社会保险基本情况，社会保险基金收支及累计结余情况；公检法司部分主要包括交通、火灾事故情况，人民检察院的办案情况，人民法院审理案件和收结案情况以及律师、公证、调解工作等情况。

二、本篇的资料来源

根据各部门制定的统计报表制度汇总加工整理而成。民政事业资料来自省民政厅；社会保障资料来自省人力资源和社会保障厅；公检法司资料分别来自省公安厅、省人民检察院、省高级人民法院、省司法厅。

Brief Introduction

I. Main Contents and Sources of Data

Data in this chapter show statistics on civil affairs, social security, public security, procuratorial, legal and judicial affairs and so on.

Data on civil affairs include mainly the situations on administrative units, social welfare relief, marriage and divorce. Data on social security include mainly the situations on social insurance and balance of fund revenue and expenditure. Data on public security, procuratorial, legal and judicial affairs cover information such as transport or fire accidents, cases handled by procuratorate's offices, cases accepted and settled by the people's courts, and statistics on lawyers, notarization and mediation..

II. Main Contents, Sources of Data

Data are collected and tabulated in accordance with the statistical reporting schemes stipulated by the departments concerned. Data on civil affairs are from the Civil Affairs Department of Hainan Province; data on social security are from the Human Resources and Social Security Department of Hainan Province; data on social security, public security, procuratorial, legal and judicial affairs are from the Public Security Department of Hainan Province, the People's Procuratorate of Hainan Province, the People's Court of Hainan Province and the Justice Department of Hainan Province.

21-1 优抚、社会救济和福利事业情况

Statistics on Preferential Treatment and Resettlement, Social Relief and Welfare

项　　目	Item	2012
优抚事业	**Preferential Treatment and Resettlement**	
优抚收养性事业单位数　(个)	Number of Institutions for Preferential Treatment and Resettlement (unit)	9
#编制登记	Registered with State Office for Public Sector Reform	9
优抚收养性单位收养人数(人次)	Number of Persons Adopted byPreferential Treatment and Resettlement Institutions (person-time)	36745
优抚事业费用(万元)	Expenses onPreferential Treatment and Resettlement(10000 yuan)	20516
社会救济	**Social Relief**	
社会救济总人数(人)	Total Number under Social Relief (persons)	
城乡居民最低生活保障人数(人)	Number of Urban and Rural Residents Receiving Minimum Income Relief (persons)	404440
城镇	Urban Areas	157065
农村	Rural Areas	247375
城乡居民最低生活保障家庭户数(户)	Number of Urban and Rural Households Receiving Minimum Income Relief(households)	162102
城镇	Urban Areas	65324
农村	Rural Areas	96778
城乡居民最低生活保障金支出(万元)	Expenditures on Minimum Income Relief for Urban and Rural Residents(10000 yuan)	126989
城镇	Urban Areas	
农村	Rural Areas	
社会救济福利事业费　(万元)	Expenses on Social Relief and Welfare(10000 yuan)	15548
自然灾害救济费　(万元)	Relief Funds for Natural Calamities (10000 yuan)	8696
社会福利	**Social Welfare**	
社会福利收养性事业单位数(个)	Number of Social Welfare Institutions (unit)	233
编制登记	Registered with State Office for Public Sector Reform	13
工商登记	Registered with Industry and Commerce Administration	7
民政登记	Registered with Civil Affairs Administration	212
未登记	Unregistered	1
社会福利收养性事业单位收养人数	Number of People Taken In by Social Welfare Institutions (person)	781154
编制登记	Registered with State Office for Public Sector Reform	162350
工商登记	Registered with Industry and Commerce Administration	1800
民政登记	Registered with Civil Affairs Administration	616644
未登记	Unregistered	360
社会福利企业单位 (个)	Number of Social Welfare Enterprises(unit)	12
安排"四残"人员就业数 (人)	Number of "Four Kinds of Disabled Persons" Arranged for Employment (person)	949
编制登记	Registered with State Office for Public Sector Reform	
工商登记	Registered with Industry and Commerce Administration	949
城乡基层社会保障	**Urban and Rural Social Security**	
农村建立社会保障网络乡镇数(个)	Number of Townships with Rural Social Security Network (unit)	
城镇社区服务设施数(个)	Number of Urban Community Service Facilities (unit)	70
社区服务中心数	Community Service Centers	1
社区服务站数	Community Service Stations	69
其它社区服务设施数	Others	

21-2 优抚对象人员情况(2012)
Statistics on Persons Receiving Special Pensions and Relief

地 区	Region	享受定期抚恤金人数 Number of Receiving Regular Pension (People)	#烈属 Members of a Revolutionary Martyr' Family	牺牲军人家属 Families of Soldiers Sacrificed	病故军人家属 Families of Soldiers Die of Illness	优待优抚对象户数 Households of Giving Special Treatment and Comfort
全省总计	**Total**	**3315**	**2993**	**139**	**183**	**12706**
海南省本级	Provincial					
海口市	Haikou	694	652	20	22	2717
三亚市	Sanya	99	77	12	10	352
五指山市	Wuzhishan	18	11		7	126
文昌市	Wenchang	748	722	7	19	3766
琼海市	Qionghai	213	188	3	22	373
万宁市	Wanning	330	322	5	3	398
定安县	Ding'an	86	66	10	10	260
屯昌县	Tunchang	35	30	3	2	182
澄迈县	Chengmai	104	76	9	19	417
临高县	Lingao	182	164	3	15	250
儋州市	Danzhou	194	183	6	5	662
东方市	Dongfang	247	231	6	10	1600
乐东县	Ledong	165	137	19	9	328
琼中县	Qiongzhong	17	7		10	73
保亭县	Baoting	2		1	1	30
陵水县	Lingshui	72	49	10	13	390
白沙县	Baisha	8	3		5	141
昌江县	Changjiang	101	75	25	1	641

21-2 续(continued)

地 区	Region	优待军属户数 Households of Special Treatment Soldiers Family (household)	享受定期补助人数 Number of Enjoying Regular Subsidy (Person)	在乡复员军人 Veterans in Hometown	带病回乡退伍军人 Illness Veterans which Return to Hometown	红军失散人员 Separated Staff of Red-Army
全省总计	**Total**	**5745**	**22770**	**6,409**	**1861**	**58**
海南省本级	Provincial					
海 口 市	Haikou	770	1702	795	28	9
三 亚 市	Sanya	352	619	135	12	
五指山市	Wuzhishan	126	489	254	7	
文 昌 市	Wenchang	163	2671	786	62	6
琼 海 市	Qionghai	373	2331	554		6
万 宁 市	Wanning	398	1943	637		5
定 安 县	Ding‘an	260	1168	165	85	1
屯 昌 县	Tunchang	182	1198	228	40	
澄 迈 县	Chengmai	417	1332	240	391	3
临 高 县	Lingao	250	1722	227	384	4
儋 州 市	Danzhou	622	2535	640	654	1
东 方 市	Dongfang	949	585	157		
乐 东 县	Ledong	328	1530	856	131	23
琼 中 县	Qiongzhong	73	534	227	7	
保 亭 县	Baoting	30	366	134	7	
陵 水 县	Lingshui	197	968	95	31	
白 沙 县	Baisha	141	590	167	22	
昌 江 县	Changjiang	114	487	112		

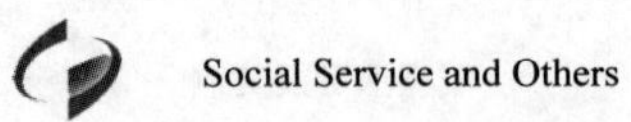

21-3 革命伤残人员享受抚恤情况(2012)
Situation of Persons Receiving Disability Commiseration

单位：人 (person)

地 区	Region	合计 Total	一级 One Grade	二级 Two Grade	三级 Three Grade	四级 Four Grade	五级 Five Grade	六级 Six Grade	七级 Seven Grade	八级 Eight Grade	九级 Nine Grade	十级 Ten Grade
全省总计	**Total**	**2116**	**7**	**3**	**47**	**20**	**146**	**410**	**642**	**662**	**126**	**53**
海口市	Haikou	587	4		6	3	36	105	198	186	43	6
三亚市	Sanya	72			4		4	12	18	28	5	1
五指山市	Wuzhishan	31					2	4	15	10		
文昌市	Wenchang	184				3	19	49	47	50	5	2
琼海市	Qionghai	94	1		2		3	16	37	25	10	
万宁市	Wanning	295	1	1		6	30	63	90	75	20	5
定安县	Ding'an	101			2	1	18	27	31	17	5	
屯昌县	Tunchang	51			1			11	19	13	6	1
澄迈县	Chengmai	71					2	3	11	22		33
临高县	Lingao	143			1	1	5	41	30	56	8	1
儋州市	Danzhou	150	1		4	2	10	17	43	61	11	1
东方市	Dongfang	79			1		3	22	24	24	3	2
乐东县	Ledong	86		1	6	1	4	10	28	32	3	1
琼中县	Qiongzhong	44			4		6	12	9	12	1	
保亭县	Baoting	11					1	2	1	7		
陵水县	Lingshui	43				2		2	15	18	6	
白沙县	Baisha	21			1	1		7	6	6		
昌江县	Changjiang	53		1	2		3	7	20	20		

21-4 婚姻登记情况(2012)
Basic Statistics on Marriage Registration

地 区	Region	准予登记结婚数(对) Number of Marriages (couple)	登记结婚人数 Numbers of Registered Marriages (person)	初婚人数(人) First Marriage (person)	再婚人数(人) Remarriage (person)	#女 Female	再婚中恢复结婚(对) Remarriged to Restore Marriages (couple)	登记离婚数(对) Registered Divorce (couple)
全省总计	**Total**							
海南省本级	Provincial	99720	198840	187045	11795	5236	817	8898
海 口 市	Haikou	16183	32366	29506	2860	1212	273	2701
三 亚 市	Sanya	8590	17180	16360	820	387	90	779
五指山市	Wuzhishan	1034	2068	1980	88	44	44	106
文 昌 市	Wenchang	5100	10200	9494	706	314	76	552
琼 海 市	Qionghai	4606	9212	8475	737	365	46	649
万 宁 市	Wanning	7705	15410	14770	640	315	23	465
定 安 县	Ding'an	3068	6136	6096	40	17		293
屯 昌 县	Tunchang	3186	6372	6128	244	124	12	273
澄 迈 县	Chengmai	6415	12830	12381	449	229	38	345
临 高 县	Lingao	6723	13446	11126	2320	980		228
儋 州 市	Danzhou	11804	23608	22496	1112	499	109	937
东 方 市	Dongfang	6133	12268	11760	506	243	24	414
乐 东 县	Ledong	6686	13372	13078	294	124	2	225
琼 中 县	Qiongzhong	1881	3762	3742	20	10	10	166
保 亭 县	Baoting	1324	2648	2285	363	86	15	95
陵 水 县	Lingshui	4072	8144	8062	82	40	4	285
白 沙 县	Baisha	2862	5724	5490	234	118	24	137
昌 江 县	Changjiang	2048	4096	3816	280	129	27	248

21-5 涉外及华侨、港澳台同胞婚姻情况
Statistics on Marriage with Foreigner and Overseas Compatriot of Hongkong,Macao and Taiwan

项　　目	Item	2005	2008	2009	2010	2011	2012
准予登记结婚对数(对)	**Permitting Marriage Registration(couple)**	**1354**	**1192**	**966**	**898**	**877**	**908**
准予登记结婚人员分类(人)	**Grouped by Permitting Marriage Registration(person)**						
国内公民	Domestic Citizens	1354	891	966	898	863	908
男	Male	201	113	93	23	122	226
女	Female	1153	778	873	875	741	682
港澳同胞	Compatriot of Hong Kong and Macao	707	966	335	279	258	277
台　　胞	Compatriot of Taiwan	451	404	462	457	473	466
华　　侨	Overseas Chinese	26	17	26	28	30	34
外 国 人	Foreigner	170	106	143	134	130	131
申请离婚对数(对)	Petition for Divorce(couple)	60	66	98	121	679	107
#准予登记离婚(对)	Permitting Divorce(couple)	60	66	98	121	679	107

21-6 社会组织情况
Statistics on Social Organization

年份 地区	Year Region	单位数(个) Number of Institutions (unit)	社会团体 Social Organization	民办非企业单位 Non-enterprise Units Run by NGO	基金会 Fund Organization	年末职工人数(人) Staff and Workers at Year-end (person)	#女性 Female	社会团体 Social Organization	民办非企业单位 Non-enterprise Units Run by NGO	基金会 Fund Organization	增加值合计(万元) Total Value-added (10 000 yuan)
2007		2048	1187	848	12	7822	2412	3625	4185	12	1669.8
2008		2352	1363	971	18	15389	4664	6512	8787	90	2604.0
2009		2468	1406	1041	21	17106	4613	7447	9549	110	6395.4
2010		2797	1613	1156	28	18695	6212	6864	11697	134	7387.0
2011		3213	1863	1319	31	23608	8692	8060	15408	140	7662.5
2012		3714	2018	1657	39	25243	9117	8221	16857	165	14779.8
海口市	Haikou	662	227	435		6793	2402	1024	5769		773.0
三亚市	Sanya	224	95	129		811	357	269	542		154.2
五指山市	Wuzhishan	54	43	11		250	72	192	58		104.1
文昌市	Wenchang	185	88	97		478	276	201	277		67.1
琼海市	Qionghai	231	133	98		1016	512	704	312		180.2
万宁市	Wanning	105	66	39		696	290	200	496		391.1
定安县	Ding'an	79	42	37		167	59	79	88		
屯昌县	Tunchang	87	48	39		663	335	389	274		1.8
澄迈县	Chengmai	74	62	12		1250	301	623	627		214.0
临高县	Lingao	121	57	64		861	483	236	623		1383.0
儋州市	Danzhou	354	112	242		1866	1013	423	1443		1262.5
东方市	Dongfang	69	51	18		196	39	148	48		
乐东县	Ledong	67	56	11		271	59	236	35		
琼中县	Qiongzhong	70	54	16		191	63	159	32		185.9
保亭县	Baoting	39	36	3		459	195	390	69		415.3
陵水县	Lingshui	75	62	13		300	78	248	52		122.5
白沙县	Baisha	45	35	10		170	76	110	60		24.7
昌江县	Changjiang	20	12	8		516	91	360	156		33.4

注：合计数中包含省本级数(下同)。
Note: Data of total region include the data of provincial level。(the same applies to the tables following).

21-7 自治组织情况
Statistics on Autonomy Organizations

年份 地区	Year Region	单位数（个） Number of Institutions	村民委员会 Village Committee	社区居委会 Neighborhood Committee	年末成员数（万人） Member at Year-end	#女性 Female	村民委员会 Village Committee	社区居委会 Neighborhood Committee	增加值合计（万元） Total Value-added (10 000 yuan)
2007		2991	2543	488	13878	2794	11687	2191	4225.2
2008		3006	2554	452	14222	2959	11900	2322	4248.1
2009		3011	2556	455	14425	2965	12095	2330	4319.7
2010		3025	2567	458	14537	3567	12047	2490	4955.3
2011		3031	2567	464	14831	3592	12299	2532	7519.8
2012		3040	2568	472	14941	3593	12286	2655	7045.5
海口市	Haikou	406	248	158	2550	742	1541	1009	2822.1
三亚市	Sanya	141	92	49	815	206	491	324	
五指山市	Wuzhishan	63	59	4	310	79	287	23	270.3
文昌市	Wenchang	291	255	36	1204	300	1091	113	36.5
琼海市	Qionghai	204	189	15	921	215	847	74	967.6
万宁市	Wanning	207	197	10	929	208	881	48	573.2
定安县	Ding'an	123	108	15	656	134	559	97	311.6
屯昌县	Tunchang	119	104	15	574	129	493	81	64.5
澄迈县	Chengmai	177	153	24	655	177	563	92	
临高县	Lingao	174	155	19	929	175	839	90	650.0
儋州市	Danzhou	301	240	61	1667	334	1275	392	
东方市	Dongfang	192	181	11	710	211	651	59	299.7
乐东县	Ledong	188	173	15	863	191	798	65	
琼中县	Qiongzhong	110	100	10	411	117	373	38	26.1
保亭县	Baoting	62	60	2	307	67	293	14	152.2
陵水县	Lingshui	116	107	9	590	116	545	45	770.6
白沙县	Baisha	82	74	8	395	92	360	35	100.6
昌江县	Changjiang	84	73	11	455	100	399	56	

21-8 社会保险基本情况
Basic Statistics of Social Insurance

单位：人、万元　　　　(person、10 000 yuan)

年份 Year	失业保险 Unemployment Insurance			城镇职工基本医疗保险 Basic Medical Care Insurance		工伤保险 Work Injury Insurance		年末参加生育保险人数 Maternity Insurance Contributors at Year-end
	年末参保人数 Contributors at Year-end	全年发放失业保险金人数 Beneficiaries of Unemployment Insurance Fund	全年发放失业保险金 Unemployed Relief	年末参保职工人数 Contributors at Year-end	年末参保退休人员 Retirees	年末参保人数 Contributors at Year-end	年末享受工伤待遇的人数 Beneficiaries at Year-end	
1994				13384		380534		
1995				89380		461214		
1996				103665		487132		
1997				121130		479474		
1998				121421		483678		
1999				134075	34717	516324		
2000	498060		2061	288311	51051	739978		
2001	427340	15377	3142	323253	85265	695253		107764
2002	570540	25256	4848	410459	115223	688606		231543
2003	550170	17160	6130	477042	153682	681660		283814
2004	579317	30108	6268	562648	222870	645161		317123
2005	567479		6356	627864	244553	688905		348870
2006	571000	34451	9266	653196	256409	715367		406421
2007	662308	40232	9967	775490	299231	784045		667129
2008	846522	55641	15945	878329	339740	861211		797542
2009	1025460	47568	19011	1112711	414758	901081		849911
2010	1142870	36042	16642	1236824	432387	958445		825978
2011	1282556	32033	15021	1409930	452559	1039526	3336	1007197
2012	1418051	18837		1576863	475439	1194759	3552	1160309

21-9 社会保险基金收支及累计结余
Revenue,Expenses and Balance of Social Insurance Fund

单位：万元 (10 000 yuan)

年份 Year	合计 Total	基本养老保险 Basic Pension Insurance	失业保险 Unemployment Insurance	城镇基本医疗保险 Basic Medical Care Insurance	工伤保险 Work Injury Insurance	生育保险 Maternity Insurance
基金收入 Revenue						
1992	27621	27202		2	417	
1993	44910	43322		877	711	
1994	54780	53080		718	982	
1995	67974	62793		3792	1389	
1996	68601	57570		9499	1532	
1997	75019	61687		11549	1783	
1998	77743	64424		11582	1737	
1999	102549	82349		18090	2110	
2000	134996	108510	4516	19277	2693	
2001	154050	117864	8249	24542	3176	219
2002	247957	194266	16411	32570	3344	1366
2003	231744	172528	13224	40557	3705	1730
2004	295936	222991	16713	48979	5112	2141
2005	325896	240515	18358	59385	4980	2658
2006	420332	312401	24330	73140	6853	3608
2007	522987	385017	31680	93520	8226	4544
2008	716116	533405	37937	129202	9758	5814
2009	1057191	759639	38056	242634	10629	6233
2010	1133119	837699	37413	242225	9783	5999
2011	1578826	1138241	73793	335302	18851	12639
2012		1310286		351304	21711	16528
基金支出 Expenses						
1992	21786	21728		2	56	
1993	37769	37009		646	114	
1994	46085	45173		740	172	
1995	57467	55626		1525	316	
1996	64607	56677		7468	462	
1997	71191	59052		11496	643	
1998	81264	66676		13905	683	
1999	101821	83821		17265	735	
2000	123559	101961	3030	17743	825	
2001	128371	101671	4600	20954	1146	
2002	202602	170258	5568	24875	1497	404
2003	194041	150811	6719	33316	2649	546
2004	238877	185656	7038	42674	2820	689
2005	267545	203333	7817	52291	3125	979
2006	330855	250777	9957	66221	2711	1189
2007	400910	309734	10947	75587	3239	1403
2008	528248	407516	17449	96487	4949	1847
2009	778687	620126	19778	131799	4649	2335
2010	980146	764446	17519	189667	5270	3244
2011	1215502	925971	16108	257415	8594	7414
2012		1220612		294030	10558	10967
累计结余 Balance at Year-end						
1992	15563	15095			468	
1993	23458	22162		231	1065	
1994	32153	30067		210	1876	
1995	42660	37234		2477	2949	
1996	45429	36902		4507	4020	
1997	49257	39537		4560	5160	
1998	45736	37285		2237	6214	
1999	48979	35719		5671	7589	
2000	71610	42228	12720	7205	9457	
2001	97284	58421	16364	10793	11487	219
2002	135652	80233	22416	18488	13334	1181
2003	172753	101950	28719	25329	14390	2365
2004	230352	139757	38387	31572	16819	3817
2005	286563	174640	48928	38817	18682	5496
2006	375856	236264	63312	45736	22629	7915
2007	497685	311354	84049	63626	27600	11056
2008	685651	437273	104537	96341	32477	15023
2009	963250	576786	122815	207176	37552	18921
2010	1117866	650082	142714	262314	41080	21676
2011	1432681	862351	200399	340200	2830	26901
2012	1706867	952026	260490	397474	64415	32462

注：2007年及以后城镇基本医疗保险基金中包括城镇职工基本医疗保险和城镇居民基本医疗保险。
Note:Data of basic medical care insurance include both urban workers and urban residence from 2007.

21-10 参加城镇职工基本养老保险人数
Number of People Participated in Urban Employees Basic Pension Insurance

单位：人 (person)

年 份 Year	合 计 Total	职 工 Number of Employees	企 业（含其他） Enterprises (Including others)	离退休人员 Number of Retirees	企 业（含其他） Enterprises (Including others)
1991	789003	647419		141584	
1992	886745	719436		167309	
1993	922135	732171		189964	
1994	990381	780527		209854	
1995	1049624	821249		228375	
1996	1056342	814820		241522	
1997	1056229	801752		254477	
1998	1084841	807763		277078	
1999	1114930	819815	607085	295115	244607
2000	1290600	991416	762139	299184	253791
2001	1081722	776593	585899	305129	262662
2002	1112234	793480	588004	318754	270059
2003	1167350	831338	623485	336012	283404
2004	1200105	848323	656698	351782	302552
2005	1209186	843700	655207	365486	314349
2006	1320468	940012	743177	380456	328187
2007	1417370	1019916	829886	397454	346111
2008	1561943	1142419	944361	419524	364730
2009	1680826	1248647	1018507	432179	370388
2010	1808071	1354197	1112213	453874	384823
2011	1998550	1520876	1261443	477674	421172
2012	2141629	1616332	1319522	525297	446227

21-11 各市县城镇职工基本养老保险情况(2012)
Statistics on Urban Employee Basic Pension Insurance by Region

地 区	Region	年末参加城镇职工基本养老保险人数(人) Urban Employee Basic Pension Insurance Contributors at Year-end	职 工 Number of Staff and Workers	离退休人员 Number of Retirees	基金收支情况(万元) Revenue and Expenses(10 000 yuan)		
					基金收入 Revenue	基金支出 Expenses	累计结余 Balance at Year-end
全省总计	**Total**	**1765749**	**1319522**	**446227**	**1310286**	**1220612**	**952026**
海口市	Haikou	363483	292947	70536	144484	135625	69286
三亚市	Sanya	158620	136539	22081	98837	52262	164427
五指山市	Wuzhishan	14578	10468	4110	9903	7269	5472
文昌市	Wenchang	52473	32980	19493	32685	31820	24048
琼海市	Qionghai	61089	40377	20712	35873	40745	21039
万宁市	Wanning	57813	34121	23692	42342	43688	18837
定安县	Ding'an	41713	26569	15144	26338	25884	12779
屯昌县	Tunchang	43876	25831	18045	30018	31332	765
澄迈县	Chengmai	63687	35416	28271	43315	46991	8908
临高县	Lingao	29002	14394	14608	17655	23641	7634
儋州市	Danzhou	114008	71650	42358	70635	72468	16542
洋浦	Yangpu	15079	14869	210	13567	728	50518
东方市	Dongfang	27617	19758	7859	15067	13427	16221
乐东县	Ledong	39168	25335	13833	21353	22919	482
琼中县	Qiongzhong	47952	26756	21196	36126	38027	3597
保亭县	Baoting	30558	14835	15723	28460	28557	8357
陵水县	Lingshui	30880	21263	9617	15210	14990	4341
白沙县	Baisha	36814	22736	14078	23777	23323	1663
昌江县	Changjiang	21784	13845	7939	13174	12967	11214

注：合计数中包含省本级数(下同).
Note: Data of total region include the data of provincial level。(the same applies to the tables following).

21-12 各市县失业保险情况（2012）
Statistics of Unemployment Insurance by Region

地区	Region	年末参加失业保险人数（人）Unemployment Insurance Contributors at Year-end (person)	年末领取失业保险金人数（人）Beneficiarise of Unemployment Insurance Fund (person)	基金收支情况（万元）Revenue and Expenses (10 000 yuan)		
				基金收入 Revenue	基金支出 Expenses	累计结余 Balance at Year-end
全省总计	**Total**	**1418051**	**18837**	**85463.12**	**25372.25**	**260489.76**
海口市	Haikou	359956	5545	15664.92	8327.68	136783.87
三亚市	Sanya	168278	2611	11399.37	3441.54	933573.41
五指山市	Wuzhishan	15817	457	1434.09	617.58	3137.20
文昌市	Wenchang	38902	795	2473.59	702.43	5165.49
琼海市	Qionghai	39329	414	2116.77	507.39	6452.63
万宁市	Wanning	36922	965	2767.18	478.92	7478.07
定安县	Ding'an	18698	280	1385.94	255.94	3520.02
屯昌县	Tunchang	22866	737	1528.75	521.27	4125.62
澄迈县	Chengmai	40234	297	2378.91	296.37	5400.70
临高县	Lingao	18000	344	1344.79	181.75	4636.15
儋州市	Danzhou	56898	505	4362.53	334.42	13697.59
儋州	Danzhou	40098	321	2707.29	121.13	8105.59
洋浦	Yangpu	16800	184	1655.24	213.29	5592.00
东方市	Dongfang	25451	218	2162.22	4428.81	9586.68
乐东县	Ledong	24997	4	1517.52	46.89	6658.54
琼中县	Qiongzhong	35525	426	2031.66	769.36	5767.61
保亭县	Baoting	18147	318	1275.46	366.02	4944.21
陵水县	Lingshui	26638	215	1553.98	258.56	4920.10
白沙县	Baisha	24435	151	1479.83	160.88	5454.33
昌江县	Changjiang	17295	132	1369.79	186.36	4391.84

21-13 各市县城镇基本医疗保险参保人数(2012)
Persons Covered of Urban Basic Medical Care Insurance by Region

单位：人 (person)

地 区	Region	年末参保人数合计 Persons Covered at Year-end	在岗职工 Staff and Workers	退休人员 Retirees	城镇居民 Urban Non-employment
全省总计	**Total**	**3784719**	**1576863**	**475439**	**1732417**
海 口 市	Haikou	927231	353926	72872	500433
三 亚 市	Sanya	642075	190894	28602	422579
五指山市	Wuzhishan	37051	15291	4873	16887
文 昌 市	Wenchang	123141	39543	22220	61378
琼 海 市	Qionghai	131020	45935	25728	59357
万 宁 市	Wanning	134339	39807	25891	68641
定 安 县	Ding'an	77499	23012	17306	37181
屯 昌 县	Tunchang	79818	26941	17545	35332
澄 迈 县	Chengmai	133414	35318	29757	68339
临 高 县	Lingao	107148	23729	16829	66590
儋 州 市	Danzhou	276604	89180	40447	146977
洋 浦	Yangpu	18631	18251	380	
东 方 市	Dongfang	95593	28506	13046	54041
乐 东 县	Ledong	78597	26595	16802	35200
琼 中 县	Qiongzhong	78253	25818	22068	30367
保 亭 县	Baoting	64461	20707	16611	27143
陵 水 县	Lingshui	77705	20458	14133	43114
白 沙 县	Baisha	69682	27425	15117	27140
昌 江 县	Changjiang	62361	21309	9334	31718

注：城镇居民包括成人、大中小学生

Note: Urban Non-employment including adults and students.

21-14 各市县城镇基本医疗保险基金收支情况（2012）
Revenue and Expenses of Urban Basic Medical Care Insurance by Region

单位：亿元 (100 million yuan)

地区	Region	基金收入 Revenue			基金支出 Expenses			累计结余 Balance at the Year-end		
		合计 Total	职工 Workers	居民 Non-employment	合计 Total	职工 Workers	居民 Non-employment	合计 Total	职工 Workers	居民 Non-employment
全省总计	**Total**	**411611**	**351304**	**60307**		**294030**	**42841**		**397474**	**68420**
海口市	Haikou	79212	63095	16117		60835	13207		19884	18940
三亚市	Sanya	56580	39944	16636		26594	12783		51840	13564
五指山市	Wuzhishan	7138	6644	494		3830	462		7051	754
文昌市	Wenchang	14823	12438	2385		9438	1082		10601	3087
琼海市	Qionghai	14360	12400	1960		10839	1588		16362	2028
万宁市	Wanning	14158	11679	2479		10904	1688		21125	2820
定安县	Ding'an	8627	7264	1363		6341	903		10782	2185
屯昌县	Tunchang	8252	7074	1178		7288	855		8929	1319
澄迈县	Chengmai	14867	12499	2368		11661	1237		22754	3344
临高县	Lingao	7826	5843	1983		5356	1016		5550	2876
儋州市	Danzhou	22229	17425	4804		24664	3432		20782	5376
儋州	Danzhou									
洋浦	Yangpu	5797	5797			2013			12811	
东方市	Dongfang	10542	8699	1843		8813	1593		6561	1560
乐东县	Ledong	7566	6516	1050		5684	403		6438	1528
琼中县	Qiongzhong	10147	9060	1087		9771	235		10973	2020
保亭县	Baoting	6954	6098	856		5675	467		13392	1326
陵水县	Lingshui	8460	7105	1355		5094	834		11125	1635
白沙县	Baisha	7291	6306	985		5248	436		10575	1536
昌江县	Changjiang	7340	6359	981		4434	620		10669	1471

21-15 各市县生育保险情况（2012）
Statistics of Maternity Insurance by Region

地区	Region	年末参加生育保险人数（人）Maternity Insurance Contributors at Year-end (person)	享受待遇人数（人次）Beneficiaries at Year-end (person)	基金收支情况(万元) Revenue and Expenses (10 000 yuan)		
				基金收入 Revenue	基金支出 Expenses	累计结余 Balance at Year-end
全省总计	**Total**	**1160309**	**32008**	**16528**	**10967**	**32462**
海口市	Haikou	217558	12368	2943	3203	3553
三亚市	Sanya	161216	3128	2141	1201	4088
五指山市	Wuzhishan	12480	304	197	74	365
文昌市	Wenchang	30035	622	527	451	795
琼海市	Qionghai	42279	596	548	411	1115
万宁市	Wanning	39207	330	538	106	1252
定安县	Ding'an	19610	58	244	53	535
屯昌县	Tunchang	23900	160	277	99	650
澄迈县	Chengmai	28786	237	487	147	1116
临高县	Lingao	24521	42	265	21	646
儋州市	Danzhou	58214	949	810	420	1314
洋浦	Yangpu	17901	454	317	328	439
东方市	Dongfang	24468	311	424	165	1278
乐东县	Ledong	22981	151	282	30	698
琼中县	Qiongzhong	25371	209	362	60	940
保亭县	Baoting	19320	140	258	50	651
陵水县	Lingshui	18823	363	324	167	508
白沙县	Baisha	27143	247	298	75	784
昌江县	Changjiang	20624	209	328	100	708

21-16 各市县工伤保险情况（2012）
Statistics of Work Injury Insurance by Region

地 区	Region	年末参加工伤保险人数（人）Work Injury Insurance Contributors at Year-end (person)	享受工伤待遇人数（人）Beneficiaries at Year-end (person)	基金收支情况(万元) Revenue and Expenses (10 000 yuan)		
				基金收入 Revenue	基金支出 Expenses	累计结余 Balance at Year-end
全省总计	**Total**	**1194759**	**3552**	**21711**	**10558**	**64415**
海 口 市	Haikou	223425	649	3498	1363	12486
三 亚 市	Sanya	158654	661	2261	1172	4796
五指山市	Wuzhishan	13779	20	300	107	694
文 昌 市	Wenchang	31223	78	656	425	1438
琼 海 市	Qionghai	42279	135	600	422	1610
万 宁 市	Wanning	39918	38	496	176	1486
定 安 县	Ding'an	27398	29	373	105	895
屯 昌 县	Tunchang	25275	58	372	285	1005
澄 迈 县	Chengmai	30387	117	633	444	926
临 高 县	Lingao	25350	19	302	122	1121
儋 州 市	Danzhou	58473	160	1068	486	3020
洋 浦	Yangpu	17731	114	524	284	1035
东 方 市	Dongfang	25602	86	511	402	1798
乐 东 县	Ledong	25750	28	365	84	1307
琼 中 县	Qiongzhong	25467	120	555	304	1359
保 亭 县	Baoting	19364	58	305	235	763
陵 水 县	Lingshui	18063	46	347	174	745
白 沙 县	Baisha	27603	72	417	292	1013
昌 江 县	Changjiang	22289	91	434	534	617

注：工伤保险累计结余中含储备金。
Note:Balance of work injury insurance includes reserves

21-17 劳动争议处理情况
The Disposal of Labor Disputes

项　目	Item	2009	2010	2011	2012
上期未结案数(件)	**Number of Cases Left Over from Last Period(case)**	**722**	**1062**	**994**	**930**
案件受理情况	**Cases Accepted**				
当期案件受理数 (件)	Number of Cases (case)	4021	3636	3934	3251
#集体劳动争议案件数	Number of Collective Labour Disputes	104	49	57	39
劳动者申诉案件数	Number of Cases Appealed by Laborers	3990	3556	3908	3334
按争议原因分 (件)	**By Cause of the Disputes (case)**				
劳动报酬	Labour Remuneration	990	644	907	796
社会保险	Social Insurances	1639	1087	1655	665
变更劳动合同	Change the Labour Contract	37	19	147	413
解除、终止劳动合同	Relieve or End the Labour Contract	246	151	665	753
其　他	Others	1109	1735	560	624
劳动者当事人数 (人)	Number of Laborers Involved (person)	8476	5708	6708	4454
#集体劳动争议	Collective Labour Disputes	3026	1441	2330	656
案件处理情况	**Cases Settled**				
结案数 (件)	Number of Cases Settled (case)	3681	3704	3998	3727
按处理方式分	**By Manners of Settlement**				
仲裁调解	By Mediation	951	745	1664	1061
仲裁裁决	By Arbitrition Lawsuit	1896	1979	1919	2161
其他方式	Others	834	980	415	505
按处理结果分	**By Result of Settlement**				
用人单位胜诉	Lawsuit Won by Units	115	228	296	460
劳动者胜诉	Lawsuit Won by Laborers	2782	2213	2102	1426
双方部分胜诉	Lawsuit Partly Won by Both Parties	784	1263	1499	1573
案外调解案件数	**Cases Mediated**	**115**	**98**	**101**	**268**

注：2011年起，解除、终止劳动合同的类型进行合并统计。
a) Since 2011, items of Relieve or End the Labour Contract have been merged during statistics.

21-18 调解民间纠纷分类
Number of Civil Disputes Mediated by Type

项　目	Item	调解纠纷(件) Civil Disputes (cases)		各类纠纷所占比重(%) Percentage(%)	
		2011	2012	2011	2012
合　计	**Total**				
#婚姻家庭	Family Disputes	1719	2175	6.8	8.6
房屋、宅基地	Housing and Housing Sites	3960	4062	15.7	16.0
邻　里	Neighbor Disputes	4684	5504	18.6	21.7
损害赔偿	Compensation for Damages	2286	2056	9.1	8.1

21-19 律师、公证和调解工作基本情况
Basic Statistics on Lawyers, Notarization and Mediation

项　　目	Item	2005	2008	2009	2010	2011	2012
律师工作	**Lawyers**						
律师事务所（个）	Number of Law Offices (unit)	69	73	75	78	83	88
律师工作人员（人）	Number of Lawyers (person)						
#专职律师	Full-time Lawyers	665	736	814	910	1012	1130
兼职律师	Part-time Lawyers	22	32	36	46	48	55
聘请担任常年法律顾问的单位（处）	Number of Units with Permanent Legal Advisors (unit)	695	962	1133	1308	1486	1452
民事诉讼代理（件）	Agent of Civil Cases (case)	3776	4965	5499	7029	8588	9673
经济诉讼代理（件）	Agent of Economic Cases (case)	698					
刑事诉讼辩护及代理(件)	Agent and Defender of Criminal Cases (case)	983	2509	1678	1697	1789	2149
行政诉讼代理（件）	Agent of Administrative Action (case)	523	506	405	556	813	680
非诉讼法律事务(件)	Agent of Non-Litigious Legal Affairs (case)	2253	663	843	1146	1034	1107
涉外及涉港澳台法律事务(件)	Agent of Foreign-related, Hong Kong, Macao & Taiwan Legal Affairs (case)	757					
解答法律询问（人次）	Agent of Legal Advisory Services (person-times)	13086	11937	15176	15579	22184	14921
代写法律事务文书（件）	Agent of Legal Documents Written on Behalf of Clients(cases)	3547	2086	2744	2146	2276	1829
公证工作	**Notarization**						
公证处（个）	Number of Notary Offices (unit)	18	21	21	21	21	21
公证人员（人）	Notarial Personnel (person)	114	126	126	129	146	134
#公证员	Notaries	74	78	78	78	81	83
公证员助理	Assistant Notaries	16	19	19	22	22	28
办理公证文书（件）	Number of Notarized Documents (cases)	46026	39978	49282	57141	58306	59268
人民调解工作	**Number of People's Mediation**						
专职司法助理员（人）	Number of Full-time Judicial Assistants (person)		381	398	388	420	437
人民调解委员会（个）	Number of People's Mediation Committees(units)		3579	3689	3404	3358	3370
调解人员（人）	Number of Mediators (persons)		20490	22546	24087	24940	25476
调解民间纠纷（件）	Number of Civil Disputes Mediated (cases)		16975	21316	22047	25226	25335

注：2011年起，专职司法助理员统计口径有所调整，地方司法所事业编制专职司法助理员纳入统计。
Note:Since 2011, statistical scope of Full-time Judicial Assistants was adjusted, full-time judicial assistants of local office of justice was included in.

21-20 交通事故情况（2012）
Basic Statistics on Traffic Accidents

类　别	Type	发生数（起） Number of Traffic Accidents (case)	死亡人数（人） Number of Deaths (person)	受伤人数（人） Number of Injuries (person)	直接财产损失（万元） Direct Property Losses (10 000 yuan)
总　计	**Total**	**1746**	**457**	**2363**	**938.00**
#重大事故	Serious Accidents				
#特大事故	Extraordinarily Serious Accidents				
机动车	**Vehicles**				
#汽车	Motor Vehicles	915	254	1246	748.00
摩托车	Motorcycles	569	136	812	129.00
拖拉机	Tractors	91	32	129	29.00
非机动车	**Non-motor-driven Vehicles**				
#自行车	Bicycles	122	19	130	20.00
行人乘车人	**Pedestrians and Passengers**	26	8	22	4.00
其　他	**Others**	23	8	24	8.00

21-21 各市县交通事故情况（2012）
Basic Statistics on Traffic Accidents by Region

地　区	Region	发生数（起） Number of Traffic Accidents (case)	死亡人数（人） Number of Deaths (person)	受伤人数（人） Number of Injuries (person)	直接财产损失（万元） Direct Property Losses(10 000 yuan)
全省总计	**Total**	**1746**	**457**	**2363**	**938**
海 口 市	Haikou	585	88	750	112
三 亚 市	Sanya	149	50	224	377
五指山市	Wuzhishan	11	9	21	10
文 昌 市	Wenchang	126	30	204	22
琼 海 市	Qionghai	172	29	224	12
万 宁 市	Wanning	51	26	99	17
定 安 县	Ding'an	34	18	37	67
屯 昌 县	Tunchang	69	10	91	31
澄 迈 县	Chengmai	46	18	63	26
临 高 县	Lingao	60	21	93	56
儋 州 市	Danzhou	54	54	36	0
洋 浦	Yangpu	3	1	3	73
东 方 市	Dongfang	124	31	184	35
乐 东 县	Ledong	108	14	118	6
琼 中 县	Qiongzhong	20	12	30	3
保 亭 县	Baoting	23	9	25	9
陵 水 县	Lingshui	41	12	51	19
白 沙 县	Baisha	37	10	61	16
昌 江 县	Changjiang	31	14	47	13

21-22 火灾事故情况（2012）
Basic Statistics on Fire Accidents

项　　目	Item	合　计 Total	特　　大 Extraordinarily Serious	重　　大 Serious	较　大 Comparatively Serious	一　般 Ordinary
发　　生（起）	Fire Accidents (case)	688			1	687
死　　亡（人）	Deaths (person)	6			3	3
受　　伤(人)	Injuries (person)	1				1
直接经济损失(万元)	Direct Econmic Losses (10 000 yuan)	1855.3			85.0	1770.3
平均每起事故损失（元）	Average Loss of Fire (yuan)	26966			85	25768

21-23　各市县火灾事故情况（2012）
Basic Statistics on Fires by Region

地　区	Region	发生数（起） Number of Traffic Accidents (case)	死亡人数（人） Number of Deaths (person)	受伤人数（人） Number of Injuries (person)	直接经济损失（万元） Losses Converted into Cash (10 000 yuan)	人口火灾发生率（1/10万人） Average Number of Fires Per 100 Thousand Persons
全省总计	**Total**	**688**	**6**	**1**	**1855.00**	**8**
海 口 市	Haikou	221	1	1	813.00	10
三 亚 市	Sanya	138			0.74	19
五指山市	Wuzhishan	7			142.76	7
文 昌 市	Wenchang	21	1		36.42	4
琼 海 市	Qionghai	20			229.61	4
万 宁 市	Wanning	20			59.22	4
定 安 县	Ding'an	6			144.55	2
屯 昌 县	Tunchang	32			5.15	12
澄 迈 县	Chengmai	21			62.85	4
临 高 县	Lingao	29			22.61	7
儋 州 市	Danzhou	11	3		27.79	1
洋 浦	Yangpu	1			196.15	-
东 方 市	Dongfang	52			0.02	13
乐 东 县	Ledong	46			57.33	10
琼 中 县	Qiongzhong	21			10.22	12
保 亭 县	Baoting	8			2.31	5
陵 水 县	Lingshui	9	1		0.80	3
白 沙 县	Baisha	4			9.36	2
昌 江 县	Changjiang	21			8.95	9

主要统计指标解释

基本养老保险人数：指报告期末按照国家法律、法规和有关政策规定参加基本养老保险并在社保经办机构已建立缴费记录档案的职工人数，包括中断缴费但未终止养老保险关系的职工人数，不包括只登记未建立缴费记录档案的人数。

基本医疗保险参保人数：指报告期末按国家有关规定参加基本医疗保险的人数。包括参加保险的职工人数和退休人员人数。

失业保险参保人数：指报告期末按照国家法律、法规和有关政策规定参加了失业保险的城镇企业事业单位的职工及地方政府规定参加失业保险的其他人员的人数。

工伤保险参加保险人数：指报告期末依据国家有关规定参加工伤保险的职工人数。

参加城镇基本养老保险人数 指报告期末按国家有关法律、法规和有关政策规定参加城镇职工基本养老保险，并在社会保险经办机构建立缴费记录档案的人数，包括参保职工和参保离退休人员。取自人力资源和社会保障部统计年报。

参加城镇职工医疗保险人数 指报告期末按国家有关法律、法规和有关政策规定参加城镇职工基本医疗保险，并在社会保险经办机构建立缴费记录档案的人数，包括参保职工和参保退休人员。取自人力资源和社会保障部统计年报。

参加失业保险人数 指报告期末按国家有关法律、法规和有关政策规定参加失业保险，并在社会保险经办机构建立缴费记录档案的人数。取自人力资源和社会保障部统计年报。

参加工伤保险人数 指报告期末按国家有关法律、法规和有关政策规定参加工伤保险，并在社会保险经办机构建立缴费记录档案的人数。取自人力资源和社会保障部统计年报。

参加生育保险人数 指报告期末按国家有关法律、法规和有关政策规定参加生育保险，并在社会保险经办机构建立缴费记录档案的人数。取自人力资源和社会保障部统计年报。

生育保险覆盖率 指报告期末按国家有关法律、法规和有关政策规定，企业实际参加生育保险的人数与应参保人数之比。由人力资源和社会保障部根据统计年报和国家统计局、国家工商总局有关数据计算。

公证人员 指在公证处工作的人员总称，包括公证处主任、副主任、公证员、公证员助理(助理公证员)和其他从事辅助性工作的人员。

公证文书 指公证处根据当事人申请，依照事实和法律，按照法定程序制作的，具有法律效力的司法证明文书。

特大火灾 指造成30人以上死亡，或者100人以上重伤，或者1亿元以上直接财产损失的火灾。

重大火灾 指造成10人以上30人以下死亡，或者50人以上100人以下重伤，或者5000万元以上1亿元以下直接财产损失的火灾。

较大火灾 指造成3人以上10人以下死亡，或者10人以上50人以下重伤，或者1000万元以上5000万元以下直接财产损失的火灾。

一般火灾 指造成3人以下死亡，或者10人以下重伤，或者1000万元以下直接财产损失的火灾。

Explanatory Notes on Main Statistical Indicators

Number of people covered by basic pension insurance refers to staff and workers participating in the basic pension insurance program according to national laws, regulations and related policies at the end of the reference period, who have already had payment records in social security management agencies, including those who have interrupt payment without terminating the insurance program. Those who have registered in the program but with no payment records are not included.

Number of people covered by basic medical insurance refers to people participating in the basic medical care insurance program according to related regulations as at the end of reference period, including number of staff and workers and retirees participating in this insurance program.

Number of people covered by unemployment insurance refers to staff and workers in urban enterprises or institutions who have participated in the unemployment insurance program according to relevant policies and regulations, and other people who have participated according to local government regulations, as at the end of reference period.

Number of people covered by work injury insurance refers to staff and workers who have participated in the work injury insurance program according to relevant national regulations.

Number of staff covered by urban aged insurance refers to the number of staffs who are covered by urban aged insurance and have established payment archive in social security agency at the end of reporting period according to state laws, regulations and related policies, including the number of staff and number of retired personnel covered by urban aged insurance. The data is from the statistics annual report Ministry of Human Resources and Social Security.

Number of urban staff covered by medical insurance refers to the number of urban staff covered by medical insurance and has established payment archive in social security agency at the end of reporting period according to state laws, regulations and related policies, including the number of urban staff and number of retired personnel covered by medical insurance. The data is from the statistics annual report Ministry of Human Resources and Social Security.

Number of staff covered by unemployment insurance refers to the number of staff covered by unemployment insurance and has established payment archive in social security agency at the end of reporting period according to state laws, regulations and related policies. The data is from the statistics annual report Ministry of Human Resources and Social Security.

Number of staff covered by on-job injury insurance refers to the number of staff covered by on-job injury insurance and has established payment archive in social security agency at the end of reporting period according to state laws, regulations and related policies. The data is from the statistics annual report Ministry of Human Resources and Social Security.

Number of staff covered by maternity insurance refers to the number of staff covered by maternity insurance and has established payment archive in social security agency at the end of reporting period according to state laws, regulations and related policies. The data is from the statistics annual report Ministry of Human Resources and Social Security.

Maternity insurance coverage rate refers to the ratio of the actual number of employees in enterprises participate in maternity insurance to the number of employees should be insured at the end of the reporting period according to the state laws, regulations and related policies. The data is from the statistics annual report Ministry of Human Resources and Social Security, as well as National Bureau of Statistics report and related data of the SAIC.

Notary Personnel refers to people working for notary offices including: directors, deputy directors, notaries, assistant notaries and other people providing assistance.

Notary Documents refer to the judicial notary documents drawn up at the request of the interested party and are in accordance with facts and the law and following certain legal proceedings.

Extraordinarily Serious Fire Case refers to a case which has caused over 30 deaths; or over 100 serious injuries; or a direct property loss over 100 million yuan.

Serious Fire Case refers to a case which has caused over 10 to 30 deaths; or over 50 to 100 serious injuries; or a direct property loss over 50 million to 100 million yuan.

Comparatively Serious Fire Case refers to a case which has caused over three to ten deaths; or over 10 to 50 serious injuries; or a direct property loss over 10 million to 50 million yuan.

Ordinary Fire Case refers to a case which has caused less than three deaths; or less than 10 serious injuries; or a direct property loss less than 10 million yuan.

中国统计出版社最新图书简目

(仅供参考,以最后出书为准)

统计资料

中国统计年鉴-2013
中国统计摘要-2013
国际统计年鉴-2013
2013中国发展报告
中国第三产业统计年鉴-2013
中国区域经济统计年鉴-2013
中国劳动统计年鉴-2013
中国社会统计年鉴-2013
中国城市统计年鉴-2013
中国建筑业统计年鉴-2013
中国人口和就业统计年鉴-2013
中国工业经济统计年鉴-2013
中国商品交易市场统计年鉴-2013
中国房地产统计年鉴-2013
中国能源统计年鉴-2013
中国民政统计年鉴-2013
中国贸易外经统计年鉴-2013
2013中国地区经济监测报告
中国科技统计年鉴-2013
中国农村统计年鉴-2013
中国农产品价格调查年鉴-2013
中国高技术产业统计年鉴-2013
中国教育经费统计年鉴-2013
中国农村贫困监测报告-2013
全国农产品成本收益资料汇编-2013
中国科学技术协会统计年鉴-2013
工业企业科技活动资料-2013
大中型批发零售和住宿餐饮企业统计年鉴-2013
中国价格统计年鉴-2013
第二次全国R&D资源清查资料汇编—工业企业卷
中国住户调查年鉴-2013
中国县域统计年鉴-2013
中国农村全面建设小康监测报告-2013
第二次全国R&D资源清查资料汇编—综合卷
中国人才资源统计报告-2011
中国民族统计年鉴-2013
中国零售和餐饮连锁企业统计年鉴-2013
2010年中国第六次人口普查公报

2013年省级综合统计年鉴系列

北京 天津 河北 山西 内蒙古
辽宁 吉林 黑龙江 上海 江苏
浙江 安徽 福建 江西 山东
河南 湖北 湖南 广东 广西
海南 重庆 四川 贵州 云南
西藏 陕西 甘肃 青海 宁夏
新疆 新疆生产建设兵团

2013年市(县)级综合统计年鉴系列

天津滨海新区
石家庄 唐山 邯郸 太原 大同
长治 阳泉 晋城 朔州 晋中
运城 忻州 临汾 呼和浩特
包头 沈阳 大连 长春 吉林市
四平 哈尔滨 黑龙江垦区
上海浦东新区 南京
苏州 无锡 常州 徐州 南通
盐城 镇江 江阴 丹阳
杭州 宁波 绍兴 台州 温州
金华 嘉兴 衢州
福州 福州经济技术开发区
厦门经济特区 南昌 上饶
济南 青岛 潍坊 郑州
洛阳 三门峡 南阳 武汉 宜昌
十堰 荆州 咸宁 长沙 广州
东莞 惠州 深圳 桂林 南宁
柳州 来宾 河池 海口 成都 绵阳
贵阳 昆明 庆阳 西安
兰州 银川 乌鲁木齐

2010年人口普查资料系列

中国2010年人口普查资料
北京 天津 河北 山西 内蒙古
辽宁 吉林 黑龙江 上海 江苏
浙江 安徽 福建 江西 山东
河南 湖北 湖南 广东 广西
海南 重庆 四川 贵州 云南
西藏 陕西 甘肃 青海 宁夏
新疆 新疆生产建设兵团
河南省各市2010年人口普查资料丛书
中国分县2010年人口普查资料
中国分乡镇、街道2010年人口普查资料
中国分民族2010年人口普查资料

“十一五”规划教材

统计学(“十二五”规划，黄良文)
抽样调查理论与实践(“十二五”规划，冯士雍)
统计学(“十二五”规划，单微)
试验设计(“十二五”规划，茆诗松)
贝叶斯统计(“十二五”规划，茆诗松)
统计学：从数据到结论(十二五规划，吴喜之)
医学统计学(陆守曾)
非参数统计(吴喜之)
概率论与数理统计(茆诗松)
现代金融投资统计分析(李腊生)
多元统计分析(任雪松)
应用时间序列分析(王振龙)
统计指数理论及应用(徐国祥)
经济计量学教程(贺铿)
质量管理统计方法 (茆诗松)
统计实验系列教材(许涤龙)
社会统计学(蒋萍)
市场调查与预测(蒋志华)
统计学原理(非统计专业用，朱胜)
国民经济核算教程(杨灿)
概率论与数理统计(经济、管理类专业使用，朱胜)

重点图书

挑大学选专业2013—高考志愿填报指南
挑大学选专业2013—考研择校指南

海南省公安厅交通警察总队

▲ 认真开展"庸懒散贪"集中整治行动

▲ 交通事故社会救助服务

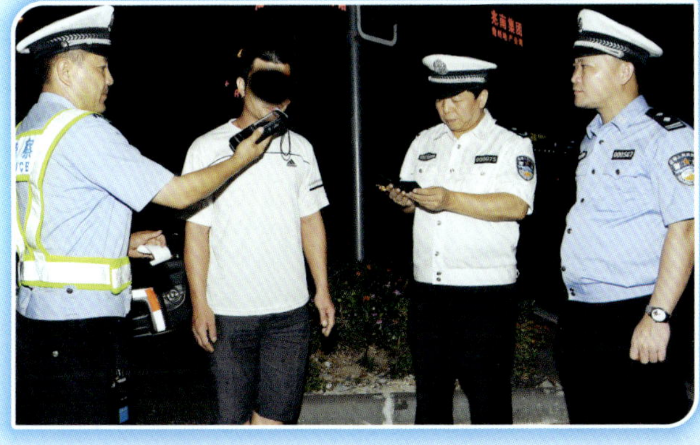

▲ 开展"酒驾等22种不文明交通违法行为"专项整治行动

▲ 文明交通倡导活动

2012年，海南省公安厅交警总队围绕国际旅游岛建设、保障和改善民生，以预防交通事故、服务人民群众为主线，深入推进道路交通安全管理工作，提升服务能力和管理水平，提高群众满意率，确保了全省道路交通安全形势总体平稳。2012年，全省共发生适用一般程序处理的交通事故1738起，死亡457人，受伤2363人，直接财产损失938万元，与上年同比，事故起数、死亡人数和受伤人数分别下降了0.4%、3.59%和3.51%。

2012年，全省各级公安交警部门积极会同文明委、发改、安监、财政、交通、公路、住建、教育等有关部门，全面加强道路交通安全综合整治，全省共查处各类交通违法行为1974070起，其中无证驾驶4092起，超速564789起、客车超员722起，货车超载20495起，酒后驾驶231起（醉酒驾驶103起），其他违法行为1386741起；办理吊销机动车驾驶证351起，道路交通事故预防工作的针对性、有效性进一步提高；圆满完成了博鳌亚洲论坛年会、第七届环岛自行车赛、"第八届泛珠大会"等重大活动警卫任务，实现了交通警卫工作"零差错"；出台了38项具体工作措施，全省机动车和驾驶员管理取得了新的突破，驾驶员考试管理实现了远程视频监控、计算机自动评判、异常业务监管预警，最大限度地消除了人为评判的自由裁量权，堵塞了管理漏洞，有效避免了考"人情试"、金钱试等问题；国产小型微型机动车实现了省内异地联网年检，网上车管所、电话受理服务、自助服务、机动车"带税带牌销售"等延伸了管理触角，拓展了服务方式，创新了管理举措，促进了警民和谐；建成了环岛高速公路交通监控系统和省智能交通管理指挥中心，进一步提升交通科技管理水平和执法保障能力；开展了为期9个月的全省整治22种不文明交通违法行为专项行动，深入推进"海南文明交通大行动"、"文明交通行动计划"，进一步夯实了交通安全宣传基础，全省初步形成了"政府主导，部门联动，综合治理，全民参与"宣传工作格局，为党的十八大胜利召开和国际旅游岛建设创造了良好的道路交通安全环境。

▲ 社会管理创新示范点—琼海市公安局交通管理大队胜达机动车登记服务站

共青团

2012年，在省委和团中央的正确领导下，全省各级团组织深入贯彻党的十八大和省第六次党代会精神,隆重纪念建团90周年，始终保持推进“一工程三行动”的韧劲和力度，团结带领全省青少年为实现绿色崛起、加快海南国际旅游岛建设作出了积极贡献。

一、“强活力工程”实施成效不断扩大。加大党建带团建和组织载体建设力度，层级化和非层级化组织领域团建空白点和工作薄弱点逐步减少。一是推进党建带团建工作。联合省委组织部督查省级实施意见落实情况，督导各市县、高校出台本级工作文件，结合基层团组织“达标创优”活动，市县团委班子配备、听取团的工作汇报、落实专职团干待遇等工作落实基本到位。二是完成乡镇实体化“大团委”建设阶段任务。推动建立并督导落实乡镇（街道）团委年度预算经费不少于2万元的财政制度，建立联系点、调研督导和目标责任等6项工作制度，团省委支持22.1万元专项工作经费，各市县党政积极配套保障。在三个多月内，全省221个乡镇新建直属团组织5039个，覆盖团员青年7.11万人。三是推进两新组织团建。重点推进旅游行业团建，增补省旅游团工委成员，新建行业团组织449家，累计1011家，实现规模以上涉旅企业团建基本覆盖。持续推动两新和农村专业合作组织团建，全省新建非公和新社会组织团组织965家，累计2372家；农村专业合作社团组织300家，累计432家。四是加强团干部队伍作风建设。制定《共青团海南省委关于改进工作作风、密切联系群众的实施办法》、《加强团干部作风建设的意见》；推进321培训计划，共组织培训班132期，培训各级各类团干部8305人次；开展“庸懒散贪”专项治理，推进年中交流、年终述职和“约谈、督办、通报”制度，团干部学习、调研和实干作风养成逐步提高。

二、青春建功国际旅游岛行动内涵不断充实。提升文明程度，强化环保理念，引领青少年投身绿色崛起战略和海南国际旅游岛建设。一是深化“青春绿化宝岛”行动。开展青春植绿、青春知绿、青春护绿和绿色希望工程四项10多类活动。全省共挂牌建设“共青林”34片，植树总面积约2.05万亩；开展“入校园、进课堂、宣典型”等主题活动500场次，参与青年达7.35万人次；设立“海南希望工程绿化宝岛基金”，募集物资500余万元；5所高校与18个市县开展绿化宝岛校地结对帮扶；1004所中小学校聘任绿化生态环保志愿辅导员，青少年绿色环保意识普遍增强。二是提升青少年文明大行动实效。开展泛珠大会志愿服务活动，选拔231名志愿者在大会筹备办8个工作组提供服务；推进文明礼仪导航行动，开展文明礼仪知识讲座、首届班级文化节和高校“文明双十佳”推选等活动；深化青年文明号品牌，开展“文明礼仪进千号”、“诚信青年 文明使者”微博互动等活动，青少年文明素质普遍提升。三是加强青年人才工作。中西部计划新招志愿者185名，在岗志愿者累计428人，覆盖18个市县130个乡镇345个单位；分两批引进“博士服务团”17位博士到中西部市县挂职；选树农村青年致富带头人4629名，累计7887名，青年人才项目推进和队伍建设相结合的工作机制逐步完善。

三、就业创业和关爱行动服务途径不断拓宽。以提升行动影响力、服务面、实效性和常态

海南省委

化为着力点，为就业创业青年和农民工子女提供更好服务和更多帮助。一是持续推进促进青年就业创业行动。成立海南青年创业投资担保股份有限公司，共提供担保资金5400万元；全省累计发放小额贷款2.44亿元，受益青年9582人；全省落实培训资金321.1万元，免费培训创业大学生1653人，累计培训青年1.84万人、促成2105名青年就业；推进青创平台建设，共有入驻企业18家，募集评估创业项目120多个，实现营业额712万元，直接带动就业青年217人，就业创业资金扶持、项目孵化和技能培训业绩攀升。二是深入推进关爱农民工子女志愿服务行动。开展七彩小屋建设、七彩课堂案例征集、六一关爱等活动，动员志愿者组织、青年文明号集体、五四红旗团委等集体就近就便开展结对关爱。全省农民工子女较集中学校摸底数共268所，结对率达100%；组建志愿者团队233个，共有志愿者1.89万名、项目专员600人；共建专项活动阵地256个、“爱心图书室”204家，图书室项目覆盖16个市县52个乡镇、捐赠图书47万册、帮助农民工子女3.2万余人。

四、教育引导和权益维护载体形式不断丰富。以党的十八大胜利召开和纪念建团90周年为重大契机，注重应用新媒体手段，创新思想引领、权益维护和成长服务方法，不断深化青少年成长导航行动。一是广泛开展学习宣传贯彻党的十八大精神系列活动。采取宣讲团、座谈会、主题团日、#青春共话十八大#微话题、“感悟十八大·青春正能量”主题微博编创传播等形式，邀请十八大代表、党政领导和专家学者参与，迅速掀起学习宣传贯彻热潮。全省共举办巡讲、主题团日等活动962场，参与青少年10.2万余人次；系列微博活动参与原创微博71.1万余条，转载和评论64.6万条。二是切实抓好青少年思想道德教育。开展学雷锋、“与信仰对话”、“红领巾心向党”、民族团结进步宣传月、鹦哥岭青年团队典型等系列主题教育，广大青少年的思想道德水平不断提升。全省共举办鹦哥岭团队事迹报告会10场，听报告大学生达1万多名；参加主题教育活动的少先队大队达1300多个、少先队员达90多万名。三是扎实抓好分类引导和新媒体运用工作。推进基层团组织《思想引导大纲》转化和案例整编工作，共有109家基层团组织完成转化。强化微博、QQ群等新兴媒体宣传手段和团属媒体建设，全省共有团系统认证微博1014个，官博粉丝数104.69万人、累计发帖16.10万条。现代青年杂志社有限责任公司完成转企改制。四是切实维护青少年权益。与人大代表、政协委员132人建立“面对面”活动合作关系，促成人大建议和政协提案10个；开展“社会教育与青少年全面发展”主题调研，撰写省、市县级调研报告6篇。推进“五类”青少年群体试点工作，督导海口落实全国试点城市任务，在4个市县开展全省试点。推进12355服务台建设，共有专家志愿者320人、服务站4个。开通“海青缘”交友网站，举办大型活动2场，共有注册会员1400多人。五是深化希望工程品牌，开展20周年纪念活动和圆梦行动，全年共筹集捐款3092万元，资助贫困大中小学生4536名；启动新农村建设资助项目计划，援建“乡村希望文化室”1所。

走向明天的自由港　新型临海工业基地　现代仓储物流中心

洋浦经济开发区

一、总体规划布局

根据海南省政府最近批复的《洋浦经济开发区总体规划（2011-2030）》，开发区及其辖区规划用地规模为120平方公里，规划期末人口规模为25万人。综合考虑地理环境差异、产业区位需求和安全及环境保护要求等因素，开发区由西向东规划布局为“四带两廊”。

1、四带

港航物流产业发展带：充分利用开发区西部沿北部湾深水近岸的优越条件，布局集装箱多用途码头、液体化工品码头和大宗散杂货码头等港航基础设施以及海洋工程、大型修造船项目等。

临港石化、浆纸及下游产业发展带：依托港口和场地优势以及所处下风向位置，集中布局石油储备、石油化工一体化和林浆纸一体化等三大产业基地项目。

保税仓储物流与加工制造产业发展带：以洋浦保税港区为核心，布局保税仓储物流、印刷包装、机械加工、旅游装备制造、精密仪器加工等劳动密集型产业项目，并以此在开发区西部重化工业区与东部生活服务区之间构成约3000米的安全隔离带。

生活居住与公共服务设施发展带：重点安排开发区搬迁居民和企业员工的生活居住与商业文化休闲服务设施，以及为开发区主导产业配套的金融、研发、培训、办公等商务设施。

2、两廊

沿洋浦大道和开源大道布置纵贯开发区南北、宽约300-500米的两条大型防护绿化走廊，与保税仓储与加工制造产业带共同形成区域性安全与环境保护屏障。

二、经济发展状况

2012年，实现地区生产总值243.2亿元，可比增长9.7%；规模以上工业总产值731.67亿元，同比增长3.9%，占全省的40%；全口径公共财政收入218.6亿元，同比增长6.3%，占全省的28.4%；港口吞吐量3218.89万吨，同比增长4.1%，占全省的29.3%；进出口总值103.19亿美元，同比增长25.8%，占全省的72%。

▲100万吨木浆

三、主导产业发展情况

目前，大项目建设加快推进，产业正在集聚，产业链正在延伸，“一港三基地”产业框架已经基本形成，洋浦科学发展的道路已经明确，整体蓄势待发。

1、港航产业快速兴起。保税港区：2007年9月，国务院批准在洋浦经济开发

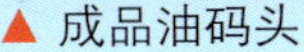

▲ 成品油码头

▲ 美丽的洋浦港

区内设立了开放层次最高、政策最优惠的洋浦保税港区，为洋浦打造区域性航运枢纽、物流中心提供了高度开放的政策和功能平台。洋浦保税港区一期2.3平方公里已于2008年建成运营，可开展对外贸易，国际采购、分销和配送，国际中转，检测和售后服务维修，商品展示，研发、加工、制造等业务，发展服务海南国际旅游岛的高端旅游装备制造业，如游艇、房车、潜水设备等。港口：洋浦港口资源得天独厚，洋浦半岛拥有深水岸线100公里，可建1-30万吨级码头泊位200多个，现已建成码头泊位25个，其中万吨级以上泊位14个，最大泊位为30万吨级。2011年，洋浦开发区全面启动了总投资约60亿元、新增总吞吐能力1.8亿吨的23个码头泊位建设工程，其中，小铲滩2个10万吨级多用途泊位、国投孚宝30万吨级原油码头等已经开工建设。到“十二五”末，洋浦将形成具有集装箱、干散货、原油、成品油、液体化学品、运输能力的多功能港口群。

2、石化产业蓬勃发展。2010年初国家授予洋浦“新型工业化产业示范基地(石油化工类)”。近年来，洋浦利用现有产业基础和港口、区位优势，以已有的产业龙头为基础，加强对关键节点项目的招商，打通、延伸产业链；同时加快实施航道疏浚、岸滩整治和陆域形成，破解大项目用地瓶颈，芳烃产业链关键项目取得实质性突破，前来洽谈投资的石化下游项目越来越多，为建设石油化工新型产业示范基地奠定了基础。目前，800万吨炼油、23万吨润滑油基础油、8万吨苯乙烯等项目已投产，210万吨PTA、100万吨多功能片材等项目正在抓紧建设，100万吨乙烯及炼油改扩建工程正在加快推进。

3、油气储备产业集聚崛起。利用洋浦的区位、政策和填海造地形成的深水岸线、土地资源等优势，大力发展油气储备产业。去年与中石化、中海油、孚宝等6家企业签约了7个油气储备项目（其中5个已经开工建设），一期总投资289亿元，油气储备总规模超2000万方。其中，中石化205万方成品油保税库、中石化255万方原油商业储备库、中海油300万吨LNG站线、国投孚宝30万吨级原油码头及配套储运设施工程、华信能源1200万方商业石油储备（一期260万吨）和中汇控股151万方油品保税贸易库等项目，已开工建设。

预计到“十二五”期末，洋浦将达到约2000万吨的油气储备能力，年油气贸易额超1200亿元，新增吞吐量1.37亿吨，为洋浦建立国家级油气储备、物流及交易中心打下坚实基础。

4、林浆纸一体化产业基本形成。根据国家产业导向要求，洋浦致力于推进林浆纸一体化产业的发展。随着160万吨造纸项目一期正式投产，洋浦已形成100万吨木浆、30万吨卫生纸、90万吨文化用纸的生产规模，产值超过100亿元，林浆纸一体化产业基地基本确立，为进一步发展下游纸制品加工和印刷包装产业奠定了基础，到“十二五”末，将形成产值超300亿元的浆纸产业体系。

开发区以科学发展观为指导，坚持走可持续发展之路，严把环境保护关，狠抓源头控制，坚持清洁生产、推行循环利用、强化节能减排；龙头企业高度重视，对环保持续高投入，不断改进生产工艺，各项主要排放指标均优于国家标准。开发区在取得经济高速发展的同时，保持了一方碧海蓝天。

▲ 160万吨造纸

海南老城

▲ 老城开发区政务中心

海南老城经济开发区创建于1988年5月，属海口市城市总体规划三大组团之一的马村工业组团，是《海南省城镇体系规划》确定的琼岛北部综合工业区的重要组成部分，2006年3月，通过国家发改委审核公告升格为省级开发区，目前正在申报国家级开发区。开发区支撑澄迈经济半壁江山，是海南经济发展的新增亮点。

开发区远景规划面积557平方公里，中心城区规划面积100平方公里（工业区规划建设用地面积36.88平方公里），已开发建设面积20平方公里。

文化底蕴深厚

澄迈县是海南三大历史名邑之一，原名苟中，西汉元封元年（公元前110年）置县，隋大业三年（607年）建县城于今老城镇的老城墟。因城墟西南边有一溪叫澄江，澄江“激石成滩，欲雨声怒”，东边有一山叫迈岭，迈岭“形势高朗，气脉厚聚”，故各取澄江、迈山之首字易名澄迈县。老城这个拥有1400多年历史的文化古城，是当年苏东坡流放海南时登琼的地方，不仅保存苏东坡流放海南离琼时留有《澄迈驿通潮阁》诗篇的宋朝驿站——通潮阁，还存有因树立“大成至圣先师孔夫子”的丰功伟绩而得名的老城大成殿。为海南的解放事业立下不可磨灭功勋的著名琼崖抗日英雄马白山将军之纪念园也在区内。

▲ 赣丰肥业

区位优势明显

开发区北依琼州海峡，西临北部湾；与海口相邻，距市中心20公里，离机场32公里；区内有粤海铁路海口南站、铁路物流配送中心；外海岸线16.5公里，6个深水码头，年吞吐能力达千万吨，全国25个中心枢纽港之一，国家一类对外开放口岸——马村口岸，已开通达日本、韩国、新加坡等十多个国家和地区的国际航线；区里公路四通八达、纵横交错，海南环岛西线高速公路、海口南海大道、海口西海岸景观大道西延线以及海口绕城高速公路均在区内交汇。

▲ 展创光电倍增管

基础设施完善

目前，开发区已建成：道路78公里，在建道路39公里，基本形成“五纵八横”的骨架路网，函盖60平方公里。建成10万立方供水厂和日处理能力5万吨的污水处理场各一座，铺设污水管道109公里。建成220KV变电站一座和110KV变电站两座，供电、通信实现全区覆盖。建有中海油和福山天然气分输站2个，敷设天然气管道82公里，年供可供气量为6亿立方。

▲ 永庆寺俯视

投资环境良好

开发区始终紧紧围绕“提供高效优质服务，优化经济发展环境”服务理念，全省率先成立项目投资服务中心，实施“一条红地毯铺路、一个窗口对外、一条龙服务、一支笔审批”的办事制度，审批服务流程便捷高效。制订《服务承诺制》、《项目跟踪责任制》、《服务限时制》、《首问负责制》和《社会治安保障制》，让投资者“入区有决心、回报有信心、

经济开发区

发展有雄心”。老城开发区是海南省唯一一个“中国50家投资环境诚信安全区”；唯一一个“改善金融服务优化投资环境示范区”；“中国最具投资价值20强开发区”，“全国精神文明建设工作先进单位”和“中国最佳生态经济园区”，获“中国最具投资潜力十强开发区（省级）”、“海南省人民满意的公务员集体”荣誉称号。

产业初具规模

目前，入驻开发区企业近700家，产值超亿元的企业超60家，2012年税收超千万元的企业15家，年税收超百万元的企业100余家，初步形成的集群有：

能源和石油化工业群，主要有海口华能电厂、20万吨精细化工、中海油精细化工厂等项目。

新型材料产业群，主要有中航特玻、武钢、欣龙无纺等项目，其中海南展创公司生产的光电倍增管填补国内空白。

食品加工产业群，主要有椰树集团、统一集团、通威股份和翔泰渔业等项目。

软件产业基地，海南生态软件园作为“一岛一区两园”省级发展战略重要组成部分，目前有东软集团、惠普海南、海南微软技术中心等入园企业205家。

建材产业群，主要有华盛水泥、广益多环保墙体等项目。

临港物流产业群，依托年吞吐能力超千万吨的马村港，形成海南煤炭、钢材和集装箱进出口的重要基地。

农产品深加工产业群，主要有海胶集团深加工产业园。

教育产业群，主要有海南省高级技工学院、海南中学国际校区和侨中老城分校等。

旅游康体娱乐产业群，集酒店、休闲度假、康体娱乐、海上运动和生态地产的旅游胜地等。2012年开发区企业总产值386亿元；国地税收入13亿元；固定资产投资130亿元。

发展定位科学

发挥港口、区位和资源三大优势，按照“高科技、大港口、大物流、大工业”的战略构想，以“大企业进入、大项目带动、高科技支持”战略举措，规划做大新型工业；做优软件产业；做活港口与港口物流业；做强盈滨半岛旅游业；做精古镇文化产业等五大主导产业。

奋斗目标

按照开发区“十二五”总体目标预期，2013年开发区将力争实现企业总产值480亿元，增长约24%；生产总值115亿元，增长16%；国地税收总收入15亿元，增长15%；固定资产投资140亿元，增长约10%。2016年底，开发区将力争实现总产值1000亿元，其中二产630亿元，三产270亿元。开发区今后将坚持把发展战略性新型产业作为结构调整的主攻方向，将继续保持积极进取、勇于超越的精神状态，朝着更快更高更强的目标迈进。

▲ 繁忙的马村港

▲ 中航特玻生产线

▲ 翔泰渔业

▲ 海南生态软件园全貌

海南省环境科学研究院

▲认真学习科学发展观

▲开展技术交流

▲实验室技术员用新设备开展监测工作

2012年，海南省环境科学研究院紧紧围绕总站及省厅的决策部署，积极服务国际旅游岛发展大局，扎实开展环境监测、环境科研和技术服务工作，取得了显著成效。

一、认真组织开展各类环境监测工作，有力支撑环境管理和决策

1、做好各类环境质量监测。组织全省开展环境空气、地表水、饮用水、近岸海域、声环境、土壤环境及生态环境等各类环境质量监测，获得数据近30万个，全面客观反映海南省环境质量状况及变化趋势。

2、加强污染源监督性监测。组织全省完成62家国控重点污染源监督性监测，获取数据2万多个，严密监控海南省重点企业污染物排放情况，促进污染源稳定达标排放。

3、推动空气环境质量新标准监测能力建设。按照《国家空气环境质量新标准第一阶段监测实施方案》的要求，采取有效措施，大力推动海口市空气环境质量新标准监测能力建设，取得阶段性成效。从11月开始，海口市率先在全省实时发布环境空气质量包括PM2.5在内6项指标监测信息。

4、推进环境质量监测例行公报制度建设。继续对全省6个主要森林旅游区空气负离子、19个主要滨海旅游区近岸海域海水水质进行监测。编制环境质量周报、月报、季报、公报等各类环境质量信息93份在《海南日报》等新闻媒体和省厅网站发布，同时在《海南日报》上发布《2011年海南省环境状况公报》和重点城市饮用水源地月报及海水浴场水质周报等。建设海南省环境质量信息发布平台和环境质量周报平台，加大宣传海南省环境质量优势力度。

5、加强环境应急监测工作。组织全省开展环境应急监测演练，进一步提升海南省应急监测能力。对西线高速公路昌江县段发生集装箱载油车起火燃烧漏油事故及西线高速临高境内发生硫酸装载卡车碰撞事故开展应急监测，为事故妥善处置提供科学依据。

6、开展西沙群岛环境质量调查监测。组织技术人员赴西沙群岛进行环境质量调查监测，内容包括近岸海域、岛屿环境质量、岛屿陆地生态环境质量、有居民岛屿生活污水处理状况以及固体废物产生和处置状况等九大类136项指标，为西沙群岛及其周边海域环境监管提供技术支持。

7、加强市县环境监测能力建设。举办重金属污染源监测技术培训等6期培训班，全省监测技术人员210人次参加培训，同时选派技术人员到市县站进行蹲点培训，进一步提高市县环境监测技术水平。组织实施2011年中央财政主要污染物减排专项资金项目海南省环境监测站标准化建设项目，投入1606万元用于海口等7个市县监测站购置仪器设备，提升仪器设备配置水平。

二、稳步推进环境科研工作，为环境管理和决策提供科学依据

1、组织开展环境政策研究和法规标准的制定。完成海南省畜禽养殖污染物减排对策研究，提出“十二五”畜禽养殖污染治理技术路线和政策建议。开展城镇污水处理厂污泥处置现状调查及对策研究，为全省城镇污水处理厂污泥安全处置和管理提供科学依据。启动海南省生物多样性保护战略与行动计划工作，编制

海南省环境监测中心站

▲ 科研成果—人工湿地

项目工作方案由省政府下发各厅局组织实施。编制《海南省饮用水水源保护条例》和《海南省高尔夫球场环境保护管理规定》等地方法规，为国际旅游岛建设中的生态环境保护法制建设提供技术支持。制定《在用压燃式发动机汽车排气污染物排放限值（稳态工况法）》和《在用点燃式发动机汽车排气污染物排放限值（加载减速工况法）》地方标准，推动海南省机动车排气管理和污染物减排。海南生态补偿机制研究、重点海域污染物排放总量控制研究、海南生态省与生态文明示范区关系辨析、海南生态文明示范区建设的环境保护机制创新研究等科研项目稳步推进。

2、做好各类规划、调查评估工作。编制《海南省废弃电器电子产品处理发展规划（2011-2015）》和修编《海南省近岸海域环境功能区划》经省政府批准实施。编制《海南省近岸海域污染防治“十二五”规划技术报告》通过省厅组织的专家评审。为适应海南国际旅游岛建设及生态省建设的需要，修编《海南省自然保护区发展规划》。开展全省工业园区环境状况专项调查，全面了解海南省工业园区环境保护现状及存在主要环境问题，推进园区规范化可持续发展。开展海南省矿区生态环境调查与评价工作，并经省科技厅验收。配合省厅开展海南案例地区地下水基础环境状况调查评估，完成演丰镇高位养虾池密集区、海口垃圾填埋场等5个案例地区污染源和环境敏感点调查，同时配合省厅做好2011年度重点城市饮用水水源地环境状况评估工作，编制《海南省集中式饮用水水源地环境状况评估省级报告》上报环保部。开展海南省自然保护区基础调查，调查报告通过环保部验收。对海南省重金属工业污染源污染现状和汞污染排放源现状进行调查，为重金属污染防治工作夯实基础。

3、研发推广环保实用技术。开展人工湿地可持续运营模式研究和制胶污水治理生态化改造技术研究，在定安等市县推广应用农村生活垃圾资源化处置技术，有效解决当地农村生活垃圾处置问题。进一步推进人工湿地建设和管理，做好高位池污染治理示范项目，在琼海和海口建设高位池污染治理示范工程。

三、扎实做好环评、清洁生产等技术服务工作

完成洋浦经济开发区总体规划（2011-2030）、洋浦港总体规划（修编）等5个规划环评和琼海博鳌机场、洋浦-马村输油管道工程等92个建设项目环境影响评价，为海南省科学规划年和项目建设年提供技术支撑。推进重点企业清洁生产审核工作，完成11家企业清洁生产审核，为海南省节能减排提供高效的技术支持。对夏威夷假日花园等50个建设项目开展竣工环保验收监测，为建设项目环境管理和海南省社会经济发展提供技术支持。

四、获得荣誉

先后获得原国家环境保护总局授予的“九.五期间全国环境保护系统先进监测站”

人力资源和社会保障部、环境保护部授予的“全国环境保护系统先进集体”称号

国务院第一次全国污染源普查领导小组办公室、环境保护部、国家统计局、农业部授予的“第一次全国污染源普查先进集体”称号

环保部授予的“十一五国家环境保护科技工作先进集体”称号等数十个荣誉称号

▲ 应急监测

▲ 开展西沙群岛环境质量调查监测

▲ 参加国土环境资源系统羽毛球比赛

海南省地质调查院

▲ 海南国际旅游岛地质环境保障工程总体实施方案评审会

▲ 喝水不忘挖井人—为琼中吊罗山乡扶贫打井

海南省地质调查院成立于1953年，前身为海南地质大队，直属海南省地质局，是一家技术密集型综合性科研生产单位。现有各类专业技术人员209人，其中高级工程师53人（含教授级高级工程师4人），工程师82人。拥有各类施工机械、仪器设备776套（台）。

海南省地质调查院各类资质齐全。业务范围涉及基础地质调查、矿产地质勘查评价、工程地质勘察、矿产资源开发、水文地质及环境地质评价、地球物理、地球化学、农业地质及旅游地质调查评价、地质灾害防治工程勘查、矿山开发利用方案、矿山复垦方案编制、测绘、地理信息系统建设、钻井供水、电法找水、深井泵安装与维修等。甲级资质有区域地质调查、固体矿产勘查、水文地质、工程地质、环境地质调查、地球化学勘查、地质钻探、工程测量、工程勘察专业类岩土工程（勘察、咨询、监理，设计、测试监测检测）、地质灾害危险性评估、地质灾害治理工程(设计)、地质灾害治理工程(勘查)等；乙级资质有液体矿产勘查、遥感地质调查、地球物理勘查、地质实验测试（岩矿鉴定）、地质坑探、地质灾害治理工程(施工)、水文地质勘察等。

海南省地质调查院建院以来，先后有一批项目成果获省部级科技进步和成果转化一、二、三等奖，其中琼西南金矿评价获国家科技进步二等奖。取得的成绩获得各级组织的肯定，2012年被全国总工会授予“全国工人先锋号”荣誉称号，被国土资源部评为“全国模范地勘单位”，被海南省人民政府授予“十一五科技创新突出贡献奖”，被中国地质调查局评为“地质调查成果资料提交先进单位”。

海南省地质调查院2010年4月通过了国际质量管理体系ISO9001:2008第三方认证，为海南省商务信用“AAA”单位。本院管理机构健全，制度完善，本着“质量第一、信誉第一、客户第一”的宗旨，竭诚为社会各界提供优质服务。

地　　址：海口市南沙路88号地质大厦五楼

法人代表：傅杨荣

电　　话：0898-66823136（办公室）

　　　　　0898-66830071（测绘分院）

　　　　　0898-66823559（工勘施工处）

传　　真：0898-66823508

邮　　编：570206

证 书

为表彰在促进科学技术进步工作中做出突出贡献者，特颁发海南省科学技术奖证书，以资鼓励。

获奖项目：海南岛生态地球化学调查

获 奖 者：海南省地质调查院（第一完成单位）

奖励等级：一等奖

证 书 号：2012-J-1-D-011

奖励日期：

▲ 海南岛生态地球化学调查获省科技进步一等奖

▲ 东环铁路测量

▲ 昌江铅锌矿矿山地质环境治理

▲ 获省政府表彰

海南省水文水资源勘测局

海南省水文水资源勘测局是海南省水务厅管理、具有行政职能的正处级事业单位，主管全省水文工作。

主要职责：负责组织实施水文法律法规和技术标准、规范，指导、监督和管理全省范围内水文活动；具体承担全省水文事业发展规划的编制和组织实施；负责职责范围内的专用水文站设立审批和水文监测资料的汇交、管理和使用审查；依法实施水文计量器具检定工作；负责全省水文、水资源监测和调查评价、水文情报预报及发布；法律、法规和规章规定的其他职责。

主要取得的资质："水文、水资源调查评价资质甲级证书"、"项目建设水资源论证资质甲级证书"、"国家级计量认证合格证书"、"生产建设项目水土保持监测乙级资质"、"测绘资格丙级证书"，为各项工作的开展提供资质保障。

全省水文系统配备了较为先进的水资源监测仪器等设备，建成了以传输水情信息为主要目的的计算机广域网，能为水文水资源监测、水文情报预报、水资源调查评价提供优质服务。

主要开展了水位、流量、含沙量、输沙率、水温、水质、降水量、蒸发量、风暴潮、蒸发辅助等多项水文要素的观测；连续刊印了40多年水文年鉴，编制完成了《海南省水文事业发展规划》、《海南省水功能区划》、《海南省水资源调查评价》、《海南省水量分配方案》以及建设项目水资源论证报告书和建设项目水土保持方案报告书等多项专业报告。

一、水质监测能力得到跨越式发展

2012年5月，省编委批准成立"海南省城乡供排水监测中心"，挂靠海南省水文水资源勘测局，主要负责全省城乡供水排水水质监测，确保供水排水安全。中心目前取得国家级计量认证水质检测项目达133个指标，具备了向社会提供具有法律效力的公正数据的能力。

二、水土保持工作开辟新的天地

2012年，成立了海南省水土保持学会；建设"保亭县呀诺哒风景区水保科技园"，填补海南省水土保持科技示范园的空白；编制完成《国家水土保持重点建设工程实施规划（2013-2017年）》，积极开展开发建设项目水土保持监测工作，完成了《海口美兰国际机场航站楼扩建工程水土保持方案报告书》、《华信洋浦石油储备基地项目（一期工程）水土保持方案报告书》等多个项目的水土保持方案技术审查，为全省水土保持工作提供全面技术支撑。

三、积极推进海南省中小河流水文监测系统建设项目

启动海南省中小河流水文监测系统建设，新建21处水位站，改建8处水文（位）站，同时引进中小河流水文监测系统建设预警预报软件系统，为全面提高海南省中小河流洪水预报预警能力奠定了坚实的基础。

四、加强水资源监控能力建设，有效开展水环境监测服务工作

完成编制了《海南省水量分配方案》、《海南省农村及农业用水定额》、《海南省地下水开发利用红线控制管理规划》和《海南省水功能区监测工作实施方案》；完成了南渡江、昌化江和万泉河等主要河流的19个重点河流断面和3座水库水质常规监测和评价工作，为海南省落实最严格的水资源管理制度提供科学依据。

▲ 邢孔波副厅长(左一)、符传君局长(左二)春节慰问退休职工

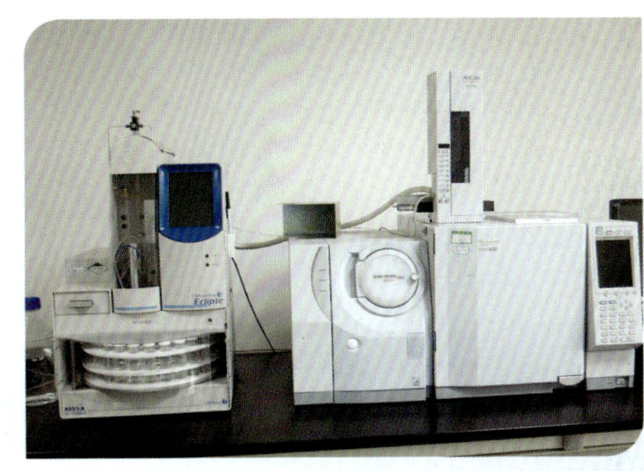

▲ 气象色谱-质谱联用仪

▲ 基层职工作业

海南省水文水资源勘测局单位荣誉

1、全国水利系统水资源工作《先进集体》—中华人民共和国水利部2012年4月。
2、省直属机关喜迎十八大第四党建联系协作组专题文艺演出活动《三等奖》—中共海南省直属机关工作委员会2012年8月。
3、2011年中央一号文件知识竞赛《优秀组织奖》—中华人民共和国水利部2011年11月。
4、全国水利 《文明单位》—水利部精神文明建设指导委员会2008年。
5、海南省直属机关2006~2008年度《文明单位》—中共海南省直属机关工作委员会2008年6月。

海南省妇幼保健院
海南省儿童医院

▲ 一体化产房温馨如家

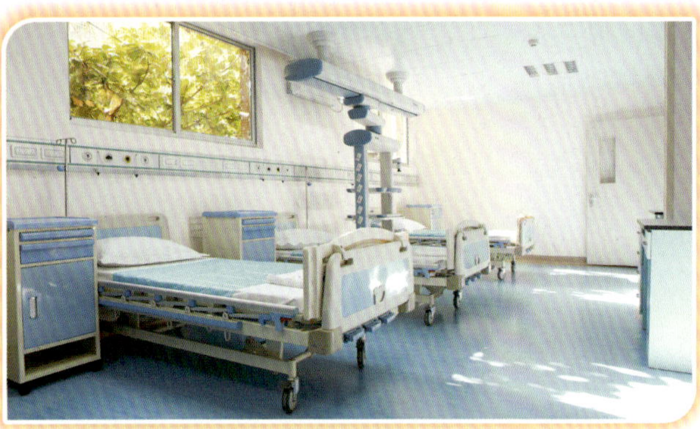
▲ 产科重症监护室

▲ 医护人员精心呵护患儿

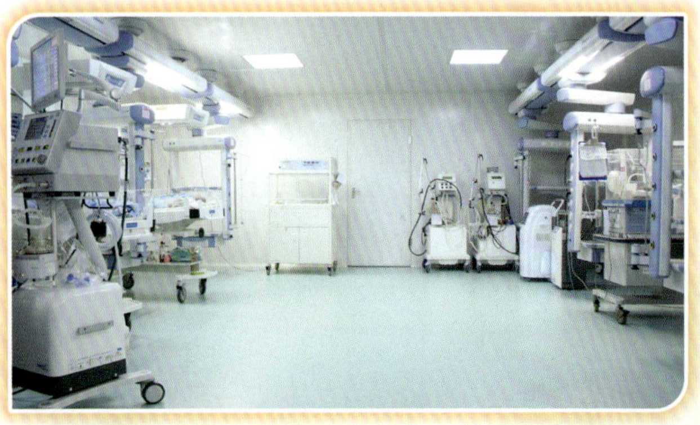
▲ 新生儿科重症病房

海南省妇幼保健院系海南省卫生厅直属的、具有公共卫生性质的省级非营利性医疗保健机构，承担着海南省妇女儿童的医疗、保健、健康教育、培训、妇幼卫生信息、科研、教学等公共卫生职能和任务，是全省妇幼保健业务指导中心、海南省首家三级妇幼保健院。

海南省妇幼保健院其前身为海南行政区妇幼保健院，创立于1978年10月，成立之初挂靠在海南省人民医院开展工作。1986年8月在海口市得胜沙路95号开设门诊部，独立开展业务工作。1988年5月海南建省后更名为海南省妇幼保健院。1993年在海口市龙昆南路征地8.9亩建设发展至今，业务用房面积20000多平方米，开放床位近200张，职工总人数300多人。设有儿科、新生儿科、妇科、产科、儿童保健科、妇女保健科、儿外科、乳腺外科、检验中心、遗传实验室、新生儿疾病筛查中心等业务功能科室。拥有一批国内、省内知名专家和先进的诊疗设备，已发展成为海南省妇女儿童专科医疗保健的龙头单位。2001年5月，增挂"海南省妇女儿童医院"，2011年2月"海南省妇女儿童医院"更名为"海南省儿童医院"，海南省人民政府正式批准海南省儿童医院建设暨海南省妇幼保健院搬迁重建工作。

近三年来，该院公共卫生、医、教、研等各项业务全面发展，门诊总诊疗人次数、出院人次数、手术总例数连续三年呈20%的速度增长。2012年，该院在国家妇幼保健中心"妇幼新世纪"系列活动中获得"全国新生儿复苏项目组织管理优秀奖"、全国妇幼保健机构监测工作评比中获得"优秀省级数据利用奖"、儿童生长发育专科获得"亨氏杯"中国妇幼保健事业成就奖-妇幼保健专科建设贡献奖、获得2012年度海南省卫生科技工作先进集体、2012年全省卫生系统护理岗位技能大赛三等奖、向伟院长获得第五届海南省优秀科技工作者、海南省医师奖。

预计2015年省儿童医院将建成投入使用，建设面积55000平方米（其中地上建筑面积40000平方米），规划床位500张。届时将建成集医、教、研、预防保健、康复、急救等功能为一体、服务理念先进、环境一流、设施完备、功能齐全、能力领先的三级甲等儿童医院。

▲ 海南省妇幼保健院改造效果图

海南省疾病预防控制中心

海南省疾病预防控制中心是全省疾病预防控制与卫生检验监测技术指导中心，担负着全省疾病预防与控制，传染病及食品中毒等突发公共卫生事件应急处置，疾病及健康相关产品相关因素信息管理，实验室卫生检验检测分析与评价及其他相关社会公共职能。作为全省疾控业务龙头单位，秉承为人民健康服务的宗旨，不断提升队伍整体素质和机构能力，为政府及社会大众提供高效、准确和及时的公共卫生技术服务。

在省委、省政府和省卫生厅的大力支持下，疾控中心实验室装备和检测能力快速提升。2012年5月，顺利通过中国合格评定国家认可委和国家认监委卫生行业评审组组织的实验室认可和国家计量认证复评审+扩项评审、食品检验机构资质认定现场评审，新增检测能力53项，是全省公共卫生领域开展检测项目范围最广的监测机构，共设置病原细菌、卫生细菌（真菌）、脊灰、麻疹、分子生物学、HIV、理化、放射、消杀、毒理与保健食品功能等30个功能实验室，可开展各类检测项目逾500项，基本满足传染病防控、卫生应急、食品安全、饮用水卫生和职业卫生领域的新要求。

2012年，全省传染病发病率控制在全国平均水平，实现无恶性疟死亡病例和本地感染病例，全省儿童免疫规划“六苗”接种率继续保持90%以上，麻疹发病保持全国最低，提前达到西太区2012年消除麻疹的1/100万目标。抓住基本公共卫生服务项目契机，扎实指导基层开展传染病与慢病防控、健康教育等各项业务工作。

疾病控制应急队伍和管理机制在输入性登革热疫情、台风防疫等突发公共卫生事件处置的考验下继续成熟完善。领导组织得力，应对预案科学准确，应急值班、疫情监测和信息报告等措施启动迅速，有力控制了疫情和负面影响的蔓延。发挥卫生应急主力作用，出色完成博鳌亚洲论坛年会等重大外事活动传染病防控保障任务。

逐步强化信息化管理手段及深化应用技术研究深度。目前中心除“热带病重点实验室”、“疾病预防与控制学”、“寄生虫学”等省级重点学科和医学重点学科外，中心还积极扶植建设内部重点学科，给予政策和资金支持，引导形成重点学科牵头，各项业务齐头并进的发展态势。继续深化与华中科技大学的合作，联合举办第二期MPH班，强化高层次人才培养机制。派员前往国内外进行短期研修和挂职锻炼，学习卫生管理、结核病防治等方面的先进经验及领先技术，提升了队伍内涵，增加了中心的发展动力。

▲ 实验综合大楼

▲ 职业病危害监测

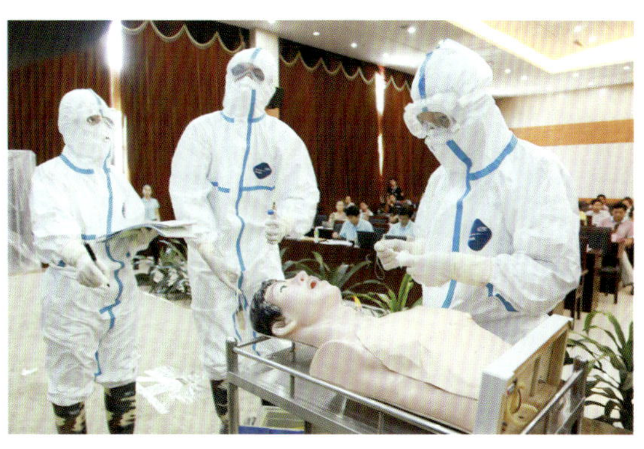

▲ 应急演练比武

▲ 灭蚊消杀

▲ 健康教育知识进社区

海南省森林资源监测中心

▲ 国家林业局专家、监测中心领导陪同马尔代夫渔业与农业部专家团到野外考察海南省椰心叶甲生物防治效果

▲ 国家林业局专家、监测中心领导和马尔代夫渔业与农业部专家团考察海南省林业有害生物天敌繁育场后合影

▲ 省林业厅和有关处室领导出席海南省2012年林业植物检疫工作会议

海南省森林资源监测中心,由前身为海南省森林资源监测中心、海南省林业勘测设计院和海南省森林病虫害防治检疫站于2002年合并更名为海南省森林资源监测中心(海南省森林病虫害防治检疫站)，实行“两块牌子一套人员”办公。是省林业厅直属参照《公务员法》管理的正处级事业单位。

主要职能：宣传贯彻《植物检疫条例》、《森林病虫害防治条例》等法律法规，履行法律法规赋予的检疫审批和监管等多项行政许可事项，负责林业有害生物检疫行政案件的查处；负责全省林业有害生物监测预警及防治管理工作；组织开展林业有害生物防控技术研究及推广。并具有从事森林资源清查、生态环境监测和林业规划设计等职能。

机构人员：人员基本情况及科室设置。现有在职职工21人，其中高级工程师4人，工程师7人，助理工程师3人、技术员4人、工勤人员3人。内设森防检疫科、监测科、信息科和综合科。

海南是一个岛屿省，拥有适宜生物生长充足的光温、水热等条件，为森林植被的发育和林业有害生物的繁育提供了良好的环境，同时有抵御外来有害生物入侵的天然屏障。建省伊始，海南林业有害生物发生危害较轻，但随着经济的发展，海南与世界的往来日益频繁，使外来有害生物传入岛内的风险大大增加。目前海南主要的林业有害生物种类有椰心叶甲、刺桐姬小蜂、红棕象甲、双钩异翅长蠹、松毛虫、红火蚁、薇甘菊、金钟藤等。其中2002年入侵的椰心叶甲是海南有史以来最为严重的外来有害生物，目前疫情已从海口、三亚扩散到全省18个市县及三沙市的永兴岛，受害植株从疫情发生初期的3万多株，蔓延到现在已达335.72万株。疫情的发生给海南林业有害生物防治工作敲响了警钟，也使社会各界对外来有害生物的危害性有了更深刻的认识。在省委、省政府的高度重视下，在省林业厅的直接领导下，通过加大行政执法、强化行政管理、实行科学防控，取得了较好的工作成效，并且总结出一套行之有效的方法。目前省监测中心与科研部门合作，研究出“椰甲清”挂药包法、施放绿僵菌、引进寄生蜂天敌（姬小蜂、啮小蜂）释放防治三项治理措施，椰心叶甲虫口密度大大降低，受灾程度减轻，疫情扩散速度减缓，棕榈科植物基本不死亡，椰林景观得到有效保护。“监测+预防性防治+生物防治”为主要内容的低成本可持续控灾新防治模式正在得到全面推广。

▲中心主任王东明与海南省椰心叶甲天敌繁育单位签订养蜂协议

▲中心主任王东明到市县调研林业有害生物防治基础设施建设

海南省农垦设计院

▲ 南田农场神泉园酒店鸟瞰图

▲ 恒基花园鸟瞰图

▲ 海南现代农业展示示范园

海南省农垦设计院创建于1954年，经过近60年的不断发展，已成为海南省一家跨行业、综合性甲级设计院。具有农林工程甲级设计、甲级工程咨询、乙级城市规划、乙级建筑设计、乙级工程测绘、乙级岩土勘察和土工试验及水利行业（水库枢纽）、公路行业专业丙级和工程造价等专业资质。1995年9月获国家档案局“国家二级科技事业单位档案管理证书”。2006年1月获长城（天津）质量认证中心ISO9001：2000“质量管理体系认证证书”。

建院五十九年来，为开发建设海南岛，建立我国最大的天然橡胶生产基地，海南省农垦设计院对全岛的土地资源进行勘测、调查，并与其他单位（部门）合作，完成了海南岛第一代1：1万航测地形图的外业测绘工作，以自身力量为主完成全岛性土地资源、农业区划和森林资源的调查、土壤普查等工作。完成垦区近些年的五年规划等等，逐渐建立完善垦区的土地管理信息系统。

三年间，参加或承担编制了较大的经济发展规划和产业结构调整规划10余项，完成城市、开发区、城镇及国营农场场部小城镇等规划60多宗。2012年承担垦区17个场，1300多个队的场队规划工作，现正在开展中。完成农业工程设计项目300多宗，编制工程咨询及可行性研究报告400余项，完成各种比例尺的地形测量70多万亩，完成岩土工程勘察7万余延米，完成各种大、中、小型的工业与民用建筑设计项目共50多万平方米。2012年选派一批技术人员到柬埔寨、塞拉利昂共和国进行土地资源调查、开发考察。

▲ 办公楼

近三年获奖项目：《琼海东红农场场部城区及周边1:1000数字化地形测量》获海南省优秀测绘工程三等奖；《海南省太阳能建筑一体化建筑设计》获海南省住房和城乡建设厅优秀工程三等奖；《海南省现代化农业展示示范园建设项目可行性研究报告》获海南省工程咨询协会优秀工程咨询成果二等奖。

2011年起，海南省农垦设计院主持编制了：中华人民共和国农行业标准《橡胶树种植基地建设标准》(NY/T2167-2012)及《橡胶树苗木繁育基地建设标准》(NT/T2166-2012)，2012年9月1日由农业部发布实施。

创新发展的海南科技职业学院

▲ 院长杨秀英和党委书记焦解歌共商学院发展大计

海南科技职业学院2007年5月经海南省政府批准成立、教育部批准备案，是全日制普通高等院校。学院位于国际旅游岛海南省省会海口市，环境优美，教学设备精良，在校生近7000人，校园占地1220亩，已用土地500亩，校舍建筑面积19万平方米，教学科研仪器设备值达高职院校办学条件规定指标的3倍。

学院是海南省政府与国家交通部共建院校，2012年被批准为海南省首所船员教育与培训基地，2012年取得教育部批准全国职业核心能力认证资格。坚持服务海洋强省建设，培养高素质技能人才，近两年设有8个二级学院 38个专业及专业方向，省级精品课程4门，省级特色专业4个，校级精品课程8门，校级特色专业10个。坚持产学研用结合，在省内外200多家企业建立校外实习基地。

学院坚持“专家治学，人才强校”。院长杨秀英教授，是省政府重点联系专家，五一劳动奖章获得者，有丰富的办学经验。领导班子有丰富的高校管理经验。学院现有教职工522人，其中专职教师360人，高级职称教师73人，享受国务院特殊津贴和政府津贴专家6名，国家级优秀指导教师1名，省级优秀教师团队2个，省级中青年骨干教师3名，省级优秀教师6名，海归教师8名，外籍教师5名，博士及博士生教师16名。

学院重视科学研究。承担省部级以上科研项目40项，获批国家发明专利11项，在学术期刊发表学术论文200余篇，32篇被SCI或EI收录，出版著作9部。

学院师生近两年参加各类技能大赛，160多人次获得省部级奖励。学院有20余个学生社团，有26个船员及化工等岗位职业技能培训资格，有28个项目培训机构获得许可。举办丰富多彩校园文化活动，定期邀请校内外专家学者来讲学，提升学生综合素质。

各级领导关心和支持学院发展。全国人大常委会副委员长韩启德在人民大会堂接见杨秀英院长，关心学院的建设发展。全国人大常委、教科文卫委员会副主任王佐书，教育部综合改革司司长宋德民，海南省委常委、海口市委书记陈辞，海南省副省长冀文林，海南省政协副主席林方略，省政府秘书长胡光辉，省教育厅副厅长谭基虎等领导，先后亲临学院进行考察、指导工作。

学院坚持以办人民满意的大学为宗旨，坚持“一切为了学生、为了学生一切、为了一切学生”的育人方针，被评为“中国教育创新示范单位”、“五五普法先进单位”。学院不断创新发展，力争建设成为海南一流、国内知名的高等职业院校。

▲ 学院教师合唱活动

▲ 学院校园教学楼与学生宿舍

▲ 航海学院学生

国家级重点卫生职业学校

海南省卫生学校

海南省卫生学校始建于1977年，是海南省唯一的国家级重点卫生职业学校，是教育部、人力资源和社会保障部以及财政部三部委联合确认为“国家中等职业教育改革发展示范学校建设计划”在建学校。

学校地处海口市秀英区，毗邻重点教学基地海南省人民医院。校园占地面积133亩，建筑面积82970平方米，含有学生公寓楼、教学大楼、综合实训大楼、护理实训大楼、药剂GMP\GSP实训基地、8×400米标准塑胶跑道运动场等功能齐全的办学基础设施。新建的护理实训大楼设置了ICU模拟病房，护士站、阶梯式教室和一大批现代医院的模拟教学设施，达到国内一流先进水平。现有在校生6000多名，是海南省目前规模较大的职业中专学校。

海南省卫生学校拥有一支热爱教育事业、政治素质高、业务能力强的师资队伍。现有教职工224人，专任教师160人，本科学历高达90%以上，其中博士生1名，研究生9名，具有高级职称57人（含教授2名），中级职称49人。近年来，学校教师在国家级刊物上发表论文238篇，省级刊物发表论文397篇，教师参编教科书32册，开展课题研究21项。

学校以市场需求为导向，以行业为依托，专业设置有涉外护理、护理、助产、农村医学、康复技术、眼视光与配镜、医学检验技术、医学影像技术、口腔修复工艺、药剂、中医康复保健（推拿按摩）、中医康复保健（中医美容）、美容美体等专业，是目前海南省卫生专业设置最为齐全的中等卫生职业学校。同时，学校与海南医学院、南昌大学联合办学，招收成人大专班、本科班，为学生入学后搭建“中专—大专—本科”继续教育的立交桥。

学校始终坚持以“质量立校为根本，特色管理出人才，以满意回报社会”等先进、科学的理念为办学宗旨，积极深入开展“三全”（全面贯彻党的教育方针政策、全面实施素质教育、全面提高教学质量和教学水平）、“三爱”（爱教育、爱学校、爱学生）、“三让”（让社会满意、让家长满意、让学生成才）等系列活动，学校的整体办学水平明显提高，毕业生质量得到了社会的广泛认可，就业率一直保持在90%以上的较高水平。2012年6月学校学生代表海南省参加全国护理技能大赛，荣获一等奖和三等奖，一等奖获得者黄园园同学被海口市人民医院破格录用。2012年，学校护理、助产专业应届学生护士资格考试通过率高达86.23%，远超全国平均合格水平，是省内考生报考最热门的中职学校之一。

近年来，学校先后获全国农村成人教育先进单位、省文明单位、省职业教育先进单位、省体育工作先进单位、省中等专业学校毕业生就业工作优秀单位等多项荣誉称号。

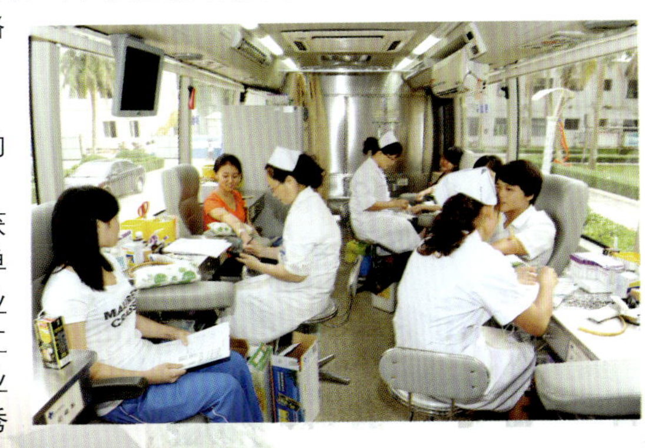

▲展卫校文明风采，献学子青春热血

▲省领导到学校视察

▲海南省政府副秘书长冯鸣等各级领导视察学校建设情况

▲2012年全国职业院校技能大赛中职组护理技能赛省卫校荣获一等奖（中）和三等奖（左）

海口市

▲ 区委书记孟励下乡调研

▲ 区人大主任郑作东下基层调研

▲ 区长林刚到学校调研

2012年，美兰区委、区政府坚持以科学发展观为统领，以“抓项目、促投资、保民生”为总基调，攻坚克难，稳中求进，较好地完成年初确定的目标任务。全年实现地区生产总值192.5亿元，增长10.5%；财政总收入33.66亿元，增长16.8%；固定资产投资106.2亿元，增长47.8%；社会消费品零售总额108.5亿元，增长13.7%；城镇居民人均可支配收入22150元，增长13.2%；农民人均纯收入8059元，增长13.5%。先后获得“全国新型农村和城镇居民社会养老保险工作先进单位”、“国家级慢性病综合防控示范区”和“海南省教育工作先进区”等7项国家和省级荣誉。

一、区域经济稳步增长，城乡建设统筹发展

重点项目建设顺利推进。全年完成征（租）地项目27个，总面积7409.7亩，其中征地项目23个、2718.7亩；租地项目4个、4691亩，确保了重点项目建设的顺利实施。41个省市区重点项目完成投资107.9亿元，占年度投资计划的103.8%。全面完成上贤（沙亮）片区城中村改造征收工作和海口骑楼历史文化街区保护与综合整治项目启动示范区的建设。鸿洲江山、希尔顿·逸林酒店、海南水产物流交易中心、海口罗牛山农产品加工产业园等11个投资上亿元的项目均完成或超额完成年度投资计划。

优势产业发展后劲增强。商贸业稳健发展，城区商业网点达30754家，望海国际广场、亿圣和、华润万家名门店及4家汽车4S店的开业，进一步增强了中心城区商贸业的聚集和辐射能力；海航、海汽等55家企业物流业务快速发展，有效推动了美兰区物流业的发展和壮大。旅游地产业转型升级，大英山中央商务区的核心区、美丽沙国际滨海生态新城区、新埠岛滨海旅游度假区等高端旅游地产项目的建设，较好地提升了美兰区旅游休闲和高端商务交流水平。农业产业结构逐步优化，新增花卉种植面积2900亩，总面积达4.16万亩；新增冬季瓜菜种植面积4600亩，总面积达3.72万亩；建成1370亩常年蔬菜基地。畜牧业稳步增长，全区规模以上养猪场123个，年出栏53万头；规模养鸡场83个，年出栏593.9万只。两家30万只蛋鸡场初具规模，产品开始供应市场。年成品加工量1万吨、产值2亿元的海南盛海佳水产品加工厂一期已投产。海洋产业发展迅速，2012年全区渔业总产值为4.3亿元、增长9%，占全市51%。投入927万元建设1708.2亩冬季对虾温棚养殖基地，建成500亩无公害养殖示范基地。率先成立2家渔船互助专业合作社。

城市建设管理水平明显提升。基础设施建设加速推进，海府一横路和青年路延长线等4路贯通工程如期竣工通车；修建小街小巷7条、2030米；进一步完善博爱南商业街的消防设施。完成28个居委会总长为24.6公里区属市政排水设施的清淤疏浚工作。完成文明东路朝霞公园的整治改造。建成江南城、荣域等5个标准化示范住宅小区。深入推进城管工作体制改革，将城管执法队伍和执法权下放到各镇街，实现“责权统一”。加大“五大工程”环境综合整治力度，全年制止违法建筑407宗、25.14万m^2，拆

除违法建筑77宗、16.49万m^2；取缔海甸二西路码头水泥交易市场，彻底解决了该片区的脏乱差问题；查扣非法营运“三车”2004辆。爱国卫生运动取得良好成效，国家卫生城市创建工作通过省级考评。

新农村建设扎实推进。完成21个行政村和327个自然村规划编制。竣工验收“一事一议”项目31个，拨付财政奖补资金526.44万元，惠及16个村民小组、20366人。新修建农村公路18条、8.5公里。完成“绿化宝岛”大行动造林6061.8亩，占市下达造林任务的120%。完成农村改厕2000户和新建一批沼气项目。完成东寨港红树林自然保护区周边陆源污染调查工作。全区第一次全国水利普查数据成果通过省级验收。投入1237万元新建和巩固提高文明生态村各15个，已建成文明生态村563个，占全部村庄的75%。乡村旅游化改造初见成效，演丰镇长宁头村和禄尾村被评为海口市首届十大旅游名村。

二、民生状况持续改善，社会事业健康发展

2012年民生投入6.17亿元、增长12.6%，占地方公共财政预算的63.5%。

为民办实事成效明显。投入2262万元改造农村危房和库区移民危房712套；投入596万元建设和维修大致坡镇大尼坡洋田整治等20宗农田水利工程；投入300万元除险加固晋文等3宗病险水库；投入60万元安装和改造大致坡镇咸来墟路灯；投入100万元更新19所农村中、小学校旧课桌椅；投入163万元新建咸来居委会、白沙门居委会办公用房；成立47个社区居家养老服务站，全面铺开社区居家养老服务工作；区属收费公厕实现免费开放；投入241万元升级改造振兴、民生等8家农贸市场；投入200万元在灵山生猪屠宰场设立拦海村生猪屠宰疏导点，通过“疏堵结合”，有效解决多年来拦海村生猪私屠滥宰问题。

就业与社会保障继续加强。全区城镇新增就业10825人，城镇登记失业率控制在3%以内。全区新农保征缴37264人、参保率95.5%；城镇居民养老保险征缴11591人、参保率97.4%。新农合参合人数125202人、参合率99.8%，农民受益率99.47%。城镇居民医保征缴162170人，完成市下达任务的129.3%。审批低保户和五保户等民政对象129473人(次)、发放资金5191万元。配租中贤村小区和福秀小区共1298套廉租住房，惠及3894人。

社会事业发展成果突出。投入2880万元落实义务教育阶段“三免一补”政策；59个校安工程项目基本竣工，并陆续投入使用；投入3714万元用于全区学校软、硬件建设；投入1280万元建设演丰镇中心幼儿园和区青少年活动中心。进一步巩固科技先进示范区创建成果。投入27万元新（改）建4个社区文体广场。行政村卫生室标准化建设率100%，规范建立居民健康档案33.07万份，6岁以下儿童合格接种率98%以上。继续保持低生育水平。不断完善政府利益导向机制，兑现奖励扶助金560万元；建成区人口和家庭公共服务中心；国家免费孕前优生健康检查目标人群覆盖率96.7%。

▲ 滨江片区拆迁改造后焕然一新

▲ 江东片区改造建设

▲ 新埠岛游艇码头

▲ 招商项目华润万家购物中心开业运营

▲ 区委书记郑国建到企业视察生产情况

▲ 区人大主任苏长文视察土地产业规划

▲ 区长符革视察重点项目建设情况

2012年，面对复杂多变的宏观经济形势，龙华区委、区政府依靠全区人民，攻坚克难，扎实工作，经济实现了稳中求进、逆势上扬，社会事业全面进步。全年实现地区生产总值364.6亿元，同比增长10.6%，占全市经济总量的44.4%；全区公共财政收入72.8亿元，增长6.6%，其中全区公共财政预算收入14.5亿元，增长9.3%；固定资产投资180.1亿元，增长73%，增幅创历年新高；社会消费品零售总额144.3亿元，增长12.1%；城镇居民人均可支配收入24151元，农民人均纯收入8222元，分别增长13.2%和13.1%。先后获得“实施中国妇女儿童发展纲要国家级示范区”、“全国民政系统信访工作先进集体”、“国家全民健身活动优秀组织奖”、“海南省新型农村合作医疗工作先进集体”、“海南省扶贫开发先进集体”、“海南省爱国卫生先进集体”等多项荣誉称号。

一、全力推进项目建设，经济发展增添新动力

全年66个重点项目总体进展顺利，完成投资119亿元，超额完成年度投资计划，获得全市重点项目推进工作一等奖。举全区之力启动滨涯村旧城改造项目，完成协议签订943户，签约率达到97.8%，拆迁、土地整合和安置房建设等工作进展顺利；华谊冯小刚电影公社开工建设，观澜湖旅游小镇投资力度大、推进速度快，得到了省、市主要领导的肯定。

二、着重发展实体经济，结构调整取得新成效

将发展实体经济作为调整优化产业结构，着力发展特色优势产业，坚持做大做强现代工业。全年完成工业增加值73.8亿元，增长2.8%。海马第三工厂试投产，海马三期和英利集团项目建设顺利；椰树集团、三星光通信等一批优势企业高速增长，海南国际创意港成为首批“海南省科技企业孵化器”园区。加快现代服务业转型升级，完成第三产业增加值250.6亿元，增长11.1%。骑楼老街修缮工作进展顺利，中山路改造完成并开街，玉沙京华城建成开业，威斯汀、海口湾灯塔等酒店加紧建设，海垦商业中心和丁村现代美居生活物流园开工建设，兰桂坊、丽兹卡尔顿和万丽酒店项目入驻观澜湖。中信、招商银行海口支行和海口农商银行挂牌运营。现代高效农业发展势头良好，完成农业增加值6.2亿元，增长7.7%。柏盈兰花产业园建成出花，成立兰花专业合作社4个，兰花产业渐成规模。新建常年瓜菜基地1500亩、设施大棚350亩，建设标准化生态养殖小区2个。全区产业结构进一步优化，三次产业比例调整为1.7：29.6：68.7。

三、继续加大建管力度，城乡面貌实现新改观

加强城乡基础设施建设，龙昆南延长线、羊山路网一期、三叶东路、国贸一横路等市政道路建成通车，海秀快速路启动建设，椰岛、国贸一横路2个片区启动改造，市区一批

小街小巷和龙桥、龙泉、遵谭3个墟镇的道路、路灯等市政设施建设得到完善。加强生态环境建设，开展“绿化宝岛”大行动，造林3821亩，完成沙坡水库森林公园规划，创建文明生态村10个、精品村5个。落实节能减排工作目标，万元GDP能耗同比下降2%。

四、全面保障和改善民生，社会事业有了新进步

全区民生投入5.8亿元，比上年增长13.8%，占地方公共财政预算支出的56.7%，年初承诺的40项民生实事全部兑现。城镇新增就业10908人，农村富余劳动力转移就业3384人。不断提高社会保障水平，最低工资、基本养老金、低保、医保等政策全部落实到位，全年共发放低保金1834万元、高龄老人长寿补贴981.5万元。强力推进义务教育均衡发展，调整优化学校布局，将77所中小学校整合为42所，新建省级规范化学校2所、市级规范化学校11所，启动龙泉镇中心幼儿园和秀峰幼儿园建设，45个校安工程项目竣工并投入使用，全区教育教学水平不断提升，小学毕业测试总成绩列全市第一。设立100万元扶持工业专项资金，鼓励支持中小企业开展科技创新工作。文化体育事业繁荣活跃，启动区文化馆建设，修缮村文化室5个，成功举办冼夫人文化节、万春会、趣味运动会和观澜湖世界高尔夫明星赛，举办文化下乡活动14场，免费为群众演出琼剧32场、放映电影170场，广场文化活动丰富多彩。提高基层卫生服务水平，新建农村标准化卫生室10家，实现国家基本药物制度、标准化村卫生室全覆盖。建成区人口家庭公共服务中心，加强人口计生工作，各项指标均达到市下达任务要求，连续3年被评为全市计划生育工作先进区。下力气解决群众住房困难，完成农村危房改造450户，分配廉租房808套。积极维护物价稳定，升级改造农贸市场9家，新增农副产品平价商店4家。

▲ 改造后骑楼老街焕然一新

▲ 海马汽车工业

▲ 南渡江3.4万亩兰花产业园初具规模

▲ 宜欣购物广场

海口市市政市容管理委员会

▲ 海口市市政市容委副主任、市城管局局长李学文在海甸二西路现场办公，解决市民关注的问题

▲ 海口市市政市容委副主任钱云岗带队参观云龙革命教育基地

▲ 2012年全市市政市容系统工作会议

▲ 海口市市政市容委系统开展文明礼仪主题教育活动

主要职责：制定本市市容环境卫生、园林绿化、市政设施、燃气等方面的发展规划和专项规划、年度计划，并组织实施；依据有关规定，制定本市城市容貌标准、环境卫生质量标准和相关行业标准、规范，并监督实施；负责本市城市户外设置物、道路临时停车场、环境卫生、园林绿化、市政设施、燃气方面行政许可工作，社会化经营性停车场、洗车场的管理工作；组织全市性和跨区的重大执法行动，统一调动指挥市、区城市管理行政执法队伍开展专项整治活动；依法行使市容环境卫生管理、城乡规划管理、城市绿化管理、市政设施管理、建筑市场管理、燃气管理方面法律、法规、规章规定的全部行政处罚权，依法行使环境保护管理、工商行政管理、公安交通管理方面法律、法规、规章规定的部分行政处罚权；按职责权限办理呈报的违法违章案件；依法组织有关行政许可和重大行政处罚案件的听证，受理行政复议案件和办理行政诉讼、行政复议、行政赔偿案件；受理职责相关的投诉，承办重要投诉件；负责开展城市管理宣传教育活动和城市管理工作人员教育培训工作，抓好队伍管理。

2012年是海口市创建国家卫生城市的关键之年。海口市市政市容管理委员会紧紧围绕建设生态环境省，实现绿色崛起，把海口建设成"四宜三养"省会城市的总体目标，以创建全国文明城市、国家卫生城市和"文明大行动"为抓手，以解决群众关注的热点难点问题为落脚点，转变城管工作理念，努力实现了城市管理的标准化、精细化、长效化。

2012年，海口市市政市容管理委员会坚持打造学习型党组，组织26场中心组集中学习，重点学习科学发展观、省六次党代会、市十二次党代会和党的十八大会议精神、以及上级有关重要指示精神。参加市委组织部举办的三期"城市管理培训班"，党组班子和科级干部轮流参加了培训，撰写9篇调研文章。海口市市政市容管理委员会党组书记、市城管局长、市"五大工程"办公室常务副主任李学文撰写的《学习贯彻党的十八大精神，提高城市管理水平》在市委理论中心组研讨会上作交流发言。

坚决贯彻上级关于作风建设和机关效能建设的各项规定，特别是新一届党中央提出作风建设"八项规定"，及时组织传达学习，并带头抓好落实。坚持"六不准"规定，努力营造"勤政、廉洁、务实、高效"的效能建设良好环境。

为加强廉政教育，制定了《2012年党风廉政建设和反腐败工作实施意见》，明确"一把手"负总责，分管领导直接抓。严格落实"一岗双责"，班子成员既抓好主管的业务工作的同时，还要抓好分管范围内的惩防体系和党风廉政建设。并将具体任务分配落实到机关各处室及委属基层单位，明确责任领导和责任单位。以开展"庸懒散贪"整治为切入点，对工作中存在的22个方面问题逐条进行整改，特别是行政审批服务上，定期组织召开服务对象代表座谈会，征求意见和建议，不断提高服务质量。

海口市美兰区人民法院

▲2012年11月7日，市委常委、组织部长杜立文（左一）在美兰区法院院长石鑫（左二）的陪同下赴院联建点永群村考察调研

▲2012年7月2日，区委书记孟励视察美兰区法院联建点永群村，就开展“五联五促”活动进行调研指导

▲医疗法庭庭审直播

▲美兰区法院开展送法下乡和法制宣传活动

海口市美兰区人民法院的前身系海口市振东区人民法院，于1991年6月8日在原海口市法院所辖的博爱法庭、白龙法庭、振东法庭的基础上成立。位于海口市政治、经济、文化、旅游、商贸中心，是省委、省政府机关所在地。2003年琼山市并入海口市后，海口市振东区人民法院改称为海口市美兰区人民法院，在原辖区基础上扩大为下辖4个乡镇9个街道办事处和4个农场，辖区面积约580平方公里，人口62万。

1991年6月8日振东法院成立之际，仅有工作人员27人，设刑庭、民庭、经济庭、执行庭、行政庭、告申庭、办公室等内设机构。现今美兰法院不断发展扩大，内设14个副科级职能部门，分别为立案庭、刑事审判庭、民事审判第一庭、医疗纠纷法庭、民事审判第二庭、行政审判庭、审判监督庭、执行局、灵山法庭、办公室、政工科、监察室、研究室、司法警察大队。设立1个副科级派出法庭灵山法庭。灵山法庭下设大致坡巡回审判点。目前该院各类人员编制111人，具有法官职称的63人，其中，法学硕士2名，大学本科学历57名。近年来，美兰法院年均受案件4000件左右。

建院至今，在区党委的领导，区人大的监督，区政府的支持和上级法院的指导下，美兰法院始终坚持“三个至上”的工作指导思想，并以社会主义法治理念为引领，牢固树立“忠诚、为民、公正、廉洁”的政法干警核心价值观，不断加强队伍建设，提升司法能力，转变司法作风，立足审判本职工作，为大局服务，为人民司法，为美兰区的发展提供了有力的司法保障。

▲送温暖，献爱心。美兰区法院组织慰问福利院

围绕全市总体布局　坚定不移地推动河东科学发展

三亚市

▲ “八一”建军节，河东区委领导慰问三亚市人民武装部

▲ 河东区管理委员会便民服务中心成立

▲ “时尚河东”社区文化节

2012年，三亚市河东区两委团结一心，紧紧围绕全市的总体布局，坚定不移推进全辖区各项重点项目建设，取得了突出成绩。2012年全区各社区经济总产值达113576万元（不含全区），同比增长14.8%；全区人民人均纯收入15037元，同比增长12.2%。其中，农民人均年收入达7330元，同比增长12%。同时，统筹协调，扎扎实实推进各项工作，确保河东区社会的整体和谐稳定。

一、完成项目建设投资居全市之首。2012年，河东区建设项目69个，当年投资124亿元。其中，固定资产投资项目37个，年度计划投资113多亿元，省市重点项目16个，年度计划投资66多亿元。一年来，按照重点项目“六个一”模式，集中精力全力以赴抓好涉及项目征地拆迁工作，完成了征地面积达1000多亩，签订搬迁协议248户，搬迁坟墓500多座，发放征地补偿款10899.92万元。积极协调市综合执法局、市公安局等部门，坚决打击重点项目区域的违章建筑工作，依法强制拆除违法建筑234栋，拆除面积达136361.3平方米，确保了河东区重点项目快速推进。截至2012年底，完成社会固定资产投资109.3742亿元，完成年度计划投资的96.2%。其中，省、市重点项目完成投资79.4594亿元，在完成年度计划投资的基础上超额完成20%，完成率位列全市第一。

二、环境卫生整治取得突出成效。2012年，区工委、管委建立健全机制，充分发挥机关职能部门、社区基层的作用，返聘离退休老干部充实到市容监管队伍中，加强市容环境卫生的管理监督，投入资金8235万元，做好迎宾路、榆亚大道、凤凰路、河东路等大道和大东海景区的卫生保洁以及社区背街小巷卫生死角的整治，有效地遏制城市脏、乱、差现象，维护了三亚美好家园形象。

三、社会管理工作不断加强。一是人口和计生工作不断发展。2012年，坚持从抓人口基础信息统计和出生人口的核查工作为重点，顺利完成了市下达的年度考核指标，有望连续三年实现先进单位。尤其是在加强河东区流动人口管理方面，积极创新计生服务机制与管理模式，得到了省市的充分肯定。有力推动了全区人口和计生工作的不断发展。二是社会治安综合治理工作成绩显著。2012年来，采取网格化管理，配合公安部门严厉打击各类刑事犯罪、禁毒等案件，全年共排查调处矛盾纠纷394宗，已调处394宗，成功调处387宗，成功调处率达98%；抓获吸毒人员366人（含流动人口），强制隔离戒毒163人，荣获2010-2012年全省禁毒专项斗争先进集体称号，区工委副书记刘跃忠同志被评为全国及省禁毒专项斗争先进个人，综治办张卫同志被省评为禁毒专项斗争先进个人。三是无重大食品及生产安全事故发生。组织全区性“清剿火患”

行动6次，共排查“六小行业”6252家，发现火灾隐患211家，整改率100%，取得了全市第三名的好成绩；还加强和重视对辖区食品和生产的安全排查工作，为前来河东旅游的中外游客及博鳌年会、泛珠大会等重大国事活动、重要节日活动提供了安全保障。

四、涉及民生各项社会事业工作全面发展。一是加大教育投入力度，争取财政资金2000多万元兴建和改善河东中心学校、二幼、红郊等小学校舍硬件及配套设施完善，各项设计报建、招投标等工作正在有序开展。二是做好医疗、养老参保工作。完成全区居民医疗保险参保人数共41980人，参保覆盖率达100%；完成新型农村养老保险参保人数5151人；完成城镇居民养老保险参保人数4549人，均完成了市下达任务的100%以上。三是积极落实再就业工作，实现河东区城镇新增就业1632人，农村富余劳动力转移就业707人，技能培训552人，为448名“3545”灵活就业人员办理社会补贴158万元，城镇登记失业率控制在2.3%以内。四是大力开展基层群众文化活动。投入250多万元为榕根、月川、春光、临春等居委会完善图书室、健身活动中心及体育设施。组织社区群众参加黎苗族传统节日“三月三”等活动，鼓励社区开展群众喜闻乐见活动等，不断丰富群众文体生活。五是加强农村低保及救助对象社保工作。完成12个社区申请城市低保1076户，2177人；两个村委会申请农村低保有637户，1396人；发放5名五保户救助金13800元；发放90岁以上的52名老人救助金54100元；完成全区发放优抚对象32人抚恤金17.32万元。六是关注帮助弱势群体。利用春节、八一期间组织慰问军烈属、特困户、五保户、残疾人困难户，共发放慰问金18万元，发放大米、花生油计14万元，发放慰问品计380件和春荒救助粮25000公斤。入户为16名重度残疾人办理新残疾人证；为21名残疾人实施白内障免费复明手术。

五、农村工作、工青妇及武装工作开展富有成效。在农村工作中，积极落实强农惠民政策，完成粮食直补2291亩21万元，良种补贴3万多元，畜牧业补贴90多万元；积极落实防风防汛抗灾工作，下发市财政灾后恢复生产资金100万元发放至海罗、东岸、榕根、临春等村进行灾后恢复生产。认真落实林业、科技信息及科普工作，完成“绿化宝岛”造林工作实现通道绿化179亩、村庄绿化55亩。武装工作扎实有效，完成冬季征兵任务、民兵组考核及共建部队慰问。2012年河东区被市评为市双拥模范单位，区工委书记宫建国与区管委办公室主任潘宝海同志被评为全市双拥模范先进个人，区下辖港门村、大东海社区被评为双拥先进单位。

▲ 河东区工委书记宫建国在春节黄金周动员大会上讲话

▲ 河东区管委会主任陈明在重点项目开工仪式上发言

▲ 河东区项目建设投资居全市之首，未来发展潜力巨大

旅游保障区 商贸中心区 渔业高产区

三亚市

▲ 河西区重点项目开工

▲ 加强社会服务管理调研会议

▲ 便民服务大厅

▲ 开展社区义诊，呵护百姓健康

河西区位于三亚河以西一带，东至三亚河，西临三亚湾，南接南边海，北连凤凰镇和河东区的月川社区，辖区面积17平方公里，其中市区13.11平方公里，东岛0.74平方公里，西岛2.78平方公里，凤凰岛0.37平方公里。辖区居民4.6万多户，22.15万人，其中常住人口11.83万人，流动人口10.32万人。辖区内有中央、省、市机关、企事业单位294个，各类宾馆酒店380余家（其中星级以上宾馆酒店32家），家庭旅馆236家，主要医院4家，农贸市场8家，各类生产经营企业、个体工商户、商铺网店约4060余家。河西区是三亚的两大城区之一，是三亚的滨海大区、旅游大区、商贸大区、渔业大区和旧城大区。

一、优化产业结构调整，全面推进经济又好又快发展

2012年，河西区通过大力实施"海洋强区、商贸富区、旅游兴区"的区域振兴战略，努力打造"旅游保障区、商贸中心区、渔业高产区、旧城巨变区，管理精细区"，全区综合实力得到进一步增强。2012年全区国民生产总值（GDP）63.29亿元，同比增长10.49%。其中：渔业生产完成（产量56294.6吨）4.80亿元，同比增长9.40%；第二产业完成7.63亿元，同比增长11.1%；第三产业完成50.86亿元，同比增长11.2%。居民人均收入达2.4万元，同比增长16%。全区固定资产投资约35.5亿元，其中，基础设施项目4个：金鸡岭社区污水管网工程、三亚桥重建工程、三亚凤凰岛岛外供电线路工程、三亚路灯改造工程；社会事业项目4个：三亚有线数字电视传输中心、市人民医院改扩建二期工程、航空旅游职业学院三期工程、金鸡岭市场升级改造；还有三亚国际交流培训中心、凤凰岛开发等85个现代服务业项目，至今凤凰水城荔枝湾、海岸名都、滨海豪庭、三亚瑞海水范等四个项目已竣工投入使用，实际完成投资约13.3亿元，已竣工项目5个。

一是狠抓旅游商贸业发展。充分发挥凤凰岛邮轮母港的辐射效应，打造20多条特色街巷，全区4060多家各类商铺、饮食摊点、海鲜广场、歌舞厅、文化广场，还有10多条特色街巷等，让游客“吃得放心、玩得开心、购得称心、住得舒心、行得欢心”，高兴而来、满意而归。

二是推进海洋渔业生产规模化、产业化和效益化发展取得良好成效。全区有三个渔业社区，两个大型的渔民专业生产合作社，渔业劳动力5700余人，拥有各类渔船583艘，百吨以上渔船82艘。拥有养殖专业户94户和2家养殖公司，养殖网箱3223口；拥有水产加工企业19个，加工能力11.9万吨/年，冻结能力530吨/日；制冰能力1250吨/日；冷藏能力810吨/次，渔业经济占全市渔业90%以上。2012年渔业总产量56294.6吨，同比增长9.4%。

三是旧城改造有序推进，项目建设取得阶段性成果。2012年已利用政府资金约5420万元对50条街巷通道、6条街164盏路灯、6个供电变压器、14个小区地板硬化和2处园林绿化等85个项目进行改造，打通了一批“断头路”，

河西区

规划出1300多个停车位，交通乱象问题相应得到治理。

二、坚持民生为大，不断完善保障体系，积极促进公共服务均等化

2012年帮助困难家庭1838户3609人，办理城市居民最低生活保障，参加城镇居民养老保险11500余人，1500多人已领取到养老金，完成农村居民养老保险3680人，780人已领取到养老金。居民医疗保险通过社区网格知晓率100%；帮助5000余户居民申报市保障性住房，帮助1786户困难家庭办理租赁住房补贴，利用节日开展走访慰问空巢老人、低保户等703人，发放慰问品和慰问金60.265元。

三、全面提升管理创新能力和水平，建设平安和谐幸福河西

积极构建“繁荣、有序、文明、活力”的城区，以文明教育进家庭、进社区、进商铺、进市场、进企业、进学校活动为载体，组建了社区青少年教育、关怀留守儿童、禁毒妇女之家、蓝丝带海洋保护等6支社区志愿者队伍，深入推进社会公德、职业道德、家庭美德、个人品德教育。不断加大公益性文化事业投入，逐步形成了覆盖辖区比较完备的公共文化设施和服务体系，深化公益性文化事业单位的协调管理，确保先进文化进社区，体现人文关怀、增强居民归属感。打造文明宣传教育“一社一品牌”。建成10条社区“100米文化长廊”，海月广场、西河岸广场文化蓬勃发展，成为市民、旅客参与率高、且经久不衰的广场文化之一。

四、构建网格化综合服务机制，推进社区服务管理创新

一是管理区域网格化。打破原有社区领导“分管制”，将各社区划分成若干网格，实行“网格长”负责制。推行“三级网格”管理，将18个社区划分成114个网格，建立“网格长”的网格管理形式。二是管理内容标准化，制定网格工作人员的“三活”（即社区工作人员对责任网格的工作对象和工作资源准确掌握，成为本网格的“活户籍、活档案、活地图”）、“四清”（即每个社区工作人员要对所负责区域的情况掌握到位，做到“家庭情况清、人员类别清、区域设施清、隐患矛盾清”）、“五到家”（即走访帮扶到家、意见梳理到家、感情沟通到家、工作细致到家、好事实事办到家）工作标准，理清网格工作人员工作职责范围和工作规程，便于社区工作人员月度绩效考核工作的开展。三是管理人员责任化。在网格化管理中，每个社区工作人员都有了一份“责任田”，将社区服务管理工作内容全覆盖。社区工作者实现由“专人专职”到“一岗多能”转变，网格长既负责网格内的所有事务，又负责自身的专业事务，充当发现、管理、处置、协调、报告第一人。

▲ 河西区第六届龙舟赛开幕式

▲ 大学生志愿者开展保护海岸线活动

▲ 河西区鼓励扶持渔民造大船

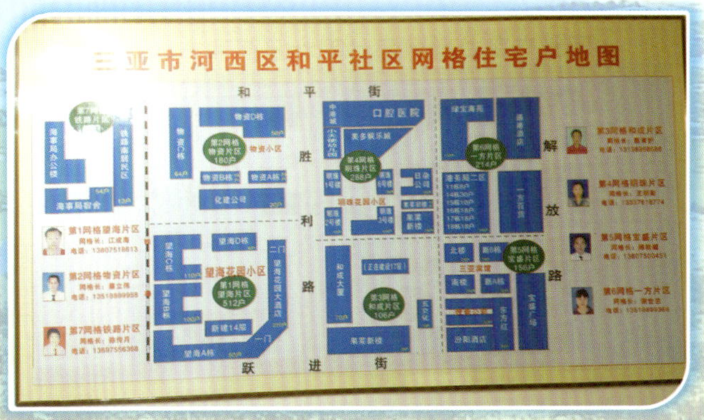

▲ 构建社区管理服务网格化

三亚市

▲ 团结前进的领导班子

▲ 繁荣发展的各民族活动

▲ 在新农村建设中富裕起来的凤凰农民

凤凰镇，声名悦耳，景色旖旎。地处三亚的西大门，东与繁华市区一步之遥，南接三亚湾万顷碧水，西距高速路口不到8公里，北靠三亚凤凰国际机场。2001年8月，由原羊栏镇、高峰乡合并，设立凤凰镇。行政区域面积487.37平方公里，耕地面积27072亩，现辖有13个行政村，3个居委会，160个村民小组。目前，全镇共有党的基层组织45个，其中党委1个，党总支4个，党支部40个，党员1920人。全镇总人口62982人（流动人口6702人），农村人口49916人，少数民族人口42738人，其中黎族33091人，苗族989人，回族7838人，是海南唯一有黎、苗、回、汉等多民族聚居的乡镇。

凤凰镇近年来发生了历史性巨变，人民的物质、文化生活水平明显提高，全镇经济实力明显提升。2012年，全镇地区生产总值49.6亿元，其中第一产业产值5.7亿元，第二产业产值6.8亿元，第三产业产值37.2亿元，三大产业比值为11.4:13.6:75。辖区全口径地方税收达17.35亿元，比去年同期增长31.4%，其中旅游收入达3000万元；全年固定资产投资37.4205亿元，其中房地产开发投资22.245亿元；农民年均纯收入达8780元，比去年增长15.5%。

近年来，在市委、市政府的正确领导下，凤凰镇全面落实科学发展观，深入开展创先争优活动，全面构建文明、和谐、平安、富裕的新凤凰，经济社会各项事业取得了长足进步，曾荣获“中国生态文化名镇”、“中国果菜百强乡镇”、“全国小康建设明星乡镇”、“中国果菜产业明星乡镇”、“海南省先进基层党组织”、“海南省农村治安突出问题整治行动先进单位”、“2011年度海南省生态文明乡镇”、“禁毒优秀社区”等多项荣誉。

海南省第六次党代会胜利闭幕之后，凤凰镇积极组织全镇广大党员干部群众认真学习贯彻落实省第六次党代会精神，努力争当“坚持科学发展，实现绿色崛起”的排头兵，并依照市第六次党代会对凤凰镇“以发展城郊型农业和旅游

槟榔河5A级乡村旅游区

繁荣发展的各民族活动

凤凰镇

产品加工业为主，形成三亚中部旅游服务基地”的要求，结合实际，制定了未来五年的发展目标——打造三亚城郊绿色强镇。针对这个发展目标，凤凰镇的具体思路是“五个争创”，即城郊农业争创高效、旅游服务争创品牌、统筹城乡争创示范、特色管理争创一流、党的建设争创先进。在今后的工作中，将以“五个争创”为抓手，重点推进“一区”、“二带”、“三特色”的发展战略。

“一区”指的是高峰山区，即把高峰地区作为一个独立的发展片区，引进实力雄厚的知名企业对高峰地区进行“三亚腹地森林旅游”打造。同时，加强对高峰地区的总体规划和保护性开发。

“二带”指的是两个带状片区。“第一带状”把三亚湾16公里海岸线作为高端商业住宅、休闲旅游度假开发区，重点加大旅游服务、环境保护的力度。“第二带状”从凤凰路连接海榆西线一直延伸到天涯海角，包括羊栏、回辉、桶井等9个村（居）委会，这个片区定位为商贸、餐饮、旅游产品加工服务基地、乡村旅游开发区。

“三特色”指打造特色热带休闲农业基地、打造特色村寨以及打造特色回族文化。打造“特色热带休闲农业基地”主要是通过加大南果实业、设施农业、南繁基地和反季节瓜菜种植的建设力度，建立以产、供、销、储为一体的立体化农业体系，打造城郊特色热带休闲农业基地；打造“特色村寨”主要是以槟榔河5A级乡村旅游开发为依托，按“一廊八区”的总体规划打造具有黎族风情的“特色村寨”。“一廊”即槟榔河亲水休闲长廊，“八区”为黎族文化体验街区、国际乡村养生度假区、琼州海黎园、现代农业观光区、农家乐体验区、黎苑特色旅游小镇区、槟榔河山地运动区和综合服务中心；打造“特色回族文化”主要是以解放四路末端至回新路改造为契机，规划建设具有伊斯兰风情的回民饮食和工艺品一条街。同时，斥巨资研究开发专利性的“三亚旅游吉祥物”，打造“三亚旅游纪念品品牌”，进一步弘扬回族伊斯兰文化。

▲ 凤凰在腾飞

▲ 美丽的槟榔河畔

浓郁的民族风情

风景秀丽的三亚湾

休闲度假的天堂

▲ 海棠湾酒店内景

▲ 海棠湾酒店全景图

▲ 椰洲滨海酒店群

“美丽三亚 浪漫天涯”。在这座令人向往的国际热带滨海旅游城市东部，有一片享有“国家海岸”美誉的海湾，这就是海棠湾。

海棠湾距离三亚市区28公里，距离凤凰国际机场31公里，拥有比肩世界著名滨海旅游度假区的国家稀缺性旅游资源。海棠湾海岸线长22公里，区域内除海水，沙滩，风情，民俗，温泉及岛屿外，还有总长14公里长的原生态内河水系，总面积8平方公里的泄湖以及丰富的湿地资源。

海棠湾开发建设是海南省“十一五”和“十二五”重点建设项目之一。经过几年开发，国家海岸海棠湾已成功崛起，成为海南国际旅游岛一个新的高端旅游度假区。

【经济建设】2012年，海棠湾开发建设完成年度投资116.5亿元(含征地拆迁补偿）。其中政府投资项目完成10.1亿元，社会投资项目完成93.2亿元，征地拆迁支出13.2亿元。

【旅游业发展】湾区内已有11家酒店开业，总客房量达到3400间，具备年接待百万人次游客的能力。2013年有3家五星及超五星级酒店新开业。

海棠湾旅游具有几个之最：海南面积最大的度假区（110平方公里）；国际酒店品牌最集中（32家以上）；世界最大免税店（2013年底开业）；综合服务设施最完备（5个大型主题公园）；规划理念最超前（酒店带建在巨大沙坝上，右有海水，左有淡水）。

【招商引资】2012年海棠湾加大招商引资力度，引进一批与海棠湾规划相吻合的绿色、低碳、高附加值的产业项目落户。保利集团、招商地产、中交集团、天房集团、中外建等企业投资参与海棠湾开发建设。阳光保险、贵州茅台酒厂（集团）、三亚财经国际论坛、国美控股集团在海棠湾落地。亚特兰蒂斯、企业绿都、梦幻不夜城、大果王等一批对三亚产业发展具有重大影响力的大企业、大项目意向落户海棠湾。

【民生工程】把推进风情小镇BT建设作为统筹城乡发展、改善民生的中心工作来抓。采用BT方式建设10个风情小镇，首批开工的7个总投资78.4亿元，总建筑面积196万平方米、总用地面积4170亩，工期一年，建成后能安置7700户搬迁户，争取2013年底前完成5个并实现搬迁。余下的风情小镇2014年前全部开工，力争2015年底前全部完成搬迁工作。

【城乡统筹】按照城乡一盘棋的理念和“发展性、多样性、相融性、共享性”原则，对海棠湾区域产业发展、基础设施建设、社会事业配套建设等方面进行统一规划。市政基础设施逐步完善，65公里长的16条市政道路已建成通车，供水、供电、电信、燃气等配套工程同步完成。日处理污水总量达7万吨以上两个污水处理厂已投入运营，东部供水厂已供水。解放军总医院海南分院已开诊，医疗卫生条件得到改善。拥有14台公交车的海棠湾城乡公交网络已开通运行。

海棠湾正努力建设中外游客的度假天堂，海棠湾人民的幸福家园，城乡统筹的示范区，绿色崛起的先行区，助力海南国际旅游岛书写美丽中国的海南篇章。建成后的海棠湾将呈现五大特色：

【度假海棠湾】滨海一线地带规划建设32家以上世界顶级品牌酒店，客房总量达到1万多间。包括：豪华精选、喜来登、康莱德、希尔顿逸林、万丽、凯宾斯基、威斯汀、洲际、索菲特、君悦、香格里拉、四季、W、瑞吉、蒙太奇、华尔道夫、文华东方、丽思卡尔顿、万豪、皇冠假日、edition、温德姆至尊、红树林、凯莱、亚特兰蒂斯等，将成为中国酒店数量最多、品牌最高端、设计理念最超前的国际休闲度假区。成为海南国际旅游岛一个顶级的度假区，中国休闲度假的新地标，全世界最为集中的国际酒店走廊。

【宜居海棠湾】充分利用贯穿南北、绵延悠长的水系，让每一位身临其境的客人尽享独特自然水景，体验多种文化魅力。以全新的BT模式，请实力较强的国有大型专业企业建设十个风格各异的风情小镇，建设总容量超过1.1万栋，可安置近5万名拆迁居民。风情小镇将成为海棠湾人民的宜居乐园，海棠湾百姓的精神家园，本土文化与异域文化的新载体。

【活力海棠湾】依托海上运动、海岛娱乐、原创演艺、游艇社区以及梦幻不夜城、南中国影视城、亚特兰蒂斯等大型主题公园，建成中国第一、世界一流、充满活力的高端度假区，形成业态丰富、覆盖宽广的活力湾区。

【财富海棠湾】在铁炉港片区规划近3000亩地，建设海南首个总部经济与金融产业园区。依托企业绿都、阳光保险、财经论坛、国购中心等大型项目，构建一个海南全新的产业基地，形成产业创富能力极强、聚集度极高的财富湾区。

【养生海棠湾】以解放军总医院海南分院和国际养生社区等为载体，配合高尔夫、温泉疗养养生，满足各层次、全方位的休闲度假生活享受，形成疗养、休闲、康体高端湾区。

▲ 风情小镇

▲ 海棠湾沙滩

▲ 国际购物中心

三亚市

▲张作壮书记在全镇干部职工学习十八大精神大会上讲话

▲天涯法庭回迁揭牌仪式

▲天涯镇便民服务中心成立

▲新农村街景

天涯镇位于三亚西部，距市区约22公里。辖区总面积为119平方公里，管辖8个村（居）委会，共有78个自然村，115个村民小组，总户数9797户，常住人口35985人，流动人口471人，其中汉族人口5578人，约占总人口数的15.50%；少数民族人口30407人，约占总人口数的84.50%，是个少数民族聚居的城镇。镇区地理位置优越，交通发达，225国道、西线高速公路、西环铁路贯穿其境。旅游资源丰富，依山傍海，气候宜人，拥有长达15公里的海岸线。

镇区内有著名的“天涯海角风景旅游区”，还有南天生态观光园、兰花大世界、日出观光高尔夫球场、红塘湾高尔夫球场、力村水库度假区等风景区和休闲旅游度假胜地。良好的自然资源、优越的地理位置、日益完善的基础设施为天涯镇的各产业特别是旅游业和农业的发展创造了良好的条件，各方投资商接踵而至。全国农村土地产权制度改革试点（三亚市天涯镇力村示范区）综合开发项目、红塘湾旅游度假区项目、三美湾度假酒店、三亚金莎酒店项目纷纷落户天涯镇。

2012年主要经济指标完成情况。2012年，全年完成省市重点项目（含三亚金沙酒店）投资额共132443.8万元，完成年度投资计划的167.65%。2012年政府投资项目完成投资额2350万元，其中三间水库排洪工程及腊田水库防洪路工程已按计划完成，完成投资额约900万元。2012年社会投资总额135675.6万元。

财政方面，2012年，财政总收入4143万元。一般预算支出完成3858万元，同比增支301万元，增长8%，完成年度预算的110%。其中，基本支出完成1466万元，完成年度预算的103%；项目支出完成2391.6万元，完成年度预算的114%。

税收方面，2012年，组织税费收入1.5亿元，其中税收收入首次突破亿元大关，达10638万元，增长51%，超额完成全年税收任务。

群众增收方面，2012年天涯镇人均纯收入8640元，较2011年增加1101元，增长率14.6%。

改善教育环境，提高教育质量。认真履行抓好教育工作职能，教育工作得到稳步发展：一是做好发动学生春季入学工作，不让学生失学，巩固学生入学率，入学率达100%，完成九年义务教学任务。二是加强教育管理，全镇教学质量得到稳步提升，一年来镇各中小学克服办学条件的制约，加强教育管理，在教育教学方面天涯中学被三亚市教育

天涯镇

局授予教学成绩进步单位、网络教研先进单位，过岭中学在全市网络教研中排名第一。三是加大教育投入，改善办学条件，投入330万元维修天涯中学教学楼、教师办公楼、学生宿舍，维修过岭中学教室，修建红塘小学排水管道,修建满地可小学食堂、教学楼防盗网。四是着手抓好两所中学合并事宜，目前规划、选址征地工作已基本完成。

完善计生队伍建设，做好全年计生工作。结合辖区特点、以利益导向为基点，继续巩固诚信计生工作，依法行政，大力开展打击“两非”行为，全年无一例上访案件；加强孕情跟踪管理服务、建立孕情管理责任奖惩机制，安排专人负责孕情管理和服务工作，及时核对市各医院、天涯卫生院的孕情登记信息，每月对各村提供的孕情进行造册、汇总，及时跟踪月见面情况，并督促孕情协议书的签订，当年孕情掌握率为69.2%；按照国家《计划生育服务机构基础设施建设标准》建设镇计生服务，服务所现全面开展计划生育基本项目的免费服务，为天涯镇6000余名广大育龄妇实行优质技术服务创造了良好环境，全年共免费为1865人/次妇女查环查孕查病；共组织下村开展“三查”四次，重点检查对象625人参加；坚持以人为本，依托婚育新风进万家、关爱女孩等宣传载体，丰富宣传内容，促进宣传工作再上新台阶。目前，天涯镇总人口35728人，其中已婚育龄妇女6372人，占总人口的17.83%；落实各项避孕节育措施5058人，长效避孕节育措施落实率为83.72%；2012年性别比128.4，出生率15.47‰，符合法定生育率94.5%。

不断丰富人民群众文化娱乐生活。结合实际开展文明大行动活动，推动文化大发展大繁荣，今年来，以图书、体育、文娱等文化活动为载体，举办了2012年“迎春杯”体育运动会、2012年“迎新春”文艺晚会、“三月三”黎苗族活动、马岭居委会五龙街端午节游龙活动、“天马杯”足球比赛，参加了三亚市2012年“共创文明三亚，同建和谐家园”广场文化活动天涯镇专场及由天涯镇主办的海南民族歌舞团文艺下乡活动过岭村委会文艺晚会，组织老年人参加市老年人协会举行的气排球和健身操竞赛等活动。今年，增加29个农家书屋落实到各个自然村，并建立自助图书馆，在全镇范围内形成了追求健康文明生活方式的良好氛围。

▲ 三美湾丽晶酒店奠基仪式

▲ 2013年迎春杯机关运动会

▲ 天涯相会大型合唱比赛

▲ 热带兰花主题公园

▲ 省政协领导莅临育才镇进行林业调研

▲ 镇委书记、镇人大主席曾锋（右二）和镇委副书记、镇长周月霞（左二）深入三亚育才百川芒果农民专业合作社种植基地进行调研

▲ 育才镇隆重召开开展创文明村镇、建和谐家园活动工作动员部署会议

2012年，在三亚市委、市政府和镇党委的正确领导下，育才镇政府团结带领全镇广大干部群众，按照“一条主线，两业推进，三大建设，四个育才”的发展目标，积极调整农村产业结构，切实发展特色农业产业，促进农业增效、农民增收，创新社会管理，构建和谐社会，较好地完成年初确定的各项目标和工作任务。全镇地区生产总值5.05亿元（含农垦，下同），同比增长10.2%；农业总产值3.3亿元，同比增长8.5%；农民人均纯收入5779元，同比增长38%。

一、强力推进农业经济，农民收入实现增长

2012年，育才镇不断调整和优化产业结构，通过整合现有的52家农民专业合作社，做大做强“美丽事业”、“甜蜜事业”、“绿色事业”、“奔跑事业”、“腾飞事业”等“五大品牌事业”。建成130多亩的兰花温室大棚，扩大玫瑰花种植面积至80亩，为“美丽事业”奠定良好基础。成立了全省首家林业农民专业合作社，带动社员56户，种植面积达621亩。扶持金盆岭有机稻米生产农民专业合作社，带动雅林农户发展种植有机稻米568亩，扶持扩建马亮村有机蔬菜保障基地160亩，壮大“绿色事业”发展规模。成立9家以养猪、养羊为主的养殖农民专业合作社，建成雅亮五脚猪等养殖基地，启动建设明善万头养猪场。成立5家以香草鹅、山鸡养殖为主的农民专业合作社，扶持马亮、龙密、马脚等本地鸡养殖基地，扩大本地鸡的养殖规模，增大经济合作组织实体，提高了市场竞争力。扶持抱安野生蜂蜜深加工项目，进一步扩大养蜂面的同时，侧重发展与蜂蜜相关的产品深加工业，提高产品附加值。

二、强力推进镇村建设，镇村环境优美和谐

认真落实“科学规划年”部署，组织完成了育才镇总体规划编制工作。村庄规划覆盖率达到60%。落实了龙密城边村改造项目规划的前期工作。加快新农村建设，推广一批生态文明示范户，完成规划布点49个。积极推进新农村建设试点工作，对马亮村委会多功能服务中心、黑水村等进行改造。新建明善村委会等村道硬板化公路6.45公里。建设维修一批文化体育设施，成功举办了“和谐育才，绿色崛起”专场文艺晚会、“农产品大比拼”活动、“三月三”文艺演出等文体盛事，丰富群众的农闲生活，促进育才镇的精神文明建设。开展了“绿化宝岛”行动，共种植树苗50万株。加强对重点生态公益林的管护，积极落实生态补偿工作，已发放生态补偿资金102.3万元。加强环境卫生管理工作，推行一月一评制度和垃圾收运补贴制度，使农村垃圾收运有序进行，农村环境卫生明显改善。在马亮、龙密、雅林三个村实行创新社会管理试点，大力开展“创文明村镇、建和谐家园”活动，组建文明互助会，组织召开村民联席会议，增强村务公开的透明度。育才镇的社会管理工作得到了省、市综治办的肯定，并作为先进经验在省、市创新社会管理会议上介绍。积极做好社会治安综合治理工作，全力维护社会稳定，大力

开展矛盾纠纷排查调处活动，共开展排查19次，排查纠纷318宗，调解318宗。

三、强力推进民生改善，为民服务为民解忧

基础设施建设方面，投入1500万元建设雅亮、明善等6个饮水安全工程，解决了22个村民小组4800名农村群众安全饮水问题。投入5800万完成了市政道路一、二期工程，开工建设市政道路三期工程和4#干部职工周转房。对马亮田洋及雅林高岭水渠、抱便水库南干渠等4条渠道进行了整治和改造，工程效益面积达3500多亩，进一步改善了农业生产条件。

住房保障方面，2012年共完成民房改造365户，立项建设经济适用房156套。

医疗卫生方面，投入19万元支持卫生院软硬件建设，提升公共卫生医疗服务水平。

公共教育方面，完成中心学校等5所学校的校安工程。启动建设育才镇中心幼儿园，着力解决农村幼儿上学难问题。继续落实中小学生早餐补贴、山区教师补贴以及考上大学学生家庭补贴制度。

社会保障方面，城乡居民医疗保险参保率达108%，比上年提高7个百分点，城镇养老保险参保率达95.67%，养老金发放率达100%，完成市下达的任务指标要求。

就业创业方面，实现农村劳动力转移就业1456人，完成市下达任务的100%。

惠农强农方面，投入30万元用于群众临时治疗救助，共救助困难群众96人，发放救济粮126.71吨，棉被2409床。投入灾后恢复生产及重建经费220万元，大力扶持农民灾后生产。完成了物价补贴、家电下乡补贴、退耕还林补贴等发放任务。创建常年蔬菜基地1000亩，发放补贴31.2万元。圆满完成农村土地承包经营权登记试点工作，共完成家庭承包土地确权面积18307亩，换发农村土地承包经营权证书3591本。

四、强力推进作风建设，政府职能充分发挥

按照“为民、务实、清廉、高效”的要求，坚持与时俱进，转变政府职能，强化政风建设，提高行政效能，不断推进各项事业的发展。切实开展便民服务工作，建成了三亚市首个乡镇政务服务中心，2012年共受理了各类行政许可、行政审批及市政服务事项共4299件，办结率达100%，切实履行了“一站式”服务职能。主动接受人大监督，积极落实答复人大代表建议、意见。推行领导干部“走村进户”活动，镇领导干部包村，镇干部“上派下挂”，提高解决群众问题的效率，干部作风在一线转变。规范村级财务管理，扎实推进村务公开，加强对农村集体“三资”的监管。全面落实党风廉政建设责任制，实行重大事项和个人收入报告制度。开展集中整治“庸懒散贪”专项工作活动，对“庸懒散贪”问题开展监督检查，促进整改，真正转变干部作风。

▲ 欢度2012年海南黎族苗族传统节日“三月三”系列活动

▲ 绿色崛起，我们在行动

▲ 初具规模的“三鸟”养殖合作社

三亚市政府国有资产监督管理委员会

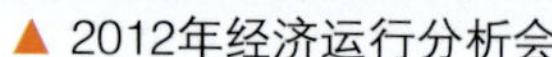
▲ 2012年经济运行分析会

▲ 三亚市国有资产监督管理工作会议

一、国有经济发展质量和效益稳步提升。2012年末，三亚市国有企业完成国资收益5460万元，完成市政府下达4800万元任务的113.7%。市属23家重点监管企业资产总额379.99亿元，同比增长87.29%；负债总额181.83亿元，同比增长10.98%；净资产总额198.16亿元，同比增长371.82%；营业收入总额8.71亿元，同比增长58.6%；成本费用5.83亿元，同比增长34.89%；净利润1.96亿元，同比增长113.99%；上缴税收11893万元，同比增长9.95%。

二、国企改革取得显著成效。59家国企关闭退出工作取得重要进展。2012年末，按规定共安置了51家企业5600名职工，共发放安置费10,053 万元，缴纳社保费8,811万元。启动并完成了85家劣势企业清产核资工作，初步摸清了企业家底。对关闭退出企业历史遗留问题初步摸清，与有关部门联合发文向市政府申请启动国企改革资金解决企业遗留问题。加快推进市电视机厂的政策性破产工作，完成电视机厂职工劳动关系清理、安置费测算、安置方案编制等，并按程序做好社保费核销及后续安置准备工作。推进迈迪公司清算工作，完成“爱心大世界”委托给富华置地有限公司代管的移交工作。

三、国企发展取得新突破。2012年，通过转变企业发展模式，多渠道谋求企业多元化发展，以此提升企业的综合实力和市场竞争力，企业发展取得了新的突破。由大小洞天公司、南山旅游发展有限公司等4家企业联合组建了海南航程旅游发展有限公司；组建水务、公交、旅游控股、金融投资平台、渔业、水产、商贸等集团公司向多元化发展。三亚港务局及时调整产业升级方向，合资成立了洋海旅游公司，引进散装水泥装卸线和存放业务，增加了营业收入。打造“鹿回头”之夜文化项目，引进品香园公司开发文化旅游项目，增加和丰富了鹿回头景区夜晚旅游项目。

四、合作项目建设力度显著加大。2012年，三亚市国有企业共实施9个合作项目，市政府重点项目3个，市政府已批准实施项目6个。项目预计投资总额66亿元，项目建设用地约485亩。3个市政府重点项目已有新进展，第一农贸市场升级改造工作已明确开发主体及拆迁范围，规委会已批准项目容积率为6.0。市政府批准的6个合作项目已经开始启动，其中原天涯水泥厂职工宿舍区旧城改造项目已展开规划报建工作，职工住房拆迁安置工作也正在同步开展；市建材厂与三亚东锣岛公司合作项目已开始拆迁清场，同心家园九期150套职工安置房已开始在建，年底封顶；市建筑工程总公司与三亚中鑫房地产开发有限公司合作项目已进入施工阶段。

五、国资监管水平明显提高。健全完善国有资产监管制度体系。制定了《关于加强和促进我市国资国企发展的若干决定》等20多个规章制度，基本形成了较为完善的国资监管规章制度体系，为加强国资监管和国有企业发展提供政策依据。强化企业预算审计监督，规范企业财务预算管理，提高企业财务监管水平。完善企业法人治理结构，建立了10家重点企业的监事会，并完成了外派监事工作，监事会覆盖面达到50%。重视产权登记、清产核资、资产评估等产权管理工作。

▲ 三亚市国资系统经济形势分析与企业发展专题讲座

▲ 三亚市国资委系统反腐倡廉警示教育报告会

出谋划策　高效服务　实现绿色崛起

三亚市发展和改革委员会

▲ 上级部门莅临指导工作

三亚市发展和改革委员会是主管全市国民经济、社会发展和经济体制改革的市政府正处级工作部门，内设办公室、综合科、固定资产投资科、重点项目科、产业一科、产业二科、经济动员科、行政审批办公室、招投标管理和概算审核科等十个科室，其直属单位包括三亚市投资服务中心、三亚市物价局和三亚市粮食局。

2012年，在市委市政府的正确领导下，三亚市发改委紧紧围绕省委、省政府“项目建设年”的工作部署，加强调研，强化项目管理，注重改革开放，关注民生改善，充分发挥经济部门的参谋作用，较好地完成了各项工作任务。

一、努力实施经济社会发展规划，力促各项指标上台阶。认真按照年初市人大会议审议通过的市政府工作报告和2012年国民经济和社会发展计划提出的各项目标任务，努力促进全市经济社会稳定较快发展。初步测算，2012年全市生产总值330.75亿元，同比增长9.3%；固定资产投资430.34亿元，增长21.0%；社会消费品零售总额104.80亿元，增长21.8%；地方公共财政收入60.25亿元，增长20.4%；城镇居民人均可支配收入23295元，增长13.8%；农民人均现金收入8825元，增长16.4%。

二、认真开展“项目建设年”调研活动，力保全年投资任务顺利完成。成立了由张利主任组长、委副主任副组长的“项目建设年”调研领导小组，在2月8日至17日深入两区六镇，积极开展“项目建设年”调研活动，通过调研，全面了解三亚市项目建设的基本情况，重点摸清项目建设过程中存在的具体问题并提出解决问题的对策建议，形成了调研报告上报市委、市政府，为市委、市政府决策提供现实依据。在重点项目推进过程中，实行“六个一”一揽子负责制和项目“工期倒排”推进制度，有效地推进了重点项目的建设。2012年，34个省重点项目完成投资突破200亿元，超额完成年度计划的21%；72个市重点项目完成投资突破300亿元，超额完成年度计划的10%。充分发挥固定资产考核工作的激励、监督和导向作用，加快三亚市项目建设推进，促进经济结构调整和发展方式转变。按照《三亚市2012年全社会固定资产投资项目计划》目标任务，至2012年底，全社会固定资产投资预计完成430.34亿元，同比增长21%，完成年度计划的100.1%。

三、加强政府投资项目管理，充分发挥政府资金效益。编制完成了《三亚市2012年政府基本建设投资计划》并报市政府批准实施。研究提出《三亚市2013年政府基本建设投资计划》（送审稿）。严格执行《三亚市政府投资项目管理暂行规定》，按照规定的办事时限完成项目审批工作。跟踪了解全市政府投资项目进展情况，每月15日前将全市政府投资项目进展情况报市有关领导。至2012年底，全市政府投资项目完成投资约79.1亿元，增长30.8%。

四、加强民生保障，提高公共服务能力。全年安排中小学基本建设资金超过1亿元。育才镇中心幼儿园已开工建设，其他区镇中心幼儿园正加快推进前期工作。琼州学院三亚校区等在建高校完成投资2.09亿元，高校办学条件得到有效改善。解放军总医院海南分院建成开诊，市人民医院改扩建二期、中医院三期等项目进展顺利，市妇幼保健院整体搬迁（新址）建设项目的前期工作取得新进展。

五、强化招投标管理，规范招标行为。全年共完成项目建设招投标核准237件，其中公开招标192件，邀请招标45件；上报省发改委获批邀请招标7件；招标备案447件，其中共审查保障性住房、交通、水务等工程建设项目招标备案202件；设计变更备案19件，设计变更批复4件。

▲ 召开会议做重点工作部署

▲ 举办三亚市发改系统首届运动会

三亚市公安局

▲ 省长助理、公安厅长李富林视察三亚市公安局信息化建设

▲ 局领导共同按动新闻外网启动球

▲ 三亚市公安局新指挥大厅正式启动

2012年，在三亚市委、市政府和省公安厅的正确领导下，三亚公安以“国际化、现代化、正规化、人性化”为工作目标，继续发扬“敬业、创新、忠诚、勇敢”的精神，不怕牺牲，连续奋战，顽强拼搏，无私奉献，进一步提高现代警务实战和行政管理的能力，不断满足海南国际旅游岛建设的需要，为建设平安三亚、和谐三亚做出积极贡献。

一、面向国际化，新标准新要求。一是维护社会稳定。全年共收集上报情报信息193件，搜索、浏览、研判网上信息19万余条，反馈各类敏感信息178条，进行正面舆论引导5000余次；先后排查调处了各类矛盾纠纷96起，配合有关部门妥善处置群体性事件30起，有力地维护了全市社会大局稳定。二是完成安保任务。2012年，出色完成了“2011-2012年沃尔沃环球帆船赛三亚站”等大型活动安全保卫任务并圆满完成了警卫任务58批，其中一级10批，二级19批，三级29批。

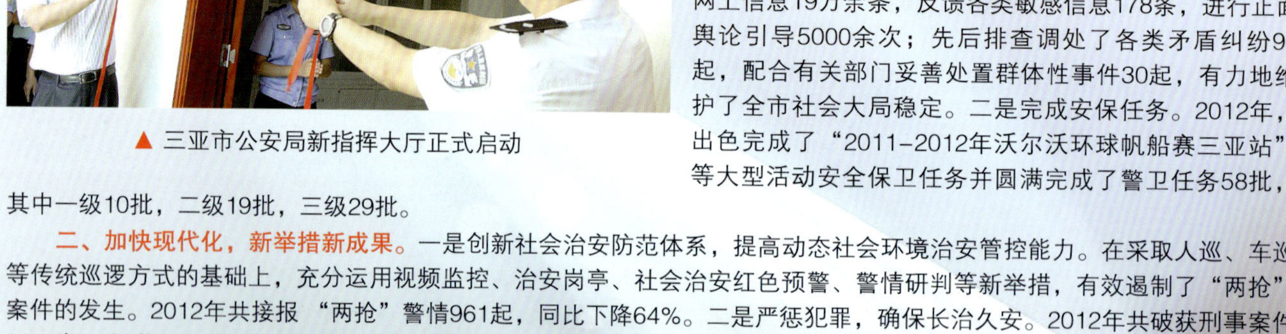

二、加快现代化，新举措新成果。一是创新社会治安防范体系，提高动态社会环境治安管控能力。在采取人巡、车巡等传统巡逻方式的基础上，充分运用视频监控、治安岗亭、社会治安红色预警、警情研判等新举措，有效遏制了“两抢”案件的发生。2012年共接报 “两抢”警情961起，同比下降64%。二是严惩犯罪，确保长治久安。2012年共破获刑事案件2127起，抓获犯罪嫌疑人1425名，命案发生25起，侦破24起，摧毁各类犯罪团伙28个，抓获成员130名；破获“两抢一盗”案件1254起，抓获犯罪嫌疑人606名；破获经济案件151起，抓获犯罪嫌疑人42名，涉案金额6500多万元，挽回经济损失5700万元；破获贩毒案件263起，抓获贩毒嫌疑人289名，缴获毒品总量74662.1克，枪支7支，子弹9发；收戒吸毒人员1771人。

三、管理正规化，新队伍新面貌。2012年共提拔调整处级干部12名，提拔任用正科级领导干部20名、副科级领导干部29名；协调、组织各类培训班115期，培训民警3467人次，培训文职协勤 6期 906人次，组织赴苏州交流学习骨干民警81人；组织民警观看警示教育影片15场次，8300人次，组织党员民警上廉政党课4场次，参加人数1023 人次。

四、注重人性化，新思路新气象。一是加大接待群众来信来访工作力度，坚持各级公安机关一把手每月2次接访制度。全年共接待来访群众1086人，受理信访事项288件，办结251件，回报275件。二是加大对外宣传力度，2012年在中央、省、市各类新闻媒体上宣传三亚市公安局的稿件共800余篇，由该局通讯员编发的稿件108篇；新闻办组织新闻发布2次，接待新闻媒体记者采访50余次，成功应对处置网络新闻事件21起。

▲ 博鳌亚洲论坛期间，三亚市公安民警开展搜爆安检工作

三亚市人民政府政务服务中心

▲省委常委、三亚市委书记姜斯宪到三亚市政务中心调研

▲三亚市委副书记、市长王勇在三亚市政务中心主持召开市政府专题会，研究行政审批工作和三亚市政务中心发展问题

▲三亚市政务中心主任、党组书记侯振华作2013年下半年工作部署

2012年以来，三亚市人民政府政务服务中心（以下简称三亚市政务中心）以“保平稳运行，抓重点突破”为工作思路，紧紧围绕“建设全国示范政务中心”的工作目标，不断深化审批机制改革，优化审批效能，提高服务质量，成为了三亚建设服务型政府的一面旗帜。

一、总体运行情况

目前，三亚市政务中心共集中管理全市45个单位的800多项行政审批（服务）及社会公共服务项目，项目平均办理时间3.11个工作日，按时办结率100%，当场办结率57.59%，提前办结率96.44%。三亚市政务中心公共资源交易大厅2012年全年共完成交易687宗，招标控制价1224201.31万元，中标价1199003.56万元，节约资金25197.75万元，节约率为2.06%。

二、主要工作成效

（一）明确了“五年三大步”工作计划。为实现三亚市政府提出的“力争五年内将市政务中心建成全国示范政务中心”的工作目标，三亚市政务中心制定了“五年三大步”工作计划。2012-2013年要实现行政效能和公共资源交易管理达到国内一流水平的“双一流”目标。

（二）完成第三次项目清理工作。按照全市行政审批项目清理工作会议要求，三亚市政务中心开展了第三次项目清理工作。通过项目审查、专家审核等环节，共清理出全市行政审批（服务）项目1068项，其中纳入政务中心集中管理的项目共807项，未纳入市政务中心集中管理的共261项。三亚市于2013年7月1日起实行目录内审批。

（三）公共资源交易管理水平明显提升。2012年以来，三亚市政务中心公共资源交易中心通过确立“政府主导、管办分离、集约高效、市场配置、全程监管”的模式，实施“两封闭三隔离”管理，实行网上报名、网上资格审查和电子评标，推行“三金制”风险管理和评标专家考核制度，全国率先上线公共资源交易招投标保证金及利息自动收退系统，公共资源交易管理水平明显提升，相关工作经验在2012年中纪委召开的全国公共资源交易市场建设工作推进会上获交流推广。

（四）启动“统一入口”导办机制。为全面履行好一次性告知义务，实现审批监管前移，三亚市政务中心建立了“统一入口”管理模式，并结合办件回访等手段对审批办“一次性告知”义务的履行进行监督。

（五）开展“万人评议”活动并取得良好效果。结合集中整治“庸懒散奢贪”问题专项工作，三亚市政务中心于2012年8月—2013年3月开展了“万人评议”活动,社会各界对三亚市政务中心的总体满意率达99.78%。

（六）完善基层便民服务中心建设。2012年12月，三亚市两区六镇便民中心已全部建成并投入运行，通过整合行政资源，统一服务规范，建立健全工作制度，建立了市、区（镇）上下联动的政务服务平台。

▲三亚市政务中心表彰2012年度优秀审批办

▲三亚市政务中心开展优质服务能力培训

三亚市旅游发展委员会

▲ 周春华主任为2012三亚国际婚礼时尚周荣获年度“导师级婚礼摄影师”获奖者蔡明亮先生颁奖

▲ 步行街服务站

近年来，在省委、省政府的正确领导下，三亚市紧紧围绕建设“亚洲一流、世界著名”的国际性热带滨海旅游城市的总体目标，全面实施旅游产业“转型增效、协调发展”战略，不断创新旅游管理、开发、服务模式，完善旅游产业体系，加快旅游基础设施建设，加大旅游市场开发力度，全市旅游产业规模不断扩大，旅游城市知名度不断提升，支柱产业地位继续巩固，对经济社会发展的促进作用明显增强。

2012年，全市接待过夜游客1102.22万人次，同比增长8.00%；其中：国内游客1054.08万人次，同比增长8.87%；入境游客48.14万人次，同比下降8.98%。旅游总收入192.22亿元，同比增长10.98%；其中：国内旅游收入175.46亿元，同比增长14.77%；旅游外汇收入26565.25万美元，同比下降15.02%（按2012年人均天花费计算）。

一、创新营销方式，展示三亚旅游魅力

2012年，三亚市旅游委共组织旅游企业200余家次，参加柏林国际旅游博览会、法兰克福国际会议和奖励旅游展、莫斯科春秋两季国际旅游交易会、日本世界旅游旅行大会、釜山旅游文化交流大会、中国国内（青岛）旅游交易会、泛珠三角旅游交易会等国内外专业展会，借助专业平台开展三亚旅游形象宣传。

在深入分析、细分市场的基础上，着力打造“三亚——婚庆圣地，蜜月天堂”的浪漫旅游地形象。提炼出“带着婚纱去旅行”、“爱她，就带她去三亚”的浪漫口号，开发文化氛围浓郁的海滨婚礼、游艇婚礼、海岛婚礼、祈福婚礼、黎族风情婚礼等婚庆旅游产品。预计全年将举办约600场婚礼。

▲ 上海婚博会三亚展台

促进旅游营销与文体赛事活动相融合。以沃尔沃环球帆船赛为契机，沿沃帆赛赛事路线，全面展示三亚丰富多彩的海洋旅游产品，先后在阿联酋阿布扎比、新西兰奥克兰、美国迈阿密等地开展三亚旅游专项推介。此外，通过承办或协办“阿罗哈杯”环海南岛国际大帆船赛、国际沙滩网球巡回赛（三亚站）、环海南岛国际公路自行车赛、2012新丝路模特大赛等大型文体赛事，提升了三亚的国际知名度和美誉度。

加大广告营销力度。在澳大利亚悉尼国际机场大屏幕、英文旅游杂志《Travel Trends》、加拿大《环球华报》投放三亚旅游形象广告；500万元预算投放俄罗斯和韩国市场，进行网络、电视、广播、平面媒体及户外广告宣传，加大三亚国际旅游形象标识宣传和推广应用的力度。

二、加强监督管理，规范旅游市场经营秩序

以三亚市作为全国旅游标准化试点城市为契机，推动旅游业健康、有序发展。积极推进旅游饭店星评和星评复核，2012年新增旅游饭店5家，取消星级8家；多次指导有关景区按标准创A，其中亚龙湾热带天堂森林公园已通过国家4A级景区指导性初评；指导旅游企业开展节能减排以及安全生产监督管理，着重加强了酒店泳池和海滨浴场的安全工作，对存在安全隐患的企业进行了通报，限期整改。

▲ 杭州站万象城开展现场

▲ 上海站旅游产品发布暨合作洽谈会

三亚市海洋与渔业局

▲ 局长章华忠陪同市长王勇迎接赴三沙海域生产渔船满载归来

▲ 局长章华忠陪同市委副书记、常务副市长吴岩峻到渔港码头开展码头搬迁调研

▲ 下乡为渔民办理渔船年审

一、基本情况

三亚市海洋与渔业局为三亚市人民政府主管全市海洋事务与渔业行政工作的职能部门。于1989年3月，设立三亚市海洋管理局，建制为正处级行政机构。1995年8月，更名为三亚市海洋局；2001年5月，又更名为三亚市海洋与渔业局。下属3个事业单位：三亚市渔政渔港监督管理处、三亚市海洋与渔业监测中心、海南渔业船舶检验局三亚检验处。

二、重点项目

做好蜈支洲岛公益型人工鱼礁的建设工作。2012年市财政安排800万元资金建设蜈支洲岛东鱼礁区公益型人工鱼礁，已按照招标采购的程序顺利完成8000空立方的礁体制作、运输及定点投放工作，同时开展了相关的资源增殖放流工作，在礁区海域投放价值60万元的石斑鱼种苗13万多尾；加大培训力度，大力推广优质的养殖品种。继续加大对渔民适用技术的培训工作，共培训渔民1000人次。主要推广贝类底播和吊笼养殖、笋壳鱼养殖、深水网箱养殖等。

省重点基础设施项目—崖州中心渔港。中心渔港及配套项目已完成征地622亩，发放补偿款15542万元。其中：土地补偿款9063万元，坟墓搬迁补偿款28683万元，青苗及附着物补偿款3611万元；2012年9月10日中心渔港正式开工建设以来，已完成132亩施工场地的平整、临时供水、供电、施工便道及通海路建设，主体工程中的防波堤施工通道1300米，引堤段软体排敷设300米，引堤施工通道抛石470米，以及临时出运码头基槽开挖及航道疏浚已开始施工等，累计崖州中心渔港前期工作及工程施工建设投入2.5亿元，总投入近4亿元；完成中心渔港配套项目—疏港大道及崖城西互通立交匝道项目的路基清表2600米，土方工程量35000立方米，软基处理98000米，污水管道安装640米，雨水管道安装600米等。

▲ 依法拆除非法抽砂船设备

▲ 依法查处非法围填海行为

三亚市住房和城乡建设局

近年来，三亚市住房和城乡建设局从自身实际出发，认真落实调控政策，积极调整发展战略，开始改变以居住地产为主导的结构，构筑以专业化旅游房地产为主导，居住、商业、办公地产协调发展的多元化产品体系。2012年，分别于七月到十月组织房地产企业，赴太原、杭州、北京、唐山和哈尔滨开展了旅游地产推介促销活动，取得了良好的经济和社会效益。

【房地产开发】

2012年，全市完成房地产开发投资238亿元，比上年同期增长33.3%，占全社会固定资产投资比重的55.41%。其中，住宅完成投资183.19亿元；办公楼完成投资2.46亿元；商业营业用房完成投资19.17亿元；其它33.64亿元。

2012年，全市房屋新开工面积为297.44万平方米，比上年同期增长43.7%。其中，住宅新开工面积为267.44万平方米，同比增长55.5%；其它新开工面积为30万平方米。2012年，全市房屋竣工面积为161.73万平方米，比上年同期增长86.2%。其中，住宅竣工面积为142.26万平方米，增长90.5%；其它竣工面积19.47万平方米。

【产权户籍管理】

2012年共办理城镇农村房屋确权登记发证921宗，房屋确权登记面积178.09万平方米；房地产抵押登记810宗，抵押登记面积875.79万平方米；新建商品房测绘备案34宗，建筑面积148.46万平方米。

【物业管理】

现有正式注册物业公司162家，其中一级资质企业18家，二级资质企业10家，三级资质企业126家，暂定级企业8家；从业人员 12800多人，其中工程、会计、园林师和水电技师及物业经理等各类专业管理人员800多人。

【保障性住房建设】

截至2012年底，通过集中建设、分散建设、定向代建、企业配建和自建等方式共落实各类保障性住房项目22个，保障性住房26223套，建筑面积约256万平方米，总投资约76.8亿元。其中竣工项目6个，建设住房9832套已全部分配入住；在建项目16个，建设住房16391套，其中廉租住房756套、公共租赁住房4132套、经济适用住房3594套、限价商品住房6949套、城市棚户区改造安置房960套。

【房地产管理】

近年来，三亚市积极鼓励和支持房地产企业转变产业结构，优化产品布局，由重住宅建设向以旅游度假项目开发转变，坚持“高端、适度、有序”的开发原则。制定政策，从项目准入、土地供给、规划报建、预售批准、市政配套等方面鼓励企业重点开发建设产权式酒店、分时度假酒店、酒店式公寓、度假村生态养生项目、游艇酒店、高尔夫俱乐部等旅游度假房地产，适当限制传统房地产发展。同时优化审批程序和环节，积极推行规划报建、竣工验收、登记发证等联合审批、一次性审批制度，进一步简化和优化办事程序，切实解决未办证房地产项目的遗留问题，提高工作效率和管理水平，缩短承诺办事时限，为投资者和群众创造一个办事方便、高效简捷的住房建设和消费环境。

【工程招投标管理】

加强对有形建筑市场招标投标活动的监督和管理。为了加强对招标、投标、评标全过程的管理，维护公开、公平、公正的竞争环境，三亚住建局积极配合市政务中心完善各项规章制度，预防和遏制招标投标过程中权钱交易、暗箱操作、虚假招标、围标、串标等违法行为。2012年实行房屋建筑和市政基础设施招标工程279个，工程造价958181.15万元，其中实行公开招标工程115个，工程造价约174662.65万元，实行邀请招标工程164个，工程造价783518.50万元。全市招标工程招标率和公开招标工程公开招标率为100%。

三亚市国土环境资源局

▲ 程春满局长一行参加政风行风热线节目并与主持人合影

▲ 党组书记金光带队参观海棠湾涉农职务犯罪警示教育基地

2012年，三亚市国土环境资源局积极贯彻落实国家和省里各项宏观调控政策，努力保障重点项目和民生工程用地需求，加强生态文明建设，严厉打击各种土地环境矿产违法行为，服务国际旅游城市建设，有力促进了三亚经济社会快速协调发展。

一、加强和规范土地资源管理，确保各项发展与民生用地需求。一是扎实开展国土资源节约集约模范县（市）创建活动。2012年2月，三亚市获评首届全国国土资源节约集约模范市。二是落实土地调控政策，切实保障优势产业发展和民生工程用地需求。三是做好土地征收补偿、西环铁路三亚段征地搬迁补偿及其他用地预审工作，引导各类项目合理用地。四是坚持“统筹兼顾各类用地、切实保障建设用地和保护耕地”的土地管理和开发理念，严守耕地保护红线。五是继续推进农村宅基地和学校用地确权登记发证工作，开展全市农村集体土地共有宗地分割确权登记发证工作，做好换地权益书回收工作。六是履行土地监察职责，严查土地违法行为。七是扎实开展“两整治一改革”专项活动，规范国土资源出让行为。

二、加强生态文明建设，增强可持续发展能力。一方面，三亚市国土环境资源局积极开展污染防治与减排工作，推进文明生态和绿色创建工作。结合三亚市生态环境保护和国际一流滨海旅游城市建设实际情况，在全市5个重点治理区域中选出40个行政村作为整治村庄，建立“十二五”农村环境综合整治市级项目库；开展典型乡镇和农村饮用水水源保护区划定工作。另一方面，三亚市国土环境资源局进一步强化环境监督管理、环境监察与监测工作。2012年1至11月，组织召开环评文件审查会议13次，共审查审批建设项目环境影响评价文件161份，其中报告表97份，登记表24份，初审环境影响报告书40份。在2011年度生态省建设考核中，下属单位三亚市环境监测站获全国环境保护系统先进集体荣誉，三亚市被评为生态省建设优秀市县。

三、加强矿产资源管理开发监管，严防地质灾害。三亚市国土环境资源局根据三亚市矿产开采主要为满足本市建筑石料的需求，重点加强现有18家探矿单位的审查和抽检工作，规范企业的开采行为；坚决打击非法零星采石点、采钛点和采砂点，规范矿产资源开采秩序；严密防控地质灾害，全面排查评估全市的地质灾害，确定出13个地质灾害隐患点，完成地质灾害危险性评估备案35宗。

四、大力推进数字三亚地理空间框架建设项目。数字三亚地理空间框架建设项目是国家测绘地理信息局、海南测绘地理信息局和三亚市政府共建的数字城市试点项目。截止2012年11月，已完成了主城区52平方公里1：500比例尺地形图测绘建库、实体化及电子地图制作，及三亚市地理信息共享服务平台服务系统、运维系统、数据发布系统等的开发工作；似大地水准面精化、连续卫星定位服务系统和海棠湾镇、吉阳镇等区域共计645平方公里的1:2000比例尺地形图信息化测绘建库3个子项目也已完成招标、合同签订、评审工作。

▲ 公务员知识竞赛获奖

全面推进林业工作　大力发展绿色经济

三亚市林业局

▲ 市委书记姜斯宪与国际友人共同启动第七届国际热带兰花博览会开幕式

▲ 市长王勇在三亚市"绿化宝岛"行动启动仪式上发表讲话

一、"绿化宝岛"成效显著，森林保护切实加强

2012年，三亚市"绿化宝岛"行动以制定科学规划为前提，加强领导，强化措施，落实责任，各部门形成合力，有效克服资金、土地、种苗三大难题，实现了"绿化宝岛"建设的开门红。全年共投入资金4.7亿元，其中财政安排1.6亿元，社会投资3.1亿元。共完成造林绿化面积3.55万亩，占省下达2.59万亩任务的137.3%。建设育才镇马亮村农民合作苗圃，吉阳镇绕城互通绿化工程和三亚林场尖岭退果还林等各类示范点25个，完成通道绿化974.8公里。

加大林业执法力度。去年以来对崖城镇、吉阳镇、天涯镇、海棠湾镇等地区的毁林抢种行为进行了8次综合整治行动，依法强制清理公益林区域或天然次生林区内蚕食、非法占用及抢种经济林行为，恢复林地原状。对30家宾馆、酒店进行野生动物保护执法检查，依法处理5家违法经营酒店。全市仅发生森林火灾1起，过火面积23.3亩，受害森林面积3亩，火灾受害率0.015‰，远低于省规定的控制指标0.3‰，没有发生重、特大森林火灾，无人员伤亡事故。切实加强生态公益林管护。按照《三亚市森林生态补偿财政补贴暂行办法》，对育才镇抱安村和凤凰镇扎南村2042位农民进行生态补偿，共发放补贴资金510万元。投入200万元开展椰心叶甲防治，在主要路段、重点区域和村庄挂包防治10万株和释放寄生蜂1亿多头，维护三亚市生态景观。

二、林业产业快速推进，生态旅游有序开发

一是推进吉阳镇热带兰花示范基地、育才镇蝴蝶兰种苗标准化生产基地、布山水库玫瑰花基地、三亚圣兰德玫瑰花工厂化育苗等项目建设。投入1500万元用于扶持花卉产业发展，成功举办第七届中国（三亚）国际热带兰花博览会和第五届中国月季花展暨首届三亚国际玫瑰节。二是与中南林业科技大学合作的"三亚中南林业科技大学产学研基地"项目进展顺利，已落实项目建设地块。三是森林生态游开发合理有序。积极办理亚龙湾热带森林公园二期建设使用林地手续，推进公园上市工作。去年，亚龙湾森林公园入园游客达230万人次，收入2.5亿元，完成投资1.06亿元。加快虎豹岭健身森林公园建设，计划今年内开园，将为市民、游客提供康体、休闲观光的好去处。组织编制《三亚市热带森林旅游产业发展规划》和《大竹岭森林公园规划可行性研究与总体规划》，促进三亚森林旅游工作的有序开展。

▲ 孙宁局长亲临现场，护林执法

▲ 绿化宝岛，义务植树

三亚市人民武装部

▲部长：严家常

▲政委：吴勇

2012年，三亚市人武部在三亚市委、市政府和三亚警备区首长机关的正确领导下，深入贯彻落实科学发展观，积极探索，开拓进取，扎实抓好了政治理论学习、军事训练、民兵整组、兵员征集和海上民兵建设等工作，较好地完成了上级赋予的各项任务，连续多年被省军区评为“全面建设先进团级单位”。

民兵组织建设

一是抓好民兵组织整顿工作，按照“布局合理、优化结构、急用先建、重点抓建”的原则，对民兵组织进行调整、突出抓好应急分队、海上民兵支援分队建设，使民兵组织结构实现了对路、实用、合理的建设目标。二是加强思想政治建设。在教育时机的选择上，注重与开展各种活动相结合，充分利用重大节日、民兵组织整顿、集训等人员便于集中的时机；在教育方法上注重刊授教育与函授教育相结合；教育内容的安排上，注重与形势任务和民兵思想实际相结合。三是严格军事训练。以《民兵军事训练大纲》为依据，坚持按纲施训，深化配套改革，采取分编分训、挂钩代训的组训方式狠抓民兵队伍能力素质建设，突出干部骨干队伍训练、民兵应急分队训练和非战争军事行动训练。

国防教育

坚持抓好“赞颂科学发展成就、忠实履行历史使命”和“讲政治、顾大局、守纪律”教育活动，开展经常性的学习教育和宣传，不断深化教育宣传效果。针对南海日益严峻的形势和黄岩岛、钓鱼岛争端的不断升级，注重抓好形势战备教育，引导民兵端正思想认识、深入分析国际国内形势，理性看待黄岩岛和钓鱼岛争端，坚决拥护党中央、中央军委的决策指示，确保民兵在思想上、行动上与党中央、中央军委保持高度一致。认真学习贯彻《民兵政治工作规定》，以《民兵预备役八种能力教育读本》为教材，结合建设海南国际旅游岛对民兵的思想冲击为切入点，利用民兵组织整顿和民兵分队集训等时机，采取理论授课和自学相结合、集中授课和分片辅导相结合的方式，抓好民兵季课教育的落实，讲清民兵的性质地位和作用，澄清和平时期“民兵无用论”等模糊认识，确保民兵季课教育人员、时间、内容、效果的落实。

征兵工作

认真做好直招士官工作与高校毕业生网上预征登记工作，今年三亚市直招士官报名36人，招录9人。同时，根据《关于开展高中毕业生网上预征工作的通知》文件精神，积极协调市教育局在全市10所普通高中（中专、中职）学校内开展高中应届毕业生预征登记工作。今年征兵报名在全国范围内出现“当兵冷、征兵难”的情况下，三亚市适龄青年的参军报名热情不减，依然保持良好的势头，报名人数628人，初检、政审合格308人，全市今冬共征集男兵205人，女兵9人，圆满完成了今冬征兵任务。

后勤工作

2012年，投入100多万元进行仓库改造整治工作，加盖了玻璃瓦房顶，更换了监控系统和脉冲电网，更换了用电线路，圆满完成了省军区的仓库达标任务。先后投入10多万元对营区进行美化，为干部职工提供了一个舒心的生活环境。

▲西岛女子民兵连

▲为渔民保驾护航

三亚市中医院

▲ 刘德喜全国名老中医工作室

三亚市中医院位于世姐选美赛址“美丽之冠”对面，是一所集医疗、教学、科研、保健、康复、传统医药国际交流与合作为一体的三级甲等中医医院，是海南省医保及新农合定点单位，广州中医药大学附属医院、被批准为国家中医药管理局国际交流合作基地、对俄中医药合作协作组成员、国家中医药服务贸易试点单位，多次被评为“全国卫生系统先进集体”。

医院始建于1991年，2008年新址搬迁至凤凰路，占地45亩，总建筑面积55947.74平方米，床位编制500张。现有职工600余人，高级职称近40人，中级职称70余人，博士8人（含2名博士后）、硕士研究生近90人。其中，全国名老中医专家、国务院特殊津贴专家1人，国家优秀中医临床研修人才2人，广州中医药大学博士研究生导师1人，硕士研究生导师6人，并设有1个研究生点。。

目前，拥有国家临床重点专科——脾胃病科，国家中医药管理局重点专科——骨伤科，省重点专科——脑病科，成立了两个市级重点实验室（医学生物力学实验室、脾胃病学研究实验室）以及1个免疫细胞制备室，该制备室用于开展中医药联合免疫细胞过继转移治疗消化道肿瘤项目。

医院拥有1.5 T核磁共振、美国GE公司innova3100数字化平板血管机、16层螺旋CT等价值1.2亿元的先进医疗设备。

2002年至今医院已接待外宾25000余人，圆满完成俄罗斯别斯兰恐怖事件两批受伤儿童和50名吉尔吉斯斯坦儿童的中医康复疗养任务，获得由俄罗斯联邦政府总理签发的“为中俄友谊作出贡献”奖状、俄罗斯联邦卫生和社会发展部颁发的荣誉状，收到中华人民共和国外交部和吉尔吉斯斯坦驻华大使馆的感谢信。

一年来，医院强管理，促服务，谋发展，多项工作取得成效。2012年，经过国家中医药管理局评审专家组严格评审，医院以953.3分的高分圆满完成三级中医医院的评审工作，2013年1月5日已被正式批准为三级甲等中医医院，从此结束三亚市市属医院没有三甲医院的历史；该院先后获得多个集体表彰及个人奖项，医院被授予2012年“拥军优属模范单位”称号、2010-2012年三亚市创先争优“先进基层党组织”称号；刘德喜院长被评为“全国医药卫生系统创先争优活动指导工作先进个人”和“全国卫生系统先进工作者”。

▲ 别斯兰人质事件受伤儿童来华疗养

▲ 三亚市中医院专家下乡义诊

三亚市中医院

三级甲等中医医院

（2013.01-2016.12）

国家中医药管理局

编号：ZYSJ321003

▲ 三亚市中医院三级甲等中医医院

厚德　精术　强医

三亚市人民醫院

▲ 三亚市人民医院党委书记、院长：姚震

▲ 海南省区域医疗中心挂牌仪式

三亚市人民医院是隶属三亚市卫生局的综合性三级医院，省卫生厅批复设立“海南省区域医疗中心”。占地面积49059平方米，编制床位1000张，现有职工1394人，其中，卫技人员1068人，高级职称98人，市优专家3人，博士4人，硕士46人；设置科室70个，25个一级临床科室，15个医技科室和30个二级专业及ICU、CCU病房，开设贵宾门诊、贵宾病区、健康体检、康复理疗室和社区卫生服务站。

一、医院设备：配有超高档多排螺旋CT、体外循环机、DR、全身四维彩超、日本岛津数字减1000mx光机、麻醉呼吸机、胸腔镜、全自动生化分析仪、全自动凝血分析仪、CCU和ICU西门子监护系统、冷级射频肿瘤治疗仪、体外高频热疗机、免疫治疗系统、肿瘤热疗机、数字X线摄影系统、体腔热灌注治疗机、新型日本全自动验光仪，全自动非接触性眼压测量仪、皮肤血管治疗系统。

二、医院技术：承担琼南地区的急危重症和疑难疾病的诊疗任务，成功开展了“海南省首例连体婴儿分离手术”、“海南省首例下腔静脉滤器置入术”、“冠心病杂交手术”“肾上腺肿瘤切除术”、“体外循环下先天性心脏病 房/室间隔缺损修补术”等；开展心脏病介入治疗、冠状动脉造影及血管内超声检查诊断冠心病、急性心肌梗塞、支架置入术、食道或心内电生理检查、射频消融术治疗阵发性室上性心动过速、永久心脏起搏器植入术治疗各种缓慢性心律失常、经皮封堵术治疗先天性肺动脉导管未闭、房间隔缺损及室间隔缺损、经皮瓣膜球囊成形术治疗风湿性心脏病二尖瓣狭窄及先天性肺动脉瓣狭窄、化学消融治疗肥厚梗阻型心肌病等治疗，部分技术达到国内领先水平，其中急性心肌梗塞急诊介入治疗水平高，填补了琼南地区急诊PCI的空白。

▲ 与国际、国内院校、中心开展技术合作，给患者提供高质量的医疗服务

三、医院专科：神经康复科、消化内科和老年病科被确定为海南省优势特色专科；神经外科、心内科、骨外科、微创外科、消化内科、妇产科等被定为琼南地区的专科优势；心血管病研究实验室、三亚市细胞生物学研究实验室、三亚市病原微生物学重点实验室获批三亚市重点实验室；开设肝病、肾病、哮喘、皮肤美容、性病、儿童营养健康检查和心理咨询等7个特色专科。

2012年医院被评为“三亚市科技突出贡献单位”和“三亚市知识分子先进单位”；音乐剧《鲜红的三角梅》荣获首届海南省艺术节“群星奖”戏剧类一等奖；院长姚震被评为“三亚市优专家”、“全国百姓放心示范医院优秀管理者”称号。

▲ 医院VIP病房

▲ 三亚市人民医院门诊大楼

海南省血液中心

▲卫生部领导一行与中心领导班子合影

▲2012年1月海南省卫生厅在省血液中心召开《海南经济特区公民无偿献血条例》新闻发布会

2012年，海南省血液中心在省卫生厅的正确领导和亲切关怀下，创立“人大立法先行，政府发挥主导，卫生行业推动，社会广泛参与”的无偿献血“海南模式”，开创海南省无偿献血工作新局面。2012年，海南省共有94135人次参加无偿献血，同比上一年增长13.54%，无偿献血总量31027350毫升，同比增长12.99%，保障了全省临床医疗用血的需求与安全。

一、立法先行，破解血荒

通过修订实施《海南经济特区公民无偿献血条例》，对献血间隔期和年龄进行了修改和确认，放宽了海南省无偿献血的法规环境，有利于社会公民加入到无偿献血者队伍中来，有利于破解季节性和结构性血荒问题。

二、政府发挥主导

2012年年初，海南省人民政府印发《海南省采供血淡季期与突发事件血液保障应急预案》为献血淡季时工作的开展提供了有利的政策支持。三亚市、儋州市、文昌市、东方市、屯昌县等市县政府也陆续下达文件并指定一定单位支持无偿献血工作，这些措施有效保障了献血淡季时的血液供应。2012年5月，省无偿献血领导小组召开首次会议，讨论通过五个议题，对无偿献血工作起到了极大的促进作用。1至3月团体献血单位献血8334人次，占总献血人次的36.6%，7至9月团体献血单位献血10124人次，占总献血人次的44.22%，保障了献血淡季时的血液供应。

三、卫生行业带动

2012年省卫生厅下发献血倡议书，要求各医疗卫生单位积极开展无偿献血活动，使无偿献血率达到单位员工总数10%以上；医政处召开全省医疗机构献血暨合理用血座谈会，通报医疗机构献血情况，严格要求科学合理用血，促进全省医疗机构献血工作的有效开展。全年医务人员2483人次参与献血，较2011年增长20%。

2013年1月，省卫生厅组织系统无偿献血活动，厅党组书记、副厅长韩英伟，副厅长杨俊，医政处长李岳坚，机关党委副书记甘传艺等带头献血，带动了医务工作者们踊跃献血，起到了很好的带头示范作用。

四、社会广泛参与

省委宣传部于2012年两次下文要求省内各新闻单位加强无偿献血新闻报道力度，并给予免费公益广告宣传；海南省精神文明建设指导委员会办公室下发《关于广泛开展无偿献血公益活动的通知》，把献血工作纳入海南文明大行动中去；2012年全省红十字系统加强无偿献血组织力度，全省18个市县已全部组织过无偿献血活动，献血量较2011年增长39.99%；海南省教育厅与海南省卫生厅联合下文，要求加强大中专院校无偿献血工作，全年高校献血量较2011年增长28.23%；2012年，农垦系统63家下属单位、公司、农场组织了献血活动，献血量较2011年增长134.19%；省工商联、国资委组织了行业系统献血活动；军区、南航等驻琼部队及消防、边防官兵踊跃献血，2012年献血人次达4000多人。

五、加强硬件建设，进一步铺设献血网络

2012年，新增海口市人民医院爱心献血屋及农垦西岭商业广场献血点，拓宽血液采集途径；新购置4部献血房车在海口、三亚、儋州、琼海投入使用，为献血者提供更好的优质服务。

六、建设特色血站文化

积极倡导多元化的血站文化，以站为家，建设和谐血站文化，建设温馨幸福家园，设计具有海南特色的血站文化。中心开展站徽、站旗、站歌、站标、站服征集设计活动，塑造“五站一体”海南献血公益形象。

▲省血液中心主任陈雪峰、海口市人民医院院长白志明共同为爱心献血屋揭牌

▲2012年中心与英科新创（厦门）科技有限公司举行科研合作签字仪式